EUROPA
1789

EUROPA
1789

Aufklärung · Verklärung
Verfall

Werner Hofmann
Hrsg.

DuMont Buchverlag Köln

CIP-Titelaufnahme der Deutschen Bibliothek
Europa siebzehnhundertneunundachtzig
Europa 1789: Aufklärung, Verklärung, Verfall;
Ausstellung der Hamburger Kunsthalle vom 17. 9. – 19. 11. 1989
zum 200. Jahrestag der Französischen Revolution
Werner Hofmann Hrsg. – Köln: DuMont, 1989
(Katalog-Bücher) ISBN 3 - 7701 - 2488 - X
NE: Hofmann, Werner (Hrsg.): Hamburger Kunsthalle

Satz und Druck: Dingwort-Druck GmbH, Hamburg-Altona
Buchbinderische Verarbeitung: Bramscher Buchbinder Betriebe

Printed in Germany   ISBN 3 - 7701 - 2488 - X

Redaktion:
Werner Hofmann, Karin Orchard, Peter Thurmann

Wissenschaftliches Sekretariat:
Johannes Hartau

Assistenz:
Karin Orchard, Ludwig Seyfarth,
Beatrix Müller

Sekretariat:
Ingrid Peters, Elke Schild

Öffentlichkeitsarbeit:
Ulrich Luckhardt, Georg Syamken

Fotoarbeiten:
Elke Walford

Pädagogische Betreuung:
Thomas Sello, Gerhard Schüler

Restauratorische Vorbereitung
und Aufbau:
Gerlinde Römer, Angela Hönigschmidt,
Alexander von Grundherr, Otto Henning,
Jörg Köster, Detlef Mallon, Karl-Heinz
Schneider, Bruno Werner

Am Katalog haben mitgearbeitet:

I. E.   Irene Eder
         Kat. 128, 490a/b, 536a–c

G. G.   Gunnar Gerlach
         Kat. 504, 505a–i, 509, 511a–m

Joh. H. Johannes Hartau
         Kat. 3, 94, 95, 218, 219, Chronik
         (330,   334),   355–365,   368,
         370–391, 393–403, 471, 472,
         474–476, 478–485, 501

W. H.   Werner Hofmann
         Kat. 1, 2, 4–29, 42, 147, 148,
         202–212, Chronik (234–328, 353,
         354), 436, 437, 439–449, 452, 465,
         487, 488, 535, 537–541

J. E. H. Jenns E. Howoldt
         Kat. 58, 79–88, 98, 101–104, 115,
         117, 156, 453–460, 466, 467, 473,
         489, 530.1–80, 532, 551

B. M.   Beatrix Müller
         Kat. 157, 461, 462, 468, 469

K. O.   Karin Orchard
         Kat. 47, 119–121, 123, 188,
         404–435, 477, 510, 513–529

L. S.   Ludwig Seyfarth
         Kat. 40, 64, 96, 97, 100, 107, 111,
         125a–g, 126, 129–131, 145, 146,
         149–153, 158–164a/b, 183, 185–187,
         191–201, 213, 464

A. S.   Angela Stief
         Kat. 491–500, 502, 503, 506–508,
         512, 531, 533, 534, 547–550, 553

G. S.   Georg Syamken
         Kat. 30–39, 41, 43–46, 48–57,
         59–63, 65–78, 89–93, 112–114, 116,
         118, 122, 124, 127a–d, 132–134,
         140–143, 182, 184, 190, 369, 392,
         545, 546, 552

P. Th.   Peter Thurmann
         Kat. 99, 105, 106, 108–110,
         135–139a–d, 144, 154, 155, 165–181,
         189, 214–217, 220–233, Chronik
         (329, 331–333, 335–352), 366,
         367a/b, 438, 450, 451, 463, 470,
         486, 542–544

Inhalt

Verzeichnis der Leihgeber

Die Hamburger Kunsthalle dankt den Leihgebern:

Aargauer Kunsthaus Aarau
Amsterdam, Sammlung Lodewijk Houthakker
Basel, Öffentliche Kunstsammlung, Kupferstichkabinett
Berlin, Akademie der Künste
Berlin, Deutsches Historisches Museum
Berlin, Staatliche Museen Preußischer Kulturbesitz, Gemäldegalerie
Berlin, Staatliche Museen Preußischer Kulturbesitz, Kunstbibliothek
Berlin, Staatliche Museen Preußischer Kulturbesitz, Kupferstichkabinett
Staatliche Museen zu Berlin (DDR), Nationalgalerie
Kunstmuseum Bern
Bolton Museum and Art Gallery
Kunsthalle Bremen
Musée municipal de Cambrai
Kupferstichkabinett der Kunstsammlungen der Veste Coburg
Musée des Beaux-Arts de Dijon
Staatliche Kunstsammlungen Dresden, Gemäldegalerie Neue Meister
Goethe-Museum Düsseldorf
Kunstmuseum Düsseldorf
Florenz, Cabinetto Disegni e Stampe degli Uffizi
Genf, Bibliothèque publique et universitaire
Genf, Musée Voltaire
Gelehrtenschule des Johanneums in Hamburg
Hamburg, Sammlung Johannes Hartau
Hamburg, Museum für Kunst und Gewerbe
Staats- und Universitätsbibliothek Hamburg – Carl von Ossietzky
Hannover, Niedersächsisches Landesmuseum
Hannover, Wilhelm-Busch-Museum

Innsbruck, Schloß Ambras, Porträtgalerie zur Geschichte Österreichs des Kunsthistorischen Museums Wien
Karlsruhe, Badische Landesbibliothek
Staatliche Kunsthalle Karlsruhe
Deutsches Tapetenmuseum Kassel
Staatliche Kunstsammlungen Kassel, Neue Galerie
Staatliche Kunstsammlungen Kassel, Astronom.-Physikal. Kabinett
Staatliche Kunstsammlungen Kassel, Schloß Wilhelmshöhe
Staatliche Kunstsammlungen Kassel, Antikensammlung
Kiel, Sammlung Ulrich Urban
Köln, Wallraf-Richartz-Museum
Kopenhagen, Statens Museum for Kunst
Leningrad, Staatliche Eremitage
Lille, Musée des Beaux-Arts
Liverpool, Walker Art Gallery
London, British Library
London, The Trustees of the British Museum
London, Courtauld Institute Galleries
London, Victoria and Albert Museum
Museum für Kunst- und Kulturgeschichte der Hansestadt Lübeck, St.-Annen-Kloster
Lüttich, Cabinet des Estampes
Musée des Beaux-Arts de Lyon
Madrid, Museo del Prado
Städtische Kunsthalle Mannheim
München, Bayerische Staatsgemäldesammlungen, Alte Pinakothek
München, Bayerische Staatsgemäldesammlungen, Neue Pinakothek
München, Bayerisches Nationalmuseum
München, Deutsches Theatermuseum
New Haven, Yale University Art Gallery
New York, Cooper-Hewitt-Museum, Smithsonian Institution National Museum of Design
New York, Metropolitan Museum of Art
New York, Pierpont Morgan Library
New York, Public Library

New York, Rosenberg & Stiebel Inc.
New York, Shepherd Gallery and Martin L. H. Reymert Inc.
New York, Wildenstein & Co.
Landesbibliothek Oldenburg
Paris, Bibliothèque Nationale
Paris, Galerie Cailleux
Paris, Collection Bonafous-Murat
Paris, Librairie Paul Jammes
Paris, Musée Carnavalet
Paris, Musée des Arts Décoratifs
Paris, Musée du Louvre, Département des Arts Graphiques
Paris, Musée du Louvre, Département des Peintures
Paris, Musée du Louvre, Département des Sculptures
Perpignan, Musée Hyacinthe Rigaud
Prag, Narodni Galerie
The Art Museum, Princeton University
Rotterdam, Museum Boymans-van Beuningen
Schleswig, Schleswig-Holsteinisches Landesmuseum Schloß Gottorf
Shropshire Newspapers (Leihgabe im Ironbridge Gorge Museum, Telford)
Sorø, Vestsjaellands Kunstmuseum
Straßburg, Cabinet des Estampes
Straßburg, Musée des Beaux-Arts
Staatsgalerie Stuttgart, Graphische Sammlung
Tournus, Musée Greuze
Vizille, Musée de la Révolution Française
Washington, Library of Congress
Kunstsammlungen zu Weimar, Schloßmuseum
Nationale Forschungs- und Gedenkstätten der klassischen deutschen Literatur in Weimar
Historisches Museum der Stadt Wien
Wien, Österreichische Galerie
Herzog August Bibliothek Wolfenbüttel
Kunsthaus Zürich
Zürich, Graphik-Sammlung der Eidgenössischen Technischen Hochschule
sowie Sammler, die ungenannt bleiben wollen.

8

Die Idee zu dieser Ausstellung entstand vor etwa vier Jahren, sie lag nahe, denn die Hamburger Kunsthalle hatte sich seit Anfang der 70er Jahre konsequent mit der „Kunst um 1800" befaßt. Richtiger: damals tauchte – auch Ausstellungen brauchen den Titelschutz – die Formulierung „Europa 1789" auf, ein vorerst offener Umriß, der freilich schon eine programmatische Festlegung enthielt. Wenn nicht Hamburg und der deutsche Sprachraum untersucht werden sollten – um welche Inhalte ging es dann?

Der internationale Ansatz war nicht nur programmatisch gemeint, er setzte das Konzept von „Kunst um 1800" fort, diesem neunmaligen Versuch, die *Kunst* jener Wendezeit aus den *Künstlern* zu begreifen und diese von ihren nationalen Etiketten ebenso zu befreien wie von der kunsthistorischen Stilnomenklatur. Das gibt der Ausstellung „Europa 1789", auch wenn es nicht jedem gleich einleuchten mag, ihren legitimen Ort im Rahmen eines Hafengeburtstages, der Hamburg als „Tor zur Welt" feiert.

Gerade die unvermeidlichen Berührungspunkte mit dem Zyklus „Kunst um 1800" machten es notwendig, die Revolutions-Ausstellung so zu fassen, daß daraus nicht bloß eine Paraphrase, ein „déjà vu" wurde, zumal die letzte Ausstellung – „Goya – das Zeitalter der Revolutionen" (1980/81) – bereits das Grundthema angeschlagen und im Hinblick auf den größten Künstler der Epoche ausgebreitet hatte. Das Ereignisfeld neu akzentuieren, das hieß zunächst die Zeitspanne verschieben. Goya begann mit der letzten, der revolutionären Dekade des Jahrhunderts – „Europa 1789" beginnt mit dessen Mitte, dem Erscheinen des ersten Bandes der großen „Encyclopédie" (1751), einem Ereignis, das merkwürdigerweise selbst in den französischen Bicentenaire-Ausstellungen nicht ausreichend gewürdigt wird. Den Schlußpunkt bilden die Entmachtung Napoleons und der Wiener Kongreß, während die frühere Ausstellung noch die Julirevolution von 1830 einschloß.

In ihrem Kulminationspunkt ist diese Ereignislinie bereits von ihrem Absturz bedroht. Das soll der Untertitel andeuten, der aus drei ineinander verschränkten Begriffen besteht. Den Aufstieg umschreibt das Wort *Aufklärung,* den Zenith bildet die *Verklärung* – das, was Gutzkow die Selbsterhöhung der Revolution zu Vorsehung, Offenbarung und Gottheit nannte (1835 in seinem Aufsatz über Büchners „Danton") –, doch darin steckt bereits der *Verfall,* den die Herrschaft Napoleons weiterführt und der Wiener Kongreß besiegelt. Die Ausstellung gibt diesem Umriß nicht eine, sondern mehrere Binnenzeichnungen, die sich wechselseitig überlagern und widerrufen. So jedenfalls soll der Besucher mit ihr umgehen: gegensätzliche Positionen erprobend, verschiedene Höhenlagen der künstlerischen Mitteilung miteinander vergleichend. Er soll sich in ein Palimpsest begeben. Dieses ist das Ergebnis eines Prozesses, den man heute Rückkoppelung oder noch lieber: feedback nennt. Der „Rahmen" bemächtigte sich des „Bildes", d. h. beim inhaltlichen Differenzieren kamen mir die räumlichen Gegebenheiten des Hauses zu Hilfe, sie wurden zu Partnern. Eine Museumsarchitektur, die eine dorische Rotunde und einen mächtigen Kuppelraum anbietet, kann man nicht einfach als neutrales Behältnis verwenden, sie verlangt, daß ihre strengen Pathosformeln genutzt werden. Sie wird zu einer im besten Sinne des Wortes mitbestimmenden Instanz. Ich entschloß mich also, die thematische Gliederung inszenatorisch zu überhöhen und solcherart sinnfällig zu machen, zum anschaubaren Sprechen zu bringen. Das hatte auch quantitative Konsequenzen, denn die raumrhythmische Aufbereitung des Stoffes verbat das bequeme Ausufern, die selbstzweckhafte Materialhäufung – also jene Redundanz, mit der heute viele Ausstellungen ihr Thema verwässern und ihre Besucher verschrecken.

Die Zwänge, die daraus folgten, sind der Silbenmenge vergleichbar, die ein bestimmtes Versmaß erlaubt, sie erwiesen sich nicht nur als erträglich, sondern als nützlich, da sie einprägsame Komplexe entstehen ließen. Die räumlichen Vorgaben implizierten inhaltliche Gewichtungen, Kontraste und Überlagerungen, wie sie in Ausstellungen und Museen in der Regel nicht zum Zug kommen. Denn so geschlossen die Räume auf den ersten Blick wirken, so offen

erwiesen sie sich für den Versuch, ihre Stimmigkeit gleichermaßen zu wahren und aufzubrechen – anders gesagt: dem bindenden Silbenmaß zu gehorchen und es zugleich zu verwirren. Das Verfahren ist an der Collage orientiert. Wie diese lebt es nicht von Übergängen, sondern vom brüsken Wechsel, und es läßt jede Formzelle ihren Akzent aus der benachbarten gewinnen. Eine solche Dialektik nimmt Abschied von unserer gängigen Praxis, die so verläuft, daß das zweidimensionale Kontinuum der Wand Bild neben Bild vorweist, wobei hie und da Skulpturen alternierend dazwischen treten. So entsteht ein additives Nebeneinander, das man je nach Einstellung als nivellierend oder als harmonisierend empfindet. Das mag angehen, wenn es sich um weitgehend homogen strukturierte Kunstepochen handelt; das verfälscht und glättet jedoch die Geschichtslandschaft, wenn diese aus Konflikten und Gegensätzen hervorgeht.

Wie soll man diese verschiedenen Register (Höhenlagen) und Zusammenstöße visuell verdeutlichen, ohne den Umweg über didaktische Erklärungen zu nehmen? Ich versuche diese Frage zugleich mit einer Erläuterung der drei Hauptkapitel der Ausstellung zu beantworten. Dieser Einstieg führt immer tiefer in unauflösbare Widersprüche und Diskrepanzen hinein, er endet im letzten Abschnitt mit einer schroffen Konfrontation: Goya hier, die napoleonische Hofkunst dort. Das Verfahren strebt nicht lückenlose Beweisführung an, es erlaubt sich, den Stoff zu raffen und zu collagieren. Dahinter steht, das sei einbekannt, der (skeptische) geschichtsphilosophische Leitgedanke von der Inkommensurabilität der Ereignisse und Utopien, die das letzte Vierteljahrtausend der europäischen Geschichte bewegt und erschüttert haben. Die Epoche, um die es geht, verträgt nicht, daß man ihre Zeugnisse auf einen gemeinsamen Nenner zusammenführt, sie war, wie Michelet einmal sagt, in allem extrem. Sie zerrte alles in unversöhnliche Gegensätze auseinander. Dahinter stand religiöser Reformeifer – am deutlichsten ausgesprochen in dem Erziehungsprogramm, das Robespierre am 5. Februar 1794 dem Wohlfahrtsausschuß unterbreitete: „Nous voulons substituer . . ." Was Robespierre zu Maximen unerbittlichen politischen Handelns und Umformens erklärte, stellte sich dem jungen Hölderlin als ein Prozeß dar, der ihn auf Erneuerung hoffen ließ, ohne daß er die „Gärung" und „Auflösung" in ein festgefügtes gesellschaftliches Gebilde zu bringen wüßte. Am 10. Januar 1797 schrieb er an Johann Gottfried Ebel:

„Man kann wohl mit Gewißheit sagen, daß die Welt noch nie so bunt aussah wie jetzt. Sie ist eine ungeheure Mannigfaltigkeit von Widersprüchen und Kontrasten. Altes und Neues! Kultur und Rohheit! Bosheit und Leidenschaft! Egoismus im Schafpelz, Egoismus in der Wolfshaut! Aberglauben und Unglauben! Knechtschaft und Despotism! unvernünftige Klugheit, unkluge Vernunft! geistlose Empfindung, empfindungsloser Geist! Geschichte, Erfahrung, Herkommen ohne Philosophie, Philosophie ohne Erfahrung! Energie ohne Grundsätze, Grundsätze ohne Energie! Strenge ohne Menschlichkeit, Menschlichkeit ohne Strenge! heuchlerische Gefälligkeit, schamlose Unverschämtheit! altkluge Jungen, läppische Männer! – Man könnte die Litanei von Sonnenaufgang bis Mitternacht fortsetzen und hätte kaum ein Tausendteil des menschlichen Chaos genannt."

Eine Ahnung von diesen Widersprüchen, Kontrasten und Konvulsionen soll die Ausstellung vermitteln. Hölderlin konnte 1797 noch „an eine künftige Revolution der Gesinnungen und Vorstellungsarten" glauben, „die alles Bisherige schamrot machen wird." Heute wissen wir, daß es anders kam, und die Schamröte gilt eher dem Fortbestand der von Hölderlin aufgezeigten Kontrastpaare bis zum heutigen Tag.

Die Ausstellung beginnt in der Rotunde – vgl. das formal verwandte „Haus des Kosmopoliten", Kat. 164a, b – mit den „Vordenkern". Die Höhenlagen reichen vom geometrischen Purismus, dem Newton-Kenotaph, zu den „Planeten", die das abstrakte Weltraummonument umkreisen, den Büsten der Philosophen, welche der Aufklärung den Weg bahnten. Dem „Heiligtum", das auf den Manifestschriften der Aufklärung aufruht, korrespondieren die „Heiligen" und Beispiele aus den neuen Glaubensartikeln, die bereits von der amerikanischen Revolution und den aufgeklärten Herrschern verfochten wurden. Dieser Konsens erweist sich als Wunschbild, sobald der Besucher die Rotunde verläßt und sich dem Treppenhaus zuwendet. Ein schmaler Gang konfrontiert zwei Grundpositionen in ihrem keineswegs beseitigten Widerstreit: Unmündigkeit, Gefangenschaft, Folter und Sklaverei – Freiheitsdrang, Emanzipation, Selbstbestimmung.

Der Kubus des Treppenhauses soll an das Ballhaus erinnern, in dem sich am 20. Juni 1789 die Generalstände versammelten. Im Zentrum ein Rückblick auf das Ancien Régime und dessen Vergnügungskünste. Die Kunst im Dienste des Herrschers und der „Enthemmung der Sitten" wird vom Blitzableiter – der den Tyrannenblitz entmachtet – verabschiedet, die kapriziöse Erotik von Füsslis Freizügigkeit abgelöst.

An den Seitenwänden links und rechts stehen einander die vermessene, systematisierte Welt der Aufklärer und die entgrenzte Welt der neuen subjektiven Empfindsamkeiten gegenüber: ein mit Lineal und Zirkel vorgetragener Ordnungsentwurf, der den Menschen als „citoyen" in den Bildungsapparat einschleust, ehe er ihn in den Arbeitsprozeß zwingt – dagegen die sich selbst überlassene Freiheit, die kein Maß, keinen Halt kennt und sich selbst zerstört: „Und so taumele ich beängstet! Himmel und Erde und all die webenden Kräfte um mich her! Ich sehe nichts, als ein ewig verschlingendes, ewig wiederkäuendes Ungeheuer", schreibt Werther am 18. August. Hier herrscht die Hybris: in Naturkatastrophen, Zerrbildern der organischen Prozesse, wie in „Capriccis" der Einbildungskraft. Damit endet der Auftakt der Ausstellung (Kap. I.1–5).

Unter der Kuppel des Obergeschosses erwartet den Besucher ein gestaffelter Sakralraum. Nun geraten die Aussageebenen zum ersten Mal aus dem Gegeneinander, der Konfrontation, in eine mehrdimensionale Verschränkung. In der Mitte ein Längsraum, den das Halbrund einer offenen Apsis abschließt. An seiner Stirnwand zwei Heldengestalten, Barère de Vieuzac (Kat. 384) und die unbekannte Marktfrau (Kat. 390). Die Innenwände zeigen Werke, in denen die revolutionäre Kunstpolitik sich der Sakralisierung widmet: Gesetzestafeln, Allegorien, Märtyrer- und Heldenbildnisse beherrschen

diesen Kultraum. Das Gerät, mit dem die Revolution ihr Todesritual bestritt, die Guillotine, verklammert zwei der großen Manifestbilder jener Jahre, Regnault und Réattu (Kat. 396, 401).

An den Außenwänden dieser „Kapelle" wird die Kehrseite gezeigt: die verspottete Revolution, zur irdischen Hölle verzerrt und dämonisiert. Das besorgen, mit leidenschaftlich bösem Blick, die englischen Zeichner und Karikaturisten (Kat. 404–435).

Die offene Apsis gibt den Blick auf das Halbrund der Künstlerselbstbildnisse frei: sie, die Zeugen der Epoche, treten fragend oder selbstgewiß zwischen den schönen Schein der Verherrlichung, sie sprengen die Apotheose, sie lassen ihr nicht das letzte Wort. Doch diese knappe Porträtgalerie hat ebenfalls ihre Kehrseite: das neue Selbstbewußtsein der Künstler spricht nicht nur mit trotzig prometheischer Stimme: an der Rückwand zeigt es sich in der Auseinandersetzung mit den Institutionen Museum und Ausstellung, Jury und Publikum. So geraten auch die Künstler in den Widerstreit, der in der politisch-gesellschaftlichen Auseinandersetzung zur Frontenbildung führt: Der neue Universalismus muß sich den Forderungen von Nation, Stand und Klasse stellen (Kat. 461–485).

An dieser Stelle weiß der Besucher, wie die Revolution sich zur Ikone läutert, wie sie Formen der Herrschaftskunst hervorbrachte, die der neuen, republikanischen Öffentlichkeit den Sieg der Vernunft vermitteln sollten, aber er weiß noch nicht, wie sie ablief. Darüber unterrichtet die „Chronik des revolutionären Jahrzehnts" (Kap. II.7), die an der hinteren Kuppelwand abläuft: Beispiele der Tageskunst vornehmlich, des schnell reagierenden, parteilichen Bildjournalismus. Das bietet die Möglichkeit, die Frage der Verläßlichkeit von Bildberichten, bzw. der Fiktionalität des Reporterauges zu untersuchen. Diese Bildchronik endet mit der Machtergreifung Napoleons.

Umklammert werden diese Tagesthemen von den beiden vorderen Wandzonen der Kuppel. Links die neuen Tugenden, auf die sich das revolutionäre Ethos stützte: der Bürger als Held, die Familie als Keimzelle der Gesellschaft, Brüderlichkeit als das Band, das alles durchwirkt (Kat. 214–233) – Ideale, welche die Revolution der Aufklärung verdankt und die sie zugleich mit ihrer selbstgerechten Tugend-Hybris verspielt, wenn nicht verrät. Auf der gegenüberliegenden Wand wird an die „alten Ängste" erinnert, an die „Entzükkungen des Wahnsinns" (Tieck), die der revolutionären Schreckens-

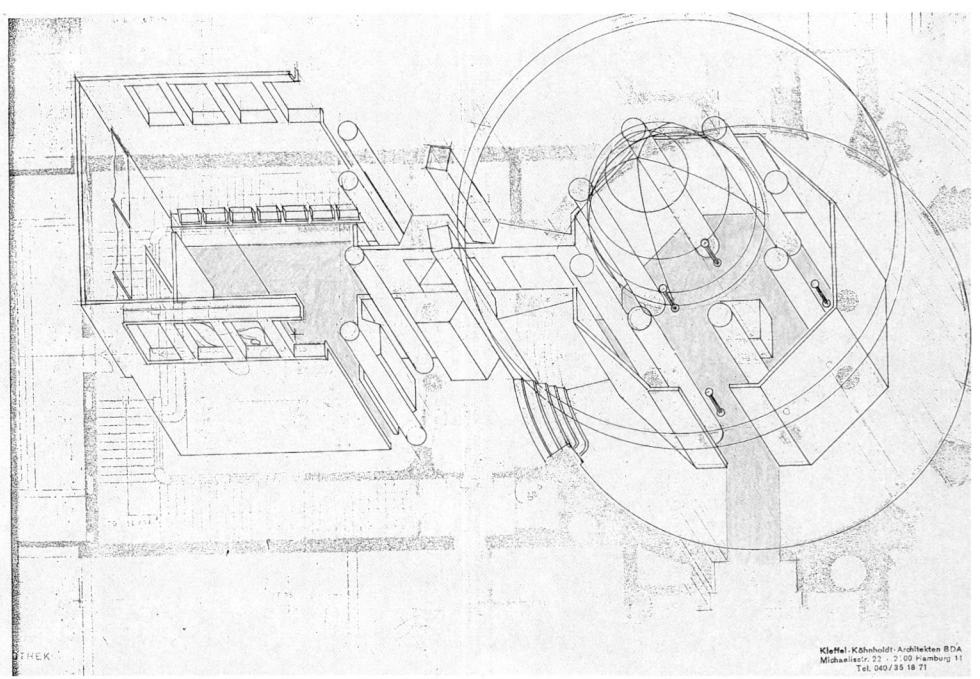

Erdgeschoß

herrschaft eine dunkle Folie bieten: Füssli, Blake, Goya und Sade. Hier verkehrt sich das Pathos der Aufklärung in das, was Adorno und Horckheimer „die radikal gewordene mythische Angst" nannten – in Metaphern der Vergeblichkeit und der Unentrinnbarkeit (Kat. 436–460).

Als Ganzes bietet demnach der Kuppelraum sieben Bezugsfelder, die wahlweise als Kontrastkoppelung wahrgenommen werden sollen: Chronik, Zerrbild und Verherrlichung der Revolution; der Künstler, wie er sich sieht und wie er sich behauptet; die Idylle der Brüderlichkeit und das Inferno der Ängste und Begierden.

Am Ende der Chronik tritt bereits Napoleon auf. Im letzten Saal der Ausstellung wird er als Vollstrecker und Vernichter der Revolution dargestellt. „Er vollzog den Terrorismus, in dem er an die Stelle der permanenten Revolution den permanenten Krieg setzte." (Marx) Die feierliche Ausstattung des Raumes betont den lauten Prunk, den der neue Herrscher seiner Hofhaltung verordnete (Kat. 486–553). Doch hinter dem künstlerischen Aufwand, der seiner Krönung gewidmet ist (Kat. 505 a–i), taucht mahnend in einer zweiten Ebene der Zyklus der Kriegsgreuel von Goya auf (Kat. 530.1–80). (Dazu das „Nachwort" auf S. 358).

Kunst als Verdrängung und Verschleierung, Kunst als Entblößung – diese beiden Positionen werden buchstäblich auf zwei ineinander geschobenen Wänden veranschaulicht, deren jede auf die andere Bezug nimmt. Es entsteht eine dreidimensionale Collage, die dem Betrachter ein Wechselbad zumutet: in der vorderen Ebene sieht er die Glorie, in der hinteren die Gewalttat. Und er blickt, wieder durch Guckfenster, auf zwei Symbolbilder, auf Gérards „Ossian" (Kat. 508) – Napoleon führte den Ossian in seiner Reisebibliothek mit sich – und Runges „Morgen" (Kat. 537), der eine neue Freiheit verkündet. Noch einmal treten Tag und Nacht einander gegenüber, begleitet von den strengen Institutionen – dem Wiener Kongreß, dem Fürstenbund, der Philippinen-Junta –, die nicht Freiheit verkünden, sondern Europa neu ordnen und disziplinieren wollen. Und das kosmische Symbol des Newton-Kenotaphs taucht verwandelt noch einmal auf: in Napoleons Weltmachtanspruch (Kat. 507) und in der kreisrunden Kornblume Runges (Kat. 538) – bildhaftes Gleichnis der Hoffnung auf das „Wachstum" und das „Heranreifen einer schöneren Welt", wovon Hölderlin in dem schon zitierten Brief schwärmt.

Diese Ausstellung, das stand von Anfang an fest, würde von der Suggestivität ihrer Zeichensprache, d. h. ihrer „Aufbereitung" leben. Da dies seinen Preis hat, bedurfte sie der Unterstützung von privater Seite. Die BATIG Hamburg hat das früh erkannt und sich wieder einmal bereit erklärt, uns unter die Arme zu greifen. Ihre beträchtliche Spende erreichte uns auf dem Umweg über das Hafengeburtstagskomitee, dessen Vorsitzender, Herr Dr. Michael Otto, sich nachdrücklich für unser Projekt einsetzte. Mein Dank gilt Herrn Dr. Harald Erichsen, dem damaligen Vorsitzenden des Vorstandes der BATIG Hamburg, und seinen beiden kunstbegeisterten Mitarbeitern, Frau Leonore Stege und Herrn Dr. Jörg von Bargen.

So ließ sich die erste Phase gut an, bis wir an eine Klippe gerieten, die man rückblickend und euphemistisch als Mißverständnis bezeichnen kann. Nicht dieses, aber seine bedrohlichen Folgen konnten beseitigt werden. Ein SOS-Ruf wurde gehört und verstanden: Die Spielbank Hamburg machte uns wieder flott. Diese Hilfe ist der spontanen Reaktion von Herrn Wilfried Achterfeld, Geschäftsführender Gesellschafter der Spielbank Hamburg, zu verdanken. Zu danken habe ich der Kulturstiftung der Länder für eine namhafte Zuwendung.

Damit ist meine Danksagung noch nicht zu Ende, denn um die Inszenierung in unserem Etat unterzubringen, mußten Partner gewonnen werden, die sich bereit erklärten, ihr Entgelt – ohne Qualitätsverzicht – unseren Mitteln anzupassen oder ganz darauf zu verzichten. Letzteres gilt für Kleffel Köhnholdt Architekten BDA und Susanne Graaf-Köhnholdt. Sie haben trotz ihrer beruflichen Beanspruchung meine Rohentwürfe zu Ende gedacht und in eine realisierbare Form gebracht. Die Bauausführung besorgte das Studio Hamburg Atelier GmbH, wofür ich Herrn Dr. Martin Willich, Vorsitzender der Geschäftsführung, und seinem Architekten Herrn Georg Honerla danken möchte. Mein Dank richtet sich überdies an ERCO Leuchten GmbH (Lüdenscheid), Robert Kurtius GmbH (Hamburg) und Herrn Peter Andres, der als Lichttechniker die Lichtplanung besorgte.

Für mannigfache Hilfe danke ich Dr. Gerd Bucerius und Jan Philipp F. Reemtsma, Paul O. Vogel und Egbert Kossak, der Druckerei Dingwort (Joachim Meyer und Wolf-Peter Graumann) und dem Buchverlag DuMont.   Werner Hofmann

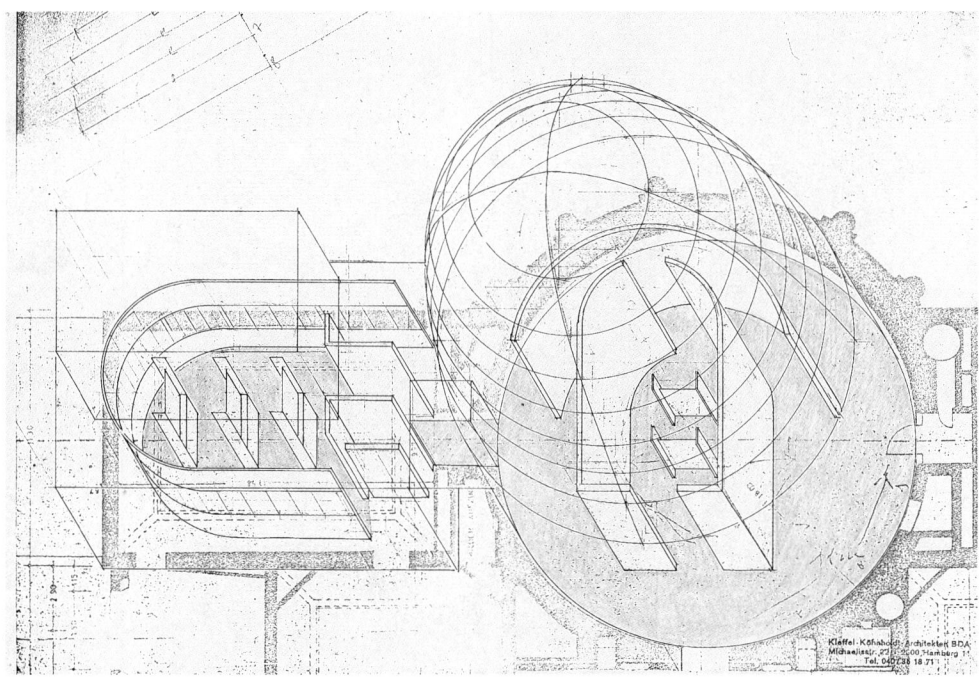

Obergeschoß

Werner Hofmann

Wahnsinn und Vernunft
Über die allgemeine Sonne und das Lampenlicht des Privaten

Emblem XII aus: Diego de Saavreda Fajardo, Idea principis christiano-politici, Köln 1650

Titanenartig sind aber diese Zeiten, die einer in sich totalen Philosophie und ihren subjektiven Entwicklungsformen folgen, denn riesenhaft ist der Zwiespalt, der ihre Einheit ist. So folgt Rom auf die stoische, skeptische und epikurische Philosophie. Unglücklich und eisern sind sie, denn ihre Götter sind gestorben und die neue Göttin hat unmittelbar noch die dunkle Gestalt des Schicksals, des reinen Lichts oder der reinen Finsternis. Die Farben des Tages fehlen ihr noch.
Karl Marx (1840)[1]

Solange die Welt steht, war die Vernunft der Mehrheit unzugänglich oder zuwider. Damit die Vernunft gefallen konnte, mußte Anacharsis Kloots sie als hübsche Schauspielerin verkleiden, und diese selbst nackt ausziehen. Auf die Menschen einwirken kann man nur, wenn man ihre Träume noch deutlicher träumt, als sie selbst, nicht aber, wenn man ihnen seine Gedanken so beweisen will, wie man geometrische Lehrsätze beweist.
Alexander Herzen (1867)[2]

I. Eine Revolution der Kunst?

Was bedeutet 1789 für die Kunst? Bewirkte die Kunst, deren sich die Revolution bediente, eine *Revolution der Kunst?* Diesen Fragen sind schon die Zeitzeugen nachgegangen. Drei von ihnen sollen das bezeugen: Campe, Forster und Burke.

August 1789. Drei Wochen sind seit dem Sturm auf die Bastille vergangen. Ein junger deutscher Schriftsteller, eben in der französischen Hauptstadt eingetroffen, berichtet über das, was rings um ihn vorgeht. *Johann Heinrich Campes* „Briefe aus Paris"[3] sind für die Leser des Braunschweigischen Journals bestimmt. Der erste (vom 4. August) steht unter dem Leitbild des gebärenden Chaos, das jedoch vor seinem geistigen Auge eine Zielrichtung, einen Umriß annimmt. Im zweiten, am 9. August geschriebenen Brief greift er nochmals das Bild der überbordenden Kräfte auf und entdeckt darin einen folgerichtigen Gestaltungsakt. Er nimmt innerlich teil an der „Vermischung und Zusammenschmelzung aller Stände . . . zu einer einzigen großen Bürgerfamilie . . ." Dieses Schauspiel führt ihn zu der Einsicht, daß das entbundene Leben die Kunst herausfordert und zugleich eruptiv überwältigt: „Was sind tote Gemälde und Bildsäulen . . ., zu einer Zeit, da man das große Schauspiel eines ganzen der Sklaverei entronnenen Volkes in den Momenten seiner politischen und moralischen Wiedergeburt beobachten kann . . .?" (Der große Moment macht das Monument überflüssig.)

Auch *Georg Forster* denkt über die Zusammenhänge zwischen Kunst und Revolution nach. In seinen Kommentaren zu zwölf Kupferstichen von Chodowiecki, die 1792 unter dem Titel „Erinnerungen aus dem Jahr 1790"[4] erschienen, vergleicht er die „Explosion in Frankreich" mit dem Erdbeben, das unlängst Calabrien zerwühlte. Solche Eruptionen haben tiefere Ursachen, als der Physiker uns Glauben macht, „dem ein Medizinfläschchen mit nasser Eisenfeile die Lavaströme des Vesuv erklärt." Das Elementarereignis spottet dem Retortenexperiment. Ebenso verhält es sich mit geschichtlichen Umwälzungen. Nur einfältiges Wunschdenken gibt sich der Illusion hin, es könne sich seinen eingehegten Frieden bewahren, wenn an den Grenzen das Chaos anbrandet. Dennoch vermeidet Forster sich festzulegen: „Wie die Französische Revolution in das ganze Schicksal der Menschheit eingreift, und was sie wirken werde bis ans Ende der Welt – wer mag das jetzt schon bestimmen?"[5] Aber auch er begeistert sich am kollektiven Zusammenklang auf den Pariser Straßen, und im Förderationsfest, das den ersten Jahrestag des Bastille-Sturms feiert, sieht er selbst den König an dieser Verbrüderung teilhaben: „Alles drängte sich zu ihm hin, nannte ihn *Freund* und *Vater* . . ." In solchen Ereignissen findet Forster offenbar seinen *öffentlichen Kunstbegriff* verwirklicht. Jedenfalls bietet sich das patriotische Fest, dieses zeitlich begrenzte Gesamtkunstwerk, als Antwort auf seine Kritik an der „modernen Kunst" an, die er 1789 im 9. Heft von Schillers „Thalia" erscheinen ließ.[6] Forster beklagt darin die doppelte Unfreiheit der zeitgenössischen Kunst. Einmal ist sie das Produkt der allgemeinen Verwissenschaftlichung: Denker bestimmen ihre Regeln, die Fesseln der Theorie lähmen ihren Gang und verwandeln sie in Mechanismus. Die andere Botmäßigkeit kommt aus der Abhängigkeit des Künstlers von Despotenlaunen. Er hat kein Vaterland, sondern einen Herrn, der über ihn verfügt; er dient dem Zeitvertreib, dem Luxusbedürfnis und der Selbstsucht derer, die über den Geschmack bestimmen; er vollbringt nichts, was das ganze Volk ergreift wie ehedem in Athen, als der Künstler im öffentlichen Auftrag handelte.

Bereits im Herbst 1790 ließ *Edmund Burke* seine „Reflections on the Revolution in France"[7] erscheinen. Sie sind weder das Werk eines Begeisterten noch eines Skeptikers, der sich der Enttäuschung verweigert. Burke schreibt aus vorbehaltloser Abneigung. Er definiert den Staat als ein gewachsenes Ganzes. Folglich sieht er die gesellschaftlichen Kräfte von traditionellen Werten getragen, die sich zwar erneuern, aber niemals in Frage gestellt werden sollten. Das Organische, das er im Auge hat, gehört zu den antiaufklärerischen Denkmodellen des 18. Jahrhunderts. Er verteidigt es sowohl gegen das Künstliche wie gegen ungezügelte revolutionäre Eruptionen. Das macht ihn zum Gegner jeder Ideologie, die auf abstrakten, deduzierten Grundsätzen beruht und durch einen revolutionären Tabula-rasa-Akt die Traditionen auslöschen will.

Wie Campe und Forster bezieht er die revolutionären Ereignisse auf Naturgewalten, doch setzt er sie eindeutig unter die negativen Vorzeichen einer Apokalypse, die dem Bösen zum Triumph verhilft. Was Forster im Bild einer heilsamen Lava ganz Europa überfluten ließ, stellt sich dem Iren als Sturm dar, den es zu bannen gilt: „Aber sie sollen nicht aus ihrer Höhle hervorbrechen wie ein Sturm aus Osten, alles vor sich wegfegen auf der Erde und die Brunnen der großen Tiefe eröffnen, um uns zu ersäufen."[8]

Burke schlägt einen zornig pessimistischen Ton an, den wir bei Campe nicht antreffen und der bei Forster erst 1793 anklingen wird. In seinem fünften Brief, den er am 14. August 1789 schreibt, deutet Campe ahnungsvoll den Antagonismus an, der im revolutionären Prozeß steckt. Für ihn ist dessen Verfestigung in der Konstitution ein monumentales Ereignis, das neue Ordnungsmaßstäbe verkündet – wogegen der Nationalcharakter fortschreitend verwildert, so daß es „wahrscheinlich noch zu blutigen Auftritten kommen" wird.[9] Campe macht die schwärenden Gegensätze bildhaft deutlich: hier das starre Denkmal der neuen, für alle Zeiten proklamierten Gesetzestafeln, dort die entfesselten Leidenschaften des Volkes. Dem entsprechen die beiden herausragenden Höhenlagen der französischen Kunstproduktion: Die Ikone und das böse Pamphlet.

Beim Schreiben seines letzten Werkes, der „Parisischen Umrisse"[10] (1793), plädiert Forster für die Ambivalenz des Elementargeschehens, indem er sich von einem fiktiven Partner befragen läßt: Ist die Revolution ein guter Geist oder ein feindseliger Dämon, ein flüchtiger Meteor oder ein neuer, kräftiger Lebenshauch? Eindeutig beantwortet er diese Fragen in den Briefen an seine Frau. Wohin die Vernunft treibt, wenn das Gefühl sie verlassen hat, beschreibt er am 16.4.1793. Ein neuer Despotismus, von Eigennutz und Selbstsucht angestachelt, ist ausgebrochen. Forster sieht seine idealischen Träumereien von Teufeln zerstört, die über eine neue Hölle herrschen, und schaudernd richtet sich sein Blick auf die Zukunft: „. . . die Herrschaft, oder besser die *Tyrannei* der Vernunft, vielleicht die eisernste von allen, steht der Welt noch bevor."[11] Die alten Zwänge sind neuen, noch härteren gewichen. Die Versöhnung von Phantasie und Vernunft, auf die Forster hoffte, ist mißglückt. Was er schon im Herbst 1789 voraussah, scheint nun eingetreten: „Die schönen Stunden des unbefangenen Genusses sind auf ewig entflohn!" Jetzt ist die Stunde der „Freudenstörer",[12] die niemals empfunden haben.

Nochmals: Was bedeutet 1789 für die Kunst? Bewirkte die Kunst, deren sich die Revolution bediente, eine *Revolution der Kunst?* Oder spielte sich dieser Umbruch außerhalb der revolutionären Gebrauchskunst ab? Die Erörterung dieses Fragenkomplexes orientiert sich am besten an Edmund Burke, und zwar an den beiden Denkmodellen, die dieser Autor seinem Jahrhundert entworfen hat. Das eine steht in seiner Erstlingschrift über das Erhabene und das Schöne (1757),[13] in der er den ästhetischen Horizont auf Neuland ausdehnte, das andere in den „Reflections" über die Revolution in Frankreich. Aufeinander bezogen, stehen die beiden Eckpunkte von Burkes Lebenswerk für die geistigen und gesellschaftlichen Erregungen, welche in der 2. Hälfte des 18. Jahrhunderts Mutationen und Revolutionen auslösten.

Burkes Kritik von 1790 reibt sich an den beiden gegensätzlichen Grundmustern der revolutionären Epoche, die auch bei Campe anklingen, dem geometrischen Schema und dem überbordenden Chaos. War schon der junge Burke ein Gegner des aufklärerischen Rationalismus, so verwahrt sich der alte gegen die geometrisch-arithmetischen Staatsexperimente, die den Menschen – unter dem Vorwand seiner Beglückung – „zu einer seelenlosen Maschine, zum toten Instrument einer politischen Wohltätigkeit ... verdammen."[14]

Zugleich aber glaubt Burke tausend Höllenküchen am Werk, deutet er den brodelnden Aufruhr als „Vorboten eines allgemeinen Erdbebens" und sieht alles der Maßlosigkeit ausgeliefert: „In dem Dampf und Nebel allgemeiner Verwirrung wird jeder Gegenstand unendlich, und alle Grenzen verlieren sich."[15] Alles das sind Metaphern, mit denen sich im ästhetischen Bereich jenes „Erhabene" umschreiben läßt, welches Burke in seiner Jugendschrift als Elementarkraft dem Schönen entgegensetzte. *Erhaben* sind für ihn vornehmlich Natureindrücke, die im Ungeheuren und Maßlosen ihren Ursprung haben und den Menschen seine Ohnmacht fühlen lassen: Vulkane, Wasserfälle, Abgründe und Überschwemmungen.[16] So liefert Burke dem Vokabular, das wir bei Campe und Forster antreffen, das ästhetische Analogon, dem alsbald die Landschaftsmaler des Erhabenen ihre Motive entnehmen werden (Kat. 191–197).

Die Metapher des erhabenen Chaos trägt die Einbildungskraft bis tief ins 19. Jahrhundert. Als Anfang August 1830 die ersten Nachrichten von der Pariser Julirevolution nach Weimar gelangten, begab sich Eckermann zu Goethe, der ihn erregt empfing: „Nun, was denken Sie von dieser großen Begebenheit? Der Vulkan ist zum Ausruch gekommen; alles steht in Flammen, und es ist nicht ferner eine Verhandlung bei geschlossenen Türen!" Goethe sprach nicht von der Revolution, wie Eckermann zunächst vermutete, sondern von einem Methodenstreit zwischen Cuvier und Saint-Hilaire, der in der Pariser Akademie am 19. Juli stattgefunden hatte. Das Mißverständnis schlägt eine merkwürdige Brücke von der maßlosen zur vermessenen Welt.

Mit dem Umsturz der ästhetischen Werttafeln beginnt aber auch, was Burke nicht voraussehen konnte: die erste Phase eines Prozesses, der zunächst die Einbildungskraft auf Schockwirkungen des Erschreckens lenkte und schließlich das politische Handeln bestimmen sollte. Auf den Schrecken („terror"), der dem Betrachter einer Naturkatastrophe aus sicherer Distanz das prickelnde Schauspiel des Erhabenen gewährt, folgt „la Terreur", die von Robespierre und seinen Anhängern gesteuerte Schreckensherrschaft, in der es kein ungefährdetes, betrachtendes Subjekt mehr gibt. Das ist freilich nur die letzte Konsequenz eines Erlebnisdranges und einer Leidensfähigkeit, welche damals in allen Bereichen an die äußersten Grenzen vorstießen. Von Joseph Vernet, dem Maler der Schiffbrüche, ist es nur ein Schritt zu dem politischen Schwärmer Adam Lux. Der Maler ließ sich an einen Mastbaum binden, um einen Seesturm hautnah zu erleben,[17] indes der Mainzer Jakobiner in Paris eine Flugschrift über Charlotte Corday schrieb, die ihn den Kopf kosten mußte. „Auf das Schafott ist er *gesprungen*" – so charakterisiert Forster die Todesgier seines Freundes.[18]

Burkes „Enquiry" entwirft dieser neuen „Qualität" des Schreckens das erste Wetterleuchten, hinter dem das Schöne, „a social quality",[19] zu bloßer Gefälligkeit verblaßt: Die gewiß schöne Charlotte Corday läßt erst im Tod ihre Reize zurück – jetzt ist sie *erhaben*. Dies kann und will Burkes politischer Verstand nicht wahrhaben. Die Elementarkräfte, die er 1757 gegen das Schöne ausspielte, muß er 1789 in ihrer zerstörerischen Konsequenz verabscheuen, da sie nun die ästhetischen Grenzen überschreiten und den Gesellschaftskörper umstoßen. Merkwürdig, daß Burke über *diese* Akzentverschiebung vom Ästhetischen ins Politische nicht nachgedacht hat, während er hellsichtig genug war, um im Bereich von „Gesetz und Ordnung", der sich zum Chaos komplementär verhält, einen Konnex zwischen Kunst und Politik herzustellen. Der in der insularen Praxis verwurzelte Pragmatiker vergleicht die revolutionären Systementwerfer mit der Zirkel-und-Lineal-Ästhetik der französischen Architekten. Die neue Gliederung des französischen Territoriums in 83 Departements von gleich großem Flächeninhalt basierte ursprünglich auf dem Rasterprinzip. Ehe man ihn fallen ließ, gab dieser Gedanke Burke ein Schreckbild ein: „Nie wird jemand seinen Ruhm dareinsetzen, daß er zu dem Viereck Nr. 71 oder zu irgend einem anderen Felde eines großen Schachbretts gehört."[20] Burkes Ablehnung gilt also zwei Extremen, dem kollektiven politischen Fiebertraum und dem starren Ordnungssystem.

Das *Chaos* ist ihm so unerträglich wie der *geometrische Zwang*. Mit seinen beiden Aversionen benennt Burke die Kraftfelder, aus deren Entfaltung unsere Ausstellung den Januskopf der Revolution hervortreten läßt: Die vermessene Welt (Kap. I.4) und die entgrenzte Welt (Kap. I.5).

II. Die vermessene Welt

Der Erfahrungshunger der Aufklärer richtet sich auf den Makro- wie auf den Mikrokosmos. Das Teleskop dringt in das Weltall ein, um dessen Gesetzmäßigkeiten zu ergründen. Den anderen Zielpunkt erschließt das Mikroskop: auch hier findet das instrumentalisierte Auge alle Lebensprozesse sinnvoll geordnet. Zwischen diesen beiden Bereichen – Mercier spricht in seinem utopischen Roman von „zwei Unendlichkeiten"[21] – erstreckt sich die Fülle der Erscheinungswelt, alles in allem ein „Beweis für die Weisheit des Schöpfers." So sehen es die Deisten unter den Aufklärern.

Auf Systeme und Ordnungen, d. h. auf begriffliche Klassifikationen bedacht, greift der empirische Verstand nach allem, was die Schöpfung und der Mensch ihm anbieten, auf die erste Wirklichkeit der „natura naturata" und die zweite, hergestellte Wirklichkeit, welche Erfinder und Künstler, Ingenieure und Baumeister der ersten überstülpen. So entsteht aus diesen beiden Bereichen die vermessene Welt, das Produkt systematischer Erforschung, gestützt auf ein Arsenal von Erfindungen (sprich: Instrumenten). Dahinter steht, was diese Zugriffe erst ermöglicht: der Forscher und Erfinder, beide hervorgegangen aus einem umfassenden pädagogischen Impuls. Im Bildungsideal der Aufklärer sind Theorie und Praxis, Reflexion und Produktion dem Fortschritt verschrieben. Davon berichten die Weltreisen und die archäologischen Erkundungen, die kunsthistorischen Bestandsaufnah-

men und die Ansätze zu einer vergleichenden Religionswissenschaft. Darauf nimmt die naturwissenschaftliche Forschung Bezug, darauf ist die Schulbildung ausgerichtet ... alle diese Bestrebungen haben ihren Grundriß in der Gliederung der großen *„Encyclopédie"* von Diderot und d'Alembert. Sie umfaßt drei Hauptgruppen: Wissenschaften, freie Künste und mechanische Künste (Abb. 3a–g). In Streiflichtern versucht unser viertes Kapitel – „Die vermessene Welt: Erforschung, Erfindung, Erziehung" (Kat. 125–182) – diese Bestrebungen darzustellen, wobei sich eine Art Thementeilung wahrnehmen läßt. Am Anfang stehen die pragmatischen Engländer, die den Wissensstoff schnell an die industrielle Praxis vermitteln; es folgen die Franzosen, die dem Bildungsprozeß ein Höchstmaß an abstrakter, ja geradezu sakraler Disziplin geben; am Ende steht der deutsche Beitrag, nämlich der protestantische Versuch, die neue Faktenfülle der Welt einem Ideal der Versittlichung anzunähern. Auf den Menschen als Inhalt dieser Zivilisationsentwürfe bezogen, könnte man sagen: Die Franzosen bieten großzügige Formen ohne konkrete Inhalte, die Deutschen vielfältige didaktische Inhalte ohne die zusammenfassende Form.

Die Ausstellung beginnt jedoch nicht mit den Tatsachen und ihrer Analyse, sondern – programmatisch – mit einem Modell des Kenotaphs, den Boullée 1784 für Newton entwarf (Kat. 40). Es ist der anschaubare Inbegriff des vermessenen, vom Zirkel auf eine geometrische Form gebrachten Weltalls. Das probende Vermessen und Vergleichen hat in Newton seine überra-

Abb. 2a
Étienne-Louis Boullée,
Newton-Kenotaph,
um 1784, Paris,
Bibliothèque Nationale

gende Symbolfigur. Weil er „niemals Systeme aufstellte, nie Dinge voraussetzte und keine Wahrheit lehrte, die sich nicht auf die sublimste Geometrie und unanfechtbare Experimente gründeten", war Newton für Voltaire[22] der größte aller Menschen. Aus eben diesem Grunde mußte ihn Blake ganz anders sehen: nicht als Befreier, sondern als den Gefangenen seines Systems, der dem Zirkel verfallen ist.[23] (Abb. 1) In Newtons Beschränkung auf empirisch gewonnenes Tatsachenwissen witterte Blake die folgenschwere Absage an die Einbildungskraft: eine Amputation. Dem hielt er die Überzeugung entgegen: „Energie ist das einzige Leben und stammt vom Leib; und Vernunft ist die Schranke oder die äußere Begrenzung der Energie."[24] Blake spricht und handelt im Namen der entgrenzten Welt.

In Boullées Kenotaph wird das Firmament in einer Hohlkugel untergebracht; domestiziert, vertauscht die Unendlichkeit des Weltalls ihre Offenheit gegen einen Innenraum (Abb. 2a, b). Das läßt an Kants Wort denken, wonach man früher die Fixsterne für Löcher im Firmament hielt. Die Basis dieser Hohlkugel bildet der Sarkophag des großen Physikers, auf dem sonach das ganze Weltall ruht – keine unangemessene Funktion für einen Geist, den ein Kirchenmann wie Herder zu den „Boten der Gottheit an das menschliche Geschlecht rechnete."[25] Die sakrale Kenotaph-Idee läßt den großen Toten mit sich und dem Kosmos allein, keine Liturgie soll ihn feiern. Überhaupt bricht Boullée mit der herkömmlichen Beanspruchung von Kugel, Kreis und Kreisbahnen durch die christliche Religion. Bereits die ältesten Darstellungen des christlichen Schöpfungsmythos machten diese geometrischen Figu-

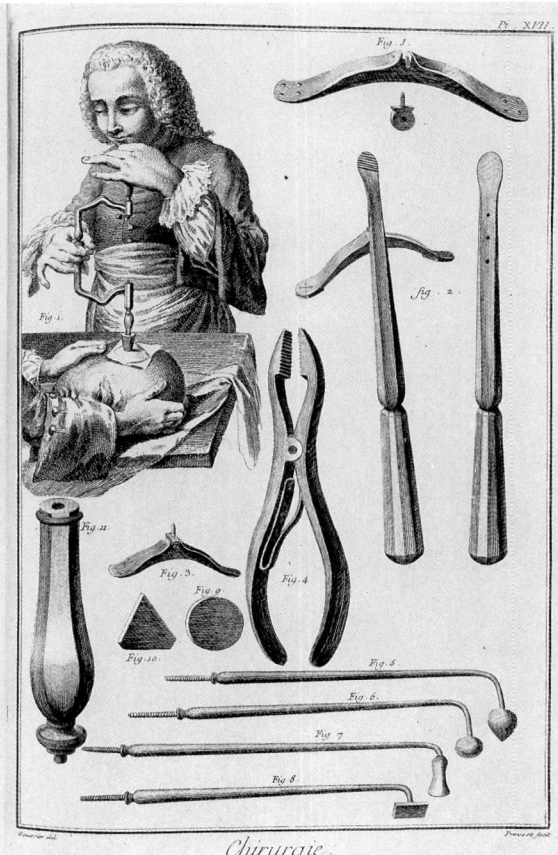

Abb. 3 a
Des Hautesrayes
nach Niodot,
Alphabet der Tartaren,
Kupferstich aus:
Diderot/d'Alembert,
Encyclopédie,
Paris 1751–77,
Tafelbd. 2, Teil 1, 1763

Abb. 3 b
Benoît-Louis Prévost
nach Goussier,
Chirurgie,
Kupferstich aus:
Encyclopédie, Tafelbd. 2,
Teil 2, 1763

Abb. 3 c
Robert Bénard,
*Naturgeschichte:
Zoophyten,*
Kupferstich aus:
Encyclopédie, Tafelbd. 11,
1777

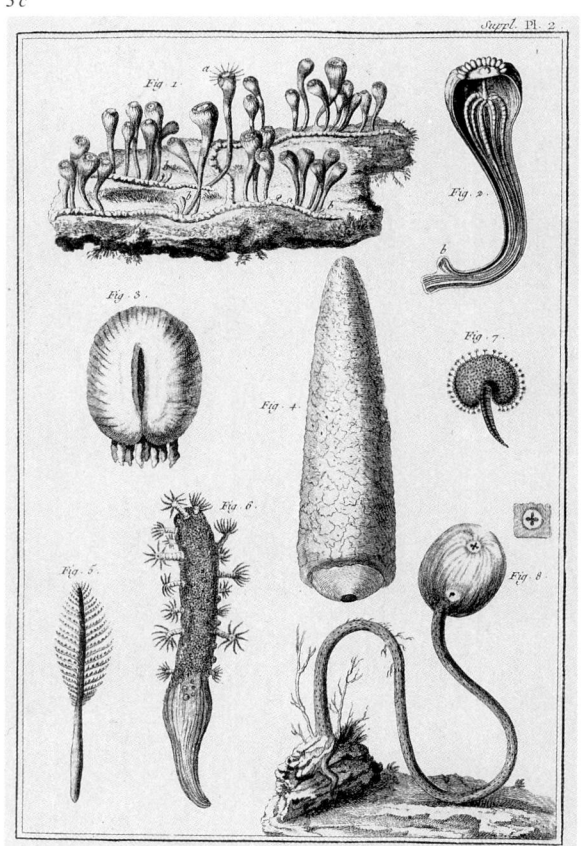

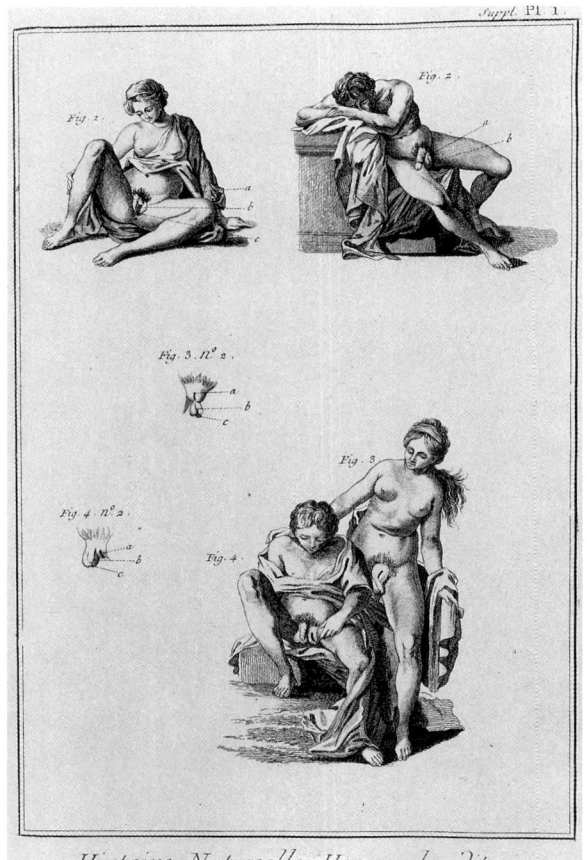

Abb. 3 d
Anonym,
*Naturgeschichte:
Hermaphroditen,*
Kupferstich aus:
Encyclopédie, Tafelbd. 11,
1777

Hat Goya – Abb. 21 –
diese Tafel
gekannt?

Verrerie en Bouteilles, Chauffée en Charbon de Terre.
Coupe sur la largeur d'une des quatre Halles de la Verrerie Royalle de Sève près Paris, Plan de la Cave, et Coupe du Four à recuire les Bouteilles

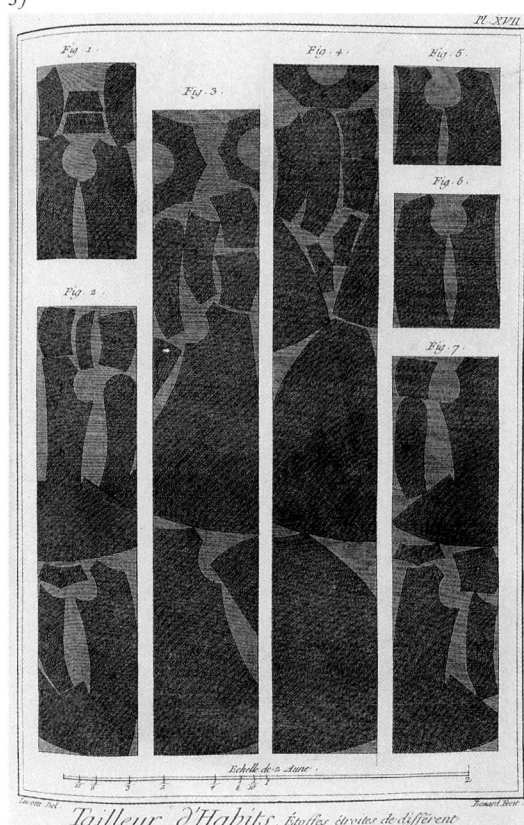

Tailleur d'Habits, Étoffes étroites de différent
Cintrage pour Veston, Fraque, Redingotte, Roquelaure, Camisole, Gillet et Soutanelle Vûes par monter

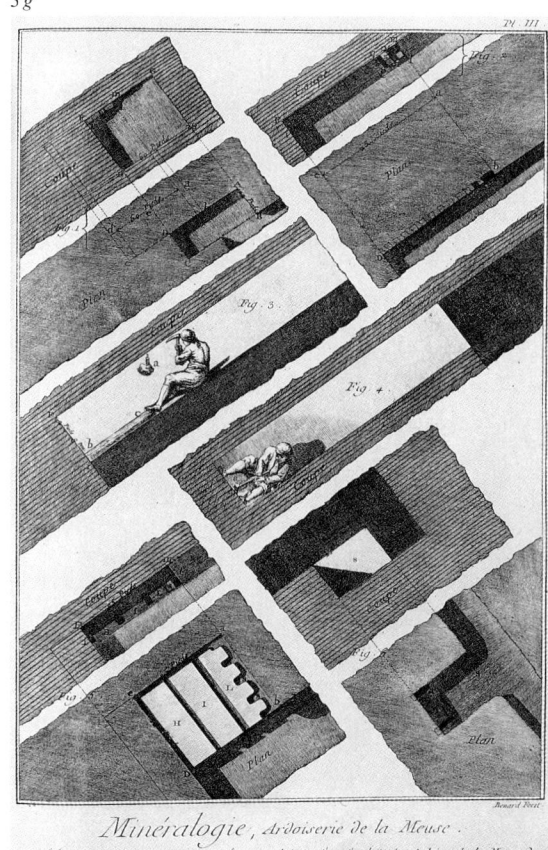

Minéralogie, Ardoiserie de la Meuse.
Différentes Figures de Plans, Coupes et Elévations relatives à l'art d'exploiter les Ardoises de la Meuse

19

ren – auf keine Erfahrungsdaten gestützt – zu Sinnbildern kosmischer Harmonie. Daran knüpfte das 18. Jahrhundert ein letztes Mal an. Barocke Bildprogramme empfahlen den Malern, die Gestalt der „Theologie" beherrschend auf einer Himmelskugel thronen zu lassen. Solche Gestalten stellten nicht die Frage nach Fixsternen oder Planeten – sie stehen ihr vielmehr im Wege. Dagegen wird Kant – ein Beispiel für viele – die Kosmogonie von der allegorischen Bekrönung befreien und sich damit auch von ihrer Autorität lossagen. In seiner „Allgemeinen Naturgeschichte und Theorie des Himmels" (1755) denkt er sich die Himmelskörper als „runde Massen" und beschreibt, wie die Nebel sich zerstreuten, „welche hinter ihrer Dunkelheit Ungeheuer (!) zu verbergen schienen und nach deren Zerteilung die Herrlichkeit des Höchsten Wesens mit dem lebhaftesten Glanze hervorbrach."[26] Dieses höchste Wesen – vgl. Kat. 327 – ist bildlos, als reines Licht vorzustellen.

Boullées radikale Abkehr vom „ungeschaffenen Schöpfer" des unendlichen Universums, dem noch Mercier[27] huldigt, wird deutlich, wenn wir seinen Kenotaph mit dem Tempel vergleichen, der in „Das Jahr 2440" beschrieben wird. Zwar ist auch dieser Kuppelraum schmucklos und gibt in seinem Deckenfenster den Blick auf den Himmel frei, aber er ist immer noch ein Kultraum mit einem Altar, um den sich Priester und Chöre versammeln. Diese Vermittlungsinstanzen der Sakralität hat Boullée ebenso beseitigt wie die von ihnen beherrschte Gemeinde.

Der Triumph des *„esprit géométrique"* (Pascal) kann nicht isoliert von den Widersachern gesehen werden, die sich an seinem klassifizierenden Schematismus stießen. Lineal und Zirkel ordnen und normen, folglich engen sie auch ein. Im „Emile" warnt *Rousseau* davor, den Kindern mit Hilfe von Globen die Geographie beizubringen, und er weigert sich, seinen Schüler in Geometrie zu unterrichten, denn er will nicht, daß das Schema vor die spontane Erfahrung gesetzt wird.[28] Der geometrische Geist macht alles überschaubar, aber er verordnet eine Disziplin, die in letzter Konsequenz unfrei macht. Das Denkmal, das Boullée für Newton entwirft, ist auch dessen *Gefängnis,* es schließt seinen Geist in der präzisen Schale seiner Endgültigkeit ein – ähnlich wie Blake den Denker zum Gefangenen seiner selbst und seiner Zirkelmethode macht. Der Antipode des „esprit géométrique", Jean-Jacques Rousseau, fand zur gleichen Zeit seine letzte Ruhestätte in der offenen, entgrenzten Natur, auf der kleinen Pappelinsel im Park von Ermenonville (Kat. 64).

Ein Bewunderer Rousseaus, der Vielschreiber Mercier, ekelt sich vor den Riesenstädten und zeigt deren Kehrseite auf: „Ich werde irgendwo ein Dorf aufsuchen, wo ich in reiner Luft und bei stillen Freunden das Schicksal der traurigen Bewohner dieser prächtigen Gefängnisse, die man Städte nennt, beweine."[29] Merciers Rückzug gilt dem gesamten Zivilisationsapparat und seinem megalomanen Aufwand. Als sein Träumer die königliche Bibliothek des Jahres 2440 betritt, ist er von deren geringen Dimensionen überrascht:

„Anstelle der vier unermeßlichen Säle, die Tausende von Bänden einschlossen, entdecke ich nichts als ein kleines Kabinett, in dem mehrere Bücher standen, an Zahl und Stärke jedoch alles andere als umfangreich."[30]

Solche Verzichtspositionen werden von kulturkritischem Pessimismus getragen. Wer wie Rousseau und

seine Anhänger die enzyklopädische Bildungsanhäufung für entbehrlich hält, kann auch mit einer Bibliothekshalle nichts anfangen, wie Boullée sie für den König entwirft – einer Halle, die den Geist quantifiziert und in Reih und Glied aufmarschieren läßt (Abb. 4). Er muß sich aber auch von den urbanistischen Großprojekten abwenden, in denen Boullée und Ledoux die geometrische Hybris herrschen lassen (Kat. 161–163). Hier greift übrigens Merciers Vergleich der Großstadt mit dem *Gefängnis,* denn das Zuchthaus mit dem System seiner Zellen und Gänge ist die konzentrierteste baukünstlerische Verkörperung des geometrischen Geistes. Die rigorose Disziplin von Lineal und Zirkel bestimmt den engen Raster, der den Lebensäußerungen zugewiesen ist.

LA VERITABLE GUILLOTINE ORDINAERE.

Abb. 6
Anonyme französische Radierung,
Die Guillotine

Ledoux und *Boullée* entwerfen Bauten, in deren Messerglätte ein menschenfeindlicher Purismus steckt. Die geometrischen Sprachmittel werden ohne Rücksicht auf Funktionen und Bauaufgaben unterschiedslos angewandt. Letztlich sind alle diese Bauten Gefängnisse und Befestigungen, ob sie nun von ihren Entwerfern als Produktions-, Wohn-, Bildungs- oder Kultstätten gedacht sind. Wenn man in der Beschreibung, mit der Ledoux den Entwurf eines Friedhofes (Abb. 5) kommentiert, das Wort „Tote" gegen „Gefangene" austauscht, wird die Äquivalenz dieser megalomanen Verliese deutlich: „Ein düsteres Labyrinth aus Gängen, in deren Nischen die Toten ruhen, umfängt eine gewaltige höhlenartige Kuppel, in die aus dem Scheitel ein Strahl Tageslicht eindringt. Von außen ist nur der obere Teil dieser Kugel sichtbar: Eine mächtige Kuppel. Erschrocken weicht man beim Anblick dieser furchtbaren Wölbung zurück ... Das Bild des Nichts soll dem Auge keinen Anhaltspunkt bieten: Weder Wald noch Wiese, weder Tal noch Strom, und schon gar nicht die lebensspendende Gabe der Sonne."[31]

Alle diese Architekturideen wurden *vor* dem Jahr 1789 zu Papier gebracht, doch tragen sie bereits das schneidende Pathos des Gerätes in sich, mit dem dann die Revolution sich ihrer Gegner entledigte (Abb. 6). Ein geistreicher Interpret der Guillotine hat dieser jüngst die Universalität eines Axioms zugesprochen, da sie sich aus den drei Grundformen der Geometrie zusammensetzt, dem Kreis, dem Rechteck und dem Dreieck.[32] Aus eben dieser Beschränkung bezieht

Abb. 2b
Étienne-Louis Boullée,
Newton-Kenotaph,
Innenansicht,
um 1784, Paris,
Bibliothèque Nationale

Abb. 4
Étienne-Louis Boullée,
Königliche Bibliothek,
Innenansicht,
um 1785, Paris,
Bibliothèque Nationale

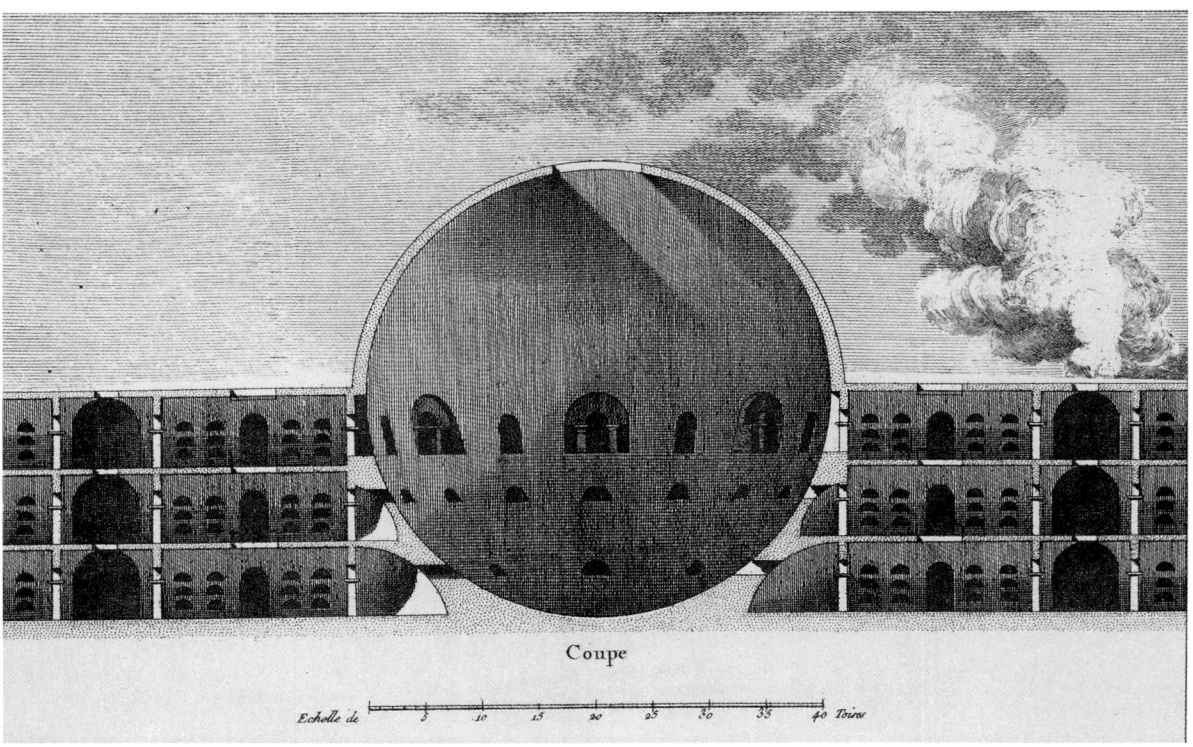

Coupe

Echelle de

Abb. 5
Kupferstich nach Claude-
Nicolas Ledoux,
Friedhof, Schnitt,
1804

Ledoux stolz sein Vokabular: „Kreis und Quadrat, das sind die Buchstaben des Alphabets . . .“[33] So ist es nicht überraschend, daß die Architekten Ledoux und Boullée die Ästhetik des Fallbeils vorwegnehmen. Ihre messerscharfen Rundbögen scheinen Exekutionsinstrumente zu verbergen. In der apparathaften Isolierung der Guillotine tritt uns nicht nur der mechanische Todesvollzug nackt entgegen: Der geometrische Geist gelangt darin zu seiner äußersten Konsequenz.

Ledoux und Boullée stellen ihre präzise Formphantasie in den Dienst einer Perfektion, die alle Funktionsbeziehungen über- und durchschaubar machen will. Insofern sind sie die Form gewordene Hybris der Aufklärung, deren Umschlagen aus der Befreiung in Angst und Terror.

Unfreiheit steckt jedoch nicht nur im glatten System. Schon früher tauchten im 18. Jahrhundert Visionen des Gefängnisses auf, in denen das kompakte, undurchdringliche Chaos herrscht: Sie stammen von Piranesi. Für Rousseau ist die große Stadt der „Abgrund“[34] des Menschen, ein verschlingender Schlund, der in die Kategorie des „Erhabenen“ gehört. Doch diese Maßlosigkeit rechnet nicht mit dem ästhetischen Betrachter, sie kennt nur hilflose Opfer. Solche Stadtvisionen hat Piranesi erfunden, weitläufige Wucherungen, unentrinnbare Labyrinthe, die den Menschen zum Gefangenen ihres Stilkonglomerates machen. Damit sind wir beim antiaufklärerischen Gegenentwurf, bei der ins Maßlose entgrenzten Welt angelangt. In Piranesis Hypertrophien ist alles das zur Schau gestellt, was Rousseau am Kunstwerk Stadt verachtet, der materielle Luxus, der schamlose Reichtum, die Genußkulissen der Müßiggänger (Abb. 7, Kat. 187). Piranesi hat dem labyrinthischen Formgedanken auch die Grundrisse seiner düsteren Gefängniswelt entnommen. Die „Carceri“ gehören einem „univers concentrationnaire“ an.[35] Es sind kompliziert gebaute, teilweise begehbare „Abgründe“, denen gleichwohl kein Funktionsraster zu

entnehmen ist. Eine solche Ausweglosigkeit sprach *Goethe* 1781 in einer prophetischen Metapher aus: „Ich habe Spuren, um nicht zu sagen Nachrichten, von einer großen Masse Lügen, die im Finstern schleicht, von der du noch keine Ahndung zu haben scheinst. Glaube mir, unsere moralische und politische Welt ist mit unterirdischen Gängen, Kellern und Cloaken miniret, wie eine große Stadt zu seyn pflegt, an deren Zusammenhang, und ihrer Bewohnenden Verhältniße wohl niemand denkt und sinnt; nur wird es dem, der davon einige Kundschaft hat, viel begreiflicher, wenn da einmal der Erdboden einstürzt, dort einmal Rauch aus einer Schlucht aufsteigt, und hier wunderbare Stimmen gehört werden.“[36] Stimmen der Befreiten, Erlösten?

Piranesis Unterdrückungsarchitekturen könnten auf die politische Vision abgefärbt haben, die *Blake* an den Anfang seines großen, im 1. Buch steckengebliebenen Gedichtes „The French Revolution“ (1791) setzt.[37] Seine Bastille gleicht einer höllischen Strafanstalt, sie ist nicht irgendein Staatsgefängnis, sondern ein dantesker Ort. In jedem der sieben Türme sitzt ein exemplarischer Gefangener. Im Turm „Schrecken“ wird ein Prophet gefangen gehalten, im Turm „Religion“ eine reine Frau, im Turm „Ordnung“ ein Verkünder der Wahrheit, im Turm „Schicksal“ ein guter Mensch, der zum Parasiten wurde, und im Turm „Gott“ ein Patriot. Diese Koppelung zeigt auf, daß die Staatsmacht auf pervertierten Kennworten beruht, also das Wertsystem heuchlerisch für die Zwecke der Unterdrückung mißbraucht. Sie macht aber auch deutlich, daß die Kategorien austauschbar sind. Ob die Autorität, die gefangen nimmt, „Ordnung“ oder „Schrecken“ heißt, ist im Grunde gleichgültig. Dieses Fazit werden einige Jahre später auch die Opfer der „Terreur“ ziehen müssen. Robespierre wird sie mit einem Paradoxon trösten: „Die Triebfeder der in Revolution befindlichen Volksregierung ist gleichzeitig die Tugend und der Terror.“[38]

Abb. 7
Giovanni Battista
Piranesi,
*Idealansicht der
Via Appia,*
1756, Radierung
(Kat. 187)

III. Mechanisierung vs. Anarchisierung

Ausgehend vom aufklärerischen Griff nach der empirischen Welt und ihren Gesetzen, sind diese Überlegungen bei der Kehrseite der vermessenen Welt angelangt, dort wo der Wissensdrang in die Vermessenheit eines Totalrasters umschlägt, der sich alle menschlichen Beziehungen unterwerfen will. Der Leser, von diesem negativen Befund irritiert, glaubt ein *Zerrbild* wahrzunehmen. Ehe vor diesem düsteren Hintergrund die bislang unterschlagene Lichtbotschaft der Aufklärung erscheint, seien zwei Merkmale des Zerrbildes, die später in den Revolutionsjahren einander dialektisch ergänzen, zusammenfassend dargestellt: *Mechanisierung und Anarchisierung.* Wir sahen schon Campes Beobachtungen diese Richtung einschlagen, als er die Verfestigung (in der Konstitution) der Verwilderung gegenüberstellte. Und auch Burke bezog seine Abneigung aus zwei Extremen, dem kollektiven Fiebertraum und dem starren Ordnungssystem.

Mechanisierung. Wenn der analytische Verstand schematische Gesellschaftsmodelle hervorbringt (bzw. deduziert), wird deren Funktionieren um den Preis der Versklavung erkauft. Mit dem Blick auf die französischen Ereignisse verurteilt „das älteste Systempro-

gramm des deutschen Idealismus" klipp und klar diesen von skeptischen Staatstheoretikern schon längst erkannten Verfall; „Denn jeder Staat muß freie Menschen als ein Räderwerk behandeln; und das soll er nicht . . ."[39] Eine bittere Einsicht, die nicht zufällig ihre Metapher im „Räderwerk" hat, dieser Figur, die den Kreis, indem sie ihn funktionalisiert, auf die ewige Wiederkehr festlegt, also Unfreiheit verordnet. Im 6. Brief spricht Schiller vom eintönigen Geräusch des Rades, das der Mensch umtreibt, und er denkt dabei an die Arbeit, diesen neuen moralischen und gesellschaftlichen Wert, dessen Produktionsmechanismen den fremdbestimmten Menschen hervorbringen.[40]

Ist der Gang der von „grober Mechanik" beherrschten Welt nichts anderes als Leerlauf, Repetition und Zerstückelung, dann wird Newton, der Entdecker der mechanischen Gesetze, zu einer negativen Größe, und Satan handelt als Pantokrator.[41] Von dieser Entzauberung handelt Blakes Anti-Monument: Der große Physiker trägt die beinahe mythischen Züge eines sehend Blinden.

Anarchisierung. Schiller schrieb seine Abhandlung „Über das Erhabene" im Jahr der Pariser Schreckensherrschaft (1793/94). Das bringt ihn auf überraschende Querbeziehungen. Wie ein Reisender die wilde Bizarrerie der Natur anziehend findet, so entdeckt das „begeisterungsfähige Gemüt, selbst in der bedenklichen Anar-

23

chie der moralischen Welt, die Quelle eines ganz eigenen Vergnügens." Das ist aus sicherer Distanz gesagt. Schiller geht es in erster Linie um den Gegensatz zwischen der Natur als Elementarereignis (der tückische Krater des Vesuv) und als Zivilisationsprodukt (das schnurgerade Holland). Er rät davon ab, die Natur mit „der dürftigen Fackel des Verstandes" zu beleuchten und „ihre kühne Unordnung in Harmonie aufzulösen". Der Weltlauf ist nicht wie eine gute Wirtschaft geregelt. Mit dieser Metapher scheint Schiller an die vier Gleichnisse anzuknüpfen, die Kant in seiner Schrift „Das Ende aller Dinge" anführt. Sie erschließen das Territorium der Anarchie. Kant stellt die Welt darin vor:

> „Als ein Wirtshaus . . . als ein Zuchthaus : . . . (einen) Ort der Züchtigung und Reinigung gefallner, aus dem Himmel verstoßner, Geister . . . Als ein Tollhaus: Wo nicht allein jeder für sich seine eignen Absichten vernichtet, sondern einer dem anderen alles erdenkliche Herzeleid zufügt, und obenein die Geschicklichkeit und Macht, das tun zu können, für die größte Ehr hält . . . Als ein Kloak, wo aller Unrat aus andern Welten hingebannt werden . . ."[42]

Merkwürdig: Diesen Gleichnissen, die er widrig und ekelhaft nennt, vermag Kant eine Fülle von Ideen entgegenzuhalten, „die die Vernunft sich selbst schafft", aber darunter ist keine von vergleichbarer Bildmächtigkeit. Selbst dieser Denker, der an das Gute im Menschen und an das Voranschreiten der Sittlichkeit in der Gesellschaft glaubt, kann sein geistiges Auge nicht von den Metaphern der kreatürlichen Hilflosigkeit ablösen. Mit der Phantasie eines Künstlers, dem sich keine Kraft ohne ihre Gegenkraft darstellt, entwirft Kant nicht eine lineare Einbahnstraße des Fortschritts, sondern sieht das Licht im Widerstreit mit dem Dunkel, den Freiheitsdrang von der Nacht des Zucht- und Tollhauses bedroht.

Solche „Nachtgedanken" und andere, denen Burke den Stempel des „Erhabenen" aufprägte, verfolgen die Gefangenen jener Jahre in ihren Todeszellen. In der Conciergerie las Marie Antoinette wilde Abenteuerromane und die Geschichte der berühmten Schiffbrüche.[43] Camille Desmoulins suchte Trost in Youngs „Night Thoughts".[44]

IV. „Fiat lux!"

Wie Schiller von der dürftigen Fackel des Verstandes, so spricht Burke vom „schwachen Flämmchen von Vernunft", das „durch die dicke Finsternis dieses erleuchteten Zeitalters (enlightened age) brechen möchte."[45]

Das Licht der Aufklärung ist ein von Widerständen und Konflikten durchwirkter Prozeß. Dieses Licht erwacht und erweckt, es siegt und verlischt. Es beginnt mit der „Morgenröte der Vernunft"[46] *(Voltaire)* und endet im Zwielicht des Zweifels, das von *Goyas* „Caprichos" ausgeht. Fast zu jeder Stunde war die „große Lichtmasse der Vernunft"[47] *(Forster)* bedroht, und immer wieder waren die Künstler vor die Wahl zwi-

schen der alten und der neuen Sonne gestellt. Als am 27. März 1808 im Festsaal der Wiener Universität eine feierliche Aufführung von *Haydns* „Schöpfung" stattfand, brachen die Zuhörer nach der Stelle „es ward Licht!" in lauten Beifall aus, worauf Haydn nach oben zeigte und sagte: ›es kommt von dort‹ Dieser Hinweis auf das alte Wahre korrigiert nicht nur die neue Sonne der Aufklärung, sondern auch den imperialen Lichtmythos *Napoleons*. Damals ließ sich der Kaiser der Franzosen in einer Reihe von Rundbildern feiern, die seinen Kopf, nicht unähnlich dem Pantokrator-Typus, in einer Lichtglorie zeigten (Kat. 497 und 498). Einige Jahre zuvor, am Heiligen Abend 1800, wäre der Erste Konsul, als er zur Pariser Erstaufführung von Haydns „Schöpfung" fuhr, um ein Haar von einer Höllenmaschine zerrissen worden: von blendendem Licht begleitet, bewirkte die Explosion einen Eindruck, den Burke der Kategorie des *Erhabenen* zugerechnet haben würde. Dieser Vorfall trug dazu bei, daß Napoleon die Öffentlichkeit zu meiden begann. Das feierliche Zeremoniell diente auch der Kompensation: Es sollte den Kaiser schützen, entrücken und unnahbar machen.

Wenn vom Licht als einer erweckenden und erhellenden Kraft gehandelt wird, ist ein Rückblick auf die Herkunft dieser Metapher unerläßlich. Als Sonnenlicht erfahren, ist die spirituell-kreative Macht des Lichts seit alters her der Bestimmungsgrad, aus dem der Mensch seine Abhängigkeit oder seine Eigenmacht ableitet. Er kann sich dem Licht als dankbarer Empfänger zuwenden, der – wie Haydn – das ihm verliehene Geschenk der Schöpferkraft weitergibt, er kann aber auch sich selbst zur Lichtquelle erklären. Die Sonne als Garant und Quelle von Energie, Leben und Macht gehört seit den frühen Hochkulturen zum Symbolrepertoire der Gottheit wie auch ihrer Rivalen und Gegenspieler, der irdischen Herrscher. Auf den antiken Herrscher als Sol invictus folgte Christus, die „wahre Sonne", bis endlich das heliozentrische Christentum vom Herrscherglanz eines selbsternannten „Sonnenkönigs" überstrahlt wurde. Seit damals, seit Ludwig XIV., ist die Sonne als Symbol wieder dem vergöttlichten Menschen zugeordnet.

Das 18. Jahrhundert führt im Französischen („siècle des lumières) und im Englischen („enlightenment") die Kennmarke der Erleuchtung und Erhellung. In dem Maße, in dem Analyse und Reflexion dem Licht die überirdische Verkündungsaura nahmen, dem die christliche Religion ihre nicht nur spirituelle Autorität verdankte, bekam die empirische Wirklichkeit mehr Gewicht, wurde das physikalische Phänomen „Licht" zur Voraussetzung und zum Inbegriff der sachlichen Erhellung der Naturprozesse. Als elektromagnetische Wellen bestimmt und in die Farben des Spektrums zerlegt, büßte das Licht seine ganzheitliche Rolle als eines der „vier Elemente" – vom Feuer hervorgebracht – ein und wurde buchstäblich zu einem Subjekt und Objekt der Reflexion. Kein Licht-Messias war nun gefragt, sondern ein experimentierender Verstand, der den Naturgewalten ihre Bedrohung zu nehmen und sie zu bändigen weiß. Er tut das, indem er sein Vertrauen vom natürlichen Licht abzieht und eine neue, künstliche Lichtmacht erfindet. Hier setzt der aufklärerische Verstand ordnend ein. Die Schein- und Halbwahrheiten, die „zweideutig zwischen Licht und Irrlicht" schwanken, sucht er in „einen systematischen Zusammenhang" überzuführen. Erst wenn die Wahrheit methodisch ist, fällt die Zwielichtigkeit von ihr ab. Blumenberg stützt diese Folgerung auf ein Bild von d'Alembert, der das Weltall einem literarischen Werk „d'une obscurité sublime" (wir sind wieder bei „the Sublime") verglich, „dessen Autor doch immer wieder durch ›Lichtblicke‹ in dem Leser die Illusion zu erwecken versucht, er habe fast alles verstanden."

Wer der Welt dieses erhabene Dunkel nimmt, der entgöttlicht sie. Doch die Begeisterung seiner Mitmenschen macht aus ihm einen Ersatzgott. Das widerfuhr Benjamin *Franklin,* dem Erfinder des Blitzableiters. Die berühmte Radierung nach *Fragonard* zielt über den Forscher hinaus und nutzt dessen Autorität zu einer

Kampfansage an die Tyrannen: „Eripuit coelo fulmen sceptrumque tyrannis." (Kat. 54). Franklin, der neue Zeus, hat Amerika in seinen und der Minerva Schutz genommen. Der Merkurstab verspricht dem jungen Gemeinwesen Wohlstand. (Die Radierung erschien 1778, zwei Jahre nach der Unabhängigkeitserklärung). Das gebändigte Licht befördert Wissenschaft und Handel, es dient dem materiellen Fortschritt. Mars schleudert die Dunkelkräfte Geiz und Tyrannei in den Abgrund.

Solche Nützlichkeitserwägungen rufen Gegenbilder hervor, die sich zur alten, spirituellen Qualität des Lichtes bekennen, aber dennoch einen neuen Welttag verkünden. Blakes neuer Mensch ist ein Erlöser, der die Enge des christlichen Dogmas überwunden hat und nur dessen „Fiat lux" weiterträgt. Der *Tanz Albions* (Kat. 107), der „heitere Tag", den er 1780 stach und in der Mitte der neunziger Jahre in einen Farbdruck verwandelte, ist nicht nur der Mensch, dessen Lichtkraft über die Nacht und ihr Getier triumphiert, nicht nur der Mensch „im Augenblick seiner Erlösung, nach seiner Befreiung von den Fesseln der Vernunft",[49] sondern einer, der sich zu opfern bereit ist, ein neuer Messias. Darauf deutet die Inschrift hin:

„Albion rose from were he laboured
at the Mill with Slaves
Giving himself for the nations
he danced the dance of Eternal Death".

Hinter dieser Opferbereitschaft steht die herkömmliche Christus-Ikonographie: etwa ein kleines Bild des Francesco d'Antonio (Abb. 8), das den stehenden, fast nackten Erlöser in einer Lichtglorie zeigt. Blakes Albion berührt sich mit dem messianischen Todesmut der Pariser Revolutionäre. Vor dem Revolutionstribunal gab Camille Desmoulins zu Protokoll: „Ich bin 33, so alt wie der Sansculotte Jesus."[50]

Zwischen dem Schwärmer Blake und der Skepsis d'Alemberts steht das schlichte Gottvertrauen, das Schöpfung und Aufklärung nicht als Gegensätze sieht. In einem bescheidenen, doch programmatisch gemeinten Kupferstich hat Chodowiecki 1791 das neue Evangelium, das sich nicht mehr einem göttlichen Schöpfungsakt verdankt, veranschaulicht und eindeutig benannt: „Aufklärung" heißt eine schlichte Landschaft mit Sonnenaufgang (Kat. 74). Alles ist überschaubar, begehbar oder befahrbar: eine Allerweltslandschaft, die weder Staunen noch Furcht hervorruft, weder malerisch noch erhaben anmutet. Und doch kommt das Licht von derselben Sonne, in der der sterbende Rousseau Gott erblickte: „Ja, Gott selbst, der mir seine Arme öffnet und mich einlädt, endlich diesen ewigen unwandelbaren Frieden zu genießen, nach dem ich mich so sehr gesehnt habe." (Abb. 9)

Chodowieckis Bildbotschaft vermittelt Eindeutigkeit: Die Natur ist der Schlüssel unserer Erfahrungswelt und jedem, der will, ein offenes Buch. Mehr noch: sie ist allgemeiner, *öffentlicher* Besitz. Chodowieckis Natur ist keine Rückzugswelt, die dem Kult der Einsamkeit dient, ihre banale Zugänglichkeit steht zugleich für die geistige Erhellung, auf die jeder Bürger ein Anrecht hat. Das wird deutlich, wenn wir die Sonnenmetapher des kleinen Stichs auf einen der zentralen Inhalte der Aufklärung übertragen, die Diskussion um die Denk- und Druckfreiheit. In einem 1784 in der Berlinischen Monatsschrift erschienenen Aufsatz wird den Fürsten

Abb. 9
Heinrich Guttenberg nach Jean-Michel Moreau l. J.,
Die letzten Worte J. J. Rousseaus,
Kupferstich

Abb. 10
Caspar David Friedrich,
*Mann und Frau den
Mond betrachtend,*
um 1830/35,
Öl/Leinwand, Berlin,
SMPK, Nationalgalerie

vorgeworfen, sie hielten das „Tageslicht" für ihre Völker nicht zuträglich und ließen sie mit einer Lampe vorlieb nehmen, „die eben hell genug brennt, sie ihr Brot finden zu lassen, ohne ihnen die Schwärze desselben zu zeigen."[51] Auf eine Formel gebracht: Das „Tageslicht", das Chodowieckis Stich verkündet, ist die „allgemeine Sonne", die jedem gehört und deren Untergang der junge Marx ein halbes Jahrhundert später in Metaphern beklagen wird, die aus dem Bilderfundus der Aufklärung stammen. In seiner Doktordissertation über die „Differenz der demokratischen und epikureischen Naturphilosophie" (1840) bedenkt er den Rückzug der Philosophie in das subjektive Bewußtsein, einen Prozeß, den er sowohl in der Antike wie in seiner eigenen, nach-hegelschen Gegenwart wahrnimmt: „So war z. B. die stoische, epikureische Philosophie das Glück ihrer Zeit; so sucht der Nachtschmetterling, wenn die allgemeine Sonne untergegangen, das Lampenlicht des Privaten."

Dieser Rückzug ins Subjektive und Private zählt zu den Merkmalen der „Romantik" und wird einmal als Gewinn, das andere Mal als Verlust ausgewiesen. Ein *Exkurs* mag einige Etappen dieses Prozesses andeuten. 1783 erschien in Berlin eine französische Ausgabe von Fontenelles Abhandlung über die „Pluralité des mondes" mit einem Titelkupfer, das ein Paar bei der Betrachtung des Sternenhimmels zeigt (Kat. 144). Der aufklärerische, wissenschaftliche Diskurs führt zur Betrachtung des Weltalls zurück, und diese Konfronta-

tion mit dem Unermeßlichen erweckt ein mit Andacht gemischtes Staunen. Der Stecher hat sich offensichtlich an zwei Stichen orientiert, in denen Chodowiecki die falsche Naturempfindung der richtigen gegenüberstellt (Kat. 109). In letzterer verbindet sich ästhetische mit religiöser Hingabe – von empirischem Lernen ist nicht mehr die Rede. Das versonnene Dastehn deutet bereits auf die Rückenfiguren von Caspar David Friedrich, die paarweise oder allein auftreten (Abb. 10). Dadurch verschiebt sich der Erlebnisakzent vom Allgemeinen und Universellen, dem noch die Fontenelle-Illustration verpflichtet ist, auf das Einmalige und Konkrete, auf die Subjektivität. Die *Soziabilität* weicht der *Privatheit.* Friedrich ist „immer allein" in seiner Stube, erst wenn er in die Natur geht, ist der Schöpfer um ihn.[52] Dieses Naturerlebnis tröstet, weil es im Spezifischen wurzelt und eine „teutsche Sonne" offenbart. Zugleich aber geht der Blick in Bereiche, die der Erfahrungsradius der Aufklärer nicht erreichte: „Nur der, so das Innere durchschaut und ins Verborgene siehet, richtet recht."

Doch dieses Aufdecken des Privaten könnte sich auf Rousseau berufen, bei dem freilich das „innere Licht"[53] überdies als eine neue Glaubensquelle zählt, die tiefer als Dogmen und Offenbarung reicht. Bei Friedrich wird daraus die Empfehlung: „Schließe dein leibliches Auge, damit du mit dem geistigen zuerst siehest dein Bild . . ." Die Berufungsinstanz der Aufklärer – das erfahrbare Faktenwissen – wird damit beiseite geschoben. Die Privatheit hat das erste und das letzte Wort. Sie ermächtigt den Künstler zu einer völlig neuen, subjektiven

Abb. 11
Caspar David Friedrich,
*Das Kreuz im Gebirge
(Der Tetschener Altar),*
1807–08, Öl/Leinwand,
Dresden, Staatl. Kunst-
sammlungen, Gemälde-
galerie

Interpretation des Heilsgeschehens. Im „Kreuz im Gebirge", dem sog. Tetschener Altar (Abb. 11), wird die christliche Lichtbotschaft auf ein Naturereignis, einen Sonnenuntergang, bezogen, zugleich aber wird dieses rechristianisiert, zur Gegenwart Gottes in seinen Werken – eine Erfahrung, welche sich nur der subjektiven Entscheidung erschließt. Friedrich wußte das: Ein Kreuz, schreibt er einmal, ist denen „so es sehen, ein Trost", den anderen bloß ein Kreuz.[54]

Das protestantische „Lux ex tenebris" (Calvins Wahlspruch) führte nicht nur in die Erhellungen der Subjektivität, es verband sich auch mit dem Versuch eines wissenschaftlichen Gottesbeweises, der in die Revolutionsikonographie einmündet. Wir finden diesen Brückenschlag in Herders „Älteste Urkunde des Menschengeschlechts" (1774). „Ich erzähle ihm" – Herder führt ein Gespräch mit einem „Braminen" –, „daß die Forschungskraft unserer Weisen bei dem Lichte recht ihre Wunderkraft und das Privilegium ihrer Rechtmäßigkeit gezeiget – wir hätten das Licht gemessen und gespalten – in Einem Strahle die Sieben Zauberpfeile der Schönheit, gleichsam ein Geheimniß Gottes gefunden – hätten alle Farben der Sonne durch Zauberei nachgeschaffen, durch ein Aschegeschöpf, durch ein zerbrechliches Glas uns neue, tausendmal weitere Sinne gegeben, die Schöpfung durch Einen Lichtstral so erweitert, in Stern' und Sonne gestiegen – ohne Zweifel stünden uns weit mehr solche Wunder, solche Lichtzaubereien bevor."[55]

Dieser Brückenschlag von der *Offenbarung* zur *Erfahrung* läßt sich anschaulich nachvollziehen, wenn man sich das Prisma des Physikers aus dem Dreieck hervorgegangen denkt, in dem das Auge Gottes sitzt. Die metaphorische Verfügbarkeit des Dreiecks steht im Dienste des Absolutheitspathos, das den alten wie den neuen Glauben durchzieht; Chodowiecki bringt darin das Auge der Vorsehung unter (Abb. 12), wenige Jahre später dient es dem höchsten Wesen als Emblem (Abb. 13), zugleich evoziert es den Revolutionen die Gleichheit (Kat. 378) und wird im Siegel der Vereinigten Staaten, das heute noch jede Dollarnote schmückt (Abb. 14) zu einem Kompositsymbol, das für die Vernunft nicht nur die Doppelmacht der Gottheit beansprucht – ihr Auge sieht alles und sie erhellt alles –, sondern diese „Erscheinung" übergehen läßt in einen pyramidalen „Unterbau", der den „Novus Ordo Seclorum" begründet und unerschütterlich macht. Die neue, demokratische Gesellschaftsordnung stellt sich unter den Schutz eines bildlosen, gleichsam alttestamentarischen Gottesbegriffs.[56]

Bislang blieben – von Blakes Albion abgesehen – Lichtmetaphern ausgespart, in denen sich der Mensch als kämpferischer Überwinder der Dunkelmächte darstellt. Für solche Konflikte bietet sich die Bildersprache des Historienbildes an. Es ist kein Zweifel, daß sie dort zum Zug kommt, wo die Kunst seit dem Beginn der Neuzeit von der klassisch-mediterranen Tradition zehrt: In Frankreich, also im Zentrum des revolutionären Geschehens. Wir begeben uns nun in eine andere Sprachhöhe. Den Unterschied mag einleitend ein Ver-

L'ÈTRE SUPRÈME

12   13   14

gleich verdeutlichen, der sich mit Beispielen aus dem Werk Chodowieckis bestreiten läßt. Der fleißige Bildproduzent beherrschte nämlich beide Register: Die schlichte Symbollandschaft („Aufklärung") und den Apparat des allegorisierenden Historienbildes. Das zeigen „Die neue französische Constitution" (Kat. 366) und „Toleranz" (Kat. 74).

Chodowiecki greift darin auf die Rollenträger des antiken Mythos zurück, dessen Handlungsmuster in eben jenen Jahren in Paris in den Dienst der Revolutionspropaganda gestellt wurden, freilich mit ungleich größerem Aufwand an Regie und Rhetorik. 1792 malte Réattu seinen „Prometheus", etwa drei Jahre später entstand sein „Triumph der Zivilisation" (Abb. 15), worin er Frankreichs militärische Machtexpansion mit dem Auftrag, das Licht des Fortschritts in die Dunkelheit zu tragen, rechtfertigt. Der Maler nimmt darin, auf national-staatliche Interessen umgepolt, die Fortschrittsverkündung wieder auf, von der Cochins 1765 entstandenes Frontispiz der Enzyklopädie handelt (Kat. 42). Alle Bildungskräfte und -instanzen treffen sich hier in dem Bemühen, die Wahrheit von dem Schleier zu befreien, der sie umhüllt – bloß die Theologie hofft noch auf das Licht, das senkrecht aus dem Himmel fällt, überstrahlt freilich von der Leuchtkraft, die in der Gestalt der Wahrheit ihren Ursprung hat. Das formale Schema dieser Allegorien ist leicht zu entschlüsseln. Es ist der Gegensatz von Führer und Geführten, Geber und Empfängern, Oben und Unten, Verkündung und Anbetung, – ein dynamischer Gegensatz, der in die Dissonanz von Aufruhr und Unterwerfung, Triumph und Niederlage umschlagen kann. In diesem Konflikt verkörpert das Licht den neuen weltgeschichtlichen Tag, der „Freiheit" heißt und den Menschen zu sich selbst und zu seiner gesellschaftlichen Bestimmung erlöst.

Diese Botschaft ist neu, weil ihre Rollenträger es sind. Sieht man davon ab, zeigen sie sich als Erben der barocken Verherrlichungsmuster. Damals durften Kaiser und Könige, als Apoll verkleidet, die Künste und Wissenschaften gegen die Dunkelmächte beschützen. Dieses Weltbild stand offenkundig noch unter einer fugenlosen Konsensfiktion. Als etwa Paul Troger 1735 für die Benediktinerabtei Seitenstetten die „Har-

monie zwischen Glaube und Wissenschaft" malte, ließ er beide Gestalten noch an einer Lichtglorie teilhaben (Abb. 16). Dreißig Jahre später entscheidet sich Cochin im Frontispiz für das Gegeneinander zweier Lichtbotschaften. Und was die barocken Maler den Herrscher besorgen lassen, das „Fiat lux!", macht Réattu in seinem „Triumph der Zivilisation" zum Geschichtsauftrag der neuen, revolutionären Führungsmacht des Kontinents. Es ist, als wollte der Maler ein Wort von Saint-Just veranschaulichen: Unsere starken Gesetze „dringen jäh in die fremden Länder ein wie der unauslöschliche Blitz".[57] Wehe dem Blitzableiter, der sich ihnen entgegenstellt. Die beherrschte Natur ist vergessen, wenn die politische Macht demonstrieren will, daß sie unüberwindbar ist.

Die „allgemeine Sonne" ist das Leitgestirn der Revolution. Selbst wenn sie untergeht, bleibt sie in den Abzeichen der unermüdlichen Tugendwächter präsent, auf den roten Mützen der Jakobiner, die ein Strahlenauge mit dem Wort „surveillance" schmückt. Das allsehende Auge Gottes darf den Zuträger legitimieren. Die revolutionäre Hoffnung richtete sich auf eine endzeitliche Erfüllung der Geschichte. Dieser Wunschgedanke, gepaart mit dem Öffentlichkeitsanspruch, der sich auch der Künste bemächtigte, begünstigte die Register der Deklaration und der Deklamation. Die Umzüge und die großen Feste leben davon, aber nicht nur davon. Ihre Regisseure versuchen, den Abstand zwischen Handelnden und Empfangenden zu überbrücken, indem sie die Zuschauer in das Geschehen einbeziehen und für Stunden ein Gesamtkunstwerk verwirklichen, in dem jeder zugleich Subjekt und Objekt ist (Kat. 274 u. 275). Von diesem Funkenschlag – so er je gewirkt hat! – ist in der Macht- und Propagandakunst der Maler und Bildhauer nichts zu verspüren. Der Szenenwechsel, den sie vollziehen, ist von ernüchternder Folgerichtigkeit. Auf die frivolen „Vergnügungskünste" des Ancien Régime, also auf die „Enthemmung der Sitten" (Kap. I.1), folgen die republikanischen Belehrungskünste, folgt das, wozu Robespierre sich in einer kunstfremden Grundsatzerklärung bekannte: Die Herrschaft der Vernunft und die Verachtung des Lasters.

Abb. 12
Daniel Chodowiecki,
Das Auge der Vorsehung,
1787, Radierung

Abb. 13
Jean-Baptiste Compagnie
nach Françoise Bonneville,
Das Höchste Wesen,
1794, Kupferstich

Abb. 14
Das Siegel der Vereinigten Staaten, hier nach der Dollarnote, Entwurf 80er Jahre des 18. Jahrhunderts

Abb. 15
Jacques Réattu,
Triumph der Zivilisation,
um 1795, Öl/Leinwand,
Hamburger Kunsthalle
(Kat. 401)

Abb. 16
Paul Troger,
*Harmonie zwischen
Glaube und Wissenschaft,*
1735, Deckenfresko,
Benediktinerabtei
Seitenstetten

Abb. 17
Laurent Guyot
nach Armand-Charles
Caraffe,
*Das Thermometer des
Sansculotten*
1789, Radierung und
Kupferstich
(Kat. 376)

V. Jenseits von Belehrung und Huldigung: Goya

Die republikanischen *Belehrungskünste* verhalten sich strikt affirmativ. Das ist ihre Enge, ihre Norm, ihr aufklärerisches Erbe, aber auch das Band, das sie mit den dynastischen *Huldigungskünsten* verbindet. Sie besetzen eine Position, die außerhalb Frankreichs im letzten Jahrzehnt des Jahrhunderts keine künstlerische Autorität mehr besitzt – weder bei Blake noch bei Füssli, weder bei Goya noch bei Sergel. Ein knapper Vergleich soll das vor Augen führen. „Le Thermomètre du Sans Culote" (Abb. 17, Kat. 376) ist ein Propagandastich. Auf die Autorität Michelangelos gestützt, wird diese Verweltlichung des christlichen Schöpfungsgedankens von mehreren Begleittexten dem klassischen Bildungsrepertoire eingefügt, lehrhaft verdeutlicht und somit ideologisiert. Das Mittelbild beherrscht der Gegensatz der lichten oberen und der dunklen unteren Hälfte. Im Dunkel schwirren Vögel herum, einer mit einem geschwänzten Tierleib. Diesen Hell-Dunkel-Kontrast treffen wir auch in Goyas „Caprichos" an. Das ist das Thema unseres Vergleichs.

Die Legende am Fuß des „Thermomètre" lautet: „Frankreich, von der Lilie und den Attributen der demokratischen Regierung gekennzeichnet, zerstreut das Dunkel und zeigt dem Universum die Wahrheit und die Natur, welche den Menschen ihre Rechte vorweist. Die Despoten, Nachtvögeln ähnlich, fliehen das Licht." Die Wahrheit, von keinem Schleier mehr umhüllt, hält keinen Spiegel, sondern einen strahlenden Lichtkörper mit der Inschrift „Fiat Lux"; die Natur weist eine Gesetzestafel vor, die nicht die mosaischen Gebote, sondern die „Rechte des Menschen und des Bürgers" enthält, darunter ein Winkelmaß mit Lot, das auf die Gleichheit hinweist. Die *neue Dreieinigkeit* beerbt und dementiert die auf das Jenseits vertröstende Heilsbotschaft in dem Maße, in dem sie ihr das Recht des Menschen auf diesseitige Glückserfüllung entgegenhält. Auf die beherrschende Mittelachse der Nation gegründet, ist diese Trinität aus dem Konflikt herausgetreten, der noch 1798 Kant beschäftigt, wenn er im „Streit der Fakultäten" die Frage offen läßt, ob die Philosophie, sofern sie die Magd der Theologie sei, ihrer Herrin „die Fackel vorträgt oder die Schleppe nachträgt".[58]

Der Religionsentwurf des Armand Caraffe mag

Abb. 18
Anonymer Kupferstich,
*Die Unabhängigkeit
Amerikas,*
aus: P. Blin u. a., Portraits
des Grandes Hommes,
Femmes Illustres, et
Sujets Mémorables de
France, Paris (?)
1789–1792

INDÉPENDANCE DES ÉTATS-UNIS.

Abb. 19
Frontispiz aus:
*Almanach Historique de
la Révolution Françoise,*
Paris/Straßburg 1792

Il vient après mille ans,
Changer nos loix grossieres.

Voltaire.

18

19

revolutionäre, selbstherrliche Züge tragen – etwa im Fiat-Lux-Gestus –, aber als Ganzes behauptet er ein durch und durch kodifiziertes und kohärentes Wertgefüge, das sich der uralten Symboldialektik von Tag und Nacht, Hell und Dunkel, Gut und Böse einfügt. Über der neuen „Trinität" steht der Satz: „Lüge und Heuchelei sind den falschen Propheten, was die Tugend den Republikanern ist." Das „Thermomètre" ist eindeutig eine republikanische Epiphanie. Der neue Tag siegt über die Finsternis. Die kümmerlichen Despotenvögel scheinen für immer verscheucht, das Licht der Wahrheit und die Gesetze der Natur bereiten der Obskurantenherrschaft ein Ende. Dieses Lichtvertrauen folgt der barocken Bildersprache, ist aber weniger differenziert. Das Vieldeutige ist getilgt. In der „Allegorie des Lichtes und der Wahrheit" von Maulbertsch (um 1750, Kat. 73) lenkt Phöbus Apoll selber (und nicht mehr sein kaiserliches Ebenbild) den Sonnenwagen, vor ihm die Wahrheit, die mit ihrem weit ausgreifenden Arm an Runges „Aurora" (Kat. 537) denken läßt, und der tänzerische Hermes, der auf eine junge, von Dämonen der Finsternis bedrängte Frau zeigt. Ihre Gestalt ist zwielichtig charakterisiert. Die Sonnenblume im Haar deutet auf Wankelmut und Liebedienerei, die ihr dargebotene Maske auf Verstellung. So *verbindet* sie die gegensätzlichen Zonen von Nacht und Tag, Lüge und Wahrheit – eine Verkörperung des *Zweifels,* der sich im unentschiedenen Dämmerlicht aufhält. Am Rande, eindeutig dem Herrschaftsbereich der Dunkelmächte zugeordnet, ein paar verscheuchte Fledermäuse. Verglichen mit dem von dynamischen Spannungen getragenen heidnischchristlichen Welttheater des Barock verkündet sich die Ikonographie der Revolution in starren, einsinnigen

Triumphgebärden. Ihr Licht ist unerbittlicher, ihr Pathos strenger. Das belegt neben dem „Thermomètre" das wohl repräsentativste Verkündigungsbild der neuen Epoche, Regnaults „Genius Frankreichs zwischen Freiheit und Tod" (1794/95, Kat. 396). In der schwebenden, an den Betrachter appellierenden Mittelgestalt vollzieht sich die Rangerhöhung eines gängigen mythologischen Statisten. Raffaels Merkur in der Farnesina nutzend, erfindet Regnault im Genius Frankreichs für den griechischen Götterboten einen neuen, nationalen Auftrag, der gleichwohl der ganzen Menschheit gilt.

Merkur als Symbol des Aufbruchs – dieser Rollenwandel kam nicht unvermutet. Bei Maulbertsch (Kat. 73) hatte er noch keinen präzisen Auftrag, jedoch das auf materiellen Wohlstand gründende Fortschrittsdenken war auf den Gott des Handels als Antriebskraft vorbereitet. Schon Fragonards Franklin nimmt Merkur in seinen Dienst (Kat. 54). Am Vorabend der Französischen Revolution läßt Ludwig XVI. sich als Befreier Amerikas feiern, wobei ein Indianer den Glück und Gewinn verheißenden Merkurstab in einer Hand trägt (Abb. 18). Die andere hält einen Stab mit der phrygischen Mütze. Die Freiheit, die der französische Herrscher den englischen Kolonien wünscht, stürzt ihn bald darauf von seinem eigenen Thron. Im Almanach der Französischen Revolution auf das Jahr 1792 (Abb. 19) wird aus dem allegorischen Muster ein geflügelter Jüngling mit Fackel, Merkurstab und phrygischer Mütze, ein Lichtbringer, der als Genius Frankreichs ein neues Zeitalter anzeigt. Der Almanach hoffte mit dieser Allegorie den Wandel mit dem Handel zu verbünden, sein Ziel war gemäßigt: Eine konstitutionelle Monarchie. Dazu kam es nicht.

Abb. 20
Francisco de Goya,
Der Koloß,
um 1810/12,
Öl/Leinwand, Madrid,
Museo del Prado

Regnault zog daraus die Konsequenz. Sein „Merkur" wendet sich nicht mehr wegweisend an Krone, Adel und Volk. Als lichtbringender Genius – der die phrygische Mütze an die Freiheit abgetreten hat – kennt er nur die radikale Entscheidung, die der Kampfruf vom 10. August 1793 herausforderte: „Freiheit, Gleichheit und Brüderlichkeit oder der Tod." David greift diese unerbittliche Forderung wieder auf: „In Freiheit leben oder sterben!"[59] Dieser Tod hat eine neue Qualität, die ihn dem Leben ebenbürtig macht. Er wird auf dem Altar des Vaterlandes dargebracht, er ist der Preis, ohne den es kein Leben in Freiheit gibt. Regnault bietet keine Alternativen an, er stellt für einen kurzen historischen Augenblick das *Gleichgewicht* zwischen zwei Heilsbotschaften her. Der republikanische Heldentod behauptet sich neben der schönen Gestalt, welche bereits die Merkmale der eindimensionalen materiellen Beglückungsideologie trägt, deren Konsumhunger heute von der *Werbung* stimuliert wird. Gleichgewicht bedeutet, daß Regnault der christlichen Todessymbolik positive, nämlich republikanisch-patriotische Vorzeichen gibt. Ohne Scheu greift er dabei auf die vertrauten „alten Muster"[60] zurück und benutzt das seinem Publikum geläufige Skelett, jenes „scheußliche Gerippe" der christlichen Kunst, welches Lessing[61] als Todesallegorie verbannt und durch einen Engel ersetzt wissen wollte. Solcherart bedient sich Regnault der Tradition, deren Heilsbotschaft sein Messias überwinden möchte.

Das Thermometer der Sansculotten, eine illustrierte Glaubensregel, wendet sich an lesekundige Betrachter, die überdies in der Mythologie Bescheid wissen. Auch Goya, der künstlerische Antipode, bietet in den Bildunterschriften seiner „Caprichos" zusätzliche Deutungshilfen, aber sie zielen nicht auf Klärung, sondern auf zynisch-ironische Vertiefung der Mehrsinnigkeit. Auf diesem Gegensatz beruht der angekündigte Vergleich.

Im Thermometer antwortet rechts unten der „wahre Patriotismus" dem falschen auf der linken Seite – ein warnendes Verdikt, wie es sich auch die Revolutionstribunale herausnahmen. Daneben steht: „Mögen die Vernunft und die Republik die Guten bewahren." Der Kommentar lautet: „Herkules, Emblem der aktiven Tugend, verknüpft wieder die Bande der Gesellschaft." Auch in Réattus „Triumph der Zivilisation" (Abb. 15) kommt Herkules eine wichtige Rolle zu, er verkörpert die materielle Kraft, auf die der Fortschritt angewiesen ist. Hier und im „Thermometer" tritt der republikanische Herkules in der traditionellen Rolle des Wohltäters der Menschheit auf. Die Eintracht, die er bewirkt, deutet das Rutenbündel an: es fehlt darin das Beil, das in Kriegszeiten die Intervention des Feldherrn anzeigt. In Goyas Caprichos gibt es keine herkulischen Retter. Erst in den Jahren der Besetzung Spaniens durch die napoleonischen Armeen steigert Goya seine Vorstellung von körperlicher Kraft in die Vision einer vieldeutigen Riesengestalt (Abb. 20). Der Hockende ist so zwielichtig wie die Stunde, die ihn umgibt. Über ihm steht der abnehmende Mond, hinter ihm geht die Sonne auf, doch blickt er auf keines der beiden Gestirne. Er ist kein befreiender *Lichtbringer* wie Prometheus und auch kein *Lichtempfänger*. Er hält sich jenseits von Gut und Böse auf, jenseits auch der eingeführten Symboldialektik von Tag und Nacht.

Der Abstand zwischen Goyas „Koloß" und dem didaktischen „Thermometer" soll nicht auf der Ebene der Ausdrucksintensität erörtert werden. Es geht uns vielmehr um den weltanschaulichen Gegensatz von *Kohärenz* und *Dissonanz*. Das französische Blatt verkündet den revolutionären Glauben an die Allmacht der Vernunft und die Beherrschbarkeit der Natur. Goya steht für die Verzweiflungen und Verdüsterungen der Kreatur.

Abb. 21
Francisco de Goya,
*Der Traum der Vernunft
gebiert Ungeheuer*
(Cap. 43),
1797–98, Radierung
und Aquatinta
(Kat. 467)

VI. Wahnsinn und Vernunft

Das revolutionäre Credo berührt sich mit dem Kunstideal, das etwa zur gleichen Zeit Schiller formulierte, um dem Künstler einen neuen Rang in der Gesellschaft zu erwirken.[62] Wenn er den kaltherzigen abstrakten Denker und den engherzigen Geschäftsmann schilt, hofft er auf eine vom Künstler getragene Versöhnung der Gegensätze, auf ein neues Bündnis von Vernunft und Phantasie – eine Hoffnung, die ihn (wie die Pariser Revolutionäre) in der Antike das Vorbild einer „herrlichen Menschheit" erkennen läßt, in der sich „die Jugend der Phantasie mit der Männlichkeit der Vernunft" vereint. Mit dieser Vision verbindet sich ein hoher, gesellschaftsformender Auftrag. Der Künstler soll in seinem Werk den Umriß eines neuen, harmonischen und ganzheitlichen Gemeinwesens entwerfen. Deutlich ist zu spüren, daß Schiller mit dieser Rangerhöhung sich und seinem Dichterberuf den Nachweis der *Notwendigkeit* erbringen will, denn er leidet unter dem „Fluch", den „die Meinung der Welt über diese Libertinage des Geistes, die Dichtkunst, verhängt hat".[63]

Von Kränkung geprägt, dürfte hinter dieser Wortwahl der Sprachgebrauch der „Encyclopédie" stehen, demzufolge etwa die Karikatur eine Art „Libertinage de l'imagination" darstellt, eine Ausschweifung also, die mit den Merkmalen von Regelverstoß und Willkür behaftet ist. Vor derlei möchte Schiller warnen. Er sieht die schöpferische Freiheit bedroht, wenn sie sich an Extreme verliert: „Gefühl für Schönheit ist es, was das Chaos der Erfahrungen ordnet und zu Ergänzung der Lücken auffordert. Dies ist der Ursprung der erhabensten Systeme, aber zugleich auch der ausschweifendsten Verirrungen der Einbildungskraft."[64]

Schillers Mahnung deckt sich fast aufs Wort mit dem Caveat, das Goya genau zehn Jahre später gleich einer Schutzbehauptung dem Capr. 43 (Abb. 21, Kat. 467) beifügt: „Die Phantasie, vom Intellekt (Verstand, Vernunft) verlassen, bringt Monstren hervor, vereint mit ihm, ist sie die Mutter der Künste." Ganz offensichtlich nimmt Goya sich in den „Caprichos" eine solche Vereinigung vor, einmal, weil ihm so die Duldung durch die Zensur sicher scheint, zum andern, weil er in der Tat ein „Ydioma universal" formulieren und damit dem „bleibenden Zeugnis der Wahrheit" dienen will. Diese Absicht hätte Schillers Beifall gefunden, doch die Nähe des deutschen Theoretikers zu seinem spanischen Zeitgenossen schlägt in unüberbrückbare Distanz um, wenn wir an Goyas Universalsprache den Maßstab des Schillerschen Kunsturteils legen, das vom Kunstwerk die Veredelung der Sinne verlangt und es als Bindeglied von *Sinnlichkeit* und *Geistigkeit* sieht. Wären Schiller die „Caprichos" unter die Augen gekommen, hätte er der lebhaften Phantasie ihres Schöpfers wahrscheinlich jene Art Verzweiflung bescheinigt, welche nach seiner Auffassung dem Ungenügen sowohl an der Erfahrung wie an den „alten Mustern" entspringt und wofür Schlegel[65] die Kategorien des Interessanten und Frappanten einführte. Schiller diagnostiziert Ratlosigkeit: „Aus Verzweiflung, die empirische Natur, womit er umgeben ist, nicht auf eine ästhetische reduzieren zu können, verläßt der neuere Künstler von Phantasie und Geist sie lieber ganz, und sucht bei der Imagination Hilfe gegen die Empirie, gegen die Wirklichkeit. Er legt einen poetischen Gehalt in sein Werk, das sonst leer und dürftig wäre, weil ihm derjenige Gehalt fehlt, der aus den Tiefen des Gegenstandes geschöpft werden muß."[66]

Schillers Ideal einer harmonischen Ganzheit hat als Maßstab die Antike im Auge. Er sieht die klaren Umrisse dieses Leitbildes gefährdet. Noch tiefer greift die Krise, welche zur gleichen Zeit die christliche Heilslehre und ihre Bildtraditionen erfaßt. Sie öffnet indes ihrer Instrumentalisierung (d. h. Verweltlichung) Tür und Tor, wobei in Frankreich die revolutionäre Propagandamaschinerie auf die Wirkungsmacht eindeutiger, *diesseitiger* Wunschinhalte setzt, indes etwa *Blake* die Wahrhaftigkeit seines künstlerischen Auftrags aus einer extrem subjektiven Deutung der christlichen Botschaft ableitet. Für ihn ist Christus ein Revolutionär und seine Lehre eine Kunstreligion, die der Einbildungskraft zum uneingeschränkten Selbstausdruck verhilft.[67]

Ganz anders *Goya:* Seine Kunst unterscheidet sich nicht nur vom pseudoreligiösen Lichtmessianismus eines Réattu oder Regnault, sondern auch von der Gewißheit, die Blake zur pathetischen Verkündung eines neuen, die Spaltung von Sinnlichkeit und Vernunft überwindenden *ganzen* Menschen anfeuert. Noch weniger trägt ihn das Gottvertrauen, das aus der Geste des greisen Haydn spricht. Alle diese seine Zeitgenossen belassen dem Licht seine erhellende Kraft, an die sich zweifelsfreie, eindeutige Aussagen binden lassen. Goyas Licht gibt in den „Caprichos" keine Antworten, es stellt Fragen: Es ist *Zwielicht*, anschauliche Metapher des Zweifels und der Skepsis. Mit seiner Hilfe deckt Goya den Menschen als Individuum und als Kollektiv in seiner unentrinnbaren Zwiespältigkeit auf. Alles Wollen und Verlangen ist davon gekennzeichnet. Der Pessimismus, in den Goyas Entlarvung von Lüge, Anmaßung, Doppelzüngigkeit und Gewalt mündet, ist neu, denn weder das alte christliche Trostwort von der Nichtigkeit des Irdischen, noch der neue französische Menschheitsoptimismus kommen an ihn heran. Verneinend steht Goya diesen beiden positiven Ideologien gegenüber, welche sich angesichts seiner „monstruosité intégrale" unversehens zu verbünden scheinen.

Im Bildgedanken des Capricho 43 (Abb. 21 und Kat. 467) nimmt nicht eine allegorische Kunstfigur den

Zwiespalt auf sich, den das 18. Jahrhundert ungelöst dem ihm folgenden überläßt, den Zwiespalt von Vernunft und Traum, sondern eine mit den Requisiten des Künstlers ausgestattete Gestalt, die offenbar selber keinen Ausweg weiß. Die Nachtvögel, bei Blake, Maulbertsch und anderen nur Randgestalten, haben sich nun des Schauplatzes bemächtigt. Doch die Verwirrung, die den Künstler umfängt, gehört insgeheim zu seinem Kalkül: Sie enthebt ihn der horazischen Pflicht, zu belehren und zu vergnügen, sie befreit ihn von jeder positiven Botschaft (Abb. 22).

Einer ähnlichen lustvollen Verstrickung geht der zwanzigjährige Ludwig *Tieck* in seiner „Geschichte des Herrn William Lovell" (1795) nach. Schritt für Schritt folgt der Leser dem Helden dieses Freundschafts-, Reise- und Bildungsromans auf dessen Weg in die „Entzückungen des Wahnsinns". Vorauszuschicken ist, daß Lovell die Welt aus dem Hell-Dunkel-Gegensatz versteht. Er haßt die Menschen, „die mit ihrer nachgemachten kleinen Sonne (!) in jede trauliche Dämmerung hineinleuchten und die lieblichen Schattenphantome verjagen, die so sicher unter der gewölbten Laube wohnten. In unserem Zeitalter ist eine Art von Tag geworden, aber die romantische Nacht- und Morgenbeleuchtung war schöner, als dieses graue Licht des wolkigen Himmels; den Durchbruch der Sonne und das reine Ätherblau müssen wir erst von der Zukunft erwarten."[68] Diese Hoffnung kommt Lovell jedoch bald abhanden, er entscheidet sich für die „Entzückungen des Wahnsinns".

Tiecks Roman verhält sich zum klassischen Kulturideal, das Schiller zur gleichen Zeit konstruiert, wie Goyas „Caprichos" zu den affirmativen Allegorien der Französischen Revolution. Beide – Goya und Tieck – entdecken die äußersten Zonen der *maßlosen, entgrenzten Welt,* den Wahnsinn. Die Entgrenzung schlägt nun auf das Subjekt zurück, das sie ausgelöst hat: der Täter wird sein eigenes Opfer.

Als Initiator in die wilden Freuden, die Tieck in „unterirdischen Wohnungen" ansiedelt, wirkt Balder, ein junger Deutscher. Er beschwört die Hybris der Vernunft: „O William, was nennen wir Vernunft? – Schon viele wurden wahnsinnig, weil sie ihre Vernunft anbeteten und sich unermüdet ihren Forschungen überließen. Unsere Vernunft, die vom Himmel stammt, darf nur auf der Erde wandeln; noch keinem ist es gelungen, über Ewigkeit, Gott und Bestimmung der Welt eine feste Wahrheit aufzufinden, wir irren in einem großen Gefängnisse umher, wir winseln nach Freiheit und schreien nach Tageslicht, unsre Hand klopft an hundert eherne Tore, aber alle sind verschlossen und ein hohler Widerhall antwortet uns."[69]

Vernunft ist für Balder nur eine „bunte Vermischung von Irrtümern", die sich im Laufe der Jahre angesammelt haben. Balder ist Grenzgänger, den die höheren, ewigen Wahrheiten anziehen, von denen die Vernunft nichts weiß: „Wenn die Vernunft alle ihre Kräfte aufbietet, so fühlt sie endlich, wie sie fürchterlich auf einer schmalen Spitze schwankt und im Begriffe ist, in das Gebiet des Wahnsinns zu stürzen."[70] Man kann diese Zeilen nicht lesen, ohne an die Pariser Ereignisse der Schreckensjahre zu denken.

An Shakespeares Hamlet fesselt Balder, „wie Wahnsinn und Vernunft ineinandergehen und sich einander vernichten, wie der nackte Schädel endlich über sich selber grinset und hohnlacht, und von aller Schönheit und Lust, von allem Ernst und aller Affektation nichts mehr als diese weiße widerwärtige Kugel übrigbleibt. –

Abb. 22
Francisco de Goya,
*Der Traum der Vernunft
gebiert Ungeheuer,*
1797, Lavierte Feder-
und Sepiazeichnung,
Madrid, Museo del Prado

Ja, nun ist's getan!
Es geht die Sonne mir der schönsten Gunst
Auf einmal unter; seinen holden Blick
Entzieht mir der Fürst und läßt mich hier
Auf düstrem, schmalem Pfad verloren stehn.
Das häßlich, zweideutige Geflügel,
Das leidige Gefolg' der alten Nacht,
Es schwärmt hervor und schwirrt mir um das
    Haupt.
Wohin, wohin beweg ich meinen Schritt,
Dem Ekel zu entfliehn, der mich umsaust,
Dem Abgrund zu entgehn, der vor mir liegt?
    (IV, 1)

Der Dichter büßt sein öffentliches Amt ein, der ihm aufgezwungene Rückzug ins Private führt in eine Ersatzwelt.

Hier ist auch der rätselhafte Verfasser der „Nachtwachen des Bonaventura" (1804) zu nennen, der sicher Tiecks „Lovell" gekannt hat. Dieser rhapsodierende Nachtwächter, ein zynischer Humorist, zweifelt am Dichterberuf, den er in die Hände der „Vernünftigen" geraten sieht, indes er selber sich wie ein Nachtgeist vorkommt, der in einem alten gotischen Dom „bei dem dämmernden Scheine der einzigen immer brennenden Lampe" seine Betrachtungen anstellt (Vierte Nachtwache). Auch diese Preisgabe des öffentlichen Auftrags zugunsten der privaten Meditation nimmt den Rückzug vorweg, den Marx beklagen wird.

In dieser Resignation ist der Traum ausgeträumt, dem Schiller in der Mitte des Revolutionsjahrzehnts seine ganze Beredsamkeit widmete. Aber schon damals erkannte Hölderlin, obzwar ein Bewunderer Schillers, daß „die Welt kein Arkadien ist".[72]

Das beklagt er, zugleich will er kein Wegwerfobjekt sein, dessen man sich bedient, solange es gute Dienste leistet. Am 10. Oktober 1794 schreibt er an Neuffer: „Daß ich dieses Trostes bedarf, wirst Du mir gerne glauben, weil Du, wie ich weiß, wie die meisten es recht gut mit sich meinen, mit andern hingegen, wenn sie könnten, es größtenteils ungefähr halten möchten, wie mit ihren Töpfen und Stühlen; man hütet sich wohl, sie zu zerbrechen, solange man sie braucht, oder solange sie nicht aus der Mode sind; – und daß ich mich nicht zerbrechen lasse, versteht sich; daß ich nur solange mich brauchen lasse, bis ich mich selbst besser brauchen kann, versteht sich auch; aber das ist doch sehr wenig."[73]

Zwei Jahre später tritt der Künstler erstmals in der Trotzgebärde des Rebellen auf. Als der preußische Minister von Heinitz den Romstipendiaten Jacob Asmus Carstens mehrmals zur Rückkehr nach Berlin aufforderte, antwortet dieser am 20. Februar 1796 mit einem berühmt gewordenen Brief, in dem er die Kluft zwischen Institution und Freiheit aufreißt: „Übrigens muß ich Euer Exzellenz sagen, daß ich nicht der Berliner Akademie, sondern der Menschheit angehöre."[74] (Weitere Auszüge bei Kat. 462.) Dieses Pathos kommt aus der Revolution, aber es versteht die Entpflichtung vom Fürstendienst als *Absage an jegliche Auftragskunst* (vgl. Einleitung zu Kap. II.11).

Vor diesem Hintergrund ist das Zwielicht der „Caprichos" zu sehen. Sie sind die Selbstbefreiung eines Hofmalers, keine Rückzugswelt, sondern die Verschränkung von „Schein" (etre) und „Sein" (paroitre), von Maske und Entblößung.[75] Daraus entstanden achtzig Signaturen der Vergeblichkeit und Unentrinnbarkeit.

O meine Phantasie sieht Gestalten! – "[71] Das ist neu: Der Künstler zieht die Metaphern der Sinnlosigkeit jenen der positiven Sinnfindung vor. Aber gerade darin steckt die Antwort, eine Antwort, die unter den Künstlern um 1800 am radikalsten Goya gibt. Dennoch wäre es falsch, den großen Spanier zu vereinzeln. Er gehört in einen europäischen Kontext. Den Zwiespalt, den sein öffentliches Amt – seit 1789(!) ist er Hofmaler – ihm aufprägt, muß zur gleichen Zeit Goethe in Weimar erfahren. Sein „Torquato Tasso" (1790) handelt nicht nur davon, es gibt darin Randsituationen, welche jene des Capr. 43 vorwegnehmen, etwa wenn der Dichter die Einbuße an geregelter öffentlicher Wirksamkeit beklagt, die ihn bedroht, als der Fürst sich von ihm abwendet:

Abb. 23
Jacques-Louis David,
Die Sabinerinnen,
1799, Öl/Leinwand,
Paris, Musée du Louvre

VII. Wieder die vermessene Welt

Am 6. Februar 1799 kündigte Goya in einer Madrider Tageszeitung seine „Caprichos" an: „Erhältlich in der Calle del Desengaño Nr. 1, im Parfüm- und Likörladen zum Preis von 320 Reales pro Serie von 80 Drucken." Desengaño: Auf einer anderen „Straße der Enttäuschung" wartete bereits ein neuer Heilbringer. Am 9. November 1799 (dem 18. Brumaire des Revolutionskalenders) inszeniert Bonaparte den Staatsstreich, der ihn an die Macht bringt. Der Maler David hat wieder einen Auftraggeber.

Auftragskünstler waren es, deren Pariser Ateliers im Spätsommer 1802 von englischen Malern besucht wurden, als der Friede von Amiens endlich wieder Kunstreisen auf den Kontinent ermöglichte. West, Füssli, Flaxman u. a. nutzten diese Gelegenheit – sie währte nur kurz, denn schon am 16. Mai 1803 erklärte England Frankreich wieder den Krieg.

Die Besucher lernten die neuesten Arbeiten von David, Gérard, Guérin und Girodet kennen, sie besuchten Percier und Fontaine, die beiden Schöpfer des Empire-Stils (Kat. 511), die damals gerade an der Neueinrichtung von Malmaison arbeiteten.[76] Zwei Jahre später werden sie Napoleons Krönung inszenieren und in einem prächtigen Stichwerk festhalten (Kat. 505 a–i).

„Wieder der alte Hof"[77] urteilt zur gleichen Zeit ein deutscher Besucher, als Napoleon die Wiederinstandsetzung der Wassermaschinen von Marly ankündigt. In der neuen Machtkunst taucht wieder die vermessene Welt auf: Ihr akademischer Kanon und die autoritäre

Leidenschaft für die Totalästhetisierung, gepaart mit einem neuen *Herrscherkult.* Das Bildnis Napoleons ist allgegenwärtig, allsehend (Kat. 497 und 498). Es schmückt die mit Fruchtgelées gefüllten Confituren in den Schaufenstern der Konditoreien, und als Gérard die Mutter Bonapartes porträtiert, muß er Sonderwünsche erfüllen: „Nun will sie auch noch Armbänder und oder Ringe und Medaillons und wer weiß was alles mit des Sohnes Bildniß daran gemahlt haben. Eben keine angenehme Beschäftigung für einen Mahler wie Gérard; der indessen auch darinnen gerne eingeht, weil er schon lange wünscht, daß Bonaparte ihm auch einmal sitze."[78]

Stand der strengen Fiktion der vermessenen Welt im 18. Jahrhundert die maßlose Welt der Verwüstungen und Naturkatastrophen gegenüber, so erneuert sich dieser Gegensatz jetzt unter politischen Vorzeichen. Napoleons imperialer Gestus bestimmt nicht nur die Formensprache der ihm verschriebenen Auftragskünstler, er verfügt über einen Machtapparat, der das ganze französisch gewordene Europa beherrscht. Es reicht einige Jahre lang von Neapel bis Amsterdam, von Madrid bis Hamburg. An der Peripherie dieses Reiches regt sich Widerstand sowohl gegen die politische wie gegen die künstlerische Bevormundung. Er richtet sich gegen die Symptome der Verhärtung in beiden Bereichen. Das sei an zwei weit auseinander liegenden Gegenstimmen veranschaulicht: an *Runge* und *Goya.*

Die englischen Paris-Besucher nahmen an ihren französischen Kollegen Maß. Dem starren Klassizis-

Abb. 24
Francisco de Goya,
Das ist die Wahrheit
(Des. 82),
1820–23, Radierung
und Aquatinta

mus konnten sie nichts abgewinnen. Einer bemerkte über Davids „Sabinerinnen" (Abb. 23): „Ich habe nie eine Komposition gesehen, in der die Kunst des Arrangierens so wenig verborgen war."[79] Zur Leblosigkeit kam der Vorwurf der Farblosigkeit. Man sah in den Bildern gemalte Hochreliefs. Dennoch oder eben deswegen gestand man den Franzosen zu, daß sie besser zeichneten, wie überhaupt die alte Hierarchie der Gattungen – mit der Historienmalerei an der Spitze – ihnen größere kompositionelle Anstrengungen abforderte.

Noch strenger wird später Constable im Namen der Farbe sein Urteil fällen. Für ihn hatte David nur drei Quellen der Inspiration: Das Schafott, das Krankenhaus und das Bordell.[80] Daraus gingen „herzlose Versteinerungen von Männern und Frauen hervor; Bäume, Felsen, Tische und Stühle – alle gleichermaßen von einer unbarmherzigen Umrißlinie gebunden, entblößt vom Chiaroscuro, der Seele und dem Medium der Kunst".

Constable übertreibt, aber er trifft einen entscheidenden Punkt: das klassizistische Pathos dient der geordneten Besitznahme, nicht mehr der Vision, nicht mehr der Verkündung eines „Fiat lux!" Eben diese Lichtbotschaft greifen Runge und Goya mit gänzlich verschiedenen Sprachmitteln noch einmal auf.

Runges „Morgen" – davon ist bei Kat. 537 ausführlicher die Rede – ist eine vielschichtige Summe: ein Protestbild gegen die klassizistische Linearisierung im Namen der Farbe; ein neuer Welttag, in dem *Farbe und Licht* sich verbünden; schließlich eine triumphale

Summe des Weiblichen (Aurora-Venus-Maria), das sich gegen das männliche Machtdenken wendet. Es ist das helle Gegenbild zu der düsteren Heroenwelt, welche zur gleichen Zeit von Napoleon, dem Bewunderer Ossians, verkörpert wird (Kat. 508). (Diese Bewunderung gilt auch Goethes Werther: Sie trägt Napoleon aus der vermessenen Welt in die des „Sublime"...)

VIII. Nochmals Goya

Am 22. März 1808 zog Murat mit seinen Truppen in Madrid ein. Damit begannen Spaniens „Desastres de la Guerra". Goya schuf seinen Zyklus zwischen 1810 und 1820. Die 82 Radierungen sind Chronik, Pamphlet und Allegorie. Die Mehrzahl der Blätter gehört in die Kategorie der imaginären Ereignisreportage: Sadistische Gemetzel, Vergewaltigungen, Hinrichtungen und Leichenschändung. In den letzten Arbeiten wendet sich Goya der Licht-Dunkel-Metaphorik zu (Kat. 530.79 und 530.80).

Auf den „Tod der Wahrheit" (Kat. 530.79), dem die Dunkelmächte einen zweiten Tod, eine zynische Bestattung, bereiten, folgt die Frage: „Wird sie wieder auferstehen?" (Kat. 530.80). Das Schicksal *dieser* Wahrheit

Abb. 25
Charles-Nicolas
Cochin d. J.,
Ceres,
Rötel

scheint besiegelt. An ihrer Stelle tritt die Verheißung einer anderen auf: „Das ist die Wahrheit" (Abb. 24). Wir sind Zeugen einer abrupten Akzentverschiebung. Goya läßt den höllischen Mummenschanz fahren, seine neue Wahrheit ist nicht die Wiedergeburt der allegorischen Abstraktion, um deren Leichnam sich die Dunkelmänner scharten, sie ist eine aus der Erfahrung geholte junge Frau, und doch ist sie von der Aura der Veritas umstrahlt. Wir stehen an der Schwelle zur Kunst des 19. Jahrhunderts. Die alte Wahrheit, die sterben mußte, war auch die Verkörperung der alten Kunstwahrheit: Sie endete in der schönen Hilflosigkeit der Allegorie. Mit ihr ging auch die Herrschaft des hohen Stils zu Ende. Ihre Nachfolgerin ist eine Frau aus dem Volk. Anders als die Allegorie, die immer an einer abstrakten Bedeutungslast trug, ist dieses Landmädchen mit sich selbst identisch. Sie zeigt auf den Lohn, den die vom Frieden behütete Arbeit einbringt: Korngarben, ein Obstbaum, ein Schaf und ein gefüllter Korb – eine Ernte, wie sie Diderot in der Encyclopédie beschreibt.

Goya verweltlicht die christliche Lichtbotschaft und er versinnlicht die aufklärerische „Lichtmasse". Dies macht seinen Schritt in das 19. Jahrhundert aus, dennoch dürfen wir darüber nicht vergessen, daß auch hier das alte Jahrhundert noch mitwirkt. Das belegt ein Medaillenentwurf von Cochin, der eine Ceres zeigt, die einen würdigen Greis belohnt (Abb. 25).

Goya, der Erforscher des Zweifels und des Zwielichts, kehrt zu den optimistischen Rollenträgern des *siècle des lumières* zurück, zu einer Apotheose der Landwirtschaft im Sinne *Rousseaus.* Zugleich entledigt er sich des allegorischen Belehrungsgestus. Das Mädchen und der struppige Alte – vielleicht eine Erinnerung an den hl. Isidor, den Stadtheiligen von Madrid – sind exemplarische Gestalten, obwohl sie dem Würdekanon der Allegorie widersprechen. Ihre unverbrauchte

Wirklichkeit ist so stark, daß sie von der Lichtglorie weder gemindert noch erhöht oder verfälscht wird. So hell strahlt nur eine Kreatur, die dies zum ersten Mal tun darf. Die Ceres des Cochin war als Allegorie nicht befugt, selber Licht auszusenden. Daß Goya sein Landmädchen das tun läßt, was in der antiken und in der christlichen Mythologie den höchsten Gottheiten vorbehalten war, setzt deren Entthronung voraus. Denn während sich die Bildpropaganda der Revolution im Mythologisieren ihrer Inhalte gefiel, gewann der Umbruch für die Kunst einen neuen Inhalt, einen neuen Kollektivhelden: le peuple, *das Volk.* Dieser Entdeckung war freilich nur ein einziger Zeitgenosse gewachsen: Goya. Wenn in seiner Kunst das Volk auftritt, wird das Ereignis zum Symbol, das Symbol zum Ereignis. Er gibt der Täter-Opfer-Beziehung eine neue Dimension der Aussage. Die Opfer werden zu anonymen Märtyrern, sie treten in die exemplarische Kategorie ein, mit der die Kirche ihre Glaubenszeugen auszeichnete. Der Mann, auf den das französische Exekutionskommando seine Gewehre angelegt hat, vermag nur mit dem jähen Licht des Erschreckens sich gegen das Tötungsritual zu behaupten (Abb. 26). Diese Helligkeit verleiht seiner physischen Hilflosigkeit die Aura eines moralischen Triumphs. Zugleich aber ist diese grelle Geste eine Absage an das Licht der christlichen wie der aufklärerischen Heilsbotschaft. Goya malte das Bild 1814, sechs Jahre nach dem Ereignis, das als „3. Mai 1808" zu den denkwürdigsten Daten der spanischen Geschichte zählt. 1808, das war das Jahr, in dem Runge seine erste Fassung des „Morgen" malte und Haydns „Schöpfung" in Wien eine festliche Aufführung erlebte. 1814, das war das Jahr, in dem Napoleons Herrschaft über Europa zu Ende ging. Nun erlosch der imperiale Stern Frankreichs, aber auch der Stern, den Regnault genau zwanzig Jahre davor über seiner selbstgewissen Liberté hatte aufleuchten lassen.

Abb. 26
Francisco de Goya,
*3. Mai 1808, Erschießung
der Aufständischen,*
1814, Öl/Leinwand,
Madrid, Museo del Prado

Anmerkungen

[1] Marx 1953, S. 14

[2] Herzen 1962, Bd. 3, S. 649

[3] Günther 1985, S. 9 ff.

[4] Georg Forster, Erinnerungen aus dem Jahr 1790, in: Forster o. J., Bd. 3, S. 437 ff.

[5] Forster o. J., Bd. 3, S. 460

[6] Forster o. J., Bd. 3, S. 121 f.

[7] Betrachtungen über die französische Revolution, Berlin 1793, übertragen von Friedrich Gentz. Neuausgabe hrsg. von Ulrich Frank-Planitz, Zürich 1987. Die erste deutsche Übersetzung erschien bereits 1791 in Wien.

[8] Burke 1987, S. 130

[9] Campe 1790, S. 101

[10] Forster o. J., Bd. 3, S. 727 ff.

[11] Forster o. J., Bd. 4, S. 848

[12] ? S. 134

[13] A Philosophical Enquiry into the Origin of our Ideas of the Sublime and Beautiful, hrsg. J. T. Boulton, London 1958.

[14] Burke 1987, S. 208

[15] Burke 1987, S. 110

[16] Burkes Quelle ist die Schrift „Vom Erhabenen" des Pseudo-Longinus (vgl. die griechisch-deutsche Ausgabe von Reinhard Brandt, Darmstadt 1983).

[17] 1822 widmete Horace Vernet diesem Ereignis ein großes Gemälde: „Joseph Vernet attaché au mât d'un batiment pendant une tempête en mer" (Avignon, Musée Calvet). Vgl. Levitine 1967, S. 93 ff.

[18] Forster o. J., Bd. 4, S. 941

[19] Burke 1958, S. 42

[20] Burke 1987, S. 357. Was Burke den revolutionären Gleichmachern vorwirft, wurde schon in den letzten Jahren des Ancien Régime überlegt – ein Beispiel für die Kontinuität der „vermessenen Welt": Hesselns 1786 erschiene Generalkarte Frankreichs sah den „découpage du territoire national en carrés" vor.

[21] Mercier 1971, S. 192 f. (vgl. die deutsche Ausgabe, Mercier 1989, S. 109)

[22] Gedenkrede auf Madame la Marquise de Châtelet (1752). (Voltaire, 1984. S. 64 und 261).

[23] Blake sieht in Newton den Triumph des Materialismus. Zusammen mit Bacon und Locke bildet er für ihn eine höllische Trinität. Vgl. Damon 1967, S. 298. Damon deutet Blakes color print positiv: Newton zeichnet „not on a stone tablet or in a book, but on the scroll which always signifies imaginative creation."

[24] „Energy is the only life, and is from the Body; and Reason is the bound or outward circumference of Energy". The Marriage of Heaven and Hell, entstanden um 1793. (Blake 1956, S. 182)

[25] Zit. nach Adler 1968, S. 270 (vgl. Herder 1877, Bd. 4, S. 89)

[26] Kant 1960, Bd. 1, S. 227

[27] „L'unité d'un Dieu, Etre incréé, Etre spirituel, telle est la base de notre religion." (Mercier 1971, S. 198)

[28] Rousseau 1969, S 169 und S. 399, Bd. 5

[29] „Je vais chercher quelque village où, dans un air pur et des plaisirs tranquilles, je puisse déplorer le sort des tristes habitants de ces fastueuses prisons que l'on nomme villes." (Mercier 1971, S. 87)

[30] Mercier 1971, S. 247, deutsche Ausgabe, Mercier 1989, S. 152

[31] Kat. Baden-Baden 1970, S. 136

[32] Arasse 1987, S. 73

[33] Kat. Baden-Baden 1970, S. 80

[34] „Les villes sont le gouffre de l'espèce humaine" (Rousseau 1969, S. 277)

[35] Vgl. Bredekamp 1988, S. 31 ff.

[36] Goethe an Lavater, W. A., VI. Abt., 5. Bd., S. 149. Anlaß zu der Metapher waren die „geheimen Künste des Cagliostro".

[37] Blake 1956, S. 166 f.

[38] Das Zitat stammt aus dem Bericht „Sur les Principes de Morale politique", den Robespierre am 5. Februar 1794 dem Wohlfahrtskomitee erstattete: „. . . le ressort du gouvernement populaire en révolution est à la fois la vertu et la terreur . . ." (Robespierre 1988, S. 221)

[39] Die Autorenschaft des um die Mitte der 90er Jahre entstandenen Entwurfs ist umstritten. In der Handschrift Hegels überliefert, geht er auf Schelling zurück, der sich vermutlich von Hölderlin inspirieren ließ. Friedrich Beißner und Jochen Schmidt nahmen deshalb das Fragment in ihre Hölderlin-Ausgabe auf (Hölderlin 1969, Bd. 2, S. 647 und Bd. 3, S. 227)

[40] Über die ästhetische Erziehung des Menschen in einer Reihe von Briefen (1793/94)

[41] Blake, Milton, in Blake 1956, S. 378

[42] Kant 1960, Bd. 6, S. 180

[43] Lenotre 1951, S. 235

[44] Michelet 1952, Bd. 2, livre XVII, Ch. V, S. 789

[45] Burke 1987, S. 410

[46] Voltaire 1984, S. 256

[47] Parisische Umrisse, in: Forster o. J., Bd. 3, S. 733

[48] Blumenberg 1957, S. 446

[49] David Bindman in Kat. Hamburg 1975 I, S. 115

[50] Michelet 1952, Bd. 2, S. 797

[51] Klein 1981, S. 402

[52] Friedrich 1974, S. 50

[53] „. . . consultons la lumière intérieure" (Rousseau 1969, S. 569)

[54] Brief an Louise Seidler, Friedrich 1974, S. 27

[55] Ein Gemälde des werdenden Tages der Schöpfung, Herder 1877, Bd. 5 Bd. 6, S. 139

[56] Vgl. Kemp 1986, S. 178

[57] Am 13. März 1794 erstattete Saint-Just einen „Rapport sur le mode d'exécution du décret contre les ennemis de la Révolution". Darin heißt es: „On trompe les peuples de l'Europe sur ce qui se passe chez nous. On travestit vos discussions. Mais on ne travestit point les lois fortes; elles pénètrent tout à coup les pays étrangers comme l'éclair inextinguible'. (Saint-Just 1968).

[58] Kant 1960, Bd. 6, S. 291

[59] Bericht über das Fest zur Ehrung von Barra und Viala am 11. Juli 1794 (Scheinfuß 1973, S. 106)

[60] Schiller am 14. Sept. 1797 an Goethe: Schiller erörtert in dem Brief die „Verirrung der bildenden Künstler unserer Zeit" und empfiehlt die „alten Muster", da sie „eine empirische Natur, die bereits auf eine ästhetische reduziert ist, aufstellen."

[61] Wie die Alten den Tod gebildet (1761)

[62] Über die ästhetische Erziehung des Menschen, 6. Brief

[63] Brief vom 19. Dez. 1787 an Körner (Schiller/Körner 1973, S. 67)

[64] Brief vom 18. Febr. 1789, Schiller/Körner 1973, S. 102

[65] Über das Studium der griechischen Poesie (1795), Schlegel o. J., S. 107, 111 und 122.

[66] Brief vom 14. Sept. 1797 an Goethe

[67] Vgl. Damon 1967, S. 214

[68] Tieck 1963. S. 269

[69] Tieck 1963, S. 334

[70] Tieck 1963, S. 337

[71] Tieck 1963, S. 349

[72] Hölderlin 1969, S. 829

[73] Hölderlin 1969, S. 829

[74] Fernow 1806, S. 205

[75] Vgl. die Einleitung zum 1. Kapitel des Kataloges (S. 91 ff.)

[76] Vgl. Schiff, S. 268 ff.

[77] Reichardt 1804, Bd. 1, S. 273

[78] Reichardt 1804, S Bd. 2, S. 6 und 84

[79] Joseph Farington, zit. nach Schiff, S. 269

[80] Leslie 1951, S. 242 und 313

Vignette aus: M. Dorat, Roséide ou l'Intrigant,
Paris 1780

Die Erklärung der Menschen- und Bürgerrechte
vom 26. August 1789

45

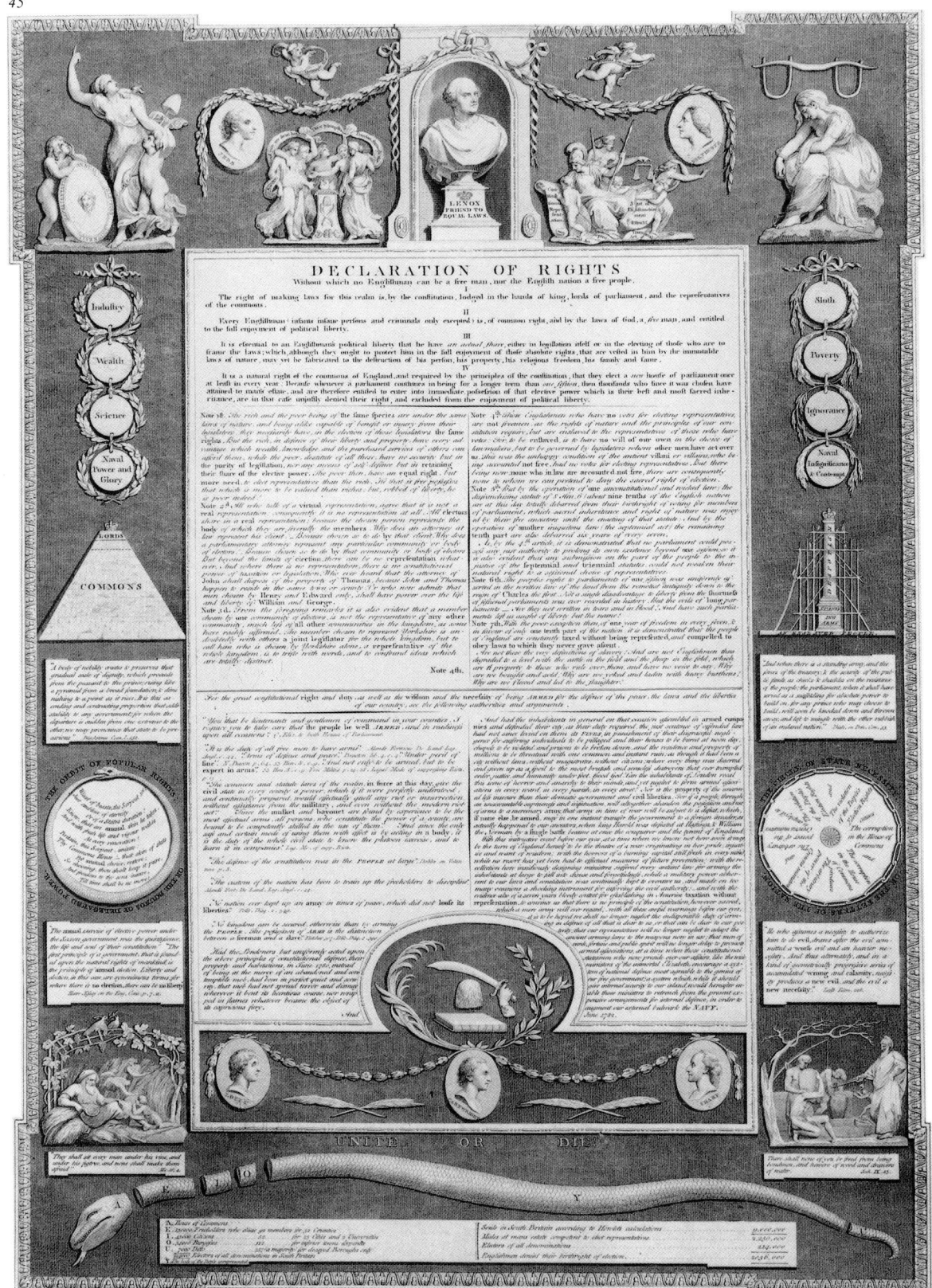

Hasso Hofmann

Die Erklärung der Menschen- und Bürgerrechte vom 26. August 1789

I.

Die große Französische Revolution beginnt nicht erst am 14. Juli 1789 mit dem Sturm auf die Bastille. Am Anfang steht ein juristischer Staatsstreich. Im Mai 1789 waren die „Generalstände", d. h. die drei getrennten Vertretungskörperschaften der Geistlichkeit, des Adels und des „Dritten Standes" der Nichtprivilegierten in Versailles zusammengetreten – zum ersten Mal wieder seit 1614. In ständiger Fühlung mit den Massen ihrer Wähler erklärten sich die Vertreter des Dritten Standes am 17. Juni zur „Nationalversammlung". Damit bricht das Bürgertum Privilegien der Vertretungen von Klerus und Adel und usurpiert mit dem Anspruch auf Artikulation des Willens der Nation zugleich Rechte der Krone. Diese revolutionäre Versammlung der französischen Nation schaffte am 11. August alle feudalen Privilegien ab und beschloß nach intensiven und leidenschaftlichen Debatten gegen mancherlei Widerstände und bei Ablehnung einer ergänzenden Pflichtenerklärung am 26. August 1789 die berühmte *Déclaration des droits de l'Homme et du Citoyen.* Motiv dieser Erklärung war die Überzeugung, „daß die Unkenntnis, das Vergessen oder die Mißachtung der Menschenrechte die alleinigen Ursachen des öffentlichen Unglücks und der Verderbtheit der Regierungen sind" – ihr Zweck: deren dauernde Vergegenwärtigung als Grundlage und Maßstab allen politischen Handelns, wie die Präambel darlegt. In zunächst 16, schließlich 17 Artikeln werden sodann die Rechtsprinzipien der Freiheit und Gleichheit, des Eigentumsschutzes und der Sicherheit sowie das Widerstandsrecht gegen Unterdrückung (Art. 1, 2, 4 und 6 Satz 3), die Grundsätze der Gesetzmäßigkeit aller Staatstätigkeit (Art. 5 Satz 2) und des gleichen Zugangs zu allen öffentlichen Ämtern (Art. 6 Satz 4), der Schutz vor willkürlicher Verhaftung (Art. 7) und ungesetzlicher Bestrafung (Art. 8) sowie die strafverfahrensrechtliche Unschuldsvermutung (Art. 9) postuliert. Hinzu tritt die Verkündung der Meinungs-, Rede- und Preßfreiheit (Art. 10 und 11). Dabei fällt in diesem für das Jahrhundert der Aufklärung zentralen Punkt auf, daß von Religionsfreiheit keine Rede ist, sondern nur sehr vorsichtig von Meinungsäußerungsfreiheit in Religionsangelegenheiten (Art. 10). Mit Rücksicht auf die geistlichen Mitglieder der Nationalversammlung und die Masse des katholischen Volkes war hier Zurückhaltung geboten.

Untermischt sind diesen subjektiven Freiheits- und Gleichheitsrechten, die dem Schutz des Individuums vor staatlicher Willkür dienen und gleiches Recht für alle ohne Standesunterschiede garantieren, einige Sätze anderer Art. In ihnen geht es in einer mehr unpersönlichen Weise um die ideellen und organisatorischen Grundlagen eines freiheitlichen Staates. Dabei sind fünf Kerngedanken zu erkennen: die Souveränität der Nation, von der jede staatliche Autorität sich herleiten muß und die jeden Amtsträger der Gesellschaft gegenüber rechenschaftspflichtig macht (Art. 3 und 15); das daraus fließende, ganz zentrale, durch den Sieyes'schen Repräsentationsgedanken freilich gebrochene rousseauistische Prinzip der Beteiligung aller an der Gesetzgebung (Art. 6 Satz 1) und die Grenzen der Legislative (Art. 5 Satz 1, Art. 8 Halbs. 1); die Notwendigkeit einer öffentlichen Macht zur Sicherung der Menschen- und Bürgerrechte (Art. 12); die Pflicht aller Bürger, nach ihren Verhältnissen zu den Kosten der Staatsorganisation beizutragen samt den korrespondierenden Rechten der Steuerbewilligung und der Ausgabenkontrolle (Art. 13 und 14); schließlich die Trennung von gesetzgebender, ausführender und richterlicher Gewalt (Art. 16). Dieser Artikel, wonach eine Gesellschaft, in der die Verbürgung der Rechte nicht sichergestellt und die Trennung der Gewalten nicht festgelegt ist, keine Verfassung hat, läßt an die Gewaltenteilung durch die jüngst erst in Kraft getretene amerikanische Verfassung denken und weist über *Montesquieu* und *Voltaire* auf *John Locke* zurück. Ursprünglich sollte er die Deklaration der Menschen- und Bürgerrechte abschließen und von den menschheitlich-allgemeinen politischen Grundsatzerklärungen zu den konkreten gesetzlichen Bestimmungen der zu schaffenden eigentlichen Staatsverfassung, der *Constitution Française* überleiten. Aber dann kam das dazwischen, was man die „Ausgießung des bürgerlichen Geistes" genannt hat: Wiewohl das Eigentum bereits in Art. 2 unter den natürlichen und unverjährbaren Menschenrechten erscheint, greift der angehängte 17. Artikel diesen Punkt noch einmal auf, erklärt das Eigentum in einer besonders feierlichen Weise als „unverletzlich und geheiligt" und bindet die Möglichkeit der Enteignung in einer der *Habeas-Corpus*-Bestimmung des Art. 7 Satz 1 vergleichbaren und bis heute maßgeblichen Weise an strenge rechtliche Voraussetzungen.

Doch sind alle diese Sätze wohlgemerkt als „Wahrheiten für alle Zeiten und für alle Länder" gedacht, wie einer der Redner in der Debatte der Nationalversammlung sagte – nicht als verbindliche Rechtsvorschriften einer bestimmten Rechtsordnung. Ihre Grundlage ist nicht der Gesetzgebungswille der französischen Nation, sondern der Wahrheitsanspruch aufklärerischer Sozialphilosophie. Ganz im Sinne des rationalen Naturrechts unterscheidet die *Déclaration* zwischen den Rechten *des* Menschen und *des* Bürgers. Damit sind anders als in unserem heute vorherrschenden Sprachgebrauch nicht Rechte gemeint, die der Staat allen Menschen zugesteht, und andere, die er nur seinen eigenen Staatsbürgern einräumt, sondern die Rechte desselben im kollektiven Singular aufgerufenen Subjekts: nämlich die Rechte des Menschen im hypothetischen vorstaatlichen Naturzustand und die Rechte desselben Menschen nach Gründung eines Staatsverbandes als Bürger. Dieser Gedanke eines noch nicht zivilisatorisch degenerierten, deformierten und korrumpierten Naturzustandes hat die europäische Gesellschaft des 18. Jahrhunderts fasziniert – philosophisch, literarisch, theologisch und politisch. Die sentimentale Begeisterung für die „guten Wilden", das Interesse an der „natürlichen Religion", die Schäferidyllen des Rokoko, *Defoes* Erfolg mit dem „Robinson Crusoe" und die Renaissance des antiken, vornehmlich stoischen Gedankens natürlicher Rechte aller haben diese selbe Wurzel. Die Natur oder genauer: die Natur des Menschen und dessen natürliche Bedürfnisse als Grund, Maß und Schutzgut einer jeden politischen Ordnung – aus diesem Gedanken erwächst in der revolutionären Situation Frankreichs mit dem rousseauistischen Pathos von Natürlichkeit und Freiheit die Erklärung universeller Menschenrechte. Gegen ein korruptes politisches System und seine inhumanen Folgen soll die Natur des Menschen wieder ins Recht gesetzt werden. Und da das Wesen des Menschen im Sinne des ursprünglich und grundlegend Richtigen für eine bürgerlich-rational gewordene Welt eins scheint mit individueller Freiheit und vernünftiger Selbstbestimmung, mit Autonomie also und persönlichem Glücksstreben, ist es folgerichtig, solcher Natur durch ein politisches System von Grundrechten, Gewaltenteilung und repräsentativen Versammlungen zur Erfüllung zu verhelfen. Diesen Grundsätzen wird für die neue Welt einer neuen Zeit eine ähnlich fundamentale Bedeutung beigemessen wie den Tafeln des mosaischen Dekalogs oder jenen Gesetzestafeln, welche einst die Quelle des gesamten Rechtslebens der schon durch *Rousseau* verklärten römischen Republik gewesen waren. Manche Wiedergaben der *Déclaration* von 1789 beschwören solche Assoziationen.

II.

Der erste Entwurf der Menschenrechtserklärung war vom Marquis *Lafayette* in der Nationalversammlung eingebracht worden. Er, der als General am Unabhängigkeitskampf der Vereinigten Staaten von Amerika teilgenommen hatte, bildete in Versailles zusammen mit dem Grafen *Mirabeau,* dem bedeutenden Mathematiker, Politiker sowie fortschrittsgläubigen Geschichtsphilosophen *Condorcet* und anderen so etwas wie eine „amerikanische Partei". Sie kannte nicht nur wie alle Welt die Amerikanische Unabhängigkeitserklärung, welche mit der einleitenden Behauptung, daß alle Menschen gleich geschaffen und von ihrem Schöpfer mit unveräußerlichen Rechten wie Leben, Freiheit und dem Streben nach Glück ausgestattet seien, die politische Philosophie *John Lockes* repetierte. Lafayette und die anderen diskutierten und propagierten darüber hinaus im Kontakt mit dem amerikanischen Gesandten *Jefferson* jene neuartigen Auflistungen oder Katalogisierungen allgemeiner unveräußerlicher Menschenrechte, mit denen die allermeisten der Neuenglandstaaten im Gefolge *Virginias* ihre revolutionären Staatsverfassungen eingeleitet hatten. Sie waren für das revolutionäre Frankreich bei der Grundlegung einer neuen Ordnung brauchbare Vorbilder.

Allerdings verbindet der revolutionäre Impetus die amerikanischen Proklamationen und die französische Menschenrechtserklärung nicht nur – er unterscheidet sie auch, insofern die politische Lage in Nordamerika ganz anders war als in Frankreich.

Der die amerikanischen Menschenrechtserklärungen bestimmende Impuls entspringt aus der Entscheidung für die nationale Unabhängigkeit. Es ging dort weniger um die Behauptung individueller Rechte als um die politische Bevormundung durch eine allzu ferne Regierung, um das Fehlen finanzieller und wirtschaftlicher Selbstbestimmung der Kolonien. *No taxa-*

tion without representation! Nationale Repräsentation im eigenen Staatswesen bedurfte jedoch neuer Grundlagen, einer neuen Verfassung nach Prinzipien, welche international vorzeigbar die Sezession rechtfertigten und zugleich die herkömmliche Rechtsstellung der freien Amerikaner wahrten. Das war der Grund, warum man 1776 die überlieferten Geburtsrechte englischer Untertanen unter dem traditionellen Namen einer *Bill of Rights* und in altväterlicher Sprache zu angeborenen Menschenrechten verallgemeinerte. Für die Rechtsstellung des einzelnen und die gesellschaftlichen Verhältnisse bedeutete dies verhältnismäßig wenig.

Eine ganz andere politische Stoßrichtung hatte die französische *Déclaration*. Sie überführte das rationale Naturrecht der Aufklärung *innerpolitisch* in revolutionäre Praxis. Es ging um die Grundlegung und Rechtfertigung einer neuen staatlichen *und* gesellschaftlichen Ordnung. Die Unabhängigkeit der französischen Nation, d. h. ihre äußere Souveränität, war längst selbstverständliches Erbe der Monarchie. Zur Entscheidung stand allein die Identifikation des zahlenmäßig weitaus stärksten und allein produktiven dritten Standes mit der französischen Nation. Die Menschenrechtserklärung von 1789 stürzt die alte ständische Ordnung um und etabliert mit ihrer schärferen Betonung des Gleichheitsgedankens in Art. 1, 3, 6 und 13 allererst eine egalitäre Staatsbürgergesellschaft. Mangels einer dem englischen *common law* entsprechenden Tradition, ohne den im reformierten Gemeindeverständnis fortlebenden Genossenschaftsgedanken und im Blick auf die privilegierten Korporationen von Geistlichkeit und Adel ist die französische Erklärung abstrakter, philosophischer und von größerer individualistischer Radikalität. Bezeichnenderweise kennt sie nicht, was ein wesentliches Element der amerikanischen Gesellschaft war: die Vereinsfreiheit.

III.

Lenkt man den Blick von den amerikanischen Menschenrechtserklärungen weiter zurück auf deren englische Vorläufer – als da sind: *Bill of Rights* (1689), *Habeas-Corpus-Akte* (1679), *Petition of Right* (1628), *Magna Carta Liberatum* (1215) – so zeigt sich, daß auch die Briten längst ihre *Declaration of Rights* besaßen. Am 6. Februar 1689 hatte das Parlament in Westminster die *Glorious Revolution* besiegelt und Wilhelm von Oranien samt seiner Frau Maria, der Tochter des nach Frankreich geflohenen katholischen Stuart-Königs Jakob II., auf den Thron erhoben. Vor der förmlichen Thronbesteigung in Whitehall aber verlas der Schriftführer des Parlaments eine „Declaration of Rights", in der die von Jakob II. untergrabenen „unbestrittenen Rechte und Freiheiten" der Engländer niedergelegt waren, – in der Erwartung, daß Wilhelm sie in einer Art von stillschweigendem Vertrag respektieren werde. Diese Erklärung wurde jedoch alsbald in eine förmliche Gesetzesvorlage umgewandelt. Durch das Parlament beschlossen und vom König genehmigt, ging sie als „Bill of Rights" in die Geschichte ein. Die Gesellschaft zur Verteidigung dieser Bill pries sie 1789 stolz als die englische „Declaration", der nun eine französische zur Seite getreten sei.

Aber diese emphatisch gezogene Parallele stimmt so nicht – weder inhaltlich noch formal. Die englischen Texte sind weder Revolutions- noch auch nur Reform-Manifeste. Sie begründen und rechtfertigen keinen Neuanfang, sondern bekräftigen in einer konservativen Weise angebliche Privilegien der Vorfahren. Im Rückbezug auf die herkömmliche korporative Ordnung des Königreichs ist ihnen der radikale französische Individualismus ebenso fremd wie der Universalismus von 1789. Die englische „Declaration" besteht nicht aus einzelnen gemeißelten Artikeln und abstrakten Sätzen. Wortreich beklagt sie zunächst eine ganze Reihe konkreter Rechtsverletzungen durch Jakob II., weist dann auf die dagegen erhobenen Proteste hin, erklärt schließlich die geschilderten königlichen Maßnahmen für gesetzwidrig und leitet daraus einige allgemeine Postulate ab. Im einzelnen geht es um die einseitige Aufhebung und Durchbrechung von Gesetzen, Übergriffe des Königs auf kirchliche, gerichtliche und Parlamentsangelegenheiten, eigenmächtige Steuererhebungen und die Zweckentfremdung bewilligter Finanzmittel, die ungenehmigte Unterhaltung eines stehenden Heeres, das Petitionsrecht der Untertanen, das Recht protestantischer Untertanen, entsprechend ihrem Stand Waffen zu tragen, die Freiheit der Parlamentsdebatten und der Parlamentswahlen sowie die Häufigkeit der Parlamentssitzungen.

Was die Texte von 1689 und 1789 gleichwohl verbindet, ist die Absicht, gegen den Mißbrauch der königlichen Gewalt rechtliche Schranken aufzurichten. Für den Engländer heißt dies freilich ganz selbstverständlich weniger: prinzipielle Stärkung individueller Rechtspositionen, als in erster Linie und hauptsächlich: Verteidigung der Rechte des Parlaments. Soweit 1689 von persönlichen Rechten die Rede ist, handelt es sich teilweise um Standesprivilegien oder Abgeordnetenrechte, in jedem Fall aber um ganz konkrete Rechte englischer Untertanen. Alles dies läßt sich nicht unter den Begriff abstrakter individueller Menschenrechte bringen. Und selbst von einer Erklärung der Bürgerrechte aller Engländer kann man allenfalls insofern sprechen, als diese nach überliefertem Verständnis allesamt im Parlament vertreten waren. In der Realität traf dies freilich nicht (mehr) zu. Aus der Diskrepanz zwischen dem umfassenden Repräsentationsanspruch des Parlaments und der korrupten parlamentarischen Wirklichkeit resultierten immer radikalere Freiheitsforderungen. Diese Bewegung führt 1769 zur Gründung der erwähnten „Society of the Supporters of the Bill of Rights". Der Konflikt mit den nordamerikanischen Kolonisten und die daraus folgenden Kriegslasten verschärfen die Situation. Alte *Leveller*-Parolen tauchen wieder auf, und Argumente der Aufständischen fließen ein: *No taxation without representation!* Neben die Beschwörung der alten konstitutionellen Prinzipien tritt die Berufung auf das Naturrecht. Aber stets umkreisen die Rechtsansprüche „without which no Englishman can be a free man, nor the English nation a free people", ganz konsequent das Parlament und nicht die Stellung des einzelnen: Es geht um das allgemeine Wahlrecht, namentlich um die Verstärkung der Repräsentation steuerstarker Wahlbezirke auf Kosten der Vertretung „verrotteter Flecken" und um jährliche Parlamentstagungen. *Charles Lennox,* Herzog von Richmond, bringt 1780 einen entsprechenden Gesetzentwurf ein: „An Act for declaring and restoring the natural, unalienable and equal right of all the Commons of Great Britain . . .". Auch der Kampf um die Meinungs- und Pressefreiheit ist auf das Parlament bezogen; er wird in erster Linie um die Publikation der Parlamentsdebatten geführt. In England stand und steht mit anderen Worten die Sorge um objektiv-institutionelle Vorkehrungen der nationalen Überlieferung gegen Machtmißbrauch im Vordergrund. In Frankreich zeigt sich dieser Aspekt nur noch in einzelnen, auf abstrakte Prinzipien reduzierten Einsprengseln staatsorganisatorischer Art über Gesetzgebung und Gewaltenteilung inmitten eines Katalogs individueller Berechtigungen universellen Charakters.

IV.

Etwas vereinfacht kann man sagen, daß die französische Menschenrechtserklärung das Produkt eines vom aufklärerischen Naturrecht bestimmten Verallgemeinerungsprozesses ist, in dem sehr konkrete nationale Privilegien, Freiheiten und rechtliche Schutzvorkehrungen zu individuell-personenbezogenen, subjektiven Rechten und Grundfreiheiten aller Menschen aufstiegen.

Zu Rechten aller Menschen?

So sagten die Amerikaner, und die Franzosen taten es ihnen nach. Aber wenn sie vom Menschen sprachen, dann meinten sie in aller Regel nur den Mann, und zwar den weißen, nicht aber zugleich die Frauen und die Schwarzen – auch wenn *George Mason,* der Verfasser der *Virginia Bill of Rights* von 1776, ein erklärter Gegner der Sklaverei und *Condorcet* ein Vorkämpfer der Frauenrechte war. Negersklaven einerseits und die Frauen andererseits verkörpern im Jahre 1789 die historischen Grenzen jenes Individualisierungs- und Verallgemeinerungsprozesses. Durch eine in Schillers Versen geronnene Vorstellung von den Revolutions-„Weibern", die zu „Hyänen" wurden, unterstützt, ließ jene Bewußtseinsverengung sogar die historischen Dokumente des feministischen Protestes gegen die männliche Einschränkung des Gleichheitsbegriffs vergessen: In Paris hat 1791 *Marie Gouze,* die in einem ihrer zahlreichen Theaterstücke auch den Sklavenhandel Frankreichs in seinen Kolonien angriff, unter ihrem Künstlernamen *Olympe de Gouges* eine „Erklärung der Rechte der Frau und Bürgerin" veröffentlicht. Darin werden freilich nicht nur gleiche politische, sondern gegen das bürgerliche Patriarchat auch gleiche private Rechte der Frauen gefordert. Olympe de Gouges, die zahlreiche revolutionäre Frauenclubs gegründet hatte, aber konsequent auch im Falle Ludwigs XVI. gegen die Todesstrafe, zudem für eine föderalistische Verfassung eingetreten war – sie, die es gewagt hat, Marat und Robespierre als Feinde der Frauenemanzipation anzugreifen, wurde am 3. November 1793 guillotiniert.

Das Problem wirklicher Allgemeinheit der Menschenrechte ist bis heute nicht gelöst. Freilich haben sich die Aspekte verschoben. In den religiösen und sozialen Bedingungen der verschiedenen Kulturkreise sind neue Grenzen sichtbar geworden.

Farbtafeln

1   Wilhelm Böttner, *Marie Antoinette* (Kat. 2)

2   Jean-Honoré Fragonard, *Befriedigte Neugier* (Kat. 5)

3 Maurice-Quentin de Latour, *Mademoiselle Ferrand* (Kat. 69)

4 Anton Graff, *Henriette Herz* (Kat. 70)

5 Francisco de Goya, *Bernardo de Iriarte* (Kat. 58)

6 Franz Anton Maulbertsch, *Allegorie des Lichts und der Wahrheit* (Kat. 73)

7 Nicolai Abraham Abildgaard, *Szene aus »Niels Klims unterirdische Reise« von L. Holberg* (Kat. 114)

8 Jean Huber, *Voltaires Lever* (Kat. 67)

9   Julius Caesar Ibbetson, *George Biggins Aufstieg in Lunardis Ballon* (Kat. 146)

10   Joseph Wright of Derby, *Eine Eisenschmiede* (Kat. 150)

11   Francisco de Goya, *Die Holzfäller* (Kat. 156)

12 Caspar Wolf, *Zweiter Staubbachfall im Winter* (Kat. 192)

13   Jacob Philipp Hackert, *Vesuvausbruch im Jahr 1774* (Kat. 194)

14 Hubert Robert, *Grotte des Posilipp* (Kat. 197)

15 Salomon Gessner, *Die Träumerin* (Kat. 198)

16   Joseph Wright of Derby, *Ausbruch des Vesuv* (Kat. 195)

17   John Raphael Smith nach George Morland, *Der rechtschaffene Vater* (Kat. 229)

18   Charles Melchior Descourtis nach Frédéric Schall, *Paul und Virginie* (Kat. 121)

19   Jean-François-Pierre Peyron, *Begräbnis des Miltiades* (Kat. 226)

20 Anonym, *Hier tanzt man* (Kat. 277)

21 Pierre-Gabriel Berthault nach Jean-Louis Prieur, *Die Dolchaffäre im Tuilerienschloß am 28. Februar 1791* (Kat. 280)

MANEQUIN DU PAPE, BRULÉ AU PALAIS ROYAL.
le 6 Avril 1791.

22   Pierre-Gabriel Berthault nach Jean-Louis Prieur, *Eine Puppe, den Papst darstellend, wird am 6. April 1791 vor dem Palais Royal verbrannt* (Kat. 282)

POMPE FUNÈBRE DE MIRABEAU.
le 4 Avril 1791.

23   Pierre-Gabriel Berthault nach Jean-Louis Prieur, *Trauerfeier für Mirabeau am 4. April 1791* (Kat. 281)

24 Louis-Philibert Debucourt, *Öffentliche Promenade* (Kat. 288)

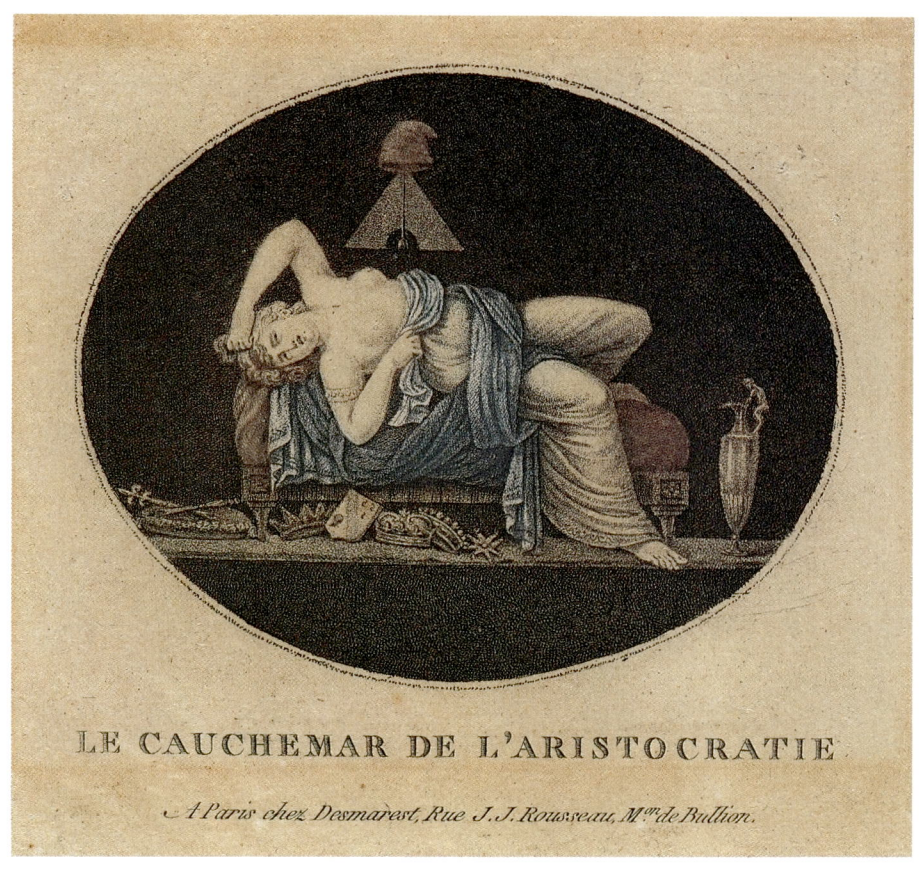

LE CAUCHEMAR DE L'ARISTOCRATIE

A Paris chez Desmarest, Rue J. J. Rousseau, M^d de Bullion.

25   Benoit-Louis Provost (?) nach Jacques-Louis Copia, *Der Alptraum der Aristokratie* (Kat. 373)

HARPIE, Monstre vivant qui a été pris sur les bords du Lac de Fagua, au Royaume de Sta Fé Province du Chili, au Perou, dans l'Amérique Méridionale ou Espagnole &c.

26   Anonym, *Harpyie, das lebende Monster, das am Ufer des Faguasees ergriffen wurde* (Kat. 318)

27   Jean-Louis Laneuville, *Barère de Vieuzac* (Kat. 384)

28 Jacques-Louis David (?), *La maraîchere – Die Gemüsehändlerin* (Kat. 390)

The Apotheosis of HOCHE.

29 James Gillray, *Die Apotheose von Hoche* (Kat. 424)

30   Jean-Baptiste Regnault, *Freiheit oder Tod* (Kat. 396)

31 James Gillray, *Der Höhepunkt französischen Ruhms; –*
Der Gipfel der Freiheit (Kat. 414)

32 James Gillray, *Der Schrein in St. Ann's Hill* (Kat. 427)

33   Pierre-Michel Alix nach Andrea Appiani, *General Buonaparte* (Kat. 350)

34   Pierre-Michel Alix nach Jean-François Garnerey, *Joseph Barra* (Kat. 388)

The Genius of France Triumphant. – or – BRITANNIA petitioning for PEACE. – Vide. The Proposals of Opposition.
To the Patriotic Advocates for Peace, this Seemly sight is dedicated.

London Pub.ᵈ Feb.ʸ 2.ᵈ 1795, by H.Humphrey Nᵒ 37, New Bond Street.

35   James Gillray, *Frankreichs Genius triumphiert. – oder – Britannien bittet um Frieden* (Kat. 420)

36   Jacques Réattu, *Triumph der Zivilisation* (Kat. 401)

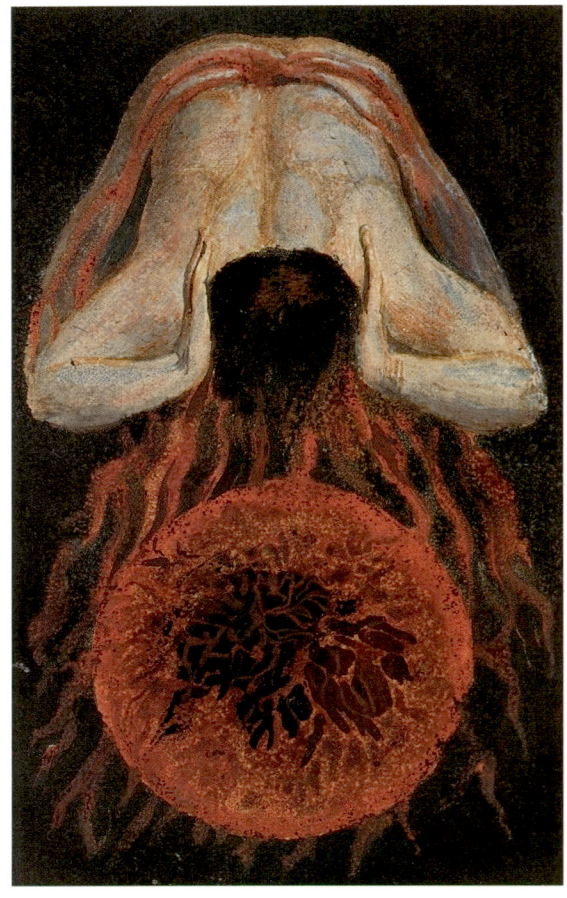

37 William Blake, *Urizen – Los gebiert Enitharmon* (Kat. 446)

38 Nicolai Abraham Abildgaard, *Der Nachtmahr* (Kat. 439)

39   Johann Heinrich Füssli, Das Schweigen (Kat. 437)

40   Angelica Kauffmann, *Selbstbildnis* (Kat. 461)

41   Kopie nach Jacques-Louis David, *Selbstbildnis* (Kat. 464)

42   Hubert Robert, *Projekt für die Umgestaltung der Grande Galerie des Louvre* (Kat. 475)

43   Hubert Robert, *Imaginäre Sicht der Grande Galerie als Ruine* (Kat. 474)

44   James Gillray, *Der König von Brobdingnag und Gulliver* (Kat. 514)

45   Charles Percier und Pierre Fontaine, *Eid und Krönung Napoleons – Aufriß der Tribüne und des Thrones auf dem Marsfeld* (Kat. 505 k)

46   François Gérard, *Napoleon I. im Krönungsornat* (Kat. 504)

47   Anne-Louis Girodet-Trioson, *Der Kopf Napoleons in einer Sonnengloriole* (Kat. 497)

48   James Gillray, *Apotheose des korsischen Phönix* (Kat. 527)

49   Friedrich Heinrich Füger, *Allegorie der Wahrheit* (Kat. 545)

50   Johann Heinrich Füssli, *Der gerächte Neger* (Kat. 438)

51   François Gérard, *Ossian am Ufer des Lora beschwört die Geister beim Klang der Harfe* (Kat. 508)

52   Heinrich Olivier, *Der Treueschwur* (Kat. 546)

53   Caspar David Friedrich, *Gräber gefallener Freiheitskrieger* (Kat. 542)

54   Philipp Otto Runge, *Der kleine Morgen* (Kat. 537)

LE VERRE D'EAU.

Paris chez M. Ponce, rue S.t Hyacinthe No. 19.

A.P.D.R.

6 Fragonard, *Le Verre d'Eau*

„Seguier, der bekannte Parlementsadvokat Seguier kam in der wichtigsten Angelegenheit nach Versailles. Ludwig der 15te hatte ihn rufen lassen. Es betraf die Widerspenstigkeiten des Parlements. Sachte! Sachte! Was gibt's? – Seguier! nun der kann hereinkommen. Seguier tritt in das Kabinett wo sich der König mit der Gräfin befindet, die, ihnen den Rücken zugewandt, auf einem Ruhebette schläft. Seguier trägt so leise als möglich, sein Geschäft vor. Gut! Gut! antwortet der König; aber, indem er der Gräfin sanft die Röcke lüftet, habt Ihr je etwas Hübscheres gesehn? Seguier drückt sein Erstaunen, seine Bewunderung, sein Entzücken aus. Darauf will ich Lit de justice halten, sagt der König – gefällt Euch *der*? Seguier zerschmilzt in süßen Epitheten. Küßt mir ihn! zu Boden, wie sichs ziemt! Der Generaladvokat wirft sich auf die Knie und küßt den schönen Hintern der Gräfin wohl dreimal. – Das weitere könnt Ihr Euch beim Großsiegelbewahrer erholen. So suchte Ludwig der 15te alles, selbst Magisträte bis zu sich herabzuwürdigen, *und fand sie bereitwillig.*"

Konrad Engelbert Oelsner,
Bruchstücke aus den Papieren eines
Augenzeugen, Leipzig 1794[1]

DECORATION DU SACRE DE LOUIS XVI. ROI DE FRANCE ET DE NAV. A RHEIMS LE XI JUIN 1775. SOUS LES ORDRES DE M. LE MARECHAL DUC DE DURAS,
Pair de France Premier Gentil-homme de la Chambre de Sa Majesté, Ordonnée par Mr. Papillon de la Ferte Intendant Controleur général de l'argenterie, Menus-plaisirs et Affaires de la Chambre du Roi.

1
J. M. Moreau-le-Jeune
Die Krönung
Ludwigs XVI.

Werner Hofmann

I.1 Angeklagt:
Die „Enthemmung der Sitten"
(Rückblick auf das Ancien Régime)

Unser deutscher Augenzeuge stellt seine Bruchstücke unter die Devise:

„Freiheit! Gleichheit!
Das Recht auf Eurem Altare
Weihrauch zu brennen,
ist nur den tugendhaften
Menschen vorbehalten",

und beginnt mit dem Satz: „Ich liebe die Freiheit, weil ich das Vergnügen liebe." Beim Weiterlesen wird deutlich, daß Oelsner nur „ehrbare" Vergnügen im Auge hat, bei denen jeder über sich selbst bestimmt. Kein Widerspruch also zwischen Tugend und Vergnügen, sondern vollkommene Übereinstimmung, legitimiert von einer „liberté", die weder mit dem „libertin" noch mit dessen „libertinage" zu tun hat.

Oelsner macht sich zum Sprecher der neuen, von der Revolution verkündeten sittlichen Maßstäbe. Andere Beobachter greifen zu der bifokalen Brille, die den Blick mit Scheu und Abscheu erfüllt. Das Kennwort „Ausschweifung" kommt ihnen gelegen, denn es verwirft nicht nur die überbordende Vitalität der Revolution, es verurteilt auch deren Ursache, das Ancien Régime: Frankreich – eine Medaille mit zwei Kehrseiten! Was den Franzosen jetzt widerfährt, wäre demnach der Preis für ihren früheren Leichtsinn. Selbst ein deutscher Jakobiner wie Georg Forster bringt in Augenblicken der Verzweiflung und des Zweifels Sätze wie diesen fertig: „Der ruhigen Köpfe hier sind wenige, oder sie verstecken sich. Die Nation ist, was sie immer war, leichtsinnig und unbeständig, ohne Festigkeit, ohne Wärme, ohne Liebe, ohne Wahrheit, lauter Kopf und Phantasie, kein Herz und keine Empfindung." (8. April 1793)[2]

91

2
W. Böttner
Marie Antoinette

Karl Friedrich Reinhard urteilt toleranter, für ihn erklärt sich die Vergnügungssucht des Adels aus der resignierten Abkehr von den „Gebrechen der Staatsverwaltung".[3] An diesen Verfall legt er freilich die Meßlatte der Rechtschaffenheit und macht aus der zynischen Genußgier des 18. Jahrhunderts einen französischen Exportartikel: „Frivolität und Persiflage, Dinge, für welche deutsche Sprache keine Ausdrücke kennt, wiewohl deutsche Biederkeit seit langem ihr Eindringen auf deutschen Boden beseufzt, wurden der Ton der guten Gesellschaft." Beide Wörter tauchen in der Tat erst im 18. Jahrhundert auf: frivolité 1721, persiflage 1735. Reinhard hätte seine Klage auf nymphomanie (1732) und lascivité (1755) ausdehnen können.

Prägt die Sprache, wie Rousseau sagt, unser Verhalten oder wird dieses von jener geformt? Auf jeden Fall verweisen die neuen Sprachmuster, mögen sie auch bald internationale Verbreitung gefunden haben, zunächst auf Verhaltensmuster, denen die französische Gesellschaft des 18. Jahrhunderts die Prototypen erfand. Gleichzeitig mit den erotisierenden Umgangsformen gelang es der sprachschöpferischen Phantasie, auf ihrem Terrain Neuland zu entdecken – analoge Begriffe, die das Thema variieren, den Instinkt verfeinern und den Appetit anregen. Ein Kenner der Materie, der Graf Mirabeau, bemerkt dazu in seinem Erotika Biblion, das er in den 70er Jahren im Gefängnis von Vincennes schrieb: „Wenn man alle menschlichen

3
C. Bervic
nach A.-F. Callet
Ludwig XVI.

19
P. C. Ingouf
nach S. Freudenberger
Die Sitten der Zeit

Leidenschaften auf ihre primitiven Regungen zurückführen würde, alle Idiome des Menschen auf den Ausdruck seines ursprünglichen Denkens, indem man jene Nuancen entblößte, durch die er sie verändert hat, und dieses aller Bedeutungen, mit denen er ihre Zeichen überladen hat, so wären die Wörterbücher weniger umfangreich und die Gesellschaft wäre weniger entartet."[4] Er hätte hinzufügen können: dafür um so langweiliger, denn Mirabeau trägt in der erwähnten Schrift nicht nur Fakten zu einem „Wörterbuch" der „Entartungen" zusammen, er plädiert als ebenso sinnenfroher wie aufgeklärter Sexologe für Toleranz, indem er nachzuweisen versucht, daß der Stammbaum der „Sittenlosigkeit" bis in die Bibel und in die Antike zurückreicht.

Der neue Mensch, den puristische Revolutionäre vom Schlage eines Robespierre oder Saint-Just ertrotzen wollen, ist nicht nur ein Ausbund an Tugend, er ist der erste durchsichtige Mensch, er läßt die Gesellschaft und ihre Überwachungsinstanzen über sich verfügen.

Jegliche Privatheit hat er abgestreift, er gehört ganz und gar der Republik. Damit scheint, im Programm wenigstens, der Zwiespalt aufgehoben, den Machiavelli am Beginn der Neuzeit auf die Formel gebracht hatte: „Ein Staat und ein Volk werden anders regiert als ein Individuum"[5], denn der Einzelne, will er sich nicht ausgrenzen, muß sich jetzt ganz und gar verstaatlichen lassen. Wie er der privaten Sphäre entsagt, überwindet dieser neue, gereinigte Mensch auch die Entfremdung und die Zwiespälte, die Rousseau dem Zivilisationsmenschen diagnostizierte, als er das „être" vom „paroitre", das Sein vom Schein abhob.[6] Von der revolutionären Staatsräson auf Öffentlichkeit festgelegt, verläßt das strenge Wunschgeschöpf der Robespierristen die Szene, auf der im 18. Jahrhundert alle *Spiel*arten der zwischenmenschlichen Beziehungen sich ein Stelldichein gaben. Eindeutigkeit schlägt Vieldeutigkeit aus dem Feld. Zu

Ende ist das doppelbödige Verwirrspiel, das Saint-Preux angewidert im 14. Brief des 2. Teils der „Nouvelle Héloïse" beschreibt: Bin ich nicht von Larven und Gespenstern umgeben, die verschwinden, sobald ich nach ihnen greife? „Bis jetzt habe ich viele Masken gesehen, wann wird mir ein menschliches Antlitz begegnen?" Der Kommentar, mit dem Goya das 6. Blatt der Caprichos versah, gibt darauf eine Antwort, die freilich Rousseaus Hoffnung auf einen ganzen Menschen, einen citoyen, der sich selbst und der Menschheit gehört, zunichte macht: „Die Welt ist eine Maskerade; das Gesicht, die Kleidung, die Sprache, alles ist vorgespielt. Alle wollen so erscheinen, wie sie nicht sind; alle täuschen und niemand kennt sich selbst."

Die Umrisse, in denen dieses Jahrhundert gesellschaftliche oder künstlerische Gestalten annimmt, sind stets für verschiedene Bedeutungen offen. Das ist nicht die Dialektik, von der Marx behaupten wird, daß sie jedes Ding mit seinem Gegenteil ausstatte, das ist eine ständige Gratwanderung, die jegliche Positionsbestimmung ausschließt. Wenn Choderlos de Laclos seinen Briefroman „Les Liaisons dangereuses" (1782) als unbeschönigtes Dokument anbietet und die kundige Marquise im XXXIII. Brief die Romane wegen ihrer arrangierten Unwahrheiten verspotten läßt, vertauscht er die Kategorien von Fiktion und „document humain" ähnlich raffiniert wie sein Held Valmont, der sich – im CXV. Brief – gegenüber der Marquise brüstet, er sei dem ahnungslosen Danceny sowohl Freund wie Vertrauter, Rivale und Geliebte gewesen – letzteres, weil ein Liebesbrief von Cécile an Danceny von ihm, ihrem geheimen Geliebten, diktiert wurde.

Von San Geremia gingen wir zum Campiello del Remer in San Marcuola, wo uns mein Bruder und ein zweiter aus unserer Schar, in einer Ecke auf dem Boden sitzend, mit der weinenden hübschen Frau erwarteten.

„Weinen Sie nicht, schöne Frau", sagte unser Anführer, „denn niemand wird Ihnen etwas zuleide tun. Wir gehen am Rialto noch etwas trinken, und dann werden wir Sie nach Hause bringen."

„Wo ist mein Mann?"

„Morgen früh wird er wieder zu Hause sein."

Sie tröstete sich mit dieser Antwort und ging sanft wie ein Lamm mit uns in das Wirtshaus ‚Alle Spade'. Dort ließen wir uns in einem Zimmer im Oberstock ein gutes Feuer anheizen und Essen und Wein bringen, dann schickten wir den Kellner fort. Nun nahmen wir unsere Masken ab, und beim Anblick unserer Gesichter und aufgrund unseres Benehmens wurde die Entführte ganz umgänglich. Nachdem wir sie durch Worte und so manches Glas Wein aufgemuntert hatten, wurde ihr zuteil, worauf sie wohl gefaßt war. Mit gutem Recht war unser Anführer der erste, ihr seinen Liebesdienst zu erweisen, nachdem er sehr artig ihr einziges Widerstreben, ihm im Beisein der ganzen Schar zu willfahren, überwunden hatte. Sie fand sich gutwillig und lachend darein, mitzumachen.

Aber ich merkte ihr Erstaunen, als ich mich als der zweite vorstellte; sie glaubte, mir ihre Dankbarkeit bezeugen zu müssen. Als sich nach mir ein dritter einstellte, zweifelte sie nicht mehr an ihrem glücklichen Geschick, das ihr alle Glieder der Gesellschaft verhieß. Sie täuschte sich nicht. Mein Bruder war der einzige, der Krankheit vorschützte. Er konnte keine andere Ausrede gebrauchen, denn die Regel, die unter uns herrschte, war darin unerbittlich, daß jeder das gleiche tun mußte wie die anderen.

Nach diesem hübschen Meisterstreich banden wir wieder unsere Masken um, bezahlten den Wirt und brachten die beglückte Frau nach San Giobbe, wo sie wohnte, und verließen sie erst, als sie ihre Tür aufgeschlossen hatte. Wir mußten alle darüber lachen, daß sie uns auf die aufrichtigste und schönste Art der Welt dankte. Dann zerstreuten wir uns, und jeder ging nach Hause.

Dieses Abenteuer wurde erst am übernächsten Tag ruchbar. Der Gatte der jungen Frau war ein Weber, wie seine beiden Freunde. Er tat sich mit ihnen zusammen und brachte bei den Herren des Rates der Zehn eine Klage vor, in der er das Ereignis in voller Wahrheit schilderte, deren Schärfe jedoch durch einen Umstand gemildert wurde, der die drei Richter zum Lachen bringen mußte, wie er auch die ganze Stadt zum Lachen gebracht hatte: Der Schriftsatz besagte, daß die acht Masken der Frau in keiner Weise zu nahe getreten seien. Zwei Masken hätten sie fortgeführt und auf den besagten Platz gebracht, wo eine Stunde später die anderen sechs erschienen seien. Hierauf wären sie in das Wirtshaus ‚Alle Spade' gegangen und hätten dort eine Stunde beim Wein verzecht. Dann sei sie nach Hause gebracht und um Entschuldigung gebeten worden, daß man ihrem Mann einen Streich habe spielen wollen. Die drei Weber hatten die Insel San Giorgio Maggiore erst im Morgengrauen verlassen können, und als der Ehemann nach Hause kam, fand er seine Frau im Bett in tiefem Schlaf.

(Giacomo Casanova, Geschichte meines Lebens, Bd. 2, S. 208 ff.)

20
G. B. Piranesi
Gruppe von maskierten Figuren

21
F. de Goya
Man kennt sich gegenseitig nicht

4
Anonym
nach J.-B. Huet
*Die Krönung
Ludwigs XVI.
in Reims*

von Kritikern der feudalen Gesellschaft gerügte „Enthemmung der Sitten" berührt sich mit einer Enthemmung des formalen Vokabulars und wird davon gerahmt. Um Rousseau zu paraphrasieren: keine Form ist, was sie zu sein scheint, keine menschliche Soziabilität erschöpft sich in der vorgezeigten Situation. Die Königskrönung in Reims gleicht einem Staatsempfang und ist doch ein „Sacre"; im Bett der Dubarry persifliert der König die unter seinem Vorsitz stattfindende Gerichtssitzung, genannt „Lit de Justice". In Bühnenstücken tauschen Männer und Frauen die Kleider; Mozarts „Cosi fan tutte" (1790) ist nicht nur eine Verwechslungs- und Verstellungskomödie, sondern – Hildesheimer hat es nachgewiesen – in der Gestalt der Fiordiligi eine Tragödie, der das Lustspiel den heiteren Rahmen leiht.[7]

Verwandlung und Verstellung beziehen ihren gemeinsamen Bedeutungsnenner aus dem Grundthema der assoziierenden Vertauschung. Die Rocaille hat ihre einzige Konstante in der gleitenden Verfügbarkeit ihrer Kurvilinearität, und wie in jeder dieser Formphasen der Übergang in die nächste sich ankündigt, so regelt die gesellschaftlichen Beziehungen der Partnertausch – hier wie dort regiert die keine Promiskuität scheuende Verfügbarkeit. Die „Enthemmung" der Formen, dieses Ineinander von Großem und Kleinem, Belebtem und Unbelebtem, wovon besonders die dekorativen Künste leben, diese Enthemmung ist die Begleitstimme der Freizügigkeit, die im gesellschaftlichen Raum um sich greift. Jede Sittenchronik der Regierungszeit Ludwigs XV. (1715–1774) gibt darüber Auskunft.

Maskerade: Das Bedeutungsspektrum des Wortes reicht von der Verwandlung bis zur Verstellung. Dabei kommt es zu Wechselbezügen. Die Verstellung bedient sich der Kunstgriffe der Verwandlung, diese wieder bringt eine verstellte, verschlüsselte Welt hervor. Die

5
Anonym
nach J.-H. Fragonard
Befriedigte Neugier

Wie das künstlerische Formenvokabular von schweifender Unbeständigkeit angefacht wird, trägt das humane Beziehungsgeflecht die Merkmale des Unsteten. Beide Male trifft die Beobachtung von Saint-Preux zu: nichts ist klar und eindeutig. Die Höhenlage, auf der sich diese Verwandlungen, Verstellungen und Verwechslungen abspielen, ist die Laune, das deutsche Wort für capriccio. Die Encyclopédie gibt folgende, auf die Baukunst bezogene Definition: „ . . . une composition bisarre, quoiqu'ingénieuse, mais qui est éloignée des préceptes de l'art . . . , par une imagination aussi fertile que déréglée, ils (= Architekten wie Borromini) mettent en usage des licences qui autorisent la plupart des jeunes Architectes sans experience & sans regle à les imiter, & par là à rendre l'Architecture susceptible de variations, comme les habits, les modes etc." Die „Laune" erstreckt sich sowohl auf Kunstgebilde wie auf Lebensstil. Was die Logik trennt, was die Konvention absondert, führt sie zusammen: Formen und Umgangsformen, Kunst und Natur. Sie tut das mit leichter Hand – jede ihrer Vermischungen ist eine von vielen Spielarten.

„Aus dem Nicht-mehr-froh-werden eine fröhliche Untugend zu machen, war ein Wesenszug des Rokoko", sagt Hildesheimer. In ihrem Kern ist diese Untugend nicht nur heiter, sie ist unschuldig, wenn sie in den Blick eines Künstlers wie Mozart oder Fragonard gerät. Das zeigt an, daß der Künstler den Sein-Schein-Konflikt nicht nur aufzulösen, sondern die ihn verkörpernden „Charaktermasken" in seinem Werk von ihrem Zwiespalt zu erlösen vermag. Der Grund ist dieser: der Künstler, selber im Verwandeln und Verschlüsseln ausgewiesen, handelt aus kongenialer Sympathie. Nichts wäre deshalb falscher, als die von Oelsner geschilderte Schlafzimmerepisode mit einem Bild von Boucher oder Fragonard zu vergleichen. Diese Maler haben nichts

22
J. le Roy u. a.
Ill. zu: *Réstif de la Bretone*

mit dem besitzstolzen König und seinem willfährigen Höfling gemein. Was der Parlamentsadvokat tun darf, überläßt der Künstler seinem Pinsel, so daß, was immer er an Indiskretionen malt, den Beigeschmack der Schaustellung verliert und in den Zauber der Unberührbarkeit gerät. Der König stellt seine Freundin bloß, der Maler verwandelt sie. (Aus der Entblößung wird im Kunstwerk Verschlüsselung.)

Fragonards erotisches Universum kommt noch aus der bukolischen Unbefangenheit, mit der Giorgione und Tizian die Nacktheit umkleidet haben, nicht aus klinischen Fallgeschichten, wie sie Mirabeau im Gefängnis aufzeichnet, nicht aus dem Leistungsdruck, den der Marquis de Sade seinen Geschöpfen verordnet. Fragonard expliziert nicht und er demonstriert nicht, vielmehr beantwortet sein Pinsel, indem er sie ignoriert, die dreisten Fragen, mit denen Mirabeau seine geliebte Sophie, die junge Frau des Marquis de Monnier, bedrängt: „Mein Kleines, du schreibst mir, daß du träumst, aber du gestehst mir nicht, welche Träume das sind. Bist du mir nicht Rechenschaft über deine Nächte wie über deine Tage schuldig?"[8] Sophie ist diese Rechenschaft ebensowenig schuldig wie die jungen Frauen, die Fragonard in ihrer unschuldigen Erwartung malt. Für sie gilt das Wort von Karl Kraus: „Sinnlichkeit weiß nichts von dem, was sie getan hat. Hysterie erinnert sich an alles, was sie nicht getan hat."[9] Noch hat Sigmund Freud nicht das Protokollbuch gezückt, um hinter dem Schein das Sein aufzuspüren. Er wäre bei diesen Geschöpfen wohl auch nicht weit gekommen.

Wen meint David, wenn er in der Regieanweisung zu einem seiner republikanischen Verbrüderungsfeste vorschlägt, Karren mit dem „anmaßenden Flitterkram des ignoranten Adels" zu beladen?[10] Er zielt auf die „maßlose Verschwendungssucht", die schon Diderot in der Encyclopédie anprangerte, wobei er allerdings noch „alle Klassen der Staatsbürger" im Auge hatte.[11] In diesem Verdikt findet Rousseaus Haß auf den Luxus seinen denunziatorischen Schlußpunkt.

Die Künste und ihre Gewerbe sind an der letzten, ganz und gar materiellen „Enthemmung" des Ancien Régime wohl beteiligt, aber sie steuern keine Symbolfiguren vom Rang eines Watteau, Boucher und Fragonard bei. Die Regierung Ludwigs XVI. hat dennoch den Zivilisationskonflikt von Sein und Schein weitergeführt und schließlich auf die Spitze getrieben, die den revolutionären Gegenschlag im Namen des „Seins" herausfordern mußte. Skandale wie die Halsbandaffäre fügten dem Szenario von Verstellung und Vertauschung eine neue Spielart hinzu, den kriminellen Betrug.

Der sittenstrenge Gegenschlag zielte auf die doppelte Moral des Hofes und seiner Gesellschaft, die dazu beigetragen hatte, daß die ostentative Schamlosigkeit, die unter der Pompadour und der Dubarry den Ton angab, in die Heimlichkeit entwich und „sous le manteau" als Pornographie in den Handel kam. Daraus wird dann nach 1789 ein Werkzeug der Insinuation, das den Ruf der ungeliebten Königin vollends zerstören soll. Die ihr zugemutete Sittenlosigkeit bildet einen willkommenen Vorwand, um das Voyeur-Erlebnis mit der moralischen Hinrichtung zu verknüpfen. Noch einmal kommt die spielerische Ambivalenz des Jahrhunderts zum Tragen und schlägt zugleich in rohe Anklage um: Die „Launen" der Marie-Antoinette werden nicht mehr an der Variationsbreite gemessen, die etwa Mirabeau seinem „Libertin de qualité" einräumte,

Lors qu'on a vos attraits,
A-t'on recours à l'imposture.

J.M. moreau Se.p.me inv Scul 1774

23
J. M. Moreau-le-Jeune
u. a.
Ill. zu: *Choix
de Chansons*

56.

Et pour la tromper, chaque jour
Il cherche un nouveau détour

L. Barbier inv.   Masquelier Sc.

23
J. M. Moreau-le-Jeune
u. a.
Ill. zu: *Choix
de Chansons*

23
J. M. Moreau-le-Jeune
u. a.
Ill. zu: *Choix
de Chansons*

Le Silence et la paix régnent dans ce boccage;
J'en trouble le repôs par mes trifles foupirs.

23
J. M. Moreau-le-Jeune
u. a.
Ill. zu: *Choix
de Chansons*

Lugubre nuit, par vos ténébres,
Venés chaffer l'éclat du jour.

sie werden zur Rechenschaft gezogen. Die private Befriedigung des Voyeurs und die Entrüstung der „öffentlichen Meinung" – sie ist die neue Instanz, mit der die Revolutionsstrategien geschickt umzugehen verstehen – verurteilen die verhaßte Österreicherin nicht bloß, weil sie es – so der böse Volksmund – mit der Prinzessin von Lamballe und dem Grafen Fersen getrieben hat, sondern weil ihr die Sakralität des Thrones offenbar nichts galt. (Darin kam sie ihren Henkern zuvor – auch das verziehen sie ihr nicht.)

Fragonard gehörte anscheinend nicht zu den Künstlern, welche die neue Moralität der „Enthemmung der Sitten" bezichtigte. Dieses Wort stand 1793 in einem Bericht des Bildungsausschusses, der den „Tyrannen" überdies vorwarf, daß sie „sogar noch das Abbild der Tugend" fürchteten.[12] Dennoch überrascht, daß der alte Fragonard, von David protegiert, zu den fünfzig Mitgliedern einer Nationaljury zählte, von der eben dieser Ausschuß die Auswahl von Kunstwerken erwartete, die sich der „Fackel der Vernunft" verschrieben.[13] Die Fackel Fragonards war wohl eher die des Liebesgottes . . .

Eben weil ihr nichts vom „Flitterkram des Adels" anhaftet, ist diese Kunst die anschauliche Summe von Verhaltensweisen, mit denen die neue Zeit abrechnen möchte. Fragonard thematisiert die Privatheit. Das unterscheidet die erotische Ausstrahlung seines Werkes von der sexuellen Umtriebigkeit der Pornographen, deren Ideal das rastlose Arbeitstier ist. Er hingegen begnügt sich mit dem träumerischen Nichtstun seiner Geschöpfe, er widmet sich dem Lob des Müßigganges. Seine Tagträumer beiderlei Geschlechts lassen sich weder vom Arbeitsethos befreien – „Fleißige Menschen wird man dann haben, wenn sie frei sind" (Diderot)[14] – noch von der permanenten Geschlechtsbefriedigung in die harte Pflicht nehmen.

Mag Fragonard auch ein öffentliches Amt in der Republik bekleiden – seine Kunst ist nicht mehr gefragt: Die „Vergnügungskünste" (Abbé Grégoire)[15] werden von den patriotischen Belehrungskünsten abgelöst. Dieser Umschwung begann bereits im Ancien Régime, als die Künste mehr und mehr von Erbauungsthemen bestimmt wurden. Nun ist das „Exemplum virtutis" gefragt.[16] Die neuen Ideale – Handwerksfleiß und Uneigennützigkeit, Familiensinn und Mannestugend – bereiten sich, als bürgerliche Reaktion auf die Feudalgesellschaft, allenthalben in den Jahrzehnten Ludwigs XVI. vor. Eines von vielen Beispielen mag das belegen: der von Moreau le Jeune mit Kupferstichen ausgestattete „Choix de Chansons", in dem die Frivolität von Empfindsamkeit, das Gesellschaftsspiel der Geschlechter von Melancholie abgelöst wird. Die Sammlung ist der Dauphine, der neunzehnjährigen Marie-Antoinette gewidmet, die seit vier Jahren dem Thronfolger vermählt ist.

In dem Augenblick, da in Frankreich die „Laune" ihren Kurswert einbüßte und nüchterne republikanische Disziplin propagiert wurde, bahnte sich im Werk Goyas eine vielschichtige Gestalt des Capriccios an. Seine „Caprichos" dienen der Wahrheitsfindung. Der Kommentar zum „Traum der Vernunft" erörtert das neue Selbstverständnis des von Nachtgeschöpfen bedrängten Künstlers: „Die Phantasie, von der Vernunft verlassen, bringt unmögliche Monstren hervor, mit ihr vereint ist sie die Mutter der Künste und der Ursprung der Wunder." Damit wird der offenkundigen

24
Anonym
Ill. zu: *Thérèse*
Philosophe

Zwo junge Duchessen haben ihre Amants nicht nahe genug sehen können, und des wegen etwas possierliches erdacht. Es sind zwo Schwestern, und beide in einem Kloster etliche meilen von Paris erzogen worden. Im selbigen Kloster ist eine Nonne gestorben; die Damen stellten sich als wenn es ihnen gar leid wäre, und daß sie sie sehr lieb gehabt hätten, forderten also Urlaub, um der Nonne die letzte Ehre anzuthun, und zu ihrem Begräbnis zu gehen; solches wurde ihnen erlaubt, und wurden sehr gerühmt über ihr gut Naturell. Wie sie ins Kloster kamen, fanden sich bei dem Begräbnis zwo fremde Pfaffen, die niemand im Kloster kannte. Man fragte sie, wer sie wären? sie sagten, sie wären arme Priester, die Protection nötig hätten, und wie sie gehört, daß die 2 Duchessen kommen würden zum Begräbniß, hätten sie sich auch dabei eingefunden, der Damen Protection zu suchen. Die Damen sagten, sie wollten sie examinieren, sie sollten nach dem Begräbniß in ihre Kammer kommen. Die jungen Priester gingen hin, blieben aber bei den Damen bis gegen Abend. Die Abtissin fand die Audienz zu lange, hieß die jungen Priester fortgehen. Einer hielt sich gar stämmig, der andere aber that nichts als Lachen. Dieser, der Duc de Richelieu, der andere der Chevalier de Guemenée, des Duc de Guemenée jüngster Sohn. Die Cavaliers haben die Avantüre selber ausgesagt.
(Aus einem Brief der Herzogin Elisabeth Charlotte vom 11. Juni 1717,
zit. nach E. Fuchs, Illustrierte Sittengeschichte, Ergänzungsband: Die galante Zeit, München o. J., S. 170)

26
F.-R. Elluin
Ill. zu: *Thérèse*
Philosophe

25
Anonym
Ill. zu: *Thérèse*
Philosophe

26
F.-R. Elluin
Ill. zu: *Thérèse*
Philosophe

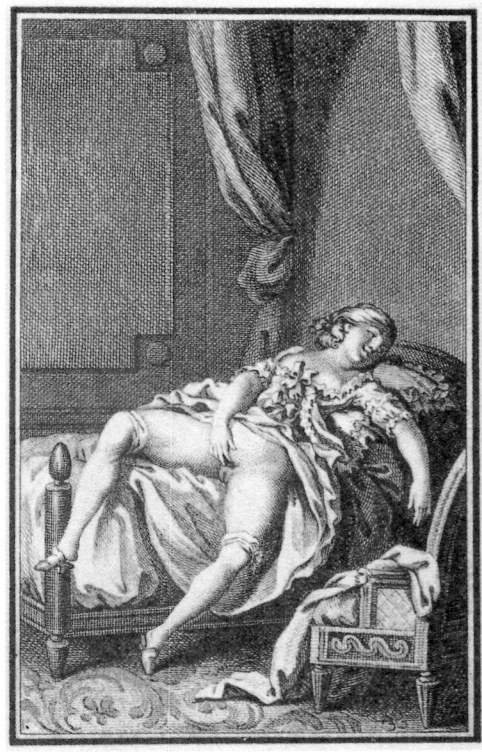

28
Anonym
Ill. zu: *La cour de
Louis Seize dévoilée*

27
P. Duflos
nach C.-P. Marillier
Ill. zu: *La Pucelle
d'Orléans*

P. 2

El si pronuncian y la mano alargan
Al primero que llega.

29
F. de Goya
Sie sagen Ja und geben
ihre Hand dem Ersten,
der um sie anhält

Ungeheuerlichkeit der Kreaturen, welche die Caprichos bevölkern, eine gewichtige Legitimation ausgestellt. Goya rechtfertigt sich vor der herrschenden Kunsttheorie, er möchte seine Erfindungen dem Vorwurf der Willkür und der spielerischen Vermischung entziehen. Deshalb ruft er die Vernunft als Korrektiv an und folgt darin der kunsttheoretischen Autorität von Anton Raphael Mengs, dem aus Sachsen stammenden Madrider Hofmaler, der in einer seiner Schriften befand, daß dort, wo die Vernunft nicht herrsche, die Kunst zu einem Produkt des „bloßen Zufalls" verfalle. Dann entstünden „wunderliche Neuheiten" und widersinnige „Chimären".[17]

Indem Goya seine 80 Radierungen als „Launen" anbietet, nimmt er die Lizenzen in Anspruch, die für diese Bildgattung gelten, doch gibt er damit nicht seine hohe Kunstabsicht preis, will er doch seine Erfindungen in den Dienst der „Wahrheit" stellen. Wie passen Laune und Wahrheit zusammen? Wohl nur, wenn wir erkennen, daß in Spanien, anders als im übrigen Europa, dem Capricho ein doppelter Bedeutungsgehalt zukommt. Das Wörterbuch „Las Autoridades" (1726) sagt vom Capricho, es sei außerhalb der Regeln entstanden (fuera de las reglas ordinarias), stelle aber doch einen Denkentwurf dar.[18] Darauf scheint Goya seinen Kunstanspruch zu gründen. Indem er die alltägliche Torheit

zu Prototypen verdichtet – „reune en un solo personage fantastico, circunstancias y caracteres que la naturaleza presenta regartidos en muchos"[19] –, glaubt er, nicht bloß Launen Revue passieren zu lassen, sondern der Wahrheit habhaft zu werden.

Was als „Enthemmung der Sitten" gefeiert und verteufelt wurde, was dem formensprachlichen und dem zwischenmenschlichen Bereich die Signatur der Vermischung, Verwandlung und Verstellung aufprägte, nimmt am Ende des Jahrhunderts in Goyas Caprichos eine neue Intensität des Ausdrucks und neue Dimensionen der Aussage an. Seine Mischgeschöpfe haben die Unverbindlichkeit der Laune verlassen und dissonante Schärfe angenommen: Pathos vermischt sich mit seiner Verhöhnung, Schmerz wird spöttisch verfremdet, der Tod zur Farce, die Maskerade zum Totentanz, der Kinderschreck zum Alptraum. Eine durch und durch verkehrte Welt, in der das Erhabene ins Lächerliche, das Lächerliche ins Erhabene umschlägt. Indem Goya alle rhetorischen Höhenlagen – genus sublime, genus medium, genus humile – mischt, beseitigt er die Grenzlinien zwischen hoher Kunst, Genre und Satire. Nun erst gelangt die „Enthemmung" an den äußersten Punkt der formalen wie sittlichen Entstellung, sie wird zum infernalischen Zerrbild. So endet das Jahrhundert, das unser Rückblick immer noch zu einer Arabeske der verfeinerten Lebensfreude verklärt.

Anmerkungen

[1] Günther 1985, S. 257. Die Schlafende ist die Dubarry. „Lit de justice" hieß eine Gerichtsversammlung, der der König vorsaß. Die Bezeichnung scheint zu manchen Scherzen Anlaß gegeben zu haben. Auf Casanovas Frage, warum man dieses Wort gewählt habe, antwortete der Abbé de Voisenon: „Ich weiß es nicht. Vielleicht weil die Gerechtigkeit darin schläft". (Casanova 1985, Bd. 3, S. 214.)

[2] Günther 1985, S. 690.

[3] Reinhards „Übersicht einiger vorbereitenden Ursachen der französischen Staats-Veränderung" erschien 1791 im 12. Heft von Schillers „Thalia". Zit. nach Günther 1985, S. 199.

[4] Mirabeau, 1971, Bd. I, S. 253 (= Erotika Biblion, Amsterdam 1890, La Linguanmanie, S. 144).

[5] „... Una repubblica e un popolo si governa altrimenti che un privato." Zit. nach Berlin 1982, S. 133 und 148.

[6] Discours sur l'origine et les fondements de l'inégalité parmi les hommes (1754), in: Rousseau 1964, Bd. 3, S. 174.

[7] Hildesheimer 1977, S. 298: „Die Komödie der anderen wird für sie zur Tragödie, was sie aber nicht weiß".

[8] Mirabeau 1971, Bd. 1, S. 61.

[9] Kraus 1968, S. 18.

[10] Scheinfuß 1973, S. 99.

[11] Diderot 1969, S. 325.

[12] Scheinfuß 1973, S. 68.

[13] Scheinfuß 1973, S. 68.

[14] Diderot 1969, S. 253.

[15] Scheinfuß 1973, S. 26.

[16] Vgl. das so benannte Kapitel in Robert Rosenblums Transformations in Late Eighteenth Century Art, Princeton 1967, S. 50 ff.

[17] Mengs 1786, Bd. 2, S. 45.

[18] „En la Pintura vale lo miso que Concepto." Vgl. Hartmann 1973, S. 15.

[19] Brief Goyas an Iriarte vom 4. Jan. 1794, in dem er seine kleinen „Kabinettbilder" (G-W 317–330) erläutert (G-W, S. 108).

Jean-Michel Moreau-le-Jeune
nach LOUIS GIRAUD
und SIMON-LOUIS BOCQUET

1 Serment de Louis XVI à son sacre
(Die Krönung Ludwigs XVI.)
1779
Kupferstich, Radierung; 573 × 833 mm
HK, Kupferstichkabinett, Inv. 1988/167
Lit.: de Vinck 136

WILHELM BÖTTNER (Farbtafel 1)

2 Bildnis Marie Antoinette
1784
Öl/Leinwand; 88 × 72 cm
Neue Galerie, Staatliche Kunstsammlung Kassel
Lit.: Slg. Kassel 1958, Inv. 897

Charles-Clément Bervic
nach ANTOINE-FRANÇOIS CALLET

3 Bildnis Ludwig XVI.
1790
Kupferstich; 703 × 520 mm
HK, Kupferstichkabinett, Inv. 20296
Lit.: IFF, Bd. 2, Nr. 9; Taylor 1986

Der Stich von Bervic reproduziert das offizielle Krönungsbild Ludwigs XVI. von A.-F. Callet, das dieser bald nach 1779 begonnen und in mehreren Fassungen, zuletzt 1789 ausgeführt hatte (Sandoz 1985, Nr. 19). Callet übernahm weitgehend das Vorbild, „Ludwig XV." von Van Loo, das wiederum auf den Prototyp, das Krönungsbild „Ludwig XIV." von H. Rigaud, zurückgeht und bis 1818 für die französischen Herrscherporträts bestimmend blieb (vgl. Kat. 504). Ein solches Bild, das die Staatsmacht symbolisierte, konnte den König in effigie vertreten.
Bervic bekam den Auftrag 1784 von d'Angiviller, dem Directeur des Bâtiments, fertigte dann aber den Stich in eigener Regie auf Subskriptionsbasis an. Erst 1790 vollendet, wurde den veränderten Gesichtszügen des Monarchen Rechnung getragen. Für Bervic, Schüler von J. G. Wille, war der Stich Höhepunkt seines nur ca. 20 Werke umfassenden Œuvres – aber auch fast sein Verhängnis: er konnte 1793 der drohenden Ächtung durch seine Kollegen nur entgehen, indem er die Platte zerschnitt und die Abzüge öffentlich zerriß. In der Restauration, Juli 1814, revidierte er allerdings diesen Schritt, fügte die Platte wieder sorgfältig zusammen und stellte neue Abzüge her (IFF, Bd. 2, S. 472).
Bervics aufwendiger Stich, der gedacht war, die Legitimität des Monarchen zur Schau zu stellen, geriet in eine Zeit hinein, die dafür immer weniger Grundlage bot. (Das am Thron sichtbare Faszenbündel ist eine Zutat nach Callets Fassung von 1789 und scheint etwas von der kommenden Volkssouveränität anzudeuten.) Der Untertitel (im dritten Zustand) ist schon eine Mischung von alter und neuer Zeit und spricht deutlich von der gewandelten Herrschaftsauffassung: „Louis Seize Roi des Français, Restaurateur de la Liberté. Présenté au Roi et à l'Assemblée Nationale, Par l'Auteur". Den Titel „Roi des Français" erhielt Ludwig XVI., nachdem er am 4. Februar 1790 gelobt hatte, die zukünftige Verfassung anzuerkennen, das Epitheton „Restaurateur de la Liberté", weil er die Reformbemühungen der Assemblée Nationale unterstützt hatte.

Nach dem Sturz des Monarchen wurde von mehreren Stechern der Kopf aus Bervics Stich kopiert und dazu die Hinrichtungsszene im Trauerflor gesetzt (vgl. Kat. Vizille 1987, S. 75 f.).
Joh. H.

Anonym, französisch, 18. Jahrhundert
nach JEAN-BAPTISTE HUET

4 Louis XVI. couronné à Reims
(Die Krönung Ludwigs XVI. in Reims)
1775
Kolorierter Kupferstich; 495 × 380 mm
HK, Kupferstichkabinett, Inv. 1988/195
Lit.: de Vinck 134

Anonym, französisch, 19. Jahrhundert
nach JEAN-HONORÉ FRAGONARD (Farbtafel 2)

5 Le feu aux poudres
(Befriedigte Neugier)
Öl/Leinwand; 33 × 41 cm
Paris, Musée du Louvre
Lit.: Kat. Paris 1987, Nr. 73

Nicolas Ponce
nach JEAN-HONORÉ FRAGONARD

6 Le verre d'eau
(Das Wasserglas)
1787
Kupferstich; 265 × 300 mm
Paris, Galerie Cailleux
Lit.: Cuzin 1988, Nr. V 3

François Janinet
nach FRANÇOIS BOUCHER (o. Abb.)

7 L'Amour rendant hommage a sa mere
(Amor ehrt seine Mutter)
Kolorierte Aquatinta; 358 × 280 mm
HK, Kupferstichkabinett, Inv. 1917/453

J. B. Guélard
nach CHRISTOPHE HUET

8 Nr. 6 aus: „Trofées de Chasse"
Kupferstich; 315 × 172 mm
Hamburg, Museum für Kunst und Gewerbe
Lit.: Döry 164

Johann Georg Hertel
nach FRANÇOIS BOUCHER

9 Nr. 5 aus: „Livre de Cartouches"
Radierung; 390 × 273 mm (Blatt)
Hamburg, Museum für Kunst und Gewerbe
Lit.: Döry 156/1

Gabriel Huquier
nach GILLES-MARIE OPPENORT

10 Nr. 4 aus: „Second Livre Contenant differens desseins de pendules"
Radierung; 313 × 225 mm
Hamburg, Museum für Kunst und Gewerbe
Lit.: Döry 439

ANONYM, französisch,   (o. Abb.)
18. Jahrhundert

11 Entwurf einer reichen Rahmung

Kreide, Feder, laviert; 216 × 270 mm
HK, Kupferstichkabinett, Inv. 52151

JEAN BÉRAIN D. Ä.   (o. Abb.)

12 Ornamententwurf

Feder, laviert; 267 × 108 mm
HK, Kupferstichkabinett, Inv. 52092

Louis Gautier Dagoti
nach JEAN PILLEMENT   (o. Abb.)

13 Nr. 6 aus: „Premier cahier de six baraques chinoises"

1773 (1774)
Radierung; 250 × 175 mm
Hamburg, Museum für Kunst und Gewerbe

Lit.: Döry 165/2

Jeanne Deny
nach JEAN PILLEMENT   (o. Abb.)

14 Nr. 5 aus: „Premier cahier de six baraques chinoises"

1773 (1774)
Radierung; 250 × 175 mm
Hamburg, Museum für Kunst und Gewerbe

Lit.: Döry 165/2

Gabriel Huquier
nach CLAUDE GILLOT   (o. Abb.)

15 Nr. 11 aus: „Nouveau Livre de principes d'ornemens"

Kupferstich; 237 × 184 mm
Hamburg, Museum für Kunst und Gewerbe

Lit.: Döry 147

Gabriel Huquier
nach GILLES-MARIE OPPENORT   (o. Abb.)

16 Nr. 4 aus: „Premier livre de differents morceaux . . ."

Radierung, Kupferstich; 322 × 227 mm
Hamburg, Museum für Kunst und Gewerbe

Lit.: Döry 150/1

Gabriel Huquier
nach JUSTE-AURÈLE MEISSONIER   (o. Abb.)

17, 18 Nr. 62 und 63 aus: „Dixieme livre des Œuvre de J. A. Meissonier"

1728
Radierung; 176 × 273 mm und 256 × 195 mm
Hamburg, Museum für Kunst und Gewerbe

Lit.: Döry 149/3

Pierre-Charles Ingouf
nach SIGMUND FREUDENBERGER

19 Les Moeurs du Tems
(Die Sitten der Zeit)

Kupferstich; 437 × 298 mm
HK, Kupferstichkabinett, Inv. 29252

GIOVANNI BATTISTA PIRANESI

20 Gruppe von maskierten Figuren

Feder, Bleistift, laviert; 258 × 183 mm
HK, Kupferstichkabinett, Inv. 1915/638

Lit.: Slg. Hamburg 1967, Nr. 30; Slg. Hamburg 1985, Nr. 440

FRANCISCO DE GOYA

21 Nadie se conoce
(Man kennt sich gegenseitig nicht)
Nr. 6 aus: *Caprichos*

1799
Radierung, Aquatinta; 216 × 144 mm
HK, Bibliothek, Sign. Ill. XIX. Goya 1856

Lit.: H. 41; Kat. Hamburg 1980/81, Nr. 43

JACQUES LE ROY U. A.

22 Illustration zu: Réstif de la Bretone, „Le paysan perverti ou les dangers de la ville"

Den Haag, Paris 1776
Kupferstich; 164 × 960 mm (Blatt)
HK, Bibliothek, Sign. Ill. XVIII. Varii 1776

JEAN-MICHEL MOREAU-LE-JEUNE U. A.

23 Illustration zu: Jean Benjamin de La Borde, „Choix de Chansons"

Paris 1773
Kupferstich; 229 × 140 mm (Blatt)
HK, Bibliothek, Inv. Ill. XVIII. Varii 1773

ANONYM, französisch, 18. Jahrhundert

24 Illustration zu: Anonym, „Thérèse Philosophe ou mémoires pour servir à l'Histoire de P. Dirrag, et de Mademoiselle Eradice"

1748
Kupferstich; 203 × 123 mm
Hamburg, Privatsammlung

Lit.: Brunn 1983, Bd. 2, S. 9 ff.

ANONYM, französisch, 18. Jahrhundert

25 Illustration zu: „Thérèse Philosophe"

Glasgow 1773
Kolorierter Kupferstich; 109 × 67 mm
Hamburg, Privatsammlung

Lit.: Brunn 1983, Bd. 2, S. 181 ff.

François-Rolland Elluin
nach ANTOINE BOREL

26 Illustration zu: Anonym, „Thérèse Philosophe"

London 1785
Kupferstich; 128 × 79 mm
Hamburg, Privatsammlung

Lit.: Brunn 1983, Bd. 2, S. 47 ff.

Pierre Duflos
nach CLÉMENT-PIERRE MARILLIER

27 Illustration zu: Voltaire, „La Pucelle d'Orléans, Poëme héroï-comique en dix-huit chants"

1780
Kupferstich; 120 × 78 mm
Hamburg, Privatsammlung

Lit.: Brunn 1983, Bd. 2, S. 289 ff.

ANONYM, französisch, 18. Jahrhundert

28 Illustration zu: Anonym, „La cour de Louis Seize dévoilée"

Paris 1791
Kupferstich; 132 × 75 mm (Blatt)
HK, Bibliothek, Sign. Ill. XVIII., Anonym 1791

Lit.: Sourget 179

FRANCISCO DE GOYA

29 El si pronuncian y la mano alargan primero que llega
(Sie sagen Ja und geben ihre Hand dem Ersten, der um sie anhält),
Nr. 2 aus: *Caprichos*

1799
Radierung, Aquatinta; 216 × 144 mm
HK, Bibliothek, Sign. Ill. XIX. Goya 1856

Lit.: H. 37; Kat. Boston 1989, Nr. 39; Kat. Hamburg 1980/81, Nr. 22

Charles Panckoucke aux Auteurs de l'Encyclopédie

Beantwortung der Frage:
Was ist Aufklärung?

(S. Decemb. 1783. S. 516.)

Aufklärung ist der Ausgang des Menschen aus seiner selbst verschuldeten Unmündigkeit. Unmündigkeit ist das Unvermögen, sich seines Verstandes ohne Leitung eines anderen zu bedienen. Selbstverschuldet ist diese Unmündigkeit, wenn die Ursache derselben nicht am Mangel des Verstandes, sondern der Entschließung und des Muthes liegt, sich seiner ohne Leitung eines andern zu bedienen. Sapere aude! Habe Muth dich deines eigenen Verstandes zu bedienen! ist also der Wahlspruch der Aufklärung.

Faulheit und Feigheit sind die Ursachen, warum ein so großer Theil der Menschen, nachdem sie die Natur längst von fremder Leitung frei gesprochen

Der Pariser Buchhändler Charles-Joseph Panckoucke war der Verleger der letzten Bände der „Encyclopédie" (vier Supplement-Bände, 1776/77, sowie ein zweibändiges kommentiertes Register, 1780). 1782 begann er, eine „Encyclopédie méthodique" herauszugeben, die in 166 Bänden bis 1832 erschien.

1797 gab dieser Enzyklopädist der zweiten Generation bei Augustin de Saint-Aubin einen Stich zu Ehren der beiden Herausgeber der „Encyclopédie", d'Alembert und Diderot, in Auftrag. Sie werden beidseitig gerahmt durch je 7 Mitarbeiter (zu allen Wissensgebieten); weitere Medaillons unten deuten die Vielzahl weiterer Mitarbeiter an.

Die Dargestellten sind:

Voltaire (François-Marie Arouet, 1694–1778)
Jean-Jacques Rousseau (1712–1778)
Louis-Jean Marie Daubenton (1716–1799)
Jean-Baptiste Lamarck (1744–1829)
Antoine Mongez (1747–1835)
Marie-Jean-Antoine-Nicolas Caritat,
      Marquis de Condorcet (1743–1794)
Dumarsais (César Chesneau, 1676–1756)

JEAN LEROND D'ALEMBERT (1717–1783)
DENIS DIDEROT (1713–1784)

George-Louis Leclerc, Comte de Buffon (1707–1788)
Jacques Necker (1732–1804)
Félix Vicq-d'Azyr (1748–1794)
André Thouin (1747–1824)
Jean-Marie Roland de la Platière (1734–1793)
Jean-François Marmontel (1723–1799)
Gabriel-Henri Gaillard (1726–1806)

I.2 Kants Frage: „Was ist Aufklärung?"

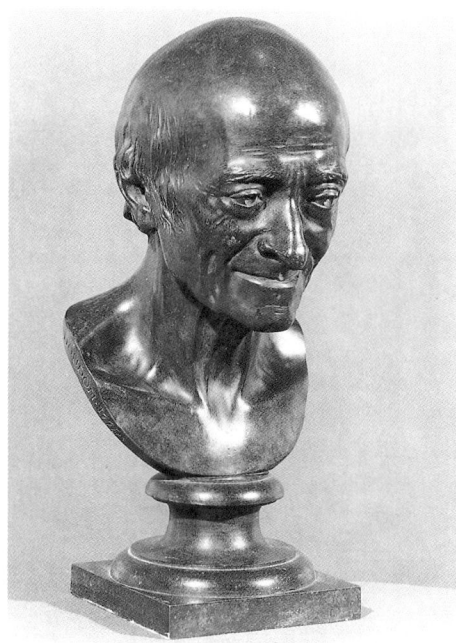

30

JEAN-ANTOINE HOUDON

30 Bildnis Voltaire (François-Marie Arouet)

1778

Bronze; 44,5 cm

Paris, Louvre, Département des Sculptures, Inv. RF 345

Lit.: Réau 1964, Nr. 202 H; Arnason 1975, S. 52, 112; Kat. Paris 1989, Nr. 210

Von der revolutionären Dreiheit der Grundwerte – „Freiheit, Gleichheit, Brüderlichkeit" – erhielt der erste, die Freiheit, seinen lautesten Anwalt in Voltaire (1694–1778). Was immer seit Antike und Mittelalter in diesem Begriff mitschwingen mochte, es erhielt durch Voltaire seine klarste Bestimmung im Sinne individueller Verantwortlichkeit und logischer wie sachlicher Verbindlichkeit im Denken und Handeln. Der Jesuitenschüler übernahm damit zwar eine thomistische Struktur und Moral, aber unter dem Einfluß von Descartes, Spinoza und Locke entkleidete er sie jeglicher dogmatischer Vorgabe. Für ihn war die Freiheit eine fundamentale Gegebenheit. Das machte ihn skeptisch gegenüber allen Willenskundgebungen, offener und verborgener Art; ihnen galt sein Spott und sein Haß, wo auch immer er ihre Regungen wahrnahm. Seine kasuistische Nachsicht gegenüber menschlichen Schwächen ließ ihn vor seinen Feinden als atheistischen Libertin erscheinen, vor seinen Freunden als stoischen Weisen (Kat. 66). Und so sah ihn auch Houdon, indem er in die Züge der lächelnden Gelassenheit Elemente der traditionellen Seneca-Typologie einfließen ließ. Er schuf damit das Philosophenporträt der Aufklärung schlechthin (vgl. Kat. 34). Bezeichnend ist auch das intellektuelle und politische Klima zwischen der amerikanischen Unabhängigkeitserklärung 1776 und 1780: Hof und Salons wußten sich einig in ihrer Sympathie gegenüber derjenigen Nation, die die Menschenrechte zu ihrem Grundgesetz machte und jedem bevormundenden Willen innen wie außen entgegentrat (Kat. 46, 47, 52–54). G. S.

JEAN-BAPTISTE PIGALLE

31 Bildnis Denis Diderot

1777

Bronze; 52 cm

Paris, Louvre, Département des Sculptures

Lit.: Réau 1950, Nr. 50; Gaborit 1985, S. 78 ff.

Die visionäre Introvertiertheit täusche nicht über den unerbittlichen Materialismus hinweg, den Diderot (1713–1784) allen Glaubensinhalten – offenbaren und halb bewußten – entgegenhielt. Als Philosoph wies er jedes Vorurteil in seine Schranken. Sein Blick war weder fachlich noch persönlich verengt. Sein Ausdruck konziliant bis zur intimen Unterhaltsamkeit. Seine Universalität macht ihn für Systematiker unfaßbar. Er hat nichts gesagt, was sich für einen Slogan mißbrauchen ließe, wie etwa Rousseaus „Zurück zur Natur!". Aber er war es gewesen, der Rousseau zu seinem „Contrat social" angeregt hat. Pigalle nun, ein gleichaltriger Verwandter des Dargestellten, hat die freundschaftliche Intimität veranschaulicht, mit der Diderot fast jedem seiner Besucher entgegentrat; er war bekannt für seine Monologe, die – in all ihrer wechselhaften Thematik – keinen Aspekt einer Sache ausließen, auch nicht die widersprüchlichsten. Dadurch nahm er – wie Sokrates seinen Zeitgenossen – allen die Geborgenheit einer Denkgewohnheit. Von Diderot stammt die Vorstellung vom Schriftsteller als Instanz politischer Meinungsbildung; er nannte um 1780 die Bedingungen, unter denen eine Revolution legitim ist. Als Herausgeber und unermüdlicher Verfasser der großen Enzyklopädie schuf er durch die Verbreitung solcher Ansichten und Urteile die Voraussetzungen, unter denen die Revolution begann und ihren Lauf nahm (Kat. 42, 43, 125). G. S.

31

JEAN-ANTOINE HOUDON

32 Bildnis Jean LeRond d'Alembert

1779

Marmor (um 1795)

Yale University Art Gallery, Stiftung McA. Donald Ryan, Inv. 1957.47.1

Lit.: Arnason 1975, S. 49 (fehlt bei Réau)

Voltaire und der um eine Generation jüngere d'Alembert (1717–1783) erscheinen um die Jahrhundertmitte wie Dioskuren der Aufklärung, der ältere als größter Dramatiker seiner Zeit und beginnender Philosoph, der andere als Mathematiker und Moralist. Beiden gemeinsam ist die stoische Grundauffassung von philosophischer Reflexion und öffentlicher Wirksamkeit: D'Alembert hatte sein Forum in der Akademie und in der Enzyklopädie. Und wenn Houdon in diesem Zusammenhang für Voltaire der Seneca-Typologie folgt, tut er es für d'Alembert mit der damals traditionellen Cicero-Typologie, demjenigen stoischen Philosophen, der als Anwalt und Staatsmann „de officiis" schrieb. D'Alemberts Mitherausgeber Diderot hat die politische Funktion des Philosophen für diesen Kreis begründet (Kat. 31). Eine andere Gemeinsamkeit zwischen Voltaire und d'Alembert ist ihre Furcht vor Bestimmungen durch dogmatisch artikulierte Willenskundgebungen. Der Mathematiker und Naturwissenschaftler wußte, wie wenig auf sie im Angesicht der Wahrheit Verlaß war; nur teilte er nicht ganz die Bedenken des Dramatikers gegenüber Rousseau. Obwohl von diesem angefeindet, billigte er ihm die „évidence du cœur" zu: Der Mathematiker respektierte am Genfer Politiker den Versuch, den Menschen als Sonderfall der Natur zu bestimmen. G. S.

32

JEAN-ANTOINE HOUDON

33 Bildnis Jean-Jacques Rousseau

1780
Bronze; 49 cm
Paris, Louvre, Département des Sculptures,
Inv. LP 1729

Lit.: Réau 1964, Nr. 184 G; Arnason 1975, S. 48; Kat.
Paris 1989, Nr. 227

Fragt man nach der Herkunft der Vorstellungen „Freiheit, Gleichheit, Brüderlichkeit", so kommt Rousseau (1717–1778) das Verdienst zu, die letzten beiden – Gleichheit und Brüderlichkeit – für alle Generationen, die an der Französischen Revolution teilnahmen, bestimmt und verbreitet zu haben. Denn im Grunde waren alle Philosophen der französischen Aufklärung, Voltaire, d'Alembert und Diderot voran, Aristokraten oder unabhängige Diener des Ancien Régime. Dem Genfer Bürger stand nie der Sinn nach einer Funktion am Berliner oder Petersburger Hof. Ihm blieben die etatistischen und ökonomischen Vorstellungen eines Montesquieu, Mirabeau (Kat. 60) oder Turgot fremd. An der englischen Verfassung stieß ihn die Ungleichheit der Stände ab; Erfahrungen mit den Kehrseiten alteuropäischer Republiken hatte er in Genf genug gesammelt (Kat. 63). Sein Reich war die Menschheit in ihrem Naturzustand. Ihren gesellschaftlichen Zusammenschluß verstand er schon als geschichtliche Ursünde; es galt, diesen Zusammenschluß geradezu neutestamentlich zu ordnen: Daher die säkulare Vorstellung der neuen Zeitrechnung; daher die gut gemeinten Versuche von Danton und Robespierre, die Wiederholung der Ursünde durch Terror zu verhindern; daher der heroische Kult um seine Person und seine Gebeine (Kat. 64). Alle Erfahrung des Menschen galt als Irrtum, alle überlieferte Ordnung als verdorben. Natürlich sahen Denker wie Voltaire und Hume voraus, daß diese Rechnung zuviele Unbekannte enthielt, um – gewaltsam oder nicht – gelöst zu werden (Kat. 44). Das ließ Rousseau

33

vor ihnen zu seinen Lebzeiten vereinsamen. Es war ein Glaube, den er verkündete, und er mußte feststellen, daß sich die Feindschaft der Aufklärung gegen die alten Dogmen auch gegen seinen Glauben wandte. G. S.

34

FRIEDRICH HAGEMANN

34 Bildnisbüste Immanuel Kant

1801
Marmor; 51,5 cm
HK, Skulpturenabteilung, Inv. 1939/82

Lit.: Slg. Hamburg 1988, S. 13, 192 f.

Kant (1724–1804) bereitete die Französische Revolution folgenreicher für die deutschsprachigen Länder auf als irgendein anderer. Sein Urteil hat die politische Theorie bis heute beeinflußt: Die Revolution „findet doch in den Gemütern aller Zuschauer … eine Teilnehmung dem Wunsche nach, die nahe an Enthusiasmus grenzt, und deren Äußerung … keine andere, als eine moralische Anlage im Menschengeschlecht zur Ursache haben kann" (Der Streit der Fakultäten, 1798, A 144); „sie mag mit Elend und Greueltaten dermaßen angefüllt sein, daß ein wohldenkender Mensch sie, wenn er sie, zum zweiten Male unternehmend, glücklich auszuführen hoffen könnte, doch das Experiment auf solche Kosten zu machen nie beschließen würde." Ein solches Phänomen (sc. „der Evolution einer naturrechtlichen Verfassung") in der Menschengeschichte vergißt sich nicht mehr, weil es eine Anlage und ein Vermögen in der menschlichen Natur zum Besseren aufgedeckt hat, dergleichen kein Politiker aus dem bisherigen Laufe der Dinge herausgeklügelt hätte, und welches allein Natur und Freiheit, nach inneren Rechtsprinzipien im Menschengeschlechte vereinigt, aber, was die Zeit anbetrifft, nur als unbestimmt und Begebenheit aus Zufall verheißen konnte" (A 149). Sätze dieser Art verfielen unter Friedrich Wilhelm II. (1786–1797) der Zensur (Kat. 41); ihre Veröffentlichung war erst wieder unter Friedrich Wilhelm III. möglich. G. S.

LANDOLIN OHMACHT

35 Bildnis Friedrich Gottlieb Klopstock

1827 (1794)
Marmor; 62 cm
Oldenburg, Landesbibliothek

Lit.: Deuter 1986, S. 152 f.

Die Législative beschloß am 20. August 1792, neben Washington und Schiller (Kat. 38) auch Klopstock (1724–1803) zum Bürger Frankreichs zu ernennen. Seit 1771 wohnte er in Hamburg; seit 1773 haben seine Oden, wenn sie überhaupt politischen Inhalts sind, einen freiheitlich-republikanischen Klang. Vor allem in der Revolutionszeit selbst sind „Die Etats Généraux" (1790), „Ludewig der Sechzehnte" (1789, damals noch als Gewährer der Freiheit), „Kennet euch selbst" (1789), „Sie und nicht wir" (1790), „Der Freiheitskrieg" und „Die Jakobiner" (1792) zu nennen. „Mein Irrtum" (1793) zeigt den allgemeinen Umschwung der revolutionären Stimmung in Deutschland an; in den „Jakobinern" des Vorjahres hoffte er noch auf Begrenzung des Schadens. Klopstocks Beziehungen zu Frankreich sind alt. Bereits 1768 waren seine Dichtungen Diderot bekannt; damals stand Klopstock in dänischen Diensten. Noch 1792 widmet er dem Prinzregenten (später Friedrich VI.) ein Lobgedicht auf das Verbot des Sklavenhandels (Kat. 53, 75). In Hamburg gehörte er dem Kreis um den jüngeren Reimarus und Georg Heinrich Sieveking an (Kat. 36), der – ein Jahr vor Hegel, Hölderlin und Schelling in Tübingen – 1790 in Harvestehude den ersten Jahrestag des Sturms auf die Bastille beging: Etwa 80 Personen versammelten sich in Sievekings Garten, darunter Knigge, Heß und Voght als einzige Adelige; alle trugen die Trikolore (Bänder), auch die Gäste aus England, Amerika und Schweden. Es begann um 12 Uhr Pariser Ortszeit (12.30 in Hamburg) mit Salutschüssen und ging bis in den Abend; in einem der damals friedlichsten Gemeinwesen Europas blieb alles ohne Folgen. G. S.

35

36

JEAN-PIERRE ANTOINE TASSAERT

36 Bildnis Moses Mendelssohn

1988
Gips; 50 cm (Marmororiginal in der Jüdischen
Gemeinde in Berlin, 1785)
Guß nach dem Bronzeguß (1906) der Hamburger
Kunsthalle, Inv. 1939/27

Lit.: Slg. Hamburg 1988, S. 425

Lessing hat seinem Freunde Mendelssohn
(1729–1786) im „Nathan" ein literarisches Denkmal gesetzt; Tassaert war Schadows Lehrer (Kat.
39). Mendelssohn vereinte – stilistisch geschult
an Rousseau und Winckelmann – die Philoso-
phien von Spinoza, Leibniz und Wolff mit dem
Empirismus Lockes und erschloß sie damit den
breitesten Leserkreisen im deutschen Sprachraum. Schon sprachgeschichtlich ist diese Leistung des seit 1750 der Aufklärung zugewandten
Juden nicht zu überschätzen. Mendelssohn hat
die Französische Revolution nicht mehr erlebt,
aber er stand zwei Kreisen nahe, die sich um 1790
zu ihr bekannten. Er war Mitglied der 1783 in
Berlin von Carl Gottlieb Suarez (1746–1827)
gegründeten „Mittwochsgesellschaft"; Suarez
war einer der Schöpfer des „Allgemeinen Landrechts", der modernsten Gesetzgebung vor Napoleons „Code Civil" (Kat. 75, 506). Mendelssohn
wirkte daran mit, auch, indem er zivilrechtliche
Elemente des jüdischen Rechts einbrachte. Er
trug damit zur Emanzipation der Juden bei. Wie
die Berliner „Mittwochsgesellschaft" sympathisierte der Reimarus-Sievekingsche Kreis in Hamburg um 1790 mit Frankreich (Kat. 35); Mendelssohn stand ihm über August Hennings
(1746–1826) nahe. G. S.

ALEXANDER TRIPPEL

37 Bildnismaske Johann Wolfgang von Goethe

1787
Gips; 27 cm
Düsseldorf, Goethe-Museum

Lit.: Geese 1935, Nr. 58

In Goethes (1749–1832) Verhältnis zur Französischen Revolution stand der Dichter wiederholt

im Dienste des Staatsmannes: Nach den prophetischen „Venezianischen Epigrammen" (1790)
wird im „Groß-Cophta" (1792) und „Bürgergene-
ral" (1793) die Grenze zur Propaganda für den
patriarchalischen Kleinstaat überschritten.
Gleichzeitig entging dem Beobachter der „Campagne in Frankreich" (1792) und der „Belagerung
von Mainz" (1793) auf dem Schlachtfeld von
Valmy nicht: „Von hier und heute geht eine neue
Epoche der Weltgeschichte aus." Eher über-
mannte der Beobachter den Staatsmann. Als
Fichte wegen einer unglücklich verlaufenden
Atheismus-Diskussion die Entlassung aus Jena
drohte, warnte Goethe das Kabinett (1798); der
Pantheist sah voraus: „Überhaupt haben wir uns
noch auf manches dieser Art zu rüsten;" und,
„das hohe Meer sehen wir vielleicht unser Leben
lang nicht wieder in Ruhe." Rückblickend (1814)
hielt er „die halb eingebildete, halb wirkliche
Welt von Wirkung und Gegenwirkung" der Epoche von Sturm und Drang bis zum Directoire für
töricht, „da kein Publikum eine exekutive Gewalt
hat, und in dem zerstückelten Deutschland die
öffentliche Meinung niemandem nutzte oder
schadete" („Dichtung und Wahrheit", 12. Buch).
Goethe kam in seiner staatsrechtlichen Dissertation (Straßburg 1770) unter dem Einfluß von
Rousseaus „Contrat social" (1762) zu dem Ergebnis, daß der Staat zur Wahrung der persönlichen
Gewissensfreiheit seine Hoheit über den Kultus
(Kirche und Unterrichtswesen) haben muß; als
Staatsmann berief er 1776 Herder gegen die
Mehrheit der orthodoxen Geistlichkeit als deren
Vorgesetzten, 1793 Schiller (Kat. 38) und 1794
Fichte auf ihre Jenaer Lehrstühle – einen 1792
ernannten französischen Bürger und einen seit
1793 notorischen Sympathisanten der Revolu-
tion (Kat. 370). G. S.

37

JOHANN HEINRICH DANNECKER

38 Bildnis Friedrich von Schiller

1805
Marmor (nach Gips von 1796); 59 cm
Weimar, Zentralbibliothek der deutschen
Klassik, Inv. Pl 32/1980

Lit.: Holst 1987, Nr. 69

In den frühen 1780er Jahren entstehen diejenigen
Dramen Schillers (1759–1805), die die sozialen
Schattenseiten der von fast allen alten deutschen
Verfassungsrechtlern gelobten Harmonie von
kleinstaatlichen korporierten Gemeinwesen und
idealer Reichsgewalt grell beleuchten: „Die
Räuber" und „Kabale und Liebe". Im Laufe
seines Lebens folgten ihnen die Exempla der
bereits vor Jahrhunderten „abgefallenen" Republiken, die Schweiz und die Niederlande: Im
„Wilhelm Tell" als Drama und im „Abfall der
Niederlande" als Jenaer Vorlesung. Dazwischen
liegen drei Dramen, der republikanische „Fiesko" und zwei Kritiken höfischer Staatsräson
(„Don Carlos" und „Maria Stuart"), sowie die
Jenaer Antrittsvorlesung „Was heißt und zu welchem Ende studiert man Universalgeschichte"
(1789). Vor allem der „Fiesko" hat am 26. August
1792 die Législative veranlaßt, Schiller zum französischen Bürger zu ernennen. Schiller schreibt
dazu am 16. März 1798 an Körner: „Ich habe vor
etwa 14 Tagen endlich das Bürgerdiplom von
Paris erhalten, das schon vor fünf Jahren von
Roland ausgefertigt worden, und bis jetzt in
Straßburg gelegen hat. Es ist ganz aus dem Reich
der Toten an mich gelangt, denn das „Loi" haben
Danton und Claviere unterschrieben, und den
Brief an mich Roland. Die Besorgung ging durch
Custine, auf seinem deutschen Feldzuge; und
diese alle sind nicht mehr." G. S.

38

39

Johann Gottfried Schadow

39 Bildnis Henriette Herz

1783
Gips (1901); 60 cm
Berlin, Akademie der Künste, Inv. 84/56/260

Lit.: Mackowsky 1951, Nr. 1

Am Schnittpunkt zweier Generationen stehend,
befinden wir uns hier im Zentrum der Berliner
Klassik. Bildhauer und Dargestellte (1764–1847)
waren 19 Jahre alt, als diese Büste entstand. Sie
war gerade vier Jahre lang mit dem Berliner Arzt
Markus Herz (1774–1803) verheiratet, der – von
Moses Mendelssohn (Kat. 36) gefördert – seit
seiner Königsberger Studienzeit mit Kant
befreundet war; er wurde Kants vertrautester
Korrespondent, als dieser seine „kritischen"
Schriften schrieb (Kat. 34). Schadow lernte in
ihrem Salon seine Frau kennen; Wilhelm von
Humboldt sollte es ähnlich ergehen. Im „Tugend-
bund", so hieß der Kreis um Henriette Herz,
wurde Goethe zum ersten Male öffentlich vorge-
lesen; der literarische Geschmack ihres Mannes
endete mit Lessing. So wurde der Salon zum
Forum der deutschen Klassik und zur Wiege der
deutschen Romantik; um 1800 traten Schleiermacher und Börne aus seinem Umkreis hervor.
Zugleich aber teilt sich ihr Salon mit denen der
Rahel Levin (1771–1833) und Sara Levy (Kat. 75)
in seine für Berlin herausragende Bedeutung. Die
Judenschaft war die reichste und weltoffenste
Gruppe unter den Berliner Bürgern; als Untertа-
nen des friderizianischen Preußens waren sie
allen Drangsalen enthoben, unter denen ihre
Glaubensgenossen in anderen Territorien noch
leben mochten: „Sie leben ganz bewußt ohne
eigene Geschichte und sind daher aufgeschlossen
für alles Neue" (Drewitz 1965, S. 19). Als königliche Untertanen folgten sie der Französischen
Revolution nur so lange mit ihren Sympathien,
bis sie die Bahn der Konstitution verließ (Kat. 35,
70).   G. S.

nach Étienne-Louis Boullée

40 Modell des Newton-Kenotaphs

Boullées Kenotaph für Newton bildet den visionären Höhepunkt der literarischen und bildnerischen Newton-Rezeption in England und Frankreich im 18. Jahrhundert. Die Theorie Newtons
war schon lange popularisiert worden (vgl. Kat.
69). Der nicht-wissenschaftlichen Welt erschien
sie vor allem als wissenschaftlicher Beleg eines
auf vollständig harmonischen Prinzipien beruhenden Naturbildes, das die Basis für die Vorstellung einer guten, mit den Naturprinzipien in
Einklang stehenden Gesellschaftsordnung abgab. „Der bestirnte Himmel über mir, und das
moralische Gesetz in mir": so beschreibt Kant
1788 am Schluß seiner „Kritik der praktischen
Vernunft" die Symbiose von wissenschaftlich
fundiertem Naturbild und Gesellschaftsutopie.
Diese liegt auch Boullées Projekt zugrunde, das
aus eigenem Antrieb entworfen, allerdings wie
alle seine bildmäßigen Entwürfe nie gebaut wurde. Boullées radikaler Reduktionismus war im
Ansatz vorbereitet: Die Erdkugel als Symbol für
Newtons globale Bedeutung und die Anlehnung

an die stereometrischen Grabbauten der Ägypter
klingen schon in Rysbracks Grabdenkmal Newtons in Westminster Abbey an, das von den Erben
Newtons gestiftet wurde (begonnen 1731, vgl. Vogt
1969, S. 302). Bei Rysbrack tritt die Kugel aus
einer pyramidenartigen Reliefform hervor. Anders als bei Boullée sind hier die geometrischen
Elemente aber nur Hintergrund eines Grabbild-
nisses, das Newton in antikischer Liegepose mit
allegorischen Figuren präsentiert. Das bei Boullée Neue und Erstaunliche ist nicht die Verwendung der Kugelform als solcher, sondern daß sie
zum alleinigen Ausdrucksträger einer „sprechenden" Architektur wird. In seinem „Essai" teilt uns
Boullée mit, was die Kugel zu „sprechen" hat: „O
Newton! Wenn Du durch das Ausmaß Deiner
Erkenntnisse und Dein erhabenes Genie die
Gestalt der Erde bestimmt hast, so habe ich das
Projekt entworfen, Dich mit Deiner Entdeckung
zu umhüllen, Dich gewissermaßen mit Dir selbst
zu umhüllen. Aber wie außerhalb Deiner selbst
etwas finden, so es doch dort nichts geben kann,
was Deiner würdig ist! Diese Gedanken waren es,
die mich bestimmten, Deinem Grabmal die
Gestalt der Erde zu geben." (Boullée 1987, S. 131).

< 40 A > É.-L. Boullée, *Newton-Kenotaph,* Außenansicht

< 40 B > É.-L. Boullée, *Newton-Kenotaph,* Schnitt

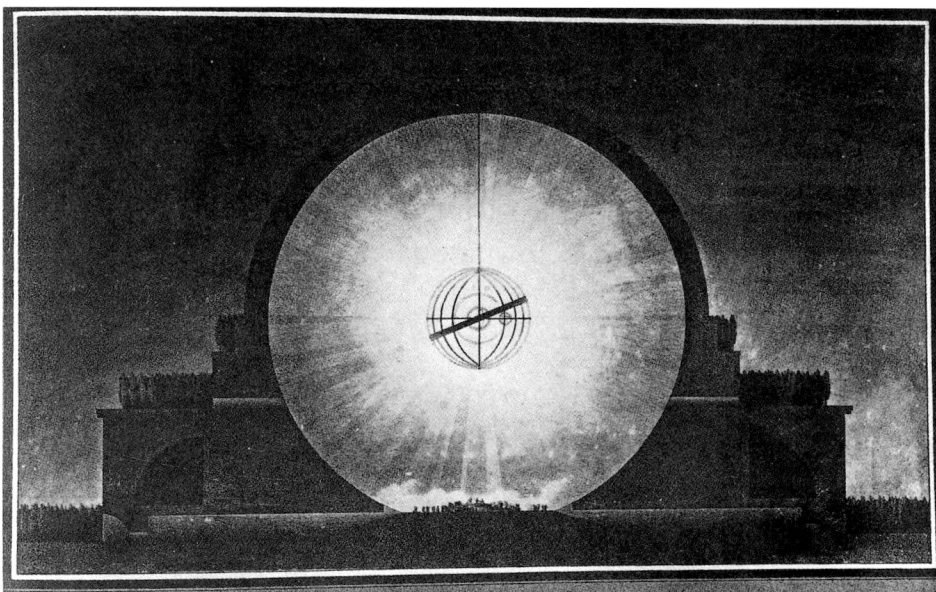

< 40 C > É.-L. Boullée, *Newton-Kenotaph,* Schnitt

Volks (wodurch dieses der Freiheit zu handeln nach und nach fähiger wird), und endlich auch sogar auf die Grundsätze der Regierung, die es ihr selbst zuträglich findet, den Menschen, der nunmehr mehr als Maschine ist, seiner Würde gemäß zu behandeln."

G. S.

41

Boullée konzipierte eine Tag- und eine Nachtversion; der nächtliche Sternenhimmel im Innern sollte Öffnungen enthalten, die das Tageslicht hereinließen. Die Kugel ist damit gleichzeitig der Kosmos: Das entspricht der Universalität der Lehre Newtons, deren Gravitationsgesetze sowohl auf der Erde als auch am Himmel gelten. Kugel und Himmel verbinden sich im Höhenflug des Ballons, der Boullée inspiriert haben dürfte, den Eindruck der Innenansicht so zu beschreiben: „Man sieht ein Monument, in dem der Betrachter wie durch Zauberkraft in die Lüfte und auf den Wolken in die Unendlichkeit des Raumes getragen wird" (a. a. O., S. 133). Die Kugelform wurde 1784 in den Wettbewerbsentwürfen verschiedener Künstler für ein Montgolfier-Denkmal benutzt (vgl. Rosenau 1968). Boullée löst die Bindung an menschlichen Maßstab und Proportion, die jeder Architekturtheorie seit Vitruv zugrundegelegen hatte. Dabei orientiert er sich auch an Burkes Philosophie des Erhabenen.

Die Veranschaulichung der erhabenen Größe Newtons beruht auf dem pantheistischen und bildlosen Kult des höchsten Wesens (être suprême), der auch seinen Entwurf der „église métropolitaine" (Kat. 163) prägt, und der in den Festen der Revolutionszeit von großer Bedeutung sein wird (Fête de l'Etre Suprême am 8. Juni 1794; vgl. Kat. 327). Kenotaphe, leere Grabmäler zum Gedenken an große Persönlichkeiten, gab es häufig in Landschaftsgärten: z. B. die den Naturdichtern gewidmete Pyramide in Ermenonville (auch hier Ägypten-Zitat!).

Der revolutionären Gleichheitsvorstellung entspricht die antiaristokratische Schmucklosigkeit und Sparsamkeit der Entwürfe Boullées, wenngleich er das egalitäre Prinzip eher allgemein moralisch als konkret politisch vertrat. Sein Denken entsprach dem des vorrevolutionären bürgerlichen Mittelstandes, dem er angehörte. Den geistigen Hintergrund bilden Denker wie Montesquieu, Diderot, Rousseau und Condorcet. Boullée sympathisierte mit der Revolution und vermachte seine Entwürfe 1793 der französischen Nation. Seine unpolitische Haltung machte ihn allerdings den Revolutionären als Gegner verdächtig (vgl. Rosenau 1976, S. 8).

Die Aufbauten der Revolutionsfeste enthielten oft Boullée-ähnliche Architekturelemente. Das Innere des Newton-Denkmals weist als Wahrnehmungsraum allerdings schon über die Revolutionszeit hinaus: Die Kugelform „bewirkt durch ihre Krümmung, daß der Betrachter sich dem, was er ansieht, nicht nähern kann" (Boullée 1987, S. 133): Boullées Beschreibung entspricht genau dem reinen Sehbild des Panoramas, dem „Kino" des 19. Jahrhunderts (das erste wird 1794 in London eröffnet, 1800 die ersten in Paris und Berlin).

L. S.

IMMANUEL KANT

**41 Beantwortung der Frage:
Was ist Aufklärung?**

Berlinische Monatszeitschrift, Bd. 4, 1784, Heft 12
Staats- und Universitätsbibliothek Hamburg – Carl von Ossietzky, Sign. A/81516

Kant zieht gegen Ende eines Zeitalters, das er „das Jahrhundert Friedrichs" nennt, die Summe einer Literatur, die mit Voltaire begann und bis Condorcet (1794) noch nicht zum Abschluß gekommen ist. Er meint nicht, im Zeitalter der Aufgeklärtheit zu leben, sondern eben nur der Aufklärung, die das Ideal der Aufgeklärtheit anstrebt. Die politischen Aspekte sind noch nicht zur vollen Entfaltung gekommen wie etwa zehn Jahre später. Im Gegensatz zum „Streit der Fakultäten" (1798; Kat. 34) sagt er noch im Hinblick auf aufgeklärten Absolutismus und republikanische Verfassung: „Ein größerer Grad bürgerlicher Freiheit scheint der Freiheit des Geistes des Volks vorteilhaft, und setzt ihr doch unübersteigliche Schranken; ein Grad weniger von jener verschafft hingegen diesem Raum, sich nach allem seinen Vermögen auszubreiten. Wenn denn die Natur unter dieser harten Hülle den Keim, für den sie am zärtlichsten sorgt, nämlich den Hang und Beruf zum freien Denken, ausgewickelt hat; so wirkt dieser allmählich auf die Sinnesart des

Benoît-Louis Prévost
nach CHARLES-NICOLAS COCHIN D. J.

42 Frontispiz der Großen Enzyklopädie

1772
Radierung, Grabstichel (nach Zeichnung 1764);
371 × 245 mm
HK, Bibliothek, Sign. A 325
Lit.: Kat. Paris 1951, Nr. 251; Kat. Paris 1984, Nr. 148

Die Zeichnung zum Frontispiz war 1765 im Salon ausgestellt. Der Stich wurde erst 1772 an die Subskribenten der *Encyclopédie* gratis verschickt. Wir folgen der zeitgenössischen Erläuterung. Die Wahrheit steht in strahlendem Licht vor ihrem Tempel. Die Vernunft und die Metaphysik versuchen, sie von ihrem Schleier zu befreien. Zu ihren Füßen kniet die Theologie und erwartet aus einer anderen Lichtquelle die himmlische Erleuchtung. Um diese Gestalten scharen sich Allegorien der alten und neuen Geschichte, der Mnemosyne und der verschiedenen Wissenschaften mit ihren Instrumenten (Astronomie, Physik, Chemie, Optik, Botanik und Agrikultur). Diderots entscheidende Neuerung gegenüber den älteren, humanistisch geprägten Enzyklopädien war ja die Einbeziehung der technischen Künste in Anlehnung an Chambers „Cyclopedia" (London 1728).

Die gegenüberliegende Seite ist den Künsten vorbehalten. Die Einbildungskraft (Imagination)

eilt herbei, um die Wahrheit zu schmücken. Ihr zugeordnet sind die verschiedenen Gattungen der Poesie (Epos, Drama, Satire und Pastorale) und die Musen der Künste (Musik, Malerei, Skulptur und Architektur). Am unteren Bildrand versammelt sich das bildungshungrige Publikum.

Cochins Bildidee ist dem „Discours préliminaire" verpflichtet, den d'Alembert für den ersten Band der *Encyclopédie* geschrieben hatte, doch unterläßt sie es, den klaren Grundgedanken des Philosophen herauszuarbeiten. Für d'Alembert bilden Erinnerung, Vernunft und Einbildungskraft die drei Arten unseres Umgangs mit den Gegenständen unseres Denkens. Er entwirft eine neue Dreieinigkeit, welcher drei Bereiche des Weltverständnisses entsprechen: die Geschichte kommt aus der Erinnerung, die Philosophie ist die Frucht der Vernunft, und die Schönen Künste entspringen der Imagination. Wenn d'Alembert die Einbildungskraft den beiden anderen nachordnet, so heißt das, daß sie zwar eine Summe zieht, aber auf das Feld der Nachahmung eingeengt bleibt (*Discours préliminaire,* d'Alembert 1984, S. 63 f.).

Die Lichtquelle der Theologie ist nicht die der Wahrheit. Deutlicher läßt sich die Unvereinbarkeit der beiden Instanzen nicht darstellen, wenngleich Cochin die Brisanz des Konfliktes unterspielt und darauf verzichtet, in seinem von Harmonie getragenen Bildgedanken die Religion als Ort des Aberglaubens zu denunzieren. Die Rücksicht auf die Zensur dürfte ihn dazu bewogen haben. Für d'Alembert hat die Religion nur mehr den Auftrag, die Sitten zu regeln (d'Alembert 1984, S. 90).

In seinem „Triumph der Zivilisation" (Kat. 401) hat Réattu diese Epiphanie des Fortschritts auf Frankreichs national-staatliche Sendung umgepolt (Simons 1983, S. 113 ff.). W. H.

43

ANONYM

43 L'Incrédulité proscrite
(Der verfolgte Unglaube)

Flugblatt auf das Verbot der 72 Bücher mit der Enzyklopädie von Diderot und d'Alembert durch das Parlament von Paris (6. Februar 1759)
Radierung
Paris, Bibliothèque Nationale, Département des Estampes, Inv. Qb¹ 1759

Lit.: Kat. Paris 1951, Nr. 329; Personalbibliographie Diderot 1963, Nr. 145

Am 23. Januar 1759 trat das Parlament von Paris zusammen und verurteilte 72 Bücher, die in seinen Augen gegen Religion, Staat und Sitte verstießen, darunter die Enzyklopädie, vor allem wegen ihrer Artikel religiösen und metaphysischen Inhalts. Am 6. Februar trat das Urteil mit seiner Veröffentlichung in Kraft, am 8. März erlosch das königliche Privileg, aber erst im Sommer (21. Juli) setzte die Abonnentenjagd ein. Der Boden wurde zu heiß: Voltaire blieb seitdem in Ferney, Diderot zog zeitweilig aufs Land. Voltaire und d'Alembert hatten schon im Vorjahre ihre Mitarbeit aus Verärgerung über ihre zensierten Artikel eingestellt. Aber wie unsicher die Sieger waren, ersieht man daraus, daß sie den entschlossensten Gegner der Aufklärer, den Jesuiten Berthier, von sich aus bremsten, um nicht die Kontroverse erneut zu entfachen. Seitens der Kirche ließ man es mit einem abschließenden Paukenschlag bewenden: Am 3. September verurteilte eine päpstliche Bulle die Enzyklopädie. Zuletzt erschien Band 7 (1757: Foang bis Gythium); sechs Jahre nach dem Verbot (1765) kam erst Band 8 heraus (H. bis Itzehoe) – anonym, ohne Privileg und außerhalb Frankreichs (Neufchâtel) –; im Vorjahre waren die Jesuiten aus Frankreich vertrieben worden.

Das Flugblatt nun, als 17. Blatt einer Folge gekennzeichnet, bringt einen Medaillenentwurf im Stile Jean Dassiers (1676–1763). Die Vorder-

seite zeigt die Allegorie der Religion, wie sie auf einer Wolke auf einen Sumpf zuschwebt, wo sie demütigend auf die dort liegende falsche Philosophie tritt. Der Schutzengel Frankreichs steht ihr zur Seite; mit seiner Stirnflamme ist er nur Vorgänger des Nationalgenius von Regnault (Kat. 396) und Réattu (Kat. 401). Die Rückseite zeigt unter anderem eine „Carte alphabétique des DOUTES" stellvertretend für die Enzyklopädie. G. S.

Charles Grignion
nach JOHANN HEINRICH FÜSSLI

44 Rousseau stellt Voltaire als einen Philosophen vor, der Gerechtigkeit und Freiheit an den Galgen gebracht hat.

Titelblatt zu Johann Heinrich Füssli,
Remarks on Rousseau, London 1767
Radierung
Oldenburg i. O., Landesbibliothek

Lit.: Schiff 301

Johann Heinrich Füssli erläutert selbst dieses Titelblatt und urteilt: „Wenn der kleine Herr im Pelz, wie er anzudeuten scheint, mit Hilfe seines Senkbleis herausgefunden hat, daß Voltaire Freiheit und Gerechtigkeit an den Galgen gebracht hat, so meinen wir, daß er an ihrer Stelle gehängt zu werden verdient." Diese Meinung steht im Einklang mit dem Eindruck, den Rousseau 1766 während seines Englandaufenthaltes, insbesondere bei Hume hinterließ. Der Spott zielt vor allem auf seinen Ruf „zurück zur Natur!", den Voltaire in einem Brief an „Docteur Pansophe" (Dr. Allweise) mit der Behauptung verhöhnte, Rousseau fordere die Bürger Londons auf, im Hyde Park Gras zu fressen. „Der von Voltaire gerittene Wilde ist nun einerseits ein Sinnbild für diese groteske Verzerrung des von Rousseau gepredigten Naturevangeliums, verkörpert aber andererseits auch die in der von Voltaire selbst verfochtenen künstlichen Zivilisation geknechtete Menschheit" (Mason zit. n. Füssli 1962, S. 55). G. S.

44

42

FRONTISPICE DE L'ENCYCLOPEDIE.

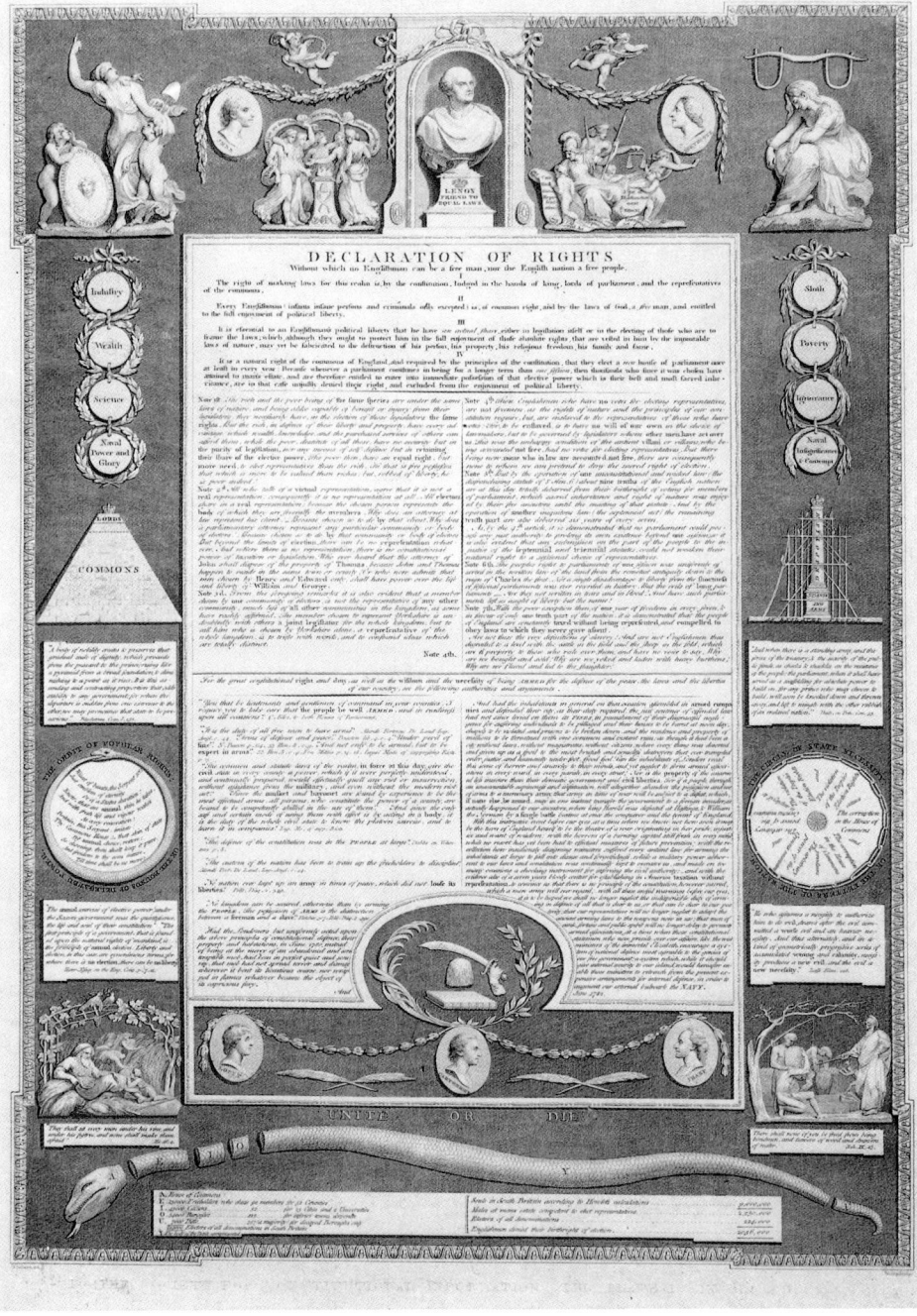

45

verstehen, in dem Aristokratie und Krone über eine Staatskirche jede abweichende Konfession materiell wie bildungsmäßig erheblich benachteiligten und über eine bereits seit Jahrzehnten konservative Regierung das Land beherrschten. Die längst überfällige Parlamentsreform – sie kam erst 1832! – wird in unserer Deklaration gleichsam naturrechtlich eingefordert: Die seit dem Mittelalter feststehenden Wahlkreise sollen endlich auf die neuen Bevölkerungszahlen Rücksicht nehmen, die Ungleichheit der Stimmen soll aufgehoben werden. G.S.

William Sharp
nach THOMAS STOTHARD
45 Declaration of Rights

1782
Kupferstich
London, Victoria and Albert Museum
Lit.: Bindman 1977, S. 26 f.

Im Jahre der nordamerikanischen Verfassung und ihrer sich anbahnenden Anerkennung selbst im Mutterlande (Kat. 53) erschien im Umkreise William Blakes (Kat. 445) diese „Declaration of Rights", gewidmet der Society for Constitutional Information. Wir befinden uns im Milieu der englischen Radikalen, zu denen Mary Wollstonecraft (Kat. 48, 68) und Thomas Paine (Kat. 46, 47) gehören und an deren Adresse Burke seine

Kritik an der Französischen Revolution richtete. Deklarationen dieser Art wiederholten sich in der englischen Verfassungsgeschichte seit der „Declaration of Rights", die 1689 Wilhelm III. wie eine Wahlkapitulation unterbreitet wurde. Diese Willenskundgebung der Untertanen ist praktisch bis heute als Konstitution in Kraft. Die Nordamerikaner erbaten in ihrer „Declaration of Rights and Grievances" von 1765 parlamentarischen Einfluß auf ihre Besteuerung und Einhaltung der „Habeas-Corpus-Akte" (Unverletzlichkeit der Person und des Hauses); sie verabschiedeten diese Forderung auf ihrem ersten Continental Congress wie ein Gesetz (Kat. 46; 1774). Wenn nun Radikale des Mutterlandes aus der „Information" in die Willenskundgebung übergehen, ist das nur in einem politischen Umfeld zu

THOMAS PAINE (o. Abb.)

46 Gesunder Menschenverstand. An die Einwohner von Amerika gerichtet
(Common Sense. Addressed to the Inhabitants of America, Philadelphia 1776.)

Kopenhagen 1794
Staats- und Universitätsbibliothek Hamburg – Carl von Ossietzky, Sign. A 1952/1174

Paines Flugblatt erschien im Januar 1776; der Verfasser war erst seit zwei Jahren in Amerika, beobachtete aber von Anfang an die revolutionäre Bewegung (First Continental Congress 1774). Wenn nun selbst noch 1782 wohlmeinende europäische Beobachter befürchteten, daß ein Staatenbund so unterschiedlicher Größe, Verfassung, Rechtsprechung und Erschlossenheit, an Reichtum und Bevölkerungsdichte, wie es die englischen Kolonien damals waren, nie zustande kommen würde, dann ist es nicht zuletzt Paine zu verdanken, daß diese Befürchtung gegenstandslos wurde. Ihm stand die „Gründung" einer Gesellschaft der Vernunft und des Rechts vor Augen, und er sprach von vornherein vom ganzen „Kontinent". Und er trug das Anliegen der Nation als eine Forderung der Vernunft vor, die jeder nachvollziehen konnte. Der „gesunde Menschenverstand" ist natürlich die rhetorische Verengung eines Ausdrucks, der seit Shaftesbury komplexer gefaßt war: Gemeinsamer Nenner und a priori, also mathematischer Terminus und erkenntnistheoretisches Axiom zugleich; auf die Öffentlichkeit bezogen, mochten Vorstellungen von „Gemeinsinn" und „volonté générale" mitschwingen. In jedem Falle schlug dieses Flugblatt durch: Die „Declaration of Rights" von Virginia (12. Juni 1776) mit ihrem Satz „all men are by nature equally free and independent" fand Eingang in die „Declaration of Independence" (1. Juli 1776) und damit in die Verfassung von 1782 (Kat. 55). G. S.

THOMAS PAINE.

Secrétaire du Congrès au département des affaires étrangères, pendant la guerre de l'Amérique, auteur du Sens commun, et des réponses à Burke. Député à la Convention Nationale par le Département du Pas de Calais, l'an 1.er de la République.

Rue du Théâtre Français N.º 4.

47

Auguste Sandoz
nach FRANÇOIS BONNEVILLE

47 Bildnis Thomas Paine

nach 1792
Radierung, Punktiermanier; 217 × 134 mm
HK, Kupferstichkabinett, Inv. 1988/217

Der Engländer Thomas Paine (1737–1809) war als politischer Schriftsteller und Aktivist in der Amerikanischen Unabhängigkeitsbewegung und der Französischen Revolution stark engagiert. Doch selbst in seiner Heimat verursachte er mit seiner Schrift „The Rights of Man" (1791/92; vgl. Kat. 407) erhebliches Aufsehen. Er und Mary Wollstonecraft (vgl. Kat. 68) wurden in einem Atemzug als Revolutionäre genannt. Als Sohn eines Korsett-Schneiders lernte er dieses Handwerk, suchte sich aber nebenbei kontinuierlich fortzubilden. 1774 reiste er mit einem Empfehlungsschreiben Benjamin Franklins nach Amerika, wo er sich journalistisch betätigte. Sein 1776 publizierter Traktat „Common Sense" gilt als eine der Hauptschriften der Unabhängigkeitsbewegung, die zur Loslösung Amerikas von England führte. 1787 kehrte er nach Europa zurück und pendelte in den folgenden Jahren beständig zwischen London und Paris. Nach dem Sturz der französischen Monarchie und der gerichtlichen Verfolgung wegen des zweiten Teiles seiner Schrift „The Rights of Man" siedelte er 1792 endgültig nach Paris über und wurde trotz mangelnder Französisch-Kenntnisse Abgeordneter für Calais im Konvent und französischer Ehrenbürger. Mit Barére (vgl. Kat. 384) und Condorcet überarbeitete er die neue Fassung der Menschenrechte. Politisch den Girondisten zugeordnet, wurde er 1793 verhaftet, zwei Jahre später entlassen und konnte sich nun wieder seiner Arbeit als Mitglied des Konvents widmen. 1802 wanderte er nach Amerika aus, wo er 1809 in ärmlichen Verhältnissen verstarb. K. O.

MARY WOLLSTONECRAFT (o. Abb.)

48 Rettung der Rechte des Weibes
(A Vindication of the Rights of Women, London 1792)

Schnepfenthal 1793/94
Staats- und Universitätsbibliothek Hamburg – Carl von Ossietzky, Sign. A/216180

Das aufklärerische Problem der Gleichheit unter den Menschen umfaßte auch das der Geschlechter untereinander. Vor Mary Wollstonecraft hat sich vor allem Condorcet damit befaßt, und auch das nicht mehr in dem Sinne Alexanders (Kat. 49). Aber was auch immer an diesem Problem, das so alt ist wie die Menschheit selbst, aktuell geblieben ist, das ist zuerst von Mary Wollstonecraft formuliert worden: Erziehung (Koedukation), freie Berufswahl, Berufstätigkeit auch während der Ehe, Arbeitsteilung mit dem Ehemann in Haushalt und Kindererziehung sind Themen, wie sie noch heute diskutiert werden. Auch der Anspruch der Freiheit, der sich mit dem der Gleichheit erhebt, ist der gleiche geblieben: Die Frauen sollen nicht mehr „das bittere Brot der Abhängigkeit" essen, und wenn Rousseau früher einmal die Besorgnis äußerte, Frauen verlören durch ihre Unabhängigkeit und Gelehrsamkeit ihre Macht über Männer, dann äußert sich die Verfasserin in einer Weise, die moderner nicht gefaßt sein kann: „Genau das ist es! Ich will ihre Macht über Männer nicht. Ich will, daß sie Macht über sich selber haben." In dieses Bild passen die erotischen Implikationen zwischen Eheleuten schlecht, und sie sieht darin auch ein eher störendes Element; alles, was sie dazu positiv sagt, gehört auch zu den schwächeren Stellen des Buches. Aber ungeachtet der Aktualität in den Grundfragen der Freiheit und Gleichheit und der herausfordernden Spontaneität der Prosa, die heute noch lesenswert ist und gelesen wird, fehlen schrille Töne (vgl. Kat. 68). G. S.

WILLIAM ALEXANDER (o. Abb.)

49 The History of Women from the Earliest Antiquity to the Present Time
(Die Geschichte der Frauen von der frühesten Antike bis heute)

London 1779
HK, Bibliothek, Sign. X 2/3.5

Der Londoner Arzt beschreibt in seiner an Gemeinplätzen und Kuriositäten reichen Geschichte und Anthropologie „of the fair sex" dessen rechtliche Stellung pragmatisch: „The Salic law of France excludes a woman from governing the nation; in Britain, we allow a woman to sway our sceptre, but by law and custom we debar her from every other government but that of her own family, as if there were not a public employment between that of superintending the kingdom, and the affairs of her own kitchen, which could be managed by the genius and capacity of woman. . . . We exercise nearly a perpetual guardianship over them, both in their virgin and their married state" – nur als Witwe ist sie wirklich frei! „Thus excluded almost from everything which can give them consequence, they derive the greater part of the power which they enjoy, from their charms; and these, when joined to sensibility, often fully compensate, in this respect, for all the disadvantages they are laid under by law and custom." (Bd. 2, S. 336) G. S.

MOSES MENDELSSOHN

**50 Phädon oder
Über die Unsterblichkeit der Seele,
in drey Gesprächen**

Berlin und Stettin 1767
Titelkupfer von *Johann Wilhelm Meil:* Sokrates im Gefängnis, einen Schmetterling auf einem Totenkopf betrachtend.
Wolfenbüttel, Herzog August Bibliothek, Sign. Vc81

Lit.: Kat. Wolfenbüttel 1986 I, Nr. 62

Der platonische Dialog gleichen Titels (Phaidon) enthält die Sterbeszene des Sokrates, der vor seiner Hinrichtung mit seinen Freunden über das Leben nach dem Tode spricht. Dieses Motiv nimmt Mendelssohn wieder auf und hat damit einen internationalen Erfolg: In Frankreich ist dieses Buch das bekannteste unter seinen Schriften. Mendelssohns Nachweis der Unsterblichkeit folgt der stoisch-epikuräischen Lehre von der Kontinuität in allen Vorgängen der Natur; demnach sei der abrupte Zerfall mit dem physischen Bestand des Körpers ausgeschlossen, die Seele unterliege also nur einem Wandel: „Einer jeden wahren Substanz ist eine unabsehbare Folge und Reihe von Verrichtungen vorgeschrieben, die sie nach und nach bewirken muß, und die wirkende Substanz wird allezeit durch die letzte Verrichtung tüchtiger, die nächstfolgende auszuführen." Der gleiche Gedanke der Kontinuität beherrscht auch alle bewußtseinsgeschichtlichen Fortschrittstheorien von Turgot, Herder, Lessing, Kant und Condorcet. Dem steht der Artikel „Seele" in Voltaires „Philosophischem Wörterbuch" (1764) entgegen, dessen Agnostizismus dieser gegenüber Boswell verteidigt: „Bevor wir aber sagen, daß es die Seele gibt, sollten wir wissen, was sie ist. Ich weiß darüber nicht Bescheid, kann darüber nicht entscheiden" (29. 12. 1764). Meils Titelkupfer zu Mendelssohns Buch stellt einen im Gefängnis meditierenden Sokrates dar: Er betrachtet einen Schmetterling, einen „Seelenvogel" oder eine Allegorie der Seele. G. S.

50

J. W. Meil invt. et fc: 1767.

Honoré-Gabriel de Riqueti (o. Abb.)
Graf von Mirabeau

51 Sur Moses Mendelssohn, sur la Réforme politique des Juifs
(Über Moses Mendelsohn, über die politische Reform der Juden)

London 1787
Wolfenbüttel, Herzog August Bibliothek,
Sign. Db 3033

Nach seinem Winteraufenthalt 1786/87 in Berlin (Kat. 36, 60, 75) schrieb Mirabeau über Mendelssohns 1783 erschienenes Buch „Jerusalem" (oder über religiöse Macht und Judentum), hatte aber auch das bereits 1781 erschienene Buch von Mendelssohns Freund Christian Wilhelm Dohm „Über die bürgerliche Verbesserung der Juden" vor Augen. Insgesamt ging es um Bestrebungen, die in der Entwurfsphase des „Allgemeinen Landrechts" Preußens (bis 1792; Kat. 70) virulent waren, nach 1794 anfingen, in der Rechtsprechung berücksichtigt zu werden, aber erst um 1830 in den preußischen Ländern allgemein Anerkennung fanden. Der Einfluß des „Code Napoleon" tat das übrige, aber auch schon die aufklärerische Praxis nordischer Länder, etwa Dänemarks (Kat. 75, 369), wirkte als Vorbild. In Frankreich wirkten diese Vorstellungen über Abbé Grégoires „Essai sur la Régénération physique, morale et politique des Juifs" (Preisschrift Metz 1788, 1789 gedruckt) auf die Gesetzgebung der Nationalversammlung ein (Kat. Paris 1989, Nr. 889 f.). Sie sind wohl kaum ohne die Anregungen Mirabeaus zu denken. Wie der Titel des in London erschienenen Buches erkennen läßt, beginnt Mirabeau mit einer Vorstellung Mendelssohns, der in Frankreich bis dahin nur über seinen „Phaedon" (Kat. 50) bekannt war: Er nennt seine Schriften, deutet ihren Inhalt an, nennt Mendelssohns Freunde und Feinde und berichtet über Lavaters Bekehrungsversuch und Mendelssohns würdige Zurückweisung. Mirabeau läßt keinen Zweifel an dem literarischen Rang aufkommen. Etwa zur Hälfte des Buches kommt er zum zweiten Teil: Die Reformvorstellungen Mendelssohns und die allgemeine Situation der Juden in Europa. „Schon haben sich mehrere achtenswerte Literaten mit diesem Thema beschäftigt. Ich will ihre Ideen vereinigen und auch etwas von den meinigen hinzufügen, um die Vorurteile zu widerlegen, die man diesem Volke noch nahezu überall in Europa entgegenbringt." Er handelt dann „Über die bürgerliche Besserstellung der Juden" und schließt mit dem Kapitel „Über die Naturalisationsakte, die 1753 in Großbritannien zugunsten der Juden abgefaßt wurde" und „Einwürfe des Herrn Michaelis und anderer Judengegner", deren Widerlegung Mirabeau mit den Worten beendet: „Die menschliche Natur gleicht sich allenthalben. Die Juden werden in jedem Staat so gut sein wie die übrigen Bürger, wenn man ihnen deren Rechte und Pflichten nicht verweigert."   G. S.

Joseph-Siffred Duplessis

52 Bildnis Benjamin Franklin

1778
Öl/Leinwand; 72 × 58 cm
New York, Metropolitan Museum of Art, The Friedsam Collection, Inv. 32.100.132 Class II

Lit.: Sellers 1962, S. 126 ff.

Der am französischen Hofe akkreditierte Gesandte Benjamin Franklin (1706–1790), der die

52

seit 1776 unabhängig erklärten Vereinigten Staaten vertritt, präsentiert sich im Bilde barhäuptig – ohne Perücke und Haarbeutel. Sein pelzbesetzter Hausrock ist in einem programmatischen Sinne „négligée". Der Hof war entzückt, im Gesandten einen Feind der englischen Krone zu finden; die Pariser Salons konnten in dem weisen und erfolgreichen Vertreter der „Neuen Welt" einen neuen „Cincinnatus" verehren, der an seinem Pfluge von seiner Wahl zum Diktator erfuhr. Mit dem Bilde altrömischer Tugend werden Urbilder menschlicher und bürgerlicher Ordnung beschworen, wie es bereits 1762 Rousseau mit seinem „Contrat social" tat. Wer schien dafür geeigneter, als die amerikanische Inkarnation der praktizierten und legitimierten Menschenrechte, als die man den Selfmademan und Erfinder des Blitzableiters, den Publizisten und Politiker sah? Sein Alter verlieh seiner Absage an die englische Krone eine Würde, wie sie kein jugendlicher Revolutionär für sich im Namen der Menschenrechte hätte beanspruchen können; daher hat man sich nicht einmal seinen Genius jugendlich

vorstellen können (Kat. 54). Der Rahmen der Fassung aus dem Metropolitan Museum in New York bestätigt diese Bezüge: Er ist bekrönt durch die eichene Bürgerkrone mit Schlange (Uroboros = Ewigkeitssymbol), Mütze und Biberbalg, samt Inschrift VIR (= Mensch oder Mann). Der Mensch in seiner Urgestalt als ökonomisches Wesen bleibt als Jäger und Sammler wie als Bürger ewig gleich in seinem natürlichen Anspruch auf Würde.   G. S.

Christian August Lorentzen

53 Huldigung an Franklin

um 1780
Öl/Leinwand; 60,5 × 65 cm
Kopenhagen, Statens Museum for Kunst,
Inv. 3439

Unter einer Freiheitsallegorie mit Liktorenbündel, Blitzschild und phrygischer Mütze sitzt Franklin einem Rate vor. Ihm huldigt ein Schwarzer mit Kind, indem er ihm einen Kranz zu Füßen legt. Als der dänische Maler 1780 in Paris war, stand Franklin dort auf der Höhe seines Ansehens (Kat. 52); 1776 bis 1785 war er dort Gesandter der nordamerikanischen Staaten, für die er zeitweilig in London verhandelte (Präliminarfrieden 1782 und Friedensschluß 1783). Die Aufhebung der Sklavenwirtschaft in den Nordstaaten, worauf sich diese Huldigung bezieht, ist Ausdruck der allgemeinen Menschenrechte von Unabhängigkeitserklärung und Konstitution. Das besondere dänische Interesse daran ergab sich aus der mittelbaren Verwicklung des Königreichs und anderer Länder des Ostseeraumes: Manche Schiffseigner lebten vom Sklaventransport zwischen Afrika und der Karibik, auf eigene wie auf fremde Rechnung. Diesen vielfach in Vergessenheit geratenen Verhältnissen ist es zuzuschreiben, daß Dänemark vor allen anderen Ländern (auch England) den Sklavenhandel verboten hat (Kat. 75).   G. S.

53

115

Marguerite Gérard
nach JEAN-HONORÉ FRAGONARD

**54 Allegorie auf das Genie
   Benjamin Franklins**

1778
Radierung; 555 × 424 mm
Paris, Privatbesitz

Lit.: Sellers 1962, S. 284 ff.; Kat. Cleveland 1976, Nr.
206; Kat. Baltimore 1985, Nr. 78; Kat. Paris 1989,
Nr. 445

Seit Beginn der Amerikanischen Revolution
(1776) residiert Franklin als Botschafter Pennsylvaniens und anderer nordamerikanischer Staaten
in Paris; gemeinsamer Feind ist die englische
Krone. Hierauf und auf die Erfindung des Blitzableiters bezieht sich die Inschrift: „Eripuit coelo
fulmen sceptrumque tirannis" (Er entriß dem
Himmel den Blitz und den Tyrannen das Szepter);
wer – außer dem englischen König – war mit dem
Plural „tirannis" gemeint? Franklin war schließlich am Hofe Ludwigs XVI. akkreditiert! Nach
der Entlassung Turgots (1776) werden wohl die
„Noblesse de Robe" (Parlament), Aristokratie
und Geistlichkeit gemeint sein, die sich den
königlichen Reformen widersetzten; an ihnen
scheiterte die Aufhebung der Leibeigenschaft
(1779). Der Greis, der Himmel und Tyrannen in
ihre Schranken verwies, thront wie ein Jupiter
inmitten olympischer Allegorien. Die eigentliche
Genius-Allegorie verdichtet sich in der geflügelten Gestalt mit Stirnflamme (Kat. 396) und
Kadukeus, dem Heroldstab des Hermes; Eulen-
helm und Schild teilt sie mit der Minerva. Die-
nend und schützend zugleich spendet sie Schatten vor dem Blitz. An Franklins Thron sitzt
„Amerika" mit Mauerkrone (Kybele) und Ägis
(Brustpanzer mit Medusenhaupt als Zeichen der
Minerva); sie hält neben sich ein Liktorenbündel
als Zeichen der Einheit und tribunizischen (ple-
bejischen) Gewalt. Die sechs Sterne über ihrer
Krone symbolisieren den ersten Staatenbund,
Anfang der jetzigen Staatssymbolik (Stars and
Stripes).   G. S.

54

ANONYM

55 Washington übergibt Amerika die Gesetze

um 1782
Radierung, Kupferstich; 201 × 114 mm
New York Public Library, C. W. McAlpin Collec-
tion, Print Collection, Miriam and Ira D. Wallach
Division of Arts, Prints and Photographs; Astor,
Lenox and Tilden Foundation

Lit.: Kat. Washington 1976 I, S. 8

In einem elysischen Gefilde mit der Fassade des
römischen Konservatorenpalastes im Hintergrund sitzt der militärische und politische Gründer des neuen Staates wie ein zweiter Solon in
senatorialer Tracht auf einem Thron. Das Haar
hat die Kürze römisch-republikanischer Porträts. Der Palast steht für das Kapitol, dessen
heutige architektonische Gestalt ja erst später
entstand. Die geflügelte „Fama" (Ruhm) mit
Posaune hält das Staatswappen; unter ihr begren-
zen Hermes (Merkur) und der Flußgott Potomac
den figurierten Raum, am Throne ist die rechtmäßige Gewalt gelagert. Der Gesetzgeber von „The
American Constitution" hält noch den Griffel in
der Hand; ihn umstehen die „Rache" (Skorpion),
die öffentliche Unverletzlichkeit (Liktorenbündel) und die Weisheit (Spiegel). Kein Diktator hat
die Verfassung erlassen, aber zur Zeit der Staaten-
gründung trat in aller Augen George Washington
als „Pater Patriae" des amerikanischen Staaten-
bundes hervor.   G. S.

55

EDWARD SAVAGE

56 Liberty as Goddess of Youth
   (Die Freiheit als Göttin der Jugend)

1796
Halbtonradierung; 629 × 381 mm
Washington (D. C.), Library of Congress,
Inv. USZ 62-15369

Lit.: Kat. Washington 1976 I, S. 12

Der Seeadler, das gemeinsame Wappentier der
ersten Vereinigten Staaten von Nordamerika,
deren Unionsflagge in einer Wolkenöffnung
erscheint, kommt im Sturzflug der weiblichen
Freiheitsallegorie entgegen und schickt sich an,
aus ihrem Kelch zu trinken, der ihm entgegengehalten wird. Der Hut der Freiheit krönt den
Flaggenmast. Im Hintergrund liegt eine Hafenstadt im Gewitter. Mit geöffnetem Haar schwebt
die jugendliche Freiheitsallegorie von rechts heran; ihre Girlande macht sie zu einer nahen
Verwandten der „Imagination" auf dem Titelkupfer der großen Enzyklopädie (Kat. 42). Mit ihrem
rechten Fuß tritt sie auf einen Schlüssel und einen
Hosenbandorden, beides Symbole königlich britischen Herrschaftsanspruchs in ehrenhafter wie
unehrenhafter Bindung: Gefangenschaft und
Ordensverleihung. Daneben liegt ein gebroche-
nes Zepter. Die Jugendlichkeit der Gestalt versteht sich fast von selbst; sie mag für die Jugend
der unlängst gegründeten Nation stehen – aber
auch schon der alte Ripa (1598) vermochte sich
die Freiheit nur unter einer jugendlichen Frau
vorzustellen.   G. S.

56

Joseph Strutt
nach ROBERT EDGE PINE

57 America

1778
Halbtonradierung; 447 × 599 mm
Washington (D. C.), Library of Congress,
Inv. USZ 62-15366

Lit.: Kat. Washington 1976 I, S. 6

Mitten während der amerikanischen Befreiungskriege erscheint dieses Blatt. Die Kapitulation
von Saratoga (Oktober 1777) hat die Wende
herbeigeführt; Frankreich tritt offen auf die Seite
der Amerikaner. Jetzt bittet auch das englische
Mutterland um Frieden für „Those, who wish to
sheathe the desolated sword of war, And to
restore the blessings of peace and amity to a
devided people", wie die Inschrift sagt. Man sieht
inmitten eines Sturmes in Küstennähe eine
„Amerika" mit Federhut an einem Monument
flehen, auf denen amerikanische Helden verewigt
sind, von denen die letzten in den Schlachten von
Danbury und Princeton gefallen waren: David
Wooster (1711–1777), Hugh Mercer (1725–1777),
Richard Montgomery (1738–1775) und Joseph
Warren (1725–1775). Ihr kommen Kraft und
Freiheit zur Hilfe; die weiblichen Allegorien im Hintergrund mögen wohl Einheit, Reichtum und
Überfluß sein. Immerhin, das Schlachtfeld und
die brennende Stadt sind schlimm genug, Hilfe
und Siegespalme oder Friedenszweig willkom-
men.   G. S.

FRANCISCO GOYA   (Farbtafel 5)

58 Bernardo de Iriarte

Öl/Leinwand; 108 × 84 cm
Straßburg, Musée des Beaux-Arts, Inv. 308

Lit.: G-W 669, Gud. 373

Bernardo de Iriarte (1735–1814), bedeutender
Repräsentant der spanischen Aufklärung und
Politiker, spielte mit seinem als Dichter bekannten Bruder Tomás eine einflußreiche Rolle auf
kulturellem Gebiet im letzten Viertel des 18. Jahrhunderts Wegen des Vorwurfs der Ketzerei wurden beide, Bernardo 1779, Tomás 1786, vor die
Inquisition zitiert, was ohne Einfluß auf ihr
Wirken blieb.

Bernardo de Iriarte begann als Diplomat in
Parma und London. Später erhielt er in Spanien
hohe Ämter: 1785 Direktor der Philippinenkom-
panie, 1797 Minister für Agrikultur, Handel und
Seefahrt. 1804 verbannt, optierte Iriarte 1808 für
König Joseph Bonaparte, war Unterhändler bei
der Übergabe Madrids an Napoleon, wurde zum
Staatsrat ernannt und mit dem Königlichen
Orden von Spanien ausgezeichnet. Als *afrance-
sado* mußte Iriarte vor der Rückkehr Fernandos
VII. nach Bordeaux fliehen, wo er 1814 starb.

Iriarte war seit 1774 Mitglied, seit 1786 Beirat
der Madrider Akademie der Schönen Künste.
1792–1802 hatte er den wichtigen Posten des
Vizeprotektors der Akademie inne. Die Akademie führte Iriarte und Goya, der ihr seit 1780
angehörte, zusammen. 1792 begann Iriarte eine
Reform des Akademieunterrichts. Dabei nahm

58

Goya kritisch gegen Theorie, Lehrmethode und
Hierarchie der Akademie Stellung. Mit seiner
Forderung nach Regelfreiheit der Kunst, freier
Nachahmung der Natur und Ablehnung der
Antike opponierte er gegen den herrschenden
Neoklassizismus (Held 1966). Wie Goya bezwei-
felte Iriarte, daß die Akademie große Künstler
hervorbringen könne (Bédat 1973, S. 383 ff.). Die
Reform ließ sich jedoch nicht durchsetzen.

1794 legte Goya Iriarte eine Serie von Kabi-
nettbildern vor, in denen er während seiner
Rekonvaleszenz Beobachtungen der Phantasie
und Erfindung (*capricho y invención*) festgehalten
hatte, zu denen bei Auftragsarbeiten keine Gelegenheit bestand. Im entscheidenden Moment der
Lösung aus bestehenden Konventionen wandte
sich Goya an Iriarte, weil er von ihm Sympathie
und Unterstützung in der Akademie erhoffte.
Daß diese eintrat, belegt die Widmungslegende
auf dem Bildnis, das im gleichen Jahr entstand, in
dem Goya an den *Caprichos* zu arbeiten begann:
*Dⁿ Bernardo Yriarte, Vice protʳ de la Rˡ Academia
de las tres nobles Artes, retratado por Goya en
testimonio de mutua estimacⁿ. y afecto. año de
1797* (Don Bernardo Yriarte, Vizeprotektor der
Königlichen Akademie der drei vornehmen
Schönen Künste, von Goya als Zeugnis gegenseitigen Verstehens und Zuneigung im Jahre 1797
gemalt).

Möglich, daß Iriartes Ernennung zum Minister in einem kurzlebigen liberalen Kabinett,
dem auch Jovellanos und Saavedra angehörten,
den Anlaß zum Porträt gebildet hat. Goya verbindet den offiziellen Status mit der Souveränität des
ilustrado, dessen Selbstbewußtsein aus vernunft-
gemäßem Handeln resultiert. Die Widmung
macht das Bild zum Dokument einer Freundschaft, in der sich geistige und künstlerische
Kompetenz gleichrangig begegnen.   J. E. H.

57

To THOSE who wish to SHEATHE the DESOLATING SWORD of WAR, AMERICA And to RESTORE the BLESSINGS of PEACE and AMITY to a divided PEOPLE.

59

60

ANTON RAPHAEL MENGS

59 Bildnis Johann Joachim Winckelmann

um 1761/62
Öl/Leinwand; 63 × 49 cm
New York, Metropolitan Museum of Art, Harris
Brisbane Dick Fund, Inv. 48.141 Class III

Lit.: Honisch 1965, Nr. 13; Kat. Madrid 1980

Um 1760 führte eine international erkennbare
Neigung zur Reinheit und Geschmeidigkeit im
Ausdruck zur Entwicklung der meisten modernen Sprachen zu ihrer heutigen Verfügbarkeit
und Tragfähigkeit in Wissenschaft und Poesie.
Seit 1700 war man auf dem Wege dazu; gleichzeitig verfolgte man diese „Klassizität" in den alten
Sprachen. Nachdem der Humanismus das bereits
für das Latein geleistet hatte, waren es in Leipzig,
wo Winckelmann (1707–1781) Altphilologie studierte, Johann Friedrich Christ (1700–1756) und
Johann August Ernesti (1707–1781), die zum Entsetzen der lutherischen Orthodoxie entdeckten

und verbreiteten, daß das Griechisch des Neuen
Testaments nicht das beste sei, sondern das des
Sophokles und seiner Zeitgenossen. Als Winckelmann nun unter Benedikt XIV. nach Rom kam
und unter Klemens XIII. Aufseher der päpst-
lichen Antikensammlungen wurde, bewährte er
die auch in der Altphilologie erfolgreich von der
Generation Linnés (Kat. 143) angewandte Methode der Klassifikation auf dem Felde der
Archäologie. Das Ergebnis war nicht nur ein
Geschichtsbild von der antiken Kunst, das seitdem eigentlich nur noch Ergänzungen erfahren
hat, sondern auch eine Formensprache, die für
alle Aufgaben der Repräsentation ebenso geeignet schien wie für die Propaganda oder Erregung
„interesseloser" (Kant) Empfindungen. Die au-
genblickliche Wirkung Winckelmanns, vor allem
aber nach einer kurzen Unterbrechung des
„Sturm und Drang", war international so groß,
daß Goethe um 1800 das 18. Jahrhundert nach
ihm benannte. G. S.

PIERRE-MICHEL ALIX

**60 Gabriel-Honoré Riqueti
Graf von Mirabeau**

1794
Farbradierung (Halbton); 247 × 218 mm
HK, Kupferstichkabinett, Inv. 1988/212

Lit.: Portalis/Béraldi, Bd. 1, S. 26

Unter den Wegbereitern der Französischen Revolution war Mirabeau (vgl. Kat. 51) der einzige, der
auch als ihr Exponent hervortrat: Als Angehöriger des zweiten Standes war er wegen seiner vor
der gesamten Nation verantwortlichen Ansichten
für seine eigenen Standesgenossen unwählbar; so
entschloß er sich, sich als bürgerlicher Abgeordneter von Aix-en-Provence wählen zu lassen. Als
solcher gewann er die Wahl triumphal und erwies
sich vor der drohenden Auflösung der Nationalversammlung durch den Zeremonienmeister des
Königs als der Mann der Stunde (23. 6. 1789):
„Ja, mein Herr, wir haben die Absichten, die man
dem König eingegeben hat, vernommen. Sie aber
sind mitnichten seine Stimme bei den General-
ständen; der Sie hier weder Sitz noch Rederecht
haben, sind Sie ebensowenig berufen, uns an
seine Rede zu erinnern. Ich erkläre jedoch zur
Vermeidung von Unklarheiten und Aufschüben,
daß Sie im Falle des Auftrags, uns von hier
fortzuweisen, um den Befehl zur Anwendung von
Gewalt nachsuchen müssen. Wir werden unseren
Platz nur vor der Gewalt der Bajonette räumen."
Das war die Sprache der Konstitutionalisten
mit einem altständischen Gewissen; dem König
ließ er nur noch das weltliche Schwert, dem er
sich als Untertan zu beugen versprach. Aber Rat
und Hilfe, sprich politischer Einfluß und Steuer,
sah er als Pflicht und Recht der ganzen Nation
und nicht nur seiner ersten beiden Stände, die
durch die Privilegien des Absolutismus korrumpiert waren (Steuerfreiheit und Willkür in der
Freiheitsberaubung [lettre de cachet]). Faßt man
alle seine Schriften zu einem politischen
Bekenntnis zusammen, so decken sich in diesem
Hinweis Mirabeaus Denken und Handeln. Der
Generation des „Sturm und Drang" zugehörig,
starb er 1791 zu früh; sein Bild als Revolutionär
hat der Stecher erst nach der Hinrichtung Robespierres zu veröffentlichen gewagt. G. S.

P. A. CARON DE BEAUMARCHAIS

61

63

Augustin Saint-Aubin
nach CHARLES NICOLAS COCHIN D. J.

61 Bildnis
Pierre-Augustin Caron de Beaumarchais

Kupferstich, Radierung; 192 × 137 mm
HK, Kupferstichkabinett, Inv. 1988/213

Lit.: Bocher 1879, Nr. 14

Nähe und Ferne zum Hof, Unternehmer und
Dramatiker, Aristokrat und bürgerlicher Kritiker
seines Standes, das ist – in kurzen Worten zusammengefaßt – Beaumarchais. Überlebt haben ihn
die sozialkritischen Stücke „Der Barbier von
Sevilla" (1775), „Figaros Hochzeit" (1781) und
„Die schuldige Mutter oder der Neue Tartuffe"
(1792); sein größter Erfolg zu Lebzeiten waren
seine „Mémoires contre Goëzman" (1773/74) –
eine biographische Zeitkritik in Prosa. Alles in
allem werden hier alle Tugenden und natürlichen
Begabungen dem dienenden Bürger zugeschrie-

ben: Der Geist und die Moral ist auf seiner Seite,
wie auch die Vitalität und das Temperament. Der
Adelige ist ihm in allem unterlegen mit Ausnahme seiner Geburt. In der Skala der Werte
unter den Charakteren steht der Aristokrat in der
indifferenten Mitte. Im Abgrund der Schlechtig-
keit stehen nur die Verräter an der bürgerlich
verstandenen Menschheit, wie der Richter Goëzman der Memoiren und der Sekretär Bégeasse in
der „Schuldigen Mutter". Dennoch sah Ludwig
XVI., als er „Figaros Hochzeit" las, hellseherisch
voraus: Es sei inkonsequent, die Bastille stehen
zu lassen, wenn man dieses Stück erlaubte. Als
Unternehmer war Beaumarchais keiner Branche
fremd – im 18. Jahrhundert an sich nicht ungewöhnlich. Nur in seinem Falle haftete dem wegen
einiger verlorener Prozesse etwas Anrüchiges an;
der moralische Widerspruch zwischen seiner
Beteiligung am Sklavenhandel und seiner großzügigen, wenn auch falsch spekulierten Rüstung
der amerikanischen Freiheitskämpfer wurde, wie
in vielen anderen Fällen seiner Zeit, durch den
Erfolg verdeckt.   G. S.

ANONYM

62 Minerva beschützt Rousseau und Voltaire
vor den Fanatikern

um 1790
Radierung; 255 × 390 mm
HK, Kupferstichkabinett, Inv. 1988/177

Das Bedürfnis der Jakobiner, in Voltaire wie in
Rousseau ihre geistigen Väter zu verehren, ließ sie
den Konflikt zwischen beiden vergessen, der
ohnehin nur einem kleinen Kreis von Lesern des
„Ancien régime" gegenwärtig war. Das Licht des
siebenarmigen Kandelabers Voltaires wird in
idealer Harmonie zu Rousseaus „Contrat social"
gesehen (Kat. 33, 52); das teuflische Gelichter der
Fanatiker gegen den politisch-rechtlichen Fun-
damentalismus Rousseaus wird auch als Feind
der Aufklärung schlechthin betrachtet – daher die
Hütchen auf den Stangen, mit denen man damals
Kerzen zum Erlöschen brachte. Nur Minerva, die
Göttin der Vernunft und Wissenschaften, gebietet
diesem Angriff Einhalt, mit Wohlwollen betrachtet von der Menge der Menschen und Bürger
Frankreichs.   G. S.

ANONYM

63 Streit zwischen Voltaire und Rousseau

nach 1762
Radierung; 140 × 95 mm
Genf, Bibliothèque Publique et Universitaire

Lit.: Kat. Paris 1979 I, Nr. 240

Zwei Generationen stehen sich als Boxer in
einem philosophischen Streit gegenüber – so
deutet es die Beschriftung an: Die jüngere (Rousseau) mit dem 1762 erschienenen „Emile" gegen
die ältere (Voltaire) mit der „Henriade" von 1723.
Der Gegensatz ist nicht fair gewählt, denn die
„Henriade" gehört – aller Aufgeklärtheit zum
Trotz – zu den vorphilosophischen Schriften
Voltaires, während Rousseaus „Emile" mit dem
gleichzeitig erschienenen „Contrat social" zu den
grundlegenden Schriften der politischen Aufklärung am Vorabend der Französischen Revolution
zählt. Der alte Spötter Voltaire steht damit etwas
zu sehr als Vertreter des „Ancien Régime" da mit
seinem humanistischen Epos royalistischer Tendenz. Und doch steckt in der Gegenüberstellung
ein wahrer Kern.

In der Vorgeschichte der Französischen Revolution wird leicht der jahrzehntelange Verfassungskonflikt zwischen dem Genfer Patriziat (Citoyen), der Bürgerschaft (Bourgeois) und den
praktisch rechtlosen „Natifs" vergessen; kaum
war er 1784 mit französischer und eidgenössi-
scher Hilfe zu Ende, begann er in Paris: Für viele
Revolutionäre der Genfer „Bourgeoisie" war
1789 nur ein Szenenwechsel; für sie galt es, eine
Niederlage zu korrigieren. Obwohl Rousseau sich
immer als „Citoyen" von Genf bezeichnete,
nahm er im Verfassungskonflikt leidenschaftlich
für die „Bourgeoisie" Partei – daher seine Verbannung und das Verbot seiner Schriften durch das
Genfer Patriziat. Voltaire hielt es mit den „Citoyen"; als ihr Gast (Dr. Tronchin) lebte er seit 1754
vor Genf, um sich ab 1759 in Ferney als Grundherr niederzulassen. Dem auf savoyardisches
Gebiet verbannten „Bourgeois" Rousseau hielt er
unwidersprochen heuchlerisches Verhalten gegenüber den „Natifs" vor. Der literarische Konflikt erreichte mit d'Alemberts Artikel „Genf" im
1757 erschienenen 7. Band der Enzyklopädie
(Kat. 42) seinen Höhepunkt; ihm folgte um 1762
definitiv ein ideologischer.   G. S.

62

François Godefroy
nach GANDAT

**64 Grabmal Jean-Jacques Rousseaus auf der
Pappelinsel im Park von Ermenonville**

1781
Radierung; 528 × 392 mm
HK, Kupferstichkabinett, Inv. 55845

Lit.: Bodkin 1936, passim

Als Marquis de Girardin, der Freund und lang-
jährige Gastgeber Rousseaus, ab 1766 seinen Park
in Ermenonville bei Senlis durch den Gartenbau-
architekten Jean-Marie Morel (1728–1810) mit
Hilfe einiger schottischer Baumschulleute und
Gärtner in einen Landschaftsgarten umformen
ließ (vgl. Kat. 200), ließ er zu dem üblichen
pantheistischen Programm (Liebesquelle, Drui-
denaltar u. ä.) eine Insel der Seligen (Elyseische
Insel) mit Pappeln anpflanzen. Vom Ufer aus
nicht zu begehen, schwebt diese nun gleichsam
im Spiegelbild des Himmels, wie es jede ruhige
Wasserfläche von sich gibt, real gegenwärtig und
fiktiv entrückt zugleich. Dorthin bettete er 1778
die Gebeine Rousseaus, zuerst markiert durch
ein Urnengrab, ab 1781 durch einen von Hubert
Robert entworfenen Sarkophag (vgl. Kat. 478)
mit einem Relief der opfernden Verehrung der
Göttin Natur, vier Statuen von Künsten und
einem Kranz aus Eichenlaub (Bürger- oder
Tugendkrone nach römischer republikanischer
Überlieferung) um Rousseaus Wahlspruch: „Vi-
tam impendere vero" – Das Leben dem Wahren
weihen. Wie den zeitgenössischen Gästen Girar-
dins zu Lebzeiten Rousseaus die Pappelinsel zum
visionären Projektionspunkt wurde, wurde sie
nach dessen Tode vollends zum Wallfahrtsort:
Königin Marie-Antoinette und Prinzessin Lamballe, die revolutionäre Generation von Mirabeau über Robespierre, Chénier, Schiller, David
und Desmoulins, aber auch Franklin, Napoleon
und Josephine, Lamartine, Blücher und Victor
Hugo näherten sich ihr, zum Teil lange, nachdem
die Gebeine ins Pantheon übertragen worden
waren (1794; vgl. Kat. 66, 331) und sie 1815 von
dort geraubt und an bis heute unbekannter Stelle
mit denen Voltaires verscharrt worden sind. G. S.

JEAN HUBER
(anonyme Wiederholung)

**65 Mienenspiel Voltaires
in fünfunddreißig Variationen**

um 1770
Radierung; 540 × 395 mm
Zürich, Graphische Sammlung der Eidgenössi-
schen Technischen Hochschule

Lit.: Kat. Paris 1979 I, Nr. 474

Nicht die statische Struktur der Physiognomiker
von Lebrun bis Lavater war hier gefragt, sondern
der Wechsel des Ausdrucks. Der Philosoph von
Ferney und sein Hausgenosse aus Genf waren
sich einig, sich auf keine ontologische Bestimmung einzulassen. Dennoch hat sich Voltaire
über seinen Zeichner beklagt, er habe ihn auf der
ganzen Welt lächerlich gemacht – ein Preis, der
ihm für die Vermeidung einer Festlegung nicht zu
hoch war; sonst hätte er ihn nicht jahrzehntelang
in seiner Nähe geduldet. Die Tages- und Nachtmützen sprechen für häuslichen Umgang, die
nicht immer freiwillige Komik in der Wirkung
spricht für selbstkritische Intimität. Der Denker
wie der Zeichner folgten dem Grundsatz Fontenelles: „Es gibt unendlich viele Gesichtspunkte
des menschlichen Denkens, und die Natur selbst

ist auch Unendlich" (Entretiens sur la pluralité
des mondes, 1686). Dieser Grundsatz leitete noch
d'Alembert und Diderot, Rousseau nicht mehr.
So ist das mimische Rollenspektakel mit hilfrei-
chen Beschriftungen, etwa „Trissotin", „Alvares"
und „Narbas", Ausdruck derselben diskursiven
Beredsamkeit, die Voltaires Besucher bewunder-
ten. Neben den Charakteren aus Molières „Femmes savantes" und Voltaires „Alzire ou les Amé-
ricaines" und „Merope" finden sich aber auch
Angaben wie „sorgenvoll", „unbeschwert", „Vo-
gelgesicht", „Madonnengesicht", „Samtpfote"
und „Wahrhaftigkeit".
G. S.

64

JEAN MASSARD

**66 Triumphwagen zur Überführung
der Gebeine Voltaires**

1791
Radierung; 189 × 400 mm
Genf, Musée Voltaire

Ohne die Segnungen der Kirche, in der er getauft
war, verstarb Voltaire 1778 in Paris; seine Gebeine
wurden in der säkularisierten Abtei Scellières
unweit von Troyes bestattet. Dort ruhten sie, bis
sie ihre feierliche Erhebung erfuhren: Am 11. Juli
1791 gelangten sie ins Pantheon, noch rechtzeitig
vor der zweijährigen Wiederkehr des Sturms auf
die Bastille (Kat. 284). Die Überführung im
Katafalk mit Viktoria und Todesgenien, gezogen
von drei Quadrigen mit bekränzten Pferdefüh-

65

rern bildet den späteren „Kult der Vernunft"
(1793/94) vor, stilistisch beherrscht vom Klassizismus des Jacques-Louis David und inhaltlich
getragen von altrömischen Pathosformeln aus
den Schriften von Cicero, Livius und Plutarch.
Auch jetzt fehlte jede Beteiligung der katholischen Geistlichkeit. Die inschriftliche Widmung
gilt den Manen des Voltaire; die Nationalversammlung hat am 30. Mai 1791 beschlossen, ihm
die Ehre der „Großen Männer" zu erweisen; als
Dichter, Historiker und Philosoph habe er den
menschlichen Geist gemehrt und ihm eröffnet, er
habe frei zu sein. Auf seinem Sarkophag steht
gemeißelt: Er bekämpfte die Gottlosen und die
Fanatiker, er belebte den Geist der Toleranz, und
er beanspruchte die Menschenrechte gegenüber
der Knechtschaft des Feudalismus. Zuviel der
Ehre für einen Atheisten? Ja, wenn Voltaire einer
gewesen wäre! Aber er bekämpfte die Infamie der
„Athées" unter den vorgeblichen Dienern Gottes. Ohne Deist oder Pantheist zu sein, verehrte
er das Höchste Wesen in stoischer Offenheit; von
Malebranche übernahm er Catos Bekenntnis, wie
es ihm Lukan in den Mund legt: „Jupiter est
quodcumque vides, quocumque moveris" – Jupiter ist alles, was du siehst, wohin auch immer du
kommst. Dies ist auch das Bild, das Houdon von
Voltaire der Nachwelt hinterließ (Kat. 30),
schrieb doch Voltaire selbst im Anschluß an
dieses Lukan-Zitat: „Elender Sterblicher, ich, der
ich meine eigene Verstandesfähigkeit nicht auslo-
ten kann, der ich nicht wissen kann, was mich
beseelt, wie soll ich je die unaussprechliche
Verstandeskraft erkennen, die sichtbar der
gesamten Materie vorsteht?" (Der unwissende
Philosoph, 1766, 17. Frage).
G. S.

66

JEAN HUBER   (Farbtafel 8)

67 Voltaires Lever

um 1770
Öl/Leinwand; 37 × 31 cm
Paris, Musée Carnavalet

Huber war der künstlerische Herold Voltaires (vgl. Kat. 65). Sein Bild vom Denker von Ferney bei Genf hat über Houdon bis heute die Vorstellung nicht nur von dem Individuum des Dargestellten bestimmt, sondern vom Denker der Aufklärung schlechthin; selbst Hagemanns Kant-Büste (Kat. 34) zehrt noch von dieser Substanz. Der Schlüsselbegriff ist „Karikatur". Die Züge leben aus ihrer Übertreibung. Das ist nun seit der Carracci-Schule in Bologna (um 1600) künstlerische Praxis, nicht zuletzt auch im Porträtfach. Aber wenn zu Berninis Zeit die „Caricatura" (von ital. caricare = belasten [sc. einer Linie]) in ihrer komischen Ausprägung gewissermaßen das chimärische Gegenstück zur barocken Potenzierung von Würdeformeln ist, dann läßt sich um 1700 eine eigentümliche Konvergenz beobachten: Die komischen Züge dringen in das Bildnis selbst ein. Dies war der Preis, um den ein höherer Grad des Wirklichen und Wahrscheinlichen erreicht werden konnte. Im übrigen erging sich der offizielle Bildnisstil des ganzen 18. Jahrhunderts noch in gefälligen und sublimierten Würdeformeln; aber offenbar wollte Voltaire davon nichts wissen, auch wenn er sich über Hubers Karikatur zu beklagen schien (Kat. 65): Er bejahte das komische Genre auch in der Zeichnung als Weg in die Wirklichkeit; als Theaterschriftsteller wußte er, wovon er sprach. So ist die lächerliche Humilitas eines Greises, dem noch alle Unordnung der Übernachtung anhaftet, ein Bekenntnis zur Welt und ihrer Darstellbarkeit. Und je lächerlicher die Umstände sind, desto klarer tritt die Tugend der Aufgeräumtheit des Greises hervor. Gäste in Ferney rühmten Voltaires geistige Präsenz und treffenden Sarkasmus selbst auf dessen Krankenlager. Und der Gastgeber ließ seine Gäste in einer für heutige Verhältnisse erstaunlichen Weise nahe an sich herankommen, aber das war im adeligen Landleben der Neuzeit üblich. So ist das Lever nicht nur Verhöhnung eines Staatsaktes aus der Zeit Ludwigs XVI., sondern auch – wenngleich selten dargestellte – Praxis zwischenmenschlicher Etikette.   G. S.

67

ANONYM

68 Bildnis Mary Wollstonecraft

1791
Öl/Leinwand; 76 × 63 cm
Liverpool, Walker Art Gallery, Inv. 1541

Die 1792 erschienene „Vindication of the Rights of Woman" von Mary Wollstonecraft (1759–1797) ist die Gründungsurkunde der Frauenemanzipation. Ein Jahr später erschien die „Enquiry Concerning Political Justice and it's Influence on General Virtue and Happiness" von William Godwin (1756–1836), mit dem sie verheiratet war (1796): Sie starb im Kindbett ihrer gleichnamigen Tochter, die später Shelley heiratete. Wir befinden uns im nonkonformistischen literarischen Milieu Englands (vgl. Kat. 45, 47), dem auch William Blake angehörte. Spätestens

68

seit der amerikanischen Revolution artikulierte sich in ihm die antimonarchische Opposition im Mutterland. So fiel auch die Beurteilung der Französischen Revolution positiv aus, zuerst in Godwins Buch, dann (1795) in einem Rückblick von ihr: „Die Französische Revolution ist ein Schauspiel, das einen eindrucksvollen Kontrast zwischen engen abergläubischen Vorstellungen und aufgeklärten Gedanken kraftvoller, fortgeschrittener Philosophie bietet . . . Betrachten wir nun diese Ereignisse mit kühler Zurückhaltung, so werden wir – wenn es auch schwierig ist, unter dem Druck der unheilvollen, von verzweifelten, erbitterten politischen Gruppen verübten Schreckenstaten unvoreingenommen zu bleiben – durchweg bemerken, daß hier die unverdorbenen Massen des französischen Volkes anfangen, den Sinn für Freiheit zu gewinnen" („An Historical and Moral View of the Origin and Progress of the French Revolution and the Effect it has produced in Europe").   G. S.

69

MAURICE-QUENTIN DE LATOUR   (Farbtafel 3)

69 Bildnis Mademoiselle Ferrand

um 1753
Pastell; 73 × 60 cm
München, Bayerische Staatsgemäldesammlungen, Alte Pinakothek, Inv. HuW 6

Die Dame aus der großen Adelsfamilie Ferrand läßt sich nicht mehr mit Sicherheit identifizieren; bekannt von ihr ist eigentlich nur noch, daß sie etwa gleichzeitig mit diesem Bildnis Etienne Bonnot de Condillac (1714–1780) angeregt hat, das Statuengleichnis des Pygmalion in seinen „Traité des sensations" (1754) einzuführen (Schabert 1969, S. 78). Auf unserem Bildnis scheint sie über Newton zu meditieren; ihr Négligé verweist auf eine häusliche Atmosphäre, was in einem Bildnis programmatischen Charakter hat: Sie empfängt den Betrachter wie einen Besucher. Die Atmosphäre des Salons ist damit angedeutet. Der Rationalismus muß nicht überraschen. Bereits 1737 erschien in Neapel Francesco Algarottis „Il Neutonianismo per le dame" und 1738 Voltaires „Eléments de la philosophie de Newton" in Paris. Nichts spricht dagegen, daß Mademoiselle Ferrand bereits damit aufgewachsen ist. In der Tat handelt es sich um den endgültigen Sieg des kopernikanischen Weltbildes in seiner mechanistischen Ausprägung durch Newton: daß ein Damensalon dafür ein geeigneterer Schauplatz ist als eine Hochschule, ist französische Tradition. Der Salon als Institution hatte sich bereits vom Beginn der Ausbreitung des Jansenismus an (1620er Jahre) als zukunftsweisender erwiesen als die Sorbonne, das Jesuitenkolleg und das Parlament. Die Versuche von Kurie und Hof, über die öffentlichen Institute eine geistige Auseinandersetzung zu unterbinden, waren damals schon an den Salons gescheitert. Wenn sich Vorgänge dieser Art im Zeitalter der Aufklärung wiederholten, so sollte darüber der institutionelle Aspekt auch dann nicht vergessen werden, wenn es sich jetzt statt um theologische Fragen um philosophische und politische handelt und an d'Alemberts Akademie das kopernikanische Weltbild eine Selbstverständlichkeit war. Es hat aber auch nicht an Gegenstimmen gefehlt – aus den Reihen der Aufklärer selbst: Rousseau lehnte in seinem „Emile" die Gelehrsamkeit für Frauen ab (vgl. Kat. 48).   G. S.

70

71

ANTON GRAFF (Farbtafel 4)

70 Bildnis Henriette Herz

1792
Öl/Leinwand; 80 × 63 cm
Berlin (DDR), Staatliche Museen zu Berlin,
Nationalgalerie, Inv. A I 433

Lit.: Kat. Berlin 1963, Nr. 49

Anton Graff, sonst in Dresden wohnhaft, ist auf
Einladung von Chodowiecki nach Berlin gekommen. Hier hat er unter anderem die Frau porträtiert, die von ihrem Salon später sagen konnte:
„Ich glaube nicht zu viel zu behaupten, wenn ich
sage, daß es damals in Berlin keinen Mann und
keine Frau gab, die sich später irgendwie auszeichneten, welche nicht längere oder kürzere
Zeit, je nachdem es ihre Lebensstellung erlaubte,
diesen Kreisen angehört hätten" (vgl. Kat. 39).
Selbst Agenten wie Mirabeau (Kat. 75) waren
darunter. Das Jahr 1792 sah für die preußischen
Juden die „Deklaration des General-Juden-Privi-
legs" von Friedrich Wilhelm II., den entschei-
dendsten rechtlichen Schritt in der Assimila-
tion des deutschen Judentums: Der Erwerb von
Grundstücken und Ämtern unterlag noch
Beschränkungen, aber alle Berufe standen frei,
alle Verträge und Rechnungen untereinander und
mit nichtjüdischen Untertanen sind „in der
deutschen allgemein verständlichen Sprache und
Schrift" abzufassen und: „An solchen Orten, wo
die Eltern keine Gelegenheit oder Vermögen
haben, ihren Kindern durch Lehrer von ihrer
Religion nützliche Kenntnisse beibringen zu lassen, sollen sie ihre Kinder dazu in christliche
Schulen zu schicken befugt, und diese Schulen
dieselben zur Unterweisung anzunehmen gehalten sein". G.S.

PHILIPPE CARESME

**71 Allegorie auf Glucks
„Iphigenie auf Tauris"**

1779
Feder in braun, mit schwarzer Tusche laviert,
Linien schwarz gezogen; 367 × 294 mm
Rotterdam, Museum Boymans-van Beuningen,
Prentenkabinet, Inv. F. I. 198

Lit.: Kat. Amsterdam 1974, Nr. 20

Christoph Willibald Ritter von Gluck
(1714–1787) hat die Oper revolutioniert. In seiner

1769 erschienenen Widmung der „Alceste" an das
österreichische Kaiserpaar schrieb er dazu: „Ich
gedachte, die Musik auf ihren wahren Beruf zu
beschränken, der Poesie bei dem Ausdrucke und
bei den Situationen der Fabel zu dienen, ohne
daß die Handlung unterbrochen oder durch
unnütze Verzierungen erkaltet und, ich
glaube, sie müßte das tun, was die Lebhaftigkeit
der Farben und der wohlberechnete Gegensatz
von Licht und Schatten, welche dazu dienen, die
Gestalt zu beleben, ohne deren Umriß zu entstel-
len, zu einer korrekten und wohlgeordneten
Zeichnung tut." Ein erfolgreicher Komponist
mit solchen Grundsätzen mußte in Paris Trium-
phe feiern; nicht einmal während der Revolu-
tionsfeiern waren sie vergessen (Kat. 326 und
Kat. Paris 1989, Nr. 224). Gluck hielt sich 1773
bis 1780 in Paris auf; mit seiner „Iphigenie in
Aulis" (1774) begann sein Ruhm – mit seiner
„Iphigenie auf Tauris" (1779) war sein Höhe-
punkt überschritten. Aber die Stichvorlage von
Caresme, die den Komponisten mit Muse und
Altar (für Apollo) mit Lyra und strahlender
Helios-Maske im apsisartigen Oval eines Musik-
zimmers zeigt, läßt noch die Begeisterung des
Publikums ahnen, das in seinen Opern zum
ersten Male die klassizistischen Grundsätze von
Malerei und Drama in der Musik verwirklicht
sah. Sogar Rousseau, sonst kaum auf der Seite
der Enthusiasten anzutreffen, fand seine stille
Erwartung erfüllt: „die Musik in ihrem wahren
Beruf, der Poesie bei dem Ausdrucke und bei den
Situationen der Fabel zu dienen". G. S.

FRANZ ANTON MAULBERTSCH

72 Das Bild der Duldung

1785
Radierung; 485 × 530 mm
HK, Kupferstichkabinett, Inv. 25309

Lit.: Garas 1960, Nr. 330; Kat. Langenargen 1984,
Nr. 15

In keiner Allegorie verdichtet sich die Vorstellung
vom Josephinismus so anschaulich, wie in dem
„Bild der Duldung" von Maulbertsch. Josef II.
(1741–1790) erließ 1781 das erste Toleranzedikt
der Donaumonarchie. Seit 1765 zum deutschen

Kaiser gekrönt, hatte er erst 1780 die Macht dazu,
als seine Mutter Maria Theresia ihre Kronen
(Österreich, Böhmen und Ungarn) an ihn vererb-
te; noch 1773 erstickte sie eine böhmische Erhebung von lutherischen Bauern auch konfessio-
nell – unter Protest ihres Sohnes. Das war nun –
1785 – nach Maulbertsch zu Ende: Zu Füßen der
„Wahrheit der Religion" sitzt als geflügelter
Genius mit Lyra die „Duldung" (Toleranz) und
sieht uns an. Zu ihren Klängen „führet ein ewiger
Schutzgeist die Göttin der Aufklärung zum
Throne des Lichts", so sagt die Inschrift und fährt
fort: „Ihr Gefolge sind die Tugenden aller Arten.
Entfernte Völkerschaften betrachten und bewundern die Wirkungen des Ganzen und dieser werk-
tätig allumfassenden Wohltat." Links füllt „Der
Gehorsam" ein Sieb mit Weizen; Mars sitzt auf
einem Relief mit Schafen. Rechts wird ein „Weib,
welches faunische Auftritte träumt" von „in der
Normallehre unterrichteten Kindern" geweckt.
Zur Rechten der „Wahrheit der Religion" sitzt
„das Gesetz in Gestalt eines Greisen"; über dessen Haupte „brennt die Flamme der Vernunft" als

72

„Schutzgeist". Die geistlichen und weltlichen Würdenträger an ihrem Thron sind durch das Band der Liebe geeint. „Zwietracht und Nacht flattern um sie herum, und eine unwiderstehliche Macht vereitelt ihre Angriffe". Das Ganze wird uns – Zeitgenossen wie Nachgeborenen – durch Chronos („Die Zeit") enthüllt, der den Vorhang hebt. G. S.

FRANZ ANTON MAULBERTSCH (Farbtafel 6)

73 Allegorie des Lichtes und der Wahrheit

um 1750
Öl/Leinwand; 67 × 53 cm
Köln, Wallraf-Richartz-Museum, Inv. 2521

Lit.: Garas 1960, Nr. 23

Diese Allegorie läßt sich auch als Allegorie der Morgendämmerung (Aurora) deuten, in jedem Falle bereitet sie inhaltlich die zwanzig bis dreißig Jahre späteren Allegorien Maulbertschs auf Joseph II. vor (Kat. Nr. 72 und 77). Die Mächte der Finsternis stürzen vor denen des Lichts davon, Phöbus Apoll und Hermes kommen der Morgenröte vor dem Andringen der Verstellung und des Lasters zu Hilfe. Die Brüchigkeit von Farbe und Zeichnung hat italienische Wurzeln; zwei bis drei Generationen, die um 1700 unter dem Eindruck der „Krise des europäischen Geistes" (Paul Hazard) stehen, haben diese Bildsprache erarbeitet (vgl. Benesch 1924, passim).

Ihnen gemeinsam ist die Verweigerung einer festen Form, wie sie die französische Akademie darbot, und einer natürlichen Ausdrucksweise, wie sie sich von Holland ausbreitete. Gerade die im gegenreformatorischen Raum obligate Konventionalität der humanistischen Bildersprache mit ihren Allegorien und mythologischen Gestalten hat eine Brüchigkeit in der Form und Künstlichkeit in der Farbgebung hervorgerufen, um das Zeitgemäße dieser Epoche zu retten. Über Tiepolo führt denn auch ein direkter Weg von dieser Bewegung zu Goya. G. S.

73

DANIEL CHODOWIECKI

74 Aufklärung, Toleranz und „Kaiser Leopolds sanfte Wiedereroberung seiner belgischen Staaten"

1791
aus: „Sechs grosse Begebenheiten des vorletzten Decenniums"
Radierungen; 87–89 × 51 mm
HK, Kupferstichkabinett, Inv. 1988/267 a-c

Lit.: E. 661^{II}; Bauer 1521–1523; Wormsbächer 1988, S. 157

Der allegorische Sinn der Zeit um 1800 nahm nicht nur Zeichen figuralen Inhalts wahr, wie es die humanistische Konvention des 16. und

17. Jahrhunderts vorschrieb, und nicht nur szenische Konfigurationen, wie sie seit Beginn des 18. Jahrhunderts bereits mit einer geradezu genrehaften Unverbindlichkeit möglich waren, sondern auch landschaftlich-atmosphärische. So ist es die Empfindung, die eine Landschaft auslöst, in der die Sonne aufgeht, die in dem Betrachter die Vorstellung von „Aufklärung" erregt.

Die „Toleranz" nimmt in ihrer Strahlenglorie atmosphärisch wie kompositorisch die Stellung Christi in Rembrandts Hundertguldenblatt ein, nur unendlich einfacher und hieratischer konzipiert; sie teilt nicht ebenbürtig den gleichen Bildraum mit ihren Schutzbefohlenen, sondern überragt sie um Körperlänge wie eine verklärte Göttin, hier mit Zügen der Minerva (Athene) mit Lanze, der Christ und Muselmann, Protestant und Katholik, Freidenker und Ordensbruder in gleich untertäniger Weise zugeordnet sind.

Leopold II. (1765–1791) übernahm mit dem Tode seines Bruders Joseph II. (1790) das schwere Erbe des unvollendeten – um nicht zu sagen, gescheiterten – Josephinismus zu einem Zeitpunkt, als die Französische Revolution in die belgischen Provinzen der habsburgischen Erblande übergriff und Preußen mit den Seemächten Holland und England eine zweideutige bis drohende Haltung einnahm; nach Befriedung des Ostens (Rußland) auf Kosten Polens und Schwenkung Preußens und der Seemächte gegen die Franzosen hatte Leopold II. in Belgien freie Hand. Die Wiedereroberung verlief fast völlig unblutig. Wie in der Erwerbungsallegorie Galiziens (Kat. 77) wird die darniederliegende Provinz aufopfernd erhoben (Pelikan-Motiv); unter dem Szepter des diademgeschmückten jugendlichen Herrschers in antikem Gewand weckt ein Löwe die Ohnmächtige sanft wie ein Hund. G. S.

74

Nicolai Abildgaard

75 Mirabeau und Friedrich II.

um 1788/92
Feder, Tusche, Bleistift laviert; 125 × 159 mm
Kopenhagen, Den kongelige Kobberstiksamling,
Statens Museum for Kunst, Inv. 538.25

Lit.: Kat. Kopenhagen 1978, Nr. 39; Sass 1986, S. 148;
Kat. Paris 1989, Nr. 850

Wüßte man nicht, daß Mirabeau im Winter
1786/87 und Abildgaard im Winter 1787/88 in
Berlin waren, als man sich noch lebhaft an
Mirabeau erinnerte (Kat. 39, 51, 70), und daß auf
der Rückseite des Blattes eine Skizze zur Kopenhagener „Freiheitssäule" von 1792 existiert (Kat.
369), dann fehlte jeder zeitliche Anhaltspunkt.
Denn die „Menschenrechte", auf die der absolu-
tistische Monarch und der französische Revolutionär gemeinsam schwören, können Voltaires
Schrift von 1786, aber auch die Grundrechte der
französischen Verfassung von 1791 sein. In der
allegorischen Waldszene vereint sich das verklärte Bild des 1786 verstorbenen absolutistischen Herrschers mit dem des Volkstribunen, der
1791 als Präsident der Nationalversammlung auf
der Höhe seines Ruhmes und seiner Wirksamkeit
starb und als erster im Pantheon beigesetzt wurde. In jedem Falle gehört dieses Blatt in die
Epoche der Rechtsreformen Preußens (Kat. 36,
39, 51) und Dänemarks (Kat. 53, 369) zwischen
1788 und 1792. In Preußen vollendet sich das
„Allgemeine Landrecht", das 1794, wenn auch
zögerlich, in Kraft tritt, und in Dänemark ist die
Manipulation der längst erfolgten Aufhebung der
Leibeigenschaft seit 1788 verboten und ab 1792
die Sklaverei: Als erste Kolonialmacht (Karibik
und Westafrika) verstand sich Dänemark vor
allen anderen dazu; in der Praxis aber setzten sich
in Dänemark wie in Preußen die neuen Rechte
erst in den 1830er Jahren endgültig durch. Die
Ideen aber hängen aufs engste mit der französi-

schen und englischen Aufklärung zusammen und
haben sich – spätestens ab 1791 – mit der Person
Mirabeaus verknüpft, der zur Zeit des Aufstandes
von Santo Domingo zu den „Amis des Noirs"
zählte (Kat. 122).   G. S.

Anonym

76 Katharina II.

Öl/Leinwand; 85,5 × 68 cm
Wien, Kunsthistorisches Museum, Inv. 7131
(Innsbruck, Schloß Ambras)

Lit.: Kat. Wien 1976, Nr. 157

Sophie Auguste von Anhalt-Zerbst (geb. 1729)
ging als russische Kaiserin in die europäische
Geschichte ein (1762–1796): Katharina die
Große war neben Peter dem Großen die bedeutendste Reformatorin des Reiches, das sie durch
Expeditionen und Besiedlungen erschloß und
politisch wie militärisch zu einer Großmacht
machte. Sie schuf eine einheitliche Verfassung
und rief Einrichtungen von internationaler
Bedeutung ins Leben, vor allem auf naturwissen-
schaftlichen, sprachlichen, juristischen und ökonomischen Gebieten. Hierfür stand sie auch mit
Voltaire und den Enzyklopädisten in brieflichem
Verkehr; nach dem Tode Diderots erwarb sie
dessen Bibliothek. Über den französischen
Gesandten an ihrem Hofe, Baron Grimm, hielt
sie sich auf dem laufenden: Kein wissenschaftlicher oder literarischer Fortschritt entging ihr. Die
grundlegenden Erwerbungen der Ermitage sind
ihr Werk; in Charles De Wailly (1729–1798)
versuchte sie den Erbauer der Kasseler Galerie
(vgl. Kat. 182) an sich zu ziehen. Entsprechend
enttäuscht reagierte die westeuropäische Öffentlichkeit auf ihr pragmatisches Verhalten während
der Französischen Revolution, denn ihre Faszination auf die Aufklärer innerhalb und außer-

76

halb Frankreichs ließ sich nur mit der Friedrichs
II. vergleichen (Kat. 75). Forster schrieb am
5. Juni 1792 in einem Brief: „In Schweden ist die
Kaiserin aristokratisch, in Polen demokratisch,
in Frankreich monarchisch. Welch Widerspruch,
oder vielmehr welche unverschämte politische
Konvenienz, die alles, was Grundsatz heißt, mit
Füßen tritt!" Er bezieht sich dabei auf die dynastischen Interessen in Schweden, auf die polnischen Teilungen (Kat. 78) und auf die Vertreibung
aller revolutionär gesonnenen Russen und Ausländer aus ihrem Reich; er übersah, daß sie
zuließ, daß die preußisch-österreichische Koalitionsarmee an den französischen Revolutionären
scheiterte.   G. S.

75

Franz Anton Maulbertsch

77 Glorifikation Kaiser Josephs II.

1777
Öl/Leinwand; 79 × 59 cm
Wien, Österreichische Galerie – Barockmuseum,
Inv. 2478

Lit.: Garas 1960, Nr. 295; Kruszynski 1987, passim

Der Anlaß des Bildes ist nicht bekannt, aber das
Zeitmilieu am Wiener Hof: 1777 kam Joseph II.,
seit seiner Krönung 1765 vielgereister Regent an
der Seite seiner Mutter Maria Theresia (bis 1780),
aus dem Paris Franklins zurück (Kat. 52–54);
nicht nur seine Ungeduld in der Erwartung der
endgültigen Herrschaft war gewachsen, sondern
auch die des Hofes und der Öffentlichkeit in der
Donaumonarchie. Das eigentliche Zeitalter des
Josephinismus war noch nicht angebrochen (Kat.
72, 74), aber Joseph II. ließ schon Spuren zurück;
das Bild bezieht sich darauf: Die Jahreszahl
„1769" am Pflug erinnert an eine landesväterli-
che Geste während einer Hungersnot in Mähren
(er griff höchstselbst zum Pflug), die Jahreszahl
„1772" bezieht sich auf die sogenannte Erste
Polnische Teilung (Kat. 78), als er – gegen den
Widerstand seiner Mutter – Galizien erwarb. Die
Erweiterung wird als Wohltat geschildert; das
darniederliegende Land wird durch die Allegorie
der „Freigebigkeit" mit Reichtümern überschüttet. Hinter dem jungen Herrscher in römischer
Tracht steht die „Erkenntnis" (Fackel) in Sinn-
einheit mit „Gerechtigkeit" (Krone; Cesare Ripa
nach Aulus Gellius), kurz, die Allegorie der
Tugend eines absoluten aufgeklärten Herrschers
schlechthin. Was nicht zu sehen ist, daß während
der Regentschaft und geteilten Gewalt noch die
Theresianische Halsgerichtsordnung (Kat. 93)
erschien, Joseph aber 1775 – als letztes Land in
Mitteleuropa – die Folter abschaffen konnte.

G. S.

78

THE TROELFTH | LE GÂTEAU
CAKE. | DES ROIS.

77

Noel Lemire

78 Flugblatt auf die Teilung Polens
(Der Königskuchen)

1772
Kupferstich; 263 × 170 mm
HK, Kupferstichkabinett, Inv. 1988/9

Lit.: Donnert 1983, S. 32

Unter den Schwingen der eine Doppeltuba bla-
senden Fama teilen sich Katharina II. (Kat. 76),
Joseph II. (Kat. 77) und Friedrich II. (Kat. 75) das
Königreich Polen untereinander so auf, daß der
letzte polnische König, Stanislaus II. August (bis
1794) sich verzweifelt vom Tisch erhebt und seine
Krone vom Kopf reißt: Er hat ein Drittel seines
Gebietes und die Hälfte der Bevölkerung verloren. Drei aufgeklärte Herrscher plündern einen
vierten. Voran gingen die üblichen Mechanismen
absolutistischer Kabinettspolitik im Verein mit
militärischen Aktionen; eine polnische Besonderheit war der russische Einfluß auf ein all-
mächtiges Landesparlament ohne Fähigkeit zum
einheitlichen Handeln. Der entmachtete Herrscher also ließ selbst in seinem parlamentarischen Widerpart ein Vakuum zurück. Alle nicht
beteiligten Mächte sahen ohnmächtig oder
befremdet zu: Die Pforte, Stockholm, Kopenhagen, London und Hannover, Den Haag und Paris,
ganz zu schweigen von der Kurie, die mit der
Aufhebung des Jesuitenordens (1773) hier am
meisten verlor – den Einfluß auf Seelen und
Einkünfte. Selbst der Verlierer, Stanislaus II.
August, sanierte sich auf ihre Kosten. Er bildete
1773 eine Edukationskommission, das erste
Unterrichtsministerium in Europa ohne geistliche Lenkung.

G. S.

I.3 Das Erwachen aus der Unmündigkeit
Kat. 79–124

107

Der Mensch ist frei geboren, und überall liegt er in Ketten. Einer hält sich für den Herrn des anderen und bleibt doch mehr Sklave als sie. Wie ist dieser Wandel zustande gekommen? Ich weiß es nicht. Was kann ihm Rechtmäßigkeit verleihen? Diese Frage glaube ich beantworten zu können.
(Jean-Jacques Rousseau, Du Contrat social, 1762)

105

I.3 Das Erwachen aus der Unmündigkeit

79

80

ROMEYN DE HOOGHE

79 Van der Kerken Tweedracht
(Über die kirchliche Zwietracht)

Tf. 42 aus: Hieroglyphica of Merkbeelden der
oude volkeren, Amsterdam 1735
Kupferstich; 183 × 142 mm
HK, Kupferstichkabinett, Inv. 1988/270

Lit.: Hollstein 673–736; Landwehr 1970, Nr. 108

Hooghes Stich ist eine emblematische Zusammenfassung von religiösen Vorstellungen und
Symbolen des Irrglaubens aus reformatorischer
Sicht, die durch eine weitschweifige historisch-
kritische Abhandlung kommentiert wird. Haupt-
thema ist die Bilder- und Heiligenverehrung, die
vom reformierten Standpunkt aus das biblische
Gottesbild und die „einfache Lehre der Seelig-
keit" verdunkelt.

Die sich bekämpfenden Hammel verkörpern
die frühe christliche „Kirche Palästinas" (B), die
siegreiche römische (C) und die unterliegende
griechische Kirche (D). Ihr Kampf versinnbildlicht die „kirchliche Zwietracht" (A). Den Bilder-
dienst repräsentiert eine Marienfigur (E), die von
Personifikationen antiker Anbetungsweisen (F,
G, H) umgeben ist. Auf der gegenüberliegenden
Seite wird der Bildersturm mit der Zerschlagung
des Goldenen Kalbs durch Mose (I) versinnbildlicht, während dahinter die Zerstörung eines
heidnischen Gottesbildes zu sehen ist. Die Zentralfigur des feisten Mönchs (L) ist mit allen
Insignien einer ins Absonderliche gezogenen
Ordensfrömmigkeit befrachtet. Auf einem Blase-
balg stehend – daneben Pilgerstab und Bettelkorb
–, behängt mit Medaillen, Münzen, Meßbuch,

Rosenkranz, Heiligenbild, Weihrauchgefäß („um
die Kirchen und Häuser von Geistern zu säu-
bern"), hält er eine gewaltige Kerze und einen
Weihwedel nebst einer Standarte mit Heiligenbil-
dern in den Händen. Diese steht auf einer gestürz-
ten Glocke, dem Symbol der Gottesfurcht, und
enthält um ein Schweißtuch der hl. Veronika
herum Heiligenbildchen für die verschiedensten
Krankheiten und Zwecke. Eine Personifikation
der Fastenzeit (M) und das Fegefeuer (N) schließen das „Musterbuch" abergläubischer Vorstellungen und Praktiken ab.

In der zergliedernden Distanz kommt die
Selbstgewißheit des reformatorischen Stand-
punkts in Verbindung mit Gedanken der frühen
Aufklärung zum Ausdruck, die heidnischen wie
„papistischen" Aberglauben in greifbaren Bildern zu erfassen meint.   J. E. H.

ANTOINE-FRANÇOIS SAINT-AUBERT

**80 L'Arrivée au Sabbat et l'Hommage
au Diable**
(Hexensabbat)

um 1750
Öl/Leinwand; 63 × 45 cm
Cambrai, Musée des Beaux-Arts, Inv. A.C. 131,
N.C. 106

Lit.: Kat. Paris 1963, Nr. 92

Das Bild verknüpft die Ikonographie der Höllen-
vision mit der des Hexensabbats. Der Teufel und
sein Gefolge bewachen als travestierte Götterver-
sammlung die unterweltliche Szene, die im Sinne
der „Verkehrten Welt" *(monde à rebours)* als
Parabel des Ancien Régime gedeutet werden
könnte. Auf dämonischen Drachen reiten zwei
Damen der Gesellschaft, wohl die maskierte

Führerin, die eine Kandidatin zur Schwarzen Messe geleitet. Sie findet in einer Nebenhöhle, in einer Art getäfelten Salon, statt. Eine Gesellschaft, offensichtlich von hohem Stand und von einem Harlekin animiert, erweist dort dem erhöhten Teufel, halb Ziegenbock, halb Mensch, den rituellen Kuß aufs Gesäß. Der Gesäß-Kuß verbindet nach alter Überzeugung die Hexen mit der wollüstigen Natur des Satans (Zacharias, 1970, S. 90).

An der Initiation und Schwarzen Messe sind hier die höheren Kreise des Ancien Régime beteiligt. Sind Hexenritt und Hexensabbat Metaphern für deren libidinöse Strebungen? Zur Zeit Ludwigs XIV. verlagert sich das Interesse am Satanskult auf die Angehörigen der Aristokratie, „die sich der Schwarzen Messe in ihrem Kampf um soziales und erotisches Prestige bedienen . . .“ (a. a. O., S. 119). Wichtigstes Beispiel ist der „Chambre ardente-Prozeß“ (1680), in dem wegen satanistischer Praktiken, in die auch Personen aus der nahen Umgebung des Königs verwickelt waren, sechsunddreißig Todesurteile gefällt wurden (a. a. O., S. 108–125). Gleichwohl ist fraglich, ob Saint-Aubert mit seinem Gemälde auf derartige Ereignisse rekurriert, oder nicht vielmehr die verbreitete Mode der schwarzen Künste – vor allem in Liebesdingen, aber auch zur Verhinderung unliebsamer Kinder – als grotesken Hexensabbat decouvriert.   J. E. H.

CREDULITY, SUPERSTITION, and FANATICISM.
A MEDLEY.

81

WILLIAM HOGARTH

81 Credulity, Superstition and Fanaticism
(Leichtgläubigkeit, Aberglaube und Fanatismus)

1762
bez.: Design'd and Engrav'd by Wm Hogarth.
Publish'd as the Act directs March ye 15th 1762
Radierung, Kupferstich; 437 × 330 mm
HK, Kupferstichkabinett, Inv. 21149

Lit.: Paulson 210; Kat. Hannover 1987, Nr. 46

Das Blatt ist eine satirische Attacke Hogarths gegen verschiedene Formen religiösen Irrglaubens. Das Durcheinander (*medley*) aus Leichtgläubigkeit, Aberglauben und Fanatismus, wovor der Betrachter mit Hinweis auf ein Bibelzitat über die „falschen Propheten“ gewarnt wird, vereint zahlreiche Sinnbilder und aktuelle Vorfälle von

Geister- und Hexenglauben, die Hogarth in den Kontext der marktschreierischen Religionsübung der Methodisten stellt.

Die turbulente Szene spielt in einem methodistischen Gemeindesaal. Der höchst erregte Prediger verdeutlicht seine „törichten“ – so die vor ihm aufgeschlagene Bibelstelle – Worte mit Hexen- und Teufelspuppen. Unter dem Talar wird sein Pulcinelle-Kostüm, unter der Perücke seine Tonsur-Kennzeichen des Papisten – sichtbar. Seiner „Lautstärkenskala“ entspricht das „Stimmungsthermometer“ der Gemeinde, das bis zu „Wahnsinn“ reichende Gemütsbewegungen anzeigt. Es steht auf einem Band der Predigten John Wesleys, dem Begründer des Methodismus (1740), und auf Joseph Glanvils im 18. Jahrhundert wieder aufgelegtem *Sadducismus Triumphatus* (1681), einer Verteidigung des Hexenglaubens. Hinweise auf den Aberglauben sind die Puppen an der Kanzel – berühmte Geristererscheinungen – wie die Idole eines 1762 erschienenen Klopfgeistes, die verschiedene Gemeindemitglieder in Händen halten. Der geflügelte, schielende Küster hinter dem Lesepult stellt wohl den bekannten Methodistenprediger Whitefield dar, aus dessen Texten zitiert wird. Der auf dem Boden liegenden Frau entschlüpfen gerade Kaninchen-Vierlinge – eine Anspielung auf Mary Toft, die 1726 mit der Behauptung, täglich Kaninchen zu gebären, Aufsehen erregt hatte. Der sich übergebende Schusterjunge neben ihr ist der *Boy of Bilston,* der vorgab verhext zu sein, und deshalb Nägel, Nadeln usw. zu erbrechen imstande sei. Auch der Leuchter ist Teil der spukhaften Anspielungen. Das Doppelgebilde von „Globus der Hölle“ und „Wüsten des Fegefeuers“ versetzt einen Betrachter in Angst und Schrecken, während durch das Fenster ein Mohammedaner erstaunt das merkwürdige Treiben der Gemeinde beobachtet.   J. E. H.

ANONYM

82 Das wahre Maß der Fußsohle Mariens

18. Jahrhundert
Kupferstich; Höhe 220 mm
München, Bayerisches Nationalmuseum,
Inv. K Z 173

Lit.: Hansmann 1966, Nr. 613

Der Besitz „wahrer“ Längen von Körperteilen und -spuren galt als heilbringend und abwehrend. Die volkstümliche Verwendung religiöser Materialien als Amulett fiel für die aufklärerische Wissenschaft in den Bereich der Magie, die als „materialistische, pragmatische, auf Vorteil und Wirkung im nächsten Bereich der Umwelt und des eigenen Ichs bedachte Verwendung und ‚Umsetzung‘ des Heiligen . . .“ (Hansmann 1966, S. 9) kritisiert wurde.   J. E. H.

83

ANONYM

83 Reliquiennachbildung der „Hand der Mutter Anna“

Wien, 18. Jahrhundert
Wachs; Länge 115 mm
München, Bayerisches Nationalmuseum,
Inv. K A 1991

Lit.: Hansmann 1966, Nr. 624

„Im abendländischen, christlichen Brauchtum entfaltete sich ein Kult um die Hand der Anna, der Mutter Mariens. Diese Reliquie – in Wien aufbewahrt – ist eine mumifizierte, langfingerige Hand, die vielfach in Wachs nachgebildet und als Heiltum in Haus, Kapelle oder Kirche aufbewahrt und verehrt wurde. Mit der Verehrung dieser Reliquie und deren Nachbildungen verband sich eine Hilfs- und Heilungserwartung, besonders in mütterlichen Anliegen, für die die heilige Mutter Anna ein besonderes Patronat hat.“ (Hansmann, 1966, S. 198)   J. E. H.

82

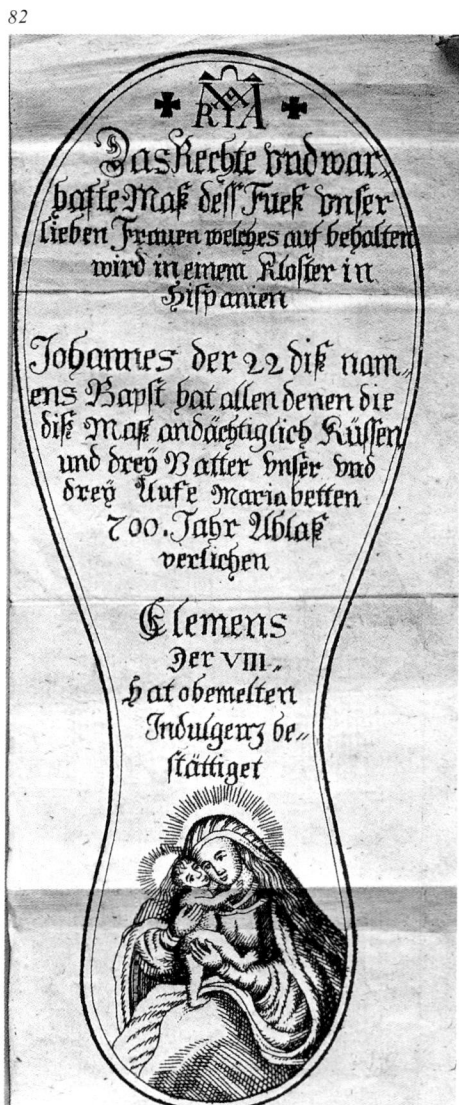

Le mesmerisme a tous les diables (1783.) Pu. 144 C.

84

84 Le mesmerisme à tous les diables
(Die Hölle des Mesmerismus)

um 1784
Radierung; 176 × 243 mm
HK, Kupferstichkabinett, Inv. 1988/246

Lit.: Holländer 1905, S. 266; Darnton 1983; Kat. Los
Angeles 1988, Nr. 6 (Variante)

Der deutsche Arzt Franz Anton Mesmer
(1733–1815) begründete die Lehre vom „tieri-
schen Magnetismus" (Mesmerismus), der auf der
Annahme einer das All durchdringenden, dem
Magnetismus ähnlichen Strömung beruhte. Mesmer glaubte, Krankheit sei eine Stauung der
magnetischen Ströme im Körper, deren Beseiti-
gung durch magnetisches Bestreichen bestimmter Körperteile des Patienten zur Heilung führe.
Seine Behandlung bestand in Auflegen der Hand,
Massage und Bestreichen mit einem eisernen
Stab oder der Benutzung einer aufwendigen
Apparatur, dem „magnetischen Baquet", einem
mit Wasser und Eisenfeilspänen gefüllten
geschlossenen Behälter. Mit diesem setzten sich
die Kranken teils durch direktes Anfassen der aus
dem Innern kommenden Stäbe, teils dadurch,
daß sie sich Seile um den Leib schlangen, in
Verbindung.
  1778–85 ließ sich Mesmer in Paris nieder, wo
er zunächst einige spektakuläre Erfolge erzielte.
Seine von Musikdarbietungen begleiteten Séan-
cen bildeten unterhaltsame Ereignisse der modischen Gesellschaft, die ihn ausgiebig unterstützte. Mesmer zählte Aristokraten wie La Fayette,
Gelehrte wie Court de Gébelin, dessen Tod während einer Behandlung allerdings Aufsehen
erregte, Radikale wie Marat und Mediziner wie
Charles Deslon zu seinen Anhängern. Die Praktiken des letzteren wie die Mesmers selbst wurden
1784 durch eine königliche Kommission promi-
nenter Ärzte und Wissenschaftler, der u. a. Bailly,
Guillotin, Lavoisier und Franklin angehörten,
untersucht. Sie bestritt die Existenz eines „magnetischen Fluidums" und führte Mesmers

Erfolge auf die Einbildung oder mimetische
Reaktionen seiner Patienten zurück. Das war
Mesmers Ruin. Zahlreiche Satiren in Wort und
Bild denunzierten ihn als Scharlatan und damit
zugleich die Sittenlosigkeit des Ancien Régime.
  Diese Radierung ist eine direkte Parodie des
promesmerischen Reklameblatts *Le Baquet de
Mesmer* (de Vinck 900). Hier nun verkehren sich
die okkulten Kräfte in ihr Gegenteil: in den
geöffneten Baquet werfen die wütenden Musikanten ihre Instrumente hinein, während die
Klienten die Apparatur demolieren. Mesmer
selbst wird vom Teufel geholt, den er vergebens zu
magnetisieren versucht und dabei sein Geld –
eine Subskription unter seinen Anhängern hatte
über 340 000 Livres für ihn erbracht – aus den
Taschen verliert. Andere Teufel sind dabei, seine
Parteigänger zu züchtigen: links Deslon im Arzt-
talar, der als Mesmerist aus der medizinischen
Fakultät der Pariser Universität gestrichen wurde,
rechts ein Mönch, wohl eine Anspielung auf
Hervier, Domprediger von Bordeaux, der die
Wunderwirkungen des Magnetismus von der
Kanzel herab verkündet hatte. Der geflügelte
Narr im Vordergrund, eine Travestie des Ruhms,
hat ein Buch Mesmers aufgeschlagen und macht
sich über den Glauben der Franzosen an Scharla-
tane lustig.   J. E. H.

**85 Le Doigt magique ou le Magnétisme
animal**
(Der magische Finger oder tierischer
Magnetismus)

um 1784
Radierung; 225 × 164 mm
Unterschrift: *Admirez du baudet la puissante
accolade / Sous son index enchanté / Se pâme une
jeune beauté / Elle était bien portante et la voilà
maladé*
(Bewundert die mächtige Umarmung des Esels /
unter seinem bezaubernden Zeigefinger / fällt

eine junge Schöne in Ohnmacht / sie war gesund
und da ist sie krank)
HK, Kupferstichkabinett, Inv. 1988/247

Lit.: Holländer 1905, S. 262 f.; Darnton 1983, S. 55;
Kat. Los Angeles 1988, Nr. 7 (Variante)

Die Karikatur auf Mesmer verwandte häufig ein
Motiv der „Verkehrten Welt": den Arzt als Esel.
Eselskopf und Löwenschwanz werden die gängigen Insignien für Dummheit und Gier in den
Satiren auf den Scharlatan; so auch bei diesem
Blatt, in dem Mesmer, der für seine elegante
Kleidung berühmt war, Perücke und Mantel
abgeworfen hat. Zudringlich nähert er sich mit
hypnotisierendem Finger und streichender Hand
einer jungen schönen Dame, die sich bereits in
willenloser Hingabe auf dem Sessel streckt.
  Welche Wunschvorstellungen der Mesmerist
stimuliert, zeigen die in der Luft schwebenden
Bilder: Katzen- und Hundepaare enthüllen sie
als erotische Annäherungs- und Verführungs-
phantasien. Der Vers der Unterschrift kehrt die
sexuelle Intimität der Behandlung hervor, die zu
einer Krankheit in doppeldeutigem Sinn führt:
nicht nur die Gesundheit, sondern auch die
„guten Sitten" stehen auf dem Spiel.
  Für die in der Satire weitverbreitete Umdeutung des „animalischen" in einen „sexuellen
Magnetismus" hatte auch die wissenschaftliche
Untersuchung von 1784 Stoff geliefert. „Ce sont
toujours des hommes qui magnétisent les femmes", lautete einer ihrer Sätze, mit denen sie die
leidenschaftlichen, bis zur Ohnmacht führenden
Affekte, die Mesmers Behandlung auslöste, zu
erklären versuchte (Hoffmann 1988, S. 197).
  Gleichwohl hatte auch die aufgeklärte Medizin begonnen, die Zusammenhänge zwischen der
„Seele" der Frau und ihren „besonderen" psychischen Erkrankungen aufzuhellen. Dabei bildete
Mesmer, dessen Klientel fast ausschließlich aus
Frauen bestand, und seine esoterische Heilme-
thode, die vor allem der Hysterie galt, eine
unliebsame Konkurrenz.
  Die Figur des unter der Eselsmaske verborgenen Scharlatans mag Goyas verwandte Darstellungen angeregt haben (vgl. Kat. 455).   J. E. H.

85

Francisco de Goya

86 Devota profesión
(Frommes Bekenntnis)

Cap. 70
1797–98
Radierung, Aquatinta; 210 × 166 mm
HK, Bibliothek, Sign. Ill. XIX. Goya 1856

Lit.: G-W 591; H. 105; Kat. Hamburg 1980/81, Nr. 40;
Kat. Boston 1989, Nr. 61

Die Szene zeigt einen dämonischen Initiationsritus: vor zwei Hexenmeistern legt ein Novize sein unheiliges Gelübde ab. Er reitet auf einem Satyr, der Personifikation der Lüsternheit. Seine Verehrung gilt dem „Meßbuch", das die beiden „Priester" mit Folterzangen halten. Ihre Mitren ähneln den *corozas*, den „Ketzerhüten" der Inquisition. Sie thronen auf einem Raubvogel mit Schlangenschwanz, dem Symbol der Häresie. Zwei Affengesichter bilden die Zuschauer.

Hofmann (Kat. Hamburg 1980/81) sieht in der Darstellung folgende den Klerus, den religiösen Kult und seine Kunstformen bloßstellende Bedeutungsinversionen: das Gelübde als Akt totaler Unterwerfung, die Geistlichkeit als Ketzer in Gestalt einer Spott-Trinität und die Ironisierung des pyramidalen Kompositionsschemas der Sakralkunst. In der Tat ist kaum zu unterscheiden, „ob [Goya] hier ketzerische religiöse Bräuche, welche die Kirche als Hexensabbat verdammte, treffen will, oder aber die Verzerrungen der offiziellen katholischen Liturgie selbst". (Held 1980, S. 54) Schon für radikale Aufklärer wie Jovellanos war der katholische Glaube in Spanien selbst zum Aberglauben geworden. Goyas Position war weniger radikal.

Im Kat. Boston wird die Kritik am Klerus, gestützt auf den Ayala-Kommentar, in das Zentrum des Blattes gerückt. Danach repräsentieren die „Ketzer-Bischöfe" die Geistlichkeit, die durch „Zwicken" (*atenaceando*) – eine Analogie

86

Devota profesion.

zum Gebrauch der Folterzangen in der Tortur – die heiligen Schriften in verdrehte Doktrinen verwandeln und damit die Glaubenswahrheit verdunkeln. Dies wurde durch das Verbot spanischer Bibelübersetzungen durch die Inquisition unterstützt. Die erste spanische Bibel erschien erst ab 1790.

Ausgangspunkt für Goya war jedoch die Vorzeichnung „Traum einer Hexennovizin" (G-W 592). Der Prado-Kommentar zu Cap. 70 unterstreicht den ursprünglichen Kontext. Sein Schwur enthält eine Reihe von Begriffen, deren umgangssprachliche Nebenbedeutungen auf betrügerische und obszöne Praktiken verweisen (vgl. Kat. Boston 1989). Damit steht wiederum Aberglauben bei Goya auch im Kontext eines schrankenlosen regressiven Sexualinstinkts.

J. E. H.

Francisco de Goya

87 A caza de dientes
(Auf Jagd nach Zähnen)

Cap. 12
1797–98
Radierung, Aquatinta; 215 × 150 mm
HK, Bibliothek, Sign. Ill. XIX. Goya 1856

Lit.: H. 47; G-W 474; Sayre 1974, Nr. 46–47

Eine junge, gutgekleidete Frau hat zur Nacht eine Mauer erstiegen, um den Zahn eines Gehenkten zu stehlen. Widerstrebend folgt sie den Geboten eines Aberglaubens, der seit dem späten Mittelalter zum Hexenglauben und besonders zu Praktiken des Liebeszaubers gehörte.

Seit den Schriften des Benediktinerpaters Benito Jerónimo Feijoo zählte der Kampf gegen den Aberglauben zu einem zentralen Motiv der spanischen Aufklärung. Auch der Kreis der *Ilustrados* um Goya widmete sich dem Thema. Dieser könnte das Thema des Liebeszaubers der Tragikomödie *Calisto y Melibea* entnommen haben (Helman 1963, S. 70), aber auch seiner Umwelt. So verursachte 1787 ein Zauberer namens Coxo, der Liebesgetränke verkaufte, große Aufregung in Madrid (Lea 1988, Bd. 3, S. 164).

Die Kommentare dieses *Caprichos* lassen die groteske Szene als Aberglauben des ungebildeten Volkes (*Lastima es que el vulgo crea tales desatinos* – „Es ist schade, daß das Volk solchen Unsinn glaubt", Prado-Kommentar) oder als Folge weiblicher Liebesverrücktheit erscheinen (*De que no es capaz una mujera enamorada!* – „Zu welchen Dingen eine verliebte Frau doch fähig ist!", Ayala-Kommentar).

Die distanzierende Verurteilung gibt sich zum einen aufklärerisch, zum anderen moralistisch. Als Erklärung streift sie nur die Oberfläche der Satire. Denn in den *Caprichos,* in denen Goya die Beziehung zwischen Mann und Frau als Leidenschaft par excellence thematisiert, erweisen sich Täuschung und Betrug bis hin zur Selbstvernichtung als Motor des Geschlechterverhältnisses. Es findet ein wechselseitiges Rauben und Beraubtwerden statt, der Unterdrückte wird zum Unterdrücker. Der Aberglaube ist eine Folie für den Ausbruch von Triebenergien. So erhält das makabre „Rendezvous" der Zähne-Jagd erotischen Charakter: durch die Lichtführung werden die erogenen Zonen der Frau hervorgehoben wie die auf jene zielenden Arme des Mannes, die in den Mund eindringenden Finger dienen dem umgekehrten Akt der Einverleibung. Für Paulson

A caza de dientes.

87

ist die Szene der Versuch, eine Krankheit mit ihren Symptomen zu heilen. Indem die Frau dem liebeszauberischen Aberglauben ausgeliefert ist und ihn gleichzeitig als Kontrollmittel über die menschliche Natur benutzt, spielt sie eine ähnlich ambivalente Rolle wie der Künstler Goya selber (Paulson 1983, S. 332). J. E. H.

Francisco de Goya

88 Lo que puede un Sastre!
(Was ein Schneider vermag!)

Cap. 52
Radierung, Aquatinta; 215 × 150 mm
HK, Bibliothek, Sign. Ill. XIX. Goya 1856

Lit.: G-W 555. Kat. Hamburg 1980/81, Nr. 45

Eine junge Frau betet inbrünstig einen Mummenschanz an: einen Baumstamm, der als Mönch verkleidet ist. Während sich ihr Kind vor der gespenstischen Erscheinung fürchtet, wird diese auch vom Volk im Hintergrund, von Alten und Frauen, verehrt.

Goyas Absicht ist die Verspottung des Aberglaubens und dessen Verbindung zu kirchlichen Glaubensriten. Dies zeigt die Vorzeichnung (G-W 556) besser, die sich auf ein eindeutiges, über einen Baum gestülptes Mönchsgewand beschränkt. Für die Platte hat Goya das Gewand um einen „Haarschopf" erweitert und im Himmel fliegende Hexen installiert. Dies mildert die antiklerikale Kritik ab. Für Antonio Llorente, Verfasser einer kritischen Geschichte der spanischen Inquisition, war Cap. 52 noch „Gegen Mönche, die Wunder verfälschen" gezielt (zit. nach Kat. Frankfurt 1981, S. 85).

Der allgemein verbreitete Aber- und Wunderglaube, auf den das Blatt anspielt, war beliebtes

Ziel aufklärerischen Spotts. So berichtet der Engländer Southey in seinem Reisebericht von 1796 mokant, wie das einfache Volk mit einem Messer einen kreuzähnlichen Baum in ein Kruzifix verwandelt (Helman 1963, S. 71).

Meist war der Spott der Aufklärer Ausdruck der Hilfslosigkeit. Im Grundsatz war auch die spanische Aufklärung todernst und kannte keine andere Alternative als die von Wahrheit oder Falschheit (Krauss 1973, S. 202). Goyas Haltung ist differenzierter: Aberglaube ist Betrug, dem sich die junge Mutter aus Eigennutz hingibt, aber auch auf die Sinne wirkendes Machtinstrument, wie Goya an der Reaktion des Kindes zeigt. Vielleicht ist dies die schlimmere Folge des Aberglaubens für Goya.   J. E. H.

PIETER YVER

89 Illustrationen zu:
Louis-Baptiste Carré de Montgeron:
La Verité des Miracles operés par l'inter-
cession de M. de Pâris

Utrecht 1737
Radierungen; je 150 × 205 mm
HK, Bibliothek, Sign. Ill. XVIII. Yver 1737

Lit.: Pastor 1930, S. 711 f.

Ein Mitglied des Pariser Parlaments untersucht in dessen Auftrag die Wunder am Grabe des Diakons François de Pâris (1690–1727) auf dem Friedhof St. Médard. Der Untersuchende, an sich zur Unparteilichkeit verpflichtet, unterwirft sich einem Damaskus-Erlebnis: Er bekennt, von der ersten Prüfung an von seinem lasterhaften Lebenswandel erlöst worden zu sein; als Jurist legt er Zeugenaussagen zu den Wunderheilungen vor. Man versteht, wie aktuell seinerzeit Prospero Lambertinis (1740–1758 Benedikt XIV.) „De Servorum Dei beatificatione et canonizatione" (1735) veranlaßt war (Kat. 59). Montgerons Bericht polemisiert gegen J. J. Languet de Gervy,

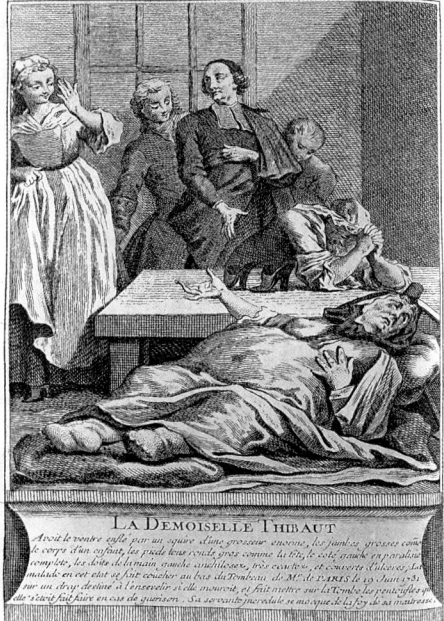

89

89 B

Bischof von Soissons und 1731 bis 1751 Erzbischof von Sens, wird dem König (Ludwig XV.) gewidmet, erscheint aber vorsichtshalber in Utrecht, der Hochburg des Jansenismus. Hier wirkt noch eine alte Rivalität nach: Seit der Erhebung von Paris zur Metropole (1622) war der Erzbischof von Sens nicht mehr für Paris zuständig. Umgekehrt nahm der Erzbischof von Paris in der Jansenistenfrage seit Kardinal Noailles (1651–1729) einen eher jansenistischen Standpunkt ein. Politisch behauptet sich hier ein Gallikanismus, der im wesentlichen vom Parlament, zeitweilig auch von der Sorbonne und am hartnäckigsten von der Priesterschaft, der Noailles 50 Jahre lang vorstand, getragen wurde.

Damals schon blieb dem Hofe wenig anderes übrig als zu lavieren, wohl wissend, daß der plebiszitäre Ansatz von Gallikanismus, Jansenismus und parlamentarischer Rechtsprechung den Absolutismus gefährdete. Die Wunderheilungen nun, zu Lebzeiten und nach dem Tode eines der profiliertesten Jansenisten in Paris, erheben in geradezu mittelalterlicher Weise Anspruch auf kirchliche Legitimation, nachdem die jansenistische Bewegung in Paris vor allem von Antoine Arnauld (1612–1694) und René Descartes (1596–1651) ausgegangen war. Demgegenüber nimmt sich Lambertinis Orientierung in medizinischen Wunderfragen an der zeitgenössischen Schulmedizin geradezu aufklärerisch aus.   G. S.

88

Lo que puede un Sastre!

ARTHUR YOUNG   (o. Abb.)

90 Historische Untersuchung abgöttischer
Verderbnis

Berlin 1749
Wolfenbüttel, Herzog August Bibliothek,
Sign. Te 1488

Lit.: Kat. Wolfenbüttel 1983, Nr. 13

Unter den verlegerischen Unternehmungen, die Friedrich Nicolai, der Freund Lessings und Mendelssohns (Kat. 36), von seinem Vater Christoph Gottlieb Nicolai (1690–1752) übernahm, findet sich die Übersetzung von „An Historical Dissertation on Idolatrous Corruptions in Religion from the Beginning of the World and on the Methods taken by Devine Providence in reforming them" (1734) von Arthur Young d. Ä. (1693–1759), dessen gleichnamiger Sohn im Zusammenhang mit der englischen Kontroverse über die Französische Revolution bekannter

geworden ist – er stand auf der Seite der Gegner Burkes. Das Zeitalter des älteren Young war noch gekennzeichnet von der Kirchengeschichte vor der Jahrhundertwende 1700 und dem anschließenden Vergleich aller Religionen von Anbeginn der Welt. Auf der Suche nach Typologien fand man Parallelen zur Gegenwart und mit ihnen die Schlüssel zur Relativierung aller Theologien. Die Folge war die Entmachtung aller religiösen Körperschaften und ein gleichsam blindes Vertrauen in alle Disziplinen, die sich physikalisch und metaphysisch mit den Dingen der Welt befaßten. So läßt der ältere Nicolai auch einen Theologen zu Worte kommen, dessen Rationalismus selbst Voltaire Respekt abnötigte: Die Vorrede zur deutschen Übersetzung schrieb Sigmund Jakob Baumgarten (1706–1757), der Bruder des Philosophen Alexander Gottlieb Baumgarten (1714–1762), ein Lehrer Winckelmanns (Kat. 59) und Begründer der „Ästhetik" als metaphysische Disziplin.   G. S.

JOHANNES STINSTRA   (o. Abb.)

91 Warnung vor dem Fanaticismus
nebst einer Einleitung, darinn die Geschichte der Herrnhuter sowohl als der neueren Bewegung einiger Entzückten in Holland kürzlich erzehlet wird, Berlin 1752 (aus dem Holländischen übersetzt).

Wolfenbüttel, Herzog August Bibliothek,
Sign. Tq 1224

Lit.: Kat. Wolfenbüttel 1983, Nr. 15

Johannes Stinstra (1709–1790) lehrte an der Gemeinde der Wiedertäufer (Doopsgesinde) von Harlingen. Er stand vor allem der englischen Aufklärung nahe und übersetzte einige Romane von Jonathan Richardson. Die kalvinistische Staatskirche hatte ihn nach seiner Untersuchung über „Onze voorstelling aangaande den Messias" (1779) im Verdacht des Socinianismus, so daß sie ihn 15 Jahre von seiner Gemeinde vom Lehramt suspendieren ließ. Es liegt nahe, daß sich der Berliner Verleger Nicolai d. Ä. (Kat. 90) für diesen Theologen interessierte und dessen angelsächsisch beeinflußten Antienthusiasmus seinen antipietistischen Vorbehalten im deutschen Sprachraum nutzbar machte, ohne sich der gleichfalls bekämpften lutherischen Orthodoxie annähern zu müssen. Veröffentlichungen dieser Art sind gleichsam symptomatisch für das offene Klima des friderizianischen Zeitalters in Berlin, das in diesem Jahr noch das Berlin Voltaires ist.

G. S.

ADOLPH FREIHERR VON KNIGGE   (o. Abb.)

92 Sechs Predigten
gegen Despotismus, Dummheit, Aberglauben, Ungerechtigkeit, Untreue und Müßiggang

Frankfurt/Main 1783
Wolfenbüttel, Herzog August Bibliothek,
Sign. Lo 3819

Knigge (1752–1796), ein Teilnehmer des Hamburger Föderationsfestes von 1790 (Kat. 35), hält – wider Erwarten als Autor von „Über den Umgang mit Menschen" – keine literarisch fiktiven „Predigten", sondern echte mit biblischen Ausgangspunkten. Immerhin, die Themen sind profan und fügen sich schon deshalb in keine kirchliche Agende ein. Aber Stil und Aufbau stammen von Louis Bourdaloue (1632–1704), Jesuit und Beichtvater Ludwigs XIV., von dem noch 1760 eine deutsche Übersetzung erschien; die Ableitungen sind nicht philosophisch, sondern – wie in protestantischen Predigten nicht anders zu erwarten – vom biblischen Text her räsonierend. So kommt eine Verbindung von flexibler katholischer Rhetorik und lutherischer Eindringlichkeit zustande, die ihre Kraft aus dem „Wort", nicht aus der Deduktion bezieht. Voltaires Lob, Bourdaloue habe die kirchliche Beredsamkeit Bossuets erweitert, trug offenbar auch im deutschen literarischen Milieu. Knigge hat aus der Topik, die in sich auf der Höhe der Aufklärung seiner Zeit steht, durch die Rückbesinnungen auf biblische Stellen ewige Wahrheiten gemacht. So folgen 1785 und 1788 jeweils sechs weitere Predigten nach: Zu Demut, Sanftmut, Seelenfrieden, Gebet, Wohltätigkeit und Toleranz und schließlich Trost im Leiden, Bezähmung der Leidenschaften, Gute Werke, Verleumdung, Bibelstudium und Schmeichelei.   G. S.

93 Constitutio Criminalis Theresiana,
oder der Römisch-Kaiserl. zu Hungarn und Böheim etc. etc. Königl. Apost. Majestät Mariä Theresiä Erzherzogin zu Oesterreich etc. etc. peinliche Gerichtsordnung

Wien 1769, Neudruck Heidelberg 1986
HK, Bibliothek, Sign. X 191/9

In einem Zeitalter, das seit Beccarias „Dei delitti e delle pene" (1764) die Folter abgeschafft haben sollte, wirkt die Theresianische peinliche Gerichtsordnung wie ein Anachronismus; so sah es auch ihr Sohn Joseph II. (Kat. 72–74), der sie so früh wie möglich wieder abschaffte. In Preußen war sie unter dem Einfluß von Thomasius' „De tortura" (1705) schon längst abgeschafft: Sie hatte sich als ein Mittel der Wahrheitsfindung nicht bewährt. Um aber überhaupt diesen Anachronismus zu erklären, muß man sich für die österreichischen Länder vergegenwärtigen, daß selbst eine Kaiserin nicht in der Lage war, die angestammten Lokalrechte außer Kraft zu setzen; hier war durch Ordnung lediglich zu mildern – daher die genauen Vorschriften. Dies erklärt auch die abweichende Regelung in Prag oder Wien. Der Widerstand, auf den Joseph II. traf, kam denn auch aus den unterschiedlichen Bezirken jeweiliger Rechtszuständigkeit; man war noch nicht bereit, gewissermaßen reichseinheitlich Regelungen hinzunehmen: Den jeweiligen Landesverfassungen getreu berief man sich auf das eigene Recht, aus dem der Anspruch des Herrschers selbst nicht abzulösen war, in Böhmen eben anders als in Ungarn, ganz zu schweigen von den österreichischen Ländern und Städten selbst.

Vorstellung des bereits in der Luft aufgezogenen Inquisiten

93

Sogar in Preußen, das als absolutistischer Herrschaftsbereich viel einheitlicher war, hat das Lokalrecht das sogenannte „Allgemeine Landrecht" (Kat. 51, 75) bis nach der napoleonischen Herrschaft an seiner Ausbreitung gehindert.

G. S.

LES ADIEUX DE CALAS, A SA FAMILLE.
Je crains Dieu .... et n'ai point d'autre crainte.
Racine Trag. Athalie

94

DANIEL CHODOWIECKI

94 Les Adieux de Calas, à sa Famille
(Der Abschied Calas' von seiner Familie)

1767/68
Radierung; 343 × 445 mm
HK, Kupferstichkabinett, Inv. 56628

Lit.: E. 48 (II,1); Bauer 50; Wormsbächer 1988, S. 6 f.; Kat. Frankfurt 1978, S. 38 f. (Nr. 8)

Die Hinrichtung von Jean Calas war ein Fall, der damals ganz Europa erschütterte. Das Thema handelt vom protestantischen Tuchhändler Jean Calas aus Toulouse, der beschuldigt wurde, seinen Sohn umgebracht zu haben, um dessen Übertritt zum katholischen Glauben zu verhindern. Die Justiz suchte auf Grund von Gerüchten und Vorurteilen einen Mord zu konstruieren. Calas wurde gefoltert und gerädert. Seine Familie

und ein zufällig anwesender Hausfreund wurden
außer Landes verwiesen. Voltaire ließ die Familie
zu sich kommen, und mit Hilfe von Anwälten
und Freunden in Paris erreichte er, daß das Urteil
kassiert und die Familie entschädigt wurde (vgl.
Kat. 95).

Chodowiecki, selbst hugenottischer Protestant, hörte von dem Fall, sah den Stich von
Delafosse, kopierte ihn und wurde angeregt, ein
Pendant zu malen: „Les Adieux de Calas" (Berlin, SMPK). Er wählte den Moment kurz vor der
Hinrichtung, den Abschied von der Familie. Der
Erfolg seines Gemäldes brachte ihn dazu, davon
einen Kupferstich anzufertigen. Scheinbar authentisch, ist die Gesamtszene von Chodowiecki
zum Zwecke der Gefühlssteigerung doch frei
erfunden; die leidvolle Verabschiedung vom
standhaften Familienvater ist zudem sichtbarer
Gegenbeweis gegen die Anschuldigung des
Mordes am eigenen Kind. Die erhobenen Augen
und die Geste zur Bibel deuten an, von wo die
Gerechtigkeit zu erwarten ist, wie auch der Untertitel besagt: „Je crains Dieu ... et n'ai point
d'autre crainte" (Ich fürchte Gott ... und kenne
keine andere Furcht). Die Nachfrage nach dem
Stich war groß. Mit ihm begründete Chodowiecki
seine Karriere als Stecher. In diesem Blatt finden
sich auch wichtige inhaltliche Momente seiner
Kunst, die Verteidigung der Familienehre und
bürgerlicher Tugenden.

Das Mitleid, das hier erregt werden soll,
wurde übrigens ein Paradebeispiel für die Phy-
siognomik Lavaters, der den Haupthelden kopie-
ren ließ und ihm einen Exkurs widmete (Lavater
1775, Bd. 1, S. 112). Mehr noch, das Bild Chodowieckis diente Lavater als Prüfstein für die Wirkung einer tragischen Szene auf verschiedene
Temperamente (vgl. <94>). Joh. H.

LA MALHEUREUSE FAMILLE CALAS.

La Mere, les deux Filles, avec Jeanne Viguiere, leur bonne Servante, le Fils et son ami, le jeune Lavaysse.

Qualibus in tenebris vitæ quantifque periclis
Degitur hoc ævi quodcunque eft. Lucret.
Avec Privilège du Roi.

95

<94> J. H. Lips nach Chodowiecki,
*Die vier Temperamente vor dem Bild
„Abschied des Jean Calas"*

Jean-Baptiste Delafosse
nach LOUIS CARMONTELLE

95 „La Malheureuse Famille Calas"
(Die unglückliche Familie Calas)

1765
Kupferstich; 293 × 423 mm
HK, Kupferstichkabinett, Inv. 45600

Lit.: IFF, Bd. 6, Nr. 55 (Delafosse); Gagnebin 1978

Die Szene zeigt die Familie Calas, wie sie 1765,
drei Jahre nach der Hinrichtung von Jean Calas,
in der Conciergerie von Paris das Rehabilitie-
rungsschreiben ausgehändigt bekommt, und wie
der Sohn und ein Freund des Hauses dieses
Schreiben gerade vorlesen. Baron von Grimm
hatte die Idee, durch die Subskription auf einen

Kupferstich die Familie Calas zu unterstützen.
Die Auflage von 5000 Exemplaren war im Nu
vergriffen, obwohl das Parlament in Toulouse
seine Verbreitung zu verhindern suchte. Unter
den Subskribenten waren u. a. Horace Walpole,
Leopold Mozart, Necker, Katharina II. (vgl. Kat.
76), Friedrich II. von Hessen-Darmstadt. Voltaire
hing sich den Stich in sein Schlafzimmer (vgl.
<95 A>); er hatte dazu besonderen Grund, denn
die Mobilisierung der Öffentlichkeit und schließlich die Rehabilitierung war sein Werk. Er nahm
den Fall „Calas" auch zum Anlaß, gegen Fanatismus und Obskurantismus der Kirche – getreu
seiner Devise „écrasez l'infâme" (vernichtet das
Ungeheuer) – vorzugehen. Seine Schrift „Traité
sur la Tolérance à l'occasion de la mort de Jean
Calas" (1763) verschaffte dem Fall eine europäische Publizität. Das Verhalten der Justiz in Toulouse wurde allgemein als Rückfall in die Barbarei angesehen. Denn insgesamt hatte sich eine
Entwicklung zur Toleranz abgezeichnet, die in
dem Toleranzedikt Ludwigs XVI. von 1787 mün-
dete, durch das die Protestanten religiöse und
bürgerliche Freiheiten erhielten (vgl. Kat. 335).
Voltaire aber wurde geehrt als „l'homme aux
Calas" (vgl. auch Kat. 66 u. 284).

Bis zur Revolution – und darüber hinaus –
war der „Fall Calas" lebendig gehalten: André-
Marie Chenier verfaßte 1791 ein Drama „Calas",
und der Nationalkonvent schrieb 1793 einen
Wettbewerb zu einem Monument Calas zu Ehren
aus, von dem sich ein Entwurf erhalten hat: Am
Fuß einer Säule mit dem Porträt Calas' und
einem Opferlamm als Krönung lagern Bischofs-
hut, Schlange, kirchliche Geräte als Symbole des
Fanatismus. Ein Freiheitsbaum, der in einem
Richtbeil und einer Freiheitsmütze endet, ist
danebengepflanzt (vgl. <95 B>). Joh. H.

<95 A> Née und Masquelier nach V. Denon,
Frühstück bei Ferney

<95 B> R. Barthe,
Monument zum Gedenken an Calas

96

97

97 Grabmal mit gekröntem Tod

um 1790
Feder, Bleistift, Aquarell, laviert; 147 × 198 mm
New York, Cooper Hewitt Museum The Smithsonian Institution's National Museum of Design, Inv. 1938-88-3951

Die theaterhafte Inszenierung ägyptischer Elemente erinnert an die freimaurerische Symbolik, wie sie in Mozarts „Zauberflöte" von 1791 erscheint (vgl. Kat. 450). Desprez knüpft an den memento-mori-Charakter von Piranesis „Capricci" an (vgl. Kat. 185, 186), der bei ihm aber einen satirischen Unterton erhält. L. S.

William Hogarth

98 A Rake's Progress (8)
(Der Weg eines Liederlichen)

1735
bez.: Invented &c. by Wm Hogarth & Publish'd According to Act of Parliament June ye 25. 1735
Radierung, Kupferstich; 355 × 409 mm
HK, Kupferstichkabinett, Inv. 21086

Lit.: Paulson 139/II; Kat. Hannover 1987, Nr. 8 h

Die letzte Szene der zweiten bedeutenden graphischen Folge Hogarths zeigt das Ende des „Liederlichen" im Irrenhaus Bedlam. „Seine treue Freundin Sarah Young, die er so schmählich mit einem Kind hat sitzen lassen, ist ihm auch hierhin gefolgt und kniet weinend neben ihm. Der Rake liegt auf dem Flur des Irrenhauses ..., den Oberkörper hat er halb aufgerichtet, mit dem linken Arm stützt er sich schwach ab, seine rechte Hand geht zum Kopf, sein Oberkörper ist nackt, er hat sich selbst unterhalb der rechten Brust

98

Louis-Jean Desprez

96 Grabmal im ägyptischen Stil

1779–84
Feder, Bleistift, Aquarell; 146 × 200 mm
New York, Cooper Hewitt Museum The Smithsonian Institution's National Museum of Design, Inv. 1938-88-3952

Lit.: Kat. Baden-Baden 1971, Nr. 126–128; Kat. New Haven 1979, Nr. 112/113; Kat. Baltimore 1984, Nr. 81

Das Beispiel Desprez' zeigt, daß Boullée in der Nutzung des Ägyptischen als Grabarchitektur (vgl. Kat. 40) schon Vorläufer hatte. Die architektonische Ägyptenmode wurde in Frankreich 1766 durch den gesetzlichen Beschluß gefördert, aus Platz- und hygienischen Gründen Friedhöfe zukünftig außerhalb von Paris anzulegen. Die

Totenstadt mit ihren Vorbildern im Altertum – speziell Ägypten – wurde zu einer Idee, die viele Architekten beschäftigte (vgl. Bandiera 1983). Trotz des stilistischen Klassizismus ist Desprez' atmosphärische Anknüpfung bei Piranesi unverkennbar. Dessen Beitrag zur Ägyptenmode, die Dekorationen für das englische Kaffeehaus in Rom, könnten Desprez als direktes Vorbild gedient haben (vgl. Kat. New Haven 1979). Auf Piranesis Empfehlung hin nahm Gustav III. von Schweden Desprez 1784 von Rom mit nach Stockholm, um ihn Entwürfe für sein königliches Theater anfertigen zu lassen. Diese Zeichnung gehört zu vier imaginären Bühnenentwürfen, die als Vorzeichnungen für großformatige Aquatinten noch während seines Romaufenthaltes 1779–84 entstanden. L. S.

verletzt ... Hinter ihm steht ein Wärter, seine linke Hand ruht auf der Schulter des Rake, mit der Rechten versucht er vorsichtig Sarah Young den Anblick des Sterbenden zu ersparen ... Ein zweiter Wärter ist damit beschäftigt, dem Unglücklichen die Ketten am Fußgelenk zu lösen." (Busch 1977, S. 3–4).

Die Sterbeszene ist in eine drastische Schilderung des Irrenhausmilieus, das Hogarth aus eigener Anschauung kannte, eingebettet. In den geöffneten Zellen befinden sich die Fälle schwerer Wahnvorstellungen: links ein religiöser Fanatiker, rechts ein Vertreter weltlichen Größenwahns. An der Zwischenwand stellt ein Irrer geographische Berechnungen an. Davor schaut ein „Astronom" durch ein Papierrohr, während ein irrsinniger Schneider mit einem Bandmaß hantiert. Eine harmlose Narrengruppe, „ein Trio, fast so was wie Glaube, Liebe und Hoffnung in Bedlam" (Lichtenberg) hat sich auf der Treppe versammelt: ein „Papst", ein Musiker und ein melancholisch Verliebter.

Anders als die eleganten Damen, die den Besuch als Ausflugsvergnügen mißbrauchen, zeigt Hogarth in der Hauptgruppe, auf die er das Schema einer Beweinungsszene überträgt, Handlungen des Mitleidens. Für seine Zeit außergewöhnlich ist, daß Hogarth eine glaubwürdige soziale Realität und realistische Krankheitsbilder schildert. Der abschreckende Realismus des Irrenhauses erscheint in der Dramaturgie der Parabel als moralisch gerechtfertigte Strafe, die Einkerkerung enthält aber bereits Untertöne von Sympathie für die Opfer von Verfehlungen, die auch gesellschaftlich bedingt sind.　　　J. E. H.

99

100

JOHANN HEINRICH FÜSSLI

99　Vier Mänaden guillotinieren einen alten Mann

1782
Feder und Sepia über Bleistift; 300 × 385 mm
Kunsthaus Zürich, Inv. 1914/29

Lit.: Schiff 805; Kat. Hamburg 1980/81, Nr. 448 (S. Holsten); Kat. Hamburg 1986, Nr. 131 (F. Gross)

Das Thema des geköpften Mannes überschneidet sich im Werk Füsslis stark mit demjenigen der wenigen biblisch-religiösen Sujets, das er am häufigsten illustriert hat: Salome mit dem Haupt Johannes des Täufers. Zwei bis drei Frauenfiguren, ein Henker und der Greisenkopf, dazu die in meist ähnlicher Weise dargestellte Schüssel, bilden einen ziemlich festen Kanon.

Daß Füssli zur Enthauptung ein Fallbeil konstruiert, verfremdet die Szene. Erst etwa zehn Jahre später sollte es in Frankreich das Hinrichtungsinstrument par excellence werden. Vorformen der Guillotine gab es aber bereits seit dem Mittelalter (vgl. Kershaw 1959, S. 34 ff.). Hier wird das Gerät, das im Zeichen von „Freiheit, Gleichheit und Brüderlichkeit" zur „humansten" Hinrichtungsmethode erklärt wurde, als Mittel äußerster Erniedrigung gewählt. Das laszive Spiel der hockenden Frau (vielleicht Herodias) mit dem Tod bringt das Ausgeliefertsein des Alten verstärkt zum Ausdruck.

Der Bildtitel deutet weitere literarische und bildkünstlerische Vorlagen an. Neben den Bacchanalien des Livius ist auf eine Mänade des Vaso Borghese hinzuweisen, die Füssli als Vorbild für die rechte Tänzerin mit Krotalen (einer Art Kastagnetten) diente.

Schillernd spiegelt die Skizze verschiedene Freiheitsbegriffe wider: Die Gestalt des „Johannes" schwankt zwischen äußerer Unfreiheit und innerer Freiheit, die Haltung der Frauen zwischen äußerstenfalls feministischer Freiheit und zügelloser Willkür.　　　P. Th.

WILLIAM BLAKE

100　Ugolino mit seinen Kindern im Gefängnis

um 1780/85
Graue Tusche über Bleistift; 250 × 360 mm
HK, Kupferstichkabinett, Inv. 1980/128

Lit.: Yates 1951

Die Ugolino-Episode findet sich im *Inferno* XXXIII in Dantes *Göttlicher Komödie*. Der (historische) Graf Ugolino aus Pisa wurde von seinem Widersacher, dem Erzbischof Ruggieri, mit zwei Söhnen und zwei Enkeln in den Kerker gesperrt, wo alle den Hungertod starben. Die Beliebtheit der Ugolino-Geschichte in England führt bis zu Chaucer zurück. Im 18. Jahrhundert gab es nicht weniger als 27 englische Übersetzungen von Dantes Ugolino-Stelle, bevor 1794 die erste vollständige der „Göttlichen Komödie" erschien. Daß die Ugolino-Geschichte gerade in England so populär war, lag an dem hohen Identifikationspotential, das der Liberalismus der Whigs in der von einer kirchlichen Autorität geknechteten Gestalt hatte. Blakes Ugolino-Darstellungen sind im Rahmen einer vorromantischen Reaktion auf Reynolds' Bild von 1773 zu sehen, das als zu akademisch und unemotional empfunden wurde. Die frühe Zeichnung ist in der Frontalität und in der unmittelbaren Vergegenwärtigung des Geschehens Füsslis verschollenem Gemälde (Abb. bei Yates) vergleichbar. Dies entspricht der damaligen Rezeption, die die Episode aus dem mythischen Kontext bei Dante isolierte. Die spezifische Dante-Rezeption Blakes, in der sein mythisches Weltbild mit dem Dantes kongenial verbindet, findet sich erst in seinen Dante-Illustrationen von 1826/27.　　　L. S.

FRANCISCO DE GOYA

101 Nohubo remedio
(Es gab keine Hilfe)

Cap. 24
1797–98
Radierung, Aquatinta; 215 × 150 mm
HK, Bibliothek, Sign. Ill. XIX. Goya 1856

Lit.: G-W 499; H. 59; Kat. Hamburg 1980/81, Nr. 30

Eine Schandprozession ist auf dem Weg. Die von der Inquisition verurteilte Frau reitet mit entblößtem Oberkörper und gefesselten Händen auf einem Esel. Sie trägt die *coroza,* den Spitzhut der Verurteilten, auf dem gewöhnlich deren Verbrechen angegeben waren. Sie ist gezwungen, ihren Kopf steif hochzuhalten; denn sie steckt in dem grausamen *pié de amigo,* einem eisernen Haken unter dem Kinn, der durch ein Band festgehalten wird. Vorgeführt wird das Strafritual der *Vergüenza,* wörtlich Schmach, ein schimpflicher Aufzug, der besonders auch auf Frauen verletzend wirken sollte. (Lea 1988, Bd. 3, S. 238 ff.). Die *Vergüenza* konnte durch die Inquisition an Stelle der Geißelung als mildere Strafe verfügt werden. Begleitet wurde der Aufzug durch berittene *Alguaciles,* den Vollstreckungsbeamten der Inquisition, und einem Notar als Protokollführer. Goya gab ihnen Katzengesichter.

Ein Bericht des französischen Physikers Arago belegt den Fortbestand der *Vergüenza* bis ins 19. Jahrhundert: „Während meines Aufenthalts in Valencia mußte sich das *Santo Oficio* mit einer vorgeblichen Hexe befassen. Man ließ sie durch alle Stadtviertel ziehen, rücklings auf einen Esel gesetzt, dem Schwanz des Tieres zugewandt. Ihr Oberkörper war bis zum Gürtel entblößt ..." (zit. nach Kat. Hamburg 1980/81, S. 84).

Goya hat kompositionell die Verurteilte durch ihre starre Frontalität und ihre Helligkeit aus der Szene herausgehoben. Diese beherrscht der Pöbel, als Voyeur und stumpfes Gefolge. Die Katzenphysiognomien der Justizvertreter erinnern an Cap. 21, wo die gleichen Gestalten Prostituierte schröpfen. Die lüsterne Geste des Eselsführers in Cap. 24 spielt ebenfalls auf den sexuellen Hintergrund der Szene an. Sie wird freilich

101

Nohubo remedio.

dominiert von der Opfergestalt der Frau, die sich nach dem Prado-Kommentar nicht mit Schande bedeckt hat. Goyas Angriff gilt hier der Inquisition. J. E. H.

102

FRANCISCO DE GOYA

102 Las rinde el Sueño
(Schlaf überwältigt sie)

Cap. 34
1797–98
Radierung, Aquatinta; 215 × 150 mm
HK, Bibliothek, Sign. Ill. XIX. Goya 1856

Lit.: G-W 518; H. 69; Kat. Hamburg 1980/81, Nr. 32

Nach Lafuente-Ferrari (1977, S. 39) zeigt das *Capricho* ein Frauengefängnis, die zweite Kerkerszene der Folge nach Cap. 32. Die dunkle Wand lastet „wie ein Schafott" (Hofmann) über den Gefangenen, ein häufiges Motiv in Goyas Bildwelt. Das Licht, das sichelförmig im Rund des vergitterten Tores aufscheint, durchdringt die Dunkelheit nicht.

Die Frauen sind auch im affektiven Sinne Gefangene: sie liegen im traumlosen Schlaf. Im grellen Seitenlicht des Vordergrundes rahmen zwei Kapuzengestalten eine dahingestreckte Frau, die junge Frau im grauen Mittelgrund scheint grüblerisch dahinzudämmern. Ihre Haltung erinnert an den Meditationsgestus. Die gespreizten Beine lassen sich als Ausdruck stiller Verzweiflung, vielleicht auch als erotische Anspielung lesen.

Cap. 34 fällt in die Thematik „gefallener Frauen" wie Cap. 31, 35 und 36. Prostituierte und Kupplerinnen könnten gemeint sein, für deren „unsittliches Leben" das Gefängnis die Endstation bildet.

Warnke (1981, S. 135) sah das Vorbild für ihre Schlaflage in den schlafenden Jüngern im Garten Gethsemane. In welchem Sinne lädt Goya dann die kirchliche Gebärdensprache neu auf? Diese Frauen sind die Opfer ihrer ungezügelten Leidenschaft. Das Gefängnis wird zum Zeichen: als „Hölle der Lebenden".

Der dumpfe Schlaf der Opfer ist das Gegenbild zur „Erleuchtung" (*ilustración*) gerade auch in moralischer Bedeutung des Begriffs und der Gegenpol zum Traum-Schlaf des Künstlers in Cap. 43 (Kat. 467). J. E. H.

FRANCISCO DE GOYA

103 La confianza
(Das Vertrauen)

1797–98
Rot laviert und Rötelspuren; 197 × 131 mm
Madrid, Museo del Prado, Inv. 109

Lit.: G-W 656; S. C. 213; G., II 328

Die Zeichnung ist im Umkreis der *Caprichos* entstanden, wurde jedoch nicht im Zyklus verwendet. Sie zeigt zwei verhüllte Frauen, die sich gegenseitig die an ihren Gewändern angebrachten Schlösser aufschließen. Es scheint sich weder um alltägliche noch um modische Bekleidungen zu handeln, allenfalls könnte es sich bei dem Gewand der sitzenden Gestalt um ein Untergewand handeln, das den Leib und die Oberschenkel mehrfach gegürtet und mit einer Reihe von Schlössern deutlich einschnürt und sichert. Das „Schutzgewand" der Stehenden erscheint unangemessen verkürzt. Die unverhüllten Beine bilden den Kontrast der natürlichen Gestalt zu ihren verhüllten und ebenfalls mit Schlössern gesicherten Teilen, den im engeren Sinn erogenen Zonen.

Schutzmäntel und Keuschheitsgürtel könnten als Kennzeichen einer doppelten Sexualmoral verstanden werden, die den Körper fragmentiert und unnatürlich einsperrt und ihn zugleich zum Objekt sexueller Projektionen der Männergesellschaft macht. In deren „sexualisierter Sprache" (Krauss 1973, S. 43) wurden „Schlüssel" und „Schloß" als eindeutige Verweise auf die Sexualorgane verstanden (Kat. Boston 1989, Nr. 166).

Die doppelbödige Konnotation des Blattes erhält durch seinen Titel eine ironische Wendung: Vertrauen oder Zutrauen ist auf den Gebrauch eben der Mittel angewiesen, die es unterdrücken. Ihre verhüllende Kapuzentracht macht die Figuren, lediglich formal, den Kupplerinnen der *Caprichos,* den „Vertrauenspersonen" in Liebesdingen, verwandt (vgl. Cap. 5). Eine ähnliche Figurenkomposition und Bekleidungsart steht in Cap. 26 im Kontext des Prostituiertenthemas. J. E. H.

103

La confianza

104

brachten Löwenreliefs und mit der Trajans- und Marc-Aurel-Säule entnommenen Gefangenenreliefs ausgestattet ist.

Die Konfrontation der Skulpturen erinnert zusammen mit der an die Zwinger des Colosseums appellierenden Architektur an die blutigen Schauspiele der Kaiserzeit, die den Niedergang von Recht und Moral der römischen Frühzeit darstellt. Die Kernaussage der zweiten Ausgabe der *Carceri* besteht jedoch in der Darstellung der Überwindung des in Nero, dem philhellenischen Tyrannen, personifizierten Unrechts. Die Berufung Piranesis auf die martialische Gerechtigkeit der Lex Romana, die auch die Folter als „Zwangsmittel der Freiheit" (Bredekamp) einschließt, geschieht zu einem Zeitpunkt, in dem die Aufklärung die Tortur als unmenschlich und unsittlich verwirft. J. E. H.

JOHANN HEINRICH FÜSSLI

105 Prometheus

um 1770/71
Feder und Sepia über Bleistift, laviert;
150 × 222 mm
Kunstmuseum Basel (Öffentliche Kunstsammlung), Kupferstichkabinett, Inv. 1917.186

Lit.: Schiff 629, S. 79 f.; Kat. Hamburg 1974/75, Nr. 52 (G. Schiff), S. 43 ff., Abb. 10 (W. Hofmann)

Der Bekanntschaft Füsslis mit dem englischen Bildhauer Thomas Banks während seines Italien-Aufenthalts 1770–78 entsprangen einige für sein Kunst- und Naturverständnis aufschlußreiche Blätter: Aus fünf willkürlich auf dem Papier verteilten Punkten (jedoch einheitlich für beide Künstler zwecks späterer Vergleiche der Ergebnisse) wurden Figuren gezeichnet (Schiff 618–629). Füsslis Resultat waren kriechende, sich windende oder gefesselte Männerakte. Der natürlich gegebene Körper wird in eine Form gezwungen, die vorgegebene Einschränkung erfordert ein besonderes Ausmaß an künstlerischer Phantasie.

Gegenüber den oft nicht festgelegten Szenen oder Figuren ist das vorliegende Blatt ikonographisch zu entschlüsseln: Dem an den Felsen geschmiedeten Prometheus nähert sich der Adler des Zeus. Die Krümmung des Gefesselten läßt sich als Versuch, die Leber vor dem Zugriff des Vogels zu schützen, erklären; andererseits streckt Prometheus ihm seine Hand geöffnet entgegen. Auch die Sonne ist offen für eine ambivalente Auslegung: Geht sie auf oder unter? Deutet sie das der Erde gebrachte Feuer an oder ist sie Zeichen des Götterhimmels (über den sich Prometheus – aber gekrümmt – erhebt)?

Auf dem Felsen stehen die Buchstaben „M. A. B.", d. h.: Michel Angelo Buonarroti. Das Renaissance-Genie muß prompt auf den jungen Sturm und Drang-Künstler gewirkt haben; möglicherweise hat sich Füssli sogar von Michelangelos „Gefesseltem Sklaven" für das Grabmal des Papstes Julius II. inspirieren lassen, der halb im Stein stehengeblieben ist (auch motivische Anleihen bei den Medici-Grabmälern in Florenz sind nicht ausgeschlossen).

Ähnlich wie das Starobinski „freudianisch" an anderen Werken Füsslis nachzuweisen versucht (Starobinski 1978, S. 154 ff.), deutet Füssli auch hier vielleicht die Wechselbeziehung mit dem großen Vorbild an und initiiert damit – etwa drei Jahre vor Goethes „Prometheus"-Gedicht –

GIOVANNI BATTISTA PIRANESI

104 Carceri d'Invenzione (V)
  (Gewölbe mit Löwenreliefs)

1761
bez. u. r.: Piranesi F
Radierung; 570 × 416 mm
HK, Kupferstichkabinett, Sign. Ill. XVIII.
Piranesi 1750

Lit.: Hind 1922, 5/I.; Bredekamp 1988, S. 30–46

Diese Radierung ist eines der beiden neugeschaffenen Blätter, um die Piranesi seine zweite, unter dem Titel *Carceri d'Invenzione* 1761 erschienene Fassung der *Carceri* erweiterte. Die neuen Platten (II, V) bilden mit der extensiv überarbeiteten Nr. XVI einen thematischen Zusammenhang, der dem strengen Rechtssystem der römischen Frühzeit gewidmet ist. Während Piranesi gleichzeitig in Streitschriften die Überlegenheit der römischen Kultur über die griechische verteidigt,

„rekonstruiert" er hier Visionen antiker Gefängnisse Roms als Stätten der auf Bürgertugend und Gerechtigkeit beruhenden Lex Romana, der die schmucklose Strenge und wehrhafte Würde der frühen etrusko-römischen Architektur entspricht.

Die Bogenkonstruktionen dieses Blattes – eine „erfinderische" Paraphrase des Claudius-Tempels – sind Teil einer sich in die Tiefe und in die Höhe erstreckenden monumentalen Architektur, die Durchblicke auf eine Umgebung andeutet, aus der zeitgenössische Betrachter in das Innere des Gebäudes gelangen, wo sie sich mit erregten Gesten des Erstaunens und der Bewunderung den Entdeckungen im Gebäudegrund zuwenden. Eingefaßt durch hölzerne Stege, Gerüstkonstruktionen und dornenbewehrte Balken wird hier ein antiker Kerkerraum evoziert, der mit zwei aus der Villa Hadriana stammenden, zur Zeit Piranesis in den Palazzo Barberini ver-

das Auflehnungs- und Befreiungspathos der Sturm und Drang-Periode. Füssli hat sich nie zum Sklaven, selbst des großen Michelangelo, machen lassen. In dessen Sinne arbeiten hieß für ihn stets: Selbständig schaffen, Natur- und Kunstvorbilder sich verfügbar machen.

Wohl aber kann sich Füssli verstricken im eigenen „Labyrinth der artistischen Formenerkundung" (W. Hofmann, in: Kat. Hamburg 1974/75, S. 49). Seinen Obsessionen entspringen Fesselungen wie Symplegmata (vgl. Kat. 204–212): „Er ist der Gefangene seiner Möglichkeiten" (W. Hofmann, a. a. O.). P. Th.

105

JOHANN HEINRICH FÜSSLI

106 Der Schwur auf dem Rütli
(1. Entwurf)

um 1778/79
Feder mit Bister über Graphit-Vorzeichnung;
464 × 319 mm
Kunstsammlungen zu Weimar, Schloßmuseum,
Inv. KK 1383

Lit.: Schiff 411, S. 84, 94–98; vgl. Kat. Köln 1987/88, Nr. 98 (D. Irwin), Nr. 122 (Chr. Klemm)

Die Entstehung der Eidgenossenschaft Ende des 13. Jahrhunderts bot ein Paradebeispiel für Freiheit und Selbstbestimmung, ein Thema, das nach dem amerikanischen Freiheitskampf auch im eigenen Lande wieder Konjunktur hatte. Mitglieder der Zürcher Bürgerschaft verschafften Füssli mit dem Auftrag für den Rütli-Schwur eine späte Rehabilitation; 1762 nämlich waren die Theologie-Studenten Füssli, Johann Caspar Lavater und Felix Hess von der Gemeinde Zürich arretiert und anschließend zu einer Art „freiwilligem" Exil gezwungen worden, weil sie sich mit ihrem radikalen – und erfolgreichen – Angriff gegen den ungerechten Landvogt Grebel zu sehr hervorgewagt hatten (vgl. Schiff, S. 47 ff.; Kat. Hamburg 1974/75, S. 68 f.).

Der persönliche Dreierbund spielte für Füssli sicherlich eine wichtige Rolle (vgl. Boime 1987, S. 272 ff.); andererseits verarbeitete er das ungeheure Bildungsgut, das er sich auf den Reisen durch weite Teile Europas angeeignet hatte. Ikonographische Vorlagen der vorhergehenden Jahrhunderte (vgl. Vignau-Wilberg 1975) spielen demgegenüber eine eher untergeordnete Rolle.

Mehr noch als das Einzelkämpfertum Tells war das Thema des gemeinschaftlichen Handelns dazu geschaffen, Identifikation innerhalb der menschlichen Gemeinschaft zu ermöglichen, so wie es Füsslis zweiter Entwurf (Zürich, Kunsthaus; Schiff 412) und noch stärker das ausgeführte Gemälde (Schiff 359, vgl. <106>) erken-

nen läßt. Nach Beendigung seines achtjährigen Italien-Aufenthalts faßte Füssli die Gestalten der drei Schweizer Fürst, Stauffacher und Melchtal im Sinne der „Vorbildlichkeit des hellenisch-römischen Republikanismus" (Schiff, S. 95) auf.

Weder die reine Tradition noch der Zusammenhang mit der Tagespolitik (gegenüber der eindeutigen Entwicklung im Werk Davids vom „Schwur der Horatier" bis zum „Ballhausschwur"; vgl. Antal 1973, S. 70 ff.) sind für Füssli ausschlaggebend. Das Antikenstudium fließt ein

106

in ein zeitlich nicht festlegbares Gemälde mit allgemeinem Vorbildcharakter. Aus der Betonung dreier verschiedener Figuren im ersten Entwurf – des sich fast adorierend nach oben Wendenden, des mit der Hand auf der Brust reflektierend Emporgerichteten und desjenigen, der mit der Hand am Schwertgriff das Tatmotiv einführt – schält sich bis zur Endfassung das vereinheitlichende Schwurmotiv heraus.

Die Weimarer Skizze befand sich als Geschenk Füsslis im Besitz Lavaters, von dem sie später Goethe erhielt. P. Th.

<106> Johann Heinrich Füssli,
Der Schwur der drei Eidgenossen auf dem Rütli

WILLIAM BLAKE

**107 Glad Day oder
The Dance of Albion (Albion rose)**
(Freudentag oder Albions Tanz
[Albion erhob sich])

1780
Kupferstich; 254 × 188 mm
London, The Trustees of the British Museum,
Inv. 1894-6-12-27

Lit.: Kat. Hamburg 1975 I, Nr. 3

Im Gegensatz zum Ugolino (Kat. 100) zeigt dieses
Blatt die helle Seite in Blakes Kosmos. Der
Albion ist eine mythische Gestalt, auf die Blake
die Lichtmetaphorik der Aufklärung überträgt.
Blakes Fähigkeit, das Zeitgeschehen in mythische
Vexierbilder zu übertragen, ist in diesem Früh-
werk schon voll ausgeprägt. Die Figur, für die das
Proportionsdiagramm Vitruvs Pate gestanden
haben dürfte, zeigt, wie Blake stilistische Anleh-
nungen an Antike und Renaissance zu Chiffren
von hohem Symbolwert steigert.

Albion ist England, das sich in dieser Lichtgestalt über die industrielle Revolution erhebt und
beispielhaft für alle Nationen handelt. Dieses
„Exemplum virtutis" tanzt den „Eternal Dance"
des Opfers, weshalb die ausgebreiteten Arme das
Kreuzigungsmotiv andeuten.   L. S.

107

108

DANIEL CHODOWIECKI

108 Natur – Afectation

109 Empfindung/Sentiment

4 Blätter aus: Natürliche und affectirte Handlun-
gen des Lebens, zweite Folge (in: Göttinger
Taschen-Calender für das Jahr 1780)
1779
Radierungen; je 82 × 47 mm (Darst.)
HK, Kupferstichkabinett, Inv. 56659

Lit.: E. 319 II; Bauer 565–568; Wormsbächer 1988,
S. 54; Brinitzer 1973, S. 329–338; Kemp 1975, S. 122 f.;
Kat. Hamburg 1975 II, S. 12 u. 22 (W. Hofmann); Kat.
Frankfurt 1978, Nr. 150; Kat. Hamburg 1983/84,
Nr. 283 f. (G. Syamken)

Georg Christoph Lichtenberg (1742–1799) hatte
als Herausgeber des „Göttinger Taschen-Calen-
ders für das Jahr 1779" Chodowiecki vorgeschlagen, „Natur und Affektation in verschiedenen
Auftritten des menschlichen Lebens, aus seinem
Schatz von Beobachtungen gezogen und mit
seiner Kunst ausgeführt, neben einander zu stellen" (Chodowiecki/Lichtenberg 1901, S. 8; vgl.
Bauer 553–564). Die spitze Zunge des Autors
und der Stichel des Künstlers verbanden sich
auch in der zweiten Folge ideal und brachten in
Gegensatzpaaren die Kontraste der Zeit zum
Ausdruck: Hier rokokoverspielte Tändeleien, da
einfach empfindendes Gemüt, durchmischt mit
Nüchternheit.

Natur

Afectation

141

Die vier ersten der zwölf Monatskupfer zeigen zwei verschiedene Strategien Chodowieckis. Die erste Gegenüberstellung spielt die Verderbtheit derzeitiger Gepflogenheiten überspitzt gegen den Zustand ursprünglicher Natürlichkeit aus. Man beachte nur die Schrittstellung der jeweils rechten Person, die schlicht-weibliche der „Natur"-Frau und die fast gleiche als „weibische" beim affektierten Stutzer. Der für „Meusel's Miscellaneen" tätige Kritiker Christian Friedrich Timme war nicht der einzige, der sich daran stieß: „Ideal der vorigen Welt, ist, so schön es an sich seyn mag, für uns unbrauchbar, da wir es nicht nachahmen können. Doch! vielleicht war es dem forschenden Blick des Künstlers unmöglich, in unserm geschmackvollen Zeitalter ein Ideal der ächten Natur zu finden!" (MMisc. 3, 1780, S. 25) Timme übersah nur, daß Chodowiecki in allen anderen Beispielen ja eben dies praktizierte. Zu Anfang trieb Chodowiecki die Gegensätze jedoch auseinander, um Gefahr und Chancen gegenwärtiger Empfindung klarzumachen. Das Urpaar fügt sich in die Natur ein, das modische Pärchen verdrängt sie mit seiner künstlichen Kleiderlandschaft. Respektlos bemerkt Lichtenberg: „In der That fängt sich bey dieser Dame auf dem Kopf ein dem Reifrock ähnlicher Cörper zu entspinnen an, der es bey fernerem Wachsthum, in manchen Fällen, nöthig machen möchte, das Frauenzimmer wie die Glaskisten mit Oben zu bezeichnen, wo Oben ist." (Chodowiecki/Lichtenberg 1901, S. 13) Auch das stört Timme: „Nur der Kopfputz der Dame nebst ihrem Reifrock allzu sehr übertrieben, mehr Karrikatur, als Satire." (MMisc. 3, 1780, S. 26) Er machte damit deutlich, daß Chodowiecki das eigene Ideal realistisch, das Gegenbild übertrieben und verzerrt wiedergibt.

Das Spiel mit Perücken und Körperbewegungen reizt zum Vergleich mit dem Statuenhof aus Hogarths „Analysis of Beauty" (vgl. Kat. 148). Das natürliche Paar ist vergleichbar der Apoll-Venus-Kombination (12/13), die geschraubten Bewegungen des Modepärchens erinnern eher an den Tanzmeister und den seltsamen „Brutus in zeitgenössischem theatralischen Gewande" (B. Hinz, in: Kat. Berlin 1980, S. 178) bei Hogarth (7/19). Nur in bezug auf die „Schönheitslinie" vertritt Chodowiecki ein Hogarth fast entgegengesetztes Ideal des nüchternen „Zopfstils".

Nach dem plakativen Gegensatz geht Chodowiecki nun dazu über, jeweils gleiche Paare mit der gleichen Situation zu konfrontieren: einmal in natürlicher, das andere Mal in affektierter Reaktion. Der Sonnenuntergang ergreift das eine Paar innerlich, wo das andere das Geschehen selbst ergreifen will (und es dadurch verfehlt). „Empfindung" vs. „Empfindsamkeit", so drückt es Lichtenberg aus (Campe, im Vorbericht seines „Robinson der Jüngere", spricht gar von „Empfindsamkeitsfieber").

Das stumme Bescheiden vor der Erhabenheit der Natur weist voraus auf die romantische Landschafts- und Seelenmalerei eines C. D. Friedrich, die weitgehend auf Gesichtsausdruck und bewegte Gestensprache verzichtet. Lichtenberg drückt sich so aus: „Sprecht durch diese Empfindung so viel ihr wißt, aber plaudert von diesen Empfindungen so wenig als möglich, am allerwenigsten glaubt, ihr empfändet durch besondere Begünstigung der Natur allein, was ihr allein Schwachheit genug besitzt der Welt vorzusingen" (Chodowiecki/Lichtenberg 1901, S. 14).

Den Typus des nackten und des zivilisierten Menschenpaares hatte Chodowiecki bereits für Basedows „Elementarwerk" entworfen und von

Empfindung
Sentiment

Empfindung
Sentiment

109

Tab. XXXI.

<109> Gottfried Chodowiecki nach D. Chodowiecki, Tab. XXXI aus: Basedow's Elementarwerk

seinem Bruder Gottfried ausführen lassen <109>. Doch bedeutete dort gerade der Zustand der kultivierten Natur den entscheidenden Fortschritt gegenüber der unreflektierten Idylle des „Wilden". Zwar: „Etwas von diesen Dingen kann der Mensch den Thieren ablernen" (Basedow 1785, S. 8); aber erst „durch den Fleiß und die Kunst zahlreicher Bewohner" (ebd., S. 7) entsteht Kulturlandschaft, innerhalb derer das bürgerliche Paar unter seinesgleichen wandelt, während das nackte, wilde Menschenpaar erst gerade (auf die Hirsche im Sonnenlicht) zu reagieren beginnt. Die Handgesten sind die des erstaunenden Erwachens gegenüber der abgeklärten Demonstration des Menschenwerks. Ähnlich bildete J. W. Meil den seiner Begleiterin den Sternenhimmel zeigenden Philosophen Fontenelles (vgl. Kat. 144).

Eine – vom jeweiligen Auftraggeber abhängige – unentschiedene Haltung Chodowieckis äußert sich in den „12 Blättern zur Geschichte der Menschheit nach ihren Culturverhältnissen" (vgl. Kat. 181). Das demgegenüber plakative Verfahren der „natürlichen und affektierten Handlungen" kam Lichtenberg zugute; er konnte, wie später bei vergleichbaren Hogarth-Stichen, selbständig Zwischentöne liefern. P. Th.

Wercke der Finsternis.
oder Beytrag zur Geschichte des Buchhandels in Deutschland. Allegorisch vorgestellt zum besten,
auch zur Warnung aller ehrliebenden Buchhändler. *zu finden bey C.F. Himburg in Berlin*

D. Chodowiecki. Del. & fc. 1781

110

DANIEL CHODOWIECKI

110 Wercke der Finsternis.

1781
Radierung; 214 × 280 mm
HK, Kupferstichkabinett, Inv. 1915/516

Lit.: E. 394 II; Bauer 830; Wormsbächer 1988, S. 82 f.; Brinitzer 1973, S. 276 ff.; Kat. Düsseldorf 1977, Nr. 80; Kat. Frankfurt 1978, Nr. 131

Seit dem Bestehen von Druckerzeugnissen gab es wiederholt Fälle von Raubdrucken, gegen die sich Künstler wie Verleger erst im Verlauf des 18. Jahrhunderts ernsthaft zur Wehr setzten. Bekannt ist die „Hogarth Act", mit der der englische Graphiker 1735 sein Urheberrecht erstritt, das trotzdem in der Folgezeit nur bedingten Schutz bot.

Mit seiner Radierung nimmt Chodowiecki Bezug auf die Misere der Buchverleger. Der Herausgeber des Blattes war pikanterweise selbst einer der berüchtigsten Berliner Raubdrucker, Christian Friedrich Himburg; er trat gewissermaßen die Flucht nach vorn an: Um Unmoralisches zu bemänteln, zeigte man am besten demonstrativ die moralisch weiße Weste darüber.

Chodowiecki spielte das Spiel wohl um der Sache willen mit. Er entwirft ein Szenario, in dem ein feister, tänzelnder Raubdrucker einem aufrechten Verleger das Hemd vom Leibe reißen will. Ausgeplünderte Kollegen verlassen verzweifelt den Schauplatz, während in einer Höhle zwei Gehilfen des Räubers einen Mantel teilen (Lazarushöhle und Christi ungenähter Rock scheinen in ihr Gegenteil verkehrt). Aufrecht jedoch steht der entkleidete Bildheld da und weist auf die eingeschlafene Justitia. De facto ist im Augenblick nichts zu erreichen, doch der moralische Appell ist eindeutig: Diesen Mächten der Finsternis (versinnbildlicht durch Höhle, Fledermaus-Dämonen und die Mohnpflanze, die für den Schlaf der Gerechtigkeit verantwortlich erscheint) soll man nicht entfliehen (das nackte Hinterteil des ersten Fliehenden weist ironisch darauf hin), sondern standhaft entgegentreten.

Wenigstens für die Künstlerelite des eigenen Landes erließ Friedrich II. noch in seinem Todesjahr, am 29. April 1786, eine „Königl. Preußische allgemeine Verordnung, daß in den sämmtlichen Staaten die akademischen Künstler gegen jedermanns Eingriffe geschützet, und niemand ein von ihnen verfertigtes, von der Akademie anerkanntes Kunstwerk, ohne ihr Vorwissen nachmachen soll." (MMisc. 29, 1786, S. 307 ff.) P. Th.

WILLIAM BLAKE

111 Warring Angels:
Michael contending with Satan
(Kampf der Engel)

Milton, Paradise Lost, Buch VI
um 1780–85
Feder, laviert, über Bleistift; 242 × 330 mm
Bolton, Museum and Art Gallery

Lit.: Kat. Hamburg 1979, Nr. 17

Diese frühe Zeichnung zeigt Blakes linearen Stil noch in den Anfängen. Die Anlehnung an das Vorbild Raffael/Michelangelo, das auch von Hennequin (Kat. 395) benutzt wurde, wirkt noch etwas hölzern und vermag keinen linearen Schwung zu entfalten. Blakes Arbeit für Wedgwood, für den er Vasenbemalung entwarf, erforderte den linearen, auf Binnenmodellierung verzichtenden Stil, der für Flaxman kennzeichnend ist. Der „Flaxman-Stil" ist ein frühes Beispiel für eine Ökonomisierung der künstlerischen Mittel, die direkt mit den Bedürfnissen der Industrie zu tun hat. L. S.

111

BENJAMIN WEST

112 Der Tod auf dem fahlen Pferde
  Offenbarung VI, 8

um 1783
Feder in braun über schwarzer Kreide;
354 × 475 mm
New York, Pierpont Morgan Library,
Inv. 1970.11:20

Lit.: Kraemer 1975, Nr. 39; Erffa/Staley 1986, S. 391

Diese Zeichnung steht – trotz abweichender
Komposition – im Zusammenhang der zwischen
1783 und 1817 entstandenen Fassungen für ein
Wandbild zur Kapelle Georgs III. in Windsor
(vgl. Kat. Hamburg 1980/81, Nr. 466); mit ihnen
teilt sie das Pathos der Unabwendbarkeit, ein
Tonfall, der nicht nur in den Augen des königlichen Auftraggebers störend war, sondern auch
allen deistischen und aufgeklärten Harmonievor-
stellungen widersprach. Als die Fassungen fort-
schritten, geriet nicht nur der Terror der Revolution in den Blickwinkel der Öffentlichkeit, sondern auch der Schrecken der napoleonischen
Kriege, nicht nur die sozialen Katastrophen der
Anfänge des industriellen Zeitalters in England,
sondern auch deren Verschärfung während der
Kontinentalsperre: Der Tod war in Massengrä-
bern, Seuchen, Hunger und Mangel an fast allem
gegenwärtig; seine Darstellung war noch nicht im
Rahmen des Realismus des 19. Jahrhunderts
möglich – so hielt man sich erneut an die realistischen Pathosformeln des späten Mittelalters und
seiner apokalyptischen Ikonographie.   G. S.

112

RAPHAEL LAMAR WEST

113 Kadmus kämpft mit dem Drachen

um 1785
Feder in braun über Graphit; 297 × 225 mm
New York, Pierpont Morgan Library,
Inv. 1970.11:53

Lit.: Kraemer 1975, Nr. 214

Die kompositorische Formel für einen herkulischen Kontrapost in einer Gewaltszene stammt
von Füssli und breitete sich unter Benjamin West
in der Royal Academy aus. Hier ist es Kadmus,
der, nach einer Erzählung aus den Metamorphosen des Ovid, zuerst einmal vergeblich einen
Drachen mit einem Stein zu erschlagen versucht
– es gelingt ihm erst beim zweiten Versuch mit
einer Lanze. Voraus ging der Raub seiner Schwester Europa; mit seiner Mutter folgte er ihr bis
Thrakien. Dort starb die Mutter, und Kadmus
setzte seine Verfolgung fort; in seiner Ratlosigkeit
befragte er das Orakel von Delphi, das ihm den
Rat erteilte, einer Kuh zu folgen, bis diese sich
niederlege. Kaum aber hatte sie sich hingelegt,
verwandelte sie sich in einen Drachen. In einem
glaubensfremden Zeitmilieu gewinnen die
Gleichnisse der griechischen Mythologie an
Überzeugung gegenüber den Wundern des Neuen
Testaments; insbesondere kommen die moralischen Vorstellungen von Wille und Kraft so eher
zu ihrem Recht: Der Held handelt souverän
jenseits von Vergebung und Gnade; nur Gunst
und Zorn der Götter setzen ihm Grenzen, die er
als Glück und Unglück erfährt. Der Weg zu
diesen Bildformeln und materialistischen Typologien ist lang: Er beginnt im Zeitalter des Humanismus, weitet sich – zum Teil flankiert von
heroischen Heiligenlegenden – im Laufe der
Neuzeit aus und verengt sich wieder zur Zeit der
späten Aufklärung auf Pfade der mittelmeeri-
schen und nordischen Mythologie.   G. S.

113

114

NICOLAI ABRAHAM ABILDGAARD   (Farbtafel 7)

114 Szene aus „Niels Klims
  unterirdische Reise"

von Ludvig Holberg: Der schiffbrüchige Niels
Klim wird von zwei Quamiten in einen Weiden-
kahn gerettet

vor 1789
Öl/Leinwand; 42 × 35,5 cm
HK, Gemäldegalerie, Inv. 740

Lit.: Skovgaard 1960, S. 24 (die ganze Folge); vgl. Slg.
Hamburg 1966, S. 16

Niels Klim, der Held eines Reiseromans (vgl.
Kat. 184) im Stile Swifts, hat ganz im Sinne
Fontenelles mehrere Welten und in diesen verschiedene Länder angetroffen. Die anthropomor-
phen Wesen, die er dort antraf, dienten Ludvig
Holberg zur Demonstration gegenwärtiger Verhältnisse, Probleme und Verfassungen. Als Abildgaard die Stationen der Reise malte, war Holbergs
Roman ein Klassiker der Aufklärungsliteratur
geworden und international bekannt. Als Holberg
ihn veröffentlichte, konnte es nur lateinisch
geschehen, was den Leserkreis von vornherein
einschränkte; dänisch wäre er im pietistischen
Milieu des dänischen Adels zur Zeit Christians
VI. (1730–1746) sofort verboten worden – außerdem war praktisch noch die Leibeigenschaft in
Kraft (Kat. 75, 369). Der internationale Ruhm
breitete sich von Leipzig aus; die dänische Übersetzung erschien 1742, ein Jahr später. Es ist wie
eine bildliche Umsetzung von Holbergs „Einleitung in das Natur- und Völkerrecht" (1716;
deutsch 1748 nach der vierten Auflage). Die
Quamiten nun sind aus dem Holze geschnitzt wie
Voltaires Candide am Bosporus: Von allen
Bewohnern der unterirdischen Welten sind sie am
menschenähnlichsten. Aber sie sind auch die
schlichtesten, ärmsten und bedürfnislosesten.
Anstatt nun selbst so zu werden, korrumpiert
Niels Klim sie und – nach einiger Zeit – auch sich
durch nutzlose Künste, die als gesellschaftsfähig
gelten und Herrschaft ermöglichen. Das Ende ist
Krieg und Verrat, Selbstüberschätzung und ein
Ende, das der Held vergeblich durch Landesver-
rat hinauszuzögern versucht, wie vor ihm Karl I.
und nach ihm Ludwig XVI.   G. S.

FRANCISCO DE GOYA

115 Junge Frau mit erhobenen Armen

1796–97
Pinsel in Grau und Schwarz; 17,1 × 10 cm
Madrid, Museo del Prado, Inv. 427

Lit.: G-W 364, S. C. 219; G., I A. i. 9

Die Zeichnung stammt aus dem zwischen Sommer 1796 und Frühjahr 1797 entstandenen *Album Sanlúcar*, Goyas erstem Skizzenbuch, in dem er während oder nach seinem Aufenthalt auf dem Landsitz der Herzogin von Alba in Andalusien erstmalig die Zeichnung als selbständiges Medium erprobte. Es ging ihm bei diesen Zeichnungen „weniger um die Verarbeitung beobachteter Alltagsszenen oder von Modellskizzen, als vielmehr um das Experimentieren mit ‚archetypischen‘ Situationen und Figuren seines moralistischen Themenkreises" (Held 1980, 60). Die frühen Skizzenbücher bildeten das Ausgangsmaterial für die *Caprichos*.

    Goyas erstes Skizzenbuch enthält ausschließlich Darstellungen von Frauen, die in ihrer Einfachheit und Natürlichkeit eine unmittelbare Sinnlichkeit ausdrücken. Mit dieser vitalen Thematik korrespondiert der Beginn von Goyas revolutionärer, ausschließlich auf dem Pinsel beruhenden Zeichentechnik. Daher hat schon Carderara, der die Zeichnungen erstmals veröffentlichte, sie als ein Symbol für die „Wiedergeburt" des Künstlers gewertet, einer Wiedergeburt in emotionaler und künstlerischer Hinsicht, die aus der „Anmut und wollüstigen Haltung" („la grâce et la tournure voluptueuse") der Frauen spreche und alles „lichtvoll, fröhlich und ursprünglich" („lumineux, gai et naif comme le printemps de la vie de l'artiste") gestalte (Carderara 1860, S. 224).

    Die anmutige Gestalt der jungen Frau, ihre ungebrochene Körpersprache und Gestik enthält jedoch ein Glücksversprechen, das über den intimen und libertären Kontext hinausreicht. Ihr Grußgestus läßt sich als Metapher für den Anbruch des „neuen Tages" der Aufklärung, des Lichts der Emanzipation, das über der klaren Trennlinie des unteren Dunkelzone, dem gleichsam abstrakten Relikt der Finsternis, hereinbricht, deuten. Damit könnte das Blatt als Vorläufer der leuchtenden Frauengestalten verstanden werden, die als allegorische Leitfiguren der Wahrheit im zeichnerischen und graphischen Spätwerk Goyas, etwa in den letzten Blättern der *Desastres* (Kat. 530.79–80), erscheinen. J. E. H.

John Hall
nach BENJAMIN WEST

116 William Penn's Treaty with the Indians
     (William Penns Vertrag mit den Indianern)

1775
Radierung; 426 × 591 mm
HK, Kupferstichkabinett, Inv. 21603

Lit.: Brinton 1941, Nr. 35; Abrams 1985, S. 192 ff.; Erffa/Staley 1986, Nr. 85

Ein Vertrag im eigentlichen Sinne ist nicht dargestellt; es ist auch keiner in den Archiven Pennsylvaniens aufzufinden, wohl aber ein am 18. 10. 1681 in London datierter Brief von Sir William Penn (1644–1718) an die Indianer seiner nach ihm benannten Kolonie. Dort ist von friedlichen Absichten die Rede ohne spezielle Regelung, wie sie sich zwischen landsässigen Siedlern mit abgesteckten Grenzen und umherziehenden Eingeborenen verwirklichen ließen, es sei denn durch

116

Handel, wie er denn auch auf Gemälde und Stich dargestellt ist. Das Gruppenbild von ernsten Quäkern und festlich gekleideten Indianern am Stadtrand von Philadelphia legt allerdings in Mimik und Handlung die Deutung als feierlichen Vertragsschluß nahe. Und dies hat weniger mit dem historischen Zeitpunkt des Briefes zu tun als mit der Entstehungszeit von Bild und Stich.

    Es ist wahr, daß die Quäker unter Penn sich als Geschöpfe Gottes gleich vor den Indianern fühlten (so sagt es wenigstens der Brief); sie waren in New Jersey und Pennsylvanien die Ersten (1751), die ihre Sklaven in die Freiheit entließen. Aber als 1771 Sir Thomas Penn (1702–1775), der Sohn Sir Williams, Benjamin West den Auftrag erteilte, lag in der verklärten Schilderung eines verfassungsmäßigen Urzustandes Absicht:

    Sir William Penn war als Quäker Nonkonformist und gilt – als Freund Algernon Sidneys (1622–1683) und von John Locke (1632–1704) beeinflußt – als Gründer des amerikanischen Konstitutionalismus. Seine vorwiegend aus Quäkern bestehende Kolonie war die erste, in der vollkommene religiöse Toleranz herrschte (auch gegenüber Katholiken). Sie hatte nur einen Fehler: Sie war sein königliches Lehen, also praktisch sein Eigentum, das er an seinen Sohn vererbte wie seine englischen Besitzungen, auf denen Vater und Sohn die längste Zeit ihres Lebens wohnten und wo sie auch starben. Man kann sich vorstellen, wie ein Bürger Philadelphias, etwa Benjamin Franklin, dazu stand: Ab 1757 versuchte er wiederholt die direkte Abhängigkeit über die Krone zu lösen; um 1770 war das endgültig gescheitert: Der Gouverneur blieb eine Kreatur des jüngeren Penn. In einer Zeit, als benachbarte Kolonien aktiv an dem kanadischen Krieg (zwischen England und Frankreich) teilnahmen, untersagte er seinen Untertanen die Bewaffnung – auch gegen die Indianer, die inzwischen durch die wachsende Besiedlung unruhiger geworden waren, der Opposition aber auch als ein willkommener Vorwand dienten. In diese Richtung zielt die

Propaganda des in England gemalten Bildes von West und des in England entstandenen Stiches von Hall: Der unbewaffnete Quäker handelt friedlich mit den Ureinwohnern. Man wußte sehr wohl, daß man mit der moralischen Rüge am Wunsch nach Bewaffnung die verdeckte Hoffnung auf Erkämpfung der Unabhängigkeit zu treffen hatte. Daher die Verbreitung des Stiches am Vorabend des Unabhängigkeitskrieges. G. S.

115

Bartolomeo Pinelli
nach José Aparicio

**117 Loskauf von Gefangenen
zur Zeit Karls III.**

1813
dat. u. bez.: J. Aparicio inventó y pintó Roma año
1813 B. Pinelli la gravó
Radierung; 390 × 500 mm
HK, Kupferstichkabinett, Inv. 1988/174

Lit.: Slg. Madrid 1968, Nr. 957; Rosenblum 1974

Das Blatt hat einen durch Karl III. angeordneten
Loskauf von Gefangenen in Algier zum Thema.
Die Szene gibt den dramatischen Höhepunkt
wieder, in dem ein Mönch den Gefangenen die
Freiheit verkündet, während hinter ihm das Löse-
geld übergeben und Nahrung herangebracht
wird. Die Gefangenen kommen noch in Ketten
aus dem Dunkel des Kerkers, dem bedrückenden
Schauplatz der in pathetischen Gesten des Leidens und der Erregung erstarrten Opfer. Dabei
entlehnte Aparicio mit der Zentralfigur des blinden Greises eine Gestalt Davids („Bélisaire",
1781) wie er die als Sinnbild menschlicher Tragik
1800 von Fortuné Dufau, einem David-Schüler,
eingeführte Figur des *Ugolino* mit seinen Söhnen
links unten einfügte.

Der Spanier Aparicio trat 1800 in Davids
Atelier ein. Für den Salon 1806 schuf er das
Aufsehen erregende Bild „Epidemie in Spanien",
das seine Vorliebe für unheilvolle Sujets der
Zeitgeschichte begründete. Die Entwicklung
Spaniens bot dem Maler, der 1806–14 in Rom
lebte, reichen Stoff für derartige Historienbilder
(etwa „Das Jahr der Hungersnot in Madrid",
1818), die dem Davidischen Formenkanon verpflichtet waren. Dessen klassizistisch-kühles
Dekor zeigt auch Aparicios Kerker, während die
Bildaussage in patriotisch-kirchlicher Hinsicht
getönt ist: es ist das Spanien der Restauration
Fernandos VII., der Aparicio 1815 zum Hofmaler
ernannte, das hier durch einen Verweis auf seine

Geschichte gepriesen wird. Als das Bild entstand,
war die napoleonische Herrschaft in Spanien
besiegelt, und so läßt es sich fast als Antwort auf
deren Befreiungsideologie, wie sie etwa in dem
Bild „Allegorie auf die Befreiung französischer
und italienischer Gefangener aus Algier im Jahre
1805 durch Jérome Bonaparte" von François
André Vincent, in einer Beschreibung des Salons
1806 erwähnt, verstehen (Kat. Hamburg 1980/81,
Nr. 372). Die Inschrift auf der rechts oben im
vorliegenden Blatt angebrachten Tafel spiegelt im
Gegenzug eine vorteilhafte Befreierrolle Spaniens vor, die ihm allerdings durch die Unabhän-
gigkeitsbestrebungen der amerikanischen Kolonien seit 1809/10 aufgezwungen wurde.   J. E. H.

Jean-Antoine Houdon

118 Büste einer Negerin

1781
Bronzenachguß, 1880/84; 20,5 cm
Paris, Musée des Arts décoratifs, Inv. 37621

Lit.: Réau 1969, Bd. 2, Nr. 11; Arnason 1975, S. 59; Kat.
Paris 1989, Nr. 888

Aus Anlaß der Aufhebung der Sklaverei (4. 2.
1794 = 16 Pluviôse II) widmete die „Convention
nationale" einen Guß dieser Büste der Freiheit
und Gleichheit. Man weiß nicht, wo sie aufgestellt war: bis zu ihrer Zerstörung im Ersten
Weltkrieg (1918) war sie dann im Museum von
Soissons. Vitry hat 1897 vermutet, Houdon habe
sie gestiftet und sich damit in einer Zeit wachsenden Einflusses von David für ein geplantes Monu-
mentalprojekt für Rousseau in Erinnerung zu
rufen versucht. Die erste Büste dieser Art (Gips,
bronziert) war im Salon 1781 zu sehen; sie stand
im Zusammenhang mit einem Auftrag des Herzogs von Chartres (Philippe-Égalité), Vater des

Königs Louis Philippe (1830–1848), des späteren
Herzogs von Orléans (Kat. 298 a) für seinen Park:
Ein Diana-Brunnen aus Marmor mit einer Negerin aus Blei als Assistenzfigur (1783). Der Brunnen kam nie zur Ausführung, der Guß der Assistenzfigur wurde nie vorgenommen, und deren
Modell muß früh verschollen sein.   G. S.

118

Samuel Thomas Soemmerring   (o. Abb.)

**119 Ueber die körperliche Verschiedenheit
des Negers vom Europäer**

Mainz/Frankfurt 1785
Hamburg, Gelehrtenschule des Johanneums,
Sign. 115 p

Lit.: Dougherty 1985; Mross 1985, S. 258

Der Anatom und vielseitige Gelehrte Samuel
Thomas Soemmerring (1755–1830) lernte 1778
Georg Forster kennen, durch dessen Vermittlung
er im folgenden Jahr als Lehrer der Anatomie an
das Collegium Carolinum in Kassel berufen
wurde. Dort stand er in Kontakt mit Persönlichkeiten wie Goethe und Johann Friedrich Blumenbach. Soemmerrings 1874 erstmals in Mainz
erschienene Schrift versucht auf Grund detail-
lierter anatomischer Studien, die körperlichen
Unterschiede zwischen Schwarzen und Weißen
zu analysieren. Die Erstauflage rief den Eindruck
hervor, der Schwarze sei näher mit dem Affen
verwandt als die Weiße. In der zweiten, stark
überarbeiteten Auflage wird diese These, „ . . .
daß allgemein im Durchschnitt die Neger doch in
etwas näher ans Affengeschlechts, als die Europäer, grenzen" (S. 77), zwar nicht revidiert, Soemmerring ist sich der daraus folgenden Problema-
tik aber besser bewußt: „Ich legte meine Gründe
dar, mit möglichster Vorsicht und Behutsamkeit

117

wegen aller nachtheiligen Folgen auf die Behandlung dieser Unglücklichen, und doch konnte ich nicht ganz dem Mißverständnisse entgehen, als liesse sich durch meinen Aufsatz in etwas die Tiranney entschuldigen, worunter sie in beiden Indien seufzen" (S. XIX). In der Vorrede kritisierte er die Anmaßung, mit der die Europäer über die Schwarzen verfügen: „Es ist nur zu bekannt, wie wenig brüderlich wir diese Unglücklichen behandeln, und das mit einer Kälte und Gewissensruhe, die, eben wegen ihrer ziemlichen Allgemeinheit, stillschweigend zu verrathen scheinet, als hielten wir die Neger für weniger vollkommen, für weniger der ersten Stelle in der thierischen Schöpfung unseres Planeten würdig, mit einem Worte, für geringer, als uns Weisse" (S. VII). Er beeilt sich daher in der Schlußfolgerung der zweiten Auflage zu versichern, daß die Schwarzen trotz ihrer näheren Verwandtschaft zum Affen dennoch Menschen blieben, „und über jene Klasse wahrer vierfüssiger Thiere gar sehr erhoben, gar sehr auffallend von ihnen unterschieden und abgesondert . . ." (S. 77) seien, wobei das Hauptkriterium für die Unterscheidung der aufrechte Gang des Menschen sei.

Soemmerring stützt seine Erkenntnisse auf Sezierungen, die er in Kassel an dort verstorbenen Schwarzen vorgenommen hatte. Diese „Mohren" stammten aus einer vom Landgrafen Friedrich II. angelegten Kolonie bei Schloß Weißenstein. Die Häuser der Siedlung waren im chinesischen Stil erbaut, ein Beispiel für den exotischen Geschmack, der sich auch in den deutschen Landschaftsgärten nach englischem Vorbild ausbreitete. In Ermangelung „echter" Chinesen waren dort Schwarze, vermutlich Sklaven, als Bedienstete angesiedelt worden. K. O.

William Hackwood
120 Anti-Sklaverei-Medaillon

1787 (Replik von 1976)
Umschrift: Am I not a Man and a Brother?
Jasperware; 3,5 × 2,8 cm
HK, Skulpturenabteilung, Inv. 1989/32

Lit.: Kat. Cleveland 1976, Nr. 309; Boime 1987, S. 307

Im Sommer 1787 beauftragte Josiah Wedgwood William Hackwood, das Modell für eine Medaille gegen die Sklaverei zu entwerfen. In großer Auflage wurden die Medaillen in der Wedgwood Fabrik in Staffordshire hergestellt und kostenlos an Personen verteilt, die sich für die Sklavenbefreiung einsetzten. Die Idee war ein großer Erfolg: Auf Tabaksdosen montiert, als Schmuckstück getragen, zu Hutnadeln verarbeitet erfreuten sich die Medaillen wachsender Beliebtheit, „ . . . und so erfüllte die Mode, welche sich für gewöhnlich auf nutzlose Dinge beschränkt, einmal eine ehrenvolle Aufgabe, nämlich die Sache der Gerechtigkeit, der Humanität und der Freiheit voranzutreiben" (Clarkson). Wedgwood gehörte zu den Gründern der *Society for the Suppression of the Slave Trade,* die wiederholt Anträge im Parlament einbrachte, nicht nur den Handel mit Sklaven zu verbieten, sondern auch die Sklaverei an sich zu unterbinden. Am 29. Februar 1788 sandte er einige Medaillen an Benjamin Franklin (vgl. Kat. 52–54), der ihm in einem Brief antwortete, daß diese Medaillen eine Wirkung hätten, „die derje-

120

nigen der besten Pamphlete gleichkomme, indem sie die Sympathie für jene unterdrückten Menschen wecke." Die Darstellung des gefesselten Schwarzen wurde schnell zum Symbol der gesamten Bewegung und zierte die Frontispize und Illustrationen vieler Schriften gegen die Sklaverei (z. B. auch Kat. 436).

Der englische Sklavenhandel zwischen Afrika und den Karibischen Inseln erreichte im 18. Jahrhundert seinen Höhepunkt. Von den 400 europäischen Sklavenschiffen lief die Hälfte unter britischer Flagge. Zur gleichen Zeit verstärkte sich daher der Protest gegen die Sklaverei, und zwar sowohl aus moralischen und humanitären Gründen, die vor allem von den Dissenters vorgebracht wurden, als auch aus ökonomischen Erwägungen, für die Adam Smith (*An Inquiery into the Nature and Causes of the Wealth of Nations, 1776*) die Argumente vorlegte, Sklaverei sei nämlich insofern nicht einträglich, da der Sklave keinerlei Anreiz habe, freiwillig schwer zu arbeiten, denn er könne keinen Gewinn aus seiner Arbeit ziehen. John Wesleys 1774 erschienene Schrift *Thoughts on Slavery* rührte hingegen an das christliche Gewissen und wirkte stark auf die öffentliche Diskussion, denn Sklaverei „sei nicht nur ein Skandal gegenüber dem Christentum, sondern vor allem gegenüber der Menschlichkeit" (zit. nach Jacobsson 1972, S. 41). 1776 wurde die erste Eingabe im Parlament gemacht, sie fand aber noch keine Unterstützung im House of Commons. Hatte man zunächst versucht, mit dem Sklavenhandel auch die Sklaverei an sich abzuschaffen, so konzentrierten sich die Abolitionisten im folgenden darauf, ein Verbot des Handels mit Afrikanern zu erwirken. Die Clapham Sect unter der Führung von William Wilberforce stellte seit 1789 das Thema immer wieder im Parlament zur Diskussion. Mit der zunehmenden Abneigung gegen die französischen Entwicklungen ließ der Impetus für die Sklavenbefreiung allerdings nach, da man in den Argumenten der Abolitionisten einige der Ideale der Französischen Revolution wiedererkannte. Der Durchbruch gelang erst nach dem vorläufigen Ende des Französisch-Englischen Krieges (1802), die Abschaffung des englischen Sklavenhandels wurde 1807 endgültig im Parlament durchgesetzt. K. O.

Charles Melchior Descourtis (Farbtafel 18)
nach Frédéric Schall

121 Paul et Virginie
(Paul und Virginie) Nr. 2

nach 1788
Farbradierung; 412 × 481 mm
HK, Kupferstichkabinett, Inv. 1947/59

1788 erschien in Paris der Roman *Paul et Virginie* von Jacque-Henri Bernardin de Saint-Pierre (1737–1814), der schnell zu einem Bestseller wurde. In der exotischen Liebesgeschichte der zwei Naturkinder Paul und Virginie sind Elemente der Philosophie Rousseaus verarbeitet und popularisiert. In der idyllischen Umgebung der Île de France (der heutigen Mauritius-Insel) wachsen die beiden Kinder unbehelligt von den verderblichen Einflüssen der Zivilisation in geschwisterlicher Mitmenschlichkeit und inniger Liebe zueinander auf. Die Katastrophe ereignet sich, als Virginie aus dem fernen Paris zurückkehrt, wo sie standesgemäß zu einer jungen Dame erzogen werden sollte. Das Schiff erleidet vor der Küste in Sichtweite Pauls und ihrer Angehörigen Schiffbruch. Sie kann sich als einzige nicht retten, da ihr das in Frankreich erlernte Schamgefühl verbietet, sich zu entkleiden und an Land zu schwimmen.

Blatt Nr. 2 der sechsteiligen Folge, die Descourtis nach Gemälden von Schall radiert hat, schildert jene Episode, als der treue Sklave Dominque den erschöpften Kindern entgegeneilt, um ihnen Stärkung zu bringen und sie sicher nach Hause zu geleiten. Die Kinder hatten am Vortage eine mißhandelte und entlaufene Sklavin zu ihrem Herrn zurückbegleitet und bei ihm um Gnade und Mitleid für sie gebeten. Auf dem Rückweg hatten sie sich verirrt und wurden nun ihrerseits von einem Schwarzen gerettet. Bernardin de Saint-Pierre führt als positive Romanfigur den Typus des „Edlen Wilden" ein, der in Treue und Anhänglichkeit mit den Kindern und ihren Müttern lebt. Alle tragen zum gemeinsamen Überleben auf der Insel bei, doch wird da das Prinzip der Sklaverei nicht grundsätzlich in Frage gestellt. Die Terminologie von Herr(in) und Sklave wird nicht angetastet. Mit großer Selbstverständlichkeit schildert Bernardin de Saint-Pierre den Kauf der Sklaven Dominque und Marie. Sie sind der einzige, wertvolle „Besitz" ihrer Herrinnen. Ein Verständnis für die Gleichheit und Menschlichkeit der Schwarzen bahnt sich zwar an, wird aber noch nicht zu einem Plädoyer für die Abschaffung der Sklaverei formuliert. K. O.

121

NICOLAI ABRAHAM ABILDGAARD

122 Entwurf zur Medaille auf die dänische Sklavenbefreiung

1792
Bleistift; 144 × 123 mm
Umschrift: MISERIS SUCCUR (R) ERE DISCO.
Weitere Inschriftenentwürfe: „homo sum"/„Discite tandem miseris homo sum"/„me miserum"/ „Discite tandem miseris succure [sic] et Miseris succurrere disce".
Kopenhagen, Den kongelige Kobberstiksamling, Inv. 538.13

Lit.: Kat. Kopenhagen 1978, Nr. 48; Degn 1984, S. 292; Kat. Paris 1989, Nr. 886

Das Handelshaus Schimmelmann in Kopenhagen war das Zentrum eines globalen Transithandels: Flinten, Schnaps, Kattun aus Europa nach Afrika, von dort etwa 15 Millionen Sklaven in die Karibik, von dort wiederum Zucker, Rum und Baumwolle nach Europa. Dies geriet aus verschiedenen Gründen um 1790/91 in eine Krise, einer davon war der Aufstand in Santo Domingo (Kat. 75) in der unmittelbaren Nähe der dänischen Besitzungen auf den Jungferninseln. Der dänische Finanzminister Heinrich Ernst Graf von Schimmelmann (1747–1831) wirkte als Staatsminister in Zusammenarbeit mit den Grafen Bernstorff und Reventlow an der Handels-, Zoll- und Währungsgesetzgebung mit und hob 1792 die Sklavenwirtschaft mit Wirkung von 1803 auf (Kat. 75). Diesem Ereignis gilt die Medaille von Pietro Leonardo Gianelli (1767–1807), zu der Abildgaard den Entwurf lieferte (<122>). Daß die Wirksamkeit der Verfügung bis 1848 auf sich warten ließ, lag an der Erfindung der Baumwollentkernungsmaschine (1793): Sie hob auf Jahrzehnte erneut den Bedarf an afrikanischen Arbeitskräften. Dänemark, das auch dort Besitzungen hatte, nahm erneut an dem Handel teil für die Karibik und die Südstaaten von Nordamerika. In den Neunziger Jahren aber kulminierte die wirtschaftliche Entwicklung ohne Sklavenhandel; der Erfolg schien die Moral zu krönen. Der Kaufmann und Staatsmann befand sich in Harmonie mit den modernsten Strömungen seiner Zeit. Die Nation war stolz auf ihre juristischen Reformen (Kat. 369). In diese Zeit paßt das Pathos Abildgaards mit dem Aufruf zum Erbarmen, der sich auf der Medaille erhielt: ME MISERUM!　　　　　　　　　　　　　　G. S.

122

<122> P. L. Gianelli nach Nicolai Abildgaard, *Medaille auf die Aufhebung des Sklavenhandels durch die dänische Regierung, 1792*

Inigo Barlow
nach ISAAC CRUIKSHANK

123 Lo, the poor Indian!
(Sieh, den armen Indianer!)

30. November 1793
Kolorierter Kupferstich; 107 × 74 mm
HK, Bibliothek, Sign. Ill. XVIII. Varii 1792

1733/34 erschien, zunächst anonym, Alexander Popes äußerst einflußreiches Lehrgedicht *An Essay on Man*, das in vier Episteln die Natur des Menschen und seine Stellung im Universum zu beschreiben versucht. Als Beweis für die Universalität der Idee eines Lebens nach dem Tode führt Pope die Indianer an, „deren ungeschulter Verstand Gott in den Wolken sieht, oder ihn in den Winden hört ... Wo Sklaven noch einmal ihres Heimatlandes gedenken, wo keine bösen Feinde sie quälen, kein christlicher Durst nach Gold herrscht" (S. 68/69). Die erste Epistel gipfelt in

dem programmatischen Satz: „Whatever is, is right" (Alles, was ist, ist recht; S. 75). Der Indianer und der Sklave sind ebenso Teil der Schöpfung wie der Weiße. Das schwarze Paar der Buchillustration der Ausgabe London 1793 begrüßt mit einem Anbetungsgestus die Sonne. Cruikshank greift dabei auf ein ganz ähnlich empfundenes Blatt Chodowieckis zurück, das 1779 erschienen war (vgl. Kat. 109). Doch ist das weiße Paar bei Chodowiecki stolz aufgerichtet, während ihre Gegenstücke mit gebeugtem Rücken eher eine unterwürfige, geduckte Haltung einnehmen. Die propagierte Gleichstellung der Farbigen ist in der Illustration nicht vollkommen verwirklicht.　　　　　　　　　K. O.

JEAN BAPTISTE DE BOYER MARQUIS D'ARGENS
(o. Abb.)

124 Jüdische Briefe,
oder philosophischer, historischer und kritischer Briefwechsel zwischen einem Juden, der durch verschiedene Länder von Europa reiset, und seinen Correspondenten an anderen Orten
Berlin 1763–1766 (6 Bände)

Wolfenbüttel, Herzog August Bibliothek, Sign. Wa 922

Lit.: Kat. Wolfenbüttel 1983, Nr. 24

D'Argens (1704–1771) gehörte mit Voltaire, Formey, Prades und La Mettrie zum Umkreis Friedrichs II.; er leitete die Klasse der Literatur an der Berliner Akademie. Seine jüdischen Briefe – allein in zwölf französischen Auflagen erschienen – erschlossen von 1736 an das Klima, in dem Mendelssohn seine literarische Emanzipation entfalten konnte. Lächelnd wird einer selbstgefälligen und schon verweltlichten Christenheit im Stile von Montesquieus „Persischen Briefen" ein Spiegel vorgehalten, der die Gelassenheit der Andersgläubigen rechtfertigt. Umgekehrt ist es ein Dokument der Toleranz. Die humane Leichtigkeit, mit der noch Lessing konfessionelle Abweichungen von Christen und Juden zu behandeln vermag, hat hier ihren Ursprung. Daß es dabei nicht blieb, ist Mendelssohn und Mirabeau zu danken (Kat. 51). Selbst wenn man nicht wüßte, daß die deutsche Übersetzung bei Nicolai erschienen ist (2 Auflagen), könnte man es erraten.　　　　　　　　　　　　G. S.

125

ENCYCLOPÉDIE,

OU

DICTIONNAIRE RAISONNÉ

DES SCIENCES,

DES ARTS ET DES MÉTIERS,

PAR UNE SOCIÉTÉ DE GENS DE LETTRES.

Mis en ordre & publié par M. *DIDEROT*, de l'Académie Royale des Sciences & des Belles-Lettres de Pruffe; & quant à la PARTIE MATHÉMATIQUE, par M. *D'ALEMBERT*, de l'Académie Royale des Sciences de Paris, de celle de Pruffe, & de la Société Royale de Londres.

Tantùm feries juncturaque pollet,
Tantùm de medio fumptis accedit honoris! HORAT.

TOME PREMIER.

A PARIS,

Chez
{
BRIASSON, *rue Saint Jacques, à la Science.*
DAVID l'aîné, *rue Saint Jacques, à la Plume d'or.*
LE BRETON, Imprimeur ordinaire du Roy, *rue de la Harpe.*
DURAND, *rue Saint Jacques, à Saint Landry, & au Griffon.*

M. DCC. LI.
AVEC APPROBATION ET PRIVILEGE DU ROY.

I.4 Die vermessene Welt

125 Encyclopédie
ou dictionnaire raisonné des sciences, des
arts et des métiers . . .
35 Bde., Paris 1751–77

HK, Bibliothek, Inv. A 325

Lit.: Neumann 1985; d'Alembert/Mensching 1989

Die *Encyclopédie* (Titelblatt Kat. 42) ist das
umfangreichste verlegerische Unternehmen des
18. Jahrhunderts. Der Umfang und die Vielseitig-
keit des Werks spiegeln die geistige Spannbreite
der französischen Aufklärung. Unter den fast 200
Autoren, die Artikel für die *Encyclopédie* beitru-
gen, waren u. a. Voltaire, Rousseau, Montesquieu, Holbach und Turgot.

Der Anfang war jedoch viel bescheidener,
denn zunächst ging es nur um eine Übersetzung
der 1728 erschienenen zweibändigen Enzyklopädie von William Chambers. Der Verleger André-
François Le Breton erhielt dazu am 27. Januar
1746 die königliche Lizenz. Für die Leitung des
Unternehmens wurde ihm der noch unbekannte
Denis Diderot vorgeschlagen. Schnell wurde aus
dem Übersetzungsprojekt der Plan zu einem
eigenständigen, umfangreicheren Werk. In
d'Alembert fand Diderot Ende 1747 einen Mitherausgeber, der in der wissenschaftlichen Welt
schon einen Namen hatte und dem Projekt damit
mehr öffentliche Geltung verschaffen konnte.
Einen unbeabsichtigten Werbeeffekt erhielt die
geplante *Encyclopédie,* als Diderot am 24. Juli
1749 verhaftet und inhaftiert wurde. Der Grund
war die in seinen bis dato veröffentlichten Schriften (*Philosophische Gedanken, Les Bijoux indis-
crets, Brief über die Blinden*) nur zum Teil
kaschierte Gesellschaftskritik. Nach einem Vier-
teljahr bekam der Verleger ihn wieder frei, worauf
die Arbeit zügig voran ging, so daß der erste Band
am 1. Juli 1751 an die Subskribenten ausgeliefert
werden konnte. Im Januar 1752 erschien der
zweite Band, der vom König verboten wurde. Der
oberste Zensor Malesherbes verhinderte die drohende Konfiszierung und nahm das Projekt
fortan in Schutz. Weitere Unterstützung erfuhr es
durch Madame de Pompadour, die damit ihre
jesuitischen Feinde treffen wollte. Gesichert vor
Angriffen der Zensur konnte in den folgenden
Jahren jeweils ein Band erscheinen. Neue Gefahr
war im Verzug, als am 5. Januar 1757 das Attentat
Damiens' auf Ludwig XV. erfolgte. Daraufhin
wurde ein Gesetz erneuert, das die Veröffentlichung von Büchern ohne königliche Erlaubnis
mit dem Tod bestrafte. Nicht nur die Jesuiten,
sondern der Klerus überhaupt sah eine willkom-
mene Gelegenheit, sich für die atheistischen
Tendenzen der Encyclopédisten zu rächen und
suchte ihnen die Schuld am Attentat zuzuschie-
ben. Die zunehmenden Angriffe und Verleumdungen veranlaßten schließlich d'Alembert, sich
aus seinem Amt als Mitherausgeber zurückzuziehen, da er seine wissenschaftliche Karriere durch
die aufreibenden Auseinandersetzungen gefährdet sah. Besonders in die Schußlinie geraten war
er mit seinem Artikel „Genf", in dem sich Äußerungen gegen die calvinistische Moral und insbesondere ihre Ablehnung der Schauspielerei fanden. Davon fühlten sich auch bürgerliche Pariser
Intellektuelle angegriffen, unter anderem Rousseau, der eine Erwiderung schrieb (*Lettre à*

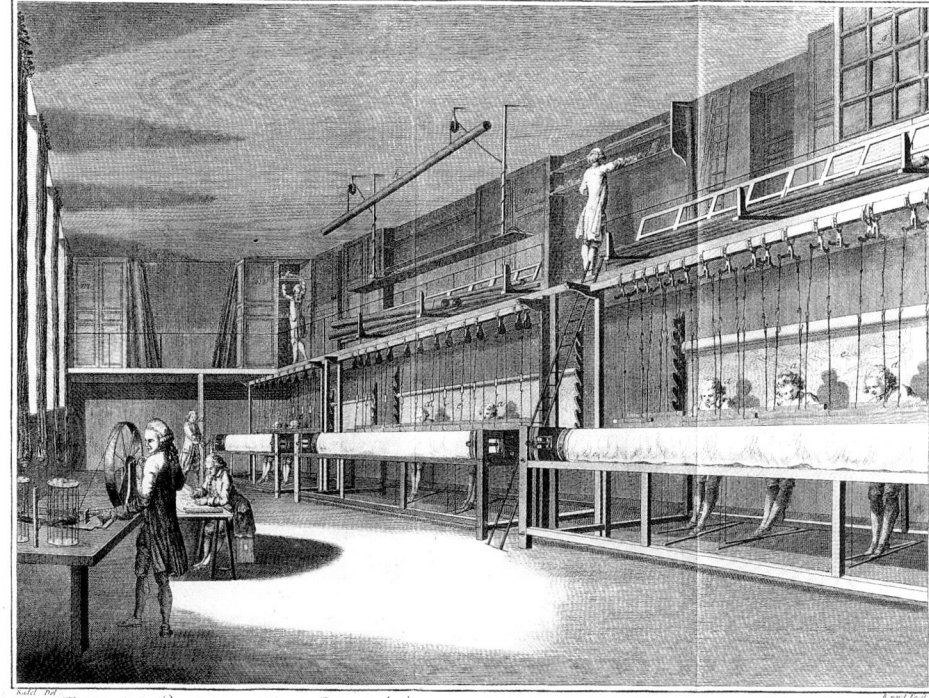

Tapisserie de Basse Lisse des Gobelins, Atelier et différentes Opérations des Ouvriers employés à la Basse Lisse

125 a

M. d'Alembert . . . , 1758), in der er seine moralische Ablehnung des Theaters unterstrich, das
seiner Ansicht nach Verlogenheit und Heuchelei
förderte (dies ist im Rahmen von Rousseaus
Kritik an der städtischen Kultur überhaupt zu
sehen). Rousseau zog sich von dem Projekt und
seinen encyclopédischen Freunden zurück. Als
im März das von Malesherbes erwirkte Privileg
für die *Encyclopédie* zurückgezogen wurde, sah
alles nach dem Ende des Unternehmens aus.
Dem Verleger wurde angeordnet, die Subskribenten auszuzahlen – doch keiner meldete Ansprüche an. Alle 4000 (eine damals ungeheure Zahl)
warteten auf die fehlenden Bände, und so ließ
Malesherbes es zu, daß sie anstatt mit Text- mit
Bildbänden ausgezahlt wurden. Diesem Umstand
verdanken wir die Fülle des Bildmaterials, auf
dem die heutige Faszinationskraft der *Encyclopédie* zum großen Teil beruht. Schließlich konnten
doch alle Bände erscheinen; jedoch ließ der
Verleger – zu Diderots Verdruß – eigenmächtig
viele Artikel entschärfen, um weiteren Gefähr-
dungen des Projekts zu entgehen. Der letzte
Textband erschien 1766, weitere Bildbände folgten bis 1772; mit Ergänzungs- und Registerbän-
den wurde die Arbeit 1780 abgeschlossen.

Noch nie vorher war die Summe des Wissens
einer Epoche so umfangreich und systematisch
zusammengefaßt worden. Von der intensiven
Beschäftigung mit dem Gedanken der Systemati-
sierung und Gliederung der Wissensgebiete zeugen vor allem die Einleitungstexte von Diderot
(Prospekt, 1750) und d'Alembert (Einleitung zum
1. Band 1751) sowie der Artikel „Encyclopédie"

von Diderot. Trotz aller Unterschiede der einzelnen Autoren liegt ein Generalnenner in der
Ablehnung der traditionellen Metaphysik: Die
Zusammenhänge des Wissens sieht man nicht
mehr durch eine allen Gebieten und Fakten
gemeinsame Wesensbestimmung gewährleistet.
Die Religion dient nicht mehr als Begründungs-
ebene wissenschaftlicher Fakten, die nun durch
Anschauung – im Sinne des Empirismus von
Locke – angeeignet und in Kausalzusammen-
hänge gestellt werden müssen. Dieser Empirismus fundiert besonders bei d'Alembert noch auf
dem Denken Descartes'. D'Alembert vertritt eine
mechanistische Kausaltheorie und stellt sich mit
der Ablehnung von Begriffen wie Energie und
Wechselwirkung gegen das einflußreichste wissenschaftliche System der Zeit: das von Newton.

Das Modell für den gedanklichen Aufbau der
gesamten *Encyclopédie* bilden die mechanischen
Künste und Wissenschaften, die noch bei Chambers keine Berücksichtigung fanden. Damit werden die bürgerlichen Berufe hervorgehoben, was
den Charakter der *Encyclopédie* als einer Art
Manifest des dritten Standes verstärkt. Die Industriedarstellungen in den Bildbänden zeigen vor
allem handwerkliche Kleinbetriebe, die Güter
für die Bedürfnisse der Vermögenden produzieren. Der marxistischen Forschung (vgl. Mensching) ist selbstverständlich aufgefallen, daß ein
Interesse an der Arbeiterklasse in der *Encyclopédie* nicht erkennbar ist. Ein Arbeiter hätte sie sich
auch gar nicht leisten können – die Anschaffung
hätte seinen Jahreslohn überstiegen (ein Rechen-
exempel in: Neumann 1985, S. 11).   L. S.

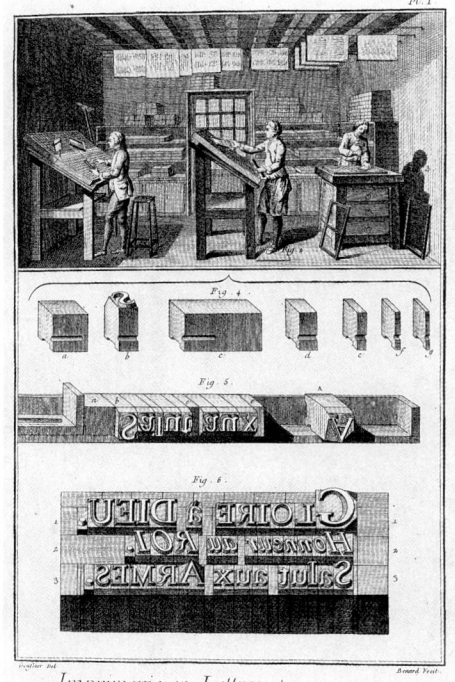

Imprimerie en Lettres, L'operation de la Casse.

125 b

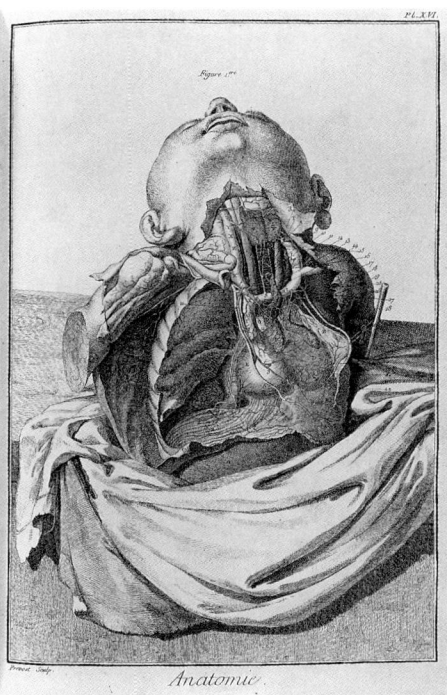

Chirurgie.

125 c

Anatomie.

125 d

Minéralogie, Disposition des Machines servant aux Epuisements.

125 e

R. Bénard
nach RADEL

125 a Gobelinmanufaktur

Kupferstich aus der *Encyclopédie*,
Tafelbd. 8, 1771

Arbeiter in den Manufakturen werden zu „Anhängseln" eines großen mechanischen Produktionsapparates.

R. Bénard
nach GOUSSIER

125 b Setzerei

Tafelbd. 6, 1769

Der Buchdruck mit beweglichen Lettern war neben dem graphischen Druck die Erfindung, die ein Unternehmen wie die *Encyclopédie* technisch überhaupt erst möglich machte. Die Eigendynamik des Buchdrucks als Organisationsform des Wissens ist in der Geschichtsschreibung immer wieder unterschätzt worden. Die druckgraphische Verbreitung von *Bildern* war für die Wissenschaft noch unentbehrlicher als für die Kunst. Erst die Reproduktion identischer Abbildungen ohne die Abweichungen individueller Zeichner machte die moderne Wissenschaft möglich.

Z. B. konnten die Unterschiede einzelner Pflanzenarten vorher nicht präzise genug wiedergegeben werden, um eine Morphologie der Botanik zu entwickeln. Daran war die antike Naturwissenschaft gescheitert.

Defehrt
nach GOUSSIER

125 c Chirurgie

Tafelbd. 2, 2. Teil, 1763

Der mechanischen Auffassung der menschlichen Anatomie entsprachen medizinische Instrumente, die heutigen Augen in ihrer kruden Mechanik wie Folterwerkzeuge erscheinen.

Da es damals noch keine Narkose gab, waren medizinische Behandlungen nach heutigen Maßstäben fast immer Folterungen. Nicht nur die Anatomie, sondern auch die Funktionen des Geistes wurden mechanisch aufgefaßt; am radikalsten bei den Materialisten (La Mettrie, *L'homme machine*, 1748).

B.-L. PRÉVOST

125 d Anatomie

Tafelbd. 1, 1762

Bei der Sezierung wird der Körper „aufgeschält", wie man es bereits in den Anatomiebildern Rembrandts sehen kann. Der Weg ging von außen nach innen, um im Inneren die Krankheit zu „entdecken". Gewebequerschnitte an verschiedenen Körperpartien, die ein „strukturelles" Bild des Körperinneren und der krankhaften Veränderungen liefern, waren eine Neuerung des späten 18. Jahrhunderts. Dieser „Paradigmawechsel" prägt die Medizin bis heute.

R. BÉNARD

125 e Bergwerksstollen

Tafelbd. 5, 1768

Solche für wissenschaftliche Zwecke entwickelten Schnittansichten sind künstlerisch fruchtbar geworden. Ähnliche Untergrundarchitekturen finden sich in der „Architecture civile" von Jean-Jacques Lequeu, von dem wiederum im 20. Jahrhundert Marcel Duchamp ein Schema entlehnt hat, um eine seiner „Junggesellenmaschinen" zu veranschaulichen (vgl. Duboy 1986).

JOHANN QUIRIN JAHN

126 Allegorie der technischen Disziplinen

1767

Feder, Tusche; 343 × 505 mm

Narodni galerie v Praze (Nationalgalerie Prag),
Inv. K 16083

Lit.: Preiss 1979, S. 182

126

Die Zeichnung diente wahrscheinlich als Deko-
rationsentwurf für die Feier zum fünfzigjährigen
Bestehen der Prager Ingenieursschule. Hier gab
es den ersten Lehrstuhl für Ingenieurwesen in
Europa, der Mechanik, Geometrie und Militär-
technik umfaßte. Das Arsenal dieser Tätigkeits-
bereiche ist rechts unten versammelt und wirkt
wie ein Querschnitt durch die Bildbände der
Encyclopédie (vgl. das Frontispiz Kat. 42). Über
den Geräten schwebt Pallas Athene und weist auf
eine Inschrift, die den Glauben an den steten
technischen Fortschritt zum Ausdruck bringt:
„In Sempiternum novorum Theorematum locus
relinquitur Inventioni" (sinngemäß etwa: die
neuen Lehren werden zu immer neuen Erfindungen führen). Die linke Blatthälfte wird beherrscht
von barocker Allegorik. Oben thront wahrscheinlich die göttliche Vorsehung als Mittlerin
der göttlichen Weisheit. Auf ihrem Zepter steht
die kreisförmige Inschrift: „Tu uno intuitio
omnia perspicis" (Du siehst alles mit einem
Blick). Das göttliche Auge, dessen Symbol sich
oben in der Blattmitte befindet, und der wissen-
schaftlich-perspektivische Blick werden identifiziert: Die Wissenschaften führen den Plan der
göttlichen Vorsehung aus. Die Blitze am Himmel
hinter ihr verkörpern wohl noch traditionell das
göttliche Strafgericht. Als Vertreterin der Wissenschaften steht unten, von Putten umgeben und
mit Meßinstrumenten bewaffnet, wahrscheinlich
die „Geometrie". Der horizontalen Polarität des
Blattes entspricht auch eine vertikale: Auf der
Mittelachse steht unten auf der Erde eine astro-
nomische Himmelskugel dem göttlichen Auge
am Himmel gegenüber.   L. S.

BERNARD DE MONTFAUCON

**127 L'Antiquité expliquée et représentée
en figures**

Paris 1722–1724
(10 Bände, 2. Auflage)

HK, Bibliothek, Sign. Ill. XVIII. Varii 1722

Lit.: Bulle 1913, S. 91

Zu den Vorläufern Winckelmanns (Kat. 59, 141)
gehört der Pariser Mauriner Bernard de Montfaucon (1655–1741). Die Mauriner saßen in Saint-
Germain-de-Près und beschäftigten sich als
gegenreformatorische Gründung der Benedikti-
ner mit der Herausgabe der Kirchenväter und der
biblischen Philologie. Gleichsam als Abfallpro-
dukte fielen in deren überkonfessionell aner-
kannter Arbeit Klassiker der Hilfswissenschaften
an: Chronologie, Epigraphik, Paläographie und,
mit Montfaucons Erstausgabe (1721), der Archäologie. Wie in der Archäologie Methoden und
Forschungsstand sich schon im Verlaufe des
18. Jahrhunderts verändert haben, haftete auch
den anderen Arbeiten der Nachteil aller wissenschaftlicher Zeitgebundenheit an. Aber jeweils zu
ihrer Zeit standen sie auf der Höhe: Zur Zeit der
„Krise des europäischen Geistes" (um 1700) half
ihre Chronologie das überlieferte biblische Weltbild verändern; ihre Paläographie veränderte
nachhaltig die Urkundenlehre (Diplomatik) und
damit die Geschichtswissenschaft – grundlegende Veröffentlichungen zur Geschichte
Frankreichs waren die Folge. Damit hing – gerade
zu Montfaucons Zeit – die politische Stellung der
Mauriner zusammen: Ihre Kenntnis der historischen Beziehungen zwischen König und Papst
ließ sie zu Gallikanern werden, ihre kirchenge-
schichtlichen Einsichten zu Jansenisten, ihre
klassische Gelehrsamkeit zu Begünstigern der
Aufklärung.   G. S.

127a

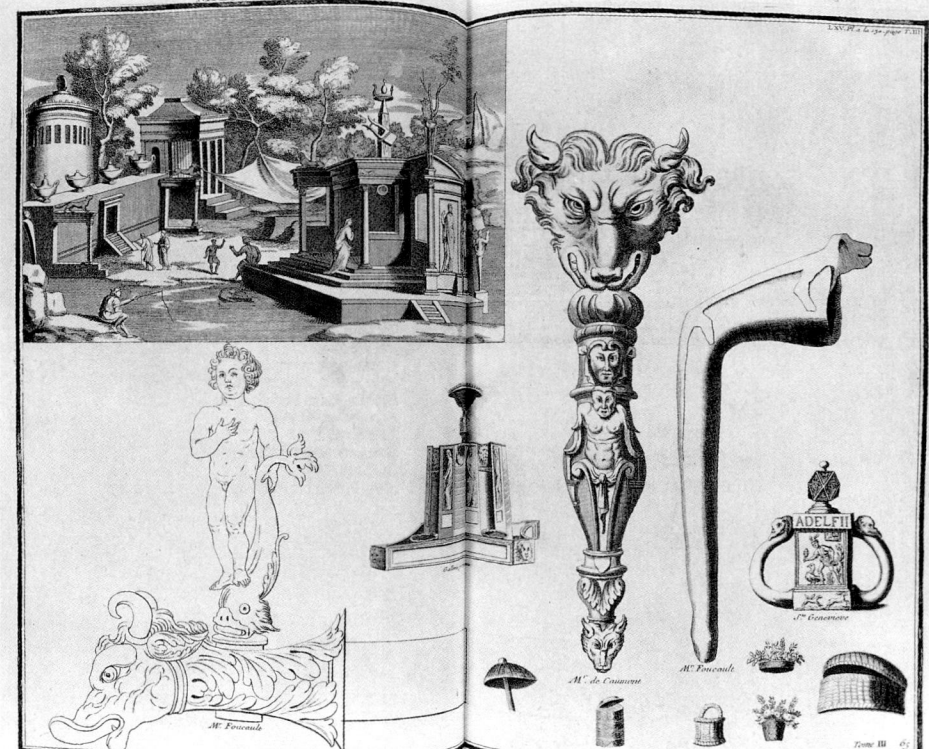

127b

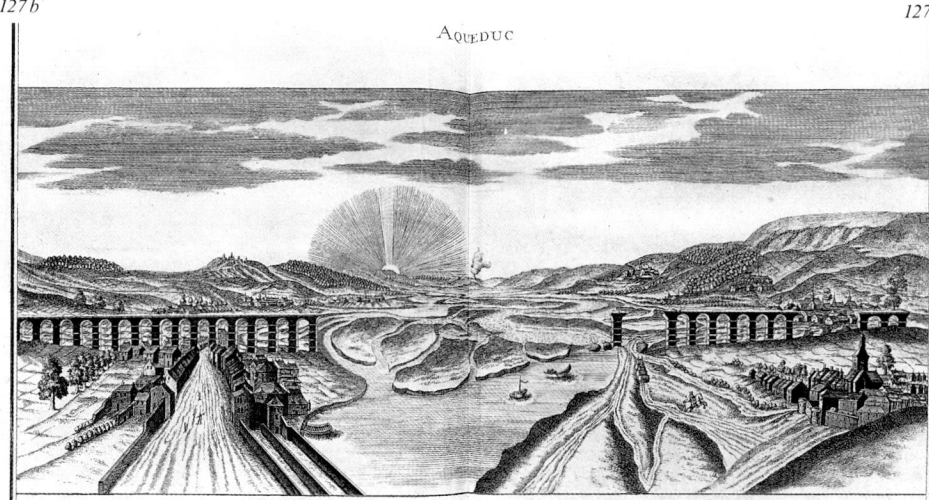

127c

127d

(o. Abb.)

128 Manuel pratique et élémentaire des Poids et Mesures, des Monnaies, et du Calcul décimal
S. A. Tarbé (Hg.)

Paris 1813
HK, Bibliothek, Sign. V. Tarbé 1813

Bis zum Ende des 18. Jahrhunderts galten in Europa ganz unterschiedliche Maßeinheiten. Abgeleitet von der menschlichen Gestalt und dem alltäglichen Lebensraum entsprach die Größe von Elle, Fuß, Zoll, Klafter etc. keiner einheitlich festgelegten Norm, sondern wurde von den lokalen Fürsten autonom bestimmt. Die Aufklärung rief nun die Forderung nach einer Objektivierung der Standardmaße wach. 1791 wurde auf Veranlassung der französischen Regierung der Erdmeridianquadrant vermessen; seinen 10-millionsten Teil erklärte man 1799 zur neuen gesetzlichen Maßeinheit – das Meter war definiert. Um die herkömmlichen Normen gegen neue zu vertauschen, mußten Umrechnungstabellen erstellt und publiziert werden. Nur so konnte eine langsame Umstellung auf das metrische System erfolgen. I. E.

JOHANN CHRISTIAN BREITHAUPT
(Erfinder: Christian Ludwig Kleinschmidt)

129 Entfernungsmesser

1770
Messing; 50 × 120 cm
Staatliche Kunstsammlungen Kassel, Astronomisch-Physikalisches Kabinett, Inv. APK-E 52

Lit.: Slg. Kassel 1987, S. 15

Der Entfernungsmesser basiert auf einer 1745 von dem Landmesser Christian Ludwig Kleinschmidt gemachten Erfindung. Mit den beiden an den Enden angebrachten Fernrohren läßt sich der Winkel und damit die Entfernung zu einem dritten Punkt messen. Die Entwicklung neuer optischer Instrumente korreliert mit der Bedeutung, die dem Augensinn in der Epoche der „Aufklärung" (selbst schon eine optische Metapher) zugemessen wird. Besonders anschauliche literarische Belege liefert – bereits in der Frühaufklärung – der Hamburger Ratsherr und Dichter Barthold Heinrich Brockes, dessen Gedichte Überschriften tragen wie „Erfindung der Fern- und Vergrößerungs-Gläser" oder „Gedanken über ein Perspektiv" (vgl. Langen 1934, S. 18). Die Entwicklung genauer Meßinstrumente geht mit der Betonung des (meist einäugigen) messenden Blicks einher, ohne die die Abstraktionsleistungen der neuen, vereinheitlichten Maßeinheiten (vgl. Kat. 128) ebensowenig hätten vollbracht werden können wie die Neugliederung von Raum und Zeit in der Revolution (vgl. Harten in Kat. Berlin 1989, S. 25–47). L. S.

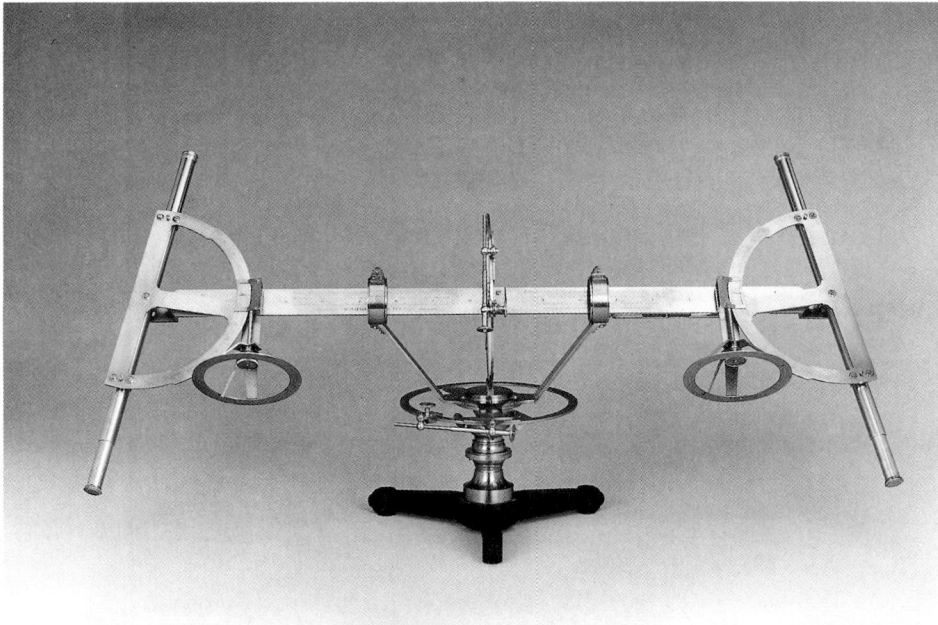

129

130

131

132

JOHANN ADOLF HERGETT (zugeschrieben)

130 Inklinatorium

Anfang 19. Jahrhundert
Messing; 58 × 56 × 40 cm
Staatliche Kunstsammlungen Kassel, Astrono-
misch-Physikalisches Kabinett, Inv. F 416-734

Dieses Gerät, ein vertikal installierter Kompaß,
diente zur Messung des Erdmagnetismus.

ANTONIO CHICHI

131 Korkmodell:
Schleuse einer Wasserleitung
(Emissario del Lago di Castel Gandolfo)

1777–82
Kork, Holz, Glas u. a.; 41 × 102 × 32 cm
Staatliche Kunstsammlungen Kassel, Antiken-
abteilung, Inv. N 125

Lit.: Büttner 1969; Kat. Kassel 1979, Nr. 499; Kat.
Kassel 1986, Nr. 21

Miniaturmodelle aus Kork wurden traditionell
für Weihnachtskrippen verwendet. Im 18. Jahrhundert entstand mit den zunehmenden Romrei-
sen das Bedürfnis nach Nachbildungen der Alter-
tümer, die der Tourist mit nach Hause nehmen
konnte. Der berühmteste Korkbildner war Chichi, den auch Goethe in seinem Tagebuch der
italienischen Reise erwähnt (z. B. am 1. 11.
1786).

Die Bewässerungsanlage am Albaner See galt
als Höhepunkt altrömischer Ingenieurskunst,
und so ist es kein Zufall, daß sich Piranesi ihr
umfassend gewidmet hat („Descrizione e disegno
dell'emissario del Lago Albano", 1762). Die im
4. Jahrhundert v. Chr. erbaute Bewässerungsanlage leitete das überschüssige Wasser des Albaner
Sees zum Bewässern der Campagna um; für den
Tunnel wurden auf 2,5 km Länge Berge durchsto-
ßen.   L. S.

CHARLES EISEN

132 Frontispiz zu Jean-Jacques Rousseau:
Émile ou de l'éducation

Den Haag 1762
Radierung; 169 × 110 mm
HK, Bibliothek Sign. Ill. XVIII. Varii 1762

Lit.: Salomons 1914, S. 161

Jedem Buch des Émile ist eine Illustration vorgesetzt; zum ersten Buch findet sich die homerische
Szene, in der die Meergöttin Thetis ihren Sohn
Achilleus in das Wasser des unterirdischen Styx
taucht, um ihn unverwundbar zu machen. Um sie
herum stehen und sitzen Begleiterinnen; im Hintergrund schafft der Fährmann Charon die Seelen Verstorbener ins Totenreich, womit der Ort der
Handlung eindeutig und diskret zugleich gekennzeichnet ist. Getreu der gleich zu Anfang formu-
lierten These, „alles, was die Hände des Urhebers
aller Dinge verläßt, ist gut; alles entartet in den
Händen der Menschen", widmet sich Rousseau
im ersten Buche ausführlich den Schutzmaßnah-
men, die in der frühen Kindheit zu ergreifen sind.
So kommt er auf die homerische Erzählung von
dem mütterlichen Eintauchen des kleinen Achill
wie auf ein Gleichnis zu sprechen: „Diese Allegorie ist schön und klar. Die grausamen Mütter, von
denen ich spreche, sind anders: Dadurch, daß sie
ihre Kinder in Verweichlichung versinken lassen,
bereiten sie deren Leiden vor und öffnen deren
Poren für Übel aller Art, deren Opfer sie dann
unfehlbar werden, wenn sie erwachsen geworden
sind."   G. S.

DAVID WILLIAMS   (o. Abb.)

133 Abhandlung über die Erziehung,

worin die durchgängige Methode der öffentlichen Anstalten in Europa und besonders in England die Methode Miltons, Lockes, Rousseaus und Helvétius' erwogen und eine ausführbarere und nützlichere vorgeschlagen wird von David Williams
Berlin 1781
Wolfenbüttel, Herzog August Bibliothek,
Sign. Pa 410

Lit.: Kat. Wolfenbüttel 1983, Nr. 147

David Williams (1738–1816) zeigt auf seine angelsächsische Weise den engen Zusammenhang zwischen Protestantismus und neuzeitlicher Erziehungswissenschaft, der in der Regel dadurch gegeben ist, daß die Theologen vor ihrer Ordination den Schuldienst versahen. Bei Williams war es umgekehrt: Als presbyterianischer Kalvinist ausgebildet, versah er – mit wachsenden disziplinarischen (natürlich dogmatisch verursachten) Problemen – verschiedene Predigerstellen als „Dissenter", um 1773 in Chelsea eine Schule zu gründen, die sehr erfolgreich wurde. Als deistischer Weltweiser gründete er den Royal Literary Fund, war mit Garrick und Franklin befreundet und gründete mit diesem, Thomas Bentley (1731–1780) und James Stuart (1713–1788) in Chelsea den Club „Athenian Stuart". Als die englisch-amerikanischen Auseinandersetzungen ihrem Höhepunkt zustrebten, zog sich Franklin 1774 in Williams' Haus zurück und „took refuge from political storms". In diesem Jahr (1774) erschien auch der „Treatise on Education", den der Philanthropinist Ernst Christian Trapp für den Verleger Nicolai übersetzte. Ganz im Sinne von Chambers (Kat. 42) und den Enzyklopädisten steht die naturwissenschaftliche Ausbildung mit ihrer Sachkenntnis aus erster Hand im Vordergrund vor der Buchgelehrsamkeit. Franklin hat vor allem Williams' Lehrmethode für Mathematik beeindruckt.   G. S.

Quelle dieser Schrift ist nun weder Aristoteles noch Leibniz, ganz zu schweigen von den älteren Logikern des 17. Jahrhunderts (Jungius) oder Kant, der in Königsberg zwar einen Lehrstuhl für Logik innehatte, aber aus der (inzwischen überholten) Sicht seiner Zeit urteilt, sie habe sich seit Aristoteles nicht verändert und werde es nun auch nicht mehr tun. Auch der Artikel in der Enzyklopädie ist es nicht, sondern ein Schulbuch, das seit Winckelmanns Tagen in Umlauf war, und nach dem wohl schon ihr Vater unterrichtet wurde: „Die Anfänge einer gedrängten Gelehrsamkeit" von Johann August Ernesti, Leipzig 1758 (5. Aufl. 1769); noch in den achtziger Jahren wurde es nachgedruckt. Der Aufbau ist einfach: Rhetorik, Mathematik (Arithmetik und Geometrie) und Philosophie in fünf Teilen (Metaphysik, Dialektik, Moral, Politik und Physik). Die Logik von Vater und Tochter Knigge war nur ein Teil der „Dialektik", wenn auch für den stilistischen Hausgebrauch, wie er um 1800 auf beachtlicher Höhe stand.   G. S.

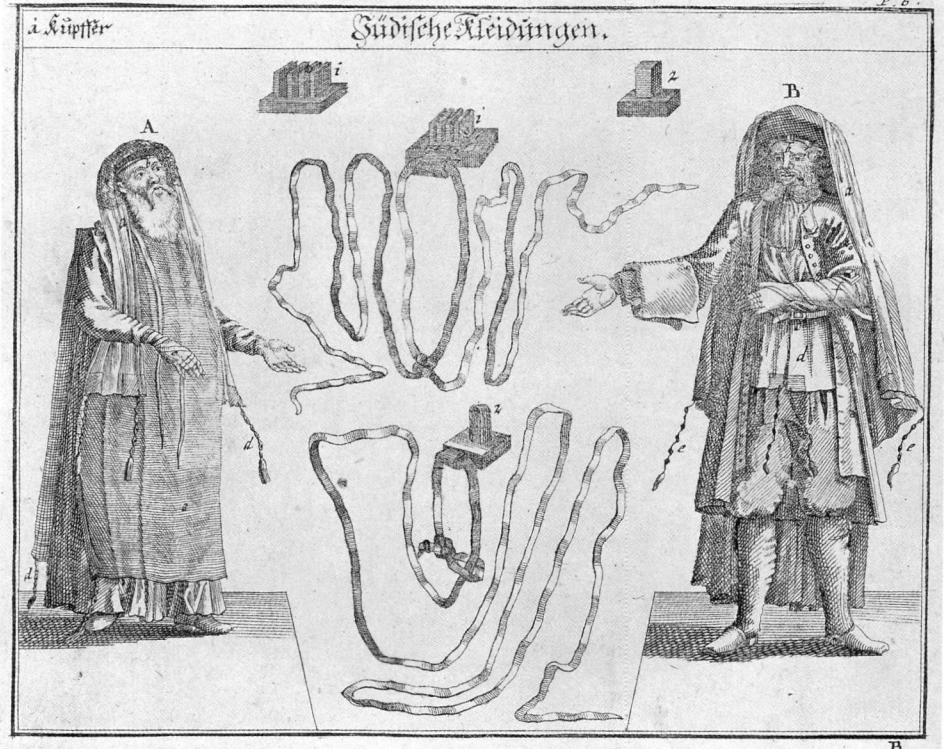

135

PHILIPPINE FREIIN VON KNIGGE   (o. Abb.)
(Adolph Freiherr von Knigge)

134 Versuch einer Logik für Frauenzimmer

Hannover 1789
Wolfenbüttel, Herzog August Bibliothek,
Sign. Vb 341

Lit.: Kat. Wolfenbüttel 1977, Nr. 133

Knigges Tochter schreibt in der Vorrede unter anderem: „Es ist größtenteils nachgeschrieben, nach dem mündlichen Vortrage meines Vaters, in den Stunden des Unterrichts, den er mir widmete. Um mich zu überzeugen, ob ich den Sinn seiner Belehrungen richtig gefaßt hätte, versuchte ich es, das ganze System noch einmal im Zusammenhange niederzuschreiben und mit Beispielen zu erläutern. Diese Arbeit machte mir ein unbeschreibliches Vergnügen. Ich fühlte den Einfluß, den diese Wissenschaft auf die Ordnung meiner Begriffe gehabt hatte; ich fühlte, wie sehr diejenigen Unrecht haben, welche die Logik als einen elenden, unnützen Wortkram verwerfen, und ich glaubte, es würde anderen Personen meines Geschlechts nicht unangenehm noch unnütz sein, wenn ich den Genuß, welchen mir das Studium gewährt hatte, mit ihnen teilte." Das ist die „captatio benevolentiae" einer Fünfzehnjährigen an ihre gleichaltrigen Leserinnen. Die

JOHANN GEORG PUSCHNER

2 Blätter aus: Jüdische Ceremonien welche sowol in- als auser der Synagog heut Zu Tage beobachtet werden in Sieben und Zwanzig Kupfern auf das deutlichste entworfen.
Nürnberg Zufinden bey Peter Conrad Monath.
um 1725
Kupferstiche
HK, Kupferstichkabinett

135 (1) Jüdische Kleidungen

147 × 181 mm
Inv. 55411

136 (10) Das LauberHüttenFest

144 × 170 mm
Inv. 55420

Lit.: Kat. Berlin 1981, Nr. 14/44, Abb. Bd. 2, S. 152; vgl. Eschwege 1980, Abb. 51–60

Religiöse Grenzziehungen als Folge des Dreißigjährigen Krieges und Toleranzforderungen der fortschreitenden Aufklärung spielten bei der Ausweisung bzw. Aufnahme religiöser Minderheiten eng ineinander.

Gegenüber den seit Ende des 17. Jahrhunderts in Preußen aufgenommenen Hugenotten, Salzburger Protestanten und Böhmen fielen die Juden zahlenmäßig kaum ins Gewicht (vgl. S. Jersch-Wenzel, in: Kat. Berlin 1981, Bd. 2, S. 146 ff.). Doch die Andersartigkeit ihrer Bräuche ließen neben ihrem fast exotischen Reiz eine allgemeine Unsicherheit entstehen, unter der die weitgehend verarmten und rechtlosen Juden trotz aller partiellen Privilegien dauerhaft zu leiden hatten. Immerhin: „Das zentralistische Generalprivileg von 1730 bedeutete einen Schritt auf dem Wege zur jurisdiktionellen und staatsbürgerlichen Gleichberechtigung" (G. Heinrich, in: Kat. Berlin 1981, Bd. 2, S. 78).

Als die Juden Berlins 1714 die erste eigene Synagoge bewilligt bekamen (im gleichen Jahr erschien Tolands „Reasons for naturalizing the Jews"), erregte das im ganzen Reich Aufsehen (vgl. Eschwege 1980, S. 31). In der Folgezeit bemühten sich eine Reihe von „Zeremonienwerken", unvoreingenommen über Sitten und Gebräuche der Juden wie auch anderer Religionsgemeinschaften (vgl. Kat. 137) aufzuklären. Paul Christian Kirchners 1726 in Nürnberg herausgegebenes „Jüdisches Ceremoniel oder Beschreibung derjenigen Gebräuche, welche die Juden . . . in acht zu nehmen pflegen" stellt in den Illustrationen Puschners die gottesdienstliche Kleidung und die Festtagsbräuche vor und lenkt damit den Blick auf alttestamentarisches Gedankengut als einen Ursprung auch des Christentums.

Die Gebetsriemen (Tephillin) enthalten, an den viergeteilten Kästchen befestigt, das vierfach von Gott erteilte Gebot: „Darum soll dir's sein ein Zeichen auf deiner Hand und ein Denkmal vor deinen Augen, auf daß es des Herrn Gesetz sei in deinem Munde" (2. Mose 13, 9 und 16; 5. Mose 6, 8 und 11, 18). Sie werden während des Gottesdienstes auf der Stirn bzw. mit dem einfachen Kästchen auf der Hand getragen; die dazugehörige Kopfbedeckung war der Gebetsschal (Tallit).

Das Laubhüttenfest (Sukkot), vergleichbar dem Erntedankfest, gehört zu den größten Festen des Judentums und erinnert an die Sorge Gottes für das erwählte Volk, als es aus Ägypten zog. „Und sollt am ersten Tage Früchte nehmen von schönen Bäumen, Palmenzweige und Maien von dichten Bäumen und Bachweiden, und sieben Tage fröhlich sein vor dem Herrn" (3. Mose 23, 40). An verschiedenen Tagen der Woche, auf Puschners Illustration z. T. synoptisch dargestellt, werden „Brandopfer, Speisopfer, Trankopfer und andere Opfer" (3. Mose 23, 37) dargebracht. Für die Dauer der Festwoche richtet jede Familie eine feste Laube ein zum Dank und Gedenken – sicherlich auch als Zukunftshoffnung auf Heimkehr in ihr Ursprungsland: „wer heimisch ist in Israel, der soll in Laubhütten wohnen" (3. Mose 23, 42).

Auf dem langen Weg in die ständig imaginierte Heimat hatten es die Juden am schwersten von allen Exilanten. Zwar wurden sie zunehmend wirtschaftlich gebraucht (und kulturell geschätzt), da sie, die dazu gezwungen waren, aus der Not eine Tugend zu machen, sich die nötige Wendigkeit erwarben, um gesellschaftliche Nachteile ausgleichen zu können; andererseits blieben sie Fremde, sofern sie sich nicht assimilierten.

Die hohe Wertschätzung, die gelehrte Juden wie Moses Mendelssohn genossen (der allerdings 1771 nicht als Akademiemitglied zugelassen wurde), und die Toleranz-Vertreter wie Lessing oder Christian Wilhelm Dohm („Über die bürgerliche Verbesserung der Juden", 1781) ihnen verschafften, konnte nicht verhindern, daß das Mißtrauen von Staatsführung und breiten Bevölkerungsschichten sich gegen diese eigentümliche Mischung aus orientalischer und europäischer Denkweise nie völlig beseitigen ließ.   P. Th.

Das Laubhütten Fest.

136

David Herrliberger
nach BERNARD PICART

137 4 Blätter aus: Les Ceremonies religieuses de tous les peuples du Monde . . .
Zürich 1750

vor 1750
Kupferstiche
HK, Bibliothek, Sign. Ill. XVIII. Picart 1750

a) **Tableau des Principales Religions du Monde** Frontispiz
345 × 214 mm

b) **Les Free-Massons** (Die Freimaurer)
Teil 1.2, Tafel XI
336 × 418 mm

c) **Le Temple de la Mecque**
(Der Tempel von Mekka)
Teil 2, Tafel XIV
334 × 546 mm

d) **Tombeaux des Rois de la Virginie**
(Königsgräber auf den Jungferninseln)
Teil 3, Tafel LXXX
337 × 213 mm

Lit.: Spiess-Schaad 1983, Kat. 1.2; Kat. Hamburg 1983/84, Nr. 257–269 (G. Syamken)

Im liberalen Amsterdam arbeitete ab 1723 der ehemalige Jansenist und konvertierte Calvinist Picart an einem großen Text- und Bildwerk, das sämtliche erfaßbare Religionen unparteiisch einander gegenüberstellen sollte. Der in Picarts Werkstatt 1728 tätige Herrliberger nahm dies Konzept ein Jahrzehnt später als Verleger in Zürich wieder auf und vollendete es Anfang der 50er Jahre nur leicht umredigiert. Noch 1758 bekam er massen Schwierigkeiten mit der Zensur: „In massen die vormahlige Erfahrung gezeiget, dass seine Kupferstiche nicht minder als der Text einer genauen Prüfung und Censur bedörffe" (zit. nach Spiess-Schad 1983, S. 38). Anlaß zur Beanstandung waren aber weniger die seltsamen Gebräuche ferner Völker, sondern die als Affront empfundene Darstellung der „Zürcher Ceremonien", die Herrliberger als vierten Teil den drei von Picart hinzugefügt hatte.

Diese behandeln die christlichen Religionsgemeinschaften und Sekten, die Juden und „Türcken" (d. h. Mohammedaner) als „Völcker, die sich durch die Beschneidung unterscheiden", und schließlich „alle heydnische Völcker, nach ihren mancherley Arten der Abgötterei". In diesem Konzept werden die Freimaurer (b) unter diejenigen christlichen Vereinigungen gerechnet, die weder protestantisch noch katholisch oder orthodox sind. Über das Allerheiligste des Islam, die Kaaba in Mekka (c), gibt eine Luftperspektive

TABLEAU DES PRINCIPALES RELIGIONS du MONDE.

137a

Aufschluß, von den Gebräuchen der Naturvölker gibt der Grabkult für die Könige der Jungferninseln einen Eindruck (d).

Das Frontispiz versammelt alle Religionen in einer großen Zusammenschau (a). Vorn haben sich die Mohammedaner, Tartaren und Neger um Mohammeds Amtsnachfolger Ali geschart. Auf dem erhöhten Erdreich dahinter nimmt der Katholizismus die rechte Hälfte ein; das Papsttum fußt auf Judentum und römischer Antike, während die Ekklesia mit der vielsprachigen Heiligen Schrift links der protestantischen Kirche zugeordnet ist: „la Religion est représentée par une *Bible ouverte,* la Reformation par *une Serpette* [Sichel für Garten oder Weinberg] & son effet par un *Arbre proprement taillé* [sauber beschnittener Baum]" (Herrliberger/Picart 1750, S. 5). Eine Frau aus dem Volk, kontrastierend zur allegorischen Gestalt, zeigt auf die Bibelübersetzung Luthers. Dieser selbst diskutiert mit Zwingli; Calvin, Heinrich VIII., Hus sowie weitere Reformer und Reformatoren sind identifizierbar. Der Hintergrund wird belebt von Menschengruppen vorwiegend aus Amerika und Ostasien (Florida, Mexiko, Peru, Indien usw.) vor ihren Kultbauten.

Dem angestrebten Gleichheitsgrundsatz widersprechen die hervorgehobenen Gestalten Alis und des Papstes. Dieser trägt in der Linken eine Monstranz über einem dogmatischen Buch mit konziliaren Beschlüssen; mit der Rechten streckt er der Maske auf der Stirn des griechischorthodoxen Patriarchen eine inquisitorische Handschelle entgegen, die den dahinter von einem Kirchendiener gehaltenen Schlüsseln eine besonders pikante Note verleiht. Auch mit dem Kamel, das auffällig unter dem Papst auftaucht, setzt der Reformierte Herrliberger Akzente, die der zunächst unauffälligen Gruppe der Prote-

Les FREE-MASSONS.

137 b

137 c

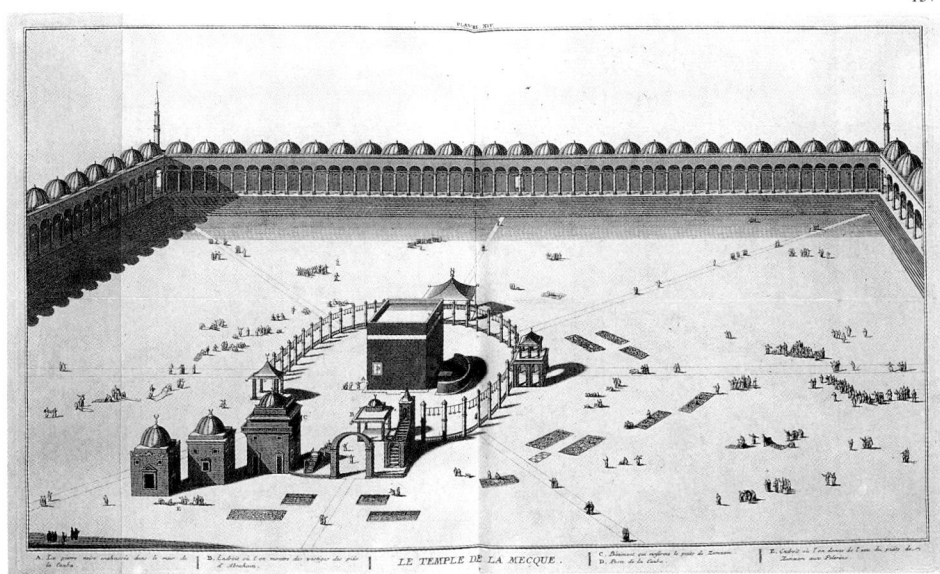

LE TEMPLE DE LA MECQUE.

137 d

TOMBEAUX des Rois de la VIRGINIE.

stanten vom Aufklärungsstandpunkt aus Vorteile einräumt. In diesem paradiesischen Zusammenleben ist der Baum der Erkenntnis und des Lebens auf ihrer Seite, während rechts unten das Fegefeuer der Vorhölle kocht.

Insgesamt jedoch überwiegt die Faszination an den vielerlei Gebräuchen, die sich in einer „unitas in pluralitate" zusammenfassen lassen. Im allegorischen Frontispiz zur „Encyclopédie" (vgl. Kat. 42) wird die Religio-Gestalt aus dem Zentrum rücken und „von der Leuchtkraft der Wahrheit überstrahlt" (W. Hofmann, in: Kat. Hamburg 1986, S. 13) P. Th.

138

JOHN WEBBER

138 A Human Sacrifice at Otaheite
(Menschenopfer auf Tahiti)

1777
Feder, laviert; 422 × 625 mm
London, British Library,
Inv. Add MS 15513, f. 16
Lit.: Joppien/Smith 3.99; Bd. 3, S. 48 ff., Abb. 54

Robert Bénard
nach JOHN WEBBER

139 4 Blätter aus:
Troisième voyage de Cook, . . .
Paris 1785

um 1785
Kupferstiche
HK, Bibliothek, Sign. Ill. XVIII. Webber 1785

a) **Danse d'O-Taiti** (Tanz auf Tahiti)
Bd. 2, Tafel 28
244 × 378 mm

b) **Vue de l'intérieur d'une maison**
de l'entrée de Nootka
(Innenansicht eines Hauses am Eingang
von Nootka Sounds, Vancouver Island)
Bd. 3, Tafel 42
244 × 372 mm

c) **Homme masqué de l'Isle Sandwich**
(Maskierter Mann von den Sandwich-
Inseln), Bd. 4, Tafel 66
244 × 180 mm

d) **Mort de Cook** (Cooks Tod)
Bd. 1, Frontispiz
225 × 360 mm (Darst.)

Lit.: Smith 1985, S. 108–132; Joppien/Smith, Bd. 3,
S. 48–60, 80–92, 121–128 (vgl. 3.99 f., 3.102 f.,
3.201 ff., 3.304 f., 3.310 ff.)

Der reflektierende Entdeckungsreisende der Aufklärungszeit sah sich mit (mindestens) zwei diver-
gierenden Naturbegriffen konfrontiert: Entweder
er suchte barbarische Völker – und ihm offen-
barte sich eine Vielfalt von Kulturen; oder er

erwartete den paradiesischen Urzustand – und er
fand das meiste von dem wieder, was er an der
eigenen Zivilisation auszusetzen hatte. Im
Anderssein fand der Europäer die eigenen Prinzipien wieder, nur verlagert und erweitert.

Ähnlich stellte sich dem Intellektuellen
Georg Forster die Situation dar, als er mit seinem

Vater als Wissenschaftler Kapitän Cook auf dessen zweiter Reise in die Südsee begleitete. „Die
Beobachtung der tatsächlichen Verhältnisse in
der Südsee zerstört den Mythos vom ‚bon sauvage‘, und all die positiven Werte, die man an jenem
Punkt einer absolut ursprünglichen Natur zu
finden hoffte: Unschuld, Gleichheit, Gerechtigkeit, Glück, müssen jetzt anderswo gesucht werden." (Japp 1976, S. 48) Entdeckung ist Entzauberung, und eine aufgelöste Utopie desillusioniert
oder macht einen Ebenenwechsel des Denkens
erforderlich. Forsters „doppelte Kritik“: „Kritik
der Aufklärung und Kritik an der Südsee“ (Japp
1976, S. 40) war ein dialektisches Spiel mit Faszination und Ernüchterung; beidem trug er in einer
Art „skeptischen Aufklärung“ (Japp 1976, S. 52)
Rechnung, die auch schon auf die Gefahren eines
künftigen Tourismus ahnungsvoll hinwies.

James Cooks (1728–1779) dritte Fahrt nach
Ozeanien (1776–80) wurde nicht wie die vorhergehenden (1768–71 und 1772–75) von Gelehrten
begleitet. Der englischen Regierung ging es um
handfeste kolonialwirtschaftliche Interessen; un-
bequeme Fragen und Erkenntnisse konnten da
nur stören. Wohl aber war erneut ein Maler dabei.
Der junge John Webber hatte nicht die Schwierigkeit der sprachlichen Bewältigung des Gesehe-
nen; seine Kunst, so stand es im Vertragsschrei-
ben, war „proper to give a more perfect Idea
thereof than can be formed by written descrip-
tions only“ (zit. nach Joppien/Smith, Bd. 3, S. 2).
Wie seine Vorgänger Sydney Parkinson und William Hodges „protokollierte“ Webber auf dem
Zeichenblatt Impressionen einer weitgehend
noch unberührten Weltregion.

Aber auch seine Illustrationen mischen vom
Standpunkt des aufgeschlossenen Europäers aus
Licht und Schatten: Die Szene mit dem Menschenopfer mußte auf der Suche nach idyllischer
Eintracht Befremden, ja Entsetzen auslösen, so
wie das Brauchtum der Tänze (a) in entzücktes
Erstaunen versetzen konnte. Mit diplomati-
schem Geschick wußte Cook das anfängliche
Mißtrauen der Eingeborenen verhältnismäßig
schnell zu zerstreuen, um zu allen möglichen
Zeremonien zugelassen zu werden. Hilfreich war
für ihn der junge Tahitianer Omai, der zwei Jahre
in England verbracht hatte und nun als idealer

139a

DANSE D'O-TAITI.

VUE DE L'INTÉRIEUR D'UNE MAISON DE L'ENTRÉE DE NOOTKA.

139b

HOMME MASQUÉ DE L'ISLE SANDWICH.

139c

139d

Vermittler fungierte. Er steht rechts außen am Rand, Cook spricht mit Tu, einem der einflußreichsten Häuptlinge der Insel-Gruppe, während in der Mitte des Bilds, begleitet von Trommelmusik, Priester das gefesselte Opfer besprechen; dazu werden tote Hunde und Schweine als Opfergaben zubereitet. Von einem idealisierten Blickpunkt aus simultaneisiert Webber Szenen, die sich Anfang September 1777 innerhalb von zwei Tagen abgespielt haben.

Auf der Suche nach einer Seepassage zur Erleichterung der Handelswege gingen die Fahrten der „Resolution" und „Discovery" bis nach Alaska. Vor der kanadischen Küste lernten Cook und seine Crew u. a. die Fischgewohnheiten der Indianer kennen (b). Die totemartigen Idole im Hintergrund des Raums, die Webber nur unter Schwierigkeiten zeichnen konnte (vgl. Joppien/Smith, Bd. 3, S. 86), faszinierten die Reisenden ebenso wie die lappen- und farnwedelgeschmückten Kürbismasken der Hawaiianer, deren Funktion als Schmuck oder Schutz, Tarnung oder Apotropaion nicht ergründet werden konnte (c).

Hier auf den Sandwich-Inseln eskalierten die Mißstimmigkeiten, denen Cook selbst zum Opfer fiel (d). Entgegen seiner Stilisierung durch Webber zu einem pazifistischen Helden soll er durchaus an der Schießerei beteiligt gewesen sein. Doch das Idealbild des Expeditionschefs, der auch noch im Tod die Übersicht behielt (nur vier Besatzungsmitglieder außer ihm wurden getötet), konnte größere Publikumswirksamkeit beanspruchen. Ein wenig lenkt Webber aber auch vom hinterrücks zustechenden Eingeborenen ab; im ersten Moment scheint es, als treffe der am Boden liegende Engländer nicht den Angreifer, sondern Cook. Für den treuen Adlatus Webber gab es in seiner nachträglichen Glorifikation nur *einen* wirklichen Helden zwischen allen Fronten. (Als Ausschnitt übernahm auch Chodowiecki die dramatische Szene fast wörtlich, vgl. Bauer 1484.)

Die Auffassung von Unparteilichkeit durch objektive enzyklopädische Darstellung erwies sich, wie bereits im Fall von Picarts Zeremonienwerk (vgl. Kat. 137), als trügerisch und gab im Nachhinein der Skepsis Forsters recht.   P. Th.

JEAN MARIETTE   (o. Abb.)

140 Description sommaire des dessins des grands maîtres d'Italie, des Pays-Bas et de France du cabinet de feu M. Crozat, avec des réflexions sur la maniere de dessiner des principaux peintres

Paris 1741

HK, Bibliothek, Sign. C 5333

Zu den meßbaren Größen der Welt gehören seit Mariette die Zeichnungen alter Meister. Katalogisiert und nach Nummern geordnet folgen sie dem Schema von Versteigerungskatalogen des 17. Jahrhunderts. Was diese „allgemeine Beschreibung" von den Vorbildern unterscheidet, sind die akademischen Bemerkungen zu Schulen und Künstlern. Auch sie sind an sich nicht neu oder originell; sie finden sich verstreut in der älteren Kunstliteratur, aber was an ihnen neu ist, ist ihre Ausbreitung vor einem flüchtigen Leser, dem nicht mehr zugemutet wird, sich selbst diesen Wissensstoff in jahrelanger Arbeit zu erschließen. Allerdings sind wir noch weit von den Klassifikationen des Adam von Bartsch (vgl. Kat. 143) entfernt.   G. S.

JOHANN JOACHIM WINCKELMANN

141 Monumenti antichi inediti

Rom 1767/68

HK, Bibliothek, Sign. Ill. XVIII. Winckelmann 1767

Winckelmanns Spätwerk ist zugleich die Summe der Archäologie des 18. Jahrhunderts. Sie hat Winckelmanns internationale Wirkung bestätigt und ist zugleich für die Zukunft richtungsweisend, für die archäologische Hermeneutik und damit für die kunstgeschichtliche Methode der Ikonologie. Die stupende Gelehrsamkeit wird nicht mehr prätentiös ausgebreitet, sondern inhaltlich knapp auf die Sache bezogen und in angemessener Bescheidenheit der künstlerischen Beschreibung nachgeordnet: „Die Gelehrsamkeit soll in Abhandlungen über die Kunst der geringste Teil sein, wie denn dieselbe, wo sie nicht wesentliches lehrt, vor nichts zu achten ist, und alsdann wie bei seichten Rednern oder bei schlechten Saitenschlägern das Husten zu sein pflegt, nämlich ein Zeichen des Mangels." Die bereits 1752 erschienene „Geschichte der Künste" wurde – in ihrer Bearbeitung von 1759 bis 1761 – als Einführung der archäologischen Summe vorangesetzt. Die Kommentierung der Monumente (Reliefs, Statuen, Gemmen u. ä.) orientiert sich an der altphilologischen Hermeneutik (Kat. 59). Wie heute wird die Numismatik als Hilfswissenschaft einbezogen (Kat. 143), kurz, die klassifizierenden Disziplinen der Naturwissenschaften durchdringen über die Archäologie auch die jüngeren Geisteswissenschaften (Archäologie und Kunstgeschichte). G. S.

KARL HEINRICH RITTER VON HEINECKEN

(o. Abb.)

142 Nachrichten von Künstlern und Kunstsachen

Leipzig 1768

HK, Bibliothek, Sign. C 3110

Heinecken stammt aus Lübeck und gehört der Generation von Linné und van Swieten an (vgl. Kat. 143). Seine Abwendung von der Jurisprudenz zur Kunst fand während seines Studiums in Leipzig statt. Ab 1730 ist er in Dresden, wo er schließlich Bibliothekar und Privatsekretär des Grafen Brühl wird. Ursprünglich dem Umkreis Gottscheds angehörend, wird er nach Veröffentlichung seiner Übersetzung „Dionysius Longin vom Erhabenen" (1737) von diesem angefeindet: Die Berufung auf die antike Kunsttheorie war noch tabu. Doch damit war auch die Grundlage für Winckelmann geschaffen, dessen Rang er aber nicht zu erkennen vermag. Sein Hauptverdienst ist der Aufbau der Dresdener Kunstsammlungen, insbesondere des Kupferstichkabinetts, das er nicht nur erheblich erweitert, sondern mit einer zukunftsweisenden Systematik ausstattet. Seine Schriften sind nur ein schwacher Abglanz davon, lassen aber seine in der Praxis gewachsene Universalität und Systematik spüren. Sie sind in vielem die ersten ihrer Art. Seine Schriften können neben denen von Johann Rudolf Füssli und Anton Friedrich Büsching als Grundlagen der deutschsprachigen Kunstgeschichtsschreibung angesehen werden. Heinecken war es auch, der die wissenschaftliche Kenntnis der Inkunabeln gründete und damit die Mediävistik in der Kunstgeschichte. G. S.

141

CHRÉTIEN DE MECHEL

143 Catalogue des tableaux de la Galérie Impériale et Royale de Vienne

Basel 1784

HK, Bibliothek, Sign. Slg. Wien 1784

Lit.: McClellan 1988, S. 302 f., 309

Der Baseler Stecher Christian von Mechel (1737–1818) richtete zwischen 1777 und 1781 im Auftrage Josephs II. (Kat. 72, 77) die kaiserlich-königliche Gemäldesammlung im Oberen Belvedere ein. Von vornherein war die Öffnung für alle Besucher geplant; auch in Paris gehörte das zum Kulturprogramm des „Ancien Régime": Zwischen 1775 und 1789 wurden über eine Million Livres für Gemäldeankäufe ausgegeben, vorwiegend für Lücken, die die königliche Sammlung noch aufwies. Das Konzept der Vollständigkeit und Klassifikation nach Schulen standen in Paris und Wien im Vordergrund, und so richtete man auch die architektonische Gruppierung der Werke ein, ab 1777 im Belvedere, ab 1779 im Louvre. Vorbildlich für beide war die Kurfürstliche Sammlung in Düsseldorf, der tragende Teil der heutigen Bayerischen Staatsgemäldesammlung; Gruppierungen und Architektur dieser Sammlung waren 1778 von Nicolas de Pigage veröffentlicht (vgl. < 143 >). Neu an der Wiener Anordnung aber war die innere Gruppierung der Schulen in Künstler, und innerhalb der Lebensläufe in Epochen der persönlichen Entwicklung (Frühwerk/Spätwerk); es versteht sich von selbst, daß auch die Schulen in sich chronologisch geordnet waren. Dieses System hat sich bis heute in den großen Gemäldegalerien bewährt. Sein rationaler Ansatz kam den republikanischen Gründern des Musée National du Louvre (1793) entgegen. Seine Herkunft aus den aufklärerischen Traditionen des Josephinismus läßt sich bis zu deren Ursprung erklären: Gerard van Swieten (1700–1789), seit 1745 Leibarzt Maria-Theresias,

143

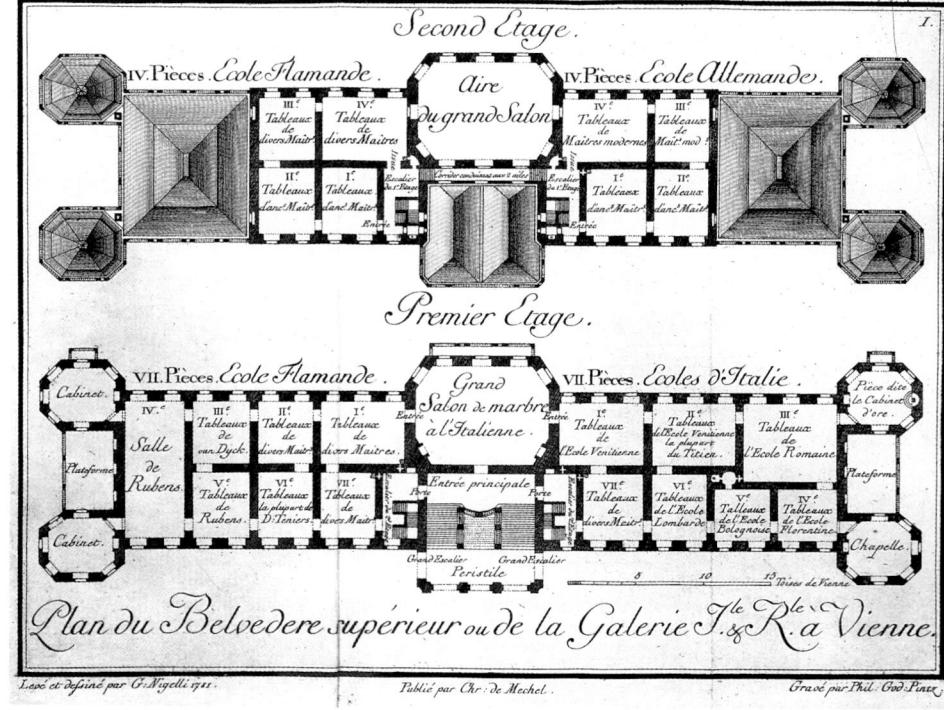

und unter Joseph II. vor allem sein Sohn Gottfried van Swieten (1734–1803; ab 1777) waren in Unterricht und Wissenschaft zentrale Gestalten des Josephinismus. Gerard van Swieten war, wie der schwedische Biologe Karl von Linné, Schüler des Physiologen Hermannus van Boerhave (1668–1738) in Leiden. Dessen „Systema Naturae" war das Modell für das Linnésche System wie für die systematischen Neigungen von Vater und Sohn van Swieten, wie sie in den ihnen anvertrauten Bibliotheken und Sammlungen zum Tragen kam (Gottfried war Leiter der kaiserlichen Bibliothek). Beider van Swieten Berufungspolitik, in deren Rahmen auch von Mechel paßt, hat auch in zwei anderen Disziplinen zu einer Systematik geführt, die sich bis heute hält. Münzkabinett und graphische Sammlung waren Bestandteil der kaiserlichen Bibliothek. Hierhin berief er 1774 Joseph Hilarius von Eckhel (1737–1798) und 1781 Adam von Bartsch (1757–1821): Eckhel gilt als Gründer der modernen Numismatik (die geographische Ordnung antiker Münzen folgt ihm noch heute), und jede Bestimmung der Druckgraphik bis 1750 beginnt heute noch mit einer Bartsch-Nummer.   G. S.

<143> C. v. Mechel nach N. de Pigage, *Hängung einer Wand der Düsseldorfer Galerie mit flämischer Malerei des 17. Jahrhunderts*, 1778

JOHANN WILHELM MEIL

144 Titelkupfer zu:
Bernard de Fontenelle, Entretiens sur la pluralité des mondes, Berlin 1783
(Dialoge über die Mehrheit der Welten)

1780
Radierung; 130 × 85 mm
HK, Bibliothek, Sign. Ill. XVIII. Meil 1783
Lit.: Dorn 385

Fast hundert Jahre nach dem ersten Erscheinen der „Entretiens" (1686) von Bernard Bovier de Fontenelle (1657–1757) erfreute sich dieses populärwissenschaftliche Werk immer noch so großer Beliebtheit, daß es 1780 in Berlin (nach der Übersetzung von Johann Christoph Gottsched 1726; vgl. Jäger 1984, S. 180) erneut auf deutsch und drei Jahre später auf französisch herausgegeben wurde – übrigens bei dem wendigen Drucker Himburg (vgl. Kat. 110). Darin geht es um die Frage, ob – neben der längst dem Weltzentrum entrückten Erde – weitere belebte Planeten existierten. Die beiden Gesprächspartner nehmen verschiedene Positionen ein: Die Marquise erschrickt bei dem Gedanken, der den Abbé fasziniert und diesen versuchen läßt, der Dame die Furcht zu nehmen. Zugleich geht es um eine Ästhetisierung der Naturwissenschaften, wie sie z. B. von Baumgarten und Lessing bewundert, von Goethe und Kant aber verworfen wurde (vgl. Jäger 1984, S. 171 ff.). Neue Aktualität mochte das Werk 1783 durch Herschels Entdeckung des Uranus im Jahr 1781 bekommen haben (vgl. Slg. Berlin 1970, S. 14 f.).

Meil orientierte sich zur Gestaltung des Titelkupfers offensichtlich an dem Bildpaar „Empfindung/Sentiment" aus der Folge „Natürliche und affectirte Handlungen des Lebens" (Kat. 109) seines Freundes und Künstlerkollegen Chodowiecki. Er überführt die freie Bilderfindung in die Handlung des Buches, indem er das Menschenpaar zu den Protagonisten der Abhandlung Fontenelles werden läßt. Das, was bei Chodowiecki als Konfrontation von Charakter und Karikatur gemeint war, mischt Meil zu einem mittleren Stil,

kehrt manches sogar um: Ursprüngliche Andacht der Dame wird Ressentiment; die Bewegtheit des Modestutzers verändert sich – gemildert – in die lebendig-lehrhafte Zeigegeste des Abbé auf den gestirnten Himmel, den das Thema statt der untergehenden Sonne fordert. Die Landschaft tritt ganz zurück; man steht auf einer Barockbalustrade, die von einem exotischen Gewächs geschmückt wird. Auch hier versteht es Meil, Faszination des Fremden mit gefälliger Heimeligkeit zu verbinden.   P. Th.

144

145

ANONYM

145 Exprience Arostatique Faite Versailles le 19. Sept. 1783
(Luftschiff-Experiment in Versailles am 19. September 1783)

Radierung; 297 × 410 mm
HK, Kupferstichkabinett, Inv. 1988/199

Lit.: Kat. Münster 1978, Nr. 25; Reinicke 1988, S. 40 f.

Die Volksmenge, die den Aufstieg des Heißluftballons „Martial" der Brüder Montgolfière im Beisein der Königsfamilie in Versailles verfolgte, wurde auf sechsstellige Zahlen geschätzt. Im Korb des Ballons befanden sich ein Schaf, eine Ente und ein Hahn. Die Tiere waren unversehrt, als der Ballon nach acht Minuten in einem nahegelegenen Waldstück landete. Der erste bemannte Aufstieg einer Montgolfière fand einen Monat später statt (15. 10. in Paris).   L. S.

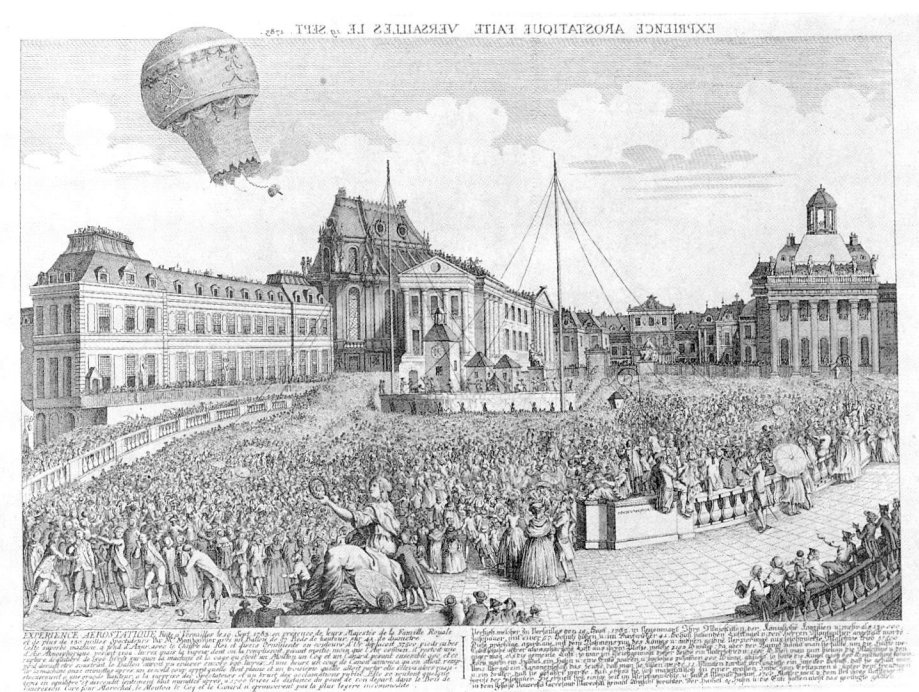

146

JULIUS CAESAR IBBETSON   (Farbtafel 9)

**146 George Biggins Aufstieg in
      Lunardis Ballon**

1785
Öl/Leinwand; 50,5 × 61 cm
München, Bayerische Staatsgemäldesammlun-
gen, Neue Pinakothek, Inv. 13067

Nicht nur in Frankreich, sondern auch in England wurden, mit großem Massenerfolg, Ballon-
versuche unternommen. Ibbetsons Bild zeigt den
Aufstieg am 29. Juni 1785, bei dem zum ersten
Mal ein Mann und eine Frau gemeinsam den
Ballon bestiegen. Noch 1798 wurde in Paris die
Luftreise mit einer Frau polizeilich verboten,
„weil die Luftfahrt von zwei Personen verschiedenen Geschlechts unanständig und unmoralisch,
und weil es nicht ausgemacht sey, ob der Druck
der Luft den zarten Organen eines jungen Mäd-
chens gefährlich werden könne" (Vossische Zeitung vom 4. Mai 1798, zit. nach Kat. Münster
1978, S. 202). 1785 jedoch bestieg Mrs. Page in
London einen Ballon zusammen mit dem Unternehmer George Biggin, dem Mäzen des in England als „König der Luft" gefeierten neapolitani-
schen Gesandten und Ballonbauers Vincenzo
Lunardi. Über 100 000 Zuschauer sollen das
Ereignis verfolgt haben. Ibbetsons Gemälde
betont den Volksfestcharakter und zeigt im Vordergrund die Reaktionen der Menge nach dem
Gelingen des Aufstiegs. Die Größe und Höhe des
Ballons verglichen mit dem kleinen Obelisken
am linken Bildrand verweist auf die „Überlegenheit" des Ballonflugs gegenüber den bisher mittels Baukunst erreichten Höhen. Ibbetsons eher
dokumentarisches Interesse liegt auf der Linie
der meisten Ballonaufstiegsdarstellungen der
Zeit, denen aber pessimistischere Deutungen
gegenüberstehen, die den Ballon als Metapher für
die Einsamkeit und Verlorenheit des Menschen
sehen; z. B. bei Guardi und vor allem Goya
< 146 >.   L. S.

< 146 > F. de Goya,
Die Montgolfiere, um 1800 – 08

WILLIAM HOGARTH

**147 Industry and Idleness: The Fellow
      Prentices at their Looms, No. 1**
(Fleiß und Faulheit: Die beiden Lehrlinge
an ihren Webstühlen, Blatt 1)

1747
Kupferstich, Radierung; 267 × 347 mm
HK, Kupferstichkabinett, Inv. 1924/444
Lit.: Paulson 1971 Bd. 2, Nr. 208; Kat. Hamburg
1983/84, Nr. 279; Kat. Berlin 1980, Nr. 88

Hogarth entnahm das Thema – das Gegeneinander von gesellschaftlichem Aufstieg und Verfall –
zwei Theaterstücken: „The history of George
Barnwell" (1731) von George Lillo, und „East-
ward Hoe" (1744) von Chapman. Wie immer
vermittelt er Mahnung und Belehrung nicht nur
im Hauptgeschehen, sondern vornehmlich in
einer Reihe sprechender Details, die ein auf-
merksames Auge erfordern. Der Webstuhl des
fleißigen Lehrlings ist ein überschaubares
Gehäuse, das in dem tätigen Jüngling, vom Tageslicht beschienen, seinen vernünftigen Mittelpunkt hat. Der andere Webstuhl ist an den Rand
gedrückt und steht im Halbdunkel. Hier ist der
Arbeitsprozeß in sein Gegenteil verkehrt. Die
einzelnen Teile des Produktionsgeräts sind
„fremdbestimmt" – durch die Katze, den Bier-
krug und die Pfeife im Sperrhaken. Eine Episode
aus der verkehrten Welt! Dem Tätigen ist der
bedächtige Fleiß ins Gesicht geschrieben, der
andere scheint im Stehen zu schlafen. Wohin es
seine Phantasie zieht, verrät die Buchseite, die er
wie ein Motto am Rahmen des Webstuhls befestigt hat: „Moll Flanders", die Heldin von Defoes
berühmtem Dirnenroman (1720/21), beschäftigt
seine Tagträume. Das Vorbild des Fleißigen ist der
Lebenslauf des Londoner Bürgermeisters Whit-
tington, der als Küchenjunge anfing und den
seine Katze zu Ansehen brachte. (Im 4. Blatt des
Zyklus tritt eine böse Katze als Attribut des
Fleißigen auf.)

Man hat in der lehrhaften Gegenüberstellung
von Fleiß und Faulheit eine „Rationalisierung"
des christlichen Tugend-Laster-Schemas „ins
Ökonomische" sehen wollen (Kat. Berlin 1980,
S. 135) und dabei das Gewicht der beiden Bibel-
zitate zu gering veranschlagt. Dem vom Produk-
tionszwang vereinnahmten Lehrling wird im
Sinne der protestantischen Ethik (Max Weber)
bescheinigt, daß er vernünftig und gottgewollt
handelt, der andere bekommt das Stigma des
Außenseiters aufgeprägt. Dieses diskriminie-
rende Verfahren behält bei Hogarth den moralischen Rang eines Gleichnisses, den es schon in
der Bibel hatte (vgl. die Parabel von den klugen
und den törichten Jungfrauen, Matthäus 25).
                                    W. H.

147

148

WILLIAM HOGARTH

148 Analysis of Beauty, No. 1

1753

Kupferstich, Radierung; 383 × 497 mm

HK, Kupferstichkabinett, Inv. 21174

Lit.: Paulson 1971, Bd. 2, Nr. 246; Paulson 1975, Nr. 125; Gowing 1972, Nr. 191; Kat. Berlin 1980, Nr. 117

Hogarth analysiert die Schönheit aus drei einander ergänzenden Gesichtspunkten. Der erste, enge Blickwinkel betrifft den anatomischen Kanon und dessen Anwendung in exemplarischen Kunstwerken der Antike. Es sind dies der Antinous (6), die Laokoon-Gruppe (9), der Apoll vom Belvedere (12), die Venus Medici (13) und der Torso vom Belvedere (54). Der vorne sitzende Künstler – ein Selbstbildnis? – hat Dürers Anatomie aufgeschlagen und vergleicht die Norm mit ihrer Anwendung. Dies ist das seit der Renaissance übliche Orientierungsverfahren. Hogarth geht dann weiter, indem er seinen daraus gewonnenen Extrakt, die S-förmige Schönheitslinie, auf den Gipfel der formalen Vollkommenheit hebt und mit Hilfe dieses Postulates die gesamte Erscheinungswelt – die Naturgebilde ebenso wie das vom Menschen geschaffene Gegenstandsrepertoire, also Kunstwerke und Gebrauchsgegenstände – hierarchisch ordnet. Diese Skala impliziert ein Gefälle, das von der organischen Schönheit der antiken Vorbilder bis zu den Ungereimtheiten der modernen Kleidung (etwa des Tanzmeisters, 7) reicht. Der lügnerische „Schein" gerät in Konflikt zum wahren „Sein".

So entsteht eine umfassende Morphologie der Wahrnehmungswelt, die im Ansatz den von Goethe geforderten „Generalbaß" enthält. Die Regel und ihre Abweichung werden in Gestalt formaler Prozesse gleichsam genetisch aufeinander bezogen. Daraus ergibt sich der völlig neue dritte Gesichtspunkt, die Möglichkeit, Kunst und Nichtkunst, aber auch Abstraktes und Konkretes zu vergleichen und nach dem Kriterium der inneren Notwendigkeit bzw. Angemessenheit zu bewerten. In der solcherart vermessenen Welt büßt das Kunstwerk seine singuläre Stellung ein. Hogarth macht das deutlich, indem er den Statuenhof in den Abstellplatz eines Kunstversandunternehmens verwandelt, also die Bildwerke entauratisiert und sie überdies in den „frame of reference" stellt. Didaktisch nimmt dieses Nebeneinander der Vergleichsargumente deren Nacheinander im Lichtbildvortrag vorweg.

Theoretisch erfüllt das enzyklopädische Beziehungsgeflecht bereits die berühmte Diagnose Hegels: es unterwirft „den Inhalt, die Darstellungsmittel des Kunstwerks und die Angemessenheit und Unangemessenheit beider unserer denkenden Betrachtung." Die Kunst „erhält in der Wissenschaft erst ihre echte Bewährung" (Hegel 1955, S. 58, 59). W. H.

William Pether
nach JOSEPH WRIGHT OF DERBY

**149 A Philosopher Giving a Lecture on
the Orrery**
(Ein Philosoph hält eine Vorlesung über
das Planetarium)

20. Mai 1768
Schabkunst, teilweise gestochen; 484 × 584 mm
HK, Kupferstichkabinett, Inv. 38142

Lit.: Nicolson 1969, Nr. 190; Kat. Karlsruhe 1976,
Nr. 16

Der „Orrery" ist ein Miniaturmodell des Planeta-
riums, benannt nach seinem Erfinder, dem
Mathematiker und Instrumentenbauer Charles
Boyle, fourth Earl of Orrery. Der „Lecturer" ist
mit ziemlicher Sicherheit John Whitehurst, Uhr-
macher und Geologe aus Derby. Whitehurst war
ein enger Freund von Erasmus Darwin und
Wedgwood, den bekanntesten Mitgliedern der
„lunar society of Birmingham". Dies war die
Wichtigste der „societies" in den Midlands, deren
Mitglieder Wissenschaftler, Industrielle und
Schriftsteller (bei Darwin z. B. in einer Person)
waren. Die Treffen und Forschungen der „societies" zielten darauf ab, wissenschaftliche Forschung an die Interessen der Industrie anzubin-
den. Es wurden viele Aufträge an Künstler gegeben, die die „Programme" veranschaulichen sollten. Von diesen Künstlern war Wright vielleicht
der Wichtigste. Zu den Aktivitäten der „societies"
gehörten auch wissenschaftliche Vorführungen
vor einem Laienpublikum in Provinzstädten. Für
solche populistischen Zwecke eignete sich ein
astronomisches Modell wie der „Orrery" besonders gut; sehr beliebt waren auch Luftpumpenex-
perimente, wie in Wrights heute bekanntestem
Bild zu sehen (London, Tate Gallery). Der „Orrery" rotierte mittels einer Kurbel, die an einem
Uhrwerksmechanismus befestigt war. Er sollte
die Lehren von Kopernikus und Newton veranschaulichen; ein vergleichbares Modell erscheint
in Boullées Newton-Denkmal aufgehängt als Veranschaulichung von Newtons Himmelsmecha-
nik (vgl. <40 C>).   L. S.

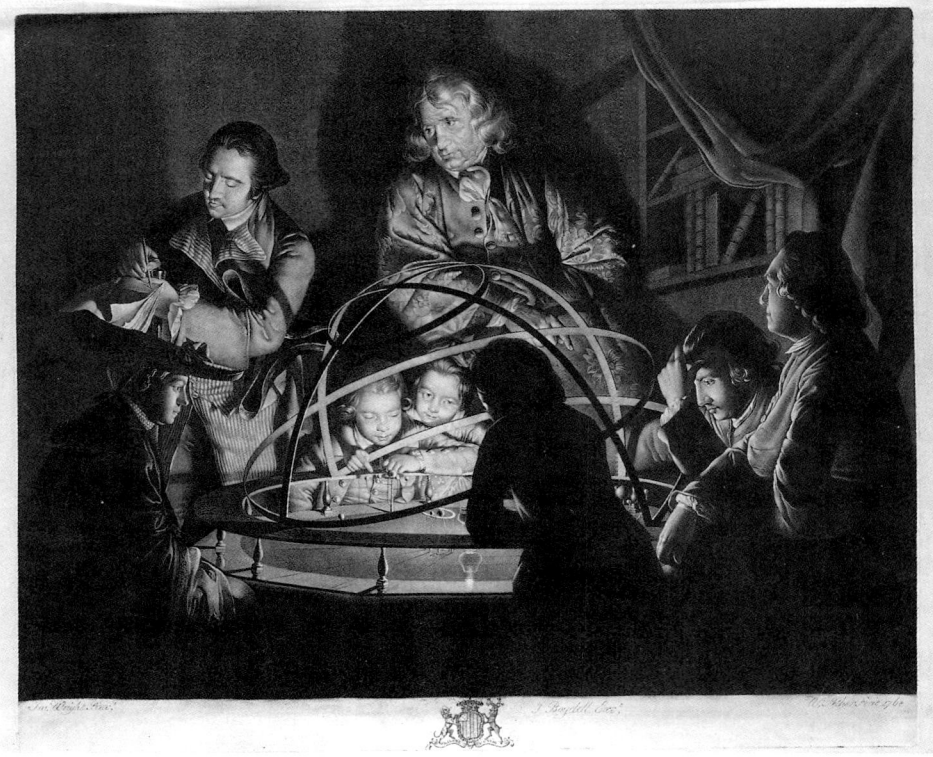

149

JOSEPH WRIGHT OF DERBY   (Farbtafel 10)

150 Eine Eisenschmiede
(An Iron Forge viewed from without)

1773
Öl/Leinwand; 104,1 × 139,7 cm
Leningrad, Staatliche Eremitage, Inv. 1349

Lit.: Nicolson 1969, Nr. 198

Dokumentarisch gelesen, weisen die Anfang der
70er Jahre gemalten Schmiededarstellungen
Wrights auf die Bedeutung der Eisenverarbeitung
für die industrielle Revolution in England, die
neben der Baumwollfabrikation der wichtigste
Industriezweig war. Für die seltsamen stallartigen
Gebäude, in denen Wrights Schmiede stets arbeiten, läßt sich ein historisches Faktum heranziehen: Der Bedarf an vorbearbeitetem Roheisen für
die großen Eisenhütten war so groß, daß leerste-
hende, halbverfallene Gebäude wie ehemalige
Mühlen oder Ställe zu Schmieden umfunktio-
niert wurden (vgl. Boime 1987, S. 248). Doch dies
ist noch keine ausreichende Erklärung für die
offenkundige Ähnlichkeit der Bildkomposition

150

mit der Christgeburtsikonographie, insbesondere
der „Anbetung der Hirten", ganz abgesehen
natürlich von der Vulkansschmiede, die das
mythische Vorbild aller Arbeitsdarstellungen bis
dahin war (z. B. Velazquez, Le Nain). Analog zu
den typologischen Entsprechungen zwischen Alt-
em und Neuem Testament innerhalb der
christlichen Tradition wird die Geburt Christi von
Wright „typologisch" in den säkularen Kontext
der wissenschaftlich-industriellen Welt überführt
(vgl. Busch 1986, S. 29 ff.). Daß das Christkind
durch ein glühendes Stück Eisen ersetzt wird, ist
nicht blasphemisch gemeint, sondern inauguriert
die Bearbeitung der Natur durch den Menschen
als eine Realisation göttlicher Erleuchtung: Die
Industrialisierung gibt sich eine heilsgeschicht-
liche Begründung. Letztlich erscheint die Industrialisierung also auch bei Wright schon als
Mythos (nicht zuletzt durch die Verklärung des
Kleinhandwerks anstatt der Wiedergabe der
Fabrikarbeit); ähnlich wie – trotz aller äußeren
Unterschiede – später in Erasmus Darwins „Botanic Garden" oder bei William Blake.   L. S.

William Ellis
nach MICHAEL ANGELO ROOKER

151 Cast Iron Bridge, near Coalbrook-Dale
(Gußeisen-Brücke bei Coalbrookdale)

1782
Kupferstich; 446 × 661 mm
Telford, Ironbridge Gorge Museum Trust (Dauer-
leihgabe der Shropshire Newspapers)

Lit.: Klingender 1974, S. 79; Slg. Telford 1979, Nr. 17

Die Entdeckung eines gemeinsamen Kohle- und
Eisenerzvorkommens machte Coalbrookdale in
Shropshire zu einem der Ausgangspunkte der
industriellen Revolution. Der Unternehmer Abraham Darby erfand hier ein neues Verfahren der
Eisenschmelzung. Die Erzeugnisse seiner Hütten
waren so zahlreich, daß der Verkehr auf dem
Severn zu stark wurde, um sie alle flußabwärts
nach Bristol zu transportieren. Deshalb beauf-
tragten die Darbys 1779 den Architekten Thomas
Farnolls Pritchard mit dem Entwurf einer einbo-
gigen, gußeisernen Brücke über den Severn. Mit
31 m Spannbreite ist sie die erste größere Eisen-
brücke der Welt. Die Darbys ließen mehrmals
Stiche von der Brücke als Werbung für ihr Unternehmen herstellen.   L. S.

JOHANN HEINRICH RAMBERG

152 Natural Philosophy
(Die Naturprediger)

1789
Feder; 317 × 416 mm
Hannover, Niedersächsisches Landesmuseum,
Inv. PMHz. 568

Lit.: Forster-Hahn 1963, Nr. 40

Ramberg war neben Chodowiecki der bekannteste deutsche Illustrator. Für seine Karikaturen
lehnte er sich an die englische Satiregraphik an;
besonders Rowlandson hat ihn beeinflußt. Eine
Karikaturtradition wie in England fehlte in
Deutschland. Die deutsche Graphik der Aufklä-

151

153

152

<153> W. Blake,
Der Alte der Tage, 1793

rung war stark klassizistisch geprägt (s. Chodowiecki); Rambergs Stil fällt aus dem Üblichen
völlig heraus. Seine Satire auf die Naturphilosophie zielt auf die Blindheit der Wissenschaft
gegenüber der Alltagswelt ab. Anders als in dem
mythischen Weltbild eines William Blake ist die
Kritik an der Begrenztheit des wissenschaftlichen
Blicks hier auf einer volkstümlichen Ebene angesiedelt. L. S.

ANONYM, ENGLISCH

153 Keep Within Kompass
(Halte Maß)

2. Hälfte 18. Jahrhundert
Kupferstich, Aquatinta; 356 × 252 mm
HK, Kupferstichkabinett, Inv. 49549

Allegorische Darstellungen wie diese sind der
Gegenpol zu den Industriedarstellungen Wright
of Derbys, bei denen der emblematische Inhalt
hinter der naturalistischen Fassade heute oft nur
noch schwer zu entschlüsseln ist. Dieses Blatt
hingegen führt die Ideologie, der es dienen soll,
fast überdeutlich vor Augen. Der Tugend sparsa-
mer Lebensführung sind in Hogarthscher Manier
die Laster und ihre Konsequenzen entgegengesetzt. Überraschend erscheint unten links auch

ein Schiffsunglück als Folge schlechter Betriebs-
führung. Daß ökonomischer Reichtum mit landwirtschaftlichen Produkten veranschaulicht
wird, dürfte eine ebenso bewußte Mythologisie-
rung der Industrie sein wie die Verklärung des
Handwerks bei Wright of Derby. Der in den Kreis
eingespannte Zirkel stellt gleichsam die ökonomische Abstraktion – oder Ent-Anthropomor-
phisierung – der Proportionsfiguren der Renaissance dar, an die sich auch Blake anlehnte (vgl.
Kat. 107). Die Aufschrift „Fear God" auf dem
Zirkel entspricht der (hier anglikanischen) Ethik
des Kapitalismus (Max Weber), während bei
Blake der Zirkel in ganz anderem Sinn für die
Vermessenheit und Betriebsblindheit des wissenschaftlichen Rationalismus steht (<153>;
Abb. 1, S. 16). L. S.

154

Claude Duflos
nach JEAN-BAPTISTE BÉNARD

155 La Batteuse du Beurre
(Die Buttermacherin)

etwa Mitte 18. Jh.
Kupferstich; 392 × 276 mm
HK, Kupferstichkabinett, Inv. 45598

Lit.: Le Blanc, Bd. 2, S. 153, Nr. 171

155

Bernard Lépicié
nach JEAN-BAPTISTE SIMÉON CHARDIN

154 La Mère Laborieuse
(Die Fleißige Mutter)

1740
Kupferstich; 377 × 270 mm
HK, Kupferstichkabinett, Inv. 1988/166

Lit.: Bocher 1876, Nr. 35A[2]; Kat. Köln 1974, Nr. 36; vgl. Wildenstein 1963, Nr. 194; Rosenberg (Kat.) 1979, Nr. 84; Conisbee 1986, Abb. 150 u. S. 162

„Eine Winzigkeit lenkt euch ab, meine Tochter: / Gestern wurde dies Laubwerk fertig; / Ich sehe in jedem Nadelstich, / Wie sehr euer Geist zerstreut ist. // Glaubt mir, meidet die Faulheit / Und lernt diejenige Wahrheit kennen, / Daß Arbeit und Sittsamkeit / Vermögen und Schönheit aufwiegen."

Diese selbstgedichteten Verse Lépiciés wären eines Greuze-Gemäldes würdig gewesen. Chardin ging es aber weniger um ein moralinsauer gefärbtes Erziehungsprogramm, sondern um die einfühlsame Schilderung einer Alltagsszene des Kleinbürgertums, dem er selbst entstammte. Zusammen mit dem Gegenstück „Le Bénédicité" (Das Tischgebet) kam das Gemälde, von dem mehrere Versionen aus den Jahren um 1740 bekannt sind, als Geschenk Chardins in die Sammlung Ludwigs XV. und später in den Louvre.

Trotz aller Legenden verletzter Eitelkeit eines in einer niederen Bildgattung tätigen Künstlers mag es in erster Linie gesunder Geschäftssinn gewesen sein, der Chardin bewog, in seiner mittleren Schaffensphase vom Stilleben zum Genre überzuwechseln. Doch während sein Zeitgenosse Lépicié die Zeichen der Zeit besser erkannte und ausnutzte, ließ sich Chardin eher von seinem Nachstecher ins volkstümelnde Schlepptau nehmen.

Aus einer Szene, die neben der gemäßigten Kritik an der Stickerei vor allem auf Funktionen der Hausfrau hinweist (Spinnen und Stricken, Beaufsichtigung und Anleitung der Kinder usw.), wird, in publikumswirksamer Verengung, ein Nützlichkeitsappell fürs Leben.   P. Th.

„Ohne über die Arbeitsteilung zu streiten, / Bewirtschaften die Eheleute einvernehmlich ihr Hauswesen: / Unterschieden durch ihre Tätigkeiten, aber in ihrem Einsatz gleich; / Natur und Liebe schreiben ihnen ihre Arbeiten vor.//
Die Frau belehrt vor allem die Damen unserer Städte, / Deren Ehemänner oft genug unnütze Zeitgenossen sind, / Daß die Ehe gegenseitiger Unterstützung bedarf, / Und daß jeder dazu geschaffen ist, darin seine Pflicht zu erfüllen."

Aufbau und Schlagrichtung ähneln Lépiciés „Fleißiger Mutter" (vgl. Kat. 154). Der kleine bäuerliche Familienbetrieb bringt bescheidenen Ertrag, der sich fast als Überfluß präsentiert. Abgehärmt sind die Kinder jedenfalls nicht, auch der Hund bekommt sein Teil ab, und die bei aller Arbeit freundlich dreinblickende Mutter hat ihre Küche in puncto Sauberkeit (und ihren Mann sicher auch) recht gut im Griff. Die hölzerne Behelfskonstruktion oben im Hintergrund, die vielleicht eine Schlafstelle abteilt, und die Risse in der Fensterlaibung fallen da kaum ins Gewicht; sie waren beliebte Anleihen bei der holländischen Malerei des 17. Jahrhunderts.

Die Verhältnisse aber waren nicht so; die Brotaufstände im Frühjahr 1789 waren nur das letzte Ventil, durch das sich die durch Dürre- und Überschwemmungskatastrophen zusätzlich gebeutelte einfache Bevölkerung kurz vor der Revolution Luft machte. Und die „Dames de nos Villes" ließen sich von einer seichten Bauern-Idylle nicht hinter dem Ofen herlocken – was dies typische Beispiel einer Bambochade nicht hinderte (im Gegenteil!), populär zu werden. P. Th.

FRANCISCO DE GOYA   (Farbtafel 11)

156 Los Leñadores
(Die Holzfäller)

1780
Öl/Leinwand; 141 × 114 cm
Madrid, Museo del Prado, Inv. 791

Lit.: G-W 139; G. 95

Der Karton ist eine von elf Vorlagen für Wandteppiche, die das Vorzimmer des Kronprinzen im Madrider Pardo-Palast schmücken sollten. Zwei Holzfäller halten in ihrer Arbeit inne, blicken aus dem Bild heraus und erheben sich gleichsam demonstrierend ihre Arbeitswerkzeuge, zwei Äxte, die unterschiedliche Arbeitsvorgänge repräsentieren. Ein dritter Arbeiter ist bei seiner Tätigkeit dargestellt. Er wendet dem Betrachter den Rükken zu, wie um die Konzentration auf die Arbeit zu demonstrieren. Die Arbeiter sind in einer pyramidalen Komposition mit ihrem Arbeitsgegenstand, dem Baum, verflochten. Ihre in allen Phasen zur Schau gestellte Arbeit läßt sich als Zeichen für die zielgerichtete Bearbeitung der rohen Natur verstehen.

Als Kartonmaler der Madrider Teppichmanufaktur begann Goya seine bildliche Auseinandersetzung mit dem spanischen Volk. In ihr dokumentierte sich das in der Aufklärung erwachende, vom Hof unterstützte Interesse am Drit-

ten Stand. Im aufgeklärten Absolutismus bildete die Kenntnis des Volks, seiner sozialen und regionalen Besonderheiten wie seiner Arbeitsweise, die Grundlage von ökonomischen Reformen. Hierzu gehörte die Verbesserung der Anbau- und Kultivierungsmethoden. Zahlreiche Ökonomische Gesellschaften verbreiteten Reformen und Modernisierungen in den Provinzen. Zu ihren wichtigen Zielen gehörte die Aufwertung von Fragen der Agrikultur. Mit deren Problemen war Goya von seiner Herkunft her vertraut. Sein Freund Zapater gehörte der Ökonomischen Gesellschaft Aragóns an. Selbst ein reicher Landbesitzer, experimentierte er in der Verbesserung der Kultivierungsmethoden im Wein- und Olivenanbau (vgl. Kat. Boston 1989, S. LXVII). In Goyas Werk ist die Darstellung der Landarbeit über bloße Dekoration hinaus oft auf eine profunde Kenntnis und Anteilnahme an der Arbeit gestützt. – Der seine Axt als tödliche Waffe einsetzende Bauer in Des. 3 (Kat. 530.3) ist das durch die im Krieg herrschende Unvernunft pervertierte Gegenbild der „Holzfäller".   J. E. H.

156

Anonym, französisch

157 Ça n'durra pas toujour
   (So wird es nicht weitergehen)

Mai 1789
Kolorierte Radierung; 175 × 245 mm
Paris, Bibliothèque Nationale, Département des Estampes, Inv. Qb 1789 mai

Lit.: de Vinck 2808; Vovelle 1986, Bd. 1, S. 211; Herding/Reichardt 1989, S. 53 f., Abb. 66

„Ça n'durra pas toujours" (So wird es nicht weitergehen) heißt diese anklagende Darstellung aus dem letzten Jahr des Ancien Régime: der Bauer – stellvertretend für den Dritten Stand (Tiers-Etat) – hat die ganze Last zu tragen, während Bischof (Klerus) und Adliger (Adel) ihm mit herablassendem Zuspruch oder selbstbewußtem Dünkel von ihrem „Tempel" herab – ein Verweis auf den „Tempel der Nation" („Hôtel de la Patrie") (?) – zuschauen. Die Kiepe auf dem Rücken droht, von den Feldfrüchten und Feldwerkzeugen überzuquellen. Nicht genug, daß Bischof und Adliger ihm verächtlich bei der beschwerlichen Arbeit zuschauen, sie hetzen auch noch ihre Kreaturen auf den armen Mann. Zwei Jagdhunde des Adligen schnappen nach seinem Bein, während ein Affe – Inbegriff des sexuell ausschweifenden Lebens des Klerus – ihn am Rockzipfel erwischt und peitscht.

Der Bauer, der hier für den rund 96 Prozent der Gesamtbevölkerung ausmachenden Dritten Stand steht, hatte tatsächlich nicht nur die ganze Arbeit, sondern auch die gesamten Steuern zu tragen, während Adel und Geistlichkeit ihrem müßigen Leben fröhnen konnten. Sie waren von Steuerzahlungen ganz befreit. Die Bauern hingegen hatten über den Zins oder die Ablieferungen – soweit sie Pächter waren – hinaus „die schwere Trilogie der Abgaben" (Furet/Richet 1968, S. 43) zu leisten: Die Königsteuer, den Kirchenzehnt, der praktisch ein Zwanzigstel der Erträge ausmachte, und die Herrenabgaben.

Der Titel dieses Stichs verspricht, daß es nicht mehr lange so bleiben wird. Noch ist nicht klar, für wen das Licht in der Hand des Bauern verloschen ist: für den Dritten Stand oder für die Privilegierten. Entweder findet der Bauer die Brücke oder er stürzt in den Abgrund.

Am 4. August desselben Jahres sollte die Entscheidung fallen. In einer nächtlichen Abstimmung der Generalstände wurden alle feudalen Privilegien abgeschafft und der Dritte Stand damit (von seiner Last) befreit.   B. M.

Ça n'durra pas toujour.

157

Charles De Wailly

158 Pavillon des Sciences et les Arts
   (für Katharina II.)

1774
Kreide, Feder, laviert; 442 × 858 mm
Amsterdam, Sammlung Lodewijk Houthakker

De Wailly war seinerzeit der einzige Architekt, der Mitglied sowohl der Architekturakademie als auch der für Malerei und Skulptur war. Er stellte häufig bildmäßige Zeichnungen in den Salons aus und handelte sich dabei u. a. das Unverständnis Diderots ein (vgl. Salon von 1771, Diderot 1957, Bd. 4, S. 204 ff.). Anders als bei seinem Generationsgefährten Boullée steht bei De Wailly neben selbständigen Zeichnungen auch ein umfangreiches gebautes Werk. Er war international erfolgreich. So engagierte ihn Landgraf Friedrich II. für Kassel-Wilhelmshöhe. De Waillys Entwürfe kamen durch den Tod des Grafen 1785

jedoch nicht mehr zur Ausführung. Die Zeichnung des Pavillons entstand im Auftrag von Katharina II. von Rußland, die den kulturellen Austausch mit Frankreich stark förderte. Obgleich De Wailly nie in Rußland war – seine Kontakte kamen über in Paris lebende russische Künstler zustande –, waren seine Entwürfe für die russische Architektur sehr einflußreich. Dort war die „klassizistische" Variante des Rokoko sehr beliebt (zu den französisch-russischen Architekturbeziehungen im 18. Jahrhundert vgl. eine kurze Zusammenfassung in Kat. Paris 1979 III, S. 102 ff.). Trotz der klassizistischen Grundtendenz, die sich – wie beim frühen Ledoux – mit Anleihen an die italienische Renaissance (Palladio) verbindet, ist De Wailly in seiner spielerischen Betonung des Scheinhaften noch ganz dem Rokoko verbunden. Er arbeitete viel fürs Theater und errichtete u. a. das Odéon in Paris (vgl. Steinhauser/Rabreau 1973). De Waillys Werk markiert den Einbruch des Klassizismus und aufklärerischer Ideen (er war Freimaurer) in die Rokokoarchitektur. Der Pavillon verbindet den Charakter eines Rokoko-Jagdschlosses mit

dem Stil Pariser Stadthôtels, wie sie auch Boullée und Ledoux in ihrer Frühzeit bauten. Mit der bildmäßigen Inszenierung fiktiver Bauten weist De Wailly auf die späteren Arbeiten der „Revolutionsarchitekten" voraus; doch ist bei ihm die theaterhafte Lichtregie, anders als die Boullées (vgl. bes. Kat. 163), noch sehr rokokohaft in der spielerischen Betonung des Scheinhaften. Im Gegensatz zu vielen anderen Architekten, die nach der Revolution keine Aufträge mehr bekamen und wirtschaftlich zugrundegingen, bekleidete De Wailly bis zu seinem Tod 1798 noch öffentliche Posten. Doch sein Stil war nicht mehr der Herrschenden. Der *Mercure de France* vom 27. August 1799 schrieb: „Er wäre als Architekt vielleicht herausragend geworden, wenn er es besser verstanden hätte, seine Phantasie zu disziplinieren, die ihn zu oft weit von angemessenen Entwürfen entfernte. Mit mehr Reinheit in seinen Werken wäre er der Palladio seines Jahrhunderts" (zit. u. übers. nach Braham 1972, S. 673). Ähnliche Rügen mußten sich die „reineren" Boullée und Ledoux allerdings auch gefallen lassen.   L. S.

158

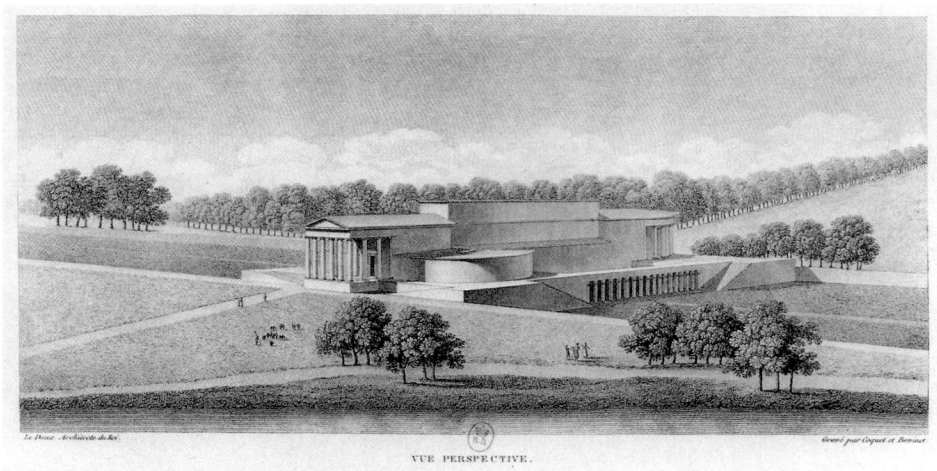

159

Coquet/Etienne Bovinet
nach CLAUDE-NICOLAS LEDOUX

159 Oikema oder Tempel der Liebe

aus: Ledoux, L'Architecture considerée sous le
rapport de l'art, des moeurs et de la législation,
Paris 1804
Kupferstich; 191 × 352 mm
Paris, Bibliothèque Nationale, Département des
Estampes, Inv. Ha 71 b, T. 103

Lit.: Kat. Baden-Baden 1971, Nr. 75

Öffentliche Lusthäuser waren schon in Stadtuto-
pien der Renaissance geläufig. Die Einrichtung
solcher Häuser, die über die Ausschweifung zur
Tugend führen sollten, schlugen Autoren wie
Restif de la Bretonne oder de Sade vor. Die
phallische Form, die Ledoux diesem Entwurf für
seine Idealstadt Chaux gibt, ist ein sprechendes
Beispiel für Ledoux' „architecture parlante". Die
klassizistische Keuschheit, die das Gebäude stilistisch kennzeichnet, weist auf Ledoux' Verwurze-
lung in der stark an puritanischen Idealen orientierten Variante der Aufklärung, u. a. der Physio-
kraten, die sich an Tugend- und Gesellschaftsvor-
stellungen der Antike orientierte; einflußreich
war hierfür Rousseau mit seinem Lob Spartas im
„Contrat Social". Das „Oikema" gehört zu
Ledoux' Projekten für die Idealstadt Chaux, die
meist aus der Zeit vor der Revolution stammen,
aber erst in seiner Schrift „L'Architecture..."
von 1804 veröffentlicht wurden.   L. S.

CLAUDE-NICOLAS LEDOUX

**160 Säule. Talkmodell für die
     Avenue de Vincennes**

Paris, Musée Carnavalet

Lit.: Vidler 1988, S. 114 f.; Gallet 1983, S. 164 (Abb.
S. 187)

Die Säule gehört zu dem Projekt der Zollhäuser
und Stadteingänge für Paris, mit dem Ledoux
Ende der achtziger Jahre beschäftigt war. Die
radikale Geometrisierung der Gebäude und das
Hinwegsetzen über „heilige Gebote" der Architektur, z. B. die Gesetze der Säulenordnung, stellten zweifelsohne einen ästhetischen Modernis-
mus dar. Politisch saß der „Revolutionsarchi-
tekt" mit diesem Projekt 1789 aber in den Nes-
seln, denn es repräsentierte die Stadtplanung des
Königs. Diesem hatte der stets als „architecte du
roi" unterzeichnende Ledoux mit zwei freiste-
henden dorischen Säulen huldigen wollen, die an
der Place de Vincennes standen, an einer der
„königlichen" Routen durch Paris.   L. S.

ÉTIENNE-LOUIS BOULLÉE

161 Museum, Schnitt

Feder, laviert; 370 × 945 mm
Paris, Bibliothèque Nationale, Département des
Estampes, Inv. Ha 56, No. 29

Lit.: Vogt 1969, S. 216 ff.; Rosenau 1976, S. 14 f.; Reudenbach 1979, S. 128 ff.

Boullées Entwurf ist kein Museum im heutigen
Sinn. Wie alle seine Hauptentwürfe handelt es
sich um eine Mischung aus Tempel und Denkmal. Boullée plante eine Art „Pantheon" (vgl.

160

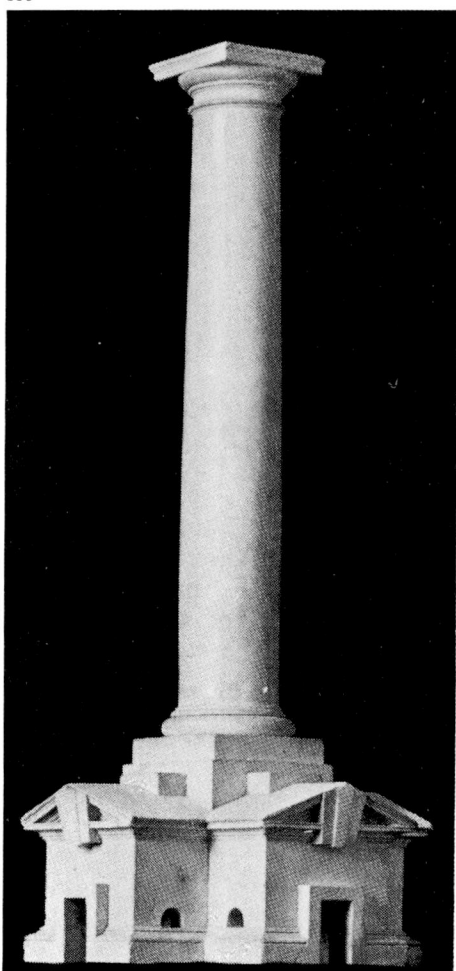

Kat. 163). „Warum ... hat Boullée seinen Entwurf nicht einfach als ,Pantheon' bezeichnet?
Der ursprüngliche Sinn von Pantheon (Heiligtum aller Götter) war ja längst verblaßt und
zurückgetreten hinter die Bedeutung: Gedächtnisstätte großer Männer. Und diese Bedeutung ist
ihm offenbar zu eng, zu sehr auf die Menschen
bezogen. Er erstrebt ganz allgemein die ,conser-
vation de la vie', die Erhaltung des Lebens, und
hierzu kombiniert er das Pantheon mit dem
Museion, die Gedächtnisstätte großer Männer
mit der Weihestätte der Musen (so wie sie einst
das Zentrum der Schulen des Plato und des
Aristoteles gebildet hatte). Boullées Monument
ist also nicht nur ein Pantheon, sondern zugleich
eine ,Schule von Athen'." (Vogt 1969, S. 218)

Symbolische Architekturen, die traditionelle
Kultbauten aufnehmen, aber in neue Bezüge
setzten, entsprechen den Bestrebungen der Freimaurer. Beziehungen Boullées zu den Logen sind
– im Unterschied zu z. B. De Wailly – nicht
nachgewiesen, aber wahrscheinlich.

Wie der Entwurf einer Stadtmauer (Kat. 162)
gehört der des Museums zu den großformatigen,
bildmäßigen Illustrationen zu Boullées „Essai"
über die Architektur (vgl. Boullée 1987), den er
mit den Entwürfen als Manuskript 1793 der
französischen Revolution vermachte. Der Text
wurde, anders als Ledoux' „L'Architecture", erst
in unserem Jahrhundert gedruckt veröffentlicht.
Die Revolutionäre fanden Boullées Visionen aber
eher verrückt (vgl. Rosenau 1976, S. 10).   L. S.

ÉTIENNE-LOUIS BOULLÉE

162 Stadtmauer
   (Interieur de Ville de Guerre)

Feder, laviert; 557 × 945 mm
Paris, Bibliothèque Nationale, Département des
Estampes, Inv. Ha 55. No. 31

Lit.: Rosenau 1976, S. 23; Kat. Baden-Baden 1971,
Nr. 19

Dies ist einer der Entwürfe, mit denen Boullée die
Aufgaben der Militärarchitektur mit künstlerischen Mitteln lösen wollte. Es geht nicht um die
technische Seite, die Festigkeit der Mauern, sondern um das „Bild der Stärke" (Boullée 1987,
S. 140).

Gleichzeitig vermittelt das Bild durch die
sukzessive Reihung die Idee der Unendlichkeit:
die Mauer könnte unbegrenzt weitergehen. Boullée kommt Burke nahe, der schreibt: „Sukzession
und Gleichartigkeit von Teilen sind das, woraus
das künstlich Unendliche besteht" (Burke 1980,
S. 111). Auch zu einer Ästhetik des Erhabenen
gehört die Vorstellung ungeheurer Größe, die
durch die nicht-anthropometrischen Architek-
turformen unterstützt wird. Hierbei war für Boullée die ägyptische und byzantinische Baukunst
vorbildlich, die für ihn eine ähnliche Rolle
spielte wie für Piranesi die Baukunst des alten
Rom, die er in ähnlichen Größenverhältnissen
im Vergleich zu den winzigen Menschen dargestellt hat (vgl. Fundament des Hadriansmau-
soleums in: Antichita Romane, Bd. IV.).   L. S.

162

161

163

163

Étienne-Louis Boullée

163 Intérieur d'Eglise métropolitaine pour célébrer la Fête-Dieu
(Inneres einer Kirche zur Feier des Fronleichnamsfests)

1781/82
Schwarzkreide, Feder in Grau, grau und blau laviert; 570 × 829 mm
Amsterdam, Sammlung Lodewijk Houthakker

Lit.: Vogt 1969, S. 186 ff.; Rosenau 1976, S. 14; Reudenbach 1979, S. 128 ff.; Kat. Oberlin 1986, Nr. 19

Der berühmteste klassizistische Kirchenbau in Paris, St. Geneviève von Soufflot (ab 1791 Panthéon) war der Ausgangspunkt für Boullées Projekt der „église métropolitaine". Der auf einem griechischen Kreuz basierende Bau ist eine Verbindung von Tempel und Kirche. Boullée weihte die Kirche dem Fronleichnamsfest, das zwar seit langem in Frankreich keine große Rolle mehr spielte, aber als einziges kirchliches Fest der Natur huldigt. Natur ist für Boullée allerdings weniger die Erde als der Kosmos, und so soll die Kirche ein Abbild des Universums sein (vgl. den Sternenhimmel im Newton-Denkmal, Kat. 40). Das Universum als Modell der Architektur führte Boullée zu einer Loslösung der Größenvorstellungen vom menschlichen Maß und zu einer Vorstellung der progressiven Größe. In seinem „Essai" kritisiert Boullée den Petersdom: „Warum denn erscheint uns die Peterskirche in Rom weniger groß, als sie tatsächlich ist? dieser unerträgliche Mangel kommt daher, daß der Architekt – weit davon entfernt, den Eindruck räumlicher Ausdehnung durch die Anzahl der Objekte, die ein großer Raum ganz natürlicherweise enthält, zu vermitteln – die Wirkung schmälert, indem er den einzelnen Teilen eine kolossale Proportion gibt . . . als ich darauf hinwies, daß ein Tempel das Bild des Großen bieten muß, meinte ich nicht nur seine räumliche Ausdehnung, sondern wollte von der Kunst sprechen, der es mit Geschick gelingt, Eindrücke zu vergrößern und auszuweiten"(Boullée 1987, S. 72 f.). Dieses Zitat zeigt, wie stark Boullées „Ausdehnungskunst" eine Wirkungsästhetik im Sinne von Burkes Erhabenentheorie ist. Nicht die reale Größe ist entscheidend, sondern die Größe in der Vorstellung, und diese wird mit den Mitteln des Bildes

erzeugt. Dabei scheint Boullée trotz seiner anti-
barocken Schmucklosigkeit Anleihen am illusio-
nistischen Theaterraum des Barock gemacht zu
haben. Die Einrahmung des lichten Haupt-
raumes der „église métropolitaine" durch die
dunkle Vordergrundzone entspricht der Binnenrahmung der Proszeniumsbühne mit ihrer übersteigerten Tiefenperspektive (vgl. auch die Analyse des Tunnelmotivs bei Boullée und Hubert
Robert von Corboz 1978). Wenn Boullée die
„Natur ans Werk setzen" will (mettre la nature en
œuvre), heißt das nichts anderes, als das Schauspiel der Natur in Szene zu setzen. Dies geschieht
z. B. in der sich nach oben gen Himmel öffnenden Kuppel, durch die die wechselnden Beleuch-
tungen der Tageszeiten sich an der Architektur
„abbilden".   L. S.

164 a

164 b

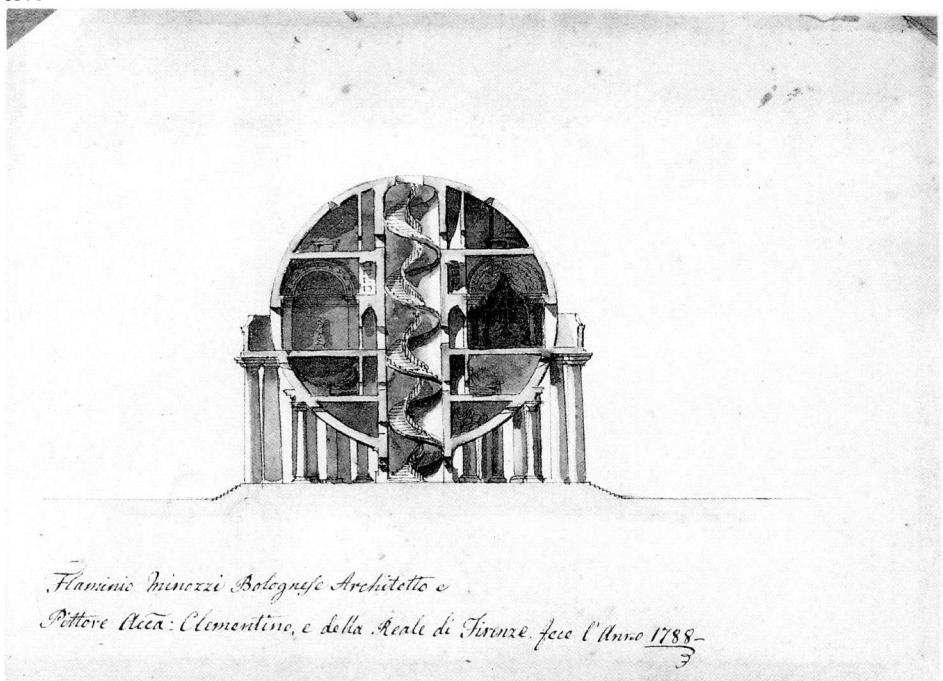

Flaminio Innocenzo Minozzi
nach ANTOINE-LAURENT-THOMAS VAUDOYER

**164 a/b Projekt für das Haus eines
Kosmopoliten**

2 Blätter
1788
Feder, laviert; 169 × 234 mm / 159 × 225 mm
Amsterdam, Sammlung Lodewijk Houthakker

Lit.: Kat. Oberlin 1986, Nr. 90 a/b

Der 1785 in Rom entstandene Entwurf Vaudoyers
zeigt, wie Elemente der „Revolutionsarchitektur"
von weniger strengen und konsequenten Geistern
als Boullée und Ledoux zu einem spielerischen
Eklektizismus verwendet werden. Die Kugelform
und der Sternenhimmel erinnern an Boullées
Newton-Denkmal (Kat. 40). Mit Boullée verbindet den Entwurf auch seine Fiktionalität: er
entstand im Auftrag des Kunstfreundes Debracq
für dessen Sammleralbum. Die Dimensionen
hingegen sind bei Vaudoyer alles andere als
megaloman; die Kleinteiligkeit der Innenansicht
erinnert fast an ein Puppenhaus. 1804 wurde
Vaudoyers Entwurf von Normand gestochen (vgl.
Kat. Baden-Baden 1971, S. 248 f.), der später für
Percier und Fontaine (vgl. Kat. 505, 511) arbeiten
sollte. Die kalte Linearität der Stiche Normands
verbindet das Kunstgewerbliche der Vorlage mit
dem beginnenden Empire-Stil.   L. S.

DANIEL CHODOWIECKI

**165 24 männliche Köpfe
aus: 14 Blätter zu Lavater's
physiognomischen Fragmenten**

**166 24 andere männliche Köpfe
aus: 14 Blätter zu Lavater's
physiognomischen Fragmenten**

1774/75
Radierungen; je 189 × 154 mm
HK, Kupferstichkabinett, Inv. 33566 und
33567

Lit.: E. 115/116[1]; Bauer 196/197; Wormsbächer 1988,
S. 23

Der Schweizer Johann Caspar Lavater
(1741–1801) ist eine merkwürdige Erscheinung

der Aufklärungsepoche. Mit unermüdlicher
Energie setzte er sich zeitlebens für den Toleranz-
gedanken ein, schon als junger Theologe zusammen mit Johann Heinrich Füssli und Felix Hess
(vgl. Kat. 106); dessen früher Tod 1768 löste eine
gesteigerte Religiosität in ihm aus, die im Bemühen um den Mitmenschen oft absonderliche
Züge annahm und ihn bei aller Hochachtung
seiner Zeitgenossen oft auch in Mißkredit brachte. Besonders seine Anfälligkeit für spiritistische
Methoden wie die zweifelhaften Heilkünste des
Paters Gassner, den Magnetismus Mesmers (vgl.
Kat. 84; 85) und die Scharlatanerie Cagliostros
brachten ihm Schaden und Spott ein. Doch zur
Zeit der französischen Besatzung 1798 erwarb er
sich als konsequenter Verfechter der Schweizer

Souveränität noch kurz vor seinem Tod neues
Ansehen. Gerade aus Basler Exil nach Zürich
heimgekehrt, wurde er während der erneuten
Eroberung der Stadt Ende September 1799 bei
Hilfeleistungen für verwundete Soldaten selbst
von einem Grenadier angeschossen, den er kurz
vorher beköstigt haben soll. An der Wunde starb
er über ein Jahr später.

Einen enormen Einfluß hatte sein vierbändi-
ges Werk „Physiognomische Fragmente, zur
Beförderung der Menschenkenntniß und Menschenliebe" (ab 1775, später auch auf französisch,
holländisch und englisch erschienen). Die Phy-
siognomik, d. h. der Rückschluß vom „objektiv"
wiedergegebenen Gesicht auf den Charakter
eines Menschen, wurde eine regelrechte Mode-

erscheinung, gegen die Georg Christoph Lichtenberg (1742–1799) vehement zu Felde zog; er relativierte sie durch die Pathognomik, die gerade das lebendig bewegte Gesicht erforderte und lediglich vorsichtige Schlüsse ohne Endgültigkeitsanspruch zuließ.

Zur Darstellung der nur mäßig bewegten Gesichterlandschaft war Chodowiecki für Lavater der richtige Mann. Füssli, der für die englische Ausgabe, schon aus einer gewissen Distanz zum Jugendfreund, ebenfalls Beispiele lieferte, schrieb ihm Anfang November 1773 spöttisch: „Ich finde mich weder geschikt noch aufgelegt (und die Wahrheit sage ich) Physiognomien zu zeichnen, davon Neune auf ein Quartblat gehen" (zit. nach Federmann 1927, S. 152).

Chodowiecki, den Füssli gar als „seelenvollsten Zeichner Europas" schmähte (ebd.), schaffte es sogar, 24 „Physiognomien von Personen aus verschiedenen Zeitaltern, Nationen, Ständen und Lebensaltern" (E., S. 78) auf einem Blatt unterzubringen. Im zweiten Blatt werden vorwiegend Profil- und „en-face"-Ansichten durchgespielt; die untere Reihe zeigt Vertreter der christlichen Religionen. Weitere Geistliche tauchen vereinzelt in den unteren beiden Reihen des ersten Blattes auf, zwischen ihnen aber auch gleichberechtigt „Ein Mohrengesicht, dessen Stirne vielleicht was hoffen ließe, wenn besonders die Nase hinten

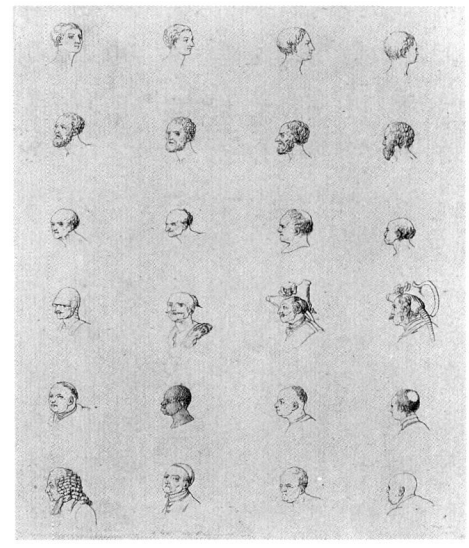

165

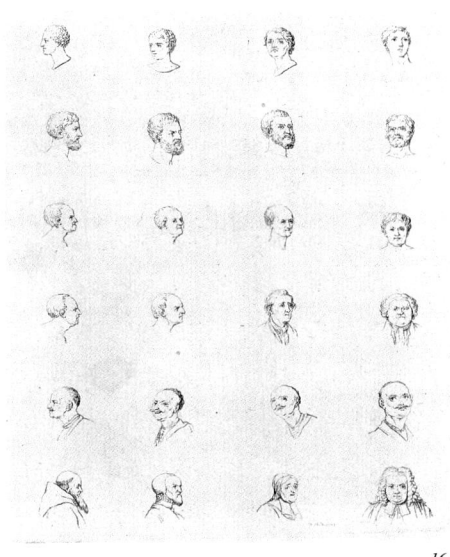

166

nicht so ferne vom Munde, und dem zu kleinen Auge zu nahe wäre" (Lavater 1775, Bd. 1, S.210). Darüber finden sich „Soldatenköpfe mit Schnurrbart, Hut und Zopf" (E., S. 78), weiter oben scheinen antike Köpfe Pate gestanden zu haben.

Eine feste Systematik ergibt sich nicht; auch Lavater glaubte nicht, mit seiner Ansammlung von exemplarischen Kopfstudien jemals an ein Ende gelangen zu können. Doch arbeitete er anhand möglichst realistischer Darstellung am Ideal einer Verbesserung der Menschheit. P. Th.

DANIEL CHODOWIECKI

**167–170 4 Blätter aus:
8 Blätter zu Schulze's lateinisches Elementarbuch**

1779
Radierungen; je 149 (146) × 92 mm (Darst.)
HK, Kupferstichkabinett, Inv. 56663 bis 56666

Lit.: E. 322 a–d; Bauer 622–625; Wormsbächer 1988, S. 61; Dehnert 1977, Abb. 40/41

167   168   169   170

<171> D. Chodowiecki,
Verbesserte Erziehung, 1800

171 Tab. XLIX aus:
Basedow's Elementarwerk

1769
Radierung; 175 × 224 mm
HK, Kupferstichkabinett, Inv. 53783

Lit.: E. 61[I]; Bauer 80; Wormsbächer 1988, S. 8; Kat.
Hamburg 1983/84, Nr. 289 (G. Syamken)

172 Titelkupfer zu Campe's
„Robinson der Jüngere"

1779
Radierung; 109 × 66 mm (Darst.)
Staats- und Universitätsbibliothek Hamburg –
Carl von Ossietzky, Sign. Scrin A/1692-1

Lit.: E. 317; Bauer 674; Wormsbächer 1988, S. 64; Kat.
Köln 1988, Nr. 1528

172

171

173–180 8 Blätter aus:
Ziegenhagen's Verhältnislehre

1791
Radierungen
HK, Kupferstichkabinett

173 Titelkupfer

> 134 × 144 mm
> Inv. 56636

174 Die Kolonie

> 273 × 385 mm
> Inv. 33579

175 Die Anatomische Lehranstalt

> 134 × 74 mm
> Inv. 56637

176 Die Schmiede

> 135 × 74 mm
> Inv. 56638

177 Die Werkstatt eines Drechslers

> 75 × 137 mm
> Inv. 56639

178 Die Werkstatt eines Mechanikers

> 74 × 139 mm
> Inv. 56642

179 Die Stube eines Naturlehrers

> 74 × 136 mm
> Inv. 56641

180 Eine Schulmeisterstube

> 74 × 136 mm
> Inv. 56640

Lit.: E. 664–667, 672–675; Bauer 1551–1554,
1556–1559; Wormsbächer 1988, S. 159 ff.; Kat. Frankfurt 1978, Nr. 146; Kat. Hamburg 1983/84, Nr. 287/288
(G. Syamken); Strauss 1961, Abb. 1–5

„Emile" – dies Zauberwort hat seit 1762 das
Nachdenken über Kindheit immer wieder neu
geprägt. Mit dem Erziehungswerk über seinen

fiktiven Zögling legte Jean-Jacques Rousseau
(1712–1778) den Grundstein zu einer neuen
Lebenspraxis und einer neuen Wissenschaft: der
Pädagogik.

Rousseaus Gedanken fielen – neben solchen
von Locke und Wolff – bei Johann Bernhard
Basedow (1724–1790) auf fruchtbaren und vorbereiteten Boden. Dessen „Practische Philosophie
für alle Stände" (1758) enthielt bereits Vorschläge
zur Verbesserung des Schulunterrichts. Erste Versuche einer praktischen Verwirklichung auf däni-
schem Boden (Soroe, Altona) scheiterten an der
Forderung nach religiöser Toleranz, die ihm
infolge der Nähe zum Deismus als Atheismus
ausgelegt wurde; in seiner Vaterstadt Hamburg
erhielt er, nicht zuletzt auf Betreiben des Haupt-
pastors und Lessing-Gegners Goeze, Druckver-
bot. Mit Zähigkeit verfolgte er seine Pläne eines
verbesserten, säkularisierten Schulwesens weiter,
schließlich belohnt durch den Ruf an den Hof des
Fürsten Franz von Anhalt-Dessau 1771. Auf der
Grundlage seines seit 1769 entstandenen „Ele-
mentarwerks", für das Daniel Chodowiecki etwa
70 von 100 Stich-Vorlagen und sechs eigene
Blätter lieferte, errichtete Basedow Ende 1774 das
„Philanthropinum", Brennpunkt der wesentlichen pädagogischen Bestrebungen auf deut-
schem Gebiet und über dieses hinaus bis zu
seiner Schließung 1793, die nicht zuletzt durch
Basedows Sprunghaftigkeit zustandekam.

In wesentlichen Punkten fielen Basedow und
die Fortsetzer seiner philanthrophistischen Bemühungen hinter Rousseaus Forderungen zurück. Das gilt besonders für die Vereinseitigung
von dessen labilem Gleichgewicht zwischen
„Mensch" und „Bürger" im Sinne eines staats-
treuen Zweckrationalismus („Ganz und gar aber
hört es auf, heilsam zu sein, wenn der Mensch
dem Bürger geopfert wird", bemerkt Wilhelm von
Humboldt 1792 kritisch; vgl. Fertig 1984,
S. 232 f.); seit Basedow, Campe und den anderen
Philanthropisten stellt sich das Problem eklatant
bis zur heutigen Pädagogik. Dennoch: Hier

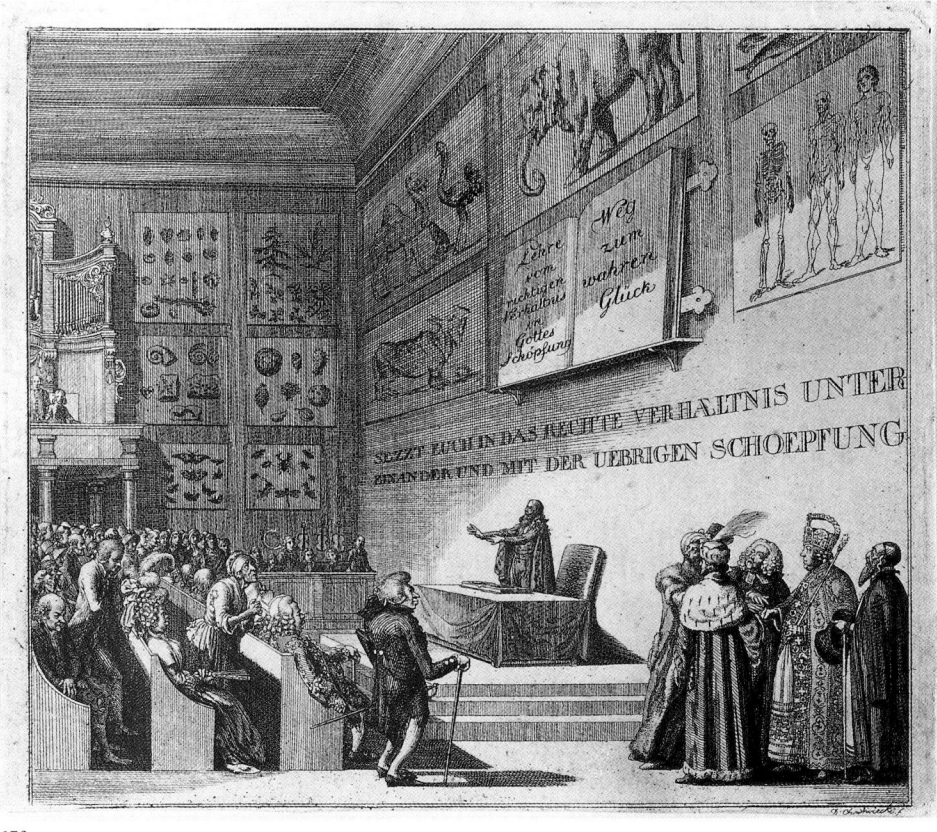

173

<173> D. Chodowiecki, Tab. XLVIII aus: *Basedow's Elementarwerk*, 1769

wurde ein Stein ins Rollen gebracht, dessen Richtung sich zwar noch mehrfach ändern sollte, der dem allgemeinen Bewußtsein aber den wesentlichen Anstoß gab: Ab jetzt gilt Kindheit als ein Stadium mit Eigengesetzlichkeit und nicht als ein bloßes Noch-nicht-Erwachsensein; mit Rousseau forderte man „l'enfant fait", das vollkommene Kind.

Noch der für die Didaktik folgenreiche „Orbis pictus" (1658) des Johann Amos Comenius (1592–1670) war von einer barock-religiösen Globalsicht ausgegangen, in der jeder (und natürlich das durch keinerlei „Lobby" unterstützte Kind besonders) ein kleines Rädchen innerhalb des Welttheaters darstellte. Den pietistischen Aufweichungstendenzen (Francke, Zinzendorf) der kirchlichen Orthodoxie, die bisher das Erziehungsmonopol besaß, folgte nun eine Hinwendung zum Menschen als Subjekt. Stures Eintrichtern von Fachwissen auf Lateinschulen, zudem für eine verschwindende Minderheit, war nicht mehr gefragt, und die Philanthropisten – fast alle zunächst als Theologen ausgebildet – gehörten zu den ersten, die theoretische Neuansätze und Alternativen in der Praxis erprobten: Verstärkter Einsatz der eigenen Sprache gegenüber den antiken, spielerisches Lernen, Erziehung zu Toleranz und Sittlichkeit, weitgehende Einschränkung (zumindest im Anspruch) von Drill und Strafen sowie zwar nicht Abschaffung, aber möglichst Kaschierung der Autorität des Lehrers. Ganz im Sinne Rousseaus sollte das Kind das Gefühl vermittelt bekommen, sich – im Verbund mit der Natur – die Lerninhalte selbst erarbeitet zu haben; deren geeignete Aufbereitung hatten der Lehrer und das Schulbuch zu leisten.

Johann Michael Friedrich Schulze (1753–1817), der später in Berlin eine Handelsschule gründete (vgl. Gilow 1908), empfahl sich 1779 als Lehrer für das Dessauer Philanthropin mit seinem „Elementarbuch der lateinischen Sprache", zu dem Chodowiecki acht Kupfer radiert hatte. Auf ihnen werden Begriffe des alltäglichen Lebens spielerisch-anschaulich ins Bild (Kat. 167–170) und so in sinnlich-sinnvoller Weise sturem „Vokabel-Pauken" entgegengesetzt. In der gedruckten Endfassung ergänzt die lateinische Bezeichnung das Bildchen. Regel und Abweichung (in unseren Beispielen sind es die Masculina und Feminina) werden strukturiert zu vermitteln versucht anhand von Anschauungsmaterial, das dem kindlichen Horizont entnommen ist: Personen, Tiere, Gegenstände der häuslichen oder näheren landschaftlichen Umgebung, lebenswichtige Berufe, Sinnesorgane, Elemente und Himmelskörper, als religiöses Motiv lediglich das Kreuz, sowie schließlich der Hinweis auf den Tod in Form eines Skeletts.

Umfassender hatte Basedow selbst im schon erwähnten „Elementarwerk" vorzugehen versucht. Es wurde eine kleine – in der Endfassung 1774 vierbändige – Enzyklopädie für Kinder, deren Kupfertafel-Band diese unter Anleitung Erwachsener in verschiedenste Lebenssituationen einführen sollte. Das dreisprachig angelegte Werk (deutsch, französisch, lateinisch) verschlang die Summe von mehr als 15 000 Talern, die der Autor fürstlichen und privaten Gönnern sowie Subskribenten entlockte. Es prägte eine ganze Generation von Lehrern und – allerdings privilegierten – Schülern und wirkte darüber hinaus, ungeachtet der Kritik z. B. Goethes, der es als Verschlimmbesserung des „Orbis pictus" empfand („Dichtung und Wahrheit", 3. Teil, 14. Buch).

174

Den ersten Teil der Kupfersammlung beschließt eine eigenhändige Radierung Chodowieckis (Kat. 171), deren Inhalt Basedow kurz angibt: „Eine Vorstellung von der Güte Gottes bey dem Anblicke des Genusses von mancherley Vergnügungen an der Natur, an dem freundschaftlichen Umgange und an den Werken der Kunst" (Basedow 1774, S. 15). Basedows Vorstellungen des idealen Zusammenlebens aller Generationen im noch imaginären Philanthropin auf dem Lande (Zitat in: Bollnow 1950, S. 144) bemüht sich der erst kurz zuvor berühmt gewordene Chodowiecki (vgl. Kat. 94), z. B. in der Wiedergabe der Sinneswahrnehmungen, auszumalen. Residuen des Rokoko-Gartens werden einer Verbürgerlichung zugeführt; der Zugang von der künstlerisch gestalteten Parkanlage zur freien – wenn auch kultivierten – Landschaft mit Feldern und weidendem Vieh steht allen offen. Das Blatt ist programmatisch für das Philanthropin wie für das gesamte Land Anhalt-Dessau, das von zeitgenössischen Reisenden als ein großer Landschaftsgarten empfunden wurde und dessen als solcher angelegter Park von Wörlitz weltberühmt war (vgl. Hirsch 1985). Unfreiwillig zeigt Chodowiecki Fortschritt und Fehlentwicklung gleichermaßen auf: Emanzipation des Bürgertums, aber um den Preis einer Verhärtung der Ständeklausel (durch Besetzen von Positionen des dadurch abgedrängten Adels und Abgrenzung von den „niederen" Ständen, also Bauern und zunehmender Arbeiterschaft).

Nicht alle Philanthropen wollten wie Basedow – im Widerspruch zu Rousseau – eine klassenspezifische Bildungselite heranzüchten (zu deren bediensteten „Famulanten" die Kinder der Armen erzogen werden sollten). Friedrich Eberhard Freiherr von Rochow (1734–1805) z. B. richtete auf seinen märkischen Gütern – noch vor Pestalozzi – Armenschulen gerade zum Zweck einer künftigen Gleichheit ein. Christian Gotthilf Salzmann (1744–1811) schuf auf dem 1784 gegründeten Gut Schnepfenthal in Thüringen (es überdauerte als einziges philanthrophistisches Institut die Jahrhunderte bis 1945; vgl. Burggraf 1966, S. 120) erste Schulanstalten für Mädchen; er gab auch die Übersetzung der „Vindications" von Mary Wollstonecraft heraus (vgl. Kat. 48). Mit seinem 1806 veröffentlichten „Ameisenbüchlein oder Anweisung zu einer vernünftigen Erziehung der Erzieher" lenkte er den Blick auf die Pflicht des Pädagogen, sich selbst einem ständigen Lernprozeß zu unterwerfen. Besonderen Wert legten er und sein Mitstreiter Johann Christoph Friedrich GutsMuths (1759–1839) – lange vor dem „Turnvater" Jahn – auf gymnastische Übungen in freier Natur <171> sowie auf ausgedehnte Schulausflüge, die „Reisen der Salzmannischen Zöglinge" (vgl. Griep 1986). Rousseauistisches Prinzip war, die straffe, z. T. rigide Führung der Schüler so einzukleiden, daß sie diesen stets als größtmögliche Freiheit erschien; Hauptlernziel war die moralische Einsicht ins Notwendige.

Das hatte auch Joachim Heinrich Campe (1746–1818) im Auge, der 1789 mit seinem Zögling Wilhelm von Humboldt eine Bildungsreise nach Paris unternahm und dort den Ausbruch der Französischen Revolution hautnah miterlebte; 1792 wurde er, wie Klopstock, Pestalozzi, Cloots und Schiller, zu deren Ehrenbürger erklärt. Braunschweig, seit 1786 seine Wirkungsstätte, galt in den Augen des berüchtigten preußischen Ministers Wöllner als „foyer de la révolution en Allemagne" (zit. nach Herrmann 1979, S. 149). Prägend wird Campe jedoch eher für die deutsche Bürgerlichkeit des 19. Jahrhunderts, etwa für die Rolle der Frau als „Gattin, Hausfrau und Mutter" (vgl. Herrmann 1975, S. 479 ff.). In der von ihm maßgeblich herausgegebenen „Allgemeinen Revision des gesammten Schul- und Erziehungswesens" erschienen, neben einer Reihe wichtiger philanthropistischer Beiträge (von Johann Stuve, Ernst Christian Trapp, Peter Villaume u. a.), auch Lockes „Some thoughts concerning education" (Bd. 9) und Rousseaus „Emile" (Bd. 12–15) in deutscher Sprache (vgl. Herrmann 1979, S. 150).

Campe selbst ließ sich von Rousseau inspirieren, ein schon im 18. Jahrhundert weitverbreitetes Buch kindgerecht fortzusetzen. Rousseau hatte geschrieben: „Dies Buch wird das Erste sein, welches mein Aemil lesen wird; es wird lange Zeit allein seine ganze Bibliothek ausmachen und es wird stets einen ansehnlichen Platz darin behalten." Und er eröffnete den überraschten Lesern:

175

176

177

5

178

6

„Ist es Aristoteles, ist es Plinius, ist es Büffon? – Nein, es ist Robinson Krusoe." (zit. nach Campe 1779, Vorbericht). Campes „Robinson der Jüngere" entstand aus der konkreten Erziehungsarbeit mit seiner Tochter und den Kindern dreier befreundeter Hamburger Bürgerfamilien (vgl. Stach 1970, S. 108 ff.). Als Gegenpol zu Basedows „Elementarwerk" bildet er neben diesem einen wesentlichen Vorläufer des Kinderbuchs (vgl. Köberle 1972, S. 124 ff.). Das Frontispiz (Kat. 172) stammt erneut von Chodowiecki, der es nach Porträts von Christoph Heinrich Kniep zusammensetzte. Die Familie (die sich auf eine kleine Schulklasse erweitern läßt) sitzt am frühen Abend unter einem Apfelbaum, um die Abenteuer des Helden nachzuvollziehen, die der Erzieher-Vater (alias Campe) mit Hilfe von Manuskript und Weltkarte möglichst frei vorträgt, um auf Fragen und Einwürfe der Kinder sofort eingehen zu können. Denn die Robinsonade gibt nur den Anstoß, die Phantasie der Kinder vernunftgemäß auszubilden und sie im Vorgriff aufs Leben Schwierigkeiten spielerisch meistern zu lassen. Die Natur hat darin die Aufgabe, den Menschen auch für die Gesellschaft zu veredeln.

Etwa zehn Jahre später entwickelte in Billwerder, möglicherweise durch Campe angeregt, der aus Straßburg zugewanderte Kaufmann Franz Heinrich Ziegenhagen (1753–1806) das Konzept einer „Kolonie", von der er sich eine „algemeine Menschenbeglükkung" versprach (vgl. Grab 1966, S. 133 ff.). Diese Sozialutopie, die bereits erste ökologische Forderungen enthielt, war so nicht zu verwirklichen, nicht zuletzt wegen ihrer strikten Gleichheitsforderungen – was Ziegenhagen nicht davon abhielt, sich, wie schon Basedow, an potente und kompetente Förderer zu wenden. Er beschließt seine Schrift: „Heil dem Fürsten! – Heil der Nationalversammlung und Munizipalität! – Heil der Obrigkeit, der Universität und dem Konsistorium! – Heil dem Staats- und Privatmanne, der zu dieser menschenwürdigen Unternehmung den ersten Schritt schreitet!!" (S. 631 f.) Schwer zu entscheiden, ob diese fast hierarchisierende Aufzählung Ziegenhagens Taktik oder seiner Überzeugung entsprang; als *aktueller* Gegner jedenfalls galt – für Ziegenhagen noch stärker als für die Philanthropisten – die konfessionsgebundene Kirche. Seine zentrale Forderung: „Abschaffung der religio" (S. 631) ergänzte er, im Sinne der natürlichen Religion, durch die Maxime: „Sezzt euch in das rechte Verhältnis untereinander und mit der übrigen Schöpfung" (Kat. 173). Das Titelkupfer Chodowieckis übernimmt eigene Vorformen aus Basedows „Elementarwerk" <173>, insbesondere die Raumaufteilung und die Gestaltung der Wandtafeln, die nun aber, im Sinne einer fast evolutionären Reihenfolge, „richtig" angeordnet sind. Statt der herkömmlichen Sitzordnung bei Basedow (Männer vor Frauen) heißt es jetzt: Alter vor Jugend im Sinne einer sozial eingestellten Gemeinschaft. Perüken sind die karikaturhaft hervorgehobene Ausnahme; vor allen Dingen trägt sie der Orator nicht mehr. Seine Zuhörer sind überwiegend die imaginierten Gäste von außerhalb. In Entgegensetzung zur gesunden Gestalt des Anatomen (vgl. Kat. 175) sagt Ziegenhagen über sie: „Man betrachte und vergleiche dagegen die geschwächten Körpergestalten der Meisten unter den gewöhnlichen Menschen, von welchen die in den Bänken sizzenden Zuhörer auf dem Titelkupfer Manches schildern." (S. 319).

179

180

selbst ist, der einerseits unauffällig bleibt, andererseits doch Zentralfigur ist – ein „primus inter pares".

An den enzyklopädisch orientierten Darstellungen derTätigkeiten in Ziegenhagens autarkem Wohngebilde fällt neben der zweckmäßigen Bekleidung besonders die aktive Beteiligung der Mädchen auf; der Unterricht findet gemeinsam statt, und zwar als Anschauungsunterricht. Der Anatom (Kat. 175) reicht gerade einem Mädchen das Herz eines sezierten Schweins; lediglich die Arbeit in der Schmiede (Kat. 176) scheint reine „Männersache" zu sein. Der Drechslerwerkstatt mit ihren verschiedenen Hantierungen (Kat. 177) ist im Hintergrund die praktische Anwendung beim Hausbau zugesellt. In der Werkstatt des Mechanikers (Kat. 178) erteilt ein Bildhauer im Nebenraum seinen Eleven Ratschläge beim Meißeln einer Statue. Der Stube des Naturlehrers schließlich ist hinten die Tenne mit dreschenden Jugendlichen zugeordnet (Kat. 179). Handarbeit und Maschinen zu ihrer Erleichterung werden im Sinne frühindustrieller Arbeitsteilung – innerhalb der ansonsten agrarisch aufgebauten Kolonie – kombiniert.

Eine von Chodowiecki ursprünglich vorgesehene Abteilung dreier Darstellungen (Bauer 1555) wurde nicht ins Buch aufgenommen. Vielleicht erhofften sich Auftraggeber und Künstler von der Kritik an herkömmlicher Werkstattausbildung anhand karikaturhafter Szenen im Hintergrund weniger Durchschlagskraft und Aussagewert als von positiven Beispielen. Die eindeutige Abschreckung blieb allein der letzten Illustration vorbehalten (Kat. 180): Sündenfall und apokalyptischer Höllensturz hatten in einer aufgeklärten Schulmeisterstube so wenig zu suchen wie mythologische Gestalten. (Was die Wände zu schmücken hatte und wie mit Kindern umzugehen war, hatte Chodowiecki für Basedow bereits vorgeführt, vgl. <173> o. r.). Chodowiecki malt im wahrsten Sinne des Wortes „den Teufel an die Wand". Doch letztlich gibt er den gestrengen Lehrer, der die Kinder das Fürchten lehrt, dezent der Lächerlichkeit preis: Wie St. Michael selbst bedrängt er die Zöglinge, seine Bein- und Armhaltung aber erinnert eher an die Luzifers. Gegenüber den verschüchterten Knaben scheint das Mädchen – im Schutze des Erziehers – die Gefahr anzudeuten, die hinter dem Ideal solch abschreckender Pädagogik lauert: die Faszination des Bösen.

Der Freimaurer Ziegenhagen gewann für die Vertonung einer selbstverfaßten Hymne, die seine „Verhältnislehre" beschloß, Wolfgang Amadeus Mozart („Die ihr des unermeslichen Weltalls Schöpfer ehrt . . .", KV 619). Nachdem seine Projekte zwar nicht verboten, jedoch als „inpracticable" abgetan worden waren, geriet er zunehmend in finanzielle Schwierigkeiten. Die letzte Nachricht über ihn teilte Johann Friedrich Oberlin, pietistischer Pfarrer und als Erzieher im elsässischen Steintal ehemaliger Lehrer Ziegenhagens, im August 1806 in seinem Tagebuch mit: „Franz Heinrich Ziegenhagen aus Straßburg, ehemals Kaufmann in Hamburg, hat sich in der Gemeinde Rothau eine Kugel durch den Kopf geschossen" (zit. nach Grolle 1986, S. 8).

Im gleichen Jahr wurde Wilhelm von Humboldt, einst Schüler des Philanthropisten Campe, an die Spitze einer Reformkommission berufen, die für Preußen neue Schulgesetze erarbeiten sollte. Damit begann ein neuer Abschnitt der Schulerziehung im Zeichen des Neuhumanismus. P. Th.

Rechts am Rand stehen „der Kaiser, ein Kurfürst, ein Sultan, ein evangelischer Geistlicher, ein Rabbiner" (Wormsbächer 1988, S. 160). Chodowiecki läßt – wie Ziegenhagen – offen, ob die Wandinschrift als gutgemeinter Appell an die Herrschenden oder als herbe Kritik aufzufassen ist; letzteres scheint der vorn stehende Bucklige anzudeuten, gegen dessen Habitus sich Ziegenhagen in einem Nachsatz seiner „Verhältnislehre" verwahrte. Immerhin brauchte er den Fürsten als Geldgeber, von dem er allerdings die Einsicht in Unvermeidliches und produktives Einbringen seines Machtmonopols in und für die Gemeinschaft verlangte – von den Konfessionen war Unterstützung in keinerlei Hinsicht zu erwarten; ihre Vertreter zeigen verdutzte bis aufgeregte Mienen, am aufgeschlossensten wirkt noch der rechts etwas abgesonderte Rabbiner: Möglicherweise eine versteckte Toleranzforderung?

Was Ziegenhagen von den Philanthropisten am stärksten unterscheidet, ist seine Betonung der „Verhältnismäßigkeit" dort, wo diese einen Tugendkatalog aufstellten. Wichtig sind ihm in der großen Darstellung seiner „Kolonie" (Kat. 174) z. B. die feuerfesten Dächer, während man bei genauerem Hinsehen das gefährdete Leben in den außerhalb des Areals liegenden Gehöften entdecken kann. Besonders drastisch wird das links in der Auswirkung auf Mensch und Tier

demonstriert. Weiter im Hintergrund, vor der Stadtsilhouette, wird eine Hinrichtung vorgenommen – etwas, das sich in der kolonistischen Utopie erübrigt; eine zweckmäßige Ordnung, die Mensch und Tier in Ausgewogenheit von Spiel, Arbeit und gesunder Ernährung alles Lebensnotwendige zur Verfügung stellt, läßt das Verwerfliche lediglich mit gelassenem Staunen von innerhalb des Begrenzungsgrabens zur Kenntnis nehmen, ebenso wie das Sensationelle in Form der – noch nicht zehn Jahre alten – Montgolfiere fern über dem Horizont. Der allegorische Tugendberg, den Chodowiecki noch für Basedow entworfen hatte (vgl. <173> o. l.) ist dem Hügel gewichen, auf dem die Jugend mit dem Nebenzweck der körperlichen Ertüchtigung herumtollen kann, wenn sie nicht wahlweise anderen Spiel- und Sportarten nachgeht, hierin der Schnepfenthaler Praxis ganz ähnlich (vgl. <171>).

Gegenüber Basedows Philanthropin-Garten (vgl. Kat. 171) ist hier alles integriert, der Durchlässigkeit dort steht der allgemein verwirklichte Freiraum der Utopie gegenüber, dessen Sinn multifunktional aufgefaßt ist, mit Selbstverständlichkeit und ohne moralisch erhobenen Zeigefinger. Fast überflüssig zu sagen, daß der Reiter im Vordergrund identisch mit dem „Verhältnislehrer" des Titelkupfers und sicherlich Ziegenhagen

DANIEL CHODOWIECKI

**181 12 Blätter zur Geschichte der Menschheit
nach ihren Culturverhältnissen**

1784
Radierungen; je 87 × 51 mm (Darst.)
HK, Kupferstichkabinett, Inv. 56597

Lit.: E. 517[1]; Bauer 1115–1126; Wormsbächer 1988,
S. 113 f.; Kat. Frankfurt 1978, Nr. 154

Die Folge von 12 Monatskupfern erschien im
„Almanac de Gotha" für das Jahr 1785. Die
französischen Bildunterschriften erklärten die
Illustrationen folgendermaßen (Übersetzung von
P. Märker in: Kat. Frankfurt 1978, S. 130 f.):

1. Urzustand des Menschen – 2. Zustand der
ersten Jäger und Krieger – 3. Hirtenleben – 4. Ursprung der Gesellschaft – 5. Fortschritt der
Gesellschaft – 6. Ursprung des Staates – 7. Zustand der Gesittung – 8. Fortschritt der Künste –
9. Verbreitung der Künste und Wissenschaften –
10. Verfeinerung der Kultur – 11. Degenerierte
Kultur – 12. Folgen der degenerierten Kultur.

Zwei schwer miteinander vereinbare Ent-
wicklungslinien verschränkt Chodowiecki, wie er
sie in früheren Beispielen getrennt vorgeführt
hatte (vgl. Kat. 108; 109): Die Vorteile der zivilisierten Gesellschaft sowie deren Entartungser-
scheinungen, die unvermittelt in Blatt 10 zu
beginnen scheinen, versteckt aber schon vorher

vorhanden sind: Ist nicht schon die das verschlei-
ert wandelnde Volk überragende ägyptische Herrscherin (Märker vermutet Semiramis, vgl. Kat.
Frankfurt 1978, S. 130) im Verbund mit dem
Götzenbild ein nur schwach verhüllter Affront
gegen die Toleranz? Es scheint, als solle im
nächsten Blatt (hier zu Beginn der oberen Reihe)
die Philosophie die Religion als Beraterin des
Staates ablösen und im Verbund mit der „Natura
moralis" Künste und Wissenschaften anregen
(Blatt 8 zeigt die hervorragenden Beispiele antiker Skulptur – Apoll von Belvedere, Mediceische
Venus und Herkules Farnese, wie sie z. B. auch in
Hogarth's „Analysis of Beauty" auftauchen, vgl.
Kat. 141). Der Darstellung Gutenbergs vor seiner
Buchpresse folgt der krasse Umschwung; die
abgezirkelten Barock- und Rokokogärten führen
schließlich zum Niedergang. Die Inschrift „Pok-
kenhaus" löschte Chodowiecki in der Endfassung; die Handlungen der Personen vor dem
Etablissement sprechen für sich, im Unterschied
zu den gemalten Pocken als Kennzeichen von
Geschlechtskrankheiten bei Hogarth.

Der Kreis von der Steinzeithöhle zur Laster-
höhle schließt sich; dazwischen stehen die verschiedensten Auflichtungen der aufgehenden
Sonne, des gestirnten Nachthimmels oder der
Gloriole um die Vernunftreligion und der Flammen der sie begleitenden Genien-Gestalten.

P. Th.

181

Gotthelf Wilhelm Weise
nach JOHANN WERNER KOBOLD

**182 Ansicht des Friedrichplatzes in Kassel
mit dem Museum Fridericianum,
dem Turm der Elisabethkirche und
dem benachbarten Otteum**

1789
Radierung; 420 × 568 mm
Staatliche Kunstsammlungen Kassel, Kupfer-
stichkabinett, Inv. K III 1966/9

Lit.: Kat. Kassel 1979, Nr. 238

Landgraf Friedrich II. von Hessen-Kassel
(1760–1785) beauftragte Heinrich Christoph Jussow 1769 mit dem Bau eines „Museums", das
seine Bibliothek und Sammlungen beherbergen
sollte: Er ist der erste selbständige Museumsbau,
der auf dem europäischen Kontinent entstand; er
wurde 1779 seiner Bestimmung übergeben. Er ist
zugleich mit dem Schloß in Wörlitz und den
Berliner Bauten zum „Forum Fridericianum"
eines der frühesten deutschen Beispiele des Klassizismus. Jussow, der eigentlich in der lokalen
Nachfolge von Du Ry stand, orientierte sich an
veröffentlichten Entwürfen von Neufforge; er
leitete damit auch den Kasseler Klassizismus ein,
dessen Höhepunkt allerdings erst mit dem Einfluß von Ledoux (ab 1775) und der Tätigkeit De
Waillys (ab 1781/82) erreicht wird. Die Bestimmung des „Museum Fridericianum" fällt zeitlich
mit den zahlreichen Gründungen „Patriotischer
Gesellschaften" (Hamburg) und „Freier Ökonomischer Gesellschaften" (St. Petersburg) zusammen: Das Ziel ist die Hebung der Infrastruktur,
deren Zusammenhang mit dem Steueraufkom-
men zunehmend erkannt wird. Daher auch die
Öffnung für weitere Kreise der Untertanen, nicht

182

nur einem kleineren Kreis von Standesgenossen
und ausgewählten Gelehrten des In- und Auslan-
des. Das Kernstück war nicht, wie man heute
annehmen würde, Gemäldegalerie samt Kupferstichkabinett und Skulpturensammlung, sondern
die naturwissenschaftliche Sammlung samt Prä-
paraten, Instrumenten und Bibliothek: nur deren
Veraltung läßt sie heute als kulturgeschichtlicher

Annex zu den Kunstsammlungen erscheinen.
Über eine residentielle Architektur wird zu dieser
Zeit der Untertan über Universitäten, Akademien, Museen und Bibliotheken eingeladen, an
den Funktionen der Staaten Anteil zu nehmen;
dieselben Architekten rufen ihm – nicht zuletzt
über die Inschrift – in Erinnerung, wer sie „väter-
lich" für ihn errichtet hat.   G. S.

I.5
Die maßlose Welt
Kat. 183–213

Wer bestaunt nicht lieber den wunderbaren Kampf zwischen Fruchtbarkeit und Zerstörung in Siziliens Fluren, weidet sein Auge nicht lieber an Schottlands wilden Katarakten und Nebelgebirgen, Ossians großer Natur, als daß er in dem schnurgerechten Holland den sauren Sieg der Geduld über das trotzigste der Elemente bewundert? Niemand wird leugnen, daß in Bataviens Triften für den physischen Menschen besser gesorgt ist als unter dem tückischen Krater des Vesuv, und daß der Verstand, der begreifen und ordnen will, bei einem regulären Wirtschaftsgarten weit mehr als bei einer wilden Naturlandschaft seine Rechnung findet. Aber der Mensch hat noch ein Bedürfnis mehr, als zu leben und sich wohl sein zu lassen, und auch noch eine andere Bestimmung, als die Erscheinungen um ihn herum zu begreifen.
(Schiller, Über das Erhabene, 1793)

I.5 Die maßlose Welt:
Entfesselte Natur, entbundene Phantasie

Ludwig Seyfarth: Das Schauspiel der Natur

Bei seiner Alpenüberquerung im Jahre 1688 erlebte John Dennis ein erregendes Naturschauspiel:

„. . . die ungewöhnliche Höhe, in der wir uns befinden, der drohend über uns hängende Felsen, die schreckliche Tiefe des Abgrundes und der reißende Strom, der unten brauste, waren für uns ein ebenso neuer wie erstaunlicher Anblick. Auf der anderen Seite des Stromes war ein Berg . . . seine zerklüfteten Felsen, die wir nur halb erkennen konnten durch den dunstigen Nebel der Wolken, die sie umgaben . . . wir wandelten am äußersten Rand – im wörtlichen Sinn – der Zerstörung; ein Stolpern, und Leib und Leben wären auf einmal vernichtet worden. Das Gefühl all dessen erzeugte verschiedene Bewegungen in mir, nämlich einen frohen Schrecken, eine furchtbare Freude, und zur selben Zeit, als ich unendlich beglückt war, zitterte ich . . ."[1] Die Alpen, der im wörtlichen Sinn erhabenste Naturgegenstand Europas, hatten seit jeher Angst und Schrecken eingejagt. Wer sie überqueren mußte, tat das so schnell und sicher wie nur möglich. Daß man aber stehen blieb, und an diesem Schrecken Gefallen fand, war neu. Der Begriff, den Dennis dafür verwendete,

< I.5.1 >
Robert Bénard
nach Philibert-Benoît
de La Rue,
Gletscher in den Savoyen,
in: Diderot/d'Alembert,
Encyclopédie . . ., Paris
1751–77, Tafelbd. 5

„delightful horror", weist direkt auf Burkes Theorie des Erhabenen von 1757. Der „delight" des Schreckens im Erhabenen erforderte das subjektive Gefühl der Sicherheit. Man mußte die erhabene Natur gewissermaßen als Bild wahrnehmen, dem man nicht angehörte; oder als Geschehen auf einer Bühne, während man selbst im Zuschauerraum saß. Die Natur, auch die erhabene, kommt durch die Projektion von Bildern zustande, ohne die sie als solche nicht erlebt werden kann. So legt Ernst Gombrich die These nahe, „daß die Landschaftsmalerei früher da war als unser ‚Gefühl für Landschaft'".[2]

Traditionell reiste man durch die Alpen nur *durch,* um in den „Garden Italy" (Dennis) zu gelangen. *In* die Alpen reiste man erst mehr und mehr im Laufe des 18. Jahrhunderts. Mit Hallers Gedicht „Die Alpen" meldete sich 1729 das Selbstbewußtsein der Schweizer ihrer eigenen Landschaft gegenüber, die nun auch mit politischer Freiheit konnotiert wurde. 1791 hörte der Landschaftsmaler Koch am Rheinfall von Schaffhausen den Freiheitsruf der Revolution (vgl. Kat. 196). Bildliche Darstellungen der Alpen, die für solche Suggestionen „realistisch" genug waren, gab es erst seit den 70er Jahren. Caspar Wolf (Kat. 192, 193) machte Skizzen vor Ort, die auch heutigen Augen als glaubwürdige Wiedergaben erscheinen. Der Darstellungs-„Fortschritt" Wolfs wird deutlich, wenn man seinen Gletscher (Kat. 193) mit einer Abbildung aus der Encyclopédie (< I.5.1 >) vergleicht, deren Urheber vermutlich nie einen Gletscher in natura gesehen hat. Doch hat auch Wolf nicht gemalt, was er „sah". Man merkt deutliche Spuren seines Pariser Aufenthalts 1769–72, während dessen er mit Vernet und Loutherbourg zusammengearbeitet hatte. Ein Vernet-Seesturm mit Gewitterblitz scheint von Wolf in die Hochalpen transportiert.

Das Erhabenste im ansonsten eher schönen Italien war der Vesuv. Die Ansicht des Vesuvs mit dem Golf von Neapel konnte sich kein Engländer entgehen lassen, der sich auf „Grand Tour" befand; d. h. auf der Reise an die berühmtesten Orte Italiens. Sie war als krönender Abschluß der Erziehung für jeden jungen Engländer, der etwas auf sich hielt, ein Muß. Der Maler Joseph Wright of Derby machte seine „Grand Tour", um sich als Landschaftsmaler zu etablieren, nachdem er bereits mit seinen „candle light pictures" (vgl. Kat. 149) einen Namen hatte. Wright hatte Erfolg, denn seine Vesuvansichten (Kat. 195) waren auch lange nach seiner Rückkehr nach England noch sehr gefragt, so daß er unzählige Repliken malen mußte. Gemälde, Mezzotintostiche etc. waren eine perfekte Einübung in die richtige Betrachtung der Reiseziele, die gekoppelt mit literarischen Führern ihr Ziel nicht verfehlen konnten. Zudem führten die Reisenden Tagebücher, in denen sie die Eindrücke berühmter Vorläufer nachempfanden, und zeichneten mit der Camera obscura, die den Laien das Erlernen der Perspektive ersparte (aber auch von Profis wie Reynolds nicht verschmäht wurde). Abweichendes Verhalten auf der Italienreise zeigen meist nur fiktive Gestalten, wie der von Wolfgang Hildesheimer zu seinem 200. Geburtstag 1956 erfundene Deutsche Pilz: „Er hat weder Aufzeichnungen noch Skizzen gemacht, noch hat er seine Gedanken über italienische Kultur in irgendeiner Form niedergelegt . . . angesichts des Golfes von Neapel soll er keine Miene verzogen haben".[3]

Es gab trotz allem Engländer, die die Italienbegeisterung nicht teilten. Bischof Berkeley fand 1714, „daß England ein poetischeres Land ist".[4] Ob England schon 1714 poetischer war als Italien, sei dahingestellt; doch in den folgenden Jahrzehnten verwandelten sich weite Teile des Landes in „poetic gardens". Der englische Landschaftsgarten war die Antwort der liberalen Whigs um Alexander Pope auf die zurechtgestutzte Höflings-Natur des französischen Barockgartens. Die Befreiung der Natur führte allerdings nicht zu einer Rückführung in einen „natürlichen" Zustand, sondern den französischen geometrischen Systemen wurde eine freiere Ordnung entgegengesetzt, der Formvorstellungen wie Hogarths „Line of Beauty" (Kat. 148) zugrundelagen. Die Freiheit bezog sich zunehmend weniger auf Natur oder Politik als auf die Wahrnehmung des Betrachters. „Picturesque" (bildhaft, malerisch) und „poetic" waren die Leitbegriffe, mit denen das „ut pictura poesis" zu einem selbstreferentiellen System wurde: Malerische Poesie ahmt die Wirkungen der Malerei nach; poetische Malerei bzw. Landschaftsgärtnerei die Wirkungen der Dichtung. Solche imaginären Reisen fanden also nicht nur auf der Grand Tour statt, und schöne italienische Landschaften konnte man auch in England haben. Dazu gab es das „Claude-Glass", das mittels eines getönten und gekrümmten Spiegels jeden englischen Naturanblick wie eine Ideallandschaft von Claude Lorrains erscheinen ließ.

Englandreisenden, denen der Geschmack nach Erhabenem stand, kamen auch auf ihre Kosten. Der französische Mineraloge Faujas de Saint Fond durfte sich 1784 die Carron Ironworks ansehen (die besser Cannon Works geheißen hätten, denn hier wurden u. a. die englischen Waffen für den siebenjährigen Krieg hergestellt): „Zwischen diesen kriegerischen Maschinen, diesen furchtbaren, todbringenden Geräten, waren hohe Kräne, alle Arten von Winden sowie Hebelzüge zum Tragen schwerer Lasten an geeigneten Orten angebracht. Ihr Knarren, das durchdringende Geräusch der Flaschenzüge, der anhaltende Ton des Hämmerns, die rastlose Energie der Männer, die diese ganze Maschinerie in Bewegung hielten, stellten eine ebenso neue wie interessante Ansicht dar . . . die Nacht ist so voll von Feuer und Licht, daß wir aus der Distanz hier eine glühende Kohlenmasse, dort blitzende Flammen aus den Hochöfen sehen, während wir die schweren Hammer mit Echo auf die Ambosse schlagen hören sowie das schrille Pfeifen der Luftpumpen, so daß wir nicht wissen, ob wir einen ausbrechenden Vulkan betrachten oder auf wundersame Weise in Vulkans Höhle versetzt worden sind, wo er und seine Kyklopen Gewitter produzieren".[5]

Auch Faujas projiziert Bilder in die Natur oder vielmehr Naturbilder in die Industrie. Eine naheliegende Assoziationsbrücke liefert in diesem Fall die Vulkan-Schmiede (vgl. auch Wright of Derby, Kat. 150). Daß er Hackerts passende Vesuvdarstellung (Kat. 184)

kannte, ist unwahrscheinlich; eher die Abbildungen aus der Encyclopédie <I.5.2>. Vielleicht hatte Faujas auch die „Dissertation on Oriental Gardening" von William Chambers gelesen, der sich riesige „Szenen des Schreckens" für Landschaftsgärten ausmalt: . . . der Schrecken, aber auch die Erhabenheit solcher Szenen wird noch dadurch gesteigert, daß sich manchmal in Höhlen, auf den höchsten Bergspitzen Schmelzhütten, Kalköfen und Glashütten verbergen, aus denen riesige Flammen und ständig dichte Rauchsäulen aufsteigen, so daß die Berge wie Vulkane erscheinen . . .".

Solche Naturschauspiele kennen auch verschiedene Höhenlagen, und so endet Chambers' Drama friedlich und heiter:

<I.5.2>
Robert Bénard
nach Philibert-Benoît
de La Rue,
Vesuvausbruch von 1754,
in: Encyclopédie,
Tafelbd. 5

„Flöten und sanfte, wohlklingende Orgeln, von unterirdischen Wassern getrieben, unterbrechen von Zeit zu Zeit die Stille des Ortes und erfüllen die Luft mit feierlicher Melodie".[6]

Ein Hauptvertreter solcher Tonlagen war der Schweizer Salomon Gessner (Kat. 198, 199), der sie sowohl poetisch als auch bildnerisch verbreitete. Gessner war vor allem in Frankreich populär, und jeder Leser von Rousseaus „Nouvelle Héloïse" wußte, was ihm Gessners Idyllen zu geben hatten: „Alles . . . war dazu angetan, meine verirrte Einbildung auf den rechten Weg zurückzuführen und brachte mein Herz in eine Stille, die mehr wert ist als der Aufruhr der verführerischten Leidenschaften".[7] Im Obstgarten von Clarens glaubt St. Preux „das Bild der Tugend zu sehen, wo ich das Bild des Vergnügens gesucht hatte".[8] Die „angenehme Einsamkeit, die mehr das Werk der Natur als der Kunst ist",[9] hat, anders als der aristokratische Garten, „nichts gekostet".[10] Auch die Ökonomie trägt dazu bei, daß sich St. Preux im „Elysium", bei den Seligen fühlt. Rousseaus eigenes Elysium war Ermenonville, der berühmteste englische Garten in Frankreich, wo auch Szenen aus der „Nouvelle Héloïse" nachempfunden waren (Kat. 201). Die Pappelinsel mit Rousseaus Grab (Kat. 64, 200) ist ein Anblick, der aufwühlende, erotische Leidenschaften in stilles Eingedenken verwandeln soll.

Der Totenruhe des Elysiums stand das Bedürfnis nach Bewegung und Verlebendigung entgegen. Im Salon von 1765 rät Diderot dem jungen Philippe Jacques de Loutherbourg (vgl. Kat. 191), die Natur als ein Schauspiel ständiger Veränderungen zu betrachten:

„ . . . Verlasse am frühen Morgen dein Bett, trotz der reizenden jungen Frau, neben der du ruhst . . . eile den Berggipfeln zu. Schon beginnen sie aus dem Dunstmeer aufzutauchen. Beschleunige deine Schritte; klettere schnell auf irgendeinen Hügel und betrachte von dort die Oberfläche des Dunstmeeres, das über der Erde sanft auf und ab wogt und in dem Maße, wie es sich senkt, die Kirchturmspitzen, die Baumwipfel, die Giebel der Häuser, die Marktflecken, die Dörfer, ganze Wälder, das ganze Schauspiel der von dem Tagesgestirn beleuchteten Natur freigibt . . . Eile nach Hause. Die Zärtlichkeit der Gattin ruft dich. Der Anblick der beseelten Natur erwartet dich. Nimm den Pinsel, den du soeben in das Licht, in die Gewässer und in die Wolken getaucht hast. Die verschiedenen Erscheinungen, von denen dein Kopf erfüllt ist, wollen heraus und auf die Leinwand".[11]

Das ist kein Bild der Tugend. Loutherbourg soll das Naturschauspiel als Geschlechtsakt halluzinieren, damit am Ende auch der Betrachter genug Erregung verspürt: „Geh hinaus und sieh, wie das Gewitter aufzieht, ausbricht und sich wieder verliert. Möge ich heute in zwei Jahren die Bäume, die es zerbrochen hat, und die Sturzbäche, die es entfesselt hat, kurz das ganze Schauspiel der Verwüstung im Salon wiederfinden. Mögen wir beide, du und ich, aneinandergelehnt und unsere Augen auf dein Werk gerichtet, dann noch von ihm in Schrecken versetzt werden."[12] Dazu darf sich die Kunst nicht wie bei Rousseau der Natur unterordnen, sondern muß sie übertreffen. Für Diderot zeigen die Kompositionen Vernets „die Größe, die Macht, die Erhabenheit der Natur besser als die Natur selbst".[13] Was die Gemälde jedoch nicht sichtbar machen, sondern nur suggerieren können, ist die Bewegung der Natur, die Veränderung der Naturerscheinungen, die Diderot Loutherbourg ja besonders nahegelegt hatte. Direkt sichtbare Bewegung gab es nur in der Natur selbst oder im Theater.

Der Gartentheoretiker Thomas Whately fand, „daß man den Schrecken, den eine Naturszene erregt, mit dem vergleichen kann, der einer dramatischen Szene entspringt" und sprach von einem „romantischen Schauspiel, das der pantomimischen Verdeutlichung nicht bedurfte".[14]

Konsequenz: Das Naturschauspiel ohne menschliche Schauspieler als Theaterstück. Genau dies realisierte Loutherbourg, der sich Diderots Ratschläge offensichtlich zu Herzen genommen hatte. Er ging 1771 nach England, wo er Theatermaler wurde und auch das Eidophusikon (griech., etwa Nachahmung der Natur) erfand, das 1781 zuerst öffentlich vorgeführt und schnell beliebt wurde. Im „Journal des Luxus und der Moden" wurde das Eidophusikon 1823 beschrieben:

„Er begann seine Vorstellungen auf der . . . (ca. 1,80 x 2,40 m) tiefen Bühne mit einer von einem Hügel in Greenwich-Park genommenen Ansicht, Häuser und Baumgruppen waren in Pappe ausgeschnitten und in die genaueste Perspektive gesetzt. Der haideartige Vordergrund mit seinen Sandhügelchen war durch Kork [vgl. Kat. 131] den feinsten Moosen und Lichen nachgeahmt. Beim Aufziehen des Vorhangs schwamm noch alles in einem ungewissen Lichte, das dem Anbruche des Tages vorangeht, ein schwaches Licht erschien längs dem Horizont . . . Farbe und Licht erhöhte sich allmählich . . . bis die Sonne heraustrat [und] ein glänzender Sommermorgen sich in voller Heiterkeit den erstaunten Zuschauern zeigte . . . Sein Blitz war so natürlich, daß er

es mit einem wirklichen Gewitter, zu dem ein Zuschauer hinausging, aufnehmen konnte".[15]

Mit anderen Mitteln als Diderot direkt im Sinn gehabt haben dürfte, wurde seine Vision hier realisiert. Auch Geräusche von Regen, Donner, Wind wurden von einer Maschine imitiert. Das Ganze war ein „darstellerloses Miniaturtheater".[16]

Schon hundert Jahre zuvor, in Fontenelles „Entretiens sur la pluralité des mondes" von 1686 (vgl. Kat. 144), dachte sich der Ich-Erzähler „die Natur als ein grosses, der Oper ähnliches Schauspiel. An dem Ort, wo Sie sich befinden, sehn Sie das Theater nicht völlig so, wie es ist. Die Dekorationen sind so gestellet, daß sie in der Ferne eine angenehme Wirkung thun; Räder und Gegengewichte aber, die selbige in Bewegung sezen, hat man Ihren Augen entzogen . . . (was) die Schwierigkeit vermehrt, ist, daß die Seile bey den Maschinen, welche uns die Natur zeigt, auf's geschickteste versteckt sind, und zwar dergestalt, daß man lange die Triebräder der Weltkörper nicht hat errathen können."[17]

Auch Loutherbourgs Theatermaschinerie verbarg ihre Triebräder. Seine Inszenierungen waren darauf angelegt, „daß sie in der Ferne eine angenehme Wirkung thun", eben als Schauspiel, wie z. B. Faujas in angemessener Distanz zu den Seilen und Maschinen der Kanonenfabrik bewundert hatte.

Eine Theatermaschinerie hatte 1776 auch der Alpenforscher Horace Benedict de Saussure noch im Kopf, als er von einem Berggipfel auf den Erdball hinunterschaute und es ihm dünkte, er entdecke „die Triebräder, welche jenen in Bewegung setzen."[18]

Die Bewegung der Erde konnten bald darauf die Ballonflieger bewundern. 1783 stieg der erste Mensch in einem Heißluftballon auf (vgl. Kat. 145, 146; der Verfasser der ersten Abhandlung über die frühen Ballonaufstiege war Faujas de Saint Fond). 1800 sieht Jean Pauls Luftschiffer Giannozzo durch den gläsernen Boden seines Ballonkorbs „alle verschiedenen Theater des Lebens mit geöffneten Vorhängen": „Viertehalbtausend Fuß tief rannte die weite Erde – ich glaubte festzuschweben – unter mir dahin, und ihr breiter Teller lief mir entgegen, worauf ich Berge und Holzungen und Klöster, Marktschiffe und künstliche Ruinen und wahre von Römern und Raubadel, Straßen, Jägerhäuser, Pulvertürme, Rathäuser, Gebeinhäuser so wild und eng durcheinander herwarfen, daß ein vernünftiger Mann oben denken müßte, das seien nur umhergerollte Baumaterialien, die man erst zu einem schönen Park auseinanderziehe."[19]

Die Bewegung, die Giannozzo wahrnimmt, ist nicht die der Natur, die des Erdballs, sondern seine eigene. Der Schwindel führt zu einem Bild der Zerstörung, während der stillsitzende Betrachter des Eidophusikons ein Bild des Werdens, der Entstehung vorgeführt bekommt.

Aus einem chaotischen Bild der Zerstörung ein geordnetes Bild werdender Prozesse zu machen, war die Aufgabe, der sich Johann Heinrich Campe am 4. August 1789 in Paris gegenübersah. Er bemühte sich um einen ruhigen Betrachterstandpunkt:

„Ob es wirklich wahr ist . . . daß die großen, wunderbaren Schauspiele, die seit einigen Tagen hier aufgeführt werden, keine Geschöpfe der Phantasie, kein Traum, sondern Tatsachen sind? . . . Ich habe mich aus dem wogenden Menschenstrom, der hier jetzt mehr als jemals, durch alle Straßen hin, den öffentlichen Plätzen zuwallt, herausgearbeitet; und setze mich nun ans Ufer,

<I.5.3>
Robert Bénard
nach Philibert-Benoît
de La Rue,
*Vesuvausbruch von 1754:
Die Lavaströme,*
in: Encyclopédie,
Tafelbd. 5

d.i. in meiner Stube nieder, um die zahllose Menge
neuer Bilder, Vorstellungen und Empfindungen, die,
wie junge Bienenbrut, dem Beobachter in jedem Schritte, den er tut, hier jetzt schwärmend zufliegen, womög-
lich, ein wenig auseinander zu setzen und in Ordnung
zu bringen. Umsonst! Das Rauschen des Menschen-
stroms dringt durch Fenster, Türen und Wände bis in
mein abgelegenes Kämmerlein . . ."[20]

In die bedrängende Bilderflut projiziert Campe ein
erhabenes Naturschauspiel, das die Bewegung nicht
stillstellt, aber ordnet. Daß Intellektuelle in der Bilderflut ertrinken, passiert wohl erst in der „Medienland-
schaft" unserer Tage.

Anmerkungen

[1] Brief, Turin, 25. Oktober 1688. Zit. und übers. nach: Dennis
  1949, S. 133
[2] Gombrich 1985, S. 154
[3] Hildesheimer 1962, S. 15
[4] Zit. nach Kat. München 1979, S. 165
[5] Zit. und übers. nach Boime 1987, S. 218
[6] Beide Zitate nach Kat. München 1979, S. 126
[7] Rousseau 1988, S. 508
[8] s. o., S. 507
[9] s. o., S. 906
[10] s. o., S. 507
[11] Diderot 1984 I, Bd. 1, S. 582
[12] s. o., S. 582 f.
[13] Diderot 1984 I, Bd. 2, S. 115
[14] Zit. nach Baltrušaitis 1984, S. 146/148
[15] Zit. nach Oettermann 1980, S. 58
[16] vgl. Joppien 1972, S. 342 ff.
[17] Fontenelle 1780, S. 12 f.
[18] Zit. nach Oettermann 1980, S. 28
[19] Jean Paul 1975, S. 49
[20] Vgl. dazu auch Hofmann „Wahnsinn und Vernunft", in
  diesem Katalog. Dort auch zur Naturmetaphorik der Revolution.

Charles Grignion
nach RICHARD BENTLEY

**183 Illustration aus „Poems"
von Thomas Gray**

London 1753
Kupferstich; 285 × 218 mm
HK, Bibliothek, Sign. Ill. XVIII. Bentley 1753

Lit.: Miller 1986, S. 83 ff.

Thomas Grays „Elegies" sind eine Art englisches
Gegenstück zu Gessners Idyllen. Illustriert wurden sie von Richard Bentley. Die Allianz
Gray/Bentley kam durch Horace Walpole zustande, der mit Gray befreundet war und Bentley 1750
als Architekt für den gotisierenden Umbau seines
Landsitzes Strawberry Hill angestellt hatte (vgl.
Miller 1986, S. 83 ff.). Bentley war weniger ein
architektonischer Fachmann als ein halbdilettie-
render Tausendsassa, der sich auf vielen künstlerischen Gebieten versucht hatte. Dem entsprach
auch die Neigung zum Andeutenden, zum Capriccio, die in seinen Illustrationen zum Ausdruck
kommt. Bentleys Geschick, das Gotische mehr
atmosphärisch als historisch treu einzusetzen,
gefiel Walpole. Der gotische Stil fungiert als
Medium, um gewohnte Größen- und Ge-
schmacksvorstellungen zu konterkarieren – wie
auch in Piranesis „Capricci" (Kat. 186, 187) ist
eine Anlehnung an die Rocaille als Ausgangspunkt zu erkennen. Die Darstellung ist allerdings
nicht aus der Ornamentik selbst entwickelt wie
bei Piranesi, sondern der ornamentale gotische
Rahmen wirkt wie eine mittelalterliche Initiale,
die eine Miniatur einfaßt. Die Rahmung nimmt
im Ansatz den romantischen Fensterblick vorweg.   L. S.

JOHANN BENJAMIN BRÜHL

**184 Illustrationsfigur eines
Potuaners**

aus: Ludvig Holberg,
Voyage de Nicolas Klimius dans le monde souter-
rain, contenant une nouvelle théorie de la terre et
l'histoire d'une cinquième monarchie inconnu
jusq'à présent
Kopenhagen und Leipzig 1766
(französische Übersetzung der lateinischen Origi-
nalausgabe 1741)
HK, Bibliothek, Sign. Ill. XVIII. Brühl 1766

Lit.: KLL, Bd. 8, S. 6726 f.

Mit Holbergs utopischem Staats- und Reiseroman
tritt die dänische Literatur an das Licht der
internationalen Aufklärung. Pate stand „Gulli-
vers Reisen" von Swift (1726). Der Held des
Romans ist Niels Klim. Auf einer geographi-
schen Expedition gerät er bei Bergen und über
einen tiefen Schacht auf einen unterirdischen
Planeten Nazar. Er gerät in Gefangenschaft von
sprechenden und beweglichen Bäumen, die den
Idealstaat Potu (Utop) bevölkern, eine aufgeklärte Monarchie, wo Geistesfreiheit und Kinder-
reichtum herrschen. Die Abbildung Brühls zeigt
einen Potuaner (das „B" muß ein sächsischer
Hörfehler sein), von denen selbst weibliche
Bäume zu höchsten Staatsämtern gelangen. Bei
Strafe sind in Potu Projektemacherei und sophi-
stisches Disputieren verboten, besonders über
Religion. Nach zweijährigem Aufenthalt reist
Niels Klim weiter in die anderen vier Reiche (vgl.
Kat. 114).   G. S.

183

184

GIOVANNI BATTISTA PIRANESI

**185 Capriccio Nr. 24
186 Capriccio Nr. 26**

um 1744/45
aus: „Opera varie di Architettura, Prospettiva,
Grotteschi, Antichità . . .", Rom 1750
Radierungen; 393 × 550 mm und 391 × 546 mm
HK, Bibliothek, Sign. Ill. XVIII. Piranesi 1750

Lit.: Miller 1978, S. 58–76; Kat. Wien 1987,
Nr. X.6 a+c

Diese Blätter, die die Rocaille-Ornamentik variieren und an die venezianischen Capricciozeich-

nungen, besonders Tiepolos, anknüpfen, sind
„memento mori"-Stilleben aus Architekturele-
menten. Die auch als Binnenrahmungen einge-
setzten ornamentalen Elemente bilden ver-
schlungene Linien, an denen sich Metamorphosen vollziehen. Veranschaulicht wird die Vergänglichkeit aller menschlichen Kultur, die wieder zu
Natur wird. Miller zufolge zeigt sich der noch in
der humanistischen Tradition stehende Vanitas-
Sinn der Arkadien- und Idyllenthematik (vgl.
auch Panofsky 1975). Dieser gerinnt bei Gessner
(Kat. 198, 199) zu einem stillgestellten Bild des
glücklichen Zeitalters.   L. S.

185

GIOVANNI BATTISTA PIRANESI

187 Ideal-Ansicht der Via Appia

Titelblatt des 2. Bandes der „Antichità Romane"
1756
Radierung; 403 × 634 mm
HK, Bibliothek, Sign. Ill. XVIII. Piranesi 1784

Lit.: Miller 1978, S. 152–170; Reudenbach 1979, S. 19–26; Kat. Wien 1987, Nr. X.7

In den „Antichità Romane" kulminieren Piranesis Bemühungen um die Rekonstruktion und Würdigung der Bauten des alten Rom. Die Verbindung von archäologischer Detailbesessenheit und bildhafter Phantasie prägt besonders anschaulich die Titelblätter der vier Bände. Die „Via Appia" führt dabei das in den „Capricci" angelegte Strukturprinzip der Wucherung vom Mikrologischen über ins Megalomanische. Das Nebeneinander verschiedener Zeiten und Stile

erinnert an Fischer von Erlachs enzyklopädischen „Entwurf einer historischen Architektur" von 1721 (vgl. Reudenbach 1979). „Architektur als Bild" (Reudenbach) entspricht der „Natur als Bild", die gleichzeitig in englischen und (beginnend) französischen Landschaftsgärten inszeniert wurde (vgl. Kat. 200). Aus diesem Blickwinkel erscheint das bei Piranesi aufgetürmte Arsenal wie eine vexierbildhafte Zusammenziehung der Architekturen, Denkmäler, Statuen etc., die als symbolische Gegenstände in den Gärten standen. Ein Grabmal am Beginn der Straße unten rechts basiert auf demselben Prototyp wie Rousseaus Grab in Ermenonville (Kat. 64), dessen Entwerfer, Hubert Robert, während seines römischen Aufenthalts mit Piranesi gut bekannt war. Verglichen mit Piranesis „Via Appia" erscheint Roberts „Garten der Monumente" (Kat. 478) von 1801/02 wie ein Friedhof – eine Erinnerungsstätte an die vorrevolutionären Phantasieträume: aus der Vielfalt verschiedener Stile und Zeiten sind einige isolierte Gedenksteine geworden.

Im XXIII. Brief der „Nouvelle Héloïse" beschreibt Rousseau ein aus Kontrasten zusammengesetztes Naturspektakel, das man als Äquivalent der Kompositionsarchitektur Piranesis ansehen kann: riesige hängende Felsen, Sturzbäche, Abgründe – „un mélange étonnant de la nature sauvage et de la nature cultivé". Diese „bizarren Kontraste" kommen zum Teil daher, daß sich die Natur zu sich selbst in Opposition setzt. L. S.

Jean-Louis Desprez

188 Chimère
(Chimäre)

um 1777–84
Radierung; 324 × 382 mm
Paris, Slg. Anne und Arsène Bonafous-Murat

Lit.: Kat. Baltimore 1984, Nr. 80

Die Inschrift auf dem ersten Zustand des Blattes berichtet ausführlich von dem dreiköpfigen Monstrum: Es wurde in der afrikanischen Wüste geboren und haust seitdem in den Ruinen des Palastes von Masinissa. Sein Versteck verläßt es nur, um Jagd auf Tiere und unvorsichtige Reisende zu machen. Verstreute Knochen zeugen von den grausigen Mahlzeiten. Den Leichnam eines Mannes hat es sich soeben einverleibt. Opfer und Schlächter gehen eine grauenerregende Symbiose ein. Der Körper des Mannes ist zwischen den Rippen des Fabelwesens hindurchgeschoben, die Füße ragen zu den Hüftgelenken heraus, die beiden äußeren Köpfe des Tieres haben die Hände des Mannes mit den Zähnen gepackt, während der mittlere, vogelähnliche Kopf die Kinnlade im Schnabel hält.

Desprez' Radierung ist eine bemerkenswerte Bilderfindung, deren Inspiration und Vorbild wahrscheinlich in Callots *Versuchung des Hl. Antonius* zu suchen sind. Während der Französischen Revolution wird diese Erfindung in einer Karikatur als Verkörperung der Drei Stände aufgegriffen (vgl. <188>). Das wehrlose Opfer ist der Dritte Stand, der von Aristokratie und Kirche zerfleischt wird.　　　　　K. O.

Francesco Bartolozzi
nach Johann Heinrich Füssli

189 Queen Katherine's Dream
(Der Traum der Königin Katharina)

um 1788
Punktierstich; 355 × 454 mm (Darst.)
HK, Kupferstichkabinett, Inv. 1980/15

Lit.: de Vesme/Calabi 1427[4]; Schiff 729, S. 125 f. u. 146; Kat. Hamburg 1974 I, S. 46, Abb. 7 (W. Hofmann); Kat. Hamburg 1974/75, Nr. 65

Die Modeerscheinung Shakespeare, ab 1786 vom Verleger John Boydell im Verbund mit Englands besten Künstlern für seine berühmte „Shakespeare Gallery" ausgeschlachtet, machte sich 1787 auch der Kunsthändler Thomas Macklin für seine „Poets' Gallery" zunutze. Füsslis dafür entstandenes Gemälde „Queen Katherine's Dream", dessen Motive dem wohl apokryphen Drama „Henry VIII" entstammen, hat sich nur in zwei Fragmenten einer vielleicht anderen Version erhalten (Schiff 730), ist jedoch als Gesamtkomposition von Bartolozzi für einen Stichband umgearbeitet worden – so stark, daß Füssli mit dem sonst geschätzten Kollegen unzufrieden war: „Katherine und Patience haben ihren Charakter und individuellen Ausdruck verloren, Griffiths seine Glieder, die Vision ihren Glanz." (zit. nach Schiff, S. 146).

Die Szene wirkt ein wenig zu gefällig und glatt, um das Eigentliche des Vorgangs nach Füsslis Geschmack auszudrücken: Die entthronte, auf ihre Hinrichtung wartende Katharina von Aragon, deren Stelle die Hofdame Anne Boleyn eingenommen hat, sieht sich selbst in einem visionären Traum die Krone der Duldung empfangen, während ihr Marschall Griffith abseits schläft und die Zofe Patience sich anderweitig betätigt.

188

Der ehemaligen Herrscherin, die ihrem katholischen Glauben die Treue hält, bleibt nur die Jenseitshoffnung. Die Königskrone liegt achtlos im Schatten, die Verstoßene reckt ihre Hand der himmlischen Krone entgegen, die ihr von einer tanzenden Schar von Himmelswesen dargeboten wird. Die theatralisch aufgefaßte Szene enthält in den Rundungen von Vorhang, Körperbewegungen und Kopfwendungen kreisende Bewegungen, durch die der diagonale Lichtstrahl bricht, der Katharinas Traumvision abtrennt von der nicht verstehenden Umwelt.　　　P. Th.

189

<188>
Anonym, französisch, *Ein Monstrum mit drei Köpfen*

QUEEN KATHARINE'S DREAM
N.º1 of the British Poets.

FRANZ XAVER MESSERSCHMIDT

190 Zweiter Schnabelkopf

1770/77 (Silikongips, 1976)
42,5 × 26 × 23,5 cm
HK, Skulpturenabteilung, Inv. 1980/6 a

Lit.: Pötzl-Maliková 1982, Nr. 72 d; Slg. Hamburg
1988, S. 303 f.

Nicolai bezeugt 1785 den halluzinatorischen
Ursprung dieser Bildidee, verwirklicht in einer
Gattung, die sonst eigentlich nur dem Bildnis
vorbehalten ist. Die Verselbständigung des Ausdrucks setzt voraus, daß eine Scheidung von
Innen und Außen vorangegangen sein muß. Und
dennoch besticht die Einheit, die sogar zu einer
physiologischen Mutation geführt hat: Der
Mund eines Säugetieres hat sich in einen Schnabel verwandelt, und dieser ist zugewachsen.
Mutationsketten dieser Art sind seit den mittelalterlichen Drolerien und Bosch bekannt; in den
neuzeitlichen Physiognomien wirken sie spätestens über Lebrun im 18. Jahrhundert fort. Nirgends aber zeigen sie die formale Entschlossen-
heit Messerschmidts, der auf der einen Seite die
aristotelische Einheit von Form und Inhalt im
Ganzen wie im Detail durchsetzt, obwohl er sich
der gedanklichen Scheidbarkeit bewußt ist. Das
Ergebnis ist ein neuer Typus, eine neue Gestalt,

191

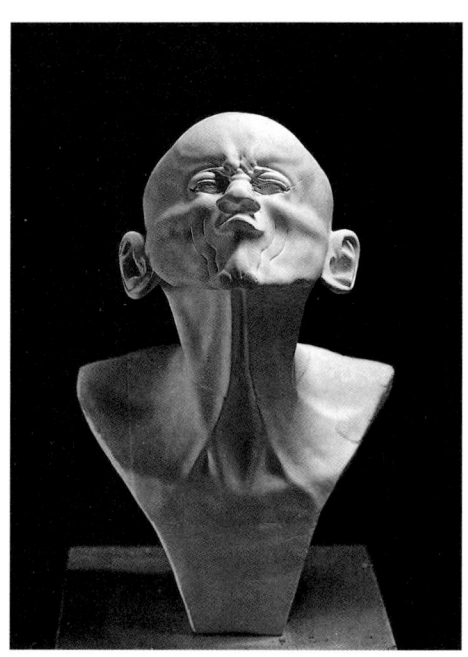

190

und das läßt seinen „Schnabelkopf" so modern
erscheinen. Parallelen finden sich in den Werken
Füsslis, Goyas und Blakes: Das menschliche
Ingenium wird als spezifische Wirklichkeit ernst-
genommen, seine Besonderheit durch Übertreibung artikuliert. Das jeweils Gewachsene dieser
Erscheinungen wird wie eine vermessene Pflanze
zu Protokoll gegeben, wenn auch noch nicht in
der photographisch gelassenen Weise des
19. Jahrhunderts. Das eigentümliche Pathos solcher Beispiele ergibt sich nicht zuletzt aus den
Brüchen mit formalen Traditionen und der Wei-
gerung, sich auf neue – etwa klassizistische –
einzulassen. G. S.

PHILIPPE-JACQUES DE LOUTHERBOURG

191 Schiffbruch

1771
Öl/Leinwand; 36 × 47 cm
Hamburg, Privatsammlung

Das Bild entstand 1771, kurz vor Loutherbourgs
Übersiedlung nach London. Es zeigt deutlich den
Einfluß der Seesturm-Bilder seines Lehrers Vernet. Noch stärker als Vernet ging es Loutherbourg
um die effektvolle Inszenierung von Naturereig-
nissen. So trieb es ihn über die Begrenzung des
herkömmlichen Ölbildes hinaus. L. S.

CASPAR WOLF (Farbtafel 12)

192 Zweiter Staubbachfall im Winter

um 1775
Öl/Leinwand; 82 × 54 cm
Kunstmuseum Bern, Inv. 1762

Lit.: Raeber 1979, Nr. 179; Kat. Basel 1980, Nr. 98; Kat.
Hamburg 1976, Nr. 329

Der Schweizer Wolf war von 1768 bis 1771 in
Paris, wo er u. a. mit Loutherbourg zusammenarbeitete. Seine wichtigste Schaffensphase fällt in
seine Berner Jahre 1774 bis 1777, aus der auch
diese Winterszene stammt. Sie entstand als Illu-
strationsvorlage für die „Vues remarquables des
montagnes de la Suisse" des Berner Verlegers
Abraham Wagner. Die Texte zu diesem ehrgeizigen Unternehmen steuerten Albrecht von Haller
und Wyttenbach bei. Für die Illustrationen
begleitete Wolf den Verleger auf Bergtouren in
entlegene Regionen wie diese, in der er sich als
Zeichner selbst „porträtiert" hat. Das handwerkliche Rüstzeug für seine leichtflüssige Malweise

192

hatte Wolf sich bei süddeutschen Rokoko-Deko-
rationsmalern erworben – zur darstellerischen
Bewältigung konnte er ihre Rocaillen nicht mehr
brauchen.

Von Wolfs Bildern waren zahlreiche Stiche,
teils in dem neuen Farbaquatinta-Verfahren, verbreitet. So wurde sein Werk zum neuen Darstel-
lungstopos für Berge, der bis weit ins 19. Jahrhundert vorbildlich blieb. L. S.

193

196

<*196>* J. A. Koch, *Wasserfall in einer Waldschlucht,* um 1792/93

CASPAR WOLF

193 Gewitter und Blitzschlag am Unteren Grindelwaldgletscher

um 1775
Öl/Leinwand; 54 × 82 cm
Aarau, Aargauer Kunsthaus, Inv. 1947/242

Lit.: Raeber 1979, Nr. 199; Slg. Aarau 1979, Nr. 104, Kat. Basel 1980, Nr. 103

Wolf machte das Naturgeschehen zum alleinigen Ausdrucksträger des Bildes, womit er für die Romantik wegweisend wurde. Aus der Vernet-Tradition entlehnt ist das Motiv des Gewitterblitzes, das aus der Seesturmikonographie ins Hochgebirge verlegt ist (vergleichbare photographische Aufnahmen von Blitzen gelangen erst gegen Ende des 19. Jahrhunderts, vgl. Rieth 1953). L. S.

JACOB PHILIPP HACKERT   (Farbtafel 13)

194 Vesuvausbruch im Jahr 1774

1774
Öl/Leinwand; 71,5 × 92 cm
Staatliche Kunstsammlungen Kassel, Neue Galerie

Hackerts Vesuvausbruch trägt die exakte Datierung „12. Januar 1774" und zeigt damit, daß er einen bestimmten Ausbruch geradezu dokumentarisch festhalten wollte. Gegenüber seinen üblichen Landschaftsveduten fällt das Bild durch eine extreme Nahsicht auf. Man sieht nichts als den speienden Vulkan und in einer schmalen Vordergrundzone eine Forschergruppe. Es gibt nur noch eine weitere Vesuvdarstellung Hackerts von 1779, die aber eine Vedute mit Fernblick ist, wie sie viele italienreisende Landschaftsmaler damals wiedergaben. Von 1770 bis 1779 befand sich der Vesuv fast ununterbrochen in Tätigkeit. 1776 erschien die erste wissenschaftliche Abhandlung über Vulkane: „Campi Phlegraei" von William Hamilton (vgl. Kat. 477), der von 1764 bis 1800 englischer Gesandter am Hof von Neapel war – einer der vielen Laien, die im 18. Jahrhundert die Naturwissenschaften voranbrachten. Zu den – nicht genannten – Künstlern, die Vorlagen für Hamiltons reich illustriertes Werk schufen, gehörte auch Hackert. Die Zusammenarbeit Wissenschaftler/Landschaftsmaler war keine Ausnahme, siehe Caspar Wolf. Das fast an Wright of Derby erinnernde Licht deutet die Beschäftigung Hackerts mit Beleuchtungsfragen an. Er gilt als Erfinder des „Mondscheintransparents", bei dem Nachtszenen ähnlich wie in Loutherbourgs „Eidophusikon" (vgl. Kat. 191) hinterleuchtet werden. Mondscheintransparente wurden ein beliebtes Vergnügen für Privatgesellschaften; zu ihren Vorführern sollte u. a. C. D. Friedrich gehören. L. S.

JOSEPH WRIGHT OF DERBY   (Farbtafel 16)

195 Ausbruch des Vesuv

Öl/Leinwand; 58 × 73 cm
HK, Gemäldegalerie, Inv. 5408

Diese Vesuv-Vedute geht auf das von Vernet geprägte Darstellungsschema mit Bucht im Vordergrund zurück.   L. S.

JOSEPH ANTON KOCH

196 Wasserfall im Berner Oberland

1796
Öl/Leinwand; 99 × 75 cm
HK, Gemäldegalerie, Inv. 1046

Lit.: Slg. Hamburg 1969, Nr. 182; Lutterotti 1985, Nr. G 2

Der Anblick des Rheinfalls von Schaffhausen inspirierte den jungen Koch zu folgenden Zeilen: „Es schien mir, als rief der Gott des Rheines vom zackigen Fels mir zu: Steh auf! handle! sei thätig mit standhafter Kraft! Stemme dich gewaltig gegen den Despotismus! reiß auseinander die

194

195

schimpflichen Bande, die dich fesseln! Sey unerschütterlich wie der Fels, den ich bekämpfe, in
der Verteidigung der Freiheit der Menschheit! so
schien mich der donnernde Strom anzurufen"
(zit. nach Beenken 1944, S. 160). Koch war nach
seiner Flucht aus der Stuttgarter Karlsschule (vgl.
Kat. 472) über Straßburg in die Schweiz gekommen. Die Straßburger Jakobiner wollten ihn in
Davids Atelier nach Paris schicken, doch Koch
lehnte ab. Er wollte Landschaftsmaler werden,
und so zog es ihn schließlich nach Italien. In Rom
entstand das Gemälde eines Wasserfalls im Berner Oberland, basierend auf einer wohl direkt vor
Ort entstandenen Zeichnung <196>.   L. S.

HUBERT ROBERT   (Farbtafel 14)

197 Grotte des Posilipp

1769 (?)
Öl/Porzellan; ⌀ 15,5 cm
Basel, Privatsammlung

Lit.: Corboz 1978, S. 10 f.

Die „Crypta Neapolitana" oder „Grotte des Posilipp" ist ein 308 m langer und 7,25 m hoher
Tunnel, der im 1. Jahrhundert n. Chr. gebaut
wurde, um die Verbindung zwischen Neapel und
Pozzuoli zu erleichtern. Tunnelbauten gehörten
zu den anspruchsvollsten Ingenieurleistungen
des alten Rom (vgl. Kat. 131). Mit den Malern
Natoire und Desprez hatte Robert 1760 eine Tour
von Rom nach Neapel und Sizilien unternommen. Hier zeichnete er den Tunnel für eine
Illustration in Saint-Nons „Voyage pittoresque ou
description des royaumes de Naples et de Sicile",
die von 1781 bis 1786 in vier Bänden erschien.
Robert malte das Motiv in mehreren Varianten
(vgl. Corboz 1978, Abb. 8). Die dunkle Szenerie
mit den winzigen Menschen erinnert unwillkür-
lich an die Kerkerszenen von Magnasco oder
Goya; seit dem Mittelalter wurde der Tunnel mit
geheimen Zeremonien und Hexerei in Verbindung gebracht. Vermutlich ist Robert auch von
Piranesis „Carceri" (vgl. Kat. 104) zu der malerischen Übersteigerung des Motivs angeregt worden, die auch eine Darstellung von Desprez
aufweist (vgl. Kat. Paris 1989, Nr. 311).   L. S.

SALOMON GESSNER   (Farbtafel 15)

198 Die Träumerin

1782
Gouache, Tusche auf Papier; 287 × 403 mm
Kunsthaus Zürich, Inv. Z.A.B. 712

Lit.: Bircher/Weber 1982, Nr. 125

Gessners 1756 zuerst erschienene Hirtendichtun-
gen „Idyllen" wurden ein literarischer Welterfolg.
Die Verklärung einfachen, naturverbundenen
Daseins verband die Luzidität der Kythera-
Utopien des Rokoko mit einer dem bürgerlichen
Moralempfinden zuträglichen Solidität, was
auch für seine später entstandenen bildnerischen
Versionen der Idyllenthematik gilt. Allein in
Frankreich erschienen bis 1820 nicht weniger als
130 Editionen von Werken Gessners, eine selbst
von französischen Autoren unerreichte Zahl. Die
radierten Illustrationen zu seinen Werken hatten
großen Einfluß auf die französische Illustrations-
kunst. Noch in der Revolutionszeit wurden zahlreiche Gemälde in den Salons ausgestellt, die sich
direkt auf Gessnersche Dichtungen beziehen
(vgl. Caubisens 1961, S. 371).
    Ab etwa 1770 trat in Gessners Schaffen die
Dichtung fast völlig hinter die Malerei zurück. Er

197

malte nur in Gouache; erst nach seinem Tod
wurden 20 der Bilder von seiner Familie öffentlich ausgestellt. Die „Träumerin" ist eine an
einen Baumstumpf gelehnte, fast unbekleidete
Quellnymphe, die von einem in einen kleinen,
ruhigen See plätschenden Wasserfall die angemessene akustische Begleitung für ihre stille
Meditation erhält. Die Kombination der Motive
ist der in den englischen Landschaftsgärten vergleichbar, die auch in der Schweiz großen Einfluß
hatten. England gab für die Schweizer die Projek-
tionsfläche ihrer Natursehnsüchte ab, die der
Rest Europas in der Schweiz hatte. Der berühmteste „englische Garten" in der Schweiz ist die
Eremitage in Arlesheim bei Basel. Hier wurde
Gessner ein Denkstein gesetzt; im Park von
Ermenonville (vgl. Kat. 64, 200) stand eine Pyramide, die den großen Naturdichtern geweiht war,
zu denen auch Gessner zählte.   L. S.

198

199

SALOMON GESSNER

**199 Baumlandschaft mit Satyrn und Nymphe
    im hohlen Baum**

um 1770
Radierung; 208 × 190 mm
HK, Kupferstichkabinett, Inv. 25350

Baumnymphen und Faune sind weitere feste
Bestandteile der Idyllenmotivik. Bedenkt man,
was ein Boucher aus dieser Szene gemacht hätte –
bei Gessner ist jede erotische Koketterie getilgt:
dieser Märchenwald ist jugendfrei. Die moralische Integrität hatte Zeitgenossen veranlaßt,
Gessners literarischen Werken den Vorzug vor
ihren antiken Vorbildern zu geben.   L. S.

L'ISLE DES PEUPLIERS   n.º 9

200

FRANÇOIS MÉRIGOT

200 L'Isle des Peupliers
    (Die Pappelinsel)

Ill. Nr. 9 in: Cécile-Stanislas Xavier de Girardin,
Promenade ou Itinéraire des Jardins d'Ermenon-
ville
Paris 1788
Kupferstich; 150 × 100 mm (Darst.)
HK, Bibliothek Sign. Ill. XVIII. Mérigot 1788

Lit.: Wiebenson 1978, S. 81 ff.; Buttlar 1980, S. 93 ff.

Die Idylle als abgeschiedener, unbetretbarer Ort
wird prototypisch veranschaulicht durch die
Pappelinsel in Ermenonville mit dem Grab
Rousseaus (vgl. Kat. 64). Die von Mérigot gestochene Ansicht ist eine der bildhaften Ansichten,
die der Park bietet und die in dem Führer
beschrieben werden, den der Sohn des Erbauers
von Ermenonville, Girardin, 1788 herausgegeben
hat. Die Umformung der Natur in mehr oder
weniger „bedeutsame" Bilder ist das Prinzip des
Pittoresken (Malerischen), das in englischen und
französischen Landschaftsgärten durchgeführt
wurde und in Ermenonville seine vielleicht kon-
sequenteste Durchführung fand. Es gab „Bilder"
im Stile von Claude Lorrain oder Ruisdael, die
allerdings wie in den englischen Gärten nicht
direkt nachgestellt wurden. Bestimmte Topoi
(z. B. der Tivolitempel) und Kompositionssche-

mata wurden in „gerahmten" Ansichten inszeniert, was im Stich der Pappelinsel in der Binnenrahmung durch den Baum im Vordergrund anschaulich wird. Natur als Bild gehörte zu den wichtigsten philosophischen Reflexionsmedien der Zeit, z. B. in Rousseaus „Nouvelle Héloïse" oder in den Salonkritiken Diderots, siehe besonders der „Vernet-Spaziergang" im Salon von 1767. L. S.

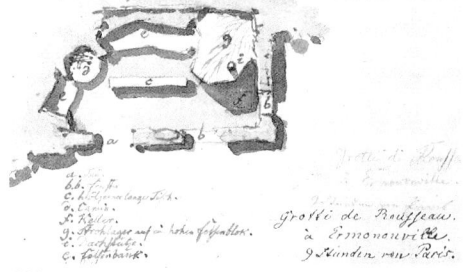

201

F{RIEDRICH} G{ILLY}

201 Rousseau-Grotte in Ermenonville

1797
Feder über Graphit, ocker, braun, grau, rot und gelb laviert; 207 × 156 mm
Berlin (DDR), Nationalgalerie, Kupferstichkabinett, Inv. SZ 7 (V 121 A)

Lit.: Kat. Berlin 1984, Nr. 19

Der Parkführer (Kat. 200), den Gilly besaß, bezieht die Grotte auf die „Nouvelle Héloise": „Alles hier bringt euch die Situation von Meillerie vor Augen; alles erinnert euer Herz an St. Preux, wie er an Julie schreibt auf einem Felsen, der ihm als Tisch dient . . ." (zit. nach Kat. Berlin 1984). Vieles in Ermenonville spielte auf Werke Rousseaus an. Der Gelehrte im Landschaftsgarten gehörte zu den festen Topoi. Nicht selten wurden „Schmuckeremiten" gegen Bezahlung eingestellt. In Arlesheim (Schweiz) gab es eine Hütte mit einem Eremitenautomaten, der die Eintretenden freundlich grüßte. Bei dem klassizistischen Architekten Gilly überrascht die malerische Darstellung der Grotte. Gilly zeigt weniger die idyllische Abgeschiedenheit als das Katakombenhafte des Ortes, den er fast wie eine Hexenküche erscheinen läßt (vgl. Roberts „Grotte des Posilipp"; Kat. 197). L. S.

J{EAN}-J{ACQUES} L{EQUEU}

202 Vue de la Fontaine des Vallées felix
(Ansicht des Brunnens der glücklichen Täler)

Paris, Bibliothèque Nationale, Département des Estampes, Inv. Topographie Va 27

Lit.: Duboy 1986, S. 61

Wie Lequeu seine Rundtempel und -gräber mit Pappeln ausstattet, so verwandelt er den locus amoenus, die „Quelle im Tal des Glücks", in ein künstliches Paradies, dem die von Zirkel und Lineal entworfene Hecke die Abgeschiedenheit eines Sakralortes beschert. Die natürliche Nacktheit der fünf Frauen kann sich nur im Reservat entfalten. Diese Absonderung erklärt die passive Zuschauerrolle des Mannes: Aus dem ungestümen Aktaion ist ein vorsichtiger Voyeur geworden. Letztlich bleiben die Konventionen in Kraft, und wer dieses „Tal des Glücks" aufsucht, muß sich mit der Entsagung begnügen. W. H.

202

J{EAN}-J{ACQUES} L{EQUEU}

203 Agdistis

Paris, Bibliothèque Nationale, Inventaire du Don Lequeu du Cabinet des Estampes, Inv. Ae 15

Lit.: Duboy 1986, S. 291

In dieser Gestalt leitet Lequeu seine latente Bisexualität (vgl. Kat. 465) vom griechischen Mythos ab. Agdistis war ein von Zeus abstammendes Zwitterwesen, das auch als Große Mutter verehrt wurde (vgl. Hunger 1981, S. 80). Die Attribute erhellen Doppelnatur und Rollenverteilung: Die Rose verweist auf das Geschlecht der Frau, der flammende Pfeil auf das des Mannes. Die einladende Armhaltung geht auf tanzende Bacchanten und Satyrn zurück.

Der Zwitter ist zweifach doppeldeutig. Einmal ist er aus der Sicht des 18. Jahrhunderts ein Capriccio, eine Laune der Natur, die damit ihre eigenen Normen überlistet. Auch hier setzen die Aufklärer den experimentellen Denkansatz durch. Diderots „Traum d'Alemberts" (ein Dreigespräch), dreht sich um die Entstehung und Verwandlung der Arten. Zwar unterscheidet Diderot zwischen der organischen Ganzheit und den Sprüngen der Natur, wie sie auch der Mensch bewirken kann, wenn er die genetischen Fäden verwirrt – aber wo verlaufen die Grenzen zwischen Norm und Mißbildung? Ist nicht, wie Mlle

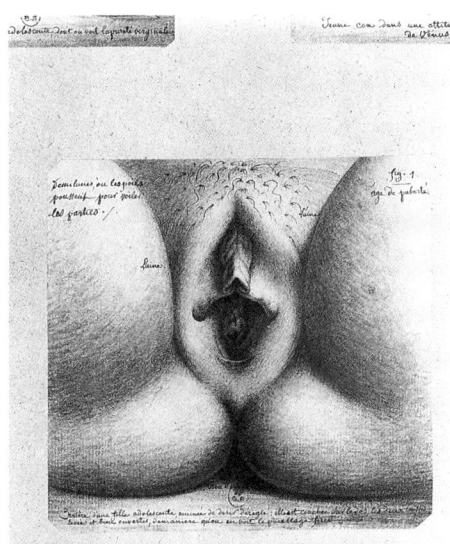

<203> J.-J. Lequeu, *Weibliches Genital,* um 1792

203

de l'Espinasse vermutet, der Mann das Monstrum der Frau und die Frau das Monstrum des Mannes? Lequeu wäre demnach die Überwindung dieser Monstrosität.

Daran knüpft ein anderer Aspekt an, der ins Auge springt, wenn wir die Zweigeschlechtlichkeit auf die triumphierende Erweckungsgeste beziehen. Agdistis verliert dann die gefährliche Leidenschaft, die ihr/ihm der Mythos nachsagt, und wird zu einem Symbol der Versöhnung, in dem Pfeil und Rose, Waffe und Fruchtbarkeit friedlich koexistieren. Wir dürfen dabei auch an Runges „Morgen" (Kat. 537) denken: Wieder ein Kompositgeschöpf, in dem Venus mit Maria und Aurora verschmilzt. Venus ist überdies sowohl Urania wie Anadyomene, himmlische und irdische Liebe in *einer* Gestalt. Runge bedient sich einer ähnlichen Erweckungshaltung wie Lequeu. Noch etwas verbindet die beiden Präzisionisten. Wenn Runge einen Freund um botanische Darstellungen bittet, weil er sich genau über den „Charakter der Geschlechtsteile" unterrichten will (HS I, 239), erinnert das an den Blick, den Lequeu auf das weibliche Genital richtet <203>. W. H.

JOHANN HEINRICH FÜSSLI

**204–212 Symplegmata,
Akte und Bacchanale**

1770–1778
Feder, laviert
Florenz, Museo Horne

Lit.: Schiff 538 bis 544, 548, 549

„ . . . in allem Extrem – immer Original . . . Sein Blick ist Blitz, sein Wort ein Wetter – sein Scherz Tod und seine Rache Hölle." Das ist der junge Füssli in Rom, beschrieben in einem Brief, den sein Landsmann Lavater am 4. November 1773 an Herder richtet. 1770 angekommen, wurde Füssli bald zum Mittelpunkt eines internationalen Künstlerkreises, dem der Schwede Sergel (Kat. 222), der Däne Abildgaard (Kat. 75; 114; 122; 369) und die Engländer Runciman, Northcote, Banks und Romney angehörten. Die Freundschaft der jungen Männer erstreckte sich auf alle Lebensbereiche. Gemeinsam arbeiteten und diskutierten sie ihre Kunst, gemeinsam genossen sie, was Goethe wenig später in einer seiner Römischen Elegien die einzige Freude des Lebens nannte. Besonders Sergel scheint als Veranstalter von Festen, die Schiff vornehm „panerotisch" nennt, hervorgetreten zu sein. Wie es dabei zuging, ist in Heinses „Ardinghello" (1787) nachzulesen, obgleich der Dichter nicht zum Kreis Füsslis zählte. (Als er 1780 in Rom ankam, hatten Füssli und Sergel die Stadt bereits verlassen.) Heinses Leitfaden des „ästhetischen Immo-

**204 Symplegma eines nackten Paares auf
einem Altar vor einer Herme des Priapos**

261 × 376 mm
Inv. 6066

204

205

205 Erotische Burleske

293 × 420 mm
Inv. 6068

206

**206 Symplegma eines Mannes und zweier
Frauen zu Füßen eines Priapos-Altares**

268 × 333 mm
Inv. 6067

**207 Symplegma eines Mannes und zweier
Frauen zu Füßen eines Priapos-Altares**

292 × 445 mm
Inv. 6069

207

210

210 Bacchanal

225 × 195 mm
Inv. 6073

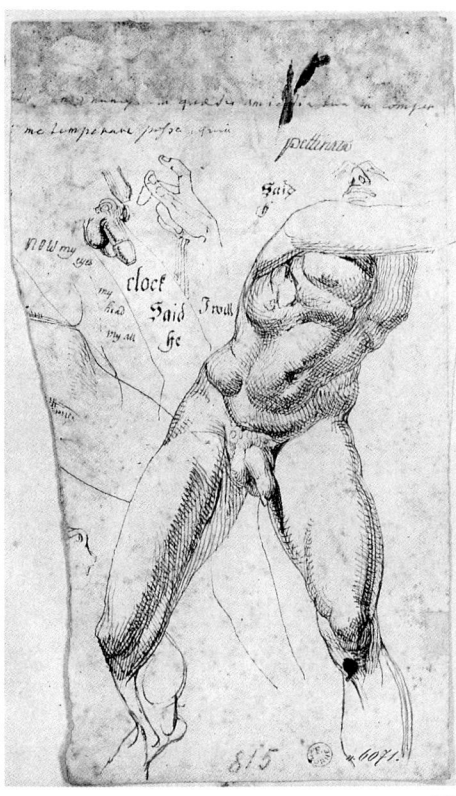

208

208 Männlicher Akt

273 × 152 mm
Inv. 6071

209 Durchzeichnung des Aktes Kat. 208

273 × 152 mm
Inv. 6071

209

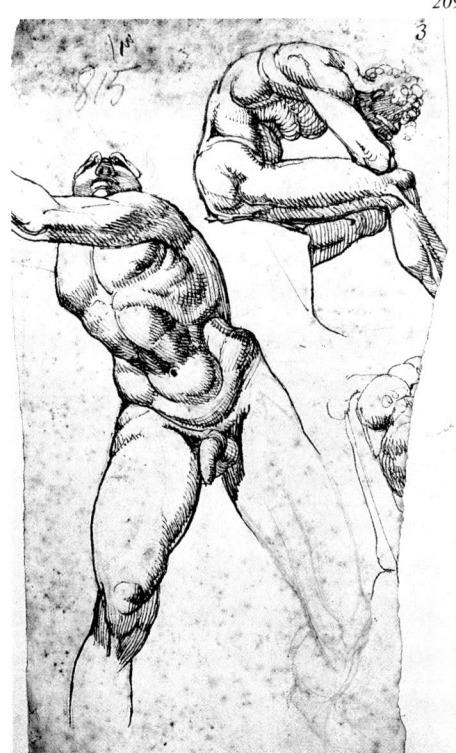

Lavater über Füssli

An Herder

Zürich, 4. Nov. 1773

Füßli in Rom ist eine der größten Imaginationen. Er ist in allem Extrem – immer Original; Shakespeares Maler – nichts als Engländer und Zürcher, Poet und Maler. Er war mein Mitstreiter gegen Grebel. Ein Hartmannischer Geist. Einmal send' ich Dir seine originale Briefe – Windsturm und Ungewitter. – Reynolds weissagt ihn zum größten Mahler seiner Zeit. Er verachtet alles. Er hat mich, der Erste, mit Klopstock bekannt gemacht. Sein Witz ist grenzenlos. Er handelt wenig, ohne Bleistift und Pinsel – aber wenn er handelt, so muß er hundert Schritte Raum haben, sonst würd' er alles zertreten. Alle griechischen, lateinischen, italienischen und englischen Poeten hat er verschlungen. Sein Blick ist Witz, sein Wort ein Wetter – sein Scherz Tod und seine Rache Hölle. In der Nähe ist er nicht zu ertragen. Er kann nicht einen gemeinen Odem schöpfen. Er zeichnet kein Porträt – aber alle seine Züge sind Wahrheit und dennoch Karikatur. Von seinen Schriften hab' ich keine Zeile. Stolz und Nonchalance machen jeden Mund ferne verstummen, der etwas von ihm bitten will; aber er gibt sich in einem Augenblick arm, wenn er ungebeten gibt.

An Herder

Zürich, 16. Nov. 1774

Nach unzähligen Zauber- und Beschwörungsformeln und Beweggründen ist mir endlich ein Päckchen von Füßli als abgesandt angekündigt. Mit jedem Posttag erwart ichs. Es sind, schreibt er, «nicht Brosamen, sondern Brocken! Vielleicht folgen Brote!» Du sollst gewiß auch was von ihm haben und bald, sobald ich habe. – Er ist das originellste Genie, das ich kenne. Lauter Kraft, Fülle und Stille! Wildheit des Kriegers – und Gefühl der höchsten Erhabenheit! Aber unerbittlich durch alles – doch leitsam wie ein Kind durch Blicke und Winke, die er Groß fühlt! Seine Geister sind Sturmwind, seine Diener Feuerflammen! Er geht auf den Flügeln des Windes. Sein Lachen ist Spott der Hölle und seine Liebe – tötender Blitzstrahl. Jupiters Adler! Belial, der mit einem Fußtritt stampft ein ganzes Gestad zum Abgrund! Ich sende ihm nun die «Urkunde», die «Philosophie», «Götz v. Berlichingen» die – herrlichen – «Leiden des jungen Werthers», Klopstocks Oden.

Ich hoffe ihn dadurch für Goethe und dich zu interessieren. Zum Schreiben ist er nicht zu bringen, wenn ich ihm nicht Geld schicken muß.

(Heinrich Füssli, Briefe, hsg. von Walter Muschg, Basel 1942, S. 168 u. S. 170)

ralismus" (W. Brecht) läßt beide Geschlechter zu ihrem Recht kommen: „Jedes vereinigt sich mit dem anderen nach Gelegenheit. O ihr Armseligen, die ihr keinen Begriff von Leben und Freiheit habt und Großheit des Charakters!" Dieser für jede Vermischung offene Lebensentwurf, dem Ardinghello auf den „glückseligen Inseln" begegnet, kennt nur Täter, keine Opfer, er bewahrt die Partner vor der Eifersucht, die Frauen vor dem „Joch der Ehe" und die Kinder vor den Zwängen der Erziehung, denn sie gehören dem Staat, und dieser hat bloß für die Glückseligkeit seiner Bürger zu sorgen. Nachdem er die Kunst von der Moral getrennt hat, gibt Heinse ihr wieder den öffentlichen Auftrag, die Lebensfreude zu stimulieren.

Füssli läßt sich auf diese utopische Öffnung nicht ein, er zieht einen Trennstrich zwischen Kunst und Moral, d. h. er will die Kunst vor dem Verdikt Rousseaus, sie verderbe die Sitten, bewahren, indem er ihr einen wertfreien, amoralischen Handlungsraum und einen privaten Kennerkreis zuweist.

An Kenner und Liebhaber wenden sich die in seinen römischen Jahren entstandenen Zeichnungen, die Schiff unter der Bezeichnung Symplegmata (Verflechtungen) zusammengefaßt hat. Diese „Launen" sind nicht bloß Einfälle einer erotischen Phantasie, die ihr Recht auf „delassement" wahrnimmt, vielmehr spricht sich in ihnen der Kerngedanke von Füsslis „Kunstwollen" aus: Die Freiheit, den Gliedmaßen des menschlichen Körpers jede nur mögliche Variation und Spielart zu entlocken. Im Wettstreit mit seinem Freund Banks widmete sich Füssli einem Problem, das sich nur dem flüchtigen Blick als artistische Spielerei darstellt: „Sie entwickelten gemeinsam eine künstlerische Übung, die darin bestand, daß man über fünf willkürlich gesetzten Punkten, welche die Positionen von Kopf, Händen und Füßen angaben, Figuren zeichnete, die dann naturgemäß ungewöhnliche Haltungen erhielten, welche schwierige anatomische und Verkürzungsprobleme mit sich brachten." (Schiff, S. 80, vgl. Kat. 105)

So weit ging Goethe nicht, als er seiner Geliebten „des Hexameters Maß" auf den Rük-

211

211 Rollentausch, Fragment
187 × 115 mm
Inv. 6070

ken zählte, aber auch ihn beschäftigte die Ästhetik der Verfügbarkeit:

„Alles ist Glied, und alles Gelenk, und alles
gefällig, / Alles nach Maßen gebaut, alles nach
Willkür bewegt", dichtete er in Weimar im Rückblick auf seine italienischen Erfahrungen.

In den Symplegmata-Blättern „ist das Fünf-
Punkte-Thema auf die Frage übertragen: wie
zahlreich sind die Möglichkeiten (Stellungen),
deren sich die zwischen mehreren Partnern
erweckte und praktizierte Lustbefriedigung bedienen kann? Derselbe unersättliche Kombinations-
und Variationsimpuls, der in den Fünf-
Punkte-Akten die Option für eine bestimmte,
eindeutige Lösung ablehnt, bemächtigt sich nunmehr der Mann-Frau-Beziehung und zieht aus
seinem ›Unvermögen‹ zur einsinnigen Bindung
die Konsequenz, daß es für diese Beziehung
ebensowenig eine moralische Norm wie eine
ästhetische Regel geben kann. Vielmehr sind alle
nur vollziehbaren Konstellationen durchzuspielen.
Wo es keinen verbindlichen Hauptweg mehr
gibt, büßt auch der moralische oder ästhetische
Vorwurf der ›Abwegigkeit‹ seine Geltung ein.
Künstlerische und erotische Erfahrungen bewegen sich à rebours, gegen den Strich, im Sinne der
allgemeinsten Wortbedeutung von ›perversio‹:
Umdrehung, Verdrehung. Der Geschlechtsverkehr wird zur endlosen und komplizierten *ars
combinatoria*. Seine ›Scheu vor der echten, erfüllten Bindung‹ (Schiff) verwehrt Füssli auch in
diesem Bereich die Zielfindung. Seine künstlerische Neigung, einen Formgedanken in immer
neuen Varianten zu erproben, aufzuspalten und
neu zu kombinieren, dieser rastlose artistische
Möglichkeitssinn gibt in den erotischen Blättern
nichts Abseitiges, sondern einen privaten, masochistischen Kern zu erkennen. In diesem Intimbereich wird offenkundig, daß Füsslis künstlerische Selbstdarstellung sich einer ‚Freiheit‘
bedient, die, dem Variationszwang ausgeliefert,
mithin dessen Gefangene ist. Die Ausschweifung

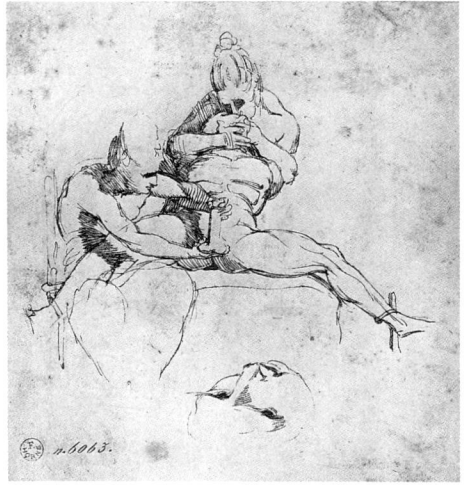

212

**212 Symplegma eines gefesselten
nackten Mannes und zweier Frauen,
unten Gesichtsskizze**

186 × 170 mm
Inv. 6063

muß sich dem Ritual beugen." (Hofmann in:
Kat. Hamburg 1974/75, S. 44)

Aus der Sicht des 1789-Kontextes bedarf diese
Deutung der Ergänzung. Im Symplegma schlägt
Füssli die Brücke vom befreiten, aber gleichwohl
ritualisierten Geschlechtstrieb zum nüchternen
Credo seines Jahrhunderts, das jegliche menschliche Tätigkeit in den Prüfstand der Erfahrung,
sprich: des Experiments ruft. Dahinter steht beim
Stürmer und Dränger Füssli eine Kraftgebärde,
die sich mit den Göttern messen will. Die priapische Herausforderung, auf die auch Goethe
Bezug nimmt, und mit der Lequeu sich in einem
Altarentwurf auseinandersetzt, erklärt die zur
Schau gestellte Männlichkeit und entrückt sie
zugleich in den Mythos. Doch der von Frauen
betreute und gebändigte Mann Füsslis ist ein
mythischer Zwitter, nicht nur Priap, sondern
auch Prometheus und zugleich dessen Gegenspieler Zeus, der Blitzeschleuderer.

„Sein Blick ist Blitz", erkannte Lavater. Nicht
minder ist es sein erigiertes Glied. Es ist die
trotzige Antwort eines Künstlers auf die fortschreitende Entmachtung der Elementarkräfte,
wofür der Blitzableiter (Kat. 213) als das augenfälligste Symbol steht. Der gebändigte Blitz büßt
seine metaphorische Dimension ein. Dem Erkalten im Apparat, der das Unberechenbare zähmt
und vernünftig macht, setzt Füssli die Entzündungen der Symplegmata entgegen, in denen
beides steckt, die Vitalität und ihre Ermattung.
Dieser Widerstreit ist es, was Füssli von Sade und
seiner funktionalistischen Utopie trennt (vgl.
Kat. 452). W. H.

JAKOB HEMMER
213 Blitzableitermodell

Holz, Messing; 122 × 34,5 × 33,5 cm
Staatliche Kunstsammlungen Kassel, Astronomisch-Physikalisches Kabinett, Inv. F 441 a–763

Um 1750 entdeckte Benjamin Franklin in Philadelphia die „Kraft der Spitzen", die er 1755 in
einem Brief so beschrieb: „Würde dies nicht dem
Menschen zum Nutzen gereichen können, wenn
man so Häuser, Kirchen und Schiffe vor dem
Schlage des Blitzes zu sichern versuche? . . . Die
auf Gebäuden errichteten spitzen Stangen, wel

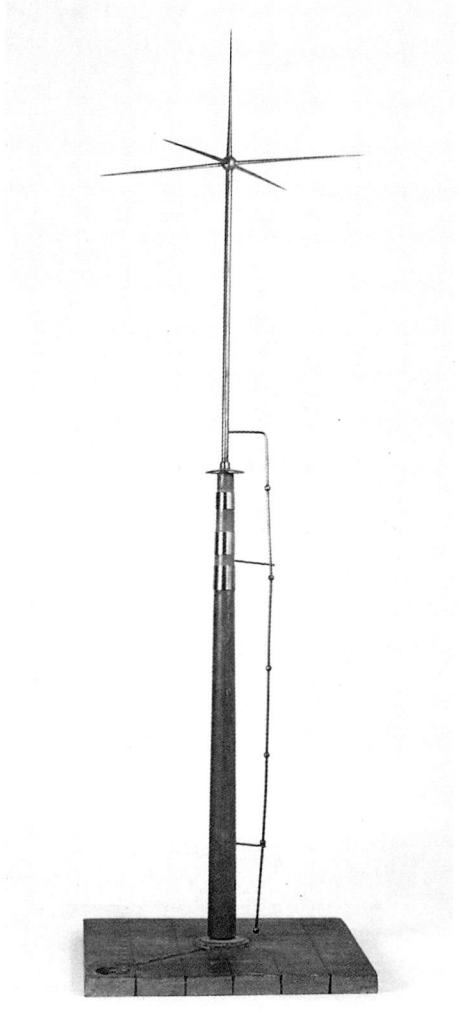

213

che mit der feuchten Erde verbunden sind, werden dem Schlage entweder gänzlich vorbeugen,
oder wenn sie demselben nicht zuvorkommen,
werden sie ihn dergestalt ableiten, daß das
Gebäude keinen Schaden erleiden kann."

Franklins Entdeckung führte schon in den
50er Jahren zur Installation der ersten Blitzableiter auf Gebäuden. 1760 wurde auf einem Leuchtturm in Plymouth der erste Blitzableiter Europas
errichtet. Als Franklin 1749 und 1750 vor der
Royal Society in London von seinen Versuchen
berichtet hatte, war er allerdings auf völliges
Unverständnis gestoßen. Die Aufnahme in
Europa blieb noch lange zwiespältig. In wissenschaftlichen Kreisen wurde Franklin als „neuer
Prometheus" gefeiert, aber arrivierte Physiker
wie der Pariser Professor Nollet polemisierten
gegen den „Laien" Franklin. Im Volksglauben
hielt sich noch lange die Vorstellung, die Blitzableiter würden Gewitter erst recht anziehen, statt
sie abzuwenden. 1784 gibt eine Statistik allerdings bereits 391 Blitzschutzanlagen in Europa
an. Die erste in Deutschland ließ Reimarus 1769
auf der Hamburger Jacobikirche installieren.
Reimarus war neben Hemmer der Durchsetzer
des Blitzableiters in Deutschland, 1794 erschien
sein damals berühmtes Werk „Vom Blitze". 1780
errichtete Lichtenberg, der viele Elektrizitätsexperimente unternahm, an seinem Gartenhaus in
Göttingen einen Blitzableiter (er berichtet darüber in einem Brief an J. A. Scharnhagen vom
25. 5. 1780). L. S.

SERMENT DU JEU DE PAUME.

355

232

Werner Hofmann

II.6 Die neuen Tugenden

„Der unruhige Bürger"[1] – das ist nur *eine* Erscheinungsform der bürgerlichen Kultur des 18. Jahrhunderts. Ihr Held ist der einzelne Mensch, der die gesellschaftlichen Institutionen flieht, die Verlockungen der Bindungslosigkeit auskostet und die Natur – mit den Augen Rousseaus – als das Sammelbecken seines Gefühlsüberschwangs erlebt.

Dieser zentrifugalen Unruhe, die sich zu Sturm und Drang steigern kann, steht eine Stabilisierungstendenz entgegen, welche der bürgerlichen Existenz in der Häuslichkeit des Familienverbandes ein sicheres Zentrum zu geben versucht. Mit der sittlichen Würde der Unantastbarkeit umkleidet, gerät die Familie – das bürgerliche Trauerspiel berichtet davon – in Konflikt mit dem Adel, dessen schweifender Lebensstil provozierend all dem widerspricht, was das familiäre Grundverhalten ausmacht: Treue und wechselseitige Achtung. In der bürgerlichen Familie ist alles Bindung und Pflicht – der Adel genießt alle Wahlfreiheiten.

Die in den Künsten seit der Mitte des 18. Jahrhunderts zu beobachtende moralische „Umrüstung" – Rosenblum[2] stellt „a new moralizing fervor" fest – ereignet sich in einem ideengeschichtlichen Zusammenhang, den neue Wertvorstellungen prägen. Rousseau liefert dazu die Thesen. Im „Discours sur l'origine et les fondements de l'inégalité" (1754) erhebt er das *römische Volk* zum Modell aller freien Völker.[3] Im „Contrat social" (1762) bezeichnet er sodann die *Familie* als das erste Modell der politischen Gesellschaft.[4] Wie sich beide Prototypen wechselseitig durchdringen und in der republikanischen Staatsidee modellhaft verschmelzen, hatte schon Voltaire[5] mit seinem 1730 uraufgeführten „Brutus" vor Augen geführt. Als Brutus entdeckt, daß sein Sohn Titus die Sache der Republik einer privaten Leidenschaft opfert, muß er ihn zum Tod verurteilen. Der Sohn erkennt, daß er im Tod seinen Verrat sühnen kann und stirbt mit dem Vater versöhnt. Das Staatswesen und die Familie haben ihre Ehre wiedergefunden, der Konflikt zwischen Pflicht und Neigung, dem Öffentlichen und dem Privaten ist aufgehoben, freilich mittels einer „grausamen Tugend", von der Rousseau später hofft, daß sie sich in gut regierten Staaten erübrigen werde.[6]

Die beiden Prototypen – das antike Rom und die Familie – scheinen dafür prädestiniert, zwei traditionelle Gattungen der Malerei, die Historie und das Genre, inhaltlich und formal neu zu bestimmen und auf die Botschaft des „exemplum virtutis"[7] zu verpflichten. Beiden erteilt Diderot einen belehrenden Auftrag: „Rendre la vertu aimable, le vice odieux".[8] Sie sollen die Tugend lieben und das Laster hassen lehren. Die Maler folgen ihrem kunstkritischen Wegweiser, doch haben sie Mühe, für Genre und Historie eine neue, gemeinsame Sprachhöhe zu finden. Wie problematisch diese Versuche ausfallen, zeigt Greuze, der sich schließlich damit abfindet, für die Antike und für das zeitgenössische Rührstück verschiedene Register anzuwenden. Erst David wird es in seinem „Marat" gelingen, beide Höhenlagen – Zeitlosigkeit und Aktualität – auf einen gemeinsamen Nenner zu bringen <227>.

Als Ludwig XVI. seine Thronbesteigung zum Anlaß nahm, um Bilder aus der französischen Geschichte in Auftrag zu geben, sollten Großmut und Opferbereitschaft die entscheidenden Kriterien bilden – „propres à ranimer la vertu et les sentiments patriotiques".[9] Die Wahl der königlichen Kunstbeamten fiel auf acht Themen: vier aus der römischen und je zwei aus der griechischen und der französischen Geschichte. Herrscher und Feldherren werden wegen ihrer tugendhaften Taten gerühmt. Die bürgerliche Welt der Gegenwart – etwa die Familie Calas (Kat. 94, 95) – kommt selbstverständlich nicht zu Wort. Als Sprecher des bürgerlichen Selbstbewußtseins hatte Louis-Sébastien Mercier solche kunstpolitische Einseitigkeit zu korrigieren versucht, als er in seinem 1770 erschienenen utopischen Roman „Das Jahr 2440" die Ausstellungspraxis einer fernen Zukunft beschrieb. Dereinst wird es den Künsten verboten sein zu lügen, sie werden Inhalte behandeln, „die einen edleren Begriff vom Menschen (geben) wie die Güte, die Großmut, das Opfer für andere, die Tapferkeit und die Verachtung der Wollust".[10] Unter den diese Themen illustrierenden Werken, die der Romanheld im „Salon" des Jahres 2440 entdeckt, überwiegen zwar noch die Herrschenden – Marc Aurel, Trajan, Heinrich IV. und Ludwig XIV. –, aber da ist auch ein Bild, das ein Ereignis aus Merciers Gegenwart behandelt: es zeigt „den edelmütigen Fabre . . . , der sich anstelle seines Vaters die Fesseln für die Galeere anlegte".[11]

Ein bürgerlicher Zeitgenosse wird bei den Großen der Weltgeschichte eingereiht – die Historienmalerei ist diesem Themenvorschlag nicht gefolgt. Als Peyron 1782 ein analoges Selbstopfer malte, nahm er den Stoff aus der Antike (Kat. 226), und die Geschichte vom alten Loiserolles, der sich 1794 für seinen Sohn töten ließ, wurde zwar bald danach von einem Bildchronisten festgehalten, aber nicht eines Gemäldes für würdig befunden (Kat. 325).

Das Doppelthema „Rom – Familie" gerät in der Revolution einmal unter tragische, das andere Mal unter apotheotische Vorzeichen. Nun stehen der gewaltsame Tod und der ihm zuvorkommende Freitod auf der Tagesordnung, desgleichen öffentliche Aufbahrung und Totenklage. Zugleich feiert die Revolution in ihren Festen und Brudermahlen die Wiedergeburt des Volkes als einer riesigen Familie. Beide Male kommt das römische Pathos voll zum Tragen. Es wird mit patriotischen Akzenten versehen.

Was den Themenkreis des Opfertodes angeht, darf jedoch nicht übersehen werden, daß er neben klassischen Vorbildern auch eine formale „bürgerliche" Keimzelle hat. Wir finden sie in einer Zeichnung von Greuze (Kat. 215). Der Maler, der sich vergebens darum bemühte, als „peintre d'histoire" in die Akademie aufgenommen zu werden,[13] fand darin eine packende Ausdruckschiffre, die sich sowohl für den antiken wie für den modernen Opfertod eignen sollte. Im bösen Vater steckt der sterbende Patroklos (Kat. 222), aber auch der jäh zerbrochene Körper des in den Tod gehetzten Condorcet (Kat. 324).[12]

Solche Wechselbezüge wurden von den Zeitgenossen erkannt und nach Bedarf für die Heroisierung des revolutionären Geschehens herangezogen. 1792 zählte Robespierre in einem Brief die Wohltäter der Menschheit auf, die als Märtyrer endeten: Cato, Lykurg, Sokrates, Jesus Christus und . . . Pétion de Villeneuve, der Bürgermeister von Paris.[14] David soll sich bereit erklärt haben, gemeinsam mit Robespierre den Schierlingsbecher zu trinken.[15] Noch am 3. Januar 1795 rief Marie-Joseph Chénier vor dem Nationalkonvent antike Vorbilder für die sich ankündigende politische Wende an: „Zu allen Zeiten haben die Unterdrücker des Volkes Vernunft und Genie verfolgt. Kritias war neidisch auf Sokrates; Dionysos von Syrakus auf Plato; Nero auf Lukan und Seneca.".[16]

Der bürgerliche Familienkult wird von der Revolution verstaatlicht und in die patriotische Pflicht genommen. Dieser Strategie liegt ein synthetischer Gesellschaftsentwurf zugrunde, der das Private mit dem Öffentlichen in Einklang bringen will. Deshalb darf nicht zum Zug kommen, was sich dieser Ganzheit widersetzt oder entzieht: Die gesellschaftlichen Gegenpole von eingeschlossener Privatheit und totaler „Veröffentlichung". Die aus England kommende Botschaft der „domestic happiness" (Kat. 228) mochte in politisch verspäteten Ländern, in Deutschland zumal (Kat. 232), anregend wirken, für den neuen Auftrag jedoch, den die Revolution der Familie erteilte, reichte sie nicht aus. Zum anderen konnte die puritanische Moral sich nicht mit der totalen Vergesellschaftung der Geschlechtsbeziehungen anfreunden, weshalb der Vorschlag des Marquis de Sade, die Ehe aufzuheben, ebensowenig erwogen wurde wie das Oikema-Projekt von Ledoux (Kat. 159), das freie Verbindungen ermöglichen und zugleich durch das experimentelle Auskosten der Leidenschaften die Umkehr zur Tugend nahelegen sollte. In diesem „Temple d'amour" (auf phallischem Grundriß) war das Individuum „für die Gesamtheit verfügbar".[17]

In den Revolutionsfesten, in den Umzügen und brüderlichen Banketten soll Wirklichkeit werden, wovon Mercier in seiner Utopie träumt: „Der Bürger ist nicht vom Staat getrennt, er bildet mit ihm einen Körper . . .".[18] Der *Familie* kommt bei der Festregie eine zentrale Rolle zu. Für den Festzug am 10. August 1793 (dem ersten Jahrestag der Erstürmung der Tuilerien) sieht David u. a. einen Triumphwagen mit einem Pflug vor, „auf dem ein Greis und eine betagte Frau sitzen, gezogen von ihren eigenen Kindern als ein rührendes Beispiel treuer Kindesliebe und Ehrfurcht vor dem Alter".[19] Bei solchen Anlässen steigert sich das Verlangen nach brüderlicher Umarmung zur nationalen Expansion: „Die mit uns verbündeten Völker verschmelzen in der großen Familie, indem sie unsere Sprache und unsere Gesetze annehmen", prophezeit der Abbé Grégoire am 11. Januar 1794,[20] und auf dem Fest zu Ehren der beiden Märtyrer Viala und Barra am 11. Juli 1794 holt David zu einer matriarchalischen Zukunftsvision aus – der republikanische Opfertod leitet in die Sakralisierung der Familie über: „Unter so reinem Himmel und so schöner Ordnung wird dann auch die Mutter, ja selbst die Mutter ohne Schmerzen und ohne Jammer gebären; sie segnet ihre Fruchtbarkeit und kennt ihren wahren Reichtum in der Zahl ihrer Kinder. Der Handel blüht im Schutze der Ehrlichkeit, die heilige Gleichheit schwebt über der Erde und macht aus einem Riesenvolk eine einzige riesige Familie."[21]

Heldenmütter sind gefragt, und David läßt die jungen Republikanerinnen wissen, daß ihre „keusche Fruchtbarkeit" den tausendfachen Kraftquell des Vaterlandes verkörpere.[22] In der Ikonographie, mit der die Revolution ihre Selbstverherrlichung betreibt, kommt den weiblichen Allegorien – la Liberté, la Paix, la France, la Patrie (vgl. Kat. 372, 378–382) eine beherrschende Rolle zu – bis hin zur vielbrüstigen Mutter Natur (Kat. 383) und zum „höchsten Wesen" (Kat. 327). Eine Vorwegnahme dieser neuen republikanischen Heiligen stellt die Vestalin dar.[23]

Diese aufwendige politische Fassadenkultur diente der ideologischen Verschleierung: sie sollte vergessen machen, daß die Frau unterhalb der allegorischen Ebene rechtlos war und blieb. Da mochte Condorcet am 3. Juli 1790 mit unwiderlegbaren Argumenten für die „Zulassung der Frauen zum Bürgerrecht" plädieren und im Jahr darauf Olympe de Gouges die „Erklärung der Rechte der Frau und Bürgerin" verfassen. Die männliche Rhetorik setzte sich mit rousseauistischen Verbrämungen durch.[24] Die Frau wurde in den häuslichen Bereich zurückverwiesen – „du wirst über alles herrschen, was er umfaßt, durch den unbezwingbaren Charme der Anmut und der Tugend".[25] Deklamatorische Fassade und Wirklichkeit klaffen auseinander: Die beiden Prototypen – antikes Rom und Familie – schließen sich gegenseitig aus. Nicht nur vermag die Revolution nicht, das Private im Öffentlichen aufgehen zu lassen, sie greift zur wortreichen Lüge, indem sie hinter dem statuarischen Frauenideal, das auf Straßen und Plätzen die republikanischen Tugenden verkörpern darf, die Hausmutter verschwinden läßt, die politisch zur Sprachlosigkeit verurteilt ist.

Auch Goethe schwärmt in „Hermann und Dorothea" von der „Heldengröße des Weibes", nachdem er Dorothea einige Seiten zuvor die Philosophie Rousseaus hatte aufsagen lassen:

„Dienen lerne beizeiten das Weib nach ihrer Bestimmung;
Denn durch Dienen allein gelangt sie endlich zum Herrschen,
Zu der verdienten Gewalt, die doch ihr im Hause gehöret."

In seinem Bemühen, die deutschen Tugenden des Beharrens gegen die „fürchterliche Bewegung" der Revolution auszuspielen, wollte Goethe nicht wahrhaben, daß sein Bild der Frau und der Familie genau der in Paris verkündeten herkömmlichen Rollenverteilung entsprach. Diesem Wunschbild des häuslichen Glücks auf allen affektiven Beziehungsebenen hat Runge wenige Jahre später die Ikone entworfen: „Die Heimkehr der Söhne" (Kat. 232) vereinigt Gatten-, Eltern-, Kinder- und Geschwisterliebe in der privaten Schutzzone der Familie. Wie die beiden Brüder einander fest umarmen, erinnern sie an das männliche Pathos des Schwurs im Ballhaus (Kat. 355), doch steht ihre verschworene Entschlußkraft bereits im Schatten und am Rande der behaglichen Koserei, in der sich die übrigen Familienmitglieder eingenistet haben. Gleich einer Parabel umspannt Runge das revolutionäre Jahrzehnt, das mit dem öffentlichen Aufbruch begann und mit der Rückkehr ins Private endete.

Anmerkungen

1 Michelsen 1981, S. 101 ff.
2 Rosenblum 1967, S. 50.
3 Rousseau 1964, Bd. 3, S. 113.
4 Rousseau 1964, Bd. 3, S. 352
5 Voltaires Eintreten für Jean Calas und seine Familie (vgl. Kat. 94) gilt nicht nur den unschuldig Verfolgten, sondern versucht auch den Familienverband gegen die Justizwillkür in Schutz zu nehmen.
6 „Où les Citoyens ne seront point condamnés à des vertus si cruelles" (Rousseau, Discours sur les Sciences et les Arts, a. a. O., S. 88).
7 Rosenblum 1967, S. 50 ff.
8 Essai sur la Peinture, in: Diderot 1951, S. 1153.
9 Locquin 1978, S. 48 ff.
10 Mercier 1971, S. 309 (Zit. nach der deutschen Ausgabe, Mercier 1989, S. 203).
11 Trousson erläutert den Hintergrund: Jean Fabre (1727–1797) hatte im Jahr 1756 an einer Versammlung von Hugenotten teilgenommen, die von Soldaten gesprengt wurde. Er entkam, kehrte aber zurück und ließ sich anstelle seines alten Vaters gefangennehmen, wurde zu den Galeeren verurteilt und 1762 entlassen. Ein Theaterstück, das sein Schicksal behandelte, konnte erst 1790 aufgeführt werden (vgl. Mercier 1989, Anm. 160).
12 Die Pathosformel des im Genick gebrochenen Körpers geht auf ein antikes Sarkophagrelief zurück, das von Füssli und David, wahrscheinlich auch von Goya („Tantalo") ausgemünzt wurde (vgl. W. H., Nachtgedanken, in: Kat. Hamburg 1980/81, S. 443).
13 1769 versuchte Greuze vergeblich, mit seinem „Septimius Severus und Caracalla" in die Klasse der Historienmaler aufgenommen zu werden.
14 Rosenblum 1967, S. 79. Was Pétion de Villeneuve angeht, nahm Robespierre dessen Märtyrerschicksal vorweg. Nachdem er sich mit den Girondisten liiert hatte, geriet er am 2. Juni 1793 auf die Liste der „proscrits". Sein Versuch, in der Normandie eine Erhebung anzuzetteln, schlug fehl; er floh in die Normandie und beging Selbstmord (Godechot 1988, S. 352). (Vgl. Kat. 243 m ff.).
15 Rosenblum 1967, S. 79; Hautecoeur 1954, S. 143
16 Scheinfuß 1973, S. 205.
17 Kat. Baden-Baden 1970, S. 138 (Kat. 75)
18 Mercier 1989, S. 225. Ozouf 1976, S. 239 (la rejouissance public et privée convergent . . .)
19 Scheinfuß 1967, S. 99.
20 Scheinfuß 1967, S. 47.
21 Scheinfuß 1967, S. 107
22 Scheinfuß 1967, S. 113. Dort auch das Lob des „Generationsvertrages": „Der unter der Bürde der Jahre gebeugte, einst als Last aus der Familie ausgestoßene Greis sei nun ihre höchste Freude; stets umgeben von seinen vielen Nachkommen, sehe er sich in den Kindern seiner Enkel auferstehen . . ."
23 Vgl. Kat. 216. Zu den Tugendthemen des Jahres 1774 zählte ein Bild von Lagrenée le Jeune: „Ein Beispiel römischer Frömmigkeit. Lucius Albinus trifft auf Vestalinnen, die heilige Vasen tragen, er gebietet seiner Frau und seinen Kindern, ihre Plätze im Wagen den Vestalinnen zu überlassen." Vesta war die Göttin des häuslichen Herdes und deshalb auch Schutzgottheit des Staates. Die Vestalinnen hüteten ihren Tempel. Sie unterwarfen sich dem Gebot der Jungfräulichkeit. Ein keusches Mädchen wird von Sade als „Vestalin" apostrophiert, als der Lüstling Rodin sie auspeitscht (Justine ou les Malheurs de la Vertu).
24 Vgl. Rousseaus berühmten Ausruf: „Pourrois-je oublier cette précieuse moitié de la Republique qui fait le bonheur de l'autre et dont la douceur et la sagesse y maintiennent la paix et les bonnes moeurs?" Immerhin konzediert Rousseau dem „chaste pouvoir" der Frauen, auch für das öffentliche Glück und den Ruhm des Staates zu wirken (Discours sur l'origine et les fondements de l'inégalité, a. a. O., S. 119, vgl. auch S. 158 und die Anm. auf S. 1335).
25 So der Deputierte Chaumette auf der denkwürdigen Sitzung der Pariser Commune am 17. Nov. 1793. Vgl. Brunhilde Wehinger, Der kurze Sommer der revolutionären Frauen, in: Kat. Berlin 1989, S. 47 ff.

214

215

Jean-Baptiste Greuze

214 La Paix du ménage
(Häuslicher Friede)

1766
Kreidezeichnung; 304 × 246 mm
HK, Kupferstichkabinett; Inv. 1951/240

Lit.: Slg. Hamburg 1985, Nr. 437 (E. Schaar); vgl.
Martin/Masson 185; Kat. Clermont-Ferrand 1984/85,
Nr. 43

**215 La mort d'un père dénaturé abandonné
de ses enfants**
(Der Tod eines herzlosen Vaters, von seinen
Kindern verlassen)

1769
Feder und Bleistift, laviert mit Tusche;
476 × 633 mm
Tournus, Musée Greuze, Inv. 82-1519

Lit.: Martin/Masson 190; Munhall 1987, S. 102; Kat.
Dijon 1977, Nr. 51/52; Kat. Clermont-Ferrand
1984/85, Nr.95

Die von Greuze initiierte „Peinture morale"
brach, ähnlich wie vor ihr Hogarths Werke in
England, die festgefügte Hierarchie der Bildgattungen im Ansatz auf. Sein Versuch, sich in der
zweiten Hälfte der 60er Jahre auch als Historienmaler zu profilieren, schlug fehl; in die Akademie
wurde er, zu seiner großen Erbitterung, „nur" als
„Peintre de Genre" aufgenommen, und als solcher ist er, trotz der unlängst beachteten Vorlei-
stung seines „Septimus Severus und Caracalla"
für den Neoklassizismus (E. Munhall, in: Kat.
Köln 1987/88, Nr. 32), in die Kunstgeschichte
eingegangen.

Neben den historischen Konzepten entstanden weitere Skizzen eines moralisierenden Genre, die die ganze Bandbreite vorbildlicher oder
abschreckender Belehrung verdeutlichen. Glücklich betrachtet das junge Paar sein gesundes
Wiegenkind (Greuze selbst war seit 1759 verheiratet und hatte drei Töchter). Auf dem hochrecht-
eckigen Blatt bildet die Szene unten ein Queroval; die Frau greift ihrem Mann selig unter das
Kinn und auf den Oberschenkel, er hat seine
Linke auf ihren Rücken gelegt und zieht mit der
Rechten den Wiegenschleier beiseite, um dem

imaginären Besucher stolz das Kind zu präsentieren, von dem wohl auch die Frau meint, daß es
ihm ähnlich sehe – ein Musterbild der bürgerlichen Kleinfamilie, das in der Folgezeit auch
durch Nachstiche weite Verbreitung fand. Neu ist
der Spielraum, der dem Baby gelassen wird; der
Einfluß von Rousseau, der 1762 im ersten Buch
seines „Emile" gegen das Wickeln der Kleinkin-
der gewettert hatte, machte sich rasch bemerkbar.

Dem Bild der glücklichen Geburt steht dasjenige des furchterregenden Todes diametral entgegen. Greuze hatte für den Salon von 1769 zum
Thema Tod zwei verschiedene Zeichnungen als
aufsehenerregendes Bildpaar einander gegenübergestellt: Dem von seinen Kindern betrauer-
ten rechtschaffenen Vater (eine Szene wie die von
den Aposteln umgebene Gottesmutter in Ma-
rientod-Darstellungen) kontrastiert hier der in
seiner Kammer verkommene Rabenvater, dessen
Frau am frühen Morgen mit Entsetzen seinen Tod
entdeckt. Ein Junge, in der Tür stehend, verbreitet
die Schreckensmeldung.

Die durch die Hitze verbogene brennende
Kerze drückt Gefahr und den ganzen Gefühls-
und Symbolgehalt der Szene aus. Zerrüttete
Familienverhältnisse haben das patriarchalische
Gefüge als Grundlage bürgerlicher Lebensweise
nachhaltig gestört. Der Vater hat sich nicht um
seine Familie gekümmert, sie hat seine Pflege
vernachlässigt. Die Folgen für alle sind verheerend.

Greuzes Bildentwürfe hatten einen nicht zu
unterschätzenden Einfluß auf die bürgerliche
Kunst; nachfolgende Künstler griffen von ihm
geprägte Pathosformeln ständig wieder auf.

P. Th.

François-Hubert Drouais

**216 Porträt einer Frau als
Vestalische Jungfrau**

1767
Öl/Leinwand; 80 × 63,2 cm
The Metropolitan Museum of Art, New York
(Gift of Mrs. William M. Haupt, from the collec-
tion of Mrs. James B. Haggin, 1965), Inv. 65.242.2

Lit.: Slg. New York 1980, Bd. 1, S. 49 / Bd. 3,
Abb. S. 515

Die besonders von Nicolas de Largillière
(1656–1747) am Hof des Sonnenkönigs praktizierte Mischung aus Porträt und mythologischer
Gestalt, von Jean-Marc Nattier (1685–1766) zu
einer regelrechten Verkleidungs- (und Entblö-
ßungs-)Kunst erhoben, fand in Drouais ihren
letzten bedeutenden Vertreter.

Doch nicht mehr eine olympische Gottheit
(Venus, Diana, Flora, Ceres etc.) nahm er sich für
sein Bildnis zum Vorbild. Die in Szene gesetzte
unbekannte Schöne mußte aber nicht dem Ideal
der pflichtbewußten, wachsamen und jungfräuli-
chen Vestalin entsprechen, um als solche dargestellt zu werden. Doch ist sowohl das Thema wie
auch die verwendete Kleidung züchtiger und das
Kolorit kühler als sonst üblich, die Reduzierung
barocker Draperie läßt die Verkleidung kaum
mehr als solche erscheinen.

1765 war der 17. Band der „Encyclopédie"
erschienen, der dem Begriff „Vestale" fast 13
Spalten widmete. Der Autor de Jaucourt weiß
vom Begründer des Vesta-Kults, Numa Pompilius, zu berichten, für ihn sei „cet élément qui est
stérile par sa nature", nämlich das Feuer, „le
symbole de la conservation de l'empire" gewesen,
das er nur „entre les mains de personnes extrême-

könnte es sich um Abrahams Magd Hagar mit dem gemeinsam gezeugten Ismael handeln. Die Verstoßung Hagars aufgrund der späten Schwangerschaft von Abrahams Frau Sara spielt allerdings noch keine Rolle. Allenfalls das schlichte, am unteren Saum zerschlissene Kleid der jungen Mutter weist auf einen möglichen Standesunterschied hin.

Für deren Gestalt könnte West seine eigene Frau als Vorbild genommen haben; ein regelrechtes West'sches Familienbildnis haben wir jedoch nicht vor uns, lediglich eine allgemeine Zusammenstellung von Jugend, Erwachsensein und Alter. Das für West bezeugte Original (Tate Gallery, London) beschreibt die Szene einem Queroval ein und betont dadurch noch stärker die fürsorgende Mutter als Mittelpunkt zwischen den extremen Alterspolen. Das alte Paar in seiner Einheit mit Tieren und Landschaft erinnert an die Naturverbundenheit von Philemon und Baukis.

Im Jahr der amerikanischen Unabhängigkeitserklärung malt der gebürtige Amerikaner West eine harmonisierende Utopie friedlichen Miteinanders, „halb Genre, halb biblisches Gleichnis – ein arkadisches Nirgendwo" (W. Hofmann, in: Kat. Hamburg 1975 I, S. 20, vgl. Abb. 7, vgl. auch S. Gessner, Kat. 198/199).

P. Th.

216

217

ment chastes [keusch]" habe aufbewahrt sehen wollen (S. 211).

Die Götterwelt konnte sich locker in Haltung und Sitten geben; eine Götterpriesterin war in die Pflicht genommen. Die tändelnde Hofspielerei mit der feuerhütenden Vesta-Dienerin konnte, als Beschwörung republikanischer Tugenden, leicht zum Spiel mit dem Feuer werden – das seit dem Regierungswechsel 1774 dann auch Stück für Stück der Kontrolle entglitt. P. Th.

Anonym
nach BENJAMIN WEST

217 The Golden Years
(Das Goldene Zeitalter)

nach 1776
Öl/Leinwand; 66,5 × 78,5 cm
Princeton, The Art Museum (Bequest of Carl Otto von Kienbusch for the Carl Otto von Kienbusch, Jr., Memorial Collection), Inv. y1977-30

Lit.: Slg. Princeton 1972, S. 30, Abb. 29; vgl. von Erffa/Staley 1986, Nr. 419

Der durch den Nachstecher Valentine Green populärgemachte, aber nicht originale Titel legt eine Wiedergabe des „Goldenen Zeitalters" im Sinne von Hesiod, Vergil oder Ovid nahe. Ebenso

L'ALAITEMENT MATERNEL ENCOURAGÉ.

Un Philosophe Sensible indique à la bienfaisance les objets sur les quels elle doit verser ses dons. la Comédie, sous la figure de Figaro, tient des gros Sacs. Elle en répand un aux pieds de plusieurs mères qui donnent le sein à leurs enfans. Au dessus du Philosophe est la Statue de l'humanité, portant ces mots: Secours pour les Mères nourrices.
A Paris, chez l'Auteur, rue de la Harpe N° 18. vis-à-vis la rue Serpente.

218

<218> De Launay nach C.-N. Cochin, *Die Erziehung des Menschen beginnt mit seiner Geburt*, um 1780

Etienne Voysard
nach ANTOINE BOREL

218 L'Alaitement maternel encouragé
(Das mütterliche Stillen gefördert)

1784
Kupferstich, Radierung; 311 × 405 mm
HK, Kupferstichkabinett, Inv. 48355

Lit.: de Vinck 6354

Die Bildlegende lautet: „Das mütterliche Stillen gefördert. – Ein mitfühlender (sensible) Philosoph zeigt der Wohltätigkeit (bienfaisance) diejenigen, die Ziele ihrer Gaben sein sollen. Die Komödie, in Gestalt des Figaro, hält große Beutel. Sie leert einen davon zu Füßen mehrerer Mütter, die ihren Kindern die Brust geben. Über dem Philosophen befindet sich die Statue der Humanität mit der Schrifttafel: Unterstützung (secours) für die stillenden Mütter". Anlaß für diesen Stich gab eine Wohltätigkeitsaktion von Beaumarchais 1784 (vgl. auch Kat. 61). Er hatte die 50. Vorstellung seines erfolgreichen Skandalstückes („La folle journée, ou Le mariage de Figaro") den bedürftigen stillenden Müttern gestiftet (darüber hinaus vorgeschlagen, eine Institution zu errichten, vgl. Journal de Paris, Aug.–Okt. 1784, S. 923, 973, 1171 u. a.). Die Lage einfacher Familien war prekär: blieben sie den Ammenlohn schuldig, so kamen sie ins Schuldgefängnis. Auf dem Stich sieht man ein symbolisches Gefängnis mit der Schrift: „Prison pour les Mois de Nourices(!)" (Gefängnis für die [Schuldner der] Ammenlöhne). Eine Geldspende konnte hier in zweierlei Hinsicht wirken: für das Wohl der Kinder des Dritten Standes wurde gesorgt und einigen Müttern die Dienerrolle als Amme erspart. Der freche Diener Figaro verhalf der aufklärerischen Maxime von der Selbstbestimmung des Menschen zum Sieg. Dieses muß Ludwig XVI. gespürt haben, als er 1784 – vergeblich! – das Stück mit den Worten verbieten lassen wollte: „Man müßte die Bastille zerstören, damit die Aufführung dieses Stücks („Figaro") nicht als

gefährliche Inkonsequenz erschiene" (Campan 1823, Bd. 1, S. 278).

Spätestens seit Rousseaus „Emile" (1762), (vgl. <218>) war die Erziehung des Kindes – und des mütterlichen Stillens – von gesellschaftspolitischer Brisanz; das Glück der Menschheit hing davon ab – hierin waren sich die Aufklärer mit Rousseau einig, denn nur die Rückbesinnung auf die unersetzbare Mutterliebe könne die Degeneration nach Rousseau aufhalten. Der „philosophe sensible" des Stiches trägt deshalb die (idealisierten) Züge Rousseaus (vgl. Kat. 33). Ein neues Leitbild der Familie und der Frau entstand, wie auch in den Themen der „Glücklichen Familie" (vgl. Kat. 214), „Glücklichen Mutter" und der Darstellung von Ammen bei Greuze und Aubry ablesbar ist (vgl. Duncan 1973).

1794 wurde aus der bisher privaten, philanthropischen Reformbemühung eine öffentliche Aufgabe, eine „heilige Pflicht", als z. B. die Wohlfahrtspflege in das Gesetz vom 22. Floréal (11. Mai 1794) aufgenommen wurde. Alle Bemühungen in der Französischen Revolution, die Ammen überflüssig zu machen, scheiterten jedoch.   Joh. H.

Jean-Baptiste Gautier
nach HENRI-NICOLAS VAN GORP

219 Les Douceurs de la Fraternité
(Die Wonnen der Brüderlichkeit)

um 1791
Punktiermanier und Radierung; 476 × 360 mm
HK, Kupferstichkabinett, Inv. 27912

Lit.: IFF, Bd. 10, Nr. 7

Vor einem Gartentempel mit der Aufschrift „Temple de la Liberté" hat sich eine kleine Gruppe versammelt. Sie begrüßt freudig die

„Droits de l'Homme et du Citoyen", die ihnen eine Dame entgegenhält. Ein Trikolorenwimpel mit dem Schriftband „Constitution Française" und der Freiheitsmütze ragt in den Himmel. Der Vierzeiler erklärt die Szene: „Les Douceurs de la Fraternité: François, unissons-nous ... qu'une saine harmonie / fixe la liberté, sous le regne des Loix! / Les hommes sont égaux: tous ont les mêmes droits / perisse l'egoisme: et vive la Patrie!" (Die Wonnen der Brüderlichkeit: Franzosen, vereinigen wir uns, daß unter der Herrschaft des Gesetzes die heilige Harmonie, die Freiheit garantiert wird. Die Menschen sind gleich: alle haben die gleichen Rechte. Nieder mit dem Egoismus; und – es lebe das Vaterland!). Auch die Vignette in der Schriftleiste verweist auf Brüderlichkeit. Die hier gefeierte Vereinigung bezieht sich auf die Menschenrechte von 1789.

219

les Douceurs de la fraternité

Stilistische Gründe sprechen für eine Datierung um 1791 (Renouvier datiert 1793). Anlaß könnte die Verkündung der Verfassung am 3. September 1791 gewesen sein.

Der Genremaler Van Gorp, Schüler Louis Boillys, entwirft eine zeitgenössische Genreszene. Durch das neoklassizistische Formenrepertoire, vgl. die Versailles ähnliche Umgebung und den antiken Typus „Vesta vor Tempel", bekommt sie eine feierliche Überhöhung. Die noch fast rokokohafte Verspieltheit (vgl. auch das Kind), der Anflug zarter Emotionen verbindet sich hier mit revolutionären Inhalten. Joh. H.

James Hogg
nach FRANCIS WHEATLEY

220 John Howard Visiting and Relieving the Miseries of a Prison
(John Howard, die Mißstände eines Gefängnisses besichtigend und lindernd)

1790
Kupferstich; 495 × 617 mm
HK, Kupferstichkabinett, Inv. 21591

Lit.: Kat. Hamburg 1980/81, Nr. 447 (A. Heesemann-Wilson); vgl. Kat. Washington 1985/86, Nr. 484

JOHN FLAXMAN

221 Entwurf zu einem Denkmal für John Howard

um 1800
Feder, Tusche, laviert; 131 × 186 mm
HK, Kupferstichkabinett, Inv. 1962/74

Lit.: Slg. Hamburg 1964, S. 193–197, Abb. 8 (W. Stubbe); Kat. Hamburg 1979, Nr. 142 (D. Bindman)

„Damp rooms, no chimney; small yard; no pump; no sewer. Yet the keeper said, a woman, with a child at her breast, was sent hither for a year and a day: the child died." (zit. nach Eitner 1978, S. 32 f.) Protokollarisch knapp steht es im 1777 erschienenen Buch „State of the prisons in England and Wales" von John Howard (1726–1790) und sagt doch mehr aus als alle pathetischen Reden einer von oft herzloser Sentimentalität geprägten Zeit. Der unbestechliche Philanthrop, selbst einmal auf einer Portugalreise in ein französisches Gefängnis eingeliefert, betrachtete alle Gefangenen, ungeachtet ihres Vergehens, als Opfer ihrer Umstände. Nicht die vergangene Tat, sondern eine menschenwürdige Zukunft, Erringung einer verbesserten Menschheit mit gleichen Chancen war sein Ziel.

Die gegenwärtigen Zustände waren meist unbeschreiblich. Howard, zunächst Kaufmann, später auch Sheriff, machte es sich zur Lebensaufgabe, die sozialen Zustände in Europa anzuprangern und tatkräftig verbessern zu helfen. Auf weiteren Reisen nach Holland, Deutschland und Amerika besichtigte er auch Spitäler und Armenhäuser. Reformgesetze zur finanziellen Entlastung und besseren medizinischen Versorgung von Gefangenen, Armen und Kranken waren die Folge.

Howard starb Anfang 1790 auf der Suche nach den Ursachen der Pest. Wheatleys drei Jahre zuvor gemaltes Gemälde im Stil von Greuze fand nun als Nachstich Verbreitung. Es schildert eine rührende Szene, in der vom hinfälligen Greis bis zum Neugeborenen alles vorkommt, was Mitleid

220

erregen kann. Die geöffneten Hände Howards zeugen von uneigennütziger Freigebigkeit und Überzeugungsgabe, mit der er sogar dem Gefängniswärter Eindruck zu machen scheint. Herbeigeschaffte Stoffballen und gefüllte Körbe enthalten Hilfsgüter, um das Leben unter erniedrigenden Umständen zu erleichtern. Eine Skala von Gefühlsäußerungen, von Verzweiflung und Teilnahmslosigkeit bis zur bittenden Geste und zum dankbaren Blick, unterstützt den humanitären Appell.

Daß das 1791–96 vom Bildhauer John Bacon für die Londoner St. Paul's Cathedral geschaffene Howard-Denkmal nicht das einzige geplante war, beweist die Zeichnung von Flaxman, die von Skizzen Romneys zu William Hayleys „Eulogies of Howard, a Vision" (1791) angeregt worden sein mag (vgl. Rump 1974, Abb. 254–258; Slg. Cambridge 1977, Nr. 94–100). Mit der neoklassizistischen Beschränkung auf eine klare Linienführung entsprach sie mehr der schnörkellosen Sprache und Intention Howards als Wheatleys Version. Die Thematik des geplanten, aber nicht ausgeführten Wandreliefs mit vollplastischer Hauptfigur ähnelt den ebenfalls von Flaxman entworfenen „Acts of Mercy". Einer zwischen Leichnamen und Verzweifelnden liegenden (toten?) Frau und dem sie umklammernden Kleinkind bringt eine männliche Gestalt mit einer Licht- oder Speiseschale Linderung. P. Th.

221

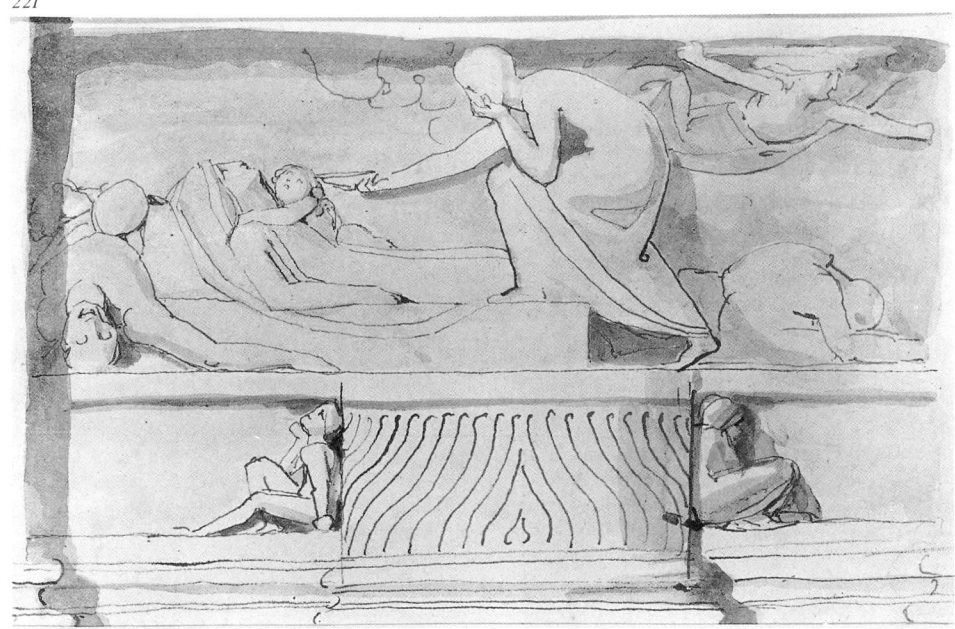

JOHAN TOBIAS SERGEL

**222 Achill und seine Freunde bringen
Patroklos zum Scheiterhaufen**

1766
Radierung; 187 × 270 mm (Darst.)
HK, Kupferstichkabinett, Inv. 1980/123

Lit.: Josephson 1956, S. 72 ff., Abb. (71 u.) 72; Kat.
Hamburg 1975 II, Nr. 2 (P. Bjurström)

JOHN FLAXMAN

223 Hektors Leiche wird aufgebahrt

1793
Feder in Grau über Bleistift; 222 × 333 mm
HK, Kupferstichkabinett, Inv. 1979/20

Lit.: Kat. London 1976, Nr. 6 (m. Abb.); vgl. Essick/La
Belle 1977, S. 27, Nr. 39; Symmons 1984, S. 96,
Abb. 22

JOHANN HEINRICH DANNECKER

**224 Andromache im Kreise ihrer Verwandten
Hektor beweinend**

1798
Feder in Braun über Bleistift; 307 × 505 mm
HK, Kupferstichkabinett, Inv. 1939/37

Lit.: Gauss 1987, Nr. Z68

Die zunehmende Antikenrezeption im 18. Jahrhundert belebte auch die antiken Epen neu; von
ihnen ließen sich in besonderer Weise die Bildhauer befruchten. Aus verschiedenen Stellen der
„Tableaux Tirés de l'Iliade, de l'Odyssée d'Home-
re et de L'Eneide de Virgile" (1757) des Comte de
Caylus bezog Sergel Anregungen, als er, noch vor
seiner Italienreise 1767–78, den trauernden
Achill vor der von zwei Soldaten gehaltenen
Leiche des Patroklos darstellte. Noch sind in
dieser an eine Grabtragung Christi erinnernden
Szene die Anklänge an das Pathos eines Rubens
oder die nervöse Strichführung eines Rembrandt
vorherrschend, doch ist der Boden schon bereitet
für das Antikenstudium und plastisches Gestalten. Eindrucksvoll hebt sich die Gruppe im
Vordergrund ab von dem hinten schon entzünde-
ten Scheiterhaufen, auf dem neben dem toten
Patroklos der Sage nach auch zwölf junge Trojaner und eine Anzahl lebender Pferde den Flammen übergeben werden sollen. Der sein Haupt
verhüllende hochaufragende Achill kontrastiert
zu seinem horizontal gelagerten toten Freund,
dem er seine Haarlocke auf den Körper legt.
Eigentlich war sie bei glücklicher Rückkehr seinem Heimatstrom als Opfergabe zugedacht;
doch Achill weiß, daß ihm ebenfalls ein früher
Tod bestimmt ist, und verbindet sein eigenes
Schicksal mit der heroischen Totenklage.

Flaxman kombiniert in der Darstellung Hek-
tors auf dem Scheiterhaufen seine Kenntnis der
Antike, die er während seines siebenjährigen
Italienaufenthaltes 1787–94 vertieft hatte, mit
Renaissance-Motiven, die er hauptsächlich von
Donatellos „Beweinung Christi" der Nordkanzel
von San Lorenzo in Florenz bezog. Seine klare
Strichführung besitzt jene Geschmeidigkeit, mit
der der spätere Sepulchralbildhauer (vgl. Kat.
221) als Gestalter der Jasperware des Industriellen
Wedgwood schon Aufsehen erregt hatte. Gegenüber dem ausgeführten Linienstich von Tommaso Piroli, der noch während Flaxmans Anwesenheit in Rom entstand, fehlen im Entwurf die
nur angedeutete Helmzier sowie zwei rechts im

222

223

224

Hintergrund Trauernde. Deren ausgereckte Hände, wie sie die Skizze vorsah, werden im Stich
ebenso geändert wie das Händeringen des links
emporsteigenden Priamos und die – im Endpro-
dukt bedeckten – gefalteten Hände des rechts
Kauernden. Flaxmans durch Alexander Popes
Homer-Übersetzung von 1744 angeregte, auf fla-
che Reliefräumlichkeit angelegte Szenenfolge
„Iliad" und „Odyssey", zu der er u. a. auch
William Blake als Stecher gewinnen konnte (vgl.
D. Bindman, in: Kat. Hamburg 1979, S. 107),
hatte einen aufsehenerregenden und dauerhaften
Erfolg, der sich noch in Werken von Runge und
Ingres niederschlägt.

Der griechenbegeisterte Dannecker, Freund
Schillers, dessen Büste er schuf (vgl. Kat. 38),
schildert eine andere, selten ausgestaltete Episode der Trauer um den Trojaner, der als Bezwin-
ger des Patroklos der Wut des Achill zum Opfer
gefallen war. Der Tote liegt auf einem Lager, an
das seine Gattin Andromache tritt, umgeben von
trauernden Frauen ihrer Verwandtschaft. Nicht
J.-L. Davids Version von 1783, sondern die bereits
1761 geschaffene Fassung von Gavin Hamilton (in
einem Nachstich von Domenico Cunego) konnte
Dannecker am ehesten Anregungen geben (vgl.
Wiebenson 1964, S. 30, Abb. 34/35). Sein Italienaufenthalt (1785–89) lag schon gut zehn Jahre

zurück, sein Stil hatte bereits eine klassisch-verallgemeinernde Prägung erhalten. Mit der gleichen Personenzahl wie Flaxman schafft er, nach der Homer-Übersetzung von Johann Heinrich Voß (1793), eine quergelagerte Gesamtszene, die von edlen griechischen Profilen geprägt ist; lediglich zwei der Frauen wenden sich mitleidheischend dem Betrachter zu. Goethe, dem Dannecker wahrscheinlich genau dieses Blatt, von dem es mehrere Versionen gibt, zuschickte, beurteilte das Thema unter dem Aspekt des „Genialisch-Naiven" (Gauss, S. 110) negativ; Schiller hätte ihm vielleicht entgegnen können, daß das Thema eher dem „Sentimentalisch"-Reflektierten zuneige. Jedenfalls arbeitet Dannecker kalkuliert an einer geschlossenen Figurengruppe in angedeuteter räumlicher Anordnung, materialgerecht in Hinsicht auf eine Ausführung als steinernes Basrelief.
P. Th.

ARMAND CARAFFE

225 Le Serment des Horaces
(Der Schwur der Horatier)

1791
Feder, laviert, grüne Tusche, weiß gehöht auf grünem Papier; 285 × 375 mm
Berlin, Privatsammlung

Lit.: vgl. Kat. Paris 1974/75 I, Nr. 11; Kat. Paris 1974/75 II, Nr. 18, Abb. 62; Kat. Paris 1989, Nr. 406

Es war Wagnis und Ansporn zugleich, das Thema eines „Kultbilds", wie es Davids „Schwur der Horatier" (vgl. <225>) darstellte, erneut zu verwenden. Caraffe setzte die Akzente etwas anders. David hatte den Augenblick der unwiderruflichen Entscheidung dargestellt, der keinerlei Einwände kannte. Resigniert trauernd haben das die Frauen zur Kenntnis genommen, trösten sich gegenseitig bzw. ihre Kinder; Zentrum ist Horatius selbst.

In Caraffes Entwurf verschieben sich alle Gewichte zum Noch-Uneindeutigen hin, dem auch die Verweigerung eines kompositorischen Mittelpunkts entspricht: Die – sich nicht einmal ähnlich sehenden – Drillingsbrüder versammeln sich in einem lockeren Halbkreis, um den drei Curiatiern der um die römische Herrschaft konkurrierenden Albaner Kampf bis zum Tod anzusagen. Mutter, Schwester (wohl die Verlobte eines der albanischen Gegner) und eine Gattin mit Kind versuchen beschwörend, sie von ihrem Vorhaben abzubringen. Doch unerbittlich sitzt der alte Horatius vor einem Steinsockel mit dem Bild der Romulus und Remus säugenden Wölfin, das Schwert ausgestreckt, auf das seine Söhne schwören. Komplexe Vorgänge durchbrechen die neoklassizistische Kühle. Der sich öffnenden Innenhof-Szene bei David steht die fast kellerhaft düstere Szene im Innern gegenüber, sichtbar erleuchtet nur durch die Öllampe über dem Hausaltar links.

Caraffes Zeichnung hat – zusammen mit einer weiteren (Rennes, Musée des Beaux-Arts) – dem heute auf Schloß Archangelski bei Moskau befindlichen Gemälde als Vorlage gedient (der Jakobiner Caraffe hatte nach dem Thermidor vorgezogen, das Land zu verlassen, und lebte zeitweise in Rußland). Von der Berliner Skizze übernahm der Künstler außer der Helmzier des linken Horatiers die Stellung der alten Mutter, die in Rennes am rechten Bildrand steht, während anderes von diesem Entwurf herstammt: Besonders auffällig das nun gesenkte, fast auf den Betrachter zielende Schwert und die Zurücknahme der Geste des Knaben auf dem Arm der Mutter, dessen eindeutige Parallelstellung zur Männergruppe dadurch verunklärt ist. P. Th.

225

<225> J.-L. David, *Der Schwur der Horatier,* 1784

Jean-François-Pierre Peyron   (Farbtafel 19)

226 Les Funérailles de Miltiade
(Begräbnis des Miltiades)

1782
Öl/Leinwand; 98 × 136 cm
Paris, Musée du Louvre, Département des Peintures, Inv. 7179

Lit.: Rosenberg/van de Sandt 1983, Kat. 60; Rosenblum 1967, S. 63, Abb. 61; Slg. Paris 1988, Abb. S. 538; Kat. Rom 1981/82, Nr. 54; Kat. Paris 1989, Nr. 413

Peyron galt als größter Rivale Davids, bis dessen Erfolg mit dem „Schwur der Horatier" im Salon von 1785 seine Entwicklungslinie abbrechen ließ.

Doch mit Werken wie dem „Begräbnis des Miltiades" kann Peyron durchaus als Anreger des vier Jahre jüngeren David gelten. Das Gemälde behandelt eine Episode vom Beginn der Glanzzeit des demokratischen Athen im Kampf gegen die Perser:

Der Sieger von Marathon (490 v. Chr.) hatte einen – weniger ehrenwerten – Übergriff auf die Insel Paros unternommen, der mißglückte. Der Athener Gegenpartei gelang es, ihn dafür vor Gericht zu ziehen. Knapp entkam Miltiades der Verurteilung zum Tode, mußte jedoch eine hohe Strafe von 50 Talenten zahlen. Bevor er dies konnte, starb er im Gefängnis an einer Kriegswunde. Sein Sohn Kimon, später berühmter Feldherr des auf dem Höhepunkt seiner Macht stehenden Stadtstaats, verschaffte ihm ein würdiges Begräbnis, indem er sich anstelle des toten Vaters einkerkern ließ, und beglich später die Schuldsumme.

Diese Tat ließ Kimon als ehrenwerten Mann erscheinen und setzte auch seinen Vater posthum ins beste Licht; sie galt in mehrfacher Hinsicht als „Exemplum Virtutis": Eine Strafe zu akzeptieren

226

(wenn man sie auch als ungerecht empfinden mochte), die ein als gerecht angesehener Staat verhängte, zugleich aber das Andenken an einen Vater in Ehren zu halten, der sich um diesen Staat verdient gemacht hatte.

Die zweigeteilte Komposition zeigt links den auf einer Bahre zum Abtransport bereiteten Leichnam; hinter ihm werden die Siegeszeichen von Marathon getragen. Vorn rechts streckt der trauernde Kimon mit abgewandtem Gesicht die Hand nach dem Vater aus, während ihm der Kerkermeister – nicht ohne Mitleid – die Fesseln anlegen will. Klassizistische Monumentalität à la Poussin und caraveggeske Lichtführung gehen eine eindrucksvolle Synthese ein; vor dem düsteren Hintergrund bekommt die Geste des leuchtend hellen, diagonal ausgestreckten Arms Kimons eine grandios-theatralische Wirkung.

P. Th.

Jean-Baptiste Regnault

227 Der Tod der Cleopatra

1796/97
Öl/Leinwand; 64 × 80 cm
Kunstmuseum Düsseldorf (Dauerleihgabe der Staatlichen Kunstakademie Düsseldorf), Inv. 2352

Lit.: Slg. Düsseldorf 1985, Nr. 230; Kat. Köln 1987/88, Nr. 49 (E. Mai)

Zwei Jahre nach seinem Gemälde „Freiheit oder Tod" (vgl. Kat. 396) schuf Regnault ein Bild der Trauer und Trostlosigkeit. Kleopatra, Königin von Ägypten, Geliebte erst Caesars, dann Marc Antons, hat sich in hoffnungsloser politischer Lage durch einen Schlangenbiß das Leben genommen. Umgeben von zwei ebenfalls entseelten Dienerinnen liegt sie auf ihrem Lager. Ihre Haltung erinnert motivisch an antike und neoklassizistische Vorbilder, auch solche von Füssli (z. B. „Die Nachtmahr", vgl. Kat. 439) und seinen englischen Malerkollegen (eine Reihe von Beispielen hat E. Mai zusammengetragen, vgl. Kat. Köln 1987/88, S. 255 f.). Eine ähnliche Gestalt wie die im Schatten des Bettes gesichtslos niedergesunkene Dienerin wird 1800 zur Figur des „Schweigens" (Kat. 437) verknappen.

Die größte Affinität der Kleopatra aber besteht zur Märtyrer-Ikone Davids, dem „Tod des Marat" (vgl. < 227 >), und damit wird auch die Schlagrichtung des Regnault-Gemäldes uneindeutig. Ihm fehlen allerdings sämtliche Requisiten (Brief, Feder, Messer etc.), selbst die mit Marat (und Christus) vergleichbare Wunde. Es entzieht sich dem Zeitkontext und einer Festlegung auf Märtyrer- oder Tyrannenthematik. Ist der Topos der leidenden Frau gemeint oder möglicherweise die tragische Konsequenz ihrer Hybris? Handelt es sich gar um eine metaphorisch eingekleidete Kritik an der leichtlebigen Directoire-Herrschaft? Wie in vielen seiner Werke bleibt Regnault bewußt die letzte Antwort schuldig. P. Th.

John Raphael Smith
nach George Morland

3 Blätter aus: Laetitia

1789
Punktmanier, aquarelliert; je 349 × 283 mm
(Darst.)
HK, Kupferstichkabinett, Inv. 1977/98 bis 100

< 227 > J.-L. David, *Der Tod des Marat,* 1793

227

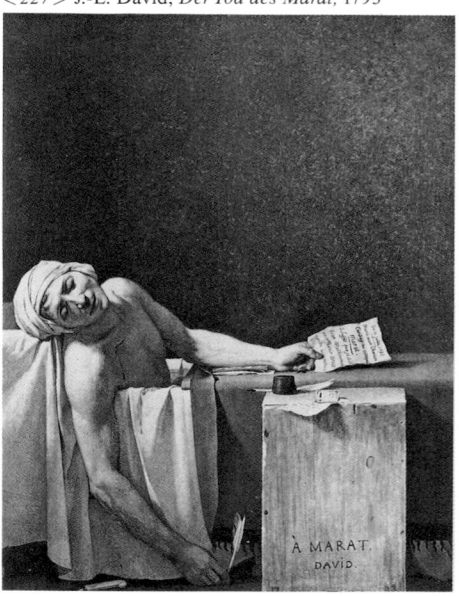

228 Tafel 1:

Domestic Happiness (Laetitia with her Parents)
Häusliches Glück (Laetitia bei ihren Eltern)

229 Tafel 3: (Farbtafel 17)

The Virtuous Parent (Laetitia endeavours in vain by presents to reconcile her Parents)
Der rechtschaffene Vater (Laetitia versucht vergeblich, ihre Eltern durch Geschenke zu versöhnen)

230 Tafel 6:

The Fair Penitent (Laetitia in penitence finds relief & protection from her parents)
Die ehrliche Büßerin (Die reuige Laetitia erhält Hilfe und Schutz von ihren Eltern)

Lit.: Williamson 1904, S. 30, 94 u. 134 m. Abb.; Brookner 1972, S. 152, Abb. 114; Kat. Hamburg 1977/78, Nr. 361 (G. Hopp)

Hogarths „Lebensläufe" (*A Harlot's Progress* u. a., vgl. Kat. 147) mit ihrer ironischen Schärfe hatten dauerhafte Nachwirkungen; sie durchsetzten sich zunehmend mit dem moralisierenden Impetus, den Greuze einbrachte. George Morland schuf 1786 den vielbeachteten „Laetitia"-Zyklus, dessen Ende wieder an das harmonische Anfangsbild, die in Tätigkeit zugebrachte häusliche Bibelstunde, anknüpfen läßt. Die Standhaftigkeit der Eltern gegenüber der leichtlebigen Tochter hilft dieser, nach ihren Eskapaden mit einem gerissenen Liebhaber wieder auf den Pfad christlich-bürgerlicher Tugenden zurückzufinden.

Noch 1811 konnte John Raphael Smith seine fein ausgeführten Punktierstiche erneut unters Publikum bringen; an den Moralauffassungen hatte sich nichts Wesentliches geändert. Besonders die mittlere der drei Episoden beleuchtet im Kontrast das – selten genug verwirklichte – Ehrverständnis: Als unrecht empfundene Geldgeschenke mußten verweigert werden. An der Wand dagegen hängen die vorbildlichen Beispiele von Hilfsbereitschaft: Der barmherzige Samariter (als solcher wird sich der tugendhafte Vater später geben) und Christus mit der Samariterin am Brunnen. Enge Moralvorstellungen korrespondieren mit dem speziellen christlichen Toleranzbegriff der Vergebung. Die den Eltern sicherlich bedenklich erscheinende kindliche Freude der kleinen Schwester an der modischen Kleidung Laetitias weicht schließlich ihrer Reserve in der letzten Szene, die für ihre Zukunft weniger Komplikationen erhoffen läßt. P. Th.

Francesco Bartolozzi
nach WILLIAM HAMILTON

231 Celadon and Amelia

aus: James Thomson, The Seasons, London 1797 (Summer, S. 104/105)
1794
Punktierstich; 330 × 261 mm (Darst.)
HK, Bibliothek, Sign. Ill. XVIII. Hamilton 1797

Lit.: de Vesme/Calabi 1800[4]

Neben den Schweizern (angeregt durch Hallers „Alpen", 1729, später besonders durch Rousseau) entdeckten besonders die Briten früh die Natur als belebtes oder erhabenes Gegenüber. Der gebürtige Schotte James Thomson (1700–1748) inspirierte mit seinen malerisch ausgeschmück-

DOMESTIC HAPPINESS.
Laetitia with her Parents.

228

THE VIRTUOUS PARENT.

229

ten „Seasons", deren einzelne Teile 1727–30 entstanden, nicht nur Joseph Haydn zu seinen „Jahreszeiten" (1799–1801), sondern auch eine Reihe von bildenden Künstlern.

Der Gang durch die Natur zum Preise der göttlichen Güte im Jahresverlauf findet in abwechslungsreichen Episoden statt, die sich ein imaginärer Sprecher vergegenwärtigt. Im Fall der Gewitterszene fügt Thomson der Schilderung eines Sommertages die mythische Szene von Celadon und Amelia ein: „a matchless pair; / With equal virtue form'd, and equal grace. / The same, distinguish'd by their sex alone: / Hers the mild lustre of the blooming morn, / And his the radiance of the risen day" (ein unvergleichliches Paar; / Mit gleicher Tugend versehen und gleicher Anmut, / Identisch, nur im Geschlecht verschieden: / Das ihrige der milde Glanz des erblühenden Morgens, / Und seines das Strahlen des erblühten Tages) (S. 102). Paradiesisch gestaltet sich ihr Leben, bis ein Gewitter sie überrascht, das Amelia böse Ahnungen verursacht. Celadons Beschwichtigungen halten das Unheil nicht auf: „From his void embrace, / Mysterious Heaven! that moment, to the ground, / A blackened corse, was struck the beauteous maid." (Aus seiner fruchtlosen Umarmung, / Unergründlicher Himmel! wurde in diesem Moment, / als verkohlter Leichnam, das liebreizende Mädchen zur Erde geworfen) (S. 104). Celadon versteinert schließlich, untröstlich über den Tod der Geliebten, auf ihrem Grab. So wie das Gewitter vorbeigeht, ist auch die Episode zu Ende, „and nature smiles reviv'd" (ebd.).

Das Motiv entlehnte Hamilton einem der bekanntesten Gemälde Füsslis, „The Nightmare" (vgl. Kat. 439) von 1781. Aus der liegenden weiblichen Gestalt wird die gerade noch von Celadon aufrechtgehaltene, ähnlich der Gestalt des von der Hexe von Endor überraschten Saul (Schiff 372/373), die Füssli einem antiken Relief entlehnte (vgl. Hofmann in: Kat. Hamburg 1980/81, S. 443 f.). Der Eichenstamm hinter dem Paar entspricht spiegelbildlich dem jungen Mann, während der gebogene Zweig, durch den hindurch der Blitz gerade Amelia getroffen hat, dem Gegenschwung ihres Gewandschleiers entgegnet. Dargestellt ist der Moment, in dem die ideale Einheit und Gleichheit des menschlichen

THE FAIR PENITENT.
Laetitia in penitence finds relief & protection from her Parents.

230

231

Paares jäh zerstört wird, blitzartig beleuchtet durch das sublime Naturgeschehen im Sinne Burkes aber als Idealbild fortbesteht, dessen Negativform als Versteinerung Celadons auf dem Marmorgrab sich hier schon andeutet.

Füssli hat das Motiv anscheinend von Hamilton/Bartolozzi zurückgeborgt (Schiff 1218). Die Motivwanderung verkompliziert sich dadurch, daß als weitere Vorlage für Füssli eine antike Gemme in Frage kommt (vgl. Tomory 1974, Abb. 107/108). Gegenüber Hamiltons Naturszene ist Füsslis Fassung elementar verknappt: Die Landschaftsmotive sind eliminiert, Mensch und Urgewalt stehen sich unvermittelt gegenüber. P. Th.

232

Philipp Otto Runge

232 Heimkehr der Söhne

1800/01

Feder und Pinsel in Grau und Schwarz; 447 × 630 mm

HK, Kupferstichkabinett, Inv. 34128

Lit.: Traeger 120; Berefelt 1961, S. 21, 125 ff.; Kat. Hamburg 1977/78, Nr. 117, S. 151 ff. (H. Hohl); Kat. Hamburg 1983/84, Nr. 351 (H. Hohl)

Mit einem seiner ersten eigenständigen Entwürfe schuf Runge ein genuines Werk, eine Mischung aus Genre, Porträt, Landschaftsbild und Historienmalerei. Trotz aller Anleihen von Greuze bis Juel und der Unausführbarkeit als monumentales Wandbild im Hause seines Bruder Jakob, das die technischen Fähigkeiten Runges noch überforderte, befreite sich der bis dahin eher unselbständige junge Mann von Konventionen (vgl. Jensen 1977, S. 41–54). Doch war andererseits ja die Geborgenheit der Familie sein Thema und blieb es, neben dem der Landschaft, bis an sein frühes Lebensende.

Gegenüber ersten Skizzen ist das Zusammentreffen der Familienmitglieder (zu denen im Vorgriff auch einige Verlobte der Brüder gehören) aus dem Hause in den Vorgarten verlegt. Die Phasen der Ankunft des aus Hamburg nach Wolgast gereisten Bruderpaars Daniel und Philipp Otto äußern sich in Umarmungen sowie überraschten Blicken und Gesten der vollzählig versammelten Familie – ein gedankliches Konstrukt mit realen Versatzstücken. Der durch die begrenzenden Bäume bewirkte halbrunde Lichtkegel beleuchtet diesen Empfang bühnenartig, unterstützt durch das von oben perspektivisch ausstrahlende Dach. Die Mutter als Bildzentrum, der Vater, der sich dem Betrachter zuwendet, und Daniel in ihrer Mitte bilden die Kernzone vor dem geöffneten Fenster; von hier sollten alle Aktivitäten ausgehen und weiterleiten zum linken Bildrand, wo im Schatten des Baumes der Künstler selbst von seinem Lieblingsbruder Karl umarmt wird. P. Th.

233

Carl Wilhelm Kolbe d. Ä.

233 Auch ich war in Arkadien

um 1801

Radierung; 411 × 526 mm

HK, Kupferstichkabinett, Inv. 47599

Lit.: Jentsch 231; Martens 96[III]; Panofsky 1975, S. 369, Abb. 94; Kat. Köln 1984, Nr. 66; Kat. Hamburg 1986, Nr. 90 (S. Paas); Kat. Hamburg 1987, Nr. 22 (C. Mewes)

Unter dem Eindruck der üppigen, natürlichen Vegetation des großen „Landschaftsgartens" Anhalt-Dessau (vgl. Kat. 171) schuf Kolbe in einer Reihe von Radierungen eine immer monströsere Urwald- und Sumpflandschaft, innerhalb derer sich aber die Menschen im Sinne eines arkadischen Ideals wie in den Idyllen Gessners (vgl. Kat. 198/199) bewegen. Es ist eher eine verwunschene als bedrohliche Umwelt, die das umschlungene Paar umgibt; gelassen liest es auf dem Grabstein die Inschrift: „Et in Arcadia ego", die, richtiger übersetzt als der Untertitel angibt, heißen muß: „Selbst in Arkadien bin ich anwesend" (nämlich der Tod; vgl. Panofsky 1975).

Der Vanitas-Gedanke, der noch Poussin bestimmte, hat sich säkularisiert. Das Interesse Kolbes am Gedankengut Rousseaus ist naheliegend, war er doch bis zur Schließung des Dessauer Philanthropins 1793 unter Basedows Nachfolgern als Französischlehrer tätig (vgl. Kat. 171). Im Sinne der Philanthropisten entwickelte er „eine bürgerliche Perspektive, die sowohl auf die gesellschaftlichen Ideale der Französischen Revolution orientiert – in der unhierarchischen Beziehung zwischen den gleichgroßen Partnern: Gleichheit vor dem Gesetz, in der beidseitigen Umarmung: Brüderlichkeit, im direkten Bezug zur wilden Natur: Freiheit – als auch auf ein diesseitiges Naturverständnis ohne religiöse Transzendierung des Todes" (C. Mewes, in: Kat. Hamburg 1987/88, S. 116). Naturgewalten werden dieses Paar nicht wie Celadon und Amelia (vgl. Kat. 231) auseinanderreißen können. P. Th.

Das revolutionäre Jahrzehnt

II.7 Chronik
Kat. 234–354

243 k

II.8 Heiligtum
Kat. 355–403

374

II.9 Zerrbild
Kat. 404–435

421

II.7 Das revolutionäre Jahrzehnt: Chronik

Die Chronik eines Jahrzehnts soll die Ereignisse aus der Sicht der Zeitgenossen zeigen. Zeitgenossenschaft ist jedoch ein dehnbarer Begriff, dessen Inhalt von den konkreten Bedingungen, unter denen die Ereignisse erfahren werden, ebenso abhängt, wie von dem subjektiven Blickwinkel, den der Beobachter mitbringt oder der ihm abverlangt wird. Was sich 1789 ereignete, sah bereits ein, fünf oder zehn Jahre später ganz anders aus (vgl. Kat. 355).

Jeder Vorfall hat bekanntlich mehrere Seiten. Heute wissen wir: Es gibt „Fotos, die lügen" (so der Titel eines enthüllenden Buches von Alain Jaubert). Aber schon die alten, traditionellen Verfahren des Bildberichtes gingen mit den Erreignissen willkürlich um, sie dienten viel seltener der nüchternen Reportage als der Mythenbildung und dem „Personenkult". Der Umstand, daß die Zeichner nur selten auch Augenzeugen der Ereignisse waren, begünstigte die Paraphrase.

Nicht anders verhält es sich mit den schriftlichen Aussagen, die unsere Bildanthologie begleiten. Wir haben darin möglichst viele deutsche Stimmen zu Wort kommen lassen. In der Regel von Sympathie geprägt, verkennen die Beobachter der Pariser Szene nicht, daß die Revolution von ihrer Selbstzerstörung ebenso bedroht wird wie von ihren Feinden. Als wichtigste Quellen dienten die Textanthologien von Lautemann (1981), Träger (1989) und Günther (1985).

Die Bilder und die Texte, auf die sich unser Geschichtsbericht stützt, sind von Subjektivität geprägt – sie sind Rohmaterial, das wir nicht in die Geschichtsdeutung pressen wollten, denn dazu wären nur Spezialisten, also Revolutionshistoriker, legitimiert.

W. H.
P. Th.

234 Ludwig XVI.

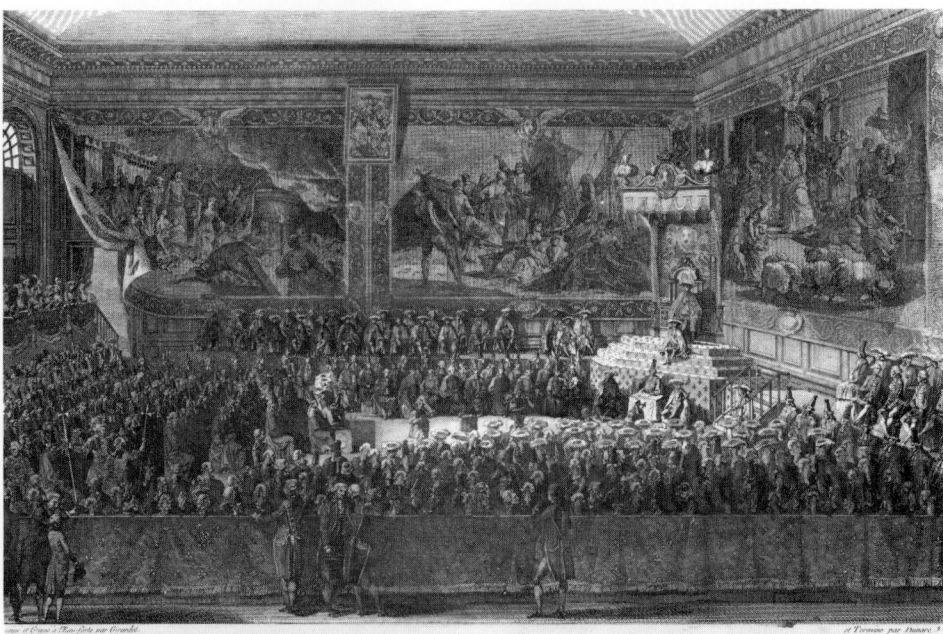

237 6. August 1787: Königlicher Gerichtstag in Versailles

LE COMPTE RENDU.

235 Der Rechenschaftsbericht Neckers

236 Jacques Necker

hat auch Mühe, seinen ehelichen Pflichten nachzukommen: „Er gesteht ganz friedlich, daß er das überhaupt nur aus Pflichtgefühl tut und kein Vergnügen daran hat." (Joseph II.). Nicht anders verhält er sich auf der politischen Bühne. Als er am 13. August 1789 in Versailles einer feierlichen Sitzung der Nationalversammlung beiwohnt, erfährt Campe von einem Augenzeugen, „daß Se. Majestät, während der ganzen Feierlichkeit das allergleichgültigste und unteilnehmendste Gesicht von der Welt gezeigt habe."

Damals hatte Necker (Kat. 236) wieder die Lenkung der französischen Politik übernommen. Das Schicksal des als „Reformpolitiker" populär gewordenen Schweizer Bankiers spiegelt die mehrmals vom Staatsbankrott bedrohte Finanzlage des Königreichs wider. Sein 1781 veröffentlichter Rechenschaftsbericht sprach offen von den ungeheuren Aufwendungen des Hofes, verschwieg aber das katastrophale Defizit. Was ihm damals die Entlassung einbrachte, trug sieben Jahre später (Kat. 235) wieder zu seinem Ruhm bei. Der König holte ihn zurück, ließ ihn am 11. Juli 1789 wieder fallen und mußte ihn unter öffentlichem Druck fünf Tage später wieder berufen. Ein Jahr danach war es mit Neckers Popularität zu Ende. Seine Demission am 4. September 1790 erregte kein Aufsehen.

Seit dem 10. Oktober 1789 heißt Ludwig „König der Franzosen" (nicht mehr „König von Frankreich"). Der Stich Kat. 234 trägt dem Rechnung, er feiert zugleich den Sturm auf die Bastille und die Franzosen als eine „Nation von Bürgern."

Im jahrelangen Konflikt zwischen der Krone und den Notabeln, Provinzparlamenten und anderen, nach Reformen verlangenden Körperschaften stellt die Sitzung vom 6. August 1787 (Kat. 237) einen wichtigen Einschnitt dar. Sie wurde als „Lit de Justice" des Königs einberufen, was bedeutet, daß gegen den königlichen Beschluß – es ging um die von Calonne verfochtenen „Territorialsubventionen" – kein Einspruch erhoben werden konnte. Das „Parlement de Paris" setzte sich jedoch gegen die Autorität des Monarchen unverzüglich zur Wehr. Am folgenden Tag trat es wieder zusammen und

erklärte die Edikte vom 6. August für null und nichtig. Von diesem Konflikt ist in dem Jahre später entstandenen Stich nichts zu merken.

Das Urteil aller Beobachter ist einhellig: Ludwig XVI. war ein Mann von erstaunlicher Gefühlsarmut. Im Frühjahr 1777 stattete Joseph II. dem französischen Königspaar einen Besuch ab. Von seinem königlichen Schwager sagt er, er sei „schlecht erzogen, aber anständig und lebt völlig gleichgültig dahin ... Seine geistigen Fähigkeiten sind recht unbedeutend, aber immerhin ist er kein Dummkopf." Der Apathiker

213

„Die ehemaligen vernunftlosen Lasttiere waren Menschen geworden, hatten Rousseaus „Contrat social" gelesen; und ihre verblendeten Treiber ohne Beobachtungsgeist übersahen die Verwandlung . . ." (Campe am 11. August 1789 aus Paris)

„Eigentlich gibt es in Frankreich nur zwei Stände, den Adel und das Volk. Ich für meinen Teil – und ich bin ebenso gut von Adel wie andere und obendrein Offizier – behaupte, daß der Adel ein Nichts ist. Auf den Adel kann der König verzichten, nicht aber auf das Volk. Ohne das Volk ist der Adel nur ein kleiner Splitter der Nation, der nicht einmal ausreicht, eine mittelmäßige Provinzstadt zu bevölkern. Das Volk dagegen bildet auch ohne den Adel und selbst ohne die mit diesem verbündete Geistlichkeit eine ungeheure Masse – ebenso arbeitsam im Innern wie wehrhaft nach außen. Vom Volke empfängt der Staat Unterhalt und Wohlstand, im Volke bestehen seine Kraft und sein Ruhm." (Aus der anonymen Flugschrift eines liberalen Adeligen.)

Frankreich hatte am Vorabend der Revolution etwa 28 Millionen Einwohner. Etwas mehr als 1% bildeten den 1. und 2. Stand, Klerus und Adel. Der 3. Stand umfaßte die Bauern, Beamten und freien Berufe. Etwa 85% der Franzosen gehörten der Landbevölkerung an, davon waren 15 Millionen Leibeigene. Die Bauern trugen am schwersten an der Last der Steuern und Abgaben – so mußten sie ein Zehntel ihrer Ernte der Kirche überlassen. Zwischen dem 1. und dem 2. Stand bildete sich ein enger Interessenverband: 1789 gehörten alle Bischöfe dem Adel an.

Die ungleiche Verteilung der Rechte und Pflichten erfuhr zusätzlichen Zündstoff, als die Staatsfinanzen, von kostspieligen Kriegen überbeansprucht, an den Rand des

238 Drei Dinge sind nötig

Bankrotts gerieten. Schrittweise wurden Reformen angekündigt und wieder zurückgenommen. Im August 1788 ernannte der König den Schweizer Necker zum leitenden Minister und berief die „Generalstände", die seit 1614 nicht mehr getagt hatten, für den 1. Mai 1789 ein.

Er beugte sich dem Druck der Öffentlichkeit, die seit der Einführung der Pressefreiheit am 5. Juli ihren Unmut in Pamphlete und Zeitungsartikel umzusetzen verstand. Der besonders harte Winter löste in den Provinzen Unruhen und Hungerrevolten aus. Es kam zu Plünderungen. Der öffentliche Zorn zielte unverhohlen auf die Königin, l'Autrichienne (autre chienne). Doch zugleich richtete sich die Hoffnung auf die Generalstände: Am Vorabend ihrer Zusammenkunft läßt ein unbekannter Zeichner alle Mißstände vom dritten Stand zu Grabe tragen (Kat. 240). Dies geschieht im Auftrag des Königs, „des geliebten Prinzen, durch den Frankreich neu ersteht."

239
Keine besonderen Umstände unter uns Dreien

240　4. Mai 1789: Die Mißbräuche werden zu Grabe getragen

Die Eröffnungszeremonie der Generalstände am 4. Mai liefert dem „Begräbnis der Mißbräuche" das bombastische Modell. 1139 Deputierte treten zusammen. 291 gehören dem Klerus an, 270 dem Adel und 578 dem dritten Stand. Sie tragen ihre traditionellen Kostüme, die sie als Standesvertreter charakterisieren. Damit gibt der König zu verstehen, daß die Stände für ihn keine *Volks*vertretung darstellen. Am 5. Mai erwähnt er in einer bedeutungslosen Rede das Haushaltsdefizit, das beseitigt werden müsse, ohne auf den Kern des Reformproblems einzugehen: Soll nach Ständen oder nach Köpfen abgestimmt werden? Langwierige Verfahrensfragen beginnen. Bereits am 6. Mai konstituiert sich der dritte Stand in Anlehnung an das englische Beispiel als „communes". Am 7. Mai greift die Regierung wieder auf die Pressezensur zurück: Sie läßt Mirabeaus

unmöglich. Dagegen argumentierte Mirabeau:

„Meine Herren [. . .] Ich kümmere mich wenig darum, was die Wörter in der abwegigen Sprache der Vorurteile bedeuten; ich habe hier in der Sprache der Freiheit geredet; ich bin dem Beispiel der Engländer und Amerikaner gefolgt, die den Namen Volk *von jeher ehren [. . .] Repräsentanten des französischen Volkes! Welch ein Titel für Männer, die wie Sie das Volk lieben, die wie Sie empfinden, was sie dem Volk alles verdanken! [. . .]*

Die furchterregendste Schwierigkeit, die man mir entgegenzusetzen hat, besteht angeblich darin, daß das Wort Volk *notwendig entweder zu viel oder zu wenig bedeute. Ja man hat sich sogar zu der Befürchtung verstiegen, dieses Wort sei gleichbedeutend mit dem, was die Lateiner* vulgus, *die Eng-*

241a 5. Mai 1789: Eröffnung der Generalstände. Der Zeremonienmeister De Brezé weist den Abgeordneten ihre Plätze zu

242 5. Mai 1789: Eröffnung der Generalstände in Versailles

„Journal des Etats généraux" beschlagnahmen, welches drei Tage später unter dem Titel „Lettres du Comte Mirabeau" wieder erscheint und unbehelligt bleibt. Während der Adel seine Geschlossenheit bewahrt, gehen immer mehr Geistliche zum 3. Stand über. Am 17. Juni wird schließlich die Secession vollzogen: Der 3. Stand konstituiert sich als Nationalversammlung. Dabei kommt es zu einer ideologischen Begriffsdiskussion. Versammeln sich Repräsentanten der französischen Nation – so Sieyès – oder des Volkes – so Mirabeau? Wer von „Volk" spricht, so wird eingewandt, macht den beiden anderen Ständen den Übertritt

länder mob *und die Aristokraten – adelige wie bürgerliche gleichermaßen – unverschämt* Kanaille *nennen [. . . so die Meinung von Thouret].*

Ich halte meinen Antrag aufrecht, und zwar gerade in seiner hier allein kritisierten Formulierung das französische Volk *betreffend. Ich beharre auf ihm, ich verteidige und befürworte ihn genau aus dem Grund, aus dem man ihn bekämpft."* (zit. nach Ploetz 1988, S. 41)

Mirabeau konnte sich nicht durchsetzen: „Die Abgeordneten des dritten Standes, fast alle den Bildungseliten des Ancien Régime angehörend, waren nicht bereit, die

vollen sozialen Konsequenzen aus ihrem politischen Vertretungsanspruch (Volkssouveränität) zu ziehen. Statt dessen entschieden sie sich für den abgeänderten Antrag von Sieyès, sich – abstrakter – als Nationalversammlung zu konstituieren." (Ploetz 1988, S. 41) Die Bilddokumente vom 5. Mai zeigen, daß diese Entscheidung folgerichtig war, denn die festlich gekleideten Herren, denen der Marquis Dreux-Brézé als königlicher Zeremonienmeister ihre Plätze anweist (Kat. 241 a), konnten sich nur als Würdenträger, nicht aber als Volksvertreter verstehen. Auch die Sitzordnung im Versammlungssaal macht die Rangunterschiede deutlich: Die vorderen Reihen sind dem 1. und 2. Stand vorbehalten. Die Disziplin ist noch rigider als im „Lit de Justice" (Kat. 237), der Abstand zwischen dem König und seiner „Nation" noch größer. Es überrascht nicht, daß dieses Machtbewußtsein am 20. Juni noch einmal zuschlug und der Nationalversammlung ihren bisherigen Sitzungssaal versperren ließ. Diese Mißachtung provozierte den „Schwur im Ballhaus" (Kat. 243 a, 244, 245 und 355 – 357 im Kap. „Heiligtum".)

 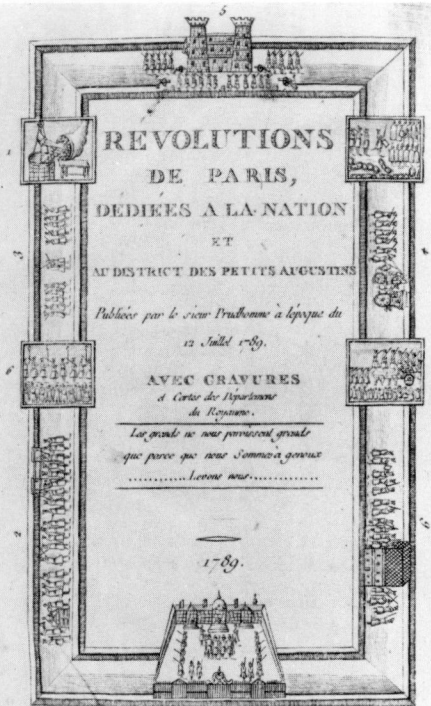

243   Frontispiz und Titelblatt der „Révolutions de Paris"

Die „Révolutions de Paris" waren nur eines der vielen Informationsorgane, denen die Pariser Bevölkerung die letzten Neuigkeiten und deren Kommentierung entnehmen konnte. Campe beobachtet „in allen Straßen, besonders an den Seitenwänden aller Eckhäuser und an dem ganzen Gemäuer aller öffentlichen Gebäude auf den Quais und sonstigen freien Plätzen, eine so unzählbare Menge, daß ein rüstiger Fußgänger und geübter Schnelleser den

ganzen Tag, vom Morgen bis an den Abend, herumlaufen und lesen könnte … Denken Sie, wie diese Publizität, diese Teilnahme Aller an allem, auf die Entwicklung der menschlichen Seelenkräfte, besonders auf die Verstandes- und Vernunftausbildung der Leute wirken muß!" (4. August 1789) Die Öffentlichkeit wacht über die Pressefreiheit. Als ein Bürgerausschuß seine Tätigkeit mit einem Zensuredikt begann, in dem bloß verlangt wurde, jedes Druckerzeugnis mit

dem Namen des Druckers und Verlegers zu versehen, fühlte sich „der Pöbel" (so Campe) wie „Schulknaben" behandelt und rottete sich zusammen. Aus deutscher Sicht bemerkt unser Korrespondent: „Wie manches Volk in Europa würde nach einem *solchen* Zensuredikt als nach dem höchsten Ziel seiner Wünsche mit beiden Händen greifen!"

Nachricht und Kommentar – dieses Zwiegespann, das den Januskopf des Zeitungswesens ausmacht, bestimmt auch die Bildinformation. Die zeichnenden Journalisten waren nur selten Augenzeugen, und wenn, dann hielt jeder die Ereignisse aus seinem subjektiven „Neigungswinkel" fest. Dennoch gibt es Konvergenzen im Bereich der spontanen Bildnachricht (Kat. 243a, 245), von der sich die nachträgliche Stilisierung deutlich abhebt (Kat. 355, 356).

Die Wochenzeitung „Révolutions de Paris" erschien zum ersten Mal am 12. Juli 1789. Sie brachte es auf 225 Nummern. Die letzte kam am 10. Ventôse des Jahres II (= 28. Februar 1794) heraus. Jedes Heft umfaßte durchschnittlich 32 Seiten. Die groben Stichillustrationen kamen nicht zeitgleich mit den Artikeln heraus, sondern erschienen erst in späteren Ausgaben. Der Herausgeber, Louis-Marie Prudhomme (1752–1830) begann 1787 als Verfasser patriotischer Pamphlete: Er will deren 1500 veröffentlicht haben. Inhaltlich umfaßt seine Zeitschrift alle Bereiche der Information und der journalistischen Polemik. Sie veröffentlicht die Liste der Gefangenen in der Bastille, transkribiert die dort entdeckten Inschriften, berichtet über den Empfang der „Dames des Halles" beim Königspaar, bringt den Text der Erklärung der Menschen- und Bürgerrechte, gibt Gerüchten aus der Provinz Raum und verschweigt weder den Brotmangel noch das kritische Echo, das die Revolution in der englischen Presse findet. Als Devise könnte das Wort gelten: „Die Öffentlichkeit (publicité) ist die Beschützerin des Volkes." Es fehlt auch nicht an skeptischen Bemerkungen: „Wir sind schnell aus der Sklaverei in die Freiheit gelangt und gehen noch schneller von der Freiheit in die Sklaverei", heißt es am 29. August 1789.

243a   20. Juni 1789: Der Ballhausschwur der Abgeordneten

SERMENT DU JEU DE PAUME, A VERSAILLES.
le 20 Juin 1789.

244   20. Juni 1789: Ballhausschwur

245   20. Juni 1789: Ballhausschwur

2.ᵉ EVÉNEMENT DU 20 JUIN 1789.

Serment des Députés au Jeu de Paume.

241b   12. Juli 1789: Curtius bringt unter dem Jubel des Volkes die Büsten des Herzogs von Orléans und Neckers

EVÉNEMENT DU 12 JUILLET 1789. LE MATIN.

Curtius delivre les Portraits de M.ʳ le Duc d'Orléans et de M.ʳ Necker qui furent portés en triomphe par toute la Ville et le Peuple crioit Chapeau bas, pour marquer sa profonde vénération.

Der Versammlungssaal müsse für eine königliche Sitzung hergerichtet werden, lautete der lakonische Bescheid, der die Abgeordneten ratlos machte. Man hatte sie ausgesperrt. Sollten sie nach Paris gehen oder sich auflösen? „Schließlich wies der Doktor Guillotin darauf hin, daß man im Ballspielhaus, einer kalten, aber verdeckten Halle, untertreten könne. Dort fanden sich fast alle Abgeordneten wieder zusammen und beschlossen, sich durch einen Eid zu binden, Die Schwurformel, die von dem Präsidenten Bailly verlesen wurde, verpflichtete die Versammlung, sich nicht mehr zu trennen, bis das Königreich eine Verfassung habe. Damit hatte man über den Kopf des Königs hinweg gehandelt, ja einen feierlichen Akt des Ungehorsams begangen, und das Recht an sich gezogen, die Monarchie auf eine konstitutionelle Grundlage zu stellen. Alle Welt war sich darüber klar, daß eine entscheidende Wandlung erfolgt war." (Sieburg 1979, S. 32)

Das sieht auch der König, und er unternimmt einen letzten Versuch, „den hartnäckigen dritten Stand, wie durch Blitz und Schlag, zu blenden, zu betäuben und in den Staub zu strecken." So sieht Campe den Gegenschlag, der am 23. Juni erfolgt. Ludwig XVI. legte der Nationalversammlung ein gemäßigtes Reformprogramm vor und befahl ihr, sich aufzulösen. Sofort machte sich Mirabeau zum Sprecher der Verweigerer: „Man kann mich mit Bajonetten an die Wand spießen, aber man kann mich nicht zwingen, einen Ort zu verlassen, wohin meine Absender mich beordert haben. Will man meinen Kopf, so muß er hier, meine Herrn, zu Ihren Füßen rollen!" Campe ergänzt diese Übersetzung mit einer „Reportage", die sich auf französische Augenzeugenberichte stützt: „Indes der Adel und die Geistlichkeit, als treugehorsame Diener und Gehilfen des Despotismus, den König, indem er den Saal verließ, ehrfurchtsvoll begleiteten, blieb der ganze dritte Stand, schrecklich schweigend und ohne der vorbeigehenden Person des Monarchen auch nur das geringste Merkmal von Ehrerbietung zu geben, auf seinen Stellen sitzen ... Diese Szene war eine der schönsten und größten, welche man je gesehen hat." Leider hat sie kein Zeichner überliefert.

Die Fronten klären sich. Am 1. Juli zieht der König etwa 30 000 Soldaten zusammen, um die Nationalversammlung zu „schützen". Diese erklärt sich am 9. Juli für „Constituante". Am 11. Juli legt Lafayette einen gemeinsam mit Jefferson, dem Botschafter der Vereinigten Staaten, ausgearbeiteten Entwurf der Erklärung der Menschenrechte vor. Am selben Tag wird Nekker vom König entlassen. Am 12. Juli, einem Sonntag, führen die Pariser seine Büste und die des Herzogs von Orléans im Triumph durch die Stadt, um ihm ihre Sympathie zu bekunden (Kat. 241b, 246).

Dabei ereignete sich auf der Place Louis XV. (= Place de la Concorde) ein blutiger Zusammenstoß mit dem Regiment des Prinzen von Lambesc, einem Verwandten der „Autrichienne". „Die Unbefangenheit, womit die Leute hier standen und die Truppen angafften, beleidigte den ritterlichen Stolz des Prinzen, der von Begierde nach Heldentaten glühte, und dieses Angaffen für ein Trotzbieten halten mochte. Sogleich erwachte in seiner erhabenen Heldenseele der kühne Gedanke, den Anfang seiner Taten, mit einem Angriff auf diesen Haufen ruhiger Lustwandler zu machen." Aus Campes Schilderung ist die Verachtung herauszuhören, die er für diesen fürstlichen Bravourakt empfindet. Prieurs Stich (Kat. 246) nimmt es mit dem Ereignisablauf nicht ganz genau: Er kombiniert die Attacke des Prinzen mit dem Triumphzug der beiden Büsten (vgl. Kat. 241 b), der an einem anderen Ort, auf der Place Vendôme, mit den Truppen zusammenstieß.

An anderer Stelle gibt Campe von den Ausschreitungen ein anderes Bild, wenn er die Frage beantwortet, „was für Leute es eigentlich waren, welche die wirkliche Umwälzung der französischen Staatsverfassung in der Nacht vom 12ten auf den 13ten Juli anfingen": „ . . . es waren nicht einmal die angesessenen rechtlichen Bürger der Stadt, welche nachher die Militz formierten . . . – es war vielmehr die Hefen von Paris, vermischt mit dem Auswurf der Provinzen, ein Heer von armen, zerlumpten und ausgehungerten Bettlern, welche das große Werk der bürgerlichen Erlösung ohne Anführer, ohne vorhergegangene Verabredung und doch so übereinstimmend und doch so planmäßig und ordentlich planten . . ."

Es kam freilich auch zu „Explosionen" der Volkswut. Eine richtete sich gegen die von Ledoux (vgl. Kat. 159/160) entworfenen Zollhäuser und die sie verbindende Mauer, „qui rend Paris murmurant" – eine milde Redensart für den Unmut, den diese Einschüchterungsarchitektur bei den Bewohnern der Hauptstadt erweckte. An den Zolltoren mußte für alle nach Paris kommenden Waren Zoll entrichtet werden. Mercier verspottete sie als „Schlupfwinkel des Fiskus". An 40 der 54 „Barrières" wurde in der Nacht zum 13. Juli Feuer gelegt. Am Morgen wird eine Bürgergarde ins Leben gerufen, die als Abzeichen eine Kokarde mit den Farben der Stadt – Rot und Blau – wählt.

246 12. Juli 1789: Die Büsten des Herzogs von Orléans und Neckers werden zum Platz Ludwigs XV. getragen

LES BUSTES DE MRS D'ORLEANS ET NECKER PORTÉS A LA PLACE LOUIS XV.
le 12 Juillet 1789

247 12. Juli 1789: Brand des Stadtzollhauses

BARRIERE DE LA CONFÉRENCE INCENDIÉE.
le 12 Juillet 1789.

248 12. Juli 1789: Das Volk läßt die Oper schließen

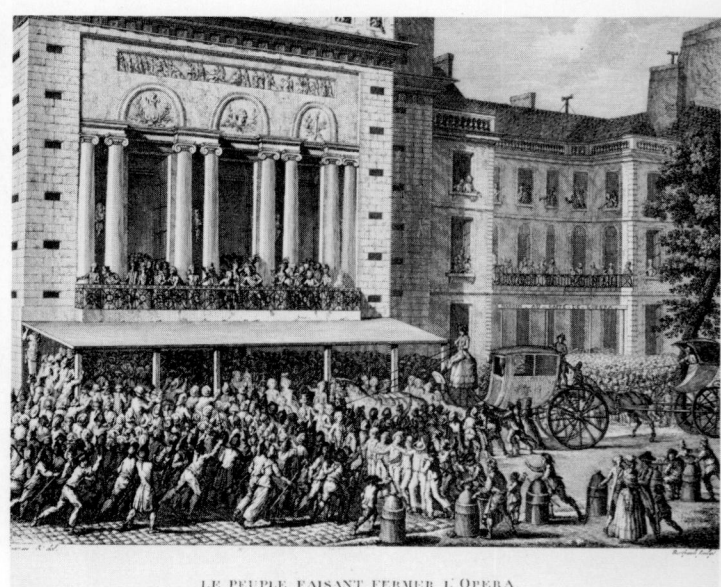

LE PEUPLE FAISANT FERMER L'OPERA.
le 12 Juillet 1789.

*l'inquietude du Citoyen fut cruelle; l'ennemi était sur ses pas; quelques coups de fusil se firent
entendre au travers du toesin: on cria aux armes, et les boutiques des Arquebusiers furent enfoncées
pour s'en procurer.*

243b   12./13. Juli 1789: Das Volk sucht nach Waffen

Die Bürgergarde braucht Waffen. Da man sie ihr verweigert, greift sie zur Gewalt und plündert die königlichen Arsenale, am ausgiebigsten die Kaserne der Invaliden. Etwa 40 000 Gewehre und 12 Kanonen fallen der Menge kampflos in die Hände, denn die Soldaten geben ihren Offizieren zu verstehen, daß sie nicht auf die Bevölkerung schießen würden.

Nun fehlt noch Munition. In der Bastille soll es große Mengen von Kugeln und Pulver geben. Von der Menge bedrängt, begibt sich eine Delegation zum Kommandanten der Gefängnisfestung, um die Herausgabe von Munition zu erwirken. Sie wird höflich empfangen, kehrt aber mit leeren Händen zurück. Ähnlich ergeht es drei weiteren Delegationen. Unterdessen hat die Menge die Bastille eingeschlossen. Um 13.30^h eröffnen die Verteidiger – 82 Invaliden und 32 Schweizer – das Feuer auf die Belagerer. Diese bringen 5 Kanonen in Stellung. Um 17^h kapituliert die Besatzung, die Menge dringt in das Gefängnis ein, befreit die sieben Gefangenen, bemächtigt sich der Waffen und Munition und nimmt De Launay, den Kommandanten, gefangen. Auf dem Weg zum Rathaus wird er massakriert und enthauptet. Der König weiß nichts vom Sturm auf die Bastille, als er um 18^h seinen Truppen befiehlt, sich aus Paris zurückzuziehen.

Die „Maison de St. Lazare" (Kat. 249) war eine kirchliche Einrichtung, die sowohl der öffentlichen Wohlfahrt als auch der Erziehung junger Geistlicher diente. Zu ihren Bewohnern zählten Priester, Novizen, Strafgefangene und Geisteskranke. Die Plünderer wollten die einen demütigen und die anderen befreien, außerdem befriedigten sie ihren Zerstörungstrieb und entführten die Getreide- und Mehlvorräte.

PILLAGE DE LA MAISON DE St LAZARE
le lundi 13 Juillet 1789.

249   13. Juli 1789: Plünderung des Hauses von St. Lazare

*Un peuple immense s'est transporté a la grille pour s'emparer des postes, et des armes cachées en-
tre la voûte et le toit. Il s'est aussi rendu maître de 24 pièces de canon: le nombre des armes qu'il a
emportées, tant fusils et pistolets que sabres et bayonnettes, monte à près de 30000.*

Au Bureau des Revolutions de Paris, rue Jacob, F^g St G. N° 26.

243c   14. Juli 1789: Das Volk bemächtigt sich der Waffen

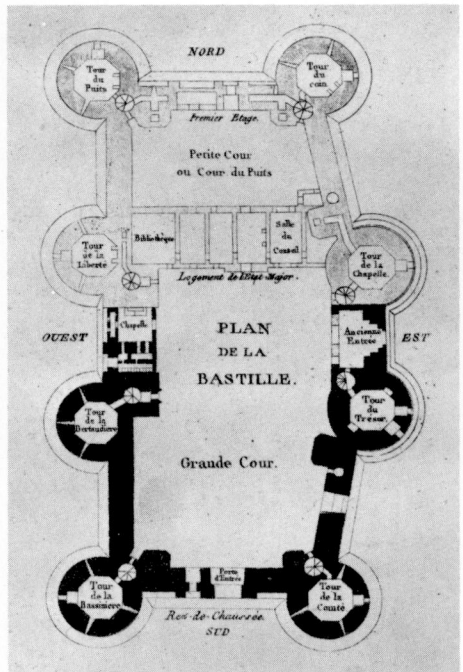

250 Grundriß der Bastille

251 14. Juli 1789: Sturm auf die Bastille

Kaum in Paris eingetroffen, sucht Campe, von seiner Reporterneugier getrieben, das „ehemalige Bollwerk des französischen Despotismus" auf, „diesen furchtbaren Schlund, der so manches unschuldige Schlachtopfer der Tyrannei verschlang." Er sieht voraus, daß die Ruinen bald die Touristen anziehen werden, und da man sich bereits anschickt, die Festung abzutragen – ihre Steine gelangen bald auf den Andenkenmarkt – gibt er schnell eine Beschreibung der unterirdischen Grüfte, um seine deutschen Leser „mit Grausen und Entsetzen zu erfüllen": „Die schreckliche Tür öffnet sich; wir treten in eine dumpfe, feuchte, mit mitternächtlicher Finsternis und mit pestilenzialischen Dünsten angefüllte Gruft, wohin, solange sie existiert, noch nie ein Strahl der Sonne drang; und erblicken die starke eingemauerte Kette, mit einem breiten und dicken eisernen

252 14. Juli 1789: Sturm auf die Bastille

253 Die Bastille nach der Erstürmung

Leibbande versehen, woran der Unglückliche, gleich einer wilden Bestie, angeschmiedet auf feuchtem, kalten und schmutzigen Boden lag." (9. August 1789). Kannte Beethoven diese Beschreibung, als er die Kerkerszene des „Fidelio" schrieb? („Gott! Welch Dunkel hier!") „Fast nichts, was bald die Moritaten und Bilderbogen an finsteren Schreckensbildern füllte, entsprach der Wahrheit. Aber die legendenhaften Züge wurden in den folgenden Jahren immer dramatischer und sind bis heute noch nicht verwischt. Die Zahl derer, die an der Erstürmung teilgenommen haben wollten, die Organisationen ehemaliger Bastillestürmer waren bald nicht mehr zu zählen. Ebenso vermehrten sich die Steine der abgebrochenen Festung im Laufe der Jahre ständig. Der Unternehmer des Abbruchs versorgte die halbe Welt mit angeblichen Steinen der Bastille und wurde ein reicher Mann dabei." (Sieburg 1979, S. 41)

„Der erstaunlichste Sieg, der seit dem Ursprung der Welt errungen wurde" – so emphatisch begrüßt Janinets Bildkommentar den Sturm auf die Bastille, um sodann dem Schutzengel Frankreichs dafür zu danken, daß er das vom Despotismus geplante Zerstörungswerk zu verhindern vermochte. So gelang es, die ewige Herrschaft der Freiheit zu errichten. Dank dafür gebührt auch dem König, dem gerechtesten aller Monarchen, der sich von seinen perversen Ministern trennte und, wie ein Vater seine Kinder, die Nationalversammlung aufsuchte, um allem zuzustimmen, was dem Wohl des Staates dient.

François Janinets Radierungen unterscheiden sich wohltuend von diesem Überschwang. Sie sind das Werk eines an Fragonard und H. Robert geschulten Künstlers und erschienen in 56 Wochenlieferungen bis zum März 1791. Die Nationalversammlung hatte die Publikation genehmigt, jedoch befristet: sie sollte enden, wenn es keine „interessanten Ereignisse" mehr gäbe. Der Verfasser der jeweils 4 Seiten umfassenden Kommentare ist unbekannt.

Indes Vincent (Kat. 254) die Ereignisse antikisiert, d.h. in zeitlose Nacktheit entrückt, gibt Janinet Schnappschüsse, hält er geschickt einen entscheidenden Handstreich, eine riskante Überrumpelung fest. Das Plötzliche, Unerwartete der Ereignisse wird von einer leichten Hand registriert, in der sich noch die Grazie der alten Welt mitteilt. Jeder Tatort ist eine Szene, jeder Täter ein Akteur. Diese Sehweise macht den Künstler zum Regisseur. Wie er die Kontrahenten aufeinander zuführt und die hohen Raumkulissen als Stimmungselemente verwendet, weiß Janinet eine Spannung zu erzeugen, die jedes dieser „Ereignisse" zum Symbol erhebt.

Der Brutalität geht Janinet aus dem Weg. Er zeigt den Hinterhalt, in den De Launay die Belagerer der Bastille lockt (Kat. 255), er nennt ihn blutrünstig, er berichtet von seinem Versuch, sich eines Pulverturms zu bemächtigen, um die Festung in die Luft zu sprengen (Kat. 257), aber er unterschlägt, daß der Kommandant von der Menge gelyncht und enthauptet wurde – Gewalttaten, die in seinen Augen „den ersten Tag unserer Freiheit befleckten." Wir sehen nur, was diesen Racheakten vorausging (Kat. 258).

Zu den packendsten Darstellungen gehört Kat. 256. Die Belagerten wollen den Belagerern schriftlich ihre Kapitulationsbedingungen zukommen lassen. Ein Laufsteg, der bis zum Tor reicht, wird improvisiert. Ein Mutiger besteigt ihn und stürzt ab.

254 14. Juli 1789: Sturm auf die Bastille

255 14. Juli 1789: Eine große Zahl von Bürgern wird im Hof der Bastille erschossen

256 14. Juli 1789: Maillard wagt sich auf einer Planke über den Festungsgraben . . .

257 14. Juli 1789: Der Marquis Delaunay wird
daran gehindert, im Innenhof der Bastille
Feuer zu legen

241c 14./15. Juli 1789: M. de Liancourt berichtet
dem König von den Ereignissen in der Hauptstadt

258 14. Juli 1789: Delaunay wird durch
Paris geführt

Darauf springt ein gewisser Maillard auf das
schwankende Brett und nimmt das Papier
entgegen. Die Belagerten drohen, sich in die
Luft zu sprengen, wenn man ihre Kapitulation nicht annimmt. Sie wird angenommen,
nachdem sekundenlang das Schicksal beider Parteien an einem Faden gehangen
hatte. Davon gibt Janinet eine Ahnung.

Weniger überzeugend ist sein Versuch,
die berühmte Episode des folgenden Tages
wiederzugeben (Kat. 241 c). Der Herzog von
La Rochefoucauld-Liancourt suchte um
8 Uhr den „musterhaften" König in Versailles auf und berichtete ihm von den Vorfällen
in der Hauptstadt. Auf die arglose Frage:
„Ein Aufstand?" antwortet er: „Sire, das ist
eine Revolution."

Unser Chronist setzt immer noch auf die
Güte des Königs. Er übergeht dessen
Besuch in der Nationalversammlung am
Vormittag des 15. Juli, wo er sich weigert,
Necker zurückzuholen und den Abzug der
Truppen anzuordnen. Erst am 16. Juli beugt
er sich diesen Forderungen, und am Tag
danach begibt er sich, bürgerlich gekleidet,
in seine „gute Stadt Paris", um sein Volk zu
beruhigen und „seine Tränen zu trock-
nen".

In der Tat scheint der Monarch stärker
bewegt als sein Volk, das sich zunächst
damit begnügt, ihn mit „Vive la nation" zu
begrüßen. Das „Vive le Roi" spart sich die
Menge bis zu seiner Ankunft im Rathaus
auf. Bailly, der neue Bürgermeister von
Paris, heißt ihn überschwenglich willkommen und überreicht ihm die Kokarde. So
überwältigt ist der König, daß er zur
Sprachlosigkeit Zuflucht nimmt und die
vorbereitete Rede nicht hält.

Nur soviel bringt er über die Lippen:
„Mein Volk kann immer auf meine Liebe
zählen." Jefferson, der amerikanische Botschafter, erkannte wohl als erster das
Gewicht dieser öffentlichen Abbitte: „So
endete eine Ehrenerklärung, wie sie niemals
ein Monarch geleistet und niemals ein Volk
empfangen hat."

„Dies, dies war es eigentlich, was die
Bastille zu einem Ort des Greuels und zum
Gegenstand der Verwünschung nicht nur in
Frankreich, sondern auch durch ganz
Europa machte – die *gesetzlose Willkür*
nämlich, mit der man Schuldige und
Unschuldige ohne alles vorhergegangene
rechtliche Verfahren, an diesen Ort des Jam-
mers schleuderte, um sie hier auf viele
Jahre, oft auf Lebenszeit, lebendig zu ver-
graben, oder wohl gar, wie es mehr als
wahrscheinlich ist, sie zum Teil *heimlich,
durch Gift oder Strang, aus der Zahl der
Lebendigen verschwinden zu lassen.*"
(Campe, 9. August 1789)

259 17. Juli 1789: Ludwig XVI. zeigt sich mit der Kokarde am Hut

261 23. Juli 1789: Foulon nach seiner Festnahme

Der Aufstand in Straßburg (Kat. 260) steht in unserer Chronik für die Erregung, die sich in der 2. Julihälfte der Provinzen bemächtigte. In Straßburg sollen eingeschleuste Gewalttäter die Plünderung des Rathauses angezettelt haben – also *agents provocateurs* im Auftrag der Gegenrevolutionäre. In den ländlichen Regionen herrscht „die große Furcht" – la grande Peur. Die Bauern vermuten, daß der Adel gegen sie komplottiert. Um dem zuvor zu kommen, stürmen sie und brandschatzen sie seine Schlösser. Angst und Mißtrauen machen jeden zu jedermanns Feind.

Auch in Paris steht nach dem Abklingen der Bastille-Begeisterung die Sorge um das tägliche Brot wieder im Vordergrund. Foulon, einer der am meisten gehaßten Staatsbeamten, bekommt sie zu spüren (Kat. 261). Man macht ihn für die Versorgungsengpässe verantwortlich. Seine Feigheit kostet ihn den Kopf: Geflohen, täuschte er sein

kung wird darin gerechtfertigt, also die Erhebung des Vormonats legalisiert. Am 11. Sept. räumt die Nationalversammlung dem König ein aufschiebendes Veto ein.

Der Sommer mäßigt die revolutionären Aktivitäten. Erst im Oktober setzen sie wieder ein – auch heute noch ist die „rentrée de l'Octobre" alljährlich für Paris ein neuer politischer Anfang.

Kritiker mißtrauen der sommerlichen Beruhigung: „Bald stimmen sie eine erbärmliche Litanei über die Ströme von Menschenblut an, welche hier vergossen sein sollen und welche hier doch Niemand in dem Maße fließen sah; – gleichsam als wenn sich jemals eine so totale Umwälzung eines ganzen großen Reiches ereignet hätte, ohne daß wenigstens zehnmal so viel Menschenblut dabei vergossen worden wäre, als die französische *bis jetzt* gekostet hat! Bald ereifern sie sich über die Unordnungen, welche jetzt in diesem von Grund aus

260 22. Juli 1789: Plünderung des Rathauses von Straßburg

Begräbnis vor, wurde entlarvt und nach Paris gebracht, wo ihn die aufgebrachte Menge an der „fatalen Laterne" aufknüpfte.

In der Nacht vom 4. auf den 5. August entsagen Adel und Klerus ihren Privilegien. Das Ende der Feudalherrschaft ist – wenigstens auf dem Papier – eingetreten.

Am 26. August verabschiedet die Nationalversammlung die Erklärung der Menschen- und Bürgerrechte (Kat. 359), in denen die Nation ihre Souveränität verkündet. Der Widerstand gegen die Unterdrük-

umgeworfenen Reiche herrschen, und zürnen mit der Nationalversammlung, daß sie nicht *allmächtig* ist, um aus den chaotischen Ruinen des eingestürzten, aus Despotie, Aristokratie und Hierarchie bestandenen Gebäudes sogleich durch ein einziges *Werde!* den vollendeten Palast eines wohleingerichteten Freistaates emporsteigen zu lassen – gleichsam, als wenn man in anderen Ländern, in der Schweiz, in Holland, in England, in Amerika, in einem Nu! damit zustande gekommen wäre!" (Campe, 14. August 1789).

Als die in die „Invalides" eingedrunge-
nen Bürger bei der Suche nach Waffen (Kat.
243 c) nicht gleich Erfolg hatten, erwiesen
sie dem Dom und seinen Altären keinerlei
Respekt. Einige Wochen später war ihnen
der Kirchenraum willkommen, um die
Opfer des 14. Juli zu feiern (Kat. 262) und
die neuen Fahnen zu weihen (Kat. 264).

Noch bildhafter als die Bastille verkör-
perte die Trutzburg von Lyon die Staatsmacht in ihrer selbstgewissen Unnahbar-
keit. Als der kluge Gouverneur sie den
Bürgern übergab, wurde er als Freund der
Freiheit gefeiert – auf unserer Darstellung
hält sich die Begeisterung in Grenzen. Der
schon totgeglaubte Marquis de Brunoy erblickte damals wieder das Tageslicht der
Freiheit.

Als die Lyoner 1790 der Freiheit einen
Berg errichteten (Kat. 273), hatten sie offensichtlich die Zwingburg des Ancien Régime
als düsteres Gegenbild im Auge.

262 5. August 1789: Trauergottesdienst für die bei der Belagerung der Bastille getöteten Bürger

263 4. August 1789: Pierre Ancise wird den Bürgern Lyons übergeben

264 27. September 1789: Fahnenweihe der Pariser Nationalgarde

Campe rühmt „das Benehmen der Soldaten des Vaterlandes, d. i., wie Sie nun
schon wissen, der gemeinen Soldaten der
französischen Garde, welche bei dieser
Gelegenheit einen Grad von Ausbildung
und von Edelmut bewiesen haben, den man
an einem ganzen Korps gemeiner Kriegs-
leute wohl noch niemals wahrgenommen
hat. Sie wissen vermutlich schon, daß diejenigen Soldaten des Korps, welche in den
Tagen, die vor der Revolution hergingen,
die ersten waren, die sich weigerten, Bürger-
blut zu vergießen, in Verhaft genommen
und ins Gefängnis geworfen, aber von dem
Pöbel wieder frei gemacht wurden. Kaum
hatten diese braven Leute sich aus dem
Getümmel der sie umgebenden Menge herausgearbeitet, *als man sie von freien Stük-
ken nach dem Gefängnis zurückkehren sah
und ihre Ketten wieder fordern hörte, weil sie
nicht durch Gewalt befreit, sondern von den
Gesetzen gerichtet zu werden verlangten.*"

265 1. Oktober 1789: Trinkgelage der Leibgarden

ORGIE DES GARDES DU CORPS DANS LA SALLE DE L'OPERA DE VERSAILLES,
le 1er Octobre 1789.

Ludwig XVI. ließ sich zwar als „Wiederhersteller der französischen Freiheit" (Campe) feiern, aber er brachte es nicht fertig, Beschlüsse der Nationalversammlung vom 5. und 26. August zu bestätigen. Zu diesem Zögern kam ein Affront. Er holte das flandrische Regiment nach Versailles zurück, wo ihm die Offiziere seiner Leibwache ein festliches Mahl bereiteten (Kat. 265). Dabei wurde die schwarze Kokarde der Königin getragen und die dreifarbige der Revolution mit Füßen getreten.

In Paris findet die Politik wieder auf der Straße statt. Jetzt ergreifen die Frauen die Initiative. Am 5. Oktober versammeln sie sich vor dem Rathaus. Ein Zeitzeuge wie Janinets Kommentator vermutete noch ein Komplott gegen die Volksvertreter, bei dem die aufgebrachten Frauen als Werkzeuge benutzt werden sollten. Sicher ist, daß die bedrohliche Situation zunächst von niemandem gesteuert wurde, so daß es zu Mißhandlungen kam (Kat. 266).

Campe geht so weit, für die barbarisch „gesetzwidrigen Unordnungen" jener Wochen die „Weiber der Vorstadt St. Antoine" und die „sogenannten Damen der Hallen" verantwortlich zu machen. Überhaupt meint er, daß in Frankreich das „schwächere" Geschlecht das grausamere sei . . .

In jenen Oktobertagen war es jedenfalls das kühnere. Von Maillard (vgl. Kat. 256) angeführt, marschierten etwa 7000 Frauen

vom Pariser Rathaus nach Versailles, um dem König ihr Aufbegehren ins Gesicht zu sagen und überdies die Unterzeichnung der jüngsten Dekrete der Nationalversammlung einzufordern. Einige saßen rittlings auf den mitgeführten Kanonen – sichtbarer

Beweis dafür, daß die Frauen die Verfügung über die männlichen Machtinstrumente übernommen hatten. Gefolgt wurde der Zug von Soldaten der Nationalgarde mit La Fayette an der Spitze, dem man diese Rolle aufgenötigt hatte.

266 5. Oktober 1789: Die Frauen wollen Abbé Lefevre hängen

1er ÉVÉNEMENT DU 5.8bre 1789.

Les Femmes voulant pendre l'Abbé Lefevre, et les Hommes voulant incendier les Papiers (cour de l'Hôtel-de-Ville.)

267 5. Oktober 1789: Der Marquis de la Fayette soll die Truppen nach Versailles führen

3e ÉVÉNEMENT DU 5 OCTOBRE 1789.

M. de la Fayette descend de l'Hôtel-de-Ville, avec les Ordres de partir pour Versailles, à la tête des Troupes.

268 5. Oktober 1789: Die Frauen nehmen an einer Sitzung der Nationalversammlung teil

4e ÉVÉNEMENT DU 5.8bre 1789.

Les Femmes Parisiennes siegeant à l'Assemblée Nationale parmi les Députés

LES DAMES DE LA HALLE PARTANT POUR ALLER CHERCHER LE ROI A VERSAILLES
le 5 Octobre 1789.

269 5. Oktober 1789: Die Pariser Marktfrauen auf dem Weg nach Versailles

ÉVÉNEMENT DU 5 OCTOBRE 1789.

Les Dames de la Halle et autres Femmes, partant de Paris pour Versailles.

241d 5. Oktober 1789: Die Pariser Marktfrauen ziehen nach Versailles

Als die Menge am frühen Morgen des 6. Oktober in das Schloß eindrang, kam es zu blutigen Kämpfen mit den Wachen. Um ein Massaker zu vermeiden, zeigte sich die königliche Familie auf dem Balkon und erklärte sich bereit, nach Paris in das Tuilerien-Schloß zu übersiedeln. Die Massen dulden keinen Aufschub, sie wollen Triumph und Demütigung sofort. Unter dem Ruf: „Jetzt wird es uns an Brot nicht fehlen,

270 5. Oktober 1789: Der König trifft mit seiner Familie in Paris ein

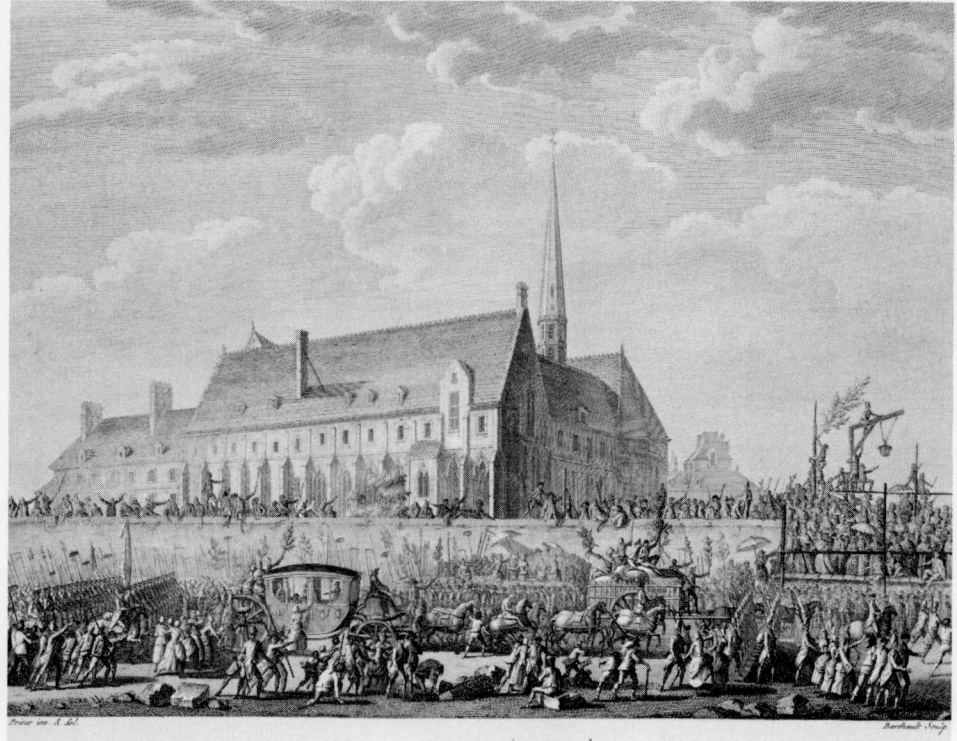

LE ROI ARRIVANT A PARIS AVEC SA FAMILLE, ESCORTÉ DE PLUS DE TRENTE MILLE AMES
le 6 Octobre 1789.

ÉVÉNEMENT DU 6 OCTOBRE 1789.

Le Roi paroissant au Balcon donnant sur la Cour de marbre; dit Mes enfans j'irai a Paris mais a condition que ce sera avec ma femme et mes enfans.

241e 6. Oktober 1789: Der König verspricht der Menge, mit seiner Familie nach Paris zu kommen

wir bringen den Bäcker, die Bäckerin und den Bäckerjungen", wurde die achtköpfige Familie in zwei Kutschen nach Paris gebracht. Der Bürgermeister Bailly versuchte, dieser gewaltsamen Heimholung eine Spur von Untertanenliebe zu geben, doch das Wort „Vertrauen", das der König verwendete, kam in seiner Antwortrede nicht vor: Er weiß, daß er einen Gefangenen vor sich hat.

Für das Fest der republikanischen Vereinigung am 10. August 1793 plante David einen Triumphzug, in dem auch die „Damen der Hallen" auftreten sollten: – „wie damals sitzen sie auf ihren Kanonen; die einen halten Zweige, die anderen Trophäen, eindeutige Zeichen ihres glänzenden Sieges, den die tapferen Bürgerinnen über die knechtischen Leibgarden erkämpften" (Scheinfuß 1973, S. 100)

Die Nationalversammlung folgt der Königsfamilie und verlegt ihren Sitz in die Manege, ein langgestrecktes Gebäude am Rande der Tuilerien. Wichtige Gesetze und Maßnahmen werden beschlossen. Am 10. Oktober schlägt Talleyrand die Beschlagnahme des Kirchengutes vor, um das Budgetdefizit auszugleichen. Sie wird am 2. November beschlossen. Ebenfalls am 10. Oktober gibt die Nationalversammlung dem König einen neuen Titel: Fortan ist er nicht mehr der König Frankreichs, sondern der Franzosen. Am selben Tag schlägt Dr. Guillotin die Einführung des Fallbeils vor. Am 19. Dezember wird das Gesetz über die Assignaten erlassen. Als Schatzscheine gedacht, sollten sie den Klerus für die ihm entzogenen Güter entschädigen. Daraus wurde das Papiergeld der Revolution, das sich rasch entwertete, als es in großen Mengen ausgegeben wurde (Kat. 301). Am 9. Dezember beschließt die Nationalversammlung, das französische Territorium in 83 Departements von etwa gleicher Größe zu gliedern. Diese Maßnahme, von Burke als abstrakte Gleichmacherei verspottet, kann nicht darüber hinwegtäuschen, daß die „Egalité" dort, wo sie jedermanns Rechte betrifft, unerfüllt bleibt. Die neue

Le Roi et la Reine visitans l'Hôpital des Enfans trouvés après avoir entendu la messe à N.D. accompagnés de Mgr. le Dauphin.
Au Bureau des Révolutions de Paris, rue Jacob, F.B.S.G. N°28 et au mois de mars, rue des Marais, même Quartier, N°20.

243 d   10. Februar 1790: Die königliche Familie besucht ein Findelheim

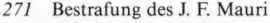

271   Bestrafung des J. F. Mauri

Punition de J. F. Mauri et courrer de Son Pere.
infame aristocrate...... tu renie le tiers-État!

Verfassung unterschied zwischen Aktiv- und Passivbürgern. Nicht wählbare Passivbürger waren: Alle Frauen, alle Diener, alle Männer, die noch nicht das 25. Lebensjahr vollendet hatten und schließlich jeder, dessen Steuerleistung unter einem bestimmten Betrag lag. Nur 60 000–80 000 Franzosen verfügten über das aktive Wahlrecht – weniger als 0,3% der auf 28 Millionen geschätzten Gesamtbevölkerung.

Neue Zeitungen, neue Gesellschaften, Volks- und Diskussionsclubs nahmen sich dieser und anderer Benachteiligungen an und forderten, was Marat in seiner Ein-Mann-Zeitung „L'Ami du Peuple" (Der Volksfreund) auf die zündende Formel brachte: Auf Worte müssen Taten folgen!

L'Ami du Peuple kam erstmals am 12. September 1789 heraus. Am 24. November begann der „Moniteur universel" zu erscheinen, wenige Tage später gründete Camille Desmoulins „Les Révolutions de France et de Brabant" (Kat. 271) mit dem Blick auf die von Habsburg regierten südlichen Niederlande, die am 24. Oktober ihre Unabhängigkeit ausgerufen hatten. Lag es da nicht nahe, die beiden Revolutionen zu verbünden? (Desmoulins übersah, wie Michelet bemerkt, daß die eine Revolution von Philosophen, die andere von Priestern gemacht wurde).

Der Priester Jean Siffrein Maury gehörte zu den wortmächtigsten Rednern der Generalstände (Kat. 271). Jeder seiner Auftritte war ein Schauspiel. Unerschrocken verteidigte er das Ancien Regime und die alten Privilegien seines Standes. Auch die publizistischen Verfechter der Revolution schenkten ihm – wenn auch nicht ohne Spott – die gebührende Beachtung – ein Beispiel für die Pressefreiheit, die erst unter

dem Direktorium wieder stark beschnitten wurde.

Wie hält es die Revolution mit der Religions- und Gewissensfreiheit? Am 28. Januar 1790 gewährt die Nationalversammlung den Juden im Süden („Midi") die Bürgerrechte: Sie fallen dort kaum ins Gewicht. Wo sie einen größeren Anteil an der Bevölkerung bilden (Alsace-Lorraine), wird diese Entscheidung vorerst ausgesetzt. Im Midi kommt es zu blutigen Zusammenstößen zwischen Katholiken und Protestanten (13. Juni 1790: 400 Tote in Nîmes). Am 12. Juli wird die Zivilkonstitution des Klerus beschlossen. Am 27. November wird ihm der Verfassungseid vorgeschrieben. Die Zivilkonstitution spaltet die französische Kirche in zwei Lager, in jene, die sich als Staatsbeamte zur Verfassung bekennen, und die anderen, die diesen Eid ablehnen.

Die revolutionäre Presse berichtete freilich auch über Hofereignisse, etwa über den Besuch, den die königliche Familie am 10. Februar 1790 einem Findelhaus abstattete (Kat. 243 d). Für die Zeitgenossen mußte dieser Besuch einen politischen Akzent haben, denn die Nationalversammlung diskutierte gerade Probleme der Klöster. Am 13. Februar beschloß sie, Klöster aufzuheben und das monastische Gelübde ebenso wie die Orden zu verbieten, die nicht im Erziehungs- oder Gesundheitswesen tätig sind.

Zum ersten Jahrestag des Sturms auf die Bastille lud die Stadt die föderierten Truppen des ganzen Landes zum feierlichen Schwur auf die Verfassung ein. Auf dem riesigen Marsfeld wurde ein Amphitheater ausgehoben, ein Triumphbogen und ein Altar des Vaterlandes errichtet. Die Regie lag in den Händen von Lafayette. Die feierliche Messe las Talleyrand, der als Bischof von Autun bereits den Verfassungseid geleistet hatte. Ihm zur Seite standen Priester in schlichtem Weiß mit einem Gürtel in den Farben der Trikolore. Ganz Paris war auf den Beinen, und obwohl es heftig regnete, herrschte die Begeisterung der Eintracht. Anacharsis Clootz (vgl. Kat. 393) trat als „Vertreter des Menschengeschlechts" auf. Die Massenregie machte sich bereits bemerkbar: Die Regimenter wurden von Kinder- und Greisenbataillonen empfangen. Georg Forster gibt ein schönes Bild dieses großen Tages:

„... es ist schön und furchtbar zugleich, zu sehen, was der Enthusiasmus in gehörig vorbereiteten Gemüthern vermag.

Nirgends zeigte sich eine bessere Gelegenheit, diese Bemerkungen anzustellen, als auf dem Märzfelde zu Paris, im Julius 1790. Hier, wo die Franken, ein freier, germanischer Bund, sich jährlich versammelten, um ihren Königen den Willen des souverainen Volkes zu befehlen, hier feierte man jetzt das erste Bundesfest der wieder errungenen Freiheit. Die völlige Gleichheit war eben jetzt unter den Bürgern durch die Niederreißung aller erblichen Unterschiede wieder hergestellt. Jeder galt nur durch persönliches Verdienst, und über dieses entschied die Stimme des Volkes. Aus den verachteten Hütten des Bauers und des Handwerkers gingen jetzt im Glanz eigenthümlicher Geistesvorzüge, des Vaterlands Stützen wie neue Sterne hervor, und mancher aufgeblähte Bewohner eines Pallastes sank in der Blöße persönlicher Nichtswürdigkeit unerkannt in den Staub; denn das Andenken großer Ahnherren war wie ein erborgter Schmuck von seinem Haupte gefallen, und der lügenhafte Schimmer fremder Tugenden erloschen.

Ein Sturm der Begeisterung hob die ganze Nation zur Höhe des Selbstgefühls. Mensch zu seyn, war der schöne Stolz von fünf und zwanzig Millionen, das erste und letzte Ziel ihrer Befreiung. Der Eid der Brudertreue ward am 14ten Julius in der nämlichen Stunde von allen Einwohnern eines Reiches geschworen, das eine Fläche von zehntausend Quadratmeilen auf unserer Erdkugel einnimmt; in neunzehnhundert Städten und hunderttausend Dörfern stiegen an Einem Tage und in Einer Stunde die feierlichen Zusagen wechselseitiger Liebe und Treue einträchtig zum Himmel. Fünfmal hundert tausend Menschen saßen nur allein in dem zum Amphitheater umgeschaffenen Märzfelde; Einwohner der Hauptstadt und Abgeordnete aus allen Provinzen, die hier als Stellvertreter ihrer Mitbürger erschienen, um das Bundesfest feiern zu helfen; alle standen zugleich auf von ihren Sitzen, alle streckten den Arm in die Höhe; von Männern, Weibern, Kindern erscholl der schmetternde Ruf: ‚ich schwöre!' Übermannt von diesem mächtigen Gefühl, das in den Sehnen der Stärksten zitterte, fielen diese verbrüderten Menschen, ohne Rücksicht auf Rang, Alter und Geschlecht, einander in die Arme, und wiederholten ihren unbekannten Nachbaren ihren Eid; die Nationalgarden warfen ihre Waffen weg und küßten sich, und plötzlich erscholl es erweckend und erhebend von allen Seiten: ‚hoch lebe die Nation!'

Nur freie Nationen, sagt der Augenzeuge, dem wir hier folgen, kennen dieses Gefühl; denn nur freie Nationen haben ein Vaterland.

Ich sah die Zurüstungen zu diesem Feste, das beispiellos in den Jahrbüchern der

272 Juli 1790: Vorbereitungen für das Föderationsfest auf dem Marsfeld

Ceux qui ont vu, il y a peu de jours le Champ de Mars et qui le revoyent aujourd'hui sont surpris de la métamorphose qui s'y est opérée. Cette plaine immense a été transformée tout à coup en un vaste et superbe Cirque. C'est sans exemple et jamais on a vu chez aucun Peuple travailler avec autant d'ardeur et de zèle, d'après les bruits qui courrent que ces travaux ne servirent pas fini pour la Fête du 14 Juillet, tous les habitants de Paris et même des environs, hommes, femmes, enfans, et tous les ordres Religieux ce sont emprisée avec une ardeur incroiable à ce pénible travaux, la pluie et le mauvais temps n'a fait qu'animer leur courage; et on peut dire que tous les bons Citoyens ont mis la main à l'œuvre.

Menschheit bleibt. Das größte Amphitheater der Welt, wogegen die berühmten Römischen nur Kinderspiele sind, ward in wenigen Tagen durch die Allmacht des Volkswillens erschaffen. Die verdächtige Trägheit von fünfzehntausend besoldeten Arbeitern ward durch den Enthusiasmus von hunderttausend Freiwilligen vergütet. Im Taumel der Freiheit arbeiteten sie mit einem Eifer, mit einer Behendigkeit, mit einer Fröhlichkeit, mit einer Verschwendung der Kräfte, die man kaum noch begreift, wenn man sie auch selbst gesehen hat. Unendlich war die Abwechslung der arbeitenden Gruppen, und unbegreiflich, ohne die Begeisterung des Augenblicks in Rechnung zu bringen, die Ordnung, die allenthalben herrschte. Hier waren keine Wachen ausgestellt, hier kannte man nicht die gebieterische Stimme

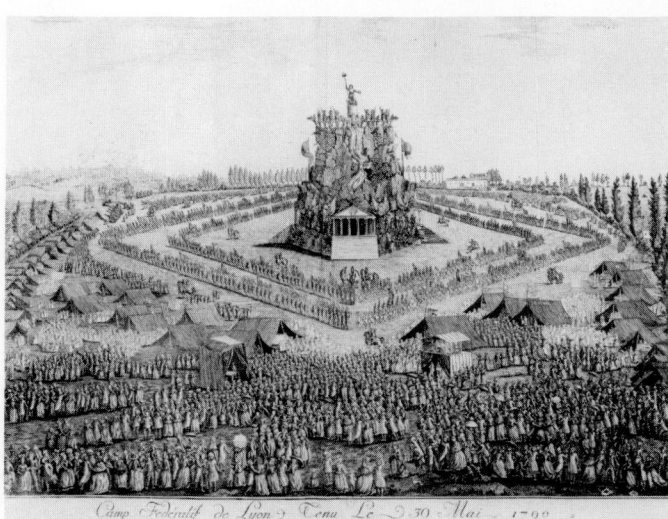

273 30. Mai 1790: Das Föderiertentreffen von Lyon

Entrée des Fédérés au Champ de Mars.

241h 14. Juli 1790: Einzug der Föderierten auf dem Marsfeld

Serment des Fédérés au Champ de Mars.

241i 14. Juli 1790: Eid der Föderierten auf dem Marsfeld

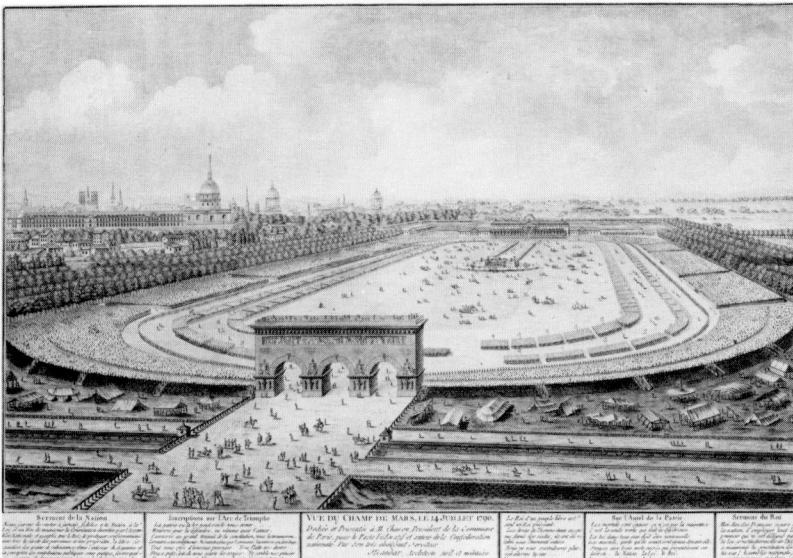

274 14. Juli 1790: Blick auf das Marsfeld

des Aufsehers, und noch weniger seinen Stecken; auch die Bienen und Ameisen bauen ohne Tyrannen und Satelliten, und vollenden doch in Eintracht den Bau ihres kleinen Freistaats. Die Gerechtigkeit des Volkes heiligte eines jeden Eigenthum, und stützte jedermann in seinem Recht. Kleidungsstücke und Uhren, die man während der Arbeit von sich gelegt hatte, blieben den ganzen Tag unberührt an ihrer Stelle liegen. Mit Trommeln und Kriegsmusik, die Schaufeln auf der Schulter, zogen die begeisterten Schaaren Arm in Arm unter Freiheitsgesängen zu ihrem Tagewerk, und später als die Sonne verließen sie das Feld. Alte und Junge, Männer und Weiber, Herzoge und Tagelöhner, Generalpächter und Schuhputzer, Bischöfe und Schauspieler, Hofdamen und Poissarden, Betschwestern und Venuspriesterinnen, Schornsteinfeger und Stutzer, Invaliden und Schulknaben, Mönche und Gelehrte, Bauern aus den umliegenden Dörfern, Künstler und Handwerker unter ihren Fahnen kamen Arm in Arm in buntscheckigem Zuge, und griffen rüstig und muthig zur Arbeit. Tausend rührende Züge des überall rege gewordenen Gefühls verherrlichten diese geschäftige Szene; tausend gutmüthige Scherze, tausend Beweise des Gallischen Frohsinns, tausend Beispiele der Ehrliebe, Großmuth und Uneigennützigkeit des Pöbels versöhnten die gedemüthigte Morgue des Adels. Um des Schauspiels Täuschung zu vollenden, erschien auch Ludwig der Sechzehnte, ohne Leibwache, ohne Gefolge, allein in der Mitte von zweimalhunderttausend Menschen, seinen Mitbürgern, nicht mehr seinen Unterthanen. Er nahm die Schaufel, und füllte einen Schiebkarren mit Erde, unter lautem Jauchzen und Beifallklatschen der Menge. Alles drängte sich zu ihm hin, nannte ihn Freund und Vater, und gab ihm alle die süßen Namen, welche der Despot aus dem Munde seiner Schmeichler nie hört, und welche nur ein guter und gerechter König aus dem Munde eines freien Volkes hören kann.“

275   18. Juli 1790: Feierlichkeiten auf den Champs-Elysées

FÊTES ET ILLUMINATIONS AUX CHAMPS ELYSÉES.
le 18 Juillet 1790.

Die mit der Revolution sympathisierenden Deutschen und Schweizer in Paris treffen sich im Club allemand. Dort liegen auch deutsche Zeitschriften aus, etwa Wielands „Merkur". Gerhard Anton von Halem trifft dort auf einen Herrn von Meister, der Gessner und Klopstocks Freiheitsode übersetzt und im *Journal de Paris* eine Nachricht über die Hamburgische Feier des Föderationsfestes gebracht hat.

Halem geht gern ins Theater und in die Oper. Die Straßenfeste läßt er in seiner Korrespondenz ohne Kommentar. Er begeistert sich daran, daß die Taten des heldenmütigen Desilles (vgl. Kat. 243 f) sofort

276   Weinausteilung auf den Champs-Elysées

277   14. Juli 1790: „Hier wird getanzt"

Fédération générale des Français
au Champ de Mars le 14 Juillet 1790.

auf die Bühne versetzt werden, aber er sagt nichts dazu, daß sich die ganze Stadt fortwährend in eine Bühnen- und Festdekoration verwandelt. Dies ist nur der Rahmen für die neue Lebensfreude, die Forster noch im II. Jahr der Republik rühmen wird: „Die köstlichen Weine aus Languedoc, Champagne und Bourgogne, die unsere Nachbarn uns oft austranken, netzen jetzt nur republikanische Gaumen ... [Kat. 276]. Unsere Bäuerinnen in der Normandie haben durch die Revolution die Kunst Kapaunen und Poularden zu stopfen, noch nicht verlernt."

278   14. Juli 1790: Föderationsfest
auf dem Marsfeld

243 f 3. August 1790:
Belagerung von Nancy durch M. de Bouillé

Am 5. August 1790 fordern die Soldaten der Garnison von Nancy, daß man ihnen endlich ihren Sold auszahle. Ihre Delegation wird öffentlich ausgepeitscht. Die Garnison meutert. Am 31. August trifft General Bouillé an der Spitze einer Strafexpedition ein. Ein Bruderkampf droht (Kat. 243 f). Da tritt der junge Leutnant Desilles zwischen die Fronten und versucht zu schlichten. Halem berichtet: „In dieser ehrenvollen Attitüde wurde er von vier seiner eigenen Soldaten getroffen. Er hat die Mörder erkannt und sich geweigert, sie zu nennen." Er stirbt nach wochenlangem Leiden.

Bouillé unterdrückt die Meuterei: 33 Soldaten werden mit dem Tod bestraft, 41 auf die Galeeren geschickt. Bouillé ist der General, auf den Ludwig XVI. bei seiner Flucht nach Varennes setzen wird.

Der Heldentod Desilles' wird sofort zum Thema von Gemälden und Theaterstücken. Bereits ein Jahr später gilt das Opfer als Reaktionär und die Meuterer werden glorifiziert.

Das Massaker vom 24. Januar 1791 (Kat. 243 g) steht hier als Beispiel dafür, wie ein geschickter Zeichner eine neue, frappierende Bildform entdecken kann: Er benutzt den fallenden Blick, läßt die Perspektive steil ansteigen und rückt den Kampf durch die Bildsäule (?) in Distanz – lauter Mittel der Spontaneität, welche die Darstellung eindringlicher als etwa Kat. 243 f machen.

Der Adel ist abgeschafft, aber sein Ehrenkodex gilt noch immer. Am 12.

November 1790 schlagen sich zwei adelige Mitglieder der Nationalversammlung, einer der Brüder De Lameth und der Herzog von Castries. Die Stimme des Volkes mischt sich ein. Im Palais Royal, dem Umschlagplatz der öffentlichen Meinung, hört Halem einen Redner, der bewies, „daß obgleich die Personen der National-Deputierten heilig seien, die Bezeigung des Volksunwillens gegen Castries durch Zerstörung seines Hauses, nicht gegen diese Unverletzbarkeit angehe." Halem empört sich über diese Doppelzüngigkeit und er begreift nicht, „wie der sogenannte Ami du peuple, Marat, etwas ähnliches *drucken* läßt."

Halem, ein Freund der Revolution, schildert, wie es im Hause des Herzogs am 13. November zuging (Kat. 279): Die Zimmer „wurden völlig zerstört, übrigens aber nichts genommen. Denn die Spoliatoren hatten sich vorher heilig verpflichtet, daß der, bei welchem man etwas geraubtes fände, gleich an der Tür aufgehängt werden sollte. In einer Stunde, ehe la Fayette und die Wache kam, war alles geschehen. Man bedauert besonders einige schöne Vernets, die dabei ruiniert sind. Dagegen hat man das Porträt des Königs respektiert."

243 g 24. Januar 1791:
Das Massaker von La Chapelle

279
13. November 1790:
Plünderung des
Hôtel de Castries

„Muß man die sogenannte Dolchaffäre überhaupt ernst nehmen? Plötzlich, eines Abends, heißt es, daß die Höflinge sich mit Dolchen bewaffnet haben, ‚um das Volk zu ermorden!' In den Vorzimmern und im Treppenhaus entsteht wilder Tumult, die angebliche Entwaffnung geht nicht ohne Kolbenstöße und Fußtritte ab. Der König muß erfahren, daß er sorgfältig bewacht ist und daß seine Anhänger von den Wachen mit Mißtrauen beobachtet werden." (Sieburg 1979, S. 53)

243 h   2. April 1791: Die letzten Worte Mirabeaus

280   28. Februar 1791: Die Dolchaffäre in den Tuilerien

281   4. April 1791: Trauerfeier für Mirabeau

Am 2. April 1791 stirbt Mirabeau. Die Todesursache ist bis heute ungeklärt. Vorschnell wird das Gerücht „vergiftet!" in Umlauf gesetzt. Die Nationalversammlung beschließt, den Toten in die Kirche Sainte-Geneviève zu überführen, die fortan als „Panthéon" die sterblichen Überreste der Größten der Nation beherbergen soll. Dieser Beschluß erfolgt nicht einstimmig, denn man spricht bereits von Mirabeaus geheimen Kontakten mit dem Königshaus (und von seiner Geldgier!). Als am 20. November 1792 ein Stahlschrank in den Tuilerien geöffnet wird, kommen die Beweise an den Tag. Ein Jahr später, am 25. November 1793, muß die Asche des Verräters wieder das Pantheon verlassen (vgl. Kat. 363).

Im Juniheft seines „Merkur" veröffentlicht Wieland eine kurze Notiz, die unter seinen Freunden Bestürzung hervorruft: „Seit Mirabeaus Tod und dem 18ten April [vgl. Kat. 283] muß es auch dem parteilosesten Zuschauer zuwider sein, nur ein Wort weiter über die französischen Revolutions-Händel zu verlieren. Ein Volk, das frei sein will und in zwei vollen Jahren noch nicht gelernt hat, daß Freiheit, ohne unbedingten und unbegrenzten Gehorsam gegen die Gesetze, in der Theorie ein Unding, und in Praxi ein unendlichmal schändlicherer und verderblicherer Zustand ist als asiatische Sklaverei ... – ein solches Volk ist, aufs gelindeste zu reden, zur Freiheit noch nicht reif, und wird, allem Ansehen nach, noch manche fürchterliche Konvulsionen zu überstehen haben, bis sein Schicksal auf die eine oder andere Art entschieden ist ...."

Am 10. März 1791 erließ Pius VI. das Breve „Quod aliquantum", in dem er die Zivilkonstitution des Klerus ablehnte und sich gegen die Menschenrechte aussprach. Als der Text einige Wochen später in Paris eintraf, kam es am 6. April zu einem Autodafé (Kat. 282).

Bald danach wurde ein zweites Breve abgeschickt, das am 4. Mai in Paris eintraf und den Priestern vierzig Tage Bedenkzeit einräumte: „nur für Talleyrand Perigord gibt es keine Gnade. Pius der sechste verflucht die Hand des ehemaligen Bischofs von Autun", bemerkt Oelsner, ehe er eine Beschreibung des „Schauprozesses" gibt (Kat. 243 i): „Gestern ist der Polichinell des Kapitoliums, nebst seinem Zauberbuche, öffentlich im Palais Royal verbrannt worden. Ein Popanz in rotem Wamse und Hosen, mit einer dreifachen Krone auf dem Haupte ... stellte den Papst vor. An seiner Hand hing das Corpus delicti, die Bulle. Er wurde der Absicht beschuldigt, den Fanatism gegen die Nationalversammlung, die einzige rechtmäßige Autorität, aufwiegeln zu wollen, sein Advokat konnte dieses nicht ableugnen, wiewohl er Pius den sechsten zu entschuldigen suchte, indem er ein Gemälde von den Ausschweifungen seiner Vorgänger entwarf, gegen welche das gegenwärtige Oberhaupt der Kirche ein Engel ist. ––– Die Jury fand seine Heiligkeit schuldig, die Richter verurteilten ihn." Danach wurde der „Strohmann ohne Barmherzigkeit in die Flammen gestürzt."

Wo nichtvereidigte Priester zusammen kamen, mußten sie damit rechnen, daß das Kirchengerät zerstört wurde (Kat. 243 j).

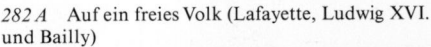

282 6. April 1791: Eine Puppe, den Papst darstellend, wird am Palais Royal verbrannt

243 i 4. Mai 1791: Eine Puppe des Papstes Pius VI. wird im Palais Royal verbrannt

243 j 2. Juni 1791: Nach dem Ende einer Messe stürzt das Volk den Altar um

282 A Auf ein freies Volk (Lafayette, Ludwig XVI. und Bailly)

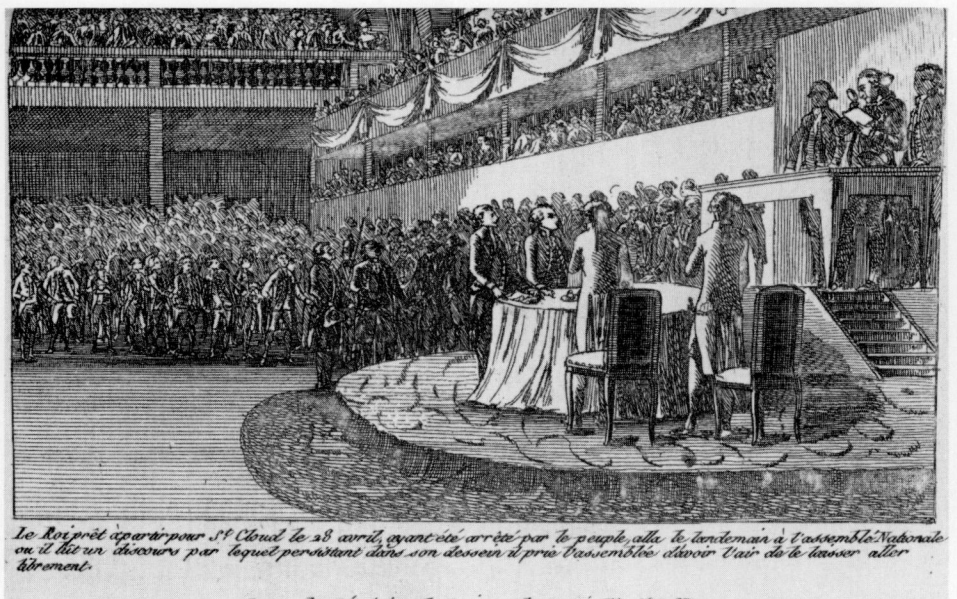

Le Roi prêt à partir pour St. Cloud le 28 avril, ayant été arrêté par le peuple, alla le lendemain à l'assemblée Nationale où il lût un discours par lequel persistant dans son dessein il pria l'assemblée d'avoir l'air de le laisser aller librement.

Bureau des Révolutions de Paris, rue des Marais F.t S.t G. N.o 20.

243e 19. April 1791: Der König bittet die Nationalversammlung um freies Geleit

allein, man wird das Volk eher in Stücken hauen, als es zwingen, einen König sich entreißen zu lassen, den es liebt und für den es sich mit Freuden aufopfern würde. Der König: Kinder man betrügt Euch. Grenadier: Nein, Sire, Sie sind es, die man betrügt, Sie sind von treulosen Leuten umgeben.

König: Ich stehe Euch dafür, daß ich nicht weiter als St. Cloud will. Grenadier: Sire, Sie können nicht dafür stehn; und, (indem er sich gegen die Königin wendet) Madame, geben Sie uns einen Beweis von ihrem Patriotism, indem Sie den König bewegen hier zu bleiben. Hier erfolgt eine Szene in die sich die Zuschauer mischen, und wo über die Königin alle Bitterkeiten des Hasses und der Verachtung ausgegossen werden. Der König sieht sich endlich genötigt, nachdem das Stück ohngefähr eine

Als die königliche Familie sich zu Ostern 1791 nach St. Cloud begeben wollte, um von einem nichtvereidigten Priester die Kommunion zu empfangen, wurde sie daran gehindert:

„... den 18ten April gegen Mittag, steigt der König in seinen Wagen, der Kutscher soll zufahren und eine im Hofe versammelte Menge hält die Pferde an; Lafayette gibt der Kompagnie, die die Wache besetzt, Befehl, dem Wagen Luft zu machen; die Wache legt die Gewehre auf ihn an, seine Befehle werden verlacht, er bittet, er fleht, und erfährt nichts als Drohungen und Beleidigungen. Leute vom Volke warfen sich in den Weg mit der Beteuerung, daß man den Wagen nur über ihre Körper wegführen werde. Während sich ein Grenadier dem Könige und der Königin, Zuschauern dieses demütigen Schauspiels, naht, fällt ohngefähr folgender Dialog vor: Sire, geben Sie Ihre Reise auf, man wird Sie entführen und unglücklich machen, wenn sie gelingt;

283 22. Juni 1791: Die Gefangennahme Ludwigs XVI. in Varennes

Révol. de Paris.

DÉPART DE LOUIS XVI.
le 21 Juin 1791 à minuit et demie.

N.o 203. Pag. 583.

Le Roi, sa femme sa fille M.me Elisabeth, M.me de Tourzelle, et un garde du Corps portant le Dauphin, vont rejoindre le fiacre qui les attend au guichet de Marigny.

243k 21. Juni 1791: Die Flucht der königlichen Familie

Stunde gedauert hat, den Wagen zu verlassen und auf das Schloß zurückzukehren." (Oelsner)

Am folgenden Tag begab sich der König in die Nationalversammlung und versuchte vergeblich, sie umzustimmen. Die Scharfmacher meldeten sich zu Wort: „Das Vaterland hat den Parisern den stillschweigenden Auftrag gegeben, über den Aufenthalt und das Bleiben des Königs in Paris zu wachen ..." (Kat. 243 e). Dennoch schließt Oelsner die Mitwirkung des Hofes nicht aus: „Vielleicht bedarf er zu seinen Projekten einen, am Tage liegenden Beweis von dem Freiheitsmangel des Königs."

Aus der Sicht der späteren Ereignisse erweist sich der 18. April als Vorspiel.

Louis XVI. *arrivé aux Tuileries, le peuple témoigna son indignation contre les 3 postillons Gardes
du Corps, mais ce mouvement fut arrêté à la vue de M. Pétion, Député à l'Assemblée nationale.*
Bureau des Révolutions de Paris, rue des Marais F. *S.* *G. N.* *20.*

Konrad Oelsner berichtet in den „Papieren eines Augenzeugen": „Den 21. Jun. morgens zwischen 7 und 8 Uhr verbreitete sich die Nachricht, daß der König mit seiner ganzen Familie entflohen sei. Sie verursachte Erstaunen, keineswegs Bestürzung. Um 9 Uhr stand die Nationalgarde unter den Waffen. Die Versammlung hatte eine Stunde vorher ihre Sitzung eröffnet.

Hr. de la Porte, Schatzmeister der Zivilliste, überreichte der Nationalversammlung ein, an sie adressiertes Schreiben des Königs. Er erklärt darin alle seine bis jetzt geleisteten Eide null und nichtig, beklagt sich über die Applaudissements, so Necker in seiner Gegenwart erhalten, über die Mäßigkeit der Zivilliste, über den wenigen Raum im Schlosse der Tuilerien, und gibt zu verstehn, daß er Willens sei der Nationalversammlung den Kopf zurecht zu setzen. Der Brief erregte kaltblütigen Unwillen, aber so wenig Niedergeschlagenheit, daß, nachdem er abgelesen, ohne die mindeste Bemerkung zur Ordnung des Tages geschritten wurde, die in einigen Artikeln des Kriminalkodex bestand, welche dekretiert wurden, während sich die Kriegs- und Gesetzgebungsausschüsse mit Vorschlägen beschäftigten. Eilboten gingen ab und zu. Es wurden Verfügungen in Rücksicht der Armee getroffen. Rochambeau legte der Versammlung den Eid der Treue ab, welchem Beispiele die militärischen Mitglieder der Nationalversammlung, selbst die der rechten Seite aus Herzensbangigkeit wohl bloß, folgten. Der 22. verstrich wie der vergangene Tag ohne die mindeste Nachricht über den Weg, welchen die königlichen

Flüchtlinge genommen hatten. Die Nationalversammlung erlangte unterdes durch ihre Eintracht und weise Maßregeln das unbegrenzte Zutrauen wieder, was sie bei Eröffnung der Revolution besessen hatte, seit einigen Monaten aber, durch so viele gegen sie ausgestreute Pasquille geschwächt zu sein schien. Man rief in den Straßen den Brief des *ehemaligen* Königs der Franzosen aus. Alle Bildnisse von Königen und Prinzen wurden bedeckt oder abgerissen; es fehlte nicht viel, so hätten die Statuen Ludwig des 14ten und 15ten gleiches Schicksal geteilt. Selbst die Wörter König, Königin, königlich wurden von den öffentlichen Schilden ausgelöscht, der gekrönte Ochse eines Restaurateurs befand sich in die Proskription begriffen. Man heftete an das Schloß der Tuilerien einen Zettel: *Hier ist ein Haus zu vermieten.* ‒‒‒

Die Flucht des Königs hat seinen Kredit zu Grunde gerichtet. Trotz einiger mißtrauischen Journalisten, die alle Morgen und Abende Feuerlärm schlugen, glaubte man allgemein an die Aufrichtigkeit des Königs. Selbst diejenigen, welche die Vollkommenheit in der Abschaffung der erblichen oder lebenslänglichen Royauté sehen, nahmen Partei für ihn. Sein Meineid macht ihn unfähig ferner zu regieren; das ist die herrschende Meinung der Hauptstadt und der Provinzen, aus denen bis jetzt Nachricht eingelaufen ist.

Der Postmeister von St. Menehould glaubte zwischen der Physiognomie des Reisenden und dem Bildnisse auf einem Assignate von 50 Pf. eine Ähnlichkeit zu

entdecken. Überdem war eine Eskorte von 50 Mann Kavallerie etwas Aufmerksamkeit erregendes, wenn nicht verdächtiges. Er fordert den Geleitsbrief: die Baronin von Korf, mit zwei Kindern, einem Kammerdiener, zwei Kammerfrauen und drei Lakaien, nach Frankfurth reisend. Der Postmeister zeigte seine Verwunderung, wie eine simple Ausländerin wichtig genug sein könne, um mit einer so ansehnlichen Eskorte zu reisen. Die Reisenden gaben vor nach Verdün zu gehen. Bald darauf erfährt er, daß sie den Weg nach Varennes genommen. Sein Verdacht wächst, nicht daß die Reisenden die königliche Familie, aber wohl Personen seien, die es der Mühe lohnt, zu untersuchen. Er setzt sich mit einem seiner Knechte auf, und es gelingt ihm durch einen Nebenweg Varennes eine Viertelstunde früher zu erreichen als der König. Es wird Lärm geschlagen; die Nationalgarde von Varennes greift zu den Waffen, sie verrammelt die Brücke. Zwei junge Leute Leblanc und Pontaut betragen sich mit so viel Mut und Klugheit, daß die Eskorte ohne Schwierigkeiten entwaffnet und der König auszusteigen genötigt wird. ‒‒‒

Der König und seine Familie haben viel Unannehmlichkeiten und Demütigungen auf ihrer Reise erfahren. Wenn Hr. Boyon, der neben dem Wagen des Königs herritt, mit seinem Pferde ein wenig zurückblieb, hoben sich die Bauern auf ihre Zehen um den König zu sehen, laut sagend: *Oh! qu'il est gras le b ... nous payions assez pour l'engraisser. Vive la nation! vive Barnave! au f ... d tout le reste.* (O! wie fett er ist der

Retour de la Famille Royale, à Paris le 25 Juin 1791.

<243> 25. Juni 1791: Die Rückkehr
der königlichen Familie nach Paris

Der Postmeister [er identifizierte den König] *und seine Gehülfen sind auf eine glänzende Art von der Nationalversammlung begrüßt worden, aber der Enthusiasm der Jakobiner kannte in Rücksicht ihrer keine Grenzen; es wurde ihnen während guter drei Stunden Ehrenbezeugungen über Ehrenbezeugungen, Statuen und Monumente votiert; einer suchte den andern zu übertreffen, und die Ausschweifung wetteiferte mit sich selbst. Endlich wurde das dem ehrlichen Postmeister selbst zu viel, und er bat auf eine Art, die seiner Delikatesse und seinem Kopfe gleich viel Ehre machte, die Gesellschaft, ihrem Eifer Maß und Ziel zu setzen. Der Postmeister und seine Gefährten wurden den 23ten Abends unter Fackelbeleuchtung durch die Straßen und den folgenden Tag mit Kränzen in dem Palais royal herumgeführt. (Die Nationalversammlung hat sie in der Folge mit 200,000 L. zu belohnen gesucht, wovon aber nichts angenommen, sondern unter ihre Mitbürger verteilt worden ist.) – Da Hr. Montmorin den Paß unterzeichnet hatte, so war nichts natürlicher, als daß Verdacht auf ihn fiel, mit dem Könige einverstanden gewesen zu sein, das heißt, um die Flucht gewußt zu haben. Das Volk wollte sein Hotel bestürmen. Die Nationalversammlung ließ ihn an die Barre fordern. Sie hat sich mit seiner Rechtfertigung zufrieden bezeugt, wiewohl strengere Richter viel dagegen zu sagen hätten. Den 25ten kam der König unter einer zahllosen Bedeckung an. Der Zug ging von der Barriere Chaillot durch die elysäischen Felder. Eine unermeßliche Menge Volks formierte zwei Reihen bis auf einige Meilen auswärts von Paris. Man empfing den König mit bedecktem Haupte und dem Stillschweigen des Zorns. Der Wagen war mit Nationalgarden behangen, auf der Imperiale saßen deren; kein Schuß wäre zum Könige gelangt. Auf dem Vordersitze befanden sich gefesselt drei Gardes du corps, welche Vorreiterdienste bei der Flucht versehn hatten. In dem Wagen, der König, die Königin, Madame Royale, der Dauphin, Barnave und Pethion, in dem folgenden Madame Elisabeth, Md. Tourzel, Dümas, Latour-Maubourg. Den Zug beschloß ein mit Lorbeerreisern ausgesteckter Triumphwagen, wo mit Bürgerkronen geziert die Fänger des Königs aufrecht standen. An der Barriere haben den König einige Schimpfreden begrüßt und in den Tuilerien gab es eine Bewegung, bei welcher das Leben der drei Leibgardisten in Gefahr kam. Die Nationalversammlung hat den König bis auf fernere Verfügung aller Funktionen überhoben. Man sagt, daß der König von seiner Gemahlin und diese vom Dauphin separiert sei; so viel ist gewiß, daß sie sämtlich Wachen in ihren Zimmern haben. (K. E. Oelsner)*

Halunke, wir bezahlten auch tüchtig ihn zu mästen. Es lebe die Nation! es lebe Barnave! hol die Schwernot alles übrige.) – Die Königin reichte Hn. B. einige Erfrischungen; als dies der Haufe sah, rief er: *N'en mangez pas, c'est une b . . . d'empoisonneuse* (Eßt nicht davon, das ist eine Hexe von Giftmischerin). Die Königin pikiert, und zu beweisen, daß kein Gift daran sei, gab ihrem Sohne und ihrer Tochter davon zu essen.

Barnave hatte den Kronprinzen auf dem Schoße, dieser vergnügte sich während des Einzuges die Umschrift seiner Knöpfe von jedem nach der Reihe zu lesen: *vivre libre ou mourir,* welches die Devise der Jakobiner ist. Man kann sich vorstellen, welches Ohrengift das für seine Mutter sein mochte.

Der König stieg aus dem Wagen, ohne sich um das Schicksal der drei Leibgarden zu bekümmern, die zwischen dem Kutschsitze und dem Kasten angebunden standen. Die Königin hingegen schien viel für sie zu leiden, und über der Gefahr, welche ihren Gefährten drohte, die Piken nicht zu bemerken, unter denen sie sich selbst befand. Beim Eintritt ins Zimmer sagte der König: *ah! il fait bien chaud aujourd'hui; ce f.*

voyage m'a bien fatigué. Cela me trottoit depuis longtems dans la tête. Donnez-moi un potage. Ah te voila – me voila aussi. Faites-mon lit. (Ach! es ist heute heiß. Die verwünschte Reise hat mich ermüdet. – Das wurmte mich schon seit lange. – Gebt mir eine Suppe. – (Ohngeachtet er bei der Barriere einen Kapaun verzehrt hatte!) – Zum Bedienten: ah! da bist du ja! – da bin ich auch; macht mir mein Bette. –) Die Applaudissements, womit ihn seine Leute zu empfangen suchten, wurden von der Nationalgarde erstickt." (Oelsner)

284 11. Juli 1791: Triumphale Ehrung Voltaires

285 17. Juli 1791: Erklärung des Ausnahmezustandes auf dem Marsfeld

Umzüge, Festzüge und Aufzüge beleben fortwährend das Pariser Straßenbild. Sie befriedigen das Schaubedürfnis der Bevölkerung. Kaum hat sie sich am „Einzug" der königlichen Familie sattgesehen, wird ihr ein feierlicher Staatsakt geboten: Auf den entmachteten König, der in seinem Palais verschwindet, folgt am 11. Juli die Überführung der Asche Voltaires in das Pantheon. Bei diesem Anlaß betätigte sich David zum ersten Mal als Regisseur eines Massenfestes (Kat. 284).

Der Grundgedanke folgte dem Ritual kirchlicher Prozessionen. Auf seinem Weg von der Bastille zum Panthéon hielt der Zug mehrmals inne und verwandelte sich für die Zuschauer in ein „lebendes Bild", zu dem sie selber künstlerische Darbietungen beisteuerten. An der Spitze schritten Abgeordnete und Vertreter des Clubs; dann kam das (83.) Modell der Bastille, gefolgt von den Bildnissen Rousseaus, Franklins, Desilles' und Mirabeaus. Dann kam ein Gipsabguß des sitzenden Voltaire von Houdon; eine Gesamtausgabe der Werke des Philosophen, eine Abordnung der Schriftsteller und schließlich der wahrscheinlich von David entworfene Wagen mit dem Sarkophag. Den Abschluß bildeten wieder Deputierte der politischen Institutionen und ein Veteranenbataillon (vgl. Kat. 66).

Der Fluchtversuch des Königs gab den Republikanern Auftrieb. Am 14. Juli wurde

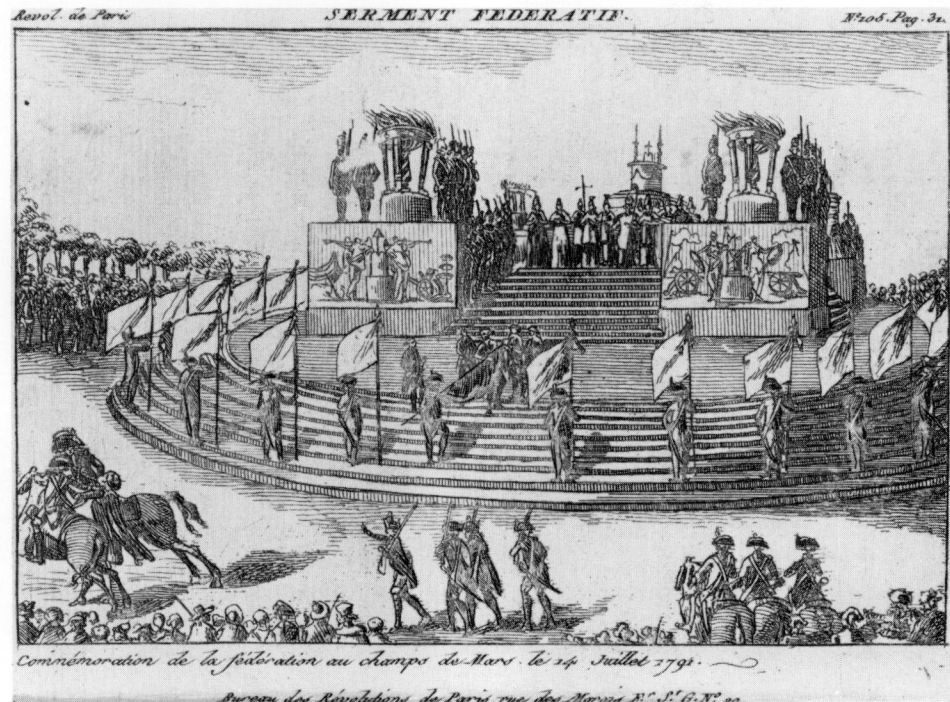

243 m 14. Juli 1791: Eid der Föderierten auf dem Marsfeld

der Schwur auf die Verfassung mit besonderem Nachdruck erneuert (Kat. 243 m). Am 17. Juli hinterlegten die Cordeliers den Antrag auf Ausrufung der Republik auf dem Altar des Vaterlandes. Die Nationalversammlung befiehlt der Menge, sich aufzulösen. Da dies nicht geschieht, ruft Bailly, der Bürgermeister, das Kriegsrecht aus; Lafayette läßt die Nationalgarde auf die Menge schießen. Dieser Befehl kostet etwa 50 Menschen das Leben.

Der Stich von Prieur-Berthault geht auf Distanz zu dem Massaker (Kat. 285). Der Altar ähnelt einem riesigen Scheiterhaufen und läßt an ein frühes Bild von David, die Verbrennung der Leiche des Patroklos (1779), denken. Zugleich ist in der Vielfigurigkeit schon die Regie der Schlachtenbilder des Kaiserreiches enthalten, aber auch das Grundthema der „Desastres" – die disziplinierte Militärmacht gegen die waffenlose Zivilbevölkerung (Kat. 530).

„Die allgemeine Insurrektion, so die Flucht des Königs verursacht hat, die Huldigungen, welche die Nationalversammlung aus allen Enden des Reichs empfängt, lassen endlich den Widersächern der Revolution keine Ausflucht mehr, sie für das Werk einer Faktion auszugeben. Es liegt am Tage, daß es die Totalität des Volkes ist, welche die Konstitution will, und verteidigen wird", schreibt Oelsner.

Unmittelbar nach seiner Rückführung wird der König von seinen Funktionen suspendiert. Am 27. Juni müssen er und die Königin der Nationalversammlung Rede und Antwort stehen. Obzwar die Forderungen nach Ausrufung der Republik immer dringlicher werden – Condorcet fordert sie ebenso wie verschiedene Jakobinerklubs –, setzen sich noch einmal die Gemäßigten durch. Am 15. Juli werden dem König wieder seine Funktionen zuerkannt. Am Tag danach spalten sich die Jakobiner. Die Konservativen gründen den Klub der „Feuillants", am 24. Juli ruft Robespierre den Pariser Jakobinerklub ins Leben. Als dritte Gruppe konstituieren sich die Girondisten (Brissot, Roland).

Am 3. September wird die Verfassung verabschiedet, am 14. September leistet Ludwig XVI. den Eid auf sie (Kat. 243 n) – in einer Atmosphäre, die nichts von der Erleuchtung hat, mit der eine zeitgenössische Allegorie diesen Vorgang umkleidet (Kat. 287). (Er konnte getrost nach dem Buch der Gesetze greifen, denn die Verfassung billigte ihm ein aufschiebendes Veto zu.) Die Verfassung widersprach dem Gleichheitsgrundsatz der Erklärung der Bürger- und Menschenrechte. Sie diskriminierte etwa 20 Millionen Franzosen zu Passivbürgern. Eine weibliche Allegorie durfte zwar dem König die Verfassung präsentieren, indes hatten Frauen überhaupt keine politischen Rechte. Darauf reagierte Olympe de Gouges mit ihrer „Erklärung der Rechte der Frau und Bürgerin". Am 24. September erhielten die Juden die bürgerliche Gleichberechtigung.

Die Auslöschung der Erinnerung, von der römischen „damnatio memoriae" moralisch gerechtfertigt, betraf vornehmlich Kunstwerke im Dienste der Krone und der Kirche. Weniger beachtet sind bis heute die der Zerstörung parallel gehenden ersten denkmalpflegerischen Maßnahmen. Dabei kam es auch zu Interessenkonflikten. So wollte die Stadt Arras die baufällige „Kapelle der heiligen Kerze" erhalten, indes die Brüderschaft für den Abriß plädierte, der dann auch vorgenommen wurde (Kat. 286).

287 Die Verfassung von 1789 und 1790

243 n 14. September 1791: Der König nimmt die Verfassung an

286 Abriß der Sainte-Chandelle in Arras

288 Die öffentliche Promenade

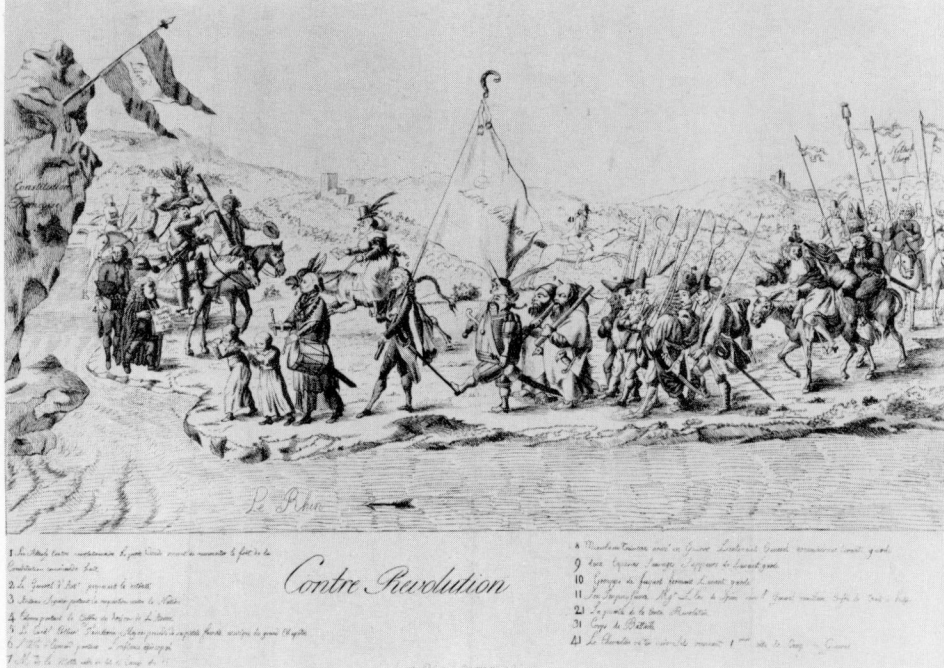

289 Gegenrevolution

siko aus zwei Gründen: Eine Niederlage würde die Aristokratie, ein Sieg den Heerführer an die Macht bringen.

Allmählich setzt der zögernde König alles auf eine Karte. Am 15. März 1792 ernennt er den General Dumouriez zum Außenminister. Am 25. März ergeht an Franz II. in Wien die ultimative Forderung, die Emigranten nach Frankreich zurückzuschicken. Die Provokation erfüllt ihren Zweck: Sie bleibt unbeantwortet, weshalb sich die Pariser Regierung am 20. April dazu entschließt, Österreich den Krieg zu erklären. Der König stimmt zu. Damit beginnen 23 Jahre der fast pausenlosen Auseinandersetzungen zwischen Frankreich und seinen europäischen Gegnern.

Am 28. August 1792 schreibt Oelsner: „Der Aufenthalt von Paris ist jetzt äußerst unangenehm; das Mißtrauen schielt aus aller Augen; niemand wagt seine Meinung zu sagen; Exekutionen sind die tägliche Unterhaltung des Volks, die Promenaden stehen verlassen oder sind mit zerrissenen Röcken bedeckt ..." Davon ist auf dem 1792 datierten Stich von Debucourt nichts zu verspüren (Kat. 288). Eine heiter frivole Menge stellt sich da zur Schau, die Krieg und Kriegsgeschrei ebensowenig zur Kenntnis nimmt wie die anderen Konflikte – sprich „Vulkane", auf denen sie tanzt.

292 Februar 1792: Carra vor dem Jakobinerclub

Am 1. Oktober 1791 tritt die neugewählte Gesetzgebende Nationalversammlung zum ersten Mal zusammen. Bereits am 11. November kommt es zu einem Konflikt mit dem König, als die Versammlung beschließt, den Bruder des Königs und alle Emigranten zur Rückkehr aufzufordern. Ludwig XVI. macht von seinem Veto Gebrauch.

Im bürgerlichen Lager bildet sich eine Kriegspartei. Großsprecherische Schreihälse wie Carra (Kat. 292) verlangen,

Frankreich müsse durch einen Angriff den an seinen östlichen Grenzen versammelten Gegenrevolutionären zuvorkommen. Die satirische Propaganda geht nicht fehl, wenn sie deren Angriffspotential lächerlich macht: In der Tat fehlte es den Emigranten an schlagkräftig organisierten Truppen (Kat. 289).

Der König schließt sich der Kriegspartei an, denn eine offene Auseinandersetzung ist seine einzige Chance. Die Jakobiner (Robespierre) widersetzen sich dem Kriegsri-

239

293 20. Juni 1792 im Tuilerienschloß

294 20. Juni 1792: Aufopferung von Mme Elisabeth

291 Patriotische Refrains

aufsetzen. Doch weigert er sich, substantielle Zugeständnisse zu machen. Die beiden Stiche (Kat. 293, 294) zeigen den Zusammenstoß der beiden Welten nicht ohne Würde und Haltung. Dem König bleibt die großzügige Gebergeste überlassen, er scheint seinem entschlossenen Leibgardisten Einhalt zu gebieten. Die Gegenseite, von Mme Elisabeth angstvoll gemustert, ist grimmig entschlossen. Ein Wald von Waffen umgibt Pétion, den Sprecher der Menge, der mit dem neuen Blitz- und Donnergestus (den David im Ballhausschwur erfand, vgl. Kat. 355) alle überragt und in seinen Bann schlägt. Davids Pathos atmet auch das andere Blatt, das auf die Opferbereitschaft der Schwester des Königs anspielt. Ihr Edelmut kontrastiert mit dem Volkszorn, doch vermeidet der Chronist die plumpe Parteinahme.

Wenn auch der 20. Juni außer einer neuerlichen Demütigung nichts gebracht hat, so geht von ihm doch die Gewißheit aus, daß der König und die Versammlung fortan auf die Gnade der Sansculotten angewiesen sein werden. Ihr Tanz und ihr triumphierender Kampfruf „Ça ira" (Kat. 291) richtet sich gegen die Feinde innerhalb und außerhalb der französischen Grenzen. Das war schon klar geworden, als die Sansculotten der Vorstädte der Nationalversammlung ihre Aufwartung machten. Die Parlamentsarchive halten diese denkwürdige „Performance" fest: „Von den bewaffneten Bürgern tragen die einen Flinten und Piken, die anderen Doppeläxte, Schuster- und Küchenmesser, Sicheln, Mistgabeln und Knüppel. Einige Frauen tragen Säbel, Eisenspieße und Wollmützen. – Sie alle ziehen durch den Saal, indem sie in wechselnden Abständen nach den Klängen des Ça ira oder nach den Trommeln tanzen, welche abwechselnd den Tanz- oder den Marschrhythmus schlagen . . ." (zit. nach Ploetz 1988, S. 54)

Ludwig XVI. unternimmt weitere Versuche, in die Politik einzugreifen. Er erhebt sein Veto gegen die Aushebung von 20 000 Freiwilligen, die Ruhe und Ordnung garantieren sollen, und er widersetzt sich der Deportation von Priestern, die den Verfassungseid nicht leisten wollen. Der seit langem geschürte Volkszorn will das nicht hinnehmen. Jetzt sei das Maß voll, meinen die Sansculotten der Vorstädte und ziehen in das Tuilerien-Schloß. Sechs Stunden lang halten sie sich in den königlichen Gemächern auf. Der König muß mit ihnen aus einer Flasche trinken und die rote Mütze

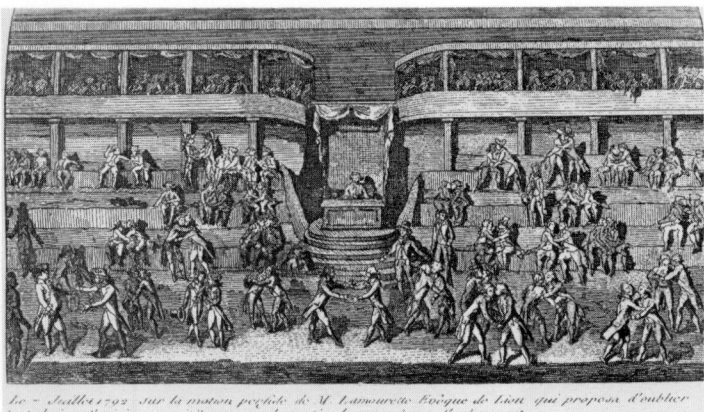

Le - Juillet 1792 sur la motion faite de M. Lamourette Evêque de Lion qui proposa d'oublier toute haine d'opinion, aussitôt une grande partie des membres s'embrassent

243 p 7. Juli 1792: Verbrüderungsszene in der Legislative

L'assemblée Nationale et le Roi montèrent sur l'Autel de la patrie pour prêter le Serment.

243 q 14. Juli 1792: König und Nationalversammlung leisten den Eid auf dem Altar des Vaterlandes

le Peuple, croyant qu'on égorgeoit ses Députés patriotes au Jardin des Tuileries, enfoncent une des portes avec une Poutre lorsque le maire de Paris arriva, rassura le peuple, et lui confia à lui même la Garde de cette Porte.

243 r 21. Juli 1792: Dem Volk wird die Wache an den Tuilerien anvertraut

Le dimanche 22 juillet 1792, des Amphithéâtres furent dressés dans les places publiques, et les Magistrats du Peuple y recevoient les enrôlemens sans nombre d'une Jeunesse Ardente et Vigoureuse.

243 o 22. Juli 1792: Feierliche Registrierung der Freiwilligen

Der Krieg gibt den patriotischen Festen und Ritualen eine zusätzliche Dimension: Sie wollen der Nation und ihren Feinden das Bild der Einheit und Unbesiegbarkeit vorführen. Hinter dieser Fassade spielen sich Intrigen und Machtkämpfe ab. Dazu gehört der Staatsstreich Lafayettes am 30. Juni, der fehlschlägt.

Am 7. Juli versucht der konstitutionelle Bischof von Lyon, Lamourette, der in der Legislative sitzt, eine allgemeine Versöhnung herbeizuführen. Alle sollen einander umarmen. Der König nimmt an diesen Umarmungsszenen teil, die als „baiser Lamourette" in die sentimentale Chronik der Revolution eingegangen sind, obgleich sie ja nur mit der verkündeten „Brüderlichkeit" ernst machten (vgl. Kat. 232). Die „Révolutions de Paris" illustrieren das Ereignis (Kat. 243 p), nennen aber die Motion des Bischofs unverhohlen „perfid".

Am 11. Juli erklärte die Nationalversammlung „das Vaterland in Gefahr" und beschloß, „Altäre des Vaterlandes" aufstellen zu lassen. Das gab dem feierlichen Schwur am 14. Juli einen besonderen Akzent, der auch ein Licht auf die innenpolitischen Auseinandersetzungen wirft. Wegen der Vorfälle am 20. Juni (Kat. 293/294) hatte die Legislative den Bürgermeister von Paris, Pétion, seiner Ämter enthoben, doch am 13. Juli war dieser Beschluß wieder rückgängig gemacht worden. Als er am Tag danach auf dem Marsfeld erscheint, wird Pétion von der Menge – einige Zeitungen sprechen von 500 000 Teilnehmern – lebhaft akklamiert. Der König zeigt sich, wirkt aber traurig, niemand nimmt ihn zur Kenntnis – nicht so der Zeichner der „Révolutions de Paris", der ihn bei der Eidesleistung zeigt (Kat. 243 q).

Wieder tritt der wachsame Volkszorn in Aktion (Kat. 243 r). Von Gerüchten alarmiert, wonach das Leben der „Députés patriotes" in Gefahr sei, begibt sich eine aufgebrachte Menge zum Tuilerien-Garten und erzwingt sich den Zugang. Da erscheint Pétion, der Bürgermeister, und beruhigt das Volk, indem er ihm die Bewachung des Portals überträgt, also das handgreifliche Mißtrauen nachträglich legalisiert.

Zur gleichen Zeit kommen schlechte Nachrichten von der Front in Paris an. Die österreichischen Truppen sind im Norden im Vormarsch. Überall werden Büros eingerichtet, in denen sich die Freiwilligen eintragen: Allein in Paris sind es 15 000 (Kat. 243 o). Eine neue Waffe entsteht: Die Volksarmee, die sich den Auftrag zur Völkerbefreiung geben wird.

Der Vergleich von Kat. 243 o und 243 r zeigt das Niveaugefälle, dem selbst der Bildjournalismus sich nicht entziehen kann. Da ist ein Zeichner, der Konflikte dramatisch kontrastiert, und ein anderer, der Menschen in Puppen verwandelt.

Oelsner ist um Paris und Frankreich nicht besorgt. Er weiß, „daß das Übergewicht der moralischen Kräfte, noch mehr als die Anzahl der Franzmänner die germanischen Heerhaufen in die Flucht schlagen müsse . . . nicht nur, daß die Franzmänner für ihren Herd und ihre Herde streiten, so treibt sie das Schwert in der einen, und Menschenrechtsakte in der anderen Hand . . .“

Oelsner stützt sich auf historische Analogien: „Von Epoche zu Epoche brechen sittliche Epidemien über die Menschheit herein. Die Chevalerie und die Kreuzzüge, welche letztere Europa mehrere Jahrhunderte hindurch erschütterten, gingen von der nämlichen Nation aus, die heute den Völkern eine neue Ära verkündigt.“ Oelsner bezieht seine Parteinahme auf das törichte Manifest des Herzogs von Braunschweig, das freilich aus französischen Emigrantenfedern stammte, die sich auf einen geheimen Auftrag Ludwigs XVI. berufen konnten. Dieses „Manifest“, das am 28. Juli in Paris bekannt wurde, machte jeden Franzosen für die Sicherheit des Königs verantwortlich und drohte Paris zu schleifen, wenn es zu Übergriffen gegen die königliche Familie kommen sollte.

Kaum ist dieses „Diktat“ bekannt geworden, nimmt die Empörung der Pariser ihren Lauf. Robespierre und Pétion fordern die Absetzung des Königs. Am 10. August greifen die Aufständischen, nachdem sie sich im Rathaus als „Commune insurrectionnelle“ konstituiert haben, die Tuilerien an. Es kommt zu Feuergefechten, der König befiehlt den Schweizer Garden, das Feuer einzustellen. Ludwig XVI. stellt sich mit

seiner Familie der Nationalversammlung. Das Schloß wird verwüstet. Etwa 1000 Tote werden gezählt. Zu den Beobachtern dieser Kämpfe zählt der junge Artillerieoffizier Napoleon Bonaparte. Die „Révolutions de Paris“ (Kat. 243 s) geben vom 10. August ein Bild, das ein deutscher Augenzeuge, der Leutnant Georg Kerner, bestätigt: „Die Unentschlossenheit Ludwigs, die überhandnehmende Gefahr und seine endliche Entfernung in die Nationalversammlung brachte dieselbe auf den höchsten Grad, die Kommandanten verloren den Kopf, man gab keine Befehle, machte keine Anordnungen mehr, und der gemeine Soldat war auf

diese Art ganz sich selbst überlassen. Die Menge von Chevaliers und die Hof-Canaille, die die Nacht über in das Schloß kam, um vermutlich von den Fenstern aus zu schießen, hatten ebenfalls zum unglücklichen Ausgang dieses Tages beigetragen.“

Am Tag nach dem Sturm auf die Tuilerien wurde beschlossen, die Statuen der französischen Könige zu entfernen. Am 27. August begann ein neuer, republikanischer Bilderkult. Brutus-Büsten wurden in öffentlichen Gebäuden aufgestellt. Dahinter steht die zündende Wirkung, die von Voltaires Tragödie und von Davids Gemälde ausging.

243 s 10. August 1792: Die Schweizergarde eröffnet hinterlistig das Feuer auf das Volk

Sur l'invitation perfide des suisses à travers les Croisées du Château les Citoyens entrent dans la Cour avec confiance, à l'instant un feu roulant fait sur eux en couche par terre un grand nombre.

295 11. August 1792: Die Statue Ludwigs XVI. wird niedergerissen

243 t 10. August 1792: Das Volk reißt die Königsdenkmäler nieder

Il en est qui ouvrent de grands yeux à la vue de ces donjons du Temple renfermant Louis XVI et sa famille.

243 u August 1792: Ansicht des Temple, in dem der König und seine Familie inhaftiert sind

Pompe funèbre en l'honneur des Martyrs de la journée du 10. dans le Jardin National, le 26 Aout 1792

296 29. August 1792: Trauerfeier für die Märtyrer des 10. August

Zwei Wochen nach dem Sturm auf die Tuilerien findet für die Märtyrer – die Patrioten unter den Toten – eine Gedächtnisfeier statt, von der unser Bildchronist im Rückblick eine düster schöne Szene aufzeichnet: Er überträgt die Nachricht vom Fall Longwys, die an eben jenem Tag in Paris eingetroffen war, auf die republikanische Kulthandlung (Kat. 296).

Am 30. August fällt Verdun den Preußen in die Hände. Furcht verbreitet sich, die Bevölkerung fängt an, den Stadtrand zu befestigen. Zu Füßen der Mühlen von Montmartre entstehen Schanzen und Gräben (Kat. 243 w). Die „aristokratischen Damen [so Oelsner] ... rüsten Haus und Häuschen, Tisch und Bett, die Preußen preiswürdig zu empfangen."

Panikmacher schüren die Angst. Marat hetzt gegen die „Verdächtigen", die Kommune läßt Häuser nach Waffen durchsuchen, und am 2. Sept. dringt der Pöbel in die Gefängnisse ein, veranstaltet Scheinprozesse, die mit der Abschlachtung der Angeklagten enden: „Es gibt *wenige* Bürger, deren Existenz nicht von der Willkür dieser Handvoll Menschen, während der fünf oder sechs Tage abgehangen hätte, da die Exekutionen gedauert haben." Danton, der neue Justizminister, läßt das Morden geschehen. „Die Nationalgarde ist unaufgefordert geblieben, und der Justizminister Danton, einverstanden mit Robespierre und Marat, hat sich ein oder zwei Tage vor dem blutigen zweiten September die Liste der Gefangenen geben lassen. Diese war in der Totschläger Händen ..." (Oelsner). Als am 5. September das Morden endet, hat etwa die Hälfte der Gefangenen, darunter viele Priester, ihr Leben eingebüßt (Kat. 243 v). Die September-Morde sind vorüber, aber sie prägen bis heute das Bild einer Revolution, die in der Stunde der Bedrohung in das rasende Morden verfiel, das die Tribunen zur neuen Bürgertugend erklärten: „Laßt hinter euch nichts als Blut und Leichen zurück!", forderte Marat.

Douze commissaires nommés par le peuple sont installés au guichet de la prison, et jugent les détenus d'après le registre d'écrou et un interrogatoire préalable; après quoi ceux qui étoient reconnus criminels, etoient sur le Champ mis à mort par le peuple.

243 v
1.–5. September 1792:
Septembermassaker

Sur la nouvelle de la prise de Verdun par les prussiens, les Parisiens se sont déjà voir le Roi de prusse à ...

243 w 29. September – 6. Oktober 1792: Schanzarbeiten in Erwartung eines preußischen Angriffs auf Paris

Seit dem 13. August lebt die königliche Familie im Temple, der alten Burg der Tempelritter, unter Hausarrest (Kat. 243 u). Oelsner gewährt seinen Lesern einen Blick in den Alltag der Gefangenen: „Ludwig der XVIte zeigt in seinem Gefängnis eine Art hartnäckiger Impassibilität, er lehrt seinen Sohn einige Verse einer Tragödie auswendig lernen, und übersetzt den Horaz, welches bloß ein literarisches Verbrechen sein wird." – „Alle Abende gehen die Königin, Mad. Elisabeth und Mad. Royale, den Ausrufer des Abendblattes zu hören, der eine recht dazu gemachte Stimme hat; sie ist klar und vergißt nichts – Marie Antoinette läßt ihre Kinder lesen und Gespräche rezitieren mit einer Tonhöhe und Gebärden, die auf Horcher an den Türen rechnen. Ludwig der XVIte nimmt ein Buch, liest es, nimmt ein anderes, macht Notizen mit dem Bleistift, bisweilen läßt er seinen Sohn lateinische Stellen erklären, und trägt Sorge solche zu wählen, die mit den Umständen analog sind, worin er sich befindet." (Die Antike ist das verpflichtende Modell aller Lager, der Republikaner ebenso wie des Monarchen!)

Le 3 7bre 1792 des hommes ivres du sang versé dans toutes les Prisons de Paris, allerent à l'Hopital de la Salpetriere, se firent representer les prisonieres au nombre de quarante-cinq et d'apres la lecture des ecrous, les assommerent sur la place. La femme Desrues fut une des premieres victimes. Ces malheureuses ne trempoient aucunement dans la conspiration des prisons.

243 x   3. September 1792: Septembermassaker

Massacre des Prêtres insermentés dans le Couvent des cidevant Carmes du Luxembourg, au nombre de cent soixante trois, et des prisonniers de la Prison de la force au nombre d'environ trois cent.

243 z   24. November – 1. Dezember 1792:
Massaker an 173 eidverweigernden Priestern im Karmeliterkloster

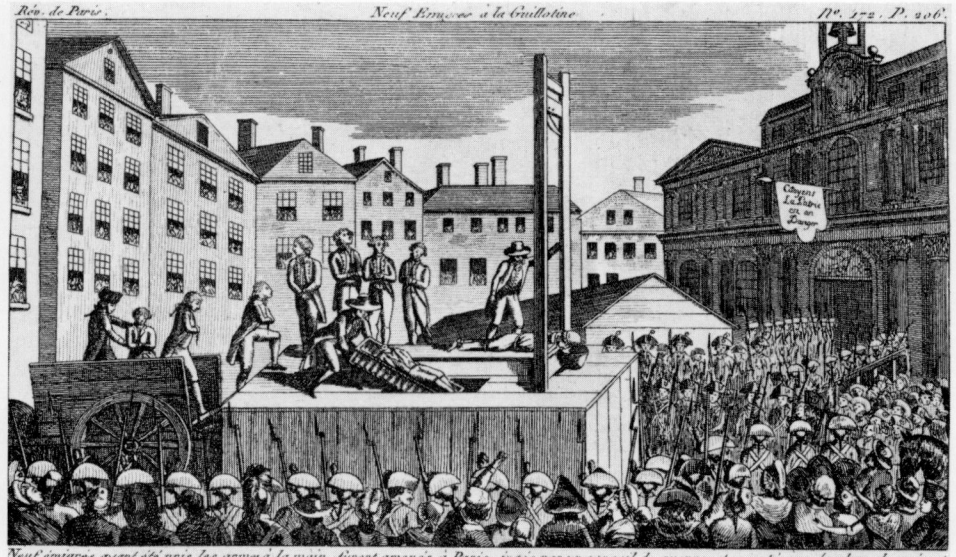

Neuf émigrés ayant été pris les armes à la main, furent amenés à Paris, jugés par un conseil de guerre, et executés sur la place de grève; le plus âgé n'avoit pas 30 ans.

243 y   20.–22. Oktober 1792: Hinrichtung von neun Emigranten auf der Place de la Grève

Mardi XI décembre 1792 Louis capet dernier roi des français fut traduit de la tour du Temple à la barre de la Convention Nationale accompagné du Maire, du procureur de la commune, le Deputé Valazé qui lui passoit par derriere lui piece par piece pour lui faire reconnoitre.

243 aa   11. Dezember 1792: Louis Capet vor der Nationalversammlung

Am 11. Dezember 1792 wird „Louis Capet" der Nationalversammlung vorgeführt und Dokumenten konfrontiert, die seine Kontakte mit Emigranten beweisen. Er leugnet die ihm zur Last gelegte Konspiration (Kat. 243 aa).

Am 9. Oktober hatte der Konvent angeordnet, daß „Emigrierte, die mit der Waffe in der Hand gefangen werden, binnen 24 Stunden dem Scharfrichter zu überliefern und hinzurichten" seien (Kat. 243 y).

Nicht weniger grausam ist die Rache der Emigranten. Oelsner beschreibt sie: „Ich wünschte nie nach Frankreich gekommen zu sein, aber ich will bleiben, ohngeachtet mich kein unmittelbarer Beruf hält, weil ich der französischen Revolution die schönsten Freuden meines Geistes verdanke, weil es wider meinen Charakter ist, einen Freund im Unglücke zu verlassen, und ich lieber mit der Freiheit sterben, als nach ihrem Untergange leben will. Aus den Vorgängen von Philippeville und Maubeuge, wo den Weibern die Scham und der Busen zerrissen wurden, läßt sich schließen, welche Frevel zu verüben die siegenden Emigranten bereit sind ..."

301 Assignaten

Massenhaft in Umlauf gesetzt, brachten die Assignaten die Inflation und mit ihr kühne Spekulationen in Gang: „Cambon hieß der Mann, der diese Währungsmanipulation vornahm und sich dabei sehr geschickt die Unterstützung der Schichten sicherte, die an der Entwertung verdienten. Das waren vor allem die Bauern und die Leute, die sich die vom Staat beschlagnahmten Güter, Gebäude und Grundstücke zu billigen Preisen sicherten. Da der Staat die Assignaten zum Neuwert annahm, brauchte derjenige, der ein ‚Nationalgut‘ kaufen wollte, nur den Kursfall abwarten, um aus dem Unterschied zwischen dem aufgedruckten und dem echten Wert seinen Nutzen zu ziehen." (Sieburg)

Louis-Philippe-Joseph von Orléans war ein Vetter des Königs (Kat. 298a). Freund der „philosophes" und Oberhaupt der französischen Freimaurer, setzte er schon vor der Revolution auf die liberale Karte. Seine Großzügigkeit dürfte dem Zug der Marktfrauen am 6. Oktober 1789 und anderen Demonstrationen zugute gekommen sein (Kat. 269); erwiesen ist, daß Camille Desmoulins, Danton und Marat von ihm bedeutende Zuwendungen erhielten. Er residierte im Palais Royal. Am 15. September 1792 ließ er sich von der Pariser Commune umtaufen: „Der Gemeinderat hat in der Äußerung Eurer bürgerlichen Denkungsart, einen neuen Beweis Eurer Freiheitsliebe gesehn. Er glaubt den Eifer belohnen zu müssen, mit welchem Ihr von den ersten Tagen der Revolution an, und selbst vorher für die Sache des Volkes gearbeitet habt. Demzufolge meint er, Euch mit dem schönen Namen Egalité (Gleichheit) schmücken zu dürfen; – die Repräsentanten der Gemeinde schmeicheln sich, daß weder Ihr noch Eure Kinder jemals verdienen werdet, einen so schönen Namen einzubüßen."

Aus dem Beschluß der Gemeinde von Paris, den 15. September 1792:
„1) Louis Philippe Joseph und seine Nachkommenschaft werden von nun an den Familiennamen Egalité tragen.
2) Der bis jetzt unter dem Namen Palais-Royal bekannte Garten soll jardin de la revolution heißen.
3) Louis Philippe Joseph Egalité ist berechtigt in gerichtlichen und Notarakten Meldung des gegenwärtigen Beschlusses zu tun.
4) Gegenwärtiger Beschluß soll gedruckt und angeschlagen werden.
Herr Gorsas machte den Vorschlag, bis auf den Namen Louis zu proskribieren und statt der Spielkarten-Könige Freiheitsmützen und Piken zu malen."

Als Abgeordneter des Konvents stimmt Egalité am 17. Januar 1793 für den Tod des Königs. Als sein Sohn, der spätere „Bürgerkönig", mit dem General Dumouriez zum Feind überläuft, gerät der Vater in den Kreis der „Verdächtigen". Das Revolutionstribunal verurteilt ihn am 6. November 1793 wegen Hochverrats zum Tode.

298a Louis-Philippe-Joseph von Orléans

GEORGES JACQ. DANTON

Député à la Convention Nationale.
Né à Arcis Dept de l'Aube le 26:8bre 1759.

A Paris de l'Imprimerie du Cercle Social.

299 Georges-Jacques Danton

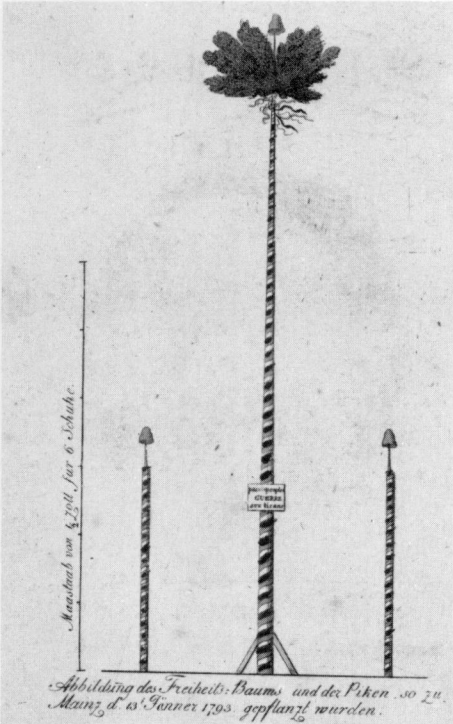

Abbildung des Freiheits-Baums und der Piken, so zu
Mainz d. 13 Jenner 1793 gepflanzt wurden.

298 b 13. Januar 1793: Mainzer Freiheitsbaum

M. M. J. ROBERSPIERRE

Député du Dépt de Paris.
a la Convention Nationale en 1792

Rue du Théâtre Francais Nº 4.

300 Maximilien-Marie-Isidore de Robespierre

Die Siege der Revolutionsarmeen verhalfen Frankreich zu Gebietserweiterungen. Im Herbst 1792 wurde das Königreich Savoyen als Departement Mont-Blanc in die Republik eingegliedert. Der entmachtete König, von seinen Murmeltieren begleitet, begibt sich auf den mühsamen Weg ins Exil (Kat. 297). Zwei junge Burschen sehen ihn gerne davonziehen, indes die französische Armee, ein Muster an Disziplin, die mit Rosenkränzen behängten Truppen des Königs in die Flucht schlägt. Von einem Soldaten beschützt, beginnt auf einer Bergspitze der Tanz um den Freiheitsbaum.

Mit dem Scharfblick des Enttäuschten charakterisiert Oelsner die neue, unheilige Trinität: Danton, Robespierre und Marat, wenige Tage nachdem die drei als Pariser Deputierte in den Konvent gewählt worden waren. Er schreibt am 17. September: „Meine Freunde, die mich lesen, müssen sich aus unserem Privatbriefwechsel erinnern, daß ich ihnen Robespierre und Danton geschildert, wie sie sich in den gegenwärtigen Begebenheiten gezeigt haben. Ich kenne die kadavröse Physiognomie Marats [Kat. 298 c] nicht, aber ich hatte Gelegenheit, seine beiden Mitbrüder öffentlich und im Privatumgange zu sehen, und niemals habe ich von den wilden Zügen Dantons, von dem Katzen-Tigergesichte Robespierre's, dessen trockene Lippen nach Blut dürsten, dessen Muskeln in einer beständigen konvulsivischen Bewegung, wie die eines Erdrosselten, sind, selbst wenn ich beider Grundsätze nicht gekannt hätte, gutes geahnet."

Ehe die drei Männer den Tyrannenmord beschließen – „wir wollen den König nicht richten, wir wollen ihn töten", wird Danton fordern –, verlangt Oelsner *ihre* Ermordung: „Nein, eine Nation ist nicht frei, bei der sich nicht Männer gefunden haben, mit dem Tyrannenhasse, Robespierre, Danton und Marat zu ermorden, und in deren Senate diese Bösewichte, diese Bluthunde sitzen dürfen."

Am 21. Oktober 1792 wurde Mainz von französischen Truppen besetzt – in den Augen Georg Forsters, eines deutschen Jakobiners, *befreit*. In seiner Darstellung der Revolution in Mainz lesen wir: „Mit Vorwissen und Erlaubnis des fränkischen Generals, zogen die neuen Republikaner, ... den Freiheitsbaum mit dreifarbigen Bändern und rother Mütze tragend, und Freiheitshymnen anstimmend, – unter dem Zulauf eines unzähllbaren Volks auf den Markt ..."

297 Die Emigration des Königs der Murmeltiere

LA GRANDE EMIGRATION DU ROI DES MARMOTTES.

ASSASSINAT DE LE PELLETIER, MAISON DE FÉVRIER RESTAURATEUR.
le 20 Janvier 1793 : ou 3o Nivôse An 1ᵉʳ de la République.

302 20. Januar 1793: Ermordung Michel Le Pelletiers

303 Ermordung Michel Le Pelletiers

ASSASSINAT DE MICHEL LE PELLETIER.

Am 11. Dezember 1792 wird Louis Capet zum ersten Mal verhört (Kat. 243 aa). Bei Prozeßbeginn stehen ihm drei Verteidiger zur Verfügung, einer ist Malesherbes, früher einer seiner Minister. Am 15. Januar wird der Angeklagte einstimmig schuldig gesprochen, gegen die Freiheit konspiriert zu haben. Zwei Tage später erfolgt die Abstimmung über das Urteil: 387 Deputierte entscheiden für die Todesstrafe, 334 dagegen oder machen Einschränkungen. Nachdem ein Antrag auf Aufschub nicht die nötige Mehrheit fand (380:310), wurde die Hinrichtung auf den 21. Januar 1793 festgesetzt (Kat. 304, 305).

Am Tag davor nahm ein früherer Garde du Corps des Königs Rache an den Königsmördern. Er begab sich in das Restaurant Fevrier, stellte dem Deputierten Le Pelletier die rhetorische Frage, ob er für den Tod des Königs gestimmt habe, und erdolchte ihn mit den Worten: „Hier ist dein Lohn!" Der Sterbende soll gesagt haben: „Ich bin es zufrieden, mein Blut für das Vaterland zu vergießen, ich hoffe, daß es Freiheit und Gleichheit befestigen und die Feinde erkennbar machen wird."

Auch dieses Ereignis ist in verschiedenen Bildberichten überliefert, als Mord ohne Zeugen (Kat. 303) und als öffentlicher Eklat in einem kahlen Raum, der einem Tribunal gleicht und dessen Wanduhr eben die tatsächliche Stunde – 17 Uhr – schlägt (Kat. 302).

Der Märtyrertod Le Pelletiers bot sich an, um von der Hinrichung des Monarchen abzulenken. Der Nationalkonvent beauftragte David, „Le Pelletier auf dem Totenbett" zu malen. Das (verloren gegangene) Bild wurde am 29. März 1793 von David vorgestellt und mit Emphase erläutert:

„Kommt, meine Kinder, seht den Volksvertreter, der als erster starb, um euch die Freiheit zu geben: seht seine Züge, wie heiter sie sind; wer für das Vaterland stirbt, braucht sich nichts vorzuwerfen. Seht ihr den Degen über seinem Haupte schweben? Er hängt nur an einem einzigen Haar! Da seht ihr, Kinder, wieviel Mut Lepeletier und seine Genossen haben mußten, um den unwürdigen Tyrannen zum Hochgericht zu bringen, der uns so lange Zeit unterdrückt hat, denn bei der geringsten falschen Bewegung konnte das Haar reißen und alle wären unmenschlich hingeopfert worden" (zit. nach Scheinfuß 1973, S. 59) (Kat. 386).

Ludwig XVI. verbrachte die letzten Wochen vor seiner Hinrichtung in Einzelhaft. Als er sich von seiner Frau, seiner Schwester und seinen Kindern verabschiedete, ging ein Familienleben zu Ende, das in den Monaten der Gefangenschaft im Temple geradezu bürgerliche Formen angenommen hatte. Nie zuvor waren diese Menschen einander so nah gewesen. Kein Wunder, daß ein Zeichner, der sich mit Teilnahme die Trennungsszene vorstellte, zu den Formeln griff, die sich in der bürgerlichen Malerei – in Frankreich bei Greuze, in Deutschland bei Chodowiecki – während der letzten Jahrzehnte des Ancien Régime entwickelt hatten: Gesten der Klage, des Mitleidens, die zugleich eine Gnade oder eine höhere Gerechtigkeit anrufen (Kat. 304).

Der von seiner Familie beweinte Monarch tritt in der Rolle des Unschuldigen auf – nicht unähnlich einem anderen Familienvater, dem Protestanten Calas, der Jahrzehnte zuvor einem Justizverbrechen zum Opfer gefallen war (vgl. Kat. 94). Das „exemplum virtutis" bildet das die Klassen übergreifende – jedoch nicht versöhnende – „Rahmenthema". Auch der Punktierstrich von Cazenave (Kat. 305) nimmt für den König Partei. Noch immer trägt er etwas von der weiträumigen Gebergeste, mit der ein Chronist des 20. Juni (Kat. 293) ihn ausstattete, aber sie ist nun deutlich eine Geste des Verzichtens und Vergebens, wie dies auch das Testament ausdrückt (Kat. 308). Aus der düsteren Umgebung leuchtet Ludwig weiß hervor, als wollte der Zeichner seine Unbefleckteit veranschaulichen. Sein Beichtvater Edgeworth richtet einen letzten Würdeappell an ihn – „Sohn des heiligen Ludwig, steigt auf in den Himmel" –, den ein kniender Protokollant für die Nachwelt aufzeichnet.

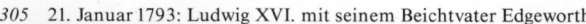

304   Das letzte Gespräch Ludwigs XVI. mit seiner Familie

305   21. Januar 1793: Ludwig XVI. mit seinem Beichtvater Edgeworth

Das gewaltige Truppenaufgebot, das die Hinrichtung Ludwigs umgab, sollte Ausschreitungen des Volkszorns, aber auch Sympathiekundgebungen verhindern. Eine doppelte Reihe von Nationalgarden trennte die Eskorte auf ihrem Weg zur Place de la Révolution (früher Place Louis XV) von den Schaulustigen. 1500 Mann begleiteten den Zug.

Widerstrebend ließ der Verurteilte sich die Hände binden und bestieg die Richtstätte. Sein Blick richtete sich auf die Menge und er sagte: „Ich vergebe meinen Feinden und allen, die mein Unglück verursacht haben. Möge mein Tod das Heil Frankreichs bewirken. Ich sterbe unschuldig." Die letzten Worte gingen im Trommelwirbel unter. Samson, der „Henker von Paris", schrieb einige Tage später: „Um der Wahrheit die Ehre zu geben, er hat dieses alles mit einer Kaltblütigkeit und Festigkeit durchgestanden, die uns alle erstaunte. Ich bin überzeugt, daß er diese Festigkeit aus den Grundsätzen der Religion geschöpft hat."

MORT AFFREUSE DE LOUIS XVI. LE PLUS VERTUEUX ET LE PLUS INFORTUNÉ DES MONARQUES le 21 Janvier 1793.

306 21. Januar 1793: Die Hinrichtung Ludwigs XVI.

243 bb 21. Januar 1793: Die Hinrichtung Ludwigs XVI.

243 cc 21. Januar 1793: Die Hinrichtung Ludwigs XVI.

Wieder verschiedene Blickpunkte: Der Chronist der „Révolutions" gibt zwei „Schnappschüsse" – das Vorher und das Danach. Dieses Verfahren nimmt die Technik der Reporterkamera vorweg, es legt das Geschehen gleichsam auf die Sekunde fest, in der es geschah. Der Kommentar bekräftigt: Um 10 Uhr 10 wurde der Kopf des Louis Capet von seinem Leib getrennt. Zuerst sehen wir, wie ein Verurteilter – es könnte auch ein Anonymus sein – an das Brett geführt wird, auf dem er dann bäuchlings den Todesstreich empfängt.

Die Zeichner des großen Prachtwerks sind um genaue Wiedergabe der Topographie bemüht. Die beiden Fassaden von Gabriel tragen noch das „L" Ludwigs XV. Der Schutzwall der Truppen ist gelockert, der Zeichner hat freien Blick auf den Schauplatz der Handlung. Diese kann nur das suchende Auge ausfindig machen. Es ist, als hielte der Verurteilte völlig ungehindert eine Ansprache an die Menge. Alles wirkt entspannt im Gegensatz zu den beiden anonymen Stichen, deren kunstloser Report ungleich deutlicher die Kälte erkennen läßt, in der diese Exekution stattfand.

Am Nachmittag desselben Tages hielt Robespierre eine flammende Gedenkrede auf den Märtyrer Le Pelletier und machte ein dem Innenministerium unterstelltes „Bureau de formation d'esprit public" für dessen Ermordung verantwortlich – eine Mystifikation!

307 21. Januar 1793: Der Tod Ludwigs XVI.

„con-citoyens". Er bittet „MM. de la Commune", seinem Kammerdiener Clery seine Uhr und andere persönliche Dinge zu hinterlassen. Er dankt seinen drei Prozeßverteidigern und schließt mit einer feierlichen Beteuerung seiner Unschuld: „Ich erkläre vor dem Herrn, daß ich mir keines der mir angelasteten Verbrechen vorwerfe."

Am 28. Januar erklärte sich der Graf von Provence, ein Bruder Ludwigs, im westfälischen Hamm zum Regenten und rief den Dauphin zum König Ludwig XVII. aus. Das Unglück, König zu werden, blieb dem Knaben erspart, nicht aber der Tod im Gefängnis, der den Zehnjährigen 1795 ereilte.

308 Testament Ludwigs XVI.

Der in mehreren, nur geringfügig abweichenden Fassungen verbreitete Stich vom „tragischen Ende Ludwigs XVI." (Kat. 307) ist anspruchsvoller als die beiden Illustrationen der „Révolutions" (Kat. 243 bb/cc). Die Strenge der militärischen Abschirmung ist gewahrt, der Blick auf den „Gardemeuble" und die Kirche St. Roch legt die Örtlichkeit fest, doch beherrschend treten der Henker, der das Fallbeil am Schicksalsfaden hält, und sein Gehilfe auf, dessen brutaler Vorzeigegestus aus den Schwurhänden hervorgegangen ist, die David im Ballhaus versammelte (vgl. Kat. 355). „Das Haupt des Königs in der Hand des Henkers überragt den Horizont: Eine herrschaftsfreie Zukunft wird dadurch verheißen und angesichts der dumpfen Menge zugleich zur Illusion gestempelt." (Herding 1988)

Erst in den Jahren der Restauration erreichte das Testament Ludwigs XVI. die Öffentlichkeit. Damals dürfte auch der Stich Kat. 308 entstanden sein. Ludwig schrieb seinen letzten Willen am 25. Dezember 1792. Von seiner Familie getrennt und ohne den Beistand eines Beichtvaters, richtet er seine Gedanken nicht auf das historische Geschehen, auf seine konkreten Fehler und Irrtümer, sondern erbittet die Vergebung seiner Sünden. Für Verbrechen, die in seinem Namen begangen wurden, erfleht er Verzeihung, desgleichen für die Übel, die er anderen zugefügt hat. Nichts beschäftigt ihn mehr als das Seelenheil. Den Thronfolger ermahnt er, sollte das Unglück ihn zum König machen, sich ganz dem Glück seiner Mitbürger zu widmen – er spricht nicht von Untertanen, sondern von

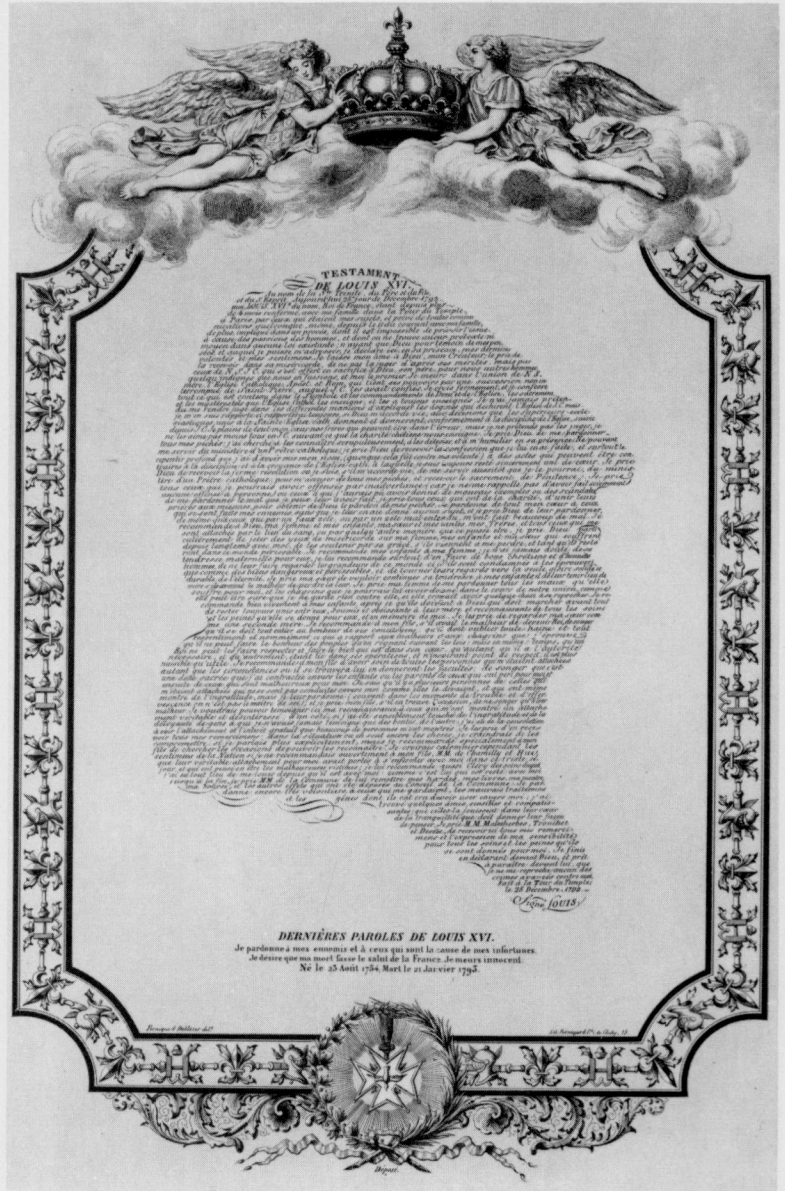

le 24 Avril 1793. Marat décrété d'accusation fût traduit devant le tribunal révolutionnaire. les Juges le déclarerent, unanimement innocent, il fut couronné et ramené en triomphe à la Convention.

243 dd 24. April 1793: Marat vor dem Revolutionstribunal

298 c Jean-Paul Marat

Ein Mann, „den Echte Freunde des Volkes verabscheuen", so nennt ihn Halem in einem Pariser Brief vom 8. Oktober 1790: Marat, der den „Ami du Peuple" seit 1789 herausgab und sich als solcher verstand, praktizierte das, was heute außerparlamentarische Opposition heißt. Das Wort „das dürfen wir nicht!" läßt er nicht gelten, wenn es darum geht, Anschläge gegen die Freiheit und die öffentliche Sicherheit aufzuklären, den Machenschaften der Revolutionsfeinde entgegenzuwirken, die Verschwörer zu verfolgen „. . . – in solchen Situationen verwandeln die Clubs und Gesellschaften sich in hinrichtende Gesellschaften (sociétés massacrantes) . . ." (Ami du Peuple, 4. März 1791).

Dieser Linie blieb Marat treu, als sich zwei Jahre später die Gegensätze zwischen Jakobinern und Girondisten zum Kampf um die Macht verschärften. Als Guadet am 12. April 1793 seine Verhaftung verlangt – Marat soll für die Septembermorde bezahlen – geht der „Volksfreund" in den Untergrund. Am 23. April stellt er sich und wird vom Revolutionstribunal freigesprochen (Kat. 243 dd). Im Triumph trägt man ihn durch die Straßen.

Am 13. Juli wird er das Opfer eines Mordanschlags. Seine Mörderin ist eine junge Frau, die an die Ideale der Revolution geglaubt hat und Marat für deren Verräter hält. Charlotte Corday kommmt aus Caen nach Paris, verschafft sich Zugang zu dem Mann, der in einer Badewanne seine lästige Hautkrankheit zu lindern versucht, und ermordet ihn mit einem Küchenmesser. Der Stich nach Pellegrini korrigiert die Fakten, damit die Wehrlosigkeit des Opfers und die Überlegenheit der Täterin nicht zu deutlich hervortreten. Charlotte Corday faszinierte die Pariser Öffentlichkeit mit ihrer Tat: Hébert in seinem „Père Duches-

ne" gesteht, er würde aus dieser Tigerin gerne Fleichpastete machen, und Desmoulins entfährt das Wort von der „Judith der Revolution". Auch ihr Opfer wurde mythisiert und dem toten Christus angeglichen (Kat. 311).

309 13. Juli 1793:
Der Tod Marats

310 Charlotte Corday

die Heiterkeit ihres Gesichts und meinte, es sei Anspannung des Augenblicks, um sich vorteilhaft zu zeigen. ‚Werden Sie aber immer diese Miene behalten?' fragte er: ‚Sorgen Sie nicht', anwortete sie mit Lächeln und sanfter Stimme, ‚ich bin nie anders, als Sie mich jetzt sehen.' Die Tat war ganz ihr eigener Anschlag, mit keiner Seele ging sie darüber zu Rat." David hat das Bildnis nicht gemalt.

311 13. Juli 1793: Die Ermordung J. P. Marats

ASSASSINAT DE J. P. MARAT.
Le 13 juillet 1793
N'avant pu me Corrompre, ils m'ont assassiné.

312 13. Juli 1793: Die Verhaftung Charlotte Cordays

Vier Tage nach ihrer Tat besteigt Charlotte Corday das Schafott. Das wohl schönste Erinnerungswort hat ihr Georg Forster gewidmet, der politisch ihr Gegner war. Am 19. Juli 1793 schrieb er aus Paris: „Ich habe in diesen Tagen gleichwohl an der Menschheit große Freude. Der Heldenmut der Mainzer hat Anteil daran. [Die Stadt wurde seit dem 1. April von preußischen Truppen belagert; am 23. Juli mußten die Franzosen kapitulieren.]

Ein anderes Beispiel hier, vor aller Augen, wird einst die Geschichte dieses Kampfes veredeln, wann längst die Privatansichten verschwunden sind, die jetzt die Urteile der Menschen entzweien, und nur der reine Ertrag übrig bleibt von der Größe, die ausführen kann, was sie unternahm. Die fanatische Überzeugung der Mörderin Marats tut hier nichts zur Sache, sie mag Irrtum oder Wahrheit zum Grunde haben, wohl aber die Reinheit ihrer Seele, die von ihrem Zwecke so ganz erfüllt war und mit so schöner Heldenstärke alle Folgen der Tat hinnahm. Sie war blühend von Gesundheit, reizend schön, am meisten durch den Reiz der Unverdorbenheit, die sie umschwebte. Ihr schwarzbraunes, kurzgeschnittenes Haar machte einen antiken Kopf auf der schönsten Büste. Ihre Heiterkeit blieb bis auf den letzten Augenblick auf dem Blutgerüste, wo ich sie hinrichten sah. Ihr Tod tat mir wohl für sie. Du hast schnell ausgelitten, dachte ich. Man fragte sie, ob sie einen Priester wolle. ‚Nein!' Vielleicht weil du keinen unbeeideten bekommen kannst? ‚Ich verachte sie alle beide.' Der Maler David (ein heftiger Jakobiner und Mitglied des Nationalkonvents) ging hin, sie im Gefängnis zu malen. ‚Man wird künftig gern mein Bild sehen wollen.' Er erstaunte über

LA SÉPARATION DE MARIE-ANTOINETTE D'AUTRICHE, D'AVEC SA FAMILLE;
DANS LA TOUR DU TEMPLE.

313 Die Trennung Marie Antoinettes von ihrer Familie

The PERSECUTED QUEEN hurried at the Dead of Night into a COMMON PRISON.   La REINE est traînée en PRISON au MILIEU de la NUIT.

314 Die Königin wird ins Gefängnis gebracht

243 ee   Oktober 1793: Marie-Antoinette, die Witwe Ludwigs XVI., vor dem Revolutionstribunal

315 Marie Antoinette im Gefängnis

So beginnt die Anklageschrift gegen die Witwe Capet: „Nach Prüfung der vom öffentlichen Ankläger übermittelten Beweisstücke wird festgestellt, daß ähnlich wie Messalina, Brunhilde, Fredegunde und Katharina von Medici, die man einstmals Königinnen von Frankreich nannte und deren für ewig verächtliche Namen sich aus der Geschichte nicht auslöschen lassen, Marie Antoinette, die Witwe Ludwig Capets, seit ihrem Aufenthalt in Frankreich die Geißel und die Blutsaugerin der Franzosen gewesen ist." In seinem „Père Duchesne" paßt Hébert diesen Haß dem Geschmack des Pöbels an: „Ihr verfluchter Kopf wurde endlich von ihrem Hurennacken getrennt, und die Luft donnert – verdammt – von den Schreien: Es lebe die Republik!"

316 16. Oktober 1793: Das tragische Ende der Königin

Seule, recueillie comme les premiers chrétiens devant une image sacrée

Ludwig XVI. „hatte keine Laster, keinen der Nation gefährlichen Hang. Aber er hatte nicht jenen großen, selbstverständigen Geist, den die Umstände zu fordern schienen. Er zeigte sich lenkbar der Tugend und der Wahrheit, aber auch lenkbar dem Laster, wenn es in einer gefälligen Maske erschien. Antoinette von Österreich schien alle Eigenschaften zu besitzen, die den Thron verschönern, aber nicht alle, die ihn veredeln konnten. Sie ward angebetet, so lange sie nicht Königin war: Nachher trug sie die Strafe der Vergehungen ihrer Lieblinge. Nah dem Thron sahn Paris und die Provinzen mit Unwillen oder mit Spott unmäßige Verschwendung und unglaubliche Ausgelassenheit der Sitten. Der Glanz um den Thron blendet das Vorurteil: Das Laster am Thron erscheint nur schwärzer durch den Kontrast vor den Augen der Philosophie, und der Tag der Philosophie war angebrochen." (Reinhard, 1791)

Der Haß hatte seinen Ursprung in Hofkreisen, ehe er das Volk erfaßte. 1784 veröffentlichte ein Bruder des Königs, der Graf von Provence, ein Pamphlet über ein in Chile aufgetauchtes Ungeheuer, in dem alle Welt die Königin erkannte. Tiefenpsychologisch gehört diese Harpyie zu den Verkörperungen des „negativen Elementarcharakters des Weiblichen" (Neumann, Die Große Mutter, Zürich 1956). Daraus wird nach der Revolution die große Blutsaugerin, die auf Kosten des Volkes sich ihren Ausschweifungen hingibt (Kat. 318).

Aber auch wenn sie sich seinem „positiven Elementarcharakter" zuwenden, versetzen die Künstler der Revolution ihr Bild von der Frau ins Kultische und Mythische. David entwirft für das Fest der republikanischen Vereinigung am 10. August 1793 einen „Brunnen der Wiedergeburt mit einer Allegorie der vielbrüstigen Natur." (Kat. 319). Sein Kommentar ist zugleich Regieanweisung: „Aus ihren vollen Brüsten, die sie mit ihren Händen hält, fließt in reichen Strömen reines, gesundes Wasser, aus dem nacheinander 86 Kommissare trinken werden. – ... alle trinken aus demselben Becher. Nachdem der Vorsitzende des Nationalkonvents den Boden der Freiheit mit einer Art Trankopfer benetzt hatte, trinkt er als erster, er läßt den Becher den Delegationskommissaren der Grundversammlungen weiterreichen; sie werden bei Trommel- und Hörnerklang nach dem Alphabet aufgerufen; eine Artilleriesalve kündigt jedesmal, wenn ein Kommissar trinkt, den Vollzug des Aktes der Verbrüderung." Einige Jahre später vergleicht Lenoir die vielbrüstige Isis der Ägypter mit der Jungfrau Maria, Notre Dame wird als „Iséum" bezeichnet und 1803 wird die „Zauberflöte" mit dem Titel „Mystère d'Isis" in Paris aufgeführt.

Die Hinrichtung am 16. Oktober läßt sich als Konfrontation der „Harpyie" mit der „Republik", der bösen mit der guten Mutter auffassen.

Journeé du 16 Octobre 1793

317 16. Oktober: Hinrichtung der Königin Marie Antoinette

318 Harpyie, das lebende Monster

319 10. August 1793: Der Brunnen der Wiedergeburt

La Fontaine de la Régénération
Sur les débris de la Bastille, le 10 aout 1793.

320 Mme Roland, geb. Phlipon

321 Mme Roland, geb. Phélippon [Phlipon]

und einer Freiheitsstatue ausrief: „O Freiheit, was für Verbrechen begeht man nicht in deinem Namen."

Marie-Jeanne („Manon") Roland war nicht nur eine todesmutige Frau: „... sie war der eigentliche Dämon des Grolls gegen die sogenannte Aristokratie, sie trieb ihren Mann in dieser Richtung an; sie war entschieden Republikanerin", urteilt selbst Niebuhr, der nicht allzu viel Sympathie auf die „Egeria" der Girondisten verschwendet.

Wie es in den Revolutionsausschüssen zuging, die über Leben und Tod das letzte Wort hatten, zeigt ein Stich nach A. E. Fragonard (dem Sohn eines berühmten Vaters) (Kat. 322). Der kahle Raumkasten mit seinen übermäßig hohen Türen hat Einschüchterungsqualitäten. Den Eintretenden wird an der Tür in nicht ganz korrektem Französisch bedeutet, daß man sich hier duze – das offizielle Du wurde am 31. Oktober 1793 vom Konvent beschlossen – und die Tür zu schließen sei, s.v.p. Ein Beratungstisch erwartet ihn. Dahinter hoch an der nackten Mauer zwei Büsten: Marat und vermutlich Robespierre. Von einer Stange hängt eine Brüdermütze und eine republikanische Devise herab – wahrscheinlich geht es um die Entscheidungsfrage: „In Freiheit leben oder sterben." In dieser Situation erübrigt sich der Appell an die Menschenrechte, weshalb diese in Gestalt der mosaischen Gesetzestafeln in einem hinteren Raumteil untergebracht sind – den Blicken entzogen. Der Bittsteller, offensichtlich kein Sansculotte, überreicht sein Papier einem Sitzenden, in dem sich

Im Mai 1793 treten die Machtkämpfe zwischen Girondisten und Jakobinern in ihre entscheidende Phase ein. Der girondistische Konvent gerät immer mehr unter den Druck der Revolutionskomitees, die schließlich das Heft in die Hand nehmen. Am 2. Juni setzen sie die Verhaftung der führenden Girondisten durch. Dem Minister Roland gelingt die Flucht, seine Frau wird verhaftet, vom Revolutionstribunal zum Tod verurteilt und am 8. November 1793 hingerichtet. Am selben Tag findet in Notre-Dame das „Fest der Vernunft" statt. Diesen Kontext hatte die Verurteilte wohl auch bedacht, als sie im Angesicht des Todes

die ganze abweisende Reglosigkeit des Schreibtischtäters verkörpert. Links im Bild geht es heiterer zu, im Hintergrund kommt es zu einer Verbrüderung und ein improvisierter Weinausschank sorgt für Entspannung.

322 Paris 1793: Sitzung des Revolutionskomitees

317 A Testament der Marie Antoinette

Der am 5. Oktober 1793 offiziell aner-
kannte republikanische Kalender gehört zu
den lehrhaften Konsequenzen der Entchri-
stianisierungskampagne (Kat. 323).

Er verdankt sich der Philosophie. Während sie im Buch der fruchtbaren Natur
blättert (lesen wir im Kommentar), stößt ihr
Fuß die „gothiques monuments" der Irrtümer und des Aberglaubens zurück, auf
denen die lächerliche Zeiteinteilung beruhte. Die Philosophie diktiert einem Genius
die aus den Naturprinzipien gewonnenen
Abschnitte des neuen Kalenders. Natürlich
fehlen auch nicht die Garanten der Neuerung: Das Lineal, das Senkblei und das
Buch der Moral.

In einer Sondernummer der „Gazette de
France Nationale" (vgl. Scheinfuß 1973,
S. 137 f.) ist der Bericht abgedruckt, den
Fabre d'Eglantine dem Nationalkonvent
erstattete. Er beginnt mit der Einsicht, daß
das Volk, dessen Gedächtnis sich von der
Verehrung der heiligen Bilder nicht trennen
könne, nach neuen Bildern verlange. Diese
sollten die Menschen zur Landwirtschaft
führen:

„Die Landwirtschaft ist die politische
Grundlage in einem Volke wie dem unseren, das Erde und Himmel mit besonderer
Liebe und großen Vorzügen beschenkt
haben.

Wenn sich die Blicke und die Gedanken
des Bürgers jeden Augenblick des Jahres, des
Monats, der Dekade und des Tages auf ein
ländliches Bild, eine Wohltat der Natur,
einen Gegenstand der Landwirtschaft richten, dann dürft ihr nicht mehr zweifeln, der
Nation damit ein wichtiges Mittel zu einem
Landwirtschaftssystem an die Hand gegeben zu haben, in dem nun jeder Bürger nur
für die realen und effektiven Geschenke der
Natur, deren Nutznießer er ist, Liebe empfinden wird, die das Volk durch Jahrhunderte an phantastisches Zeug wie Heilige
vergeudete, die es nie gesehen und noch
weniger kennengelernt hat."

Es geht darum, die Menschen von den
Praktiken der Kirche – Prozessionen, Bitt-
gottesdienste – zu befreien und ihren
Umgang mit der Natur auf eine vernünftige
produktive Grundlage zu stellen:

„Als Grundlage hat uns anfangs die Idee
gedient, durch das Kalendarium ein landwirtschaftliches System zu sanktionieren
und die ganze Nation darauf hinzuführen,
indem die Epochen und Abschnitte des
Jahres durch intelligible oder sichtbare Zeichen aus dem Landleben und der ländlichen Ökonomie bezeichnet werden. Je
mehr Stationen und Anhaltspunkte dem
Gedächtnis geboten werden, um so leichter
vermag es, sie zu handhaben; infolgedessen
haben wir gedacht, jedem Monat des Jahres
einen charakteristischen Namen zu geben,
der die ihm eigentümliche Temperatur, die

Art der zur Zeit anfallenden Landprodukte
und gleichzeitig die Art der Jahreszeit, der er
unter den vieren angehört, fühlbar
macht."

Daraus ergeben sich die zwölf neuen
Monatsnamen:

Herbst: Automne	Frühling: Printemps
Vendémiaire	Germinal
Brumaire	Floréal
Frimaire	Prairial
Winter: Hiver	Sommer: Eté
Nivôse	Messidor
Pluviôse	Thermidor
Ventôse	Fructidor

Fabre fährt fort: „So folgt aus diesen
Bezeichnungen, wie gesagt, daß jedermann
schon durch die Aussprache der Monatsnamen drei Dinge und alle ihre Zusammenhänge sofort genau empfinden wird: das
Wesen der Jahreszeit, der er angehört, die
Temperatur und den Zustand der Vegetation."

Dann kommt Fabre auf die komplizierte
Umbenennung der Wochentage zu sprechen:

„Wir haben gedacht, daß statt der Art des
Gregorianischen Kalenders, wo die sieben

Tage der Woche den Stempel der juristischen Astrologie tragen, eines lächerlichen
Vorurteils, das abgeschafft werden muß, wir
für den Tag der Dekade einen Namen schaffen müßten, außerdem haben wir überlegt,
da sich jeder dieser Namen sechsunddrei-
ßigmal im Jahre wiederholt, dürften sie
keine Bilder enthalten, die durch ihre
wesentliche Ortsgebundenheit keine Beziehung zu den 36 Stationen jedes dieser
Namen hätten, schließlich haben wir festgestellt, daß es eine große Gedächtnisstütze
wäre, wenn es uns gelänge, durch Unterscheidung der Tagesnamen der Dekade von
den Ordnungszahlen dennoch die Bedeutung dieser Zahlen in einem zusammenge-
setzten Wort zu erhalten, so daß wir in dem
Wort gleichzeitig die Zahl und ein von der
Zahl verschiedenes Wort gewännen.

So sagen wir, um die zehn Tage der
Dekade auszudrücken: Primdi, Duodi, Tri-
di, Quartidi, Quintidi, Sextidi, Septidi,
Octidi, Nonidi, Decadi."

Der „Naturalismus" des Kalenders
endet mit dem Versuch, jedem Tag ein
Naturprodukt oder ein landwirtschaftliches
Gerät zuzuweisen.

Alles das soll jedermann deutlich machen, „daß mit der Republik die Zeit gekommen ist, da der Landmann höher geschätzt wird als alle Könige der Erde zusammen und der Landbau als die erste Kunst der Bürgergesellschaft gilt." Diese Ideologie geht auf Rousseau und die Enzyklopädisten zurück. Fabre, Freund und Sekretär Dantons, wurde wegen betrügerischer Finanzoperationen bei der Auflösung der Indien-Gesellschaft verhaftet und am 3. April 1794 hingerichtet. 1806 ließ Napoleon den republikanischen Kalender aufheben.

Die Schreckensherrschaft handelt nach den Regeln der Gesetzlosigkeit. Jeder ist verdächtig, Hausdurchsuchungen, Verhaftungen gehören zum Alltag. Am 17. September 1793 erläßt der Konvent das Gesetz über die „Verdächtigen" (suspects), am 10. Juni 1794 (= 22 prairial II) wird das sog. Prairial-Gesetz erlassen, das die Gerichtsverfahren beschleunigt und die Angeklagten schutzlos macht. Bis zum Sturz Robespierres am 27. Juli 1794 fällt das Tribunal 1376 Todesurteile.

Zu den Bildmitteln, die diese alltägliche Schutzlosigkeit evozieren, gehört ein Einfall, den schon Caravaggio hatte: das Seitenlicht, das grell und schneidend (wie die Guillotine) in kahle Räume fällt. Die großartige Raumvereinfachung, die Davids „Marat" enthält, wird weniger asketisch, aber doch eindeutig mit geometrisierenden Sprachmitteln fortgeführt, die jeden Raum zu einem potentiellen Gefängnis machen.

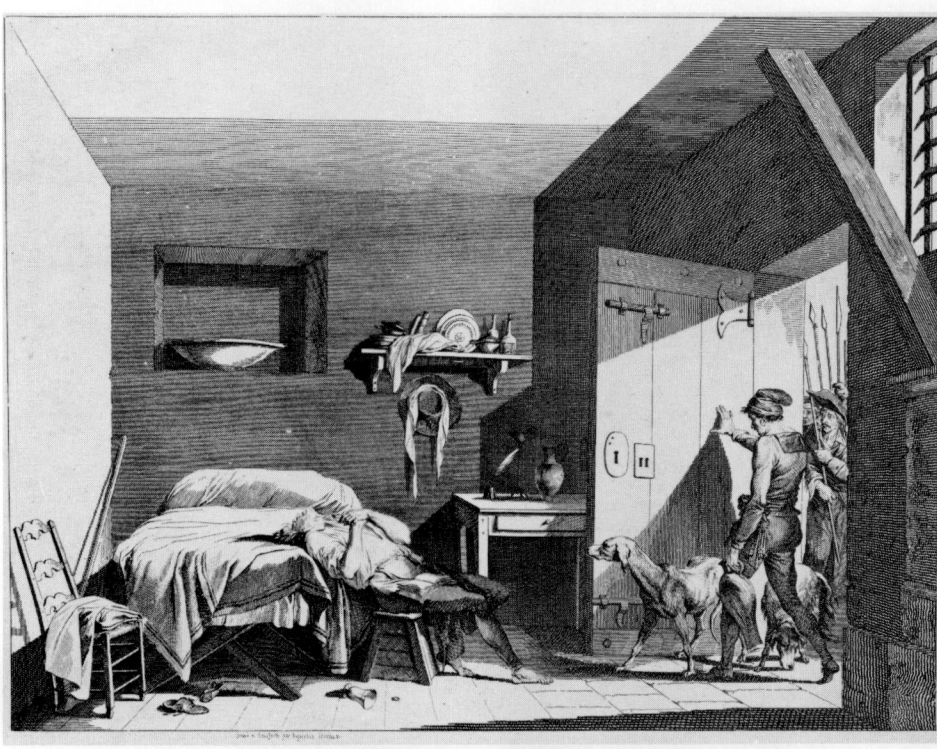

324 28. März 1794: Der Selbstmord von Condorcet wird entdeckt

Condorcet (geb. 1743) war der letzte der großen „philosophes" (Kat. 324). Früh trat er, mit Turgot befreundet, für ökonomische und gesellschaftliche Reformen ein. Nach dem Sturm auf die Bastille wurde er in den Stadtrat von Paris gewählt. Als die Flucht des Königs nach Varennes mißglückte, sprach er sich für die Republik aus. Diese Linie verfolgte er später im Lager der Girondisten. Er stimmte für die Hinrichtung Ludwigs XVI. Der Sturz der Girondisten am 2. Juni 1793 treibt ihn in den Untergrund. Am 27. März 1794 wird er in Bourg-la-Reine entdeckt und verhaftet. Er stirbt am folgenden Tag – vergiftet oder erschöpft? Die Frage ist bis heute unbeantwortet. Im Jahr darauf erscheint sein letztes, im Versteck geschriebenes Werk, die „Historische Übersicht über die Fortschritte des menschlichen Geistes". Der Stich zieht Verhaftung und Tod zusammen: Er zeigt Condorcet so, als hätten ihn die Häscher bereits tot angetroffen.

Die Anekdote des alten Loiserolles, der sich für seinen Sohn stellt (Kat. 325), gehört zu den damals beliebten Zeugnissen der opferbereiten Familienliebe. Sie hat sich als Mystifikation herausgestellt. Der Vater Loiserolles, ein ehemaliger General der Artillerie, saß im Gefängnis Saint-Lazare zusammen mit vielen „Verdächtigen" ein. Man warf ihm spöttische Bemerkungen über den Konvent und die Patrioten vor. Als er vor das Revolutionstribunal gebracht werden sollte, notierte der Gerichtsdiener die Personalien des Sohnes, der sich offensichtlich ebenfalls im Gefängnis befand. Das Tribunal entdeckte den Irrtum, und der Sohn blieb am Leben. Der Vater wurde am 7. Thermidor hingerichtet, gleichzeitig mit dem Dichter André Chenier und zwei Tage vor dem Sturz Robespierres.

LOISEROLLES SE DÉVOUE À LA MORT POUR SON FILS,
le 26 Juillet 1794, ou 8 Thermidor, An 2e de la République.

325 8. Thermidor, Jahr II (26. Juli 1794): Loiserolles will sich für seinen Sohn opfern

Auf jede Befreiung folgt eine neue Verpflichtung. Die Revolte gegen das Alte Joch lebt vom Entwurf eines neuen. David, der Vernichter der Akademien, schuf eine neue Disziplin, deren klassizistischer Regelhaftigkeit er sich nicht einmal in der Kunstsprache zu entziehen wußte, die vom Protest gegen Disziplin, Macht und Ordnung lebt: in der Satire (Kat. 328). Vom Wohlfahrtsausschuß im September 1793 beauftragt, mit Karikaturen die Feinde der Freiheit und der Republik zu demaskieren, ließ er bloß reglementierte Hampelmänner aufmarschieren – Karikaturen nicht der Engländer, sondern seiner Horatier und ihrer Nachfolger.

Am 8. Juni (20 Prairial) 1794 findet das Fest des Höchsten Wesens statt – der mißglückte Versuch Robespierres, ein panthei-

327 8. Juni 1794: Fest des Höchsten Wesens

326 Blick auf den Champ de la Réunion

328 Die Armee der Dummköpfe

stisches Bekenntnis zu institutionalisieren, geeignet, sowohl den Atheismus der Aufklärer wie den Katholizismus zu überwinden. Dieses religiöse Gegenmodell wurde skeptisch aufgenommen. Der begeisterte Michelet beschreibt es gleichwohl so: „Kein Fest wurde jemals mit so großer Freude gefeiert. Am Abend des 19. Prairial wurde die Guillotine abgebaut; man dachte, es sei für immer. Ein Meer von Blumen überschwemmte Paris. Rosen und allerlei Blumen wurden aus zwanzig Meilen in der Runde herbeigebracht, um Häuser und Menschen dieser Stadt von 700 000 Seelen zu bekränzen. – Die Mütter waren mit Rosen geschmückt, die Männer mit Eichenlaub, und die Alten mit grünen Weinranken." Dieser Menschenstrom traf in den Tuilerien-Gärten zusammen, wo rasch ein Laubengang errichtet worden war. Man erwartete ein Zeichen der Gnade für alle, ein Machtwort, das das Ende der Revolution ankündigte. Robespierre hatte dazu nicht den Mut. Er setzte noch einmal auf seinen diktatorischen Auftrag, aber er versuchte ihn zeremoniell zu verschleiern: „Mit einem großen Blumenstrauß und Ähren in der Hand stieg Robespierre die Stufen hinab und machte am ersten Brunnen halt, bei dem eine Gruppe von Ungeheuern aufragte: der Atheismus, der Egoismus, das Nichts usw. Er steckte sie mit einer Fackel in Brand, und aus den in den Flammen verzehrten Figuren trat, von ihrem Schleier befreit, die Statue der Weisheit hervor."

Robespierre mußte erleben, wie sein Triumph in seinen Abstieg umschlug. Aus der Menge schrie ein Sansculotte: „Der Lump! Er ist noch nicht zufrieden, der Herr zu sein, ein Gott ist er auch noch!" Robespierre, offenbar seine Messias-Rolle erkennend, soll später ein Wort aus dem Evangelium des Johannes zitiert haben: „Ich werde nicht mehr lange unter Euch weilen."

„In der gegenwärtigen Situation muß die oberste Maxime eurer Politik lauten: Dem Volk gegenüber Vernunft, den Feinden des Volks Terror!

Wenn die Aufgabe der Volksregierung im Frieden die Tugend ist, so ist die Triebkraft der Volksregierung in der Revolution die Tugend und der Terror. Ohne Tugend ist der Terror verheerend, und die Tugend ist ohne den Terror machtlos. Der Terror ist nichts anderes als ein schnelles, strenges und unerbittliches Gericht, also eine Erweiterung der Tugend. Er ist nicht als besonderes Prinzip zu sehen, sondern als eine Folge des allgemeinen Prinzips der Demokratie, angewendet auf die dringendsten Bedürfnisse des Vaterlands. Man hat gesagt, Terror sei die Grundlage despotischer Regierungen. Gleicht unsere Regierung dem Despotismus? Ja, aber so wie das Schwert, das in der Hand des Helden der Freiheit glänzt, dem gleicht, mit dem die Satelliten der Tyrannis bewaffnet sind." (zit. nach Lautemann 1981, S. 393).

In dieser Passage seiner programmatischen Rede „Über die Prinzipien der politischen Moral, von denen sich der Konvent leiten lassen muß" vom 19. Pluviôse des Jahres II (7. Februar 1794) umreißt Maximilien Robespierre die Grundlage der Terreur (vom Sturz der Girondisten im Juni 1793 bis zum 27. Juli 1794) in aller Deutlichkeit.

Im Durchfechten von Bürgertugenden mit allen verfügbaren Mitteln standen ihm viele Mitläufer, aber nur wenige konsequente Begleiter zur Seite; an erster Stelle Louis-Antoine de Saint-Just (geb. 1768), der ihm am 14. Dezember 1793 anläßlich einer Visite aus Straßburg schreibt:

„Man gibt zu viele Gesetze, zu wenig Beispiele: Ihr bestraft nur die ins Auge springenden Verbrechen, die heuchlerischen bleiben straflos. Laßt einen leichten Verstoß an jedem Beteiligten strafen, das ist das Mittel, die Bösen zu schrecken und sie merken zu lassen, daß das Auge der Regierung alles sieht." (zit. nach Landauer, Bd. 2, S. 491 f.).

Saint-Just teilte schließlich auch Robespierres Schicksal, anders als z.B. Barère de Vieuzac (vgl. Kat. 384), der sich durch geschicktes Lavieren derjenigen Seite zuschlagen konnte, „welche das Glück zu begünstigen schien" (Friedrich Gentz, zit. nach Träger 1989, S. 768). Sein unscheinbar aussehender „Rapport" ist das Resultat der stürmischsten Sitzung in der Geschichte des Nationalkonvents: des 9. Thermidor (27. Juli) (Kat. 330).

Das Zerwürfnis zwischen Robespierre und den Revolutionsausschüssen für Wohlfahrt und Allgemeine Sicherheit gipfelten im gegenseitigen Vorwurf des Machtmißbrauchs. Vergeblich versuchte Barère noch am 4. und 5. Thermidor zu vermitteln; Robespierre ließ sich nicht davon abhalten, seine Generalabrechnung am 8. Thermidor vor den Konvent zu bringen. Verhängnisvoll

329 Antoine-Louis de Saint-Just

330 27. Juli 1794:
Barères „Rapport" gegen Robespierre

für ihn wirkte sich aus, daß er keine Namen für die „notwendigen Säuberungen" nannte; alle Abgeordneten fühlten sich bedroht, und eine spontane Koalition zwischen Plaine und Montagne kam zustande.

In der entscheidenden Redeschlacht am 9. Thermidor konnten weder Robespierre noch Saint-Just sich Gehör verschaffen; während fünf Stunden setzte Robespierre elfmal zur Rede an, wurde aber niedergeschrien. Während dieses Duells zwischen Konvent (namentlich Tallien, Billaud-Varenne und Collot d'Herbois) und Robespierre blieb Barère auf der Hut; erst als der Gewinner feststand, trat er hervor und formulierte im Laufe des Tages drei „Rapports" (Tourneux 4269–4271), die jeweils die erforderlichen Maßnahmen erweiterten und zum Schluß mit der Wahrheit herausrückten: Verhaftung Robespierres und seiner Anhänger.

Barères „Rapport" beginnt sehr allgemein: Es sei eine innenpolitische Krise eingetreten, die nur durch „resolute Maßnahmen" (mesures vigoureuses) zu meistern sei. Die zentrale Regierungsgewalt, nämlich die genannten Ausschüsse, müßten unbedingt erhalten bleiben; sie seien „le bouclier, l'asyle, le sanctuaire du gouvernement central" (S. 3).

Die Ursache der Krise läge auch im Gegensatz von Alleinherrschertum (gouvernans magique, réputations énormes) und den Revolutionszielen (peuples libres, hommes égaux). Es folgt das Dekret, die

Befehlsgewalt des Militärs zu ändern und einzuschränken.

Einige Stunden später kam die „Proklamation" hinzu (S. 5): Despotismus auf Grund von Eigenliebe („passions personelles"), Aristokratismus und Royalismus drohten sechs Jahre Revolution aufs Spiel zu setzen, wenn die „citoyens de Paris" sich nicht um den Konvent scharen und stattdessen auf die „ehrgeizigen Übeltäter" (ambiteux malveillans) hören würden. Die „Decrets" (S. 6 f.) veranlaßten dann die sofortige Verhaftung Robespierres und seiner Anhänger.

Es folgte der „unmögliche Aufstand", mit Verhaftung, Befreiung, verspielten Chancen, Zweifeln, Agonie, schließlich die Hinrichtung von insgesamt 108 „Robespierristen" am 10. und 11. Thermidor (s.u., vgl. Kat. 397).

Inmitten des Orkans hatte Barère wieder zur Feder gegriffen, um die Republik vor dem Schiffbruch zu retten (vgl. seine Darstellung im „Jeu de Paume", Kat. 355). Fünf Monate später wurde er selbst zusammen mit Collot und Billaud als „queue de Robespierre" geächtet; der sogenannten „trockenen Guillotine" (der Verbannung nach Guayana) entzog er sich durch die Flucht.

In der Folgezeit entstand das Directoire, ein von Staatskrisen geschütteltes liberales Regime, das die zivile Diktatur fürchtete und in der Militärdiktatur endete.

Am 7. März 1794 (18. Floréal des Jahres II) hielt Robespierre im Namen des Wohlfahrtsausschusses eine Konventsrede, an deren Ende er religiöse Dekrete beschließen ließ. Die ersten beiden hießen: „Art. I: Das französische Volk erkennt die Existenz Gottes und die Unsterblichkeit der Seele an. Art. II: Es erkennt, daß die des Höchsten Wesens würdige Art des Kultes in der Erfüllung der Pflichten des Menschen besteht." (zit. nach Lautemann 1981, S. 398).

Bei gleicher Gelegenheit erläuterte Robespierre: „Der wahre Priester des Höchsten Wesens ist die Natur, sein Tempel das Universum, sein Kult die Tugend, seine Feste die Freude eines großen Volkes, das versammelt ist unter seinen Augen, um die süßen Bande weltumspannender Freundschaft zu knüpfen und ihm das Opfer ihrer empfindsamen und reinen Herzen anzubieten" (ebd., S. 397). In diesem Sinne findet der „Culte Naturel" statt; über einem mit Blumenkorb geschmückten Altar in Form eines antikischen Pfeilerrumpfes wird das Neugeborene dem Höchsten Wesen und dem Volk geweiht. Kulisse und Zeremonie bilden ein allgemein-religiöses Ambiente; auf der Fahne wird die „Liberté des Cultes" propagiert, auf der Schrifttafel darunter erscheint der dekretierte Artikel I.

Die reinigende Kraft der Verbindung von Tugend und Terror (s.o.) verfehlte letztlich ihren Zweck. Das Ende der „Terroristen" beschreibt der konservative preußische Publizist (und nachmalige politische Berater Metternichs) Friedrich Gentz in der Januar-Ausgabe der „Neuen Deutschen Monatsschrift" von 1795: „Robespierre und sein Bruder, Henriot, Lebas und verschiedene andre suchten sich in dem Augenblick zu ermorden, da die Konventstruppen das Rathaus besetzten. Lebas allein gelangte zu seinem Zweck; die übrigen fielen lebend, obgleich schwer verwundet, in die Hände der Eindringenden.

Der jüngere Robespierre stürzte sich zum Fenster hinaus; Henriot wurde gewaltsam ihm nachgestürzt; sie entgingen beide noch dem Tode. – ... Da der Konvent sie sämtlich für vogelfrei erklärt hatte, bedurfte es keines förmlichen Prozesses. Am 28. abends um 7 Uhr wurden Robespierre und

331 Der Kult der Natur

sein Bruder, St. Just, Couthon, Dumas, Henriot, Payan, Lavalette, Fleuriot und zwölf Mitglieder der Munizipalität hingerichtet. Maximilian Robespierre war 35 Jahre alt." (zit. nach Träger 1989, S. 769 f.)

Im Urteil der Zeitgenossen und der Nachwelt gilt Robespierre (vgl. Kat. 392) im allgemeinen als größter Verbrecher der von ihm beförderten politischen Wirren. Doch gibt es auch radikal-demokratische Stimmen, die – bei aller Kritik – vor Einseitigkeit warnen. So schrieb der deutsche Publizist Andreas Riem 1800: „Robespierre hatte aber nicht Zeit, seine Pläne zur Reife zu bringen; er wurde mitten in seiner grausamen Laufbahn glücklich unterbrochen, und niemand kann jetzt sagen, so oder so würde er zuletzt gehandelt haben. Sein Tod vernichtete entweder schlechte Pläne auf Alleinherrschaft oder gute zum Vorteil der Republik. Niemand kann jetzt sagen, das oder jenes war sein Zweck. Wir haben nur

seine Greueltaten kennengelernt, und wenn er etwas Gutes bezweckte, so ging es mit ihm zu Grabe.

Indessen ist es nicht zu verkennen, daß die Republik seiner Grausamkeit sehr viel Gutes zu verdanken habe ...

Er ist ein Mann gewesen, so ich gestehen muß: ich wage es ebensowenig ihn zu verteidigen als ganz zu verdammen, denn – seine Zwecke wurden nicht reif und noch weniger bekannt" (zit. nach Träger 1989, S. 696 ff.).

333 28. Juli 1794: Der Tod Robespierres

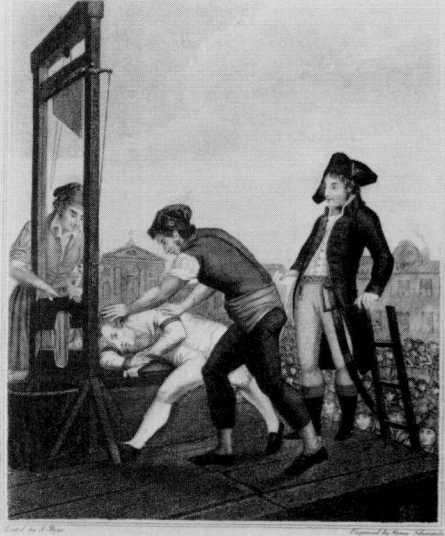

332 27. Juli 1794: Robespierre im Vorzimmer des Wohlfahrtsausschusses

Am 9. Februar 1795 unterzeichnete der Unterhändler des Großherzogs der Toscana, Francesco Carletti, in Paris den Friedensvertrag mit Frankreich (vgl. Boyer 1970, S. 17 ff.). Wicar verlegt seine Allegorie, zu der es drei Vorstudien und zwei schriftliche Erläuterungen gibt, vor eine italienische Küstenlandschaft mit Korsika im Hintergrund.

Herkules – Verkörperung des französischen Volkes (vgl. Kat. 402) – thront im „Schatten eines Oliven-Friedensbaumes". Gekreuzte Landesfahnen sind hinter ihm drapiert, ihn umgeben drei weibliche Allegorien (Victoire, Egalité und Nature), ein Jüngling mit Schriftrolle („Déclaration des Droits de l'Homme") und ein Putto mit der Verfassungstafel von 1793.

Carletti (die einzig reale Person auf dem Bild) ist umgeben von „Etruria", der Verkörperung der Toscana, mit einem Friedenszweig in der Hand, von Merkur mit dem Caduceus und von einer nicht näher definierten Schönen. „Etruria" weist auf die Gruppe um den Flußgott „Arno" und die Putten, welche die verschiedenen Künste symbolisieren. In den Lüften verkündet „la Renommée" dem Universum den Friedensabschluß. Eine Dämonengestalt mit Medusenhaupt, die „abscheuliche englische Regierung", wendet sich in ihrer „vergeblichen Wut" von dieser Eintracht ab.

Aber schon im nächsten Jahr fiel Napoleon – der neue Herkules – in Italien ein. Er transformierte 1801 das Großherzogtum in ein Königreich „Etrurien" und machte es 1808 zum französischen Departement. Wi-

334   Allegorie auf den Frieden zwischen dem Konvent und dem Großherzogtum Toscana

car war in dieser Zeit mit der Requirierung von italienischen Kunstschätzen für das „Musée Napoléon" beschäftigt.

In einer Allegorie aus dem gleichen Jahr, mit Rückblick auf die Verfassung von 1793, die den Katholizismus zugunsten der anderen Glaubensrichtungen beschnitt, werden die „dankbaren Protestanten" mit ihren künstlerischen, wissenschaftlichen und gewerblichen Erzeugnissen dem französischen Volk zugeführt, dessen Errungen-

schaften (l'Abondance, l'Agriculture, le Commerce und „une Bacchante couronnée de Pampres") links vorn versammelt sind. An einem Altar vor der „Assemblée constituante", deren Rednertribüne vom göttlichen Lichtstrahl erleuchtet ist, entzündet die schwebende Liberté ihre Fackel an derjenigen der Raison-Philosophie, „die ihr schönstes Werk, nämlich die Erklärung der Menschenrechte hält". Das bewehrte Frankreich nimmt den Bürgereid ab, „um ein einziges Volk von Brüdern herzustellen."

In der Bildlegende, zwischen „Liberté, Egalité, Patrones des Republiques", wird unter der Rousseau-Büste die „Geschichte der Unterdrückung und Befreiung der französischen Protestanten" (Herding/Reichardt 1989, S. 36) von 1561 bis zum Toleranzedikt Ludwigs XVI. vom 29. Januar 1788 aufgezählt. Der König selbst erscheint im Flachrelief unter dem Portikus bei seiner Annahme der Konstitution am 14. September. Aber erst die revolutionären Verfassungen (die Datierung in thermidorianische Zeit ergibt sich aus dem Buch der Liberté unten mit der Inschrift: „La Nouvelle Constitution Française, Sanctionée par la Republique 1795.") garantieren volle Freiheit und Gleichheit aller Religionen, „wenn er [der Kult] sich in den Grenzen der Gesetze hält." (Art. 354 der Verfassung vom 22. August 1795, zit. nach Lautemann 1981, S. 463).

„Auf den massiven Mauerstücken [über den Kolonnaden] sind die Statuen bedeutender Männer sichtbar, wie J. J. Rousseau, Voltaire, Montesquieu etc.". Dem im Text als einzigem nicht genannten Mirabeau (er hatte seinen Ruf als revolutionäres Vorbild verloren, vgl. Kat. 281 u. <363>) fehlen Kopf und Hände; seine Schriften im Rücken der Egalité werden verunglimpft.

335   Der französischen Nation von den dankbaren Protestanten

Journée du 1.ʳ Prairial de l'an III.
Ferraud, Représentant du Peuple assassiné dans la Convention Nationale.

336 1. Prairial des Jahres III (20. Mai 1795): Der Volksvertreter Ferrand, ermordet im Nationalkonvent

L'INTÉRIEUR DU COMITÉ RÉVOLUTIONNAIRE.
Scène dernière

337 Sitzung des Revolutionskomitees

„Verschwörung der Gleichen" unter François Babeuf 1796), brachte Blätter wie dasjenige des humanitätsverachtenden Sansculotten hervor, dem Ludwig XVI. als gespenstische Silhouette an die Gurgel geht. Und auch das „Comité Révolutionnaire" diente lediglich noch einer Theaterposse. Man zog sich in die Bürgerlichkeit zurück; am 26. Oktober 1795 gab es keinen Konvent mehr, am 3. November bildete ein fünfköpfiges Gremium das Régime Directoire.

338 Ein Sansculotte tanzt inmitten der Schrecken

Un Sans culotte instrument de crimes dansant au milieu des horreurs. Vient outrager l'humanité pleurante auprès d'un cénotaphe. Il croit voir l'ombre de l'une des victimes de la révolution qui le saisit à la gorge. Cette effrayante apparition le suffoque et le renverse.

339 Hauskleidung des französischen Bürgers

Habit du Citoyen François dans l'interieur.

Der Prairial-Aufstand des Jahres III (20.–23. Mai 1795) kann als der letzte Versuch gelten, den revolutionären Impetus als Volksbewegung fortzuführen. Noch einmal versuchten die Sansculotten, ihren Belangen, und das war in erster Linie die auch in der Revolutionszeit nicht verbesserte Versorgung mit Nahrungsmitteln (der Ruf: „Du pain!" verhallte nie), Nachdruck zu verleihen.

„Man wollte die Frauen vorausschicken, weil man sicher war, daß der Konvent nie auf sie würde schießen lassen" (zit. nach

Lautemann 1981, S. 451). Acht Stunden lang wurde der Konvent besetzt gehalten. Der Anführer der Verteidiger gegen die Eindringlinge, der ehemals girondistische Volksvertreter Ferraud, wurde erschossen, sein von den „Tricoteusen", den organisierten Frauen der Arbeiterviertel, auf eine Pike gepflanzter Kopf dem Konventsvorsitzenden Boissy-d'Anglas entgegengehalten, der ihn grüßen mußte.

Die zuletzt zerschlagene Aktion, die auch das Ende der „Montagne" darstellt (abgesehen von der radikal sozialistischen

Das Jahr 1796 brachte die ersten großen militärischen Erfolge des jungen Napoleon Bonaparte, neben dem 1797 früh gestorbenen Lazare Hoche (vgl. Kat. 424) der einzige General der Revolution von Rang. Unbekümmert um alle Weisungen des Direktoriums schloß er eigenmächtig mit dem Papst Frieden, schaffte es aber zugleich, die Österreicher entscheidend zu schwächen. Die gewonnene Schlacht bei Lodi am 10. Mai 1796 war Anlaß zur Siegesfeier auf dem Pariser Marsfeld am 29. Mai, das als großes revolutionäres Fest begangen wurde, stilisiert fast im Sinne der „Bergpredigt" von Claude Lorrain (New York, Frick Collection).

Ein Jahr später wurde, erneut ohne Zustimmung des Direktoriums, Venedig zum Spielball Napoleons in den Friedensverhandlungen mit Österreich: Es sollte als Tauschobjekt für Belgien und die linksrheinischen Gebiete dienen, deren Annexion durch Frankreich Napoleon auf diese Weise festschreiben wollte.

Im Mai 1797 marschierten die französischen Truppen ein, und damit nahm der „Kunstraub unter Napoleon" (Wescher 1976) seinen Anfang. Die besten Kunstschätze Venedigs wurden nach der Entmachtung der Aristokratie am 13. Dezember abtransportiert, unter ihnen die Quadriga von San Marco (selbst ein byzantinisches Beutestück des Mittelalters); erst im Oktober 1815 erfolgte ihre Rückgabe, nicht zuletzt durch die Fürsprache Antonio Canovas bei Kaiser Franz I. von Österreich (vgl. Kat. Berlin 1982, S. 71 ff.).

Über das „Einzugsfest der eroberten Kunst und andern Sachen" am 27. Juli 1798 berichtet Wilhelm von Humboldt als Augenzeuge: „Ein wahrhaft schönes Fest für den Anblick. Sowohl der Zug, als die Cärimonie auf dem Champ de Mars. Der Zug nahm sich sehr gut aus. Die Menge Wagen, leicht 50–70, das Militaire, die weiten schönen Boulevards. Die Wagen des Zuges waren zwar meistentheils nur mit eingepackten Kasten beladen, bloss mit Eichenlaub und dreifarbigen Fahnen verziert. Entblösst war indess doch: der Löwe, die Löwin und der Berner Bär in Kasten, 2 graue Dromedare, und 2 weisse Kamele, hübsch behangen und ausgeputzt, ein Wagen mit lebendigen ausländischen Pflanzen, die Kristallblocke aus dem Wallis, die 4 St. Marcus Pferde, und Homers und Brutus Büste. – Auf dem Felde nahm sich die aufgebaute Colonnade, die Reihe der Wagen, das Wallen der vielen dreifarbigen Fahnen, die Menge Volks um den Platz herum, und die Leere des Raumes, der nicht von Gegenständen der Cärimonie angefüllt war, prächtig aus. Die Ordnung war sehr gross." (Humboldt 1916, S. 554 f.)

340 29. Mai 1796: Siegesfeier auf dem Marsfeld

341 Floréal des Jahres V (Mai 1797): Einmarsch der Franzosen in Venedig

342 9. und 10. Thermidor (27./28. Juli 1798): Die erbeuteten Kunstdenkmäler werden im Triumphzug nach Frankreich gebracht

„Eine wunderliche Idee des Künstlers, daß die Fasces, eine Ruthe vorstellen! Unsre alten, abergläubigen Vorfahren, hielten es für eine gar böse Vorbedeutung, wenn ein so gestaltetes Wolkenbild über irgend einer Stadt oder irgend einem Lande schwebte ...

„So eine Nase, schrieb *Lavater,* ist mehr werth als ein Königreich!" – Was würde er jetzt schreiben, da durch diese Nasen so manche Königreiche zerstört und erschüttert worden sind? – *Non cuique datum est, habere nasum!* Doch *Pitt* hat sie!" (RA 1799, S. 249).

William Pitt d.J. war der wichtigste europäische Gegenspieler Napoleons und der Französischen Revolution. Unter seiner Führung als Premierminister gelang es, der französischen Landüberlegenheit die eigene Überlegenheit zur See (Schlachten von Abukir 1798 und Trafalgar 1805) entgegenzusetzen und so u.a. eine – ständig gefürchtete – Landung der Franzosen in England zu verhindern.

Der Künstler, der für den (antirevolutionären) Göttinger Revolutions=Almanach die Nationalversammlung als Geißel der Menschheit darstellte, übernahm leicht verändert eine drastischere Karikatur Gillrays (vgl. Hill 1976, Abb. 45), der 1796 die Marionettenregierung der Batavischen Republik (Holland) gebrandmarkt hatte. Begleitet wird die Illustration von einer anderen, zeittypischen: Chronos im Begriff einen Vorhang wegzuziehen. Die Lage ist offensichtlich noch verworrener als 1792, als Chodowiecki (vgl. <367>) wenigstens Teile der neuen Konstitution freilegte. Dem Herausgeber A.O. Reichard bleibt im Hinblick auf das neue Jahrhundert nur das Spekulieren: „Liegen ruhige Reiche, ruhige Völker, Länderflor und Staaten=Eintracht hinter jenem Vorhang? Oder liegt dahinter

343 a, b   Revolutionsalmanach von 1798

344 a, b   Revolutionsalmanach von 1799

der Sturz aller Throne, das Grab aller Länder, die Vernichtung aller politischen, bürgerlichen und religiösen Einrichtungen, die große europäische Republik, und zuletzt der Fall der Democratie selbst, wenn es nichts anderes mehr zu verschlingen gibt?" (S. 250)

Er konnte noch nicht ahnen, daß in den Ereignissen des 18./19. Brumaire des Jahres VIII (9./10. November 1799) in Frankreich die Entscheidung zugunsten Napoleons fiel, der, je nach Sichtweise, „Koloß, Weltseele, Antichrist", „Anwalt bürgerlicher Rechte, Idol republikanischer Hoffnungen und Opfer cäsarischer Selbstüberschätzung" (S. Holsten in Kat. Hamburg 1980/81, S. 395) war.

346   10. November 1799: Vereitelter Anschlag auf Napoleon

„Das Ganze seiner Physiognomie hat nichts Grosses, noch Heftiges, noch sehr Determinirtes, es drückt überhaupt mehr intellektuelle, als moralische Eigenschaften aus. Er sieht ruhig, überlegend, bescheiden, obgleich auch von festem und gerechtem Stolze, frei, scharfsehend und äußerst ernst, als wäre er einzig und ohne alle andere Neigung oder Rücksicht nur an seinen Beruf gebunden, aus. Manchmal bekommt indess sein Gesicht, vorzüglich wenn er es in Bewegung setzt, auch etwas Hartes, und Schneidendes. Es ist schwer sich ihn in Handlung, und noch schwerer in Enthusiasmus zu denken" (Humboldt 1916, S. 377). Dieser Beschreibung Napoleons vom 26. Dezember 1797 fügte Wilhelm von Humboldt am nächsten Tag die „öffentliche Stimme über ihn" hinzu: „Buonaparte hat nicht bloss etwas sehr Ueberlegtes und Ernstes, sondern auch einen Zug von Melancholie in seinem Aeussern, und vorzüglich im Ton seiner Stimme. Diess hebt ihn hier noch mehr, wo diess sehr selten, hingegen ein Glänzen durch Witz und Geist sehr gewöhnlich ist" (ebd., S. 378).

Humboldts Äußerungen können verdeutlichen, daß Napoleon einerseits (nicht nur körperlich) leicht zu unterschätzen war, andererseits in seiner intellektuellen Nüchternheit gegen das saturierte Directoire wirksam abstach. Selbst die Tatsache, daß er das in Ägypten durch die Engländer unter Horatio Nelson am 1./2. August 1798 geschlagene Heer im Juli 1799 sich selbst überließ, tat seiner Popularität keinen Abbruch.

Der Zeitpunkt war richtig gewählt. In Paris plante Emmanuel Sieyès, der nach

347 18. und 19. Brumaire des Jahres VIII der Republik (9./10. November 1799)

JOURNÉES DES 18 ET 19 BRUMAIRE AN VIII.

348 Der 18. und 19. Brumaire des Jahres VIII

349 Mitglied des Rates der Alten

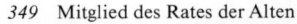
Membre du Conseil des Anciens.

seinen Vorarbeiten für die Revolution endlich seine Stunde gekommen sah, den Sturz der fünf Direktoren. Die Ereignisse ließen ihm neben Napoleon, den er eigentlich als Aushängeschild benutzen wollte, nur noch eine pro-forma-Chance. Am Ende hatte, wie so oft, der Taktiker über den Theoretiker gesiegt.

Doch die Aushebelung der beiden „Conseils législatifs", des für die Einbringung der Gesetze zuständigen „Rates der Fünfhundert" sowie des für die Gesetzessanktionierung zuständigen 250köpfigen „Rates der Alten", bedurfte geschickter Vorbereitung und wurde durch eine Ungeschicklichkeit Napoleons fast verhindert (vgl. Nürnberger 1986, S. 113 ff.)

Nach Tumulten wegen seiner unbeherrschten Äußerungen vor dem „Conseil des Anciens" drangen anschließend in der Sitzung des „Conseil des Cinq-Cents" einige Gegner mit Dolchen auf ihn ein (Kat. 346). Nur das autoritäre Eingreifen seines Bruders Lucien, des Präsidenten des „Rates der Fünfhundert", und der schnell hinzugerufenen Truppen rettete ihm das Leben.

Das Gegeneinander-Ausspielen der beiden Körperschaften hatte schließlich Erfolg: Statt der Direktoren wurden drei provisorische Konsuln ernannt: Sieyès, Bonaparte und Ducos. Ende des Jahres 1799 war Napoleon unangefochten Erster Konsul.

350 General Bonaparte

351 27. Brumaire des Jahres V (17. November 1796):
Bonaparte in der Schlacht von Arcole

352 Freiheit der Religionsausübung,
von der Regierung gewährleistet

„Ich tadle ihn nicht, daß er das Direktorium stürzte; es war keine Regierung, die unter irgendeinem Titel die Billigung der Vernünftigen und Rechtschaffenen hätte erhalten können. Ich tadle ihn nicht, daß er soviel als möglich in der wichtigen Periode das Ruder des Staats für sich in die Hände zu bekommen suchte; es war in der Vehemenz der Faktionen vielleicht das einzige Mittel, diese Faktionen zu stillen.... Daß er nicht sah, daß seine Konstitution die neue Republik zertrümmern und dem vollen Despotismus die Wege wieder bahnen würde, das läßt sich vor seinem tiefen Blick nicht denken, und über seine Absichten mag ich nicht Richter sein. Ich habe wider das Konsulat nichts, nichts wider das erste Konsulat. Aber seine Macht war sogleich zu exorbitant, und die Dauer war nicht mehr republikanisch" (J. G. Seume, 1802/03, zit. nach Träger 1989, S. 142 f.).

Der General Bonaparte hatte im Dienst der Revolution und Republik seine Persönlichkeit eingesetzt; Taten wie diejenige im November 1796, als er im Alleingang den zögernden Soldaten voranging, um die strategisch wichtige Brücke von Arcole gegen die Österreicher zu stürmen, trugen wesentlich zu seinem Aufstieg bei. Nach den Brumaire-Ereignissen fehlte ein Korrektiv, das seiner Dynamik ein Gegengewicht hätte entgegensetzen können. Die Entwicklung vom Ersten Konsul zum Kaiser Napoleon I. erfolgte fast zwangsläufig und ließ ihn als leuchtenden Schlußpunkt der Revolution erscheinen, deren Ende er selbst proklamierte; damit vollzog er endgültig die Abkehr vom jakobinischen Konzept, das sein ehemaliger Protektor Robespierre in die Frage gekleidet hatte: „Habt ihr eine Revolution ohne Revolution gewollt?"

„Jeder Schritt, den er tat, war mit herrlich berechneter Klugheit vorwärts für ihn und für die Republik rückwärts", klagte Johann Gottfried Seume (zit. nach Träger 1989, S. 143).

Immerhin gab der von Napoleon initiierte „Code civil" (vgl. Kat. 506) vom 21. März 1804 viele Errungenschaften der Revolution (Gleichheit vor dem Gesetz, individuelle Freiheit etc.), wenn auch in wesentlich konservativerer Form, an das gesamte Europa der Folgezeit mit Wirkung bis heute weiter. Darin enthalten war auch die Trennung von Staat und Kirche (einschließlich der verbindlichen zivilen Eheschließung). Für die katholische Kirche in Frankreich bedeutete das einerseits die erneute Aufwertung gegenüber der nivellierenden „Liberté des Cultes" während der Revolutionszeit; andererseits wurde sie von einer starken Regierung wie eine Staatskirche an die Kandare genommen, wenn auch weniger stark als im Ancien Régime (vgl. Kat. 494). Das Konkordat vom 15. Juli 1801 beginnt:

„Die Regierung der Republik erkennt, daß die katholische, apostolische und römische Religion die Religion der großen Mehrheit der französischen Bürger ist.

Ebenso erkennt Seine Heiligkeit an, daß diese Religion die größten Wohltaten und den höchsten Glanz von der Wiederherstellung des katholischen Gottesdienstes in Frankreich und der besonderen Zuneigung, mit der sich die Konsuln der Republik zu ihr bekennen, empfangen hat und auch gegenwärtig von ihnen erwartet" (zit. nach Lautemann 1981, S. 546).

Dennoch ließ sich Napoleon als Protektor aller versammelten Religionen (vgl. Herrliberger-Picart, Kat. 137 a) feiern, der

ganz im Sinne der Revolution auf die allen gemeinsame göttliche Vorsehung hinweist – und ganz entgegen revolutionären Forderungen, zugleich aber einem Robespierre nicht unähnlich, als herausragendes Medium agiert. Sein Anteil am Strahlenkranz erscheint später transformiert als den Kopf des Kaisers umgebende Glorie (vgl. Kat. 497/498).

Noch im Jahr 1800 versucht Josef von Görres, der sich nach dem Staatsstreich Napoleons vom glühenden Bewunderer der Französischen Revolution immer mehr zu ihrem erbitterten Gegner entwickelte, ein Fazit: „Am Fuße der Säule, in die die Weltgeschichte ihre Annalen gräbt, steht der Weltbürger und liest die Worte: *Am Ende des achtzehnten Jahrhunderts erhob sich das Frankenvolk in die Region einer höheren Bestimmung, es tat Großes, leistete, was es vermochte, aber gewaltsam herabgerissen von Zeit und seiner inneren Natur, erreichte es nicht das Ziel, dem es entgegenstrebte. Generationen der Folgezeit, studiert seine Fehler und seine Irrtümer und vollendet, was es zuerst zu denken wagte.*

Frankreich, um seine Existenz vor den Gefahren zu sichern, die sie von allen Seiten bedrohten, hat getan, was in solchen Fällen der Sohn der Natur tut; es hat den Kraftvollsten aus seinem Schoße ausgelesen und sein Schicksal in seine Hände gelegt. Durch diesen Schritt hat es sich von dem Abgrunde gerettet, der es zu verschlingen drohte; aber dadurch ist es zugleich in die Reihe der übrigen Staaten getreten, und seine Revolution hat das allgemeine weltbürgerliche Interesse verloren, das sie vorhin zur Sache aller Völker machte" (zit. nach Hartig 1983, S. 30).

354 Blick auf das Tor von St. Denis

In Girtins Straßenszene verbindet sich Alltäglichkeit mit Herrschaftsarchitektur, von den Beherrschten selber errichtet. Die seit dem Mittelalter den königlichen Einzügen vorbehaltene rue St. Denis wurde mit einem von Blondel entworfenen Triumphbogen geschmückt, als Ludwig XIV. siegreich von seinem holländischen Feldzug zurückkehrte. Das republikanisierte Bauwerk trägt nun die Aufschrift: LIBERTÉ ÉGALITE INDIVISIBILITÉ.

Paris steht im Banne des Ersten Konsuls, der bald neue Triumphstraßen und Denkmäler errichten lassen wird. Wie sich das neue Regime einem republikanisch gesinnten Beobachter darstellte, zeigen Johann Heinrich Reichardts „Vertraute Briefe aus Paris geschrieben in den Jahren 1802 und 1803" (Hamburg 1804):

Zurück nach Versailles
„In St. Cloud läßt Bonaparte auch Theater bauen, um dort künftig, von den Sängern und Sängerinnen der großen Oper, und von denen der opera buffa, italiaenische Opern aufführen zu lassen. Man ist überall sehr damit beschäftigt den alten versailler Hof wieder herzustellen. Dazu wird St. Cloud nun freilich zu klein, und Bonaparte hat auch schon von einem Baumeister einen Anschlag gefordert, über die Zeit und Kosten, die nöthig seyn würde, das im Innern gänzlich zerstörte versailler Schloß wieder für ihn herzustellen. Die Antwort soll gelautet haben, daß zwanzig Millionen und zwei Jahre Zeit dazu erfordert würden.

Worauf Bonaparte erwiedert haben soll; er möchte lieber noch einmal so viel Geld daran wenden, wenn er es dadurch in der Hälfte der Zeit erlangen könnte. Auch wird bereits ernstlich dazu gethan, die große Wassermaschine von Marly, welche Versailles mit Wasser versieht, in Stand zu setzen."

Neuer Hofstaat
„Zu dem neuen Hofstaat des ersten Consuls gehören auch vier prefects du palais, die an der Stelle der ehemaligen Gentilhommes du roi kommen. Diese sollen künftig auch, wie ehemals jene, die Oberaufsicht über die Haupttheater führen."

Besuch im Atelier von Mme Lebrun
„Eine sonderbare, aber nicht erfreuliche Zusammenstellung von zwei ältern Bildern dieser Künstlerin erregte Empfindungen, die man in dem sonst so lachenden und reizenden Attelier einer angenehmen Künstlerin lieber nicht gehabt hätte. Es waren die nicht vollendeten Bilder der unglücklichen Königin von Frankreich und der Madame Dubarry."

Wieder die alten Feste
„Bonaparte hat zum großen Aerger aller solcher rüstigen und geschickten jungen Leute auch diese republikanische Einrichtungen abgestellt, und dafür wieder die alten Feuerwerke und Illuminationen und Concerte im offnen Thuilleriegarten eingeführt, wie es ehedem am Festtage des heiligen Louis gebräuchlich war."

„. . . so sind die neuen republikanischen Feste, die wenigstens für die Kunst hätten wohlthätig werden können, wieder zu den alten Späßen für den müssigen Pöbel hinabgesunken. Freilich ist diesem mit recht vielen Lichtern und recht viel Pulverknall am meisten gedient; und so auf einem bestimmten eingeschlossenen Platze ist der versammelte Pöbel leichter in Ordnung zu halten, als auf dem großen Marsfelde und dessen Umgebung; und die Familie, die wohl eben nicht in der Liebe des Volkes ihre Sicherheit suchen und finden möchte, ist sicherer oben am Fenster, als unter der Menge."

Ein Spielhaus
„Einem merkwürdigen charakteristischen Ball hab' ich letzt in einem der grossen Spielhäuser beigewohnt. Du weißt schon, daß das Hazardspiel von der Regierung für Paris an eine Gesellschaft, die großen Theils aus zurückgekehrten Adlichen besteht, für eine jährliche Pacht von sechs Millionen verpachtet worden ist. Zehn bis zwölf Hotels sind von dieser Gesellschaft zu Spielhäusern eingerichtet, in welche man die elegante spiellustige Welt durch allerlei angenehme Anlockungen zu versammeln sucht. Eine dieser besteht denn auch in einem öffentlichen wöchentlichen Freiball, zu welchem durch Gesandte und andre große Häuser und Banquiers und die Unternehmer selbst die Freibillette ausgegeben werden."

Um zwei Uhr morgens wurde „ein splendides kaltes Souper" serviert:

„Dabei sah man recht, welche Art Menschen sich zu dem Freiball – denn niemand bezahlt da das mindeste, – nur zu häufig Billets zu verschaffen gewußt hatten. Es war ein Reissen um die Speisen und um die Bouteillen, daß Leute, die dieses fatale laute Gedränge scheuten, nicht leicht zu etwas gelangten."

Reichardt bemerkt, daß die Spielhalle sich im ehemaligen Hôtel des Grafen d'Ogny befindet, eines Lebemannes, von dessen Familie niemand die Revolution überlebt hat. Er bedenkt die Korruption des alten Adels und stellt ihr die der Neureichen gegenüber:

„Alles das mocht' ich mir noch so oft wiederholen; es blieb mir immer ein höchst widriges Gefühl, daß all der Wohlstand, der für das äußre Ansehen, wenigstens in schicklichen und feinen Formen, genossen wurde, und doch für die schönen Künste höchst wohlthätig war; daß der so gewaltsam hatte zerstört werden müssen, um das, wenn gleich gemißbrauchte, doch fein und lustig genossene Vermögen in die Hände solcher Leute zu spielen, die auch nicht einmal fein und lustig zu genießen verstehen, nur in der Ueberfüllung der gröbern Sinne und in dem gemeinsten Glückspiel ihre Befriedigung finden; oder gar, dem zerstörenden Ehrgeiz ergeben, nicht einmal diese Befriedigung kennen, sondern nur auf Unterjochung ihrer Mitbürger und Zeitgenossen, auf Zerstörung aller Aufklärung und feinern Bildung feindselig wirken."

Bonaparte ist klein, kaum fünf Fuß hoch und äußerst mager: dünnere Lenden, Beine und Arme kann man nicht leicht sehen. Brust und Schultern sind breit, so auch das Gesicht, doch ohne hervorstehende Knochen, ohnerachtet die Haut scharf angespannt ist. Diese ist eben so viel Olivenfarbe als gelb, ohne die mindeste Spur von Blutfarbe und ohne alle merkliche Beweglichkeit. Die sanft gebogne Nase und der Mund sind feingeformt, und selbst das stark hervorstehende Kinn ist gar nicht unangenehm. Die Mittellinie des Mundes würde sehr angenehm seyn, wenn sie nicht zu gerade wäre und beim Schweigen so scharf schlöße, daß von den Lippen wenig zu sehen bleibt. (J. H. Reichardt)

353 Bonaparte. Erster Konsul der Republik

Die mit Fruchtgelées gefüllten Confituren, waren auch von großer Feinheit. Daß dabei Bonapartes Bildnis überall angebracht war, versteht sich von selbst, und da es, wenigstens in den hervortretenden Zügen seines Gesichts, selten ganz verfehlt, oft wohl recht ähnlich ist; so haben wir bei der Auswahl der süßen Sachen, die R** für Euch mitnehmen will, ganz besonders darauf Rücksicht genommen. (J. H. Reichardt)

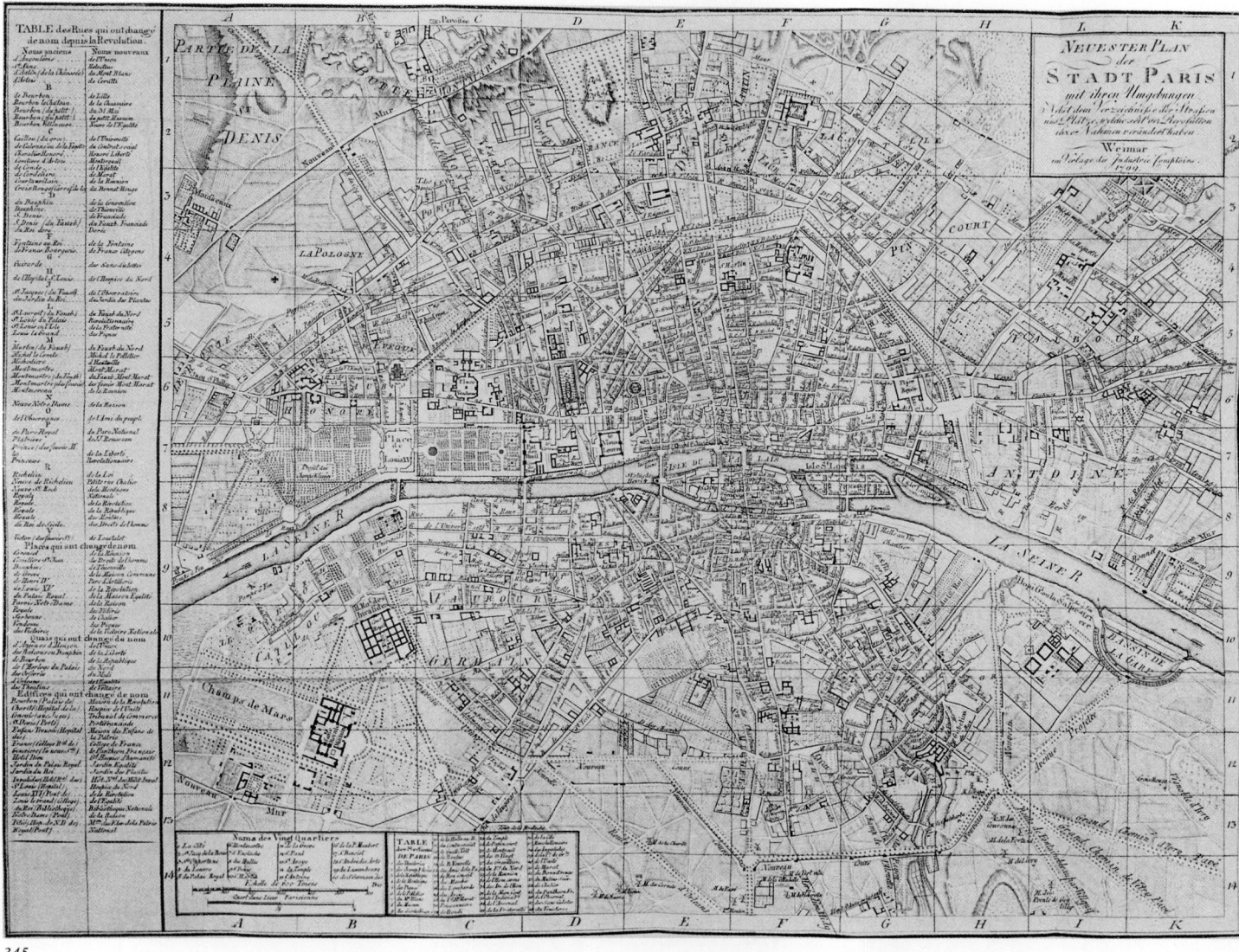

345

ANTOINE-FRANÇOIS SERGENT-MARCEAU

**234 Louis XVI. Roi des Français /
Né à Versailles le 23 Août 1754.**
(Ludwig XVI., König der Franzosen, gebo-
ren am 23. August 1754 in Versailles)

1789
Farbstich, Aquarellmanier;
200 × 142 mm (Darst.)
HK, Kupferstichkabinett, Inv. 1988/227

Lit.: de Vinck 431

ANONYM, französisch

235 Le Compte Rendu.
(Der Rechenschaftsbericht –
Porträt Neckers)

nach 1788
Radierung, Kupferstich; 223 × 142 mm
HK, Kupferstichkabinett, Inv. 1988/251

Lit.: de Vinck 1363; Vovelle 1986, Bd. 1, S. 80; Her-
ding/Reichardt 1989, S. 41

Antoine-François Sergent-Marceau
nach JOSEPH-SIFFRED DUPLESSIS

236 Bildnis Jacques Necker

1789
Radierung, Farbstich, Aquarellmanier;
225 × 164 mm
HK, Kupferstichkabinett, Inv. 1988/228

Lit.: de Vinck 1410

ABRAHAM GIRARDET,
vollendet von DUPARC

**237 Lit de Justice Tenu à Versailles, /
le 6 Aout 1787.**
(Königlicher großer Gerichtstag in
Versailles am 6. August 1787)

nach 1787
Kupferstich, Radierung, koloriert;
176 × 266 mm (Darst.)
HK, Kupferstichkabinett, Inv. 1988/62

Lit.: de Vinck 1335; IFF, Bd. 10, Nr. 13 (Girardet)

ANONYM, französisch

238 Il Faut Faire 3 Choses
(Drei Dinge sind nötig)

nach 1789
Kolorierte Radierung; 226 × 270 mm (Blatt)
HK, Kupferstichkabinett, Inv. 1988/187

Lit.: de Vinck 2069

ANONYM, französisch

239 êntre noû trois pas de façon
(Keine besonderen Umstände unter uns
Dreien)

1789
Kolorierte Radierung; 158 × 115 mm
HK, Kupferstichkabinett, Inv. 1988/185

Lit.: de Vinck 2052

ANONYM, französisch

240 Convoi de Tres Haut et Tres Puissant Seigneur des Abus/Mort sous le Règne de Louis XVI le 4 Mai 1789.
(Die Mißbräuche werden zu Grabe getragen. Totengeleit des überaus hohen und mächtigen Herren der Mißbräuche / gestorben unter der Regierung Ludwigs XVI., den 4. Mai 1789)

1789
Aquatinta, Radierung; 221 × 370 mm (Darst.)
HK, Kupferstichkabinett, Inv. 1980/54

Lit.: de Vinck 2763; de Baecque 1988, S. 68; Kat. Hamburg 1980/81, Nr. 311

JEAN-FRANÇOIS JANINET

241a–g Illustrationen aus: Gravures Historiques des Principaux Événements depuis L'Ouverture des États-Généraux
Paris 1789–1791
Radierungen, Aquatinten; je 125 × 89 mm
HK, Bibliothek, Sign. Ill. XVIII. Varii 1789–94

Isidore-Stanislas Helman
nach CHARLES MONNET

242 Ouverture des Etats Généraux, / à Versailles le 5 Mai 1789
(Eröffnung der Generalstände in Versailles am 5. Mai 1789)

1790–1802
Kupferstich, Radierung; 356 × 456 mm
HK, Kupferstichkabinett, Inv. 1988/70

Lit.: de Vinck 1429; IFF, Bd. 11, Nr. 142 (Helman)

ANONYM

243a–ee Illustrationen zu: Louis-Marie Prudhomme, Révolutions de Paris, dédiées à la Nation
Paris 1789–1794
Kupferstiche, Radierungen; je 190 × 110 mm
HK, Bibliothek, Sign. Ill. XVIII. Varii 1789–94

Pierre-Gabriel Berthault
nach JEAN-LOUIS PRIEUR

244 Serment du Jeu de Paume, à Versailles. / le 20 Juin 1789.
(Ballhausschwur, am 20. Juni 1789)

1789
Kupferstich, Radierung; 244 × 290 mm
HK, Kupferstichkabinett, Inv. 1988/181

Lit.: de Vinck 1466; IFF, Bd. 2, Nr. 201 (Berthault); Kat. Paris 1982, Nr. 113; Portalis-Béraldi, Bd. I, 1, S. 470

JEAN-FRANÇOIS JANINET

245 2e Événement du 20 Juin 1789. / Serment des Députés au Jeu de Paume.
(2. Ereignis, 20. Juni 1789, Ballhausschwur)

1789
Aquatinta; 200 × 137 mm
HK, Kupferstichkabinett, Inv. 1988/235

Lit.: de Vinck 1456; IFF, Bd. 12, Nr. 96

Pierre-Gabriel Berthault
nach JEAN-LOUIS PRIEUR

246 Les Bustes de Mrs. d'Orleans et Necker Portés a la Place Louis XV. / le 12 Juillet 1789
(Die Büsten des Herzogs von Orleans und Neckers werden am 12. Juli 1789 zum Platz Ludwigs XV. getragen)

1789
Kupferstich, Radierung, koloriert; 242 × 299 mm
HK, Kupferstichkabinett, Inv. 1988/64

Lit.: de Vinck 1508; Kat. Hamburg 1983/84, Nr. 305 a; IFF, Bd. 2, Nr. 205 (Berthault)

Pierre-Gabriel Berthault
nach JEAN-LOUIS PRIEUR

247 Barrière de la Conférence Incendiée. / le 12 Juillet 1789.
(Brand des Stadtzollhauses am 12. Juli 1789)

1789
Kupferstich, Radierung; 242 × 287 mm
HK, Kupferstichkabinett, Inv. 1988/60

Lit.: de Vinck 3895; IFF, Bd. 2, Nr. 210; Kat. Paris 1982, Nr. 114

Pierre-Gabriel Berthault
nach JEAN-LOUIS PRIEUR

248 Le Peuple Faisant Fermer l'Opera. / le 12 Juillet 1789.
(Das Volk läßt die Oper am 12. Juli 1789 schließen)

Kupferstich, Radierung; 245 × 287 mm
HK, Kupferstichkabinett, Inv. 1988/58

Lit.: de Vinck 1505; IFF, Bd. 2, Nr. 204

Pierre-Gabriel Berthault
nach JEAN-LOUIS PRIEUR

249 Pillage de la Maison de St. Lazare / le lundi 13 Juillet 1789.
(Plünderung des Hauses von St. Lazare, Montag, 13. Juli 1789)

1789
Kupferstich, Radierung; 240 × 285 mm
HK, Kupferstichkabinett, Inv. 1988/55

Lit.: de Vinck 1528; IFF, Bd. 2, Nr. 212

ANONYM, französisch

250 Plan de la Bastille
(Grundriß der Bastille)

1774 (?)
Lavis-Manier; 165 × 148 mm (Blatt)
HK, Kupferstichkabinett, Inv. 1988/256

ISIDORE-STANISLAS HELMAN

251 Prise de la Bastille, / Le 14. Juillet 1789.
(Sturm auf die Bastille am 14. Juli 1789)

Kupferstich, Radierung; 356 × 460 mm
HK, Kupferstichkabinett, Inv. 1983/30

Lit.: de Vinck 1569; IFF, Bd. 11, Nr. 144

CHARLES THÉVENIN

252 Prise de la Bastille, le 14 Juillet 1789
(Sturm auf die Bastille am 14. Juli 1789)

um 1793
Radierung; 374 × 582 mm (Darst.)
HK, Kupferstichkabinett, Inv. 1988/209

Lit.: Slg. Paris 1977, Nr. 272; Kat. Baltimore 1984, Nr. 107

JACQUES BERTAUX

253 Die Bastille
Feder, Tinte, laviert; 239 × 374 mm
Paris, Musée du Louvre, Département des Arts Graphiques, Inv. 23.751

Lit.: Guiffrey/Marcel, Bd. 1, Nr. 257

FRANÇOIS-ANDRÉ VINCENT

254 La Prise de la Bastille
(Sturm auf die Bastille)

1789
Feder, Tinte, Bleistift; 330 × 550 mm
Dijon, Musée des Beaux-Arts de Dijon, Inv. ES 6

Lit.: Slg. Vizille 1986, Nr. 8; Kat. Montauban 1981, Nr. 48; Cuzin 1980, S. 84–85

JEAN-FRANÇOIS JANINET

255 2e Événement du 14 Juillet 1789. / Le Gouverneur de la Bastille après avoir fait baisser le 1er Pont-levi et laisser entrer un grand nombre de Citoyens dans la 1re Cour, les fait fusiller.
(2. Ereignis, 14. Juli 1789. Der Gouverneur der Bastille läßt eine große Zahl von Bürgern erschießen, die in den ersten Hof eingedrungen waren, nachdem er eine Zugbrücke niedergelassen hatte)

nach Juli 1789
Aquatinta; 127 × 88 mm
HK, Kupferstichkabinett, Inv. 1988/234

Lit.: de Vinck 1547; IFF, Bd. 12, Nr. 101

JEAN-FRANÇOIS JANINET

256 3e Événement du 14 Juillet 1789. / Le brave Maillard va chercher sur une planche suspendue audessus du fossé de la Bastille . . .
(Der tapfere Maillard wagt, auf einer Planke über den Festungsgraben zu gehen . . .)

nach Juli 1789
Aquatinta; 125 × 89 mm (Darst.)
HK, Kupferstichkabinett, Inv. 1988/240

Lit.: Slg. Paris 1977, Nr. 261; de Vinck 1548

JEAN-FRANÇOIS JANINET

257 4e Événement du 14 Juillet 1789. / Le Marquis Delaunay voulant mettre le feu à la Ste. Barbe est repoussé par le Sr. Ferrand.
(4. Ereignis, 14. Juli 1789. Der Marquis Delaunay, der im Keller des Innenhofs der Bastille [St. Barbe] Feuer legen will, wird von Sr. Ferrand abgewehrt)

nach 1789
Aquatinta; 202 × 137 mm
HK, Kupferstichkabinett, Inv. 1988/239

Lit.: de Vinck 1549; IFF, Bd. 12, Nr. 107; Portalis-Béraldi, Bd. II, 2, S. 483

JEAN-FRANÇOIS JANINET

**258 5ᵉ Événement du 14 Juillet 1789. /
Le Marquis Delaunay conduit à la Ville
par les Volontaires de la Bastille.**
(5. Ereignis, 14. Juli 1789. Der Marquis
Delaunay wird von den Freiwilligen, die
die Bastille erobert haben, durch Paris
geführt)

nach Juli 1789
Aquatinta; 125 × 89 mm (Darst.)
HK, Kupferstichkabinett, Inv. 1988/238

Lit.: de Vinck 1576

JEAN-FRANÇOIS JANINET

**259 2ᵐᵉ Événement du 17 Juillet 1789. /
Louis XVI. se montre à l'une des fenêtres
de la grande salle de l'Hôtel-de-Ville, la
Cocarde Nationale au chapeau.**
(2. Ereignis, 17. Juli 1789. Louis XVI. zeigt
sich an einem der Fenster des großen Rat-
haussaals mit der Kokarde am Hut)

1789
Aquatinta; 202 × 136 mm
HK, Kupferstichkabinett; Inv. 1988/236

Lit.: de Vinck 1745; Slg. Vizille 1985, Nr. 23; IFF,
Bd. 12, Nr. 115

JEAN HANS (zugeschrieben)

**260 Erstürmung und Plünderung des
Rathauses von Straßburg**

1789
Kolorierter Kupferstich; 445 × 510 mm
Vizille, Musée de la Révolution Française,
Inv. 85.393

Lit.: Slg. Vizille 1985, Nr. 18

JEAN-FRANÇOIS JANINET

**261 Événement du 23 Juillet 1789. / Foulons
après avoir été arrêté au Village de Viry
dans une Maison de Mᵣ de Sartine . . .**
(Ereignis des 23. Juli 1789. Foulons, nachdem er in dem Dorf Viry in einem Haus
des Maître de Sartine festgenommen worden war . . .)

1789
Aquatinta; 130 × 880 mm (Darst.)
HK, Kupferstichkabinett, Inv. 1988/237

Lit.: de Vinck 2872; Slg. Paris 1977, Nr. 264; IFF,
Bd. 12, Nr. 117

Pierre-Gabriel Berthault
nach JEAN-LOUIS PRIEUR

**262 Service Funèbre des Citoyens Morts au
Siege de la Bastille . . . le 5 Aoust 1789.**
(Trauergottesdienst für die Bürger, die bei
der Belagerung der Bastille getötet wurden
. . . am 5. August 1789)

1789
Kupferstich, Radierung; 242 × 290 mm
HK, Kupferstichkabinett, Inv. 1988/67

Lit.: de Vinck 1659; IFF, Bd. 2, Nr. 222 (Berthault)

ANONYM, französisch

**263 Pierre Ancise rendû aux Citoyens
en Aoust 1789.**
(Pierre Ancise [= Pierre-Encize] wird den
Bürgern am 4. August 1789 übergeben)

nach 1789
Kupferstich, Aquatinta; 190 × 290 mm
Köln, Wallraf-Richartz-Museum, Inv. 36399

Lit.: Dayot 1896, S. 89; Kat. Paris 1989, Nr. 526

Pierre-Gabriel Berthault
nach JEAN-LOUIS PRIEUR

**264 Bénédiction des Drapeaux de la Garde
Nationale Parisienne à Notre Dame, /
le 27 Septembre 1789**
(Fahnenweihe der Pariser Nationalgarde
in der Kathedrale Notre-Dame am
27. September 1789)

1789
Kupferstich, Radierung; 237 × 282 mm
HK, Kupferstichkabinett, Inv. 1988/53

Lit.: de Vinck 1773; IFF, Bd. 2, Nr. 227 (Berthault);
Kat. Kleve 1988, Nr. J 2

Pierre-Gabriel Berthault
nach JEAN-LOUIS PRIEUR

**265 Orgie des Gardes du Corps dans la Salle
de l'Opera de Versailles, /
le 1ᵉʳ Octobre 1789.**
(Trinkgelage der Leibgarden im Opernsaal
zu Versailles am 1. Oktober 1789)

um 1789/90
Kupferstich, Radierung; 240 × 286 mm
HK, Kupferstichkabinett, Inv. 1988/264

Lit.: IFF, Bd. 2, Nr. 228, Kat. Paris 1988, Nr. 196

JEAN-FRANÇOIS JANINET

**266 1ᵉʳ Événement du 8.ᵇʳᵉ 1789. / Les fem-
mes voulant pendre l'Abbé Lefevre, et les
Hommes voulant incendier les Papiers
(Cour de l'Hôtel-de-Ville.)**
(1. Ereignis, 5. Oktober 1789. Die Frauen
wollen Abbé Lefevre hängen und die Männer wollen die Dokumente verbrennen
[Im Hof des Rathauses])

um 1789/90
Aquatinta; 125 × 89 mm
HK, Kupferstichkabinett, Inv. 1988/241

Lit.: de Vinck 2947; IFF, Bd. 12, Nr. 123

JEAN-FRANÇOIS JANINET

**267 3ᵉ Événement du 5 Octobre 1789. /
M. de la Fayette descend de l'Hôtel-de-
Ville, avec les Ordres de partir pour Versailles, à la tête des Troupes.**
(3. Ereignis, 5. Oktober 1789. Der Marquis
de la Fayette kommt mit dem Befehl aus
dem Rathaus, die Truppen nach Versailles
zu führen)

um 1789/90
Aquatinta; 200 × 135 mm
HK, Kupferstichkabinett, Inv. 1988/242

Lit.: de Vinck 2966; IFF, Bd. 12, Nr. 125

JEAN-FRANÇOIS JANINET

**268 4ᵉ Événement du 5. 8.ᵇʳᵉ 1789. /
Les Femmes Parisiennes siegeant à l'Assemblée Nationale parmi les Députés.**
(4. Ereignis, 5. Oktober 1789. Die Frauen
von Paris nehmen inmitten der Abgeordneten an einer Sitzung der Nationalversammlung teil)

um 1789/90
Aquatinta; 125 × 89 mm
HK, Kupferstichkabinett, Inv. 1988/243

Lit.: de Vinck 2973; IFF, Bd. 12, Nr. 127

Pierre-Gabriel Berthault
nach JEAN-LOUIS PRIEUR

**269 Les Dames de la Halle Partant pour aller
Chercher le Roi à Versailles /
le 5 Octobre 1789.**
(Die Pariser Marktfrauen auf dem Weg
nach Versailles, um den König am 5. Oktober 1789 nach Paris zu holen)

um 1789
Kupferstich, Radierung; 243 × 288 mm
HK, Kupferstichkabinett, Inv. 1988/52

Lit.: de Vinck 2952; IFF, Bd. 2, Nr. 229

Pierre-Gabriel Berthault
nach JEAN-LOUIS PRIEUR

**270 Le Roi Arrivant à Paris avec sa Famille,
Escorté de plus de trente mille Ames /
le 6 Octobre 1789.**
(Der König trifft, begleitet von mehr als
30 000 Personen, am 5. Oktober 1789 mit
seiner Familie in Paris ein)

nach Oktober 1789
Radierung; 240 × 290 mm
HK, Kupferstichkabinett, Inv. 1988/183

Lit.: de Vinck 3006; IFF, Bd. 2, Nr. 231 (Berthault);
Kat. Paris 1982, Nr. 122

ANONYM, französisch

**271 Punition. de J. F. Mauri, et couroux de
son Pere. infame aristocrate . . . tu renie
le tiers-Etat!**
(Bestrafung von J. F. Mauri und Zorn seines Vaters. Infamer Aristokrat . . . du ver-
leugnest den Dritten Stand!)

Ill. aus: Camille Desmoulins, „Révolution de
France et de Brabant"
Paris 1789–90
Kupferstich, Radierung; 140 × 94 mm (Darst.)
HK, Bibliothek, Sign. Ill. XVIII. Varii 1789–90

ANONYM, französisch

**272 Préparatifs pour la Fête de la Fédération
au Champs de Mars**
(Vorbereitungen für das Föderationsfest
auf dem Marsfeld)

Radierung; 210 × 331 mm (Darst.)
Paris, Librairie Paul Jammes

Lit.: de Vinck 3725; de Baecque 1988, S. 156; Slg. Paris
1977, Nr. 20

BONTANT

**273 Camp Fédératif de Lyon Tenu
Le 30. Mai. 1790**
(Das Treffen der Föderierten von Lyon
am 30. Mai 1790)

Juni 1790
Radierung, Kupferstich; 520 × 635 mm (Blatt)
Vizille, Musée de la Révolution Française,
Inv. 83.263

Lit.: Slg. Vizille 1985, Nr. 20; Kat. Clermont-Ferrand
1974, Nr. 1; Herding/Reichardt 1989, S. 63

CHARLES-FRANÇOIS MANDAR

**274 Vue du Champ de Mars,
le 14 Juillet 1790.**
(Blick auf das Marsfeld, 14. Juli 1790)

1790
Aquatinta, Radierung; 270 × 434 mm (Darst.)
HK, Kupferstichkabinett, Inv. 1988/194

Lit.: de Vinck 3771

Pierre-Gabriel Berthault
nach JEAN-LOUIS PRIEUR

**275 Fêtes et Illuminations aux Champs
Elysées, / le 18 Juillet 1790.**
(Feierlichkeiten und festliche Beleuchtung
auf den Champs Elysées am 18. Juli 1790)

1790/91
Radierung; 240 × 285 mm
HK, Kupferstichkabinett, Inv. 1988/182

Lit.: IFF, Bd. 2, Nr. 241; Kat. Paris 1982, Nr. 123

MARTIN DROLLING

276 Weinausteilung auf den Champs-Elysées

um 1790/95
Öl/Papier auf Leinwand; 29,5 × 38,5 cm
Kunsthalle Bremen, Inv. 1189–1976/14

Lit.: Busch 1984, Nr. 163

ANONYM, französisch   (Farbtafel 20)

277 Ici l'on Danse.
(Hier wird getanzt)

1790
Kolorierte Radierung; 297 × 400 mm
HK, Kupferstichkabinett, Inv. 1988/197

Lit.: de Vinck 3855; Kat. Kleve 1988, Nr. 47; Kat.
Clermont-Ferrand 1974, Nr. 11; Kat. Paris 1989,
Nr. 533

Isidore-Stanislas Helman
nach CHARLES MONNET

**278 Fédération générale des Français / au
Champ de Mars le 14 Juillet 1790.**
(Föderation der Franzosen auf dem
Marsfeld am 14. Juli 1790)

1790–1802
Kupferstich, Radierung; 360 × 464 mm
HK, Kupferstichkabinett, Inv. 1983/31

Lit.: Kat. Hamburg 1983/84, Nr. 306; Portalis-Béraldi,
Bd. II, 2, S. 397

ANONYM, französisch

**279 Moyen Expéditif du Peuple Français pour
Démeubler un Aristocrate.
13 novembre 1790.**
(Effektive Methode des französischen Volkes, bei einem Aristokraten auszuräumen,
13. November 1790)

Radierung; 170 × 122 mm
HK, Kupferstichkabinett, Inv. 1988/47

Lit.: de Vinck 3592

Pierre-Gabriel Berthault   (Farbtafel 21)
nach JEAN-LOUIS PRIEUR

**280 Affaire des Poignards dans l'Intérieur du
Château des Tuileries, /
le 28 Fevrier 1791.**
(Die Dolchaffäre in den Tuilerien-Räumen
am 28. Februar 1791)

1791
Kupferstich, Radierung, koloriert;
240 × 282 mm
HK, Kupferstichkabinett, Inv. 1988/66

Lit.: de Vinck 3873; IFF, Bd. 2, Nr. 249 (Berthault);
Kat. Paris 1982, Nr. 125

Pierre-Gabriel Berthault   (Farbtafel 23)
nach JEAN-LOUIS PRIEUR

**281 Pompe Funèbre de Mirabeau, /
le 4 Avril 1791.**
(Trauerfeier für Mirabeau am 4. April
1791)

1791
Kupferstich, Radierung, koloriert;
242 × 284 mm
HK, Kupferstichkabinett, Inv. 1988/65

Lit.: de Vinck 1915; IFF, Bd. 2, Nr. 250; Kat. Paris 1982,
Nr. 126

Pierre-Gabriel Berthault   (Farbtafel 22)
nach JEAN-LOUIS PRIEUR

**282 Manequin du Pape, Brulé au Palais
Royal. / le 6 Avril 1791.**
(Eine den Papst darstellende Puppe wird
beim Palais Royal am 6. April 1791 verbrannt)

nach 1791
Kupferstich, Radierung, koloriert;
242 × 284 mm
HK, Kupferstichkabinett, Inv. 1988/63

Lit.: de Vinck 3444; IFF, Bd. 2, Nr. 251

Jean Dambrun
nach JEAN-MICHEL MOREAU L. J.

282 A À un peuple libre.
(Auf ein freies Volk)

1792/93
Kupferstich; 238 × 197 mm
HK, Kupferstichkabinett, Inv. 1989/65

Jean Duplessi-Bertaux
nach JEAN-LOUIS PRIEUR

**283 Gefangennahme Ludwigs XVI.
in Varennes**

nach 1791
Radierung, Punktiermanier;
320 × 441 mm (Darst.)
HK, Kupferstichkabinett, Inv. 1980/55

Lit.: de Vinck 3961; IFF, Bd. 8, Nr. 354 (Duplessi-
Bertaux); Kat. Hamburg 1980/81, Nr. 341

Pierre-Gabriel Berthault
nach JEAN-LOUIS PRIEUR

284 Triomphe de Voltaire, / le 11 Juillet 1791.
(Triumphale Ehrung Voltaires am 11. Juli
1791)

nach 1791
Radierung; 230 × 280 mm
HK, Kupferstichkabinett, Inv. 1988/184

Lit.: de Vinck 4174

Pierre-Gabriel Berthault
nach JEAN-LOUIS PRIEUR

**285 Publication de la Loi Martiale au Champ
de Mars. / le 17 Juillet 1791.**
(Erklärung des Ausnahmezustands auf
dem Marsfeld am 17. Juli 1791)

1791
Kupferstich, Radierung, koloriert;
240 × 280 mm
HK, Kupferstichkabinett, Inv. 1988/68

Lit.: Kat. Kleve 1988, Nr. G 11

ANONYM, französisch

**286 Destruction de la chapelle de la Sainte-
Chandelle d'Arras**
(Abriß der Sainte-Chandelle in Arras)

1791
Radierung; 160 × 135 mm (Darst.)
Vizille, Musée de la Révolution Française,
Inv. 84.691

Lit.: Réau 1959, Bd. 1, S. 338; Slg. Vizille 1985, Nr. 21

ANONYM, französisch

287 La Loi. Constitution 1789 et 1790.
(Das Gesetz. Die Verfassung von 1789 und
1790)

nach 1790
Kolorierter Kupferstich; 200 × 340 mm
Paris, Librairie Paul Jammes

LOUIS-PHILIBERT DEBUCOURT   (Farbtafel 24)

288 La Promenade Publique
(Die öffentliche Promenade)

1792
Farbradierung; 368 × 602 mm (Darst.)
HK, Kupferstichkabinett, Inv. 1979/76

Lit.: IFF, Bd. 6, Nr. 26; Kat. Baltimore 1984, Nr. 103;
Kat. Los Angeles 1988, Nr. 174

ANONYM, französisch

289 Contre Révolution
(Gegenrevolution)

um 1791/92
Kupferstich, Radierung; 294 × 499 mm (Darst.)
HK, Kupferstichkabinett, Inv. 49200

Lit.: de Baecque 1988, S. 198; de Vinck 4419; Kat.
Hamburg 1983/84, Nr. 310

JOHANN FRIEDRICH REICHARDT   (o. Abb.)

290 Vertraute Briefe über Frankreich

Berlin 1792
Wolfenbüttel, Herzog August Bibliothek,
Sign. GK 1695

ANONYM, französisch

291 Refrains Patriotiques
(Patriotischer Refrain)

1792/93
Kolorierter Kupferstich; 280 × 310 mm
Paris, Musée Carnavalet

Lit.: Vovelle 1986, Bd. 2, S. 134

Ernst Ludwig Riepenhausen
nach JOHANN DAVID SCHUBERT

**292 Sitzung des Jacobiner Clubs,
im Februar 1792.**

Ill. aus: *Revolutionsalmanach von 1793*
Göttingen 1793
Kupferstich; 113 × 69 mm
HK, Bibliothek, Sign. Ill. XVIII, Varii 1793

Jean-Baptiste Vérité
nach PIERRE BOUILLON

**293 Journée du 20 Juin 1792, /
au Château des Tuileries.**
(Der 20. Juni 1792 im Tuilerienschloß)

um 1794
Punktiermanier; 405 × 543 mm (Darst.)
Kiel, Privatsammlung

Lit.: de Vinck 4861

Jean-Baptiste Vérité
nach PIERRE BOUILLON

**294 Dévouement de M^de Elisabeth. / dans la
Journée du 20 Juin 1792.**
(Aufopferung von Madame Elisabeth am
20 Juni 1792)

um 1794
Punktiermanier; 405 × 543 mm (Darst.)
Kiel, Privatsammlung

Lit.: de Vinck 4865; Kat. Pais 1982, Nr. 13

Pierre-Gabriel Berthault
nach JEAN-LOUIS PRIEUR

**295 Statue de Louis XVI. abatue, place des
Victoires, les 11, 12, 13 Aout 1792**
(Die Statue Ludwigs XVI. wird an der
Place des Victoires niedergerissen / am
11. August 1792)

1792
Radierung; 234 × 283 mm
HK, Kupferstichkabinett, Inv. 1988/180

Lit.: IFF, Bd. 2, Nr. 268 (Berthault); Kat. Paris 1982,
Nr. 133; de Vinck 4917

Isidore-Stanislas Helman
nach CHARLES MONNET

**296 Pompe funèbre en l'honneur des Martyrs
de la journée du 10, / dans le Jardin National, le 26 Aout 1792**
(Trauerfeier für die Märtyrer des 10. August im Nationalgarten am 26. August
1792)

nach 1792
Kupferstich, Radierung; 356 × 460 mm
HK, Kupferstichkabinett, Inv. 1983/32

Lit.: Kat. Hamburg 1983/84, Nr. 312

JEAN-CLAUDE NAIGEON

**297 La Grande Emigration du Roi des
Marmottes.**
(Die große Emigration des Königs der
Murmeltiere)

1792
Kupferstich, Radierung, koloriert;
344 × 473 mm
HK, Kupferstichkabinett, Inv. 1988/4

Lit.: de Vinck 4410; Slg. Vizille 1985, Nr. 59; Kat. Paris
1989, Nr. 796 I

ANONYM

**298 a–c Revolutionsalmanach von 1794 bey
Johann Christian Dieterich**

Göttingen 1794
Kupferstiche; je 160 × 100 mm (Blatt)
HK, Bibliothek, Sign. Ill. XVIII. Varii 1793

Lit.: Kat. Wolfenbüttel 1986 II, Nr. 299

Auguste Sandoz
nach FRANÇOIS BONNEVILLE

**299 Georges Jacq. Danton / Député à la Convention Nationale / Né à Arcis Dép^t. de
l'Aube le 26. 8bre 1759**
(Georges-Jacques Danton, Mitglied des
Nationalkonvents, geboren am 26. Oktober 1759 in Arcis, Département Aube)

um 1793
Aquatinta, Punktiermanier; 214 × 136 mm
Kupferstichkabinett der Kunstsammlungen der
Veste Coburg, Inv. X 268,2

Lit.: Kossok 1989, S. 275

Jean-Baptiste Gautier
nach FRANÇOIS BONNEVILLE

**300 M. M. J. Robespierre / Deputé du Dépt.
de Paris / a la Convention Nationale en
1792**
(M. M. J. Robespierre. Abgeordneter des
Département Paris)

1792
Punktiermanier; 220 × 136 mm
Kupferstichkabinett der Kunstsammlungen der
Veste Coburg, Inv. X 268,2

Lit.: de Vinck 6528; IFF, Bd. 10, Nr. 35 (Gautier)

ANONYM, französisch

301 Trompe-l'œil mit staatlichen Schatzanweisungen (Assignaten)

um 1791
Radierung mit Roulette; 292 × 423 mm (Darst.)
HK, Kupferstichkabinett, Inv. 1988/223

Pierre-Gabriel Berthault
nach
JACQUES-FRANÇOIS SWEBACH-DESFONTAINES

**302 Assassinat de Le Pelletier, Maison de
Février Restaurateur, / le 20 Janvier 1793:
ou 30 Nivôse An 1er de la République.**
(Die Ermordung Le Pelletiers im Restaurant „Maison de Février" am 20. Januar
1793)

nach Januar 1793
Kupferstich, Radierung; 236 × 292 mm
HK, Kupferstichkabinett, Inv. 1988/51

Lit.: de Vinck 5024; IFF, Bd. 2, Nr. 277 (Berthault);
Kat. Kleve 1988, Nr. 6

ANONYM, französisch
nach LOUIS BRION DE LA TOUR D. J.

303 Assassinat de Michel Le Pelletier.
(Die Ermordung des Michel Le Pelletier)

nach 1793
Punktiermanier; 309 × 405 mm (Darst.)
HK, Kupferstichkabinett, Inv. 1988/265

Lit.: Portalis-Béraldi, Bd. I, 1, S. 258; de Vinck 5021

ANONYM, französisch

**304 La dernière entrevue de Louis XVI.
avec sa Famille.**
(Das letzte Gespräch Ludwigs XVI. mit
seiner Familie)

nach 1793
Kupferstich; 258 × 346 mm
HK, Kupferstichkabinett, Inv. 27853

Lit.: de Vinck 5125

Jean-François Cazenave
nach CHARLES BENAZECH

305 Louis XVI. avec son Confesseur Edgeworth, un instant avant sa mort.
(Ludwig XVI. mit seinem Beichtvater
Edgeworth kurz vor seinem Tod)

1794
Punktiermanier; 400 × 543 mm (Darst.)
Kiel, Privatsammlung

Lit.: Kat. Vizille 1987, Nr. 51; IFF, Bd. 4, Nr. 8 (Cazenave); Slg. Paris 1982, Nr. 126; de Vinck 5146

Pierre-Gabriel Berthault
nach
JACQUES-FRANÇOIS SWEBACH-DESFONTAINES

**306 Mort Affreuse de Louis XVI, le plus
Vertueux et le plus Infortuné des
Monarques / le 21 Janvier 1793.**
(Schrecklicher Tod Ludwigs XVI., des
tugendhaftesten und unglücklichsten der
Monarchen am 21. Januar 1793)

1793
Radierung; 237 × 295 mm
HK, Kupferstichkabinett, Inv. 1988/179

Lit.: de Vinck 5162

ANONYM, französisch

307 Fin Tragique de Louis XVI
(Das tragische Ende Ludwigs XVI.)

nach 1793
Radierung; 141 × 196 mm
Vizille, Musée de la Révolution Française,
Inv. 84.877

Lit.: de Vinck 5194; Kat. Vizille 1987, Nr. 66

Fernique
nach DEBLEZER

308 Testament Ludwigs XVI.

Lithographie mit Tonplatte;
375 × 238 mm (Darst.)
HK, Kupferstichkabinett, Inv. 1988/232

Giacomo Aliprandi
nach DOMENICO PELLEGRINI

**309 The Death of John Paul Marat /
Mort de Jean Paul Marat**
(Der Tod Jean Paul Marats)

1794
Punktiermanier; 405 × 293 mm
HK, Kupferstichkabinett, Inv. 1988/198

Lit.: de Vinck 5295; Slg. Vizille 1985, Nr. 37; Kat.
Vizille 1987, Nr. 162

JEAN-JOSEPH FRANÇOIS TASSAERT

310 Bildnis Marie Anne Charlotte Corday

1793
Radierung, Aquatinta; 374 × 264 mm
HK, Kupferstichkabinett, Inv. 28119

Lit.: de Vinck 5379; Kat. Los Angeles 1988, Nr. 124

Anonym
nach LOUIS BRION DE LA TOUR D. J.

**311 Assassinat de J. P. Marat, /
Le 15 Juillet 1793. /
N'ayant pu me Corrompre, ils m'ont
assassiné.**
(Ermordung J. P. Marats am 15. Juli 1793)

1793
Punktiermanier; 385 × 457 mm
HK, Kupferstichkabinett, Inv. 1988/266

Lit.: de Vinck 5304; Slg. Vizille 1985, Nr. 38; Portalis-
Béraldi, Bd. I, 1, S. 258

Pierre-Gabriel Berthault
nach
JACQUES-FRANÇOIS SWEBACH-DESFONTAINES

**312 Verhaftung Charlotte Cordays nach dem
Mord an Marat**

um 1793–1817
Radierung; 192 × 242 mm (Darst.)
HK, Kupferstichkabinett, Inv. 1988/260

Lit.: Kat. Hamburg 1980/81, Nr. 355; IFF, Bd. 2,
Nr. 283 (Berthault)

Jean-Baptiste Vérité
nach PIERRE BOUILLON

**313 La Séparation de Marie-Antoinette
d'Autriche, d'avec sa Famille; /
dans la Tour du Temple.**
(Die Trennung Marie-Antoinettes von
Österreich von ihrer Familie im Turm
des Temple)

1793
Punktiermanier; 405 × 543 mm (Darst.)
Kiel, Privatsammlung

Lit.: de Vinck 5439

MARIO BOVI

**314 The Persecuted Queen hurried at the
Dead of the Night into a Common Prison.
/ La Reine est trainée en Prison au Milieu
de la Nuit.**
(Die Königin wird mitten in der Nacht ins
Gefängnis eingeliefert)

1793
Roulette; 394 × 547 mm (Darst.)
HK, Kupferstichkabinett, Inv. 1988/225

Lit.: de Vinck 5447

ANONYM

315 Marie-Antoinette im Gefängnis

Ill. aus: Nicolas de Maistre (?), *Marie Antoinette
Archiduchesse d'Autriche Reine de France; ou
Causes et Tableau de la Révolution*
(Marie Antoinette, Erzherzogin von Österreich,
Königin von Frankreich; oder Ursachen und
Darstellung der Revolution)
[Turin] 1794
Kupferstich; 147 × 94 mm
KH, Bibliothek, Sign. Ill. XVIII. Anonym 1794

John Goldar
nach STEVENSON

**316 Massacre of the Queen. / Fin Tragique
de la Reine de France.**
(Das tragische Ende der Königin von
Frankreich)

nach 1793
Radierung; 214 × 325 mm
Vizille, Musée de la Révolution Française,
Inv. 84.671

Lit.: Kat. Vizille 1987, Nr. 115; de Vinck 5502

Isidore-Stanislas Helman
nach CHARLES MONNET

317 Journée du 16 Octobre 1793
(Der 16. Oktober 1793 [Hinrichtung der
Königin Marie-Antoinette])

nach Oktober 1793
Kupferstich, Radierung, überarbeitet mit dem
Grabstichel; 356 × 469 mm
HK, Kupferstichkabinett, Inv. 1983/35

Lit.: Kat. Hamburg 1983/84, Nr. 113 b; Kat. Kleve,
Nr. F 13; Kat. Vizille 1987

ANONYM, französisch

**317 A Testament de Marie-Antoinette /Reine
de France et de Navarre, Morte le
16 Octobre 1793.**
(Testament der Marie-Antoinette / Königin von Frankreich und Navarra, gestorben am 16. Oktober 1793.)

nach 1793
Kolorierter Holzschnitt; 346 × 260 mm (Darst.)
HK, Kupferstichkabinett, Inv. 1989/66

ANONYM, französisch   (Farbtafel 26)

**318 Harpie, Monstre vivant qui a été pris sur
les bords du Lac de Fagua . . .**
(Harpyie, das lebende Monster, das am
Ufer des Faguasees ergriffen wurde . . .)

nach 1784
Kolorierte Radierung; 246 × 386 mm (Darst.)
HK, Kupferstichkabinett, Inv. 1988/196

Lit.: de Baecque 1988, S. 186

Jean-François Janinet
nach CHARLES MONNET

**319 La Fontaine de la Régénération, / Sur les
débris de la Bastille, le 10 Août 1793.**
(Der Brunnen der Wiedergeburt auf den
Trümmern der Bastille am 10. August 1793)

1793
Kupferstich, Radierung; 356 × 460 mm
HK, Kupferstichkabinett, Inv. 1983/34

Lit.: de Vinck 1720; Markov 1984, S. 138; Kat. Hamburg 1983/84, Nr. 314; Kat. Clermont-Ferrand 1974,
Nr. 33; Herding/Reichardt 1989, S. 28 f.

Gilles-Louis Chrétien
nach JEAN FOUQUET

**320 Bildnis Madame Roland
(M. J. Phlipon)**

1793
Aquatinta; 810 × 780 mm
HK, Kupferstichkabinett, Inv. 1988/218

Lit.: IFF, Bd. 4, Nr. 679 (Chrétien); Portalis-Beraldi,
Bd. I, 2, S. 490

LUDWIG PORTMAN

**321 Bildnis Marie Jeanne Roland,
geb. Phélippon [Phlipon]**

Punktiermanier; 142 × 830 mm
HK, Kupferstichkabinett, Inv. 1988/219

Lit.: de Vinck 6218

Anonym, französisch
nach ALEXANDRE-EVARISTE FRAGONARD

**322 Interieur D'un Comité Revolutionnaire
(Paris 1793)**
(Sitzung eines Revolutionskomitees,
Paris 1793)

1793
Radierung; 182 × 250 mm (Darst.)
HK, Kupferstichkabinett, Inv. 1988/262

Lit.: Renouvier 1863, S. 198

LOUIS-PHILIBERT DEBUCOURT

323 Calendrier Républicain. / An II.
(Republikanischer Kalender des Jahres II)

1793
Kupferstich; 440 × 381 mm
Paris, Librairie Paul Jammes

Lit.: IFF, Bd. 6, Nr. 31

Jean Duplessi-Bertaux und Jacques Bertaux
nach ALEXANDRE-EVARISTE FRAGONARD

**324 Condorcet se donnant sa mort dans la
prison / le 28 Mars 1794: ou 8 Germinal
an II de la République**
(Condorcet begeht am 28. März 1794 oder
8. Germinal des Jahres II der Republik im
Gefängnis Selbstmord)

1804
Kupferstich, Radierung; 190 × 241 mm (Darst.)
HK, Kupferstichkabinett, Inv. 1988/56

Lit.: Kat. Hamburg 1980/81, Nr. 358; IFF, Bd. 8,
Nr. 373 (Duplessis-Bertaux)

Pierre-Gabriel Berthault
nach JEAN DUPLESSI-BERTAUX

**325 Loiserolles se Dévoue à la Mort pour son
Fils, / le 26 Juillet 1794, ou 8 Thermidor,
An 2ᵉ de la République**
(Loiserolles bietet seinen eigenen Tod an,
um seinen Sohn zu retten, am 26. Juli 1794
oder am 8. Thermidor, 2. Jahr der Republik)

nach 1794
Kupferstich, Radierung; 235 × 297 mm
HK, Kupferstichkabinett, Inv. 1988/54

Lit.: IFF, Bd. 2, Nr. 301 (Berthault); Vovelle 1986, Bd. 4,
S. 103

Fidèle-Constant Bourgeois

326 Vue de la Montagne au Champ de la Réunion
(Blick vom Berg auf den Champ de la Réunion)

Aquarell, Gouache, Feder, Tusche;
198 × 309 mm
Paris, Musée du Louvre, Département des Arts Graphiques, Inv. 25031

Lit.: Guiffrey/Marcel 1907, Bd. 1, Nr. 1647

Thomas-Charles Naudet

327 Fête de l'Être Suprème au Champ-de-Mars
(Fest des Höchsten Wesens auf dem Marsfeld)

1793
Aquarell, Gouache, Pastell, Feder, Bleistift;
468 × 730 mm
Paris, Musée Carnavalet, Inv. D. 5976

Lit.: Kat. Paris 1982, Nr. 89

Anonym
nach Jacques-Louis David

328 L'Armée des Cruches
(Die Armee der Dummköpfe)

1794
Kolorierter Kupferstich; 368 × 530 mm (Blatt)
Vizille, Musée de la Révolution Française, Inv. 84.175

Lit.: de Vinck 4391; Slg. Vizille 1985, Nr. 67; Kat. Paris 1989, Nr. 796 C

François Bonneville

329 Bildnis Antoine-Louis de Saint-Just

Radierung, Punktiermanier;
189 × 123 mm
HK, Kupferstichkabinett, Inv. 1988/214

Lit.: IFF, Bd. 3, Nr. 87; de Vinck 6148; Portalis-Béraldi, Bd. I, 1, S. 221

Bertrand Barère de Vieuzac

330 Rapport fait au nom du comité de salut public
(Bericht im Namen des Wohlfahrtsausschusses)

Paris 1794
HK, Bibliothek, Sign. C 4509

Jean-Baptiste Mallet

331 Le Culte Naturel
(Der Kult der Natur)

1794
Radierung; 351 × 472 mm
Paris, Bibliothèque Nationale, Département des Estampes, Inv. Hennin 12333

Lit.: Kat. New York 1980, Nr. 5; de Vinck 6351

Jean Duplessi-Bertaux

332 Robespierre dans l'Anti-salle du Comité de Salut public
(Robespierre im Vorzimmer des Wohlfahrtsausschusses)

1798/99
Kupferstich; 440 × 138 mm (Darst.)
HK, Kupferstichkabinett, Inv. 50242

Lit.: IFF, Bd. 8, Nr. 456

Giacomo Aliprandi
nach J. Beys

333 The Death of Robespierre / La Mort de Robespierre
(Der Tod Robespierres)

1799
Punktiermanier, koloriert; 290 × 284 mm
Vizille, Musée de la Révolution Française, Inv. 84.43

Lit.: Kat. Vizille 1987, Nr. 184; de Vinck 6508

Jacques-Louis Pérée
nach Jean-Baptiste Wicar

334 Allegorie auf den Frieden zwischen dem Convent und dem Großherzogtum Toskana

1795
Radierung, 297 × 480 mm
Hamburg, Privatsammlung

Lit.: Slg. Lille 1983, Nr. 154, Kat. Lille 1984, Nr. 33

A. Duplessis

335 A la Nation Français les Protestans Reconnaissans
(Der französischen Nation von den dankbaren Protestanten)

1795
Radierung, Aquatinta; 515 × 625 mm
HK, Kupferstichkabinett, Inv. 1988/192

Lit.: de Vinck 6443; Slg. Vizille 1986, Nr. 51; Herding/Reichardt 1989, S. 34 f.

Isidore-Stanislas Helman

336 Journée du Ier Prairial de l'an IIIe – Ferraud, Réprésentant du Peuple assassiné dans la Convention Nationale.
(I. Prairial des Jahres III – Der Volksvertreter Ferrand, ermordet im Nationalkonvent)

1795
Kupferstich, Radierung; 368 × 472 mm
HK, Kupferstichkabinett, Inv. 1988/769

Lit.: de Vinck 6574; IFF, Bd. 11, Nr. 153; Kemp 1973 I, S. 265

Anonym, französisch

337 L'Intérieur du Comité Révolutionnaire.
(Sitzung des Revolutionskomitees)

1795
Radierung, Aquatinta; 424 × 595 mm (Darst.)
HK, Kupferstichkabinett, Inv. 56367

Lit.: Renouvier 1863, Bd. 2, S. 199

Anonym, französisch

338 Allégorie – Un Sans culotte instrument de crimes dansant au milieu des horreurs . . .
(Allegorie – ein Sansculotte, Werkzeug des Verbrechens, tanzt inmitten der Schrecken)

1794/96
Radierung, Kupferstich; 195 × 312 mm
Vizille, Musée de la Révolution Française, Inv. 84.871

Lit.: Slg. Vizille 1985, Nr. 69; Kat. Vizille 1987, Nr. 170; Kat. Paris 1989, Nr. 771

Dominique-Vivant Denon
nach Jacques-Louis David

339 Habit du Citoyen François dans l'intérieur
(Hauskleidung des französischen Bürgers)

1794
Radierung; 340 × 200 mm
HK, Kupferstichkabinett, Inv. 1988/46

Lit.: IFF, Bd. 6, Nr. 413 (Denon); de Vinck 6648; Kat. Paris 1982, S. 36; Kat. Paris 1989, Nr. 914 D

Pierre-Gabriel Berthault
nach Abraham Girardet

340 Fête des Victoires, au Champ de Mars, / le 10 Prairial. An 4eme de la République.
(Siegesfeier auf dem Marsfeld am 29. Mai 1796)

1796
Kupferstich, Radierung; 235 × 312 mm
HK, Kupferstichkabinett, Inv. 1988/50

Jean Duplessi-Bertaux
nach Carle Vernet,
vollendet von Delaunay d. J.

341 Entrée des Français à Venise, en Floréal, An 5.
(Einmarsch der Franzosen in Venedig, Floréal, Jahr V)

1799
Kupferstich, Radierung; 273 × 387 mm (Darst.)
HK, Kupferstichkabinett, Inv. 1980/108

Lit.: Kat. Hamburg 1980/81, Nr. 388; IFF, Bd. 8, Nr. 545 (Duplessi-Bertaux)

Pierre-Gabriel Berthault
nach Abraham Girardet

342 Entrée Triomphale des Monuments des Sçiences et Arts en France; Fête à ce Sujet. / les 9 et 10 Thermidor. An 6ème de la République.
(Die erbeuteten Kunst- und Wissenschaftsdenkmäler werden im Triumphzug nach Frankreich gebracht. Festlichkeiten aus diesem Anlaß am 9. und 10. Thermidor)

1798
Kupferstich, Radierung; 237 × 305 mm
HK, Kupferstichkabinett, Inv. 1988/230

Lit.: Kat. Clermont-Ferrand 1974, Nr. 63

Anonym

343 a, b Ill. zu: Revolutionsalmanach von 1798

Göttingen 1798
Kupferstiche; je 138 × 188 mm
HK, Bibliothek, Sign. Ill. XVIII. Varii 1793

Anonym

344 a, b Ill. zu: Revolutionsalmanach von 1799

Göttingen 1799
Kupferstiche; je 144 × 178 mm (Blatt)
HK, Bibliothek, Sign. Ill. XVIII. Varii 1793

Anonym

345 Neuester Plan der Stadt Paris

aus: *London und Paris,* Bd. 4
Weimar 1799
Kupferstich; 385 × 505 mm
Staats- und Universitätsbibliothek Hamburg – Carl von Ossietzky, Sign. A/150450-4

ANONYM, französisch

346 Napoléon à la Séance du 19 Brumaire
(Vereitelter Anschlag auf Napoleon in der
Sitzung am 10. November 1799)

Kolorierter Kupferstich; 186 × 273 mm
HK, Kupferstichkabinett, Inv. 1988/231

JEAN DUPLESSI-BERTAUX

347 Journées des 18 et 19 Brumaire An VIII
(Der 18. und 19. Brumaire des Jahres VIII)

1804
Radierung; 256 × 390 mm
HK, Kupferstichkabinett, Inv. 50218

Lit.: IFF, Bd. 8, Nr. 397

J. D. B. Dupréel
nach JEAN DUPLESSI-BERTAUX

348 Journées des 18 et 19 Brumaire An VIII
(18. und 19. Brumaire des Jahres VIII)

1799
Kupferstich, Radierung; 272 × 395 mm
HK, Kupferstichkabinett, Inv. 1988/49

L. Labrousse
nach SAINT-SAUVEUR

349 Membre du Conseil des Anciens.
(Mitglied des Rates der Alten)

1796
Kolorierte Aquatinta; 133 × 87 mm (Darst.)
HK, Kupferstichkabinett, Inv. 1988/233

Lit.: Slg. Paris 1982, Nr. 205; IFF, Bd. 12, Nr. 3 (Labrousse)

Pierre-Michel Alix   (Farbtafel 33)
nach ANDREA APPIANI

350 Le Général Buonaparte.
(General Bonaparte)

1798
Kupferstich in Farben, Schabkunst, Roulette;
385 × 287 mm (Darst.)
HK, Kupferstichkabinett, Inv. 1988/259

Lit.: Portalis-Béraldi, Bd. I, 1, S. 22

Guiseppe Longhi
nach ANTOINE-JEAN GROS

**351 Bonaparte / à la bataille d'Arcole
le 27 Brumaire an V.**
(Bonaparte in der Schlacht von Arcole am
27. Brumaire des Jahres V)

1798
Kupferstich; 497 × 342 mm
HK, Kupferstichkabinett, Inv. 3207

Lit.: Kat. Hamburg 1980/81, Nr. 360

ANONYM, französisch

**352 Liberté des Cultes /
maintenue par le Gouvernement**
(Freiheit der Religionsausübung,
gewährleistet von der Regierung)

um 1801/02
Kolorierte Radierung, Kupferstich;
293 × 224 mm (Darst.)
HK, Kupferstichkabinett, Inv. 1988/175

Lit.: de Vinck 7571; Slg. Vizille 1986, Nr. 52

Charles-François Gabriel Levachez (Portrait)
nach LOUIS-LÉOPOLD BOILLY
und JEAN DUPLESSI-BERTAUX (Szene)

**353 Bonaparte Premier Consul de la Républi-
que Française. / Revue du Quintidi**
(Bonaparte, Erster Konsul der Republik.
Parade am Quintidi)

August 1802
Schabkunst, Kolorierte Radierung;
387 × 257 mm
HK, Kupferstichkabinett, Inv. 20345

Lit.: de Vinck 7445; Kat. Paris 1969, Nr. 56

Frederick Cristian Lewis d. Ä.
nach THOMAS GIRTIN

**354 View of the Gate of St. Denis /
Vue de la Porte St. Denis**
(Blick auf das Tor von St. Denis)

1803
Aquatinta; 392 × 562 mm
HK, Kupferstichkabinett, Inv. 1976/40

Lit.: Kat. Paris 1982, Nr. 47

B. M.

II.8 Das revolutionäre Jahrzehnt: Heiligtum

SERMENT DU JEU DE PAUME.

Jean-Pierre Jazet
nach JACQUES-LOUIS DAVID

355 Serment du Jeu de Paume.
(Schwur im Ballhaus)

nach 1823
Aquatintastich; 615 × 845 mm
Paris, Bibliothèque Nationale, Département des Estampes, Inv. Ef 236 d, f 5

Lit.: Bordes 1983, S. 235 f. (Nr. B. 2 d)

Nachdem der Dritte Stand erkannte, daß er „alles" ist (d. h. 96 Prozent der Bevölkerung vertritt), und die Ständeversammlung durch „Überläufer" in Frage gestellt wurde, erklärte er sich am 17. Juni zur „Assemblée Nationale"; Souveränität des Volkes und Gottesgnadentum standen sich jetzt diametral gegenüber. Der Hof, um Zeit zu gewinnen, ließ den Tagungsraum absperren und orderte Truppen herbei. Angesichts dieser Bedrohung versammelte sich der Dritte Stand im nahegelegenen „Jeu de Paume", einer Sporthalle, um ein Gelübde abzulegen, „de ne jamais se séparer et de se rassembler . . . jusqu'à ce que la constitution du royaume soit établie . . ." (sich niemals zu trennen, bis dem Land eine Verfassung gegeben ist). Die Abgeordneten verstanden sich als Konsekration des höchsten Willens, desjenigen der Nation; wie in einem Rausch wurde die „volonté du peuple" erfahren.

577 Abgeordnete, darunter 6 Geistliche, waren versammelt. Viele Personen sind auf dem Stich erkennbar, darunter: Bailly in der Mitte, den Schwurtext haltend, hinter ihm sitzend Sieyès, rechts Robespierre, beide Hände an der Brust haltend, erhöht stehend Dubois-Crancé, vorne, in theatralischer Pose, Mirabeau. Links von Bailly sitzend und protokollschreibend Barère de Vieuzac (vgl. auch Kat. 384). Prieure de la Marne, beide Arme erhoben, ragt aus der Menge empor.

1790 feierte die „Société du Jeu de paume" das Ereignis und wollte es vom Maler des „Brutus" und der „Horatier" verewigt wissen. Der Jakobinerklub übernahm diese Idee und beantragte am 28. Oktober 1790 die Darstellung des Schwures als Wandschmuck für den Sitzungssaal der „Assemblée Nationale", sowie seine Verbreitung als Kupferstich im ganzen Land. Ein architektonisches Projekt, nämlich die Umwandlung der Kirche Madeleine als Sitz der Assemblée Nationale, zeigt Davids Bild in der Mitte (vgl. <355>). Im nächsten Jahr, am 28. September 1791, akzeptierte die Nationalversammlung auf Antrag Barères das Projekt, das David bereits begonnen hatte. Dieser fertigte 1791 eine Zeichnung an, die im Salon ausgestellt wurde (Louvre; Bordes 1983, Nr. 25). Das große Ölbild (ursprünglich 6,50 × 10 m), an dem er 1791/92 gearbeitet hatte, blieb durch die sich überstürzenden Ereignisse unvollendet (Versailles; Bordes 1983, Nr. 1). Auch die vom Jakobinerklub organisierte Subskription für die Graphik scheiterte.

<355> C. Poulleau nach J. Molinos und J.-G. Legrand, *Plan zur Umwandlung der Madeleine in einen Nationalpalast,* um 1791

Wie die Ereignisse selbst durch die Sprengung des Gottesgnadentums eine neue Epoche einleiteten, so sprengte auch Davids Bild die Gattung Historienbild, indem es eine zeitgenössische Handlung mit dem Pathos antiker Krieger und der Inbrunst religiöser Weihe ausstattete (beispielhaft für letzteres stehen die drei Geistlichen verschiedener Konfession brüderlich vereint). Die Neuartigkeit und Größe der Aufgabe wird in Davids pathetischem Brief vom 5. Februar 1792 an die Assemblée Nationale deutlich: „Peuples de l'univers, présents et futurs, c'est une grande leçon que je veux vous donner. Sainte humanité, je veux rappeler tes droits, par un exemple unique dans les fastes de l'histoire" (Völker des Erdkreises, heutige und zukünftige, eine große Lehre will ich Euch [mit dem Ballhausschwur] geben. Geheiligte Menschheit, ich will Deine Rechte in Erinnerung rufen durch ein einmaliges Beispiel in den Annalen der Geschichte) (Bordes 1983, S. 165).

Die Erinnerung an Davids „Serment du Jeu de Paume" blieb in republikanischen Kreisen wach. Wiederholt versuchte David das Begonnene zu vollenden, so 1799 und später im Exil 1822. Zu dieser späten Rezeption gehört auch der Stich von Jazet. Allein vier Varianten fertigte er nach 1822 an (vgl. Bordes 1983, Abb. 231–234). Der vorliegende Stich ist wahrscheinlich nach dem kleinen Ölbild im Carnavalet entstanden, das David selbst zugeschrieben wird (Bordes 1983, Nr. 12).

Im Verlauf der Revolution bekam der Ballhausschwur immer mehr mythische Züge (obwohl er nur den revolutionären Akt, die Erklärung zur „Assemblée Nationale" am 17. Juni bekräftigte). Vor allem durch die Popularisierung im Gemälde und durch Davids Stichprojekte wird er zum eigentlichen „Auftakt der Revolution", zur „aurore de notre Révolution" (zit. nach Bordes 1983, S. 236). Das Ballhaus mit seinen „nackten, dunklen Mauern, Abbild eines Gefängnisses" (murs nus et noircis, images d'une prison), wird zum „premier temple de la liberté" (Mirabeau, zit. nach Bordes 1983, S. 49). Es dient bis heute als Museum.   Joh. H.

356

Serment du Jeu de Paume
à Versailles le 19 Juin 1789

Antoine-Jean Duclos und
Isidore-Stanislas Helman
nach CHARLES MONNET

**356 Serment du Jeu de Paume à Versailles
le 19 Juin 1789**
(Ballhausschwur in Versailles am
19. [20.] Juni 1789)

1792
Radierung, Kupferstich; 355 × 461 mm
HK, Kupferstichkabinett, Inv. 1983/29

Lit.: IFF, Bd. 7, Nr. 268 (Duclos), Bd. 11, Nr. 143 (Helman); de Vinck 1460; Slg. Paris 1977, Nr. 226; Bordes 1983, Nr. 7

Der Stich wird in einem Prospekt von ca. 1797 erklärt: „La France encouragée par les promesses de la liberté triomphante, qu'accompagnent la vertu, la force et le génie de l'empire français, terassant des démons de l'aristocratie" (Frankreich ermutigt durch die Verheißungen der siegreichen Freiheit, die von der Tugend, der Kraft und dem Genie Frankreichs begleitet wird, vernichtet den Dämon der Aristokratie). Der Hermelinmantel von „La France" und die „fleur de lys" im Schild des Genius zeigen, daß es hier noch um die Bewahrung der königlichen Autorität geht. Gewidmet wurde das Blatt am 5. September 1792 (also nach dem Sturz der Monarchie am 10. August) der neuen Assemblée Législative mit dem Text: „La Nation et la Loi" (Tourneux 1890, S. 60 f., Nr. 292).

Der Stich könnte bereits eine Reaktion auf den neuen „Staatsgründungs"-Mythos des Ballhausschwures sein, wie er durch Davids Darstellung manifest wurde. (Davids Zeichnung war von Mai bis September 1791 zu sehen; ein Jahr später war der Stich fertig, und Helman stellte ihn 1793 im Salon aus). Auf Davids Überhöhung reagiert Monnet mit der Allegorie, um die Größe des Ereignisses anzudeuten. Die Allegorie steht im Kontrast zur Realitätsnähe des übrigen Bildes. Auch die Darstellung der Abgeordneten ist noch dem Geist des Ancien Régime verhaftet: statt individueller, kraftvoller Persönlichkeiten (wie bei David) sieht man unscheinbare, uniforme Beamte in der Tracht der „Communes".

Das Blatt gehört in die Serie der „Principales Journées de la Révolution", einer Serie von 15 Stichen nach Charles Monnet von A.-J. Duclos (die ersten 10) und I.-S. Helman gestochen (vgl. Kat. 242, 251, 278, 296, 317 u. 336). Monnets Vorzeichnung für den allegorischen Mittelteil hat sich erhalten (Musée Carnavalet; vgl. Kat. Paris 1989, Nr. 485).   Joh. H.

JEAN DUPLESSI-BERTAUX

357 Ballhausschwur

1797/98
Radierung; 48 × 137 mm
HK, Kupferstichkabinett, Inv. 50236

Lit.: de Vinck 1472; Bordes 1983, Nr. 16

Die kleine Szene ist eine Beigabe zum Porträt Baillys und erschien zuerst im dritten Band der „Tableaux Historiques de la Révolution Française" 1798 (vgl. Kat. 500). Jean-Sylvain Bailly, Astronom, war zur Zeit des Ballhausschwures Präsident der (drei Tage alten) Assemblée Nationale. Später war er Bürgermeister von Paris; hingerichtet wurde er am 21. November 1793. Die Szene kennzeichnet den Höhepunkt von Baillys Popularität (auch bei Davids Komposition ist er die zentrale Figur, vgl. Kat. 355). Duplessi-Bertaux nimmt die Darstellung von Berthault nach Prieur zum Vorbild, die ebenfalls in den „Tableaux Historiques" erschien (vgl. Kat. 244),

357

konzentriert sich aber auf die untere Hälfte: vgl. den angeschnittenen Raum, den auf dem Tisch stehenden Bailly, den Kranken, die Figuren auf dem Laufgang. Hier – wie in anderen Darstellungen – sind die Möbel Zutat des Zeichners; die Sporthalle war leer, und Bailly mußte sich mit einem Brett auf zwei Tonnen begnügen (vgl. Bordes 1983, S. 14).   Joh. H.

L'ESPOIR DU BONHEUR   DÉDIÉ A LA NATION

358

PEZANT

358 L'Espoir du Bonheur dédié à la Nation
(Die Hoffnung auf das Glück –
der Nation gewidmet)

um 1789
Radierung, Kupferstich; 295 × 413 mm
Paris, Bibliothèque Nationale, Département des
Estampes, Inv. Qb' 1789 17 juillet

Lit.: Slg. Paris 1977, Nr. 145; Herding 1988,
S. 542–545

Die drei Zeitperspektiven Vergangenheit, Gegenwart und Zukunft stehen in Form von Bildern vor Augen, gleichsam zur Verfügung. Ihre unterschiedlichen Träger (Chronos als alter Mann, Jüngling, Kind) und Einrahmung (Tuch, Dornen, Rosen) verweisen auf ihre verschiedenen Inhalte: „Alte Zeit", „Gegenwart" und „Zukunft". In der „Alten Zeit" (Vieux tems) vergreifen sich „Hochmut" (l'orgeuil) und „Verstellung" (l'hipocrisie) an der „Erde" (la terre) – hier hängt der Himmel voller Ketten. In der „Gegenwart" (tems present) streiten sich ein „Adeliger" und ein „Prälat" (noble et prelat) um ihre Rechte – hier bringt das Gewitter den Handel zum Erliegen. In der „Zukunft" (tems avenir) wird gearbeitet, gebetet und gewacht – hier kennt jeder seine Pflicht (bezeichnenderweise trägt der Adelige römische Tracht), und hier stellen sich Sonne und Goldregen ein. Aus der Barke „La France" steigt der Finanzmini-

ster Necker, begleitet von „Vérité", die mit ihrem Licht die drei Bilder beleuchtet. Necker greift zum Bild der „Zukunft" und zertritt die Schlange des „Neides" (Envie). Ludwig XVI. in Begleitung der „Güte" (Bonté) und mit seinem Attribut, dem Schaf, wünscht das Bild der rosigen Zukunft und läßt sich auch nicht vom Ungeheuer zur „Alten Zeit" verführen.

Die Barke „La France" ist durch klippenreiches Meer gefahren und beim „Temple du tems" angelangt. Die Bilderwahl steht für politische Willensbildung – „le bonheur" liegt zum Greifen nah. Für Frankreich, das vor dem Staatsbankrott stand, gab es nur ein Mittel zur Rettung vor dem Untergang: die Generalstände müssen eine Steuerreform bewilligen. Auf diese Maßnahme spielt das Blatt an. Mit dem Lilienemblem in der Schriftleiste wird zum Ausdruck gebracht, daß „König, Geistlichkeit und Adel" (roi, clergé, noblesse), die „feuilles magnifiques", zu Nichts zerfallen, wenn sie nicht das Band „le peuple" zusammenhält (vgl. Sieyès' Schrift: „Qu'est-ce que le Tiers-Etat?", Februar 1789). Die Nachricht von der Einberufung der Generalstände kommentiert Mirabeau mit den Worten: „Da ist die Nation binnen vierundzwanzig Stunden um Jahrhunderte vorgeschritten" (Landauer, Bd. 1, S. 57). Auch in diesem Blatt – wenn auch im bescheidenen Maße – kommt das Bewußtsein einer Zeitenwende zum Ausdruck.   Joh. H.

L. Laurent
nach Jean-Jacques-François Lebarbier

359 Déclaration des Droits de l'Homme et du Citoyen
(Erklärung der Menschen- und Bürgerrechte)

1789
Kupferstich, Radierung; 387 × 257 mm (Darst.)
HK, Kupferstichkabinett, Inv. 1980/2
Lit.: de Vinck 4222

Die „Erklärung" unter dem Stich erläutert die beiden allegorischen Frauengestalten, es sind „Frankreich", das die Fesseln zerbricht und das „Gesetz", welches auf die Menschenrechte und das „Auge der Vernunft" (l'oeil suprême de la raison) weist. Damit sei – so die „Erklärung" – eine Grundlage geschaffen für die „Einheit der Departements des Königreichs, des Bürgersinns, sowie der Klugheit und Weisheit der Regierung" (l'union des départemens du Royaume, la liberté, le civisme, la prudence et la sagesse du gouvernement).

Die Menschenrechte waren nicht irgendein Dekret, sondern gedacht als „universelle, unabänderliche und unverjährbare Rechtsgrundsätze (für) alle Völker", so Robespierre 1791 (Markov, Bd. 1, S. 108). Sie bildeten (bis 1795) die Präambeln für die Verfassungen (vgl. auch Kat. 361,

381). Noch war die „Herrschaft der Vernunft" auf Kompromisse angewiesen; das „acceptés par le Roi" im Titel weist auf den Willen des Königs; dieser war aber vom Druck der Straße abhängig (vgl. Kat. 267 bis 270).

In diesem Stich wird in der Form an Titelblätter des 17. Jahrhunderts angeknüpft und in der Bildsprache an christliche Symbole: mosaische Gesetzestafeln, Dreieck, Auge Gottes und Schlange. Sie werden verbunden mit den Revolutionssymbolen Freiheitsmütze und Faszenbündel. Mitherausgeber ist der bekannte Autor der „Mémoires sur la Bastille" (1783), Linguet. (Das gleiche Sujet existiert auch als Ölbild, vgl. Vovelle 1986, Bd. 2, S. 297). Joh. H.

PROJET D'UN PALAIS DE LEGISLATURE.

Dedié à l'Assemblée Nationale.

360

Jean-François Janinet
nach FLORENTIN GILBERT

360 Projet d'un Palais de Législature.
(Entwurf für einen Palast der
Gesetzgebung)

vor März 1790
farbige Aquatinta; 275 × 498 mm
Vizille, Musée de la Révolution,
Inv. 84.46, 1790

Lit.: de Vinck 2743; Slg. Vizille 1985, Nr. 111

„Un souverain sans palais et des dieux sans autels
perdent bientôt leur autorité et leur culte" (Ein
Souverän ohne Palast und Götter ohne Altar
verlieren bald an Macht und Kult), faßte Camille
Desmoulins den Antrag von Théroigne de Méri-
court im Cordelier-Club zusammen, der „Majestät des Volkes", der Nationalversammlung, doch
endlich einen würdigen Sitz zu bauen (vgl. Révolutions de France, Februar 1790, Nr. 14, S. 26);
viele Wünsche und Pläne schlossen sich diesem
Antrag an – während die Nationalversammlung
von einem Provisorium in das andere zog (Menus
Plaisirs, Jeu de Paume, Manège u. a.). Schließlich
schlug sie ihren Sitz neben der rivalisierenden
Exekutive, dem König, im Louvre auf (vgl. Brette
1902). Ein Wettbewerb für einen „Nationalpa-
last" am 25. Floreal (April/Mai 1794) wurde zwar
ausgeschrieben, aber nie realisiert (vgl. Szambien
1986, S. 105 ff.).

Gilberts Projekt vom 20. März 1790 zeigt eine
Ansicht mit feierlichem Einzug der Volksvertreter (die Geistlichen) und militärischem Auf-
marsch der Nationalgarde. Der Bau besteht aus
einem herausgehobenen rechteckigen Mittelteil
mit Säulenfassade und Seitenflügeln, die in tem-
pelartigen Eckhäusern enden. Über dem zentralen Bau erhebt sich eine Kuppel mit Säulenum-
gang auf quadratischem Unterbau – ein neoklas-
sizistischer Staatsbau, der entfernt an Jeffersons
Kapitol erinnert. Außerdem nimmt Gilbert
architektonische Elemente von Boullée und
Ledoux auf.

Gilbert nannte seinen Entwurf „Palais de
Législature". Erst im nächsten Jahr, Oktober 1791,
hieß die Versammlung „Assemblée Législative".
Er widmete den Plan der amtierenden „Assemblée Nationale" und verschickte auch Erläuterungen an ihre Repräsentanten (Archives parlementaires, 4. September 1790, Bd. 18, S. 570).
Das Emblem in der Schriftleiste weist die Lilie
und die Devise „La Loi et le Roi" auf. Gilbert,
Architekt des „Collège de Louis-le-Grand", trat
erst nach der Revolution wieder in Erscheinung,
vgl. Salon 1804 und 1814.   Joh. H.

DROITS DE L'HOMME ET DU CITOYEN.

Jacques-Louis Copia
nach ALEXANDRE-EVARISTE FRAGONARD

361 Droits de l'Homme et du Citoyen.
(Menschen- und Bürgerrechte)

vor 1799
Kupferstich; 440 × 285 mm
HK, Kupferstichkabinett, Inv. 1980/72

Lit.: Tourneux 1980, Bd. 1, S. 50 (Nr. 282)

Copias Stich erschien als Frontispiz zum dritten Band der „Tableaux Historiques de la Révolution Française" 1802. Zu allen drei Bänden dieser monumentalen Chronik schuf der jugendliche Fragonard die Frontispize (vgl. Kat. 403 u. 500).

Sie sind vor 1799 entstanden und geben eine retrospektive Haltung wieder.

Die am 26. August 1789 verkündeten Menschenrechte sollten dem zu erstellenden Verfassungswerk als Richtschnur dienen: das Fundament der Republik und allgemein des Glücks der Menschen. Beide Vertragsteile traten am 14. September 1791 mit der Unterschrift Ludwigs XVI. in Kraft (er hatte lange gezögert und wich nur der drohenden Gewalt).

Dem hohen Ziel der Menschenrechte trägt die kunstvolle, antikisierende Form eines Triptychon-Altars Rechnung, verleiht den Grundrechten eine sakrosankte Gültigkeit. Der Text der

„Droits de l'Homme et du Citoyen" wird auf einer reliefartigen Tafel präsentiert, die mit Halbsäulen in ägyptischem Stil verziert ist. Auf dem Postament verteilt die „Republik" Siegeskränze an römische Krieger, die begeistert die Arme hochstrecken (hier wirkt das Vorbild des „Ballhausschwurs" nach, vgl. Kat. 355). Den Thron der „Republik" ziert ein gallischer Hahn und eine Weltkugel; Symbole, die den nationalen und universalen Anspruch der „Droits de l'Homme" andeuten. Oben schließen Halbbögen mit den drei Allegorien von „Gesetz", „Gleichheit" und „Vernunft" die Tafel ab.

Die Grundrechte, die hier nach antikem Muster mit der Waffe in der Hand verteidigt werden, bestehen im wesentlichen aus „Gleichheit" (Art. 1), „Freiheit", „Eigentum", „Sicherheit", „Widerstand gegen Unterdrückung" (Art. 2), „Meinungsfreiheit" (Art. 9, 10), „Gewaltenteilung und Kontrolle von staatlicher Macht" (Art. 14–16) – Prinzipien, die bis heute nichts von ihrer Aktualität eingebüßt haben (vgl. Kat. Paris 1968). Joh. H.

362

GEORGES-FRANÇOIS BLONDEL

362 Esquisse dans le Genre de Rimbran
(Skizze in der Art von Rembrandt)

vor Dezember 1790
Schabkunst; 634 × 476 mm
HK, Kupferstichkabinett, Inv. 1988/210
Lit.: Slg. Paris 1977, Nr. 215

In einem „Temple de la Concorde" ist die „Wahrheit in ihrem Heiligtum" dargestellt, wie die Bildlegende des zweiten Zustandes erläutert. „Himmlisches Licht", das durch die „Dekrete der Nationalversammlung" offenbar wird, ergießt sich auf den „vaterländischen Altar". Dieser zeigt am Sockel das Porträt Ludwigs XVI. und darüber die Menschenrechte, die flankiert werden vom Genius der Künste und dem der Nation. Die Spitze bildet die von einem Freiheitshut und Sternenkranz umschwebte strahlende Bourbonen-Lilie. Herankommende, „wallfahrende" Truppen (nos Soldats Citoyens) bringen das Standbild „la tranquillité" (die Ruhe), welche das „Herz des Vaterlandes" und den „Leitstern der Regierung" sowie das Porträt des „Bürgermeisters" hält. Rechts drängt sich dankbares Volk, links wird der „Fanatismus" vom Engel „Exterminateur" aus dem Tempel vertrieben. Im Umgang sieht man Chronos den Globus aufdekken.

Am 13. Dezember 1790 erschien eine Abordnung der Bauunternehmer (entrepreneurs) – sie nannte sich „Assemblée Encyclopédique" – vor dem Jakobinerklub, um ihre Belange vorzubringen. Das Blatt ist wohl als Huldigungsadresse dieser Bauunternehmer entstanden. Der Jakobinerklub verstand sich damals als „Sanctuaire de la Liberté", wie aus der Antwort Mirabeaus – ebenfalls in der Bildlegende wiedergegeben – deutlich wird. Die Bauunternehmer sahen sich einem doppelten Druck ausgesetzt: zum einen fielen die adligen Auftraggeber aus, zum anderen forderten die Arbeiter immer mehr Rechte. So setzten sie alle Hoffnungen auf die neuen Mächte. Neben dem König war es der Bürgermeister (J.-S. Bailly), der Ruhe und Ordnung zu garantieren schien. Ab 1791 begann tatsächlich die seit drei Jahren ruhende Bautätigkeit wieder (vgl. Markov, Bd. 1, S. 146).

Der Stich Blondels ist ein seltenes Beispiel für einen mystischen Zugang zur Revolution, der sich stilistisch absetzt vom herrschenden Neoklassizismus. Die Lichtmetaphysik, bei der Rembrandt Pate gestanden hat – und wohl auch Piranesi –, transzendiert die Revolution und läßt den späteren Kult vom „Höchsten Wesen" vorausahnen. Joh. H.

363

war der erste Held der „französischen Freiheit", vgl. die Schriftleiste.

Der Stich wurde aus Anlaß des Staatsbegräbnisses Mirabeaus am 4. April 1791 herausgegeben. Er ist keine Neuanfertigung, sondern eine bearbeitete Neuauflage, die ursprünglich als Huldigung für Ludwig XVI. von Moreau le Jeune gestochen wurde. Der Name des Entwerfers, Le Mire, ist im Rundbild noch sichtbar. Guyot tauschte die Porträts aus, setzte die Freiheitsmütze auf das Schwert, fügte die Buchtitel und die Spruchbänder sowie die Inschrift „Aux Mânes de Mirabeau" hinzu und veränderte die untere Tafel. Der allegorische Apparat diente der Huldigung Ludwigs XVI. (vgl. auch das Pendant „Marie-Antoinette" – de Vinck 225) und wurde auch bei der „Allegorie auf Mirabeau" verwendet, dessen Name in dieser Zeit für die ganze Nation stand. Nachdem jedoch sein machtpolitisches Doppelspiel durch die Entdeckung des Briefwechsels mit dem König aufgedeckt worden war (vgl. <363>), galt er als „Verräter" und wurde „depantheonisiert". – Die Platte wurde später noch einmal verwendet, diesmal zur Huldigung Napoleons (vgl. de Vinck 1922).   Joh. H.

<363> Anonym, *Erscheinung von Mirabeaus Schatten*, 1792

Laurent Guyot/Jean-Michel Moreau le Jeune nach NOËL LE MIRE

363 Allegorie auf Mirabeau

1774/1791
Radierung, Schabkunst; 322 × 231 mm
HK, Kupferstichkabinett, Inv. 1988/229

Lit.: de Vinck 1922; IFF, Bd. 11, Nr. 368 (Guyot), Bd. 14, Nr. 420 (Le Mire)

Mirabeaus Porträt-Medaillon ruht auf Wolken und wird umringt von allegorischen Gestalten. Die „Gerechtigkeit" im Lilienmantel hält Waage und Schwert. Rechts huldigt die „Wahrheit" dem Bildnis. Links hält die „Weisheit" in Gestalt Minervas schützend ihren Schild über das Volk, das hoffnungsvoll die Wolkenbank dieses Olymps durchbricht. Gleichzeitig weist Minerva auf die Schriften Mirabeaus: „Décrets de l'Assemb[lée] Nationa[le]", „Lettres" und „Droits de l'Homme". Der „Überfluß" schüttet sein Füllhorn über dem Volk aus: Korn, Früchte und Geld, von

Schriftbändern erläutert als „liberté du commerce" und l'abolition des entrées". Die Feinde „Aufruhr" und „Lüge", erkennbar an ihren Symbolen (Maske, Brandfackel, Schlange), fliehen.

Im unteren Feld, einem Landschaftsprospekt mit Tempeln, steht Mirabeau im Scheitelpunkt der Sonne auf der Treppe von Versailles und schleudert seine berühmte Antwort am 23. Juni 1789 dem Oberhofzeremonienmeister Dreuz-Brézé entgegen, wie die Schriftleiste festhält: „Allez dire à ceux qui vous envoyent que nous sommes ici par la volonté du Peuple et que nous n'en sortirons que par la force des Bayonnettes" (Gehen Sie und sagen Sie denjenigen, die Sie geschickt haben, daß wir hier sind durch den Willen des Volkes, und daß wir nur den Bajonetten weichen werden) – eine epochemachende Antwort, weil sie die „volonté du peuple" dem royalistischen Absolutheits-Anspruch entgegensetzte. Rechts befindet sich das Pantheon, d. h. die zum Ehrengedächtnis großer Männer umgewandelte Kirche Sainte-Geneviève. Mirabeau

ANONYM

364 Entwurf für ein Revolutionsdenkmal

nach 1789
Federzeichnung in Grau, aquarelliert;
515 × 265 mm
Amsterdam, Sammlung Lodewijk Houthakker

Lit.: Kat. Oberlin 1986, Nr. 61

Von allen Ereignissen der Revolution ist der Bastille-Sturm das symbolträchtigste. Abriß der Bastion des Despotismus und Aufbau der Republik gingen zusammen; an Jahrestagen (14 Juillet) wurde sich der Freiheit vergewissert; Bausteine der Festung wurden wie Reliquien aufgenommen. Der Platz in der Vorstadt Saint-Antoine wurde zum Ort der Freiheit ernannt: „Place de la Liberté" (vgl. Kat. 277).

Aus dem Symbol des Despotismus sollte das Symbol der Freiheit werden. Es gab einen Wettbe-

364

werb für Denkmal und Platzgestaltung (vgl. de Vinck 1716). Einige Pläne haben sich erhalten, z. B. die „Temple dédié à la Liberté" und „Colonne de la Liberté" (Vovelle 1986, Bd. 4, S. 266 u. 267), sowie „La Liberté sort du Sein de l'Esclavage" (vgl. de Vinck 1708; Szambien 1986, Abb. 14). Ihnen ist gemeinsam die Form der Bastion mit ihrem Rundturm aus Quaderblocksteinen und der Krönung meist mit einer „Liberté" oder „Gerechtigkeit", aber auch mit der Figur Ludwigs XVI.

Die vorliegende Zeichnung ist im Grundriß ein gleichseitiges Dreieck von „revolutionärer" Strenge, in der Aufsicht eher von improvisierter Leichtigkeit. Der Aufbau besteht aus einem kleinen Turm in Ruinenform, dem eine Trophäe und Kanonenmotive an die Seite gestellt sind. Aus dem Turm ragt eine Lanze mit verziertem Schild und aufgespießter Kugel heraus, auf der eine „Gerechtigkeit" balanciert. Die geringen Ausmaße von 6 pieds (= 180 cm), die Mischung der Baumaterialien (Tuch, Holz, Stein, Metall), lassen vermuten, daß es sich um einen Entwurf für eine Festdekoration handelt. Joh. H.

Nachdruck von Galli Thierry & Co.
nach Manufaktur JACQUEMART ET BÉNARD, Paris

365 Revolutionsemblem

1974 (1792)
Farbholzschnitt (Reproduktion); 596 × 553 mm
Kassel, Deutsches Tapetenmuseum
Lit.: Ploetz 1988, S. 26 f.; Slg. Kassel 1984, S. 4 u. 28

Einer Trophäe nachgebildet, besteht das plakatähnliche revolutionäre Emblem aus einem von

Trikolorenbändern gebundenen Faszenbündel, das eine Pike umschließt, auf der eine Freiheitsmütze (bonnet rouge) mit Kokarde sitzt. Vor dem Faszenbündel hängt eine Fahne mit dem Wahlspruch „Unité, Indivisibilité de la République, Liberté, Égalité, Fraternité ou la Mort". Das Ganze wird von einem Eichenkranz umschlossen und durch Trikolorenbänder geschmückt.

Zur „Standardausrüstung" solcher emblematischer Hoheitszeichen gehörten Freiheitsmütze, Faszen, Kokarde und Trikolore (vgl. Varianten: Vovelle 1986, Bd. 4, S. 246 f.). Die Freiheitsmütze wurde ab Sommer 1791 in Anlehnung an den „bonnet phrygien" der antiken Galeerensklaven gewählt (vgl. Kat. Duisburg 1989, S. 30 ff.). Am 15. April 1792 trug „tout Paris" „bonnets rouges" auf dem Fest zu Ehren der Soldaten des Regiments „Chateauvieux"–Soldaten, die sich geweigert hatten, auf Bürger zu schießen. In der Zeit 1793/94 wurde „le bonnet rouge" zunehmend Zeichen offizieller Amtsausübung, häufig auch mit Jakobinertum identifiziert. Nach dem 9. Thermidor verschwand „le bonnet rouge" allmählich, nach dem 18. Brumaire endgültig.

Das militärische Abzeichen der Kokarde wurde im revolutionären Sinne zuerst von Desmoulins am 12. Juli 1789 verwendet (vgl. Kat. 394), dort noch als grüner Zweig. Schon am 17. Juni 1789 setzten sich die Farben der Pariser Wappens, Blau und Rot, durch, die mit der Farbe des Königs, Weiß, ergänzt wurde. Mit den neuen Wappenfarben war dann auch die Trikolore, die Nationalfahne, bestimmt (vgl. die Fahnenweihe der improvisierten Anfänge, Kat. 264). Das Faszenbündel ist ebenfalls antik und steht durchgängig in der politischen Ikonographie für politische Macht (vgl. RDK, Bd. 8, Sp. 487 ff.). In der Bündelung der Einzelstäbe soll die „unité et indivisibilité" zum Ausdruck kommen. Der Eichenkranz („couronne du chêne", „couronne civique") wird aus alter Tradition übernommen, vor allem für Märtyrer der Freiheit (Le Pelletier, Marat) und für Soldaten, die für das Vaterland fielen.

Die Devise „Unité, Indivisibilité de la République, Liberté, Égalité, Fraternité ou la Mort" wurde von A.-F. Momoro am 10. Oktober 1793 vorgeschlagen; sie sollte die Fassaden aller Häuser schmücken (vgl. Heuvel 1988, S. 221 f.). Für diesen Zweck scheint das Plakat im Tapetendruck angefertigt zu sein. Vier Jahre, nachdem eine aufgebrachte Menge aus Protest gegen aristokratischen Luxus die Tapetenfabrik von Réveillon gebrandschatzt hatte, ließ nun der Nachfolger Jacquemart & Bénard Plakate und Tapeten fürs Volk herstellen. Joh. H.

365

UNITÉ, INDIVISIBILITÉ DE LA RÉPUBLIQUE, LIBERTÉ, EGALITÉ, FRATERNITÉ OU LA MORT.

DANIEL CHODOWIECKI

366 Die neue Französische Constitution

aus: Sechs große Begebenheiten des vorletzten Decenniums
1791
Radierung; 88 × 51 mm (Darst.)
HK, Kupferstichkabinett, Inv. 1988/267 f

367a Die Empörung der Neger
367b Die Kinder Frankreichs drohen ihrer Mutter

aus: 6 Blätter: Begebenheiten aus neuerer Zeitgeschichte
1792
Radierungen; je 88 × 52 mm (Darst.)
HK, Kupferstichkabinett, Inv. 53848

Lit.: E. 661[II]/686[II]; Bauer 1526, 1584, 1585; Wormsbächer 1988, S. 157, 164; Kat. Frankfurt 1978, Nr. 174/185; Kat. Hamburg 1980/81, Nr. 323, 324, 335 (S. Holsten); Kat. Hamburg 1986, Nr. 267/268 (F. Gross)

Die Politisierung der Almanache in den ersten Jahren der Französischen Revolution machte auch vor den Illustratoren nicht halt. Für den „Göttinger Taschen-Calender" der Jahre 1792 und 1793 nahm Chodowiecki Bezug auch auf deren zentrale Ereignisse. Zunächst stimmte er ein in den Optimismus des progressiven Bürgertums; zu seiner Allegorie auf „Die neue Französische Constitution" schrieb der Verfasser der begleitenden Kurztexte (möglicherweise Lichtenberg): „Die Freyheit triumphirt über Tyrannei, (denn was da unter ihren Füßen liegt ist kein König, sondern bloß ein Tyrann,) und Aberglauben; der letztere scheint sich wieder etwas aufrichten zu wollen. Im Hintergrund sieht man die Ruinen der Bastille, hinter welchen die Sonne aufgeht, und im Vorgrunde zertrümmerte Wappen und Adelsbriefe" (Kal. Göttingen 1792, S. 212). Die erhobene phrygische Mütze und die gekreuzten Messer in der Hand der siegreichen Konstitutionsgestalt deuten Freiheitshoffnung und konsequentes Handeln an. Das Aufbruchspathos weist motivisch voraus auf Runges „Aurora"-Gestalt im „Morgen" (vgl. Kat. 537) und Delacroix' „Freiheit auf den Barrikaden".

Die Hoffnung Chodowieckis und der meisten deutschen Intellektuellen auf eine wehrhafte konstitutionelle Monarchie (eine Demokratie im heutigen Sinne stand kaum zur Debatte) verdüsterte sich im Laufe des Jahres 1792 erheblich. Schon in den eigentlich positiven Appell zur Sklavenbefreiung mischt sich massive Kritik. Im August 1791 war, inspiriert durch die Französische Revolution, in Santo Domingo ein blutiger Aufstand der Neger und Mulatten ausgebrochen (vgl. Kat. 368) – gegen das Kolonialland Frankreich, das auf diese Weise mit seinen eigenen Gleichheitsprinzipien in Konflikt geriet (1794 schaffte der französische Konvent den Sklavenhandel offiziell ab; de facto änderte sich in den Kolonien aber zunächst kaum etwas). Chodowieckis Protagonist des Negeraufstands erhebt die Fackel der Freiheit, doch die ihn begleitenden Furien entzünden an ihr weitere Fackeln, die sich im Hintergrund bereits zum Flächenbrand ausgeweitet haben, begleitet von Mord und Totschlag. Auf Dauer traute Chodowiecki doch eher den Fürstenbünden als der Selbstbestimmung der Völker. Die Sonne der Aufklärung (vgl. Kat. 74) kann jäh umschlagen in das Feuer der Revolte – oder das blitzdurchzuckte Gewitter der sich verselbständigenden Revolution.

Auch die „Constitution" ist ein Jahr später in Gefahr, denn: „Die Kinder Frankreichs drohen

366   367 a   367 b

<367> D. Chodowiecki, *Titelkupfer zum Historisch-Genealogischen Almanach für 1793,* 1792

ihrer Mutter". Das Kriegsspiel der Knaben nimmt bedrohliche Formen an; einer von ihnen hantiert bereits, schildbewehrt, mit einem Messer, vergleichbar denjenigen, die die Konstitution in der Hand hält. Das Piedestal mit dem Säulenrumpf dient ihr nicht als Podest, sondern gibt ihr gerade den nötigen Halt, um nicht sofort zu unterliegen. Nur ihre – recht preußische – Standhaftigkeit läßt ein wenig hoffen.

Noch im gleichen Jahr 1792 veranlaßte Campe den ihm verbundenen Berliner Radierer (vgl. Kat. 172) zu einer Revision seiner Skepsis in einem dritten allegorischen Konstitutions-Stich: „Die Zeit, im Begriff einen Vorhang zurückzuzie-

hen" (<367>; vgl. Wormsbächer 1988, S. 170; Bauer 1623). Mit der vereitelten Flucht nach Varennes und der Annahme der Konstitution durch Ludwig XVI. erschien sie im „Historisch genealogischen Almanach fürs IIIIte Jahr der französischen Freiheit" (Altona 1793). Wohl findet im Hintergrund noch ein Gemetzel statt; doch hinter dem von Chronos zurückgezogenen Vorhang steht die Konstitutionsfigur nun oben auf dem Sockel; lediglich ihr genaues Aussehen bleibt noch verborgen.

Bald darauf hätte Chodowiecki sicherlich nicht mehr eine solch hoffnungsvolle Bildformulierung gewählt. Frankreichs „Kinder" (insbe-

sondere die Jakobiner) hatten ihrer Mutter erfolgreich gedroht und ihren König guillotiniert (vgl. Kat. 306; 307), ein Schicksal, das Königin Marie-Antoinette ebenfalls ereilen sollte (vgl. Kat. 316; 317). Der sonst mit weltpolitischen Äußerungen sparsame Chodowiecki schrieb aus seiner engen Verbundenheit mit der französischen Kolonie in Berlin heraus 1793 resigniert an die Gräfin Solms: „Wer hätte so viel Greuelthaten und so vielen Unsinn von einer der gebildetsten Nationen erwarten sollen . . . ?" (Chodowiecki 1927, S. 180)   P. Th.

368

FRANÇOIS-SÉRAPHIN DELPECH

368 Toussaint Louverture

nach 1816
Kolorierte Lithographie; 275 × 179 mm (Blatt)
HK, Kupferstichkabinett, Inv. 1988/258

François-Dominique Toussaint (1743–1803), genannt Tossaint Louverture (= L'ouverture, weil er den Sklaven in Santo Domingo die Freiheit „eröffnete"), war ein legendärer Heros, der vom Sklaven zum „Bonaparte von Santo Domingo" aufstieg. Toussaint versuchte eine Integration von Schwarzen und Weißen.

Die Kolonialpolitik der französischen Regierung von 1789–1799 war gespalten: einmal war Frankreich wirtschaftlich abhängig (Zucker, Kaffee), andererseits war Sklaventum mit den Menschenrechten unvereinbar. Die beiden ungleichen Interessengruppen, die sich unversöhnlich gegenüberstanden, waren die „Abolitionisten" im Club „Amis des Noirs" (Brissot, Condorcet, Abbé Grégoire, La Rochefoucauld u. a.) und die „Esclavagistes" im „Comité Massiac" (Lameth, Barnave u. a.). Erst die Aufstände in Santo

Domingo (wie August 1791) brachten eine Anerkennung, zumindest die Bürgerrechte für die freien Farbigen (Mulatten). Mehrmals zogen Delegationen mit Schwarzen vor den Konvent, ohne etwas zu erreichen (vgl. Kat. Hamburg 1980/81, S. 354 f. u. Nr. 336). Schwarze Abgesandte der Kolonie (vgl. Girodets Bild von Belley, 1797; Versailles) wurden kühl empfangen. Erst unter der Jakobiner-Diktatur mit Robespierre an der Spitze gelang es am 4. Februar 1794, ein Dekret über die Abschaffung der Sklaverei durchzusetzen (vgl. Markov, Bd. 2, S. 580). Dieses hing aber „in der Luft"; eine Durchführung war nicht geregelt. Regierungstruppen mußten nun auch die weißen Siedler bekämpfen, die sich dem Beschluß widersetzten.

Um 1800 war die faktische Regierungsgewalt von Santo Domingo in Toussaints Hand, mit eigener Verfassung (in Anlehnung an die revolutionäre französische). Santo Domingo blieb aber Teil des französischen Mutterlandes.

Napoleon, der die kolonialen Profite in Gefahr sah, schickte 1802 Truppen, um die revo-

<368> Anonym, *Toussaint l'Ouverture stirbt im Gefängnis des Chateau de Joux,* 1821

lutionäre, emanzipative Macht Toussaints zu brechen. Einstige Mitstreiter Toussaints liefen zu den Franzosen über. Durch eine Kriegslist wurde Toussaint gefangengenommen. Nach Frankreich gebracht, starb er im Gefängnis 1803 (vgl. <368>). Auf Santo Domingo konnte jedoch nicht mehr die alte Kolonialherrlichkeit aufgebaut werden. Frankreich verlor Santo Domingo, das als Staat Haiti und Dominikanische Republik unabhängig wurde. Joh. H.

NICOLAI ABILDGAARD

369 Genius der Gerechtigkeit

um 1792

Bleistift, Feder in brauner Tinte; 162 × 161 mm
Kopenhagen, Den kongelige Kobberstiksamling

Lit.: Kat. Kopenhagen 1978, Nr. 54; Sass 1986, S. 140 f.

Ein geflügelter jugendlicher Genius mit vollem Haar sitzt bequem bis zur Unehrerbietigkeit auf einem Kissen, das zwei Faszes seitlich wie einen Thron einfassen. Auf seinem vorgewinkelten Knie balanciert er ein Richtscheit als Symbol der

369

Gleichheit; die Faszes symbolisieren Einheit und tribunizische (plebejische) Immunität selbst gegen obrigkeitliche Gewalt. Gelassenheit, Kraft und verhaltenes jugendliches Temperament sind die verborgenen Attribute dieser Allegorie; sie sind zugleich das Signum von Abildgaards Generation (vgl. Kat. 75). Nach dieser Vorzeichnung hat der dänische Bildhauer Wiedewelt ein Marmormedaillon zum Sockel der 1797 eingeweihten „Freiheitssäule" (Frihedsstøtten) gemeißelt. Das obeliskartige Denkmal erinnert an die 1788 verfügte Aufhebung der sogenannten Grundhörigkeit (Stavnsbånd), die auch Klopstock besang (Kat. 35): Dem landsässigen Adel, zuständig für den Heeresdienst, gelang es bis dahin, durch Stückelung und Streckung der Wehrdienstzeiten die fällige Landzuweisung bis in die Zeit der Arbeitsunfähigkeit hinein hinauszuzögern und damit den Wehrpflichtigen wie Gesinde zu halten; so blieb die Leibeigenschaft praktisch bestehen, obwohl sie schon im 17. Jahrhundert aufgehoben war. Dieses Verbot fällt in die Regentschaft des späteren Königs Friedrich VI. (1808–1837) (ab 1788); rechtsgeschichtlich gehört es in den Zusammenhang der konstitutionellen Phase der Französischen Revolution, der preußischen Reformen zum „Allgemeinen Landrecht" (vgl. Kat. 36; 51; 70) und dem Josephinismus in der Donaumonarchie (vgl. Kat. 72). Auftrag und Entwurf der „Freiheitssäule" von Kopenhagen fällt in die Zeit des dortigen Verbots von Sklavenhandel und Sklavenhaltung (vgl. Kat. 75). G. S.

JOHANN WOLFGANG VON GOETHE

370 Cette terre est libre

16. Oktober 1792
Federzeichnung; 226 × 183 mm
New York, Pierpont Morgan Library

Lit.: Femmel 1971, Nr. 137; Kat. Hamburg 1980/81, S. 373, Abb. 185

Am 16. Oktober 1792 auf dem Rückmarsch nach der verlorenen „Kanonade von Valmy" (20. September) schrieb Goethe aus Luxemburg einen Brief an das Ehepaar Herder und zeichnete auf der Rückseite diese Skizze mit „Aspekten am Himmel und . . . Conjunkturen auf der Erde."

Das Ehepaar Herder, wie auch Prinz August von Gotha, dem Goethe ebenfalls eine Zeichnung des Freiheitsbaums liefern wollte, hatten Sympathien für die Anfänge der Revolution und sprachen von einer „neuen Aurora", einer aufgehenden „Sonne der Freiheit" (Hayn 1877, S. 476). Goethe beschwichtigte seine Freunde mit dieser „Effigation", die zur „heilsamen Betrachtung Anlaß geben möge".

Dargestellt ist eine Landschaft mit einem Wegweiser, der mit „Freiheitsmütze" und Kokarde sowie Trikolorenbändern geschmückt und mit zwei Schildern ausgestattet ist: „cette terre est libre" (dieses Land ist frei) und „Chemin de Paris" (Weg nach Paris). Die Landschaft teilt sich in zwei „Welten": links eine mit aufgehender Sonne (die Lilie steht für Frankreich), rechts Mühle und Gehöft im Regen sowie eine Mondsichel mit preußisch-österreichischem Doppeladler (vgl. auch das Goethe zugeschriebene Aquarell; Kat. Hamburg 1980/81, Nr. 325).

Erst dreißig Jahre nach der „Kanonade von Valmy" beschrieb Goethe seine damaligen Erlebnisse in der „Campagne in Frankreich" (1822): „Wir hielten auf der Chaussee von Châ-

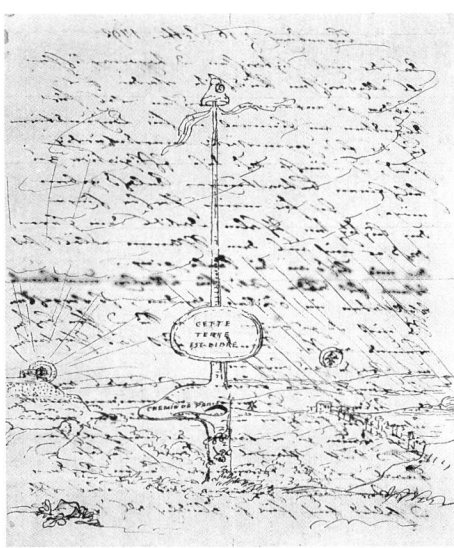

370

lons an einem Wegweiser, der nach Paris deutete. . . . Noch am Morgen hatte man nicht anders gedacht, als die sämtlichen Franzosen anzuspießen und aufzuspeisen . . ." In Valmy blieb es bekanntlich beim Schlagabtausch einer zwölfstündigen „Kanonade" im Regen und dem unrühmlichen Rückzug der preußischen Armee. Die historische Tragweite faßte Goethe in die berühmten Worte: „Von hier und heute geht eine neue Epoche der Weltgeschichte aus und ihr könnt sagen, ihr seid dabei gewesen."

Goethe wahrte immer Distanz zur Französischen Revolution, da er beide Seiten sah, die Rechte des Volkes und die „Missetaten der Herrschenden" und umgekehrt. Was er dagegen anstrebte, war Reform, nicht Revolution. Die „Freiheitsapostel", den „literarischen Sansculottismus" versah er mit Spott. In „Hermann und Dorothea" (1797) findet sich eine der wenigen Stellen, wo er ein positives Bild der Revolutions-Ideale entwirft: „Denn wer leugnet es wohl, daß hoch sich das Herz ihm erhoben,/ Ihm die freie Brust mit reineren Pulsen geschlagen, / Als sich der erste Glanz der neuen Sonne heranhob, / Als man hörte vom Rechte der Menschen, das allen gemein sei, / Von der begeisternden Freiheit und von der löblichen Gleichheit!". Joh. H.

Louis-Jean Allais
nach ALEXANDRE-EVARISTE FRAGONARD

371 Le Génie Français adopte la Liberté et l'Egalité
(Der französische Genius nimmt die Freiheit und Gleichheit an)

um 1793/94
Punktiermanier, Radierung; 465 × 570 mm
HK, Kupferstichkabinett, Inv. 20316

Lit.: IFF, Bd. 1, Nr. 93 (Allais)

„Le Génie français" schützt mit ausgestreckten Armen und großen Flügeln „Liberté" und „Egalité", die symmetrisch wie Karyatiden dem Koloß zur Seite stehen. Die Figuren sind nach Art eines antiken Reliefs gebildet, deshalb die leeren Augen. Die Schrift auf der Plinthe erklärt, daß „der französische Genius die Freiheit und Gleichheit annimmt".

LE GÉNIE FRANÇAIS ADOPTE LA LIBERTÉ ET L'ÉGALITÉ

371

Der Tod dieser Konventsabgeordneten (vgl. Kat. 302, 303, 309, 311 u. 385–387) gab Anlaß, daß die über die Königsfrage zerbrochene Einheit erneut beschworen wurde. Die Ehrung wurde mit der Verbreitung der neuen geheiligten Prinzipien verbunden, die Ende 1793 den gesamten Alltag verändern sollten: Feste, Kalender wurden vom Christentum abgelöst und auf „Vernunft" gegründet. In diesen „culte de la raison" wird auch ab Ende 1793/Anfang 1794 der Kult der Märtyrer integriert. So z. B. richtete Robespierre nach der Ermordung Le Pelletiers an die Abgeordneten einen Appell: „Citoyens, Amis de la Liberté et de l'Egalité, c'est à nous qu'il appartient d'honorer la mémoire du martyrs de cette religion vraiment divine dont nous sommes les missionaires" (Bürger, Freunde der Freiheit und Gleichheit, es ist an uns, das Andenken der Märtyrer jener wahrhaft göttlichen Religion zu ehren, deren Missionare wir sind) (23. Januar 1793; Robespierre 1950, Bd. 9, S. 257). Im Oktober 1793 hatte David seine Bilder „Le Peletier" und „Marat" ausgestellt. Es wurden Prozessionen zu Ehren dieser „Märtyrer der Freiheit" (martyrs de la liberté) veranstaltet, die beide pantheonisiert wurden: Le Pelletier am 24. Januar 1793, Marat – nach einigen Schwierigkeiten – am 21. September 1794. Im Kupferstich Leroys „Droits de l'Homme" von 1793 garantieren die Bildnisse der beiden Helden die geforderten Staatsbürgertugenden (vgl. <372>).

Meist wird „le Génie" als schwebender Jüngling dargestellt (vgl. Kat. 396; Vovelle 1986, Bd. 5, S. 302 ff.), hier sitzt er in Herrscherpose. Er scheint in seiner Gestalt noch zwei andere Symbolfiguren zu vereinen: Die starre Haltung und das doppelzüngige Flammenzeichen sind Zeus angenähert, während die Athletengestalt und die Riesenkeule (von „Liberté" gehalten) auf Herkules hindeuten. Herkules war in dieser Zeit die Symbolfigur für das Volk (vgl. Kat. 334 u. 402). Anlaß für diese Darstellung kann die Kampagne um die Verfassung von 1793 gewesen sein.

Am 10. August 1793 wurde die Verfassung von 1793, die noch stärker als die von 1791 den Freiheits- und Gleichheitsgedanken vertritt, verkündet und erhielt durch Volksentscheid eine breite Mehrheit. Anläßlich des Festes „Unité et Indivisibilité" wurde sie feierlich verkündet – ihre Verwirklichung jedoch auf Friedenszeiten (die nie eintraten) verschoben.

Der Stich nach Fragonard gehört durch seine ägyptisierenden Momente, seine Angleichung an die Bauplastik (vgl. Pantheon-Schmuck) vermutlich in diese „utopische" Phase der Republik von 1793/94, die die Kunst in ihren Dienst nahm.

Joh. H.

AUX MANES de MARAT et PELLETIER

L'Egalité

à Paris, chez Basset, rue Jacques au coin de celle des Mathurins

372

ANONYM, hrsg. von Basset, Paris

372 L'Egalité
(Die Gleichheit)

Ende 1793/Anfang 1794
Punktiermanier in Farbe; 175 × 110 mm
HK, Kupferstichkabinett, Inv. 1988/189

Lit.: de Vinck 5346

Die Göttin „Gleichheit" thront, in eleganter Figur, in antikem Gewand, das reichlich verschlungen ist, aber die Schulter freiläßt. Sie hält ein Dreieckslot in der einen, ein Vogelnest in der anderen Hand und zertritt Königszepter und Privilegien. Hinter ihr befindet sich eine dem Grabmal Marats an der Place de la Réunion entlehnte Architektur, geschmückt mit einem Bildnismedaillon von Marat und Le Pelletier, umrahmt von gebundenen Kornähren, und darunter die Schriftleiste „Aux Mânes de Marat et Pelletier" (Den Manen von Marat und Le Pelletier). Das Vogelnest in der Hand ist Symbol christlichen Ursprungs der Aufopferung für die Gemeinschaft, eine Tugend, die beiden Toten nachgesagt wurde.

<372> J. Leroy, *Die Menschenrechte*, 1793

Zu diesem neuen Kult gehört auch das anonyme Blatt, das bei Basset verlegt wurde, einem Verleger, der – wie auch Noël und Chéreau – den großen Kult durch kleine, manchmal etwas naive Devotionalien verbreiten half. Meist gehörten die Blätter zu einer Serie. Der gleiche Verleger, Basset, gab 1792/93 eine Serie stehender Göttinnen heraus: „Liberté", „Fraternité", „Raison", „Verité" usw., die von verschiedenen Stechern nach Boizot gestochen wurden (vgl. Vovelle 1986, Bd. 1, S. 302, 306, 310)

Joh. H.

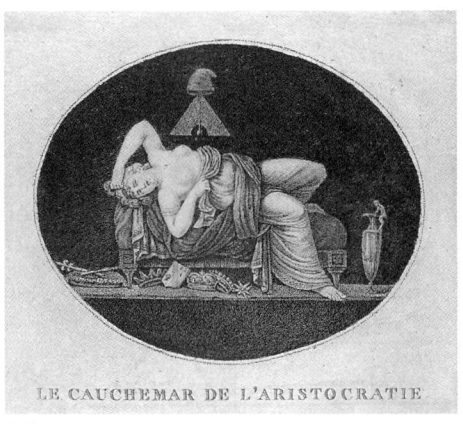

LE CAUCHEMAR DE L'ARISTOCRATIE

373

LE GEOVA DES FRANCAIS

A Paris chez Desmarest, Rue J.J. Rousseau, Mrs de Bulliere.

374

Benoît-Louis Provost (Prévost) (Farbtafel 25)
nach JACQUES-LOUIS COPIA

373 Le Cauchemar de l'Aristocratie
(Der Alptraum der Aristokratie)

374 Le Geova [Jéhova] des Français
(Der Gott der Franzosen)

nach Januar 1793
Punktiermanier in Farbe; 123 × 125 mm
und 112 × 132 mm
HK, Kupferstichkabinett, Inv. 1988/190 und
1988/191

Lit.: de Vinck 3620 und 3622

Während die Dame „Aristokratie" unter dem
Alpdruck der Gleichheit sich verzweifelt auf
einem Bett wälzt, an dem noch die Reste der
feudalen Herrschaft lagern (Kronen, Zepter,
Wappen), betet ihr Gegenstück aus dem Dritten
Stand diese Gleichheit am Altar der Nation an.
Sie stehen sich gegenüber wie Wollust und
Tugend; Gleichheit Wunschtraum hier, Alp-
traum dort.

Nach der Volkserhebung am 10. August
wurde das Königtum abgeschafft. Es begann die
ideologische Schlacht im Konvent um die
Grundsätze, auf denen die Nation zu bauen sei.
Bereits am 30. September 1792 schreibt Robespierre: „Das Königtum ist ausgerottet ... die
Herrschaft der Gleichheit beginnt" (Soboul 1973,
S. 243). Das Blatt beschwört diese Ziele, die mit
der Jakobiner-Mütze als sansculottisch gekennzeichnet sind.

Beide Szenen mit ihren erotischen Untertö-
nen sind noch ganz im Geist des Dix-Huitième
verfaßt; sie stammen von Piat-Joseph Sauvage,
Hofmaler Ludwigs XVI., der sich zeitweilig der
Revolution angeschlossen hatte. Er war Spezia-
list für imitierte Reliefszenen nach Antiken. So
ist auch die liegende Dame einer antiken Niobe-
Tochter nachempfunden und antwortet außerdem auf das Gemälde „The Nightmare" von
Füssli, das in Stichen seit 1782 Verbreitung fand.
Nach der Vorlage Sauvages stach zuerst Copia
(Kat. Hamburg 1980/81, Nr. 318), dann kopierte
Provost wiederum Copias Stich – beide Versionen
wurden von Sébastian Desmarest herausgege-
ben.   Joh. H.

LOUIS-JEAN ALLAIS

**375 La Constitution Republicaine /
Fête de l'unité et Indivisibilité
de la Republique française**

nach August 1793
Farbstiche; ⌀ je 81 mm
Paris, Musée Carnavalet, Inv. PC Hist. 21^D

Lit.: IFF, Bd. 1, Nr. 90 (Allais)

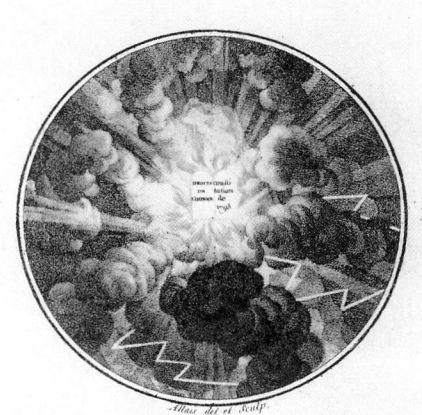

Allais del et Sculp.

La Constitution Republicaine, semblable
aux tables de Moyse, sort du Sein de la
Montagne au milieu de la foudre et des
éclairs.

375

Allais del et sculp.

Fête de l'unité et Indivisibilité de la
Republique française celebrée le 10 aout
1793 l'an 2me de la Rep^ue F^çaise une et Indi^ble

Paris rue de la Bacillerie chez le C^en Allais maison du C^en le Clec Apothicaire

Eine gewaltige Explosion fördert die Verfassung
von 1793 zutage – eine alttestamentarische Metapher: „Donner, Blitz, Posaunenschall und rauchender Berg" begleiten die göttliche Gesetzes-
übergabe an Moses (Exodus 20,18), wie die Bildlegende bestätigt: „La Constitution Republicaine, semblable aux tables de Moyse, sort du Sein
de la Montagne au milieu de la foudre". Die
„Jakobinerverfasssung" von 1793 wird als über-
natürliches, von elementaren Naturmächten
unterstütztes Unterfangen hingestellt. Angeboten
hatte sich die Metapher durch die Benennung des
linken politischen Flügels als „Montagne". Der
Berg spielte als politische Metapher darüber
hinaus eine Rolle im Kult (Fête de la Raison, Etre

suprême, vgl. Harten 1989, S. 39 f.). Eine wichtige
Rolle spielte der Blitz als „instrument du châti-
ment" – Bestrafungsinstrument in höherer
Absicht.

Der bildhaften Sprache des avers steht die
gebändigte Symbolsprache des revers gegenüber:
auch hier hilft der Kosmos (vgl. Zodiakus) den
republikanischen Zielen („Union", „Liberté"
...), die sich kernhaft verdichten in den Symbolen: Faszes, Freiheitsmütze, Dreieck, Eiche und
Lorbeer. Rundschrift und Legende weisen auf das
Fest „Unité et Indivisibilité" vom 10. August 1793
hin, auf dem die neue Verfassung feierlich verkündet wurde.

Der Sturz des Königs (10. August 1792 – vgl.
Kat. 295) hatte auch die Konstitution gestürzt.
Der erste Akt der neuen Republik galt einer
neuen Verfassung. Der Entwurf von Condorcet
wurde von der Montagne als girondistisches Produkt abgeschmettert. Der neue Vorschlag von
Robespierre, Saint-Just, Cloots u. a. unter Feder-
führung von Hérault de Séchelles wurde am
24. Juni 1793 vom Konvent angenommen und im
Referendum gebilligt (vgl. Text: Markov, Bd. 2,
S. 324 ff.). Nach der Verkündung der Verfassung
wurde sie jedoch in der Bundeslade verwahrt. Ihre
Anwendung hätte die Neuwahl der Nationalversammlung bedeutet – und möglicherweise das
Ende der Montagne (vgl. auch Kat. 377). Joh. H.

Laurent Guyot
nach ARMAND-CHARLES CARAFFE

376 Le Thermometre du Sans Culote
(Das Thermometer des Sansculotten)

1789 (?) (1793 überarbeitet)
Radierung, Kupferstich; 323 × 362 mm
Paris, Bibliothèque Nationale, Département des
Estampes, Inv. C 39995

Lit.: de Vinck 4244; IFF, Bd. 3, Nr. 2 (Caraffe); Renouvier 1863, S. 122 f.

Die Bildlegende lautet: „Frankreich durch eine
Lilie und die Attribute der Demokratie charakterisiert, vertreibt die Finsternis und zeigt dem

376

---

wünschung hinterher: „que le Diable et la Justice Nationale envoie[nt] tous les traîtres à la Guillotine" (daß der Teufel und die nationale Justiz alle Verräter auf die Guillotine schicke). Am 31. Oktober wurden 21 Girondisten hingerichtet – drei der hier namentlich aufgeführten (Brissot, Fauchet, Gensonnet). Im nächsten Jahr waren auch die übrigen nicht mehr am Leben. Aber auch die – nach Meinung des Stechers – guten Patrioten konnten sich nicht halten: Mußten bereits „Pelletier" und „Mara" als „Victimes des traîtres" (Opfer der Verräter) betrauert werden (sie sind durch Einrahmung hervorgehoben), so dauerte es kein Jahr, und es lichteten sich die Reihen der Montagne. Nach dem 9. Thermidor wurden drei der hier aufgeführten hingerichtet (Robespierre, Couthon, Saint-Just), die übrigen kamen ins Gefängnis – wie auch Caraffe selbst, der den ursprünglichen Entwurf geliefert hatte. Die Tatsache, daß auch Robespierre-Gegner unter den „Guten" (les Bons) aufgeführt werden (z. B. Collot d'Herbois, Tallien und Du Fournay) – Renouvier berichtet sogar von Abzügen ohne den Namen Robespierre –, läßt auf eine unabhängige Position schließen.   Joh. H.

CHARLES MEYNIER

377 Allegorie auf die Verfassung von 1793

nach August 1793
Federzeichnung, schwarze und braune Tusche, laviert; 286 × 381 mm
New York, Rosenberg & Stiebel Inc.

Ein geflügelter Genius thront mit Liberté und Egalité in der Mitte auf einem Felsen, der die Festigkeit der Republik symbolisiert und metonymisch auch für die „Montagne" steht (vgl. auch Kat. 375). „Le Génie français" hat die vielköpfige Hydra überwunden, hält das Faszenbündel mit Herkuleskeule in der einen Hand, mit der anderen das Schild „Constitution Républicaine 1793" schützend über „Liberté". „Liberté" hält eine Gesetzesrolle („La Loi") und tritt auf die Schildkröte, Symbol der „Pudicitia" (häusliche Sittsamkeit; vgl. Ripa 1630, S. 598). Links „Egalité" mit Dreieckslot und Zaumzeug für „Temperanza" (Mäßigung; vgl. Ripa 1630, Teil 3, S. 118 f.). Phöbus im Sonnenscheitel vertreibt die feudalen, dunklen Mächte, die mit ihrem prunkvollen Schiff am republikanischen Felsen zerschellen. Dämonen greifen mit Waffen, Brandfackel und Priesterstola vergeblich aus der Luft an. Auf der Lichtseite bricht eine neue Zeit des Friedens, Handels („Confience"(!)/Vertrauen) und des Ruhmes an; in ihr gedeihen die Künste (Putten). Ein antikisch gekleideter Jakobiner schreibt auf den Felsen (und holt dadurch das Idealbild in die republikanische Wirklichkeit): „Unité, Indivisibilité de la République, Liberté, Egalité, Fraternité ou la Mo[rt]".

Hier wird die „Jakobinerverfassung" von 1793 verherrlicht, die auf dem Fest „Unité et Indivisibilité" am 10. August 1793 verkündet wurde. Bereits im Vorfeld hat Saint-Just umrissen, was er von einer Verfassung erwartete: Zwistigkeiten werden aufhören, Friede wird einkehren, die französische Einigkeit wird ihre Feinde erzittern

---

Universum die Wahrheit und die Natur, die den Menschen ihre Rechte zeigt. Die Despoten, Nachtvögeln vergleichbar, fliehen vor dem Anblick des Lichtes." „La France", vereint mit „la Nature" und „la Verité", wird durch die vor ihr liegenden Symbole Lilie und Granatapfel als konstitutionelle Monarchie charakterisiert (vgl. auch Gravelot 1791, Bd. 2, „Démocratie"). Die vier Eckmedaillons, ebenfalls von der Bildlegende erläutert, konkretisieren das Geschehen auf den Wolken durch antikische Exempla: In „Faux patriotisme" werden von einer maskierten Frau die Pfeile eines Faszenbündels zerbrochen, in „Vrai patriotisme" von Herkules gebunden. In „Présomption" (Anmaßung) stürzt Phaëton vom Sonnenwagen, und in „Sage confiance" weist Ariadne Theseus den Weg aus dem Labyrinth.

Antike und alttestamentarische Mythen (Dreifaltigkeit, Tafel Mosis, „Fiat Lux") werden vereint, um den Beginn einer neuen Ära zu verkünden, einer Ära, die geprägt ist vom Kampf zwischen Licht und Finsternis, wahrem und falschem Patriotismus. Die erste Auflage des Blattes (vgl. <376>) muß in der Zeit nach der Diskussion um die Menschenrechte, Ende 1789, entstanden sein, als die ersten Flügelkämpfe in der Assemblée Nationale sichtbar wurden.

In der vorliegenden zweiten Auflage wird durch schriftliche Zusätze der Kampf um die Wahrheit weitergeführt und konkretisiert. Das Blatt erhält jetzt den Titel „Le Thermometre du Sans Culote (!)", vielleicht in Absetzung zur girondistischen Zeitschrift „Le Thermomètre du Jour", die 1791 bis August 1793 erschien. Die Menschenrechtstafel bekommt den Zusatz „du citoyen" und ein Gleichheitszeichen. Weitere Inschriften setzen „wahre" von „falschen" Patrioten ab;

diese wollen „Throne errichten" und arbeiten mit „Täuschung und Verstellung", jene weisen sich durch „Tugend" (la Vertu) aus und wollen „die Republik stärken und retten". Wer hier gemeint ist, wird durch Namensschilder, die wie Girlanden herabhängen, angezeigt: links bekannte Girondisten und Hebertisten, rechts die Abgeordneten der Montagne.

<376> L. Guyot, *Die Menschenrechte,* um 1789

Auf Betreiben Robespierres und von 35 Sektionen von Paris – vgl. ihre Eingabe an den Konvent vom 15. April 1793 – sollten die Girondisten, die „Verräter", bestraft werden, was auch durch Insurrektion und Belagerung des Konvents am 2. Juni 1793 gelang. „Le Thermometre du Sans Culote" schickt dieser Verhaftung die Verlassen (24. April 1793, vgl. Fischer 1974, S. 297). Und Robespierre schlug am selben Tag konkrete Gesetze vor, die auch später aufgenommen wurden. Allerdings nicht sein Artikel über die „Könige"; dieser lautete: „Die Könige, die Aristokraten und die Tyrannen, welcher Nation sie auch immer angehören, sind Sklaven, die gegen den Souverän der Erde, d. h. gegen das Menschengeschlecht, und gegen den Gesetzgeber des Universums, d. h. gegen die Natur, revoltieren." (Robespierre, zit. nach Grab 1973, S. 143).

Meynier, dem die Zeichnung zugeschrieben werden kann (frdl. Mitteilung von K. Simons), bewegte sich in einem kühlen Neoklassizismus, der ihn prädestinierte zum Dekorationsmaler des Empire und der Restauration. Sein Bild „La France triomphante encourageant les Sciences et les Arts" von 1793 (Kat. Paris 1974/75 I, Nr. 127 u. Vovelle 1986, Bd. 3, S. 222) kann dieser Verfassungsallegorie stilistisch und inhaltlich an die Seite gestellt werden (vgl. auch Kat. 502).

Joh. H.

377

Jacques-Louis Copia
nach PIERRE-PAUL PRUD'HON

378 L'Egalité
(Die Gleichheit)
um 1793/94
Kupferstich; 106 × 118 mm
HK, Kupferstichkabinett, Inv. 1980/48
Lit.: vgl. Kat. 381

„Egalité" sitzt unter einer Eiche und verteilt eine Frucht an drei Kinder, die sich brüderlich umarmen. Spaten und Bienenkorb zeugen von Gewerbefleiß. Das Gleichheitssymbol, das Dreieckslot, vertritt die Sonne. Dieses Revolutionsemblem trägt als Motto „l'Egalité" und als Subscriptio „Ils sont égaux dans la société comme devant la Nature" (Sie sind gleich in der Gesellschaft wie vor der Natur). Ein Satz, der noch über die Grundsätze der Verfassung von 1793 hinausgeht. Dort wird die Gleichheit „durch die Natur" und „vor dem Gesetz" (Art 2, 3 u. a.) verkündet, nicht aber die Eigentumsgleichheit, wohl aber „das allgemeine Glück" (le bonheur commun) (Art. 1) und das Recht aller, die „Früchte ihrer Arbeit" zu genießen (Art. 16).

Prud'hon illustriert das Gleichheitsprinzip mit einem „paradiesischen Zustand", der vollkommene Brüderlichkeit voraussetzt. Mit veränderter Subscriptio und gewendet fand die Vignette Eingang in die Allegorie von 1795 (vgl. Kat. 379).

Joh. H.

Jacques-Louis Copia
nach PIERRE-PAUL PRUD'HON

379 La Loi
(Das Gesetz)
um 1793
Kupferstich; 109 × 139 mm
HK, Kupferstichkabinett, Inv. 1980/49
Lit.: vgl. Kat. 381

„La Loi", die Dame Gesetz, schützt ein Mädchen vor einem Angreifer; das Schwert des Gesetzes steht gegen den Dolch des Mörders, wilde Nacktheit gegen zivilisiertes Gewand. Dieses Revolutionsemblem hat zur Subscriptio: „Le foible(!) trouve sa force dans la Loi qui le protège" (Der Schwache findet seine Stärke durch das Gesetz, das ihn schützt).

Vermutlich steht dieses Blatt – wie sein Pendant „Egalité" (vgl. Kat. 378) – im Zusammenhang mit der Verfassung von 1793. Das Ziel des „Naturgemäßen" stimmt überein, in der Vignette durch das Beispiel einer Mutter, die ihr Kind schützt, in den Verfassungsartikeln durch die Stärkung des einzelnen Subjekts: der Einzelne wird vor Gewaltmißbrauch des Staates geschützt (Art. 9, 31 u. 35), der Schwache von der Gesellschaft unterstützt (Art. 21). In der Diskussion um diese Verfassung gebrauchte Robespierre eine Formulierung, die Prud'hons Exempel nahekommt: „Diejenigen, welche . . . die Menschenrechte zerstören, müssen von allen bekämpft werden, und zwar nicht als gewöhnliche Feinde, sondern als Mörder und aufrührerische Räuber (24. April 1793; Markov, Bd. 2, S. 390). Das Inkrafttreten der Verfassung von 1793 verschob man auf Friedenszeiten,: „Le gouvernement provisoire de la France est révolutionnaire jusqu'à la paix" (Die provisorische Regierung ist revolutionär bis zum Frieden) (Dekret vom 10. Oktober 1793). Die Vignette fand mit verändertem Titel Eingang in die Allegorie auf die Verfassung von 1795 (vgl. Kat. 381).

Joh. H.

378

379

Ils sont égaux dans la Société comme devant la Nature

Le foible trouve sa force dans la Loi qui le protège.

LA LIBERTÉ

Elle a renversé l'Hydre de la Tyrannie, et brisé
le joug du Despotisme.

380

Jacques-Louis Copia
nach PIERRE-PAUL PRUD'HON

380 La Liberté
(Die Freiheit)

um 1793/94
Radierung, Punktiermanier; 213 × 139 mm
HK, Kupferstichkabinett, Inv. 1980/50

Lit.: Slg. Paris 1977, Nr. 218 (vgl. auch Kat. 381)

Die triumphierende „Liberté" besiegt die „Hydra
der Tyrannei" und zerbricht das „Joch des Despo-
tismus", wie die Subscriptio verdeutlicht. Das
Löwenfell und das Richtbeil der „Liberté" zeugt
von herkulescher Tatkraft. In der „Iconologie"
Gravelots und Cochins von 1791 war „Die
Gewalt" (la Force) ähnlich ausgestattet (vgl.
<380>). Herkules wurde in der Französischen
Revolution oft in Bild und Wort zitiert, um die
Tatkraft des französischen Volkes zu verherrlichen (vgl. Kat. 334 u. 402). Die „Liberté"
Prud'hons verbindet Gewalt mit Tugend: Lor-
beerkranz und Freiheitsmütze sollen dafür bür-
gen.

Das martialische Äußere dieser herkulei-
schen Amazone läßt sich durch die extreme
Kampfstimmung von 1793/94 erklären. In der
Rede Robespierres vom 17. November 1793 finden sich Formulierungen, die Prud'hon „übersetzt" zu haben scheint: das französische Volk
habe sich wie „ein Herkules" befreit, vergeblich
rufen die „fremden Tyrannen, die Schlangen der
Verleumdung, den Dämon des Bürgerkriegs, die
Hydra des Föderalismus und die Ungeheuer der
Aristokratie zu Hilfe, um die Republik im Keim
zu ersticken." (Grab 1973, S. 187). Und in Marie-
Joseph Cheniers „Freiheitsode" von 1794 heißt
es: „Au peuple souverain tous les rois font la
guerre; / Qu'à tes pieds, ô déesse, ils tombent
désormais: / ... Guerriers libérateurs, race puissante et brave, Armés d'un glaive humain, sancti-
fiez l'effroi!" (Gegen das souveräne Volk führen
alle Könige Krieg; Zu deinen Füßen, o Göttin
[der Freiheit], mögen sie bald fallen. Ihr Kämpfer
für die Freiheit, stark und tapfer, Ihr führt das
Schwert der Menschlichkeit: Heiligt den Schrek-
ken!) (Moniteur, Bd. 18, S. 397).

„Liberté" gehört – zusammen mit „L'Egalité"
und „La Loi" (vgl. Kat. 378, 379) – in eine Reihe
von Einzelwerken, die dann in „La Constitution
française" (Kat. 381) zusammengefaßt wurden.
Inhaltlich verschiebt sich dabei der Tenor von der
Volksherrschaft auf den des Gesetzes.   Joh. H.

FORCE

<380> J. de Longueil nach H. Gravelot, *Die Stärke,*
um 1790

381

Jacques-Louis Copia
nach PIERRE-PAUL PRUD'HON

381 Constitution Française
(Die Französische Verfassung)

1795
Kupferstich, Radierung; 450 × 537 mm
HK, Kupferstichkabinett, Inv. 1980/47

Lit.: Guiffrey 1924, Nr. 388–390; IFF, Bd. 5, Nr. 49
(Copia); Agulhon 1979, S. 31 f., Kat. Paris 1989,
Nr. 903

Die Tafel im Mittelfeld erläutert die Szene: „Die
Französische Verfassung, von der Weisheit auf der
unveränderlichen Grundlage der Menschenrechte und Bürgerpflichten gegründet" (Constitution Française / Fondée par la Sagesse sur les
Bases / Immuables des Droits de l'Homme/ Et des
Devoirs du Citoyen".

Vier allegorische Frauengestalten, einige
Tiere und Kinder sind auf einem „Altar des
Vaterlandes" versammelt. In der Mitte steht
Minerva, Personifikation von Weisheit und Vernunft. Sie umarmt zwei Frauen: das „Gesetz" und
die „Freiheit"; diese wiederum führt die Hände
von „Natura" und „Gesetz" zusammen. Die
maskuline „Freiheit", die Prud'hon seinem römischen Skizzenbuch von 1785/88 entnahm (vgl.

CONSTITUTION FRANÇAISE
FONDÉE PAR LA SAGESSE SUR LES BASES
IMMUABLES DES DROITS DE L'HOMME
ET DES DEVOIRS DU CITOYEN.

<381A>
P.-P. Prud'hon,
Diana, 1785/88

<381B> P.-P. Prud'hon, *Allegorie der Verfassung,* um 1793

<381A>) und bereits 1793 als eine neue Diana formulierte (vgl. Kat. 380), hat Joch und Fesseln abgeschüttelt und hält einen Stab mit Freiheitsmütze. Die Katze neben ihr ist ein Symbol der Unabhängigkeit. Ihr zur Linken und Rechten sind die Bereiche von Gesetz und Natur.

Das „Gesetz", leicht bewaffnet und mit dem Stab der Wachsamkeit versehen, blickt Minerva in die Augen. Kindliche Schildträger verkünden:,, La Loi, Sûreté à tous" (Das Gesetz, Sicherheit für alle). Sie halten Eichenlaub (für Verdienste am Vaterland) und führen Löwen und Lamm einträchtig nebeneinander. Zu dieser Szene gehört das „exemplum" im Altarvorsatz: Eine Frau schützt ein Kind vor dem Dolch des Mörders mit der Schriftzeile: „Ce qui convient à la Société" (Was der Gesellschaft zukommt; vgl. auch Kat. 379 mit verändertem Text).

Auf der Naturseite rechts führt ein Kind das Schild „Egalité" (bezeichnenderweise ein Negerkind, war doch die Sklavenfrage ein Prüfstein der Gleichheit, vgl. Kat. 118, 120, 122, 367a, 438); ein weiteres Kind demonstriert mit Spaten den Ackerbau, ein drittes überwindet symbolisch den Royalismus, indem es eine Krone zertritt. Das „exemplum" auf dieser Seite besteht im Bild einer Frau, die an drei Kinder eine Frucht verteilt mit der dazugehörigen Schriftzeile: „Ce qui convient aux Hommes" (Was den Menschen zukommt; vgl. auch Kat. 378).

Das 1798 im Salon ausgestellte Blatt demonstriert Rechte und Pflichten des Citoyen. Seit Beginn der Revolution wurde versucht, staatliche Belange („Gesetz") und individuelle Bedürfnisse („Natur") ins Gleichgewicht zu bringen. Die hier mit dem Bund von „Gesetz" und „Natur" (unter der Anleitung von Freiheit und Raison) vorgeführte Einigung hängt sicherlich mit dem Geist der Direktorial-Verfassung von 1795 zusammen; nur hier werden den Rechten auch Pflichten beigegeben und die Individualrechte besonders betont.

Prud'hon, berühmt durch sein Bild „Die Justiz und die Rache verfolgen das Verbrechen" (1808, Louvre), fertigte am Anfang revolutionäre Gelegenheitsgraphiken. Vielleicht ist auch diese Graphik in Verbindung mit Nicolas Frochot (Freund Mirabeaus und unter Napoleon „Préfet de la Seine") zu sehen, der auch das erwähnte Bild bestellte. Die künstlerischen Mittel verweisen auf Prud'hons Rom-Aufenthalt. Copias Stich bringt Prud'hons Vorlage meisterhaft zur Geltung (vgl. <381B>).
Joh. H.

Louis-François Mariage
nach ALEXANDRE-EVARISTE FRAGONARD

382 Vérité
(Die Wahrheit)

um 1794
Radierung, Punktiermanier; 385 × 270 mm
Paris, Bibliothèque Nationale, Département des Estampes, Inv. Dc 100

Lit.: de Vinck 6317

Die üblicherweise schwebende „Vérité" hat sich auf einem Quader niedergelassen und enthüllt sich selbst (vgl. griech.: „aletheia" = Enthüllung), was sonst Chronos zustand. Über ihr schwebt das Symbol der Ewigkeit, die Schlange „Uroboros". Auf ihrer (abgeworfenen) Hülle steht u. a.: „Fanatismus, Verstellung, Despotismus" – d. h. sie verkörpert jetzt das Gegenteil, nämlich Toleranz, Ehrlichkeit, Demokratie. Zur „Vérité" gehört das Pendant „La Raison" (vgl. de Vinck 6316).

Für einige Theoretiker war die Französische Revolution die in Praxis umgesetzte Aufklärung. Robespierre z. B. verstand sich als Apostel der Wahrheit: „La République française est invinci-

382

ble comme la raison; elle est immortelle comme la vérité" (Die französische Republik ist unüberwindlich wie die Vernunft, unsterblich wie die Wahrheit) (Rede am 17. November 1793, vgl. Robespierre 1950, Bd. 10, S. 180). Kunsttheoretiker wie Quatremère de Quincy und Boissy d'Anglas setzten sich für die künstlerische Umsetzung der neuen Dogmen ein, was sich meist in Form von Allegorien niederschlug. Anlaß für diesen Stich könnte der große Kunstwettbewerb von April 1794 gewesen sein. Die dort projektierten Bauten (vgl. Szambien 1986) könnten von solcher Graphik – sozusagen als flankierender Propagandamaßnahme – begleitet worden sein.

Die Republik mußte das metaphysische Vakuum, das durch die Entchristianisierung entstanden war, ausfüllen. M.-J. Chenier erläuterte am 5. November 1793 (einige Tage vor dem „Fest der Vernunft", vgl. Kat. 331) die „neue Religion": „(ihr) werdet auf den Trümmern des entthronten Aberglaubens die einzige Universalreligion (gründen) . . ., die weder Geheimnisse noch Mysterien enthält, deren einziges Dogma die Gleichheit ist . . ." (zit. nach Markov, Bd. 1, S. 371).
Joh. H.

383

Louis Darcis
nach FRANÇOIS BONNEVILLE

383 La Nature
(Die Natur)

1794
Punktiermanier; 212 × 131 mm
HK, Kupferstichkabinett, Inv. 1988/257

Lit.: IFF, Bd. 3, Nr. 248 (Bonneville), Bd. 6, Nr. 17 (Darcis); Kemp 1973 II, S. 158

Darcis' Stich zeigt ein einfaches, ländliches Mädchen als Göttin der Natur. Sie verbindet mütterliche Liebe (multimammae) mit der Auszeichnung für Verdienste am Vaterland, wie die Eichen- und

Efeukränze um den Leib zeigen. Vor der Natur fallen die Standesschranken und werden Fraktionen überflüssig: „Vous étes tous mes Enfans, soyez tous Freres", wie es im Untertitel heißt. Der Stich gehört zu einer Serie, wie „Liberté", „Fraternité", „Raison" usw., die 1794 von François Bonneville herausgegeben wurden. Nationalistisch gesteigert wird der Typus „Natur" in dem Stich „La France Républicaine" von 1794: Die nährende Mutter „Frankreich" bietet allen Kindern der Republik ihre Brust. Als Schmuck trägt sie das Gleichheitszeichen (vgl. < 383 >).

<383> A. Clément nach Boizot, *Das republikanische Frankreich*, 1794

Je üppiger diese (ideologischen) Brüste schwollen, desto magerer wurden sie jedoch im Alltag: die Versorgung der Bevölkerung genügte nicht einmal dem Existenzminimum. Die Berufung auf „Natur" sprengte immer wieder den Gesellschaftszustand, z. B. wenn die „Habe-Nichtse" unter Führung eines Jacques Roux oder Babeuf ihre Rechte einklagten. Um 1797 wurden deshalb alle Inschriften mit dem Wort „égalité" gelöscht (Soboul 1974, S. 20). Natur war bald (wieder) das Recht des Stärkeren, wie Rousseau geahnt (Contrat Social, I, 9, Anm.) und vor dem Robespierre am 2. Dezember 1792 gewarnt hatte (Fischer 1974, S. 249). „Natur" und „Recht" blieb in Gärung – war nur in Allegorien „versöhnt" (vgl. Kat. 381). Joh. H.

JEAN-LOUIS LANEUVILLE (Farbtafel 27)

384 Barère de Vieuzac

um 1793
Öl/Leinwand; 130 × 98 cm
Kunsthalle Bremen, Inv. 908-1965/7
Lit.: Kat. Paris 1974/75 I, Nr. 117

Selbstbewußt präsentiert sich Barère de Vieuzac hinter der Schranke der Rednertribüne in der Würde des Volksvertreters. Er posiert mit sichtlichem Stolz, die linke Hand lässig auf der Hüfte, die Rechte auf einem Schriftstück. Er hat gerade in seiner Eigenschaft als Präsident der Assemblée Nationale den Angeklagten „Louis Capet" verhört und seine Anklageschrift am 4. Januar 1793 verlesen: sie enthielt das (theoretische) Todesurteil – ein historischer Moment, der alle Brücken zur Vergangenheit abriß. Barère verstand sich als Vollstrecker der Staatsräson – „Ludwig muß sterben, weil das Vaterland leben muß", so Robespierre. Hier, wie in anderen Situationen, war Barère Schlüsselfigur – in den heikelsten Situationen wußte er Sachverhalte zu klären. Mit seiner logischen Schärfe und schwungvollen Rhetorik riß er seine Zuhörer mit.

Bertrand Barère de Vieuzac (1755-1841) aus Südfrankreich (Département Hautes Pyrenées), von Beruf Anwalt, trat als Vertreter des Dritten Standes vermittelnd zwischen den Parteiflügeln Gironde und Montagne auf. Er setzte sich für Reformen (Pressefreiheit, Emanzipation der Neger und der Minderheiten) und Ehrungen für Rousseau und Mirabeau ein. Er unterstützte die Projekte von David. Später war er Mitglied des Wohlfahrtsausschusses (Comité de Salut publique). Sein Talent, unschöne Dinge in schöne Worte zu kleiden, machte ihn berüchtigt, „Anakreon der Guillotine" wurde er genannt. Sein Votum gegen Ludwig XVI. schmückte er mit den Worten: „Der Baum der Freiheit kann nur durch das Blut der Tyrannen wachsen" (l'arbre de la liberté ne peut croître qu'arrosé du sang des tyrans). Nach dem Sturz Robespierres wurde auch Barère belastet, ihm gelang aber die Flucht. Niemand von den Revolutionären – außer vielleicht Marat – wurde später mit so vielen Verleumdungen überschüttet wie Barère; das Verdikt Jacob Burckhardts, „das ekelhafteste Tier der Revolution", steht für viele ähnliche Äußerungen (zu seiner Biographie vgl. Gershoy 1962).

Das Bild galt lange Zeit als ein „David". Wenn auch die ruhige Haltung, die eindringliche Charakterisierung und der neutrale Hintergrund an ihn erinnern, so läßt es sich aus stilistischen Gründen doch mehr seinem Schüler Laneuville zuschreiben. Dieser hatte sich auf das Porträtfach

384

spezialisiert; im Salon 1793 war er mit sechs, 1795 mit fünf Abgeordnetenbildern vertreten (vgl. auch Vovelle 1986, Bd. 4, S. 192). Das Bild „Barère" taucht nicht auf. Vielleicht wurde es erst nach Ausstellungsbeginn – August 1793 – fertig. Für den Salon 1795 könnte es dann zu spät gewesen sein, denn Barère – wie David – gehörte zu den von den Thermidorianern verdächtigen „terroristes". Joh. H.

385

ANGELIQUE ALLAIS-BRICEAU

385 L. Michel Pelletier S^t. Fargeau

1793/94
Farbstich; 355 × 267 mm
HK, Kupferstichkabinett, Inv. 1988/211
Lit.: de Vinck 5038; IFF, Bd. 1, Nr. 16

Michel Le Pelletier wird hier als einfacher Bürger gezeigt, fast könnte er ein biederer Hausvater sein – vielleicht ein Hinweis auf sein Bemühen, die Welt „menschlicher" zu gestalten.

Louis-Michel Le Pelletier de Saint-Fargeau (geb. 1760) war Advokat und übernahm 1785 das Amt des Parlamentspräsidenten von seinem Vater mit 600 000 livres Rente. Später wurde er Abgeordneter des Adels und trat (als einer der letzten) dem Dritten Stand bei, wo er durch Reformvorschläge hervortrat (Pressefreiheit, Plädoyer für die Abschaffung der Todesstrafe und Pläne zur Nationalerziehung). Vielleicht war es dieser Widerspruch, der Le Pelletier aus der Reihe der Abgeordneten herausragen ließ, die für den Tod des Königs gestimmt hatten (schließlich überwog nur eine Stimme).

Pâris, der Leibwächter, der seinen König rächen wollte, schuf einen Märtyrer. Die Verse unter dem Bildnis lauten: „A ce Martyr des loix, et de la Liberté, / Peuple français tu rends un honneur mérité: / Pelletier, en heros, mourant pour la Patrie, / Trouve dans le trépas, et la gloire, et la vie." (Dem Märtyrer des Gesetzes und der Freiheit, gib, Volk der Franzosen, die verdiente Ehre: Le Pelletier starb wie ein Heros für das Vaterland und fand im Sterben Ruhm – und Leben). Alle Abgeordneten waren von der Rache bedroht – dieser Tote ließ sie zusammenrücken (vgl. auch Kat. 386). Joh. H.

386

387

Dominique-Vivant Denon
nach JACQUES-LOUIS DAVID

386 Le Pelletier als Märtyrer der Freiheit

vor März 1794
Radierung; 307 × 241 mm
Paris, Bibliothèque Nationale, Département des
Estampes, Inv. Dc 22, Fol., Bd. 1

Lit.: Bartsch 274

Im Profil nach rechts ist der tote Le Pelletier zu
sehen. Die Ecken tragen die Schrift: „M^l. Lepelletier / Premier / Martir / De la Liberté".

Der Rachemord an ihm am 20. Januar 1793
(vgl. Kat. 302, 303 u. 385) machte ihn zum
Märtyrer für die Souveränität des Volkes: „le
premier [qui] versa son sang pour cimenter la
liberté française" (der erste, der sein Blut hergab,
um die französische Freiheit zu festigen) (Félix Le
Pelletier am 21. Februar 1793; zit. nach Moniteur,
Bd. 15, S. 526). Insbesondere nach dem Mord an
Marat (vgl. Kat. 309–311) entstand ein regelrech-
ter Kult der „neuen Heiligen": Le Pelletier als
„premier martyr de la liberté" und Marat als
„l'ami du peuple".

Die Ikonographie Le Pelletiers besteht aus
Berichterstattung (vgl. de Vinck 5018–5062) und
Glorifizierungen (Bilder, Büsten und Denkmä-
ler). David beantragte ein Marmordenkmal für
Le Pelletier im Panthéon (vgl. Wildenstein 1973,
Nr. 409 und Dowd 1948, S. 78). Es kam nicht
zustande, stattdessen aber ein (heute verscholle-
nes) Bild Davids, welches im Sitzungssaal des
Konvents aufgehängt wurde – später kam sein
„Marat" hinzu (vgl. Kat. Hamburg 1980/81,
Nr. 349/352; Sauerländer 1983, S. 50 ff.).

Die Porträtgraphik von Le Pelletier ist –
zusammen mit seinem Pendant „Marat" – wohl
aus Eigeninitiative Davids entstanden. Dieser
hatte im Herbst 1793 seine Gemälde der beiden
Helden der Öffentlichkeit zu Prozessionen übergeben (vgl. Herding 1983, S. 94 f.). Seine Vorzeichnungen haben sich erhalten (Marat: vgl.
Schnapper 1980, S. 157; Le Pelletier: Coll. Hennin, Nr. 11.404). Der „Marat" wurde von Copia
gestochen und am 14. März 1794 im „Journal de
Paris" angekündigt, er kostete 3 Livres. Zur
gleichen Zeit entstand wohl auch „Le Pelletier"
von Denon. Denon konnte sich als Freund
Davids durch „patriotische" Aufgaben wie diese
von Verdächtigungen freihalten, denn er war
vermögend und adlig. Joh. H.

(verlegt bei) LOUIS-JEAN ALLAIS

**387 Exposition du corps de
L. Michel Lepelletier.**
(Zurschaustellung des toten Le Pelletier)

nach 24. Januar 1793
Aquatina; 170 × 170 mm
Paris, Musée Carnavalet

Lit.: de Vinck 5026

Die Leichenfeier (pompe funèbre) für Michel Le
Pelletier fand am 24. Januar 1793 auf der Place de
Piques (heute wieder Place de Vendôme) mit
großer Beteiligung statt (vgl. <387>). Von hier
aus führte der Trauerzug zum Panthéon, wo Le
Pelletier als „premier martyr de la liberté" bestattet wurde. Die Trauerfeier – von David geplant,
vgl. Dowd 1948, S. 100 – war ganz im Sinne
antiker Leichenfeiern gehalten (vgl. Davids Bilder: „Bestattung des Patroklos" um 1778, Dublin, und „Andromache beweint Hektor" 1783,
Paris).

Hoch exponiert, wie über einem Tempelauf-
gang mit mächtigen Rauchfahnen der „torches
funéraires" an den Seiten, ist der Tote aufgebahrt.
Zu Häupten ein Freiheitsbaum, zu Füßen die
„vêtements ensanglantés au bout d'une pique"
(Révolutions de Paris, Nr. 185, 1793, S. 226). Die
mit Blut beklebte Mordwaffe lag ebenfalls bei
dem Opfer, dessen Wunde für alle sichtbar aufgedeckt war, „ce corps étendu et laissant voir la
blessure mortelle qu'il avoit reçue . . .". Auf dem
Sockel war das „Vermächtnis" des toten Helden
zu lesen: „Je suis satisfait de verser mon sang pour
la patrie. J'espère qu'il servira a consolider la
liberté et l'egalité, et a faire reconnaître ses
ennemis." – Nichts zeigt besser die Umwertung
der Werte, als dieses Aufstülpen des Katafalkes
auf das Piedestal des umgestürzten Königsdenk-
mals Ludwigs XIV. von Girardon.

Der Tote kam für die Revolutionäre wie ein
Geschenk des Himmels – konnte doch die kathartische Trauer um einen aus ihrer Reihe den
Mord an den „Übervater" Ludwig vergessen
machen. „Möge der Himmel mir das Schicksal
des Bürgers zuteil werden lassen, dessen Verlust
wir heute beklagen!" (Danton, 21. Januar 1793;
Fischer 1974, S. 274). „Combattez ou mourez
comme Michel Lepelletier" ruft David am
29. März 1793 den Abgeordneten zu (Wildenstein
1973, Nr. 427). Eine Adresse wurde von Barère
verfaßt und an das französische Volk verteilt (vgl.
Moniteur, 19. Januar 1973, Bd. 15, S. 295 f.).
Joh. H.

<387> Anonym, *Ehrengeleit für Le Pelletier*, 1793

Pierre-Michel Alix (Farbtafel 34)
nach JEAN-FRANÇOIS GARNEREY

388 Joseph Barra [Bara]

vor Mai 1794
Farbstich; 250 × 198 mm
HK, Kupferstichkabinett, Inv. 20291 e

388

Sache, leuchtende Vorbilder für diese und künftige Generationen. Eine Legende wird geboren. Aus dem einen, der seine Pferde nicht hergeben will, wird ein Heros, der eher zu sterben bereit ist, als „Vive le Roi" über die Lippen zu bringen (Bara). Dem anderen wird nachgesagt, seine Tat habe „den Midi gerettet" und seine letzten Worte seien gewesen: „Je meurs ... pour la liberté!". Robespierre beantragt die Ehren des Panthéons; reiht das Opfer der Knaben in sein Konzept vom „Höchsten Wesen" ein (vgl. Robespierres Rede vom 7. Mai 1794 und <388>). Ein großes Fest wird von David geplant und ein „Kultbild" begonnen: der berühmte „Sterbende Bara" – ein hermaphroditischer Knabe in Agonie (1794, unvollendet; Avignon). Davids gewaltige Rede vor dem Konvent am 11. Juli 1794 soll in den Kult einstimmen: Nur ein republikanisches Volk verfüge über solche Heroen, alle Franzosen seien wie diese jugendlichen Helden, ihr Opfertod solle gerächt werden (vgl. Wildenstein 1973, Nr. 1096; Scheinfuß 1973, S. 105 ff.).

Alix zeigt die beiden Helden im Bildnismedaillon auf imitiertem Marmorhintergrund: Bara, in Husaren-Uniform und Kappe mit der Aufschrift „Liberté ou la [Mort]", darunter die Szene, wie er seine Pferde verteidigt. Viala mit Axt, wie er – nach der Legende – das Fährseil durchhaut. Eine Ewigkeitsschlange umgibt sein Bildnis. Die Bildlegenden führen die Taten und die Belohnung der „Pantheon-Ehren" auf.

Der Aufbau der nationalen Identifikationsfiguren wurde aber gestört, das Fest mehrmals verschoben; die Heldenehrung rettete Robespierre nicht aus der innenpolitischen Krise. Einen Tag vor dem Festtermin zu Ehren von Bara und Viala wurde Robespierre gestürzt (vgl. Kat. 330 u. 333). Was für die Ewigkeit dekretiert war, überlebte Robespierres Sturz nicht, und was scheinbar der ganzen Nation am Herzen lag, mochten die nachfolgenden Abgeordneten nicht mittragen. Anfang 1795 wurden die sterblichen Überreste der jungen Helden (wie auch Marats) aus dem Pantheon entfernt (vgl. Soboul 1973, S. 393). Joh. H.

390

de. Die Heroisierung des Vierten Standes war das Werk der Französischen Revolution (vgl. <390A>).

Das Bild ist erst seit 1861 bekannt – auch der Titel „Maraîchère" stammt aus dieser Zeit – es fordert zur Stellungnahme heraus, nicht zuletzt deshalb, weil es (zu Recht) mit David in Zusammenhang gebracht wurde (ohne daß bis heute eine klare Zu- oder Abschreibung gelang!). Fest steht sein Rang, der einmal ablesbar ist an der Wertschätzung; einige Kunsthistoriker sahen in dem Bild eine Revolutions-Ikone („To see that painting, is to understand the revolution", Berger 1943, S. 39 - „œuvre splendide qui résume toute une époque". Holma 1940, S. 69), zum anderen an der Beunruhigung, die sein Gegenstand auslöste; man umschrieb ihn mit den verschiedensten Ausdrücken: „tricoteuse de Robespierre", „poissarde", „mégère" oder „virago" (Strickweib Robespierres, Fischweib, Megäre, Mannweib).

Die Frage der Autorschaft bedarf näherer Klärung. Im Œuvre Davids steht das Bild singulär. Einige stilistische und biographische Argumente sprechen für David: Im August 1794

389

<389> Boissier, *Barra wird von der Freiheit gekrönt*, 1794

Pierre-Michel Alix
nach JEAN-FRANÇOIS SABLET

389 Joseph-Agricol Viala

vor Mai 1794
Farbstich; 235 × 170 mm (Darst.)
HK, Kupferstichkabinett, Inv. 20291f

Lit.: IFF, Bd. 1, Nr. 46 u. 47 (Alix); Sloane 1969, S. 156

Am 7. Dezember 1793 starb ein jugendlicher Republikaner in der Vendée, am 4. Februar 1794 ein weiterer im Midi. Nur einige Briefzeilen berichten über sie. Robespierre ist sich aber ganz sicher: Hier sind Symbole für die revolutionäre

JACQUES-LOUIS DAVID (?)   (Farbtafel 28)

390 La Maraîchère
  (Die Gemüsehändlerin)

um 1794
Öl/Papier auf Leinwand; 82 × 65,5 cm
Lyon, Musée des Beaux-Arts, Inv. A-2932

Lit.: Slg. Lyon 1956, S. 5–11; Verbraeken 1973, S. 18

Weder idealisiert noch verzerrt steht diese Frau mit einem Ausdruck von Selbstbewußtsein, Kampfbereitschaft, aber auch Skepsis und Mißtrauen vor uns. Für diesen Typus gibt es kaum Vorläufer, denn frühere (meist niederländisch beeinflußte) Darstellungen brachten mehr die Unterordnung, die Dienerinnenrolle zum Ausdruck (Greuze, Aubry).

Mit der „Maraîchère", der Gemüsehändlerin, kam ein Frauentyp in Erscheinung, der seit 1789 ins politische Bewußtsein trat: die Sansculottin, Vertreterin des sog. Vierten Standes. Frauen hatten wesentlichen Anteil an der revolutionären politischen Bewegung; bekannt sind der Marsch der „Marktweiber" nach Versailles (5./6. Oktober 1789) und verschiedene Brot- und Seifenaufstän-

<390A> Anonym, *Die Demokratin*, um 1790

kommt er ins Gefängnis; dort entstehen in derselben lockeren Malweise und dem selben Format wie die „Maraîchère" sein „Selbstbildnis" (Louvre/Florenz, ehem. Slg. Delafontaine; vgl. die Wiederholung Kat. 464) und das Porträt seines Mitgefangenen Jeanbon Saint-André in ähnlich verschlossener Haltung wie die „Maraîchère" (Abb.: Schnapper 1980, S. 171). Handelt es sich vielleicht gar nicht um eine „Maraîchère", sondern um eine Wärterin oder „Concierge", die David im „Hôtel des Fermes" oder Luxembourg (wo auch seine einzige Landschaft entsteht) gemalt hat? Interessanterweise fügt David auch in seinem Bild „Sabinerinnen", das er ebenfalls im Gefängnis konzipiert hatte, eine alte Frau ein, die inmitten der jugendlichen Schönheiten wie ein Fremdkörper à la „Maraîchère" wirkt (vgl. < 390 B >).

< 390 B > J.-L. David, *Die Sabinerinnen*, (Detail) 1799

Wenn nicht David, so könnte aber doch einer seiner Schüler Autor des Bildes sein. Biographische Spuren und der ungewöhnlich realistische Gesichtstyp verweisen auf Pierre-Maximilien Delafontaine, der David im Gefängnis mit Malzeug versorgt hatte (vgl. Wildenstein 1973, Nr. 1131; Mirimonde 1956, S. 31 f.).

Der emanzipatorische Anspruch der Sansculottinnen kommt mit der „Maraîchère" zum Ausdruck, bereits dadurch, daß diese in der Würdeform des Ölbildes verewigt wird. Es ist noch kein Individualporträt; die Frau vertritt einen Stand. Unübersehbar kommen mit ihr die harten Lebensbedingungen eines Standes zum Bewußtsein, den man später Proletariat nennen wird. Joh. H.

Anonym (Hercy?)

391 Robespierre, guillotinant le boureau après avoir fait guillot^r tous les Français
(Robespierre, den Henker guillotinierend, nachdem er alle Franzosen hat guillotinieren lassen)

um 1794
Radierung; 139 × 83 mm
Paris, Musée Carnavalet, Inv. Hist Pc 022 C

Lit.: de Vinck 6539; Kat. Paris 1989, Nr. 614

Robespierre, im offiziellen Abgeordnetenkostüm, erscheint als Henker des französischen

391

Volkes (vgl. „Cy gyt toute la France" / Hier ruht ganz Frankreich) und als Verächter der Verfassung von 1791 und 1793. Ein polemischer Vorwurf des Alleinherrschertums, wie er zuerst von den Girondisten (z. B. von Louvet) erhoben wurde und seine drastische Zuspitzung am 9. Thermidor erhielt, die mit Robespierres Sturz endete (vgl. Kat. 330 u. 333).

Immer mehr schien er im Alleinbesitz der Wahrheit zu sein (mit dem mächtigen Jakobinerklub im Hintergrund – vgl. auch die zur Öllampe umfunktionierte Freiheitsmütze auf dem Grabmonument); eine Art Hoherpriester des Höchsten Wesens und der Lehrmeister der Nation in Sachen Revolution. Seine „Säuberungen" (épurations) wurden zwar immer mit dem „Wohl des Volkes" gerechtfertigt, aber, nachdem er die Volksgesellschaften aufgelöst und die ultralinken Hébertisten aufs Schafott geschickt hatte, war es immer unklarer, wen er mit „Volk" (le peuple) meinte. Schließlich fühlte sich auch der Konvent bedroht und befreite sich von dem „Unbestechlichen", der das nationale Glück mit seiner Person identifizierte.

Gegen die Bedrohung eines übermächtig scheinenden Robespierre ist auch diese polemische Graphik gerichtet: Die Maschinerie des Apparates hat sich verselbständigt, eine Guillotinenlandschaft als Endlösung (vgl. die laufenden Laternen in Desmoulins' Zeitschrift „Révolutions de France et de Brabant" Nr. 14, < 391 > – im 20. Jahrhundert Paul Klees „Revolution des Viaduktes", 1937, Hamburger Kunsthalle). Der Schulmeister der Nation hat auf alle Fragen nur eine Antwort: das Fallbeil; er kann sein ABC, aber es besteht aus dem Alphabet des Todes: „A) le Bourreau, B) „le comité de salut Public, C) le comité de Sûreté générale" usw. (siehe Bildlegende) – bis zum letzten Akt: der Henker bleibt noch. Damit wird die revolutionäre Gewalt ad absurdum geführt; der Alleinherrscher und Rechthaber sitzt mit seiner Wahrheit allein da.

Der Urheber dieser Inkunabel thermidorischer Karikatur ist vermutlich im Konvent selbst zu suchen. E. B. Courtois, der auch den berüchtigten Bericht über die nachgelassenen Papiere Robespierres verfaßte, besaß die Kupferplatte zum Stich und vermachte sie dem Comte de Seraincourt (nach de Vinck 6540). Renouvier berichtet, der Stich sei vom Stecher „Hercy", der dafür angeblich geköpft wurde, was aber nicht zu belegen ist (Renouvier 1863, S. 487). Joh. H.

< 391 > Anonym, *Der General d'Alton wird von patriotischen Straßenlaternen verfolgt*, 1790

Anonym

392 Totenmaske Maximilien-François-Marie-Isidore de Robespierre

1794
Gipsabguß, 1988; Höhe 23 cm
(Staatliche Museen Preußischer Kulturbesitz Berlin, Gipsformerei)
HK, Skulpturenabteilung

Eine pietätvolle Hand fügte die Züge des Enthaupteten so zurecht, wie es der Etikette der Zeitgenossen entsprach: Alle, ob König, Aristokrat oder Revolutionär, gingen gefaßt zum Schafott und trugen stoische Unerschütterlichkeit zur Schau. Die Stelle, wo kurz vor der Hinrichtung die Kiefer durchschossen wurde, kann man nur ahnen, aber alle Pockennarben und Rasierwunden sind zu sehen. Die Augen sind wie zum Schlaf geschlossen.

Robespierre handelte zwischen inneren und äußeren Feinden unter militärischen und rechtlichen Bedingungen, die hinsichtlich ihrer Dynamik vorneuzeitlich genannt werden müssen; er kämpfte für eine Welt, die Rousseaus Idealen entsprach (vgl. Kat. 33). Es gelang ihm nicht, seine „évidence du cœur", republikanische Zuverlässigkeit und Tugend (vgl. Kat. 32), von seinen persönlichen Ängsten zu trennen. Daß er sich überhob, indem er sogar das Grundrecht der Mehrheit mißachtete, sollte ebensowenig in Vergessenheit geraten wie die Masse seiner Opfer, zu denen Republikaner wie Lavoisier und Condorcet, aber auch Revolutionäre wie Danton zu

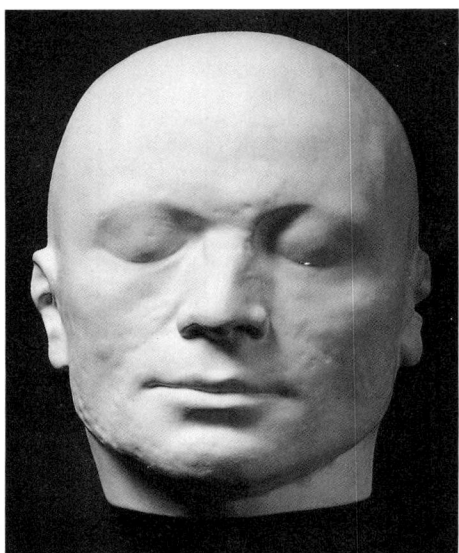

392

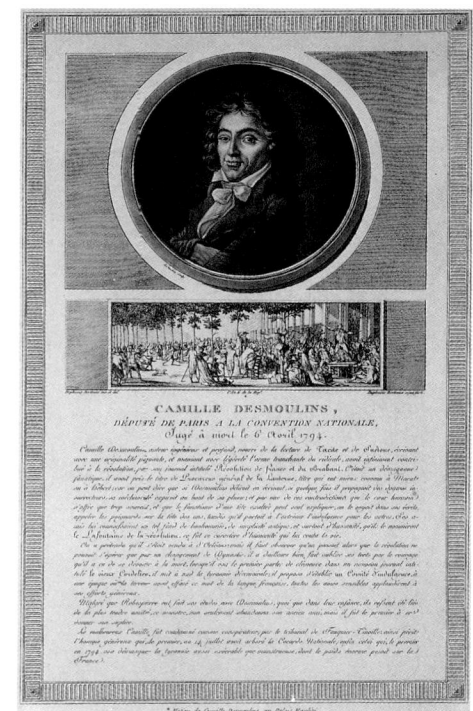

394

ventabgeordneter geriet er aber zunehmend in Konflikt mit Robespierre, der die Macht der Sansculotten und die radikale Säkularisierung eindämmen wollte (Markov, Bd. 1, S. 200 f.). Es war ein leichtes, Cloots aus den Angeln zu heben: reich, adlig und Ausländer, war er im Nu verdächtig. Am 4. (nicht 3.!) Germinal (24. März 1792) wurde er zusammen mit anderen Ausländern und den Hebertisten aufs Schafott geschickt.

Die vorliegende Fassung von 1804 unterscheidet sich von der Erstveröffentlichung 1802 nur in einigen Zeilen. In der dritten, royalistischen Ausgabe von 1817 ist jedoch der ganze Text umgeschrieben: Wurde Cloots vordem ein „unglücklicher Philosoph" (infortuné) genannt, dessen „Träume" „vom Guten des Menschen" zeugen und dessen „Philanthropie" die „Menschheit umfaßte", so ist er 1817 nur noch ein „nichtswürdiger Ausländer" (misérable étranger), ein „wütender Atheist" mit „monströsen" Ideen (vgl. Exemplar Hamburger Kunsthalle, Inv. 1988/250). **Joh. H.**

zählen sind. Robespierre war Jurist genug, um zu wissen, daß keine Vollmacht diese Handlungen deckt; er war es, der den Tod des Königs verdeckt und offen forderte, aber den Nationalkonvent belehrte, er sei kein über den König gesetztes Gericht: Nur die Staatsräson rechtfertige die Hinrichtung. Formal gesehen, kehrte er damit die absolutistischen Grundsätze des „Ancien Régime" um. **G. S.**

Charles-Francois-Gabriel Levachez
nach EDME QUENEDY (Porträt);
JEAN DUPLESSI-BERTAUX (Szene)

393 Jean Baptiste Anacharsis Clootz [Cloots]

um 1799 (1804 veröffentlicht)
Punktiermanier, Radierung, Kupferstich,
366 × 225 mm (Darst. mit Schrift)
HK, Kupferstichkabinett, Inv. 1988/249

Lit.: de Vinck 6254; Kat. Kleve 1988, Nr. I 5

Ein Blatt aus dem dritten Band der „Tableaux Historiques" zeigt im Rundbild das nach links gewendete Porträt von Cloots, darunter die Szene, die ihn berühmt machte: Am 19. Juni 1790 trat er als Sprecher einer Gruppe Ausländer vor die Nationalversammlung und beantragte ihre Teilnahme auf dem Föderationsfest am 14. Juli. Dieser symbolische Akt sollte die Gültigkeit der Menschenrechte über die Grenzen Frankreichs hinaus manifestieren (vgl. Kat. Kleve 1988, S. 24 und Nr. I 10 u. I 11). Er nannte sich seitdem „orateur du genre humain".

Cloots (geb. 1755) war kosmopolitisch eingestellt (wobei ihn seine Herkunft bestärkte – Deutscher niederländischer Herkunft, Ausbildung in Brüssel, Mons, Paris und Berlin). Die zeitweilige Öffnung der Revolution universalistischen Ideen gegenüber zeigt sich auch in der Verleihung der Ehrenbürgerschaft an Cloots, Paine, Campe, Schiller, Klopstock, Pestalozzi u. a. (vgl. Kat. Kleve 1988, I 14).

Als konsequenter Gegner des Adels und erbitterter Gegner der Kirche versuchte Cloots in Diskussionen um die richtige Politik die gesellschaftliche Entwicklung zu beeinflussen. Er entwickelte ein Konzept der Weltrepublik, vgl. „La République Universelle ou Adresse aux Tyrannicides" (vgl. Kat. Kleve 1988, Nr. I 30). Als Kon-

CHARLES-FRANÇOIS-GABRIEL LEVACHEZ

394 Camille Desmoulins

1797/98, vor 1817 überarbeitet
Schabkunst, Kupferstich, Radierung;
365 × 225 mm (Darst. mit Schrift)
HK, Kupferstichkabinett, Inv. 1988/248

Lit.: de Vinck 1499

Camille Desmoulins (geb. 1760), mit verschränkten Armen, im Dreiviertelprofil nach links, schaut kritisch und mokant zum Betrachter (vgl. auch die Vorzeichnung Kat. Kleve 1988, S. 181). Er wird im dritten Band der „Tableaux Historiques" als Revolutionär der ersten Stunde gezeigt: am 12. Juli 1789 ruft er zu den Waffen. Berühmt wurde Desmoulins als Journalist durch seine witzige, pamphletistische Schreibweise, z. B. in seiner erfolgreichen Zeitschrift „Révolutions de France et de Brabant" (28. November 1789–25. Juli 1791). Geschockt vom Prozeß gegen die Girondisten (die er aber mit seinen

Schriften über Brissot selbst ans Messer geliefert hatte), gab er ab Dezember 1793 eine neue Zeitschrift heraus: „Le Vieux Cordelier" (Motto: „Vivre libre ou mourir"), diesmal, um die neuen Tendenzen der „Ultras" anzugreifen.

Seine Kampagnen trugen zur Vernichtung von Cloots und den Hebertisten bei (vgl. „Le Vieux Cordelier", Nr. 2 und 5). Da ihm aber die Ziele der Revolution angesichts der Terrormaßnahmen verloren zu gehen schienen, erinnerte er an ihre wahren Prinzipien – auch gegen Robespierre, mit dem ihn seit seiner Schulzeit eine Freundschaft verband. Dies zwang Robespierre, die „Grundsätze der Revolutionsregierung" anderntags vor dem Konvent darzulegen (vgl. Markov, Bd. 2, S. 559 ff.). Im vierten „Vieux Cordelier" sprach er sich für die Öffnung der Gefängnisse aus und forderte ein „Comité de Clémence", machte sich damit zum Sprachrohr der „Indulgents", zu denen mehr oder weniger auch Danton gehörte.

Der Zeitpunkt war schlecht gewählt, denn Frankreich war noch von außen und innen bedroht. Desmoulins wurde heftig von Jakobinern und Cordeliers kritisiert. Robespierre verlangte, daß man die Nummer 5 verbrenne. Die sechste Nummer verstand Desmoulins – dessen Freunde bereits verhaftet waren (Fabre d'Eglantine, Duplessis, sein Schwiegervater) selbst als Testament. In der siebten Nummer – posthum, Juni 1795 veröffentlicht – attackierte er sogar die Mitglieder des Wohlfahrtsausschusses, darunter Barère, David und Robespierre. Am 31. 3. 1794 wurde er mit anderen Dantonisten („les Indulgents") verhaftet und am 5. 4. 1794 hingerichtet. Desmoulins' Briefe an seine Frau Lucile (guillotiniert am 13. 4. 1794) sind berühmt. Die letzte Zeile an Lucile lautet: „Mes mains liées t'embrassent, et ma tête séparée repose encore sur toi ses yeux mourants!" (Meine gebundenen Hände umarmen Dich, und mein Kopf – vom Rumpfe getrennt – läßt noch seine sterbenden Augen auf Dir ruhen!) (zit. nach Larousse, Bd. 6, S. 571). **Joh. H.**

395

PHILIPPE-AUGUSTE HENNEQUIN

**395 Le Français regénéré par
la Constitution ...**

(Der Franzose durch die Konstitution
gestärkt ...)

vor August 1793
Radierung; 370 × 487 mm
HK, Kupferstichkabinett, Inv. 20316 a

Lit.: Slg. Paris 1977, Nr. 275; Bordes 1979, S. 204 f.

Hennequins Komposition besteht aus zwei Seiten; die Teilung bewirkt das „Gesetz" (la loi). Die
„gute" Seite repräsentiert ein nackter Jüngling
(„Le Français"), der sich blind (!) der schwebenden Gottheit, „La Constitution", anvertraut. Sie
hält die Gesetzestafel: „Les hommes naissent et
demeurent libres, et égaux en droits" (Die Menschen sind und bleiben von Geburt an frei an
Rechten – vgl. Art. 1 der „Droits de l'Homme"
1789). Auf der „bösen" Seite sind drei Angreifer:
„le fanatisme aveugle, l'orgueil, et la féroce ignorance" (blinder Fanatismus, Hochmut und

schreckliche Unwissenheit). Ihre Waffen prallen
aber an dem Schild ab, der mit magischer Zauberkraft ausgestattet zu sein scheint. Er trägt die
Schrift: „Vos traits sont émoussés mon égide est la
loi" (eure Streiche bleiben stumpf – mein Schutz
ist das Gesetz). Der Dualismus setzt sich in der
Landschaft fort: hier fruchtbare Ebene mit aufgehender Sonne, dort todbringende Wüste mit Wolken.

Das Blatt entstand vor der Belagerung Lyons
durch die Konventstruppen im August 1793 und
ist aus den heftigen Parteikämpfen in dieser Stadt
heraus zu verstehen. Der Sieg der jungen Republik gegenüber den alten Männern (d. h. aristokratischen, kirchlichen und nichtaufgeklärten
Gegnern) wird allegorisch gefaßt. Die Konstitution von 1793 soll den „vol au bonheur" (den Flug
ins Glück), so der Untertitel, garantieren.

Die künstlerischen Vorbilder Hennequins
stammen aus Italien. So ist z. B. die Gruppe der
Angreifer einem Fresko entlehnt, das Hennequin
1790 im „Pavillon Raffaels" gesehen hat (vgl.

Hennequin 1933, S. 100). Réattu verwendet ebenfalls die ursprünglich antike Szene, dieses Mal
nach Michelangelo (vgl. <395 A>). Die Gruppe
des Jünglings mit Schutzengel erinnert an das
beliebte Renaissance-Motiv „Tobias mit dem
Erzengel" (vgl. <395 B>). Nicht zuletzt spürt
man aber in Hennequins kraftgeladener Szene
das Vorbild der „Horatier" seines Lehrers
David. Joh. H.

JEAN-BAPTISTE REGNAULT (Farbtafel 30)

396 La Liberté ou la Mort
(Freiheit oder Tod)

1794
Öl/Leinwand; 60 × 49,3 cm
HK, Gemäldegalerie, Inv. 510

Lit.: Kat. Paris 1974/75 I, Nr. 150; Sells 1981; Kat. Paris
1989, Nr. 828

Regnault gab dem Bild den Titel „La Liberté ou la
Mort"; es versinnbildlicht damit die revolutio-
näre Kerndevise seit 1789 (vgl. Heuvel 1988,
S. 219 f.).

Dargestellt ist der Genius Frankreichs. Mit
trikolorefarbenen Flügeln schwebt er zwischen
den Personifikationen von Republik und Tod
über dem Erdball. Er weist auf beide hin und sieht
fragend den Betrachter an. Seine Gestalt in klas-

396

sischer Form und Nacktheit verweist auf die
Renaissance, auf Raffaels Merkur (vgl. Kat. Paris
1983/84, Nr. 214). Durch die Geste der ausgebreiteten Arme bekommt er aber etwas Märtyrerhaf-
tes, ein christliches Symbol der Opferung. Links
sitzt die „Republik" auf dem „ewigen" vaterländischen Thron (Schlangensymbol). Sie hält kühn
lächelnd Freiheitsmütze und Winkelmaß (liberté, égalité) in die Höhe und fixiert ebenfalls den
Betrachter. Zu ihren Füßen liegen die mit Triko-
lorenband gebundenen Faszes (fraternité/force),
und über ihrem Haupt schwebt ein Stern als
Zeichen der Ewigkeit (vgl. Lacombe 1756, S. 108).
Obwohl antik gekleidet, gibt sie sich in Hand-,
Beinhaltung und Blick modern. Ihr gegenüber,
etwas tiefer gelagert, der Tod, ein Gerippe, das
sich eingehüllt in schwarzes Tuch auf seine Sense

<395 A> J. Réattu, *Die Bogenschützen,* um 1792/93

<395 B> Verrocchio (Nachf.), *Tobias
und der Engel,* nach 1467

stützt. In der Rechten hält er einen Eichenkranz (vertu civique / Verdienste um das Vaterland). Auch er trägt Flügel, ist somit Chronos vergleichbar, und wendet sich ebenfalls zum Betrachter. Der Genius scheint ein Abwägen zwischen der Republik und dem Tod zu fordern.

Dieses Werk, das zusammen mit einer großen (verschollenen) Fassung 1795 im Salon ausgestellt war (und wohl in allen Teilen mit der Skizze identisch war), gibt bis heute Rätsel auf. Wann wurde es begonnen? Und was ist seine Bedeutung? Das große Bild war jedenfalls am 10. Oktober 1794 beendet, zu einer Zeit also, als das Überleben der Republik auf Messers Schneide stand. Mit dem Bild hätte Regnault seinen Rivalen David übertrumpfen können, aber die Ereignisse waren schneller: Was als Inkarnation revolutionärer Gesinnung eine Verewigung durch die Kunst erfahren sollte, war nach dem Sturz Robespierres am 27. Juli 1794 hoffnungslos überholt. Das Bild gehörte der Nation, und bei der Präsentation des Bildes im Konvent am 3. Februar 1795 durch den Abgeordneten und Graphiker A.-F. Sergent kamen einige Schwierigkeiten zur Sprache: die der Allegorie im allgemeinen, und der Verständlichkeit von dieser im besonderen. Auf der Verbildlichung des Wortes „oder" beruhe „in der Tat die ganze Moral des Bildes" (porte en effet toute la morale du tableau), führte Sergent aus. Bei den Zeitgenossen wurde jedoch Unbehagen laut. Das „Magasin encyclopédique" stieß sich an der Präsentation des Todes; sie erinnere an die Zeit des Terrors, die „féroce tyrannie", welche nur „Robespierre et ses agens" gefallen haben könne (1795, IV, S. 480 f.). Für den Salonbesucher Henri Meister war das Bild eine „assemblage extravagant de formes odieuses d'objets, de douleur et d'effroi" (überspannte Zusammensetzung von widerlichen Gegenständen, von Leid und Schrecken) (Meister 1910, S. 120). In der Tat bleibt die Darstellung von „La Liberté ou la Mort" schwer verständlich. Ein „Oder" läßt sich kaum verbildlichen. In Emblemen wurde es durch ein „Y" dargestellt, oder es wurden zwei Wege gezeigt, um die Entscheidung anzudeuten. Herkules steht zwischen „Tugend" und „Laster". Der „Tod" ist natürlich keine Alternative und doch ist er so dargestellt; die Präsenz des Todes irritiert. Sollte Regnault die nicht wegzudiskutierende Allgegenwart des Todes, seine Relation zur Republik, die nur durch Opfer gefestigt werden kann, gemeint haben? Sozusagen eine Art Waagschale, die die Nation permanent vor die Entscheidung stellt? Der Tod war als Opfer für das Vaterland in ein Heil gewendet. Die Form der Todesdarstellung als Skelett irritiert, denn sie ist selten in der revolutionären Ikonographie. Eine Ausnahme bildet ein kleines Amulett mit der Darstellung „La Liberté ou la Mort" (vgl. <396> und das Revolutions-Emblem auf einer „Carte d'assistance au porteur" in Vovelle 1986, Bd. 4, S. 61). Anders jedoch die gegenrevolutionäre Ikonographie. Hier nehmen Todesdarstellungen als Mahnung vor der Schreckgestalt der „Terreur" einen großen Raum ein (vgl. Kat. 397 u. 400).

Einige Zeitgenossen verbanden mit Regnaults Todesdarstellung eine positive Bedeutung. In A.-L. de Ximenes' Versen auf das Bild heißt es: „Il [le peintre] demande à la Mort. / Où sont les aiguillons de ta faulx menaçante? / Le français par ses yeux l'instruira de son sort. / Il ne frémira pas, la Liberté l'appelle / La Mort est devant lui, la Mort lui paraît belle" (Er [der Maler] fragt den Tod: Wo bleibt der Stachel deiner drohenden Sense? Der Franzose wird ihn durch seine Augen

<396> Anonym, *Freiheit oder Tod?*

über sein Schicksal unterrichten. Er wird davor nicht schaudern, die Freiheit ruft ihn auf. Der Tod steht vor ihm, der Tod scheint ihm schön) (zit. nach Sells 1981). Und Sergent erklärt den Abgeordneten in der zitierten Rede, daß es sich um „la mort héroïque" handele, einen Tod, „qui rassemble les couronnes civiques". Dieser „schöne Tod" wurde aber nach dem Thermidor nicht gerne gesehen. Es war die Zeit der Anti-Marat-Kampagne, der allgemeinen Desansculottisierung. Am 9. Februar 1795 trug man Davids Bilder aus dem Konventssaal – und das große Regnault-Gemälde wurde nie aufgehängt, wie oft irrtümlich behauptet (vgl. Sells 1981). Es blieb bis 1872 im Depot des Louvre und gilt seitdem als verschollen. Die kleine Fassung wurde 1818 von dem Kaufmann und Kunstliebhaber O. C. Gaedechens für 80 Mark Courant wahrscheinlich in Paris gekauft und kam später als seine Stiftung in die Hamburger Kunsthalle.   Joh. H.

VILLER

397 Acte de Justice.
(Akt der Gerechtigkeit)

nach 27. Juli 1794
Radierung; 272 × 369 mm
Paris, Musée Carnavalet, Inv. GC. Hist. 8 bis

Lit.: de Vinck 6544; Slg. Paris 1977, Nr. 291; Kat. Vizille 1987, Nr. 191

In der Unterwelt mit einem Thron aus Totenköpfen und Gebeinen, mit rauchender, dampfender Helligkeit, einem Säulenpaar mit Köpfen als Kapitell (Marat?) und einem Cerberus tragen zwei Furien mit Schlangenhaaren frisch Geköpfte, die ein Racheengel aus einem Korb, „[Com]pagnie municipal", heranbringt: diesmal ist es Robespierre selbst (herausgehoben durch Dolchkrone und Brille) sowie seine Anhänger, die am 10. und 11. Thermidor hingerichtet wurden (vgl. Kat. 330 u. 333). Eine alte Inschrift gibt die Deutung: „D'après l'œil et l'oreille de la justice, le vent de la tempête souffle le tyran couronné de poignards vers son trône bâti de ses forfaits, déjà les furies qui l'entraînent sont force de prendre la même voie de ses victimes." (Nach dem Auge und dem Ohr der Gerechtigkeit bläst nun der Sturmwind den mit Dolchen gekrönten Tyrannen gegen seinen Thron, der von seinen Schandtaten erstellt wurde, schon sind die Furien, die ihn mit sich reißen, gezwungen denselben Weg zu nehmen wie den seiner Opfer.

Camille Desmoulins im „Vieux Cordelier" Nr. 7 (Juni 1795 erschienen) gab vielleicht das Stichwort, welches hier umgesetzt zu sein scheint: „Aimeriez-vous cette déesse altérée de sang, dont le grand prêtre Hébert, Momoro et leurs pareils, osent demander que le temple se construise comme celui du Mexique, des ossemens de trois millions de citoyens, et disent sans cesse aux Jacobins, à la commune, aux Cordeliers, ce que disoient les prêtres espagnols à Montézume? ‚Les Dieux ont soif'..." (Liebt ihr vielleicht diese nach Blut dürstende Göttin, für die der große Priester Hébert, Momoro und

397

seinesgleichen, zu fordern wagen, daß man ihr den Tempel wie denjenigen in Mexiko baut, aus Gebeinen von drei Millionen Bürgern, wobei sie bei den Jakobinern, der Commune, den Cordeliers unaufhörlich wiederholen, was die spanischen Priester zu Montezuma sagten: „Die Götter dürsten . . .“?).

Die Befreiung von der „Terreur“ rief irrationale Szenen hervor: der Gegner wurde verteufelt oder „in die Hölle geschickt“ (vgl. auch Kat. 398). Der Topos des Besuchs im Hades bzw. Champs-Elysées wurde während der Revolution oft formuliert – vgl. de Vinck 1930 (Mirabeau), 4198 (Friedrich II.), 6340 (Rousseau) – und erhielt durch die Exekutionen eine makabre Note, vgl. de Vinck 5228 (Ludwig XVI.); vollends zum Makaber-Spuk wurde er nach Thermidor (vgl. auch „Le Triomphe de Marat dans les Enfers“; Slg. Paris 1977, Nr. 290) – möglicherweise unter dem Einfluß Gillrays. Joh. H.

<272A> Anonym, *Die Hölle*, 13. Jh.

<398 B> J.-L. David, *Skizze zum Ballhausschwur*, um 1790

Charles Normand
nach Louis Lafitte
(nach Ideen von L.-E. Poirier)

398 Les Formes Acerbes
  (Die rauhen Formen)

vor 13. Mai 1795
Radierung; 340 × 380 mm
HK, Kupferstichkabinett, Inv. 1988/3

Lit.: de Vinck 6143; Slg. Paris 1977, Nr. 283; Reichardt 1985, S. 522

Wie ein Höllenfürst steht der Jakobiner Le Bon zwischen zwei Guillotinen auf einem Leichenberg. Er hält in jeder Hand eine Schale Blut gerade Geköpfter. Schlangenweiber sind seine Helfershelferinnen. Auf erhöhtem Felsen hat sich eine Gruppe aus dem Gefängnis Entlassener gerettet. Sie flehen den Himmel an, denn von dort kommt Licht, blickt das Auge der Gerechtigkeit. Ein Engel verkündet: „9 Thermidor, Humanité, Justice, Vérité à l'ordre du Jour“. Auf den Wolken erscheint die entschleierte „Vérité“ vor „Justitia“ und „Konvent“, diese stützt sich auf die „Droits de l'Homme“.

Die Worte aus der Bildlegende, „ein Monster . . . zwischen zwei Guillotinen von Arras und Cambrai“ verweisen auf den Vorsitzenden des Revolutionstribunals, den Konventsabgeordneten Joseph Le Bon, der verantwortlich war für die „Säuberungen“ von 1793/94 in dieser Gegend. Im zweiten Plattenzustand wird auch sein Name genannt, sowie der Erfinder des Blattes, „Poirier de Dunkerque“, und das Datum „24 Floréal“ (13. Mai 1795).

Wurde Le Bon noch Anfang 1794 als „Retter von Cambrai und Arras“ angesehen, so nach Thermidor als „Blutsäufer“ (buveur de sang). Vergeblich versuchte Barère vor dem Konvent am 9. Juli 1794 Le Bons Maßnahmen zu verteidigen –

hier fielen die anstößigen Worte von „den etwas rauhen Formen“ (les formes un peu acerbes), womit die Todesurteile umschrieben wurden. Für Louis-Eugène Poirier, Anwalt in Arras, der selbst eingekerkert gewesen war, mußten diese Worte zynisch klingen. Er erfand nicht nur dieses Blatt, sondern er schrieb auch ein Pamphlet „Les Angoisses de la Mort“ (auch unter dem Titel: „Les Crimes de Joseph Le Bon“); diese Schrift hält „la Vérité“ im vorliegenden Stich. Anklage gegen Le Bon hatte außer Poirier vor allem sein Kollege und Intimfeind Joseph Guffroy erhoben (vgl. Jacob 1934). Le Bon wurde am 16. Oktober 1795 hingerichtet.

Poirier, der auch einige andere Blätter entwarf (Vovelle 1986, Bd. 4, S. 300; Renouvier 1863, S. 128 f.) verwendet hier Motive aus der christlichen Ikonographie, die Lafitte auf Grund seiner italienischen Erfahrung (vgl. <398 A>) und geprägt von der Schule Davids (vgl. <398 B>) mit neoklassizistischem Pathos füllte. Wie beim Jüngsten Gericht gibt es Hölle und Himmel, Verdammte mit ihren Peinigern und Selige, denen ein Engel Erlösung verkündet. Joh. H.

398

LES FORMES ACERBES

Cette Gravure allégorique représente un monstre, sous la forme humaine posté entre les deux guillotines d'Arras et de Cambray, tenant deux calices dans lesquels il reçoit d'une main et s'abreuve de l'autre du sang de ses nombreuses victimes, entassées au delà de Six...

ANONYM

399 La République triomphante . . .
  (Die siegreiche Republik . . .)

um 1795
Radierung, Kupferstich; 284 × 195 mm
Paris, Musée Carnavalet

Lit.: Slg. Paris 1977, Nr. 284; Ploetz 1988, S. 64 f.

Wie ein Racheengel steht ein siegreicher Republikaner (vermutlich Collot d'Herbois) auf sein blankes Schwert gestützt. Verbündet mit der Göttin der Gerechtigkeit, die sich an ihn lehnt und ihre Waage hochhält, triumphieren sie über gestürzte und vernichtete Aristokraten und Geldaristokraten, während ein Priester gerade noch lebend davonkam. Im Hintergrund die Stadtkulisse von Lyon. Der Denkmalsockel vorn trägt den Titel: „Triomphe de la République Française Une / Indivisible, et Démocratique / Dédié à la Patrie“ (Triumph der einen, unteilbaren und demokratischen französischen Republik, gewidmet dem Vaterland).

399

401

und Fraternité), die täuschen will, die andere (der tumbe Bauer), die sich täuschen läßt. Ungefragt tritt eine dritte Partei hinzu, der Tod. Aus „Blindekuh" – (frz. „le colin-maillard", ein beliebtes Rokokosujet) – wird ein Totentanz; die allgegenwärtige Devise der Revolution seit 1789 „Liberté, Egalité, Fraternité ou la Mort" wird als Illusion hingestellt, wie auch die Verse unter dem Bild bekräftigen: „En vain de tous côtés j'allonge chaque membre; / Tout fuit dessous ma main quand je crois y toucher; / C'est moi dans ce jeu çi que l'on veut attraper / Et j'en ferai, je crois longtems le pôt de Chambre." (Umsonst strecke ich jedes meiner Glieder nach allen Seiten aus; Alles entzieht sich meinen Händen, sobald ich es greifen will: Ich bin es selbst, den man in diesem Spiel fassen will. Dann, glaube ich, werde ich lange den Dummkopf [wörtlich: Nachttopf] abgeben).

400

Die Stadt befand sich seit dem Sturz der Gironde (Juni 1793) – wie viele Städte und Departements – im Aufstand. Nach zweimonatigem Dauerbeschuß wurde Lyon niedergezwungen. Die Rache – angeheizt nicht zuletzt durch die Hinrichtung des Jakobinerführers Joseph Chalier – war von unerhörtem Ausmaße: Massenabschlachtungen waren an der Tagesordnung. Selbst der Name der Stadt sollte ausgelöscht werden. Collot d'Herbois, der hauptsächlich die Maßnahmen leitete, rechtfertigte die Grausamkeit mit den „salutaire effectes", um die „toute-puissance de la justice du peuple" zu zeigen (zit. nach Kuscinski 1917, S. 147). Erst am 2. Februar 1795 wurden die Dekrete des Konvents gegen die rebellierende Stadt aufgehoben, nachdem 2000 Bewohner hingerichtet und die wichtigsten Gebäude der Stadt niedergerissen worden waren.

Die qualitativ hochstehende Graphik, eventuell als Frontispiz gedacht, ist bisher keinem Künstler zugeordnet worden; vermutet wird eine Nähe zu Monnet und Prud'hon (Slg. Paris, 1977, Nr. 284). Die Zurschaustellung republikanischen Heldentums läßt auch an David (vgl. Schnapper 1980, S. 142 f.) und Harriet (vgl. Kat. Paris 1989, Nr. 815) denken.   Joh. H.

Alexis Chataignier
nach MAIGNIEN

400 Le Peuple Français, Où le régime
    de Robespierre.
    (Das französische Volk oder das Regime
    Robespierres)

nach Juli 1794
Radierung; 345 × 268 mm
Paris, Musée Carnavalet, Inv. PC Hist. 23 E

Lit.: de Vinck 6536; Kat. Los Angeles 1988, Nr. 147

An diesem Spiel sind ursprünglich nur zwei Parteien beteiligt: die eine (hier: Liberté, Egalité

Die Propagandaworte „Liberté . . ." werden im Thermidor hinterfragt (vgl. Heuvel 1988, S. 237). Zu oft wurde in der „Terreur" das Anbrechen der „Morgenröte der allgemeinen Glückseligkeit" (Robespierre, 5. Februar 1794) beschworen; für das aufsteigende Bürgertum gab Ende 1794 das „Fenster der Nation" (= die Guillotine) nicht mehr die erhoffte Aussicht frei.

Chataignier setzt fort, was Regnault begonnen hatte (vgl. Kat. 396) (eine direkte Anregung ist nicht auszuschließen). War aber bei Regnault noch die Notwendigkeit des heroischen Todes angesprochen, so wird bei Chataignier der Tod nur zum Spielverderber. Chataignier arbeitete bei seinen Karikaturen mit dem weiter nicht bekannten Maler Maignien zusammen (vgl. auch Slg. Paris 1977, Nr. 26 und 206).   Joh. H.

JACQUES RÉATTU   (Farbtafel 36)

401 Triumph der Zivilisation

um 1795
Öl/Leinwand; 98 × 130 cm
HK, Gemäldegalerie, Inv. 5314

Lit.: Simons 1983, S. 113 ff.; Simons 1985, S. 36 f., S. 102 (Nr. 52)

Einen ersten Schlüssel zur Deutung dieses Olymps der neuen französischen Götter gibt Réattu selbst in einer undatierten Beschreibung, die auch die Titelgebung zuläßt (vgl. Simons 1983, S. 117). Alles gruppiert sich um die thronende „Einigkeit" (Union) und um den neben ihr stehenden Herkules in Siegerpose. Er tritt Waffen nieder und hält „Liberté" und „Egalité". Drei Frauen als Verkörperungen seiner Tugenden (Mäßigkeit, Klugheit, Wachsamkeit) stehen hinter ihm. Gleich daneben unterstützt und tröstet die „Gerechtigkeit" das „Unglück" (l'Infortune). Die „Gerechtigkeit" ist nicht mehr die schwertschwingende Hüterin der Ordnung wie bei Wicar 1794 (vgl. Vovelle 1986, Bd. 1, S. 308).

Zum Thron der „Einheit" stürmen vier Frauen, Verkörperungen der „Hauptstädte Frankreichs" – wahrscheinlich Paris, Bordeaux, Lyon, Marseille. Sie vereinen ihre Hände mit der Lichtgestalt des „Tages". (Ihr dramatisches Pathos erinnert an das der „Horatier"). Die Verkörperung des Lichtes vertreibt die „Nacht". Diese ist eine verschleierte, verführerische Schöne, die – nach Réattus Worten – „im Ozean verschwindet" (s'enfonce dans l'Océan). Der „Tag" zeigt zum „Genius Frankreichs", dieser schleudert seine Blitze gegen „Laster" und „Mißbrauch".

Die hier gezeigten Kräfte nehmen eine noch größere Dimension an, da sie die Zivilisation selbst verkörpern, wie sie insbesondere in der Gestalt der „Wissenschaft" rechts im Vordergrund sichtbar wird. Strahlend wie Apoll und mit nacktem Oberkörper (wie eine Natura) thront sie, wobei sie mühelos „Unwissenheit und Irrtum" in Gestalt muskulöser Männer niederhält. Aus dem Buch der Wissenschaft schöpfen kleine Genien (Astronomie, Mathematik, Musik, Dichtung, Malerei und Skulptur).

Die Naturmächte in Gestalt des „Ozeans" mit seinen Tritonen wohnen dem Geschehen bei; auch sie verkünden die Einigkeit, indem sie Trompeten blasen und das Ende der Sklavenzeit durch das zerbrochene Joch anzeigen. Gegenüber diesem neptunischen bildet die Himmelszone das vulkanische Element. Neben dem Blitze schleudernden Genius hält der „Sieg" vier Kränze für die Hauptstädte und entschleiert gleichzeitig den zweigesichtigen Januskopf, den Gott der Stadttore, der in zwei Richtungen schauen kann: in Vergangenheit und Zukunft. Chronos oben rechts verewigt diesen bedeutungsvollen Moment, indem er die Worte „[Répu]blique [França]is" über „[Ro]me" und „[At]hènes" in einen Obelisken meißelt, was wiederum „Historia" festhält.

Einigkeit war das Hauptziel der neuen Kräfte in der Direktorialzeit ab 1795. Die zahlreichen Friedensschlüsse von 1795–98, die Pazifizierung der Vendée waren wichtige Versöhnungszeichen.

Symptomatisch für die Zeit ist auch die Umbenennung der „Place de la Révolution" in „Place de la Concorde" 1795. Herkules, Symbol des Volkes seit 1793 (vgl. Kat. 402), wird als Tugendheld dargestellt; er verkörpert eine integrierende Kraft.

Vergleichbar in Ikonographie und Komposition mit Réattu sind die Friedensallegorien von Wicar und Meynier (vgl. Kat. Paris 1974/75 I, Nr. 127 u. Kat. 334). Réattus Bild ist aber komplexer. Er spricht in der erwähnten Beschreibung vom „Gang der Zivilisation, die den Ozean überquert". Damit werden Ideen von Condorcet ausgesprochen. In den „Esquisse d'un tableau historique des progrès de l'esprit humain", 1795, posthum veröffentlicht und an alle Abgeordneten des Konvents verteilt, wird dieser Entwicklungsgedanke der Zivilisation angesprochen. Mit Réattus Gemälde ergeben sich mehrere Berührungspunkte, so auch der Optimismus, daß der Fortschritt voranschreite, bis zu der Zeit, da „die Sonne nur noch auf freie Menschen scheint" (Condorcet).

Réattu vereint in seinem Bild antike, barocke (Rubens!) und neoklassizistische Elemente. Sein eklektizistischer Apparat vereinigt Aufklärungs- (vgl. Kat. 42) und Revolutions-Ikonographie. Sein geschichtsphilosophisches Thema weist auf die großen Programmbilder eines Chenavard voraus.   Joh. H.

<402 A> Anonym, *Das Volk frißt die Könige,* 1793

PHILIPPE-AUGUSTE HENNEQUIN

402 La Chiquenaude du Peuple.
(Das Fingerschnipsen des Volkes)

nach September 1797
Aquatintaradierung; 357 × 272 mm (Darst.)
Kupferstichkabinett der Kunstsammlungen der Veste Coburg, Inv. XIII, 415, 773

Lit.: de Vinck 6950; Slg. Paris 1977, Nr. 276; Kat. Los Angeles 1988, Nr. 162

Herkules, Symbol des Volkes, vertreibt zwergenhafte Aggressoren, die ihm mit all ihrer weltli-

402

La Chiquenaude du Peuple

chen und geistlichen Macht (man erkennt Krone, Mitra, Glocken, Waffen) nichts anhaben können; der Riese braucht – wie Gulliver – nur mit dem Finger zu schnipsen (= „chiquenaude"), um sich ihrer zu entledigen; Keule und Zeusblitz liegen ungenutzt am Boden. Er erhält von „Victoire" vor einem Altar des Vaterlandes zwei Siegerkränze. Das Blatt wird – wohl mit Recht – von Renouvier Hennequin zugeschrieben.

Die Entwicklung der Symbolfigur Herkules während der Revolution beginnt – von kleineren Münzen abgesehen (vgl. Benzaken 1988) – November 1793 mit Davids Vorschlag, eine Kolossalstatue als Symbol des siegreichen Volkes vom „10. August" zu errichten, von der Zeitschrift „Les Révolutions de Paris" erweitert mit der Idee eines „peuple comme mangeur du roi" (Dezember 1793; <402 A>). Herkules fehlt nicht auf den Festen vom „Etre Suprême" am 8. Juni 1794 (vgl. Kat. 327) und „Fête militaire" (22. Oktober 1794; Abb.: Biver 1979, Nr. 34). Allgegenwärtig wurde er durch die Silbermünze „Union et Force" von 1796 (vgl. Duprés Entwurf, <402 B>). In dieser Zeit entstanden auch Wicars und Réattus Darstellungen mit Herkules (vgl. Kat. 334, 401 u. Hunt 1984, S. 94–119).

Die Liberalisierung unter dem Direktorium nutzten royalistische und kirchliche Kräfte, um zur Gegenrevolution zu rüsten – mit legalen oder illegalen Mitteln. Der amtierende republikanische Konvent sah sich gezwungen, diesen Kräften durch Staatsstreiche zuvorzukommen: am 5. Oktober 1795 (13. Vendémiaire) schlugen Truppen Bonapartes einen royalistischen Aufstand nieder. Am 4. September 1797 (18. Fructidor) „korrigierte" der Konvent die Wahl, indem er 65 Deputierte in die Verbannung schickte, und verschärfte die Maßnahmen gegen Emigranten und Priester. – Auf die Aktivität der Kirchenmänner weisen zwei Glocken im Bild.

Auf die Ereignisse „13. Vendémiaire" und „18. Fructidor" bezieht sich nach de Vinck das

Blatt. Herkules wird von Hennequin herrisch-diktatorisch dargestellt. War er in der Revolution ein jakobinisches Ideal des starken Volkes, so hatte sich im Directoire sein Sinn verändert: Herkules wurde zum Staatssymbol. Volkskraft und Staatsterror werden an diesem Koloß ununterscheidbar.

<402 B> A. Dupré, *Skizze für Herkules-Medaille,* 1795

Die Darstellung von Feinden, die wie Ungeziefer entfernt werden, gibt auch etwas von der Geringschätzung des Militärs dem Zivilisten gegenüber wieder (auf dem Blatt sieht man mehrere „Muscadins" [= Stutzer]). Napoleon wurde zunehmend selbst zum neuen Herkules. (Ein interessantes Zwischenglied bildet Hennequins „Buonaparte couronné", um 1798, vgl. Kat. Los Angeles 1988, Nr. 173). Folgerichtig erhielt Hennequin 1800 den Auftrag, ein Fresko „Hercule français" im Louvre zu malen.   Joh. H.

RÉPUBLIQUE FRANÇAISE.

403

Jacques-Louis Copia
nach ALEXANDRE-EVARISTE FRAGONARD

403 République Française.

1797/98
Punktiermanier, Radierung, Kupferstich;
266 × 341 mm
HK, Kupferstichkabinett, Inv. 1988/245

Lit.: de Vinck 6083; IFF, Bd. 5, Nr. 52 (Copia); Slg.
Paris 1977, Nr. 223

Der Triumphzug der „République Française"
beschwört noch einmal den „furor activus" der
Jakobiner-Zeit, in einer Form, wie sie seit dem
Wettbewerb des Jahres II, 1794, etabliert wurde
(vgl. Simons 1982). Auf einem Triumphwagen
thronen die Damen „République" und „Sagesse"
in erhabener und doch lässiger Pose. Der Wagen,
geschmückt mit kaum sichtbaren Allegorien von
„Liberté", „Egalité" und „Fraternité", prescht wie
ein Streitwagen vorwärts. Die Pferde treibt ein
Engel an, der in einer Hand gleichzeitig Siegeskränze, Friedenspalme und Rachespeer hält.
Gestalten in antiken Gewändern werden von
diesem Ansturm niedergemacht; es sind Könige,
die ihre Kronen verlieren. Könige, so die herrschende Auffassung, verstoßen gegen die „heiligen Rechte" Freiheit, Gleichheit und Brüderlich-

keit und setzen sich damit „außerhalb des Menschengeschlechts" (Barère, zit. nach Gershoy
1962, S. 141; ähnlich Robespierre am 24. April
1793, vgl. Grab 1973, S. 143). Zu Boden gestreckt
ist auch ein Feind, dessen Waffen (Dolch, Brandfackel, Maske) ihn als Konterrevolutionär kennzeichnen.

Das Blatt ist polar angelegt: weibliche
Jugendlichkeit gegen männliches Alter, Licht
gegen Finsternis. (Der eigenwillige Lichtstrahl in
Pfeilrichtung soll die Dynamik verstärken). Mit
dem Sieg kann eine neue Zeit beginnen. Hinter
dem Triumphwagen schweben „La Paix" und
„l'Abondance" über dem „befriedeten" Land.
Ein Landmann bestellt seinen Acker – „le bonheur du peuple" scheint gesichert.

Der Stich des bewährten Prud'hon-Stechers
Copia wurde im „Moniteur" vom 5. März 1797
angekündigt und im Salon 1798 unter dem Titel
„Le triomphe de la liberté" ausgestellt. Er war als
Frontispiz für den zweiten Band der „Tableaux
Historiques" bestimmt (Abb. der Fragonard-
Zeichnung in Vovelle 1986, Bd. 3, S. 220 f.). Nicht
nur der gemeinsame Stecher verbindet Fragonard
mit Prud'hon, sondern auch eine gemeinsame
Sehweise: die überlängten Idealgestalten und die
Leidenschaftlichkeit der Aussage.   Joh. H.

Karin Orchard

II.9 Das revolutionäre Jahrzehnt: Zerrbild

Das Roastbeef

Überspitzt formuliert ist die Verteidigung des Roastbeefs gegen den französischen Erzfeind das Hauptanliegen der englischen Karikatur. Der Konflikt schwelt bereits seit Jahrhunderten zwischen den beiden Nachbarländern und bricht zuweilen aus: die Normannische Eroberung, der Hundertjährige Krieg, der Amerikanische Unabhängigkeitskrieg, zuletzt die Französischen Revolutionskriege und die Napoleonischen Kriege.

Den Grundstein für den späteren propagandistischen Bilderkrieg der Karikaturisten legte William Hogarth (1697–1764) mit seinem Gemälde und Kupferstich *The Gate of Calais, or O the Roast Beef of Old England, & C.*[1] 1748 wurde Hogarth auf der Rückreise nach England als Spion verhaftet und erst nach peinlichem Verhör wieder freigelassen. Er hatte das Tor von Calais gezeichnet, dessen Wappen an die ehemalige englische Herrschaft über die Stadt erinnerten. Der im folgenden Jahr erschienene Stich <II.9.1> zeigt ihn links im Hintergrund beim Zeichnen. Die Hand der Wache, die ihn verhaften wird, liegt auf seiner Schulter. Doch im Zentrum steht die Ankunft eines gewaltigen

Stücks Rindfleisches, bestimmt für die Gäste der britischen Pension in der französischen Hafenstadt. Voll Heißhunger gieren die zerlumpten Franzosen, die sich mit Wassersuppe begnügen müssen, nach dem Braten. Und selbst für den wohlgenährten Mönch scheint dieser Leckerbissen eine Rarität zu sein, wie sein neugieriges Betasten verrät. Hogarth führt hier Motive ein, die später der anti-französischen Karikatur der Revolutionszeit ihr charakteristisches Gepräge geben werden. Ein Grundthema ist nämlich immer wieder das (Fr)essen (vgl. Kat. 410–412). Hogarths ausgehungerter Soldat mit den großen gierigen Augen wird zum Vorbild des zerlumpten Sansculotten, der die Karikaturen James Gillrays (1757–1815) bevölkert.

Die Bildsatire erhielt durch Hogarth gewaltigen Auftrieb, wenngleich er selbst sich nicht als Karikaturist bezeichnete, sondern sich als Genremaler und Sittenschilderer verstand. In den 1750er Jahren führte der adelige Amateurzeichner George Townshend (1724–1807) als erster die Ausdrucksmittel der italienischen Karikatur in die politische Druckgraphik ein und produzierte übertriebene Bildnisse hochgestellter Persönlichkeiten.[2] Kultiviertes privates Vergnügen – der

<II.9.1>
William Hogarth,
*Das Tor von Calais, oder
Oh, Das Roastbeef von
Altengland, & Co.,*
1749, Kupferstich

Zeichenunterricht gehörte zum Erziehungsprogramm der upper class – fand Eingang in den tagespolitischen Bilderstreit. Thomas Rowlandson (1756–1827) hatte sich hauptsächlich der sozialen Satire verschrieben, wurde nur kurze Zeit von der Napoleon-Welle mitgerissen (Kat. 523), um sich nach dem endgültigen Sturz des Korsen wieder der Gesellschaftssatire zuzuwenden. Es bedurfte herausragender Künstler wie James Gillray und seines „Nachfolgers" George Cruikshank (1792–1878), um die politische Karikatur von den 1780er Jahren an zu ihrer höchsten Blüte zu führen.

Die Waffe

Karikatur als „Gegenkunst"[3] und als „Alternative zum Ideal der Schönheit"[4] arbeitet mit den Mitteln der Übertreibung und Verzerrung der Form ins Groteske und Absurde. Sie enthält immer ein Moment der Kritik, kombiniert mit dem Moment des Komischen. „Karikatur ist eine ‚offene kämpferische Ausdrucksweise', eine politische Waffe, die ihre Opfer mit einem liebevollen, spöttischen, hämischen, überlegenen oder bösartigen Auge lächerlich zu machen sucht, um diese vor den Augen aller zu entlarven und zu demaskieren."[5] Als Mittel oppositioneller Kritik und Medium politischer Propaganda „tötet" die Karikatur ihre Opfer, indem sie sie der Lächerlichkeit preisgibt. Der Whig-Politiker und Oppositionsführer James Fox (1749–1806) stellte fest, daß die Karikaturen ihm mehr geschadet hätten als alle Parlamentsdebatten und Presseberichte zusammen.[6] Und Napoleon erlitt einen Wutanfall, als er Gillrays Karikatur seines Krönungszuges (Kat. 518) studierte – er war sich der propagandistischen Wirkung dieser Veröffentlichung vollkommen bewußt.[7]

Die Ausdrucksmöglichkeiten der englischen Karikatur sind vielfältig[8]: Die hohe Kunst und ihre Bildschemata werden travestiert (Kat. 421; 424); antike Mythologien vom politischen Tagesgeschehen vereinnahmt (Kat. 521; 523); Anspruch und Wirklichkeit einander kontrastiert (Kat. 411; 518); physiognomische und körperliche Besonderheiten in grausamster Weise herausgehoben (Kat. 406; 518) – wobei es das Verdienst Gillrays und Rowlandsons ist, den karikierten Köpfen auch karikierte Körper hinzugefügt zu haben; Menschen werden Tieren gleichgesetzt oder zu grotesken Mischwesen verschmolzen (Kat. 512; 527); selbst Dinge füllen sich mit Leben (Kat. 419); populäre Helden wie die „typischen" Engländer einfacher Herkunft, John Bull und Jack Tar, dienen der Identifikation (Kat. 418; 429); Redensarten und Begriffe werden wörtlich genommen – die Sansculotten treten vornehmlich im Hemd auf (Kat. 410; 431).

Die Propaganda

Die Voraussetzungen für die Entwicklung einer politischen Karikatur waren in England im Vergleich zur Situation auf dem Kontinent denkbar günstig. 1696 war die Pressezensur aufgehoben worden, und die konstitutionelle Monarchie sowie die Institution des Parlaments förderten ein reges Interesse der Öffentlichkeit am politischen Leben. Die Pressefreiheit ließ auch kritische innenpolitische Stellungnahmen uneingeschränkt zu, die Karikatur war Bestandteil der politischen Kultur und im Bewußtsein der öffentlichen Meinung als mahnende Stimme fest verankert. Mit

<II.9.2>
James Gillray,
Ohne Titel (Prince of Wales),
1802, Radierung und Roulette

Hilfe der Karikatur wurde eine Identifikation des Bürgers mit dem Staat, der Regierung und ihren unbeliebten Maßnahmen erleichtert. Politik, Ideologien und philosophische Werte wurden personalisiert und in theatralische Szenen umgesetzt, so daß der Politiker zu einem Durchschnittsmenschen mit Durchschnittsqualitäten schrumpfte, der sich auf der politischen Bühne lächerlich machte. Seine Fehler und Tolpatschigkeiten gaben glänzenden Anlaß zu herzlich-hämischem Gelächter. Ebenso war die Karikatur an der Schaffung eines englischen Nationalgefühls und der Preisung englischer Tugenden beteiligt.[9] Als Propagandainstrument trug sie wesentlich dazu bei, die öffentliche Moral aufrechtzuerhalten und zu stärken, denn mehr als zwanzig Jahre Krieg mit Frankreich zehrten am guten Willen der Bevölkerung, die zu großen Opfern und Entbehrungen aufgefordert war. Gillrays eigentlicher Held ist denn auch weniger der Premier William Pitt (1759–1806) oder gar der Oppositionsführer James Fox, sondern der etwas naive, beständig von der Regierung gebeutelte und von der Opposition hinters Licht geführte John Bull, die Verkörperung des „gemeinen" Engländers (vgl. Kat. 513 und 412).

Die Drucke besaßen in den Augen der Regierung einen ambivalenten Charakter. Teils wurden sie als künstlerische Produkte, teils als journalistische Äußerungen verstanden. Gegen unliebsame Karikaturen wurde eher auf diskrete Weise vorgegangen, indem man die gesamte Auflage oder die Druckplatte aufkaufte und so ihre Verbreitung verhinderte. Der Prince of Wales <II.9.2>, dessen skandalträchtiges Privatleben ein gefundenes Fressen für die Karikaturisten war (Kat. 421; 523), gab über £ 2000 aus, um sich bei ihnen freizukaufen oder die Verbreitung von Drucken zu unterbinden.[10]

Die wirtschaftlichen Voraussetzungen für eine gesicherte Existenz der Karikaturisten waren ebenfalls gegeben. Das von Hogarth initiierte Gesetz von 1735 *(Engraver's Act)* führte das Urheberrecht für Drucke ein und schützte so Künstler und Verleger vor Raubdruckerei.[11]

Man sollte annehmen, daß Karikaturen diejenigen propagandistisch unterstützen, die sich nicht im Besitz der Macht befinden. Gillrays Blätter bilden hier eine Ausnahme. Einen Großteil seiner produktiven Jahre stand er im Dienst der regierenden Tory-Partei und nahm Vorschläge und Anregungen zu Karikaturen von George Canning (1770–1827) entgegen. Dessen Auftritt auf der politischen Bühne war seinerseits von Gillray vorbereitet worden: Im August 1795 notierte Canning in sein Tagebuch: „[John] Sneyd erzählt mir, daß Mr. Gillray, der Karikaturist, eindringlich gebeten worden sei, eine Karikatur von mir zu publizieren, und er hat zugestimmt. Es ist wichtig, daß es eine gute ist."[12] Seine Freude grenzt an Masochismus, betrachtet man das Ergebnis von Gillrays Bemühungen (Kat. 422). Von 1797 an erhielt Gillray eine jährliche Pension von £ 200 und verpflichtete sich, für die satirische Zeitschrift *The Anti-Jacobin,* die ab November 1797 acht Monate lang wöchentlich erschien, zu arbeiten. Unausgesprochene Bedingung war natürlich, daß er sich satirischer Angriffe auf den Premier und den König enthalten müsse. Trotzdem war Gillray kein gemieteter Propagandist, seine politischen Freunde wurden nicht geschont, wenn sie Anlaß zu Kritik gaben (Kat. 421; 521). Oftmals ist nicht einmal auf Anhieb deutlich, auf wessen Seite Gillray eigentlich steht. Formale Mittel und inhaltliche Aussage in *Smelling out a Rat* (Kat. 406) oder *Buonaparté, 48 Hours after Landing!* (Kat. 515) scheinen einander zu widersprechen. Gillray findet immer wieder die Distanz zur eigenen Position, betrachtet sie voller Selbstironie von außen und setzt sie so auch der öffentlichen Kritik aus.

Die Funktion der Karikatur in England erschöpft sich jedoch nicht darin, die öffentliche Moral zu heben und gute Stimmung für den lang andauernden Krieg mit Frankreich zu machen. Ebenso bedeutend ist ihre Funktion als Ventil und „nervöses Auffangsorgan"[13] innerer und äußerer gesellschaftlicher Konflikte. In drastischer Übersteigerung konnte sich der Unwille des Großstadtbürgers äußern, revolutionäre Ideen wurden

in komische Episoden umgelenkt, um sich dort in Heiterkeit zu verflüchtigen. Tabus jedweder Art fanden in der Übersteigerung einen legalen Ort, wo sie ausgelebt werden konnten (vgl. Kat. 410; 422).

Das Publikum

Die turbulente und groteske Bildsprache Gillrays und George Cruikshanks kam nicht nur einem großstädtischen Publikum entgegen, das sich mit populären Helden und einer drastischen, vulgären Sprache identifizierte, sondern war zugleich Blickfang und somit Werbeträger für ein Produkt, das sich in der lauten, lebendigen Metropole London mit augenfälligen optischen Reizen gegenüber einer Unzahl ähnlicher Erzeugnisse durchzusetzen hatte. Die eilige Menge der Großstadt ist das Publikum, das sich die Nasen an den Fensterscheiben der Printshops plattdrückt < II.9.3 >. Diese Läden waren für den Vertrieb der Karikaturen von größter Bedeutung. Dort wurden die Blätter in den Schaufenstern mit täglich wechselnder Auslage vorgestellt, kolorierte und unkolorierte Blätter (für den schmaleren Geldbeutel) verkauft. Gegen eine geringe Eintrittsgebühr konnte man in den Verkaufsräumen Ausstellungen besichtigen. Subskribenten liehen sich für den Abend oder das Wochenende Portfolios mit den neuesten Blättern aus.

Einzelne Verleger hatten sich spezialisiert: z. B. Fores auf napoleonische Karikaturen, William Holland auf karibische Themen, oder für den radikaleren Geschmack Thomas Tegg in der City. Insgesamt existierten in den 1790er Jahren in London 71 Printshops und verwandte Betriebe, weitere 13 in Britannien und Irland. Die Anzahl der Karikaturen betrug zwischen 1770 und 1815 etwa 8000 Stück, wobei 1802/03 nach dem Scheitern des Friedens von Amiens und dem Wiedereintritt in den Krieg mit Frankreich ein Höhepunkt erreicht wurde: pro Tag erschien im Durchschnitt ein Blatt.[14] Für den Mann von Welt und den Politiker als hauptsächlich Betroffenen war der tägliche Gang durch die Printshops Pflichtprogramm, doch auch der barfüßige Straßenjunge und der Droschkenkutscher betrachten aufmerksam die Auslage bei Humphreys in der St. James Street 27 < II.9.3 >. Der Laden Hannah Humphreys – sie besaß die Exklusivrechte für Gillrays Blätter und beherbergte ihn bei sich zur Untermiete – war die erste Adresse für Karikaturen und lag zudem im Zentrum der politischen Ereignisse, in unmittelbarer Nachbarschaft zum St. James Palast und den politischen Clubs. Hatten Gillray und seine Kollegen auch nur ein bescheidenes Einkommen und zählten von ihrer Herkunft her eher zur Unterschicht, so standen sie doch mit den führenden Persönlichkeiten ihrer Zeit in engem Kontakt. „Wie Journalisten hatten sie begrenzten Zutritt, gegründet auf Macht, nicht auf Geburt oder Reichtum."[15] Dieser beständige Verkehr und Austausch mit den Zielscheiben ihres Spottes war die Grundvoraussetzung für ein wichtiges Qualitätskriterium ihrer Arbeit – Aktualität und Schnelligkeit, mit der auf Ereignisse reagiert werden konnte.

Das Opfer

Schwieriger gestaltete sich dieser Vorgang, wenn das Opfer (glücklicherweise!) nicht im eigenen Land anzutreffen war. Dann mußte auf Informationen aus zweiter Hand zurückgegriffen werden, und Zeitungsberichte

< II.9.3 >
James Gillray,
Sehr rutschiges Wetter,
1808, Radierung

und Druckgraphiken dienten als Vorlagen und Anregungen. Im Sommer des Jahres 1796 waren die ersten Porträts Napoleons als jugendlicher General mit markanter Nase und stechenden Augen über Italien nach England gelangt. Isaac Cruikshank nahm ihn als erstes aufs Korn.[16] Doch die wirkungsvollste Erfindung gelang Gillray mit seinem Little Boney <II.9.4>, eine Idee, die von George Cruikshank fortgeführt und vollendet wurde. Der jugendliche Held ist zu einem kleinen, tobenden Giftzwerg umgeformt – hager, unberechenbar, mit verzerrtem Gesicht. Hatte sich das tatsächliche Erscheinungsbild des Korsen auch in kurzer Zeit stark verändert – er neigte sehr zur Korpulenz –, so behielten doch die englischen Karikaturisten das einmal geformte Bild bei und paßten es nicht der Wirklichkeit an. Zu gelungen schien ihnen das einmal gefundene, schnell wiedererkennbare Zeichen.

Napoleons Selbstverständnis und seine Herrschaftsauffassung taten ein Übriges, um ihn zum perfekten Opfer des satirischen Spottes zu machen. Sein „Kult des Erhabenen" und die pompöse Inszenierung seines Kaisertums riefen geradezu danach, demaskiert und entsakralisiert zu werden. In jahrelangem Propagandakrieg versuchten die englischen Radierer dies zu verwirklichen. Ihren Höhepunkt erreichten die Napoleon-

<II.9.4>
James Gillray,
Wahnvorstellungen eines Verrückten – oder – Little Boney im Wutanfall,
1803, Radierung

Karikaturen im Jahr 1803 mit 200 Blättern. Insgesamt erschienen zwischen 1797 und 1815 mehr als 2000 Drucke.[17] Ausschlaggebend für die überaus heftigen und langanhaltenden Attacken gegen Napoleon war natürlich seine tatsächliche Gefährlichkeit als Kriegsgegner. Denn als potentieller Eroberer bedrohte er elementare britische Interessen, man fürchtete um das „Roastbeef of Old England".

Anmerkungen

1 Paulson 180.
2 Zu George Townshend vgl. Kat. London 1984, S. 14.
3 W. Hofmann in: Kat. Hannover 1984, S. 355 ff.
4 Paulson 1983, S. 183.
5 E. Eggs in: Kat. Hannover 1985, S. 8.
6 Vgl. George 1959, Bd. 2, S. 169.
7 Vgl. Kat. Hannover 1984, S. 171.
8 Zusammengestellt im Kat. Göttingen 1975, S. 19.
9 Vgl. Patten 1983, S. 332.
10 Vgl. Kat. London 1984, S. 19.
11 Vgl. dazu Atherton 1974, 68 ff.; Kat. Hannover 1984, S. 171.
12 „Sneyd tells me that Mr. Gillray the caricaturist has been solicited to publish a caricature of me and intends doing so. A great point to have a good one.", zit. nach Hill 1976, S. XXII. Vgl. zur Beziehung Gillray – Sneyd – Canning und Gillrays Diensten für die Regierung auch Hill 1965, S. 56 ff.
13 „Nervöse Auffangsorgane des inneren und äußeren Lebens" ist der Untertitel des von K. Herding und G. Otto herausgegebenen Buches *Karikaturen,* Gießen 1980.
14 Vgl. Hill 1976, S. XVI; Patten 1983, S. 335.
15 Patten 1983, S. 335.
16 12. März 1797 (BM 8997).
17 Vgl. Kat. Hannover 1984, S. 170; Kat. Hannover 1985, S. 24 f.

404

JAMES GILLRAY

404 The Offering to Liberty
(Das Opfer an die Freiheit)

3. August 1789
Radierung; 235 × 595 mm
London, Trustees of the British Museum,
Inv. 1868.8.8.5883

Lit.: BM 7548

Eine der unmittelbarsten Reaktionen der englischen Karikaturisten auf die Ereignisse des 14. Juli in Paris war Gillrays Stich vom 3. August. Umleuchtet von einer Lichtgloriole thront die personifizierte *Libertas* auf den Trümmern der Bastille. Die dargebotene Königskrone gibt sie an den „reuigen Monarchen" Ludwig XVI. zurück. Der König kniet an der Spitze einer Prozession, ihm folgen „die Tugend" Jacques Necker, der kurz zuvor entlassene Finanzminister, und „die Ehre" Philippe d'Orléans. Vor der lautstarken Kulisse der begeisterten Menge führt dieser an einer Kette die Königin Marie-Antoinette heran. Die korpulente Frau leert mit geballten Fäusten eine Flasche rheinischen Weines, eine Anspielung sowohl auf ihren leichtsinnigen Lebenswandel wie auch ihre deutsche Herkunft. Ebenfalls an den Handgelenken gefesselt folgen ihr zwei Männer und zwei Frauen – „Die Plage von Frankreich und Britannien". Gemeint ist der Adel, der sich auf Kosten des Volkes in einem solchen Maße bereichert, daß ihm die Münzen schon aus den prall gefüllten Taschen quellen. Den Abschluß der Prozession bildet La Fayette, der der Nationalgarde mit der Fahne der „Freiheit" vorsteht.

Die ersten Reaktionen der englischen Öffentlichkeit auf die Ereignisse in Frankreich waren durchaus optimistisch und vertrauensvoll. Man schaute gebannt auf das Experiment im Nachbarland und erwartete eine parallele Entwicklung zu der im eigenen Land hundert Jahre zuvor, als mit der Einführung der konstitutionellen Monarchie und der Bill of Rights (1689) die erste demokratische Staatsführung in Europa gebildet worden war.   K. O.

405

ANONYM (Monogrammist H. W.?)
englisch, 18. Jahrhundert

405 La Chute du Despotisme/
The Downfall of Despotism
(Der Niedergang des Despotismus)

14. August 1789
Radierung; 460 ×528 mm (Blatt)
London, Trustees of the British Museum,
Inv. 1851-9-1-465

Lit.: BM 7550

Die politische Symbolkraft der Bestürmung der Bastille wurde im Ausland schnell erfaßt und fand vier Wochen später Eingang in die englische Karikatur. Der zweisprachige Text deutet jedoch

darauf hin, daß das Blatt auch für den Vertrieb in Frankreich gedacht war.

Auf einem Piedestal thronend, beschriftet mit den Namen der Aufklärer Montesquieu, Raynal, Voltaire und Rousseau, verabschiedet die *Libertas* den sinkenden Stern der Monarchie. Ihr zur Seite stehen zwei Männer, wahrscheinlich als La Fayette und Necker zu identifizieren. In der aus Ketten, Peitschen und anderen Folterinstrumenten gebildeten Gloriole der despotischen Monarchie haben der Graf von Artois, reaktionärster Bekämpfer der Revolution, und Marie-Antoinette ihren Untergang bereits erkannt: „Was für ein Abgang!" jammert der sich die Haare raufende Artois, während die Königin ihrem

Gemahl zuruft, die Truppen zurückzuziehen, da alles verloren sei. Die fortschrittlichen Entwicklungen finden hinter dem Rücken Ludwigs XVI. statt, die anbrechenden Veränderungen nimmt er nicht wahr, da er andachtsvoll und beschwörend vor dem versinkenden Stern der Despotie verharrt. Die Zeichen der Zeit richtig gedeutet hat hingegen der liberale Philippe d'Orléans, der die befreiten Gefangenen vor der Bastille begrüßt. D'Orléans entstammte einer Seitenlinie des Königshauses, 1792 wird er den Familiennamen „Egalité" annehmen und im folgenden Jahr seine Stimme für die Hinrichtung Ludwigs XVI. abgeben.　　　　　　　　　　　　　　　K. O.

406

JAMES GILLRAY

406　Smelling out a Rat; – or –
The Atheistical-Revolutionist disturbed
in his Midnight "Calculations".
(Den Braten riechen; – oder – Der atheistische Revolutionär, in seinen mitternächtlichen „Berechnungen" gestört.)

3. Dezember 1790
Kolorierte Radierung; 245 × 350 mm
London, Trustees of the British Museum,
Inv. 1868-8-8-5978

Lit.: BM 7686; Kat. Hannover 1986, Nr. 17; Hill 1976, S. 42

War die britische Öffentlichkeit der Französischen Revolution gegenüber zunächst positiv eingestellt, so wendete sich das Blatt allmählich im Verlaufe des Jahres 1790 und man befürchtete nun, daß die Gewalttätigkeiten auf die Insel übergreifen könnten. Zu diesem Gesinnungswandel hatte maßgeblich der konservative Whig-Politiker Edmund Burke (1729–1797) beigetragen. Die erhitzte Debatte über die französischen Ereignisse und die erste geistige Auseinandersetzung mit den theoretischen Idealen der Revolution waren durch die Publikation seiner am 1. November 1790 erschienenen Streitschrift „Reflections on the Revolution in France" ausgelöst worden. Burkes scharfe Kritik – er verwarf die Revolution als eine „befremdliche Konfusion von Verbrechen und Narrheiten" – war eine Reaktion auf die begeisterte Ansprache des Dissenters Richard Price am 4. November 1789 vor der Revolutionsgesellschaft, die sich jedes Jahr zum Gedenken an die Glorious Revolution (1688) traf und eine zustimmende Grußadresse an die Nationalversammlung geschickt hatte.

Gillray behandelt den Streit der beiden politischen Kontrahenten auf ambivalente Weise. Auf der inhaltlichen Ebene soll Price kritisiert werden, der in seiner nächtlichen Schreibarbeit aufgeschreckt wird. Formal wird jedoch Burke karikiert, vom Zeichner reduziert auf eine überlange Nase und zwei Brillengläser, die als geisterhafte Erscheinung aus einer Wolke auftauchen. Durch Krone und Kreuz als Anhänger der konstitutionellen Monarchie und anglikanischen Staatskirche ausgewiesen, spürt Burke sogleich die atheistische, aufrührerische „Ratte" auf. Neben dem Schreibpult des Pamphletisten hängt eine Darstellung der Enthauptung Karls I. (1649). Es drückt sich darin die (prophetische) Befürchtung aus, ein solcher Königsmord könne sich wiederholen, ließe man Männer wie Price weiterhin in dieser Weise agitieren.　　　　　　K. O.

JAMES GILLRAY

407　The Rights of Man; – or –
Tommy Paine, the little American Taylor
taking the Measure of the Crown, for a
new Pair of Revolution-Breeches
(Die Menschenrechte; – oder – Tommy Paine, der kleine amerikanische Schneider, nimmt die Maße der Krone für ein neues Paar Revolutionshosen)

23. Mai 1791 (Nachdruck von 1851)
Radierung; 353 × 284 mm
Hannover, Wilhelm-Busch-Museum

Lit.: BM 7867; Hill 1976, Nr. 20

Als unmittelbare Antwort auf Edmund Burkes *Reflections on the Revolution in France* (1790; vgl. Kat. 406) publizierte Thomas Paine (vgl. Kat. 47) am 13. März 1791 den ersten Teil seiner George Washington gewidmeten Schrift *The Rights of Man*. Im Gegensatz zu Burke, der als Informanten und Mittelsmann seinen lediglich in konservativen, adligen Kreisen verkehrenden Sohn Richard hatte, kannte Paine die französischen Verhältnisse aus eigener Anschauung. Als überzeugter Republikaner und Anhänger Rousseaus entwickelt er in seinem Pamphlet die Unterscheidung zwischen „natürlichem" und „bürgerlichem" Menschenrecht und die Ursprünge der Staatsgewalt. Seine Schrift gilt als eine grundlegende Darstellung der Menschenrechtsproblematik.

Gillrays Spottbild greift Paines Herkunft und Ausbildung als Schneider auf. Mit grotesk konzentriertem Gesichtsausdruck kniet er vor einer überdimensionalen Königskrone, die nur angeschnitten ins Bildfeld reicht. Mit unzulänglichem Gerät versucht er Maß zu nehmen an der viel zu großen Krone, um aus ihrem Material Hosen und

407

Nachtmützen für die Revolutionäre zu fertigen – eine Anspielung auf die vermeintlich unbehosten Sansculotten. Der monologisierende Gedankenfluß der Sprechblase, von einem Thema zum nächsten springend, hat fast joycesche Qualitäten: Durchsetzt mit Flüchen plaudert er aus seiner Biographie, macht die Monarchie verächtlich – „was ist die Krone anderes als ein Spielzeug" –, beschimpft Burke, die Schneidergewerkschaft und ärgert sich über das zu kurze Maßband.　　　　　　　　　　　　　　　K. O.

JAMES GILLRAY

408 The National Assembly Petrified – The National Assembly Revivified
(Die Nationalversammlung versteinert – Die Nationalversammlung wiederbelebt)

28. Juni 1791 (Nachdruck von 1851)
Radierung; 410 × 303 mm
Hannover, Wilhelm-Busch-Museum

Lit.: BM 7883; Kat. Hannover 1984, Nr. 41; Kat. Hannover 1986, Nr. 20.

In schnellem, spontanem Strich skizziert Gillray die Reaktionen der Nationalversammlung auf die Nachricht von der Flucht nach Varennes (20. Juni) und der Rückführung des gefangengenommenen Königs nach Paris (25. Juni). Das Publikum im oberen Bildfeld reagiert auf die Nachricht, die von einem aufgeregt hüpfenden Friseur verkündet wird, mit langen Gesichtern und versteinerten Mienen; der Freude im unteren Bildfeld wird durch breites Grinsen Ausdruck verliehen. Die spätere Botschaft wird von einem Koch überbracht, dem drei Frösche am Gürtel hängen, wodurch er als Froschesser und somit als der typische Franzose verspottet wird.　　K. O.

409

The HOPES of the PARTY, prior to July 14th. ———— "From such wicked CROWN & ANCHOR-Dreams, good Lord, deliver us."

408

JAMES GILLRAY

409 The Hopes of the Party, prior to July 14th. – "From such wicked Crown & Anchor-Dreams, good Lord, deliver us."
(Die Hoffnungen der Partei vor dem 14. Juli – Befreie uns, lieber Gott, von solch' schlimmen Crown & Anchor-Träumen.)

19. Juli 1791
Kolorierte Radierung; 334 × 496 mm
Staatsgalerie Stuttgart, Graphische Sammlung

Lit.: BM 7892; Hill 1976, Nr. 21

Am zweiten Jahrestag der Erstürmung der Bastille hielt die Revolutionsgesellschaft wiederum eine Gedenkfeier in der Londoner Crown & Anchor-Taverne ab. An den Laternen vor dem Eingang zum Lokal baumeln im Todeskrampf die Königin Charlotte und der Premierminister William Pitt – unmißverständliche Anspielung auf den Umgang revolutionärer Franzosen mit Adligen und Regierungstreuen. Doch im Mittelpunkt des Blattes steht die propagandistische Hetzkampagne gegen Politiker der oppositionellen Whig-Partei. Diese waren dem Festessen von vornherein ferngeblieben, da die öffentliche Meinung gegen sie schon genügend aufgehetzt war. Das Essen verlief – zumindest in London – ohne Zwischenfälle, denn es war als rein gesellschaftliches Ereignis ohne politische Ansprachen geplant gewesen. Doch die Phantasie loyaler Briten malte sich Schlimmstes aus: Gillray sieht

die Gefahr einer Wiederholung des Königsmordes von 1649 – eine Befürchtung, die sich schon eineinhalb Jahre später in Frankreich bewahrheiten sollte. Über einer zustimmend johlenden Menge erhebt sich eine Plattform, auf der Georg III. – ohne Perücke – auf dem Richtblock zur Hinrichtung zurechtgelegt wird. An den Beinen hält ihn Horne Tooke, an Nase und Ohr hat ihn der Whig-Abgeordnete Sheridan gefaßt. Hinter dem König hat sich der maskierte Oppositionsführer Charles James Fox mit erhobenem Richtbeil postiert. Zunächst noch zögernd ob seines Vorhabens, vergleicht er sich zum Schluß seiner Überlegungen mit Oliver Cromwell, der 1694 die Hinrichtung Karls I. veranlaßt hatte ("... the Man who chop'd the Calf's-head off, a Hundred & Forty Years ago – and so here goes!"). Rechts bittet Sir Cecil Wray, ehemaliger Whig-Politiker und Kämmerer beim Diner, den vor ihm Knieenden, doch etwas beiseite zu rücken, damit er das kostbare Naß des Königsblutes in seinem Fäßchen auffangen könne. Etwas vorgebeugt spricht der Dissenter und Chemiker Joseph Priestley dem König Mut und Trost zu. Vom 14. bis 19. Juli hatte in Birmingham aus Anlaß des Diners der Revolutionsgesellschaft ein royalistischer Aufruhr gewütet, der in der Erstürmung und Brandschatzung von Priestleys Haus gipfelte. Der König selbst realisiert die Schwere der Bedrohung offensichtlich nicht. Sein Ausruf: „Was ist denn nun schon wieder los!" zeugt eher von naivem Erstaunen denn Furcht. Dieses Verhalten mag eine Anspielung auf seinen gestörten Geisteszustand sein, der sich 1788/89 erstmals bemerkbar machte und zunehmend Anlaß zu Spekulationen über seine Regierungsfähigkeit gab.　　K. O.

JAMES GILLRAY

410 Un petit Soupèr; – or – A Family of Sans-Culotts refreshing, after the fatigues of the day
(Petit-Souper à la Parisienne; – oder – Eine Familie von Sansculotten labt sich nach des Tages Mühen)

20. September 1792 (Nachdruck von 1851)
Radierung; 250 × 351 mm
Hannover, Wilhelm-Busch-Museum

Lit.: BM 8122; Kat. Hamburg 1980/81, Nr. 343; Koenig 1980, S. 60 ff.

Eine geradezu schaurige Steigerung erfährt die Franzosenfeindlichkeit der Briten in diesem Blatt. Paris als vormaliges Zentrum der europäischen Zivilisiertheit befindet sich in rapidem Niedergang. Gillray karikiert die – wortwörtlich – unbehosten Sansculotten als gierige Kannibalen. In einem ärmlich eingerichteten Raum sitzt eine Familie beim Abendbrot. Mit weit aufgerissenen Augen und riesigen Mäulern verschlingen sie Leichenteile, die zudem im ganzen Raum verteilt sind und noch vor dem Fenster an Fleischerhaken baumeln – die Ration für den folgenden Tag. An der Feuerstelle bereitet eine Alte einen Säugling am Spieß zu. Am Boden hockende Kinder tun sich an einem Bottich menschlicher Gedärme gütlich. Die Wände sind mit Graffitis bekritzelt: links der amtierende Bürgermeister von Paris, Petion, der sich als unfähig erwiesen hatte, die Massaker zu verhindern;

311

rechts der kopflose Ludwig XVI. Am 8. September hatte die britische Presse erstmals über die Septembermorde in Frankreich berichtet.

Bemerkenswert an diesem sowie an weiteren, kurz darauf publizierten Blättern (vgl. Kat. 411 und 412) ist die Fokussierung der Karikaturisten auf den Akt der Nahrungsaufnahme. Die Erfüllung dieses menschlichen Grundbedürfnisses bereitete insbesondere dem Dritten Stand in Frankreich, aber auch dem städtischen „Proletariat" in England erhebliche Schwierigkeiten und bot ausreichenden politischen und sozialen Sprengstoff. Innenpolitische Konflikte werden in den Karikaturen auf einen äußeren Gegner verlagert. Die Furcht vor einem Übergreifen französischer Verhältnisse führt zu den überaus heftigen Reaktionen der britischen Satiriker. In der Übersteigerung entfaltet sich aber auch die kathartische Funktion der Karikatur, der gefürchtete Bruch mit humanitären und moralischen Werten wird in der übertriebenen Darstellung kanalisiert und ausgelebt. Das gleiche Prinzip funktioniert in diesem Blatt auch für das Tabu der Sexualität: Die Frau am rechten Bildrand hat auf einer Gabel Hoden aufgespießt, der Mann vor ihr sitzt mit entblößtem Gesäß auf der Brust einer Frauenleiche. K. O.

Un petit Souper a la Parisiènne: — or — A Family of Sans Culotts refreshing, after the fatigues of the day.

410

FRENCH LIBERTY. *BRITISH SLAVERY.*

411

JAMES GILLRAY

411 French Liberty, British Slavery
(Französische Freiheit, Britische Sklaverei)

21. Dezember 1792
Kolorierte Radierung; 246 × 349 mm
London, Trustees of the British Museum,
Inv. 1868-8-8-6253

Lit.: BM 8145; Kat. Hannover 1986, Nr. 40; Paulson 1983, S. 185

Der Topos des ausgemergelten Sansculotten wird hier abermals aufgegriffen. Vor dem eher qualmenden als wärmenden Feuer verschlingt der Franzose voller Heißhunger ein Bund Lauchzwiebeln und rühmt sich, freier, unversklavter

Bürger ohne Steuerlast zu sein, zudem „schwimme er ja in Milch und Honig." Diese armselige Gestalt wird einem übermäßig dickleibigen Briten kontrastiert, der sich in luxuriöser Umgebung über einen dampfenden Schinken hermacht. Nebenbei wettert er über „das verfluchte Ministerium", das aus ihnen, den Briten, Sklaven mache und sie verhungern lassen wolle. Durch den extremen Gegensatz von Dargestelltem und Gesprochenem zieht Gillray beide Positionen gleichermaßen ins Lächerliche. Wie schon früher (vgl. Kat. 406) bezieht er nicht eindeutig Stellung, sondern stellt auch die eigene Position zur Diskussion. K. O.

JAMES GILLRAY

412 Sans-Culottes, feeding Europe with the Bread of Liberty
(Sansculotten füttern Europa mit dem Brot der Freiheit)

12. Januar 1793
Kolorierte Radierung; 302 × 362 mm
Hannover, Wilhelm-Busch-Museum

Lit.: BM 8290; Kat. Münster 1983, Nr. 73; Kat. Hannover 1986, Nr. 41

Anlaß für dieses Blatt war der Erlaß des Nationalkonvents vom 15. Dezember 1792, daß die revolutionären Errungenschaften in allen von französischen Truppen besetzten Gebieten einzuführen seien. Das „Brot der Freiheit" wird in fünf Einzelszenen den bereits unterworfenen oder unmittelbar bedrohten Völkern Europas unter Gewaltanwendung von grimassierenden Sansculotten in den Rachen geschoben. Die Franzosen hatten die österreichischen Niederlande (l. o.) seit dem 6. November besetzt, Nizza und Savoyen (r. o.) wurden am 27. November offiziell annektiert. Die Preußen und Österreicher (u. l.) hatten sich am 20. September nach der Kanonade von Valmy hinter den Rhein zurückgezogen, während sich der Kirchenstaat (u. r.) durch einen Brief an den Papst (27. Dezember, entworfen von Mme Roland) bedroht fühlte. Im mittleren Bildfeld steht John Bull, die Verkörperung des „gemeinen" Engländers. Er wird von Fox und Sheridan, beide in Sansculottentracht, gezwungen, das auf Dolchen aufgespießte Brot zu schlucken. Bislang hatte Frankreich gegen die mächtige Seemacht noch nichts zu unternehmen gewagt, doch seit der Besetzung der österreichischen Niederlande fühlte sich England zunehmend bedroht. Und tatsächlich erklärte Frankreich nur wenige Wochen später, am 1. Februar, England und den nördlichen Niederlanden den Krieg. K. O.

412

413

ISAAC CRUIKSHANK

413 The Martyrdom of Louis XVI. King of France
(Das Martyrium Ludwigs XVI., König von Frankreich)

1. Februar 1793
Radierung; 320 × 190 mm
Vizille, Musée de la Révolution Française,
Inv. 84.675

Lit.: BM 8297; de Vinck 5155; Krumbhaar 711

Weder ist die Gestalt des Königs karikiert, noch steht hinter dem Blatt eine denunzierende oder lächerlich machende Absicht, so daß diese

Radierung im eigentlichen Wortsinn nicht als Karikatur anzusehen ist. Eher bekundet der Radierer seine Sympathie für den „ermordeten" König der Franzosen: Dieser steht auf einer Plattform vor der Guillotine, hoch über der gesichtslosen Menge, von der man nur Piken, Fahnen und Trompeten wahrnimmt. Seine letzten Worte: „Ich vergebe meinen Feinden. Ich sterbe unschuldig!!!" gehen ungehört im Trommelwirbel unter. Cruikshank stilisiert den König zu einem modernen Märtyrer und Heiligen. Den Blick zum Himmel gewendet fallen Lichtstrahlen auf ihn nieder. Die erhöhte Position über der Menge, die ihn gerichtet hat, stellt ihn sogleich auf eine moralisch höherwertige Stufe (vgl. Kat. 306–308). K. O.

JAMES GILLRAY (Farbtafel 31)

**414 The Zenith of French Glory; –
The Pinnacle of Liberty**
(Der Höhepunkt französischen Ruhms; –
Der Gipfel der Freiheit)

12. Februar 1793
Kolorierte Radierung; 353 × 251 mm
Hannover, Wilhelm-Busch-Museum

Lit.: BM 8300; Hill 1976, Nr. 29; Koenig 1980, S. 74 f.; Kat. Hannover 1986, Nr. 42; Kat. Münster 1983, Nr. 72

Folgerichtiger und oftmals vorausgeahnter Höhepunkt der französischen Entwicklung ist für Gillray die „Ermordung" des Königs. Um diese, in seinen Augen, perfide Tat aus dem ihr angemessenen Blickwinkel zu schildern, versetzt er den Betrachter in die gleiche luftige Höhe wie den verhaßten Jakobiner, der auf einer Wandlaterne

mit entblößtem Gesäß Platz genommen hat und zu des Königs Hinrichtung aufspielt. Einen Fuß hat er leger auf den Nacken eines gehenkten Priesters gestellt, dem zwei ebenfalls gehenkte Mönche Gesellschaft leisten. Dem Bischofsstab ist eine Freiheitsmütze übergestülpt, die Inschrift des Kruzifixes grüßt mit „Bon soir, Monsieur". Die kirchlichen und juristischen Instanzen sind außer Kraft gesetzt, die atheistische Tendenz der neuen französischen Gesinnung zeigt sich deutlich: an der nächsten Laterne hängt über den Köpfen der johlenden Menge ein Richter mit den Insignien seines Amtes, während im Hintergrund eine Kirchenkuppel in Flammen steht. Das Aufknüpfen von Adligen und anderen ehemaligen Vertretern der Obrigkeit ist eine verbreitete Hinrichtungsart der Lynchjustiz auf den Pariser Straßen, der Refrain des Revolutionsliedes *Ça ira!*, „l'aristocrate à la lanterne", zeugt davon.

Das eigentliche Schauspiel findet jedoch in verkleinertem Maßstab im Mittelgrund statt: die Hinrichtung Ludwigs XVI. am 21. Januar 1793. Dem „Bürger Capet" wurde keine Sonderbehandlung für Aristokraten zuteil, so daß die Briten sich in dieser Radierung erstmals mit dem neuartigen Mechanismus der Guillotine vertraut machen konnten. K. O.

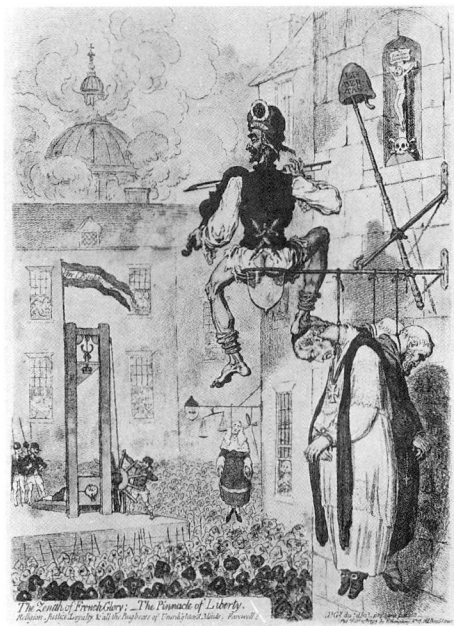

414

JAMES GILLRAY

415 The Blood of the Murdered crying for Vengeance
(Das Blut des Ermordeten schreit nach Rache)

16. Februar 1793
Kolorierte Radierung; 354 × 248 mm
Staatsgalerie Stuttgart, Graphische Sammlung

Lit.: BM 8304; Kat. Hannover 1986, Nr. 43

Wie ein vergrößerter Ausschnitt aus der vorangegangenen Radierung Gillrays (Kat. 414) wirkt dieses vier Tage später erschienene Blatt. Das Fallbeil der Guillotine hat seinen Dienst bereits getan, der Kopf des Monarchen liegt in einer Blutlache vor dem „Mordinstrument von französischer Raffinesse". Dieses 1792 eingeführte Hinrichtungsgerät ist als eine „exakte Darstellung" bezeichnet, was den generellen Mechanismus

313

The Blood of the Murdered crying for Vengeance.

415

und Funktion betreffend wohl stimmen mag, in einigen Details wie der Zangenkonstruktion zur Loslösung des Fallbeils oder der Winde aber eher englischer Phantasie entspringt denn dem französischen Prototyp entspricht. Ein Modell der Guillotine wurde nämlich erst im folgenden Monat im Printshop Sammuel Fores ausgestellt.

Der Blutlache entsteigt eine Wolke mit einem Racheschwur. Im eigentlichen Sinne handelt es sich nicht um eine Karikatur – der Kopf des Königs ist sogar porträtähnlich – doch entspricht das Blatt in seiner pathetisch-anklagenden Tendenz ganz dem antifranzösischen Zug der Gillray-Blätter. Die tatsächlich vorhandene Porträtähnlichkeit zwischen dem englischen und französischen König verleitet Gillray dazu, einen festgelegten Typus des europäischen Monarchen zu entwickeln: Ludwig XVI., Georg III. und Karl IV., sowie entsprechend Marie Antoinette, Charlotte und Maria Luisa, sind in seinen Blättern kaum mehr voneinander zu unterscheiden. Mit dieser Doppeldeutigkeit und Bedeutungsüberlagerung hantiert Gillray äußerst geschickt: Monarchen sind in seinen Augen alle gleich, und die Gefahr revolutionärer Umwälzung lauert überall, nicht nur in Frankreich, sondern auch in England oder Spanien (vgl. Paulson 1983, S. 193 f.). K. O.

JAMES GILLRAY

416 The Eruption of the Mountain, – or – The Horrors of the "Bocca del Inferno"
(Der Ausbruch des Bergs, – oder – Die Schrecken des „Höllenschlundes")

25. Juli 1794 (Nachdruck von 1851)
Radierung, Aquatinta; 328 × 384 mm
Hannover, Wilhelm-Busch-Museum

Lit.: BM 8479; Hill 1966, Nr. 9

Verschiedene Bedeutungsebenen verzahnen sich in diesem Blatt zu einem dichten Netz ikonographischer und politischer Bezüge: Vor dem Prospekt des Vesuvs, der sich mit Lava und Gestein über die Hauptstädte (Berlin, Rom, Wien) und Landschaften (Flandern, Holland) Europas ergießt und London unmittelbar

The ERUPTION of the MOUNTAIN. – or – The Horrors of the "Bocca del Inferno."
If the Head of the Protector SAINT JANUARIUS, carried in procession by the Cardinal Archevêque of the Lazaroni.

416

417

bedroht, nähert sich von rechts eine Prozession zerlumpter Sansculotten. Angeführt werden sie von dem Whig-Abgeordneten Sheridan in Kardinalstracht, der den Kopf des Oppositionsführers Fox emporhält. Ihm folgen weitere Mitglieder der Oppositionspartei mit Jakobinermützen, der Revolutionsfahne und Fascesbündeln. In Neapel

gab es den Brauch, bei Tätigkeit des Vesuvs die Kopfreliquie des Schutzpatrons der Stadt, St. Januarius, in einer Prozession vorzuführen, um die Gefahr eines Vulkanausbruchs zu bannen. Die Prozession der Oppositionsanhänger ist allerdings zwiespältig zu beurteilen, denn sie scheinen den Ausbruch eher wohlgefällig zu

A Deputation from one of the Popular Societies of France
endeavouring to persuade JOHN BULL that he can do better without a head than with one!!

418

FRENCH-TELEGRAPH making SIGNALS in the Dark.

419

Nachrichten über die Ermordung Marats am 13. Juli erreichten London erst am 22. Juli. Gleich nach der Tat wurde Charlotte Corday verhaftet, am 17. Juli vor das Revolutionstribunal geführt und zum Tode verurteilt (vgl. Kat. 309–312). Die Briten feierten sie als heroische Heldin und verglichen sie mit der alttestamentarischen Judith und Jeanne d'Arc. Die Worte, die Gillray ihr bei der Verhandlung in den Mund legt, waren im London Chronicle vom 26. Juli zitiert und entstammten einem Pamphlet des Deputierten Adam Lux, der später für diese Schrift zur Rechenschaft gezogen wurde. Die Begeisterung für ihre Tat veranlaßte Gillray dazu, sie als einzige in der Menge des jakobinischen Revolutionstribunals und der erstaunt blickenden Zuschauer nicht zu karikieren. In aufrechter, stolzer Haltung steht sie vor ihren Richtern, einem Friseur, einem Schlachter und einem Schneider. Vor ihr aufgebahrt liegt auf einem viel zu kurzen Bett der ausgemergelte, von Schwären überzogene Leichnam des Ermordeten. Der Körper ist von abstoßendem Naturalismus. Die Hautkrankheit, an der Marat gelitten hatte, interpretiert Gillray als eine Gottesstrafe für seine Verbrechen. Sein blutdurchtränktes Hemd wird auf einem Speer wie eine Reliquie präsentiert, das Mordinstrument, ein Küchenmesser, auf einem Teller vorgezeigt. Gillray folgt in dieser Inszenierung der von David arrangierten Begräbniszeremonie in der Église des Cordeliers.   K. O.

Isaac Cruikshank
nach G. M. Woodward

418 A Deputation from one of the Popular Societies of France
(Eine Deputation einer der französischen Volksgesellschaften)

12. Oktober 1794
Kolorierte Radierung; 339 × 444 mm
Hamburg, Museum für Kunst und Gewerbe,
Inv. E. G. 1988/71

Lit.: BM 8490; Krumbhaar 250

Eine kopflose Delegation französischer Adliger – im Gegensatz zu den Sansculotten mit Kniehosen bekleidet – präsentiert John Bull den „Plan of La Guillotine". Die Überzeugungsversuche, daß „er ohne Kopf besser dran sei als mit Kopf", stoßen bei dem verschüchtert auf der Stuhlkante erstarrten Briten nur auf entsetztes Staunen.
   Die Nachricht vom Sturz Robespierres am 27. Juli hat in England offensichtlich keinen Eindruck gemacht, die Karikaturisten gehen auf diese entscheidende Wendung in der französischen Entwicklung nicht ein. Dem Ende des Terrorregimes traut man nicht, noch sitzt die Furcht vor „kopflosen" französischen Zuständen im eigenen Land zu tief.   K. O.

James Gillray

419 French-Telegraph making Signals in the Dark
(Französischer Telegraph gibt Zeichen im Dunkeln)

26. Januar 1795
Kolorierte Radierung, Aquatinta;
242 × 336 mm
London, Trustees of the British Museum,
Inv. 1868-8-8-6406

Lit.: BM 8612; Hill 1976, Nr. 34

1792 genehmigte der Nationalkonvent die Erfindung des Ingenieurs Claude Chappe. Er hatte

begrüßen als ihn verhindern zu wollen. Wenige Wochen zuvor hatte nämlich die Opposition in beiden Häusern des Parlaments Resolutionen eingebracht, Friedensverhandlungen mit den Franzosen aufzunehmen. Die Gleichsetzung von gesellschaftlichen Umbrüchen und revolutionären Umwälzungen mit dem Ausbruch eines Vulkans ist ein alter Topos.
   Tatsächlich zeigte der Vesuv gerade wieder Anzeichen vulkanischer Tätigkeit, und auch sein Ausbruch ein Vierteljahrhundert zuvor (vgl. Kat. 194; 195, sowie Kat. 524) konnte nun in diesem Sinne als Prophezeihung der Ereignisse in Frankreich gedeutet werden. Im übrigen war „The Mountain", der Berg, ein anderer Name für die radikale Partei der Jakobiner, die in der Nationalversammlung auf den höchstgelegenen Bänken

saßen. Im Sommer des Jahres 1794 erreichte die Schreckensherrschaft der Jakobiner ihren Höhepunkt, wenige Tage nach Erscheinen des Blattes wurde Robespierre verhaftet und guillotiniert (27. Juli).   K. O.

James Gillray

417 The heroic Charlotte la Cordé, upon her Trial . . .
(Die heroische Charlotte Corday bei ihrer Gerichtsverhandlung . . .)

29. Juli 1793 (Nachdruck von 1851)
Radierung; 318 × 368 mm
Hannover, Wilhelm-Busch-Museum

Lit.: BM 8336; Kat. Hamburg 1980/81, Nr. 357

einen optischen Flügeltelegraphen, den Semaphor, entwickelt, der Nachrichten durch ein ver-
schlüsseltes Zeichensystem übermitteln konnte.
Die erste Verbindung der Signalmaschinen wurde
1794 zwischen Paris und Lille eingerichtet. Die
Masten mit an der Spitze befestigten Querlatten,
an deren Enden bewegliche Arme montiert
waren, wurden in Abständen von 15 km aufgestellt und konnten eine Nachricht über die
Distanz von 150 km in 5 min. übermitteln.
Besonders wertvoll erwies sich diese Einrichtung
für militärische Zwecke. Auf diese Funktion
spielt Gillrays Blatt an, indem er den Semaphor
mit dem Kopf des Oppositionsführers Fox versieht. Im Schutz der Dunkelheit gibt dieser der
heransegelnden französischen Flotte Signale, um
ihr die schlafende Hauptstadt, kenntlich am
Turm der St. Pauls-Kathedrale, auszuliefern. In
den vergangenen Wochen hatte Fox mehrmals im
Unterhaus Anträge eingebracht, daß Friedensverhandlungen mit den Franzosen über „Mr. Pitt's
war" aufgenommen werden sollten. Diese Vor-
stöße wurden als Verrat an der britischen Sache
zurückgewiesen. Im übrigen wurde im folgenden
Jahr das Semaphorsystem von der britischen
Admiralität kopiert und eine Verbindung zwischen London und der Hafenstadt Portsmouth
geschaffen.   K. O.

The Genius of France Triumphant. – or – BRITANNIA petitioning for PEACE. – Vide. The Proposals of Opposition.
To the Patriotic Advocates for Peace, this Seemly Sight is dedicated.
London Pub.d Feb.y 2.d 1795 by H.Humphrey N.º 37. New Bond Street.

420

James Gillray   (Farbtafel 35)

**420 The Genius of France Triumphant. – or –
Britannia petitioning for Peace.**
(Frankreichs Genius triumphiert. – oder
– Britannien bittet um Frieden.)

2. Februar 1795
Kolorierte Radierung, Aquatinta; 219 × 329 mm
HK, Kupferstichkabinett, Inv. 1980/31

Lit.: BM 8614; Kat. Hannover 1986, Nr. 55; Kat.
Hamburg 1980/81, Nr. 381

Ebenso wie Kat. 419, 422 und 423 will Gillray mit
diesem Blatt die Oppositionspolitiker treffen und
ihre Friedensbemühungen diskreditieren. In voll-
kommener Selbstaufgabe bieten Britannia und
die Politiker Fox, Sheridan und Stanhope der
Französischen Republik alles, was den Briten lieb
und teuer ist: die Magna Charta, die königlichen
Insignien, die Seemachtstellung und Kolonien,
die Bank von England und das Parlament. Britannia hat sich vor der Erscheinung eines auf Sonne,
Mond und Freiheit thronenden Sansculotten
demütig niedergeworfen. Dessen Gesicht wird
von einer schwarzen Rauchwolke verhüllt,
gekrönt ist er von einer Guillotine im Strahlenkranz. Die unbehosten Beine stecken in plumpen
Militärstiefeln, die Gillray nochmals in der *Apotheose von Hoche* (Kat. 424) verwendet.   K. O.

Presages of the MILLENIUM; – with – The Destruction of the Faithful, – as Revealed to R.Brothers the Prophet, & attested by M.B.Hallhead Esq.
"And as the Last Days began, I looked, & behold, a White Horse, & his Name, who sat upon it was Death; & Hell followed after him; & Power was given unto him to kill with the
Sword, & with Famine, & with Death; – And I saw under him, the Souls of the Multitude, those, who were destroy'd for maintaining the word of Truth, & for the Testimony."
J.G.S.del. et fec.   Pub.d June 4th 1795 by H.Humphrey N.º 37. New Bond Street.

421

James Gillray

421 Presages of the Millenium
(Vorzeichen des Tausendjährigen Reiches)

4. Juni 1795
Kolorierte Radierung, Aquatinta;
326 × 377 mm
Hamburg, Museum für Kunst und Gewerbe,
Inv. E. 1901/16

Lit.: BM 8655; Kat. Hamburg 1980/81, Nr. 467; Hill
1966, Nr. 11

Die zunehmende Bedrohung durch eine französi-

sche Invasion und die starken finanziellen Bela-
stungen der Bevölkerung durch den Krieg ließen
die Popularität des Premierministers William Pitt
schwinden und schlugen in offen ausgetragenen
Haß um (im Monat der Veröffentlichung der
Karikatur wurde sein Haus von Protestierenden
gestürmt). Gillray schließt sich dieser Kritik an,
verschont aber – wie üblich – auch nicht die
Opposition: Beutet die Regierung durch übermä-
ßige Steuern und Unterstützung des verschwen-
derischen, leichtlebigen Thronfolgers das gemeine Volk, die „swinish multitude" (Burke,

1790) aus, so verfolgt die Opposition durch ihre
Friedensbemühungen die Einführung französischer Zustände. Als apokalyptischer Reiter auf
dem fahlen Pferd (vgl. Kat. 112), das zugleich der
Schimmel des hannoverschen Königshauses ist,
stürmt der Premier mit gezücktem Flammenschwert über die „schweinische Menge" und die
Opposition hinweg. Ein Kobold, der Prince of
Wales, sitzt hinter ihm; im Flammenschweif
folgen Mitglieder der regierenden Tory-Partei,
unter ihnen Edmund Burke (vgl. Kat. 406).
                                                    K. O.

JAMES GILLRAY

422 Promis'd Horrors of the French Invasion, – or – Forcible Reasons for negociating a Regicide Peace.
(Die vorhersehbaren Schrecken der französischen Invasion, – oder – einleuchtende Argumente, über einen Frieden inklusive Königsmord zu verhandeln.)

20. Oktober 1796 (Nachdruck von 1851)
Aquatinta, Radierung; 380 × 436 mm
Hannover, Wilhelm-Busch-Museum

Lit.: BM 8826; Hill 1966, Nr. 13/15; Koenig 1980, S. 76 ff.

In einer Thronrede am 6. Oktober 1796 hatte Georg III. davor gewarnt, daß ein französischer Angriff bevorstehe, da in Brest eine Invasionsarmada zusammengezogen würde. In grausiger Drastik schildert Gillray die Folgen eines Einmarsches in der Londoner St. James Street. Gemäß dem Beschluß des Nationalkonvents, in jedem eroberten Land die Ideale und Errungenschaften der Revolution einzuführen, ist in der Straßenmitte ein Freiheitsbaum, gekrönt von einer Jakobinermütze, aufgestellt worden. Die Mitglieder der Opposition haben sich mit den Eroberern verbündet und nutzen die Gelegenheit, sich an ihren politischen Widersachern zu rächen. Der Premierminister Pitt ist mit entblößtem Oberkörper an den Pfahl gefesselt, der Oppositionsführer Fox peitscht ihn aus. Die sexuelle, sadomasochistische Konnotation dieser Szene setzt sich fort in dem tobenden Bullen, der Edmund Burke auf die Hörner genommen hat – die Triebkräfte sind entfesselt. Zwischen den Beinen von Fox liegt als Kastrationsdrohung eine Axt, auf der ein Hahn, der Whig-Abgeordnete M. A. Taylor, sitzt („cock" steht umgangssprachlich für Penis).

Der Sturmschritt der französischen Truppen macht vor den Türen der Versammlungslokale der politischen Parteien nicht halt. Links wird

„White's", der Stützpunkt der Tories, gestürmt und der Prinz von Wales und die Dukes von York und Clarence vom Balkon gestürzt. Canning hat seinen ersten Auftritt auf der Karikaturenbühne – gemeinsam mit Hawkesbury hängt er an einer Laterne. Rechts bei „Brooke's", dem Versammlungsort der Whigs, werden die Errungenschaften der Revolution, allem voran die Guillotine, begeistert gefeiert. K. O.

JAMES GILLRAY

423 The Tree of Liberty must be planted, immediately!
(Der Baum der Freiheit muß sofort gepflanzt werden!)

16. Februar 1797
Kolorierte Radierung; 355 × 256 mm
Hamburg, Museum für Kunst und Gewerbe, Inv. E. 1901/33

Lit.: BM 8986; Kat. Hamburg 1980/81, Nr. 327

Während einer Rede im Whig Club soll am 14. Februar folgender Satz gefallen sein: „Der Baum der Freiheit muß sofort gepflanzt werden, d. h. etwas muß schnell unternommen werden, um das Land vor der Zerstörung zu bewahren." Gillray stellt sich die Gegenmaßnahme in der Weise vor, daß zunächst die Opposition aus dem Weg geschafft werden müßte. Sein Freiheitsbaum besteht aus einem Speer, auf dem der Kopf von Fox steckt. Die Jakobinermütze ist bis über die Augen gezogen, er ist blind für das tatsächlich Notwendige und Angemessene, um England zu retten. Gedüngt wird die Pflanze vom Blut der abgeschlagenen Häupter anderer Whig-Politiker, die um den Baum herum aufgetürmt sind. K. O.

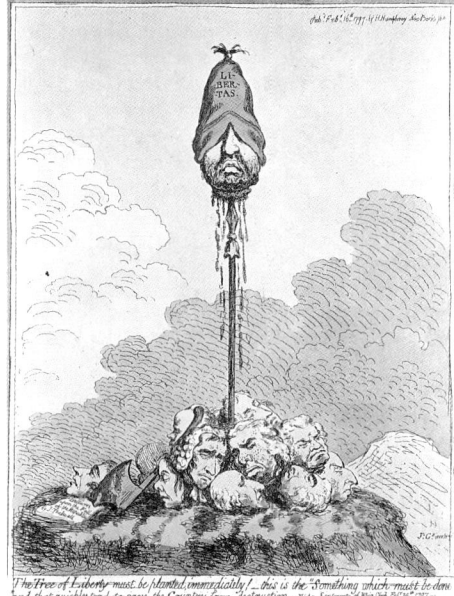

423

424

JAMES GILLRAY   (Farbtafel 29)

424 The Apotheosis of Hoche
(Die Apotheose von Hoche)

11. [Januar] 1798
Kolorierte Radierung, Aquatinta;
490 × 380 mm (Darst.)
HK, Kupferstichkabinett, Inv. 1980/105

Lit.: BM 9156; Kat. Göttingen 1975, S. 22 ff.; Hill 1976, Nr. 55

Veranlaßt wurde diese Karikatur durch das pompöse Staatsbegräbnis auf dem Marsfeld, das für den jungverstorbenen Revolutionsgeneral Lazare Hoche (1768–1797) ausgerichtet worden war. Dieser war den Briten besonders verhaßt, da er 1796 zunächst den Royalistenaufstand in der Vendée niedergeschlagen und zum Jahresende die versuchte Eroberung Irlands vorbereitet hatte.

In dem aufwendigen, streng symmetrisch gestalteten Blatt greift Gillray auf traditionelle ikonographische Muster zurück wie Darstellungen

422

Promis'd Horrors of the French INVASION. — or — Forcible Reasons for negociating a Regicide PEACE. Vide. The Authority of Edmund Burke.

317

The Storm rising: _ or _ the Republican FLOTILLA in danger.

425

des Jüngsten Gerichts oder Raffaels *Parnaß.* Doch kehrt er die Bedeutung der Apotheose ins Lächerliche und gestaltet sie zur Höllenszenerie. Sein „Apoll" spielt statt der Lyra die Guillotine; ein Galgenstrick schließt sich über ihm zum Heiligenschein. Er sitzt auf einem Regenbogen, der sich über die umkämpfte Vendée spannt. Eine giftspritzende Furie mit jakobinischen Teufelchen im Gefolge sucht das mißhandelte Land heim. Putten mit der Freiheitsmütze und Assignaten umjubeln ihn mit den Hymnen der Revolution, *Ça ira* und der Marseillaise. Links auf der Wolkenbank haben sich Märtyrer der Revolution versammelt, unter ihnen Marat, Roland und Condorcet. Auf der anderen Seite begrüßen ihn enthauptete Revolutionäre mit Palmenwedeln, überhöht wird das Auffahren des Generals von umgewandelten mosaischen Gesetzestafeln, die nun zu den Menschen- und Bürgerrechtstafeln der Revolution geworden sind (vgl. Kat. 359; 361) und von apokalyptischen Tieren präsentiert werden. Die Zehn Gebote sind in ihr Gegenteil verkehrt: „Du sollst töten", etc. In der Mitte einer Gloriole aus Bajonetten, Affen-, Esels- und Ziegenköpfen ist das dreieckige Trinitätssymbol zum Sinnbild der Egalité, der Gleichheit, säkularisiert worden. Der Karikatur war ein Flugblatt beigegeben, wahrscheinlich von John Hookham Frere verfaßt, der auch Gillray zu dieser Komposition angeregt hatte. Es erläutert die Details und beginnt mit einem parodierten „Zitat" aus einer französischen Zeitung: „Die Seele des Helden erhob sich aus dem Staub und auf dem dreifarbigen [Tri-Coloured] Regenbogen sitzend, stimmt er sanft seine Lyra, während Myriaden von himmlischen Wesen auf ihn zuströmen und (. . .) im Chor singen: ‚Er ist auferstanden! Der Held der neuen Republik ist auferstanden!'"   K. O.

JAMES GILLRAY

**425 The Storm rising – or –
the Republican Flotilla in danger.**
(Aufziehender Sturm – oder – die republikanische Flotte in Gefahr)

1. Februar 1798
Kolorierte Radierung; 269 × 676 mm
HK, Kupferstichkabinett, Inv. 1980/102

Lit.: BM 9167; Kat. Hamburg 1980/81, Nr. 383

Zu Beginn des Jahres liefen von Frankreich geschürte Gerüchte um, die Republik plane, in Brest ein großes Floß anzufertigen, das mit Windmühlen und Wasserrädern als Antrieb in der Lage sei, 60 000 Mann inklusive Befestigungsanlagen nach England überzusetzen. Die Erfindung dieser Konstruktion wurde dem angesehenen Mathematiker Gaspar Monge zugeschrieben, von dem ebenfalls die Idee stammte, Truppen mit Hilfe von Ballons zu transportieren. Die Furcht vor einer französischen Invasion war nicht unbegründet, da das Direktorium die Eroberung Englands als vorrangiges Ziel ansah und für den 28. Februar das Auslaufen der Flotte angeordnet hatte. Napoleon war im Vorjahr zum Oberbefehlshaber der England-Armee ernannt worden, doch kehrte er von seiner Inspektionsreise mit dem enttäuschenden Eingeständnis heim, daß auch bei größten Anstrengungen auf Jahre hinaus keine Überlegenheit auf See zu erlangen sei. „In England zu landen, ohne Herr der Meere zu sein, wäre das gewagteste und schwierigste Unternehmen, das je versucht worden ist" (Furet/Richet 1968, S. 520). In Gillrays Blatt wird das Anlegen des französischen Floßes tatkräftig von den Oppositionsmitgliedern Fox, Sheridan, Bedford und Tierney unterstützt. Mit einer Winde, entsprechend derjenigen aus englischen Darstellun-

gen der Guillotine, versuchen sie das Floß an Land zu ziehen. William Pitt als Sturmwind trachtet dies durch aufgepeitschte Flutwellen und Blitze (mit den Namen verdienter Offiziere und Politiker) zu verhindern.   K. O.

JAMES GILLRAY

426 Consequences of a Successfull French Invasion. – No. 1, Plate. 1st – We come to recover your long lost Liberties.
(Konsequenzen einer erfolgreichen französischen Invasion. – Nr. 1, 1. Tafel – Wir kommen, um eure lange verlorengegangenen Freiheiten wiederherzustellen.)

1. März 1798 (Nachdruck von 1851)
Radierung; 266 × 368 mm
Hannover, Wilhelm-Busch-Museum

Lit.: BM 9180; Hill 1965, S. 74 ff.

Das Blatt ist das erste einer Serie von zwanzig geplanten Blättern zu den Auswirkungen einer französischen Invasion in England. Vier Blätter wurden von Gillray realisiert, dann beendeten Meinungsverschiedenheiten mit dem Auftraggeber, dem Schotten John Dalrymple, u. a. über den nach Gillrays Meinung zu niedrigen Verkaufspreis der Karikaturen, das Projekt. Dalrymple wünschte zu Propagandazwecken eine Kombination von selbstverfaßtem Text und bildlichem Kommentar, wobei Gillray sich nach seinen Vorgaben richten sollte, z. B. „nicht eine einzige Karikatur oder Einfälle einzufügen, die einen britischen Staatsbürger verletzen könnten" (BM, Bd. 8, S. 426, Anm. 3). Eine solche Bevormundung mißfiel dem Satiriker natürlich – unschwer sind im Vordergrund der „English Blacksmith" und der „English Cobler in the Cap of Liberty", die den Amtsstab des Parlaments zertrümmern und Staatspapiere verbrennen, als Fox und Sheridan zu identifizieren. Die Szene spielt im House of Commons, die Franzosen sind unter der Führung Napoleons einmarschiert und haben die Abgeordneten gefangengenommen. Dem Speaker hinter dem umgeworfenen Tisch werden gerade Handschellen angelegt, ein Trommelstab im Mund hindert ihn am Protestieren – ein Detail, welches Dalrymple im nachhinein ebenfalls mißfiel, denn „it may hurt his feelings as a gentleman". Angriffe auf die Institution des Parlaments mußten die Briten besonders schmerzhaft treffen, da gerade sie sich rühmten, mit ihrer konstitutionellen Monarchie eine ausgesprochen gerechte und fortschrittliche Staatsform gefunden zu haben. K. O.

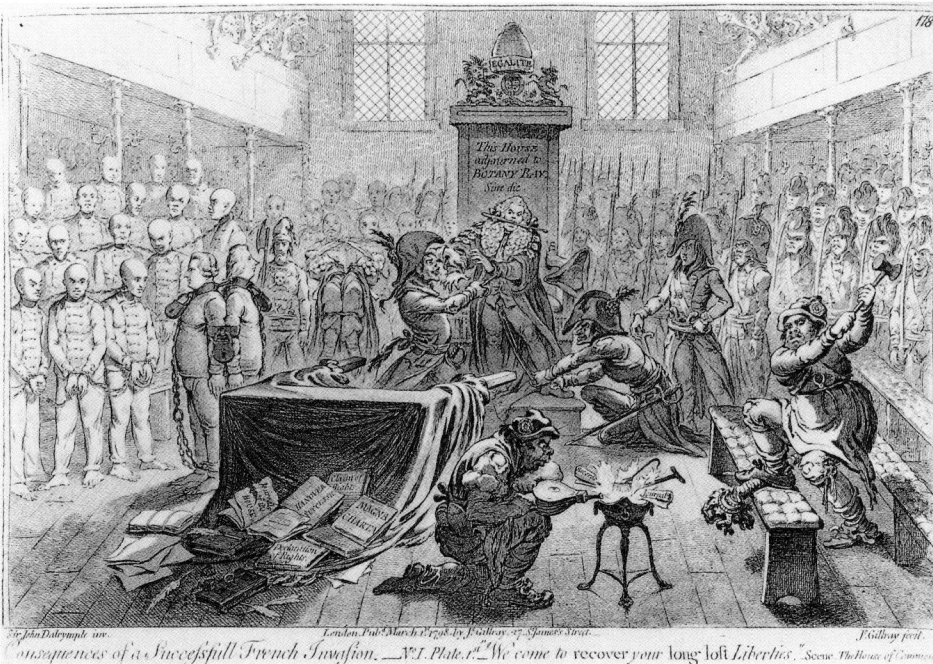

426

Shrine at St. Ann's Hill.

427

JAMES GILLRAY   (Farbtafel 32)

427 Shrine at St. Ann's Hill
   (Der Schrein in St. Ann's Hill)

26. Mai 1798
Kolorierte Radierung, Aquatinta;
364 × 263 mm
Hamburg, Museum für Kunst und Gewerbe,
Inv. E. 1901/56

Lit.: BM 9117; Kat. Hamburg 1980/81, Nr. 328; Kat. Hannover 1986, Nr. 110

1797 hatte sich Fox für fünf Jahre aus dem Parlament nach St. Ann's Hill, dem Landsitz seiner Frau in Surrey, zurückgezogen.

Stellungnahmen zu aktuellen politischen Fragen hatte er jedoch nicht aufgegeben, und als drei Tage vor Veröffentlichung dieses Blattes die Rebellion der katholischen Bauern in Irland ausbrach, wurden ihm und der oppositionellen Politik die Schuld daran zugeschrieben. Zudem hatte Fox sich für den Iren Arthur O'Connor eingesetzt, der beschuldigt worden war, mit Hilfe der Franzosen einen Aufstand angezettelt zu haben. Nach dem Prozeß gestand O'Connor jedoch seine Schuld, so daß Fox diskreditiert war.

Destruction of the French Collossus.

428

Auf diese Episode spielt eines der Gebote an, „das Recht so auszusagen, wie es uns gefällt". Die Menschenrechtstafeln auf dem Altar, überhöht von einer Guillotine, führen die Negationen der mosaischen Gebote auf. Die Freiheitsmütze wird von den Büsten Napoleons und Robespierres flankiert. Fox kniet in Anbetung vor dem Altar, während einige Oppositionspolitiker als Cherubine hereingeflogen kommen. K. O.

JAMES GILLRAY

428 Destruction of the French Collossus.
   (Zerstörung des französischen Kolosses.)

1. November 1798
Kolorierte Radierung, Aquatinta;
359 × 260 mm
Hamburg, Museum für Kunst und Gewerbe,
Inv. E. 1980.1159

Lit.: BM 9260; Kat. Hamburg 1980/81, Nr. 391

Die Briten betrachteten das Ergebnis von Nelsons Seeschlacht bei Abukir vor der ägyptischen Küste als entscheidenden Sieg über die Franzosen. Die französische Armee unter Napoleons Oberbefehl wurde dabei vom europäischen Festland abgeschnitten und Frankreich in seinen Hoffnungen enttäuscht, England in seinen Kolonien treffen zu können. Am 2. Oktober erreichten die Nachrichten London.

In Anlehnung an Darstellungen des antiken Kolosses von Rhodos gestaltet Gillray die französische Republik als einen Giganten. Mit einem Fuß auf den ägyptischen Pyramiden balancierend versucht er sich mit dem anderen Fuß auf sein Heimatland Frankreich hinüberzuretten. Dabei zertrampelt er die Bibel, ein Kruzifix und die Waagschalen der Gerechtigkeit. Mit bluttriefender Hand versucht er noch Halt zu finden an der Guillotine, doch die englischen Blitze haben seinen Körper schon in die einzelnen Gliedmaßen zerteilt, und er droht zusammenzustürzen. Aus seinem Totenschädel züngeln Schlangen, als apotropäischen Brustschmuck trägt er das guillotinierte Haupt Ludwigs XVI. Im Hintergrund kennzeichnen Fähnchen die bekriegten oder bereits von Frankreich eroberten Gebiete: Malta, Spanien, Holland, die Schweiz und Rom. K. O.

Fighting for the DUNGHILL: – or – Jack Tar settling BUONAPARTE.

429

430

BUONAPARTE hearing of Nelson's Victory, swears by his Sword, to Extirpate the English from off the Earth.
See. Bonaparte's Speech to the French Army at Cairo; published by authority of the Directory, in Volneys Letter.

The GHOST of BUONAPARTE appearing to the DIRECTORY.!!!
Published by S.W. Fores N.50 Piccadilly Jan.y 1. 1799. Folios of Caricatures Lent.

431

JAMES GILLRAY

429 Fighting for the Dunghill: – or – Jack Tar settling Bonaparte.
(Kampf um den Misthaufen: – oder – Jack Tar zeigt es Bonaparte.)

20. November 1798
Kolorierte Radierung, Aquatinta;
243 × 350 mm (Darst.)
HK, Kupferstichkabinett, Inv. 1978/35

Lit.: BM 9268; Kat. Hannover 1984, Nr. 159

Im festen Sitz, den Fuß abgestützt auf Malta, wo kurz zuvor eine Rebellion gegen die französische Besatzung ausgebrochen war, ist Jack Tar, das seefahrende Gegenstück zu John Bull, äußerst zuversichtlich, den Boxkampf mit Napoleon um die nördliche Erdhalbkugel für sich zu entscheiden. Auf seiner Mütze steht: „Britain rules the W[aves]". Sein Gegner Napoleon ist bereits schwer angeschlagen, droht das Gleichgewicht zu verlieren und von der Erdkugel – respektlos von Gillray als Misthaufen bezeichnet – abzurutschen. Hager und ohne jede Porträtähnlichkeit ist der Korse schon entscheidend verwundet: Blut spritzt aus seiner Nase, und der Magengrube hat Nelson einen schweren Schlag versetzt. Mit einem Bein kniet er auf der Türkei, der Schutzmacht Ägyptens, mit der England in Verhandlungen über eine Koalition gegen Frankreich stand.

K. O.

JAMES GILLRAY

430 Buonaparte hearing of Nelson's Victory, swears by his Sword to Extirpate the English from off the Earth.
(Als Bonaparte von Nelsons Sieg hört, schwört er bei seinem Schwert, die Engländer von der Erde zu vertilgen.)

8. Dezember 1798
Radierung; 350 × 261 mm
HK, Kupferstichkabinett, Inv. 1978/34

Lit.: BM 9278; Kat. Hannover 1984, Nr. 121

Wie Kat. 428 und 429 nimmt diese Karikatur Stellung zu Nelsons Seesieg im Nildelta. Wutentbrannt zertrampelt der herausgeputzte Napoleon die Depesche mit der Siegesmeldung, die ein Bote auf einem Kamel ins französische Lager bei Kairo gebracht hat. Die flammende Ansprache, die der Korse mit gezücktem, bluttriefendem Säbel hält, ist eine Parodie auf Volneys Artikel im *Moniteur,* der am 1. Dezember in einer Übersetzung in den englischen Zeitungen erschienen war. Napoleon schwört darin „ewige Rache", die Unterwerfung der europäischen und asiatischen Länder, vor allem aber England von der Weltkarte auszulöschen.

K. O.

ISAAC CRUIKSHANK

431 The Ghost of Buonaparte appearing to the Directory!!!
(Der Geist Bonapartes erscheint dem Direktorium!!!)

1. Januar 1799
Kolorierte Radierung; 213 × 325 mm
HK, Kupferstichkabinett, Inv. 38179

Lit.: BM 9336; Krumbhaar 432

Mitte Dezember verbreitete sich in England das Gerücht, Napoleon sei kurz nach dem britischen Seesieg bei Abukir in Kairo einem Attentat zum Opfer gefallen. Als Anstifter zu dieser verräterischen Tat treten bei Cruikshank die fünf Direktoren auf, die erschreckt von ihren offen ausgebreiteten Plänen hochfahren, als die geisterhafte Erscheinung ihres Opfers zu ihnen spricht. Wutentbrannt, mit gezücktem Säbel beschimpft

Napoleon sie als „Königsmörder, Muttermörder, Brudermörder und Vatermörder". Aus den Plänen geht hervor, daß man Napoleon nach Ägypten entsenden wollte, um ihn auf diese Weise an der Einflußnahme auf das Direktorium zu hindern. Seit dem Staatsstreich vom 18. Fructidor (4. September 1797) hatte der junge General das Direktorium zunehmend unter seine Kontrolle gebracht. Den gemäßigten und liberalen Elementen des vergnügungs- und prunksüchtigen Directoire ist der eher fundamentalistische Standpunkt des jungen Militärs gegenübergestellt. Dieser Konflikt drückt sich in der Kleidung aus: Der unbehoste, einfach gekleidete Sansculotte steht den Direktoren in ihren prächtigen Uniformen gegenüber. Diese sind der Tracht der römischen Republik nachempfunden und bestehen aus Toga und Federhut mit Kokarde.   K. O.

EXIT LIBERTÈ a la FRANCOIS! – or – BUONAPARTE closing the Farce of Egalitè, at St. Cloud near Paris Nov. 10th 1799.

432

JAMES GILLRAY

432 Exit Libertè à la Francois! – or – Buonaparte closing the Farce of Egalitè, [. . .]
(Ende der Freiheit auf französische Art! – oder – Bonaparte beendet die Farce von der Gleichheit, [. . .])

21. November 1799 (Nachdruck von 1851)
Radierung; 250 × 355 mm
Hannover, Wilhelm-Busch-Museum

Lit.: BM 9426; George 1959, Bd. 2, S. 48

Nachrichten vom Staatsstreich Napoleons am 18./19. Brumaire (9./10. November; vgl. Kat. 346–348) waren eine Woche später in den englischen Zeitungen erschienen, erste Berichte waren noch früher durch den Telegraphen (vgl. Kat. 419) übermittelt worden. Die Tragweite dieses Ereignisses war den Briten sofort bewußt, und die Erkenntnis, daß das republikanische Experiment in militärische Gewaltherrschaft übergegangen war, bewirkte wie kein anderes Ereignis den Niedergang der englischen Jakobiner.

In heller Aufregung flüchten sich die Mitglieder des Rats der Fünfhundert in ihren pompösen Uniformen aus dem Saal. Die panische Aufgelöstheit der Versammelten wird von Gillray durch einen flüchtigen, skizzenhaften Strich charakterisiert. Sorgfältig durchgezeichnet und nur geringfügig karikiert ist hingegen die Figur des Napoleon, der ruhig und würdevoll mit machtgierigen Fingern das Geschehen dirigiert. Sein Gesicht und ein Arm sind von Stichwunden gezeichnet. Der Dolch, mit dem er (angeblich) verletzt worden war, liegt zurückgelassen am Boden. Beim ersten Auftritt im Rat der Fünfhundert war er nämlich mit Pfiffen empfangen und umhergestoßen worden. Der Ohnmächtige wurde hinausgetragen, doch schon kurze Zeit später hatte er mit Hilfe der Armee und seines Bruders Lucien, des Vorsitzenden des Rats der Fünfhundert, die Situation unter Kontrolle. Mitglieder des Direktoriums waren schon zuvor zurückgetreten und hatten Platz gemacht für die noch in der gleichen Nacht gebildete Regierung des Triumvirats Napoleon – Abbé Sieyès – Roger Ducos, deren Namen auf der Fahne geschrieben stehen. Die Revolution war damit beendet und die Voraussetzungen für das spätere Konsulat und Kaisertum Napoleons geschaffen.   K. O.

JOHN CAWSE

433 Satans, return from [Egypt] Earth. Discovered in Council – with Belzebub & Belial, – a Sketch after Fuseli.
(Die Teufel kehren [aus Ägypten] von der Erde zurück. In der Ratsversammlung entdeckt – mit Beelzebub und Belial, – ein Entwurf nach Füssli.)

30. November 1799
Kolorierte Radierung; 300 × 244 mm (Darst.)
Hamburg, Museum für Kunst und Gewerbe
Inv. E. G. 1988/72

Lit.: BM 9431; Kat. Münster 1983, Nr. 79

Das Eingreifen der Armee am 19. Brumaire hatte der Verschwörung ihren angeblich legalen Charakter genommen. Um Vorwürfen einer despotischen Machtergreifung zuvorzukommen und der gesamten Inszenierung einen „legalen" Anstrich zu geben, versuchte man noch in der gleichen Nacht die geflüchteten und verstreuten Mitglieder des Rats der Fünfhundert zu sammeln und sie den Gang der Ereignisse absegnen zu lassen. Ungefähr hundert Abgeordnete kamen im Saal der Orangerie bei Kerzenschein zusammen und verabschiedeten unter dem Vorsitz des 24jährigen Lucien Bonaparte die Schaffung eines „konsularischen Exekutivausschusses, der sich aus den ehemaligen Direktoren Bürger Sieyès und Bürger Roger Ducos sowie dem General Bürger Bonaparte zusammensetzt, die den Titel Konsuln der Republik führen" (zit. nach Furet/Richet 1968, S. 646). Jacques Sablet hat diese Szene in dramatischer Beleuchtung festgehalten (vgl. Kat. Paris 1989, Nr. 1139). Bei John Cawse bilden die Konsuln ein Triumvirat unter der Führerschaft Napoleons (Satans). Dieser thront mit griesgrämigem Gesicht über den Köpfen der zustimmend jubelnden Jakobiner. Ein Fuß ist auf einen Toten-

Satans, return from Egypt Earth. Discover'd in Council – with Belzebub & Belial – a Sketch after Fuseli.

433

schädel gestellt, unter dem anderen liegen Papiere, u. a. „Rat der Fünfhundert", „Liste der Richter" und „Ich in Ägypten – eine Lobrede". Drei Dolche, bezeichnet mit Buonaparte, Sieyès und Ducos, bilden einen leuchtenden „Heiligenschein". Ihm zur Seite stehen mit mißtrauischem Blick die untergeordneten Teufel Beelzebub und Belial, d. h. der Abbé Sieyès (l.) und Roger Ducos (r.). Vier kleine Dämonen mit den Köpfen englischer Oppositionspolitiker umschwirren ihre Häupter. Entgegen dem Titel geht das Blatt nicht auf einen Entwurf Füsslis zurück, sondern bezieht sich nur auf dessen häufige Satans-Thematik.   K. O.

JAMES GILLRAY

434 The French-Consular-Triumverate, settling the New Constitution
(Das französische, konsularische Triumvirat beschließt die neue Verfassung)

1. Januar 1800 (Nachdruck von 1851)
Radierung; 353 × 250 mm
Hannover, Wilhelm-Busch-Museum

Lit.: BM 9509

Wie schon in der Karikatur von Cawse (Kat. 433) angedeutet, ist das Triumverate eine Farce. Napoleon geht es um die Alleinherrschaft, die beiden Konsuln sind nur Schattenfiguren, um den Anschein von Demokratie zu wahren. Am 13. Dezember hatte er die Unterschriften der verfassungsgebenden Kommission erwirkt, die ihn zum Ersten Konsul mit der alleinigen Gesetzesinitiative auf zehn Jahre wählte und ihm Cambacérès und Lebrun als weitere Konsuln zur Seite stellte. Gillray versammelt die drei Konsuln an einem Tisch. Während Napoleon (r.) emsig einen Bogen Papier nach dem anderen beschreibt („Neue Verfassung", „Konfiszierungen", „Zukünftige Verfassung", „Napoleon, der Große Monarch"), zerkauen Cambacérès und Lebrun untätig und ohne Einfälle ihre Federkiele, die Blätter sind unbeschrieben. Der Abbé Sieyès blickt ohnmächtig zum Fenster hinaus, wo sich in Taubenschlägen seine Verfassungsentwürfe stapeln. War er an der Ausarbeitung dieses Scheinkonstitutionalismus noch federführend beteiligt, so wird er nun von Napoleon politisch kaltgestellt und in den Senat abgeschoben. Alle sind mit der pompösen Tracht der Direktoren bekleidet: römische Toga, Schärpe und großer Federhut mit Kokarde. K. O.

435

JAMES GILLRAY

435 Democracy; – or – a Sketch of the Life of Buonaparte.
(Demokratie; – oder – Szenen aus dem Leben des Bonaparte.)

12. Mai 1800
Kolorierte Radierung; 292 × 447 mm (Blatt)
Berlin, Staatliche Museen Preußischer Kulturbesitz, Kunstbibliothek

Lit.: BM 9534; Hill 1976, Nr. 69

Nach der Machtergreifung und faktischen Alleinherrschaft Napoleons interessierte sich die englische Öffentlichkeit natürlich sehr für die Person dieses jungen, ungewöhnlichen Aufsteigers. In Form eines Comicstrips schildert Gillray in acht Bildern die wichtigsten Ereignisse aus Napoleons Biographie, wobei er kein gutes Haar an dem Korsen läßt und ihn als Mörder, Räuber und Verräter darstellt:
1) Napoleon wächst auf Korsika in ärmlichen Verhältnissen als Sohn von Seeräubern auf. 2) Auf Kosten der Krone erhält er eine militärische Ausbildung, die er in der Ecole Militaire in Paris beendet. 3) Er dankt diese Großzügigkeit, indem er den (teilweise) royalistischen Aufstand gegen den Nationalkonvent am 5. Oktober 1795 niederschlägt. 4) In der Türkei läßt er seinen Gastgeber in dem Glauben, er denke über eine Konversion zum Islam nach. 5) Am 18. August 1799 verläßt Napoleon seine Truppen in Ägypten, um in Paris den Staatsstreich vorzubereiten. Gillray schildert die Szene als feige Flucht. 6) Am 9./10. November 1799 wird das Direktorium und der Rat der Fünfhundert aufgelöst (vgl. Kat. 432). 7) Als Erster Konsul übt er faktisch eine Alleinherrschaft aus. 8) Im Schlaf wird er heimgesucht

von den grausigen Traumbildern der von ihm Ermordeten und den zukünftigen Gefahren und Schrecken, die ihm drohen werden. Der Titel der Karikatur und die einzelnen Szenen stehen jeweils unter dem Stichwort „Demokratie", allerdings ist es die „falsch" verstandene französische Version der Demokratie, die mit der englischen Demokratie der konstitutionellen Monarchie nichts gemein hat. Bedenkenlos kann Gillray daher den Begriff zur Schmähung des verhaßten Franzosen heranziehen. K. O.

434

II.10 Die alten Ängste:
„Entzückungen des Wahnsinns"
Kat. 436–460

437

Werner Hofmann

II.10 Die alten Ängste

Dieses Kapitel ist das Gegenstück zur heilen Welt, in der die alten, wiederentdeckten Tugenden triumphieren (Kat. 214–233). Beide ergänzen einander zu einem Wechselbezug, der auf zwei für die jüdisch-christliche Tradition kennzeichnenden Verhaltensmuster zurückweist.

Im Schlußkapitel des „Candide" (1759) läßt Voltaire den alten Martin, den Reisebegleiter des Romanhelden, die Summe seiner Lebenserfahrungen ziehen. Wozu kommt der Mensch auf die Welt? Entweder um in den „Krämpfen der Unruhe" oder in der „Lethargie der Langeweile" zu leben. Dahinter steht Pascal: „Condition de l'homme: inconstance, ennui, inquiétude".[1] (In der Sprache Werthers heißt der Gegensatz Ausschweifung und Kummer, verderbliche Leidenschaft und süße Melancholie.) Biblischen Ursprungs, ist diese Wahlsituation, vielfach gebrochen, in den moralischen, religiösen, gesellschaftlichen und ästhetischen Haushalt unserer Zivilisation eingegangen. Evas Griff nach dem Apfel stellte erstmals die „Langeweile" in Frage und erschloß die Abenteuer des Fragens und Suchens.[2] Dieser Griff zog die Vertreibung nach sich, und seitdem pendelt das Verlangen zwischen den beiden Orientierungsmarken Voltaires, der Sehnsucht nach dem verlorenen Paradies und der Auflehnung gegen die verordnete Idylle. Auch Kain und Abel tragen diesen Konflikt aus, der stets unter der Autorität von Gesetz und Strafe steht.

Im 18. Jahrhundert gerät der Zwiespalt sowohl unter die Vorzeichen von Tugend und Laster, als auch in das neue Spannungsfeld von Arbeitswelt und freier Selbstverfügung. Die exemplarischen Bild- und Romanhelden stehen immer vor Weggabelungen. In Anlehnung an die biblischen Parabeln führt Hogarth im fleißigen und im faulen Lehrling (Kat. 147) den Gegensatz von Anpassung und Nichtanpassung vor. Wer dem Gesetz folgt, lebt gemäß den einförmigen Normen der Pflichterfüllung, wer es mißachtet, wird von der Gesellschaft geächtet. Ähnlich geht es im privaten Bereich zu. Das berühmteste Beispiel ist Rousseaus Julie. Nachdem sie die Verbindung zu ihrem Geliebten gelöst hat, erscheint ihr die Leidenschaft in den grellen Farben des Lasters, indes sie sich vom Rückzug in die Häuslichkeit der Ehe Ordnung und Regelmäßigkeit verspricht. (Die „Lethargie der Langeweile" wird zunächst verdrängt.) Sade radikalisiert den Konflikt in zwei ungleichen Schwestern, Justine und Juliette. Die Initiative liegt nun freilich ganz bei der lasterfreudigen Juliette, während die tugendhafte Schwester sich vergeblich gegen die Rituale der Ausschweifung zur Wehr setzt.

Der Marquis de Sade ist der unermüdliche Regisseur der „convulsions de l'inquiétude". Ehe er sie in seinen Romanen hypertroph beschreibt, inszeniert er Ausschweifungen für den Hausgebrauch. Das trägt ihm 1777 die Verhaftung ein. Die Revolution befreit ihn – erst am 2. April 1790 – aus dem Gefängnis von Charenton. Am 14. Juli nimmt er am Fest der Föderation teil. In den komplizierten Paarungen und Mischungen, die er seinen Akteuren zumutet, erfahren zwei Grundbedürfnisse des 18. Jahrhunderts ihre Steigerung ins Extrem: aus Soziabilität wird grenzenlose Promiskuität und aus

dem experimentell abgesicherten Erfahrungshunger geht die Sucht nach fortwährender Abwechslung und Innovation hervor. Die rastlos rotierende Sexualakrobatik (Kat. 452) ist nichts als die Flucht vor der „létargie de l'ennui" in die „convulsions de l'inquiétude". So bricht, mitten im Jahrhundert der Geselligkeit aller Triebe und Bedürfnisse, in der manischen Einbildungskraft des „göttlichen Marquis" die Urangst der Einsamkeit wie ein panisches Erschrecken aus und treibt die Kreaturen – Täter wie Opfer – zu simuliertem Wechselspiel zusammen. Im Vergnügen suchen sie das Verbrechen, im Verbrechen das Vergnügen, in der Lust die Bestrafung, in der Befriedigung neue Süchte. Nicht zufällig sind die Veranstaltungsorte dieser Orgien den Institutionen nachgebildet, in denen die von Sade gehaßte Normenwelt verkündet wird: Schule, Kloster, Gefängnis. Denn die Disziplin, die dort herrscht, wird von der Sadeschen „Enthemmung" bloß auf neue Inhalte umgelenkt. An den Zwängen ändert sich nichts. Vorbei ist es mit der von der schmiegsamen Rocaille getragenen Erotik des Dix-Huitième. Die Körperverflechtung läßt Arbeit und Kalkül ahnen, das Experiment mündet in die raffinierte Kunstfigur, deren Spielregeln das Verlangen nach Abwechslung ad absurdum führen: am Ende wartet in der Wiederkehr des Gleichen eine neue Langeweile, die böse und aggressiv macht. Ausschweifung verkommt zur Nötigung, Exzeß und Exerzitium erweisen sich als die beiden Seiten einer Medaille.

Parodiert Sade darin das Los, das die zu Bestleistungen angetriebenen Sklaven der Arbeitswelt erwartet? Wie auch immer – der beflissene Sexualarbeiter bestätigt auf seine Art Schillers Wort von der „Zerstückelung", der die im Produkt verdinglichte Arbeitsenergie verfällt. Sex als Zwangsarbeit, dieser verzweifelte Versuch des Atheisten Sade, der Lethargie der Langeweile zu entkommen, vermag aber den Menschen ebensowenig zu erlösen wie die Flucht in die Arbeit. Umgekehrt gilt deshalb, was Schiller im sechsten seiner Briefe über die ästhetische Erziehung des Menschen (1793/94) von diesem rationalisierten Kräfteverschleiß sagt, auch für die ausgeklügelten Paarungs- und Bestrafungsrituale des Marquis de Sade: der Täter-Opfer-Beziehung hier entspricht das Herr-Knecht-Verhältnis dort. Schiller sagt: „Der Genuß wurde von der Arbeit, das Mittel vom Zweck, die Anstrengung von der Belohnung geschieden. Ewig nur an ein einziges kleines Bruchstück des Ganzen gefesselt, bildet sich der Mensch selbst nur als Bruchstück aus: ewig nur das eintönige Geräusch des Rades, das er umtreibt, im Ohr, entwickelt er nie die Harmonie seines Wesens . . ."

In den beiden Lebensentwürfen, die Voltaires Martin zur Wahl stellt – ennui vs. inquiétude –, ist auch der Gegensatz von Regel und Regelverstoß enthalten. Sade wählt und verkündet den Verstoß, wiewohl er – gleichsam à rebours – einen neuen Regelkodex praktiziert. Wie sein Atheismus besessen auf Gott Bezug nimmt, ist jede seiner Abweichungen von Normen konditioniert: indem er sie sprengt, akzeptiert er sie als Positionen, deren seine Opposition bedarf. Der Spruch des Gesetzes provoziert Sades Widerspruch – dieser ist ohne jenen nicht denkbar. Letztlich erweist sich Sade als atheistischer Kontrahent des Christentums: er erläßt einen Verhaltenskodex, der auf der Linie des christlichen Antisensualismus liegt, den er freilich nicht zur Enthaltsamkeit, sondern zur permanenten Ausschweifung stilisiert.

Anders William Blake. Sein ekstatisches Weltbild kennt nicht die wechselseitige Ausgrenzung von Langeweile und Unruhe. Blake bestreitet, „daß Energie, sprich: das Böse, allein vom Leib, und Vernunft, sprich: das Gute, allein von der Seele herrührt.".[3] Desgleichen sind Unschuld und Erfahrung zwei gegensätzliche Zustände der menschlichen Seele, die für ihn letztlich ein Ganzes bilden. Er entwendet die Bibel den Buchstabengläubigen, seine Leidenschaft hält nicht bei dem Widersacher-Gott ein, von dem Sade nicht loskommt, er denkt in größeren Zusammenhängen. Orc und Urizen (vgl. Kat. 446–448), der revolutionäre Drang und das beharrende Ordnungsdenken, sind aufeinander angewiesen, denn: „Ohne Gegensätze ist kein Fortschritt. Anziehung und Abstoßung, Vernunft und Energie, Liebe und Haß sind dem menschlichen Dasein notwendig".[4] Dieser Version eines dynamischen Wechselspiels der antagonistischen Kräfte entspringt eine neue Sicht des Schöpfungsmythos: das Böse siegt nicht über das Gute, Hölle und Himmel überwinden ihre Polarität in der Vermählung: „Energy is Eternal Delight". In dieser „coincidentia oppositorum", die Bewegung in einen Dauerzustand überführt, gibt es weder Unterdrücker noch Unterdrückte, und die Dialektik von ennui und inquiétude, von Ruhe und Bewegung ist folglich „aufgehoben". Das ist Blakes Versuch, der französischen Revolution in kosmogonischen Kategorien ihren weltgeschichtlichen Auftrag nachzuweisen. Keiner seiner Zeitgenossen hat eine ähnlich umfassende Anstrengung unternommen.

Für Goya ist Synthese im herkömmlichen Wortverstand kein Thema. Er legt sich aber auch nicht auf eine der beiden Eckpositionen fest, vielmehr tilgt er die Grenzlinien zwischen ennui und inquiétude. Das hat wohl damit zu tun, daß im Spanien des 18. Jahrhunderts beide Existenzweisen von religiösen und staatlichen „Ritualen" überformt werden – die Beharrung vom heuchlerischen Moralkodex, der Regelverstoß von den Strafen der Inquisition. Goya entlarvt alle Spielarten dieser Doppelbödigkeit, deren Ursachen er in seiner Ankündigung der „Caprichos" auf den „Mangel an Aufklärung" zurückführt.[5] Deshalb sei der Geist verdunkelt, verwirrt und durch die „Zügellosigkeit der Leidenschaften" überhitzt. Auf der „Langeweile" wie auf der „Unruhe" lasten die Verzweiflung der Gottferne und die Ängste des Aberglaubens. Das von Klossowski auf Sade geprägte Wort von der „integralen Monstrosität" trifft recht eigentlich auf Goyas Werk zu: Es ist eine negative Synthese, eine lückenlos „verkehrte Welt". Die „Caprichos" haben demnach nichts mehr mit dem Capriccio zu tun, das bloß eine launenhafte Ab- oder Ausschweifung ist (vgl. Kat. 185/186). Ebensowenig steht Goya in der Tradition der Karikatur. Ist diese nach der Definition der Encyclopédie eine „libertinage de l'imagination", deren man sich nur zur Entspannung (délassement) bedienen dürfe, so macht Goya aus der Verzerrung und Übertreibung etwas anderes, nämlich das konstitutive Merkmal seiner durch und durch heillosen und hilflosen Kreaturen. Ihre Exzesse sind ihr Normalzustand, ihre Masken ihre Wahrheit – im Mummenschanz vollziehen sie ihre Entlarvung.

An einer den Zeitgenossen verborgenen Stelle nimmt auch ein Denker der Aufklärung die formale „Ausschweifung" der Monstrosität in sein Menschenbild auf: Diderot in seinem 1769 geschriebenen, aber erst 1830 erschienenen „Traum d'Alemberts", einem Dreigespräch, das sich um die Entstehung der Arten dreht.[7] Darin steht das Gesetzmäßige gegen die „variétés monstrueuses", die auch der Mensch herstellen kann, wenn er die genetischen Voraussetzungen zerstört. Es wird sogar erwogen, die Normen der Gattungen in Zweifel zu ziehen: „Vielleicht", vermutet Mlle de l'Espinasse, „ist der Mann das Monstrum der Frau und die Frau das Monstrum des Mannes." Mit der Möglichkeit, die beiden Geschlechter ineinander zu blenden, mit dem Androgyn also, spielt Lequeu in seinem „Adgestis" (Kat. 203), auch die Encyclopédie behandelt die Zweigeschlechtigkeit und Voltaire glossiert sie im Artikel „Adam" seines „Dictionnaire philosophique" (1764). Im Gegensatz zu Goyas integraler Monstrosität und der Blakeschen Vermählung der Gegensätze entspringen Diderots „monstres imaginables" einer experimentell-spekulativen Einbildungskraft, sie sind kühne, intellektuelle Gedankenblitze, Capricci also, den bösen Launen vergleichbar, mit denen Sade seine Romane füllt. Nicht anders, nämlich aus der Sicht des von der Normalität Übersättigten, billigt Rousseau den Umgang mit dem Häßlichen: „L'ennui du beau nous fait aimer le laid . . .".[8]

Diderot und Sade: sie wenden ihren Scharfsinn auf hybride Retortenmenschen oder ebensolche Paarungen. Auf Goya und Blake bezogen, rechnen diese Einfälle zur „Libertinage de l'imagination", sie verdrängen die Ängste bloß, anstatt sie zu bannen. Goya hingegen riskiert es, der spekulativen Vernunfthelligkeit die von ihr wie von den Sittenrichtern verdrängten Ängste, Begierden und Laster entgegenzusetzen. Er führt uns in ein ausweglos Geflecht aus Versagungen, in dem es weder Erfüllung noch Erlösung gibt.

Anmerkungen

[1] Brunschvicg Nr. 127

[2] Auf Julian den Stoiker gestützt meint Voltaire: „Die Unterscheidung von gut und böse, von gerecht und ungerecht war die Milch, mit der Gott die aus seinen Händen hervorgegangenen Menschen hätte aufziehen müssen. Es wäre besser gewesen, ihnen die Augen auszustechen, statt ihnen den Weg zur Erkenntnis zu versperren." (Voltaire 1984, S. 356)

[3] „That Energy, call'd Evil, is alone from the Body; and that Reason call'd Good, is alone from the Soul". (The Marriage of Heaven and Hell, ca. 1793, in: Blake 1956, S. 182)

[4] „Without contraries is no progression. Attraction and Energy, Love and Hate, are necessary to Human existence." Blake 1956, S. 181

[5] „. . . la mente humana, obscurecida y confusa por la falta de ilustracion . . ." Die Anzeige erschien am 6. Februar 1799 im Diario de Madrid.

[6] „Ayant renié l'immortalité de l'âme, les personnages de Sade, en retour, posent leur candidature à la monstruosité intégrale". (Klossowski 1947, S. 131). Vgl. Hofmann 1981, S. 15 ff.

[7] Diderot 1951, S. 1419

[8] Vgl. die Kritik Voltaires in seinen Ratschlägen für einen Journalisten, Voltaire 1984, S. 46

436

William Blake
nach JOHANN HEINRICH FÜSSLI
436 The Fertilization of Egypt
Ill. aus: Erasmus Darwin, *The Botanic Garden*
London 1795
Kupferstich; 262 × 212 mm
HK, Bibliothek, Sign. Ill. XVIII., Füssli 1795

Lit.: Butlin 1981, Nr. 173; Schiff 974

Erasmus Darwins Lehrgedicht „The love of the plants" (1789) ist ein Kaleidoskop, das dem Leser eine unsystematische Wissenssumme vorführt, in die poetische Spekulationen eingelassen sind. Gert Schiff charakterisiert es so: „Dieses Werk, welches die Erkenntnisse Linnés über Fortpflanzung und Gattungen der Pflanzen popularisierte, darüber hinaus aber alle nur erdenklichen anderen Gegenstände, von der Gefängnisreform bis zur Portlandvase, von der Dampfmaschine bis zum Welteі, von der Voraussicht auf Luftfahrt und Unterseeboot bis zur Freiheit Amerikas abhandelte, hatte augenblicklich einen ungeheuren Erfolg; es war enzyklopädisch und verspielt, bewies grenzenlosen wissenschaftlich-humanitären Optimismus und zuverlässige Gelehrsamkeit." (S. 334)

Als dieser popularisierende Aufklärer für sein Werk einen Verleger suchte, stieß er auf Joseph Johnson, den Freund von Blake, Mary Wollstonecraft und Thomas Paine. Dort traf er wahrscheinlich den ihm geistesverwandten Füssli, der darauf von Johnson gebeten wurde, den nichtwissenschaftlichen Teil des Werkes zu illustrieren. Er zeichnete vier Entwürfe, die von Blake gestochen wurden (Schiff 1038). Bei der „Fruchtbarmachung Ägyptens" ist, wie Schiff nachgewiesen hat, der ergänzende Anteil des Stechers beträchtlich. Er fand bei Montfaucon (vgl. Kat. 127) den Jupiter Pluvius, den Regengott, dem sich der hundsköpfige Anubis zuwendet. Sein Gestus ist jedoch nicht eindeutig auf das Flehen festgelegt. Die zum Gebet vereinigten, auf den Sirius hin-

weisenden Arme könnten auch ein Beil oder einen Hammer halten (vgl. Schiff 1790; 693), also eine Gewalttat ausüben, oder eine Unterwerfung fordern (vgl. Schiff 1027; 1304). Solche Bedeutungsinversionen sind bei Füssli häufig. Immer wieder schlägt bei ihm der bannende Gestus durch, der Herrschaft mit Bedrohung verbindet, wodurch der Regengott in eine verwehrende Rolle gerät – er scheint das Dunkel vor dem Eindringling zu schützen. Als Befreier läßt Füssli den Mann erst in einer späteren Zeichnung auftreten (Schiff 1726).   W. H.

JOHANN HEINRICH FÜSSLI   (Farbtafel 39)
437 Das Schweigen
(Allegorische Gestalt einer Kauernden mit über das Gesicht hinwegfließenden Haaren)
um 1799/1801
Öl/Leinwand; 63,5 × 51,5 cm
Kunsthaus Zürich, Inv. 1976/25

Lit.: Schiff 908; Kat. Hamburg 1974/75, Nr. 101

Die in sich zusammengesunkene Gestalt kommt von Blake (Kat. 448), der menschliche Grenzsituationen – Verzweiflung oder Verzückung – stets um eine Spur radikaler als Füssli formulierte. Hier freilich ist die Entlehnung ihrer Formquelle ebenbürtig. Das „Schweigen" wird zur Metapher der stummen Selbstpreisgabe. Wenn wir es auf seinen zeitgeschichtlichen Hintergrund projizieren, wird die Hockende zur Parabel aller Menschenopfer, die das letzte Jahrzehnt des Jahrhunderts gefordert hatte. Sie verkörpert die Hoffnungslosigkeit an sich – jene der Revolutionskerker wie der Herrensitze, auf denen Sade seine Sexualmartyrien stattfinden ließ. Wie der Kopf zwischen den Schultern eingesunken ist, nimmt er, sie erwartend, die Enthauptung vorweg.
                                W. H.

JOHANN HEINRICH FÜSSLI   (Farbtafel 50)
438 Der gerächte Neger
1806/07
Öl/Leinwand; 92 × 71 cm
HK, Gemäldegalerie, Inv. 5379

Lit.: Schiff 1233; Thurmann 1988; Kat. Cleveland 1976, Nr. 311; vgl. Boime 1987, S. 304–308, Abb. 4.15

Erst 1807 (und doch effektiv früher als die freiheitspropagierenden Länder Frankreich und Amerika) beschloß England, endgültig auf den Sklavenhandel zu verzichten (vgl. Kat. 120). Im Vorfeld dieser hart errungenen Entscheidung steht Füsslis Gemälde, das sich an einem Gedicht des humanitär engagierten William Cowper (1731–1800) aus der Anfangsphase dieser Diskussionen (1788) orientiert: „The Negro's Complaint" (Des Negers Anklage, vgl. Cowper 1967, S. 371 f.). Was der Schwarze sich im Gedicht gegen Sklavenhalterwillkür vorstellt, nämlich das Strafgericht desjenigen Gottes, den die Peiniger so gern im Munde führen, bringt Füssli komprimiert zum Ausdruck. Die Naturgewalten, die das schmutzige Geschäft der Sklaverei zerstören, „Are the voice, with which he speaks" (Strophe 5,4).

Im triumphalen Reagieren auf das himmlische Strafgericht unterstützt den Neger ein Mädchen in weißem Gewand. Es scheint einem etwa gleichzeitig zur Bildvorlage entstandenen Gedicht Cowpers mit ähnlicher Thematik entnommen: In „The Morning Dream" (Cowper 1967, S. 373 f.) träumt der Sänger von der allegorischen Fee „Liberty", die den Kampf gegen den Dämon „Oppression" siegreich besteht. Von der sitzenden Negerin rechts am Rand wird der Blick des Betrachters über diese Gruppe, in der sich Liberté und Egalité manifestieren, auf das vom Blitz getroffene, kieloben treibende Sklavenschiff gelenkt.

Füssli, der Cowper nie persönlich kennengelernt hat, seine Werke aber schätzte und zu Bildthemen verarbeitete, vollendete dessen Wunschtraum imaginär und hat das positive Ergebnis wenig später sicher mit Genugtuung zur Kenntnis genommen.   P. Th.

437

438

Nicolai Abraham Abildgaard (Farbtafel 38)

439 Mareridt
(Die Nachtmahr)

um 1800

Öl/Leinwand; 35,3 × 41,7 cm

Sorø, Vestsjaellands Kunstmuseum, Inv. 50

Lit.: Skovgaard 1961, Nr. 55; Powell 1973, Nr. 48

Abildgaard verschmilzt zwei Bildideen Füsslis, mit dem er in den 70er Jahren in Rom zusammengetroffen war, die „Nachtmahr" (Schiff 757–759, 928) und „Der Alp verläßt das Lager zweier schlafender Mädchen" (Schiff 929; 1445; vgl. 1504), wodurch er die erotische Dämonie des nächtlichen Beilagers um eine pikante Note bereichert. Will er andeuten, daß ihre lesbische Beziehung den beiden Frauen den Kontakt mit dem Scheusal erspart oder ist der Alp der Gewissensdruck, der die Abweichung von der Norm bestraft? Uralter Aberglaube verschränkt sich mit der vom 18. Jahrhundert verfochtenen Emanzipation der Sinnlichkeit. Etwas von dieser Ambivalenz verrät der Umstand, daß zu den vier Illustrationen, die Füssli für den „Botanic Garden" seines Freundes Erasmus Darwin zeichnete, auch eine Neufassung der „Nachtmahr" (Schiff 975) gehörte. Was die Aufklärung vertreiben wollte, die dunklen Mythen des Volks- und Aberglaubens, fand so seinen Weg in die wissenschaftliche Populärliteratur. Doch solche Rationalisierungen greifen nicht tief, sie widerlegen nicht die Prophezeiung, die Friedrich der Große am 13. September 1766 in einem Brief an Voltaire aussprach: „Kämen Philosophen an die Macht, würden bald neue Formen des Aberglaubens entstehen, denn der Aberglauben ist dem Menschen angeboren, es gab ihn immer und wird ihn immer geben." (Manuel, S. 416)   W. H.

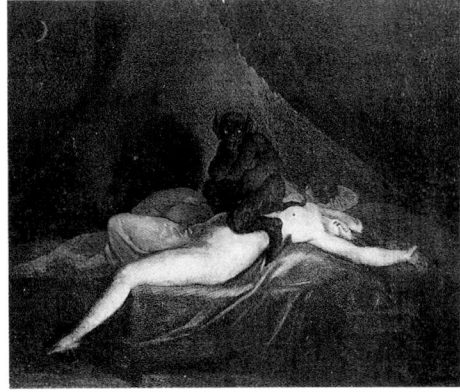

439

William Blake

440–444 Illustrationen zu: Edward Young, „Night Thoughts of Life, Death and Immortality"

Edward Youngs „Night Thoughts of Life, Death and Immortality" erschienen 1742–45 in London und machten den dichtenden Pfarrer mit einem Schlag berühmt. Bereits 1751 erschien die erste deutsche Übersetzung. 1769 veröffentlichte Le Tourneur seine sehr freie Übertragung ins Französische, die Mercier dazu anregte, seinem Roman „L'An deux mille quatre cent quarante" einen Traum à la Young einzufügen.

Nachdem seine Frau, seine Stieftochter und deren Gatte kurz nacheinander gestorben waren, gab Young in den „Complaints" seiner Vereinsamung sprachlichen Ausdruck, wobei er Seelenzustände beschrieb, in denen sich die Frühromantik ankündigt. Zugleich wendet er sich gegen die Vernunftreligion der Deisten, folglich auch gegen die Trennung von Religion und Moral. Seine „Conjectures on Original Composition" (1759) machten ihn zu einem Wegbereiter des von Regeln befreiten Intuitionismus, der als „Sturm und Drang" eine neue Phase der schöpferischen Spontaneität einleiten sollte.

Die ungeminderte Popularität der „Night Thoughts" brachte den Londoner Buchhändler Richard Edwards 1795 auf den Gedanken, eine mehrbändige, von Blake illustrierte Luxusausgabe anzukündigen. Blake schuf 537 Aquarelle. Die Zeitumstände ließen das Unternehmen scheitern. Erschienen ist 1797 nur ein erster Band, für den Blake 43 seiner Entwürfe stach. Die Einladung zur Subskription fand jedoch nicht das erwartete Echo. Jean Paul, der Besitzer eines Exemplars, ging wohl nicht fehl, als er 1801 einem Freund schrieb: „Es ist vielleicht nicht zweimal in Deutschland ..."

Während Foster Damon zwischen der Philosophie Youngs und der Blakes einen Gegensatz in „every point" sieht (Damon 1967, S. 455), hebt Bindman einen entscheidenden Berührungspunkt hervor: „Die meditative Form von Youngs Dichtung lag Blake besonders, und er wurde durch sie sowohl in seiner bildnerischen wie dichterischen Metaphorik tief beeinflußt ..." Was seine Blätter als illustrative Kommentare vermissen lassen, wird aufgewogen durch die intensive metaphorische Aneignung der Grundproblematik von Diesseits und Jenseits, Welt- und Gottesverlangen.   W. H.

440

William Blake

440 Illustration zu: Edward Young „The Complaint: or, Night Thoughts on Life, Death, and Immortality"
(Die Klage: oder Nachtgedanken über Leben, Tod und Unsterblichkeit)

Nr. 14, S. 9

1797

Aquarell; 415 × 324 mm

London, Trustees of the British Museum, Inv. 1929-7-13-8

Lit.: Grant/Erdman 1980, Nr. 14; Bindman 1977, S. 109 ff.

Youngs Gottvertrauen überträgt sich auf Blakes Kreislauf der unsterblichen Seele (Soul immortal), dem das Rechteck des eingeblendeten Textes zu akrobatischen Einfällen verhilft. Wird in „America" (Kat. 445) der Befreiungsdrang von muskelstarken Gestalten vorgeführt, so vollzieht sich hier alles im schwerelosen Schweben, den seligen Traumgeschöpfen ähnlich, von denen Füssli seine Königin Katharina umschwärmen läßt (Kat. 189). Aber von Ängsten ist auch dieses Blatt nicht frei. Das hat schon Jean Paul verspürt, als ihm 1801 der Erbprinz Emil August von Gotha das gestochene Subskriptionsexemplar der *Night Thoughts* schenkte: „... auf dem Blatte, wo Träume gezeichnet werden, (ist) die Gestalt für mich fürchterlich, welche gekrümmt und schaudernd in ein Gebüsch starrt; denn ihr Sehen wird mir Gesicht." (Jean Paul 1935, 1. Abt., XI, S. 269)   W. H.

441

442

WILLIAM BLAKE

**441 Illustration zu: Edward Young
„The Complaint: or, Night Thoughts on
Life, Death, and Immortality"**
(Die Klage: oder Nachtgedanken über
Leben, Tod und Unsterblichkeit)

Nr. 105, S. 30
1797
Aquarell; 406 × 324 mm
London, Trustees of the British Museum,
Inv. 1929-7-13-53

Lit.: Grant/Erdman 1980, Nr. 105; Bindman 1977,
S. 109 ff.

Blake entnimmt der Dichtung die Bilder und
Situationen, die sich in den Bezugsrahmen seines
eigenen Weltbildes eintragen lassen. In Ketten
legt er deshalb nicht (wie Young) den Verstand
(Mind), sondern einen seiner Prototypen der
Unfreiheit, dem das Diktat der Gesetze und
Konventionen die strahlende Gefährtin vorent-
hält. Wie bei Los und Enitharmon (Kat. 446)
findet der Dialog nicht statt, doch diesmal wird
„the perversity of separation" offenbar von äußeren Mächten herbeigeführt. Die Haltung des
Gefangenen ist nahezu identisch mit der des
traumbefangenen Künstlers in Goyas Cap. 43
(Kat. 467), sie geht auf einen biblischen Topos
zurück – die schlafenden Jünger in Gethsemane –
und wurde vielleicht von „Il Morbetto", einem
Stich M. A. Raimondis nach Raffael, angeregt.
(Kat. Hamburg 1974 I, S. 47 f.).   W. H.

WILLIAM BLAKE

**442 Illustration zu: Edward Young
„The Complaint, and The Consolation;
or, Night Thoughts"**
(Die Klage und der Trost; oder Nachtgedanken)

S. 95
London 1797
Radierung, Kupferstich; 410 × 315 mm (Blatt)
HK, Bibliothek, Sign. Ill. XIX. Blake 1797

Lit.: Kat. Hamburg 1975 I, Nr. 120; Grant/Erdman
1980, Nr. 95

Am 23. Messidor des Jahres II (11. Juli 1794)
berichtet David dem Nationalkonvent über das
Fest zu Ehren der beiden jugendlichen Märtyrer
Barra (Kat. 388) und Viala (Kat. 389). Daraus
wird ein Appell an die Rührfähigkeit seiner
Zuhörer, der alle Register der rhetorischen Über-
redung zieht: „Der das Licht der Finsternis folgen
läßt, hat den Blitz in eure Hände gelegt, der die
Könige und ihre Komplizen strafen und die
Throne zu Asche vernichten soll, auf denen sie
sich zu unserem Untergang verschworen haben.
Der Donner grollt, der Gewittersturm wächst, er
zieht heran, er bricht los: Die Verwüstung ist
schrecklich." (zit. nach Scheinfuß 1973, S. 111)

Wenige Wochen nach dem Sturz Robespierres leiht David dem Terror die Autorität eines
Gottesurteils. Keines seiner Werke kommt diesem Wortappell gleich: dem Maler David stehen
Donner und Blitz nicht zu Gebote. Anders Blake,
der aus einer Zeile von Young – „The Goddess
bursts in thunder and in flame" – die Inspiration
zu einem jungen Rächergott empfängt, der den
Jakobinern auf den Leib geschrieben scheint. So
etwa möchte man sich die Idealgestalten von
Barra und Viala vorstellen, wie sie das Vaterland
aufrufen, ihren Tod zu sühnen.   W. H.

443

444

WILLIAM BLAKE

443 und

444 Illustration zu: Edward Young
„The Complaint: or, Night Thoughts on
Life, Death, and Immortality"
(Die Klage: oder Nachtgedanken über
Leben, Tod und Unsterblichkeit)

Titelblatt und Nr. 3
London 1797 (Faksimile Cambridge/Mass.
1927)
je 367 × 293 mm (Darst.)
HK, Bibliothek, Sign. Ill. XIX. Blake 1927

Lit.: Grant/Erdman 1980, Nr. 345 und Nr. 349; Bindman 1977, S. 109 ff.; Kat. London 1978, Nr. 115

Die Achte Nacht ist eine Apologie der Tugend, in
der Young auch mit den weltlichen Vergnügungen
und Begierden ins Gericht geht – für ihn ein
willkommener Anlaß, die Hure von Babylon und
ihr Gefolge, die geistlichen und weltlichen
Machthaber, als Schreckgestalten darzustellen,
die von dem Terror, den sie verkünden, selbst
gebannt sind (Offenbarung 17, 3–5). Die Stadt
Babylon verkörpert in Blakes Weltbild aber auch
den negativen Pol der Moral, die moralische
Tugend, die in seinen Augen eine Verfehlung, ein
Laster ist. „Verdamme Fesseln. Segne das Entfes-
selnde", heißt es in den „Sprichwörtern der Hölle". Wer sich vom materiellen Begehren nicht frei
macht, bleibt im Dunkel wie der verzweifelt ans
Licht strebende schuppenhäutige Bischof, dessen
Verlangen die Schlange – sie taucht bei Blake
immer als Attribut der geistlichen Würdenträger
auf – zu animalischer Wildheit steigert. Die „lofty
Thoughts", die hoch über ihm auf den Wellen
tanzen, wird er nie erreichen. W. H.

WILLIAM BLAKE

445 Albions Angel stood beside the stone . . .
(Albions Engel stand neben dem Stein . .)
Illustration zu: „America – A Prophecy"

Blatt 5ⁿ
1793
Hochgeätzte Radierung oder Chemitypie;
240 × 165 mm
HK, Kupferstichkabinett, Inv. 1988/79

Lit.: Erdman 1974, S. 143; Bentley 1978, Bd. 1, S. 124

Wort und Bild sind bei Blake häufig nicht kon-
gruent. Diesen Umstand nutzt die Spezialfor-
schung zu textunabhängigen Interpretationen der
Zeichnungen, denen die Kategorie „Illustration"
nicht gerecht wird, da sie neue, autonome Sinn-
zusammenhänge entwerfen. In den drei nackten
Jünglingen unseres Blattes sieht Erdman ein
Revolutionstribunal, das den „König" verurteilt
und in den Abgrund wirft, wo die Schlange, von
Höllenflammen flankiert, ihren Kreis um ihn
schlägt. Mag Blake in den Dimensionen eines
Gottesurteils gedacht haben – „gewogen und zu
leicht befunden" (Daniel 5, 27) –, so darf doch der
Texthintergrund nicht völlig außer acht bleiben.
Er handelt von „The terror like a comet" und ist
als apokalyptische Steigerung des Zeitgesche-
hens zu verstehen, ein Ende ankündigend, auf das
in den nächsten Versen ein neuer Anfang folgt:
„The morning comes . . . The grave is burst . . ."
Unvermittelt verläßt Blake dann auf Seite 6 den
Schauplatz der Vernichtung und frohlockt: „Em-
pire is no more . . ." W. H.

WILLIAM BLAKE (Farbtafel 37)

446 Los gebiert Enitharmon, Nr. 17

Illustration zu: „Small Book of Designs": Uri-
zen
1794
Farbradierung; 147 × 90 mm
London, Trustees of the British Museum,
Inv. 1856-2-9-427

Lit.: Kat. London 1978, Nr. 80; Easson 1978, Nr. 27

447 Urizen, Nr. 19

1794
Farbradierung; 73 × 103 mm
London, Trustees of the British Museum,
Inv. 1856-2-9-438

Lit.: Kat. London 1978, Nr. 81; Easson 1978, Nr. 29

Im „Book of Urizen" korrigiert Blake den biblischen Schöpfungsmythos, indem er ihn auf seinen Urgegensatz bringt, den Konflikt zwischen
schöpferischer Offenheit und Buchstabenhörig-
keit.

Los, der „ewige Prophet", ist die formende
Kraft, Urizen (= your Reason) sein Geschöpf, das
in seiner dumpfen Befangenheit dem Jehovah des
Alten Testaments gleicht, der die Schöpfung zum
Gefängnis der Menschen gemacht hat. (Den

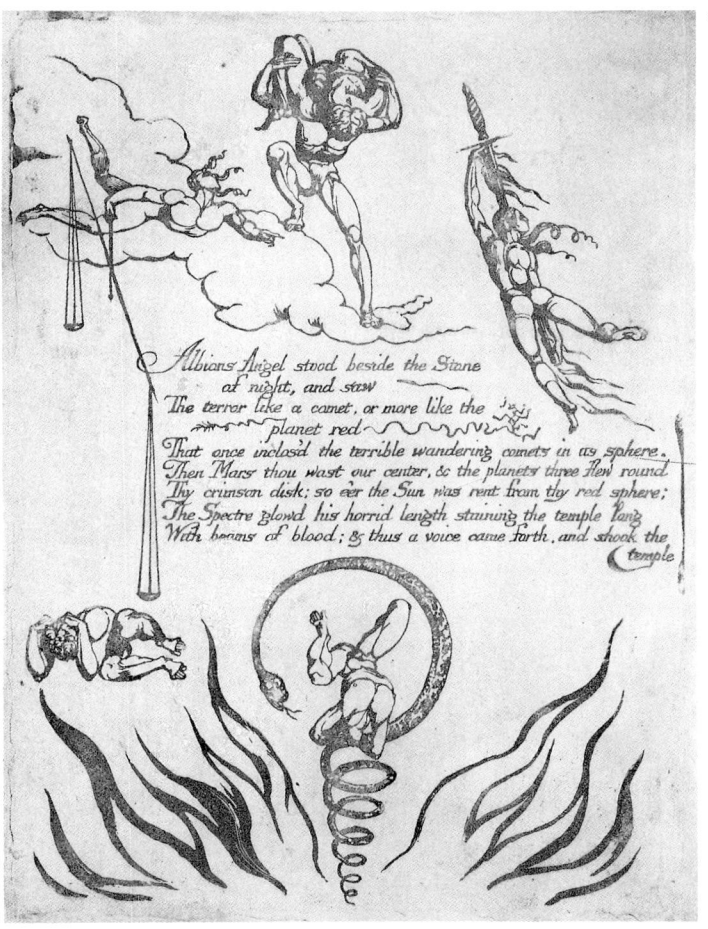

Albions Angel stood beside the Stone
at night, and saw
The terror like a comet, or more like the
planet red
That once inclosd the terrible wandering comets in its sphere.
Then Mars thou wast our center, & the planets three flew round.
Thy crimson disk; so ere the Sun was rent from thy red sphere;
The Spectre glowd his horrid length staining the temple long
With beams of blood; & thus a voice came forth, and shook the
temple

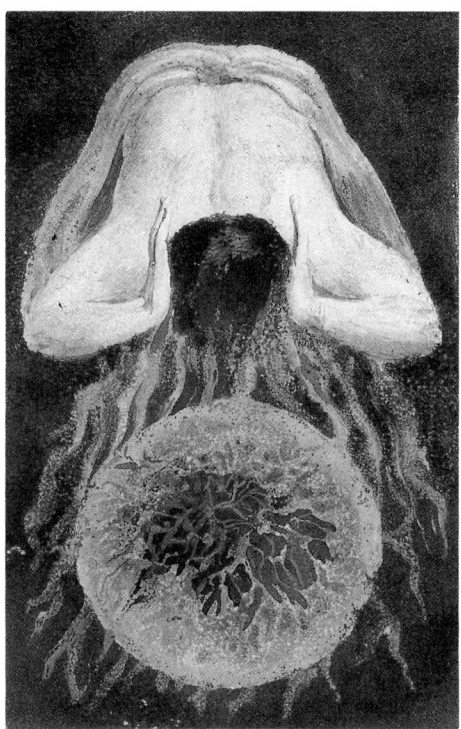

446

großen Irrtum aller „Sacred codes" erblickt Blake darin, daß sie Energie dem Leib zuordnen und als böse abstempeln). In Urizen kritisiert Blake aber auch die Aufklärungsideologie der „vermessenen Welt".

Tafel 17 (Kat. 446) zeigt Los, wie er, von Mitleid getrieben, qualvoll aus einem „globe of fire" seine weltliche Emanation hervorbringt: Enitharmon, Blakes „Eva". Sie wird sich mit ihrem Schöpfer vereinigen und Orc, das Symbol der Revolution (vgl. Kat. 448), gebären.

Es wäre falsch, diesen Akt vordergründig für die Revolution in Anspruch nehmen zu wollen, doch das weltschöpferische Pathos dieser Erfindung darf als Gleichnis für die geistige Erregung der 90er Jahre gelten. Kreis und Kugel, diese beiden Metaphern der vermessenen Welt, werden hier aus ihrer geometrischen Finalität wieder zurückgeholt in ein schwärendes Elementargebilde. Die gesellschaftlichen Umwälzungen sind darin zur schmerzhaften Kosmogonie verdichtet. Die Flammen dieses Feuerballs haben einen erweckenden und einen vernichtenden Auftrag – oder sind sie das Blut, in dem Ende und Neugeburt zu einer einzigen Gestalt gerinnen? Oder ein mythisches Gleichnis des Künstlers? „In seiner Mitte glüht ein noch unbeholfener Erdball, und alles ist voller zerrissener Harmonien." So beschreibt in Thomas Bernhards „Frost" ein Künstler das Chaos in seinem Kopf.

Die folgende Darstellung (Kat. 447) zeigt die „Emanation" als eigenständiges Geschöpf, von ihrem Schöpfer abgewendet, der sie hockend und in sich gekrümmt nicht wahrnimmt. So entfremden sich die Gegensätze, deren Ineinander Blake immer wieder beschwor, in Gesten der Vereinsa-

447

mung. Erdman erblickt in diesem gegenseitigen Zurückweichen „the perversity of separation" (Erdman 1974, S. 201). Im Verhalten der beiden Gestalten ist bereits der Dualismus der Geschlechter angedeutet, den das letzte Kapitel der Ausstellung zur Konfrontation bringt: die Frau in der aufsteigenden Schwerelosigkeit, die Runges „Morgen" (Kat. 537) kennzeichnet, der Mann hockend, grüblerisch und erdverhaftet wie Gérards „Ossian" (Kat. 508). W. H.

WILLIAM BLAKE

448 Frontispiz zu: „America – A Prophecy"

1793
Radierung (Relief-etching); 235 × 170 mm
HK, Kupferstichkabinett, Inv. 1988/1

Lit.: Erdman 1974, S. 137; Grant/Erdman 1970, Nr. 24;
Bindman 1977, Nr. 57; Kat. Hamburg 1980/81,
Nr. 307; Kat. Hamburg 1975 I, Nr. 33

Blake erfindet für die politischen Konflikte,
deren Zeuge er ist, mythische Fabeln und Rollenträger. Verschlüsselt, bekommt die Zeitgeschichte
Züge paradigmatischer Zeitlosigkeit. Orc, ein
geflügelter Prometheus (vgl. Kat. 105), ist der
revolutionäre Geist. Nach der Befreiung Amerikas wieder in Fesseln geschlagen, wartet er auf
seine europäische Stunde. Diese hatte, als Blake
das Frontispiz schuf, für Frankreich bereits
geschlagen, aber noch nicht für Großbritannien.
Auf eine englische Fortsetzung hofften die
„Friends of liberty", ein Kreis von Republikanern, der seit 1792 existierte und dem Blake,
Paine (Kat. 47) und Mary Wollstonecraft (Kat.
68) angehörten.

Die Blake-Forschung schlägt für das Blatt
verschiedene Deutungen vor. Eindeutig ist die
angstvolle Ungewißheit der Frau mit ihren beiden
Kindern, rätselhaft hingegen die zu „fearful sym-
metry" gesteigerte Energie des gefesselten Hoff-
nungssymbols: ein Erwecker, der selber auf seine
Erweckung zu warten scheint. Es ist, als wollte
Blake in dieser Ungewißheit den damals – 1793 –
bereits offenkundig gewordenen Zwiespalt der
revolutionären Energien ausdrücken. Im sich
verbergenden Antlitz gibt er dem alten Januskopf
eine ambivalente Gestalt, die sowohl Verheißung
wie Drohung enthält. W. H.

448

JOHN FLAXMAN

449 Prophetische Gestalt nach Michelangelo

Feder, Tusche laviert, Bleistift; 140 × 115 mm
London, Courtauld Institute Galleries (Witt Collection), Inv. Witt Collection Nr. 473

Lit.: Kat. Hamburg 1979, Nr. 91

Flaxman verbindet die „terribilità" Michelange-
los mit einer Erfindung Blakes, dem „Alten der
Tage" (1794), der die Weltschöpfung mit einem
Zirkel aus zwei Blitzstrahlen begrenzt und so das
Unendliche auf meßbare Dimensionen reduziert. Flaxman bringt in dieser Verkörperung der
blinden, von der Einbildungskraft verlassenen
Vernunft eine zusätzliche Aussage unter. Der
Greis, der sich mit seinen gespreizten Fingern
messend einen Block aneignet, blickt den
Betrachter mit einem Ausdruck des Erschreckens
und der Ungewißheit an. Es ist, als zweifelte er an
seinem Vorhaben, dessen Enge und Beschränkt-
heit der ihn umhüllende Mantel andeutet.

W. H.

449

450

JOSEPH QUAGLIO

450 Bühnenbildentwurf für „Die Zauberflöte"
von W. A. Mozart
(Feuer- und Wasserprobe)

um 1793
Feder, Aquarell; 120 × 170 mm
München, Deutsches Theatermuseum,
Inv. 278 Slg. Qu.

Lit.: Rosenberg 1964, S. 288 f., Abb. 14

„Menschheits-Mysterium" (Rosenberg 1964,
S. 36), „revolutionäres, ja gefährliches Bekenntnis" (Walter Felsenstein, zit. nach Hildesheimer
1977, S. 327) oder „anspruchslose Unterhaltung"
(Hildesheimer 1977, S. 338)? – Zwischen Extremen schwankt seit jeher die Beurteilung von
Mozarts „Zauberflöte". Wie stark ist ihr Gehalt an
Freimaurer-Lehren wirklich? Wie sind die Brü-
che zu erklären (eine treuliebende Mutter wird
zur Rachefurie, ein kalter Despot vertritt
Menschheitsideale)? Gerade der späte Mozart

wird (und bleibt) ein Rätsel, ungeachtet aller
scharfsinnigen Interpretationen.

Das Finale seiner „Zauberoper" und „Ma-
schinenkomödie", deren Libretto sich nur
anfänglich an Märchen-Vorlagen wie „Lulu oder
die Zauberflöte" aus Wielands „Dschinnistan"
orientiert, läßt alle gestelzten Sprecheinlagen
hinter sich und führt konzentriert sämtliche handelnden Personen noch einmal vor. Die Feuer-
und Wasserprobe, in der die Flöte ihre ganze
magische Macht beweist, bildet darin das Kernstück; das Schicksal des Liebespaares Tamino
und Pamina in Hinsicht auf ihre Einweihung in
die Geheimnisse des Weisheits-Tempels steht auf
Messers Schneide. Diese Initiation gestaltet sich
als Weg durch die Hölle der Elemente.

Sie wurde auf dem Theater zu höchster Inszenierungskunst getrieben. Verschiebbare Kulissen,
transparente Folien, dampferzeugende und andere Maschinerien gehörten schon in der
Anfangszeit zum Standard. Auch der Kulissen-

entwurf, den der besonders für seine Perspektivkünste berühmte Quaglio für eine frühe Inszenierung in München oder Mannheim vorlegte, wird bewegliche Bühnenteile vorgesehen haben, wie besonders der schwarz-rot rauchende Hintergrund, der sich blaßrosa im grünlichen Wasser spiegelt, andeutet.

Die „Schreckenspforten" einer Grottenarchitektur versetzten das Publikum in die Situation, durch einen Vulkan ins Innere der Erde hineinzusehen. Eine ähnliche Raumsituation hätte sich auch für den letzten mißglückten Rachefeldzug der Königin der Nacht mit den Damen und Monostatos geeignet, kurz bevor mit Sarastros Ruf: „Die Strahlen der Sonne vertreiben die Nacht" und dem jubelnden Schlußchor ihr Untergang besiegelt ist.

Musikalisch revolutionär wirkte die „Zauberflöte" auf jeden Fall; sie bereitete der deutschen Oper der Folgezeit den Weg.	P. Th.

451

FRIEDRICH WEINBRENNER

451 Entwurf zu einem Kerker, Innenraum-Perspektive

1793
Tuschfeder und Pinsel in Sepia, teilweise aquarelliert, über Vorzeichnung; 454 × 575 mm
bez. u. r.: F. Weinbrenner fect à Roma 1793
Staatliche Kunsthalle Karlsruhe, Inv. VIII 2811-3

Lit.: Valdenaire 1976, Abb. 37; Kat. Karlsruhe 1977, Nr. 35; Slg. Karlsruhe 1978, Nr. 4358

Magisch wurde Weinbrenner von Rom angezogen; dort kam er 1792 an, widmete sich mit großem Eifer der Erfassung der römischen Baudenkmale und ließ sich zu eigenen Entwürfen inspirieren. Der konstruierte Kerker diente möglicherweise als Theaterdekoration, wie die Figurenkonstellation unter dem Halbkreisbogen nahelegt. Die hängende Öllampe ähnelt der Gefängnislampe bei Peyron (vgl. Kat. 226); daß sie eine übliche Beleuchtungsquelle gewesen sein muß, zeigt auch die Lampe in Roberts Innenansicht der Grotte von Posilippo (vgl. Kat. 197), die Weinbrenner ein Jahr später von Neapel aus besuchte, und deren Raumsituation er in seinem Entwurf zu einer ebenfalls 1793 entstandenen tonnengewölbten, pantheonartigen Fürstengruft (vgl. Kat. Karlsruhe 1977, Nr. 36) fast vorwegzunehmen scheint.

Die Kerkerszene macht den spontaneren Eindruck. Ihre Perspektive ist in sich völlig unstimmig; gegenüber dem zentrierenden Gruftgedanken gewinnt ihre Standpunktlosigkeit, die sich zusätzlich von Piranesis „Carceri" herleiten mag (vgl. Kat. 104), metaphorische Qualität, die im Bogen versammelte Menschengruppe theatralische Wirkung.

Eine einsam auf einem der beiden Pfeilerstümpfe sitzende Männergestalt erreicht gerade die Höhe eines der massiven Wandquader. Die Anziehungskraft der gleichwohl fast erdrückenden Fülle antiker Monumente, aber auch ein großer gegen Frankreich gerichteter Volksaufstand Anfang 1793 und eine folgende Fieberperiode (vgl. Valdenaire 1976, S. 26 f.) mögen Weinbrenners Phantasie aufs äußerste angeregt haben.	P. Th.

C. BORNET
(zugeschrieben)

452 Illustrationen zu: Marquis de Sade, „La Nouvelle Justine ou les Malheurs de la Vertu" und „Juliette ou les prospérités du Vice",

1797
Kupferstiche; je 143 × 80 mm
Hamburg, Privatsammlung

Lit.: Brunn 1983, Bd. 2, S. 263

Die 101 Illustrationen der zehnbändigen Ausgabe des Romans veranschaulichen die belehrenden Absichten seines Verfassers mit der präzisen Ausführlichkeit eines Handbuchs der Laster. Sie zeigen Promiskuität in Gestalt mechanisch

452 a

452 b

ablaufender Versuchsanordnungen, die den Grundgedanken des wissenschaftlichen Experiments – keine Wirkung ohne Ursache – so sachlich auf das Ineinandergreifen sexueller Energien beziehen, daß Lust fortwährend zur Pflicht wird und in Unlust pervertiert. In diesen Veranstaltungen sind einige der Thesen des Rousseauschen „Gesellschaftsvertrages" zur äußersten Konsequenz gebracht. Hier herrscht das Laster als Signatur der „natürlichen Ungleichheit", erproben die auf Täter und Opfer verteilten Akteure immer neue „Aggregationen" mit dem Ziel der vorbehaltlosen Entfremdung, der „aliénation sans réserve" (Rousseau). Sade unterwirft sie dem Zwang zu einer totalen Freiheit, die zugleich deren Kehrseite ist, die totale Unterwerfung. Im inszenatorischen Detail inspiriert er sich an den schwarzen Messen, an einer Gegenkultur, die als Sakrileg seit Ludwig XIV. den Sonnenkult des Herrschers „kompensatorisch" begleitet (vgl. Zacharias 1970, S. 119). Ihre Unermüdlichkeit prägt dieser „zwecklosen Zweckmäßigkeit" (Horkheimer/Adorno) das Merkmal des Leistungsdrucks auf und rückt sie in Beziehung zur permanenten Revolution, doch beharrt Sade auf der Selbstzweckhaftigkeit des Terrors, auf dem ästhetischen Zwang zur Wahlfreiheit, dessen satanische Strategen es in „Les 120 Journées de Sodome" (1785) auf 600 Perversionen bringen – auch ein enzyklopädisches Unterfangen! Was Sade von seiner Konkurrenz, dem einförmigen Hinrichtungsritual der „Terreur", unterscheidet, ist sein geradezu konsumorientierter Versuch, Innovation, Blasphemie und die Reglementierung beider zu koppeln. Aber gerade weil er sie integral konzipiert, trägt seine „libertinage de l'imagination" (so charakterisiert die Encyclopédie eine andere Perversion, die Karikatur) schwer an ihrer lückenlosen Systematik.   W. H.

452 c   452 d

FRANCISCO DE GOYA

453 Saturn verschlingt seine Söhne

1797–98
Rötel; 202 × 147 mm
Madrid, Museo del Prado, Inv. 85

Lit.: G-W 635; S. C. 202; G., II 139; Kat. Hamburg 1980/81, Nr. 66

Goyas Zeichnung vereint höchste Dramatik mit „mechanischer Gelassenheit" (Hofmann) auf engstem Raum. In einer sehr weichen, andeutenden Strichführung wächst die nachdenkliche Halbfigur Saturns aus dem Grund hervor. Die schemenhafte Erscheinung des langhaarigen Greises wird ganz auf die Sinnesorgane Augen, Nase, Mund und Hand konzentriert. Aus dem Gefüge der „offenen" Zeichnung heben sich die verdrehten und verblockten Körper der Opfer ab, Körper primärer Leibhaftigkeit und stummen Leidens.

Hofmann (Kat. Hamburg 1980/81) hat auf das aus dem Kontrast von Nachdenklichkeit und kannibalischem Akt resultierende Dilemma der Deutung hingewiesen. Deutlich unterscheide sich dieser Saturn von seinem Nachfahr, dem „menschenfressenden Wüstling", auf dem über zwanzig Jahre späteren Bild in der *Quinta del Sordo.* Gleichwohl ist Saturn als Symbol der Grausamkeit in der zeitgenössischen politischen Debatte präsent: Berühmt wurde Vergniauds Rede im Konvent von 1793 über die gefährliche Entwicklung der Revolution, die wie Saturn ihre eigenen Kinder fresse: „... comme Saturne dévorant successivement tous ses enfants ..." (zit. nach Paulson 1983, S. 24). Das Schlagwort von der Revolution als *Mangeur du Peuple* nahm Gillray in seiner Karikatur „Un petit Souper à la Parisiènne" 1792 (Kat. 410) auf.

Auf spanischer Seite ist Bernardo de Iriartes (vgl. Kat. 59) Bezeichnung der Franzosen als „Tartaren des Westens" 1796 (zit. nach Bédat 1973, S. 362) ein deutliches Indiz für die Distanz

selbst eines *afrancesado* zur verbündeten Republik.

Goyas Entwurf sperrt sich jedoch gegen eine eindeutige Festlegung. Nordström (1962, S. 196 ff.) erinnerte an die Bedeutungsidentität von Saturn mit Chronos. So gesehen enthielte Goyas Zeichnung eine Metapher auf die allesverschlingende Macht der Zeit und das „Geworfensein" des Menschen: „Der Mensch, in den der Alte sich verbissen hat, ist mehr ein Stürzender als einer, der verschlungen wird. In ihm vollzieht sich bereits das Schicksal der Kriegsopfer" (Hofmann, Kat. Hamburg 1980/81). Aus der „Einbruchsstelle" (Warnke) des Mundes in den *Caprichos* werden die Leichengruben in den *Desastres.*   J. E. H.

453

FRANCISCO DE GOYA

454 Sich umarmende Menschenfrösche

1797–98
Rot laviert; 200 × 141 mm
Madrid, Museo del Prado, Inv. 85

Lit.: G-W 655; S. C. 209; G., II 327

Die Zeichnung, wahrscheinlich ein Entwurf für ein nicht ausgeführtes Capricho, zeigt zwei monströse Froschwesen, die in einer plumpen Liebesgebärde einander umarmen. *Amor seguro* („Gefahrlose Liebe") heißt das Blatt bei Sánchez-Cantón. Die Grenzen zwischen Mensch und Tier sind bis zur Unkenntlichkeit verwischt. Damit läßt Goya die traditionelle Tierallegorie weit hinter sich. Seine beseelten und individualisierten Tiermenschen (Held 1985, S. 120–121) gehen auch über die äußerliche Affinität zwischen Tier und Mensch in Lavaters Physiognomienlehre, die Goya kannte, hinaus. Goyas Froschmenschen sind mehr als eine geistreiche Karikatur. Ihr menschlicher Ausdruck, ihre menschliche Gebärdensprache enthält das Moment tragischer Verstrickung. Sie sind Metaphern emotionaler Zwänge und blockierter Triebenergien. Sie zu veranschaulichen, bedient sich Goya der grotesken Travestie.

Eine bisher unbeachtete Quelle seiner Bildvorstellung könnte in einer Szene im „Traum von der Hölle" (*Sueño del infierno*) von Quevedo vorliegen, wo die Metamorphose der *Dueñas* in Frösche geschildert wird. Die *Dueña,* die meist alte Beschließerin des Hauses und Wächterin über die Tugend der Mädchen war eine Spottfigur, deren zwielichtige Liebeshändel sie zur verrufenen „Hurenmutter" machten (Quevedo 1966, S. 13, S. 302). Als solche tritt sie in den *Caprichos* mehrfach in Erscheinung. Der Keuschheitsgürtel auf der Zeichnung ist ein Sexualsymbol, das Goya in ähnlichem Zusammenhang in Kat. 103 verwendet.   J. E. H.

FRANCISCO DE GOYA

455 De todo
(Von allem)

1797–98
Rötel; 210 × 148 mm
Madrid, Museo del Prado, Inv. 480

Lit.: G-W 630; G., II 134; Sayre 1974, Nr. 68

Das Blatt enthält auf beiden Seiten Entwürfe für ein nicht ausgeführtes *Capricho.* Sayre betrachtet sie als Vorstudien zu Cap. 38. Damit steht die Zeichnung im Umkreis der Esel-Serie (Cap. 37–41), obwohl ihre Zentralfigur hier noch ein Zwitter ist. Das befrackte Mischwesen mit vier Eselsbeinen, Menschenarmen und Affengesicht ist ein Monstrum der Dummheit, Scharlatanerie und Arroganz. Was bildet aber den Hintergrund von Goyas Satire? Das Zwitterwesen gibt sich als sachverständiger Lehrer aus, der mit dem Zirkel gültige Wahrheiten zu Papier bringt. Der Zirkel und die Palette auf dem Tisch weisen auf den Kontext künstlerischer Tätigkeit und der Lehre. Der „Belehrung" lauschen drei „Nachäffer" mit offenen Mündern.

Es liegt nahe, in Goyas Entwurf eine Auseinandersetzung mit der artistischen Scharlatanerie, vielleicht sogar mit der Lehrmethode und Kunstdoktrin des Neoklassizismus zu vermuten (vgl. Kat. 473). Wie Werner Hofmann bemerkt hat, „verkörpert [der Esel] nicht nur diverse Spielarten der Dummheit, sondern auch den schlechten Geschmack in den Künsten" (Kat. Hamburg 1980/81, S. 88). Schon 1792 hatte Goya in seiner Akademiekritik (vgl. Kat. 58) den Nicht-Sachverständigen (*no profesor*) heftig getadelt, der sich in Kunstfragen „ungezügelt und redselig" äußere und die griechischen Statuen höher schätze als die Natur (Held 1966, S. 214 ff.). Spielt die Zeichnung auf die „despotischen Enthusiasten" (*despoticos entusiastas*) oder gar auf Goyas Akademiekollegen an, die über alles (*de todo*) urteilen können, indem sie den klassizistischen Regeln von Anton Raphael Mengs folgen? Die Autorität des früheren Hofmalers war in den 90er Jahren

ungebrochen, die Neuauflage seiner Schriften wurde 1799 von der Akademie freudig begrüßt. Unter den Lehrern der Akademie war Goya völlig isoliert (Bédat 1973, S. 199).

Als Tierallegorie bildete der Esel in der Literatur des 18. Jh. ein allgemein verbreitetes Zeichen für Eitelkeit und Ignoranz. Eine Quelle für Goyas „Eseleien" (*asnerias*) hat man etwa in den *Memorias de la insige Academia Asnal* (1792), die verschiedene Typen der Eselsatire enthält, gesehen (Helman 1963, S. 63 ff.) Goya bleibt jedoch nicht bei der traditionellen Allegorie stehen. Er verwendet sie vielmehr als Mittel der karikierenden Deformation. J. E. H.

FRANCISCO DE GOYA

456 Estos galanes solo oyen los chapines de sus damas
(Diese Galane hören nur die Frauenpantoffel ihrer Damen)

1797–98
Rötel; 204 × 145 mm
Madrid, Museo del Prado, Inv. 84

Lit.: G-W 629; S. C. 195; G., II 133

Gassier (II) hat die Zeichnung als Entwurfsvariante zu Cap. 26 angesehen. Beiden ist gemeinsam, daß Kleidungsstücke verkehrt herum getragen werden. Sind es auf dem *Capricho* junge Prostituierte, die ihre Röcke um den Oberkörper und Stühle auf dem Kopf tragen, zeigt die Zeichnung ein ungleiches Paar in einer ähnlichen Maskerade: ein einfältig lächelnder Mann hat Hose und Weste vertauscht, Schuhe baumeln wie Eselohren an seinem Kopf, ein lächerlicher „Stock" dient als Stütze. Das Mädchen vor ihm ist sein verkleinertes Spiegelbild. Wie die Mäd-

chen auf Cap. 26 hat es den Rock um den Hals geknüpft und dazu Schuhe auf den Ohren. Die beiden Frauen im Hintergrund sind zwei typische „Mitwisser-Gestalten" (Hofmann) Goyas.

Gassier interpretiert die männliche Figur als eitlen Adligen oder Stutzer. Es liegt nahe, in ihm eine Anspielung auf den Typ des spanischen *Petimetre* zu sehen, in dem sich die Anhänger französischer Sitten verkörperten. Als Repräsentanten der modernen, „französisch-aufgeklärten" Kultur bildeten sie den Gegenpart des *Majo,* dem „Protagonisten altspanischer, aristokratischer Tradition" (Held 1985, S. 110). In diesen, Goyas Zeitgenossen durch Theaterstücke bekannten Symbolfiguren fand die Auseinandersetzung verschiedener Kulturformen in der Spätphase des aufgeklärten Absolutismus ihren Ausdruck. Neben dem *Petimetre* wurde der Galan oder *Cortejo* zur Symbolfigur der nicht nur im Adel verbreiteten galanten Sittenfreiheit, die den Verfechtern der traditionellen Moral wie den Aufklärern ein Dorn im Auge war (Krauss 1973, S. 46–50).

Die Umkehrung der Kleidungsnorm, ein altes Motiv der „Verkehrten Welt", konnte so zum Zeichen pervertierter Moralbegriffe werden, die auch die Umgangssprache widerspiegelte: *tener los pies en la cabeza y la cabeza en los pies* („die Füße haben, wo der Kopf ist, und den Kopf, wo die Füße sind", zit. nach Kat. Boston 1989, S. XCI).

Eine solche Vorstellung mag als Motiv hinter der Zeichnung vermutet werden, deren Spannung Goya durch den Gegensatz zwischen naiver Selbstdarstellung und entlarvendem Lachen steigert. J. E. H.

454

455

456

FRANCISCO GOYA

457 Y aun no se van!
(Und noch immer gehen sie nicht weg!)

Cap. 59
1797–98
Radierung, Aquatinta; 215 × 150 mm
HK, Bibliothek, Sign. Ill. XIX. Goya 1856

Lit.: G-W 569; H. 94; Kat. Hamburg 1980/81, Nr. 250

Wie eine überdimensionierte Falle bedroht eine
mächtige Felsenplatte eine Ansammlung hexen-
ähnlicher Gestalten. Diese teils schlafenden, teils
sich im Hintergrund zusammenduckenden Wesen scheinen mit Ausnahme der Mittelgruppe die
drohende Gefahr nicht zu bemerken. Allein eine
nackte hagere Figur stemmt sich vorn gegen den
wie eine Grabplatte wirkenden Stein mit äußerster Anstrengung. In diesem Zusammenhang verwies Warnke (1981, S. 134) auf das Motiv der
Kreuzaufrichtung als einem vorgeprägten Ge-
staltungsmuster. Indem Goya das Bewegungs-
schema umkehrt, formuliert er einen neuen Bildgedanken: ein dramatisches Kräftemessen im
grotesken Milieu des Hexenspuks. Goya setzt in
diesem *Capricho* das Element der Vernichtung in
ein „realistisches" Spannungsverhältnis zu den
sich widersetzenden dunklen Mächten. Der Bildtitel greift dies mit ironischer Empörung auf.

Goya scheint damit den Pessimismus der
Aufklärer zu teilen, die den Kampf gegen den
Aberglauben für aussichtslos hielten (Krauss
1971, S. 201). Mit dem Durchbrechen der Wahr-
heit allein war die Schlacht noch nicht gewonnen.
Auch auf Cap. 59 wird es Tag, dennoch setzen die
Wesen des Unverstandes ihre Tätigkeit fort.

Möglicherweise hat sich Goya zu dieser Bildidee von zwei Szenen aus dem rechten Flügel vom
Hieronymus Boschs „Garten der Lüste" anregen
lassen, wo ein umstürzender Tisch die Spieler und
ein umfallendes Fagott die Menschen zu erschlagen drohen (Kat. Frankfurt 1981, S. 73). J. E. H.

457

Y aun no se van!

Si amanece ; nos Vamos.

458

FRANCISCO DE GOYA

458 Si amanece, nos vamos
(Wenn es Tag wird, dann gehen wir)

Cap. 71
1797–98
Radierung, Aquatinta; 215 × 150 mm
HK, Bibliothek, Sign. Ill. XIX. Goya 1856

Lit.: G-W 594; H. 106

Eine Gruppe von vier Hexen lauscht gespannt der
Rede ihres Anführers. Dieser sitzt auf einem
Sack, der die Körper von Kindern enthält. Um
seine Hüfte ist ein Band geschlungen, an das
mehrere Kinderleichen gebunden sind. Mit aus-
holender Geste deutet der Anführer auf die
Ankunft des Tages, der die Hexen zum Verschwinden und zur Beendigung ihrer Tätigkeit zwingt.
Hinterfangen wird die hell erleuchtete Gruppe
von einem dunklen gestirnten Nachthimmel, an
dem sich die ausgebreiteten Flügel eines Dämons
abzeichnen.

Die Hexen dieses *Caprichos* sind „Engelma-
cherinnen" mit ihrer Beute. Goya greift hier ein
traditionell den Hexen zugeschriebenes Verbrechen, die Tötung unliebsamer Kinder, auf. Jutta
Held weist darauf hin, daß ein derartiges Hexen-
bild das „totalitäre sexualpolitische Konzept" der
aufgeklärten Reformer und deren Vorstellungen
einer modernen familiären Sexualpolitik voraussetzt (Held 1989, S. 29).

Wieder gibt Goya hier – in Fortsetzung zu
Cap. 59 – dem Anbruch des Tages, der das Licht
(der Aufklärung) in die Dunkelheit falscher Vorstellungen bringt, kein versöhnendes Leitmotiv.
Er bleibt der Darstellung des negativen Wesens
von Sinnlichkeit und Aberglauben verhaftet.
Daher „... ist es die Hexe, die den großen
Aufbruchsgestus vollzieht ... Das Pathos der
Wahrheit ist aus dem Zustand der Unwahrheit
entfaltet. Nicht eine strahlende Macht verkündet
den Tag, sondern die finsteren Mächte verab-
schieden sich" (Warnke 1981, S. 123–24).
J. E. H.

FRANCISCO DE GOYA

459 Subir y bajar
(Auf und Ab)

Cap. 56
1797–98
Radierung, Aquatinta; 215 × 150 mm
HK, Bibliothek, Sign. Ill. XIX. Goya 1856

Lit.: G-W 563; H. 91; Kat. Hamburg 1980/81, Nr. 37;
Kat. Boston 1989, Nr. 56

Ein am Rand der Erdkugel sitzender Pan hebt
einen Mann ins strahlende Licht empor, während
zwei andere Männer ins Dunkle abstürzen. Das
Auf und Ab, die Verknüpfung von Aufstieg und
Fall ist das Wesen Fortunas. Goya greift hier die
alte Vorstellung vom unberechenbaren Lauf des
Glücksrads auf und wendet sie auf die Figur des
Emporkömmlings und die politische Sphäre an:
mag dieser „Jupiter des Augenblicks" (Palm 1971)
wilde Blitze schleudern und auf dem Kopf eine
Rauchkrone als Zeichen seiner Arroganz tragen,
der Fall der anderen ist auch ihm bestimmt.

Die Figur des Emporkömmlings ist zweige-
teilt. Sein Oberkörper ist mit einer ordensge-
schmückten Uniformjacke bekleidet, an seiner
Seite hängt ein Säbel, ein Phallussymbol. Sein
Unterkörper ist völlig nackt wie auf der Vorzeichnung noch die ganze Figur (G., II 113). Durch
seine Nacktheit ist der Emporkömmling mit Pan,
der Verkörperung der Luxuria (Unzucht), verbunden. Erwin Walter Palm (1971) hat die im 18. Jh.
geläufige etymologische Deutung von His-Pania
als Pans-Land für die Interpretation des Cap.
herangezogen. Danach folgt die Darstellung
einer Analogiekette zum „Primat des Sexus", die
sich auf die Königin (= Spanien) und ihren
Günstling, den Premierminister Godoy, bezieht.

Die Grundlage für eine zeitkritische Interpretation liefert der Ayala-Kommentar: „Friedensfürst. Die Zügellosigkeit stemmt ihn an den
Füßen in die Höhe; Dampf und Rauch um den

459

Subir y bajar.

Kopf, sendet er Blitze gegen seine Rivalen." Der „Friedensfürst" Manuel Godoy – den Titel brachte ihn der Frieden von Basel mit Frankreich 1795 ein – verdankte seinen kometenhaften Aufstieg vom Soldaten der Leibwache seiner Rolle als Favorit der Königin. 1798 vorübergehend entmachtet, wurden die Liberalen Jovellanos und Saavedra zu Ministern berufen, aber schon nach kurzer Zeit entlassen. Sind es die Stürzenden auf dem *Capricho*? Allerdings demissionierten schon 1792 die Minister Floridablanca und Aranda in kurzen Abständen, bevor Godoy an die Macht kam. Goya mag in Cap. 56 den durch die Französische Revolution in Spanien in Gang gesetzten „Mechanismus der pervertierten Macht" (Hofmann) vor Augen gehabt haben, den er jedoch durch den Rückbezug auf eine klassisch-antike Ebene verschlüsselt. J. E. H.

460

<460> Johannes Sambuc, *Liebespaar,* 1564

FRANCISCO DE GOYA

460 No hay quien nos desate?
(Kann uns niemand losbinden?)

Cap. 75
Radierung, Aquatinta; 215 × 150 mm
HK, Bibliothek, Sign. Ill. XIX. Goya 1856

Lit.: G-W 602; H. 110; Kat. Hamburg 1980/81, Nr. 41

Ein Mann und eine Frau sind aneinander gebunden und zugleich an einen kahlen Baum gefesselt. Die Fessel vereint das Paar lediglich an den Hüften, ihre Ober- und Unterkörper streben in entgegengesetzte Richtungen auseinander. Eine Eule, halb auf dem Baum, halb auf dem Kopf der Frau stehend, unterstreicht die zentrifugale Bewegung der Frau, der Mann beugt sich in einem angestrengten, wenn auch vergeblichen Befreiungsversuch.

Goya wendet sich gegen die Unlösbarkeit der Ehe und deren paradoxe Folgen: Zwist anstelle von Harmonie, Unfruchtbarkeit – der „Lebensbaum" ist vertrocknet – anstelle des Gebots der Fortpflanzung. Die Eule als Symbol der Dummheit und Boshaftigkeit weist nach Sayre (1974, S. 118) mit ihrer Brille auf überholte Sitten und Dogmen hin – die französische Revolution hatte das Recht auf Ehescheidung eingeführt.

Mit seiner Bildformel greift Goya auf ein Motiv der alten Sexualsymbolik zurück. Martin Warnke hat auf Bildprägungen der „coincidentia oppositorum" als mögliche Quelle verwiesen (1981, S. 138). Dies läßt sich durch die Emblematik der ehelichen Liebe und des Geschlechtsakts ergänzen (vgl. Orchard 1988, S. 95–96). Die zu einem gemeinsamen Unterkörper verschlungenen Beine verdeutlichen das Vereinigungsverlangen des Paares auf einem Kupferstich aus den Emblemata des Johannes Sambuc von 1564 <560>. Die um den Unterleib gebundene Kette wird von zwei Putten festgezogen.

Durch die Umdeutung der alten Metapher zeigt Goya den Zusammenbruch des alten Ehe-Modells. Seine Darstellung körperlicher Beziehungslosigkeit reflektiert den Verlust eines versöhnenden Gestenapparats. J. E. H.

II.11 Das neue Selbstbewußtsein der Künstler
Kat. 461–485

464

472

467

Werner Hofmann

II.11 Das neue Selbstbewußtsein der Künstler

Im CV. Brief der „Liaisons dangereuses" (1782) gibt die Marquise de Merteuil der unschuldigen Cécile Volanges einen Rat fürs Leben. Sie schreibe wie ein Kind, wirft die erfahrene Verstellkünstlerin dem Mädchen vor, weil sie alles sage, was sie denke. Beim Schreiben eines Briefes soll man aber nicht an sich selber, sondern an den Empfänger denken: „Vous devez donc moins chercher à lui dire ce que vous pensez, que ce qui lui plaît davantage." Diese Empfehlung entspringt dem zentralen Verhaltenskonflikt der Epoche, welcher alle öffentlichen und privaten Lebensbereiche prägt, sie bekennt sich zu der Maskierung, die Rousseau beklagte, als er das „être" gegen das „paraître", das Sein gegen den Schein ausspielte. (Vgl. die Einleitung zu Kap. I.1, S. 91 ff.).

Dieser Spannung sind auch die Künstler ausgesetzt. Wenn nach ihrem *neuen* Selbstbewußtsein gefragt wird, drängt sich das Bild der radikalen Abkehr von den „alten Mustern" (Schiller) auf. Das läßt sich vielfach belegen. Seit der Mitte des 18. Jahrhunderts stehen die Zeichen auf Sturm, Empörung und Widerrede. Burkes „Enquiry" (1757) setzt die Elementareindrücke, die er „erhaben" nennt, über das Schöne, das auf die gefällige Form zurückverwiesen wird. Zwei Jahre später erscheinen Youngs „Conjectures on Original Composition", die den begnadeten, gottähnlichen Künstler von allen Regeln befreien. In der „Nouvelle Héloïse" führt Rousseau die Befreiung der „sensibilité" von den Regeln bis in die Extremzustände der Verzweiflung und Trauer, bis ins Delirium der Leidenschaften (vgl. die Briefe XXXI, XXXV, XXXVIII und XLV). Das neue Selbstbewußtsein verbündet sich mit der starken, ursprünglichen Gesinnung gegen den schönen Schein der Larven und Masken. Für die Marquise de Merteuil war noch jede Geste ein Rollenspiel, sie ist bei den Schauspielern in die Schule gegangen (LXXXI. Brief), die nur dann überzeugen, wenn ihre Tränen aus dem Kopf und nicht aus dem Herzen kommen[1].

Dieser Kunst- und Lebensauffassung, deren paradoxe Wahrheit die Lüge ist, tritt nun die Forderung nach rückhaltloser Authentizität entgegen. Füssli spricht sie in einem seiner Aphorismen aus: „Betrachte es als ein unverrückbares Naturgesetz, daß deine ganze Macht über andere von deinen eigenen Gefühlen abhängt. Shakespeare weinte, zitterte, lachte als erster über das, was jetzt das Publikum hinreißt."[2] Indes: Gerade der Künstler, der sich der Wahrhaftigkeit verschreibt, kann in Streit mit den Publikumserwartungen geraten. Auf jeden Fall muß er mit diesem Zusammenstoß rechnen. Wenn er eintritt, dann ist das Recht auf der Seite des Künstlers, der seinem „natürlichen Feuer" Luft macht: „Denn um den Künstler allein ist es zu tun, daß der keine Seligkeit des Lebens fühlt als in seiner Kunst, daß, in sein Instrument versunken, er mit allen seinen Empfindungen und Kräften da lebt. Am gaffenden Publikum, ob das, wenn's ausgafft hat, sich Rechenschaft geben kann, warum es gaffte, oder nicht, was liegt an dem?" Vielleicht doch mehr, wie wir sehen werden, als ihm Goethe in seiner jugendlichen Intransigenz zubilligen wollte.[3] Das neue Selbstbewußtsein gibt sich unabdingbar, handelt aber kompromißbereit.

Der Künstler bewegt sich in einem Bezugsfeld, das von drei Eckpunkten bestimmt wird, zwischen denen Verbindungsachsen verlaufen: *Unterricht, Auftrag* und *Ausstellung.* Das bedeutet Zwänge und Nötigungen, eröffnet aber auch Ruhm und Ansehen. Selbst das stolzeste Pochen auf freie Selbstbestimmung kann davon nicht lossagen. Das sah schon Hegel, nachdem er trocken konstatierte, „unsere Gegenwart" sei „ihrem allgemeinen Zustande nach der Kunst nicht günstig.": „Selbst der ausübende Künstler ist nicht etwa nur durch die um ihn her laut werdende Reflexion, durch die allgemeine Gewohnheit des Meinens und Urteilens über die Kunst verleitet und angesteckt, in seine Arbeiten selbst mehr Gedanken hineinzubringen; sondern die ganze geistige Bildung ist von der Art, daß er selber innerhalb solcher reflektierenden Welt und ihrer Verhältnisse steht und nicht etwa durch Willen und Entschluß davon abstrahieren oder durch besondere Erziehung oder Entfernung von den Lebensverhältnissen sich eine besondere, das Verlorene wieder ersetzende Einsamkeit erkünsteln und zuwege bringen könnte."[4] Ich versuche, das Bezugsdreieck aus Unterricht, Auftrag und Ausstellung punktuell zu beschreiben.

Unterricht. Das 18. Jahrhundert erlebt den Aufstieg und den Verfall der Kunstakademien. 1720 gab es in Europa ihrer neunzehn, 1790 waren es mehr als hundert.[5] Als Instrument der Feudalherrschaft mit einer diskriminierenden Klassenhierarchie ausgestattet, gehört die Pariser Kunstakademie zu den Einrichtungen, die der Gleichheitsforderung der Revolution weichen müssen. Am 8. August 1793 fordert David, „alle Akademien, diese letzte Zuflucht aller Aristokraten, ein für allemal zu vernichten".[6] Dem Auftrag wird stattgegeben. Von der akademischen Disziplin und ihrem Normenkodex befreit, wird der Künstler sofort in die republikanische Pflicht genommen. Man sagt ihm, was er muß und was er darf. Der Genius der Künste muß des Volkes würdig sein, das er aufklärt, die Künste müssen zur Allgemeinbildung beitragen, dazu braucht das Genie der Kunst keinen anderen Führer als die Fackel der Vernunft; die öffentlichen Denkmäler müssen in einer allgemein verständlichen Sprache sprechen. Doch diese Gebote sind letztlich mit dem Zweifel der Geringschätzung behaftet, den Rousseau den Künstlern entgegenbrachte. Grégoire erinnert daran, „daß eine Getreideähre mehr wert ist als ein Madrigal, und wenn Dichter und Maler nützlich sind, so sind Handwerker und Bauern notwendig."[7]

Außerhalb Frankreichs geht die Ablehnung der akademischen Lehre weiter, sie umfaßt auch deren Früchte, die der Begriff Auftragskunst umfaßt. Die zornigen Randbemerkungen, mit denen Blake die Discourses von Sir Joshua Reynolds, dem Präsidenten der Royal Academy versah, sind dafür Beleg.[8] „What has Reasoning to do with the Art of Painting?" wird darin provozierend gefragt. Blakes Selbstbewußtsein duldet keinen Einspruch: „Genius has no Error; it is Ignorance that is Error." Doch dieser Eigensinn begnügt sich nicht mit der bloßen Duldung seines Selbstbewußtseins. Er fordert „a General Demand for Art", geht also auf die

Öffentlichkeit zu, ohne freilich Kompromisse anzubieten: „Art is First in Intellectuals and Ought to be First in Nations." Der Staat hat der Kunst zu folgen, nicht die Kunst dem Staat.

Unter den Akademieverächtern jener Jahre sprach A. J. Carstens (Kat. 462) mit der radikalsten Stimme: „Als man keine Akademien hatte, waren große Künstler da", schrieb er in einem Brief.[9] Daß diese Absage den Künstler auf sich selbst verweist, hat Carstens' Freund und Biograph Fernow klar erkannt: „Die freigewordene Kunst, der Stütze aber auch zugleich des Zwanges der Religion enthoben, muß hinfort auf sich selbst ruhen ..." Mit diesem Trotz verbindet sich Resignation: Fernow weiß die Künstler „in den wohlgeordneten Planetensystemen unserer Staaten" bloß geduldet, „da weder Kirche noch Staat ihrer mehr zu höheren Zwecken bedürften ..." Wo man ihrer noch bedarf, im revolutionären und im napoleonischen Frankreich, bezahlen sie diese Beachtung mit strenger Beaufsichtigung.

Auftrag. Wenn es, von David abgesehen, jemanden gab, der sich im Konflikt zwischen Auftragskunst und dem, was Goethe das „natürliche Feuer" nannte, mehrere Wege zu bahnen wußte, dann war es Goya, der größte Künstler der Epoche. Die Arroganz des Verweigerers ging ihm ebenso ab wie das Aufbegehren, das Carstens dem preußischen Minister entgegenschleuderte (Kat. 462). Er handelt – als Pragmatiker – auf mehreren Ebenen. Die Freiheiten, die er sich nimmt, läßt er listig von den akademischen Autoritäten beurteilen. 1794 – er ist seit fünf Jahren Hofmaler – schreibt er an Bernardo de Iriarte (Kat. 58), den Vizepräsidenten der Madrider Academia de San Fernando über einige Kabinettbilder, in denen es ihm gelungen sei, „Beobachtungen anzustellen, die in Auftragsarbeiten gewöhnlich keinen Platz finden, da bei diesen Laune (capricho) und Erfindungsgabe nicht frei schalten und walten können." Dennoch oder eben deshalb steht Goya nicht an, seine Launen „der Prüfung durch die Gelehrten zu unterwerfen"[10] – ein taktischer Schritt, den er 1799 wiederholen wird, als er seinen „Caprichos" die *einzige* Absicht unterstellt, „den weitverbreiteten verderblichen Wahn auszurotten und mit diesem Werk der Launen ein gesundes Zeugnis der Wahrheit zu verewigen." Als die Zensur ihr wachsames Auge auf die „Caprichos" wirft, zieht Goya sie stillschweigend aus dem Handel zurück. Im Jahr darauf malt er die Familie Karls IV., die Summe der vielen Porträts, die er als Hofmaler von der Herrscherfamilie anfertigte. Über dieses Gruppenbild ist viel gerätselt worden: Ist es Huldigung oder Verspottung, Auftragskunst oder deren Verneinung? Vielleicht erklärt sich die unauflösbare Ambivalenz, wenn man sie im Sinne der Doppelbödigkeit des 18. Jahrhunderts *bewahrt*. Etwa im Sinne des Wortes, das die Marquise de Merteuil an ihren Komplizen richtet: „Liebe und Haß, Sie haben die Wahl, wohnen unter einem Dach; und wenn sie es verstehen, ihre Existenz zu verdoppeln, können Sie mit der einen Hand streicheln und mit der anderen zuschlagen." (LXXIV) Goya hielt seinen Pinsel einmal in dieser, dann in der anderen Hand.

Solche Fähigkeiten waren erst recht gefordert, als die Franzosen Spanien besetzten. 1810 malte Goya im Auftrag des Madrider Stadtrates ein Porträt „unseres jetzigen Herrschers" Joseph, des Bruders von Napoleon, der sich am 6. Juni 1808 die spanische Königswürde aneignete. Als die Franzosen 1812 sich zurückzogen,

<II.11.1>
Jacques-Louis David,
Der Schwur der Horatier,
1784, Öl/Leinwand.
Paris, Musée du Louvre

wurde das Porträt – Teil einer Allegorie – mit dem Wort Constitución übermalt. Goya porträtierte nicht nur den aufgezwungenen König, sondern auch die afrancesados, die mit ihm kollaborierten. Zugleich entstand der „Koloß" (Abb. 20, S. 32) und begann er mit den „Desastres de la Guerra", die erst 1863 erschienen (Kat. 530.1–80). 1824 ging Goya ins Exil nach Bordeaux. Sein Lebenswerk steht zwischen zwei Epochen: Es umspannt die alte und die neue Dimension des Künstlers, die offizielle Huldigung und den privaten Protest – la caresse et la frappe.

Ausstellung. In Davids „Schwur der Horatier" (1785) <II.11.1> berühren sich die drei Bezugspunkte und geraten unter die Vorzeichen der modernen Werbestrategien. Das Bild weist den Maler als „agrée" der französischen Akademie in Rom aus; es entstand im Auftrag Ludwigs XVI. und es leitete demonstrativ ein neues Kapitel der Ausstellungskunst ein, als der Maler es im August 1785 in seinem römischen Atelier der Öffentlichkeit zeigte. Bis dahin hatte es kaum jemand zu Gesicht bekommen, was die Neugierde und das Sensationsbedürfnis anfachte. „Es war viele Tage hindurch wie eine Prozession!", berichtet Tischbein[11] und fügt hinzu: „Und so stritten sich Gebildete und Ungebildete, Gelehrte und Ungelehrte, Kenner und Nichtkenner um den Wert des Bildes." Das ist bis heute der Preis des Publikumserfolges. Geschickt ließ David durchblicken, das Bild müsse von Paris nach London gebracht, um gestochen zu werden. Im Pariser Salon kam der „Schwur" erst knapp vor dessen Schließung an, bekam aber einen ausgezeichneten Platz. Vorher ging das Gerücht um, David sei ermordet worden. Alles das sind Stimulantien eines Kunstbetriebes, der vom Künstler verlangt, sich im Konkurrenzkampf zu behaupten. Dazu kommt – ein weiterer Gesprächsstoff – das erste Aufbegehren des künftigen Akademiezerstörers. David ändert das ihm abverlangte Bildthema: Er malt nicht das Plädoyer des Vaters für den Sohn, der seiner Schwester den Tod gegeben hat, sondern den Schwur; und er wählt ein großes Bildformat, das ihm, dem „agrée", nicht zusteht.

Nicht nur prädestinierte Auftragskünstler, auch Außenseiter wie Blake und Friedrich unterwerfen sich dem Urteil der Öffentlichkeit. Die Retrospektive, die Blake 1809 in seinem Haus zeigt, nennt er „the greatest of Duties to my Country".[12] Hielt er sich für einen Erneuerer der „wahren Kunst", so war die Kritik anderer Meinung, sie sprach von madness, vanity und nonsense.[13]

Auch für C. D. Friedrich ist eine Ausstellung mehr als ein Ort, wo „eine Menge Bilder wie Ware ausgestellt oder aufgespeichert" werden,[14] gleichwie er sich gegen die „Regeltyrannei" und das „maschinenmäßige Üben" auflehnt. Wie er Aufträge ablehnt, verweigert er sich auch den „Preisaufgaben" – das zielt auf Goethes Weimarer Initiative! – und stellt die Frage: „Sollte es wohl nicht geratener sein, um die Kunst zu fördern, wenn jeder Künstler sich selbst die Aufgabe machte?" Das hinderte Friedrich nicht, sich 1805 mit zwei Blättern an der 7. Weimarer Kunstausstellung zu beteiligen und sein Hauptwerk, das „Kreuz im Gebirge" (Abb. 11, S. 27), als Auftragsbild für die Gräfin Thun zu malen.

Diese Skizze sollte im Streiflichtverfahren zeigen, daß die Positionen, die das neue künstlerische Bewußtsein einnimmt, keineswegs eindeutig, sondern zwiespältig sind. Auch das prometheische Temperament nimmt die Spielregeln des Kunstbetriebes auf sich, auch die Publikumsverachtung muß den Beifall suchen. Das Wagnis, das damit verbunden ist, kommt die Künstler teuer zu stehen, sie sehen sich dem ausgesetzt, was Ledoux den Pöbel der Großen und der Kleinen nannte, als er vor den Entscheidungen warnte, die sich mit dem „öffentlichen Interesse" tarnen, in Wahrheit aber nur der Despotenlaune entspringen.[15] Der Mann, der das schrieb, konnte sich auf Erfahrungen berufen: Seit 1789 war ihm kein Bauauftrag mehr zugesprochen worden.

Der neuen radikalen Subjektivität des Künstlers ist ein ebenfalls neuer Gegenentwurf korreliert, die Massenkunst. Sie spekuliert auf die Publikumsgunst, der sich die unduldsame Künstlerkunst verweigert. In seinem zu wenig beachteten Aufsatz „Kunst und Handwerk" hat sich Goethe mit den zu erwartenden Folgen der mechanischen Kunstproduktion auseinandergesetzt.[16] Er ergreift darin für die „wahre Kunst" Partei und spielt sie gegen die Tendenzen aus, die er für den „völligen Untergang" der Kunst verantwortlich macht.

<II.11.2>
Guillotine, Holz
14 × 13 cm, Paris 1989

Sie kommen aus England, denn dort haben „kluge Fabrikanten und Entrepreneurs . . . die Künste in ihren Sold genommen und durch geschickte mechanische Nachbildungen die eher befriedigten als unterrichteten Liebhaber in Kontribution gesetzt . . ." Der „bloß mechanische Künstler" ist für Goethe ein Künstler zweiten Grades, „denn sein tausendstes Werk ist wie das erste und es existiert am Ende auch tausendmal." Quantität siegt über Qualität. Auch C. D. Friedrich stößt in dieses Horn und spricht von Fabrik, wenn er künstlerische Massenware von „eigenen Schöpfungen" abheben will; er verachtet „maschinenmäßiges Üben" und ist entrüstet, wenn Bilder „wie Ware" ausgestellt werden. Deshalb verspottet er die Engländer: „Ein Teutscher kann so etwas Gott sei Dank nicht, und die Briten sind stolz darauf, es allein zu vermögen."[17]

Anders beurteilt man im revolutionären Frankreich die englischen Errungenschaften. Man blickt neidvoll auf dieses „strebsame Volk", dem seine industriellen und landwirtschaftlichen Künste viele Millionen eingebracht haben. So der Abbé Grégoire am 8. August 1793 in einem Bericht an den Nationalkonvent, der in den Antrag mündet, die Künste, Manufakturen und Wissenschaften staatlich zu fördern, damit Frankreich „jene Höhe" einnehme, „die es auf der Erdenbühne einnehmen muß."[18] Abgesehen von den auf dem Papier gebliebenen Großaufträgen richteten die revolutionären Kunstpolitiker ihr Augenmerk hauptsächlich auf die Reproduktionsgraphik. Sie trugen ihre Forderungen im Befehlston vor:

1. müssen alle Künstler eingesetzt werden bei der Vervielfältigung der Meisterwerke und ihrer Kopien, die in würdiger Form die Hauptzüge der Revolution an die Nachwelt überliefern und im Volke das Gefühl für die republikanischen Tugenden wecken und stärken,
2. müssen Möglichkeiten ermittelt werden, antike Meisterwerke zu vervielfältigen, damit eine sehr große Anzahl von Kupferstichen und Stahlstichen und Holzschnitten für jedes Departement hergestellt wird, die dort verteilt werden.[19]

Über die Erfolge dieser Diffusionsstrategie ist wenig bekannt. Ein in 3000 Exemplaren hergestellter Reproduktionsstich nach Davids „Schwur im Ballhaus" (Kat. 355) sollte „den entferntesten Gegenden die Möglichkeit (geben), sich jederzeit diese hehre, heilige Idee vor Augen zu führen". Nur 652 Subskribenten nutzten dieses Angebot.[20]

Frei von kunstpolitischer Bevormundung drangen die revolutionären Ereignisse und ihre Symbole in den Alltag ein. Auf Tellern und Weinkrügen wurde der Bürger daran erinnert, daß es um „Freiheit oder Tod" ging. Auf Pfeifenköpfen sah er Marats unerbittliche Gesichtszüge oder die Hinrichtung des Königs – Massenware, damals wohl kaum für den Export gedacht bzw. geeignet, heute jedoch teuer gehandelte Sammlerkunst.[21]

Richtig kommerzialisiert wird jedoch die Revolution erst im Jahr ihrer 200. Wiederkehr. Der dreifarbige Gebrauchsartikel zeigt, daß das Wort von Saint-Just, wonach das Glück eine neue Idee in Europa sei,[22] der kapitalistischen Massenverführung als Motto dienen kann. Brillen und Schuhe, Seifen und Papierservietten, Handschuhe und Lippenstifte, Büstenhalter und Armbanduhren bringen heute die Revolution zum Konsumenten. Auch die Guillotine fehlt in diesem Angebot nicht (vgl. <II.11.2>). Sie war freilich schon in den ersten Stunden dabei: kunstvoll aus Elfenbein gedrechselt oder schlicht als Kinderspielzeug zusammengeleimt. Forster gibt in seinen „Umrissen" die Besorgnis einer Pariserin wieder, ohne sie zu teilen: „Die Guillotine wird noch alle Regungen der Menschlichkeit ersticken. Selbst meine Kinder sprechen schon davon in ihren Spielen und die Straßenjungen haben längst manche Katze guillotiniert".[23] Dazu paßt die Entrüstung, mit der Frau Rath Goethe am 23. Dezember 1793 ihrem Sohn antwortet, den es nach einem solchen Spielzeug verlangt:

> „Lieber Sohn! Alles, was ich dir zu gefallen thun kan, geschieht gern und macht mir selbst Freude – aber eine solche infame Mordmaschine zu kaufen – das thue ich um keinen preiß – wäre ich Obrigkeit die Verfertiger hätten an Halseißen gemußt – und die Maschine hätte ich durch den Schinder offendtlich verbrennen laßen – was! Die Jugendt mit so etwas abscheuliches spielen zu laßen – ihnen Mord und Blutvergießen als einen Zeitvertrieb in die Hände geben – nein da wird nichts draus."[24]

War es bloß Neugierde, was Goethe antrieb? Oder zog es den strengen Geschmacksrichter insgeheim zu den „Wonnen des Gewöhnlichen" (Thomas Mann)? In jedem Fall kommt in dieser Bitte – Goethes Brief an die Mutter ist nicht erhalten – das Interesse für die triviale Massenkunst zu Wort, mit der später der Aufsatz „Kunst und Handwerk" ins Gericht gehen wird. Daraus geht schließlich der Ärger des Greises hervor, den die berühmte Stelle aus der Italienischen Reise ausdrückt. Unter dem Datum des 8. Oktober 1786 steht, was Goethe erst 1814 schrieb: „Die Kunst, welche dem Alten seine Fußboden bereitete, dem Christen seine Kirchen-

<II.11.3>
Aus der Zeitschrift „Elle", N° 2269, 3. Juli 1989

himmel wölbte, hat sich jetzt auf Dosen und Armbänder verkrümelt. Diese Zeiten sind schlechter, als man denkt." Das mag mancher empfinden, dem das kommerziell-folkloristische Warenangebot dieses Jubiläumsjahres zu laut geraten ist.

Anmerkungen

1 Diderot, Paradoxe sur le Comédien (1773), in: Diderot 1962, S. 1011
2 Geschrieben um 1788. Vgl. Füssli 1944, S. 128
3 Goethe über Sulzers „Die schönen Künste", Frankfurter gelehrte Anzeigen, 18. Dez. 1772 (in: Goethe 1965, S. 27)
4 Hegel 1955, S. 57
5 Pevsner 1940, S. 140 f.
6 Scheinfuß 1973, S. 31
7 Scheinfuß, 1973, S. 68
8 Blake 1956, S. 770, 772, 786, 795. Die „Annotations" entstanden etwa 1808.
9 Fernow 1806, S. 166
10 Gassier / Wilson 1971, S. 108 und 125
11 Tischbein 1786, S. 169 f. – Ders., 1956, S. 253. – Kat. Rom 1981/82, S. 138 und 233
12 Blake 1956, S. 591
13 Bindman 1977, S. 161

14 Friedrich 1974, S. 85. Dort auch die folgenden Zitate auf S. 85, 103, 104 und 109. „Bildersäle werden betrachtet als Jahrmärkte, wo man neue Waren im Vorübergehen beurteilt, lobt und verachtet . . ." (Wackenroder/Tieck, Herzensergießungen eines kunstliebenden Klosterbruders, Berlin 1797, Kap. Wie und auf welche Weise . . .)
15 Ledoux 1804, Bd. 1, S. 22–24
16 Goethe 1965, S. 320, – zum folgenden vgl. W. Hofmann 1981, S. 34 f.
17 A. a. O., S. 102 f.
18 Scheinfuß 1973, S. 30
19 Scheinfuß 1973, S. 121
20 Schnapper 1980, S. 116
21 Vovelle 1986, Bd. 1, S. 270 f., Bd. 2, S. 128 f., Bd. 4, S. 157 f.
22 Kommentar zu einem Dekret vom 3. März 1794: „Le bonheur est une idée neuve en Europe." (Zit. nach Vinot 1985, S. 284)
23 Georg Forster o. J., Bd. 3, S. 759
24 Goethe 1904, Bd. 1, Brief 204

ANGELICA KAUFFMANN (Farbtafel 40)

461 Selbstbildnis

1784
bez. u. r.: Angelica Kauffmann Pinx 1784
Öl/Leinwand; 64,8 × 50,7 cm
München, Bayerische Staatsgemäldesammlungen, Neue Pinakothek, Inv. 1056

Lit.: Slg. München 1978, Nr. 1056; Slg. München 1981, Nr. 1056

Das Münchner Selbstbildnis zeigt Angelica Kauffmann als 43jährige in altersloser Jugendlichkeit im Brustbild nach rechts gewendet. Sie umfaßt mit beiden Händen den Rand der auf den Schoß gestützten Zeichenmappe, die sie, ihre Tätigkeit unterbrechend, an sich zieht. Die Reißfeder in ihrer Hand weist wie zufällig auf sie. Während sich Angelica Kauffmann in anderen Selbstbildnissen mit Attributen der Musik darstellt – sie hatte sich zwischen diesen beiden musischen Begabungen entscheiden müssen – zeigt sie sich hier als Malerin (wie auch auf dem um 1770 zu datierenden Selbstporträt in der National Portrait Gallery, London (vgl. Kat. Hamburg 1986, Nr. 224). Um das Haar trägt sie der Mode ihrer Zeit entsprechend einen Turban.

Im Bildtypus läßt sich eine Verwandtschaft zu italienischen Halbfigurbildnissen des 15. und 16. Jahrhunderts (z. B. Raffaels „Fornarina" und Sebastiano del Piombos „Junge Römerin") feststellen. Angelica Kauffmann stellt sich also (im Gegensatz zu Friedrich, vgl. Kat. 469, und Carstens, vgl. Kat. 462) noch in die Tradition der klassischen Künstlerbildnisse. Jedoch verzichtet sie auf die der gefeierten Künstlerin zustehenden üblichen „Repräsentationsutensilien" der Künstlerselbstbildnisse (wie z. B. Schmuck, kostbare Kleider oder ein prunkvolles Interieur).

Angelica Kauffmann hat eine für ihre Zeit beispiellose Karriere gemacht: 1765 wurde sie in die Akademie S. Luca und 1768 (neben Mary Moser) als einzige Frau in die Royal Academy aufgenommen (bis 1922 (!) sollten keine weiteren Frauen als Akademiemitglieder akzeptiert werden).

Ihr Haus in Rom war gesellschaftlicher und künstlerischer Mittelpunkt der römischen Künstlerkolonie und des internationalen Adels. Zu ihren engen Freunden gehörten Zeitgenossen

461

462

wie Goethe, Herder, W. Tischbein, Ph. Hackert und Winckelmann.

Mit diesem Selbstbildnis reiht sich die Künstlerin in die Porträtgalerie ihrer Kollegen Mengs, Belch, Graff und Batoni ebenbürtig ein, die alle ihre Selbstbildnisse im Auftrag des Salzburger Grafen Karl Josef Firmian, einem der ersten Mäzene Angelicas, für Schloß Leopoldskron malten. B. M.

JAKOB ASMUS CARSTENS

462 Selbstbildnis

um 1785
beschriftet re. u. mit Feder in Braun: Jacobus Carstens, effig: ipse fec: Pict: Hist: ex Chers: Cimbr:
Pastell; 328 × 206 mm
HK, Kupferstichkabinett, Inv. 22942

Lit.: Kat. Hamburg 1978, Nr. 94; Kat. Hamburg 1977/78, Nr. 287; Lankheit 1952, S. 86

In reiner Frontalansicht, ohne jedes ablenkende Attribut, fixiert der junge Carstens den Betrachter mit zupackendem und durchdringendem Blick. Möglicherweise hat sich Carstens in der auf das Gesicht konzentrierten Darstellung an dem Selbstbildnis seines Lehrers Jens Juel von ca. 1780 orientiert (vgl. Kat. Hamburg 1977/78, Nr. 286). Aller Nachdruck liegt auf den blauen Augen, aus denen die Energie des Mannes spricht, der als Waisenkind schon früh auf sich allein gestellt war und für seine künstlerische Berufung gegen den aufgezwungenen Beruf (Küfer) kämpfen mußte. Als Carstens endlich an der Akademie in Kopenhagen studieren konnte, kam es zu dem ersten Zusammenstoß mit der etablierten Institution. Carstens wurde „... durch Scrutinium mit allen Stimmen bis auf weiteres von der Akademie verwiesen ..." (zit. nach Lankheit 1952, S. 85). Doch nicht genug damit, er opponierte weiter gegen die Lehrmethoden und -inhalte der königlichen Akademie. 1796 führte er – überzeugt von seiner künstlerischen Sendung

(Carstens strebte nach einer neuen Ikonographie und einer neuen Funktion der Kunst) – absichtlich den Bruch mit der Berliner Akademie herbei. In seinem berühmten Brief an den Minister von Heinitz heißt es: „Übrigens muß ich Euer Excellenz sagen, daß ich nicht der Berliner Akademie, sondern der Menschheit angehöre; und nie ist es mir in den Sinn gekommen, auch habe ich nie versprochen, mich für eine Pension, die man mir auf einige Jahre zur Ausbildung meines Talents schenkte, auf Zeitlebens zum Leibeigenen einer Akademie zu verdingen ..." (zit. nach Fernow 1806, S. 205). Darin wird das aufklärerische Denken Carstens' deutlich, demzufolge ein Kunstwerk nur aus dem Künstler selbst und nicht durch Nachahmung, wie sie in den Akademien durch das Nachzeichnen antiker Skulpturen praktiziert wurde, entstehen kann.

Mit der Unterschrift „Pictor Historicus ex Chersoneso Cimbrica (Historienmaler von der Halbinsel Cimbern)" formuliert Carstens programmatisch seinen Anspruch, „sein ethisches Sendebewußtsein" (Kat. Hamburg 1977/78, S. 272). Sein Freund, Carl Ludwig Fernow schreibt 1795 an den dänischen Dichter Jens Baggesen: „... Seine [Carstens] Seele lebt nur in Götterkriegen, Titanenschlachten, im Hesiodus und Homer. Er wünscht nichts Sehnlicheres als eine Wand, siebenzig Ellen hoch wie die von Michelangelos Jüngstem Gericht, um sich daran tot zu arbeiten und unsterblich zu sein wie er." (zit. nach Zeitler 1954, S. 129). B. M.

463

JOHANN HEINRICH FÜSSLI

463 Selbstbildnis

um 1780/90
Schwarze Kreide, weiß gehöht; 270 × 200 mm
London, Victoria and Albert Museum, Inv. E 1028-1918

Lit.: Schiff 864; Tomory 1972, Frontispiz, S. 50, 91, 171; Kat. Hamburg 1974/75; Nr. 78 (G. Schiff); Kat. Hamburg 1977/78, Nr. 289 (G. Hopp)

Ein Bildnis, „das einen durch die symmetrisch zur Rechten und Linken des Gesichts angeordneten Handknöchel unsicher und wachsam betrachtet" (Tomory 1972, S. 91), „die Knöchel blutlos von der Intensität der Empfindung" (ebd., S. 171).

Distanz und bannende Konzentration bestimmen Füsslis Selbstbildnis, das sich ganz auf sich zurückzieht, um desto stärker auszustrahlen, im Unterschied zu den meisten Selbstporträts seiner Zeit, die ihre Gesichtspartie musterhaft frei präsentieren (vgl. Kat. Hamburg 1977/78, S. 247–277). Es ist auffällig, daß Füssli die Geste des in die Hand gestützten Kopfes (nun als Verzweiflungsmotiv) gerade in solchen Bildsujets verarbeitet, die sonst nicht ins Bild gesetzt wurden (*Percival und Belisane in der Bezauberung durch Urma* [Schiff 717], *Lady Constance* [Schiff 722]). P. Th.

JEAN-JACQUES LEQUEU

465 Selbstbildnis

Anonym (Farbtafel 41)
nach JACQUES-LOUIS DAVID

464 Selbstbildnis

um 1795
Öl/Leinwand; 61 × 52 cm
Perpignan, Musée Hyacinthe Rigaud,
Inv. 841-2-26

Lit.: Wilhelm 1965, S. 165; Schnapper 1980, S. 124, 167

Als Robespierre und seine Anhänger 1794 hingerichtet wurden, entging der Jakobiner David nur knapp der Guillotine. Er war aber im Gefängnis, wo dieses Selbstbildnis angeblich entstanden sein soll. Die ungekünstelte Pose und der direkte, unverstellte Blick entsprechen dem „letzten Bildnis". Analog zur damals üblichen „derniere lettre" vor der Hinrichtung ließen sich viele zum Tode Verurteilte ein letztes Mal porträtieren, um der Nachwelt zu übermitteln, wie sie – im Angesicht des Todes – „wirklich" waren. Ein solches Bildnis ist selbst Charlotte Corday nicht verweigert worden.

Von Davids Bildnis existieren zwei gesicherte eigenhändige Versionen in Florenz (Uffizien) und in Paris (Louvre). Diese Version kam 1841 mit der Sammlung von Rocamir de la Torre, einem als „Peintre-expert" bezeichneten Sammler aus Toulouse, in das Perpignaner Museum. Torre zufolge soll das Bild aus Davids Atelier stammen und stammt wahrscheinlich von der Hand eines David-Schülers, von denen viele das Porträt entweder für sich selbst oder aufgrund großer Kundennachfrage kopierten: Davids Berühmtheit schürte auch das öffentliche Interesse an Bildnissen seiner selbst. L. S.

464

<465 B> J.-J. Lequeu, *Selbstporträt,* 1779

JEAN-JACQUES LEQUEU

465 Selbstbildnis

1792
Aquarellierte Zeichnung; 447 × 310 mm
Paris, Bibliothèque Nationale, Département des Estampes, Inv. Ha 80 c

Lit.: Duboy 1986, Nr. 111; Kat. Baden-Baden 1970, Nr. 93; Kat. St. Louis 1968, Nr. 93

Das Selbstbildnis entstand in dem Jahr, in dem Lequeu die Arbeit an seiner „Nouvelle méthode" abschloß, mit der er die Wiedergabe des menschlichen Kopfes zu vervollkommnen gedachte. Das Organische wird darin zur Gänze geometrisiert <465 A>. Doch dieser vermessene Schematismus ist nur die eine Seite seiner Einbildungskraft. Aus der Norm entweicht verstohlen die Abweichung, dem linearen Perfektionsdrang antwortet

gleichzeitig eine als wissenschaftliche Aufklärung getarnte kalte Wollust <203>. Lequeu wußte um seine Bewußtseinsspaltung. 1773 gab er einer durchsichtig verschleierten Frauenbüste seine Züge, 1779 zeichnete er sein Selbstbildnis als hysterisch lachende Bäuerin <465 B>.

Das Selbstbildnis von 1792 versagt uns die Dimension der Zweideutigkeit. Es ist als Visitenkarte gedacht, die den Künstler-Architekten als gelehrten Kopf ausweisen soll, der sich, auf Pläne und Traktate gestützt, für die urbanistischen Aufgaben der neuen Epoche empfiehlt. Lequeu wurde jedoch in den 90er Jahren bloß mit Denkmalentwürfen beschäftigt – eine Tätigkeit, die er auch später für das Konsulat und das Kaiserreich ausüben durfte. Die meisten seiner dem Salon eingereichten Architekturprojekte wurden zurückgewiesen. Er starb 1825. W. H.

FRANCISCO DE GOYA

466 Fran^{co} Goya y Lucientes, Pintor

Cap. 1
1799
Radierung, Aquatinta; 215 × 150 mm
HK, Bibliothek, Sign. Ill. XIX. Goya 1856

Lit.: G-W 451; H. 36; Kat. Hamburg 1980/81, Nr. 1; Kat. Boston 1989, Nr. 38

Goyas Selbstbildnis im Profil leitet als Titelblatt die 1799 erschienenen *Caprichos* ein. Zwei Jahre zuvor hatte Goya beabsichtigt, die Serie mit dem „Selbstbildnis als Träumer", dem späteren Cap. 43, zu beginnen.

Cap. 1 nimmt die in der 2. Hälfte des 18. Jahrhunderts übliche Form des würdevollen Profilbildnisses auf, verleiht ihm aber zugleich ironische Züge. Der Kommentar der Biblioteca Nacional in Madrid lautet: „Wirklichkeitsgetreues Portrait, verdrossen und spottlustig" (. . . *de mal humor, y gesto satírico*).

Es ist das Bildnis des selbstbewußten Skeptikers. Die hochgezogene Augenbraue, das geöffnete Auge, die geschürzten Lippen, der herabgezogene Mundwinkel bilden die Merkmale des zwischen Verächtlichkeit und Schmerzempfinden schwankenden Ausdrucks. Im Kat. Boston werden sie vom Typus der „Verachtung" (*mepris*)

465

<465 A> J.-J. Lequeu, Pl. 5 aus: *Nouvelle Méthode,* 1792

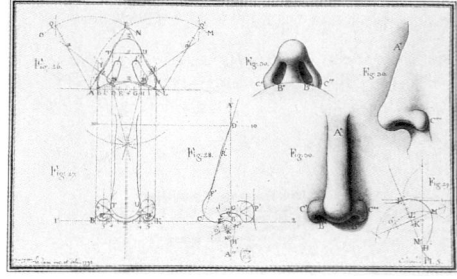

466

467

<467A> F. de Goya, *Erste Zeichnung für Cap. 43*, 1797

in Charles Le Bruns *Conférence de Monsieur Le Brun* (1698) abgeleitet.

Goyas Kleidung trägt die Insignien zeitgenössischer französischer Eleganz: eine breite, auffällige Halsbinde und den hohen breitkrempigen Zylinderhut. Zusammen mit den langen, über die Ohren herabhängenden Haaren – die Haarmode *en oreilles de chien* stammt von den Pariser Incroyables, die ebenfalls hohe Hüte trugen – entsteht eine Spannung zwischen dramatischen Dunkelzonen und der souveränen Luzidität des Gesichts.

Goyas Selbstbildnis erfüllt eine doppelte Funktion: Es demonstriert sein Selbstbewußtsein als unabhängiger, beobachtender Künstler; zugleich fordert Goya die Freiheit der schöpferischen Phantasie ein. Nähe und Distanz sind die Voraussetzungen für seine Kritik „menschlicher Irrtümer".

Hofmann (Kat. Hamburg 1980/81, S. 54) sieht im Selbstbildnis eine „kühle Maske", in der eine „subtile Selbstenthüllung" stecke, Goyas „distanziertes Engagement". So gesehen bildet Cap. 1 den Auftakt eines kunsttheoretischen Programms, das mit dem von seiner Phantasie überwältigten Künstler in Cap. 43 eine entscheidende Korrektur erfährt (vgl. Kat. 467).   J. E. H.

FRANCISCO DE GOYA

467 El sueño de la razon produce monstruos
(Der Traum der Vernunft erzeugt Ungeheuer)

Cap. 43
1799
Radierung, Aquatinta; 215 × 150 mm
HK, Bibliothek, Sign. Ill. XIX. Goya 1856

Lit.: G-W 536; H. 78; Kat. Hamburg 1980/81, Nr. 3; Kat. Boston 1989, Nr. 50; Hofmann 1988

Cap. 43 gehen zwei Entwürfe (G-W 537; 538) voraus. Sie lassen erkennen, daß Goya zunächst von einem Selbstporträt – der Künstler umgeben von den Ausgeburten seines Traumes – ausging. Die erste Zeichnung <467A> zeigt ihn von seiner Arbeit niedergesunken, im Zustand der Melancholie seinen Traumvisionen ausgeliefert, aber auch von einem vernunftweckenden Strahlenbündel umhüllt, in dem sein zweites Ich als „Hoffnungsbild" (Jansen 1976, S. 14) erscheint.

Im zweiten Entwurf <467B> wird der Zustand persönlicher Anfechtung zurückgenommen. Die Inschriften weisen ihn als geplantes Titelblatt einer Serie von „Träumen" (*sueños*) aus, einer literarischen Kunstform, in der schon Quevedo seine Gesellschaftskritik verborgen hatte. Allein die Chimären der Nacht sind geblieben, deren Dunkelzone mit einem hellen Kreissegment zusammenprallt. Diese symbolisieren die beiden Seiten der Wahrheit, die zu bezeugen sich Goya in seinem Kommentar verschreibt. Die Lichtform ist als Zeichen der Aufklärung (*luces*) zu verstehen, die Nachtvögel als Symbole der Ignoranz und des Aberglaubens. Der Traum ist die Inspirationsquelle des Künstlers und zugleich sein Mittel, in den Schwächen der Menschen die Wahrheit zu entdecken. *Ydioma universal* (Universalsprache) nennt Goya auf dem Sockel seine Botschaft, die die Allgemeinverständlichkeit der künstlerischen Phantasie ins Recht setzen möchte.

In der endgültigen Fassung hat Goya Cap. 43 an den Anfang der Hexen- und Dämonenszenen der Serie gestellt. Das Blatt wird vom zwielichtigen Grau der Aquatinta beherrscht. Die Statthalter der Unwissenheit und Triebe haben sich der Werkzeuge des Künstlers bemächtigt. Der Sockel trägt nun die Titelzeile des Blattes. Die Warnung ist ein „aufklärerischer Gemeinplatz" (Warnke 1981, S. 122). Ihr Bezug zum Künstler ist doppeldeutig: ist er als Schöpfer zugleich Opfer seiner

<467B> F. de Goya, *Zweite Zeichnung für Cap. 43*, 1797

eigenen Einbildungskraft? „Phantasie, die von der Vernunft verlassen ist, bringt unglaubliche Monster hervor, verbunden mit ihr ist sie die Mutter der Künste und Quelle aller ihrer Wunder", lautet der Prado-Kommentar. Die Vernunft als Geburtshelferin der Kunst findet jedoch im Bild selbst kein anschauliches Gegenstück, wenn man vom Luchs als Symbol der Wachsamkeit einmal absieht. Das erhellende Licht der Aufklärung ist dem Skeptizismus gewichen.   J. E. H.

468

PHILIPP OTTO RUNGE

468 Selbstbildnis am Zeichentisch

1801/02
Schwarze und weiße Kreide auf braunem Papier;
552 × 433 mm
HK, Kupferstichkabinett, Inv. 1950/150
(Leihgabe der Familie Runge)

Lit.: Traeger 1975, Nr. 220; Kat. Hamburg 1977/78,
Nr. 241; Jensen 1977, S. 191, Abb. 1

Am 20. Juni 1801 trifft Runge (nach Beendigung
seiner Studien in Kopenhagen bei Jens Juel und
N. A. Abildgaard) zur weiteren Ausbildung in
Dresden ein. Noch im selben Jahr (bzw. Anfang
1802) entsteht das „Selbstbildnis am Zeichentisch". Traeger hält es für möglich, daß es sich bei
dieser Zeichnung um das Selbstbildnis handelt,
das Runge seinem Vater mit einem Brief vom
27. Januar 1802 sandte (HS II, S. 110).

Dieses erste erhaltene Selbstbildnis Runges
fällt in einen entscheidenden Lebensabschnitt
des jungen Künstlers. In diesem Jahr wird er seine
zukünftige Frau, Pauline Bassenge, kennenlernen
und sich über seine Kunstkonzeption klar werden. „Ich stehe auf meinem Weg und weiß, was
ich will ..." (HS II, S. 110), schreibt er am
18. Dezember 1801 an seine Mutter.

Fest und sicher blickt Runge von seinem
Zeichentisch auf, zupackend den Betrachter
fixierend. Sein Blick wirkt aufgeschlossen, direkt,
gleichzeitig jedoch distanzierend. Alle Konventionen sind beiseite gelassen. Es entsteht eine
Spannung zwischen dem unverstellt dem Betrachter offenliegenden Blick und gleichzeitiger
Verschlossenheit, ja fast könnte man von Isolation und Einsamkeit des 24jährigen Künstlers
sprechen. Der Ausdruck der Einsamkeit ist nicht
nur spezifisch für Runge, sondern symptomatisch für die gesellschaftliche Situation der
Künstler, deren Schaffen in die Jahre zwischen
Revolution und Restauration fällt, einer Zeit, die
im Zeichen der Auflösung feudalistischer Strukturen und akademischer Normen steht (vgl. Kat.
462). „Die Künstler, zum großen Teil gelöst aus
der Abhängigkeit von Kirche und Aristokratie,
aber auch nicht mehr eingebettet in eine Zunft-
ordnung, waren wie nie zuvor auf sich selbst
gestellt" (Holsten in Kat. Hamburg 1977/78,
S. 247). B. M.

CASPAR DAVID FRIEDRICH

469 Selbstbildnis
mit Mütze und Visierklappe

bez. l. o.: den 8t Merz 1802
Bleistift, Pinsel, Tusche; 175 × 105 mm
HK, Kupferstichkabinett, Inv. 41114

Lit.: Kat. Hamburg 1974 II, Nr. 38; Kat. Hamburg
1977/78, Nr. 274; BS 72; Opitz-Schoeller 1986, S. 37 f.;
Eimer 1974, S. 28

In dem von Friedrich selbst genau datierten
Selbstbildnis vom 8. März 1802, das wahrscheinlich aus dem „Mannheimer Skizzenbuch"
stammt, stellt sich der Künstler mit Visierklappe
und einem am Knopfloch befestigten Tintenfläschchen als Zeichner dar. Das rechte Auge wird
von einem an der Mütze befestigten Stück Papier
abgedeckt. Dadurch wird das plastische Sehen
reduziert und der anvisierte Gegenstand schärfer
gesehen. Dieses Hilfsmittel war im Atelier von
Anton Graff, bei dem Friedrich in Dresden lernte,
üblich. Tintenfläschchen und Visierklappe erleichtern das Zeichnen im Freien.

Durch die beiden „Requisiten" betont Friedrich die Wichtigkeit des Beobachtens und wachen
Registrierens beim Zeichnen nach der Natur.

Der Künstler stellt sich in diesem Selbstbildnis bei der Arbeit dar, ihm fehlt jedes Repräsenta-
tionsstreben, jede Überhöhung, wie sie bis Ende
des 18. Jahrhunderts bei Künstlerbildnissen
üblich war. Die Zeichnung könnte eine dem
Lehrbuch entnommene, sachliche Anweisung
für Zeichner sein. Nichts ist von der Melancholie
zu spüren, die noch im selben Jahr sein „Selbstbildnis mit aufgestütztem Arm" (vgl. Kat. Hamburg 1977/78, Nr. 290) bestimmt. B. M.

JOHANN HEINRICH FÜSSLI

470 Two Men Smoking a Picture
(Zwei Männer – Füssli und ein Unbekannter – „ein Bild räuchernd")

aus: Römisches Album, Bl. 63v, Nr. 82
um 1774
Pinsel und Sepia über Bleistift; 305 × 215 mm
London, British Museum, Inv. 1885-3-14-274

Lit.: Schiff 567; Ditchburn-Bosch 1960, S. 17 m. Abb.;
Kat. Hamburg 1974/75, Nr. 43 (G. Schiff); Kat. Berlin
1980, S. 201 f., Abb. 121 (B. Hinz)

Burkes „Schönes" und „Erhabenes" aus der Tube
(Errungenschaft einer neuen Zeit) vom Maler
selbst auf die Leinwand gedrückt; als Beistand
ein „Kunstkenner" mit Pfeife, der dem Gemälde
die nötige Patina verleiht; dazu unbeachtet am
Fuße der Staffelei eine anatomische Skizze –
Füssli karikiert nach dem Muster von Hogarths
„Time Smoking a Picture" (vgl. Kat. Berlin 1980,
Nr. 134) Modetrends, deren Faszination er ambi-
valent beschreibt. Das „Genie" drückt sich (im
wahrsten Sinne des Wortes) aus, aber zugleich ist
jegliche Handschrift getilgt, vernebelt vom
Kunstgeschmack.

Füssli treibt die Gegensätze auseinander: Das
Anhäufen wirrer Farbflecken (das an das „blot-
ting" von Alexander Cozens erinnert; vgl. Kemp
1979, S. 136 u. 140 ff., und W. Hofmann in Kat.
Hamburg 1976, S. 187 ff. u. Kat. 140 ff.) dominiert
über das trockene Akademiestudium. Zwischen
beidem sucht Füssli seinen eigenen Weg. P. Th.

469

470

PIETRO ANTONIO MARTINI

471 Exposition au Salon du Louvre en 1787
(Ausstellung im Salon des Louvre 1787)

1787
Kupferstich; 385 × 328 mm
HK, Kupferstichkabinett, Inv. 28224

Lit.: Koch 1967, S. 146; Kat. Münster 1976, S. 254 f.;
Kat. Washington 1976, S. 152 ff.

Wir blicken in den „Salon Carrée" des Louvre, in
dem schon seit 1725 regelmäßig Ausstellungen
stattfanden. Der Saal ist gefüllt mit Menschen,
Damen wie Herren, einigen Kindern und Hun-
den. Man konversiert in Gruppen oder paarweise, einige halten den Ausstellungskatalog in Händen. 106 Bilder (von 327 Exponaten) sind abgebil-

det, nach der Größe bis unter die Decke gestaffelt. Sie lassen sich – nicht zuletzt durch die beigegebenen Nummern – identifizieren, u. a.: Vien, Gréne d. Ä., Suvée, Vincent, Vigée-Lebrun, Labille-Guiard, David und Regnault (vgl. Salon, Nr. 1, 5, 16, 22, 97, 110, 119 und 120).

Der Salon von 1787, der hier so gleichmäßig „eingeebnet" erscheint, war jedoch voller Spannungen. Vor allem war es David, der für Aufsehen sorgte. Er stellte seinen „Mort de Socrate" aus (in der Mitte unten). Als privater Auftrag trat er in Konkurrenz zu Peyrons „Mort de Socrate", einem Auftrag des Königs (nicht abgebildet, Rosenberg/van de Sandt 1983, Nr. 114). David setzte seinen Triumph von 1785 („Schwur der Horatier") fort (vgl. den Galeriestich Martinis von 1785; Koch 1967, Abb. 60). Auch ein anderes Bild löste im Vorfeld Spannungen aus: Vigée-Lebruns „Marie-Antoinette mit Kindern" (in der Mitte mit Wappenrahmen) sollte zuerst nicht ausgestellt werden, da der Hof „Reaktionen" fürchtete. Zunehmend zeichnete sich auch eine „ästhetische" Konkurrenz von Hof- und Bürgerpartei ab (vgl. Crow 1985, Kap. VII).   Joh. H.

471

JOSEPH ANTON KOCH

472 Karikatur auf das Regime an der Hohen Karlsschule

um 1791
Feder in Schwarz-Grau, aquarelliert; 350 × 501 mm
Staatsgalerie Stuttgart, Graphische Sammlung, Inv. 4168

Lit.: Lutterotti 1985, Nr. Z 617; Kat. Stuttgart 1989, Nr. 1

In der Ablösung vom feudal-höfischen zum bürgerlichen Kunstanspruch nimmt diese Karikatur, die nur ein Atelierulk zu sein scheint, einen wichtigen Schritt zur Selbstvergewisserung einer neuen Kunstauffassung ein.

Koch stellt sich selbst inmitten des Ateliers der Akademie an der Hohen Karlsschule dar. Er wird vom Intendanten der Akademie, Oberst von Seeger, mit dem Stock bedroht. Bei der Maßregelung sind anwesend: sein Gesinnungsfreund F. C. Hiemer, sowie Lehrer und Schüler. Auf einer zweiten Ebene wird der Kampf in allegorischer Form wiederholt: die „Malerei" wird von einem Vertreter des Ancien Régime zur Arbeit gezwungen, die „Plastik" in Gestalt von Apollon liegt darnieder. Ein Kunstschüler (Koch) sitzt gefesselt im Block, ihm droht das „Zuchthaus" mit Kette und Stroh. Stolz und marktschreierisch prahlt dagegen die Figur des „Geschmacks" oder der „Mode" mit hundert Brüsten und Geldbeuteln. Ihr zu folgen obliegt, mißfällt aber dem Genie, das seine wahre Bestimmung in antiker Größe sieht (vgl. auch die verschollene Skizze, die Koch zwischen Mode-Torheit und wahrer Muse zeigt; Musper 1935, S. 175). Hinweise auf die wahre Kunst gibt die Fackel „Prometheus" am Fuß des oppositionellen Jünglings Hiemer links – Prometheus ist Symbolfigur des schöpferischen Genies seit dem Sturm und Drang, vgl. Walzel 1910 – sowie zwei Schriften, die am Boden liegen, Lessings „Laocoon" und Engels „Mimik"; sie sollen der Sicht auf die Antike eine emanzipatorische Stoßrichtung verleihen. Natürlich hatte diese Abkehr von dem höfischen Repräsentationsanspruch etwas mit der Französischen Revolution zu tun (vgl. Bartsch 1976, S. 18, 102 ff.).

Den Künstler in die Pflicht als Fürstendiener zu nehmen mißlingt, wie bei Carstens (vgl. Kat.

472

462). Koch flieht aus der Anstalt und dem Lande, um dem Schicksal Schubarts, der „auch am Thron zu laut gesprochen" und dafür 10 Jahre Festungshaft bekam, zu entgehen. Koch sendet noch seinen Zopf – ein symbolischer Kraftakt – per Post der Akademie zurück (Lutterotti 1985, S. 28) (wie ja auch schon zehn Jahre früher Schiller der Hohen Carlsschule ein „In Tyrannos" entgegengeschleudert hatte). In seinem Abschiedsbrief an seinen Vorgesetzten schreibt Koch: „Freilich kann ich Euch den Speichel nicht lecken, nicht wie ein Würmlein mich beugen … Ich muß Euch fliehen … bis ich ein glücklich Eiland erreiche." (Lutterotti 1985, S. 28)

Er entdeckt das „Eiland", die wahre Kunst, sein „eigenes Selbst" und „seine höhere Pflicht"

(Koch) jenseits des höfischen Milieus – und fern der bürgerlichen Gesellschaft: in der arkadischen Idylle der Sabiner Berge, den Alpen (vgl. Kat. 196) und inmitten der „Künstlerrepublik" Rom. Weitab auch von der Französischen Revolution, die er am eigenen Leib kennen und verachten lernte (Straßburg 1792, Rom 1811); sie erfüllt nicht das, was er von einer wahren Renovatio erwartet. Denn für ihn galt es einer anderen Knechtschaft zu entgehen: bürgerlichen Marktzwängen (vgl. auch Hofmann 1979, S. 218). Die wahre „Freiheit" entdeckte er jenseits des Politischen, in der „Künstlerfreiheit", in der die eigentlichen Werte der Menschheit aufgehoben schienen. Der antifeudale Kampf mußte folglich erweitert werden zum anti-bürgerlichen: Künstler contra Spießer.   Joh. H.

Ni mas ni menos.

FRANCISCO DE GOYA   473

473 Ni más ni menos
(Nicht mehr und nicht weniger)

Cap. 41
1797–99
Radierung, Aquatinta; 200 × 150 mm
HK, Bibliothek, Sig. Ill. XIX. Goya 1856
Lit.: G-W 532; H. 76; Kat. Göttingen 1976, Nr. 38

Cap. 41 ist das satirische Gegenbild des servilen Künstlers zu Goyas programmatischen Selbstbildnissen in Cap. 1 und Cap. 43 (Kat. 466; 467). Der Esel bleibt ein Esel – „nicht mehr und nicht weniger" –, auch wenn man seine Ohren unter einer Perücke versteckt. Aber zielt Goyas Spott nur auf die schmeichelhafte Darstellung, die aus der Personifikation der Dummheit eine respektable Persönlichkeit macht? Als abhängiger Hofmaler war Goya selbst an Auftragsporträts gebunden, die dem Geschmack der Auftraggeber zu genügen hatten. Daß im malenden Affen keine Selbstironisierung Goyas zu vermuten ist, läßt die Inschrift auf dem Sockel – eine Parallele zu Cap. 43 – der Vorzeichnung (G., II, 99) erkennen: *No morias de ambre* („Du wirst nicht Hungers sterben"). Dieser Satz richtet sich gegen den Künstler, der gut lebt, weil er sich den Konventionen unterwirft.

Wieder versteckt Goya in der mehrdeutigen „Eselei" der Endfassung seine künstlerische Überzeugung. Die bis in die Antike zurückreichende Tradition der Kunst als „Nachäfferin der Natur" (*Ars simia naturae*) bildet die Folie zu Cap. 41. 1792 zog Goya in seiner Akademiekritik (vgl. Kat. 59) die Grenzlinie zwischen der Nachahmung der „schönen Natur" im Sinne des Klassizismus und seinem eigenen Verständnis einer regelfreien Nachahmung der Natur. Während der Klassizismus der monotonen Kopie verfällt, sichert sich Goya die Lizenz zur Freiheit der schöpferischen Phantasie. Was Goya 1792 andeutet, führt in den *Caprichos* zum Gebrauch der Karikatur.

Die Bildformel des äffischen Kopisten konnte Goya der zeitgenössischen Satire, die Lafuente Ferrari (1979, S. 91–93) zusammengefaßt hat, oder auch dem Bild *El mono pintor* (Der Affe als Maler) von David Teniers, heute im Prado, entnehmen.   J. E. H.

HUBERT ROBERT   (Farbtafel 43)

474 Vue imaginaire de la Grande Galerie en Ruine
(Imaginäre Sicht der Grande Galerie als Ruine)

1798 (?)
Öl/Leinwand; 32,5 × 40 cm
Paris, Musée du Louvre, Inv. R. F. 1961–20
Lit.: Kat. Paris 1979 II, S. 35 u. 65 (Nr. 85)

Die Grande Galerie des Louvre liegt in Trümmern, nur einige Kunstwerke sind der Zerstörung entgangen (Apoll von Belvedere, eine Raffael-Büste). Pflanzen haben sich eingenistet, und einfache, „arkadische" Menschen (Wäscherin, Hirte, Maler) beleben die Szene.

Warum hat Robert der Wunschvorstellung eines Museums (vgl. Kat. 475) eine erhaben-schauerliche Vision an die Seite gestellt? Ruinen-Utopien zu entwerfen war nicht neu. Schon Cochin und Saint-Aubin stellten sich 1760 den gerade begonnenen Kirchenbau Sainte-Geneviève „en ruines" vor (Petzet 1961, S. 78 f.), und Mercier entwarf 1770 ein „Versailles en ruines" als Mahnmal für künftige Gewaltherrscher (L'An 2440, Kap. 43, 44). Es war die Zeit der künstlichen Ruinen in der Gartenarchitektur (vgl. Zimmermann 1989). Durch die Ruinen-Utopien nimmt Robert einerseits die Perspektive des Sehers ein, der prophetisch den Untergang verkündet, andererseits nobilitiert er das Gebäude durch die Vorstellung der „schönen Ruine" (vgl. Herzog 1989, S. 179 f.).

Die erhabene Tragik der antiken Ruine kann, wie Burke 1757 aufgezeigt hat, auch auf moderne Bauten übertragen werden (vgl. Burke 1980, I, 15). Demnach ließe sich Roberts Vision als Angleichung an römische Ruinenpoesie verstehen (vgl. < 474 >). Die Grande Galerie in pseudo-antiken Trümmern erhält Größe – und also auch die intakte Galerie. Der Altertumskenner Robert sieht prophetisch vorwärts, ihn ergreift ein sublimes Erschauern. Sollte nicht aus dem Bewußtsein der Vergänglichkeit eine Renovatio möglich sein? Zweifelhaft ist, ob die Zeitgenossen Roberts Traum vom Verfall noch verstanden haben; es hat sich kein ernstzunehmender Kommentar erhalten.   Joh. H.

HUBERT ROBERT   (Farbtafel 42)

475 Projet d'Aménagement de la Grande Galerie du Louvre
(Projekt für die Umgestaltung der Grande Galerie des Louvre)

1798 (?)
Öl/Leinwand; 33,5 × 42 cm
Paris, Musée du Louvre, Inv. R. F. 2050
Lit.: Kat. Paris 1979 II, S. 34 u. 64 (Nr. 83)

In der Grande Galerie des Louvre, einem weiträumigen, großzügigen Gang, verweilen einzelne Besucher, schauend, zeichnend, sich unterhaltend. Dieser scheinbare Wirklichkeitsausschnitt ist jedoch Utopie. Robert gibt einen Idealentwurf, wie die Grande Galerie auszusehen hätte, um die „Schätze der Nation" in richtigem Licht würdevoll zu präsentieren.

Seit 1778 war Robert für die königliche Gemäldesammlung zuständig – mit Unterbrechung von 9 Monaten im Gefängnis 1793/94 „comme suspect", er blieb es bis 1802. Die Geschichte des Louvre ist mit dem Leben Roberts eng verknüpft; neben seiner Tätigkeit als Konservator schuf er über 50 Louvre-Ansichten

474

< *474* > H. Robert, *Wäscherinnen in einer antiken Säulenhalle,* 1760

(eine Zeichnung in der Hamburger Kunsthalle), darunter ca. 30 Gemälde. Seitdem der Beschluß 1776 gefaßt war, die königliche Kunstsammlung öffentlich zugänglich zu machen – hier war der Minister für öffentliche Bauten, d'Angiviller, maßgeblich beteiligt –, bestand das Problem der Unterbringung im Louvre. Der wichtigste dafür in Frage kommende Raum war ein 432 Meter langer gleichförmiger Gang mit Seitenlicht.

Roberts Vorschlag – möglicherweise zusammen mit dem Architekten-Maler De Wailly entwickelt (vgl. Kat. 158) – war nun die Unterteilung des „Tunnels" mit Gurtbögen, Säulen im Serlio-Motiv und die Einrichtung von Oberlicht. Eine erste Variante kann 1786 entstanden sein (vgl. Kat. Paris 1979 II, Nr. 157). Eine große, ausgefeilte Fassung stellte er 1796 im Salon aus, deren Titel ganz der Architektensprache entlehnt ist: „Projet pour éclairer la gallerie du Musée par la voûte, et pour la diviser sans ôter la vue de la prolongation du local" (Entwurf zur Beleuchtung der Museumsgalerie vom Gewölbe aus, und zu seiner Unterteilung, ohne den Blick auf die Länge des Raumes zu verstellen). Die vorliegende, etwas flüchtigere Variante kann auf Grund der Kostüme etwas später entstanden sein, vielleicht, um eine neue Anordnung der Säulen und das Oberlicht vorzustellen. (Robert berücksichtigt übrigens d'Angivillers 1775 projektierte „Galerie des Grands Hommes"). Roberts Utopie wurde in mehreren Etappen verwirklicht, zuerst kamen durch Percier und Fontaine 1805/10 die Jocheinteilung mit Säulen, zuletzt, 1947 (!), das Oberlicht, so daß die Grande Galerie heute so aussieht, wie sie Robert vor fast zwei Jahrhunderten projektiert hatte.

„Robert des Ruines", wie er genannt wurde, ließ es sich aber nicht nehmen, seiner konkreten Utopie eine Vision „à l'antique" an die Seite zu stellen (vgl. Kat. 474).   Joh. H.

nach ANTOINE-MAXIME MONSALDY
und G. DEVISME (Reproduktion)

476 Vue des Ouvrages de Peinture
(Blick auf die Ausstellung der Gemälde)

um 1923 (nach Vorlage 1800)
Heliogravure nach Radierung
HK, Bibliothek, Sign. Gr. F. Courboin 1923

Lit.: Koch 1967, S. 148

Im selben „Salon Carré" wie 1787 (vgl. Kat. 471) –
und wie seit der Gründung des Salons – fand auch
1800 der Salon statt, aber nicht mehr als Monopol der Akademie, sondern offen für alle Talente.
Die Organisatoren stellten die Jury, in diesem
Fall das Museum, das jetzt „Musée Central des
Arts" hieß. Die Ausstellung hatte sich demokrati-
siert: die Anzahl der Exponate war gewachsen,
die Besucherzahl gestiegen.

Zwei große Bilder, die hier zu sehen sind,
machten Sensation: „Les Remords d'Oreste" von
Hennequin, ein Bild, das wohl als eine Art
Abrechnung mit der „terreur" zu verstehen ist
(vgl. Kat. Paris 1989, Nr. 844) und „L'Ecole
d'Apelles" von Broc, der zur Sekte der „Primitifs"
gehörte (vgl. Levitine 1978, S. 113 ff.). Zu sehen ist
auch ein Bild, das seine Autorin, Marie Benoist,
berühmt machte: „Die Negerin" (Louvre, vgl.
Kat. London 1972, Nr. 26). Das wichtigste Kunst-
ereignis fand aber außerhalb des Salons statt:
David stellte seit Dezember 1799 die „Sabinerinnen" gegen Eintritt in seinem Atelier im Louvre
aus.

Die Kunstpolitik Napoleons machte sich
bereits ein Jahr nach dem Staatsstreich bemerkbar, sein erfolgreiches Bemühen, die Staatsauto-
rität mit dem Personenkult zu verknüpfen;
bezeichnend ist der Titel von A.-F. Callets Allegorie „18 Brumaire an VIII, ou la France sauvée"
(Salon Nr. 63; vgl. Sandoz 1985, Nr. 67). Sieben
weitere Kunstwerke stellen den Ersten Konsul
Bonaparte dar: 2 Gemälde (Nr. 52 und 720),
3 Plastiken (Nr. 401, 403, 410) und 2 Graphiken
(Nr. 628, 634). Da in den Attentatsversuchen auf
Napoleon im Oktober auch Künstler beschuldigt
wurden, berührte die Politik unmittelbar diesen
Salon. Zwei oppositionelle Künstler, der Maler
Topino-Lebrun und der Bildhauer Ceracchi,
kamen als Opfer des Bonapartismus am 31. Ja-
nuar 1801 aufs Schafott (vgl. Bordes 1977).

Es gibt eine zweite Ansicht von Monsaldy, die
die andere Seite der Ausstellung zeigt (Koch 1967,
Abb. 62 b). Die Vorzeichnung zu dem Stich (hier
in Reproduktion) hat sich erhalten (vgl. Bibliothèque Nationale, Estampes: Ad 89 a pet. fol.).
Joh. H.

476

475

JAMES GILLRAY

**477 A Cognocenti contemplating e/y Beauties
of e/y Antique**
(Ein Kenner betrachtet die Schönheiten
der Antike)

11. Februar 1801
Kolorierte Radierung; 361 × 253 mm
HK, Kupferstichkabinett, Inv. 1980/104

Lit.: BM 9753; Hill 1976, Nr. 71

Der ältliche, kurzsichtige Kunstkenner William
Hamilton ist in die Betrachtung antiker Bildwerke versunken. Der Antiquitäten- und Kunst-
rahmen ist jedoch nur Vorwand für einen satirischen Angriff auf das Kleeblatt William und
Emma Hamilton und Horatio Nelson, den See-
helden von Abukir – eine private Klatschge-
schichte, die die englische Öffentlichkeit lange in
Atem hielt. Die Affäre zwischen Nelson und
Hamiltons Gattin hatte – wahrscheinlich mit
dessen Billigung – in Neapel begonnen, wo Lord
Hamilton von 1764 bis 1800 englischer Gesandter
war. In dieser Zeit legte er eine bedeutende
Sammlung antiker Kunstwerke an und veröffentlichte naturwissenschaftliche Studien über die
Vulkantätigkeit des Vesuvs (vgl. Kat. 194; 195).
Auf letzteres verweist in Gillrays Stich das
Gemälde eines Vulkanausbruchs über Hamiltons
Kopf. Doch wird nicht nur auf seine Forschungen
angespielt: Eine explosive Leidenschaft verbindet in Gestalt der vermittelnden Bullenhörner der
Statue des ägyptischen Stiergottes Apis die halb-
entblößte Kleopatra/Lady Hamilton mit dem
einarmigen Marc Anton/Lord Nelson auf den
beiden Gemälden links. Rechts wendet sich der
gehörnte Kaiser Claudius/Lord Hamilton mit
langem Gesicht von dem ehebrecherischen Paar
ab. Unter dem Gemälde steht die Statue des
eselsohrigen Midas, Sinnbild der Torheit und der
falschen Wahl. Das Augenmerk des Kunstlieb-
habers ist auf die Büste der antiken Kurtisane Lais
gerichtet, stark beschädigt, doch unschwer als
Lady Hamilton zu identifizieren. K. O.

477

HUBERT ROBERT

478 Le Jardin Elysée
(Der Garten der Monumente)

um 1802
Öl/Leinwand; 63,8 × 80,5 cm
Kunsthalle Bremen, Inv. 769-1958/18

Lit.: Réau 1959, Bd. 1, S. 390 ff., Bd. 2, S. 47 ff.; Kat.
Paris 1979/80, S. 75 ff.

Dieser Garten, „Jardin Elysée" genannt, gehörte
zum „Musée des Monuments français" und
befand sich mitten in Paris am linken Seine-Ufer
gegenüber dem Louvre. Seit 1791 wurde hier, in
dem ehemaligen Kloster an der Rue des Petits-
Augustins, die nationalisierten und konfiszierten

Kunstschätze deponiert, dann, mit Alexander Lenoir als Konservator, das Museum eingerichtet; ein Asyl für Kunstwerke, „échappés à la hache des destructeurs et à la faulx du temps" (entkommen der Axt der Zerstörung und der Sense der Zeit; Lenoir 1806, S. VII). Am 1. September 1795 eröffnet, wurde es durch den unermüdlichen Einsatz seines Leiters Lenoir (vgl. sein Rettungsversuch in Saint-Denis, <478>) das erste Museum für Skulptur des Mittelalters und der Renaissance überhaupt. Halb Friedhof, halb Freilichtmuseum, bildete der „Jardin Elysée" einen beliebten – und gut dokumentierten – Ort, besonders gedacht für „philosophe, poète, peintre" (Lenoir).

Der „Jardin Elysée" war sozusagen ein in die Wirklichkeit übersetzter Robert, „... eine Art archäologischer Park im Stil Englischer Gärten, eingerichtet mit künstlichen Ruinen (fabriques), wie sie durch Hubert Robert Mode wurden." (Réau 1959, Bd. 1, S. 393). Dargestellt sind (von links nach rechts) die Grabmäler für Turenne und Anne de Montmorency, die Brunnenplastik Diane d'Anet, die Grabmäler für Montfaucon, Boileau und Molière, die Triumphsäule mit der Figur der „Abondance" und das Grabmal für Descartes (vgl. Lenoir 1806, Nr. 195, 449, 467, 513, 555, 510, 508, 208 und 507). Das Gemälde läßt sich auf Grund der Gartenanlage vielleicht auf 1802 datieren (vgl. Variante im Carnavalet „1802").

Die Errichtung des „Musée des Monuments français" leitete eine andere Kunstepoche ein: „... cette époque, 1803, ... les idées chevaleresques et les sujets tirés de l'histoire moderne ayant été remis en vogue" (in dieser Epoche, 1803, kamen wieder die Ideen des Rittertums und die Themen aus der neueren Geschichte in Mode) (Delécluze 1855, S. 242). Nach seiner Auflösung 1816 durch Ludwig XVIII., und der Errichtung der Ecole des Beaux-Arts an seiner Stelle, lebte die Konzeption des Museums im „Musée Cluny" wieder auf (1844 eröffnet, vgl. Erlande-Brandenburg 1977, S. 49 ff.; Kat. Paris 1979/80, S. 75 ff.).
Joh. H.

ANONYM

479 Le Peintre d'Histoire encouragé par le Gouv[ernémen]t
(Der Historienmaler wird gefördert von der Regierung)

nach 1802
kolorierte Radierung
Paris, Bibliothèque Nationale, Département des Estampes, Inv. Qb' 1802 15 avril

Ein Maler, in Culotte und Rock, sitzt vor einem fast lebensgroßen Figurenbild und wendet sich an seine Besucher. Sein Bild stellt eine Huldigung an den Ersten Konsul Bonaparte dar, der mit der einen Hand der gefallenen „Religio" aufhilft, mit der anderen einen Friedenszweig hält und dafür von Minerva mit dem Kranz der Unsterblichkeit belohnt wird. Renomée zeigt einen Vertrag und verkündet Bonapartes Ruhm. Im Hintergrund steht der Musen-Tempel.

Die Allegorie bezieht sich auf das Concordat und auf den Frieden von Amiens, darüber hinaus auf die Hoffnung der Maler auf Aufträge. Das Concordat wurde am 15. Juli 1801 geheim unterzeichnet und am 18. April 1802 als „Rückkehr zum Frieden des Gewissens" mit großen Manifestationen in Notre Dame zu Paris gefeiert. Damit war die wichtigste Frage gelöst, die das Land seit der Entchristianisierung des Jahres II in einen Bürgerkrieg und an den Rand des Abgrunds trieb. Bonaparte wollte innen und außen Frieden, um seine Macht zu stabilisieren. Im Äußeren sicherte er sich gegen England im Frieden von Amiens ab. Eine Friedenszeit schien sich zu eröffnen, die Europa seit 10 Jahren nicht mehr gesehen hatte.

Diese Hoffnung wird hier zum Ausdruck gebracht (ähnliche Friedensallegorien: Kat. 352, sowie: Slg. Paris 1977, Nr. 26; Slg. Paris 1982, Nr. 32; Kat. Hamburg 1983, Nr. 317 und 318). Hofften die Künstler wieder an ihren vormals größten Auftraggeber, die Kirche, Anschluß zu gewinnen? Auch in der Dichtung wurde gefordert, die Kunst wieder auf das Fundament der Religion zu stellen. In „Génie du Christianisme" – vier Tage vor dem Concordat erschienen –

äußerte z. B. Chateaubriand: „Le christianisme a inspiré les plus grands peintres et sculpteurs, leur fournissant des sujets plus beaux, plus riches, plus dramatiques, plus touchants que les sujets mythologiques" (Das Christentum hat die größten Maler und Bildhauer inspiriert, hat ihnen schönere, reichere, dramatischere, rührendere Themen geliefert, als es die Mythologie vermochte). Es war wie ein Fanfarenstoß zur Romantik. Auch in Deutschland wurde zur Rückkehr angestimmt: „Der Herzschlag der neuen Zeit" sei die Bereitschaft, den geläuterten Glauben wieder aufzunehmen; „nur die Religion könne Europa wieder aufwecken und die Völker sichern" (Novalis, Die Christenheit oder Europa, 1799).
Joh. H.

PIERRE-NOLASQUE BERGERET

480 Les musards de la rue du Coq
(Die Müßiggänger der Rue du Coq)

1805
Federlithographie; 216 × 374 mm
Paris, Coll. Anne & Arsène Bonafous-Murat

Lit.: Kat. Dayton 1982, Nr. 26; Kat. Los Angeles 1988, Nr. 190

Müßiggänger ergehen sich vor einem Schaufenster – jeder in verschiedener Gestalt, Erotik hier, Voyeurismus dort; es prallen die Gegensätze aufeinander. Nach der Schreckensherrschaft war wieder Lachen möglich – die kleine, gesellschaftliche Sanktion des Alltags. Selbst Karikaturen, sehen die Flaneure ihr Ebenbild in „Martinet Librairie" in Form von Bergeret-Karikaturen: z. B. „Le suprême bon ton actuel" (vgl. Kat. Dayton 1982, Nr. 24).

Das bekannte Genre, Müßiggänger auf der Straße – man denke an Watteaus Ladenschild Gersaint, an Debucourt (Kat. 288) – ist gleichzeitig Gesellschaftssatire und Mode-Karikatur. Nicht die uniforme Masse, sondern extrem gegensätzliche Individuen mischen sich hier „demokratisch" mit demselben Vergnügen vor den-

<478> P.-J. Lafontaine, *Lenoir wehrt die Zerstörung des Grabmals von Ludwig XII. ab*

479

Le Peintre d'Histoire encouragé par le Gouv.t

479

481

selben Bildern. Der Künstler blickt leicht spöttisch auf dieses neue Phänomen, gibt zu erkennen, daß er – und der Betrachter – nicht dazugehören. Mit dem neuen bürgerlichen Publikum kam die Werbung und die Massenauflage. Die gerade neu erfundene Lithographie kam dem entgegen. Als einer der ersten in Frankreich benutzte Bergeret diese Technik.

Lithographiert in der Werkstatt des Geschäftspartners Senefelders, Frédéric André aus Offenbach, der ab 1802 eine Werkstatt in Paris unterhielt, warb das Blatt für Aaron Martinets Graphikhandel, der am rechten Seine-Ufer in der „rue du Coq[-Saint-Honoré]" (heute Marengo) in der Nähe des Louvre ein modisches Publikum anzog. Joh. H.

BENJAMIN ZIX

481 Vivant Denon am Grab des Cid

1809
Federzeichnung, laviert
Straßburg, Musée de la Ville,
Cabinet des Estampes

Vivant Denon folgte Napoleon auf seinen Feldzügen, da er als Kunstexperte und später als Generaldirektor der Museen zuständig war zum einen für die Requirierung erbeuteter Kunstschätze und zum anderen für die Ikonographie siegreicher Taten Napoleons. Vom Oktober 1808 bis Februar 1809 hielt er sich zu diesem Zweck mit seinem Zeichner, dem Straßburger Benjamin Zix, in Spanien auf. Die vorliegende Zeichnung zeigt

die Klosterkirche „San Pedro de Cardeñas" mit dem Grabmal von „El Cid", des sagenhaften Befreiers Spaniens aus dem 11. Jahrhundert. Französische Soldaten hatten das Grab auf der Suche nach Schätzen aufgebrochen. Zix' Kirchenansicht ist authentisch – sie wurde z. B. als Vorlage in Labordes Reisebeschreibung „Voyage pittoresque et historique de l'Espagne" (1806–1820) aufgenommen. Ob Denon tatsächlich vor dem geöffneten Grab gestanden hat, ist nicht belegt; eventuell stellt es ein Wunschbild des Auftraggebers, Denon, dar.

Denon liebte es, die offiziellen Beutestücke durch private Erinnerungstücke zu ergänzen; „Reliquien" zogen ihn besonders an: so besaß er u. a. einen Zahn Voltaires, einen Knochen Molières und einige Schnurrbarthaare Heinrichs IV. (vgl. Kat. Paris 1974/75 I, Nr. 57). Er ließ sich auch mit diesen kostbaren Sachen darstellen (Simons, 1976, S. 63). Hier hält er einen Knochen von „El Cid". Tatsächlich befand sich in Denons Nachlaß: „Fragments d'os du Cid et de Chimène trouvés dans leur sépulture, à Burgos" (Knochenstücke von El Cid und Chimene in ihren Grabstätten in Burgos gefunden; Chatelain 1973, S. 272). Denon ließ sich von A. Roehn (Bild verschollen) und A. E. Fragonard malen, wie er sich mit dem Schädel (!) „El Cids" in der Hand über das Grab beugt (Saint Quentin, 1812; vgl. Kat. Paris 1974/75 I, Nr. 57). Den Memoiren Generals Thiébaults zufolge erhielt er aber die „Reliquie" aus dessen Hand, kam also erst zu der Kirche, als die Verlegung des Grabmals in das Zentrum von Burgos vollzogen war (Simons 1976, S. 60). Bei Denons Vorliebe für Selbstinszenierungen (vgl. auch Kat. 483) ist ihm dieser fiktive Zusatz, sich selbst als Entdecker der Gebeine des „Cid" darzustellen, zuzutrauen. Joh. H.

BENJAMIN ZIX

**482 L'Empereur et L'Impératrice Marie-
Louise visitant les salles des antiques**
(Der Kaiser und die Kaiserin Marie Louise
besuchen die Antikensäle)

nach dem 2. April 1810
Federzeichnung, braun laviert; 255 × 382 mm
Paris, Musée du Louvre, Département des Arts
Graphiques, Inv. 33.406

Mit großem Pomp wurde die kirchliche Trauung von Napoleon und Marie Louise am 2. April 1810 in Paris gefeiert; sie fand im Louvre statt. Zix

480

Les musards de la rue du Coq.

hatte – als eine Art Hofreporter – das Geschehen festzuhalten; so zeichnete er z. B. den Hochzeitszug, wie er die Grande Galerie im Louvre abschreitet, vorbei an den Kunstwerken, die allesamt Eroberungen Napoleons waren (Louvre und Sèvres, vgl. Abb.: Gould 1965). Die vorliegende Zeichnung zeigt eine Abendveranstaltung, die Besichtigung der Antiken mit „Laokoon" als Prunkstück.

Napoleon hatte den „Laokoon" (zusammen mit dem „Apoll von Belvedere") von Papst Pius VI. im Frieden von Tolentino am 17. Februar 1797 als Kriegsentschädigung ausgehandelt. 1799 wurden die Antiken im Triumph nach Paris gebracht, wo sie eigene Säle bekamen: „Salle du Laocoon" (heute: Salle des Antonins) und „Salle d'Apollon". „Laokoon" nimmt die Hauptnische an der Stirnseite ein. Flankiert wird er von zwei Diskobollen. Vorn links steht die „Medici-Venus", am Eingang rechts zwei Zeusbüsten nach der Art des „Otricoli". Die Deckengemälde stammen von Romanelli.

Fast andächtig steht die Gesellschaft vor „Laokoon", dem „Höchsten in der Kunst" (Winckelmann). Er wird mit Scheinwerfern angestrahlt. Man behält Abstand, die Hüte bleiben abgenommen. Napoleon scheint seiner jungen Frau etwas zu erläutern. Das Gefolge bleibt rechts dahinter, links steht die Aufsicht in Uniform.

Napoleon verfolgte eine konsequente Kunstpolitik, um seine Herrschaft zu legitimieren und zu verewigen: der Louvre wurde „Musée Napoléon", die Künstler, wie Zix, waren beschäftigt, die „Glorie Napoléonienne" zu verbreiten. Im Oktober 1810 reist Canova nach Paris, um von Marie Louise eine Statue anzufertigen (Parma). – Nach Waterloo kamen die geraubten Kunstschätze, wie der „Laokoon" und der „Apoll von Belvedere", an ihren Ursprungsort, den Vatikan in Rom, zurück. Joh. H.

482

483

Anonym (H. Reinhold?, Normand?)
laviert von François Heim
nach BENJAMIN ZIX

483 Vivant Denon entouré des objects d'art
(Vivant Denon umgeben von Kunstwerken)

1812
Kupferstich (?), laviert; 283 × 231 mm
Paris, Bibliothèque Nationale, Département des Estampes, Inv. Hennin 13334

Lit.: Ledoux-Lebard 1950

Die Einrichtung des Louvre 1802–1815, mit seiner einzigartigen Ansammlung von Meisterwerken, ist mit Dominique-Vivant Denon (1747–1825) eng verknüpft. Als treuer Diener und Intimus Napoleons arbeitete er an dessen Gloire im „Musée Napoléon", wie das Museum ab 1804 offiziell hieß. Denons vielseitige Funktionen machten ihn zu einem „Surintendant des Beaux Arts": er war nicht nur Direktor des Louvre, sondern stand auch der Münze und den Manufakturen der Gobelins vor und war außerdem wichtiger Auftraggeber für die Künstler.

Zwei aufgeschlagene Bücher weisen auf die Ursprünge der Kunstschätze: „Campagne en Egypte" und „Campagne en Italie et Allemagne" (vgl. Denons berühmtes Tafelwerk „Voyage dans la Basse et la Haute Egypte" 1802). Denon nahm an Napoleons Feldzügen teil, vor allem um die erbeuteten Kunstwerke „zu sichern" und sie – im Land der Freiheit, wo die wahre Bestimmung der Kunst erst zur Geltung kommen könne (so die Meinung der Zeitgenossen, vgl. Chatelain 1973, S. 163 f.) – der staunenden Weltöffentlichkeit zu präsentieren.

Dargestellt ist Denon in einem Louvre-Trakt vor dem „Salle de Diane" (heute: Salle Grecque). Der Raum ist ausgestattet mit der neuen Kassettendecke von Fontaine und angefüllt mit antiken Statuen, Jean Goujons „Diana" und diversen Kisten: „Statues", „Tableaux" und „Livres". Denon ist von einem wahren Kunst-Kosmos aus verschiedenen Zeiten und Kulturen umgeben. Seine Tätigkeit jedoch vereint das Disparate; in seinen Schriften zur Kunstgeschichte findet die Ordnung der Gegensätze statt: „Monuments des Arts du Dessin chez les Peuples . . ." (hrsg. von Amaury Duval, 1829).

In der Nähe umgibt ihn zeitgenössische Kunst, die Napoleon darstellt oder mit ihm zusammenhängt (vgl. Ledoux-Lebard 1950). Die große Münzpresse sowie die Münzschaukästen verweisen auf Denons Tätigkeit als Münzdirektor. Rechts befindet sich Chaudets Silberstatue „La Paix" von 1807 (Louvre). Daneben steht das Modell des Elefanten, der den Bastille-Platz schmückte (zerstört 1848). Weiter hinten ragen zwei Säulen auf: der Obelisk von Luxor und die „Colonne de la Grande Armée" (Vendôme-Säule) mit der Napoleon-Statue von Chaudet. Zwei große Reliefs hängen über Denon: „L'Entrée de Napoléon à Munich" von Clodion (vgl. Kat. 502) und „La Paix de Presbourg" von Lesueur (Salon 1810). Kulturreiche begegnen sich: Ägypten, Antike und Afrika; Vergangenheit und Gegenwart werden parallelisiert.

Ikonographisch vergleichbar ist diese „Hommage à Denon" (die er wahrscheinlich selbst in Auftrag gegeben hat) am ehesten mit einem „Hieronymus im Gehäuse" (z. B. Antonello da Messinas „Hl. Hieronymus", London, National Gallery).

Das Werk war sorgfältig geplant, vgl. Zix' zwei große Zeichnungen im Louvre, möglicherweise die erste bereits um 1807/08 entstanden, die zweite auf 1812 vordatiert – dem Jahr, in dem Denon baronisiert wurde. Zix starb Oktober 1811. Es gibt keine Auflage des Stiches – nur zwei Exemplare sind bekannt (Ledoux-Lebard 1950, S. 57). Joh. H.

Anonym
nach JEAN-JOSEPH ESPERCIEUX

484 L'Organisateur
(Der Organisator/Die Kunstkritiker)

vor 1814
Radierung; 210 × 314 mm (Darst.)
HK, Kupferstichkabinett, Inv. 1988/176

Lit.: Slg. Vizille 1985, Nr. 157

Vor den anerkannten Meisterwerken der Kunst – dem „Apoll von Belvedere" und Raffaels „Transfiguration" (beide waren von 1798 bis 1815 in Paris), einer „Grablegung" und einer Homer-Büste (seit 1797 in Paris) – befinden sich zwei Kunstkritiker in der Grande Galerie des Louvre. Der eine, eingeengt durch eine Schreibplatte, sitzt auf einem Schemel und schreibt, während ihn ein zweiter mit dem Gewicht seines wuchtigen Körpers niederdrückt und ihm Sehhilfe mit einem Teleskop erteilt, obwohl er selbst eine

484

Augenbinde trägt. Eine Schrift auf dem Sockel Apolls erläutert: „L'ignorance ne nous apperçoit pas" (die Unwissenheit sieht uns nicht). Beide Kritiker tragen „Midas"-Ohren. Am Boden liegen achtlos die Werkzeuge der bildenden Kunst, ebenso einige Eingaben: „Pétition des artistes pour l'exposition au Salon" (vgl. Januar 1794; Leith 1965, S. 113) und „Pétition des architectes pour le Concours de Bordeau(!)" (vgl. Salon 1798). Taub gegenüber den Eingaben des Künstlers, schreibt der Kritiker auf einer Endlosrolle

seinen „éternel Rapport sur les [arts?], point de concours", wobei er seine Schreibfeder aus einem Nachttopf holt. Neben sich hat er die Zeitschrift „la Décade" liegen. Kurz: alles deutet auf Ignoranz, Banausentum und Doktrinarismus des Kunstkritikers hin.

In „La Décade philosophique" erschien 1795 eine Reihe von Salonkritiken von Amaury Duval (1760–1838), dem Neffen Vivant Denons, unter dem Pseudonym „Polyscope". Der Tenor der Kritiken lag auf der Forderung nach republikani-

scher Kunst, die gemessen wurde an antiker Größe, an „le goût simple" und „le sublime" (vgl. Kitchen 1965, S. 13 f.; Leith 1965, S. 150). Auf Duval weist auch ein Schriftstück, das in seiner Tasche steckt: „projet de Louis"; er gab anonym 1814 „Monument à ériger à la mémoire de Louis XVI" heraus (Tourneux 1890, Bd. 4, Nr. 20896). Der massive Einflüsterer aber in dem antiken Gewand und den morgenländischen Schuhen ist sicherlich Louis-Sébastian Mercier (1740–1814; vgl. Porträts von Mercier in Paris, Bibliothèque Nationale). Er war Mitglied des „Rates der 500" und zuständig für Kunstangelegenheiten. Und sicherlich bezieht sich auch das Titelwort „L'organisateur" auf ihn, der in Kunstangelegenheiten zu bestimmen hatte, aber als exzentrischer Kunsthasser galt. Er wurde deshalb von Künstlern oft angegriffen, z. B. in der anonymen Karikatur „Les arts patentés" von 1797 (Herding 1988, S. 234); vgl. auch den Brief Davids an Espercieux vom Oktober 1796: „Quant à Mercier, le vandale, laissons le salir du papier; autant lui qu'un autre" (Was Mercier, den Vandalen, betrifft, lassen wir ihn ebenso wie die anderen das Papier beschmutzen; Wildenstein 1973, Nr. 1234). Die Dämpfe, die vor Apoll aufsteigen, könnten sich auf Merciers Schrift von 1806 beziehen: „Apollon pythique, ou des arts matériellement imitatifs". Das Fernrohr ist wohl eine Anspielung auf Duvals Pseudonym. (Auf einem Exemplar der Satire erscheint Duvals Name, vgl. Slg. Vizille 1985, Nr. 157).

Die Verse im Untertitel lauten: „La satire en leçons en nouveautés fertile/Sait seule assaisonner le plaisant et l'utile" (Die Satire, fruchtbar in Lektionen und Neuheiten, weiß allein das Angenehme und das Nützliche zu würzen; vgl. Boileau, Satire 9). Der republikanisch gesinnte Künstler Espercieux wollte mit dieser Satire sowohl Duvals und Merciers Umgang mit der großen Kunst der Vergangenheit als auch ihre Mißachtung der Forderungen lebender Künstler aufs Korn nehmen.   Joh. H.

485

PIERRE-NOLASQUE BERGERET

485 Atelierszene

um 1816
Lithographie; 224 × 318 mm
Berlin, Staatliche Museen Preußischer Kulturbesitz, Kupferstichkabinett, Inv. 194–1922

Lit.: Schwarz 1956; Honour 1979, S. 194; Levitine 1978, Abb. 18

In einem Atelier stehen sich ein einzelner Künstler mit Degen und Perücke und eine Schar Künstler in einfacher Arbeitskleidung gegenüber. Mit wilder Drohgebärde setzt diese zum Sturm gegen den Einzelnen an, indem sie nach allem greift, was sich im Atelier befindet: Werkzeuge, Mobiliar und selbst Kunstwerke. Verächtlich wendet sich der „Künstler-Aristokrat" mit tänzelndem Schritt ab.

An diesem Geschehen scheinen einige antike Statuen teilzunehmen: der „Apoll von Belvedere", der „Borghesische Fechter" (beide seit 1798 bzw. 1809 in Paris) und der „Apollino" (ein Abguß befand sich im Atelier von David). Weitere antike Fragmente dienen als Wurfgeschosse (Zeuskopf von Otricoli, ein Torso und ein Fuß). Neben der Tür steht ein Bildnis Davids. Er trägt den Orden der „Légion d'honneur", den er 1808 bekam. Ganz rechts, nach dem Zeuskopf greifend, ist Vivant Denon dargestellt – als einziger stark karikiert.

Den Hintergrund für diesen Kunstkampf bildet vermutlich die Spaltung der David-Schule nach 1800. Einerseits kam es verstärkt – nach dem Erfolg von Davids „Sabinerinnen" – zu einer Rückbesinnung auf die griechischen Ursprünge der Kunst (Gruppe der „primitifs" um Maurice Quay, vgl. Levitine 1978), andererseits forderte eine neue Richtung literarische Themen, Dramatik und Sensualismus: die junge Romantik (vgl. Delécluze 1855, S. 378 ff.). Seit der Rückkehr der Bourbonen, 1814/16, kamen wieder stärker aristokratische Kräfte innerhalb der Künstlerschaft

zum Vorschein. Auch wurde die Wiedereinführung der Akademie verlangt – hier tat sich insbesondere der Künstler Comte de Paroy hervor (vgl. Larousse 1866, Bd. 12, S. 318). Für einige David-Schüler mußte dies ein Wiederaufleben des „Ancien Régime" sein, denn ihr Kunstideal war anti-akademisch und von heroischer, antikischer Größe.

In dieser Lithographie werden beide Seiten parodiert: die Neoklassizisten durch die „eingefrorenen" Statuen der Künstler, die teilweise die Haltung von Romulus und Tatius aus den „Sabinerinnen" übernehmen (und sich überdies an ihren eigenen Kunstidealen vergreifen) und die

Romantiker durch den arroganten „Beau" in der Haltung von Rigauds „Louis XVI" – er unterscheidet sich von seinem Vorbild aus dem Ancien Régime nur durch das Herz auf dem Knie.

Bergeret, dem diese Lithographie wohl mit Recht zugeschrieben wird, beschäftigte sich (teilweise zusammen mit Vivant Denon) seit 1803 mit dieser neuen Kunsttechnik und schuf auch einige Karikaturen (vgl. Kat. 480). Als Entstehungszeit kommt die Zeit um 1816 in Frage, als David ins Exil ging und ein verschärfter Richtungsstreit unter seinen Schülern begann.   Joh. H.

505 a

546

Wir müssen also auch über den Staat hinaus! – Denn jeder Staat muß freie Menschen als mechanisches Räderwerk behandeln; und das soll er nicht; also soll er *aufhören*. Ihr seht von selbst, daß hier alle die Ideen, vom ewigen Frieden u. s. w. nur *untergeordnete* Ideen einer höhern Idee sind. Zugleich will ich hier die Prin-

zipien für eine *Geschichte der Menschheit* niederlegen, und das ganze elende Menschenwerk von Staat, Verfassung, Regierung, Gesetzgebung – bis auf die Haut entblößen.
*(Hegel – Schelling – Hölderlin,
„Das älteste Systemprogramm des
deutschen Idealismus", 1797/99)*

549

Anstelle eines Nachwortes

Beim Aufbau der Ausstellung wird mir deutlich, daß sich in ihrer Gliederung der Wandel (und letztlich der Verfall) unserer Sakralvorstellungen widerspiegelt. Dies geschieht auf drei Ebenen.

Die in meiner Einführung mehrfach als Sakralraum angesprochene „Rotunde" ist der Huldigung an Newton gewidmet. Er ist dem aufgeklärten 18. Jahrhundert der „neue Messias", dessen „Göttlichkeit ... im Wissen" besteht (A. M. Vogt, 1969, S. 373), welches somit als neue weltordnende Instanz auftritt und notwendig die anthropomorphe Vorstellung vom Schöpfergott überwindet.

Der zweite Bereich ist die als einschiffiger Sakralraum in die Mitte der Kuppel gestellte „Kapelle". Sie umfaßt Bilddokumente, in denen die Revolution als die Erfüllung der Zeit gefeiert wird. Am Eingang hängt Regnaults Ikone (Kat. 396), sie nimmt den Platz und die Funktion des Tympanons der romanischen Kirchen und gotischen Kathedralen ein. Der Genius Frankreichs hat die Rolle des Weltenrichters übernommen: er verkündet ein neues Jüngstes Gericht, das im Diesseits stattfindet. Die Rollenverteilung folgt der Tradition. Wie in der christlichen Ikonographie ereignet sich zu seiner Rechten die Auferstehung, die Befreiung im Licht der immerwährenden Gerechtigkeit, indes links der Tod die Nachtseite der Verdammten verkörpert.

Im Napoleon-Saal schließlich zerbricht die Mehrdimensionalität des christlichen Sakralgedankens an der Hybris des neuen Imperators, der für seine Krönung Notre-Dame zur Theaterkulisse umbauen läßt. So entsteht ein pseudoreligiöses Pasticcio, das die Heilserwartung auf die „Majestas Domini" Napoleons reduziert, indes die erniedrigte „conditio humana", die dem alten Heiland seine Kraft verlieh, in der Gethsemane-Gestalt Goyas (Kat. 530.1) noch einmal beschworen wird.

W. H. (28. 7. 89)

III.12 Napoleon – Vollstrecker und Vernichter

486

CARL WILHELM KOLBE D. Ä

486 Der Sturz der Verdammten

um 1800
Radierung; 453 × 340 mm
HK, Kupferstichkabinett, Inv. 47599

Lit.: Jentsch 241; Martens 37[II]; Kat. Hamburg 1977/78, Nr. 312 (G. Hopp)

Kolbe, der erst spät und autodidaktisch mit dem Radieren begann, hat nie Italien besucht wie Carstens und Füssli (vgl. Schiff 102), von denen ebenfalls „Verdammtenstürze" existieren. Kein „Weltgericht" im Stile Michelangelos, an dem sich z. B. Carstens 1798 orientierte, bildet die Vorlage, eher ein Blatt, vergleichbar den Phantasiebuchstaben des Meisters E. S. oder Schongauers Kupferstich „Der heilige Antonius von Dämonen gepeinigt". Doch ist das Mißtrauen gegen derartige biblische Greuelszenen gewachsen, wie Chodowieckis „Schulmeisterstube" für Ziegenhagens „Verhältnislehre" demonstriert (vgl. Kat. 180).

Das Schicksal der Gruppe schwebt wie diese selbst in der Luft. Die hervorgehobene Konstellation eines fackeltragenden, muskelprotzenden Teufels, der, von Schlangen umgeben, ein Opfer gepackt hat, erinnert an eine „Laokoon-Situation" (Martens, S. 23). Alle Blicke, selbst der des Teufels, gehen ins Nichts – ein zentrifugaler Wirbel, in dem die Begriffe von Oben und Unten, Himmel und Hölle ununterscheidbar werden; eine Gemeinschaft von Individuen, die nichts als ihre Orientierungslosigkeit gemeinsam haben. Hinter dem mittelalterlich-antikischen Thema lauert die Anonymität der industriellen Massengesellschaft.   P. Th.

CASPAR DAVID FRIEDRICH

487 Melancholie
    (Die Frau mit dem Spinnennetz zwischen
    kahlen Bäumen)

um 1801/02
Holzschnitt; 170 × 118 mm
HK, Kupferstichkabinett, Inv. 37224

Lit.: BS 60; Bandmann 1960, S. 133; Hofstätter 1974, Nr. 297; Kat. Hamburg 1974 II, Nr. 53

Der vom Bruder des Künstlers angefertigte Holzschnitt geht auf eine Zeichnung aus dem Oktober 1801 (Börsch-Supan 51) zurück. Der traditionelle Titel hat die Forschung dazu angeregt, die Erfindung aus der Bildtradition der Melancholie abzuleiten. Die Frau ist jedoch keine Allegorie, bestenfalls eine „allégorie réelle" (im Sinne Courbets), die zusammen mit der Landschaft das auf Naturwahrheit zielende Credo des Malers ausspricht: „Denen Herren Kunstrichtern genügen unsere teutsche Sonne, Mond und Sterne, unsere Felsen, Bäume und Kräuter, unsere Ebenen, Seen und Flüsse nicht mehr. Italienisch muß alles sein, um Anspruch auf Größe und Schönheit machen zu können" (Hinz 1974, S. 69). Ein Satz wie dieser impliziert auch die Abkehr vom humanistischen Melancholie-Topos und lenkt die Deutung auf die Naturzeichen, die drei Kategorien umfassen. Die erste ist der üppig wuchernde Grund, aus dem Blumen und Disteln aufragen, die wie bei Kolbe (vgl. Kat. 233) den Menschen überragen. Mit diesem Wachstum

487

kontrastieren die abgestorbenen Bäume, von deren Greifarmen die Frau umstellt ist. Die dritte Kategorie ist das Spinnennetz: ein Naturgebilde von zartester Struktur, das alle anderen in sich zusammenfaßt, zugleich aber auch auf die durchsichtige formale Ökonomie des Kunstgebildes hinweist. Ein Zwitter, in dem der Gegensatz von Kunst und Natur aufgehoben scheint. Das besagt, daß in dieser „Figur" der rigorose Geometrismus von Kreis und Kugel seinen Endgültigkeitsanspruch preisgibt und sich der unregelmäßigen Verspannung öffnet. Solcherart wird das Ordnungsgefüge des 18. Jahrhunderts in eine neue Zeichensprache verwandelt und buchstäblich mit neuer Ausstrahlung versehen. Das Etikett dafür heißt Romantik.   W. H.

488

CASPAR DAVID FRIEDRICH

488 Die Frau mit dem Raben am Abgrund

um 1801/02
Holzschnitt; 168 × 118 mm
HK, Kupferstichkabinett, Inv. 37223

Lit.: BS 61; Kat. Hamburg 1974 II, Nr. 54

Zum ersten Mal treten hier die Bildelemente auf, mit denen Friedrich später die Randposition seiner Menschen veranschaulichen wird, der Abgrund und die sperrige, unwegsame Natur. Selbst wenn die Fichte das Symbol der gläubigen Christen darstellt, gehört sie der Vergangenheit an (Börsch-Supan). Die Frau verkörpert eine heillose Endsituation der menschlichen Existenz. Dem Betrachter zugewandt – eine in Friedrichs Werk selten vorkommende „Pathosformel" – scheint die Gestalt in Ausweglosigkeit gebannt: sie kann weder weiter noch zurück. Offen bleibt, ob sie einer psychischen Verwirrung ausgeliefert ist oder ihr Zustand als objektive Beschreibung der „conditio humana" zu deuten ist.   W. H.

FRANCISCO DE GOYA

489 Junta de brujas
    (Hexentreffen)

1810–20
Sepia, laviert; 210 × 154 mm
Madrid, Museo del Prado

Lit.: G-W 1522; S. C. 214; G., II 365

Die Zeichnung nimmt das Hexenthema der *Caprichos* (Kat. 457; 458) wieder auf. Die Technik verweist jedoch auf das zweite Jahrzehnt des 19. Jahrhunderts. Die Ausgeburten einer Hexenversammlung fliegen, begleitet von einer Eule im Vordergrund, aus einer Höhle ins Freie. Es ist, als ob Goya die Hoffnung auf ein Verschwinden der Hexen bei Tagesanbruch (Cap. 71) aufgegeben habe; denn gleich einer losgelassenen Meute scheinen die Spukgestalten des Dunkels einem

489

Befreiungsruf zu folgen. Es liegt nahe, die Zeichnung mit der reaktionären Rückentwicklung Spaniens, die Fernando VII. 1814 einleitete, in Beziehung zu setzen. Goya selbst wurde von der wieder errichteten Inquisition zur Rechenschaft gezogen, auch mußte er seine Haltung während der Franzosenherrschaft rechtfertigen (1814–15). Goyas aufgeklärte Freunde wurden, soweit sie sich der Franzosenpartei angeschlossen hatten, ins Exil getrieben wie etwa Meléndez Valdés und Moratín, die Dichterfreunde. Im Lande füllten sich die Gefängnisse mit verhafteten Anhängern der liberalen Cortespartei. Unter der Herrschaft Fernandos vollzog sich das Finale der „Tragödie der Aufklärung", die Goya in den *Desastres* reflektierte. Auch die symbolische Wiedergeburt der Hexen macht dies anschaulich.　　J. E. H.

Ferdinand Ruscheweyh
nach PETER CORNELIUS

490a Titelblatt zu „Bilder zu Goethe's Faust"

Berlin 1816
Radierung; 484 × 586 mm

490b Walpurgisnacht
　　aus „Bilder zu Goethe's Faust"

1813
Radierung; 453 × 370 mm
HK, Bibliothek, Sign. Ill. XIX. Cornelius 1816

Als 1808 der erste Teil von Goethes „Faust" erschien, wurde dieser väterländische Stoff von der deutschen Romantik mit Begeisterung aufgenommen. Im selben Jahr hatte J. N. Strixner in München die Randzeichnungen Dürers zum Gebetbuch Kaiser Maximilians lithographisch verlegt. Somit waren für Cornelius die entscheidenden Voraussetzungen und Anregungen gegeben, deutschen Gehalt und altdeutsche Form in Einklang zu bringen. Goethe selbst, der der romantischen Bewegung eher ablehnend gegenüberstand und gegen diese „Neu-deutsche religiös-patriotische Kunst" polemisierte (Aufsatz von 1817), empfahl Cornelius die Dürerschen Blätter als Vorbild: „Zunächst würde ich raten, die Ihnen gewiß schon bekannten Steinabdrucke des in München befindlichen Erbauungsbuches so fleißig als möglich zu studieren, weil nach meiner Überzeugung, Albrecht Dürer sich nirgends so frei, so geistreich groß und schön bewiesen als in diesen gleichsam extemporierten Blättern." (Brief vom 8. Mai 1811). Diese Empfehlung fand vor allem im Titelblatt des „Faust-Zyklus" ihren Niederschlag. Hier sind drei Hauptszenen – der Prolog im Himmel, die Hexenküche und Faust im Studierzimmer – in Dürerscher Weise grotesk miteinander verknüpft und um das Schriftfeld in

490 b

der Mitte angeordnet. Die restlichen 12 Folioillustrationen der Folge sind bildwertig, wobei die späteren in Rom entstandenen Kompositionen sich durch eine stärkere Idealisierung sowie freiere Bewegung der Gestalten auszeichnen und somit italienischen Einfluß verraten (vgl. Ludwig 1971, S. 39 ff.).　　I. E.

490 a

JEAN-BAPTISTE MARIE LOUVION

491 A la gloire immortelle de Bonaparte
　　(Dem unsterblichen Ruhm Bonapartes)

Februar 1801
sign. und bez. u. l.: Composée et Gravée par J. B. Louvion
Radierung, Punktstich; 475 × 349 mm
HK, Kupferstichkabinett, Inv. 51143
Lit.: de Vinck 7439; Coll. Hennin 12707; Singer 21805

Der zum Friedensschluß von Lunéville veröffentlichte Stich wurde Ende Januar 1801 im Journal de Paris und im Moniteur angekündigt; im zweiten Zustand erhält das Blatt den Zusatz „Déposée à la Bibliothèque Nationale, le 17 pluviôse An 9e. Imprimé par Germain". Louvions komplexe Allegorie wurde nochmals ohne seinen Namen anläßlich der Krönung Napoleons zum König von Italien publiziert und weist neben verändertem Text ein von Cazenave nach Naudet gestochenes Porträt des Kaisers im Krönungsornat auf (de Vinck 7440).

　Francia bringt das eichenlaub- und lorbeergeschmückte Brustbild des Ersten Konsuls an einer Pyramide an; ein Sternenkranz verheißt wie der von der aufgehenden Sonne hinterfangene Tempel unsterblichen Ruhm. Ein Putto mit Löwenfell und Herkuleskeule stellt die durch Bonaparte repräsentierte Stärke des französischen Volkes dar. Inspiriert vom Genie des Korsen kündet

Clio, die Muse der Geschichtsschreibung, von seinen im Trophäenbündel und den beiden Landkarten anschaulich gemachten Erfolgen: Bonaparte hatte die Österreicher in Italien zurückgedrängt und die Cisalpinische Republik gegründet. Vor allem Mantua kam neben der militärischen hohe ideelle Bedeutung zu: Im nahen Pietole wurde Vergil geboren, der in seiner Aeneis die Gründung der italienischen Nation geschildert hatte, als deren Wiederhersteller Bonaparte verstanden wurde (vgl. Stief 1986, S. 248 ff.). Rechts bläst ein kleiner Genius die Laterne des Diogenes aus, der nun den wahren neuen Menschen in Napoleon gefunden hat, wie es auch eine 1807 geschlagene Medaille mit der Inschrift „Je l'ai trouvé. Diogène éteignant sa lanterne" zeigt (Trés. de num. 1840, Taf. XXII, Nr. 9; zu dem vor allem in der Kunst der Revolutionszeit geläufigen Thema vgl. Herding 1986, S. 236 ff.). Über den Wolken erhebt sich rechts der Tierkreis mit dem Zeichen des Skorpions, Hinweis auf Bonapartes Staatsstreich vom 18. Brumaire (vgl. Connolly 1980, S. 59 ff.). Mit seinem Aufstieg zur Macht beginnt, wie die hervorbrechende Sonne symbolisiert, ein neues Zeitalter, in dem die Künste (dargestellt durch Palette, Winkelmaß und Zirkel) wiedererstehen.   A. S.

492

491

JEAN-BAPTISTE WICAR

492 Allégorie à la gloire de Bonaparte
(Triumph Bonapartes)

um 1801
Schwarze Kreide; 670 × 930 mm
Lille, Musée des Beaux-Arts

Lit.: Kat. Lille 1984, Nr. 52

1802 bietet Wicar, der als Commissaire des Arts in Florenz und Rom mit der Beschlagnahme von Kunstwerken betraut ist, dem nach Paris reisenden Canova an, für Bonaparte große allegorische

Kompositionen gemäß dem Ruhm Bonapartes und der Republik auszuführen; er schränkt allerdings ein, historisierende Schlachtenbilder und „republikanische" Genredarstellungen in zeitgenössischem Kostüm seien nicht sein Fall (vgl. Slg. Lille 1983, S. 207). Das ungewöhnliche Format der vorliegenden Zeichnung und zwei weitere Skizzen zum gleichen Thema (eine davon auf der Rückseite des Blattes, zur anderen vgl. Kat. Lille 1984, Nr. 55) lassen vermuten, Wicar habe danach ein Gemälde ausführen wollen. Über einen entsprechenden Auftrag bzw. eine gemalte Fassung ist jedoch nichts bekannt: Wicar hätte in seiner an barocken Vorbildern geschulten Allegorie kaum den Geschmack Napoleons getroffen, der sich in den „sujets nationaux" eines Gros am wirkungsvollsten dargestellt fand (vgl. Lelièvre 1942; Körner 1976, S. 78 ff.; Simons 1982, S. 226).

Über der Erdkugel und unter dem Glücksstern Bonapartes (vgl. dazu Olson 1983; Kat. Stuttgart 1987, Bd. 1.1, Nr. 43) schwebt der Genius des Friedens und verteilt Olivenzweige, die von Putten auf die Erde gebracht werden; Chronos/Saturn schaut staunend zu und gewährt dem neuen Helden ewigen Ruhm. Seine Siege hatten den kontinentalen Frieden gebracht; in ihrem Gefolge erstehen Überfluß, Künste und Wissenschaften, Handel und ein geordnetes Staatswesen wieder: das saturnische oder Goldene Zeitalter ist eingeleitet. Minerva, Merkur und Neptun (zu Neptun als weisem Staatsmann vgl. Vergil, Aeneis 1, 135 ff.) bekränzen das von Viktoria gehaltene Bildnis Bonapartes. Wicar beschrieb selbst eine der Skizzen zu diesem Thema mit den Worten: „La paix montre l'abondance et la victoire. Ranime la terre abattue. Elle montre tous les instruments des Beaux-Arts. C'est le génie de Bonaparte qui Ranime la terre. ... La victoire tient le Buste de Bonaparte" (vgl. Kat. Lille 1984, S. 58).   A. S.

Antoine (?) Maurin
nach PIERRE-PAUL PRUD'HON

493 Triomphe du Consul Bonaparte
(Triumph Bonapartes)

nach 1801
Lithographie; 358 × 682 mm
Paris, Bibliothèque Nationale, Département des Estampes

Lit.: Goncourt 1876, Nr. 73; Körner 1976, S. 137 f.; Kat. Hamburg 1980/81, Nr. 366

Bruun-Neergaard berichtet in seinem 1801 erschienenen Buch „Sur la situation des Beaux-Arts en France ou Lettres d'un danois à son ami", er selbst habe Prud'hon zu einer Zeichnung angeregt: seine zu Papier gebrachten Ideen über den Frieden hätten (ut pictura poesis!) eine Zeichnung ergeben; das daraufhin von Prud'hon entworfene Blatt beschreibt er so: „Bonaparte, den ersten Konsul der Republik, begleiten Sieg und Frieden auf einem Triumphwagen; Musen und Künste (die ihm die Kunstwerke Italiens verdanken) feiern ihn. Eroten als Personifikationen von Freude und Spielen umtanzen einen kleinen Bruder, der den so lang herbeigesehnten Olivenzweig trägt" (S. 133 f.). Der Verfasser hebt die sorgfältige Ausführung, übersichtliche Anordnung und Ausdrucksvielfalt der zahlreichen Personen hervor. Prud'hons Zeichnung (Guiffrey 1924, Nr. 1059) wurde 1801 im Salon unter dem Titel „La Paix" ausgestellt und einhellig in den Salonberichten gelobt: die Komposition sei nobel und einfach, so müsse man Allegorien ersinnen, wenn man verstanden werden wolle; sie ziehe die Schaulustigen an und beweise, daß man die Kunst des Zeichnens noch beherrsche; Prud'hon habe es überdies verstanden, Viktoria mit physignomischen Zügen des Helden Bonaparte auszustatten (vgl. Coll. Del., Bd. 25, Nr. 681; Bd. 26, Nr. 692 u. 695).

493

die an gerissenen Seilen, mit denen das Kreuz gefällt werden sollte, in die Hölle stürzen. Die sich in den Schwanz beißende Schlange zu Füßen des Kreuzes und der Name Jahwes darüber sind Zeichen der Ewigkeit Gottes und der (katholischen) Kirche. In den Wolken thront die personifizierte Religion mit einem Hostienkelch in der erhobenen Linken, was als Hinweis auf die am 18. April 1802 in Notre-Dame de Paris gefeierte Messe verstanden werden kann (vgl. de Vinck 7566). Das ikonographische Vokabular dieser Szene findet sich mit geringen Abweichungen oder Ergänzungen auf weiteren Stichen, die 1802 zum Abschluß des Konkordats veröffentlicht wurden (vgl. Nodets Aquatintaradierung „Rétablissement du Culte Catholique", de Vinck 7570, sowie die beiden anonymen Radierungen „Les efforts et l'impuissance de l'Athéisme, Hist. de France, 18 avril 1802, und „Le Triomphe de la Religion", de Vinck 7567). A. S.

Rogers danach entstandener Stich schmückte Bruun-Neergaards Werk als Frontispiz (Coll. Hennin 12751). Die auf blauem Papier angelegte, sehr viel größere Skizze in Chantilly (Guiffrey 1924, Nr. 1058) diente als Vorlage für Maurins Lithographie. Sie ist im Gegensinne und zeigt Bonaparte mit Toga anstelle der Uniform: nicht mehr der Triumph des Generals, sondern der des ersten Konsuls und späteren Kaisers ist damit zum Ausdruck gebracht. A. S.

Das am 8. April 1802 zusammen mit dem Gesetz „sur les cultes" verabschiedete Konkordat zwischen Bonaparte und Pius VII. trug wesentlich zur Beliebtheit des Ersten Konsuls bei; ein Feiertag sollte künftig daran erinnern (vgl. Lanzac de Laborie 1905, Bd. 4; Godechot 1985). Der Staat erkannte den Papst als Oberhaupt der katholischen Kirche an, dieser die französische Republik und die Enteignung der Kirchengüter während der Revolution. Obwohl es in gallikanischem Sinne interpretiert wurde, band das auf strenger Hierarchie aufgebaute Konkordat den französichen Klerus enger als im Ancien Régime an Rom und leistete dem Ultramontanismus Vorschub (vgl. Erbe 1982, S. 160 f.).

Von Engeln unterstützt, richtet Napoleon das Kreuz wieder auf; Gläubige beten es an, rechts bekämpft der Erzengel Michael mit Flammenschwert und blitzschleuderndem Schild die Personifikationen von Irrglauben und Atheismus,

François-Anne David
nach MONNET

495 Les Honneurs du Triomphe Décernés à Bonaparte.
(Triumphaler Einzug Bonapartes)

August 1802
bez. u. r.: Dessiné par Monnet, u. l.: Gravé par David
Radierung
Paris, Bibliothèque Nationale, Département des Estampes

Lit.: Coll. Hennin 12798 und 12799 (Abzüge ohne Schrift); Salon 1802, Nr. 604; Renouvier 1863, S. 303

495

LES HONNEURS DU TRIOMPHE DÉCERNÉS A BONAPARTE.

494

ANONYM

494 La Religion Triomphante
(Napoleon als Religionsstifter)

April 1802
bez. u.: Napoleon Bonaparte, Premier Consul, s'est rendu à Notre Dame, pour / y entendre la Sainte Messe celebrée par le Cardinal Caprara Legat a Latere.
Radierung; 201 × 171 mm
Hamburg, Museum für Kunst und Gewerbe, Inv. E 1963/222

Gelenkt vom Genius des Friedens zieht Bonaparte auf einer Quadriga durch einen Triumphbogen zum eichenlaubgeschmückten Tempel der Unsterblichkeit. Auf hohem Sockel mit der Inschrift „Le Peuple Français el le Sénat proclament Bonaparte Premier Consul à Vie" steht hier die Personifikation von Frieden und Überfluß. Der Wagen Bonapartes wird von jubelndem Volk, Musikanten, Soldaten, Generälen und einer Abordnung der neugegründeten Republik Italien begleitet. Feldzeichen, Fahnen und Inschriften erinnern an den Ägyptenfeldzug, den 18. Brumaire, die Überquerung des St. Bernhard-Passes, die Schlacht von Marengo, die Friedensschlüsse von Lunéville und Amiens, das Konkordat und die Gründung des Ordens der Ehrenlegion im April 1802. Monnet konnte mit seiner Komposition auf Triumphzugsdarstellungen eines Vien, Réattu oder David von 1794 <495> zurückgreifen. Bonaparte ersetzt nun jedoch die Personifikationen der Freiheit, Stärke oder des Volkes; nicht mehr republikanische Tugenden, sondern Wissenschaften und Künste begleiten den Zug (vgl. Kat. 493), statt Freiheit wird in „la France" die Nationalstaatsidee verherrlicht; der Kampf gegen Königtum oder Tyrannei, ehemals wichtiger Bildbestandteil, entfällt zugunsten der Verherrlichung des Sieges (vgl. Simons 1982, S. 217 ff.).

<495> J.-L. David, *Der Triumph des französischen Volkes,* 1794

Unter den 100 Kunstwerken, die der Papst Bonaparte als Reparationen zugesichert hatte, kam der kapitolinischen Bronzebüste des Brutus, der als Inbegriff altrömischer Bürgertugend galt (vgl. Rosenblum 1967), besondere Bedeutung zu. Sie wurde 1797 nach Paris überführt und nahm auf dem letzten revolutionären Fest 1798 einen zentralen Platz ein, war jedoch seit 1800 nicht mehr öffentlich zugänglich (vgl. Herbert 1972, S. 118 ff.). Das Gewicht, das Monnet ihr in seiner Darstellung beimißt, zeugt von der allgemein verbreiteten (und offiziell geförderten) Meinung, Bonaparte vollende die Revolution und bürge für republikanische Ideale. A. S.

CHARLES NORMAND

496 Frontispiz zu „Annales du Musée et de l'Ecole Moderne des Beaux-Arts", Bd. 2

Paris 1802
sign.: C. Normand inv. et Sculp.
Radierung; 160 × 102 mm (Darst.)
HK, Bibliothek, Sign. Top. F. Paris 1801

Seit 1800 gab Landon seine *Annales du Musée* heraus, die neben antiken Skulpturen die malerischen Meisterwerke aus dem (1802 gegründeten) Musée Napoleon und dem Schloß von Versailles sowie die wichtigsten zeitgenössischen Gemälde, Skulpturen und Architekturprojekte, die einen Preis erhalten hatten oder in den Rezensionen gelobt worden waren, in Umrißstichen enthielten

sollten; der Herausgeber verteidigt diese schlichte, bereits in den letzten Jahrzehnten des 18. Jahrhunderts für Reproduktionen geläufige und sich zum „internationalen Stil um 1800" entwickelnde Darstellungsform (vgl. Rosenblum 1967, S. 153 ff.; Rosenblum 1976, Kap. 3) mit wirtschaftlichen und ästhetischen Gründen: ein Kupferstich, der Schatten und Plastizität genau wiedergäbe, wäre nicht nur zu teuer, sondern – im gewählten kleinen Format – auch in der Klarheit der Komposition, Reinheit der Linie und Genauigkeit der Form beeinträchtigt, somit in den wesentlichen Qualitäten, mit denen er, Landon, zur Verbreitung des „goût des Beaux-Arts" beitragen wolle (S. VI).

Das Frontispiz gibt einen Blick in zwei Räume eines imaginären, idealen Museums; die an Antike und Renaissance geschulten Bau- und Dekorationselemente verraten den Geschmack des frühen 19. Jahrhunderts (vgl. Percier und Fontaine, Kat. 505 und 511). Eine Karyatide Goujons aus dem Louvre flankiert die Verbindungstür; auf dem darüber angebrachten Relief verweist ein weiblicher Genius huldigend auf die Künste. Auf hohen Sockeln ruhen die durch ihre Attribute als Vertreter von Malerei, Skulptur und Architektur gekennzeichneten Büsten von Poussin, Goujon und Delorme; der Stern der Unsterblichkeit über ihren Häuptern bezieht sich gleichermaßen auf die namentlich erwähnten und mit jeweils einer Komposition vertretenen Maler Poussin, Le Sueur, Jouvenet und Le Brun. Die Gemälde, obwohl thematisch und kompositorisch Werken dieser Künstler verwandt, ließen sich nicht zweifelsfrei bestimmen: wie der architektonische, nicht genau zu identifizierende Rahmen dürften sie keine konkrete Situation wiedergeben, sondern die Idee und den Vorbildcharakter klassischer französischer Kunst vermitteln: „faisant connaître aux uns la pensée, et rappelant aux autres le souvenir des productions les plus estimées" (S. VI). A. S.

496

C. Normand inv. et Sculp.
ANNALES DU MUSÉE ET DE L'ÉCOLE MODERNE
DES BEAUX-ARTS.

497

ANNE-LOUIS GIRODET-TRIOSON (Farbtafel 47)

497 Tête irradiée de Napoléon
(Der Kopf Napoleons in einer Sonnengloriole)

um 1804
Öl/Leinwand; ⌀ 49,5 cm
New York, Galerie Wildenstein

Lit.: Kat. New York 1982, S. 106; Stief 1986, S. 270 ff.

Die Vorstellung vom Herrscher als Leben spendende und erhaltende Sonne war gerade in Frankreich nicht neu; in den seit 1804 beliebten Vergleichen Napoleons mit der Sonne bezog man sich jedoch nicht auf das Sonnenkönigtum Ludwigs XIV. im Ganzen, sondern auf den „Lever du Roi". Die im Osten aufgehende Sonne galt als Vorbote einer neuen Zeit, wie es eine Medaille zur Erinnerung an den 18. Brumaire zeigt (vgl. Trés. de num. 1836, Taf. LXXIV, Nr. 1). Sie war zugleich Symbol des „Oriens Augusti", des Helden, der aus dem Osten kam: eine Medaille, die Napoleons Rückkehr aus Ägypten feiert, zeigt ihn vor einer Sonnengloriole mit der Inschrift „Oriens" <497A> (vgl. Babelon 1912, S. 12, Tf. I; das Projekt stammt von 1806; vgl. auch Perciers Medaillenentwurf von 1806, Slg. Paris 1972, Nr. 77). Als Bildvorlagen konnten Darstellungen Karls des Großen oder Pippins mit Krone und Strahlennimbus (vgl. Montfaucon 1729, Bd. 1, Taf. XX; Bd. 3, Taf. LIII) bzw. Ludwigs XIV. (vgl. Kat. München 1980, S. 221; Kat.

<497A> Anonym, *Medaille „Oriens Augusti",* 1806

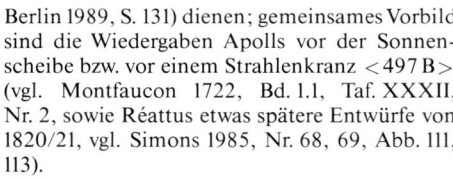

<497 B> G. Simeons, *Der Kopf Apolls in einer Sonnengloriole,* 1722

498

499

Berlin 1989, S. 131) dienen; gemeinsames Vorbild sind die Wiedergaben Apolls vor der Sonnenscheibe bzw. vor einem Strahlenkranz <497 B> (vgl. Montfaucon 1722, Bd. 1.1, Taf. XXXII, Nr. 2, sowie Réattus etwas spätere Entwürfe von 1820/21, vgl. Simons 1985, Nr. 68, 69, Abb. 111, 113).

Abweichend von den meist idealisierten Darstellungen wurde jedoch hier das lebensnahe Porträt des Kaisers auf fast groteske Weise mit der emblematischen Montierung kontrastiert (so Schoch 1975, S. 86). Die traditionelle Zuschreibung an Girodet konnte nicht durch Quellen gestützt werden, doch könnte die ungewöhnliche Bildidee durchaus eine Erfindung Girodets und das vorliegende Gemälde die „Urfassung" sein, nach der Dabos seine Kopie anfertigte (vgl. Kat. 498). A. S.

Laurent Dabos
nach ANNE-LOUIS GIRODET-TRIOSON

498 Napoleon Bonaparte im Zentrum eines Strahlenkranzes

1806
Sign. u. dat.: dabos 1806
Öl/Leinwand; ⌀ 48,5 cm
Berlin, Deutsches Historisches Museum

Lit.: Schoch 1975, S. 86; Kat. München 1980, Nr. 432

Eine von vier derzeit bekannten Kopien des in Kat. 497 beschriebenen Kaiserporträts (München, Alte Pinakothek, Inv. 3073; Schloß Nymphenburg, Inv. WAF 1115; Florenz, Palazzo Pitti). Die wohl Geschenkzwecken dienenden Gemälde (vgl. Kat. Stuttgart 1987, Bd. 1.1, Nr. 408) weichen nur in kleinen Details voneinander ab; sie sind signiert und 1806, zwei Jahre später als das um 1804 angesetzte Werk Girodets, datiert. Die jugendlichen Züge Napoleons entsprechen verschiedenen Porträts des Ersten Konsuls aus den Jahren 1803/04 (vgl. Schoch 1975, S. 219; Hubert 1986, S. 210 f.).

Einen gealterten Kaiser mit gelichtetem Haar und fülligerem Gesicht zeigt die um 1810/11 zur

Feier der Hochzeit mit Marie-Louise und der Geburt des Thronfolgers entstandene Radierung von Tardieu und Aubert nach Dabos <498> (vgl. Kat. Münster 1977, Nr. 110); auf der beträchtlich erweiterten Darstellung halten unten zwei Adler einen Vorhang mit den merowingischen Königsbienen und dem Namen Napoleons; dahinter erhebt sich der Erdball mit dem von der Sonne beschienenen Frankreich; die Wappen Frankreichs und Österreichs bilden den oberen Abschluß des Blattes. Der Sinn erhellt aus dem beigefügten Distichon: „Astre brillant, immense il éclaire, il féconde, et seul fait à son gré tous les destins du monde." Zwei Medaillen von 1803/04 (vgl. Trés. de num. 1836, Taf. XCIII, Nr. 16;

<498> A. Aubert und A. Tardieu, *Napoleon d. Gr.,* um 1810/11

Taf. XCIV, Nr. 6) zeigen auf der Rückseite einen von der sich in den Schwanz beißenden Schlange gebildeten Kreis, der ein Dreieck mit der strahlenden Sonne umschließt; auch die Vorderseiten – bezeichnet „Grand Orient Français" bzw. „Ab illo lux et robur" (von ihm stammen Licht und Kraft) – verweisen auf Napoleon, der gleich der Sonne die Erde erleuchtet, befruchtet und ihre Geschicke lenkt. A. S.

ANTOINE-DENIS CHAUDET

**499 Projet de médaille:
„Élection de Napoléon Ier"**
(Entwurf für eine Medaille auf die Wahl des Ersten Konsuls zum Kaiser)

1804
dat. und bez.: Par le Sénat – Par le Peuple. An. XII.
Feder in Braun, laviert, über Bleistift; 231 × 231 mm (im Rund)
Lille, Musée des Beaux-Arts, Inv. 1153

Lit.: Scottez 1980, S. 441; Slg. Lille 1983, Nr. 8

Am 18. Mai 1804 wurde Bonaparte durch Senatsbeschluß und Volksabstimmung zum Kaiser proklamiert. Mit seiner wohl von Denon in Auftrag gegebenen Darstellung bezieht sich Chaudet auf den gallischen Brauch der Schilderhebung: die ersten französichen Könige wurden, meist von vier Männern emporgehoben, „super clipeo" gewählt (vgl. Montfaucon 1729, Bd. 1, S. XVI f., Taf. I; zu entsprechenden Münzen von 1804 vgl. Millingen/Millin 1819, Taf. XXXVI, Nr. 94). Der auf dem Schild stehende König galt als Sinnbild der Hoffnung, die sich auf der Sonnenscheibe erhebt (vgl. Connolly 1980, S. 64). In Chaudets Zeichnung tragen ein Vertreter des Senats (kenntlich durch das Buch) und ein Vertreter des Volkes (mit einem Pflug) den togabekleideten und lorbeerbekrönten Ersten Konsul. Sie diente als Modell für fünf Medaillen, die zum 2. Dezember 1804, dem Tag der Kaiserkrönung, geschlagen und an die Teilnehmer der Zeremonie bzw. das Volk verteilt wurden (zu den Münzen vgl. Millingen/Millin 1819, Taf. XXXII, Nr. 83–86; Trés. de num. 1840, Bd. 2, Taf. III, Nr. 1–5, 7; Kat. Stuttgart 1987, Bd. 1.1, Nr. 41).

Gegenüber dem Entwurf enthalten die Medaillen einige Änderungen. Anstelle von „Sénat Consul an 12" auf dem Buch heißt es nun schlichter „Loix"; die demokratischere Formulierung des Entwurfs (Napoleon durch Senats- und Volksbeschluß zum Kaiser proklamiert) wurde zugunsten der neutralen Bezeichnung „Le Sénat et le Peuple" fallen gelassen, dem Tag der Kaiserkrönung trägt das geänderte „An XIII" Rechnung. Das Zepter mit der Sitzfigur Karls des Großen wurde ersetzt durch ein Zepter mit dem kaiserlichen Adler, das Napoleon während des Sacre übernommen hatte; es entsprach nicht nur dem Zepter der römischen Konsuln, sondern auch dem ältesten Zepter des französischen Königtums (vgl. Montfaucon 1729, Bd. 1, S. XXXIV). Der Rekurs auf antike, merowingische und karolingische Traditionen sollte Napoleons Griff nach dem Thron legitimieren (vgl. Siegfried 1980, S. 71 ff.). A. S.

JEAN DUPLESSI-BERTAUX

500 Bataille de Marengo, commandée par l'Empereur et Roi, le 23 Prairial, An VIII.
(Die Schlacht von Marengo, darüber Porträt Napoleons)

vor 1801 (1804)
bez. Napoléon le Grand / Empereur des Français, Roi d'Italie. / protecteur de la Confédération du Rhin.
Radierung; 360 × 224 mm
HK, Bibliothek, Sign. Ill. XIX. Varii 1804

Lit.: Kat. Hamburg 1980/81, Nr. 397b; de Vinck 7436;

500

Der dritte Teil der 1791 begonnenen, 1798 und 1802 in Teilen, 1804 vollständig verlegten „Collection des Tableaux Historique de la Révolution Française" enthält Porträtmedaillons, die – mit zwei Ausnahmen – von einer kleinen queroblongen Szene aus dem Leben des Dargestellten und einem größeren Textfeld begleitet sind. Auch Bonaparte und Moreau, der Sieger von Hohenlinden, sollten ursprünglich keineswegs herausgehoben werden, wie eine frühere, sehr viel kleinere Fassung der Schlacht von Marengo zeigt (vgl. Kat. Hamburg 1980/81, Nr. 397a). Bereits vor 1801 (Thieme-Becker, Bd. 10, S. 158) vergrößerte Duplessi jedoch seine erste Fassung und

erweiterte sie im Himmel um eine graziöse Allegorie (die Grabstichelarbeiten stammen von Berthaud). Die Siege von Marengo und Hohenlinden (am 14. Juni und 3. Dezember 1800) führten zum Frieden von Lunéville; wie Wicar (vgl. Kat. 492) verherrlicht auch Duplessi-Bertaux hier Napoleon als Friedensstifter: Famagestalten verkünden seinen Ruhm und werfen Kränze, Palm- und Olivenzweige auf die Erde hinab; Amoretten veranstalten ein Lobkonzert. Der vor einer Sonnengloriole erscheinende Friedensgenius sichert Handel, Überfluß und das Gedeihen der Künste, was durch Merkur mit Globus und Anker, ein Füllhorn und die Personifizierung der „Ars" mit ihren Attributen angezeigt wird.

In den Ausgaben seit 1802 nimmt diese Allegorie nun den Platz des sonst mit Text ausgefüllten Feldes ein, während das kleine rechteckige Feld jetzt die Beschriftung trägt, was die seit 1798 gestiegene Macht Bonapartes und sein auf militärischen Erfolgen gegründetes Ansehen (das er mit Moreau teilte) verdeutlicht. Levachez' Porträt des Ersten Konsuls von 1802 (de Vinck 7435) wurde später durch das vorliegende Porträt des Kaisers im Krönungsornat ersetzt. A. S.

PHILIPPE-AUGUSTE HENNEQUIN

501 The Disarming of Mars
(Die Entwaffnung des Mars)

1805/06
Federzeichnung, laviert; 660 × 540 mm
New York, Shephard Gallery Assoc. and Martin L. H. Reymert Inc.

Lit.: Kat. New York 1984, Nr. 4

Auf drei Ebenen wird hier der Frieden dargestellt: als mythische Fabel im Vordergrund, als geschichtliches Zeugnis im Mittelgrund und als zeitgenössische Handlung im Hintergrund. Die Komposition, die wie ein Entwurf für ein Fresko wirkt, drängt sich auf einer Seite zusammen; alles gruppiert sich um den „arbre de la Liberté". Mars, der Gott des Krieges, ist eingeschlafen im Schoß

501

der geflügelten Pax, der Göttin des Friedens. Er hat das Medusenschild, den großen Kriegshelm und das Schwert abgelegt. Seine Rüstung wird von „la Victoire" am Baum befestigt. Kinder und Putten entkleiden ihn und pflücken Friedenszweige. „La Renommée" verkündet das Ereignis. Der Schlaf des Mars ist Voraussetzung für Wachstum und Gedeihen, dies wird durch die Statue der „Abondance", der Blumen gespendet werden, angedeutet.

Typologische Vorbilder für diese Allegorie bilden „Mars und Venus" sowie „Samson und Delila". Zeitgenossen Hennequins benutzten ebenfalls den Mars-Mythos, so Regnault (Salon 1795) und Chinard (Bonaparte-Allegorie, Salon 1798). In Hennequins Œuvre finden sich einige Kompositionen, die mit der vorliegenden vergleichbar sind, so z. B. „Paris verläßt Helena" von 1798 (Lyon) und „Buonaparte couronné en Egypte par la Victoire" (um 1798; vgl. Kat. Los Angeles 1988, Nr. 173). Die Beschriftung der Friedensallegorie „an 14" verweist auf 1805/06. In dieser Zeit schuf Hennequin Schlachtenbilder und allegorische Zeichnungen zur „Gloire Napoléenne", darunter eine ebenfalls mit einem „befriedeten Mars" (vgl. <501>). Joh. H.

<501> Ph.-A. Hennequin, *Allegorie auf den Ruhm Napoleons,* 1806

CHARLES MEYNIER

502 Entrée à Munich
(Einzug Napoleons in München im Oktober 1805)

1806
Feder in Braun, laviert, mit schwarzer Kreide quadriert; 375 × 715 mm
Paris, Musée du Louvre, Département des Arts Graphiques, Inv. 30978

Lit.: Guiffrey/Marcel, Nr. 9856; Slg. Paris 1972, Nr. 88

Zur Erinnerung an den dritten Koalitionskrieg, der mit dem Sieg bei Austerlitz und dem Frieden von Preßburg im Dezember 1805 geendet hatte, befahl Napoleon im Februar 1806 die Errichtung eines Triumphbogens auf der alten Place des Carrousels, inzwischen Cour Napoléon (vgl. Kat. 509). Aus Kriegskontributionen sollten eine Million Francs zur Verfügung stehen; bereits 1808 konnte das mit dem Prix decennal ausgezeichnete Werk der Architekten Percier und Fontaine eingeweiht werden. Denon, der das Bildprogramm ausgearbeitet und wohl selbst Entwürfe geliefert hatte (Biver 1963, S. 178), beauftragte Meynier mit der Zeichnung der sechs großen Flachreliefs, acht Statuen und der Figurengruppe für die Quadriga (die aus den Pferden von San Marco bestand); nach Meyniers Zeichnungen arbeiteten u. a. Taunay, Cartellier und Clodion

365

502

<503> Bonvalet nach Bance, *Die Industrie-ausstellung*, 1806

(vgl. Hautecœur 1953); die Zusammenarbeit Denons mit anderen Künstlern ist nicht ungewöhnlich und wird auch für Zix bezeugt (vgl. Kat. 483: das Relief von Clodion befindet sich etwa in der Bildmitte an der Bogenwand).

Denon lobt Clodions Relief, das heute an der Westseite des Bogens zu sehen ist, Napoleon gegenüber mit den Worten: „Der ausführende Künstler ... hat Seiner Majestät den Ausdruck von Güte und Genugtuung verliehen, die er empfunden haben muß, als er den treuen bayerischen Untertanen, die ihn begeistert empfangen, ihren Kurfürsten, seinen Verbündeten, zurückbrachte" (vgl. Galbrun-Cornus 1898, S. 258). Dies entspricht jedoch keineswegs den Tatsachen: Napoleon zog am Abend des 24. Oktober 1805 in die festlich illuminierte Hauptstadt ein und empfing tags darauf die Ständevertreter. Wer fehlte, waren Max IV. Joseph, die kurfürstliche Familie und der erste Minister Montgelas, die sich zum Schutz vor österreichischen Übergriffen nach Würzburg begeben hatten. Trotz heftigen Drängens von französischer Seite, sich von Napoleon zurückführen zu lassen, traf der Kurfürst zum Verdruß des Kaisers erst einen Tag nach seiner Abreise wieder in München ein (vgl. Zwehl 1964); das 11. Bulletin der Großen Armee verschweigt diese Peinlichkeit (Tableaux historiques 1806, S. 20), und Meynier wurde gehalten, das Ereignis im Sinne Napoleons festzuhalten. A. S.

befindet sich ein Brunnen mit dem Löwen von San Marco (Venetien war 1805 an das Königreich Italien abgetreten worden). Die Alleen zu beiden Seiten sind mit vier Kolonnaden verkleidet, in deren Innern sich die Buden befinden; durch niedrige Absperrungen schuf man vier kleinere Plätze vor den einzelnen Ausstellungssektionen. Eine im Athaeneum von 1806 publizierte Radierung nach Bance von Bonvalet gibt die Ansicht von Norden auf den Platz mit dem Invalidendom im Hintergrund wieder <503>.

Bereits 1798 hatte F. de Neufchâteau eine erste, sehr viel kleinere Ausstellung auf dem Marsfeld angeregt. Zur Förderung der Wirtschaft gründete der Erste Konsul 1801 die „Société pour l'Encouragement de l'Industrie nationale" und richtete 1802 die Handels- und Handwerkskammern ein; gleichzeitig verfügte er, jährlich im September eine Ausstellung von Industrieprodukten abzuhalten, die 1801 und 1802 im Louvrehof stattfanden. An der nächsten, von 1806, nahmen erstmals sämtliche Departements teil;

eine Jury verteilte Medaillen an die weit über tausend Aussteller. Ziel des Kaisers war, „une espèce de tableau de la statistique industrielle de la France" zu erhalten und die landeseigenen Ressourcen festzustellen: „Sa sagesse en appréciera les besoins, Sa puissance en reparera les pertes", um mit dem Ausland, insbesondere England, konkurrieren zu können (vgl. Coll. Del., Bd. 42, Nr. 1103–1107; Trés. de num. 1840, S. 33 f., Taf. XIV, Nr. 13). Als wichtigsten Wirtschaftszweig heben zeitgenössische Berichte die Textilproduktion (durch Einrichtung neuer Baumwoll-

manufakturen und der Zucht von Merinoschafen seit 1786) hervor; die Kontinentalsperre und der Mangel an Rohstoffen wirkten sich jedoch, langfristig gesehen, innovationshemmend aus (vgl. Erbe 1982, S. 126 f.; Ziebura/Haupt 1975, S. 103). Die Ausstellung dauerte mehr als drei Wochen, zog täglich etwa ein Zehntel der Pariser Bevölkerung an und war von einer Verkaufsmesse begleitet. Mit ihrer Einteilung in vier Sektionen (Schöne Künste, Stoffe, Mechanische und Chemische Erzeugnisse) wurde sie zum Vorbild späterer Weltausstellungen. A. S.

JACQUES BERTAUX

503 Exposition de l'industrie sur l'esplanade des Invalides
(Industrieausstellung auf der Esplanade des Invalides)

1806
sign. u. dat. r. u.: Jacq. Bertaux del. 1806
Feder in Braun, laviert; 420 × 580 mm
Paris, Musée du Louvre, Département des Arts Graphiques, Inv. 23754

Lit.: Guiffrey/Marcel, Nr. 264; Lorion 1968, S. 128; Mistler 1968, Bd. 1, S. 199

Der Blick geht von Süden auf die Esplanade vor dem Invalidendom mit der Seine im Hintergrund. Das gegenüberliegende Seineufer ist noch weitgehend unbebaut. In der Mitte des durch Wege kreuzförmig gegliederten riesigen Platzes

503

504

FRANÇOIS GÉRARD   (Farbtafel 46)

504 Napoleon I. im Krönungsornat

1806
Öl/Leinwand; 223 × 146 cm
Dresden, Staatliche Kunstsammlungen,
Inv. 2518
Lit.: Kat. Paris 1913; Kat. London 1972; Slg. Paris
1974/75 II; Adhémar 1933

„Der Kaiser schien damit zufrieden, kehrte
zum Drama zurück und machte sehr bedeutende Bemerkungen, wie einer die tragische
Bühne mit der größten Aufmerksamkeit
gleich einem Kriminalrichter betrachtet und
dabei das Abweichen des französischen Theaters von Natur und Wahrheit sehr tief empfunden hatte . . . Was, sagte er, will man jetzt
mit dem Schicksal? Die Politik ist das Schicksal."

J. W. v. Goethe
über sein Gespräch mit Napoleon
in Erfurt, am 2. 10. 1808

Schon auf den ersten, flüchtigen Blick wird der
Betrachter des Staatsporträts den abgebildeten
Machtanspruch des Kaisers erkennen: als römischer Imperator erscheint Napoleon lorbeerge-
krönt in der Pracht seines Krönungsornates
(2. 12. 1804, Notre Dame). Seine rechte Hand hält
das Adlerzepter, Zeichen seines auf den Mero-
wingern, Karl dem Großen und den römischen
Kaisern gegründeten Machtanspruchs. Einer
Ikone verwandt, zeigt das frontal gegebene Antlitz die Widersprüchlichkeit von kultbildhaftem
Hoheitsanspruch und einem maskenhaften Herr-
scherporträt. Das starre, hieratische Prinzip des
Bildaufbaus (den Gérard bei seinem Lehrer
J. L. David erlernte) wird durch die diagonale
Raumaufteilung und die Dreiviertelansicht
leicht gemildert:

Der Thron rechts im Hintergrund, das Tabou-
ret mit dem Reichsapfel und der „Hand der
Gerechtigkeit" (main de justice) ist auf ein barok-

kes Schema der französischen Königsporträts
zurückzuführen (vgl. <504 A>). Entsprechend
dem propagandistischen Anspruch an die bildenden Künste unter Napoleon I. wurde dieser Bildtypus von den bedeutendsten Malern des Kaisers
bevorzugt: die Kaiserbildnisse von David (1805),
Ingres (1806), Robert Lefèvre (1806) und Anne-
Louis Girodet-Trioson (1812) belegen dies. Das
offizielle Repräsentationsbild sollte das Charisma von Napoleon betonen: „Die napoleonische Herrschaft, wie sie sich in der Kunst darstellt, entspricht dem Weberschen Idealtypus der
‚charismatischen Herrschaft'. Heldenverehrung
bestimmt das Verhältnis zwischen ‚Anhängern'
und dem mit ‚übermenschlichen oder mindestens außeralltäglichen' Eigenschaften begabten
‚Führer'. Dieser hat sein Charisma ständig unter
Beweis zu stellen" (Schoch 1975, S. 49).

Der Maler Gérard partizipiert so mit seiner
Darstellungsform an der Legende, die Napoleon
selbst um sich webt. Die Kunstauffassung des
Kaisers war durch die klassischen Kunstnormen
der Antike geprägt: Linie, Ordnung, Logik, Pro-
portion, Formgebung, Maß und Beschränkung.
Sie entsprachen zudem seiner Auffassung von
Ordnung in Staat und Politik, wie er sie in seiner
Neuformulierung der Forderungen französischer
Revolutionäre umwandelte. Aus der Parole „Frei-
heit, Gleichheit, Brüderlichkeit" wurde Ord-
nung, Gerechtigkeit und Wohlergehen.

François Gérard war nahezu prädestiniert für
die Aufgabe, diesen Herrscher, den man selbst als
Denkmal des Klassizismus bezeichnen kann, in
einer die Wirklichkeit verzerrenden Pose darzustellen. Als Lieblingsschüler des von Napoleon
verehrten und geförderten Jacques-Louis David,
der sich nach der gescheiterten Revolution zum
Kaiserreich bekehren ließ, tat er sich besonders
durch seine frühen Porträts hervor.

1806, im Jahr der Entstehung des Kaiserporträts, wurde Gérard zum „premier peintre de
l'impératrice Joséphine" ernannt, nachdem er
unter dem Empire der eigentliche Hofporträtist

geworden war. 84 Bildskizzen im Besitz des Versailler Museums dokumentieren eine ganze Ikonographie der napoleonischen Familie. Sie verdanken ihre Entstehung der Gewohnheit Gérards, von seinen ausgeführten Bildnissen vor
ihrer Ablieferung kleine, meist ganz eigenhändige Reduktionen anzufertigen, die er für seine
Studenten im Atelier zurückbehielt. Sie prägten
seine stilistische Auffassung eines romantisch
verklärenden Klassizismus.

Der Spätklassizismus schwankte im künstlerischen Bereich zwischen klarer Rationalität und
romantischem Sensualismus. Das theaterhafte
Pathos der Akteure sollte die Tugendhaftigkeit
symbolisieren, die wissenschaftliche Genauigkeit
und der strenge Bildaufbau werden bei Gérard in
eine weitere Spannung versetzt: der Linien-
strenge fügt er ein strahlendes Kolorit hinzu.

Die elementare Bruchstelle zwischen politischer Realität und der idealistischen Konzeption
des Klassizismus wird durch eine ikonographische Analyse des Staatsporträts erhellt. Napoleon nutzte die Erfahrungen der Revolutionszeit
und machte sich die Erkenntnisse der Kunsttheorie im Zeitalter der Aufklärung zunutze. Der
sittliche und erzieherische Wert der Kunst wurde
ins Politische gewendet, nicht ästhetischen
Genuß eines ausgewählten Publikums, sondern
die suggestive Massenbeeinflussung beabsichtigte er. Der Klassizismus kann seine Wahrheit
nicht mehr behaupten, wird zur Maske der Dikta-
toren und führt zur negativen Benutzung des
Ideals: Zwei Aussagen Napoleons bestätigen die
Bindung der Künste an den Machtapparat und
sein Legitimationsverlangen: „Si les arts exer-
cent, comme nous l'avons vu, un si grand empire
sur les mœurs publiques, combien il importe
donc aux législateurs d'en diriger l'influence"
(zit. nach Schoch 1975, S. 50).

Gegenüber dem Erzbischof von Malines gab
sich der Herrscher offen als einer der ersten
Befürworter der psychologischen Massenpropa-
ganda zu erkennen: „Il faut enfin qu'on ait à

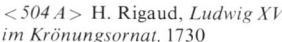

<504 A> H. Rigaud, *Ludwig XV. im Krönungsornat*, 1730

<504 B> A.-J. Gros, *Bonaparte besucht die Pestkranken von Jaffa*, 1804

publier chaque jour des pièces de tous les caractères, de tous les styles, tendant au même but, mais s'adressant aux divers sentiments et aux divers esprits. C'est ainsi qu'on parviendra à mettre la nation entière dans une sorte d'ivresse" (zit. nach Schoch 1975, S. 50).

Das ausgestellte, wohl am meisten verbreitete Staatsporträt des Kaisers ist als ein Rückzug auf die Repräsentationsporträts des französischen Absolutismus <504 A> zu verstehen. Die heterogene Aneignung verschiedener Hoheitsmotive dokumentiert seinen politischen Anspruch, der historisch belegt werden soll. Lorbeerkrone und Adlerzepter sind die Insignien des römischen Kaisertums. Die goldenen Bienen auf dem roten Ornat symbolisieren den Bezug der eigenen, nationalen Geschichte zum Merowingerkönig Childerich I., der seit 460 König der salischen Franken war und die römische Restherrschaft in Gallien zerschlug (sein Sohn Chlodwig I., ca. 465–511, ist der Gründer des Fränkischen Reiches). Die Hand der Gerechtigkeit ist das Zeichen der Gerichtshoheit der französischen Könige, in deren Tradition sich Napoleon sehen möchte. Die Summe abendländischer Geschichte zog er für sich schließlich durch die Übernahme des Reichsapfels, eine Anspielung auf Karl den Großen (lat. Carolus Magnus, frz. Charlemagne, 742–814; dessen Krönung zum Kaiser am 25. 12. 800 durch Papst Leo III. in Rom bedeutete die Erneuerung des westlichen Imperiums, in dem sich Germanentum mit christlich-römischer Überlieferung verband.). Karls Insignien waren allerdings während der Revolution verschwunden. Nach längerer Suche fand man jedoch sein Zepter mit der Inschrift „Sanctus Karolus Magnus, Italia, Roma, Germania" und eine „Hand der Gerechtigkeit". Der Napoleon-Biograph V. Cronin beschreibt die weiteren Vorgänge wie folgt: „Zur allgemeinen Verlegenheit tauchten zwei Schwerter auf, und der Besitzer eines jeden schwor, seines sei das Krönungsschwert Karls des Großen. Napoleon wählte dasjenige, das er selbst für das echte hielt. Die Krone war unauffindbar. Er ließ zwei Kronen anfertigen, eine, die der verlorenen ähnelte und rein symbolischen Wert hatte, und eine zweite, die er tragen wollte. Sie sollten sich von den einen geschlossenen Reif bildenden Kronen unterscheiden, die von den erblichen – und, wie er meinte, degenerierten – Königen Europas getragen wurden, und offen wie ein Lorbeerkranz geformt sein, eine Krone, wie sie das Volk von Rom den Siegern verliehen hatte, nur allerdings aus Gold." (Cronin 1973, S. 322).

So wird aus dem Soldaten und General Bonaparte, dem einstigen Citoyen, zunächst ein Konsul römischer Prägung, um in der Rolle des „römischen Kaisers" die heroische Nachfolge und Wiederholung großer Geschichte zu spielen. Sprechen die Wahlergebnisse von 1804 auch dafür, daß eine überwältigende Mehrheit des französischen Volkes (3,5 Millionen gegen nur 3000 Gegenstimmen) den erblichen Kaisertitel an Napoleon verliehen sehen wollte, um in Frankreich „Ruhe und Ordnung herzustellen" (Polizeibericht vom 17. April 1804), so zeigt ein Blick in die Synchronopsen der Jahre 1805 und 1806 ein anderes Bild: Angst und Schrecken des Krieges überzogen Europa. Der nach dem offiziellen französischem Katechismus als „imago dei" (Abbild Gottes) charakterisierte Despot ließ seine Mission heilig erklären, und die offizielle Propaganda ließ ihn als einen von Jeremias prophezeiten Heiland darstellen: „Ich trat als der Erwählte des Volkes auf, ich war in den Augen des Volkes legitim" (Las Cases 1899, S. 106 f.).

Bereits in anderen propagandistischen Bildwerken hatte sich die Legende entwickelt, aus dem Feldherren mit feierlichem Gestus eine Heilandsgestalt zu machen. Auf den historischen Schlachtbildern werden zwei Motive besonders hervorgehoben: Napoleon „ruhig auf einem aufbrausenden Pferd" sitzend; zum anderen in caritativ-charismatischer Größe wie auf dem Gemälde von Gros (Antoine Baron Gros, 1771–1836, war ein weiterer Lieblingsschüler Davids), „Bonaparte besucht die Pestkranken von Jaffa" <504 B>, zu sehen. Die pestkranken Franzosen sollen unter Napoleon vergiftet worden sein, und nicht, wie auch hier der Mythos grausam verklären möchte, durch die heilende Hand des Herrschers berührt und errettet.

Napoleon hatte von sich selbst gesagt: „Ein Mensch wie ich ist ein Gott oder ein Teufel" (zit. nach Kat. Hannover 1985, S. 7). Es ist seine Neigung zum Großen und Erhabenen, die sich auch in seinen literarischen Vorlieben äußerte: Goethe, Byron und die Bewunderung für die Epen Ossians, der als „neuer Homer" gefeierten, mythischen Gestalt aus der Feder des Schotten McPherson (vgl. Kat. 508). Die Wertschätzung jener Künstler, die seine zivilen und militärischen Taten am eindrucksvollsten verherrlichten, gründen in seiner Bewunderung für den architektonischen Monumentalstil des alten Rom unter Kaiser Augustus. Er nutzte sie zur Inszenierung des Majestätisch-Prachtvollen in einer Aura des Religiösen. Anläßlich seiner Weihung zum Kai-

<504 C> J.-L. David, *Die Krönung von Napoleon und Joséphine*, 1805-07

<504 D> J.-A.-D. Ingres, *Porträt des Kaisers auf dem Thron*, 1806

ser durch Papst Pius VII. äußerte er: „Alles, was den Regierenden heilig machen kann, ist ein großes Gut" (Tout ce qui tend à rendre sacré celui qui gouverne est un grand bien; zit. nach Melchior-Bonnet 1989, S. 31). Das Bildnis von Gérard läßt aber nur den heutigen Betrachter mit seinen geschichtlichen Vorkenntnissen erkennen, daß hier die Widersprüchlichkeit und Ambivalenz eines narzißtischen Herrschers mit Weltmachtanspruch zu Tage tritt. Die Propaganda-Mittel vereinnahmten nicht nur das französische Volk. Besonders die Napoleon-Bildnisse von David und Jean-Auguste-Dominique Ingres zeigen eine sowohl technische Brillanz als auch die persönliche Verehrung des Gott-Kaisers. Das berühmte Gemälde „Le Sacre de l'Empereur Napoléon ler et Couronnement de L'impératrice Joséphine . . ." <504 C>, ein zugleich getreues und ungetreues Bild der Krönungszeremonie und der an ihr beteiligten Personen, erhielt 1810 den „großen Preis erster Klasse für Werke, die ein dem Nationalcharakter zur Ehre gereichendes Sujet repräsentieren". David selbst schien wie befangen von der scheinbaren Größe Napoleons, als er formulierte: „Das ist ein Mensch, dem man in früheren Zeiten Altäre errichtet hätte . . . (zit. nach Markov 1985, S. 32).

Bereits 1804 war die Krönungsszene jedoch von Gillray in bissiger Weise karikiert worden (vgl. Kat. 518). Und dennoch entstand im Jahre 1806 ein Thronbildnis von Ingres (vgl. <504 D>), das den romantisch verklärten Idealtypus – auch des Gérard-Gemäldes – nahezu noch überflügelte. Der Archaismus der Darstellung erinnert zusätzlich an mittelalterliche Herrscherbilder, scheut auch nicht den Vergleich zu antiken Bildwerken des Gottes Zeus/Jupiter (in der Haltung). Im Vergleich zu diesen Werken von David und Ingres ist das ausgestellte Bildnis etwas verhaltener. Es wird deutlich, den napoleonischen Machtanspruch, wie er sich in den propagandistischen Bildwerken dokumentiert, bereits als unheilvolle Vorankündigung seines Eroberungswahnes werten zu müssen: am 12. November 1805 zieht Napoleon in Wien ein, am 2. Dezember desselben Jahres wird den Österreichern und Russen bei Austerlitz eine Niederlage zugefügt (Napoleons größter Triumph), am 14. Oktober 1806 wird er die Preußen bei Jena und Auerstädt besiegen. Es folgen die Einmärsche in Warschau (1806), Danzig (1807) und 1808 die Besetzung Spaniens, deren Schrecken aus den Radierungen und Bildern Goyas bekannt sind (vgl. Kat. 530.1–80). Der Rußlandfeldzug (Juni

bis November 1812) und die Niederlage bei Waterloo, am 18. Juni 1815, bedeuten das Ende einer Schreckensherrschaft. Aber die Erwartungen, vornehmlich des liberalen Bürgertums, an den Wiener Kongreß (1814/15) sollten sich nicht erfüllen. Frankreich wurde auf seine Grenzen von 1792 reduziert, die Menschen um ihre Hoffnung auf Freiheit und Unabhängigkeit betrogen. Die politischen und philosophischen Bestrebungen der Aufklärung in Deutschland und Frankreich konnten weiterhin nur verschlüsselt kundgetan werden. Der göttliche Imperator auf dem Porträt von Gérard hatte die Geister der Zeit tatsächlich verwirrt. Er hatte jenes Chaos geschaffen, das er sich gerühmt hatte aufgehoben zu haben. Wie stark die Inszenierung seiner Person auf seine Zeitgenossen einwirkte, mögen zwei Beschreibungen seiner Wirkung verdeutlichen. K. W. F. Solger beschrieb Napoleon am 15. 9. 1802 mit den Worten: „Seine Gestalt ist klein und unansehnlich, sein Gesicht bleich oder vielmehr gelb, ohne die geringste Spur von Röte und man möge fast Leben sagen."

Und selbst ein aufgeklärter Geist wie der deutsche Philosoph Hegel schrieb am 13. 10. 1806 an Niethammer: „Den Kaiser – diese Weltseele – sah ich durch die Stadt zum Rekognoszieren hinausreiten; – es ist in der Tat eine wundersame Empfindung, ein solches Individuum – zu sehen, das hier auf einen Punkt konzentriert, auf einem Pferd sitzend, über die Welt übergreift und sie beherrscht . . ."

Der „Weltgeist zu Pferde" sollte Europa mit dem Terror seiner sich selbst überschätzenden Person und kriegerischen Politik überziehen, wie Marx und Engels dies in der „Heiligen Familie" (1844) darlegten: „Napoleon war der letzte Kampf des revolutionären Terrorismus gegen die gleichfalls durch die Revolution proklamierte bürgerliche Gesellschaft und deren Politik . . . Er war kein schwärmerischer Terrorist. Aber Napoleon betrachtete zugleich noch den Staat als Selbstzweck und das bürgerliche Leben nur als Schatzmeister und als einen Subalternen, der keinen Eigenwillen haben dürfe. Er vollzog den Terrorismus, in dem er an die Stelle der permanenten Revolution den permanenten Krieg setzte."

Das klassizistische Staatsporträt Napoleons im Krönungsornat von Gérard wird so zu einem Dokument und Sinnbild für die beschönigenden Mittel, derer sich die Kunst im Dienste der Macht bedienen kann.   G. G.

CHARLES PERCIER und
PIERRE-FRANÇOIS FONTAINE   (Farbtafel 45)

**505a-i Illustrationen aus: Sacre et Couronne-
ment de Napoléon/Empereur des Français et Roi d'Italie/Description/des
Cérémonies et des Fêtes/ qui ont eu
Lieu/pour le Couronnement de Leurs
Majestés/Napoléon,/Empereur des
Français et Roi d'Italie,/et/Joséphi-
ne,/son Auguste Épouse.**
(Eid und Krönung Napoleons, Kaiser
der Franzosen und König von Italien.
Beschreibung der Zeremonien und Feierlichkeiten für die Kaiserkrönung Ihrer
Majestäten Napoleon, Kaiser der Franzosen und König von Italien, und Josephine, seine kaiserliche Gattin)

Paris 1807
Kolorierte Radierungen; 460 × 630 mm (Blatt)
HK, Bibliothek, Sign. Ill. XIX, Percier/Fontaine
1807

Lit.: Jessen 1920; Biver 1964; Middleton/Watkin 1987

Gunnar Gerlach

Die Krönung Napoleons am 2. Dezember 1804

„Die Ausführung großer Bauvorhaben liegt
ebenso notwendig im Interesse meiner Völker, wie sie meiner eigenen Befriedigung entspricht."

Napoleon I.

„Noch jeder hat in den Alten gefunden, was er
suchte, vorzüglich sich selbst."

F. Schlegel

505 a

Mit der Gestalt Napoleons I. sollte sich nicht nur
das Antlitz Europas verändern. Auch die Architektur nahm eine andere Entwicklung, als sie sich
bis zur Revolutionsarchitektur angedeutet hatte.
Es lag in Napoleons Interesse, seinen Herr-
schaftsstil in den Stätten seiner Macht repräsentiert zu sehen, und dem Empire sichtbaren Ausdruck zu verleihen. Die Rolle der Ideologie
innerhalb der architektonischen Konzeptionen
wurde immer elementarer. Antoine Chrysostome
Quatremère de Quincy (der ab 1816 Sekretär der
Académie des Beaux-Arts werden sollte) liefert in
der *Encyclopédie Méthodique* zum Stichwort
„Architektur" eine Begründung für diese Auffassung: „Von allen Künsten – diesen Kindern der
Freuden und der Not, die sich der Mensch zu
eigen gemacht hat, damit sie ihm helfen, die Nöte
des Lebens zu ertragen und sein Gedächtnis den
künftigen Generationen zu übermitteln – ist die
Architektur zweifellos eine der hervorragend-
sten. Schon vom Gesichtspunkt der Nützlichkeit
aus betrachtet trägt sie den Sieg davon vor allen
anderen Künsten . . . und sichert . . . Eigentum,
sie tut alles Erdenkliche für die Sicherheit, die
Ruhe und die Ordnung des sozialen Lebens."
(Bd. 1, S. 109)

Napoleons Anschauung der Künste, vornehmlich der Architektur, war geprägt durch den
römischen Spätstil unter Kaiser Augustus, den er
in Italien bewundert hatte. Es ist die Vorliebe für
Kraft und Erhabenheit, die ihn zunächst bewegte.

In dem Architektenpaar Charles Percier und
Pierre Fontaine fand Napoleon Künstler, die
zwischen der Ingenieur-Architektur und der
imperialen Repräsentations-Architektur vermitteln konnten.

Seit 1786 waren beide Architekten in Rom
gewesen; beeindruckt vom Stil der Hoch- und
Spätrenaissance, orientierten sie sich an Braman-
te, Antonio da Sangallo und Peruzzi. Beide wollten die Verbindung von Antike und Renaissance
betonen, in der sie die „raisons d'économie" (die
Vernunftgründe des Sparsamen) entdeckten.
Daraus ergab sich ihre Forderung aus dem Jahre
1798, die Architektur habe „Nützlich, Charakter-
voll, Geschmackvoll und Wirtschaftlich" zu sein.
Das Ziel bestand darin, genügend architektonische Effekte mit geringsten und sparsamsten
Mitteln zu erzielen: „produire beaucoup d'effet
avec les moyens les plus simples" (zit. nach Kruft
1985, S. 314). Zwischen 1794 und 1814 sind die
Dekorateure und Architekten im Dienste Napoleons tätig. Fontaine wurde 1807 zum Architekten
des Kaisers ernannt. Als ehemalige Direktoren
der Dekorationsabteilung an der Oper waren
beide mit der Technik wirkungsvoller Szenerien

505 b

vertraut. Es war der Maler Jacques-Louis David, der ehemalige Fest-Regisseur während der Revolutionszeit, der die Architekten Bonaparte, damals noch Erster Konsul, vorstellte. Ihre Kenntnis großer antiker Kunstwerke – besonders auch der ägyptischen (Tempel, Pyramiden, Sphinxe, Obelisken) – und der antiken Ornamentik ließ sie zu den Begründern des Empire-Stils werden. Ihr „Recueil de Décorations intérieurs, comprenant tout ce qui a rapport à l'ameublement..." erschien 1801 in erster Auflage (Kat. 511). Dieses Sammelwerk wurde zum richtungweisenden Lehrbuch der Dekoration innerhalb und außerhalb Frankreichs.

Die Formensprache des Empire orientierte sich an den Regeln der Klassik, so wie sie Winckelmann 1755 in den „Gedanken über die Nachahmung" entwickelt hatte: „Die Kenner und Nachahmer der griechischen Werke finden in ihren Meisterstücken nicht allein die Schönste Natur, sondern noch mehr als Natur, das ist, gewisse idealische Schönheiten derselben." (Winckelmann 1982, S. 3).

Die analytische Untersuchung verschiedener Stile der Antike trug dazu bei, daß man seit 1780 zwischen griechischen und römischen Werken zu unterscheiden wußte. Als Norm und Form gebendes Ideal wird die Rezeptionsweise der Antike, die strenge und geradlinige Gliederung, um die dekorative Harmonie und durch eine größere Freude am Schmuck erweitert.

Im Jahre 1804 wurden der Maler Isabey und die Architekten Percier und Fontaine damit beauftragt, Notre-Dame und den Champ-de-Mars (vgl. Kat. 274) für die Ernennung Napoleons zum Kaiser zu dekorieren. Durch einen Erlaß vom 13. Juli 1804 über das Hofzeremoniell wurde die Etikette auf die gesamte Verwaltung ausgedehnt. Das ausgestellte „Buch der Weihe", ein Nachbericht zur Krönungszeremonie, der nicht in allen Teilen dem historischen Ablauf entspricht, faßt sowohl den Ablauf als auch die dekorative Umgestaltung der zur Krönungskirche erhobenen Notre-Dame zusammen.

In 37 Abschnitten wird das Krönungszeremoniell von der Ankunft und dem Empfang des Papstes Pius VII. und seines Gefolges bis zu den öffentlichen und privaten Feierlichkeiten für das gekrönte Kaiserpaar dargelegt. Es erstreckte sich vom 22. November 1804 (Le 1.er Frimaire XIII) bis zum 6. Januar 1805. In chronologischer Reihenfolge werden nahezu alle Schritte von Klerus, Kaiser und Kaiserin, ihres Gefolges und der auftretenden Vertreter bestimmter gesellschaftlicher Gruppen beschrieben. Die 12 im Anhang beigegebenen Bildnistafeln illustrieren das Geschehen: sowohl die Umgestaltung im Äußeren und Inneren der Kirche als auch die Anordnung und Rangfolge der teilnehmenden Personen gelangen zur Darstellung.

Der Gedanke, Napoleon zum Kaiser zu machen, entstand bereits im Jahre 1802; Oberst Bonneville Ayral legte in einem Pamphlet dem französischen Volk nahe, Napoleon zum Erbkaiser der Gallier zu machen. Ursprung dieses Gedankens war der Wunsch, den Mann zu feiern, in dem er die Verkörperung seines Helden entdeckte. Napoleon befragte jedoch zuerst die öffentliche Meinung (vgl. Kat. 504), konsultierte seine Generäle und den Staatsrat. Die weitverbreitete monarchistische Gesinnung ließ das Urteil positiv ausfallen. Schwierigkeiten entstanden erst mit dem Wunsch Napoleons, vom Papst (Pius VII.) geweiht zu werden – Ausdruck seines Zieles, die Tradition Karls des Großen fortzusetzen. Zudem waren alte Streitfälle aus dem Jahre 1802 (italienische Bischöfe hingen der zivilrechtlichen Konstituierung der französischen Geistlichkeit nach) noch nicht aus dem Weg geräumt, und das Problem der Krönung und Salbung durch den Papst stellte sich bereits. Man einigte sich aber zunächst darauf, daß der Papst die Krönung vornimmt und sich die abtrünnigen Bischöfe dem Konkordat anschließen und dem Papst unterwerfen. Napoleon erwähnte diesen Punkt des Abkommens jedoch nicht in seinem offiziellen Einladungsschreiben an den Papst, wodurch sich dessen Abreise verzögerte und die bereits für den 25. November festgelegte Krönung verschoben werden mußte. Napoleon hatte längst in Absprache mit seinen Vertrauten die Selbstkrönung beschlossen. Diesen Entschluß stellte er jedoch nicht als einen Akt der überzogenen Selbstsakralisierung dar, sondern als eine notwendige, diplomatische Überlegung: Er wollte den möglichen Streit zwischen den französischen und italienischen Würdenträger vermeiden, da die französischen Könige gewöhnlich durch einen Erzbischof von Reims gekrönt wurden. Der Termin wurde auf den 2. Dezember 1804 verlegt. Die Wahl der Kathedrale von Notre-Dame erfolgte aus mehreren Gründen: Eine Abgrenzung zu den Krönungszeremonien in Reims schien Napoleon notwendig, Paris sollte die Stadt der Hauptstädte werden, und die Königsgalerie über der Portalzone in der West-Fassade stellte den notwendigen Bezug zur Geschichte Frankreichs her.

Die Architekten Percier und Fontaine richteten Notre-Dame und die nähere Umgebung her, brachen sogar die Kapelle des ehemaligen Kapitels ab (sowie das Haus der Chorknaben) und verbargen einen Teil der Fassade unter ihren Dekorationen: Die Portalzone und der mittlere Teil der Königsgalerie wurden hinter einem Triumphbogen mit dem offiziellen Wappen Napole-

505 c

Vue de la Façade principale de l'Église de Notre-Dame de Paris et du Portique qui la décorait le jour de la Cérémonie du Couronnement.

505 d

505 e

505 g

505 f

ons, dem Adler, zugedeckt. Hinzu gelangten Darstellungen der Kohorten der Ehrenlegion. Das gesamte dekorative Bauwerk ruhte auf vier Säulen, von denen zwei mit Chlodwigs (Clovis) und Karls des Großen (Charlemagne) die alten Dynastien der Merowinger und der Karolinger symbolisierten. Die beiden anderen Säulen standen für die 36 „Guten Stände" Frankreichs. Das Innere des Vorbaus wurde mit grünem Samt und Gobelinteppichen ausgeschlagen. Diesem Vorbild folgte auch die Dekoration des hölzernen Portikus, der um die Kathedrale herum zum Palast des Erzbischofs führte, wo man ein eigens errichtetes Rundzelt auf 16 Pfeilern errichtet hatte (Ab-

schnitt 5: Description De La Tente Derrière L'Église, Kat. 505 f). Jeder Pfeiler trug einen Adler aus Gold, und der Zeltstoff in den Farben des Reiches glitt fließend herab. In diesem Zelt sollte der kaiserliche Troß in Empfang genommen werden. Im Palast des Erzbischofs wurden die „großen Kostüme" (Kaisermantel) angelegt. Für den Papst standen vier Tische für die Ornate der „Heiligkeiten", zwei Mitren und die Tiara bereit. In diesem Raum am Fuße des Altars wurden Gebete gesprochen und das Ritual vorbereitet.

Im Innern von Notre-Dame waren die Chorgitter und die kleineren Seitenaltäre entfernt worden, um im gesamten Längsschiff und im Chor Tribünen zu errichten (Kat. 505 g). Kostbare Wandbehänge mit edlen Bordüren und Teppichen zierten den Kirchenraum. Zwischen dem vierten und fünften Hauptschiffpfeiler sperrte ein Podium, das sich bis zur Orgelempore erstreckte, den Raum ab. Hierüber wurde ein Triumphbogen mit einem inneren Kuppelzelt aus rotem Samt errichtet. Unterhalb dieser Kuppel befanden sich die beiden Throne für Napoleon und Joséphine, zu denen man über eine breite, gerade Treppe gelangte. Der Thron war von acht Säulen gestützt und mit Trophäen dekoriert. Der rote Samt des Kuppel-Zeltes war mit Bienen verziert, einem Symbol der Merowinger. Angeblich hatte man in Tournai im Grabe Chilperichs, eines Frankenkönigs aus dem 6. Jahrhundert, Bienen aus Metall gefunden, die zu seinem Gewand gehört haben sollen. Spätere Forschungen ergaben, daß sie zum Gewand der Königin – mit der er begraben worden war – gehörten. Napoleons Entscheidung für dieses Emblem war eher persönlicher Art: Zeichen des Machtanspruchs im „Bienen-Staat" (vgl. Abschnitt 12–14: Krönung Ihrer Majestäten, Gang auf den großen Thron und Ankunft der Majestäten auf dem großen Thron; Kat. 505 g).

Für die Weihe waren die Geladenen, ihrer Hierarchie entsprechend, einzelnen Raumabschnitten zugeordnet. Die religiöse Feier selbst konnte nur von den Tribünen im Chor aus gese-

505 i

hen werden: auf den 24 Thronstufen befanden sich die Minister, die Generäle und die Staatsräte; auf der Höhe des Querschiffs der Klerus, hinter ihnen ausgewählte Fürsten und Würdenträger. Im Chor, also gegenüber Papst Pius VII., saßen die Kardinäle und auf den Tribünen die Vertreter des diplomatischen Corps, die Familien der Großwürdenträger, Mitglieder des Instituts und die Abgeordneten der Generalstäbe und der Präfekturen. Das gesamte Zeremoniell dauerte über vier Stunden, in denen ein bewegter Wechsel des Kaiserpaares zwischen Altar, Papstthron und Kaiserthron von Ost nach West vollzogen wurde.

Am 5. Dezember 1804 fand auf dem Champ-de-Mars die Verteilung der Adler an das Heer statt. Hierzu gestalteten Percier und Fontaine auch die Fassade der Ecole Militaire um: die breite Front wurde durch ein langgestrecktes Stufensystem genutzt. Die Verbindung der weitläufigen und flüchtigen Architektur wurde durch Behänge und adlergekrönte Säulen verbunden (Kat. 505 i). Einen Eindruck dieser Inszenierung gibt das Gemälde von David „Die Verteilung der Adler . . . am 5. Dezember" <505> wieder. Es behandelt den nach der Verteilung der Adler dem Kaiser von der Armee geleisteten Eid (Abschnitt 31).

Die Stiche nach den Zeichnungen und Entwürfen von Percier und Fontaine geben so den Blick frei auf eine nahezu ins Groteske gesteigerte Prunk-Inszenierung, der sich zu entziehen, den Zeitgenossen schwergefallen sein dürfte. Im Schauspiel um die Errichtung eines Gott-Kaisertums schwingt bereits die Ankündigung des kommenden Unheils mit. Der überhöhte Machtanspruch Napoleons wird durch die heterogene und eklektizistische Zusammenstellung der Zeichen und Symbole künstlich, pathetisch und schwerfällig und entspricht damit dem Stil-Wollen der Empire-Begründer Percier und Fontaine.   G. G.

505 h

<505> J.-L. David, *Die Verteilung der Adler an das Heer*, 1808–10

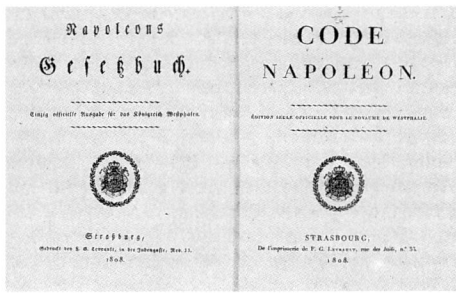

506

506 Code Napoléon
(Bürgerliches Gesetzbuch)

Frz.-dt. Ausgabe für das Königreich Westfalen,
unter dem Satzspiegel lat. Übersetzung

Straßburg 1808
Staats- und Universitätsbibliothek Hamburg –
Carl von Ossietzky, Sign. B 24

Wenige Tage nach dem Frieden von Tilsit wurde
Jérôme Bonaparte zum König von Westfalen
ernannt. Bereits Ende Juli fanden Verhandlungen
über Organisation und Konstitution des König-
reiches statt; Titel IX der Mitte November ausgearbeiteten Verfassung verfügte die Einführung des
Code Napoléon in Westfalen. Wie hier, wurde der
Code civil des Français (wie er vor 1807 und nach
1816 genannt wurde) auch in den übrigen von
Frankreich abhängigen Staaten übernommen;
Westfalen und Baden behielten ihn nach dem
Sturz Napoleons bei (vgl. Seagle 1967, S. 426).
Vorliegende Ausgabe enthält den vollständigen
französischen Gesetzestext in deutscher und
lateinischer Übersetzung (in dubio wurde letztere
hinzugezogen). Nur ein Paragraph weicht vom
Original ab: Artikel 8 besagt: „Jeder Einländer
(westphälische Unterthan) soll die bürgerlichen
Rechte genießen." Frankreichs *Code civil* steht
am Anfang moderner Rechtskodifikationen und
hatte großen Einfluß auf die Rechtsentwicklung
des übrigen Europa; den Grund zu einer einheitlichen Gesetzgebung legten jedoch die bereits
während der Revolutions- und Direktorialzeit
ausgearbeiteten Entwürfe (sog. „droit intermédi-
aire", vgl. Sagnac 1898).
Während im Süden Frankreichs das auf dem
römischen Recht beruhende „droit écrit" vor-
herrschte, dessen Prinzipien persönliche Freiheit
und väterliche Gewalt waren, richtete man im
Zentrum und Norden nach dem Gewohnheits-
recht, dem „droit coutumier", das weniger Ein-
zelinteressen als die Gleichheit aller Familienmitglieder betonte. Die beiden, sich teilweise
widersprechenden Rechtssysteme wurden durch
Feudalrechte, kanonisches Recht und königliche
Ordonnanzen ergänzt. Dem Streben nach Einheit und Gleichheit entsprach notwendig der
Wunsch nach einer einheitlichen Rechtsprechung; bereits seit 1790 versuchte die Gesetzgebende Versammlung, ein bürgerliches Gesetzbuch zu schaffen, doch blieb die Arbeit daran
stecken; immerhin konnte das Zivil- und Straf-
prozeßwesen geregelt und 1791 ein Strafgesetzbuch verabschiedet werden. Die 1793 durch den
Konvent ernannte Kommission unter Cambacérès legte einen ersten Entwurf von 700 Artikeln
vor, der klar und verständlich abgefaßt war und
der traditionellen Einteilung in Personen, Sachen
und Verträge folgte, jedoch als zu wenig revolutionär zurückgewiesen wurde. Drei weiteren Entwürfen von 1794, 1796 und 1799 war ebenso

wenig Erfolg beschieden (vgl. Sagnac 1898,
S. 47 ff.). 1800 setzte Bonaparte eine Kommission zur Ausarbeitung eines neuen Entwurfs ein;
der endgültige Plan wurde 1801 vorgelegt und im
Staatsrat, dem Napoleon häufig selbst vorstand,
beraten, dann an Senat, Tribunat und Corps
législatif weitergeleitet; er konnte nur unter
erheblichen Schwierigkeiten und personellen
Umsetzungen schließlich verabschiedet und am
21. März 1804 verkündet werden. Das Gesetzes-
werk wurde durch die Zivilprozeßordnung 1806
und den *Code de Commerce* 1807 (die jedoch
gegenüber den Ordonnanzen Ludwigs XIV. wenig
Neues brachten, vgl. Erbe 1982, S. 218), die Straf-
prozeßordnung 1808 und den *Code pénal* von
1810 (der gegenüber dem Strafgesetzbuch von
1791 in mancher Hinsicht rückschrittlich war)
vervollständigt.
Der 2281 Artikel umfassende *Code* behandelt
in drei Büchern das Personen-, Sachen- und
Vertragsrecht. Als „code de transaction" vermittelt er, wie die Verfasser betonen, zwischen bestehenden Gesetzen und den beiden Rechtssyste-
men. Die für die früheren Entwürfe maßgeblichen Prinzipien der Freizügigkeit, der Vertrags-
freiheit und des Eigentumsrechts wurden beibe-
halten. Der Akzent hatte sich jedoch von „liberté" und „égalité" zu „autorité" hin verschoben
(vgl. Sagnac 1967, S. 389 ff.), seit das von Aufklärern und Revolutionären bevorzugte Gewohn-
heitrecht (das, da historisch gewachsen, als natürlich und vernünftig galt) immer mehr zugunsten
des römischen Rechts (das wenige Jahre zuvor
noch als fremd und dunkel abgelehnt worden
war) verdrängt wurde. Bonaparte hatte maßgeblichen Anteil an der konservativen Gestaltung des
Familienrechts, mit dem die väterliche Gewalt,
die Unterordnung der Frau unter den Mann und
die Freiheit, testamentarisch zu verfügen, wieder-
hergestellt wurde. Trotz unbestreitbarer Fortschritte wurde damit emanzipatorischen Bestre-
ben der Revolution ein Ende gesetzt.

Unter den zahlreichen Darstellungen, die
Napoleon als Gesetzgeber verherrlichen
(vgl. Kat. 507), gehören die in Umrißstichen
publizierten Entwürfe von Moitte für den Louvrehof zu den interessantesten (vgl. Landon,
Salon 1812, Bd. 2, S. 90 ff., Taf. 66 und 67). Einge-
rahmt von den Büsten Lykurgs (dem mythischen
Gesetzgeber von Sparta) und Solons (der durch
sein Verfassungswerk die Grundlagen des atti-
schen Staates gelegt hatte), hält die allegorische
Gestalt der „législation" den Titel des 1806 erlassenen *Code Napoléon* (so die Erklärung) auf einer
Tafel fest < 506 A >. Zur Vervollständigung der
Allegorie sollte das Relief von vier weiteren
Figuren begleitet werden: Moses, der den deute-
ronomischen Kodex geschaffen hatte, und Numa
Pompilius, der Nachfolger des Romulus und
ältesten Gesetzgeber Roms; in ihrer Mitte in klei-
nerem Maßstab Isis, die die Ägypter unterrichte-
te, und Inka, der den Peruanern Gesetze gab
< 506 B >: die Allegorie vereint einige der wich-
tigsten antiken und mittelalterlichen Gesetzgeber, in deren Nachfolge Napoleon sich verstand.
Der *Code civil* hat seine Geltung in Frankreich bis heute bewahrt: nur etwa ein Siebtel der
Artikel mußte modifiziert, ergänzt oder aufgehoben werden (vgl. Seagle 1967, S. 424 f.). Eine
weitere Ausbreitung in Deutschland wurde durch
die Ereignisse von 1813/14 verhindert; Rehberg
lehnt ihn in seiner 1813 erschienenen Schrift
„Über den Code Napoléon und dessen Einführung in Deutschland" ab, doch hatte man die
Bedeutung einer einheitlichen Rechtsprechung

erkannt, wie Thibauts Abhandlung von 1814,
„Über die Notwendigkeit eines allgemeinen bürgerlichen Rechts für Deutschland", zeigt. Erst im
1896 erschienenen bürgerlichen Gesetzbuch
erwuchs dem *Code civil des Français* ein Rivale.

A. S.

< 506 A > Soyer nach Moitte, *Die Gesetzgebung,* 1812

< 506 B > Soyer nach Moitte, *Moses, Numa, Inka und Isis,* 1812

Anonym
nach LEMERCIER

**507 Au Puissant Empereur qui du Sein des
Ruines fait Renaitre les Loix, les Mœurs,
les Triomphes et les Arts.**
(Apotheose Kaiser Napoleons)

1810
sign., dat. und bez.: Composé et Dessiné par
Lemercier l'An 1810. Legendre scripsit. Déposée
à l'Imprimerie et à la Librairie Impé..le. Se Vend à
Paris etc.
Radierung; 334 × 333 mm (Darst.)
HK, Kupferstichkabinett, Inv. 1988/48

Lit.: Hist. de France 1810, Nr. 6400

Allegorie auf den Kaiser, der aus dem Chaos
Gesetze, Sitten, Ruhm und Künste wiedererstehen läßt. Zwischen Felsen, auf denen berittene
Famagestalten Napoleons Ruhm verkünden,
erhebt sich der Erdball. Ein Triumphbogen mit
dorischen Säulenstellungen, Siegesgenien und
dem kaiserlichen Adler führt zu einem kuppelge-
wölbten Raum im Innern der Erde; dem Licht-
einfall nach dürfte der Erdtempel nach allen vier
Seiten hin symmetrisch ausgerichtet sein. Auf der
Kugel, vor der aufgehenden Sonne, deren Strahlen die Wolken vertreiben, erscheint der Genius
Frankreichs mit einer Gesetzestafel, die die Worte
„Code Napoléon" trägt.
Lemerciers Darstellung beruht auf Ideen und
Bildtraditionen des späten 18. Jahrhunderts. In
der Laiterie Marie-Antoinettes und der Folie
Sainte-James (um nur die bekanntesten „fabriques" zu nennen) wurde die organische Macht
und formale Unregelmäßigkeit der Natur mit
geometrischen Figurationen von Menschenhand
verbunden, denen man schöpferische Qualitäten
zugestand (vgl. Rosenblum 1967, S. 113 ff.; Langner 1963). Sie fanden Nachhall in den Entwürfen
Cochets und Bonnets von 1790 und 1792: Ein
Tempel der Eintracht bzw. der Gleichheit über-

AU PUISSANT EMPEREUR QUI DU SEIN DES RUINES FAIT RENAITRE
LES LOIX, LES MŒURS, LES TRIOMPHES ET LES ARTS.

Déposé a l'Imprimerie et a la Librairie Impé.le

507

den Glanz vergangener Zeiten hervorruft und ihn zu Gesängen inspiriert; sie endet mit dem Tod Ossians, dessen Helden im Gedächtnis der Nachwelt überleben. Dies entsprach Bonapartes Auffassung von Unsterblichkeit und mag ihm den „chantre de la valeur" besonders empfohlen haben (vgl. van Tieghem 1914, Bd. 2). Seine Vorliebe für Ossian hatte erheblichen Einfluß auf die zeitgenössische Literatur und Kunst; für die Ausstattung des „Salon doré" in La Malmaison ergingen zwei Gemäldeaufträge an Gérard und Girodet. Während dieser mit seiner Apotheose der gefallenen französischen Helden, die von Ossian und seinen Kriegern empfangen werden, ein „monument national" (vgl. Levitine 1956) schuf, stellte Gérard das poetische System der Dichtungen Ossians dar (zu den verschiedenen Fassungen – die Hamburger dürfte eine Replik von 1810 für Bernadotte sein – und Interpretationen vgl. Joannides-Sells 1974; Hubert 1967; Rubin 1976): in tiefer Versenkung zupft der blinde Barde die Saiten seiner Harfe, einerseits inspiriert von den ihn umgebenden Geistern seiner Vorfahren, andererseits in schöpferischem Enthusiasmus (vgl. Kat. 547) die Gestalten selbst erschaffend. Drei weitere Gemälde zu Moses, Homer und Ariost sollten den Zyklus vervollständigen. Während Homer der Sonne gleiche, seine Dichtung auf Freude gründe (so das Urteil der Méditateurs, der Staël und Lamartines), kennzeichne der Mond Ossian; Merkmal seiner Poesie sei Melancholie und eine größere Naturnähe, was zu viel tieferen Einsichten befähige. In diesem Sinne verbindet sich Gérards Nachtstück mit Runges Morgen (vgl. Kat. 537): Beiden gemeinsam ist das romantische Konzept, der Mensch sei in den Kreislauf der Natur eingebunden; steht der Morgen für Wahrnehmung und Lichtwerdung, so ist die Nacht der Betrachtung und Erkenntnis vorbehalten. A. S.

508

ragt einen Felsen und wird bekrönt von einer Freiheits- bzw. Siegesstatue (vgl. <507>; vgl. Rosenblum 1967, S. 127; Szambien 1986, S. 98 ff.; Harten 1989, S. 129). Der rohe Felsen mit Tempel war Metapher des Chaos, aus dem neues Leben erwacht. In Delafosses Radierung „Le Cahos" von 1768 (vgl. Mosser 1982/83, S. 53 f.) bezeichnen die Säulen des Tempels den Ursprung der Künste, die Sonne ist „symbole de l'Etre suprême qui débrouilla le cahos". Der mit schöpfergleicher Macht begabte Kaiser vertreibt in Lerciers Komposition das Dunkel und erschafft aus den Ruinen Recht und Ordnung, die Künste und die „industrie humaine". A. S.

<507> Gentot fils nach C. Cochet le J., *Projekt zu einem revolutionären Fest in Lyon*, 1790

FRANÇOIS GÉRARD (Farbtafel 51)

508 Ossian évoque les fantômes au son de la harpe sur les bords du Lora
(Ossian am Ufer des Lora beschwört die Geister beim Klang der Harfe)

1801/1810
Öl/Leinwand; 184,5 × 194,5 cm
HK, Gemäldegalerie, Inv. 1060

Lit.: Hubert 1967; Kat. Hamburg 1974 I, Nr. 83; Kat. Hamburg 1980/81, Nr. 435

Baour-Lormians 1801 erschienene Übersetzung der von MacPherson zusammengestellten Dichtungen Ossians beginnt mit einem Hymnus des Barden an den Abend, der in ihm Gedanken an

Charles Normand
nach JEAN-ARNAUD RAYMOND

509 Elévation de l'Arc de Triomphe sur le Façade de Paris et de Neuilly

aus: *Projet D'Un Arc De Triomphe*
Paris 1812
Radierung; 485 × 632 mm
HK, Bibliothek, Sign. XIX. Raymond 1812

Lit.: Sculptures; Braunfels 1976

Um seine kriegerischen Erfolge zu verherrlichen, entwickelte Napoleon den Plan, fünf Triumph-

509

bögen in Paris errichten zu lassen. Sein größtes Interesse galt dabei dem großen Arc de Triomphe nach Chalgrin, zu dem der Grundstein 1806 gelegt wurde. Chalgrin, dessen Ruhm durch diesen Bau begründet wurde, hatte das Ziel, eine gewünschte römische Würde mit frei stehenden Ziersäulen, Statuen und Flachreliefs zu verbinden. Diese Architektur sollte eine Botschaft verkünden, sie ist bedeutungsbefrachtet und kann mit ihrer restaurativ-historisierenden Formensprache als politisches Denkmal begriffen werden. Auch mit seiner städtebaulich dominierenden Funktion übertrifft das Bauwerk andere Triumphbögen.

Von den fünf geplanten Bögen wurden jedoch nur zwei ausgeführt. Der kleinere Bogen, der Arc de Triomphe du Caroussel, ist die bescheidenere Ausführung (1806–1808) nach den Entwürfen von Percier und Fontaine. Mit dem zweiten Bogen wurde die Achse zwischen der Place de l'Etoile und der Place du Caroussel bezeichnet.

Der ausgestellte Triumphbogen, eine Radierung, die der für Percier und Fontaine arbeitende Architekt, Zeichner und Kupferstecher Charles

510

Normand ausführte, ist ein Projekt-Entwurf von Jean-Arnaud Raymond (Schüler von Blondel und Leroy, tätig in Montpellier und Paris). Der Bogen sollte die Straße von Paris nach Neuilly verbinden. Dieser Entwurf, der ein Jahr nach dem Tode Raymonds publiziert wurde (1812), machte Anleihen nicht nur in der Antike und in der Spätrenaissance, sondern zudem bei den Entwürfen der Zeitgenossen: Chalgrin, Percier und Fontaine.

Das ausgestellte Blatt gehört zu einer Folge von insgesamt sechs Blättern, die Ausführung und Standort des Baues darstellen. Auffälligstes Merkmal des Triumphbogens ist die Übernahme der äußeren Gliederung von dem Triumphbogen für Konstantin d. Gr. (um 315 n.Chr.). Der Ehrenbogen ist als eintorige Anlage mit abschließender Attika gegliedert und ist im Sinne der römischen Tradition Napoleons siegreich beendeten Schlachten von Austerlitz (2. Dezember 1805) und Jena (14. Oktober 1806) gewidmet. Entsprechend geben die Darstellungen auf den Reliefs in der Attika mythologische Kampfszenen wieder. Das Haupttor ist nach der Porta Regalis im Teatro Olimpico in Vicenza (1585) (vgl. <509>)

<509> A. Palladio, *Porta Regalis im Teatro Olimpico,* 1585

von Andrea Palladio gebildet. Die dreigliedrige Anlage mit den vier segmentierenden Säulen und den unterteilenden Reliefs geht auf den Entwurf von Percier und Fontaine zurück; verzichtet wurde jedoch auf den linken und rechten Durchgangsbogen, so daß Chalgrins Betonung der Mittelachse hier zur Geltung kommt.   G. G.

ANONYM

510 Freischilder der französischen Reichsgrafen
Taf. XII aus: *Paris und Wien. Eingehendes Panorama dieser beiden Hauptstädte,* 2. Jg., Bd. 4

Rudolfstadt 1812
Kolorierte Radierung; 181 × 230 mm
Staats- und Universitätsbibliothek Hamburg – Carl von Ossietzky, Sign. A/214042-2

Auf drei Tafeln werden in der Zeitschrift *Paris und Wien* ausgewählte Beispiele aus Henry Simons *Armorial général de l'Empire français* (Paris 1812) vorgestellt. Es handelt sich um ein

Wappenbuch für den französischen Neuadel, die Staatsräte, die Städte 1., 2. und 3. Klasse sowie andere Staatsämter.

Die Schaffung des „Kaiserlichen Adels" 1808 bescherte dem alteingesessenen Adel eine Flut von Neuzugängen: Vier Fürsten, 33 Herzöge, 452 Grafen, 1500 Barone und 1474 Ritter (vgl. Kat. Hannover 1985, S. 19). Dieser Neuadel und die Hierarchie der Titel weisen zurück auf Strukturen des Ancien Régime, auch wenn der Adelstitel denen vorbehalten sein sollte, die sich durch Verdienste um den Staat ausgezeichnet hatten. Zumindest den Überlebenden der alten Aristokratie und den aus der Emigration zurückgekehrten Adligen war dieser Neuadel jedoch verdächtig. K. O.

CHARLES PERCIER und
PIERRE-FRANÇOIS FONTAINE

511 a–m Recueil De Décorations Intérieurs, Comprenant Tout Ce Qui A Rapport A L'Ameublement
(Sammlung von Inneneinrichtungen, einschließlich allem, was die Möblierung betrifft)

Paris 1812
Kupferstiche; 210 (285) × 279 (376) mm
HK, Bibliothek, Sign. Ill. XIX. Varii 1812

Lit.: Kat. London 1972; Schmitz 1956; Kruft 1985; Kat. Paris 1969; Biver 1964

> „Der Mensch empfindet zuerst die Notwendigkeit, dann strebt er nach dem Nützlichen, hierauf nach der Bequemlichkeit, noch weiterhin sucht er das Vergnügen und versiecht im Luxus, bis er der Verschwendung verfällt."
> Gian Battista Vico, 1730

Mit dem Sammelwerk „Recueil de Décorations Intérieurs" von Percier und Fontaine, das in loser Blattfolge zwischen 1801 und 1812 erschien, haben wir nicht nur ein richtungweisendes Lehrbuch der Dekoration innerhalb und außerhalb Frankreichs vor uns: Die Dekorationen und kunstgewerblichen Werke sind Ausdruck der napoleonischen Ära und haben dazu geführt, den Stilbegriff des Empire zu bilden. Dieses Sammelwerk der Ausstattungen besteht aus 72 Kupferstichen nach Zeichnungs-Entwürfen der beiden Architekten, die als Vorlagen für die Inneneinrichtungen der Schlösser und Palais' Napoleons dienten. Ferner wurden Interieurs für den Louvre, der in „Musée Napoleon" umbenannt worden war, vorgestellt. Die stilistischen Anregungen aus der griechischen, römischen, pompejanischen und ägyptischen Kunst wurden mit Erinnerungen an das Louis-Seize und Neuerungen in der englischen Möbelkunst verbunden. Die Idee eines herrschaftlichen Repräsentations-Dekors folgt der historischen Tradition zum Symbol gesellschaftlicher Vorrechte erhobener Möbelstücke, wie es z. B. der Thronsessel Tutanchamuns (ca. 1359–1320 v. Chr.) belegt. Die fünf ausgestellten Kupferstiche sollen exemplarisch die Funktion und Bedeutung eines der einflußreichsten Möbelbücher des 19. Jahrhunderts dokumentieren.

Das Sammelwerk gehört zur Gattung der Möbelbücher und Mustersammlungen, wie sie seit dem 16. Jahrhundert der Veröffentlichung

und zur Anleitung von Entwürfen, Vorlagen und Dekorationsmustern dienten.

Der 19seitige, vorangestellte „Discours Préliminaire" (die Einleitung) zeigt das historisch-archäologische und kunst-theoretische Interesse von Percier und Fontaine. Das Druckwerk wird damit sowohl zu einem repräsentativen Zeitdokument als auch zu einer zeitgeistig orientierten Künstler-Theorie. Besonders den archäologischen Neuentdeckungen galt das Interesse. Dabei konnten sich die beiden historisch gebildeten Architekten auf die Publikationen der beiden Väter der Archäologie, Anne-Claude-Philippe Comte de Caylus und Johann Joachim Winckelmann, stützen. Einer breiten Öffentlichkeit waren Caylus' umfangreiche Studien zur Kunst und Kultur des Altertums durch den seit 1752 bis 1767 in sieben Bänden erscheinenden „Recueil d'Antiquités Egyptiennes, Etrusques, Greques, Romaines et Gaulloises" zugänglich gemacht worden. Auch Winckelmanns „Geschichte der Kunst des Altertums" (Dresden 1764) und die Ausgrabungen in Pompeji und Herculaneum unterstützten ihr Ziel einer klassizistischen Kunstreform, die dem Geschmack und propagandistisch-repräsentativen Kunstwollen Napoleons entgegenkam. So heißt es programmatisch in der einleitenden Rede zum Sammelwerk:

> „Le goût à la grecque était devenu de mode, on mit le dorique sans base à tout. Bientôt les nombreuses découvertes en tout genre d'antiquité, firent abjurer les formes et le goût qui avaient dominé depuis long-tems."

Mit dieser Absage an die Formen des „Ancien Régime" und dem Bekenntnis zum dorischen Stil als Basis ihrer eigenen Kunstanschauung verbanden Percier und Fontaine gleichzeitig ihre Inspiration aus Gebrauchsgegenständen, die in Pompeji und Herculaneum ausgegraben worden waren, und die Hoffnung auf eine industrielle Produktionsweise kunstgewerblicher Gegenstände. Gerade die industrielle Produktionsweise führten beide folgerichtig auf die Antike zurück (vgl. Riegl 1901):

> „On s'aperçut que ce qu'on vient de dire sur la liaison qui unit les ouvrages de l'art à ceux de L'industrie, s'était aussi réalisé chez les anciens: on recueillit les moindres fragments de leurs utensiles, de leurs meubles, de leurs peintures, de leurs ornemens. Les Fouilles faites dans les villes d'Herculaneum et de Pompéia, en restituant une multitude d'objets qui avaient autrefois fait partie de L'ameublement et de la décoration intérieure des maisons, augmentérent de plus en plus ce goût d'imitation de l'antique."

In ihren Aussagen übernahmen Percier und Fontaine somit die Interessen Napoleons, der sowohl einen ökonomischen Erfolg über industrielle Produktionsweisen erhoffte als auch seine eigene Person in die Tradition der antiken Herrscher-Mythologien gesetzt sehen wollte. Auffällig ist bei den Inneneinrichtungen die Überfrachtung mit mythologischen Figuren, stilisierten vegetabilen Formen und architektonischen Elementen (Säule, Gesims).

Maß und Ordnung als Kennzeichen des Empire werden mit Feingefühl und Takt zwar verbunden, wirken aber dennoch schwer und gleichzeitig ganz und gar dekorativ. In absoluter Hinsicht war dies nicht neu, denn die Architekten verließen sich auf bereits Bekanntes: Einen größeren Intervallbegriff, härtere und klarere Konturen, eine feinnervige Präzision im Detail. Tafel 17 (Kat. 511c) zeigt den Blick auf Details, für ein Schlafzimmer, das in Paris ausgeführt wurde: Es

511 c

handelt sich dabei um eine Fruchtschale, einen dem Bett gegenüber stehenden Tisch, einen Waschtisch und einen Sockel am Kopf des Bettes, die bronzeverkleidet waren, mit Emaille-Malereien versehen wurden und verschiedene Holz-Einlegearbeiten aufwiesen.

Bei der ebenfalls in Paris ausgeführten Liege (Tafel 19, Kat. 511d) war die Bequemlichkeit das primäre Ziel der Komposition: Durch die Linie der Rückenlehne wird auf Ecken ganz verzichtet. Eine Blumenkrone, mit Mohndickicht verziert und vergoldet, formt den Baldachin.

511 d

Die Farbe spielte bei den Inneneinrichtungen stets eine große Rolle. Stärkere und herbere Farbtöne als üblich wurden verwendet: Chromgelb, Flaschengrün und Azurblau im Kontrast zu Ebenholz oder dunklem Mahagoni und Gold-

511 e

bronzeverzierungen. Der Einblick in einen Zimmerteil mit Liege (Tafel 25, Kat. 511 e) verdeutlicht die Neigung zum Architektonischen (Tempel) und die extreme Anhäufung mythologischer Szenen, z. B. im Tempel der Diana: Das Relief hinter der Liege zeigt ihre von der Liebe (Amor) geführte Göttlichkeit. Die Deckenabteilungen ruhen auf vier kleinen Arabesken-Säulen. Auf dem Kranzgesims und dem Fries erscheinen Embleme und Attribute, die sich auf Diana beziehen.

Die Bedeutung militärischer Ausrüstung wird auf Tafel 30 (Kat. 511 g) besonders deutlich.

Dieses Bett für einen großen kämpferischen Jäger ist für einen Kriegshelden entworfen worden. Die verschiedenen Waffengattungen, die Felle von wilden Tieren dienen der Ornamentierung. Speer und Bogen an der Decke stützen die Draperie und schützen vor Zugluft und Insekten in der Nacht. Die Reliefs im Hintergrund zeigen Jagdszenen.

Die Dekorationsauffassung von Percier und Fontaine beeinflußte besonders Karl Friedrich Schinkel, der während seines Parisaufenthaltes (1804) das napoleonische Empire kennengelernt hatte. Mit seiner in wesentlichen Teilen erhalte-

511 g

511 l

nen Ausstattung des Schlafzimmers der Königin Luise (1809/1810) im Charlottenburger Schloß entwarf er eine preußische Version des Empire (vgl. <511>).

Dekorativen Elementen werden zuweilen ideologische Qualitäten aberkannt. Aber gerade die napoleonischen Selbstinszenierungen belegen mit ihrer monumentalen Beeindruckungsstrategie das genaue Gegenteil. Die Umgestaltung des Louvre zum Musée Napoleon wurde auf den Tafeln 67–71 (Kat. 511 l) von beiden Architekten veranschaulicht: Dieser Saal, in dem neben der Venus die prächtigsten Hauptwerke der französischen Skulptur aufgestellt werden sollten, wurde zu einem Herrschaftszeichen. Neben den Attributen der bildenden Künste prägen die Symbole des Kaisers den Raum. Die Bienen und Adler, das für Napoleon symbolisch eingesetzte N, verdeutlichen einen egomanen Herrschaftsanspruch, der bis in die kleinsten und feinsten Ornamente hinein dem Betrachter die Ausschließlichkeit seines gestalterischen Willens oktroyiert. Percier und Fontaine inszenierten mit ihrem eklektizistischen Formenumgang ein Theaterspiel, das zur europäischen Tragödie werden sollte.   G. G.

<511> K. F. Schinkel, *Bettgarnitur der Königin Luise,* 1809/10

Tommaso Piroli und Angelo Clener
nach BENEDETTO PÉCHEUX

512 L'Ordine della legion d'onore
(Medaille XLIV aus Stefano Egidio Petroni „La Napoleonide" zur Erinnerung an die Gründung des Ordens der Ehrenlegion)

Paris 1813
Radierung, Kupferstich; 220 × 133 mm (Blatt)
HK, Bibliothek, Sign. Ill. XIX. Varii 1813
Lit.: Praz 1940, S. 267–306; Stief 1986, S. 259 f.

Der im April 1802 von Bonaparte gegründete, noch heute bestehende Orden der Ehrenlegion, dessen Devise „Honneur, Patrie, Napoleon" lautete, war zunächst als militärische Auszeichnung gedacht; schon im Mai 1802 wurde jedoch ein Dekret erlassen, eine nach fünf Graden abgestufte Mitgliedschaft in der Ehrenlegion (Ritter, Offiziere, Kommandeure, Großoffiziere und Großkreuze) künftig für Verdienste aller Art, worunter auch künstlerische Leistungen fielen, zu ermöglichen. Medaille XLIV aus Stefano Egidio Petronis „La Napoleonide" zeigt unter dem Motto „Virtuti" (der Tugend) den von einem Eichenlaub- und Lorbeerkranz umgebenen zehnstrahligen Stern des Ordens, der das lorbeergeschmückte Haupt Napoleons enthält. In der Erklärung heißt es, nicht Stolz allein, sondern „valeur" (Tapferkeit), „vertus" (Tugenden), „services" (Dienste um das Vaterland) und „talens" (besondere Gaben) könnten diese Würde erlangen.

Als Vorlage einer Geschichte in Medaillen konnten die 1702 erschienenen „Médailles sur les principaux événemens du regne de Louis-le-Grand" dienen; seit 1806 arbeitete eine Kommission des Instituts unter Leitung von Dacier an einer „Histoire métallique" Napoleons, die jedoch 1814 noch nicht beendet war. Neu an Petronis erstmals in Neapel 1809 (vgl. Moniteur vom 12. 9. 1810; Journal de l'Empire vom 26. 9. 1810), in erweiterter und verbesserter Form 1813 in Paris herausgegebenen Napoleonide war die, wie es im Vorwort heißt, sublime Idee, Poesie, Geschichte und Numismatik zur höheren Ehre des Kaisers zu verbinden (S. XV): In hundert italienischen Oden und ebenso vielen nach der Antike gezeichneten Medaillen mit historischen Erläuterungen werden militärische, politische und private Ereignisse aus seinem Leben vom Direktorium bis zum Frieden von Tilsit verherrlicht. Das Werk (vgl. S. XXIII f.) sei eines Franzosen würdig; daß Petroni, als er es erdachte, kein französischer Untertan gewesen, der Lobpreis Napoleons also freiwillig sei, könne als Beweis für die Macht der „qualités sublimes" gelten, die ein großer Mann wie Napoleon auf die Erde ausübe.   A. S.

512

513

JAMES GILLRAY

**513 Preliminaries of Peace! – or –
John Bull and his Little Friends
„Marching to Paris".**
(Friedensvorverhandlungen ! – oder –
John Bull und seine kleinen Freunde
„marschieren nach Paris")

6. Oktober 1801 (Nachdruck von 1851)
Radierung; 251 × 360 mm
HK, Kupferstichkabinett, Inv. 1988/268

Lit.: BM 9726; Kat. Hannover 1986, Nr. 130

Am 14. März 1801 mußte Pitts Kabinett zurück-
treten. Der Premier war über die Frage der
Emanzipation der katholischen Iren gestürzt und
wurde nun in seinem Amt von Henry Addington
abgelöst. Außenpolitisch war Britannien isoliert.
Die Nordische Koalition zum Schutz des neutralen Handels, gegen die sich England mit der
Zerstörung der dänischen Flotte zu wehren versuchte, sowie der Friedensschluß zwischen Rußland und Frankreich hatten England in eine
Situation gebracht, in der Friedensgespräche mit
dem Erzfeind notwendig schienen. Diese resultierten im März 1802 im Frieden von Amiens. Die
Vorverhandlungen hatte Lord Hawkesbury geleitet, am 1. Oktober wurden die Vorverträge unterzeichnet – ein Termin, der von Napoleon forciert
worden war, da er die Nachricht von der französischen Niederlage gegen die Briten in Alexandria
am Tage zuvor zurückzuhalten suchte. Die Ergebnisse waren nämlich durchaus vorteilhaft
für England, und so sehr man nach neun Jahren
Krieg den Frieden begrüßte, so meldeten sich
doch schnell kritische Stimmen, die von einem
Verrat an den englischen Interessen, insbesondere in den Kolonien, sprachen. Zu den Kritikern
gehörte der Tory George Canning, der Gillray die
Anregung zu dieser Karikatur gegeben hatte.

Mit Olivenzweig und Vorvertrag als Schlag-
stöcken für die Trommel führt Hawkesbury den
naiv jubelnden, täppischen John Bull und die
Oppositionspolitiker nach Paris. Die verrottete
Planke, die England mit Frankreich verbindet,
wird spätestens unter John Bulls Körpergewicht
zusammenbrechen. Am anderen Ufer tanzen
flüchtig skizzierte Affen mit Jakobinermützen
um einen Freiheitsbaum.   K. O.

James Gillray
nach THOMAS BRADDYLL   (Farbtafel 44)
514 The King of Brobdingnag, and Gulliver.
(Der König von Brobdingnag und Gulliver)

26. Juni 1803
Kolorierte Radierung, Aquatinta;
291 × 231 mm (Blatt)
HK, Kupferstichkabinett, Inv. 1988/137

Lit.: BM 10019; Kat. Hannover 1985, Nr. 49

Dem Frieden von Amiens war nur kurze Dauer
beschieden. Am 13. Mai 1803 erklärte Britannien
Frankreich den Krieg. Der Streit war über Napoleons protektionistische Handelspolitik ent-
flammt, die britischen Händlern die Häfen von
Frankreich, Belgien, Holland und Italien ver-
sperrte, sowie über die kolonialistischen Bestrebungen beider Länder in Übersee. Britannien war
vollkommen isoliert und ohne Verbündete in
Europa. In der Friedenszeit hatten die Briten ihre
Flotte reduziert, die Franzosen hingegen stark
aufgerüstet, so daß zu Recht die Jahre 1803 bis
1805 als die Zeit der größten Bedrohung Englands
durch eine französische Invasion empfunden
wurden. Gillrays äußerst populäre und vielfach
kopierte Karikatur erfüllte ausgezeichnet ihren
Zweck, die englische Moral zu stärken. Der
gefährliche Feind, personifiziert in Napoleon,
schrumpft zu einem „garstigen, kleinen, scheuß-
lichen Reptil". Georg III. betrachtet den Minia-
tur-Napoleon auf seiner Hand aufmerksam
durch ein Fernglas. Erstmals führt Gillray hier
den von ihm erfundenen Topos des „Little
Boney" ein, der die Kleinwüchsigkeit des „Ger-
ne-Groß" aufgreift und die folgenden Karikaturen Napoleons beherrschen wird. Der Text der
Sprechblase stammt sinngemäß aus Swifts Satire
Gulliver's Travels (1726).   K. O.

514

BUONAPARTÈ, 48 Hours after Landing! Vide John Bull...

515

516 entfällt

James Gillray
nach THOMAS BRADDYLL

517 The Genius of France nursing her darling.
(Der Genius von Frankreich hätschelt
seinen Liebling)

23. November 1804
Kolorierte Radierung, Aquatinta;
356 × 257 mm
HK, Kupferstichkabinett, Inv. 1988/138

Lit.: BM 10284; Kat. Hannover 1985, Nr.50; Kat.
Hannover 1986, Nr. 153

Das Blatt entstand wenige Tage vor der Kaiserkrönung Napoleons. Gillrays Verachtung für den

Emporkömmling kann deutlicher nicht werden:
Als ungeduldig zappelnder Balg sitzt er auf dem
Arm der blutbefleckten, megärenhaften Verkörperung des revolutionären Frankreich. Der Mode
gemäß ist sie mit einem dünnen Musselingewand
bekleidet, durch das sich ihre Körperkonturen
deutlich abzeichnen. Sie singt ihrem kleinen
„Liebling" ein Wiegenlied – eine Zitatmontage
aus Shakespeares *King Lear*. Das Kind der Revolution schreit nach der bekrönten Rassel, die der
„Genius" in der anderen Hand hält. Der Stuhl ist
mit einer Guillotine und abgeschlagenen Köpfen
dekoriert, dahinter befinden sich ein Schild mit
dem Bildnis Ludwigs XVI. und einer auf dem
Kopf stehenden Krone sowie ein von Blut trop-
fender Speer. Beides sind traditionelle Attribute
der Britannia. Gillray verweist so auf den Kontrast zwischen dem legitimen Königtum in England und der angemaßten und auf Terror gegründeten Monarchie des zukünftigen Kaisers von
Frankreich, dessen ursprüngliche Wiege allerdings in der Revolution steht.   K. O.

JAMES GILLRAY   517

515 Buonapartè, 48 Hours after Landing!
(Bonaparte, 48 Stunden nach der
Landung!)

26. Juli 1803
Kolorierte Radierung; 354 × 254 mm
HK, Kupferstichkabinett, Inv. 1977/92

Lit.: BM 10041; Kat. Hamburg 1980/81, Nr. 367;
Koenig 1980, S. 68 f.

Die Kriegstaktik des Premiers Addington sah vor,
im Kanal einen reinen Defensivkrieg zu führen.
Napoleons Geduld sollte zermürbt und er zu
einem unüberlegten Invasionsversuch gereizt
werden, um sodann eine neue Koalition gegen
Frankreich aufbauen zu können. Eine Angriffs-
taktik sollte nur in den überseeischen Gebieten
verfolgt werden. Der Gefahr einer französischen
Invasion begegnete man in Britannien u. a. mit
der Rekrutierung einer Freiwilligen-Armee.
Diese sollte jedoch nur in dem Falle eingesetzt
werden, daß es den „Wooden Walls" (hölzernen
Mauern) der vor der Küste operierenden Kriegs-
schiffe nicht gelänge, die Franzosen aufzuhalten.
Seit März 1803 wurden Anstrengungen unternommen, die reguläre Armee, die Miliz und die
Freiwilligen-Armee zu verstärken. Am 27. Juli
wurde das Levy en Masse-Gesetz verabschiedet,
demzufolge Listen aller wehrfähigen Männer
zwischen 17 und 55 Jahren zusammengestellt
werden sollten. Das Gesetz erwies sich jedoch als
überflüssig, da sich genügend Freiwillige meldeten – am Ende des Jahres waren es ca. 450 000 in
Britannien und Irland. Die Organisation und
Verwaltung der Freiwilligen verlief zunächst
chaotisch. Schwerwiegend war vor allem das
Fehlen von Waffen, so daß einige Corps zeitweise
nur mit Piken ausgerüstet werden konnten. Gillrays naiv tölpelhafter John Bull als Freiwilliger in
pompöser Uniform hat den Kopf Napoleons auf
einer solchen Mistgabel aufgespießt. Eine Wette
ist ausgeschrieben: Hundert Guinees für den Fall,
daß Napoleon 48 Stunden nach seiner Landung
in England noch am Leben sein sollte. Gillray
mißfällt dieser Hurra!-Patriotismus. Die feisten
Briten sind stärker karikiert als der Erzfeind
Napoleon mit seinen edlen, heroischen Zügen,
die noch ganz denen der frühen Porträts entsprechen. Er ist der eigentliche, Mitleid erregende
Held.   K. O.

The Genius of France nursing her darling.

381

518

JAMES GILLRAY

518 The Grand Coronation Procession of Napoleone the 1.ˢᵗ Emperor of France, from the Church of Notre-Dame, Dec.ʳ 2.ᵈ 1804
(Die große Krönungsprozession von Napoleon, dem 1. Kaiser von Frankreich, in der Kirche Notre Dame am 2. Dezember 1804)

1. Januar 1805
Kolorierte Radierung; 212 × 760 mm
Washington, Library of Congress, Prints and Photographs Division
Lit.: BM 10362

Am 2. Dezember 1804 hatte sich Napoleon I. in Notre Dame in Anwesenheit des segnenden Papstes Pius VII. die Kaiserkrone eigenhändig aufs Haupt gesetzt. Dieser Akt war der konsequente Gipfel seiner Karriere. Mit großem feierlichem und theatralischem Pomp wurde die Krönung inszeniert (vgl. Kat. 505). Mit dem Blick des Satirikers stellt Gillray gerade diesen Aspekt der Feierlichkeiten mit besonderer Schärfe heraus. Napoleons „Kult des Erhabenen" (Fischer, in Kat. Hannover 1985, S. 9) wird von dem Engländer auf sein allzu menschliches Maß reduziert, die Sakralisierung des selbstgeschaffenen Monarchen lächerlich gemacht.

In der Mitte des Prozessionszuges schreitet der Kaiser. Unter der Last seines Kostüms und der großen Krone macht er einen traurigen und niedergeschlagenen Eindruck. Neben ihm geht seine selbstgefällige Gattin. Entgegen ihrer verbürgten Eleganz und Schönheit verhöhnt Gillray Josephine als füllige Matrone. Angeführt wird der Zug von Ludwig Bonaparte, dem dritten Bruder des Kaisers. Es folgen als Blumen streuende Grazien die Schwester Pauline, die Stieftochter Hortense und die Schwägerin Julie – der Mode entsprechend mit Musselingewändern leicht bekleidet. An der Hand der übergewichtigen Madame de Talleyrand stolziert in arroganter Pose der zweijährige Napoléon Charles, der Sohn Ludwigs. Der verkrüppelte Außenminister Charles-Maurice de Talleyrand-Périgord trägt auf seiner Schulter die Stammtafel des Hauses Bonaparte, über und über ist er mit emblematischen Bildern behängt. Mit gedemütigter Miene und der Tiara in der Hand statt auf dem Haupt folgt barfuß Papst Pius VII., geführt von einem Teufelchen mit vorgehaltener Maske. Kardinal Fesch schwingt ein Weihrauchfäßchen, aus dem Gratulationsadressen und Ehrbezeugungen in weißen Wolken entströmen, die eine Gloriole um das Kaiserpaar bilden. Die Schleppe der Kaiserin

wird von drei verwahrlosten Frauen aus dem Volk getragen (in Wirklichkeit war dies die Aufgabe von Julie, Hortense und den drei Schwestern Napoleons), die des Theatermonarchen von drei sich unterwürfig gebärdenden Männern, die Spanien, Preußen und Holland repräsentieren. Es folgen zwei Reihen von hochmütig blickenden Generälen, deren Hände gefesselt sind. Es sind dies die republikanisch gesinnten Generäle, die Napoleon anläßlich der Krönung befördert hatte, um sich ihrer Loyalität zu versichern. Das Schlußlicht der Prozession bildet der Polizeiminister Joseph Fouché mit seinen Schergen. K. O.

JAMES GILLRAY

519 Tiddy-Doll, the great French-Gingerbread-Baker, drawing out a new Batch of Kings
(Tiddy-Doll, der große französische Pfefferkuchenbäcker, zieht ein neues Blech Könige heraus)

23. Januar 1806
Kolorierte Radierung; 256 × 377 mm
HK, Kupferstichkabinett, Inv. 1980/106

Lit.: BM 10518; Hill 1966, Nr. 41; Hill 1976, Nr. III

Durch die siegreiche Schlacht von Austerlitz am 2. Dezember 1805 hatte Napoleon seinem Satellitensystem drei weitere Staaten eingliedern können. Bayern und Württemberg wurden Königreiche, Baden Großherzogtum. Gillrays Karikatur ist insofern bemerkenswert, als sie das Ausmaß des napoleonischen Imperialismus voraussieht. Der Bäcker Napoleon zieht gerade frischgebackene Pfefferkuchen-Monarchen aus dem „Neuen französischen Ofen für königliche Pfefferkuchen", während sein Außenminister und früherer Bischof von Autun, Charles de Talleyrand, den Teig, bezeichnet mit Polen, Ungarn und Türkei, durchknetet. Der preußische Adler schnappt derweil nach einem Stückchen „Hannover". Im Vordergrund warten „wahre korsische Königlinge" auf ihren Einsatz – Napoleon plante, die wichtigsten europäischen Königshäuser mit Verwandten und Günstlingen zu besetzen. Kanonenkugeln und zerbrochene Pfefferkuchen, u. a. Holland, Spanien und die französische Republik, dienen als Feuerung. Auf der Kommode stehen gekrönte Figuren von Fox, Sheridan und anderen Whigs, die als nächste in den Ofen geschoben werden sollen. K. O.

519

TIDDY-DOLL, the great French-Gingerbread-Baker, drawing out a new Batch of Kings. – his Mear, Hopping Talley, mixing up ye Dough.

JAMES GILLRAY

520 The New Dynasty; – or – the little Corsican Gardiner planting a Royal Pippin-Tree.
(Die neue Dynastie; – oder – der kleine korsische Gärtner pflanzt einen königlichen Apfelbaum)

25. Juni 1807
Kolorierte Radierung; 248 × 350 mm
HK, Kupferstichkabinett, Inv. 1977/120

Lit.: BM 10744

Mit dem Tod von William Pitt (23. Januar 1806) und James Fox (13. September 1806) hatte Gillray seine Protagonisten und die englische Politik herausragende Persönlichkeiten verloren. Der klare Dualismus der streng geschiedenen politischen Lager von Whigs und Tories machte Platz für das „All the Talents"-Ministerium (1806/07), welches – ebenso wie das nachfolgende Ministerium, das vor allem aus früheren Anhängern Pitts bestand – aus Vertretern der unterschiedlichsten Interessengruppen zusammengesetzt war und eine Politik auf „breiter Grundlage" *(broadbottom administration)* verfolgte. Das Thema der Emanzipation der katholischen Iren bot jedoch Zündstoff für einen Konflikt mit Georg III., worauf die Szene rechts in Gillrays Blatt anspielt: Grenville, Buckingham und Howick sind im Begriff, die „königliche Eiche" mit den Früchten des „Protestantischen Glaubens", der „Integrität der Lords", der „Unabhängigkeit des Unterhau-

The New Dynasty : – or – the little Corsican Gardiner planting a Royal Pippin-Tree. – 'All the Talents' busy; in Clearing the Ground of the Old Timber. –

520

ses" und der „Pressefreiheit" zu fällen. Die alte Pflanze soll Platz machen für ein Gewächs, das Napoleon mit Hilfe seines Außenministers Talleyrand pflanzt: der Stammbaum des Ministers

Lord Moira, der sich für die irischen Interessen eingesetzt hatte. Im Hintergrund ist bereits eine endlose Plantage gekrönter Häupter angelegt worden. K. O.

521

PHAETON alarm'd!

JAMES GILLRAY

521 Phaeton alarm'd!
(Phaeton alarmiert!)

22. März 1808
Kolorierte Radierung; 377 × 340 mm
HK, Kupferstichkabinett, Inv. 1978/37

Lit.: BM 10972; Hill 1976, Nr. VIII

Durch die am 21. November 1806 verhängte Kontinentalsperre versuchte Napoleon Britannien mit wirtschaftlichen Maßnahmen in die Knie zu zwingen, da nach der verlorenen Schlacht von Trafalgar eine Invasion nicht mehr möglich schien. England antwortete seinerseits mit einer Blockade über alle Länder, die dem Befehl Napoleons gemäß handelten. Neutrale Schiffe konnten nur noch nach Ableistung von Sonderzöllen passieren. Ziel der englischen Regierung war es, das Festland für Kolonialwaren zu sperren. Napoleons Plan mißlang, da er die Verwundbarkeit der britischen Wirtschaft überschätzt hatte, denn nur ein Drittel des Exports war für das Festland bestimmt, der Rest ging nach Amerika und in die Überseekolonien.

Da das neutrale Dänemark sich weigerte, ein Bündnis mit England abzuschließen, ließ Außenminister George Canning am 21. September 1807 Kopenhagen beschießen, wodurch das kleine Land erst recht dem Erzfeind in die Arme getrieben wurde. Diese übertriebene Maßnahme stieß nicht nur im Ausland auf vehemente Kritik, sondern auch im eigenen Kabinett. Der Sonnenwagen des Phaeton/Canning, der sich als Erbe und Nachfolger Pitts verstand, hat soeben die Waage der Gerechtigkeit mit der Aufschrift „Copenhagen" überrollt. Weinend wendet sich Apollon/Pitt (u. l.) ab, und selbst Pluto/Fox (u. r.) erschrickt über das Verhalten des Ungestümen. Der Ovidschen Erzählung (Metamorphosen I, 750 ff.) zufolge wollte Phaeton den Wagen des Sonnengottes über den Himmel steuern, doch er verlor die Kontrolle über die Pferde, als er den wilden Tieren des Zodiakus begegnete, näherte sich mit seinem Feuerwagen zu sehr der Erde und setzte sie in Brand. Phaeton/Canning steuert den Wagen den Mitgliedern des eigenen Kabinetts in den Gestalten der Tierkreiszeichen entgegen, die den übermütigen Jüngling mit den ihnen zur Verfügung stehenden Mitteln angreifen. Besonders beeindruckend ist der „Scorpio Broad-Bottom" (r.) mit dem Kopf von Grenville und einem gewaltigen Hinterteil, das aus den Köpfen verschiedener Kabinettsmitglieder gebildet ist. Unten steht die Welt in Flammen, was jedoch Napoleon nicht hindert, den russischen Bären mit gezücktem Säbel gegen Phaeton/Canning zu reiten. K. O.

523

522

GEORGE CRUIKSHANK

522 The Genius of France Expounding Her Laws to the Sublime People
(Der Genius von Frankreich erklärt seine Gesetze dem erhabenen Volk)

4. April 1815
Kolorierte Radierung; 402 × 254 mm
HK, Kupferstichkabinett, Inv. 1978/39
Lit.: BM 12524

Der *Code Napoléon* (Kat. 506) galt als grundlegendes bürgerliches Gesetzbuch. Der Katechismus, den ein überdimensionaler, hagerer Affe mit dämonischem Gesichtsausdruck vor einer Versammlung kleinerer Affen ausgerollt hat, trägt den Titel *Französischer Gesetzeskode.* Unter die-

ser Überschrift wird eine Reihe von Geboten angeordnet: „Du sollst eitel, wankelmütig und närrisch sein. Du sollst deinen König den einen Tag umbringen und am folgenden Tag dessen Verwandten krönen. Innerhalb kurzer Zeit sollst du seiner überdrüssig sein – und einen Tyrannen berufen, der die Menschheit aus jeder Pore bluten läßt, weil es wahrhaftig »neu« sein wird. Zuletzt sollst du die ganze tugendhafte Gesellschaft abschaffen und zerstören und dem Teufel dienen. – Was Europa betrifft oder jene kleine dreckige Nation England, sie seien verflucht. Frankreich, die große Nation, gegen die ganze Welt!" Cruikshank greift auf ein Verfahren zurück, das Gillray bereits mehrmals angewandt hatte (vgl. Kat. 424 und 427): Die Thesen eines politischen Katechismus werden in ihr Gegenteil verkehrt und der Gegner auf diese Weise denunziert. Blinder Glaube, der durch vernunftmäßig erkannte Wahrheit hatte ersetzt werden sollen, wird den Franzosen hier unterstellt.

Auf dem Kopf des monströsen Affen sitzt ein Schmetterling, Symbol der Leichtfertigkeit. Die Windmühle im Hintergrund mit dem französischen Hahn ist ein traditionelles Sinnbild der Wankelmütigkeit und Launenhaftigkeit. Auf ihren Flügeln steht geschrieben: „Vive le Diable", „Vive le Roi", „Vive l'Empereur" und „Vive la Republique" – Repräsentanten der Staatsformen, die Frankreich in den vergangenen Jahren durchlaufen hatte. K. O.

THOMAS ROWLANDSON

523 The Corsican and his Blood Hounds at the Window of the Thuilleries Looking over Paris.
(Der Korse und seine Bluthunde blicken vom Balkon des Tuilerien-Schlosses auf Paris hinab)

16. April 1815
Kolorierte Radierung; 240 × 344 mm
London, Trustees of the British Museum
Lit.: BM 12529; Grego 1970, Bd. 2, S. 292 f.

Nach der erzwungenen Abdankung und dem Exil auf Elba unternahm Napoleon einen letzten Versuch, seine frühere Machtposition in Frankreich wiederzuerlangen, und landete am 1. März 1815 in Cannes. Auf dem Weg nach Paris schlossen sich ihm viele alte Anhänger an, so daß der Marsch nach Paris zum Triumphzug wurde. Marshall Ney war ihm entgegengesandt worden, um ihn zu verhaften, lief dann jedoch zu ihm über. In Paris nahm Napoleon seinen angestammten Wohnsitz im Tuilerien-Schloß. Rowlandsons Karikatur zeigt ihn in Begleitung von Marshall Ney, die Männer im Hintergrund sind wahrscheinlich Vandamme, Lefebvre und Davout, der sich durch die Besatzung Hamburgs nach dem Rückzug aus Rußland hervorgetan hatte. Tod und Teufel präsentieren dem zurückgekehrten Kaiser die jubelnde Menge, die ihn mit Piken und aufgespießten Köpfen feiert. Der Preis für die wiedererlangte Macht steht auf dem Geländer des Balkons geschrieben: „Mehr Schrecken" und „Tod und Zerstörung". Im Gegensatz zu Gillray, der Napoleon als kleinen hageren Giftzwerg – „Little Boney" – stilisiert hat, hat Rowlandson ein eher der Wirklichkeit entsprechendes Abbild des Korsen gefunden: Die Gestalt ist gedrungen, der Körper beleibt und füllig. K. O.

George Cruikshank
nach GEORGE HUMPHREY

524 An Eruption of Mount Vesuvius: And the Anticipated Effects of the Waterloo Storm
(Ein Ausbruch des Vesuvs: Und die vorausgesehenen Auswirkungen des Waterloo-Sturms)

17. Juni 1815
Kolorierte Radierung; 275 × 373 mm
Hannover, Wilhelm-Busch-Museum,
Inv. KG 1529/81
Lit.: BM 12555; de Vinck 8199; Kat. Hannover 1983, Nr. 21

524

525

Bemerkenswert ist das Blatt vor allem wegen seines prophetischen Charakters. Es erschien einen Tag vor der entscheidenden Niederlage Napoleons bei Waterloo. Noch zweimal wurde das Blatt aufgelegt, wobei jeweils die Bildunterschrift geändert wurde: aus dem „Approaching Storm" wurde zunächst „Storm", später „Waterloo Storm".

Dem Motiv des Vulkanausbruchs als Symbol für geschichtsträchtige Umwälzungen ist der Leser bereits mehrfach begegnet (vgl. Kat. 416; 477). Der Vesuv speit in weitem Bogen neben Gestein und Ratten Joachim Murat nebst Gemahlin aus, das Königspaar von Neapel, welches Napoleon auf den Thron gesetzt hatte. Krone und Zepter fliegen dem rechtmäßigen König, Ferdinand IV., in die Arme. Vor dessen Füßen spielt sich die Vernichtung der französischen Armee ab: Getroffen von den Blitzen der Alliierten, vertreten durch Blücher, den englischen Premier Liverpool, Alexander I. von Rußland, Franz I. von Österreich und Ludwig XVIII., stürzt Napoleon kopfüber vom Pferd – eine gelungene Umkehrung seiner herrschaftlichen Reiterpose in Davids berühmtem Gemälde. Links im Hintergrund geht Paris, symbolisiert durch die Windmühlen von Montmartre, in Flammen auf. K. O.

GEORGE CRUIKSHANK

525 Boney's meditations on the Island of St. Helena. – or – The Devil addressing the Sun.
(Boneys Betrachtungen auf der Insel St. Helena, – oder – Der Teufel ruft die Sonne an)

August 1815
Kolorierte Radierung; 355 × 255 mm (Darst.)
HK, Kupferstichkabinett. Inv. 1915/487

Lit.: BM 12593; Kat. Hannover 1983, Nr. 24

Nach der Niederlage bei Waterloo mußte Napoleon am 22. Juni 1815 abdanken. Er wurde von den Engländern in Gewahrsam genommen und auf die Insel St. Helena verbannt, wo er sechs

weitere Jahre unter strengen Haftbedingungen verbrachte, bevor er am 5. Mai 1821 starb.

Cruikshanks Blatt zeigt ihn als Teufel, kenntlich an den Hörnern, die kupiert sind, um sie unschädlich zu machen, den Klauenfüßen und verkohlten, struppigen Flügelresten. Breitbeinig steht er auf der Felseninsel, die Hände geballt vor Wut und Ohnmacht. Im Vordergrund liegt die Hafenstadt Jamestown. Mit Worten aus John Miltons *Paradise Lost* (1667) spricht er zu dem englischen Prinzregenten Georg, von dessen Bildnis die Namen der Sieger und ihrer Heerführer ausstrahlen: „Dich rufe ich an, [. . .] dir zu sagen, wie ich deine Strahlen hasse, die mich daran erinnern, wie tief ich gesunken bin." Die Ansprache ausgerechnet an Georg zu richten, ist wiederum ein Seitenhieb auf diesen, denn der Thronfolger hatte wenig zum Gelingen der englischen

Politik und Kriegsführung beigetragen – im Gegenteil, durch seinen luxuriösen Lebenswandel hatte er beständig den guten Willen des britischen Steuerzahlers auf die Probe gestellt.

Cruikshanks Blatt basiert auf einer Idee von George Humphrey, der wiederum auf ein älteres Blatt von Gillray zurückgreift (BM 6012; 1782). K. O.

ANONYM, englisch

526 Thieves Robbing Ready Furnished Lodgings. Scene Madrid.
(Diebe rauben möblierte Quartiere aus. Ort der Handlung: Madrid)

August 1808
Kolorierte Radierung; 217 × 316 mm
HK, Kupferstichkabinett, Inv. 1980/68

Lit.: BM 11012; Kat. Hamburg 1980/81, Nr. 401

526

Die spanische Erhebung gegen die Fremdherrschaft und die Gewalttaten der Franzosen stellten einen Wendepunkt in der Geschichte des Empire dar. Im Gegensatz zu früheren Unternehmungen hatte es Napoleon nicht mit einem Söldnerheer zu tun. Er kämpfte nun gegen einen nationalistisch gesinnten Widerstand, der ihm mit Partisanenkrieg und Guerillataktik entgegentrat. Napoleon hatte Karl IV. und dessen Sohn Ferdinand VII. zur Abdankung zugunsten seines Bruders Joseph gezwungen. Diesem gelang es jedoch nicht, die Lage in Madrid unter Kontrolle zu bringen, so daß sein Amt als König von Spanien nur wenige Tage währte. Die Nachricht von der französischen Niederlage am 23. Juli bei Bailén veranlaßte ihn, am 29. Juli aus Madrid zu fliehen und sich nach Burgos zurückzuziehen – jedoch nicht ohne den Staatsschatz und den königlichen

Palast geplündert zu haben. Ein spanisches Sprichwort entstand zu jener Zeit: Da es Joseph nicht gelang, die Krone auf sein Haupt zu setzen, steckte er sie in die Tasche.

Die dilettantische Karikatur zeigt Joseph und seine Soldaten mit Beutegut schwer beladen auf dem Raub- bzw. Rückzug aus Madrid. Vor dem König breitet sich ein Blutsee aus. Als Hilfsmittel, ihn zu überqueren, bieten Dämonen ihm Galgen, Pistole und Gift an. Die Straße nach Frankreich führt ins Verderben; als „Belohnung für Verdienste" wartet der Galgen. Die Unterschrift „Ort der Handlung: Madrid" spielt auf die theatralische Inszenierungskunst des napoleonischen Herrscherhauses an, die sich mit den pompösen Krönungsfeierlichkeiten angekündigt hatte (vgl. Kat. 504; 505; 518). K. O.

JAMES GILLRAY (Farbtafel 48)

527 Apotheosis of the Corsican Phoenix
(Apotheose des korsischen Phoenix)

2. August 1808
Kolorierte Radierung, Aquatinta; 336 × 251 mm (Darst.)
HK, Kupferstichkabinett, Inv. 1978/33

Lit.: BM 11007

Der Rückzug der napoleonischen Truppen bei Bailén am 23. Juli war der Beweis, daß die Franzosen zu Lande nicht unbesiegbar waren. Auf den beginnenden Untergang des napoleonischen Sterns verweist Gillrays Blatt: Der Vogel Phoenix mit den Gesichtszügen Napoleons verbrennt sich selbst mitsamt seinem Nest, der Erdkugel, damit aus der Asche ein neuer Phoenix entstehe. Dieser neue Phoenix, der aus dunklen Wolken emporsteigt und die Welt illuminieren wird, hat sich jedoch zu einer Friedenstaube gewandelt. Sein Nest, das auf Bajonetten gegründet ist, hat der napoleonische Phoenix auf den wüsten Gipfeln der Pyrenäen gebaut. K. O.

527

Apotheosis of the CORSICAN-PHŒNIX.

JAMES GILLRAY

528 Spanish-Patriots attacking the French-Banditti. – Loyal Britons lending a lift
(Spanische Patrioten greifen französische Banditen an. – Treue Briten helfen ihnen dabei)

15. August 1808
Kolorierte Radierung, Aquatinta;
264 × 381 mm
HK, Kupferstichkabinett, Inv. 1977/123

Lit.: BM 11010; Hill 1976, Nr. 92; Kat. Hamburg 1980/81, Nr. 411; Kat. Hamburg 1983, Nr. 321

Der spanische Aufstand gegen die französische Besatzungsmacht setzte sich über alle Standes- und Geschlechtergrenzen hinweg. Links helfen Kurtisanen beim Laden einer Kanone, die ein spanischer Grande eigenhändig bedient – Gillray mag sich der Berichte über die Spanierin Augustina Aragon erinnert haben, die bei der Belagerung von Saragossa ihre Stadt tatkräftig verteidigt hatte (vgl. auch Goya, *Desastres* Nr. 7, Kat. 530.7); eine Nonne hat mit gezücktem Dolch einen erschrockenen Soldaten beim Schopf gepackt; unter dem Banner der Hl. Jungfrau reitet ein Bischof in den Kampf; ein englischer Soldat spießt zwei affengesichtige Franzosen zugleich auf sein Bajonett. Kopflos fliehen die napoleonischen Truppen im Hintergrund. Das Schlachtengemälde schildert die französische Niederlage bei Bailén am 23. Juli 1808. Tatsächlich waren zu diesem Zeitpunkt noch keine britischen Truppen auf der iberischen Halbinsel gelandet, um den Aufständischen mit Rat, Munition und Soldaten beizustehen. Erst am 1. August war Sir Arthur Wellesley, der spätere Duke of Wellington, in Portugal mit 9000 Mann eingetroffen. Waren die Beziehungen zwischen Anglikanern und Katholiken im eigenen Land auch angespannt, so kämpften nun Briten und erzkatholische Spanier einträchtig nebeneinander gegen den gemeinsamen Feind. Doch Gillray kann sich einen satirischen Seitenhieb auf den Glaubensfeind nicht verkneifen: Dem nicht karikierten britischen Soldaten stehen die karikierten Spanier gegenüber, die im Vergleich mit den affengesichtigen Franzosen jedoch noch harmlos behandelt sind. K. O.

SPANISH-PATRIOTS attacking the FRENCH-BANDITTI. — Loyal Britons lending a lift.

528

JAMES GILLRAY

529 The Valley of the Shadow of Death.
(Das Tal des Todesschattens)

24. September 1808
Kolorierte Radierung; 269 × 391 mm
HK, Kupferstichkabinett, Inv. 1987/58

Lit.: BM 11031; Hill 1976, Nr. 93

Der spanische Aufstand und die beiden Siege von Bailén (23. Juli) und Vimiero (21. August) hatten große, wenn auch übertriebene Hoffnungen entfacht. Von allen Seiten stürmen die europäischen Mächte und Nationen auf den überraschten Imperator ein. Napoleons Degen hat bereits einige Scharten abbekommen; mahnend erinnern ihn die besiegten Generäle Pierre-Antoine Dupont und Andoche Junot an ihre Niederlagen. Selbst der vermeintlich zahme russische Bär, den er an einem Nasenring hinter sich her führt,

schnappt bedrohlich nach seiner Ferse. Von vorne kommen der britische Löwe und der sizilianische Terrier auf ihn zugesprungen. Der Tod auf dem spanischen Esel setzt über den Styx, wo König Joseph gerade versinkt. Der portugiesische Wolf hat sich von seiner Kette losgerissen. Von oben drohen die Blitze schleudernde päpstliche Tiara, der türkische Halbmond, der Geist Karls XII. von Schweden und der österreichische Doppeladler. Vom Graben der Lethe her bedrängen ihn die Ratten der rheinischen Konföderation, die holländischen Frösche, die amerikanische Klapperschlange und die flügellahme preußische Krähe.

Die arrangierte Szene sowie den Titel des Blattes hat Gillray aus John Bunyans *The Pilgrim's Progress* (1675–84) entlehnt, dem populärsten Werk der englischen religiösen Erbauungsliteratur. K. O.

529

THE VALLEY OF THE SHADOW OF DEATH.

Jenns E. Howoldt:

Goyas „Desastres"

FRANCISCO DE GOYA

530.1–80 Desastres de la Guerra
(Die Schrecken des Krieges)

1810–20; Probedrucke 1862/63
Radierung, Kaltnadel, Lavis und Aquatinta
HK, Kupferstichkabinett, Inv. 1989/71 bis 150

Lit.: H. 121–200, II; Kat. Hamburg 1980/81, Nr. 58–62, 69–95, 103–105; Wilson Bareau 1981, S. 43–60; Kat. Boston 1989, Nr. 82–94, 154–163

Goyas Radierungsfolge der „Schrecken des Krieges" ist vor dem Hintergrund des Befreiungs- und zugleich Bürgerkrieges in Spanien 1808–14 und der von der Restauration geprägten Nachkriegsjahre 1814–20 entstanden. Der 82 Blätter umfassende Zyklus wurde nicht zu Goyas Lebzeiten veröffentlicht. Die erste Ausgabe besorgte die Academia de San Fernando in Madrid 1863 unter dem von ihr gewählten Titel *Los desastres de la guerra.* Sie entnahm die Anordnung der 80 damals bekannten Platten dem Album aus Probedrucken mit autographen Unterschriften, das Goya 1824 seinem Freund Céan Bermúdez zur Korrektur übergeben hatte. Das Album enthielt den wahrscheinlich von Goya stammenden Titel: *Fatales consequencias / de la sangriente guerra en España / con Buonaparte / y otros caprichos enfáticos . . .* („Verhängnisvolle Folgen von Spaniens blutigem Krieg gegen Bonaparte und andere ergreifende Caprichos . . .")

Schon dieser Titel macht ein Spannungsverhältnis deutlich. Die Geschichte des Krieges, die Chronik der Ereignisse ist nicht das eigentliche Thema. Der Krieg bildet als „ungeheure Wendung der Dinge" (Kleist) aber den Ausgangspunkt von Goyas Bildfindungen. Mit ihm wird ein Prozeß ausgelöst, der fortwährend neue Ungeheuerlichkeiten erzeugt: Grausamkeit, Gewalt, Tod und politischen Rückschritt. Goya entrollt den Krieg von seinen Rändern her, distanzlos auf die signifikante, sich wiederholende Einzelheit gerichtet. Damit entfällt eine Bildform, die die „Leidenschaft auf der Höhe der großen geschichtlichen Tragödie" (Marx) wiedergibt. Doch hat Goya auch ihr mit den beiden anläßlich des Einzugs Fernandos VII. in Madrid 1814 gemalten Bildern, die den 2. Mai und den 3. Mai darstellen, Tribut gezollt.

Der spanische Unabhängigkeitskrieg wurde schon bald nach seinem Ausbruch zum Inbegriff barbarischer Grausamkeit auf beiden Seiten. Marshall Lannes bezeichnete gegenüber Napoleon den Spanienfeldzug als einen „Krieg, der Grauen erregt", als einen „unmenschlichen, wider die Vernunft gerichteten Krieg" (zit. nach Stoll 1985, S. 27), da erst eine ganze Nation getötet werden müsse, um in Spanien eine Krone zu erringen. Dies bezog sich auf das Hauptziel der französischen Invasion 1808 in Spanien, die Ablösung der Bourbonen durch die Dynastie Bonaparte. Ein weiterer Hintergedanke war die Eingliederung Spaniens und Portugals, das 1807 von französischen Truppen besetzt wurde, in das Kontinentalsystem. Spaniens Ancien Régime war zerrüttet. Eine Serie von Revolten hatte zum Sturz Godoys und zur Abdankung Carlos' IV. zugunsten seines Sohnes Fernando geführt (17.–19. März 1808).

Napoleon lockte die königliche Familie nach Bayonne, um den Familienzwist zu seinen Gunsten zu entscheiden. Die Abreise war der Auslöser für den Madrider Aufstand vom 2. Mai 1808, den Marshall Murat mit Härte niederschlug. Napoleon zwang Fernando in Bayonne, die Krone an den Vater zurückzugeben, der seinerseits zugun-sten „seines Freundes" Napoleon abdankte. Dieser reichte die Krone an seinen Bruder Joseph weiter, der als José I. am 6. Juni 1808 zum spanischen König proklamiert wurde.

Die Usurpation wurde als „Erneuerung" Spaniens ausgegeben. Durch eine Verfassung nach französischem Vorbild sollte sie legalisiert werden. Eine vom 15. Juni bis 7. Juli nach Bayonne berufene Junta von spanischen Notabeln arbeitete sie aus. Die Verfassung von Bayonne erfüllte die Hoffnungen der spanischen Reformpartei nur zum Teil: Zwar wurden die Folter und die Majorate abgeschafft, die Klöster und die Inquisition aber nicht angetastet und die Freiheit der Presse für zwei Jahre aufgehoben. Die Reduzierung der Klöster und die Abschaffung der Inquisition dekretierte Napoleon erst am 4. Dezember 1808 vor Madrid, als er die Kapitulation der Stadt erwartete.

Während des Staatsstreichs von Bayonne erhob sich der spanische Widerstand. Er kam vor allem aus dem Volk und der Kirche. „Für Religion, König und Vaterland" lautete sein Kampfruf. Ende Mai 1808 hatte sich der Aufstand über das ganze Land ausgebreitet. Vielerorts fielen ihm auch *afrancesados* und vermeintliche Kollaborateure mit den Franzosen zum Opfer. So entging der Dichter Meléndez Valdés als Emissär in Oviedo nur knapp der Erschießung (Lovett 1965, S. 634). Goya hat in einigen *Desastres* (Des. 28, 29) diese zahlreichen Fälle von Volksjustiz aufgegriffen.

Die Franzosen waren nur sicher auf dem Boden, auf dem sie standen. Für eine Besetzung des ganzen Landes war die Armee zu klein. So konnte König José erst nach einem Sieg über ein spanisches Heer am 20. Juli in Madrid, das ihm einen eisigen Empfang bereitete, einziehen. Als zwei Tage später die Franzosen bei Bailén ihre erste große Niederlage erlitten, mußte der *rey intruso* wieder aus der Hauptstadt fliehen. Die Niederlage der als unbesiegbar geltenden Franzosen glich einer Sensation. Eine weitere bildete der heroische Widerstand Zaragozas gegen eine zweimonatige Belagerung im Sommer 1808. Die Folgen waren auf beiden Seiten erschreckend. Die Schilderung von Leichenbergen durchzieht alle zeitgenössischen Berichte.

Einer zweiten dreimonatigen Belagerung, die am 20. Februar mit 40 000 Toten endete, hielt die Hauptstadt Aragóns nicht stand. Ihr war eine erneute Offensive Napoleons vorausgegangen, der im Oktober 1808 nach Madrid aufbrach, die auf spanischer Seite kämpfenden Engländer zurückschlug und mit Madrid die ganze Nordhälfte Spaniens zurückeroberte. Der Marsch nach Madrid trug die Züge eines Rachefeldzuges, der vollkommen geplünderte Städte und Dörfer zurückließ.

Die Verwüstung des Landes fiel auf die Okkupanten zurück. Je länger der spanische Krieg dauerte, um so weniger konnte er sich selbst finanzieren wie die anderen Blitzkriege Napoleons. Die schlechte Versorgung führte im Winter 1811–12 zur katastrophalen Hungersnot in Madrid, der 20 000 Menschen zum Opfer fielen. Die militärisch überlegenen Franzosen, auf deren Seite auch deutsche und polnische Truppen teilnahmen, lernten eine neue Art von Krieg kennen, den mit äußerster Verbitterung geführten Volkskrieg der Guerila. Eine Kette von Massakern, Repressalien und Vergeltungsmaßnahmen nahm den Auseinandersetzungen jeden rationalen Zug. Die Anführer der Guerila waren von bescheidener Herkunft. Ihre Aktionen richteten sich auch

530.1 Tristes presentimientos de lo que ha de acontecer

(Düstere Vorahnungen dessen, was geschehen wird)

175 × 220 mm

Das erste Blatt der *Desastres,* wohl aber später gleichzeitig mit den *caprichos enfáticos* entstanden, die den Zyklus abschließen. Klingender und Sedlmayr haben unabhängig voneinander den Knienden als Säkularisation des Christus am Ölberg gedeutet. Indem Goya sich des Christus-Symbols bediente, „schlug er eine Saite an, auf die sein Volk seit langem abgestimmt war" (F. D. Klingender: *Goya in der demokratischen Tradition Spaniens,* Berlin 1978, S. 231). Es wird jedoch nicht nur der Heiland verweltlicht und in seiner Leidenserfahrung radikalisiert – Nimbus und tröstender Engel fehlen –, diese namenlose Verkörperung menschlicher Verlassenheit wird auch in die „Nachfolge Christi" gestellt. Jeder kann und soll sich in dieser Gebärde erkennen, die in ihrer flehenden Demut weniger Verzweiflung als die Bereitschaft ausdrückt, sich in eine Prüfung zu schicken. Freilich weiß der Kniende sich in dieser Prüfung ohne Beistand, ähnlich der bitteren Einsicht, die Büchner seinem Robespierre in den Mund legt: „Wahrlich, der Menschensohn wird in uns allen gekreuzigt, wir ringen alle im Gethsemanegarten im blutigen Schweiß, aber es erlöst keiner den anderen mit seinen Wunden." Die Radierung hängt auch mit der Bedrohung zusammen, die Goyas Selbstdarstellung in Cap. 43 (Kat. 467) zum Inhalt hat. Aus dem Künstler-Bürger, der die produktiven Ängste seines Berufsstandes und die Phobien der *ilustrados* zu Papier bringt, ist ein demütiger Lumpenmensch geworden, der das spanische Volk und seine Gefährdung verkörpert.

W.H. (Kat. Hamburg 1980/81, S. 124 f.)

530.2 Con razon ó sin ella

(Zu Recht oder zu Unrecht)

155 × 205 mm

„So lange die Soldaten nicht des Ehebettes Rechte antasteten und mit räuberischer Hand das Eigentum der Spanier oder ihr Leben bedrohten, so lange blutete Keiner derselben unter ihren Dolchen. Späterhin aber, wo selbst Teutsche die Menschlichkeit und Zucht schrankenlos verletzten, reizte sie freilich glühende Rache zur Vergeltung gegen die Mordbrenner, gegen die Zerstörer ihrer Städte und Dörfer, gegen die Schänder ihrer Altäre, ihrer Töchter und Weiber, gegen die Henker ihrer Söhne und Brüder, gegen die Räuber ihrer Habe. Seitdem schlichen sie einzelnen Soldaten nach und mordeten sie auf die grausamste Art." (Rigel 1819, Bd. 1, S. 386 f.)

530.1

530.2

gegen die Reichen und Landbesitzer. Der Unabhängigkeitskrieg wurde zum Bürgerkrieg.

König José erhielt nie die Zustimmung des Volkes. Er versammelte Teile der geistigen und politischen Elite um sich. Zu seinem Kabinett gehörten Urquijo und Cabarrús, einst Reformminister im Ancien Régime, und der *ilustrado* Meléndez Valdés. Geschickt bemühte sich José die intellektuellen *afrancesados* in seine Bürokratie zu holen. Hierzu gehörten der Dichter Moratín und der ehemalige Sekretär der Inquisition Llorente. Jovellanos wurde vergeblich umworben. Er hätte Innenminister werden und alle Ziele verwirklichen können, für die er sein Leben lang gekämpft hatte. Er stellte sich auf die Seite der nationalen Unabhängigkeitsbewegung, die von Konservativen und Liberalen getragen wurde.

Die Ausweglosigkeit der militärischen und politischen Situation stärkte die Liberalen in den am 24. September 1810 in Cádiz eröffneten Cortes, dem Parlament. Die Cortes beschlossen die Einführung der Pressefreiheit (1810), die Abschaffung der Tortur (1811) und der Inquisition (1813). Ihr Hauptwerk war die Beratung einer liberalen Verfassung, die die Monarchie durch die Volkssouveränität einschränkte (Verfassung von Cádiz, 1812).

Durch die Siege der mit den Spaniern verbündeten Engländer unter Wellington – Goya zeichnete sein Porträt nach seinem triumphalen Einzug in Madrid im August 1812 – gab Napoleon den unglücklichen Spanienkrieg auf. Im März 1813 verließen die letzten französischen Truppen Madrid mit einem Heer von *afrancesados.*

Im Vertrag von Valençay (11. Dezember 1813) gab Napoleon die spanische Krone an Fernando zurück. Der ersehnte König (*el deseado*) wurde bei seiner Rückkehr im März 1814 triumphal empfangen. In seinem Manifest vom 4. Mai erklärte er die Verfassung von Cádiz für null und nichtig. Die Wiederherstellung der absoluten Monarchie wurde vom Adel, dem Klerus und der Menge begeistert begrüßt. Die Wiedererrichtung der Inquisition und die Rückkehr der Jesuiten waren deutliche Zeichen der Restauration von Thron und Altar. Eine Verfolgungswelle brach über *afrancesados* und Liberale herein. Der Despotismus Fernandos vollendete die vom Krieg hervorgerufene „Tragödie der Aufklärung": sowohl die Aufklärer von Cádiz wie die Frankophilen um König José wurden als Verräter gebrandmarkt und damit die Ideen der Aufklärung zur Ursache für das Unglück des spanischen Volkes erklärt.

Goya läßt sich keiner der Parteien des Befreiungskrieges ausschließlich zuordnen. Er besaß Beziehungen zu beiden Lagern. Dies ist an seinen Porträts von Fernando (1808) und José – in einer Allegorie der Stadt Madrid (1810) –, der *afrancesados* Llorente und Romero und des patriotischen Generals Palafox abzulesen. Während der Okkupation bezog Goya kein Gehalt als Hofmaler, wurde aber von König José aufgefordert, Gemälde aus den königlichen Sammlungen für das Musée Napoléon auszusuchen. 1811 erhielt er den Königlichen Orden, den er jedoch nie getragen habe, wie er zu seiner Rechtfertigung 1814 angab.

Auch Zeugnisse Goyas patriotischer Anteilnahme lassen sich nachweisen, etwa eine Spende für die aragonesische Armee. Aus Interesse an den Vorgängen in seiner Heimat folgte er wohl Ende Oktober 1808 einer Einladung von General Palafox nach Zaragoza, um „die Ruinen der Stadt

Ruinas de Zaragoza.

AGUSTINA ARAGON.

Conocida generalmente con el nombre de La Artillera. En el ataque del 4 de Julio quando los Franceses embistieron furiosamente á la bateria del Portillo, Agustina, viendo caer muertos ó heridos á todos los que la servian, trepa denodadamente por encima de los Cadaveres, coge la mecha de manos de uno que acababa de espirar, y la aplica á un Cañon de 24 Jurando no desampararle, mientras durase el sitio. Este heroyco exemplo alento á los Patriotas que corrieron á la bateria y rechazaron de ella á los enemigos. La heroina fue condecorada con un escudo de honor y con las insignia de Oficial.

‹530 A› F. Brambila und J. Galvez, *Agustina Aragon,* 1804

zu sehen und die ruhmreichen Taten ihrer Bürger darzustellen." (zit. nach Held 1980, S. 92). Goyas vor Ort entstandenen Arbeiten haben sich nicht erhalten. Hat er Palafox' Wunsch einer ruhmreichen Darstellung erfüllt? Die zu gleicher Zeit einsetzende patriotische Bildpropaganda tat es: Die *Ruinas de Zaragoza* von Brambila und Gálvez, Akademiemitglieder wie Goya, versammelten Ansichten der Zerstörungen und der Helden als Sinnbilder des patriotischen Widerstandes (vgl. Kat. 532). Goyas einziges auf ein historisches Ereignis beziehbares Blatt der *Desastres,* die Darstellung der *Agustina Aragón* (Des. 7), erhebt das Vorbild von Brambila-Gálvez ‹530 A› zu einem überzeitlichen Paradigma.

Gewiß ist das, was Goya auf seiner Reise sah und hörte, in die Blätter mit Kriegs- und Gewaltszenen, die die erste Gruppe der *Desastres* umfassen (Des. 2–47) eingegangen. Auf einem Blatt, einer panischen Flucht, bekräftigt er im Titel die Zeugenschaft: *Yo lo vi* (Ich sah es; Des. 44). Goya war auch Augenzeuge des verheerenden Hungerwinters in Madrid 1811–12, den er zur zweiten zusammenhängenden Gruppe von 16 Radierungen zu Grunde legte (Des. 49–64).

Die Absichten, die Goya mit dem Zyklus verfolgte, änderten sich mit den politischen Veränderungen während des langen Entstehungszeitraumes von 1810–20. Die zeitliche Entstehung der Blätter entspricht nicht in allen Punkten der endgültigen Anordnung, der Goya eine Dramaturgie unterlegte, die mit der visionären Pathosfigur des leidenden Subjektes (Des. 1) beginnend über den Knotenpunkt von *Nada. Ello dirá* (Nichts. Es wird sich zeigen; Des. 69) zur Hoffnungsvision am Ende führt. Elmar Bauer (Kat. Ludwigshafen 1983, S. XVIII–XXVI) hat Goyas Akte von Geschundenen und Gequälten

530.3 Lo mismo
(Dasselbe)

160 × 221 mm

530.3

530.5 Y son fieras
(Und sie sind wie Raubtiere)

156 × 208 mm

„Selbst der Tod löschte auf den Gesichtern der gefallenen Spanier des namenlosen Hasses widerliche Züge nicht, der sie bis in die Ewigkeit zu begleiten schien. Auch die Frauen erfüllte ihrer Männer Muth. Sie übernahmen des Verbandes Geschäft und erschienen sogar an solchen Stellen, wo der Tod mit Entsetzen in den Spanischen Gliedern wüthete. Obgleich sie hierdurch den Dank ihrer Nation und die Bewunderung der Welt verdienten; so brandmarkten sie sich doch zu gleicher Zeit durch Handlungen, von denen man unter gebildeten Völkern nur mit Abscheu hört. Racheathmend gegen ihre Feinde, verübten sie an den wehrlosen Verwundeten und zum Theile betrunkenen Polen und Franzosen Greuel, welche die Scham mit den eigentlichen Farben zu schildern nicht erlaubt." (aus der ersten Belagerung Zaragozas 1808; Rigel 1819, Bd. 1, S. 322 f.)

530.5

530.7 Que valor!
(Welcher Mut!)

155 × 208 mm

Es ist, als wolle Agustina die Kanone auf den Feind loslassen. Dieser bleibt unsichtbar. Ein pyramidaler Hügel, wie oft bei Goya aus Parallelschraffen geschichtet (denen der Umriß fehlt), bildet das einzige Gegengewicht zum alles überragenden Aktionszentrum. Sein einförmiges Dunkel entzieht sich der inhaltlichen Festlegung, allein die auslöschende horizontale Strichführung, die sich überall einfrißt, kann als Ende, als das Nichts der Vernichtung gelesen werden. Damit kontrastiert das Mädchen: hell hebt sich sein Kleid vom Geschütz ab, dunkel sein Oberkörper vom blaßgrauen Hintergrund. Wenn Goya aus dem Galvez-Brambila-Zyklus *Ruinas de Zaragoza* eine Anregung empfing, dann von der Radierung, die die *Artillera* zeigt, wie sie die Lunte, die sie einem gefallenen Kanonier abgenommen hat, an das Geschützrohr legt (vgl. < 530 A >). In den Gefallenen erkennen wir eine von Goyas Pathosformeln. Dennoch: diese Agustina wirkt letztlich doch gestellt, ihr Heldentum stellt sich zur Schau. Bei Goya handelt sie anonym.

Auch außerhalb Spaniens wurde Agustina, das Mädchen von Saragossa, gefeiert. Byron besang sie in Childe Harold's Pilgrimage (I, 1812, 54.–59. Stanze) und Sir David Wilkie malte 1828 *The Maid of Saragossa*. Das Bild wurde im Jahr darauf von Georg IV. erworben.

W. H. (Kat. Hamburg 1980/81, S. 153)

530.7

530.9 No quieren
(Sie wollen nicht)

155 × 209 mm

Solche Szenen mögen sich tatsächlich zugetragen haben; Sayre (in: *The Changing Image,* Kat. Boston 1974, Kat. 104, 105) verweist auf Southeys Schilderungen aus dem Unabhängigkeitskrieg. Die Wollust der Grausamkeit antwortet hier wieder der Grausamkeit der Wollust. Wir sehen in dem Vorfall die Beziehung umgekehrt, welche im großstädtischen Liebesgeschäft das Mädchen, den Liebhaber und die alte Celestina zum Dreieck verbündet (vgl. Cap. 5, 73). Im Zuge der dialektischen „Bedeutungsinversion" wurde aus der Gelegenheitsmacherin, die im Hintergrund lauert, eine von dort hervorstürzende, rächende Furie. Goya gibt die sich wehrende Frau als Rückenfigur, wodurch er den Betrachter auffordert, sich mit ihr zu identifizieren. Die Pelzmütze macht den Soldaten zum Tier. Das Radfragment im Hintergrund gehört zum schmalen Repertoire von Goyas Objekt-Symbolen. Räder und Rundbögen werden als Metaphern der Schwere, des Gefangenseins und einer selbstzweckhaften Mechanik eingesetzt – Paraphrasen auf die nicht selbstzweckhafte Mechanik der Guillotine.

W. H. (Kat. Hamburg 1980/81, S. 127)

530.9

Ni por esas.

530.11

530.14

530.11 Ni por esas
(Noch diese)
162 × 213 mm

„Diese Viehmenschen . . . fanden in den brennenden Häusern einige verborgene kranke Frauenzimmer, eine Frau und zwei Mädchen. Erstere erstachen sie, letztere aber warfen sie, nachdem sie ihre Lust mit ihnen gebüßt, lebendig in die Flammen ihres eigenen Hauses. Eine ähnliche Canibalenthat, an einer Mutter mit ihrem Säuglinge von eben diesen Unholden begangen, sah ich selbst, ohne sie hindern zu können." (Rigel 1819, Bd. 2, S. 153)

Der Titel setzt den von Des. 9 („Sie wollen nicht") fort (Kat. 530.9). Die ikonographische Beziehung zum „Bethlehemischen Kindermord" ist offenkundig. Vielleicht hat Goya einen Stich nach Poussins berühmtem Gemälde in Chantilly gekannt. Wir entnehmen dieser Verwandschaft auch die Erklärung für den klassizistischen Ursprung von Goyas reliefartiger Bildraumgliederung.

In der vordersten Ebene die Frau, die ein Soldat davonschleppt, dahinter ein zweiter Aggressor mit einer flehenden Frau, dann der Rundbogen, der dem hellen Raum dahinter eine positive Qualität gibt: er gleicht einem kreisenden Sägeblatt, das alles durchschneidet. Schemenhaft sitzt in dieser Fläche ein Kirchturm. Über diese Gliederung war Goya sich schon in der Zeichnung im klaren, aber erst in der Radierung brachte er sie auf ihre äußerste Konsequenz und Präzision. Die Frau mit dem nach hinten durchhängenden Kopf gehört in der Kunst „um 1800" zu den Pathosformeln des physischen Zerbrechens (vgl. Kat. 215, 227, 231, 237, 439 u. a.).

W. H. (Kat. Hamburg 1980/81, S. 128)

530.14 Duro es el paso!
(Hart ist der Weg!)
143 × 168 mm

Zivilisten werden erhängt, doch bleibt offen, ob es sich um Patrioten oder *afrancesados* (Franzosenfreunde) handelt (Pérez-Sánchez). Der Mönch spendet – nicht eben überzeugend – letzten Trost. Auf der Vorzeichnung (G-W 1014) wirkt er wie ein hohläugiger Todesbote. Seine breit ausschwingende Gestalt verbindet sich mit den beiden Erhängten zu einer Pendelbewegung des tödlichen Einerleis. Damit kontrastiert die schräg verstemmte Galgenleiter. Der Strick ist die letzte in der Reihe der Metaphern, mit denen Goya das Schicksal des Menschen als ein Hängen, Fallen oder Geworfenwerden deutet. Das beginnt, scheinbar harmlos, mit den Schaukeln und der in die Luft geworfenen Strohpuppe (G-W 131, 301). Auf der Vorzeichnung hält der Todeskandidat ein kleines Kreuz in Händen. Gassier fragt, ob Goya ähnliche Szenen aus Callots *Misères de la guerre* gekannt hat. Mit Werner Busch (1977, S. 238) vermuten wir, daß Goya sich bei diesem Blatt an Rembrandts Große Kreuzabnahme von 1633 (Münz 198) erinnerte.

W. H. (Kat. Hamburg 1980/81, S. 129)

(z. B. Des. 37; 39) als Entlehnungen aus Michelangelos Jüngstem Gericht in der Sixtinischen Kapelle identifiziert und auf den der Radierfolge zugrundeliegenden Gedanken der Apokalypse hingewiesen.

Drei Blätter der *Desastres* bezeichnen mit der Datierung 1810 Goyas Beginn der Arbeit an den Kriegsbildern. Sie zeigen das Verbinden schwer verwundeter Soldaten auf dem Schlachtfeld (Des. 20), einen Haufen getöteter Zivilisten (Des. 22) und die nackten Körper von Toten, die in eine Grube geworfen werden, eine der wenigen Szenen einer grotesken „Nächstenliebe" (Des. 27). Mit diesem Blatt wird eine Folge abgeschlossen, die Nahkämpfe Mann gegen Mann, zwischen Männern und Frauen, eruptive Ausbrüche von Gewalt und Terror, Vergewaltigungen, Hinrichtungen und Leichenberge aneinanderreiht.

Die lakonischen Bildkommentare steigern durch repetierende Wendungen wie *lo mismo* (Dasselbe; Des. 3) oder *tampoco* (Ebensowenig; Des. 10) die Wiederholbarkeit der Bilder und die Ununterscheidbarkeit der Seiten und Ursachen. Eine ungezügelte Grausamkeit und barbarische Tötungswut gleicht Täter und Opfer einander an. Dies macht Goya gleich zu Beginn programmatisch deutlich: In Des. 2 findet ein Nahkampf zwischen den schwer bewaffneten französischen Soldaten und spanischen Aufständischen statt, die sich mit primitiven Waffen gegen die Bajonette zur Wehr setzen. „Mit oder ohne Grund" lautet Goyas distanzierender Kommentar. Auf dem nächsten Blatt tötet ein rasender spanischer Bauer einen Franzosen mit der Axt. Seine animalisierte Physiognomie spiegelt den entmenschten Gewaltakt wider. Gewalt ruft Gegengewalt hervor. Die Opfer müssen aus Strafe ihres Untergangs ihrerseits zu Tätern werden (vgl. < 530 B >). Die Barbarei, mit der der Volksaufstand die Barbarei der französischen Militärmaschinerie beantwortet, kritisiert Goya in mehreren aufeinanderfolgenden Blättern. So zeigt Des. 14 die Erhängung eines Franzosen oder *afrancesados* durch die Spanier, Des. 15 und Des. 38 die Exekution von Aufständischen durch die Franzosen und Des. 39 das Beispiel eines Exzesses patriotischer Volksjustiz, die Verstümmelung eines Verräters (Kat. Boston 1989, Nr. 89).

Weitere unter dem Mantel der Vaterlandsliebe begangene Exzesse des fanatisierten Mobs zeigen Des. 28 und 29; die Schleifung und Ermordung von Kollaborateuren, *afrancesados* (vgl. Rose 1977, S. 713–715). In acht Szenen zeigt Goya das Beispiel kämpfender Frauen (Des. 4; 5; 9; 10; 11; 13; 19; 31). Vergehen an Frauen waren die ständigen Begleiterscheinungen von Plünderungen und Vergeltungsmaßnahmen. In Des. 5 verteidigen Frauen sich selbst und ihre Kinder mit primitiven Mitteln. Die Opfer übernehmen die Rollen von „Bestien" bis hin zur selbstmörderischen Verzweiflungstat (Kat. Boston 1989, Nr. 83).

Der Schwerpunkt der *Desastres* liegt auf der Darstellung des Todes (34 Blätter), wobei die maßlosen Kriegsgreuel in zehn Blättern (Des. 30–39) zusammengefaßt sind. Hierzu gehören die barbarischen Verstümmelungsakte (Des. 31; 33; 37; 39), die im Krieg an allen Seiten begangen wurden, und die harten Kriegsurteile der Franzosen (Des. 34; 35). Fünf Blätter zeigen Verwundete (Des. 12; 20; 21; 24; 25), ebenso viele aufgetürmte Leichenhaufen.

Sie kehren wieder in den 17 Blättern zur Madrider Hungersnot (Des. 48–64). Die im ersten Teil der *Desastres* enthüllte Welt des Terrors wird hier – nach einer Sequenz von Fluchtszenen und Morden an Mönchen (Des. 41–47) – durch die Ödnis verzweifelten, stillen Hinsiechens abgelöst. Die Blätter enthalten neben humanitären Akten (Des. 49; 51; 59) Anklagen gegen die Mitleidlosigkeit (Des. 55), den Ausbruch von Krankheiten durch den Verzehr verfälschten Mehls (Des. 57) und den Zynismus der Kriegsgewinner (Des. 61).

Die *caprichos enfáticos* bilden die letzte, wohl nach der Rückkehr zur Verfassung 1820 entstandene Gruppe der *Desastres*. Mit den Mitteln der Allegorie und Satire thematisiert Goya hier die reaktionäre Rückentwicklung Spaniens unter Fernando VII. Zugleich mit den 17 letzten Blättern (Des. 66–82) entstand das Titelblatt: *Tristes presentimientos de lo que ha de acontecer* (Düstere Vorahnungen dessen, was geschehen wird). In dieser das „spanische Volk und seine Gefährdung" (Hofmann, Kat. Hamburg 1980/81, Nr. 69) verkörpernden Figur, die in der Tradition des „Christus am Ölberg" steht, führt Goya ein Sinnbild der Ratlosigkeit und Leidensantizipation ein, das mit Des. 69 eine pessimistische Teilantwort erhält: Der halbverweste Tote, der einer im Endzustand der Platte fast ganz verdeckten Iustitia den Rücken kehrt, hält in der einen Hand eine Strohkrone, während er mit der anderen *Nada*–Nichts auf einen Zettel geschrieben hat. Nichts hat Fernandos Verrat an den im Krieg erkämpften Idealen gebracht. Der Kampf war umsonst.

Auf den folgenden Blättern kleidet Goya die Restauration des Absolutismus und der Vorherrschaft der Kirche in die Form der Parabel. Themen der verschlüsselten Blätter sind die Wiederkehr des Aberglaubens (Des. 66–68), die Gefolgsleute Fernandos (Des. 70), die Ungerechtigkeit der Gesetze gegen den Liberalismus (Des. 71–72). Danach repräsentiert eine Folge von Tiersatiren mit Vampiren, Katzen, Eseln und Wölfen die antiliberalen Mächte. In Des. 74 schreibt ein Wolf ein zynisches Urteil: *Misera humanidad la culpa es tua. Casti* (Elende Menschheit, die Schuld ist dein. Casti). Das Zitat stammt aus Giambattista Castis Fabel *Gli animali parlanti* (1802), die vermutlich Goyas literarische Quelle für diese Sequenz bildete. Der

Entlarvung der Scharlatane (Des. 75) folgt der Widerstand gegen die Mißwirtschaft Fernandos (Des. 76) und die Erwartung des nahen Endes kirchlicher Machtvollkommenheit (Des. 77). Des. 78 zeigt ein Pferd, das sich gegen Wölfe verteidigt. Bei Casti ist das Pferd das Symbol der konstitutionellen Monarchie, das gegen die Wölfe, die korrupten und grausamen Minister kämpft.

In den letzten drei Radierungen der *Desastres* entwickelt Goya ein Gegenbild zum Kriegszustand. Die fragile weibliche Figur in einer Strahlengloriole ist als Personifikation der Wahrheit zugleich als Allegorie der liberalen Verfassung Spaniens zu deuten. In Des. 79 wird sie unter dem Segen eines Bischofs von Mönchen begraben. Die unter das Publikum eingereihte Iustitia verzweifelt: Mit der Verfassung stirbt die Wahrheit. Im folgenden Blatt haben die Widersacher der Wahrheit/Verfassung tierische Züge angenommen. Dies verbindet das Blatt mit dem Widerstreit von Vernunft und Unvernunft in Cap. 43 (Kat. 467). Die Leuchtkraft der Wahrheit kennzeichnet sie jedoch als Hoffnungsträger. Die christliche Tradition der Auferstehung erhält hier eine weltliche Interpretation. Seiner diesseitigen Utopie hat Goya im Schlußbild der Desastres < 530 C > Ausdruck verliehen: das Wahre besteht im natürlichen Reichtum, den die Natur bietet, wenn der Bauer, geleitet von der Wahrheit, d. h. liberalen Verfassung, den Boden bearbeitet. In der archaischen Schlußidylle hat Jutta Held „die das Bürgertum überspringende revolutionäre Dimension" (1980, S. 111) bei Goya erkannt, die sich von vergleichbaren französischen Darstellungen unterscheidet.

1820 wurde Fernando durch eine Revolution gezwungen, die Verfassung von 1812 anzuerkennen. Drei Jahre später beendete eine vom König zu Hilfe gerufene französische Armee die Liberalisierung. Unveröffentlicht hinterließ Goya die *Desastres* 1824 bei seiner Abreise nach Frankreich.   J. E. H.

< 530 C > F. de Goya, *Das ist die Wahrheit,* Des. 82, 1820–23

< 530 B > Anonym, *Tod eines französischen Soldaten*

530.15 Y no hai remedio
(Und daran ist nichts zu ändern)

141 × 168 mm

Die Vorzeichnung (G-W 1016; G., II, Nr. 175) zeigt eine Gestalt mit einem Kreuz, vermutlich einen Mönch, der den Verurteilten tröstet. Beide fehlen auf der Radierung. Nun ist der Mann allein, zugleich einer von vielen, die mechanisch hingerichtet werden. Das Anonyme dieser Exekution drückt Goya in den Gewehrläufen aus, einem genialen Einfall, der im Teil das Ganze und die Selbsttätigkeit des Tötungsapparates aufzeigt. Der auf dem Boden liegende Tote erinnert an die *Erschießung der Aufständischen* (Abb. 26, Einleitung „Wahnsinn und Vernunft"). Was die „filmische Verdichtung" (Pérez-Sánchez) dieses Vorgangs angeht, ist die Radierung dem Gemälde noch überlegen.

W. H. (Kat. Hamburg 1980/81, S. 133)

530.15

530.26 No se puede mirar
(Man kann es nicht ansehen)

144 x 210 mm

„Vor mehreren Häusern lagen die Besitzer, von Bayonettstichen durchbohrt, Leichname feindlicher Soldaten waren durch die Straßen hingestreckt, des Mordes schreckliches Wüten verkündend. Zu dem Bilde des Todes gesellte sich das der Verwüstung. Brennend krachten die Häuser im Sturz zusammen und offenbarten ihres Innern verheerten Zustand. Was der Fleiß und die Kunst geschaffen, lag zernichtet in Schutt und Asche." (aus Valmaseda 1808; Rigel 1819, Bd. 1, S. 375)

Goya formt eine Art Pyramide aus der vermummten Mutter und den beiden sie flankierenden knienden Männern: In der Frau steckt eine weltliche Schutzmantelmadonna, die an Käthe Kollwitz denken läßt. Links eine Ekstatikerin, die sich den Bayonetten hingibt wie die Heilige Theresa Berninis dem göttlichen Liebespfeil.

W. H.

530.26

395

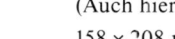

530.36

530.36 Tampoco
(Auch hier nicht)

158 × 208 mm

„Es gehört zu den Ausgeburten dieses Krieges, dessen Art und Weise, mit der er geführt ward, an die grause Punische Zeit erinnert, daß der Soldat zu leichte und blutige Rache an den Einwohnern übte, welche an seinen Kameraden grausam gehandelt. Denn es ist leider nur zu wahr, daß fast jeder Marsch uns gemordete und verstümmelte Leichname der Unsrigen zeigte; so war es doch unbedachtsame Wuth, durch so schreckliche Wiedervergeltung, wie überhaupt durch Zügellosigkeit. bei denen man weder Person noch Vermögen achtete, die nachtheiligen Folgen der Verzweiflung des unglücklichen Volkes auf sich zu ziehen. Fast immer verließ der Beraubte, oft gemißhandelte Spanier seinen Herd, zog sich in Wälder oder andere Schlupfwinkel zurück, mordete, einen günstigen Augenblick erspähend, den in seinem Wahne sicher vorüberziehenden Feind und gefährdete dadurch nicht allein die so nöthige Verbindung, sondern verminderte großen Theils unsere Armee, der vielen Mühen zu schweigen, die sich der verwilderte Soldat durch seine zuchtlose Aufführung und Gewaltschritte gegen sonst friedliche Bürger bereitete." (Rigel 1819, Bd. 2, S. 130–31)

530.37

530.37 Esto es peor
(Das ist schlimmer)

157 × 207 mm

Goyas handschriftliche Notiz auf der Rückseite eines Probedruckes in Boston – „el de Chinchon (Der aus Chinchon)" – läßt vermuten, daß es sich bei dem Aufgespießten um eines der Opfer von Repressalien handelt, mit denen die Franzosen die Ermordung von zwei oder drei ihrer Soldaten rächten. Mehr als hundert Männer aus Chinchon, einem Städtchen in der Nähe von Madrid, wurden ermordet. Der Baumstumpf wird zur Waffe und zum Gleichnis des Menschen. Sein zugespitzter Ast vollendet die Todesmarter, der abgesägte, verstümmelte Stamm antwortet dem Armstumpf. Desgleichen ist im folgenden Blatt (Kat. 530.39) der Baum verstümmelt wie die Menschen, deren zerstückte Glieder er trägt.

W. H. (Kat. Hamburg 1980/81, S. 136)

530.38 Bárbaros!
(Barbaren!)

158 × 208 mm

„Ward einer als früherer Gefangener oder als Ausreißer der in Josephs Diensten stehenden Spanischen Truppen erkannt, so fiel ihm der strenge Spruch eines aus sieben Mitgliedern niedergesetzten Militärgerichts, er wurde vor den Augen der Seinen erschossen." (Rigel 1819, Bd. 2, S. 406)

530.38

530.39 Grande hazana! Con muertos!
(Eine große Tat! Mit Toten!)

157 × 208 mm

„Der Körper ihres dort beerdigten Hauptmannes, wahrscheinlich von Bauern seinem stillen Grabe entnommen, lag entblößt und zum Theil verstümmelt . . . unter einem Baume, an dessen Ästen sein blutiges Hemd im Winde flatterte. Nicht fern . . . lag die Leiche eines Polen . . . auf noch empörendere Weise gemißhandelt. Seine Mörder hatten dem Unglücklichen die Füße festgebunden, die Augen ausgerissen, Nase und Ohren abgeschnitten, fünf bis sechs Messerstiche in den Magen gegeben, alle Finger gespalten und endlich den Hals zerschnitten . . . Mit den ausgesuchtesten Martern zerfleischten sie die unglücklichen Krieger, denen man Nase und Ohren abschnitt, die Augen ausriß, Finger und Arme zerbrach, die Zeugungstheile zerquetschte und sodann nach manchen andern namenlosen Schmerzen erst den Todesstoß gab . . ." (zu Kriegsgreueln der Spanier; Rigel 1819, Bd. 2, S. 120–21, 154)

530.39

530.44

530.55

530.44 Yo lo vi
(Ich sah es)

160 × 235 mm

„Die Cavallerie hatte ihre alte . . . Raubsucht wieder angenommen. Es hätten daher des an die Einwohner von der Junta erlassenen Befehls, bei der Annäherung des Feindes ihre Wohnungen zu verlassen, nicht bedurft. Sie waren größten Theils aus Furcht vor diesen ungezügelten Raubhorden, nach Zerstörung alles dessen, was nicht fortzubringen gewesen, mit dem Kostbarsten ihrer Habe, nach den unwegsamsten Gebirgen entflohen – kein Wunder also, daß auch die übrige Armee zu ihrer Subsistenz die Gegend nach allen Richtungen durchstrich, plündernd und raubend, was und wo sie's fand." (Rigel 1819, Bd. 3, S. 534)

Während sich die beiden Männer hastig in Sicherheit bringen – der mit dem vollen Geldbeutel weiß warum – denkt die Frau nicht an sich selbst, sondern an ihr Kind. Mutterliebe steht gegen männliche Hysterie, Selbstlosigkeit gegen Egoismus; dahinter, auf kommende Kriege vorausweisend, die Massenflucht.

W. H.

530.55 Lo peor es pedir
(Am schlimmsten ist Betteln)

155 × 205 mm

Goya macht den Bettler, diese klassische Randfigur der spanischen Gesellschaft, zu deren Zentrum, zu einer Art Schmerzensmann. Sein Betteln schlägt in Klage um. Die gutgekleidete Dame nimmt er nicht wahr. Um so greller ist der Kontrast zwischen seiner Lumpenexistenz und ihrer Unberührtheit, die unbeholfenes Mitleid verrät.

W. H.

530.57 Sanos y enfermos

(Gesunde und Kranke)

155 × 205 mm

„Diese einst so blühende Stadt, zeigte das Bild der traurigsten Verwüstung. Die schönsten Gebäude standen leer, oder waren der Zufluchtsort des tiefsten Elends. Ein Theil der Felder war in der vergangenen Jahreszeit nicht eingesäet, der andere durch die zahlreichen Armeen vor der Ernte zur Fütterung abgemähet oder zertreten … Der entsetzlichste Mangel drückte Reich und Arm, Hoch und Niedrig mit gleicher Gewalt; die schrecklichsten Krankheiten quälten die dem Hunger preisgegebenen unglücklichen Menschen. In allen Straßen sah man das Elend wandeln, an jeglichem Platze begegnete man seinen Opfern. Schon des Todes Beute wankten ausgemergelte Skelette umher mit ekelhaft angeschwollenen Füßen, im Freien wie im Innern der Häuser lagen die Leichen aufgehäuft, zu deren Fortschaffung die Hände mangelten – ja, wer mag es glauben, Mütter im reichsten Schmucke, aber erfaßt von des Hungers nagendem Schmerz, forschten umher, ob nicht Jemand für der blühenden Tochter feilgebotene Reize des Brotes sparsamste Gabe reichen wollte!" (Rigel 1819, Bd. 3, S. 554)

Sanos y enfermos –

530.57

530.61 Si son de otro linage

(Sie sind von anderer Abstammung)

155 × 205 mm

Eine Szene aus dem „Jahr des Hungers" (1811/12). Goya gibt der Gegenüberstellung von Elend und Wohlstand die Schärfe des Klassenkampfes (A. E. Pérez-Sánchez: *Goya . . . ,* Madrid 1979, S. 118). Zugleich entdeckt er in dieser widerlichen Besichtigung der Armen die Praxis der Herrschenden, die Misere ihrer Opfer zur Schau zu stellen und sich daran zu delektieren. Klingender (vgl. Kat. 530.1) meint, die Hungernden und die Bürger würden von einem Polizisten getrennt (1978, S. 181). Das Blatt ist auch eine Studie in Kleidungsmetaphern. Die Armen bilden einen Elendshaufen aus Lumpen und fragmentierten Gliedmaßen. Demgegenüber verkörpern die beiden korrekt gekleideten Herren die kompletten Umrisse der gesellschaftlichen Ordnung. Die Sichelform des Zweispitzes hat schneidende Schärfe. Wir kennen sie aus der Geometrie der Gefängnisgewölbe (Kat. 102).

W. H. (Kat. Hamburg 1980/81, S.140)

Si son de otro linage –

530.61

530.67

Esta no lo es menos.

530.67 Esta no lo es menos
(Dies ist nicht weniger seltsam)

175 × 220 mm

Der Titel bezieht sich auf Des. 66, „Seltsame Frömmigkeit", das einen Esel zeigt, der einen gläsernen Sarg trägt. In beiden Darstellungen spielt Goya auf die Restauration der Macht des Klerus nach der Rückkehr Ferdinands VII. (7. Mai 1814) an. Wieder bilden Subjekt und Objekte der Unterwerfung ein Ganzes, eine kompakte „Überfigur"; daran sind wesentlich die horizontalen Schattenschraffuren beteiligt, die von den beiden Statuenträgern bis zu der Menge im Hintergrund reichen. Goya verspottet mit dem Kult auch dessen Symbole. Das Standbild der „Schmerzensreichen Muttergottes" (wir erkennen drei in die Brust getriebene Schwerter) ist doppelt entwürdigt, seiner „Aura" entkleidet: es liegt, statt zu stehen, und es zeigt uns, was es sonst verbirgt, die Unterseite seiner Standfläche. Wir sehen einen dialektischen Zusammenhang zwischen dieser zum Fetisch entleerten Gestalt und der „Wahrheit" <530C>, die ihren erlösenden, karitativen Auftrag übernommen und mit neuer Glaubwürdigkeit versehen hat. Der strahlende, entblößte Körper dieser Wahrheit kontrastiert besonders mit der vom Kleidungsornat verhüllten zweiten Madonnenfigur, die im Hintergrund schwankend auftaucht. Sie wird wie ein Popanz getragen und erinnert an die verhüllten „Vogelscheuchen" der *Caprichos* (Kat. 88), die der abergläubischen Menge Angst machen.

W. H. (Kat. Hamburg 1980/81, S. 111)

530.69 Nada. Ello dirá
(Nichts. Es wird sich zeigen)

155 × 200 mm

Goyas Titel (auf einem Probedruck für Céan Bermudez) lautet: „Nada. Ello dice." (Nichts. Er sagt es.) Mit diesem „Schlußwort" wollte Goya den Zyklus beenden, ehe er sich entschloß, die *caprichos enfáticos,* die Blätter über das Hungerjahr 1811/12, anzufügen und mit einer Allegorie der wiedererwachten Volkskraft ein verheißendes Licht ans Ende zu setzen <530C>. Das „Wahre", das uns dort entgegenleuchtet, ist weiblichen Geschlechts, der Chronist, der mit letzter Kraft „Nichts" auf sein Blatt schreibt, ist ein Mann, den die Geschehnisse in die totale Hoffnungslosigkeit getrieben haben. Mit seinem Skelett endet der Totentanz des Krieges, und noch einmal verbinden sich die Kräfte des Bösen und der Rechtlosigkeit zu einem geifernden Mummenschanz. Der Sterbende trägt die Signatur des endgültigen physischen Verfalls: sein Gegenbild ist die weibliche „Wahrheit", die wieder erwachen wird (Kat. 530.79, 530.80). Dieser Kontrast läßt vermuten, daß Goya im Skelett das Gegenprinzip treffen wollte, die von der pervertierten Vernunft angezettelte Selbstvernichtung der Menschheit. Insofern setzt *Nada* die Frage fort, die Goya in Cap. 43 (Kat. 467)

530.69

Nada, ello lo dice.

stellt. Der Krieg hat der Einbildungskraft neue Wege erschlossen, Grausamkeiten wurden erfunden, hinter denen die künstlerische Phantasie zurückbleibt. Als Objekt auf dem Spielbrett der Luststeigerung mußte der Mensch nicht nur bei Sade, sondern bei dessen Rivalen auf der politischen Szene neue Grenzwerte der physischen Schändung erfahren. In *Nada* wird dieser sadomasochistische Kollektivtraum zu Ende geträumt. „Läßt sich etwas Unheimlicheres, Trostloseres denken?", fragte Gautier in seinem *Voyage en Espagne.*

W. H. (Kat. Hamburg 1980/81, S. 65)

530.70 No saben el camino
(Sie wissen den Weg nicht)

175 × 220 mm

Wer sind diese Männer, die wie Glieder einer endlosen Kette in einen Abgrund taumeln, der sie verschlingt? Drei Deutungen stehen zur Wahl. Gassier hält sie für *afrancesados,* für Spanier also, die mit den Franzosen sympathisieren und nun, nach der Rückkehr Ferdinands VII., zur Rechenschaft gezogen werden. Dagegen spricht, daß sich auch einige Mönche darunter befinden, Angehörige jenes Standes also, der im Widerstand gegen die Besatzungsmacht eine herausragende Rolle gespielt hatte. Für Lafuente-Ferrari sind die Männer Gefangene der Franzosen, also Widerstandskämpfer. Dafür spricht, daß sie sich aus verschiedenen Gesellschaftsschichten zusammensetzen: zwischen den Männern „von Stand" tauchen auch Barhäuptige auf. Dieses Argument entkräftet die Vermutung von Pérez-Sánchez (*Goya . . . ,* Madrid 1979, S. 123), es handle sich um Angehörige der in ihren Vorurteilen befangenen *clases dirigentes,* die den Weg nicht kennen, den die Nation einzuschlagen hätte. Vielleicht hat Goya die Darstellung absichtlich in der Mehrdeutigkeit belassen, um ihr den Rang einer Parabel zu gewinnen. Hinter dieser fatalen „Prozession" steht das biblische Gleichnis von den Blinden, die einander in die Grube führen (Matthäus, 15, 14).

W. H. (Kat. Hamburg 1980/81, S. 142)

530.72 Las resultas
(Die Folgen)

175 × 220 mm

Der von Nachtgeschöpfen bevölkerte Alptraum (Kat. 439) hat im Kontext der *Desastres* eine neue Symbolqualität gewonnen. Nicht mehr der Künstler ist in der Einsamkeit seines Arbeitsraumes von Vögeln bedroht (und zugleich stimuliert), sondern ein Wehrloser wird zur Beute animalischer Gefräßigkeit. Aus der subjektiven Beunruhigung und Gefährdung zieht Goya die für das ganze Volk gültige Konsequenz, *las resultas:* er verbindet das private Künstlerschicksal mit dem Spaniens, das nun, kaum von den Franzosen befreit, den Vampiren Ferdinands VII. ausgeliefert ist. Die Situation ist eindeutiger als im Cap. 43 (Kat. 467), denn aus dem Träumer wurde ein der Reaktion ausgelieferter Leichnam.

W. H. (Kat. Hamburg 1980/81, S. 66)

530.70

530.72

530.74

530.74 Esto es lo peor!
(Das ist das Allerschlimmste!)

180 × 220 mm

Das Tier (für Gassier ein Wolf, für Pérez-Sánchez ein Fuchs) hat soeben sein zynisches Urteil über die Menschheit niedergeschrieben, die ihm angstvoll zu huldigen scheint: „Mísera humanidad la culpa es tua. Casti" (Elende Menschheit, die Schuld ist dein, Casti). Dieses Zitat stammt aus einem Werk des italienischen Dichters Giambattista Casti (1721–1803), vermutlich aus den *Animali parlanti,* 1802 (G., II, Nr. 222). Goya zeichnete ein Porträt Castis nach dessen Tod für eine Radierung (G-W 770, G., II, Nr. 350).

Er legt das Dichterwort einem Machthaber in den Mund, der seinen Betrug selbst ohne Schafspelz bewerkstelligt. Das ist das traurige Fazit: Die Befreiung von den Franzosen schlägt in ihr Gegenteil um, die Befreier entpuppen sich als die neuen Unterdrücker. In Gestalt des Mönchs, der dem Tier das Tintenfaß hält, wird die Kirche zur Handlangerin der Reaktion, deren erstes Opfer, ein Gefesselter, links im Hintergrund steht.

W. H. (Kat. Hamburg 1980/81, S. 112)

530.79

530.79 Murió la Verdad
(Die Wahrheit ist gestorben)

175 × 220 mm

Mit diesem und dem folgenden Blatt (Kat. 530.80) endete 1863 die erste Veröffentlichung der *Desastres.* Mönche schicken sich an, die Wahrheit zu begraben, ein Bischof gibt dazu seinen Segen. Rechts, wie es ikonographischer Tradition entspricht (Gassier), bringt Goya die Gerechten unter, die die Tote beklagen, darunter die Gerechtigkeit mit der aus dem Gleichgewicht geratenen Waage.

Die Totengräber, soweit erkennbar lauter männliche Fratzen, verkörpern die wieder an die Macht gelangte Reaktion. Im Göttinger Katalog wird die Frage, ob Goyas Wahrheit in der biblischen oder in der antiken Tradition (veritas filia temporis) stehe, zugunsten ersterer entschieden, und zwar mit dem Hinweis auf den 85. Psalm: „Veritas de Terra orta est et Justitia de Coelo prospexit" (Die Wahrheit ist von der Erde aufgestiegen und die Gerechtigkeit hat vom Himmel herabgeblickt). Hans Kaufmann, *Lorenzo Bernini,* Berlin 1970, S. 206, erwähnt eine Zeichnung von Tobias Stimmer, die sich ikonographisch auf Goya beziehen läßt: die „Zeit" rettet die „Wahrheit" vor den Angriffen der Gegenreformation, also des katholischen Klerus.

G. Levitine (*Some emblematic sources of Goya,* in: Journal of the Warburg and Courtauld Institutes 22, 1959, S. 110 f.) möchte Goyas „Tod und Auferstehung der Wahrheit" von einem Emblem des Jacob Cats (1577–1660) ableiten. Solche Filiationen machen ihre spekulative Rechnung ohne den anschaulichen Befund. Goya mag vielleicht den Strahlenkranz irgendwo entlehnt haben – der Bildgedanke ist insofern sein Eigentum, als er sich aus einem Einfall der *Caprichos* entwickelt, der freilich auf eine antike Quelle zurückgeht („Tantalo", Cap. 9). Die Tote liegt jetzt auf dem Boden, die Arme über dem Schoß gekreuzt, indes der alte Mann, der sie zweideutig beklagt, sich in der Menge der Totengräber vervielfacht hat. Das besagt, daß sich die Wahrheits-Allegorie, ehe man in Emblem-Büchern nach ihren Quellen spürt, am einleuchtendsten auf Goyas Rahmenthema „Die Frau – Opfer des Mannes" zurückverfolgen läßt.

Die Wahrheit ist eine Lichtquelle, die mit ihrer Energie noch im Tod alles überstrahlt. Dachte Goya dabei an die heilige Cäcilie von Maderno? Wenn ja, dann wohl aus dem Glauben an ein neues, aus dem Volke und seinen Leiden geborenes Märtyrertum, das die Kirchenheiligen verdrängen wird.

W. H.
(Kat. Hamburg 1980/81, S. 81, 154 f.)

530.80

530.80 Si resucitará?

(Wird sie auferstehen?)

175 × 220 mm

Vgl. die Bemerkungen zu Kat. 530.79. Goya zeichnet einen Vorentwurf dessen, was ihm als Wunschbild vorschwebt. Was unterscheidet die auferstehende von der toten Wahrheit? Ihr Körper hat den Umriß eingebüßt, seine Leuchtkraft überstrahlt den physischen Bestand, nur das Antlitz und die Brüste zeichnen sich greifbar ab. Es ist keine Auferstehung in der herkömmlichen Bibeltradition. Eine Kopfwendung der Wahrheit genügte, um die Dunkelmächte in Schrecken zu versetzen. Die Totengräber setzen zur Tötung an. In der Zeichnung scheint die Wahrheit von Fledermäusen und Nachtgetier umschwirrt, in der Radierung tragen ihre Quäler tierische Züge. In diesem Blatt und in Des. 82 <530 C> gibt Goya sich selbst die Antwort auf das trostlose „Nada" von Des. 69 (Kat. 530.69), mit dem er ursprünglich den Zyklus beschließen wollte. Der spukhafte Kadaver behält nicht das letzte Wort!

Die Radierungen Des. 81 und 82 <530 C> waren für den Zyklus gedacht – Abzüge tragen die fortlaufenden Nummern und von Goya handgeschriebene Titel –, doch wurden sie nie zusammen mit den anderen achtzig gedruckt. Die Platten gelangten erst 1870 in die Madrider Calcografia. Deshalb fehlt Des. 82 – „Das ist die Wahrheit" – im Zyklus der Kunsthalle. Nun ist die Wahrheit auferstanden, aber nicht als Allegorie, sondern als junge Frau, die auf „das Wahre" nicht verweist, sondern es ist, d. h. körperhaft vergegenwärtigt. Die Lichtquelle ist nicht ihr Leib, sie liegt dahinter, wie ein aufgehender neuer Tag. Die Frau wendet sich einem alten Bauern zu und zeigt auf die Früchte seiner (oder ihrer gemeinsamen) Arbeit: Korngarben, ein Obstbaum, ein Schaf und ein gefüllter Korb. Auch das ist „das Wahre" – die Arbeit und ihr Lohn (Klingender 1978 [wie Kat. 530.1], S. 243). In diesem Paar verbergen sich zwei Allegorien: die „Wahrheit" und ihr alter Vater, die „Zeit" (Kronos).

Aber noch etwas anderes scheint sich in der natürlichen Würde dieses Geschöpfes zu verbergen: die Schönheit, die unerkannt auf ihre Stunde wartet. In der *Dirnenkunst* (Arte de las Putas, Madrid 1777) des älteren Moratín heißt es: „oft kannst du unter einem bäuerlichen Kleid einer Venus von Tizian begegnen" (Ausgabe Madrid 1977, S. 122). Goya ist diese Symbiose gelungen. Sein Landmädchen dürfte von Tintorettos junger Frau, die ihren Busen entblößt, angeregt worden sein (Madrid, Prado). Das Rätselhafte dieser Geste bekommt bei Goya eine Begründung.

Vielleicht steckt in dem heilig gesprochenen Landmann ein säkularisierter Heiliger. Der Göttinger Katalog verknüpft die „Leidensbereitschaft" des Knienden in Des. 1 (Kat. 530.1) mit der frühen Radierung des heiligen Isidro, des Stadtheiligen von Madrid. Eine Komödie von Lope de Vega, *San Isidor, labrador de Madrid*, zeigt im 1. Akt die Hochzeit des Bauern-Heiligen mit dem Landmädchen Maria. Es ist nicht auszuschließen, daß Goya von der poetisierenden Vita des Heiligen angeregt wurde.

W. H. (Kat. Hamburg 1980/81, S. 156 f.)

F. Pomares inven.
STATO DELLA SPAGNA NEL 1810, E IN PARTE DEL 1811.
B. Pinelli del. et sculps.
L'Imperatore nemico, pacificato con tutta l'Europa, volge tutte le gigantesche sue forze contro la Spagna; ed i soli Spagnuoli, coll'ajuto de-gl'Inglesi, combattono da leoni contro di lui, senza temere la morte.

531

organisierte die Verteidigung der Stadt. Unterstützt vom Klerus und der Landbevölkerung widersetzten sich die Bewohner, besonders auch die Frauen, in mörderischen Kämpfen Haus um Haus den Belagerern. Palafox' „guerra a chudillo" (Kampf bis aufs Messer) wurde zum Fanal des nationalen Widerstandes der Spanier, der seit der Madrider Erhebung vom 2. Mai das ganze Land überzog und mit seiner Härte die Franzosen überraschte.

Während der drei Monate, die Zaragoza bis zur nächsten – vernichtenden – Belagerung blieben, entstanden zahlreiche spanische Drucke, die im Medium der patriotischen Bildpropaganda die heroischen Kämpfe wiedergaben. Wie der von Palafox eingeladene Goya besuchten auch der Historienmaler J. Gálvez und der Vedutenmaler italienischer Herkunft F. Brambila aus diesem Grund die Stadt. Im freien Cádiz, wo die Cortes tagten, gaben die dorthin geflüchteten Künstler einzelne Blätter ihrer Reportage heraus. Die gesamte Serie erschien unter dem Titel *Ruinas de Zaragoza* erst 1814 zu Ehren der Rückkehr Fernandos VII. Dieser ernannte ihre Autoren zu Hofmalern.

Bartolomeo Pinelli
nach FRANCISCO POMARES

**531 Stato della Spagna nel 1810,
e in Parte del 1811.**
(Die Lage Spaniens im Jahre 1810
und teilweise noch 1811)

um 1814
Sign. und bez.: F. Pomares inven., B. Pinelli del. et sculps.; L'Imperatore nemico, pacificato con tutta l'Europa, volge tutte le gigantesche sue forze contro la Spagna; ed i soli Spagnuoli, coll'ajuto de-gl'Inglesi, combattono da leoni contro di lui, senza temere la morte.
Radierung; 144 × 246 mm
HK, Kupferstichkabinett, Inv. 1980/70
Lit.: Dérozier 1976, Bd. 1, S. 57; Bd. 2, S. 577; Kat. Hamburg 1980/81, Nr. 414

Pomares gab 1814 in Rom eine Karte Spaniens mit 32 Stichen zu den wichtigsten Ereignissen des spanischen Unabhängigkeitskrieges heraus, die mit der Folge *Guerra de la Independenzia spagnuola,* aus der das vorliegende Blatt stammt, identisch sein dürfte (vgl. Dérozier 1976, Bd. 1, S. 57; Gonzales-Palacios 1967, S. 96). Es zeigt den Widerstand gegen Napoleon, der 1810/11, nach dem Frieden und der dynastischen Verbindung mit Österreich, auf dem Höhepunkt seiner Macht stand: Nun konnte, wie der Text erläutert, der feindlich gesonnene, mit dem übrigen Europa befriedete Kaiser seine gigantischen Streitkräfte gegen Spanien wenden; nur von den Engländern unterstützt, kämpften die Spanier wie die Löwen, ohne den Tod zu fürchten. Vor allem Andalusien, gegen das König Joseph 1810 einen Feldzug führte, war Schauplatz eines erbitterten „Guerillakrieges"; ein „coup de tonnerre" sollte, so Napoleon 1811, der spanischen Affäre endlich ein Ende machen (vgl. Lovie/Palluel-Guillard 1972, S. 124).

Abweichend von den meisten anderen Radierungen der Folge handelt es sich hier um eine allegorische, keine realistische Darstellung: Tauben verteilen Olivenzweige aus den Händen des dem Koloß von Rhodos nachgebildeten Kaisers an die Völker Europas, die um ihn einen Halbkreis gebildet haben; zugleich fallen riesige Pfeile

auf Spanier und Engländer zu seinen Füßen, die mit ihren Waffen jedoch nichts gegen ihn ausrichten können. Riesen und Zwerge waren vor allem in englischen Flugblättern ein beliebtes Mittel der Karikatur (vgl. Kat. 514). Pomares verwendet den auch in der zeitgenössischen Literatur geläufigen, mit Napoleon verbundenen Topos des menschenfressenden Riesen gleich zweimal in seiner Folge (vgl. Dérozier 1976, Bd. 2, S. 575 ff.). Die Interpretation von Goyas 1810–12 entstandenem *Koloß* ist dagegen widersprüchlich (vgl. Einleitung „Wahnsinn und Vernunft", Abb. 20; Gudiol 1970, Bd. 1, Nr. 610; Kat. Hamburg 1980/81, S. 396; Kat. Boston 1989, Nr. 69): bezeichnet er Napoleon oder, im Gegenteil, den Schutzgeist des sich gegen die Franzosen erhebenden spanischen Volkes?   A. S.

FERNANDO BRAMBILA/JUAN GÁLVEZ

**532 Ruinas del interior de la yglesia del
Carmen.**
(Ruinen des Inneren der Karmeliterkirche)

1814
Radierung, Aquatinta; 362 × 254 mm
bez. u. l.: Fernando Brambila y Juan Gálvez
HK, Kupferstichkabinett, Inv. 1988/171
Lit.: Dérozier 1976, S. 329; Dérozier 1979

Die Radierung – ein Blatt aus der 1814 in Cádiz erschienenen Folge *Ruinas de Zaragoza* – gibt einen Blick in das von Leichenbergen übersäte Innere der Karmeliterkirche wieder, die wie ein Großteil Zaragozas durch heftige Bombardements der Franzosen von Juli bis August 1808 zerstört wurde.

Napoleons Invasionstruppen belagerten die Hauptstadt Aragóns erstmalig vom 14. Juni bis 17. August 1808 unter großen Verlusten, aber ohne Erfolg. Der zum General und Präsidenten der regionalen Junta ernannte Juan de Palafox

Ruinas de Zaragoza.

RUINAS DEL INTERIOR DE LA YGLESIA DEL CARMEN.

532

Die Serie zerfällt in 24 Kriegsszenen und Ruinenansichten und 12 Darstellungen der „Helden von Zaragoza". Brambila hat als Autor der Ruinenansichten zu gelten. Ist sein Blatt in Blickwinkel und dramatisierender Gestaltung an Piranesi orientiert, so kombiniert es mit der düsteren Erhabenheit der Ruine den neuen Gesichtspunkt des schockhaften Erlebnisses, das sich aus den Bergen der gleich der Architektur in ihren „Rohzustand" zurückgefallenen toten Menschen ergibt.   J. E. H.

ANONYM

533 Freiwilliger Bivouac der grossen französischen Armee in Novb: 1812

1812
Kolorierte Aquatintaradierung; 256 × 349 mm
HK, Kupferstichkabinett, Inv. 38329

Ende Oktober 1812, nach dem Brand Moskaus, befahl Napoleon den Rückzug. Mangel an Proviant und die Unbilden der Witterung verzögerten den Marsch der bereits sehr geschwächten, von russischen Truppen verfolgten „Grande Armée" immer mehr; erst Ende November konnte die Beresina mit einem Bruchteil des ehemaligen Heeres überquert werden. Im berühmt gewordenen 29. Bulletin (vgl. Coll. Hennin 13413: „Freiwilliger Rückzug der Großen Französischen Armee"), das Napoleon in Wilna verabschiedete, wurde lediglich der ungeheure Verlust an Pferden zugegeben, über die Gefallenen jedoch geschwiegen. Augenzeugen berichten übereinstimmend, Straßen und Felder seien von Pferdekadavern und Toten, die oft ihrer Kleider beraubt waren, bedeckt gewesen; an allen Biwakstellen habe man an Feuergasen erstickte und erfrorene Leichen gefunden, viele wären bereits zu schwach gewesen, um noch weiterzuziehen, was ein furchtbares Bild geboten habe (vgl. Caulaincourt 1933, Bd. 1, S. 171; Nicolson 1987, S. 202 ff.). Die Radierung gibt diese Zustände ungeschminkt wieder; der sie begleitende Text ist eine Satire auf die Hybris des mit Satan im Bunde stehenden Napoleon (zu dem in Deutschland geläufigen, beispielsweise von Ernst Moritz Arndt verwendeten Topos vgl. Kat. Hamburg 1980/81, S. 398). Während Kosakenhorden französische Soldaten verfolgen und niederstechen, biwakieren im Vordergrund eine Frau und Männer verschiedenen Standes in zerrissenen Kleidern. Zum Verzehr dienen lediglich Ratten, Kröten, Katzen oder Pferdefleisch, getrunken wird geschmolzener Schnee. Das revolutionäre Ziel der Egalité ist erreicht: Da jeder hungere, dürste und friere, sei der Geringste dem Vornehmsten gleich. Ein russischer Rabe lädt in der Luft seine Brüder zu dem „französischen Essen" ein, das ein anderer „loser Vogel" ihnen serviert hat.   A. S.

533

Figuren hervorgeht. Talleyrands Ausruf nach der Schlacht von Leipzig: „Ha! c'est le commencement de la fin!" gab das Motto für die Darstellung, die den Abfall der Verbündeten von Napoleon und die bis Ende November 1813 vollzogene Auflösung des 1806 gegründeten Rheinbundes zeigt.

Im Parterre des (Welt-)Theaters lauscht der kleine Napoleon der Musik seiner einstigen Verbündeten, nach der die Fürsten auf der Bühne tanzen. Franz I. spielt die Geige, Friedrich Wilhelm III. das Cello, Bernadotte bläst Flöte; Alexander I., auf einem Pulverfaß sitzend, dirigiert das Trio mit einem Kanonenrohr. Auf der Bühne bedeutet der König von Bayern Napoleon, er

habe nichts mehr von ihm zu hoffen; der Württemberger zeigt ihm unmißverständlich die Kehrseite. In den Kulissen verschwinden links die Großherzöge von Baden und Hessen-Darmstadt sowie der Kurfürst von Mainz, Primas des Rheinbundes; rechts der Herzog von Anhalt-Dessau und der König von Sachsen mit Polichinell. Jérôme von Westfalen, „König Lustik", reitet auf feuerspeiendem Drachen seiner Katharina davon, und aus dem Hintergrund sprengt Lord Wellington heran. Im Bühnenkeller unterschreibt Louis Bonaparte, König von Holland, seinen Thronverzicht; Joseph, König von Spanien, zählt die Groschen vor seiner Abreise auf einem Maultier.   A. S.

534

GOTTFRIED SCHADOW

534 Le commencement du Finale
(Das Leipziger Concert oder Der Anfang vom Ende)

1813
bez.: à Paris chez Jeronimo Furioso.
Radierung; 210 × 330 mm
Lübeck, Kunsthalle, Graphische Sammlung, Inv. 1946/7826

Lit.: Mackowsky 1936, Nr. 56 I (von II); Kaiser 1955, S. 15

Schadows geistreichen antinapoleonischen Karikaturen (vgl. Mackowsky 1936, Nr. 57–60 und S. 38) blieb – anders als den von Geißler in Leipzig oder Voltz in Augsburg herausgegebenen volkstümlichen Spottblättern – eine breite Wirkung versagt, da sie nicht verständlich genug waren (vgl. Kat. 533). Dem „Leipziger Concert" wurde daher ein in Alexandrinern (eine Anspielung auf den Zaren) gereimter Text „Finale der neuen großen Helden-Oper unter dem Titel *das befreite Europa*" beigegeben, aus dem die Deutung der von Schadow treffend charakterisierten

536 a

536 b

535

PHILIPP OTTO RUNGE

535 Fingals Geburt; sein Vater Comhal im Zweikampf getötet

1804
Feder in Grau, Bleistift; 400 × 243 mm
HK, Kupferstichkabinett, Inv. 34222

Lit.: Pauli 1916, Nr. 110; Traeger 329; Kat. Hamburg 1977/78, Nr. 51

Runges Ossian-Illustrationen waren für die von Perthes geplante Neuausgabe der Dichtung gedacht, doch scheiterte das Vorhaben am Widerstand des Übersetzers, des Grafen Leopold von Stolberg.

1804 verbünden sich England, Rußland und Österreich zu einer neuen Koalition gegen Napoleon, der sich zum Kaiser der Franzosen krönt. Auf den Hintergrund der Zeit projiziert, gibt die Zeichnung ihre aktuellen Bezüge zu erkennen. Im Zentrum steht wie oft bei Runge der Erneuerungsgedanke: An dem Tag, an dem Comhal stirbt, wird sein Sohn Fingal geboren. Mit ihm, der auf seiner Lanze einen Stern trägt, geht eine neue Sonne auf. Das Kind als erweckender Lichtbringer verweist bereits auf den „Morgen" (vgl. Kat. 537), desgleichen der darüber schwebende Stern und das Quadergefüge, das dem Bildrahmen des späteren Gemäldes präludiert. Die Hoffnung, die Runge schon 1802 ausspricht – „Kinder müssen wir werden, wenn wir das Beste erreichen wollen" –, bekommt in Fingal einen patriotischen Akzent. Die archaische Trutzarchitektur widerspricht dem imperialen Triumphklassizismus Napoleons und leitet die „vaterländische Umkehr" im Landschaftsdenkmal ein, das nationale mit religiösen Stimmungswerten verbinden wird.   W. H.

LUDWIG EMIL GRIMM

**536a–c Frontispize zu:
„Des Knaben Wunderhorn".**
Alte deutsche Lieder, gesammelt von Ludwig Achim von Arnim und Clemens von Brentano, 3 Bde.

Heidelberg 1808 (Bd. 1 = 2. Auflage 1819)
Radierungen; 205 × 120 mm
HK, Bibliothek, Sign. Ill. XIX. Grimm 1808

Lit.: Kat. Kassel 1985, Nr. 3 und 189

Unter der Obhut seiner älteren Brüder Jakob und Wilhelm Grimm erhielt Ludwig Emil Zugang zum romantischen Kreis in Heidelberg. Dort wurde er von Achim von Arnim und Clemens von Brentano mit Illustrationen zum „Wunderhorn" betraut, wobei der Künstler Elemente Runges verarbeitete und diese ins Volkstümliche übertrug. Auch altdeutsches Formengut, vor allem die Randzeichnungen Dürers zum Gebetbuch Kaiser Maximilians – 1808 von J. N. Strixner in München lithographisch verlegt – bestimmten Grimms Motivik und Gestaltungsweise erheblich. Gerade diese Rückwendung macht seine Darstellungen – mag ihre künstlerische Qualität auch umstritten sein – besonders wertvoll. In der bildenden Kunst sind sie erster Ausdruck für die patriotische Gesinnung der Romantik, die in Abwehr gegen die napoleonische Fremdherrschaft begann, das Volkstümliche und Altdeutsche zu erneuern.   I. E.

536 c

PHILIPP OTTO RUNGE (Farbtafel 54)

537 Der kleine Morgen
(erste gemalte Fassung)

1808
Öl/Leinwand; 109 × 85,5 cm
HK, Gemäldegalerie, Inv. 1016

Lit.: Traeger 414; Kat. Hamburg 1977/78, Nr. 189;
Stubbe 1977, Nr. 17

Diskret hat Runge im „Morgen" den Gedanken
der nationalen Erneuerung untergebracht, den er
in einem seiner letzten Werke, dem „Fall des
Vaterlandes" (Kat. 539) nochmals in einer weiblichen Gestalt verkörpern wird. Dieser Zusammenhang läßt sich einem Brief entnehmen, den
Runge während der Arbeit am „Großen Morgen"
am 1. September 1809 schrieb: „Es wird die
Nation ebenso wenig eine Kunstblüthe aus bloßer Tradition hervorbringen, wie die Mutter ein
Kind gebären wird, ohne es in ihrem Schoos
getragen zu haben." (HS I, 177). Die „bloße
Tradition" sieht er bei den Franzosen in zwar
„bornierten" (HS I, 173), aber geschickten Händen, die es verstehen, die Gegenstände „mit
Stellung, Effect und Drapperie" zu notzüchtigen
(HS I, 178).

537

Kunst und Politik sind einander folglich im
„Morgen" näher als man denkt. Als Künstler und
Patriot will Runge sich nicht bevormunden lassen, er strebt eine umfassende Erneuerung in
Freiheit an. Kühn setzt er sich im „Morgen" über
die Konventionen hinweg. Seine Aurora ist
zugleich Venus und Maria. Der Akzent liegt, mit
Warburg zu reden, auf den „Eigenschaften der
kosmischen Venus, die in Natur und Menschen
alljährlich die Lebensfreude wiedererweckt." Die
christliche Gottesgebärerin kommt dabei zu
kurz: Der Kind-Messias ist offenbar der organischen Natur entsprossen. Schließlich erfindet
Runge einen neuen, vielschichtigen Bildtypus,
das „Mehrfeldbild" (Hofstätter). Also lauter
Innovationen, in denen sich der Protest gegen die
klassizistische Bevormundung, aber auch gegen
deren Pakt mit der politischen „Notzüchtigung"
ausdrückt.

Im „Morgen" brach ein neuer Welt- und
Kunsttag an, der die düster-männliche Heroen-
welt überwindet, welche zur gleichen Zeit noch
Napoleon, den Bewunderer Ossians, in ihren
Bann schlug (Kat. 508). W. H.

538

PHILIPP OTTO RUNGE

538 Konstruierte Kornblume
(Schematischer Aufriß)

1808/09
Feder in Schwarz; 250 × 191 mm
HK, Kupferstichkabinett, Inv. 34274

Lit.: Pauli 1916, Nr. 55; Traeger 415; Kat. Hamburg
1977/78, Nr. 97

Indem Runge dem Kreis eine Blume einschreibt,
erhöht er das organische Gebilde in den Rang der
geometrischen Vollkommenheit. Diese formale
Steigerung hebt die Pflanze in die religiöse Sym-
bolebene, sie gleicht einer Maßwerkrose oder
einer Monstranz. In dieser Kunstfigur steckt auch
ein kosmischer Bezug, den ein Satz von Steffens
erhellt: „Das Licht umfaßt mit seinem Glanz
alles Lebendige; die ganze Erdkugel scheint eine
Blume zu sein . . ." (zit. nach Grützmacher 1964,
S. 28). So ist die Kornblume buchstäblich der
Formkeim, der in der Farbenkugel (vgl. Kat. 541)
ein Höchstmaß an „strenger Regularität" (HS I,
S. 35) erreicht wird.

Die Machtkunst nützt den Kreis und die
Erdkugel zu ihrer Glorifizierung (vgl. Kat. 507):
Nach der Schlacht von Austerlitz ließ Napoleon
in Sèvres einen Rundtisch anfertigen, der ihn in
der Mitte eines Sterns mit den Bildnissen seiner
13 Marschälle zeigt (Abb. 85 bei Klessmann/Jür-
gens 1988). Runge macht aus dem Kreis die
Metapher der in sich ruhenden Schöpfung, die
ihren Schöpfer verherrlicht, indem sie sich ständig erneuert. W. H.

PHILIPP OTTO RUNGE

**539 und
540** (o. Abb.)
**„Not des Vaterlandes",
Vorzeichnungen zur geplanten
Vorderseite des Umschlags zum
„Vaterländischen Museum"**

1809
Feder in Schwarz, Bleistift; je 195 × 134 mm
HK, Kupferstichkabinett, Inv. 34315 und 34316

Lit.: Traeger 467/468; Pauli 1916, Nr. 146; Kat. Hamburg 1960, Nr. 121; Kat. Hamburg 1977/78, Nr. 80

Runges Bruder Daniel beschreibt den Umschlag-
entwurf so: Die Zeichnung zeigt „leicht mit
Rasenstücken überdeckt, einen Erschlagenen

539

541 Probedruck der Bildbeigabe zur „Farbenkugel"

1810
Kupferstich, Aquatinta aquarelliert;
220 × 188 mm
HK, Kupferstichkabinett, Inv. 34296
Lit.: Traeger 519 C; Kat. Hamburg 1977/78, Nr. 103

541

Die Farbenkugel gehört nicht dem Geometrismus der „vermessenen Welt" an; in ihr hat Runges Welterklärung ihre Summe: Der kosmische Kreislauf, der seine Spannungen aus religiösen Heilsgewißheiten zieht. So kann Runge in der Kugel ein Konfliktpotential unterbringen, das einem Gesetz gehorcht. Dieses wieder verweist auf den Schöpfer. „La contemplation du Créateur", dieses Ziel, das Boullée der Architektur setzte, kann sich auch beim Betrachten der Farbenkugel einstellen. W. H.

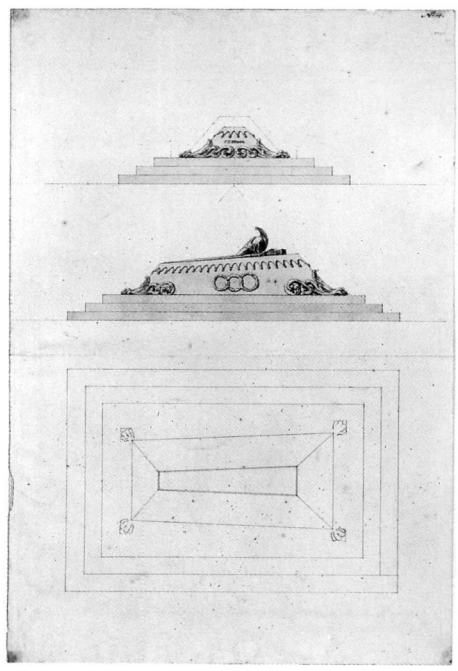

542

CASPAR DAVID FRIEDRICH (Farbtafel 53)

542 Gräber gefallener Freiheitskrieger

1812
Öl/Leinwand; 49,3 × 69,8 cm
HK, Gemäldegalerie, Inv. 1048
Lit.: BS 205; Unverfehrt 1984, S. 81 ff., Abb. 78; Grütter 1986, S. 143 ff., Abb. 35; Kat. Hamburg 1974 II, Nr. 107 (H. W. Grohn); Kat. Hamburg 1980/81, Nr. 507 (S. Holsten); Kat. Hamburg 1987, S. 29 ff., Abb. 4 (W. Hofmann)

543 Grabmalentwurf „Theodor"

um 1813/14
Feder, laviert; 365 × 236 mm
Städtische Kunsthalle Mannheim, Inv. G 452
Lit.: Hinz 814; Hartlaub 1916, S. 211 f., Abb. 8; Kat. Hamburg 1974 II, Nr. 102 (E. Reichert)

543

nackend hingestreckt, unter dem Rücken ein Stein. Über dem Rasen hin treibt die Witwe den Pflug, den der Amor, welcher sie verbunden hatte, zieht. Ein kleines Kind hockt ihr auf den Schultern . . .". Trotz der geometrischen Formalisierung der Szene wurde deren inhaltliche Aussage „gar zu schneidend deutlich". Meint Daniel damit den schneidenden Eingriff des Pfluges oder die antifranzösische Spitze der Allegorie? Tatsache ist, daß Hamburg im Winter 1811/12 ans französische Reich kam, das Vaterland also kein deutsches mehr zu sein hatte. Ein Zeugnis französischer Empfindlichkeit auf diesem Gebiet findet sich in Kat. 545: sie hat auch sofort (1812) zur Einstellung des „Vaterländischen Museums" als Zeitschrift geführt. Um 1810 überhaupt deren Erscheinen zu ermöglichen, hat man wohl vermeidbare Provokationen unterlassen. So fand Runge, wohl auf Bitten des Herausgebers Perthes, eine andere Komposition, die für den Umschlag verwendet wurde (Traeger 469).

Die Zeichnung ist nicht bloß eine patriotische Botschaft. Schon Traeger erkannte: „Das Grab des Gefallenen wandelt sich zum Acker eines neuen Lebens" (S. 76), und Schuster erblickte darin eine chiliastische Wendung. Der Fall des Vaterlandes wird zur Menschheitsallegorie, er ist nötig, „damit ein neues hervorkommen kann" (Kat. Hamburg 1977/78, S. 110). Darüber hinaus macht Runge die Frau zur Sendbotin einer neuen Weltzeit, wie sie auch der „Morgen" (Kat. 537) ankündigt: Sie überwindet das männliche Prinzip, indem sie es zur fruchtbaren Erde feminisiert. Sie entmannt den Liegenden, aber nicht mit einem verstümmelnden Eingriff wie die Nymphe auf einem Stich des Leon Davent <539>, sondern im Zuge eines Arbeitsprozesses, der seit eh und je der organischen Erneuerung des Lebens dient. Es ist nicht auszuschließen, daß Runge den Stich Davents gekannt hat, jedenfalls scheint sein Bildgedanke auf ihn deutlicher Bezug zu nehmen als auf den „Tod Abels" von Füssli, den Berefelt als Vorbild für den Liegenden ausgemacht hat. W. H.

Seit eh und je gilt die Kugel als Paradigma formaler Vollkommenheit. Als in sich geschlossenes Gebilde mutet sie unveränderbar an, weshalb sie sich zur Veranschaulichung von Macht und Herrschaft eignet. Davon kündet etwa der Reichsapfel, den Napoleon seinen Krönungsrequisiten einfügte (Kat. 504). Auch die Kreisform kam seinem Symboldenken entgegen: Sie taucht in der Thronlehne auf und bestimmt die Rundform seiner Bildnisse (Kat. 497; 498).

Runges „Totalform" (HS I, 176) ist anders, dynamisch geprägt. Traeger nennt die Farbenkugel die „ikonologische Vollendung" der „Zeiten": „Der zyklische Gedanke wurde auf die Globusformel gebracht." Man könnte aber auch sagen: Die in sich ruhende Globusformel wurde durch das zyklische Thema der Tageszeiten mit den komplementären Gegensätzen von Licht und Dunkel aufgeladen. In dieser Farbabstufung sind auch die drei Grundfarben untergebracht, die Runge auf die Dreieinigkeit bezieht.

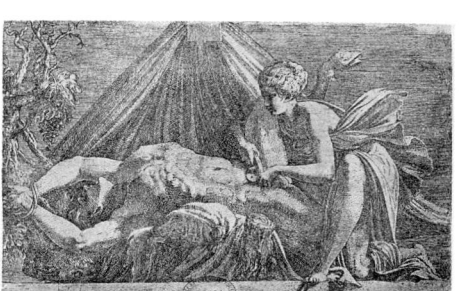

<539> L. Davent, *Nymphe und Satyr*

544 Grabstein mit Ritterhelm („Otto")

um 1814/15

Feder, aquarelliert; 533 × 368 mm

Städtische Kunsthalle Mannheim, Inv. G 447

Lit.: Hinz 811; Hartlaub 1916, S. 211 f., Abb. 6; Sumowski 1970, S. 73, Anm. 49; Kat. Hamburg 1974 II, Nr. 101 (E. Reichert); vgl. BS 290

„Edler Juingling, Vaterlands-Erretter": So steht es auf der Marmorstele, die als seltsamer Fremdkörper vor der Höhle postiert ist; an deren unmittelbarem Eingang stehen zwei französische Soldaten vor einem Felsbrocken mit eingeritztem Helm und Schwert. Flächenplanimetrisch in Fortsetzung dieser Linie, räumlich aber in Spiegelung an den vorderen Bildrand befindet sich das verwitterte, mit „Arminius" bezeichnete Grab, über das eine Schlange in den Farben der Trikolore kriecht.

In der Zeit der Befreiungskriege gegen das napoleonische Frankreich war Friedrichs Position klar und manifestierte sich in seinem Gemälde „Gräber gefallener Freiheitskrieger". Die beiden Franzosen werden eingezwängt einerseits zwischen helle Stele und dunkle Höhle, in der ein Sarkophag steht, andererseits zwischen die beiden so unterschiedlichen Grabmäler. Ein neuer Germanenfürst, so meinte Friedrich mit Kleist, Arndt und vielen anderen, sollte aufstehen, um das gefährdete Vaterland zu retten. Die reliefierten Engelsgestalten geben ihm Segen und göttlichen Beistand, die gekreuzten Waffen das Recht der Stärke. Die spätere preußische und reichsdeutsche Devise „Thron und Altar" wird hier, aus der Not der Unterdrückung geboren, von Friedrich in bemerkenswerter Dezenz vorbereitet.

Weitere Grabsteine vielleicht kürzlich gefallener Kämpfer säumen den Weg zur Höhle. Auf dem linken Sarkophag steht: „Friede deiner Gruft Retter in Noth", auf dem rechten: „Des edel Gefallenen fuir Freiheit und Recht. FAK." Die abgekürzten Buchstaben – auf der Stele oben steht noch „GAF" – konnten bisher nicht gedeutet werden. Eine weitere Grabplatte rechts ist

leicht geöffnet; ihr Motiv, vielleicht Andeutung des christlichen Auferstehungsgedankens, kehrt zentral wieder in der „Felsental"-Fassung der Bremer Kunsthalle als Grab des Arminius (bzw. des 1813 gefallenen Scharnhorst als eines möglichen Nachfolgers); sie ist wohl 1814 entstanden und beschreibt das endgültige Ende der Franzosenherrschaft.

In der Hamburger Version spielt eine wichtige Rolle der ambivalente Einsatz der Steine, des Natursteins der noch heute existierenden Kalksteinhöhle am Hartenberg bei Rübeland im Harz in seinem Übergang von der Bearbeitung durch Steinritzung bis zur künstlerischen Ausgestaltung – und in zyklischer Kehrtwendung als Verfall dieser Kunst und des Menschenwerks allgemein. Die Stele weckt Zukunftshoffnungen und besiegelt als bald darauf eingelöster Wunsch die „Ausweglosigkeit für den Feind, den Franzosen" (Grütter 1986, S. 145).

Zu den Freiheitskämpfern zählte auch der Dichter und Freund Friedrichs Theodor Körner, Jahrgang 1791, der zu den Lützowschen Jägern gehörte und 1813 fiel. Ihm setzte Friedrich ein Denkmal in Form eines eigenartigen Entwurfs gegenüber allen anderen, die Friedrich 1812–15 geschaffen hat. „Ein derber, weitausladender dreistufiger Sockel trägt einen hingelagerten Aufbau etwa von der Form eines unregelmäßigen Grabhügels, der – sargartig – nach hinten zugleich ansteigt und sich verbreitert. Schwert und Helm ruhen auf ihm, Spitzbogenfries und Kränze zieren die Seitenwände, während starke weit übergreifende Akanthusranken die vier Ecken mit der Plattform des Sockels vermitteln" (Hartlaub 1916, S. 212).

Ein weiterer Entwurf für einen unbekannten Gefallenen „Otto" bedient sich der Stelenform. Die Rüstung und das Schwert lassen an mittelalterliche deutsche Kaiser dieses Namens denken, deren Werk der Tote würdig fortgesetzt hat. Friedrich hat diesen Entwurf in mehreren anderen Werken wieder aufgegriffen („Kügelgens Grab", „Huttens Grab"), scheint ihm also selbst einen hohen Stellenwert zugemessen zu haben. P. Th.

545

FRIEDRICH HEINRICH FÜGER (Farbtafel 49)

545 Allegorie der Wahrheit
Entwurf für den Vorhang des Stadttheaters in Hamburg

1811/12

Öl/Leinwand; 45 × 62 cm

Schloß Gottorf, Schleswig-Holsteinisches Landesmuseum, Inv. 1986/1093

Lit.: Mildenberger 1987

Als die Direktion des hamburgischen Stadttheaters 1811 Füger in Wien den Auftrag für einen Vorhang-Entwurf erteilte, hatte Frankreich gerade seine größte territoriale Ausbreitung erfahren: Die Mündungen von Schelde, Maas, Rhein, Ems, Weser und Elbe gehörten zum Französischen Kaiserreich und unterlagen der Departementalverfassung wie das heutige Frankreich. Das Arrondissement Hambourg, damals auf 137 540 Einwohner geschätzt, bildete mit den Arrondissements Lübeck, Lüneburg und Stade das Département Bouches d'Elbe; Hamburg war zugleich Sitz der Präfektur, ein ehemaliger 1. Bürgermeister wurde zum „Maire", und sein Rat wurde zur Administrativkommission des Munizi-

palrats. Diese Konstruktion war brüchig; sie löste sich nach dem russischen Feldzug Napoleons auf (1813).

Charakteristisch für das Klima ist eine Anweisung französischer Beamter an den Direktor des Stadttheaters: Das Gesicht des „Lasters" auf dem Vorhang (mit der Schlange in der Hand) war zu übermalen; es hatte wohl unter der Hand des hamburgischen Bühnenmalers eine zu große Ähnlichkeit mit Napoleon erhalten – von Füger völlig unbeabsichtigt, wie man am Entwurf sehen kann. Sein ikonographisches Programm ist von der Aufklärung geprägt: Die „Wahrheit", eine Nachfahrin der Hauptallegorie des Titelkupfers der Enzyklopädie (Kat. 42), thront im Zentrum und lehrt einen Knaben und ein Mädchen; ihr huldigen vor Thronstufen und Rauchgefäßen die Musen Thalia (links mit Komödienmaske und Attributen der Satire [Maske und Pfeil]) und Melpomene (rechts als Personifikation des Dramas mit Dolch und Lorbeerkranz; zu ihren Füßen das Laster), jeweils dem anakreontischen Dichter (mit Weinlaub bekränzt) oder der zu bekränzenden Tugend zugewandt. G. S.

HEINRICH OLIVIER (Farbtafel 52)

546 Der Treueschwur
Allegorie auf den Vertrag von Kalisch zwischen Rußland und Preußen am 27. Februar 1813

März 1813

Tuschpinsel, weiß und gold gehöht; 258 × 245 mm

HK, Kupferstichkabinett, Inv. 1950/237

Lit.: Kat. Hamburg 1980/81, Nr. 492

546

544

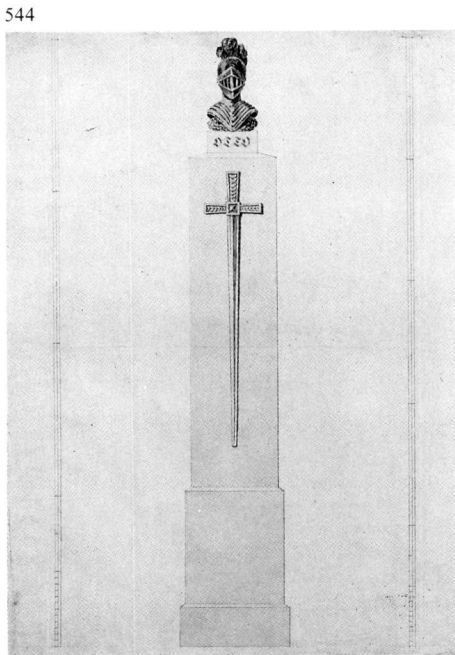

Die Unterhändler Friedrich Wilhelms III. und Alexanders I. bringen die unautorisierte Konvention von Tauroggen in eine völkerrechtlich korrekte Form: Rußland und Preußen vereinigen sich gegen Napoleon. Die Allegorie ist ritterlich-theatralisch hoch gestimmt, wie der Akt selbst unter einer feierlichen Proklamation stand: Die deutschen Fürsten und Völker werden „aus dem ureigenen Geiste des deutschen Volkes" eine deutsche Nationalverfassung herstellen; es werde vorausgesetzt, „daß kein deutscher Fürst sich reif zeige der verdienten Vernichtung durch die Kraft der öffentlichen Meinung und durch die Macht gerechter Waffen." Das ist nicht die Sprache der Reaktion, sondern die der Stein-Hardenberg-schen Reformen. Die romantische Verklärung dieses Blattes kann also zum Zeitpunkt seiner Entstehung noch nicht den reaktionären Klang der Jahrzehnte nach dem Wiener Kongreß (Kat. 552) gehabt haben. Sie ist im Sinne Fichtes, Görres', Perthes' und Palms im strengsten wie im neutralsten Sinne national gedacht, gleichsam als Gegenbild zum französischen Nationalismus des napoleonischen Kaiserreiches und seiner Einflußsphäre. Das setzt den endgültigen Abschied vom Heiligen Römischen Reich deutscher Nation der Zeit vor 1806 voraus. Das setzt aber auch die von Napoleon militärisch herbeigeführte, von ihm aber mit Sicherheit nicht beabsichtigte Erfahrung aller Deutschen als eine politische Einheit voraus: Die Bewohner Mitteleuropas lebten zum ersten Male ohne die Grenzen von Kleinstaaten und unter den gemeinsamen rechtlichen Bedingungen des „Code civil" (vgl. Kat. 506). Daß sie diese Erfahrung einer gewaltsamen Fremdherrschaft verdanken, ließ sie sich schnell an ihre kulturellen Gemeinsamkeiten erinnern, die schon Friedrich II. Deutschland und nicht Preußen als das Vaterland seiner Untertanen erscheinen ließ; die Romantik fügte dem nur noch mittelalterliche Projektionen aus der angeblichen Blütezeit des alten Kaiserreichs hinzu.

G. S.

<547> Domenichino, *Die Cumaeische Sibylle,* 1616/17

CORINE.

547

Langlumé
nach JEAN-FRANÇOIS BOSIO

547 Corine.

(Improvisation Corinnes am Cap Miseno)

nach 1814
sign. und bez.: Bosio. Lith. de Langlumé. Chez Valant etc.
Lithographie auf aufgewalztem China;
205 × 164 mm (Darst.)
HK, Kupferstichkabinett, Inv. 1988/216

Lit.: Kat. Paris 1966, S. 81

Madame de Staëls autobiographisch gefärbter, eine Liebesgeschichte mit einem Cicerone verbindender Roman „Corinne ou l'Italie" (vgl. de Staël 1861) erschien 1807 auf der Grundlage einer zwei Jahre zuvor unternommenen Reise nach Italien. Von Napoleon wegen ihrer liberalen Ansichten des Landes verwiesen und im Genfer Exil lebend, konnte sie erst 1814 nach Paris zurückkehren. Mit ihrem Buch hoffte sie vergeblich, den Kaiser günstig zu stimmen: Es sei, so der offizielle Einwand, antifranzösisch, da die Engländer darin über Gebühr gelobt würden. Die eigentlichen Gründe der Ablehnung lagen jedoch tiefer: Napoleons Erfolge werden mit keiner Zeile erwähnt, die ihm verhaßten ideologischen Schlüsselbegriffe des Romans, „liberté" und „enthousiasme", mit politischer Unterdrückung, Indifferenz und Zynismus kontrastiert (vgl. Gautier 1903, S. 193 ff.; Borowitz 1979, S. 252).

Auf dem Neapel vorgelagerten Kap Miseno improvisiert Corinne im Abendlicht zu den Klängen einer Lyra über die vergangene Größe Roms (Buch 13, Kap. 3 u. 4). Turbanbekrönt, mit ausgestrecktem Arm und ekstatischem Blick, bietet die mit den Zügen der Staël ausgestattete Dichterin ein Bild schöpferischen Enthusiasmus', das von Domenichinos Cumaeischer Sibylle (Rom, Galleria Borghese, <547>) inspiriert ist (vgl. Kat. Paris 1966, Nr. 314, 317, 318). Ergriffen lauschen ihr Lord Melvil (der die Züge des Reisebegleiters August Wilhelm Schlegel trägt, vgl. Singer 81452) und neapolitanisches Volk.

Für die im frühen 19. Jahrhundert so beliebten Damenbildnisse mit Lyra standen Darstellungen der Musen Erato und Terpsichore Pate (vgl. Praz 1940, S. 319 ff.; Borowitz 1979, S. 248 ff.). Die zahlreichen Porträts der Staël als Corinne (u. a. Vigée-Lebrun 1807; Gérard 1919; Robert 1922, vgl. Rosenblum 1967, S. 118) vor allem in der Restaurationszeit dürften über den romantischen Inhalt hinaus auch politisch zu interpretieren sein: Hauptidee des Romans war der Sieg von Geist und Genie über die Tyrannei.

A. S.

ANONYM

548 Le Songe.

(Der Traum Napoleons)

1814, erschienen Ende 1815 (?)
bez.: LE SONGE . . . il est un Dieu vengeur!
Radierung; 218 × 146 mm
HK, Kupferstichkabinett, Inv. 1980/34

Lit.: de Vinck 7810; Hist. de France, 2 avril 1814, Nr. 7420; Kat. Hamburg 1980/81, Nr. 374

LE SONGE.

.......il est un Dieu vengeur!

548

Auf Gebeinen, Totenschädeln und einem toten Adler als Kopfunterlage, der den Fall des Empires symbolisiert (vgl. de Vinck 9003 „La chute du Titan moderne"), ruht Napoleon in Generaluniform. Mit den Worten „es gibt einen rächenden Gott" erscheint ihm im Traum der Herzog von Enghien, als Angehöriger der alten europäischen Dynastien in Ritterrüstung (vgl. Landon, Salon 1808, Bd. 2, Nr. 52), um den Kreuz- und Rachefeldzug gegen den Antichristen und Usurpator anzuführen.

Gegen alle Völkerrechtsregeln war 1804 der im badischen Ettenheim lebende bourbonische Herzog gefangengenommen und nach einem Schnellgericht, dessen Urteil bereits vorher feststand, im Festungsgraben von Vincennes erschossen worden: Bonapartes Polizei hatte ein royalistisches Komplott aufgedeckt, demzufolge ein Attentat auf den Ersten Konsul verübt und die

Restauration durch einen Bourbonen (den Comte d'Artois) vollzogen werden sollte. Dem völlig unschuldigen Duc d'Enghien konnte lediglich nachgewiesen werden, gegen die Republik gekämpft zu haben. In sarkastischen Worten kommentiert Bonaparte die entsetzten Reaktionen des Auslands: „Au moins, ils verront ce dont nous sommes capables et, dorénavant, j'espère qu'on nous laissera tranquilles, je suis l'homme de l'état, je suis la Révolution française, je le répète et je le soutiendrai" (vgl. Godechot 1961, S. 397 ff.). Noch 1814 war die Erinnerung an diesen Mord nicht verblaßt, wie viele Darstellungen mit dem Thema der an Napoleon geübten Vergeltung belegen (vgl. Hist. de France, Nr. 7425, 7429, 7430). Auf der nach Prud'hons Gemälde von 1808 (Paris, Louvre) entstandenen Radierung „La justice et la vengeance divine poursuivant le crime" (de Vinck 9805) verfolgen göttliche Rache und Gerechtigkeit den über Leichen gehenden Kaiser (<548>; vgl. Kat. Hamburg 1980/81, S. 445; Kat. Hannover 1985, Nr. 6 und 6a). A. S.

549

<548> Anonym, *Die Gerechtigkeit und die göttliche Rache verfolgen das Verbrechen,* 1815

FRIEDRICH WEINBRENNER

549 Entwurf zu einem Nationaldenkmal der Schlacht bei Leipzig

1814
Sign. u. bez.: Tab. II. / Vordere Ansicht zu dem vorgeschlagenen deutschen Nationalmonument auf dem Leipziger Schlachtfelde.
F. Weinbrenner.
In der Darstellung bez.: GOTT MIT UNS; DER SIEGREICHEN ÖSTERREICHISCHEN ARMEE; MDCCCXIII
Aquarell und Feder in Schwarz über Bleistift; 400 × 586 mm
Karlsruhe, Staatliche Kunsthalle, Inv. 1944–45

Lit.: Kat. Karlsruhe 1977/78, Nr. 56–59; Lankheit 1979, S. 25–30; Kat. Stuttgart 1987, Bd. 1.1, Nr. 139

In künstlerischem Wettstreit mit Danneckers kurz zuvor veröffentlichtem Entwurf (vgl. Gauss 1987, Z 139–143; Bischoff 1977), den er als „fade Copie" der Trajanssäule abtat, gab Weinbrenner Ende Juli 1814 seine „Ideen zu einem teutschen Nationaldenkmal des entscheidenden Sieges bei Leipzig Mit Grund und Aufrissen" heraus und schloß sich damit Ernst Moritz Arndts Aufruf an, zur Erinnerung an die Völkerschlacht bei Leipzig im Oktober 1813 ein großes und herrliches Ehrendenkmal zu errichten. Auf quadratischem Sockel mit Relieffriesen und vier von Siegesgenien flankierten Eingängen als Symbol der von den verbündeten Völkern durchbrochenen Macht der Franzosen steht ein ebenfalls quadratischer Tempel von halber Seitenlänge mit trophäenbekrönten Ecktürmen und Portiken aus sechs dorischen Säulen; über einem flachen Dach erhebt sich ein Zwischengeschoß mit Eckpilastern und Thermenfenster, das von einer Stufenpyramide mit einer Quadriga auf der Plattform überragt wird.

Im Schnittpunkt der vier Eingänge sollte eine allegorische Gestalt der von Frankreich unterjochten, sich erhebenden Germania errichtet werden; für das kuppelgewölbte Innere des Tempels war ein „Hochalter mit Cruzifix" vorgesehen, da das Denkmal nicht nur patriotischen Charakter, sondern auch eine religiöse Bestimmung haben sollte.

In der Gesamtanlage folgt Weinbrenner unbekümmert seinem 1806 entstandenen Entwurf zu einem Denkmal der Grande Armée, das auf dem Platz der Madeleine errichtet werden sollte; die in der Architektur des späten 18. Jahrhunderts so beliebte Stufenpyramide (vgl. Oechslin 1971) beruht auf Rekonstruktionen des Mausolos-Grabmals in Halikarnassos (darunter Weinbrenners eigene von 1794). Nachhall fand Weinbrenners Projekt in Klenzes im Oktober 1814 veröffentlichtem Plan zu einem Bauwerk auf den „Weltfrieden" (vgl. Lankheit 1979, S. 31), jedoch wurde keiner der Entwürfe ausgeführt; erst 1913 vollendete Schmitz sein Völkerschlachtdenkmal. A. S.

La Nacion Española invadida perfidamente en 1808 por Napoleón Bonaparte, se arma combate y vence, en defensa de su REY, de su RELIGION, y PATRIA

El Autor con el objeto de inmortalizar la gloria de su Nacion ofrece dar al Publico otras diversas graviodas al agua fuerte representando los sucesos mas interesantes de la ultima guerra

550

Bartolomeo Pinelli
nach JOSÉ APARICIO

**550 La Nacion Española invadida perfida-
mente en 1808 por Napoleon Bonaparte,
se arma combate y vence, en defensa de
sa REY, de sa RELIGION, y PATRIA**
(Die spanische Nation erhebt sich gegen
Napoleon)

1814
sign., dat. u. bez.: J. Aparicio inventó y pintó año
1814. B. Pinelli la gravó.
Radierung; 400 × 510 mm
HK, Kupferstichkabinett, Inv. 1988/173

Lit.: Dérozier 1976; Bd. 2, S. 732; Bd. 3, Abb. 229 a

Der Text lautet übersetzt: „Die spanische Nation,
auf heimtückische Weise von Napoleon im Jahre
1808 besetzt, bewaffnet sich, kämpft und siegt in
der Verteidigung ihres Königs, der Religion und
des Vaterlands. Der Autor plant, weitere Stiche zu
Ereignissen dieses Krieges der Öffentlichkeit zu
übergeben, um den Ruhm seiner Nation unsterblich zu machen."

Auf einem Podest vor architektonischem
Hintergrund, der mit seinen Säulen- und Bogen-
stellungen an einen Kirchenraum erinnert und
zugleich Davids *Schwur der Horatier* paraphra-
siert, ist die Büste König Fernandos VII., begleitet
von Personifikationen der Religion und Spaniens, zu sehen; zu Füßen der traditionellen Trias
„König-Religion-Vaterland" verschlingt der ka-
stilische Löwe den napoleonischen Adler, ein auf
den Stufen liegendes Trophäenbündel mit dem
Signum Napoleons verdeutlicht dessen Untergang. Rechts empfängt das Volk Waffen aus den
Händen Espańas, um sich zu verteidigen. Trotz
schwerer Verluste kehren links die Patrioten
ruhmbedeckt mit Standarten und Heeresabzei-
chen französischer Regimenter zurück; ein Sie-
gesgenius verleiht ihnen Orden und Lorbeer-
kränze. Zwei sehr ähnliche Darstellungen enthält
die Folge *Guerra de la Independenzia spagnuola*
(vgl. Kat. 531): Auch hier erwecken bzw. belohnen Vaterland und Religion den Kampfgeist der
Spanier (vgl. Dérozier 1976, Bd. 3, Abb. 230 und
231). Tatsächlich hatte der von Adel und Klerus
geführte Guerilakrieg, der durch die Annexion
des Kirchenstaates noch verstärkt wurde, wesentlichen Anteil an der Niederlage der Franzosen.
Die Rückkehr der Bourbonen bedeutete allerdings auch das Ende freiheitlicher Bestrebungen.
Fernando VII. setzte sofort die liberale Verfassung von 1812 außer Kraft: Die phrygische Mütze
auf einem der Feldzeichen markiert die Rückkehr zu einem absolutistischen Regime.   A. S.

551

FRANCISCO DE GOYA

551 Die Junta der Philippinen

um 1815
Öl/Leinwand; 54 × 70 cm
Berlin, Staatliche Museen Preußischer Kulturbesitz, Gemäldegalerie, Inv. 1619
Lit.: G-W 1535; Gud. 665; Busch 1989, S. 156–160

Die Skizze diente als Entwurf für das großformatige Gruppenbild (3,30 × 4,20 m), das sich im Musée Goya in Castres befindet. Es zeigt eine Sitzung der königlichen Handelskompagnie der Philippinen unter dem Vorsitz König Fernandos VII. Unter den Direktoren am wie eine Barriere wirkenden Vorstandstisch in der Tiefe des Raumes befindet sich auch Don José Luis Munárizz, ein Freund Goyas, der 1815 Direktor der Philippinenkompagnie wurde.

Das Bild wurde von der Handelsgesellschaft im gleichen Jahr zur Erinnerung an den Besuch des aus Frankreich zurückgekehrten Königs in Auftrag gegeben (vgl. Kat. Boston 1989, S. CXIV, Anm. 8)

Die 1785 von dem Bankier und Kaufmann Francisco de Cabarrús, einem aus Bayonne stammenden *afrancesado,* gegründete *Real Compañia de Filipinas* besaß das Monopol im Asienhandel. Ihr erster Direktor war Bernardo de Iriarte (vgl. Kat. 58), der ab 1809 als Mitglied des josephinischen Staatsrates ihre Interessen während der französischen Okkupation vertrat. Die Loyalitätserklärung, die Iriarte im Namen des Indienrates für das neue Regime abgab, drückte die Hoffnung der Handelsbourgeoisie auf Fortsetzung des Liberalisierungsprozesses aus, die durch den Krieg vereitelt wurde. Nach seiner Rückkehr benutzte Fernando das Vermögen der Handelsgesellschaft zum Abbau der Staatsschulden. Die Höhe der mit Drohungen eingeforderten Beträge rief 1818 Proteste hervor. Schließlich weigerte sich die Gesellschaft, über die bereits gezahlten 145 Millionen Real hinauszugehen.

Die sich später entladenden Spannungen im Verhältnis der Gesellschaft zum erneuerten absolutistischen Staat finden im Bild Goyas ihr Vorspiel. Unruhige Bewegung und Desinteressiertheit kennzeichnen die bürgerlichen Kaufleute an den Seiten des Saales, während die steife Arroganz der Macht am Vorstandstisch den Gegenpol bildet. Die kastenförmige Raumhöhle erhält durch eingeschnittene Fensterschlitze eine dramatische Hell-Dunkelverteilung, die die Raumzonen scharf trennt. Die visionäre Beunruhigung stellt das Bild neben Goyas gleichzeitige Zeichnung „*Junta de Brujas*"-Hexentreffen (Kat. 489). J. E. H.

552

Jean Godefroy
nach JEAN BAPTISTE ISABEY

552 Der Wiener Kongreß

1819

Linien- und Punktierstich; 660 × 880 mm

Wien, Stadthistorisches Museum

Lit.: Kat. Wien 1965, Nr. IV–33

Isabey hat für sein Historienbild den Augenblick gewählt, in dem Fürst Metternich als Hausherr der Wiener Hofburg den soeben eingetretenen und nun im Profil am Fenster stehenden Herzog von Wellington den bereits anwesenden Kongreßteilnehmern vorstellt. Doch dies bezieht sich nur auf die linke Bildhälfte, deren Mitte der Gastgeber einnimmt. Die rechte Bildhälfte ist hier nur lose angebunden: Der einzige übergreifende Blickkontakt scheint zwischen dem Sieger von Waterloo und dem rechts stehenden Wilhelm von Humboldt zu bestehen, während dessen Vorgesetzter in der preußischen Regierung, Fürst Hardenberg, zwar neben Wellington sitzt, aber den Blick seines Untergebenen nur sucht. Im Zentrum der Aufmerksamkeit für den Betrachter sitzt Talleyrand am Tisch. Er nimmt die kompositorische Mitte der rechten Bildhälfte ein. Er erträgt mit vollendeter und liebenswürdiger Gelassenheit, daß sich vor ihm der russische und spanische Geschäftsträger quer über den Tisch unterhalten, und er ist dadurch entschuldigt, die Ankunft des Siegers von Waterloo erst dann zur Kenntnis zu nehmen, wenn es ihm passend erscheint. Es ist nicht zu übersehen: Ein Franzose hat den Entwurf gezeichnet. Ein anderes Element unterstreicht die Würde seiner Nation in der Niederlage: Nur die ranghöchsten Geschäftsträger der Signatarmächte sitzen; die ihnen nachgeordneten Ränge – ob zivil oder Militär – stehen, mit Ausnahme von Metternich und Wellington. Der Hausherr ist durch seine zentrale Stellung entschädigt, aber Wellington wird erst den Platz von Castlereagh (vor Metternich mit herabhängendem Arm am Tisch) einnehmen, wenn er vorgestellt worden ist.

Die Medaillons in der oberen Leiste stellen die Herrscher der acht Signatarmächte im Bildnis dar, die der unteren Leiste die jeweiligen Staatswappen; die seitlichen Wappenmedaillons beziehen sich auf die Geschäftsträger.

Nach der Völkerschlacht von Leipzig (Oktober 1813) und dem Ersten Frieden von Paris (Mai 1814) teilten sich die acht Signatarmächte (Österreich, Rußland, Preußen, England, Frankreich, Spanien, Portugal und Schweden) Napoleons Hinterlassenschaft auf; er selbst ging nach Elba. Rund zweihundert Staaten, Städte, Herrschaften und Körperschaften verfügten sich nach Wien wie zu einer Gläubigerversammlung. Trotz einer Unterbrechung (Landung Napoleons in Frankreich im März bis zur Schlacht von Waterloo im Juni 1815) wurde ein dauerhaftes Gleichgewicht innerhalb Europas erreicht. Der Schlüsselbegriff war nicht Restauration, wie aus den Erfahrungen der 1830er Jahre extrapoliert wurde, sondern Legalität, wenn auch unter Berücksichtigung alteuropäischer Herrschaftsansprüche: Mit Ludwig XVIII. kehrten die Bourbonen auf den französischen Thron zurück, aber ihnen diente Napoleons Außenminister Talleyrand in gleicher Funktion, als habe es nie einen Machtwechsel gegeben. Das Ziel dieses internationalen Kollegiums war, zu verhindern, daß je wieder dramatische Veränderungen militärischer Art möglich wurden. Dazu dienten alte Ansprüche eher als Vorwand; sie wurden durchaus nicht alle erfüllt. Ferner ließ es sich weder in Frankreich selbst noch in zeitweilig napoleonisch besetzten Gebieten so einrichten, wie es vorher war: Vielfach blieb der „Code Napoléon" bestehen oder wirkte bestimmend auf die Landesgesetze ein, was die revolutionäre Gleichheit vor dem Gesetz voraussetzt. Doch weder dies noch die folgende Zersetzung durch Bürokratie und Wiederaufleben altständischer Privilegien waren Gegenstand der Verhandlungen. Wie sehr im Sinne der Kabinettspolitik der Aufklärung verfahren wurde, geht aus globalen Tauschaktionen hervor, etwa wenn das ehemals schwedische Vorpommern aus dänischer Hand an Preußen ging, während Lauenburg an Dänemark kam und Norwegen an Schweden; Frankreich beendete seine Isolation damit, daß es gemeinsam mit England, Österreich und Rußland Preußen von einer totalen Annexion des reichen und dicht besiedelten Sachsen abhielt und in die westlichen Provinzen abdrängte, die noch nicht industriell erschlossen waren.   G. S.

ANONYM

553 La Restitution, ou Chaqu'un Son Compte.
(Die Wiederherstellung, oder
Jedem das Seine)

1814

bez.: (1) Elle est en bien Mauvais etat. – Es ist in einem erbarmungswürdigen Zustand. (2) Ou l'on trouve son bien on le prend. – Wo man sein Gut findet, nimmt man es sich. (3) il me faut encore Ceci. – Ich brauche auch noch dies. (4) Mais pourtant ce la doit être à moi. – Aber das ist für mich bestimmt. (5) Acceptez toujours ceci vous prendrez le reste après. – Nehmen Sie erstmal das hier, der Rest folgt später. (6) Grace à vous je n'ai plus rien. – Dank Ihnen habe ich nichts mehr. (7) Depuis longtems j'y travaillais. – Daran habe ich lange gearbeitet. (8) Voyons ce qu'ils me laisseront. – Schauen wir, was sie mir übrig lassen. (9) Allons nous en avant que l'on nous le dise. – Gehen wir, bevor man uns gehen heißt. (10) Mais de quel Côté. – Aber nach welcher Seite? (11) Suivez moi je Connais Cette porte. – Folgen Sie mir, ich kenne diese Tür.
Kolorierte Radierung; 233 × 328 mm
HK, Kupferstichkabinett, Inv. 1980/32

Lit.: Hist. de France, avril 1814; Kat. Wien 1965, S. 68, Nr. 4 h; Kat. Hamburg 1980/81, Nr. 496

Ein wieder schlanker Napoleon (6) wird von Wellington (7) gezwungen, die besetzten Gebiete herauszugeben (im Französischen bedeutet „rendre" zugleich „erbrechen"). Alexander I. von Rußland (5), der sich an Polen und Westpreußen schadlos hält, gibt Ludwig XVIII. (4) sein Kronland Frankreich zurück; nach den Niederlanden, die dieser gerne noch hätte, greift jedoch Franz I. von Österreich (3): Nicht zufrieden mit Piemont und Venedig, sammelt er in einem großen Sack Italien, Sachsen, Bayern, Parma und Mailand. Friedrich Wilhelm III. von Preußen (2), die Schweiz und das rheinische Rosbach in der Tasche, bückt sich nach Erfurt. Fernando VII. (1) zieht mit seinem lädierten Spanien davon. Von außen beobachtet Murat (8), König von Neapel, das er schon verloren hat, was für ihn übrig bleibt. Durch eine Hintertür gehen Cambacérès, Mitkonsul Bonapartes, und seine beiden Genossen Aigrefeuille und Villevielle (9, 10, 11) freiwillig, bevor sie zum Rücktritt gezwungen werden.

Der 1814 entstandene Stich spiegelt ein Verhandlungsstadium wider, von dem die Ergebnisse des Wiener Kongresses vielfach abweichen (vgl. Fehrenbach 1986): Belgien wurde mit Holland zum Königreich vereinigt, der Schweiz Neutralität zugesichert, im „Königreich beider Sizilien" die alte Dynastie wieder eingesetzt. Um Polen und Sachsen, seit 1807 in Personalunion verbunden und mit Frankreich Verlierer des Krieges, entspann sich ein Streit der fünf Großmächte; Preußen begnügte sich schließlich mit dem nördlichen Teil Sachsens und bekam einen Teil Polens, Rußland das sog. Kongreßpolen zugesprochen (vgl. Kat. 78). Pläne von 1795, Deutschland in eine südliche österreichische und nördliche preußische Interessensphäre aufzuteilen, kamen nicht zustande, die Souveränität der Rheinbundstaaten blieb erhalten. A. S.

553

Chronologie

1789

Die Vereinigten Staaten von Amerika beschließen als Grundgesetz für die Landesgesetze die „Bill of Rights": Konfessionsfreiheit, Pressefreiheit, Versammlungsfreiheit, Unverletzlichkeit der Person, der Wohnung und des Eigentums; es tritt 1791 in Kraft und es ist unmittelbares Vorbild für die französischen Menschen- und Bürgerrechte vom 26. 8. 1789. Washington wird zum ersten Präsidenten gewählt (bis 1797).

Um den Staatsbankrott abzuwenden, treten am 5. 5. 1789 die Generalstände zusammen, weil nur sie sich durch Zustimmung zur Steuererhöhung binden können (Kat. 242). Dies ist der eigentliche Sinn aller Ständeversammlungen seit dem Mittelalter; hier lag immer die Grenze des Absolutismus; von hier aus hat sich bis heute die Finanzhoheit der parlamentarischen Legislative ergeben.

Die Steuerbefreiung der ersten beiden Stände (Klerus und Adel) hat diese von vornherein von der Mitwirkung disqualifiziert. Ihre ausschließliche Ausstattung mit einem Stimmrecht ließ sie von Anfang an als Konservierer des Absolutismus erkennen, dessen finanzielle Machtlosigkeit offenkundig war.

Die Steuerlast lag auf den Schultern des Dritten Standes. Dies machte ihn in der parlamentarischen Arbeit unentbehrlich. Die Krone hat diese strukturelle Stärke nicht nur durch Verfügungen und Taktik zu schwächen versucht; im Vertrauen auf die verfügte Stimmlosigkeit setzte sie den Träger der Steuerlast einem Wahlkampf ohne Zensus aus, was dem Sinn der Einberufung genauso widersprach wie die Aufrechterhaltung der Steuerbefreiung der ersten beiden Stände: Von Anfang an war der Dritte Stand somit durchsetzt von Vertretern des „Vierten Standes" und dadurch von innen her dynamisiert. Immerhin: Von den 28 Millionen Franzosen lebten 21 Millionen auf dem Lande; davon waren 15 Millionen als Leibeigene von der Wahl ausgeschlossen, obwohl sie praktisch die Hauptlast trugen. Als Frondienst für die ersten beiden Stände aber ging ihr Anteil für Krone und Staat verloren.

Die Krone hätte sich nie zu diesen Praktiken gegenüber dem Dritten Stand entschlossen, wenn nicht von vornherein die Einberufung der Generalstände – die erste seit 1614 – den Absolutismus in Frage gestellt hätte und damit die Frage der Souveränität aufwarf. Wie weit das in Frankreich gehen konnte, sahen nur wenige voraus. Wie es sich in Amerika entwickelt hatte, war jedem belesenen Franzosen gegenwärtig.

17. 6.

Von den anderen Ständen in seinen fiskalischen Aufgaben alleingelassen, erklärt sich der Dritte Stand zur Nationalversammlung. Ihm schließt sich der mittellose Klerus an (Priester), später ein kleiner Teil des Adels.

20. 6.

Nachdem auch die verfassungsmäßige Kooperation versagt blieb, verpflichtet er sich selbst, eine Verfassung zu erarbeiten (Ballhausschwur, Kat. 244, 245, 355–357). Die Versammlung nennt sich von nun an „Constituante" (9. 7.).

23. 6.

Der Krone gelingt es nicht, durch eine gemäßigte Reformvorlage die Initiative wieder an sich zu bringen. Sie verliert damit ihre verfassungsmäßig tragende Funktion.

6. 7.

Auch die Initiative durch Gewalt an sich zu bringen, mißlingt der Krone: Von etwa 30 000 Soldaten, die der König um Paris zusammenzog, schließt sich die Mehrheit als Angehörige des Dritten Standes einer Bürgergarde (später Nationalgarde) an. Es wird erkennbar, daß sich der König nicht mehr auf seine eigenen Soldaten verlassen kann.

11. 7.

Necker wird als Finanzminister entlassen. Die Neubildung eines extrem absolutistischen Kabinetts bleibt politisch wirkungslos. In der „Constituante" legt Lafayette eine Menschenrechtserklärung vor (vgl. 26. 8. und 5. 5.).

14. 7.

Erstürmung der Bastille (Kat. 251–258). Die königliche Macht wird an ihrer moralisch empfindlichsten Stelle getroffen: Hundert Jahre nach der englischen „Habeas-Corpus-Akte" (1679) werden die Opfer der „Lettres de cachet" (Kat. 60) befreit.

22. 7.

Für alle erkennbar, ist der Landfrieden gestört: Niemand übt ein Gewaltmonopol aus. Bis 1799 läßt sich die Entwaffnung von Zivilisten nicht durchsetzen; so bleiben Lynchjustiz (Kat. 261) und Mord an Gefangenen, Verwundeten und politischen Gegnern weitgehend ungesühnt. Es treten vorneuzeitliche Rechtsverhältnisse ein. Wie im mittelalterlichen Fehderecht sagen Bauern in der Franche-Comté und Dauphiné ihren Grundherren auf: Damit setzen sie für sich das Feudalrecht außer Kraft.

4./5. 8.

Die Nationalversammlung legalisiert diesen Vorgang nachträglich: Sie hebt die Feudalrechte auf. Noch räumt sie eine Entschädigungspflicht ein. Dennoch geht schon jetzt die Souveränität vom König auf das Volk über: Die Monarchie – auch die konstitutionelle – wird zur Fiktion.

26. 8.

Erklärung der Menschen- und Bürgerrechte (vgl. 11. 7. und Kat. 246–249) steht im wachsenden Widerspruch zu den folgenden Regelungen der Verfassung:

10. 9.

Beschluß des Einkommensteuersystems; Beginn der Unterscheidung zwischen „Aktivbürger" (Steuerzahler) und „Passivbürger" (wegen Armut nur bis zu vierzig Tagelöhnen veranlagt oder befreit). Bis Jahresende Einführung des Departementalsystems als Folge der Auflösung der feudalen Strukturen von der jeweiligen Grundherrschaft bis hinauf zur Provinz mit ihren unzähligen, seit dem Mittelalter „gewachsenen" Zuständigkeiten von Gerichtshöfen, und lokalen wie regionalen Rechten. Entsprechend wird auch die Munizipalverfassung eingerichtet. Beides hat sich bis heute erhalten.

5./6. 10.

Ein Zug von „Marktweibern" (Kat. 269) nähert sich aus Paris als Bittsteller dem König in Versailles. Gleichsam gefangen führen sie ihn mit Hilfe der Nationalgarde nach Paris. Die „Constituante" nimmt das zum Anlaß, ihm zu folgen. Die Nationalversammlung gerät damit unter den unmittelbaren Einfluß der Massen der Hauptstadt.

21. 10.

Die „Constituante" beschließt zur Neuordnung des Gewaltmonopols eine „Loi martiale". Die „Passivbürger" fühlen sich im wachsenden Maße nicht mehr von dem Dritten Stand vertreten; es bilden sich Empfindlichkeiten heraus, wie kurz zuvor zwischen Zweitem und Drittem Stand.

22. 12.

Zensuswahlrecht (knappe Mehrheit gegen Robespierre und Marat): Nicht nur ein Teil der Wähler wird als „Passivbürger" vom aktiven und passiven Wahlrecht ausgeschlossen, sondern auch ein Teil der in die „Constituante" Gewählten. Die Zusammensetzung der lokalen Wahlausschüsse und die Rousseausche Rhetorik der Wahlkämpfe des Winters 1788/89 stehen der Erwartung entgegen, daß das angesichts der geplanten Neuordnung des Gewaltmonopols gut gehen kann (vgl. S. 214, 227).

Am Ende des Jahres ist man vom Ziele der Sanierung der Staatsfinanzen weiter entfernt als am Anfange. Die Zersetzung der öffentlichen Gewalt hat bis zur Unterlassung der Steuereinnahmen geführt. Die umfangreichen, mehr oder weniger kaschierten Enteignungen kommen den privaten Spekulanten zugute, bringen aber soviel Geld, daß damit wenigstens vorläufig eine Papierwährung (Assignaten) gedeckt werden kann.

Wichtige Erscheinungen des Jahres:
Rabaut Saint-Étienne „Considérations sur les droits et sur les devoirs au tiers-état." Sieyès „Qu'est-ce que le tiers-état?". De Mably „Des droits et devoirs du citoyen" (1758), erscheint erst jetzt. Zur Finanzierung der Wahlkampfes: Mirabeau „Histoire secrète de la cour de Berlin, ou Correspondance d'un voyageur français depuis le mois de juillet 1786 jusqu'au 19 janvier 1787".
Drei Zeitschriften erscheinen neu: „Révolutions de Paris" (ab 12. 7.). Marats „L'Ami du Peuple, ou Le publiciste parisien, journal politique et impartial" (ab 12. 9.; setzt sich für die Bürgerrechte der „Passivbürger" ein und kritisiert die „Loi martiale" als volksfeindlich; am 10. 11. heißt es: „In ihrem Grundsatz ist seine (sc. des Volkes) Rache immer gerecht, mag ihre Wirkung auch nicht immer aufgeklärt sein . . . Die Aufklärung hat die gegenwärtige Revolution vorbereitet, begonnen und begünstigt; . . . Doch Schriften reichen nicht aus, Taten sind nötig. Und wirklich: wem anders als den Volksaufständen haben wir unsere Freiheit zu verdanken?"
Vom 24. 11. an gibt der letzte Verleger der Enzyklopädie (1751), Panckoucke, die erste Nummer der „Gazette nationale, ou Moniteur universel" heraus.
Holbach stirbt.
Bentham „Principles of Morals and Legislation".
Jean Paul „Auswahl aus den Papieren des Teufels".
Smith „Plantarum icones hactenus ineditas ex herbario Linnaeo".

1790

Anfang 1790
Bauernerhebungen gegen Grundherren in den Departements Ille-et-Vilaine, Morbihan, Lot, Aveyron, Tarn u.a.
Verbot der monastischen Gelübde und der Orden, die nicht im Erziehungs- und Gesundheitswesen tätig sind. Damit ist das Mönchstum zum Aussterben verurteilt.

13. 2.
Aufhebung der Klöster. Seit 2. 11. 1789 Verstaatlichung aller Kirchengüter: Entscheidender Schritt zum Staatskirchentum.

Februar 1790
Im ehemaligen Jakobinerkloster an der Rue Saint Honoré konstituiert sich die „Société des amis de la constitution" aus dem ehemaligen „Club breton", einer parlamentarischen Vereinigung vom Mai 1789, die seit ihrem Umzug aus Versailles (November 1789) im Saal des Klosters tagte. Noch sind alle politischen Strömungen des Dritten Standes vertreten.

27. 4.
Gründung des Cordeliers-Club, der auch „Passivbürger" aufnahm, im Kloster der Franziskaner (Cordeliers), Rue des Cordeliers: Danton, Desmoulins, Marat.

Ab Mai 1790
Bauern im ganzen Lande verweigern Feudalabgaben.

14. 5.
Gesetz über die Modalitäten des Verkaufs der Nationalgüter. Das Ende des Staatsbankrotts ist nicht in Sicht: Wegen der Unruhen wird nicht investiert; die Flucht in Sachwerte (Edelmetalle, Liegenschaften) führt zur Ausbreitung der Papierwährung (Assignaten).

22. 5.
Nationalversammlung verspricht, keine Eroberungskriege zu führen.

12. 7.
Zivilkonstitution des Klerus; ein alter absolutistischer Gedanke kommt damit zur Ausführung: Nur führt die totale Lösung von Rom zu einem reinen Staatskirchentum.

14. 7.
Föderationsfest in Paris (Kat. 274) und Hamburg (Kat. 35) zur Erinnerung an die Erstürmung der Bastille.

19. 7.
Abschaffung der Adelstitel.

6. 9.
Abschaffung der obersten Gerichtshöfe (Parlamente).

21. 10.
Trikolore ersetzt das königliche Lilienbanner als Staatsflagge (vgl. Kat. 370).

31. 10.
Aufhebung der Binnenzölle in Frankreich.

November 1790
Österreich wirft in seinen niederländischen Besitzungen die Revolution nieder. (Kat. 74)

27. 11.
Dem König ist in der konstitutionellen Verfassung von 1789 lediglich ein aufschiebbares Veto-Recht verblieben. Er nutzt es, um den Verfassungseid des Klerus (vgl. 12. 7. 1790) zu verzögern, den die Nationalversammlung verlangt; er behindert damit einen Anspruch, den die französischen Könige seit 1682 für sich erhoben. Dies-

mal hat er die päpstliche Verurteilung (Pius VI., 10. 3. 1791) auf seiner Seite (Kat. 282).

Das „Journal des Savans" (seit 1665) erscheint nicht mehr. Dafür kommen neue Zeitschriften: „Ami du roi" (ab 1. 6.; royalistisch), „Feuille villageoise" (ab 29. 9.; ländliche Agitation) und Héberts „Le Père Duchesne".
Condorcet (u.a.) geben heraus: „Bibliothèque de l'homme public, ou Analyse raisonnée des principaux ouvrages français et étrangers sur la politique" (12 Bände).
Joseph II., Smith und Franklin sterben.
Burke „Reflections on the Revolution in France".
Goethe „Versuch, die Metamorphose der Pflanzen zu erklären".
Kant „Kritik der Urteilskraft".

1791

Die „Bill of Rights" tritt in Kraft; Washington wird Hauptstadt der Vereinigten Staaten von Amerika. Vermont wird Bundesstaat.

30. 1.
Mirabeau wird zum Präsidenten der Nationalversammlung gewählt; er stirbt am 2. 4. und wird als Erster im Panthéon beigesetzt (Kat. 60, 75, 281).

2. 3.
Aufhebung der Zünfte.

28. 4.
Beschränkung der Mitgliedschaft in der Nationalgarde auf „Aktivbürger". Der Adel ist von den Offiziersstellen ausgeschlossen.

Juni
Phrygische Mützen kommen auf (Kat. 365; 18. 9. 1793).

11./13. 6.
Die Nationalversammlung beschließt die Aufstellung von Freiwilligenverbänden zur Verstärkung der regulären Armee.

14. 6.
Zusammenschlüsse von Arbeitern und Streiks verboten.

20. 6.
Nachdem anläßlich eines vergeblichen Versuchs des Königs, sein Schloß in St. Cloud aufzusuchen, sein Gefangenenstatus offenkundig war (18. 4.), hat er versucht, heimlich das Land zu verlassen: In Varennes gefaßt, wird er nach Paris zurückgeholt (Kat. 283). Unter dem Eindruck des königlichen Fluchtversuchs kommt es in den Departements Mayenne, Rhône, Tarn, Côte d'Or und Hérault zu Bauernunruhen und Zerstörungen von Schlössern.

21. 6.
Der König wird von seinen Funktionen suspendiert.

15. 7.
Der König wird wieder in seine Funktionen eingesetzt.

16. 7.
Die Jakobiner spalten sich: Die Gemäßigten nennen sich von nun an „Feuillanten". Damit radikalisieren sich die Jakobiner.

17. 7.
Massaker auf dem Marsfeld: Blutige Auflösung einer antimonarchischen Demonstration durch die Nationalgarde (Kat. 285). Verweigerung der Zahlung des Champarts (Garbenzehnt nach feudalem Recht).

August
Wahl der 745 Abgeordneten der nächsten Nationalversammlung, der „Législative", nachdem die erste Nationalversammlung, die „Constituante", beschlossen hat, keines ihrer Mitglieder kandidieren zu lassen. Indirektes Zensuswahlrecht.

21. 8.
Beginn des großen Sklavenaufstandes in der Nordprovinz von Haiti (Saint-Domingue oder Santo Domingo) – Bürgerkrieg zwischen Weißen und freien Farbigen (Mulatten) im Westen und Süden der französischen Kolonie.

27. 8.
Erklärung von Pillnitz (bei Dresden): Kaiser Leopold II. (1790–1792) und Friedrich Wilhelm II. von Preußen (1786–1797) treffen sich am Hofe Friedrich Augusts III. von Sachsen; sie erklären das Schicksal Ludwig XVI. zu einer europäischen Frage, lehnen aber die von den Emigranten geforderte sofortige militärische Intervention ab.

3. 9.
Die „Constituante" verabschiedet die Verfassung, nachdem sie am 2. 9. beschloß, ein einheitliches Zivilrecht auszuarbeiten.

14. 9.
Ludwig XVI. leistet den Eid auf die Verfassung.

27. 9.
Die Juden erhalten in Frankreich die bürgerliche Gleichberechtigung.
Die im Mai 1789 zusammengetretenen Generalstände wurden vom König berufen (1788). Die davon übrig gebliebene Nationalversammlung (Dritter Stand) löst sich selbst auf. Dem gefangenen König bleibt nur noch ein aufschiebbares Veto zu den beschlossenen Gesetzen: Wegen der langen Fristen wirkt sich das ungünstiger aus, als läge wirklich ein Verbotsrecht auf seiner Seite, dem durch eine neue Gesetzesvorlage begegnet werden könnte.

1. 10.
Zusammentritt der Gesetzgebenden Nationalversammlung (Législative).

9. 11.
Die „Constituante" hat noch die Emigranten aufgerufen, zurückzukehren (17. 8.); die „Législative" wiederholt den Aufruf unter Androhung der Konfiskation ihres Besitzes.

Gemäßigte Abgeordnete aus der Gironde beginnen eine Kampagne für einen Krieg gegen Österreich, obwohl für sie von der Seeseite ein Handels- und Kaperkrieg mit England drohte.

„Mercure de France" erscheint nicht mehr.
Dafür erscheinen von nun an die Zeitschrift „Logographe" (27. 4.; konstitutionell) und das populärste Almanach der neunziger Jahre: „Almanach du Père Gérard" (September).
Olympe de Gouges „Déclaration des droits de la femme et de la citoyenne" (Kat. 68)
Goethe „Beiträge zur Optik".
Herder „Ideen zur Philosophie der Geschichte der Menschheit" (Kat. 370).
Schiller „Geschichte des Dreißigjährigen Krieges".

1792

Kentucky wird amerikanischer Bundesstaat. Von der Münze in Philadelphia geht in den USA die Dollar-Währung aus.

Das Jahr beginnt in Frankreich mit Teuerungsunruhen. Schwere Bauernunruhen im Departement Gard: Zerstörung und Plünderung von Schlössern; Angriffe auf Geldverleiher, Anwälte und „Gegenrevolutionäre".

6. 2.
Bündnis zwischen Österreich und Preußen.

9. 2.
Besitz von Emigranten wird beschlagnahmt.

1. 3.
Leopold II. stirbt; ihm folgt Franz II. (bis 1806 römischer Kaiser deutscher Nation; bis 1835 Kaiser von Österreich).

23. 3.
Die Girondisten Roland (Kat. 38) und Clavière (Kat. 63; aus Genf) werden zu Ministern berufen (Innen und Finanz).

4. 4.
In den Kolonien erhalten die Mulatten politische Gleichberechtigung.

15. 4.
Freiheitsfest für die Schweizer Soldaten von Châteauvieux, die sich 1790 geweigert hatten, auf Meuterer zu schießen und daher zur Galeere verurteilt wurden. Aus Sympathie trugen schon im Vorjahre Republikaner deren „Bonnet Rouge" (Phrygische Mützen), wie sie alle Galeerenhäftlinge zu tragen hatten; auf dem jetzigen Fest aus Anlaß ihrer Freilassung übernehmen alle Teilnehmer diese Sitte. So wird aus einem Hut der Sklaverei ein Symbol der Freiheit (Kat. 370; 1791, 1793).

20. 4.
Die Nationalversammlung erklärt Österreich den Krieg. Damit erlischt das Urrecht des fränkischen Königtums: Der Heerbann.

25. 4.
Erste Verwendung einer Guillotine bei einer Hinrichtung.

27. 5.
Nationalversammlung läßt Priester, die den Verfassungseid verweigern, aus ihren Gemeinden entfernen.

13. 6.
Der König entläßt die Girondisten-Minister. Damit bricht eine Verfassungskrise aus. Die Nationalversammlung regiert jetzt ohne Kabinett. Der Einfluß der Zuschauer auf den Verlauf der Debatten nimmt zu und damit vor allem der von Kommune und Massen der Stadt Paris: Die Voraussetzungen der Diktatur der Jakobiner sind gegeben.

19. 6.
Beginn des russischen Einmarsches in Polen; Preußen zieht nach und verständigt sich zur Zweiten Polnischen Teilung (1793), führt damit aber auch einen Zweifrontenkrieg: Daher die halbherzigen Bewegungen im Westen (Kat. 76).

20. 6.
Sansculotten warnen den König, das Land zu verraten.

8. 7.
Die „Législative" erklärt Preußen den Krieg.

11. 7.
Die Nationalversammlung („Législative") erklärt Vaterland in Gefahr.

18. 7.
Kriegserklärung an das Königreich Sardinien (Turin).

Juli
Im Ardèche wird eine gegenrevolutionäre Erhebung niedergeworfen. Die Departementsverwaltungen internieren Priester, die den Verfassungseid verweigern.

August
Nationalgarde schlägt royalistische Bauernerhebung im Departement Deux-Sèvres nieder.

Nach dem Manifest des Herzogs von Braunschweig (27. 8.), der sich mit seiner preußisch-österreichischen Koalitionsarmee zwischen König und Volk stellt, überstürzen sich die Ereignisse:

3. 8.
47 der 48 Sektionen fordern die Absetzung des Königs.

10. 8.
Erstürmung der Tuilerien, des königlichen Wohnsitzes. Bevor sich die Schweizer Garde der Nationalgarde ergibt, sind 1000 Sansculotten gefallen; deren taktische Unterlegenheit läßt sie als Märtyrer erscheinen (vgl. S. 242 f.).

Die Überlebenden bringen die entwaffneten Schweizer um. Das Klima, in dem die September-Massaker entstehen, kündigt sich an (Kat. 296).

10. 8.
Die „Législative" ersetzt die Krone durch einen Exekutivrat.

11. 8.
Entfernung der Statuen der französischen Könige beschlossen (Kat. 295).

13. 8.
Die königliche Familie wird im Temple, dem städtischen Gefängnis von Paris, interniert.

14. 8.
Aufteilung der Gemeindegüter und Verkauf der Besitzungen der Emigranten.

23. 8.
Longwy fällt an die Invasionstruppen.

25. 8.
Entschädigungslose Abschaffung der Feudalrechte. Für sie können keine Rechtstitel mehr vorgelegt werden.

25./26. 8.
Rouget de Lisle verfaßt im Auftrage des Bürgermeisters von Straßburg (Dietrich) den „Chant de guerre de l'armée du Rhin", die heutige Nationalhymne („Marseillaise").

27. 8.
Beginn der Aufstellung von Brutus-Büsten in öffentlichen Gebäuden und Volksgesellschaften (Kat. 322).

2.–5. 9.
September-Massaker: Man erfährt vom bevorstehenden Fall von Verdun (tritt tatsächlich 2. 9. ein), beschließt im Komitee der Kommunalverwaltung (zuständig für die Gefängnisse von Paris) die „Erhebung der Massen" (als letztes Aufgebot); zwei Mitglieder (Marat und Danton) legen dringend die Ermordung von Gefangenen nahe, deren Verrat beim Heranahen des Feindes zu befürchten ist, darunter auch eidverweigernde Priester (Kat. 296; vgl. S. 243 f.).

3.–15. 9.
Wahlen zum Nationalkonvent nach allgemeinem Wahlrecht (ohne Zensus). Hohe Wahlenthaltung durch Einschüchterung: Scheinbare Mehrheit der Montagnards (Bergpartei).

20. 9.
Sieg bei Valmy; die Koalitionsarmee zieht sich unter Verlusten zurück (Kat. 370).

21. 9.
Der Konvent schafft das Königtum ab und erklärt Frankreich zur Republik. Eine neue Zeitrechnung beginnt mit dem 1. Vendémiaire des Jahres I (= 22. 9. 1792).

Oktober (Brumaire)
Die Revolutionsarmee dringt über Speyer und Worms bis Mainz und Frankfurt/Main vor.

23. 10.
(= 2. Brumaire I) Gründung des Mainzer Jakobinerclubs.

6. 11.
(= 16. Brumaire I) Französischer Sieg über Österreich bei Jemappes. Die österreichischen Niederlande kommen zu Frankreich.

19. 11.
(= 28. Brumaire I) Der Konvent verspricht allen Völkern, die ihre Freiheit wiedererlangen wollen, brüderliche Hilfe.

27. 11.
(= 7. Frimaire I) Savoyen (Königreich Sardinien) kommt an Frankreich.

11. 12.
(= 21. Frimaire I) Vor dem Konvent beginnt der Prozeß gegen Ludwig XVI.

15. 12.
(= 25. Frimaire I) Der Konvent beschließt, in den besetzten Gebieten die revolutionäre Gesetzgebung einzuführen.

J. B. („Anacharsis") Cloots „La république universelle"
Paine „Rights of Man" (Kat. 45, 46)
Wollstonecraft „Vindication of the Rights of Women" (Kat. 48, 68)
Condorcet (vgl. 1790): Der vierte Band erscheint.
Arthur Young (Sohn von A. Young d. Ä., Kat. 90) „Travels during the Years 1787, 1788, 1789, Undertaken more particularly with a view to ascertain the cultivation, wealth, resources, and national prosperity of the Kingdom of France".
W. von Humboldt „Ideen zu einem Versuch, die Grenzen der Wirksamkeit des Staates zu bestimmen."
Das „Allgemeine Landrecht" Preußens liegt vor, wird aber erst 1794 veröffentlicht; die dänischen Rechtsreformen erreichen ihren Höhepunkt: als erste neuzeitliche Regierung schafft das dänische Kabinett die Sklaverei ab (Kat. 36, 51, 53, 70, 75, 122, 369).
Fichte „Versuch einer Kritik aller Offenbarung".

1793

14.–17. I.
(= 25.–28. Nivôse I) Todesurteil des Nationalkonvents über den König; die Länge der Prozedur erklärt sich aus den Begründungen der Stimmabgabe.

21. I.
(= 2. Pluviôse) Das Todesurteil wird vollstreckt (Kat. 304–307).

28. I.
Manifest von Hamm (Westfalen): Der Graf von Provence erklärt sich zum Regenten des noch unmündigen Ludwig XVII. und stellt die Wiederherstellung der alten Verfassung in Aussicht.

31. I.
Anschluß Nizzas an Frankreich.

1. 2.
(= 13. Pluviôse I) Der Nationalkonvent erklärt Großbritannien und Holland den Krieg. Die britische Regierung verhandelt mit den Pflanzern von Haiti (Santo Domingo, Saint-Domingue); sie bereitet die Inbesitznahme der Insel unter Beibehaltung der Sklavenwirtschaft vor.

24. 2.
(= 6. Ventôse I) Der Nationalkonvent beschließt, 30 000 zusätzliche Soldaten auszuheben.

10. 3.
(= 20. Ventôse I) Einrichtung eines Revolutionstribunals. Die Verurteilung des Königs war – selbst nach Robespierres Ansicht – kein forensischer Akt, sondern ein Akt der Staatsräson des Souveräns (des Volkes). Mit dem Revolutionstribunal wird erst das forensische Instrument geschaffen, von dem der „Schrecken" der Volksvertretung aus geht.

10./11. 3.
(= 20./21. Ventôse I) Beginn der konstitutionellen Bauernaufstände in der Bretagne und der Vendée, zwei Landschaften, in denen die altständische Verfassung noch am stabilsten ist. Unterstützung durch England.

19. 3.
(= 29. Ventôse I) Eine royalistische Erhebung südlich der Loire droht nach dem Sieg der Vendéer über die Revolutionstruppen, sich mit den Siegern zusammenzuschließen. Der Nationalkonvent beschließt die Todesstrafe für alle gegenrevolutionären Anführer, die bewaffnet festgenommen werden: Anfänge eines neuen Gewaltmonopols. Am Vortage (18. 3. = 28. Ventôse I) unterliegt die Revolutionsarmee bei Neerwinden den Österreichern: Österreich erhält die südlichen Niederlande zurück.

21. 3.
(= 1. Germinal I) Der Rheinisch-Deutsche Nationalkonvent in Mainz optiert für den Anschluß der von Frankreich besetzten deutschen Gebiete an die Französische Republik.

3. 4.
(= 14. Germinal I) Das Tragen der revolutionären Kokarde wird für alle Franzosen zur Pflicht.

4. 4.
General Dumouriez, der Verlierer von Neerwinden, geht zu den Österreichern über, nachdem er vergeblich versucht hat, seine Truppen gegen die revolutionäre Regierung zu führen.

5. 4.
(= 16. Germinal I) Einsetzung des Wohlfahrtsausschusses. Der Nationalkonvent ist verfassungsgebendes, legislatives, exekutives und richtendes Organ zugleich. Mehr Ausschuß für öffentliche Sicherheit als Sozialausschuß, ist der „Wohlfahrtsausschuß" als beratendes Organ des Kabinetts gedacht, handelt aber unter dem Druck der Verhältnisse, wie er sich vor allem militärisch ergibt, aber auch aus eigenem Antrieb auf Veranlassung der Jakobiner unmittelbar und effektiv.

4. 5.
(= 15. Floréal I) Der Wohlfahrtsausschuß setzt Höchstpreise für Getreide fest.

29. 5.
(= 10. Prairial I) Machtübernahme der antijakobinischen „Föderalisten" in Lyon.

31. 5./2. 6.
(= 12./14. Prairial I) Bewaffnete Demonstrationen der Sansculotten erzwingen den Ausschluß der girondistischen Abgeordneten aus Konvent und Ausschüssen: Ende der gewählten Repräsentation im Konvent. Protestbewegung gegen die Machtergreifung der Jakobiner in Paris und weiten Teilen Frankreichs („Föderalistische Revolte").

27. 6.
(= 9. Messidor I) Schließung der Börse.

29. 6.
(= 11. Messidor I) Das revolutionäre Nantes hält den Truppen der Vendée stand.

10. 7.
(= 22. Messidor I) Danton wird aus dem „Wohlfahrtsausschuß" ausgeschlossen; Neuwahl bis 27. 7. 93: Die ursprünglich neunköpfige, vorwiegend gemäßigte Körperschaft wird auf zwölf Jakobiner gebracht, darunter zum ersten Male auch Robespierre, der es zu dem macht, was er statt des ersten „Wohlfahrtsausschusses" wollte: Ein „comité d'exécution".

13. 7.
(= 25. Messidor I) Charlotte Corday ermordet Marat (Kat. 311).

14. 7.–4. 8.
(= 26. Messidor/17. Thermidor I) Volksabstimmung über die am 24. 6. (= 6. Messidor I) verabschiedete neue Verfassung:

Sie tritt nie in Kraft, wirkt aber als Dokument politischer Literatur: freies und allgemeines Wahlrecht, je 40 000 Einwohner stellen einen Vertreter in der Nationalversammlung; nicht nur jeder gebürtige Franzose ist wahlberechtigt, sondern jeder Ausländer, der ein Jahr in Frankreich von seiner Arbeit gelebt hat; zwischen 200 und 600 Wähler stellen eine Urversammlung. Die Nationalversammlung fällt Beschlüsse, beschließt Gesetze und setzt einen Exekutivrat ein, dessen 24 Mitglieder aus den 83 Departements (je ein Vertreter) gewählt werden. Als erste Verfassung führt die von 1793 die allgemeine Wehrpflicht ein.

17. 7.
(= 29. Messidor I) Endgültige Abschaffung der Feudalabgaben ohne Entschädigung.

21. 7.
Toulon von „Föderalisten" erobert.

23. 7.
Preußische Truppen besetzen Mainz (Ende der dortigen Republik) (Kat. 37). Die zweite polnische Teilung macht ihnen den Rücken frei.

26. 7.
(= 9. Thermidor I) Todesstrafe für Schieber und Schwarzhändler.

27. 7.
(= 10. Thermidor I) Beschluß der Einrichtung eines „Musée national" im Louvre; Robespierre wird Mitglied im Wohlfahrtsausschuß.

1. 8.
(= 15. Thermidor I) Einführung des metrischen Systems, Fest der Einheit der Republik und Beschluß, gegen die Truppen der Vendée einen Vernichtungskrieg zu führen.

8. 8.
(= 22. Thermidor I) Truppen des Nationalkonvents belagern das föderalistische Lyon.

23. 8.
(= 6. Fructidor I) Erneute „Levée en masse".

25. 8.
(= 8. Fructidor I) Niederwerfung der „föderalistischen" Erhebung in Marseille durch Regierungstruppen.

27. 8.
(= 10. Fructidor I) Die „Föderalisten" von Toulon übergeben Stadt und Hafen an die spanische und englische Flotte.

4./5. 9.
(= 18./19. Fructidor I) Sansculotten erzwingen Radikalisierung der Revolution (bewaffneter Einmarsch in den Nationalkonvent): Schaffung einer „Revolutionsarmee" von 6 000 Mann und 1 200 Kanonieren, Teilung der Revolutionstribunale in vier Sektionen und eine Zwangsanleihe von 10 000 000 Livres.

17. 9.
(= 1. Ergänzungstag I) Gesetz über die „Verdächtigen" als Notstandsgesetz gegen innere und äußere Feinde konzipiert. Wegen der fortschreitenden Radikalisierung in der Bestimmung der Verdachtsmomente wird es im wachsenden Maße zu einem Instrument des Terrors.

18. 9.
(= 2. Ergänzungstag I) Die Phrygische Mütze (Bonnet Rouge) wird als Tracht für Galeerensklaven untersagt, weil sie zu einem Freiheitssymbol und Bestandteil des Staatsemblems geworden ist (Kat. 365).

5. 10.
(= 14. Brumaire II) Der Nationalkonvent billigt den von Fabre d'Églantine entworfenen Revolutionskalender (vgl. 21. 9. 1792); erst jetzt wird er amtlich in Kraft gesetzt (Kat. 322).

September/Oktober
Das Kriegsglück ist wechselhaft, eine der Ursachen tiefsten Mißtrauens der Revolutionäre gegenüber den Gemäßigten:

Die Armee zwingt am 6. 9. Engländer und Holländer, die Belagerung von Dünkirchen aufzugeben; sie besiegt die Österreicher bei Wattignies (16. 10.), nachdem diese am 12. 9. noch Quesnoy genommen hatten. Nach dem Angriff der Engländer auf Haiti (zugunsten der dortigen Plantagenbesitzer) entgleitet es dem französischen Konvent (19. 9.). Am 9. 10. erobern die Regierungstruppen Lyon zurück: Terroristische Repressionen gegen die Anhänger des „föderalistischen" Aufstandes. Am 17. 10. entscheidende Niederlage der Aufständischen Vendéer bei Cholet; ihnen gelingt am 13. 11. auch nicht der Angriff auf die normannische Hafenstadt Granville, um mit England Kontakt aufzunehmen.

7. 10.
(= 16. Vendémiaire II) Das Salbgefäß zur Krönung der französischen Könige in Reims wird öffentlich zerstört: Damit soll dem Königtum jede symbolische Möglichkeit einer Erneuerung genommen werden.

10. 10.
(= 19. Vendémiaire II) Der Konvent erklärt, daß „die Regierung bis zum Frieden revolutionär" sein wird. Der Konvent ist entmachtet.

14. 10.
(= 23. Vendémiaire II) David präsentiert dem Konvent sein Gemälde „Der Tod des Marat".

16. 10.
(= 25. Vendémiaire II) Hinrichtung der abgesetzten Königin Marie-Antoinette (Kat. 316).

20. 10.
(= 29. Vendémiaire II) Allgemeine Repression gegen die „Enragés", die extremste revolutionäre Gruppe, die bislang einige soziale Maßnahmen durchgesetzt hatte. Damit verschafft sich Robespierre (seit 22. 8. Präsident des Konvents und damit der Regierung [vgl. 10. 10.]) für die folgenden Schritte eine Position der „Mitte".

21. 10.
(= 30. Vendémiaire II) Verurteilung der eidverweigernden Priester wegen unbürgerlichen Verhaltens zur Deportation (vgl. 17. 9.).

23. 10.
(= 2. Brumaire II) Die Vendéer nehmen Laval ein.

25. 10.
(= 4. Brumaire II) Die Vendéer siegen bei Entrammes.

28. 10.
(= 7. Brumaire II) Verbot, kirchliche Schulen zu besuchen.

30. 10.
(= 9. Brumaire II) Die längst vom Konvent ausgeschlossenen girondistischen Abgeordneten (vgl. 31. 5./2. 6.) werden zum Tode verurteilt (nach dem Gesetz vom 17. 9.); 73 überleben als Gefangene oder entkommen (vgl. 8. 12. 1794).

31. 10.
(= 10. Brumaire II) Das Urteil wird an den Girondisten vollstreckt.

6./7. 11.
(= 16./17. Brumaire II) Der Nationalkonvent billigt den Gemeinden zu, sich zu dechristianisieren, d.h. den christlichen Kult abzuschaffen und gegebenfalls einen Ortsnamen (etwa nach einem Heiligen) zu ändern. Robespierre erklärt sich am 21. 11. gegen Durchsetzung des Atheismus: Man unterscheide zwischen Bekenntnis und Politik. „Déprêtrisation" fast aller Abgeordneten des Nationalkonvents: Nicht einmal ein beeidigter Priester ist zugelassen.

10. 11.
(= 20. Brumaire II) Fest der Freiheit und der Vernunft in der Kathedrale von Paris: Notre Dame wird zum Tempel der Vernunft.

14. 11.
(= 24. Brumaire II) Die aufständische Armee der Vendée zieht sich nach der Niederlage vor Granville (Normandie, 13. 11.) an die Loire zurück. Sie wird am 4. 12. von der Armee des Nationalkonvents bei Angers geschlagen und zieht sich an die Sarthe zurück; sie nimmt am 10. 12. Le Mans ein, wird aber am 12. 12. vernichtend geschlagen. Vom 23. 12. 1793 bis zum Mai 1794 Massaker unter der Zivilbevölkerung der Vendée: Der letzte Versuch, die Monarchie auch nur als konstitutionell zu erhalten, ist damit gescheitert.

17. 11.
(= 27. Brumaire II) Seit September beanspruchen und behaupten die Jakobiner unter Robespierre das Monopol in der Feststellung der Unbedenk-

lichkeit im Sinne des „civisme": Nun geraten die Dantonisten und Hébertisten in die Zone der „Verdächtigen": Dantons Gefolgschaft aus dem Cordeliersclub wird verhaftet.

25. 11.
Mirabeaus Gebeine werden aus dem Panthéon entfernt: Die Verurteilung des Königs macht auch ihn als Konstitutionalisten zum Verräter an der Nation (Kat. 60, 75, 363).

4. 12.
(= 14. Frimaire II) Zentralisierung der Revolutionsregierung: Der „Wohlfahrtsausschuß" behandelt die politischen und militärischen Fragen, der „Sicherheitsausschuß" befaßt sich mit der politischen Polizei und den Revolutionsausschüssen.

5. 12.
(= 15. Frimaire II) Dantons Zeitschrift „Le Vieux Cordelier" (hrsg. Desmoulins) wirbt um inneren und äußeren Frieden. Die Distanz zu den Jakobinern wird deutlich: „... die aus Gründen des Hungers begangene Grausamkeit endet mit dem Ende des Hungers, doch die Grausamkeit aus Gründen der Angst, der Gier und des Verdachts ist grenzenlos" (Desmoulins).

19. 12.
(= 29. Frimaire II) Die Armee des Nationalkonvents nimmt Toulon ein; Napoleon zeichnet sich als „Caporal" aus. Nach Dekret vom 24. 12. (= 4. Nivôse II) wird Toulon zur Ehrung der revolutionären „Montagnards" (nach den oberen und hinteren Reihen des Konvents) in Port-la-Montagne umbenannt.

25. 12.
(= 5. Nivôse II) Robespierre trägt vor dem Nationalkonvent die Prinzipien der Revolutionsregierung vor. Einführung der allgemeinen Schulpflicht.

> Gründung des „feministischen" Clubs „Société des Citoyennes républicaines" (10. 5.).
> Mallet du Pan „Considération sur la Révolution de France" erscheint in London und Brüssel (gemäßigt).
> Gisors baut das Tuilerien-Theater zur „Convention Nationale" um. Das „Musée national" nimmt (wie vorher die königliche Bibliothek) die Pflichtexemplare der französischen Verleger entgegen; symptomatisch für die Vorsicht wegen des Gesetzes gegen die „Verdächtigen" ist, daß in vier Monaten nur drei Bücher eingesandt werden, obwohl offiziell keine Zensur stattfindet.
> De Sade „Philosophie dans le boudoir".
> Helvétius, Erste Gesamtausgabe.
> De Mably, Erste Gesamtausgabe.
> Schlözer „Allgemeines Staatsrecht und Staatsverfassungslehre".
> Fichte „Beitrag zur Berichtigung des Urteils des Publikums über die französische Revolution".
> Suarez „Unterricht über die Gesetze für die Einwohner der Preußischen Staaten".
> Herder „Briefe über die Beförderung der Humanität".
> Schiller „Über Anmut und Würde".
> Als Beispiele des englischen Radikalismus: Thelwall „The Peripatetic" und Godwin „Political Justice" (bereits 1791 verfaßt; erscheint erst jetzt).
> Die Erfindung einer Baumwollentkernmaschine verhindert die Aufhebung der Sklavenwirtschaft; die Ausbreitung des Anbaus erfordert zu viele neue Arbeitskräfte.

1794

8. 1.
(= 19. Nivôse II) Robespierre greift Fabre d'Églantine im Jakobinerclub an; dieser wird am 16. 3. (= 26. Ventôse II) vor dem Nationalkonvent angegriffen, am 4. 4. verurteilt und am 6. 4. hingerichtet: Ein typischer Verlauf, bisher aber nur von ihm veranlaßt.

16. 1.
(= 27. Nivôse II) Konvent beschließt, Marseille in „Ville-sans-Nom" umzubenennen.

19. 1.
(= 30. Nivôse II) Engländer besetzen Korsika (bis August). Gleichzeitig (ab Jahresanfang) wird die Vendée blutig befriedet (bis Mai).

4. 2.
(= 16. Pluviôse II) Abschaffung der Sklaverei in den Kolonien.

5. 2.
(= 17. Pluviôse II) Robespierre erklärt vor dem Konvent die republikanischen Tugenden und rechtfertigt den Terror zu ihrer Erhaltung.

6. 2.
(= 18. Pluviôse II) Napoleon wird zum General befördert.

20. 2.
(= 2. Ventôse II) Der Cordeliersclub beschließt, die Zeitschrift „L'Ami du peuple" herauszugeben. Es erscheinen nur zwei Nummern, deren Manuskripte vergeblich zur Begutachtung durch Robespierre eingesandt wurden; daß man sein Schweigen für Zustimmung hielt, wurde den Dantonisten zum Verhängnis.

26. 2./3. 3.
Sogenannte „Ventôse"-Dekrete (= 8./13. Ventôse II): Der Besitz der „Verdächtigen" wird beschlagnahmt, um bedürftige „Patrioten" zu entschädigen.

23. 3.
Der ehemalige Adjutant Washingtons, Kościuszko, führt einen polnischen Aufstand gegen die Russen an. Nach seiner Niederlage, die die Dritte polnische Teilung herbeiführt (1795), wird er von den Russen hingerichtet.

24. 3.
(= 4. Germinal II) Verurteilung und Hinrichtung der Hébertisten.

27. 3.
(= 7. Germinal II) Condorcet wird verhaftet; am Tag darauf begeht er im Gefängnis Selbstmord (Kat. 324).

30. 3.
(= 10. Germinal II) Verhaftung von Danton, Delacroix, Desmoulins und Phelippeaux; sie werden am 5. 4. hingerichtet.

14. 4.
(= 25. Germinal II) Auf Antrag Robespierres beschließt der Konvent die Überführung der Gebeine Rousseaus in den Panthéon (Kat. 64).

19. 4.
(= 30. Germinal II) Vertrag von Den Haag: England verpflichtet sich, 62 000 preußische Soldaten gegen die französische Republik zu finanzieren. Einmarsch Kościuszkos in Warschau.

1. 5.
(= 12. Floréal II) Niederlage der spanischen Truppen bei Boulou.

7. 5.

(= 18. Floréal II) Programmatische Rede Robespierres über den Zusammenhang zwischen den religiösen und moralischen Ideen und den republikanischen Prinzipien; er läßt den Nationalkonvent beschließen:

„Das französische Volk erkennt die Existenz eines Höchsten Wesens und die Unsterblichkeit der Seele an." Beschluß, ein entsprechendes Fest einzurichten.

8. 5.

(= 19. Floréal II) Hinrichtung von 27 ehemaligen Steuerpächtern, unter ihnen Lavoisier.

10. 5.

(= 21. Floréal II) Die Pariser „Commune" ist nichts anderes mehr als ein Geschöpf des „Wohlfahrtsausschusses".

20. 5.

(= 1. Prairial II) Die Alpenarmee erobert Mont-Cenis.

26. 5.

(= 7. Prairial II) Der Konvent untersagt, englische oder hannoveranische Gefangene zu machen.

28. 5.

(= 9. Prairial II) Die Pyrenéenarmee nimmt Collioure, Saint-Elne und Port-Vertres den Spaniern wieder ab.

1. 6.

(= 13. Prairial II) Barère spricht vor dem Nationalkonvent über republikanische und revolutionäre Erziehung. Anstelle der alten „Ecole militaire" wird die „Ecole de Mars" geschaffen.

2. 6.

(= 14. Prairial II) Die große Seeschlacht vor Ouessant geht verloren, aber ein Getreide-Konvoi aus Amerika kommt durch (nach Brest).

4. 6.

(= 16. Prairial II) Robespierre wird einstimmig zum Präsidenten des Nationalkonventes gewählt.

8. 6.

(= 20. Prairial II) Robespierre steht dem Fest des „Höchsten Wesens" vor.

10. 6.

(= 22. Prairial II) Robespierre erreicht die sofortige und einstimmige Zustimmung des Konvents für eine Verschärfung des Gesetzes gegen die „Verdächtigen" und eine Beschleunigung der Verfahren; der Konvent beugt sich, aber verzeiht die diktatorische Haltung nicht mehr. Sogenannte „Prairial"-Gesetze. „Bulletin des lois" beginnt.

11. 6.

(= 23. Prairial II) Der „Große Terror" setzt ein.

12. 6.

(= 24. Prairial II) Letzte gesetzgeberische Konzession des Konvents gegenüber Robespierre; es beginnt ein stummer Widerstand.

25. 6.

(= 7. Messidor II) Die Konventionstruppen nehmen Charleroi; es folgt am Tag darauf die Niederlage der Österreicher bei Fleurus: Die Österreichischen Niederlande werden wieder französisch. Am 8. 7. wird Brüssel genommen, am 24. 7. Antwerpen und Lüttich.

2. 7.

(= 14. Messidor II) Dubois-Crancé setzt im Nationalkonvent eine Frist von drei Tagen für die Zusammensetzung und Berichterstattung der Ausschüsse durch, bevor Anklage zu erheben ist. Robespierre, dem es nicht mehr gelingt, den Redner vom Pult weg verhaften zu lassen, bereitet seine Rede zum 26. 7. vor:

26. 7.

(= 8. Thermidor II) Robespierre fordert umfassende Säuberungen selbst innerhalb der Ausschüsse. Zunächst stimmt der Konvent zu und beschließt sogar den Druck der Rede, aber Billaud-Varenne und Cambon erklären sich dagegen und Robespierre weigert sich, die Namen der Verdächtigen zu nennen. Darauf zieht der Konvent seine Zustimmung zurück und überweist die Rede an die Ausschüsse.

27. 7.

(= 9. Thermidor II) Der Konvent beschließt die Verhaftung Robespierres und seiner engsten Umgebung. Der Kommune gelingt seine Befreiung, aber nur für wenige Stunden.

28. 7.

(= 10. Thermidor II) Die Konventstruppe dringt kampflos in das Rathaus ein und holt Robespierre und seinen engsten Anhang ab; alle – es sind 22 Personen – werden am gleichen Tage hingerichtet (ihnen folgen am Tag darauf noch 70 Mitglieder der Kommune Paris und 14 weitere Anhänger Robespierres).

5. 8.

(= 18. Thermidor II) Alle als „Verdächtige" Verhafteten werden entlassen.

9. 8.

(= 22. Thermidor II) Kurze Verhaftung Napoleons (bis 20.8.).

10. 8.

(= 23. Thermidor II) Das Revolutionstribunal wird neu organisiert.

16. 8.

(= 29. Thermidor II) Amnestie über die Vendée.

24. 8.

(= 7. Fructidor II) Neuordnung der Regierung: Ihre Aufgaben werden 16 Ausschüssen überwiesen.

29. 8.

(= 12. Fructidor II) Erste antijakobinische Demonstrationen der „Jeunesse dorée" auf den Boulevards von Paris: Die Mode wird kapriziös; das Sansculottentum mit seinem patriotischen Pathos geht zurück.

30. 8.

(= 13. Fructidor II) Das französische Territorium ist in seiner (militärischen) Integrität wieder hergestellt.

31. 8.

(= 14. Fructidor II) Ende der Kommunalverfassung von Paris: Der Nationalkonvent unterstellt die Hauptstadt einer besonderen Verwaltungsbehörde, die der Regierung die Leitung sichert.

1. 9.

(= 15. Fructidor II) Gründung des „Musée des Monuments français".

3. 9.

(= 17. Fructidor II) Babeufs „Journal de la liberté" erscheint.

11. 9.

(= 25. Fructidor II) Frérons „L'Orateur du peuple" erscheint.

13. 9.

(= Fructidor II) Erster Bericht über den revolutionären Vandalismus vor dem Konvent.

17. 9.

(= 1. Ergänzungstag II) Unmerklich beginnt die militärische Expansion Frankreichs: Was vorher zur Sicherung des eigenen Landes außerhalb der Grenzen geschah, ging zeitweilig wieder verloren; ab jetzt bleibt es in französischer Hand. So erhalten die ursprünglich sichernden Schritte dauerhaften Charakter: General Kléber belagert Maastricht, am 23. 9. nimmt Jourdan Aachen, am 6. 10. erobert die Armee Sambre-et-Meuse Köln, am 23. 10. nimmt General Marceau Koblenz, am 20. 11. werden an der Montagne-Noire die Spanier besiegt, am 11. 12. wird Guadeloupe von den Engländern abgenommen, und am 14. 12. beginnt Kléber die Belagerung von Mainz. Im Norden und Osten drohen vor allem die von England finanzierten Preußen und Hannoveraner, die damals englische Untertanen waren.

18. 9.

(= 2. Ergänzungstag II) Trennung von Kirche und Staat: Die Priester werden nicht mehr vom Staat bezahlt, und der Staat nimmt in den Kirchen keine Eintrittsgelder mehr.

21. 9.

(= 5. Ergänzungstag II) Die sterblichen Reste von Marat werden im Panthéon beigesetzt. Ab 15. 9. gibt der Maratist Chasles wieder den „Ami du peuple" heraus.

3. 10.

(= 12. Vendémiaire III) Mit Barère und anderen Anführern der Sansculoten wird auch Billaud-Varenne im Convent angegriffen, obwohl er am 26. 7. mit Cambon die Wende gegen Robespierre herbeigeführt hat. Die Spitze der Sansculotten wird verhaftet.

5. 10.

(= 14. Vendémiaire III) Babeuf benennt seine Zeitschrift in „Le Tribun du peuple" um.

10. 10.

(= 19. Vendémiaire III) Durch Stiftung kommt eine „Ecole normale" zustande, am 22. 10. wird eine Vorstufe zur ersten Technischen Hochschule geschaffen.

11. 10.

(= 20. Vendémiaire III) Die Gebeine Rousseaus werden in den Panthéon überführt.

16. 10.

(= 25. Vendémiaire III) Konvent verbietet Verbindung und Verflechtung von Gesellschaften.

9. 11.

(= 8. Brumaire III) Stutzer der „Jeunesse dorée" greifen Jakobinerclub an: Wiederholt sich bis zur Schließung (19. 11.).

3. 12.

(= 13. Frimaire III) Kommission von 16 Mitgliedern zur Ergänzung der Verfassung von 1793 eingesetzt.

8. 12.

(= 18. Frimaire III) Die letzten überlebenden Girondisten (73) werden wieder in den Konvent gelassen.

24. 12.

(= 4. Nivôse III) Die Höchstpreise werden abgeschafft.

27. 12.

(= 7. Nivôse III) Merlin de Douai beantragt, Barère, Billaud-Varenne, Collot d'Herbois und Vadier in den Anklagezustand zu versetzen. Zum ersten Male wird im Sinne eines am 29. 10. beschlossenen Verfahrens eine Kommission von 21 Mitgliedern eingesetzt, um darüber zu beschließen.

Condorcet „Esquisse d'un tableau historique des progrès de l'esprit humain"; erscheint 1795.
Die erste Gesamtausgabe von Franklin.

Kant „Die Religion innerhalb der Grenzen der bloßen Vernunft".
Paine „The Age of Reason" (bis 1795).
Legendre „Elements de Géométrie".
(Erasmus) Darwin „Zoonomia, or the Laws of Organic Life" (bis 1796).
Fichte „Über den Begriff der Wissenschaftslehre oder der sogenannten Philosophie" und „Grundlage der gesamten Wissenschaftslehre".
Blake „Songs of Experience".
Goethe „Reinecke Fuchs".
Coleridge, Southey und Lovell arbeiten an dem Drama „The Fall of Robespierre" zusammen.

1795

2. 1.
(= 13. Nivôse III) Freigabe des Außenhandels.

8. 1.
(= 19. Nivôse III) General Pichegru überschreitet den zugefrorenen Waal: Holland wird zur Batavischen Republik erklärt. Wie in früheren Feldzügen ernährt der Krieg sich selbst. Die Bindungen zwischen Feldherren und Regierung lockern sich. Das gilt vor allem in Napoleons Italien.

10. 1.
(= 21. Nivôse III) Der Nationalkonvent bestätigt die „gerechte Strafe" des letzten französischen Königs und erhebt diesen Tag zum Nationalfeiertag: 21. 1. (= 2. Pluviôse).

2. 2.
(= 14. Pluviôse III) Zusammenstöße zwischen der „Jeunesse dorée" und den Sansculotten in Paris. In Lyon werden die verhafteten Terroristen im Gefängnis umgebracht: Die Vorgänge von 1792/93 kehren sich um.

8. 2.
Nach dem Hinweis des „Moniteur" auf die aktive Rolle Marats in den „Schreckensjahren" werden seine sterblichen Reste aus dem Panthéon entfernt.

21. 2.
(= 3. Ventôse III) Nationalkonvent beschließt Freiheit der Religionsausübung und Trennung von Kirche und Staat.

Februar/März
Der äußeren Befriedung (Friedensschlüsse in Florenz, Den Haag, Basel) stehen Massaker unter den gefangenen, aber auch frei passierenden Jakobinern gegenüber; von England aus landen Emigranten in der Bretagne und treten als Royalisten auf. Der Zusammenbruch der Assignaten als frei konvertierbare Währung wird durch keine Zwangsmaßnahme mehr aufgefangen:

1. 4.
(= 12. Germinal III) Letzter Versuch der Sansculotten, die Initiative wieder an sich zu reißen (gewaltsamer Einmarsch in den Konvent). Deportationen nach Guayana (Cayenne) beginnen.

10. 4.
(= 21. Germinal III) Konvent beschließt Entwaffnung der Sansculotten: Beginn eines neuen Gewaltmonopols.

23. 4.
(= 4. Floréal III) Eine neue Kommission von elf Männern wird eingesetzt, um die Verfassung von 1793 zu revidieren. Am 20./22. 5. (= 1./3. Prairial III) bäumen sich Pariser Sansculotten zum letzten Male dagegen auf. Es folgt totale Entmachtung.

31. 5.
(= 12. Prairial III) Aufhebung der Revolutionstribunale.

8. 6.
(= 20. Prairial III) Der jugendliche Ludwig XVII. stirbt im Temple. Es folgt am 24. 6. die Erklärung von Verona: Der Graf der Provence erklärt sich als Ludwig XVIII. zum König von Frankreich, verspricht weitgehende Wiederherstellung des „Ancien Régime" und Bestrafung der „Königsmörder".

10. 6.
(= 22. Prairial III) Alle Franzosen, die nach dem 31. 5. 1793 das Land verlassen haben, dürfen zurück: Dazu gehört auch Talleyrand, der nach seiner Rückkehr aus den USA in Hamburg gewartet hat.

20. 7.
(= 2. Thermidor III) Sieyès kritisiert im Verlaufe der Verfassungsdebatte vor dem Konvent (ab 4. 7.) Rousseaus „Contrat social" und die Allmacht des Staates.

21. 7.
General Hoche wirft die Royalisten auf der Halbinsel Oléron nieder.

22. 7.
(= 4. Thermidor III) Spanischer Friedensvertrag.

27. 7.
(= 9. Thermidor III) Der Sturz Robespierres wird gefeiert. Zu diesem Anlaß werden die Marseillaise und „Le Réveil du peuple", das Lied der „Jeunesse dorée" gesungen.

5. 8.
(= 18. Thermidor III) „Certificats de civisme" stellt keiner mehr aus.

11. 8.
(= 24. Thermidor III) Drei Mitglieder des Nationalkonvents werden der Pariser Polizei vorgesetzt: Anfänge der Polizeipräfektur.

15. 8.
(= 28. Thermidor III) Der Franc wird Währungseinheit.

22. 8.
(= 5. Fructidor III) Der Konvent nimmt die neue Verfassung von 1795 (Jahr III) an: Zensuswahlrecht, Trennung von Legislative und Exekutive, an deren Spitze ein fünfköpfiges Präsidium (Direktorium) steht, nicht mehr eine Person, die diktatorisch walten könnte. Es stellt sich bald Handlungsunfähigkeit heraus. Wie in der Verfassung von 1793 Abstimmung durch Referendum.

1. 10.
(= 9. Vendémiaire IV) Annexion Belgiens (Departementaleinteilung).

7. 10.
(= 15. Vendémiaire IV) Aufständische unterstehen von nun an der Militärgerichtsbarkeit.

16. 10.
(= 24. Vendémiaire IV) Napoleon wird Divisionsgeneral.

23. 10.
(= 1. Brumaire IV) Die Assignaten fallen auf 3% ihres Nennwertes.

25. 10.
(= 3. Brumaire IV) Das „Institut" wird geschaffen. Inzwischen finden Neuwahlen statt (bis 21. 10.): Am 26. 10. tritt der neue Konvent zusammen und wählt am 31. 10. das Direktorium und am 3. 11. das Kabinett. Das Plenum bildet zwei Kammern: Rat der 500 und Rat der Alten (250 Mitglieder).

26. 10.
(= 4. Brumaire IV) Napoleon wird zum „chef de l'armée de l'Intérieur" ernannt.

30. 11.
(= 9. Frimaire IV) Babeuf veröffentlicht in seinem „Le Tribun du peuple" sein „Manifeste des plébéiens". Eine am 3. 12. geschaffene Zensurbehörde verfolgt den Verfasser am 5. 12., der sich aber verborgen hält.

31. 12.
(= 10. Nivôse IV) Waffenstillstand mit Österreich: Der Rhein wird zur Grenze.

Condorcets Hauptwerk (siehe 1794) wird posthum veröffentlicht.
Bis 1797 errichtet Gisors im Palais-Bourbon den Saal für den Rat der 500.
Montesquieu, Dritte Gesamtausgabe mit dem Kommentar von Helvétius zum „L'Esprit des lois".
Rousseau, Zweite Gesamtausgabe (32 Bände).
Helvétius, Zweite Gesamtausgabe (5 Bände).
Kant „Metaphysik der Sitten" und „Zum ewigen Frieden, ein philosophischer Entwurf".
Schiller „Briefe über die ästhetische Erziehung des Menschen" und „Über naive und sentimentalische Dichtung".
Soane beginnt mit dem Bau der Bank of England (bis 1827).

1796

2. 3.
(= 12. Ventôse IV) Napoleon wird oberster Befehlshaber der italienischen Armee des Konvents.

18. 3.
(= 28. Ventôse IV) Die Assignaten werden durch Territorialmandate ersetzt. Dieser Versuch, die Währung zu stabilisieren, mißlingt.

30. 3.
Babeuf ruft ein „Comité insurrecteur de la conspiration pour Egalité" ins Leben. Er bereichert damit eigentlich nur das keineswegs stabile Milieu, das im wachsenden Maße auch von Royalisten beunruhigt wird, von links.

6. 4.
(= 17. Germinal IV) Manifest der „Gleichen" unter Babeuf.

28. 4.
Sardinien-Piemont treibt die Österreicher vor sich her, am 9. 7. wird die „Cisalpinische Republik" in Mailand ausgerufen, und die Engländer verlassen am 21. 10. Korsika.

8. 5.
(= 19. Floréal IV) Babeuf und seine Anhänger werden festgenommen. Die Mitte stabilisiert sich. Bis zum Juni sind auch die royalistischen Unruhen beseitigt.

Sommer
Napoleon dringt in den Kirchenstaat ein und schließt mit dem Königreich Neapel einen Waffenstillstand. Das päpstliche Breve „Pastoralis Sollicitudo" vom 5. 7. hebt den Gewissenskonflikt des französischen Klerus auf; der Papst erkennt die Französische Republik an. Im Juli dringen die Franzosen über Frankfurt und Stuttgart bis Würzburg vor, worauf sich Österreich aus Norditalien zurückziehen muß; nur eine Armee kämpft noch bis in den Winter mit wechselndem Erfolg gegen Napoleon. Bis zum August dringt Jourdan bis Nürnberg vor. Württemberg tritt im Friedensvertrag vom 16. 8. alle linksrheinischen Gebiete ab.

26. 8.
(= 9. Fructidor IV) Babeufs Anhänger werden ins Vendôme überführt. Am 5. 10. tritt ein Militärgericht zusammen.

23. 9.
(= 2. Vendémiaire IV) Jourdan wird entlassen; er zieht sich hinter die Rheinlinie zurück.

10. 10.
(= 19. Vendémiaire IV) Friedensvertrag zwischen Direktorium und König von Neapel.

Winter
General Hoche versucht vergeblich, in Irland zu landen; er zieht sich mit Flotte und Armee zurück.

30. 12.
(= 10. Nivôse V) Die Vereinigten Staaten von Amerika schicken einen Gesandten ans „Directoire" (Monroe).

Am 4. 4. (= 15. Germinal IV) findet die erste Sitzung des „Institut national des sciences et des arts" statt.
Burke „Letters on a Regicide Peace" (begründet die Unmöglichkeit eines Friedens zwischen der Französischen Republik und den europäischen Monarchien).
Cambacérès „Projet de Code Civil" (Grundlage des späteren Code Napoléon, Kat. 506)
De Bonald „Théorie du pouvoir politique et religieux".
De Maistre „Considérations sur la France" (royalistisch).
Laplace „Exposition du système du monde" (Theorie der Galaxien).
Cuvier begründet vergleichende Zoologie.
Montesquieu, Vierte und umfassendste Gesamtausgabe (erste 1768).
Kant „Metaphysische Anfangsgründe der Rechtslehre".
Fichte „Grundriß des Naturrechts, nach Prinzipien der Wissenschaftslehre".

1797

4. 2.
(= 16. Pluviôse V) Das Assignatenwesen wird abgeschafft. Der Franc wird eine harte Währung.

14./18. 2.
(= 26./30. Pluviôse V) Nach dem Frieden mit Frankreich erklärt Spanien England den Krieg (5. 10. 1795). Die Folge sind zwei verheerende Niederlagen: Der Verlust der spanischen Flotte vor Kap Vincente und der Insel Trinidad.

2. 3.
(= 12. Ventôse V) Ein etwa einjähriger Spannungszustand zwischen den USA und Frankreich geht zu Ende.

4. 3.
Adams wird zum Amerikanischen Präsidenten gewählt; er amtiert bis 1801 (Föderalist).

Januar/April
Nach der Entlastung der deutschen Front (September 1796) wächst der österreichische Widerstand in Italien. Nach einer Folge von Niederlagen kommt am 7. 4. (= 18. Germinal V) mit Napoleon ein Waffenstillstand zustande.

16. 4.
(= 27. Germinal V) In Spithead beginnt eine Folge von Meutereien in der englischen Marine.

16. 5./14. 6.
(= 27. Floréal/26. Prairial V) Die alten Stadtrepubliken Venedig und Genua geraten in Napoleons Hand (Kat. 341).

27. 5.
(= 8. Prairial V) Vereinigung des „Cercle constitutionnel", zu denen gemäßigte Republikaner wie Daunou, Garat, Réal, Sieyès, Talleyrand und Tallien gehören (nach dem Versammlungslokal im Hotel de Salm auch „Club de Salm" genannt).

Juli
Putschversuch Hoches auf dem Marsch vom Osten des Reiches nach Brest (zur erneuten Einschiffung nach Irland); er macht Anstalten, die Bannzone (zwölf Meilen) um Paris zu mißachten. Als Beziehungen zu Ludwig XVIII. erkennbar werden, wird Hoche entlassen (er fällt im September bei Wetzlar).

27. 7.
(= 9. Thermidor V) Napoleon schickt d'Augereau nach Paris, um seinen eigenen Putsch vorzubereiten.

8. 8.
(= 21. Thermidor V) D'Augereau trifft in Paris ein und wird an die Spitze der Pariser Militärdivision gestellt.

15. 8.
(= 28. Thermidor V) Erstes Nationalkonzil in Notre Dame.

16. 8.
(= 29. Thermidor V) Napoleon schlägt dem Direktorium die ägyptische Expedition vor, um England zu vernichten.

24. 8.
(= 7. Fructidor V) Alle Gesetze gegen die Priester (Deportation und Ausschluß) werden aufgehoben.

4. 9.
(= 18. Fructidor V) Staatsstreich d'Augereaus gegen die Royalisten in Direktorium und Rat (Konvent).

5. 9.
(= 19. Fructidor V) Das neue Direktorium, das sich aus ehemaligen Jakobinern zusammensetzt, zwingt dem Rat der 500 drei Dinge auf, die für die nächste Zukunft jede Form einer konstitutionellen Monarchie verhindern sollen: 1.) Der zeitweilig aufgehobene Ausschluß von eidverweigernden und emigrierten Priestern wird erneuert, 2.) etwa 200 royalistische Abgeordnete aus 53 Departements werden aus dem Rat der 500 ausgeschieden und 3.) 65 royalistische Minister und Journalisten werden deportiert. Die Funktionsweise einer Militärdiktatur kündigt sich an: Die gewählte Körperschaft hat nicht das Gewaltmonopol inne; sie fügt sich der militärischen Gewalt, in deren Händen seit dem 7. 10. 1795 die judikative wie exekutive Gewalt in der politischen Strafverfolgung liegt, ohne daß eine Bindung an das nationale Votum vorliegt. Der Herr der Lage (Napoleon) paktiert jetzt (im Gegensatz zu 1799) mit der Linken.

23. 9.
(= 2. Vendémiaire VI) Nach dem Tode von General Hoche vereinigt d'Augereau dessen Armee (Sambre-et-Meuse) mit der von „Rhin-et-Moselle" zur „Armée d'Allemagne".

17. 10.
(= 26. Vendémiaire VI) Napoleon schließt mit Österreich den Frieden von Campoformio: Österreich behält Venedig mit dem Festland bis zur Etsch, Frankreich außer Norditalien und den ionischen Inseln die österreichischen Niederlande und alles linksrheinische Gebiet bis Köln. Zur Bestätigung der dortigen nichtösterreichischen Gebiete geistlicher und weltlicher Art treten im November die betroffenen Reichsstände mit Napoleon in Rastatt zusammen; die Verhandlungen ziehen sich aus formalen Gründen über Jahre hin und führen 1803 zum Reichsdeputationshauptschluß und damit zur Auflösung des Heiligen Römischen Reiches Deutscher Nation (1806). Talleyrand wird bis 1807 Außenminister.

November
Annexion und Departementalverfassung der linksrheinischen Gebiete und der ionischen Inseln.

25. 12.
(= 5. Nivôse VI) Napoleon wird Mitglied des Instituts.

28./29. 12.
Unruhen in Rom; der Papst entschuldigt sich beim Direktorium.

Chateaubriand „Essai historique, politique et moral sur les Révolutions".
Lagrange „Théorie des fonctions analytiques".
Das 1665 gegründete, aber seit 1790 unterbrochene „Journal des Savans" erscheint wieder.
De Saussure „Recherches chimiques sur la végétation".
Kant „Metaphysische Anfangsgründe der Tugendlehre".
Beck „The Principles of Critical Philosophy, selected from the Works of Emmanuel Kant".
Schelling „Ideen zu einer Philosophie der Natur".
Wackenroder „Herzensergießungen eines kunstliebenden Klosterbruders'".
Hölderlin „Hyperion" (bis 1799).
Coleridge „Kubla Khan".

1798

15. 2.
(= 27. Pluviôse VI) General Berthier ruft als Befehlshaber der Italienischen Armee in Rom die Republik aus: Damit endet der Kirchenstaat.

26. 4.
(= 7. Floréal VI) Genf wird aus der Helvetischen Republik (seit 1792) herausgelöst und in ein französisches Departement verwandelt. Gleichzeitig erheben sich die frankophonen Landesteile gegen Bern; Frankreich steht ihnen bei und unterwirft schrittweise alle deutschsprachigen Kantone: Damit wird die Helvetische Republik in ihrer Gesamtheit annektiert und der Departementalverfassung unterworfen (bis 1799).

11. 5.
(= 22. Floréal VI) Neuwahlen des Rates der 500 und des „Conseils des Anciens" (9.–18. 4.) bringen 106 jakobinischen Abgeordneten ihr Mandat; durch den „Coup d'État du 22 floréal" wird ihre Wahl für ungültig erklärt.

23. 5.
(= 4. Prairial VI) Irischer Aufstand gegen die englische Krone (14. 7. niedergeworfen); auch eine französische Expedition unter General Humbert (6. 8.–15. 9.) ist erfolglos; ein zweites Expeditionskorps (16. 9.–11. 10.) erfährt durch die englische Flotte eine vernichtende Niederlage.

11. 6.
(= 23. Prairial VI) Napoleon nimmt Malta.

28. 6.
(= 10. Messidor VI) Nelson kommt Napoleon in Alexandrien zuvor, zieht sich aber nach Westen zurück.

1. 7.
(= 13. Messidor VI) Napoleon landet in Alexandrien und nimmt die Stadt am folgenden Tag, bricht am 7. 7. nach Kairo auf und treibt bis zum 21. 7. die Mamelucken vor sich her: Am 24. 7. (= 6. Thermidor VI) marschiert er in Kairo ein.

20. 7.
(= 2. Thermidor VI) Immer noch auf der Suche nach der französischen Flotte trifft Nelson in Syrakus ein, fährt am 25. 7. wieder nach Ägypten und zerstört dort vor Abukir die französische Flotte.

18./20. 8.
(= 1./3. Fructidor VI) Erhebung der Schweizer Urkantone niedergeschlagen.

August/Oktober
Marsch der französischen Armee bis Oberägypten, während die Türkei Frankreich den Krieg erklärt (9. 9.) und gemeinsam mit Rußland zwei ionische Inseln nimmt (25./27. 10.).

Napoleons Abwesenheit wirkte sich zersetzend aus: Die ehemals österreichischen Niederlande verweigern den Kriegsdienst (12. 10.), Österreich dringt in Graubünden ein (Abfall von der Helvetischen Republik 19. 10.), das Direktorium verhandelt mit Österreich, den Durchmarsch der Russen zu verhindern (1. 11.), selbst um den Preis der Freigabe von der Schweiz und von Rom. Im November fallen Korfu und Triest an die Russen und Türken bzw. Belgier, die seit dem 24. 10. im offenen Aufstand begriffen sind. Am 22. 11. besetzt das Königreich Neapel Rom, und die englische Flotte landet im toskanischen Livorno neapolitanische Truppen (28. 11.).

29. 11.
(= 9. Frimaire VII) Erste nationalistische Erhebung der Italiener und Allianz zwischen Rußland und Neapel.

6. 12.
(= 16. Frimaire VII) Truppen des Direktoriums besetzen Piemont. Gleichzeitig wird den deutschen Ständen in Rastatt (man tagt dort seit 28. 11. 1797) ein Ultimatum gestellt, nachdem sie bereits am 9. 3. der Annexion der linksrheinischen Länder zugestimmt und mit der Säkularisation der geistlichen Grundherrschaften (Fürstentümer) kanonische Hindernisse weggeräumt hatten (4. 4.): Das Direktorium bildet rechtsrheinische Brückenköpfe und befestigt sie.

9. 12.
(= 19. Frimaire VII) Der Friede zu Rastatt ist geschlossen.

14. 12.
(= 24. Frimaire VII) Rom wieder in französischer Hand.

21. 12.
(= 1. Nivôse VII) Angriff Frankreichs auf Neapel: Ferdinand IV. flieht auf Nelsons Flaggschiff nach Palermo: Allianz zwischen England, Rußland, Neapel und Sizilien.

30. 12.
(= 10. Nivôse VII) Napoleon plant in Suez einen Kanal zum Roten Meer.

Malthus „An Essay on the Principle of Population as it affects the Future Improvement of Society, with Remarks on the Speculations of Mr. Godwin, M. Condorcet and other Writers".
Kant „Anthropologie". Schelling „Von der Weltseele".
Herder „Vom Geist des Christentums".
Fichte „Das System der Sittenlehre nach Prinzipien der Wissenschaftslehre".
Tieck „Franz Sternbalds Wanderungen".

1799

Die sogenannte Normalität hat zwar das revolutionäre Milieu Frankreichs aus seiner vorneuzeitlichen militärischen Verfassung befreit, es zugleich aber wieder der gewohnten Dynamik der europäischen Kabinette unterworfen (Kat. 78). Neu ist lediglich die Zweigleisigkeit von Regierung („Directoire") und Heeresleitung (Befehlshaber der Armeen), wie sie sich allein schon aus der räumlichen Entfernung ergibt. Napoleons zunehmende Isolation im östlichen Mittelmeerraum läßt ihn sich auf näher gelegene Ziele besinnen: Nach zwei Niederlagen vor Akkron (1. und 10. 5.) zieht er sich nach Kairo zurück (14. 6.), um am 23. 8. seine Armee unter General Kléber in Abukir zurückzulassen. Am 9. 10. erreicht er Saint-Raphael.

16. 10.
(= 24. Vendémiaire VIII) Napoleon in Paris.

17. 10.
(= 25. Vendémiaire VIII) Das Direktorium empfängt Napoleon.

1. 11.
(= 10. Brumaire VIII) Napoleon und Sieyès verständigen sich auf einen Staatsstreich.

3. 11.
(= 12. Brumaire VIII) Napoleon verständigt sich mit dem Polizeipräsidenten Fouché: Er verspricht, nicht einzugreifen.

6. 11.
(= 15. Brumaire VIII) Der Rat der 500 und der Rat der Alten geben Napoleon und Moreau ein Bankett.

7. 11.
(= 16. Brumaire VIII) Napoleon schlägt das Angebot Jourdans aus, zugunsten der jakobinischen Linken zu putschen.

8. 11.
(= 17. Brumaire VIII) Napoleon stimmt mit Cambacérès Einzelheiten des Staatsstreiches ab.

9. 11.
(= 18. Brumaire VIII) Ein „terroristisches" Komplott wird angezeigt. Beide „Conseils" begeben sich nach Saint-Cloud. Napoleon wird zum Kommandanten der Truppen von Paris ernannt. Barras, Roger Ducos und Sieyès werden entlassen und ihrer Funktionen als Direktoren entkleidet. Die anderen Direktoren Gohier und Moulin werden von Moreau gefangengenommen.

10. 11.
(= 19. Brumaire VIII) Der Rat der 500 verweigert Napoleon die Abschaffung der Verfassung. Bevor Napoleon verurteilt werden kann, hebt Lucien Bonaparte die Versammlung gewaltsam auf: Die Abgeordneten werden aus dem Saal getrieben. Zwei Kommissionen stellen drei provisorische Konsuln auf: Napoleon, Sieyès und Roger Ducos (Kat. 346).

11. 11.
(= 20. Brumaire VIII) Die Konsuln treten ihre Ämter an und ernennen die Minister.

22. 11.
(= 1. Frimaire VIII) Das Kabinett ist vollständig: Berthier (Krieg), Gaudin (Finanzen), Fouché (Polizei), Cambacérès (Justiz), Laplace (Inneres), Talleyrand (Äußeres) und Forfait (Marine).

1. 12.
(= 10. Frimaire VIII) Napoleon weist den Verfassungsentwurf von Sieyès zurück.

12. 12.
(= 21. Frimaire VIII) Der Verfassungsentwurf von Daunou wird angenommen und drei Konsuln werden gewählt; Napoleon (Erster), Cambacérès (Zweiter) und Lebrun (Dritter). Legislatur bis 1809.

15. 12.
(= 24. Frimaire VIII) Die Konstitution des Jahres VIII wird verkündet, und das Konsulat beginnt offiziell.

Washington stirbt.
Schleiermacher „Reden über die Religion".
Fichte „Über den Grund unseres Glaubens an eine göttliche Weltregierung".
Kant, Kleine Schriften (3 Bde., erste Werkausgabe).
Schelling „Entwurf eines Systems der Naturphilosophie".
A. von Humboldt: Forschungsreisen in Mittel- und Südamerika (bis 1804).

Verzeichnis der Vergleichsabbildungen

< 498 >
A. Aubert und A. Tardieu, *Napoleon le Grand,* 1810/11, Radierung

< 501 >
Ph.-A. Hennequin, *Allegorie à la gloire de Napoléon,* 1806, Zeichnung. Versailles

< 503 >
Bonvalet nach Bance, *Portiques de l'Exposition de l'Industrie,* 1806, Radierung

< 504 A >
Hyacinthe Rigaud, *Ludwig XV. im Krönungsornat,* 1730, Öl/Leinwand. Versailles, Musée National

< 504 B >
Antoine-Jean Gros, *Bonaparte besucht die Pestkranken von Jaffa,* 1804, Öl/Leinwand. Paris, Musée du Louvre

< 504 C >
Jacques-Louis David, *Die Krönung von Napoleon und Joséphine,* 1805–07, Öl/Leinwand. Paris, Musée du Louvre

< 504 D >
Jean-Auguste-Dominique Ingres, *Porträt des Kaisers auf dem Thron,* 1806, Öl/Leinwand. Paris, Musée de l'Armée

< 505 >
Jacques-Louis David, *Die Verteilung der Adler an das Heer,* 1808–10, Öl/Leinwand. Versailles, Musée du chateau

< 506 A >
Soyer nach Moitte, *La Législation,* 1812, Radierung

< 506 B >
Soyer nach Moitte, *Moise, Numa, Ynca et Isis,* 1812, Radierung

< 507 >
Gentot fils nach Claude Cochet le jeune, *Projekt zu einem revolutionären Fest in Lyon,* 30. Mai 1790, Radierung

< 509 >
Andrea Palladio, *Porta Regalis im Teatro Olimpico,* 1585. Vicenza

< 511 >
Karl Friedrich Schinkel, *Bettgarnitur der Königin Luise für ihr Schlafzimmer im Schloß Charlottenburg,* Berlin, 1809/10

< 530 A >
Fernando Brambila und Juan Gálvez, *Agustina Aragon,* Blatt aus den *Ruinas de Zaragoza,* 1814

< 530 B >
Anonym, *Tod eines französischen Soldaten,* Radierung

< 530 C >
Francisco de Goya, *Esto es lo verdadero,* Des. 82, 1820–23, Radierung und Aquatinta

< 539 >
Leon Davent, *Nymphe und Satyr,* Radierung

< 547 >
Domenichino, *Die Cumaeische Sibylle,* 1616–17, Öl/Leinwand. Rom, Villa Borghese

< 548 >
Anonym, *La justice et la vengeance divine poursuivant le crime,* 1815, Radierung

Fotonachweis

Biographien

Bibliographie

Abildgaard, Nicolai Abraham
Kopenhagen 1743 – 1809 Frederiksdal
Historienmaler. Ausgebildet von J. E. Mandelberg und an der kgl. Akademie in Kopenhagen (1764–67), hielt er sich zwischen 1772 und 1777 in Neapel und Rom auf, wo er die Werke Raffaels, Michelangelos und der klassischen Antike studierte. Auch schloß er Freundschaft mit Sergel, durch den er Füssli kennenlernte. Dieser übte großen Einfluß auf Abildgaard aus, vor allem in der Wahl seiner Bildthemen. 1777 kehrte er nach Kopenhagen zurück, wo er ein Jahr darauf zum Mitglied und Professor der Akademie ernannt wurde. 1789–1791 und 1801–1809 war er Direktor der Akademie und führte das Institut zu großem Ansehen. Zu seinen Schülern gehörten u. a. Friedrich, Runge und Thorwaldsen. Als Mitbegründer des dänischen Klassizismus hat er die Kunst seines Landes nachhaltig geprägt.
Kat. 75; 114; 122; 369; 439

Alembert, Jean Le Rond d'
Paris 1717 – 1783 Paris
Mathematiker, Philosoph
Kat. 125

Alexander, William
Londoner Arzt
Kat. 49

Aliprandi, Giacomo
Italienischer Kupferstecher, tätig um 1800, hauptsächlich als Illustrator. Stach einige Szenen aus der Revolutionsgeschichte nach Fragonard, Le Barbier, Pellegrini u. a.
Kat. 309; 333

Alix, Pierre-Michel
Paris 1762 – 1817 Paris
Kupferstecher. Hauptsächlich bekannt durch eine Folge von Porträts namhafter Personen der französischen Revolution, die nach Pastellzeichnungen Davids, Garnereys, Sablets u. a. gestochen und in Farben mit vier Platten gedruckt sind.
Kat. 60; 350; 388; 389

Allais (geb. Briceau), Angélique
Stecherin und Radiererin. Lieferte Bildnisse für die „Collection générale des portraits de Messieurs les Députés a l'Assemblée Nationale tenue à Versailles le 4 mai 1789" und porträtierte bedeutende Persönlichkeiten der französischen Revolution in Farbstichen.
Kat. 385

Allais, Louis-Jean
Paris 1762 – 1833 Paris
Kupferstecher. Seine Stiche nach Boilly, Fragonard d. J., Vernet und Swebach-Desfontaines sind vor allem von historischem Interesse. Sie verherrlichen die Errungenschaften der französischen Revolution und deren bedeutendste Vertreter.
Kat. 371; 375; 387

Aparicio, José
Alicante 1773 – 1838 Madrid
Maler. Akademische Ausbildung in Valencia und Madrid, anschließend Schüler von David in Paris. Danach Aufenthalt in Rom. Nach dem Unabhängigkeitskrieg kehrte Aparicio nach Madrid zurück, wo er 1815 von Ferdinand VII. zum Hofmaler ernannt und später zum Direktor der Akademie San Fernando berufen wurde. Aparicio zählt in Spanien zu den bedeutendsten Vertretern des Klassizismus. Neben zahlreichen Porträts schilderte er vor allem Episoden aus dem Freiheitskrieg.
Kat. 117; 550

Appiani, Andrea
Mailand 1754 – 1817 Mailand
Maler. Seinen größten Verehrer fand Appiani

in Napoleon, der ihn zu seinem ersten italienischen Hofmaler ernannte. Der Kaiser bedachte ihn mit zahlreichen öffentlichen Aufträgen. Appiani gehörte zu den führenden Persönlichkeiten in Kunst, Wissenschaft und Politik. Er war einer der wenigen Maler in Italien, die den strengen klassizistischen Stil im Sinne Davids vertraten, in der Hoffnung, dadurch eine Erneuerung der Kunst zu bewirken.
Kat. 350

Argens, Jean Baptiste de Boyer, Marquis d'
Aix en Provence 1704 – 1771 Toulon
Schriftsteller
Kat. 124

Barère de Vieuzac, Bertrand
Tarbès 1755 – 1841 Paris
Politiker
Kat. 330

Barlow, Inigo
Kupferstecher in London um 1790
Kat. 123

Bartolozzi, Francesco
Florenz 1727 – 1815 Lissabon
Kupferstecher. In Venedig ausgebildet, ging er 1764 nach London. Dort führte er eine malerisch-weiche Punktiermanier ein, die viele Nachahmer fand. Vor allem schätzte das Publikum seine Darstellungen nach W. Hamilton, A. Kauffmann, Reynolds u. a.
Kat. 189; 231

Basset
Pariser Verleger
Kat. 372

Bénard (Besnard), Jean-Baptiste
gest. vor 1789
Französischer Porträt-, Genre- und Landschaftsmaler. Malte vor allem Familienszenen und Bambocciaden.
Kat. 155

Bénard, Robert
Geb. Paris 1734
Kupferstecher. Arbeitete hauptsächlich für Buchhändler. Er war für die Encyclopédie von Diderot beschäftigt.
Kat. 125 a, b, e; 139 a-d

Benazech, Charles
London 1767 – 1794 London
Porträt- und Genremaler. Seit 1782 in Rom. 1789 als Gehilfe von Greuze in Paris. Dadurch wurde er zum Augenzeugen der Revolutionsereignisse und konnte in vier Darstellungen aus den letzten Tagen Ludwigs XVI. berichten.
Kat. 305

Bentley, Richard
gest. 1782
Amateur-Zeichner. Schuf Illustrationen zu der in Strawberry Hill gedruckten Ausgabe der Werke Grays.
Kat. 183

Bérain le Vieux, Jean
St. Mihiel 1637 (1640) – 1711 (1709) Paris
Architekt, Zeichner und Ornamentstecher. 1674 wurde er zum Kammer- und Kabinettzeichner des Königs ernannt und bekam 1679 als „Dessinateur et Ornemaniste du Roi" das Privileg, im Louvre zu wohnen. Er entwarf u. a. Dekorationen zu Festlichkeiten des Hofes, Theaterkostüme und Goldgefäße.
Kat. 12

Bergeret, Pierre-Nolasque
Bordeaux 1782 – 1863 Paris
Historien- und Genremaler. Unter Lacour d. Ä., Vincent und David ausgebildet, wurde schon sein erstes 1806 im Salon ausgestelltes Bild „Raffaels Totenfeier" von Napoleon angekauft. Auch stammen von seiner Hand zahlreiche Entwürfe für Napoleon-Medaillen.
Kat. 480; 485

Bertaux, Jacques
Geb. in Arcis-sur-Aube
Landschafts- und Schlachtenmaler. Stellte im Pariser Salon zwischen 1793 und 1802 wiederholt aus.
Kat. 253; 324; 503

Berthault, Pierre-Gabriel
Saint Maur 1737 (1748) – 1831 (um 1819)
Kupferstecher. Nach jahrelanger Tätigkeit für den Grafen Tessé in Rom kehrte Berthault 1781 nach Paris zurück, wo er sich vor allem der Ausstattung von Prachtwerken widmete.
Kat. 244; 246; 247; 248; 249; 262; 264; 265; 269; 270; 275; 280; 281; 282; 284; 285; 295; 302; 306; 312; 325; 340; 342

Bervic, Charles-Clément
Paris 1756 – 1822
Kupferstecher. Sei eigentlicher Name war C. C. Balvay. Als Meisterstecher seiner Zeit war Bervic unter allen Regierungen hochgeschätzt.
Kat. 3

Beys, J.
Kat. 333

Blake, William
London 1757 – 1827 London
Maler, Stecher und Dichter. Von 1779 an Student der Royal Academy in London, wo er seit 1780 wiederholt Gemälde und Zeichnungen ausstellte. Getrieben von einem leidenschaftlichen Engagement für individuelle und gesellschaftliche Freiheit, beteiligte er sich 1780 an dem „anti-papistischen" Aufruhr unter Lord George Gordon, der zur Erstürmung Newgates und der Befreiung der Gefangenen führte. Im gleichen Jahr befreundete er sich mit Füssli, Flaxman und dem republikanisch gesinnten Verleger Joseph Johnson. 1788 entwickelte Blake zur Illustrierung seiner Gedichtzyklen ein neues Druckverfahren. Als 1789 die französische Revolution ausbrach, feierte er diese begeistert in seinem epischen Gedicht „The French Revolution". Eine Publikation des Dokuments, von Johnson gefördert, kam jedoch nur fragmentarisch (1. Buch) zustande. Auch seine Bücher „America" (1793) und „Europe" (1794), in denen er seine Hoffnung auf gesellschaftliche Freiheit in mythologisch überhöhter Weise zum Ausdruck bringt, stießen kaum auf Verständnis. Blake, dessen visionäre Erfindungsgabe und ethisches Pathos stark auf jüngere Künstler wirkten, erlangte zeit seines Lebens keine allgemeine Anerkennung.
Kat. 100; 107; 111; 436; 440–448

Blondel, Georges-François
Paris 1730 – nach 1791
Radierer von Architekturdarstellungen
Kat. 362

Bocquet (Boquet), Simon-Louis
Paris 1750 – 1814 Paris
Bildhauer. Wurde 1786 Agrégé bei der Académie Royale, 1788 ordentliches Mitglied. Von 1787–1814 stellte er regelmäßig im Salon der Académie aus. Von ihm stammen sechs Teilreliefs an der Vendôme-Säule in Paris (1806–1810).
Kat. 1

Böttner, Wilhelm

Ziegenhain (Hessen) 1752 – 1805 Kassel
Maler. Studierte seit 1767 bei J. H. Tischbein
in Kassel. Während seines Romaufenthaltes
1780/81 kopierte er, den klassizistischen Thesen entsprechend, vor allen Werke Raffaels.
1782 kehrte er nach Kassel zurück, wo er
Hofmaler, Akademieprofessor und 1789 Direktor wurde.
Kat. 2

Boilly, Louis-Léopold

La Bassée (bei Lille) 1761 – 1845 Paris
Ausgebildet als Tüncher, erlernte er die Malerei autodidaktisch. 1793 wegen sittenwidriger
Sujets bei der „Société républicaine des arts"
von seinem Kollegen Wicar denunziert,
wechselte Boilly kurzzeitig zu ernsthaften
Themen, z. B. „Triumph Marats" oder „Die
Verhaftung Charlotte Cordays". Später kehrte
er zu Darstellungen liebenswürdiger Genreszenen mit dem gleichen Erfolg zurück.
Kat. 353

Bonneville, François

Pariser Porträtmaler, Zeichner und Kupferstecher. Bekannt vor allem durch sein vier-
bändiges Werk „Portraits des personnages
célèbres de la Révolution", das zwischen 1796
und 1802 in Paris erschien.
Kat. 47; 299; 300; 329; 383

Bontant

Kupferstecher
Kat. 273

Borel, Antoine

Paris 1743 – nach 1810
Zeichner, Radierer und Porträtmaler. Fertige
Sittenstücke und später auch politische Allegorien an. Bekannt wurde Borel als Zeichner
von Vignetten mit erotischen Motiven. 1779
und 1780 stellte er im Salon aus.
Kat. 26; 218

Bornet, C.

Miniaturmaler, Zeichner, Illustrator, Stecher
und Kupferstichverleger, tätig in Paris um
1774–1801.
Kat. 452

Bosio, Jean-François

Monaco 1764 – 1827 Paris
Historien- und Porträtmaler, Schüler von
David. Auch Lithograph und Stecher, beson-
ders von Kostümdarstellungen.
Kat. 547

Boucher, François

Paris 1703 – 1770 Paris
Boucher, Sohn eines Dekorateurs, trat sehr
jung in die Werkstatt von F. Lemoyne ein. Er
wurde als Historienmaler in die Akademie
aufgenommen, befaßte sich jedoch weiter mit
dem Kupferstich. Boucher war für die französische Kunst des 18. Jahrhunderts von großer
Bedeutung. Er war der Schöpfer von Werken,
die Diderot teils fasziniert, teils ablehnend als
„ein so angenehmes Laster, eine so unnach-
ahmliche und seltene Verstiegenheit" beschreibt. 1765 wurde Boucher zum ersten
Hofmaler ernannt.
Kat. 7; 9

Bouillon, Pierre

Thiviers 1776 – 1831 Paris
Maler, Zeichner, Stecher. Bekannt wurde er
durch seine Zeichnungen über die letzten
Tage der königlichen Familie, die von Vérité
gestochen und verbreitet wurden.
Kat. 293; 294; 313

Boullée, Etienne-Louis

Paris 1728 – 1799 Paris
Architekt. Sehr früh als Lehrer an die École
des Ponts et Chaussées berufen, widmete sich
Boullée mehr dem theoretischen Entwurf
monumentaler Bauten als einer praktischen
Tätigkeit. Entsprechend seine frühen Bauten
wie das Hôtel Alexandre (1763) oder das
Schloß in Chaville (1764) dem herkömmlichen Geschmack des Rokoko, so vollzog er
die Wende zum strengen Stil – entsprechend
den Regeln der Geometrie sowie der antiken
Baukunst – 1774 im Hôtel de Brunoy. 1777
gab Boullée seine Klienten auf und
beschränkte sich auf seine Tätigkeit als Päd-
agoge und Architekturtheoretiker. Sein Traktat „Architecture, Essai sur l'art", vor 1793
verfaßt, überliefert seine phantastischen Ide-
al-Projekte, mit denen er – wie Ledoux – das
Glück sowie den moralischen Fortschritt der
Menschheit zu sichern glaubte.
Kat. 40; 161; 162; 163

Bourgeois, Florent-Fidèle-Constant

Guiscard (Oise) 1767 – 1841 Paris
Schüler Davids, lebte lange in Italien und war
vorwiegend als Landschaftsmaler, Lithograph und Radierer tätig.
Kat. 326

Bovi, Marino

geb. Neapel 1758
Schüler Bartolozzis, in London als Repro-
duktionsstecher tätig.
Kat. 314

Bovinet, Etienne (Edme)

Chaumont 1767 – 1832 Creil
Zeichner und Kupferstecher. Schüler von
Patas. Stach zunächst nach Werken der großen italienischen und holländischen Meister,
dann nach Vernet, Lebrun und Poussin. Er
fertigte Vignetten Marats, Lepelletiers und
später von Bonaparte und dessen Generälen
an.
Kat. 159

Braddyll, Lt. Col. Thomas Richard Gale

1776 – 1862
Amateur-Karikaturist
Kat. 514; 517

Brambila, Fernando

1761 – 1834
Im ausgehenden 18. Jahrhundert als Veduten-
maler in Madrid tätig.
Kat. 532

Breithaupt, Johann Christian

bei Darmstadt 1736 – 1799 Kassel
Hofmechanikus des Landgrafen Friedrich II.
von Hessen. Stammte aus einer großen
Mechanikerfamilie, die durch Erfindungen
auf dem Gebiet mathematischer, astronomi-
scher und chirurgischer Präzisionsinstru-
mente bekannt geworden ist. Lehrte an dem
Collegium Carolinum und gründete 1762
seine eigene Werkstatt, die bis heute noch in
Kassel fortbesteht. Breithaupt hat den ersten
bekannten Distanzmesser nach Kleinschmidt, eine Drehbank und einen großen
Mauerquadranten (1785) gebaut.
Kat. 129

Brion de la Tour le jeune, Louis

Maler und Stecher in Paris, tätig Ende des 18.
und Anfang des 19. Jahrhunderts.
Kat. 303; 311

Brühl, Johann Benjamin

Leipzig 1691 – 1763
Kupfer- und Notenstecher
Kat. 184

Callet, Antoine-François

Paris 1741 – 1823 Paris
Historien- und Porträtmaler, ausgebildet bei
Boizot. War sowohl für die Bourbonen als
auch für Napoleon tätig.
Kat. 3

Caraffe, Armand-Charles

Paris 1762 – 1818 oder 1822 Paris
Historien-, Porträtmaler und Radierer, ausgebildet bei L. Lagrenée und David. 1788
Aufenthalt in Rom. Caraffe war ein leiden-
schaftlicher Anhänger der französischen Revolution und blieb auch nach dem Thermidor
überzeugter Jakobiner.
Kat. 225; 376

Caresme, Philippe

Paris 1734 – 1796 Paris
Maler, Kupferstecher und Illustrator. Lernte
bei Ch. Ant. Coypel. Seit 1768 stand Caresme
im Dienst des Königs, für den er auch häufig
als Stecher, meist nach fremden Vorbildern,
tätig war.
Kat. 71

Carmontelle, Louis-Carrogis

Paris 1717 – 1806 Paris
Zeichner und Dichter. Sein geistreiches
Wesen machte ihn zum unentbehrlichen
Initiator höfischer Festlichkeiten, vor allem
am Hofe der Orléans. Dort porträtierte er die
Besucher in unzähligen Zeichnungen, wobei
er die Blätter nicht verkaufte, sondern zu
sammeln pflegte. Erst nach der französischen
Revolution, die ihn um seine höfische Stel-
lung brachte, war er gezwungen, einzelne
Bildnisse an Liebhaber abzugeben.
Kat. 94

Carstens, Jakob Asmus

St. Jürgen bei Schleswig 1754 – 1798 Rom
Maler und Zeichner. Unterstützt von seinem
Vetter Jens Jürgensen, später sein erster Biograph, studierte Carstens 1776–1783 als Schüler Abildgaards auf der Akademie in Kopenhagen. Erste Romreise 1783. 1783–1786 Porträtmaler in Lübeck. 1787–1792 in Berlin, seit
1790 Professor an der Akademie. 1792 wurde
Carstens für drei Jahre nach Rom beurlaubt,
von wo er nie wieder zurückkehrte. 1795 fand
eine Ausstellung seiner Werke statt, die allgemein als „Tag der Taufe einer neuen
deutschen Kunst" gefeiert wurde.
Kat. 462

Cawse, John

um 1779 – 1862 London
Maler und Zeichner von Porträts, Karikatu-
ren und historischen Genrebildern.
Kat. 433

Cazenave, Jean-François

Paris um 1770 – 1843 (?)
Maler und Stecher. Stach nach zeitgenössischen Künstlern, u. a. nach Boilly, Regnault
und Benazech.
Kat. 305

Chardin, Jean-Baptiste Siméon

Paris 1699 – 1779 Paris
Maler. Der Sohn eines Schreiners begann
seine Ausbildung in der Werkstatt des J.
Cazes, danach erwarb er seinen Meistertitel
in der Académie de Saint-Luc. Chardin zählt
zu den größten Stillebenmalern der Kunstgeschichte. Er hat dieses Genre niemals aufgegeben, sondern stets um seine höhere Rang-
einstufung gekämpft. Durch seine Technik

und Farbharmonie nahm Chardin unbewußt Probleme vorweg, die die Malerei um die Mitte des 19. Jahrhunderts wieder aufgreifen sollte.
Kat. 154

Chataignier (Chataigner), Alexis
Nantes 1772 – 1817 Paris
Während der französischen Revolution hat er einige Flugblätter gestochen. 1803–1804 schuf er Entwürfe zu der Kollektion „Costumes et Uniformes". Von ihm sind u. a. Bildnisse Bonapartes als Konsul und General Moreaus erhalten.
Kat. 400

Chaudet, Antoine-Denis
Paris 1763 – 1810 Paris
Bildhauer, Maler und Zeichner. Chaudet, dessen Œuvre das plastische Ideal der offiziellen Empirekunst repräsentiert, zählte zu den Lieblingskünstlern Napoleons. Davon zeugen die zahlreichen Statuen des Kaisers, unter denen die Kolossalfigur Napoleons für die Siegessäule der Place Vendôme in Paris – 1808 gegossen, 1814 zerstört – eine besondere Stellung einnimmt. Auch am Image napoleonischer Münzen und Medaillen war Chaudet beteiligt, u. a. durch seine Vorlagen für die „Histoire Numismatique de l'empereur Napoléon".
Kat. 499

Chichi (Chigi), Antonio
Römischer Architekt. Fertigte gegen Ende des 18. Jahrhunderts in der von Agostino Rosa erfundenen Phelloplastik (Korkbildnerei) eine Anzahl von Nachbildungen antiker Bauwerke in sehr kleinem Maßstab an.
Kat. 131

Chodowiecki, Daniel Nikolaus
Danzig 1726 – 1801 Berlin
Maler, Zeichner, Radierer. Selbständige Arbeiten schuf Chodowiecki ab 1754, seit ungefähr 1757 auch Radierungen, meist in kleinem Format. Hauptvertreter des preußischen „Zopfstils". 1764 wurde er zum Mitglied, 1797 zum Direktor der Berliner Akademie ernannt. Obwohl in seinen unmittelbar nach 1789 entstandenen Arbeiten eine gewisse Sympathie für die französische Revolution anklingt, lehnte er diese, sobald die „Terreur" mit der Hinrichtung des Königs einsetzte, eindeutig ab. So wie der überwiegende Teil des deutschen Bürgertums befürwortete Chodowiecki den aufgeklärten Absolutismus und die Durchsetzung der konstitutionellen Monarchie.
Kat. 74; 94; 108; 109; 110; 165–181; 366; 367a/b

Chrétien, Gilles-Louis
Versailles 1754 – 1811 Paris
Eigentlich Musiker von Beruf, erfand Chrétien 1786 den „Physionotrace", ein Gerät, mit dem er fein gravierte Porträts in großer Anzahl und sehr preiswert ausführte. In den Revolutionsjahren stellte er des öfteren im Salon aus.
Kat. 320

Clener, Angelo
Kat. 512

Clodion
Nancy 1738 – 1814 Paris
Bildhauer. Sein eigentlicher Name war Claude Michel. Seit 1755 in Paris, zuerst als Schüler seines Onkels, dann von Pigalle. 1759 erhielt er den „grand prix de sculpture". Mit dem Ausbruch der französischen Revolution wurde seine Kunst, die eine Vorliebe für kokette Frauengestalten in manierierten Bewegungen zeigt, unmodern. 1795 zwang ihn die schlechte Auftragslage, sich nach Nancy

zurückzuziehen. Seit 1798 erneut in Paris, wo er u. a. Reliefs für die „Colonne de la Grande Armée" und den „Arc de Triomphe du Caroussel" schuf.
Kat. 498

Cochin le Jeune, Charles-Nicolas
Paris 1715 – 1790 Paris
Zeichner, Kupferstecher und Schriftsteller. zunächst als Mitarbeiter seines ebenfalls bedeutenden Vaters, nach 1735 auch selbständig mit der Aufgabe betraut, die Zeremonien Ludwigs XV. zu zeichnen und zu radieren. Die Cochins gehörten zu den gefragtesten und künstlerisch eigenständigsten Stechern des Ancien Régime.
Kat. 42

Copia, Jacques-Louis
Landau 1764 – 1799 Paris
Stecher, zuerst von Buchschmuck und Porträts. Bekannt wurde Copia vor allem durch seine Blätter nach Prud'hon, mit dem er eng befreundet war. Er stach nach Zeichnungen von Boilly, David (u. a. das Bildnis des ermordeten Marat) und Fragonard fils. Blätter mit patriotischen Szenen beweisen, wie sehr Copia der französischen Revolution und ihren Ideen verbunden war.
Kat. 361; 373; 374; 378; 379; 380; 381; 403

Coquet
Französischer Kalligraph und Zeichner des 18. Jahrhunderts.
Kat. 159

Cornelius, Peter von
Düsseldorf 1783 – 1867 Berlin
Maler und Zeichner. Studierte unter Peter Langer auf der Akademie in Düsseldorf. 1809–11 in Frankfurt a.M., wo seine ersten Illustrationen zu Goethes Faust entstanden. Als Mitglied des Lukasbundes 1811–1819 in Rom. Dort schuf er die restlichen Blätter zum „Faust" und den zweiten „vaterländischen" Zyklus „Die Nibelungen". 1819 wurde Cornelius durch die Vermittlung von B. G. Niebuhr, dem preußischen Gesandten in Rom, als Akademieprofessor nach Düsseldorf berufen, gleichzeitig von Kronprinz Ludwig von Bayern mit der Ausschmückung der Glyptothek in München betraut. Seit 1824 Direktor der Münchner Akademie. 1840 durch König Friedrich Wilhelm IV. von Preußen nach Berlin berufen.
Kat. 490 a/b

Cruikshank, George
London 1792 – 1878 London
Karikaturist, Radierer, Maler. Außer einigen kurzen Anleitungen bei seinem Vater Isaac Cruikshank erhielt er keinerlei künstlerische Ausbildung. 1810 begann er, Karikaturen zu zeichnen. Diese kritisieren nicht nur die sozialen und politischen Verhältnisse Englands, sondern verleihen auch dem allgemeinen Haß auf Napoleon Ausdruck.
Kat. 522; 524; 525

Cruikshank, Isaac
Leith (Schottland) um 1756 – 1811 London
Karikaturist, Illustrator, Aquarellmaler. Seine ersten politischen Karikaturen, von Rowlandson und Gillray beeinflußt, entstanden um 1794. Nebenbei schuf Cruikshank Mode- und Gesellschaftssatiren.
Kat. 123; 413; 418; 431

Dabos, Laurent
Toulouse 1761 – 1835 Paris
Genre-, Porträt- und Historienmaler, ausgebildet bei Vincent. Schuf u. a. Porträts der napoleonischen Familie sowie 1810 eine Allegorie auf die Hochzeit Marie-Louises und Napoleons.
Kat. 498

Dambrun, Jean
Paris 1741 – nach 1808
Nach 1780 vielbeschäftigter Reproduktionsstecher.
Kat. 282 A

Dannecker, Johann Heinrich von
Stuttgart 1758 – 1841 Stuttgart
Bildhauer. Studierte seit 1771 auf der Hohen Karlsschule in Stuttgart. Dort lernte er 1774 Schiller kennen, der ihm zum Freund und geistigen Vorbild wurde. 1777 gewann Dannecker mit seinem „Milon von Kroton" den Schulpreis, 1780 wurde er zum Hofbildhauer in Stuttgart ernannt. 1783–1785 zur weiteren Ausbildung bei A. Pajou in Paris. 1785–1789 in Rom, wo er Freundschaft mit Canova schloß.
Kat. 38; 224

Darcis (D'Arcis; Darcis de Demierre), Jean-Louis
gest. 1801 Paris
Kupferstecher in Punktiermanier. Vor 1789 beschäftigte sich Darcis vor allem mit dem galanten Genre. Ohne diesen Stil wirklich aufzugeben, wandte er sich nach 1789 revolutionären Themen zu. Zusammen mit dem Bildhauer und Zeichner Boizet fertigte er eine Serie von Darstellungen republikanischer Tugenden an. Unter dem Direktorium kehrte er zur Genrezeichnung zurück.
Kat. 383

David, François-Anne
Paris 1741 – 1824 Paris
Kupferstecher und Kupferstichverleger. In seinem Œuvre finden sich mehrere Stiche nach Ch. Monnet, die Ereignisse der Revolution sowie der napoleonischen Ära wiedergeben.
Kat. 495

David, Jacques-Louis
Paris 1748 – 1825 Brüssel
David ist die zentrale künstlerische Gestalt des französischen Klassizismus während der Revolutionszeit und im napoleonischen Empire. 1784, als Akademiemitglied, vollendete er den „Schwur der Horatier", eine Art Gründungsmanifest des französischen Klassizismus. Nach der Revolution wurde David aktiver Jakobiner im Nationalkonvent: Er wurde Mitglied des Wohlfahrtsausschusses, des Volksbildungskomitees und Regisseur der großen Feste (1793 und 1794). Die „Révolution Davidienne" stellte die Kunst in den Dienst der Revolution. – Nach dem Sturz von Robespierre wurde er zweimal inhaftiert (1794/95) und genoß nach seinem politischen Gesinnungswechsel die Gunst Napoleons. 1804 wurde er Erster Maler des Kaisers. Es entstanden jene Repräsentationsbildnisse, die das Empire verherrlichten. Nach der Restauration ging David ins Exil nach Brüssel.
Kat. 328; 339; 355; 386; 390; 464

Debucourt, Louis-Philibert
Paris 1755 – 1832 Paris
Bis 1775 Schüler des Historienmalers J. M. Vien, danach selbständig als Genremaler tätig. Um 1785 wandte er sich dem Farbenkupferstich zu. In dieser Technik erzielte Debucourt so große Erfolge, daß er die Malerei ganz aufgab.
Kat. 288; 323

Defehrt
Kat. 125 c

Delafosse, Jean-Baptiste
1721–1775
Kupferstecher, tätig in Paris.
Kat. 95

Delaunay le Jeune
Kat. 341

Delpech, François-Séraphin
Paris 1778 – 1825 Paris
Lithograph
Kat. 368

Denon, Dominique-Vivant
Givry bei Châlons-sur-Sâone 1747 –
1825 Paris
Kunstsammler und Schriftsteller, daneben
Zeichner, Radierer und Medailleur. 1787
wurde er als Genremaler in die Pariser Akademie aufgenommen. Obwohl Denon beim
Ausbruch der Revolution seine Güter verlor,
kehrte er nach Paris zurück, wo er durch die
Fürsprache Davids von der Liste der Emigranten gestrichen wurde. Durch Mme Beauharnais lernte Denon Napoleon kennen, der
ihn 1798–1799 auf die ägyptische Expedition
mitnahm. 1804 wurde Denon Generaldirektor der Museen, eine Stellung, die er bis zur
Restauration behielt.
Kat. 339; 386

Deny, Jeanne
Paris 1749 – um 1815
Kupferstecherin in Paris
Kat. 14

Descourtis, Charles-Melchior
Paris 1753 – 1820 Paris
Farbstecher
Kat. 121

Desprez, Jean-Louis
Auxerre 1743 – 1804 Stockholm
Maler, Architekt und Stecher. 1765–1776
Architekturstudium an der Pariser Akademie
als Schüler von Blondel und Desmaison. 1776
mit dem großen Rom-Preis für Architektur
ausgezeichnet. Schon allgemein anerkannt,
lernte er 1784 König Gustav III. von Schweden kennen, der in Begleitung Sergels Rom
besuchte. Desprez wurde nach Stockholm
verpflichtet, wo er sich vor allem durch seine
phantastischen Bühnenbilder und die Arbeiten für die Haga – die königliche Residenz
Schwedens – auszeichnete.
Kat. 96; 97; 188

Devisme, G.
Stecher in Paris. Radierte 1800 und 1801 mit
Monsaldy Ansichten der Pariser Salons.
Kat. 476

De Wailly, Charles
Paris 1729 – 1798 Paris
Architekt und Ornamentstecher. 1785 von
Friedrich II. von Hessen nach Kassel berufen;
das geplante Stadtverschönerungsprojekt zerschlug sich jedoch mit dem Tode des Fürsten
(1786). Als ihn 1790 Katharina II. zum Präsidenten der Architektur-Akademie in Petersburg ernennen wollte, lehnte De Wailly ab.
Kat. 158

Diderot, Denis
Langres/Champagne 1713 – 1784 Paris
Schriftsteller, Philosoph, Kunstkritiker
Kat. 125

Drolling, Martin
Oberbergheim bei Kolmar 1752 – 1817 Paris
Genremaler und Porträtist. Ging schon in
jungen Jahren nach Paris, wo er im Louvre die
alten holländischen und flämischen Meister
kopierte. Bald komponierte Drolling eigene
Genrebildnisse im Stil von Greuze, die sich
durch eine glatte und äußerst sorgfältige
Technik auszeichneten.
Kat. 276

Drouais, François-Hubert
Paris 1727 – 1775 Paris
Porträtmaler. Lernte bei seinem Vater und
wurde 1755 in die Pariser Akademie aufgenommen. Noch im selben Jahr beschickte er
den Salon mit mehreren Porträts, die ihm
einen durchschlagenden Erfolg bescherten.
Um 1763 begann der Hof den mit Aufträgen
überhäuften Künstler fast ganz in Anspruch
zu nehmen. Seit 1769 besaß Drouais ein
Atelier in den Tuilerien. 1774 wurde er zum
„conseiller" als Nachfolger von Desportes
ernannt, womit er die höchste akademische
Würde erhielt.
Kat. 216

Duclos (Du Clos), Antoine-Jean
Paris 1742–1795
Kupferstecher. Schüler von Augustin de
Saint-Aubin.
Kat. 356

Duflos, Claude-Augustin-Pierre
Paris 1700–1786
Kupferstecher
Kat. 155

Duflos, Pierre
Lyon 1742 – 1816 Paris
Kupferstecher. In den 1770er Jahren arbeitete
er u. a. für Werkausgaben von Gessner und
Rousseau sowie für Voltaires „La Pucelle
d'Orleans" von 1777.
Kat. 27

Duparc
Französischer Stecher des 18. Jahrhunderts,
der mit Girardet zusammenarbeitete.
Kat. 237

Duplessi-Bertaux, Jean
Paris 1747 – 1819 Paris
Als Schüler von Le Bas zum Radierer ausgebildet. Schon früh machte sich der Einfluß
Callots bemerkbar, ein Vorbild, dem Duplessi-Bertaux sowohl stilistisch als auch technisch ein Leben lang verbunden blieb. Die
Ereignisse der französischen Revolution sowie die Siege Napoleons erregten bei ihm
große Begeisterung, was die vier Bände „Tableaux historiques de la révolution française"
(Paris 1804) bezeugen.
*Kat. 283; 324; 325; 332; 341; 347; 348; 353; 357;
393; 500*

Duplessis, A.
Radierer, von dem Blätter aus den Jahren
1789–1795 bekannt sind.
Kat. 335

Duplessis, Joseph-Siffred
Carpentras (Vaucluse) 1725 – 1802 Versailles
Maler. Ging 1745 für vier Jahre nach Rom,
um bei P. Subleyras zu lernen. Ab 1752 in
Paris tätig, wo er 1769 in die Akademie
aufgenommen und 1774 zum Mitglied ernannt wurde. Gleichzeitig begann er für den
Hof zu porträtieren, der die technisch hervorragenden und farblich harmonischen Bildnisse Duplessis' so schätzte, daß der Künstler
1780 eine Wohnung im Louvre erhielt. 1796
wurde er zum Konservator des Museums in
Versailles ernannt.
Kat. 52; 236

Dupréel, J.D.B. (Jean-Baptiste-Michel)
Kupferstecher in Paris, tätig um 1787–1817.
Kat. 348

Eisen, Charles-Joseph-Dominique
Valenciennes 1720 – 1778 Brüssel
Zeichner, Radierer, Maler. Seit 1747 fertigte er
vor allem Buchillustrationen an, so z. B. zu
den Erzählungen La Fontaines. Eisen war
Zeichenlehrer der Madame Pompadour, der
ihn bei Hof vorstellte. Er wurde zum „Peintre
et Dessinateur du Roi" ernannt. Nach einem

Eklat bei Hofe mußte Eisen Frankreich verlassen und ging nach Brüssel, wo er 1778 hoch
verschuldet starb.
Kat. 132

Ellis, William
London 1747 – um 1810
Zeichner und Stecher, vor allem von Landschaftsdarstellungen.
Kat. 151

Elluin, François-Rolland
Abbeville 1745 – 1810 Abbeville
Kupferstecher und Kunsthändler. Durch den
Zeichner Antoine Borel und den Verleger
Cazin kam Elluin zu der erotischen Vignette,
durch die er bekannt wurde. Nach Borel hat
Elluin eine große Anzahl unsignierter Vignetten für Hauptwerke der pornographischen
Literatur der 1770er und 1780er Jahre wie
„Thérèse Philosophe" und „La Fille de Joie"
angefertigt.
Kat. 26

Espercieux, Jean-Joseph
Marseille 1757 – 1840 Paris
Bildhauer, ausgebildet an der Akademie in
Marseille. Seit 1776 in Paris, u. a. als Schüler
Davids. Espercieux erhielt während des
Empire und der Restauration zahlreiche
öffentliche Aufträge. So war er an den Ausschmückungsarbeiten für den Louvre, den
Arc de Triomphe du Carroussel u. a. beteiligt.
Kat. 484

Fernique & Deblezer
Kat. 308

Flaxman, John
York 1755 – 1826 London
Zeichner und Bildhauer. 1787–1794 in Rom.
Dort entstanden unter dem Einfluß der
Antike auch die meisten Zeichnungen Flaxmans, wie die Illustrationen zu Homer,
Aischylos und Dante; ihr einfacher Konturenstil – nach dem Vorbild griechischer
Vasenmalerei – war für die Kunst um 1800,
die in ihrem Erneuerungsstreben nach neuen
Bildformen suchte, von größter Bedeutung.
So auch für David und Ingres, die Flaxman
1802 in Paris kennenlernten.
Kat. 221; 223; 449

Fontaine, Pierre-François-Léonard
Pontoise 1762 – 1853 Paris
Architekt. Ausgebildet an der Pariser École
des Beaux-Arts, ab 1779 im Atelier von Peyre,
wo er mit Charles Percier (siehe Percier)
zusammentraf. Seit dieser Zeit waren beide
vor allem für Napoleon tätig, der Fontaine
1807 zu seinem Ersten Architekten ernannte.
In der napoleonischen Ära entstand das Sammelwerk ihrer Dekorations- und Möbelentwürfe „Recueil de décorations intérieurs".
Auch nach dem Sturz des Kaisers und dem
gelösten Arbeitsverhältnis mit Percier (1814)
blieb er Hofarchitekt unter Ludwig XVIII.
Kat. 505a–i; 511 a–m

Fouquet, Jean
Miniaturmaler. Stellte 1781 im Salon de la
Correspondance und 1793–1798 im Louvre
aus.
Kat. 320

Fragonard, Alexandre-Evariste
Grasse 1780 – 1850 Paris
Als Sohn des berühmten Jean-Honoré wurde
er, trotz seiner Schulung bei David, von der
väterlichen Tradition beeinflußt, vor allem
was Farb- und Lichtwirkung betrifft. Im Salon
stellte er u. a. Porträts sowie Darstellungen
zeitgenössischer Ereignisse aus. Später behandelte er mit Vorliebe royalistische Themen aus der französischen Geschichte.
Kat. 322; 324; 361; 371; 382; 403

Fragonard, Jean-Honoré
Grasse 1732 – 1806 Paris
Maler und Radierer. An der Pariser Akademie wurde er bei Chardin und Boucher ausgebildet. 1756–1761 an der französischen Akademie in Rom, wo er Freundschaft mit H. Robert und dem Abbé R. de Saint-Non schloß. Abgesehen von einem zweiten Italienaufenthalt 1773, lebte Fragonard seit 1761 fortwährend in Paris. Seine letzten Arbeiten sind von der frivolen Sorglosigkeit und eleganten Erotik des „Ancien Régime" geprägt, eine Kunst, die mit dem Ausbruch der Revolution ein abruptes Ende fand. Zwar wurde Fragonard, von David protegiert, Mitglied in der Verwaltung des Musée National und Conservateur des Musée des Arts, doch hatte er als Künstler keine Erfolge mehr zu verzeichnen.
Kat. 5; 6; 54

Freudenberger, Sigmund
Bern 1745 – 1801 Bern
Maler und Radierer. In Paris kam es zur Bekanntschaft mit Boucher und Greuze, die Freudenberger förderten und ihn in ihre Kreise aufnahmen. 1773 Rückkehr nach Bern, wo seine sentimentalen Genrebilder – meist Szenen aus dem Berner Bauernleben – reißenden Absatz fanden.
Kat. 19

Friedrich, Caspar David
Greifswald 1774 – 1840 Dresden
Maler und Radierer. Erster Zeichenunterricht bei J. F. Quistorp. 1794–1798 Studium an der Kopenhagener, 1798–1804 an der Dresdner Akademie. Dort schloß er sich dem romantischen Kreis um Runge, Kügelgen, Tieck, Carus, Kleist u. a. an. Friedrichs Kunst war von einer Verbindung aus tiefer Religiösität und Naturgefühl bestimmt. Doch auch vaterländische Symbolik bestimmte seine Landschaften. Im Zusammenhang mit der napoleonischen Ära entstanden eine Reihe von Bildern, in denen Friedrich durch „Grab- und Denkmäler alter Helden" seiner Hoffnung auf Befreiung des Vaterlandes Ausdruck verleiht.
Kat. 469; 487; 488; 542; 543; 544

Füger, Heinrich Friedrich
Heilbronn 1751 – 1818 Wien
Bildnis-, Historien- und Miniaturmaler. Seit 1795 Direktor der Wiener Akademie, Hofmaler, Professor, seit 1806 Direktor der Gemäldegalerie des Belvedere. Füger, der vor allem für Adel und Mittelstand tätig war, zählte zu den angesehensten Porträtmalern seiner Zeit. In der Historienmalerei vertrat Füger einen strengen Klassizismus nach französischem Vorbild.
Kat. 545

Füssli, Johann Heinrich
Zürich 1741 – 1825 London
Maler, Zeichner und Kunsttheoretiker. 1764 siedelte er nach England über. Dort übersetzte er Winckelmanns „Gedanken über die Nachahmung griechischer Werke" ins Englische, war literarischer Berichterstatter und Gesellschafter. 1766 unternahm er eine Reise nach Frankreich, wo es zu einer geistigen Auseinandersetzung mit Rousseau kam. Nach acht Jahren Aufenthalt in England begann er, auf Anregung von Reynolds, zu malen. In London schloß er sich dem radikal-intellektuellen Kreis um den Verleger J. Johnson an, durch den er auch Blake kennenlernte. 1789 kam es zur Begegnung mit Mary Wollstonecraft; gemeinsam mit der vorrevolutionären Frauenrechtlerin und Johnson plante er 1792 eine, nie realisierte, Parisreise, um den Revolutionsereignissen beizuwohnen. In diesen sah Füssli seine Hoffnung auf individuelle und gesellschaftliche Freiheit verwirklicht, wandte sich jedoch, als es zur Hinrichtung Ludwigs XVI. kam, gegen die Jakobiner, indem er die Anarchie als legitimen Abkömmling des Despotismus bezeichnete. Auch Napoleon lehnte er wegen seiner Maßlosigkeit ab. Seit 1801 war Füssli Professor, ab 1804 „Keeper" der Royal Academy in London, wo er seine kunsttheoretischen Anschauungen vortrug.
Kat. 44; 99; 105; 106; 189; 204–212; 436; 437; 438; 463; 470

Gabriel, Charles-François
Kat. 353

Galli Thierry & Co.
Kat. 365

Gálvez, Juan
Mora bei Toledo 1774 – 1847 Madrid
Schüler der Madrider Akademie, wo er 1826 Direktor der Malklassen und 1838 Generaldirektor wurde. Während der napoleonischen Besatzungszeit weilte er in Cádiz, wo er mit Brambila die „Ruinas de Zaragoza" radierte.
Kat. 532

Gandat
gest. 1797 Ermenonville bei Paris
Maler. Lebte mehrere Jahre in Italien, seit 1793 Mitglied der Pariser Commune des Arts.
Kat. 64

Garnerey, Jean-François
Paris 1755 – 1837 Auteuil
Maler, Zeichner und Kupferstecher; ausgebildet bei David. Schuf Illustrationen, Genre- und Historienbilder, vor allem jedoch zahlreiche Porträts.
Kat. 388

Gautier, Jean-Baptiste
Kupferstecher, tätig um 1789–1820. Stach einige Blätter für Bonnevilles „Portraits des personnages célèbres de la Révolution" (1796–1802).
Kat. 219; 300

Gautier Dagoty (Gauthier d'Agoty), Louis
Paris 1746 – nach 1787
Gehörte zur Farbstecher-Familie Gautier Dagoty; meist mit seinem Bruder Edouard tätig.
Kat. 13

Gérard, François-Pascal-Simon, Baron
Rom 1770 – 1837 Paris
1782 kam Gérard nach Paris und wurde in die von Marigny begründete „Pension du roi" aufgenommen, lernte dann zwei Jahre bei dem Bildhauer Pajou und trat darauf in das Atelier Brenets ein. 1786 kam er zu seinem einflußreichsten Lehrer, Jacques-Louis David, und wurde neben Jean Antoine Gros (1771–1836) einer seiner Lieblingsschüler. Seine Bildnisskizzen empfahlen ihn der Familie Bonaparte als Historiographen. Seine pompöse Repräsentationskunst paßte sich ganz dem aristokratisch-großbürgerlichen Geschmack an. Unter Ludwig XVIII. wurde er zum „premier peintre du roi" (1817) und war so auch noch in der Restauration der Günstling des Hofes.
Kat. 504; 508

Gérard, Marguerite
Grasse 1761 – 1837 Paris
Malerin und Radiererin.
Kat. 54

Gessner, Salomon
Zürich 1730 – 1788 Zürich
Dichter, Zeichner, Radierer und Maler. Seit 1750 in Zürich, wo seine ersten Dichtungen „Daphnis" (1754) und „Idyllen" (1756) entstanden. Erst ab 1762 vorwiegend zeichnerisch tätig, wobei er vor allem Radierungen zu seinen eigenen Schriften anfertigte. Seit 1780 entstanden auch Gouachen und Aquarelle. Als Gegner einer naturfeindlichen Zivilisation teilte er rousseauistische Anschauungen.
Kat. 198; 199

Gilbert, Florentin
Architekt. Tätig 1790–1814
Kat. 360

Gillot, Claude
Langres 1663 – 1721 Paris
Als Dekorations- und Arabeskenmaler hoch geschätzt. Sein umfangreiches Œuvre stellt einen bedeutenden Beitrag zum Stil der Régence dar.
Kat. 15

Gillray, James
Chelsea 1757 – 1815 London
Gillray war seinerzeit der bekannteste und am meisten geschätzte Karikaturist in England und auf dem Kontinent. Abgesehen von einigen Bildnissen schuf Gillray fast nur politische bzw. gesellschaftssatirische Blätter, insgesamt wohl 1500 Stück. Nachdem der Künstler die französische Revolution zuerst begrüßte, lehnte er sie, sobald die Septembermorde einsetzten, entschieden ab. Seit 1798 karikierte er Napoleon in der Gestalt eines tobenden Zwerges, „Little Boney". Diese Gestalt zählt zu den schlagkräftigsten Erfindungen der politischen Satire.
Kat. 404; 406–412; 414–417; 419–430; 432; 434; 435; 477; 513–521; 527–529; 344b

Gilly, Friedrich
Altdamm bei Stettin 1772 – 1800 Karlsbad
Studium u. a. bei Chodowiecki. 1793 intensive Beschäftigung mit der Geschichte des Altertums. 1797 Beginn einer 15monatigen Reise nach Frankreich und England, durch Deutschland und Österreich-Ungarn. Gilly war vor seinem Schüler Schinkel das größte deutsche Architekturtalent des Klassizismus: Wegen seines frühen Todes ist er fast nur durch Entwürfe hervorgetreten. Sein Hauptwerk ist sein Beitrag zum Wettbewerb für ein Denkmal Friedrichs des Großen 1796.
Kat. 201

Girardet, Abraham
Le Locle 1764 – 1823 Paris
Kupferstecher. In den Jahren 1789–1794 schuf er mehrere Stiche, die von den Revolutionsereignissen berichten. Seine Mitarbeit an dem Monumentalwerk „Tableaux historiques de la Révolution française" begann um 1795.
Kat. 237; 340; 342

Giraud, Louis (Jean-L.)
gest. 1789
Wurde 1756 zum „architecte du roi" ernannt; wohl identisch mit dem Hofarchitekten Girault.
Kat. 1

Girodet-Trioson, Anne-Louis
Montargis 1767 – 1824 Paris
Maler, Illustrator, Lithograph und Schriftsteller. Lieblingsschüler Davids, in dessen Atelier er 1785–1789 ausgebildet wurde. Abgesehen

von einigen riesigen Gemälden – z. B. „Napoleon empfängt die Schlüssel der Stadt Wien", 1808 – hinterließ Girodet vor allem Zeichnungen und Illustrationen zu Vergil, Ossian u.a.
Kat. 497; 498

Girtin, Thomas
London 1775 – 1802 London
Landschaftsmaler und -radierer. Im Winter 1801/02 begab er sich nach Paris. Girtin brach mit der herkömmlichen, topographisch getreuen Landschaftsmalerei in England, indem er ihr klassisches Kompositionsschema durch unmittelbare Naturbeobachtung ersetzte.
Kat. 354

Godefroy, François
Bois-Guillaume bei Rouen 1743 – 1819 Paris
Kupferstecher. Stach neben Buchschmuck und Porträts mit seinem Sohn Adrien einige Revolutionsvignetten.
Kat. 64

Godefroy, Jean
London 1771 – 1839 Paris
1783–1788 bei J. P. Simon in London zum Stecher ausgebildet; seit 1797 in Paris. Dort kam er durch seine Tätigkeit für Joséphine Bonaparte zur einflußreichen Bekanntschaft mit Gérard, nach dessen Vorbildern Godefroy einige Stiche anfertigte.
Kat. 552

Goethe, Johann Wolfgang von
Frankfurt a. M. 1749 – 1832 Weimar
Dichter
Kat. 370

Goldar, John
Oxford 1729 – 1795 London
Kupferstecher
Kat. 316

Gorp, Henri-Nicolas van (auch Vangopf, Vangorp)
Paris um 1756 – nach 1819
Genre-, Porträt- und Miniaturmaler. Schüler von Boilly. Zwischen 1793 und 1819 war er häufig mit Porträts und Genredarstellungen im Salon vertreten.
Kat. 219

Goussier
Kat. 125 b, c

Goya y Lucientes, Francisco José de
Fuendetodos (Provinz Saragossa) 1746 – 1828 Bordeaux
Wahrscheinlich bis 1771 Schüler von Bayeu in Madrid. 1770/71 Italienaufenthalt; nach seiner Rückkehr nach Saragossa erhielt er den ersten bedeutenden Auftrag: Die Deckenmalerei des kleinen Chors der Kirche El Pilar. Seit 1775 war Goya mit der Herstellung von Teppichkartons für die königliche Manufaktur beschäftigt. Ab 1780 Mitglied der Akademie. 1786 ernannte man ihn zum Hofmaler. 1792 traf ihn eine schwere Krankheit. Trotz Genesung blieb Goya für den Rest seines Lebens taub. Sein Amt als Direktor der Akademie, zu dem er 1795 ernannt wurde, legte er zwei Jahre später wieder nieder und zog sich immer zurück. Seine gewonnene Erkenntnis vom „radikal Bösen in der Natur" äußert sich auch in seiner Kunst. Nach den 1799 veröffentlichten „Caprichos" begann er 1810 mit den „Desastres de la Guerra". Obwohl Goya nach der Rückkehr Ferdinands VII. Hofmaler blieb, wurde er vom König mit keinen weiteren Aufträgen mehr betraut. 1821 entstand die Radierfolge der „Disparates". 1824 verließ Goya Spanien und ließ sich nach einem kurzen Parisaufenthalt in Bordeaux nieder.
Kat. 21; 29; 58; 86; 87; 88; 101; 102; 103; 115; 156; 453–460; 466; 467; 473; 489; 530.1–80; 551

Graff, Anton
Winterthur 1736 – 1813 Dresden
Bildnismaler, Miniaturist und Radierer. 1766 von Kurfürst Friedrich Christian als Hofmaler und Akademielehrer nach Dresden berufen, wo er bis an sein Lebensende eine reiche Tätigkeit entfaltete. Ähnlich wie Chodowiecki wurzelt er in der Tradition des bürgerlichen Bildnisses.
Kat. 70

Greuze, Jean-Baptiste
Tournus 1725 – 1805 Paris
Genre-, Historienmaler und Porträtist. Greuze, der sich auch der Historienmalerei widmete, erlangte hauptsächlich durch seine sentimental-moralisierenden Genrebilder allgemeines Ansehen. Die Wahl seiner Bildthemen, in denen der Kleinbürger mit seinen moralischen Problemen ins Zentrum rückt, trug ihm den Beifall Diderots ein. Mit dem Auftreten Davids geriet Greuzes Kunst mehr und mehr in Vergessenheit. Von der Revolution um all sein Vermögen gebracht, starb er in größter Armut.
Kat. 214; 215

Grignion, Charles
London 1716 – 1810 London
Zeichner und Kupferstecher; schuf hauptsächlich Porträts und Buchillustrationen.
Kat. 44; 183

Grimm, Ludwig Emil
Hanau 1790 – 1863 Kassel
Maler, Zeichner und Radierer. Schuf neben Illustrationen vor allem Bildnisse, Genre- und Landschaftsdarstellungen.
Kat. 536 a–c

Gros, Antoine-Jean Baron
Paris 1771 – 1835 Meudon
Historien- und Porträtmaler. Nach der ersten Ausbildung bei der Bildnismalerin Vigée-Lebrun wurde Gros schon mit 15 Jahren als Schüler bei David aufgenommen. 1793 floh er aus Furcht vor Denunziation nach Italien, wo er 1796 durch die Vermittlung Joséphines Napoleon kennenlernte, der sein Hauptauftraggeber werden sollte. Seit 1801 befand er sich wieder in Paris. Seine bevorzugten Themen aus der Zeit nach 1801 sind die Hauptereignisse der napoleonischen Kriege.
Kat. 351

Guélard, J.B.
Reproduktionsstecher und Maler in Paris, tätig zwischen 1733 und 1748.
Kat. 8

Guyot, Laurent
1756–1808
Zeichner und Stecher. Neben Genreszenen, Allegorien, Landschaften und Porträts auch zahlreiche politische Darstellungen, die die Ereignisse der französischen Revolution verherrlichen.
Kat. 363; 376

Hackert, Jacob Philipp
Prenzlau 1737 – 1807 Florenz
Landschaftsmaler. Ausgebildet an der Berliner Akademie unter Le Sueur. 1765 in Paris, wo sich seine in Gouache gemalten Landschaften großer Beliebtheit erfreuten. Ende 1768 übersiedelte Hackert mit seinem Bruder nach London. 1770 für Lord W. Hamilton in Neapel tätig. Dorthin übersiedelte Hackert 1786, von König Ferdinand IV. zum Kammermaler berufen. Ein Jahr später kam es zur Begegnung und Freundschaft mit Goethe. Als 1799 die Revolution auch Neapel erreicht hatte, begab er sich zuerst nach Livorno und dann nach Florenz.
Kat. 194

Hackwood, William
Porträtmodelleur, tätig um 1780 in der englischen Porzellan-Manufaktur Wedgwood.
Kat. 120

Hagemann, Carl Friedrich
Berlin 1773 – 1806 Berlin
Bildhauer. Bei G. Schadow an der Berliner Akademie ausgebildet; 1802–1803 in Rom, wo es zur Bekanntschaft und künstlerischen Auseinandersetzung mit Thorvaldsen kam. Danach in Berlin als Assistent von Schadow tätig.
Kat. 34

Hall, John
Wivenhoe 1739 – 1797 London
Stecher und Emailmaler. Seine Bedeutung liegt auf dem Gebiet des historischen Porträt-Linienstichs. Auf diesem Gebiet gehörte er unter die ersten reproduzierenden Künstler Englands.
Kat. 116

Hamilton, William
London 1751 – 1801 London
Illustrator, Genre- und Porträtmaler. 1772 brachte er eine Sammlung griechischer Vasen nach England, die vor allem Flaxman stilistische Anregungen bot. Seine Werke, die hauptsächlich poetische, biblische und historische Themen behandeln, fanden durch den Farbendruck große Verbreitung.
Kat. 231

Hans, Johann (Jean)
Maler und Kupferstecher, tätig in Ulm und Straßburg um 1800. In einer Reihe von Stichen hielt Hans die zeitgenössischen Ereignisse in Straßburg fest.
Kat. 260

Heim, François
Kat. 483

Heinecken, Karl Heinrich Ritter von
Lübeck 1706 – 1791 Gut Altdöbern/ Niederlausitz
Kunstgelehrter
Kat. 142

Helman, Isidore-Stanislas
Lille 1743 – 1806 oder 1809 Paris
Kupferstecher und Verleger. 1797 erschien das Album „Principales journées de la Révolution", 12 Blätter nach Monnet, die 1800–1802 um drei weitere Stiche erweitert wurden. Auch ein Porträt Napoleons, nach Monnet und St.-Aubin, gehört zu seinen Werken.
Kat. 242; 251; 278; 296; 317; 336; 356

Hemmer, Johann Jacob
Horbach 1733 – 1790 Mannheim
Physiker, Meteorologe und Sprachforscher. Nach dem Studium der Mathematik, Theologie und Philosophie in Köln richtete er in Mannheim als Mitglied der kurpfälzischen Akademie der Wissenschaften (seit 1768) für Kurfürst Karl Theodor ein physikalisches Kabinett ein. Seit 1769 beschäftigte er sich mit der Frage des Blitzschutzes und gehört neben J. A. H. Reimarus zu den Vorkämpfern für die „Wetterleiter" in Deutschland. Hemmers wissenschaftliches Verdienst liegt auf dem Gebiet der Meteorologie. Unter seiner Leitung wurde das erste meteorologische Beobachtungsnetz der Erde eingesetzt.
Kat. 213

Hennequin, Philippe-Auguste
Lyon 1762 – 1833 Leuze bei Tournai
Maler, Radierer und Lithograph. In Lyon brachte er seine politische Einstellung mit dem Gemälde „Fédération du 14me juillet" zum Ausdruck. Später war er für Napoleon tätig. Als 1815 die Bourbonen zurückkehrten,

zwang ihn seine politische Einstellung Paris zu verlassen, und er folgte David nach Belgien ins Exil.
Kat. 395; 402; 501

Hercy
Kat. 391

Hergett, Johann Adolf
Erbauer wissenschaftlicher Instrumente
Kat. 130

Herrliberger, David
Zürich 1697 – 1777 Zürich
Kupferstecher und Verleger. Seit 1729 in Zürich. Dort gründete er eine eigene Werkstatt und Kunsthandlung, in der er seine meist nach fremden Vorlagen gestochenen Blätter vertrieb. Diese Verleger-Tätigkeit Herrlibergers bildet einen wichtigen Beitrag zur schweizerischen Kulturgeschichte.
Kat. 137a–d

Hertel, Johann Georg II
Reproduktionsstecher. Mitglied der Kupferstecherfamilie Hertel, die im 18. Jahrhundert in Augsburg wirkte.
Kat. 9

Hogarth, William
London 1697 – 1764 London
Maler, Kupferstecher und Radierer. Seit 1720 als Kupferstecher selbständig tätig. In jener frühen Phase entstanden neben Buchillustrationen auch erste satirische Blätter im Stil Callots. Ende der zwanziger Jahre wandte sich Hogarth der Genre- und Porträtmalerei zu. Mit dem Malen und Stechen moralisierender Genrebilder, „ein Feld, das bisher in keinem Lande bestellt worden war", begann er um 1730. Nach dem Tod seines Lehrers und Schwiegervaters Thornhill (1734) erbte Hogarth dessen Institut und baute es zu einer der wichtigsten englischen Kunstschulen vor der Gründung der Royal Academy aus. Auch bewirkte er gemeinsam mit G. Vertue und V. de Gucht, daß die Urheberrechte der Zeichner und Kupferstecher 1735 parlamentarisch geregelt wurden (Hogarth-Akte). Als Begründer der englischen Karikatur war sein Erfindungsreichtum auch für Deutschland und Frankreich von großer Bedeutung.
Kat. 81; 98; 147; 148

Hogg, James
Englischer Kupferstecher, tätig Ende des 18. Jahrhunderts.
Kat. 220

Hooghe, Romeyn de
Amsterdam 1645 – 1708 Haarlem
Maler, Radierer, Bildhauer und Medailleur. Hooghe zählte zu den wichtigsten Vertretern des holländischen Spätbarock.
Kat. 79

Houdon, Jean-Antoine
Versailles 1741 – 1828 Paris
Bildhauer. Debütierte 1769 im Salon, 1777 gelang ihm die Aufnahme in die Akademie. Er schuf u. a. Büsten der Kaiserin Katharina (1773), Buffons (1783) und drei Porträtbüsten von Voltaire. Durch die Vermittlung von Benjamin Franklin erhielt er 1784 den Auftrag für ein Washington-Denkmal, welches – 1792 vollendet – auf dem Kapitol in Richmond (USA) errichtet wurde.
Kat. 30; 32; 33; 118

Huber, Jean
Château de Chambésy am Genfersee 1721 – 1786 Lausanne
Maler, Graphiker und Silhouettenschneider. Schon der Spitzname „Huber-Voltaire" spricht für seinen engen Umgang mit dem Philosophen; sein Bildnis hielt Huber in zahl-reichen Silhouetten und Zeichnungen fest, wobei er mit Vorliebe komische Situationen auswählte.
Kat. 65; 67

Huet, Christophe
gest. 1759 Paris
In Paris als Maler von Chinoiserien sowie als Kupferstecher tätig.
Kat. 8

Huet, Jean-Baptiste
Paris 1745 – 1811 Paris
Maler und Radierer. Beschickte den Salon regelmäßig mit seinen pastoralen Genrebildern und mythologischen Szenen – Themen, die Huets Œuvre zum überwiegenden Teil bestimmen.
Kat. 4

Humphrey, George H.
Englischer Graphikhändler und Verleger gegen Ende des 18. Jahrhunderts. 1818 übernahm er den Graphikladen seiner Tante, Hanna Humphrey, in London. Humphrey lieferte Entwürfe für Gillray, mit dem er eng befreundet war, sowie für Cruikshank und andere englische Karikaturisten seiner Zeit.
Kat. 524; 525

Huquier, Gabriel
Orléans 1695 – 1772 Paris
Kupferstecher und Kupferstichverleger. Besaß unzählige Ornamentzeichnungen von Meissonier, Gillot, Oppenort u. a., die er durch seine Nachstiche bekannt machte.
Kat. 10; 15; 16; 17; 18

Ibbetson, Julius Caesar
Churwell Bank (Yorkshire) 1759 – 1817 Masham (Yorkshire)
Landschaftsmaler und Radierer. Seit 1777 als Kopist holländischer Gemälde in London. 1785 wurde Ibbetson in die Royal Academy aufgenommen, wo er bis 1815 ausstellte.
Kat. 146

Ingouf le Vieux, Pierre-Charles
Paris 1746 – 1800 Paris
Kupferstecher
Kat. 19

Isabey, Jean-Baptiste
Nancy 1767 – 1855 Paris
Miniaturmaler, Zeichner und Lithograph. 1785 ging er nach Paris, um in das Atelier Davids einzutreten. Neben Percier und Fontaine leitete er die Hoffestlichkeiten Napoleons. 1805 erhielt er den Titel „premier peintre de la Chambre de l'Impératrice". Im Auftrag Marie-Louises ging er nach Wien, um die Mitglieder der kaiserlichen Familie zu malen. 1814/15 malte er dort im Auftrag Talleyrands die Teilnehmer des Wiener Kongresses.
Kat. 552

Jacquemart et Bénard (Manufaktur)
Pierre Jacquemart unterhielt um 1794/1814 ein Atelier in Paris, das bedruckte Buntpapiere mit Darstellungen zeitgenössischer Ereignisse und Persönlichkeiten lieferte.
Kat. 365

Jahn, Johann Quirin
Prag 1739 – 1802 Prag
Mitglied der böhmischen Malerfamilie Jahn. Seit 1768 in Wien, wo er – zum Akademiemitglied ernannt – einen großen Kundenkreis fand. Um 1780 kehrte Jahn nach Prag zurück.
Kat. 126

Janinet, Jean-François
Paris 1752 – 1814 Paris
Farbstecher und Kupferstichverleger. Im Malen 1772–1773 an der Académie Royale ausgebildet, betrieb er die Stechkunst autodidaktisch und spezialisierte sich auf den Farbendruck in Aquatintamanier. Ab Ende 1789 gab der Künstler eine Folge von Stichen mit den Revolutionsereignissen heraus, publiziert unter dem Titel „Gravures historiques des principaux événements depuis l'ouverture des États généraux". Bis März 1791 erschien wöchentlich ein Blatt kommentiert mit einem Text. Dieses Vorhaben – der Nationalversammlung gewidmet – erreichte 56 Lieferungen, wobei vor allem die Ereignisse des Juli 1789 bis ins Detail festgehalten wurden.
Kat. 7; 241a–i; 245; 255; 256; 257; 258; 259; 261; 266; 267; 268; 360

Jazet, Jean-Pierre Marie
Paris 1788 – 1871 Paris
Aquatintastecher. Er spezialisierte sich auf Darstellungen aus der Geschichte Napoleons sowie anekdotenhafte und moralisierende Bildinhalte.
Kat. 355

Kant, Immanuel
Königsberg 1724 – 1804 Königsberg
Philosoph
Kat. 41

Kauffmann, Angelica
Chur 1741 – 1807 Rom
Malerin und Radiererin. In Rom wurde sie 1763 in den Kreis um Winckelmann und Mengs aufgenommen. In London erzielte sie seit 1766 bei Hofe große Erfolge und fand Aufnahme in die neu gegründete Royal Academy. Kauffmann ließ sich in Venedig nieder, siedelte jedoch nach dem Tode ihres Vaters (1782) nach Rom, wo ihr Wohnsitz zum gesellschaftlichen und geistigen Zentrum bedeutender Persönlichkeiten wurde.
Kat. 461

Kleinschmidt, Christian Ludwig
Landmesser
Kat. 129

Knigge, Adolph Freiherr von
Gut Bredenbeck bei Hannover 1752 – 1796 Bremen
Schriftsteller
Kat. 92

Knigge, Philippine Freiin von
Kassel 1775 – 1841 Hameln
Tochter Adolph von Knigges
Kat. 134

Kobold, Johann Werner
um 1740 – 1803 Kassel
Maler, Zeichner und Kupferstecher. Hofdessinateur von Friedrich II. in Kassel. Dort seit 1772 Lehrer an der Akademie.
Kat. 182

Koch, Joseph Anton
Obergibeln (Tirol) 1768 – 1839 Rom
Maler, Zeichner, Radierer. Beeinflußt von den Ideen der französischen Revolution, mußte er 1791 nach Straßburg fliehen. Dort kam es zum Kontakt mit den Jakobinern; von diesen ernüchtert begab er sich in die Schweiz. Seit 1794 in Rom, wo er unter dem Einfluß von Carstens und Reinhart zu dem „heroischen Stil" gelangte, der die deutsche Landschaftsmalerei entscheidend prägte.
Kat. 196; 472

Kolbe d. Ä., Carl Wilhelm
Berlin 1757 – 1835 Dessau
Zeichner und Graphiker. Er widmete sich ausschließlich der Zeichnung und Radierung. In Kolbes Kunst, die auf einem eingehenden Naturstudium basiert, wird neben dem Einfluß Gessners und Waterloos auch die Bewegung des „Sturm und Drang" spürbar. An die Stelle der Gessnerschen Idylle

tritt nun das elementare Naturerlebnis.
Kat. 233; 486

Labrousse, L.
Zeichner und Kupferstecher, tätig in der zweiten Hälfte des 18. Jahrhunderts. Stach Szenen mit zeitgenössischen Anekdoten.
Kat. 349

Lafitte, Louis
Paris 1770 – 1828 Paris
Zeichner und Maler, ausgebildet bei J.-B. Regnault. 1791–1817 stellte er in Paris zahlreiche Zeichnungen aus, u. a. allegorische Szenen und zeitgenössische Ereignisse. In der Restaurationszeit wurde er zum „Dessinateur du Cabinet du Roi" ernannt.
Kat. 398

Laneuville, Jean-Louis
Paris 1748 – 1826 Paris
Porträtmaler. Der David-Schüler stellte zwischen 1791 und 1817 mehrmals im Salon aus, u. a. Porträts von Konventsmitgliedern.
Kat. 384

Langlumé
Lithograph; beschickte 1822 und 1824 den Salon. Besitzer einer lithographischen Anstalt in Paris.
Kat. 547

La Tour, Maurice-Quentin de
St.-Quentin 1704 – 1788 St.-Quentin
Pastellmaler, Porträtist. Als um 1720 die Pastellmalerei in Mode kam, wandte er sich dieser Technik zu. La Tour wurde vor allem von der Pariser Gesellschaft geschätzt, da er es verstand, seinen gefälligen Pastellbildnissen eine realistische Note zu verleihen.
Kat. 69

Laurent, L.
Französischer Kupferstecher, tätig in der zweiten Hälfte des 18. Jahrhunderts. Möglicherweise identisch mit L. Laurence, der den „Schwur der Horatier" nach Caraffe stach.
Kat. 359

**Lebarbier le Vieux,
Jean-Jacques-François**
Rouen 1738 – 1826 Paris
Maler, Zeichner für den Kupferstich. In seinen Gemälden findet man vor allem mythologische, allegorische und religiöse Themen. Außerdem tat er sich als Kunsttheoretiker hervor. Mit S. Gessner befreundet.
Kat. 359

Ledoux, Claude-Nicolas
Dormans 1736 – 1806 Paris
Architekt. Ab 1762 wurden seine ersten Entwürfe realisiert, die ihm großen Erfolg bescherten. 1773 wurde er Mitglied der Akademie und königlicher Architekt. In den 80er Jahren schuf Ledoux die radikalen Entwürfe für die Idealstadt von Chaux, deren abstrakt stereometrische Bauten zu seinen kühnsten Schöpfungen zählen. 1785 erhielt er den Auftrag, mehr als 50 Zollhäuser um Paris zu errichten, ein Vorhaben, dem die französische Revolution ein abruptes Ende bereitete. 1793 wurde Ledoux verhaftet und entging nur knapp der Guillotine. Nach seiner Freilassung 1795 beschränkte sich der Architekt auf die Herausgabe seines Werkes „L'Architecture".
Kat. 159; 160

Lemercier
Französischer Architekt. Stellte 1804 das „Projet d'un monument triomphal à la gloire de l'Empereur des Français" und 1810 einen Entwurf für ein „Monument de triomphe à la gloire de S.M. L'Empereur et Roi" im Salon aus.
Kat. 507

Le Mire (Lemire), Noël
Rouen 1724 – 1801 Paris
Kupferstecher. Le Mire, der zu den bedeutendsten Stechern des 18. Jahrhunderts gezählt werden kann, hinterließ ein immenses Œuvre; darin nehmen die Buchvignetten zur Rousseau-Ausgabe von 1774/83 eine hervorragende Stellung ein.
Kat. 78; 363

Lépicié, François-Bernard
Paris 1698 – 1755 Paris
Kupferstecher und Kunstschriftsteller
Kat. 154

Lequeu, Jean-Jacques
Rouen 1757 – 1825 (?) Paris
Als Architekt in Rouen ausgebildet, begab er sich Anfang der achtziger Jahre nach Paris, um bei Soufflot d. J. zu arbeiten. 1783 in Italien. Als Architekt aristokratischer Auftraggeber fand auch seine Karriere mit dem Ausbruch der französischen Revolution ein abruptes Ende. Lequeus utopische Entwürfe, die u. a. den Einfluß von Piranesi, Le Geay und Ledoux verraten, sind losgelöst von jeder präzisen Bauaufgabe.
Kat. 202; 203; 465

Le Roy (Leroy), Jacques
geb. 1739
Kupferstecher in Paris (Porträts, Buchillustrationen und Ornamentstiche)
Kat. 22

Levachez, Charles-François-Gabriel
Kupferstecher. Gemeinsam mit einem Sohn stach er zwischen 1760 und 1820 zahlreiche Blätter nach fremden Vorlagen und vertrieb sie im Pariser Handel.
Kat. 353; 393; 394

Lewis d. Ä., Frederick Christian
London 1779 – 1856 Enfield
Kupferstecher und Maler
Kat. 354

Longhi, Giuseppe
Monza 1766 – 1831 Mailand
Kupferstecher, Lithograph und Schriftsteller; zeichnete Porträtminiaturen.
Kat. 351

Lorentzen, Christian August
Alsen 1749 – 1828 Kopenhagen
Maler. Ausgebildet an der Akademie in Kopenhagen. 1779–1782 in den Niederlanden und Paris, wo es zur künstlerischen Auseinandersetzung mit Greuze kam.
Kat. 53

Loutherbourg, Philippe-Jacques de
Straßburg 1740 – 1812 Chiswick bei London
Maler, Radierer und Aquatintastecher. 1771 übersiedelte Loutherbourg nach London, wo er sich als Bühnenmaler und -techniker einen bedeutenden Namen schuf. Rein künstlerisch betrachtet blieb er Eklektiker, doch darf sein Einfluß auf die englische Landschaftsmalerei nicht unterschätzt werden.
Kat. 191

Louvion, Jean-Baptiste Marie
Versailles 1740 – 1804
Kupferstecher. Stach Bildnisse sowie allegorische und satirische Darstellungen zeitgenössischer Ereignisse.
Kat. 491

Maignien
Kat. 400

Mallet, Jean-Baptiste
Grasse 1759 – 1835 Paris
Maler und Radierer von Historien, Interieurs und Landschaften. Bekannt wurde er vor allem durch seine eleganten Genreszenen mit erotischem Unterton im Stil von Debucourt und Boilly d. Ä.
Kat. 331

Mandar, Charles-François
Marines (Seine-et-Oise) 1757 –
nach 1830 Paris
Architekt. Zuerst Professor für Festungsbau an der École de Pontlevoy; unter Napoleon zum Professor für Architektur an der École des ponts et chaussées ernannt, ein Amt, von dem er 1830 zurücktrat.
Kat. 274

Mariage, Louis-François
Kupferstecher; tätig zwischen 1785 und 1811 in Paris. Zu seinem Œuvre zählen Reproduktionsstiche, Bildnisse nach eigenen Vorlagen sowie Buchschmuck.
Kat. 382

Mariette, Jean
Paris 1660 – 1742 Paris
Mitglied einer Pariser Kunsthändler-, Verleger- und Stecherfamilie. Gab 1727/37 das dreibändige Werk „L'Architecture franç., ou recueil des plans, élév. etc." heraus.
Kat. 140

Marillier, Clément-Pierre
Dijon 1740 – 1808 Beaulieu
Zeichner, Radierer und Buchillustrator. Arbeitete zunächst als Maler und mußte dann aus finanziellen Gründen auf die Buchillustration umsteigen.
Kat. 27

Martini, Pietro Antonio
Trecasali 1738 – 1797 Parma
Zeichner und Kupferstecher
Kat. 471

Massard, Jean
Bellême 1740 – 1822 Paris
Stecher und Stichverleger. Stammvater einer Stecherfamilie.
Kat. 66

Maulbertsch, Franz Anton
Langenargen am Bodensee 1724 –
1796 Wien
Maler und Radierer. Seit Anfang der siebziger Jahre Hofmaler; bedeutender Künstler des österreichischen Spätbarock. Sein Œuvre ist vor allem von den zahlreichen Fresken und Altarbildern geprägt, die er in der gesamten Donaumonarchie hinterließ.
Kat. 72; 73; 77

Maurin, Antoine
Perpignan 1793 – 1860 Paris
Bildnismaler und Lithograph
Kat. 493

Mechel, Christian von (Chrétien de)
Basel 1737 – 1818 Berlin
Kupferstecher, Stichverleger und Kunsthändler. Er war eng mit Winckelmann befreundet. 1771 ging er nach Düsseldorf und 1779 nach Wien, wohin ihn Kaiser Josef II. von Österreich zur Ausstellung und Katalogisierung der kaiserlichen Gemäldesammlung berufen hatte. Nach dem Rückgang der Baseler Geschäfte als Stecher und Kunsthändler und der Liquidation 1800 ließ sich Mechel als Verleger von Stichwerken und Lithographien in Berlin nieder.
Kat. 143

Meil, Johann Wilhelm
Altenburg (Thüringen) 1733 – 1805 Berlin
Ging 1749 nach Leipzig, wo er sich autodi-

daktisch als Zeichner und Stecher fortbildete. Ab 1752 in Berlin tätig. Seit 1755 widmete sich Meil dem Buchschmuck. Bald gehörte er dem literarisch-künstlerischen Kreis um Lessing, Nicolai, Ramler und Sulzer an und wurde 1756 Mitglied des Berliner Montag-Klubs. Nach Chodowieckis Tod 1801 wurde Meil als dessen Nachfolger Akademiedirektor.
Kat. 50; 144

Meissonier, Juste-Aurèle
Turin 1693 (1695) – 1750 Paris
Maler, Architekt, Goldschmied und Ornamentstecher. Meissonier gab der französischen dekorativen Kunst eine neue Wendung ins Phantastisch-Bizarre. Er schuf den extremen Rocaillestil, dessen besondere Leistung auf dem Gebiet der Ornamentik liegt.
Kat. 17; 18

Mendelssohn, Moses
Dessau 1729 – 1786 Berlin
Philosoph
Kat. 50

Mengs, Anton Raphael
Aussig 1728 – 1779 Rom
Maler und Kunsttheoretiker. 1741–1744 in Rom, wo er unter der harten Zucht seines Vaters, des sächsischen Hofmalers Ismael Mengs, im Geist des barocken Klassizismus erzogen wurde. 1755 kam es in Rom zur Freundschaft mit Winckelmann. 1761 erschien seine Schrift „Gedanken über die Schönheit und den Geschmack in der Malerei". Durch die Gunst der Königin Maria Amalia von Neapel – seit 1759 Königin von Spanien – wurde Mengs 1761 als Hofmaler nach Madrid berufen. Mengs galt in seiner Zeit als der Reformator" der „verderbten" Malerei bzw. als Überwinder des Rokoko. Jedoch ist seine Kunst, was Funktion und Thematik betrifft, noch stark vom Barock geprägt. Von Bedeutung sind vor allem seine theoretischen Schriften, in denen er eine kunsthistorische Begriffssystematik und eine Wertlehre ausbildete.
Kat. 59

Mérigot, François
Landschaftsmaler, Zeichner und Stecher in Paris (1772–1791) und London.
Kat. 200

Messerschmidt, Franz Xaver
Wiesensteig bei Geislingen 1736 – 1783 Preßburg
Bildhauer. 1769 zum Titularprofessor der Wiener Akademie ernannt, mußte dieses Amt jedoch schon 1774 „wegen gestörtem Geisteszustand" aufgeben. Auch ein Ruf als Hofbildhauer nach München (1775) kam aufgrund seiner exzentrischen Wesensart nicht zustande. Zunehmend geistig verwirrt, lebte Messerschmidt seit 1777 in völliger Einsamkeit in Preßburg.
Kat. 190

Meynier, Charles
Paris 1768 – 1832 Paris
Historienmaler. Ausgebildet bei Vincent, später Lehrer an der École nationale des Beaux-Arts.
Kat. 337; 502

Minozzi, Flaminio Innocenzo
Bologna 1735 – 1817 Bologna
Architektur- und Ornamentmaler
Kat. 164 a/b

Mirabeau, Honoré-Gabriel Riqueti, Graf
Bignon bei Remeurs 1749 – 1791 Paris
Politiker
Kat. 51

Monnet, Charles
Paris 1732 – 1808 (1817) Paris
Historien-, Bildnis- und Dekorationsmaler.

Von Diderot hochgeschätzt, lieferte Monnet den Stechern des Ancien Régime erotische und allegorische Sujets. Ab 1789 schuf er Allegorien zu Themen der Revolution. Sein Hauptwerk ist in der „Collection des principales journées de la Révolution" zu sehen, die von S. Helman beendet wurde. Um 1796 wandte sich Monnet wieder galanten Themen, wie der Illustration von Choderlos de Laclos' „Liaisons dangereuses", zu.
Kat. 242; 278; 296; 317; 319; 356; 495

Monogrammist H. W.
Englischer Karikaturist des 18. Jahrhunderts
Kat. 405

Monsaldy, Antoine-Maxime
Paris 1768 – 1816
Kupferstecher. 1787–1791 Schüler der Academie Royale unter Peyron.
Kat. 476

Montfaucon, Bernard de
Schloß Soulage/Languedoc 1655 – 1741 Paris
Altertumsforscher
Kat. 127

Moreau, Jean-Michel, gen. le Jeune
Paris 1741 – 1814 Paris
Maler, Zeichner, Radierer. Als Sympathisant der Revolution wurde Moreau 1789 Mitglied der Akademie sowie der Kunstkommission. Seit 1797 Lehrer an den städtischen Zentralschulen.
Kat. 1; 23; 363

Morland, George
London 1763 – 1804 London
Maler. Seine Sittenbilder, Tierstücke sowie Schilderungen aus dem Bauern- und Fischerleben erfreuten sich großer Beliebtheit.
Kat. 228; 229; 230

Naigeon, Jean-Claude
Dijon 1753 – 1832 Dijon
Historien- und Bildnismaler, ausgebildet bei Devosges und David. 1802–1829 Konservator des Musée du Luxembourg in Paris.
Kat. 297

Naudet, Thomas-Charles
Paris 1773 – 1810 Paris
Landschaftsmaler, Radierer, Aquarellist. Schüler von Hubert Robert. Auf seinen Reisen nach Italien, Spanien und in die Schweiz fertigte er zahlreiche Stadtansichten an.
Kat. 327

Normand, Charles-Pierre Joseph
Goyencourt (Somme) 1765 – 1840 Paris
Architekt, Zeichner, Kupferstecher. Seit 1801 schuf er zahlreiche Stichfolgen, vor allem für Percier und Fontaine.
Kat. 398; 483; 496; 509

Ohmacht, Landolin
Dunningen bei Rottweil 1760 – 1834 Straßburg
Bildhauer. 1789–1790 in Italien, wo er unter dem Vorbild der Antike zum Monumentalstil gelangte. Ohmacht schuf eine Reihe hervorragender Porträtbüsten, z. B. von Lavater, Klopstock, Koch. Diese betonen die Individualität der jeweiligen Persönlichkeit.
Kat. 35

Olivier, Heinrich
Dessau 1783 – 1848 Berlin
Maler und Zeichner. 1808 vom Fürsten von Anhalt-Dessau mit einem Porträt Napoleons beauftragt; es wurde das einzige Napoleon-Bild der deutschen Romantik, die im Widerstreit mit der französischen Fremdherrschaft stand. Seit 1810 in Dessau tätig. 1813/14 Beteiligung an den Freiheitskriegen als Offizier der deutschen Legion. Während des Kongresses in Wien dem romantischen Kreis um Fried-

rich Schlegel angehörend, befürwortete Olivier die Restaurationspolitik Metternichs.
Kat. 546

Oppenort (Oppenoordt), Gilles-Marie
Paris 1672 – 1742 Paris
Zeichner, Architekt und Kupferstecher. 1699 trat Oppenort in die Dienste des Herzogs von Orléans, zunächst als Oberintendant der herzöglichen Bauten, später als Direktor der königlichen Manufakturen und Intendant der königlichen Gärten. So war er schon durch sein Amt mit der „Régence" verbunden, deren Stil er als ihr bedeutendster Ornamentkünstler repräsentierte.
Kat. 10; 16

Paine, Thomas
Thetford/Norfolk 1737 – 1809 New York
Schriftsteller und Politiker
Kat. 46

Pécheux, Benedetto (Benoît)
Rom 1779 – nach 1831 Paris (?)
Maler von religiösen und Historienbildern. Szenen aus den Feldzügen Napoleons wurden nach ihm gestochen.
Kat. 512

Pellegrini, Domenico
Galliera 1759 – 1840 Rom
Bildnis- und Historienmaler. Um 1789 begann er in Paris zu arbeiten, wo er seit 1793 zahlreiche Stiche über die letzten Tage Ludwigs XVI. und seiner Familie anfertigte.
Kat. 309

Percier, Charles
Paris 1764 – 1838 Paris
Architekt. 1792 wurde er Chefdekorateur der Pariser Oper. 1794–1814 arbeiteten Percier und Fontaine in künstlerischer Gemeinschaft. Ihr Atelier wurde zum Anziehungspunkt klassizistischer Architekten. Im Dienste Napoleons wurden beide zu Schöpfern des Empire. Die wichtigsten der zahlreichen ausgeführten Aufträge sind Arbeiten am Louvre, den Tuilerien (u. a. der Bau einer Verbindungsgalerie zwischen beiden), der Bau des Arc de Triomphe du Caroussel sowie der Ausbau der Schlösser Malmaison und Compiègne.
Kat. 505 a–i; 511 a–m

Pérée, Jacques-Louis
Geb. Département Oise 1769
Zeichner und Kupferstecher in Paris
Kat. 334

Pether, William
Carlisle 1731 (1738) – 1795 (1821) London
Maler, Miniaturist und Miniaturstecher
Kat. 149

Peyron, Jean-François-Pierre
Aix 1744 – 1814 Paris
Historienmaler und Radierer. Seit 1787 Mitglied der Pariser Akademie und Direktor der Gobelin-Manufaktur. Peyron, der meist Motive aus der antiken Geschichte und Mythologie malte, war auch für Davids künstlerische Entwicklung von Bedeutung.
Kat. 226

Pezant
Kat. 358

Picart, Bernard
Paris 1673 – 1733 Amsterdam
Zeichner, Kupferstecher, Miniaturmaler. Lebte seit 1711 in Amsterdam, wo er vor allem Buchschmuck stach.
Kat. 137 a–d

Pigalle, Jean-Baptiste
Paris 1714 – 1785 Paris
Bildhauer. Von Madame de Pompadour und

ihrem Freundeskreis sehr geschätzt. 1752 zum Professor, 1777 zum Rektor der Akademie ernannt. Hinterließ ein vielfältiges Œuvre, das sich durch Wirklichkeitstreue und technische Fertigkeit auszeichnet.
Kat. 31

Pillement, Jean
Lyon 1728 – 1808 Lyon
Landschafts-, Genre- und Blumenmaler, Ornamentzeichner und -stecher; von Watteau, Boucher u. a. beeinflußt. Seit 1778 Hofmaler der Marie Antoinette.
Kat. 13; 14

Pine, Robert Edge
London 1730 – 1788 Philadelphia
Historien- und Bildnismaler. Ließ sich 1783 in Philadelphia nieder.
Kat. 57

Pinelli, Bartolomeo
Rom 1781 – 1835 Rom
Maler, Zeichner, Radierer, Lithograph, Bildhauer
Kat. 117; 531; 550

Piranesi, Giovanni Battista
Mogliano/Veneto 1720 – 1778 Rom
Ausgebildet als Architekt. Kam 1740 nach Rom, wo er sich aufgrund mangelnder Bauaufträge auf das Stechen verlegte. Sein Œuvre umfaßt rund 1000 Blätter, u. a. die phantastischen Architekturentwürfe der „Carceri", sowie vier Foliobände mit archäologischen Bestandsaufnahmen, die 1756 unter dem Titel „Antichità Romane" herausgegeben wurden. Piranesi gehörte nicht nur zu den leidenschaftlichsten Verehrern und Verfechtern der Größe altrömischer Baukunst. Auch schuf er mit seinen perspektivisch übersteigerten Darstellungen auf dem Gebiet der Ruinenvedute einen neuen Typus, der die bildende Kunst nachhaltig beeinflußte.
Kat. 20; 104; 185; 186; 187

Piroli, Tommaso
Rom um 1750/52 – 1824
Kupferstecher. U. a. Illustrationsfolgen nach Flaxman und Arbeit für den Piranesi-Verlag in Paris.
Kat. 512

Pomares, Francisco
Kat. 531

Ponce, Nicolas
Paris 1746 – 1831 Paris
Kupferstecher
Kat. 6

Portman, Ludwig
Darmstadt 1772 – 1813 Amsterdam
Kupferstecher, tätig in Amsterdam.
Kat. 321

Prévost (Provost), Benoît-Louis
um 1735 – 1804 oder 1809
Pariser Kupferstecher, Radierer und Zeichner, u. a. Vignetten nach Cochin.
Kat. 42; 125 d; 373; 374

Prieur, Jean-Louis
Paris 1759 – 1795 Paris
Zeichner, bekannt durch seine Mitarbeit an den „Tableaux historiques de la Révolution française". Für diese schuf er nicht nur 67 Zeichnungen, sondern war zwischen 1790 und 1792 auch einer der Herausgeber. Als überzeugter Jakobiner ins Revolutionstribunal gewählt, wurde Prieur am 7. Mai 1795 von den Thermidorianern zum Tode verurteilt und durch die Guillotine hingerichtet.
Kat. 244; 246; 247; 248; 249; 262; 264; 265; 269; 270; 275; 280; 285; 295

Prud'hon, Pierre-Paul
Cluny 1758 – 1823 Paris
Maler. Nach dreijährigem Aufenthalt in Rom 1791 Rückkehr nach Paris, wo er aktiv an der Revolutionsbewegung mitwirkte. Nach dem Sturz Robespierres zog sich Prud'hon für drei Jahre nach Gray zurück. Seit 1797 erneut in Paris, wo er nach der Machtübernahme Napoleons – von Joséphine protegiert – zu Ruhm gelangte.
Kat. 378; 379; 380; 381; 493

Puschner, Johann Georg
Zeichner und Kupferstecher in Nürnberg, um 1705 – 1750.
Kat. 135; 136

Quaglio, Joseph (Giuseppe)
Laino 1747 – 1828 München
Architekt, Theater- und Freskomaler. Seit 1770 in Mannheim und Schwetzingen als kurfürstlicher Theatermaler tätig. Ging 1778 nach München, wo er 1801 zum Hoftheaterarchitekten ernannt wurde.
Kat. 450

Quenedey, Edme
Riceys-le-Haut (Aube) 1756 – 1830 Paris
Radierte kleine Bildnisse in Aquatinta mit dem von Gilles-Louis Chrétien, dessen Mitarbeiter er war, erfundenen „Physionotrace".
Kat. 393

Radel
Kat. 125 a

Ramberg, Johann Heinrich
Hannover 1763 – 1840 Hannover
Historienmaler, Karikaturist, Illustrator. Durch Protektion Georgs III. von England 1781–1788 in London. Auch Gillrays Karikaturen waren für Ramberg, dessen eigentliche Begabung auf dem Gebiet der gezeichneten Satire lag, von großer Bedeutung. Nach dem Tode Chodowieckis war er der begehrteste Illustrator Deutschlands.
Kat. 152

Raymond, Jean-Arnaud
Toulouse 1742 – 1811 Paris
Architekt. Fertigte in Paris verschiedene Pläne zur Restaurierung des alten Louvre an.
Kat. 509

Réattu, Jacques
Arles 1760 – 1833 Arles
Historienmaler. Ausgebildet seit 1778 bei J.-B. Regnault in Paris. Nach gewonnenem Rompreis (1790) 1791–1793 in der italienischen Metropole. Schon dort sympathisierte er mit den neuen revolutionären Ideen und wurde, nach seiner Rückkehr nach Frankreich, zum leidenschaftlichen Republikaner. Seit 1794 in Marseille, wo er mit zahlreichen öffentlichen Aufträgen betraut wurde – zentrales Thema: die Glorifikation der Revolution. Seit 1797 in Paris. Relativ erfolglos – er erhielt zwischen 1800 und 1816 keinen einzigen öffentlichen Auftrag – kehrte Réattu von dort nach Arles zurück.
Kat. 401

Regnault, Jean-Baptiste
Paris 1754 – 1829 Paris
Maler und Radierer. Ausgebildet bei A.-M. Bardin in Paris. 1776 mit dem 1. Rompreis ausgezeichnet. Dort erhielt er große Anerkennung, vor allem von Mengs. Zurück in Paris, ernannte man ihn 1783 zum Akademiemitglied. Auch den Salon beschickte er regelmäßig mit seinen meist mythologischen Bildern. Politische Themen behandelte Regnault häufig in Darstellungen von gigantischem Ausmaß: So wurde er von der Revolutionsregierung mit einer riesigen „Allegorie der Menschenrechte" beauftragt (es kam nur zur Stu-

die). Unter dem Empire schuf der Künstler einen 9 m langen „Triumphzug Napoleons zum Tempel der Unsterblichkeit". Die Rückkehr der Bourbonen feierte er in seinem Bild „L'Heureux Événement".
Kat. 227; 396

Reichardt, Johann Friedrich
Königsberg 1752 – 1814 Giebichenstein bei Halle
Komponist, Schriftsteller
Kat. 290

Reinhold, Heinrich
Gera 1788 – 1825 Rom
Landschaftsmaler und Kupferstecher. Vivant Denon, der auf Reinhold in Wien aufmerksam wurde, konnte ihn als Mitarbeiter für sein großes Stichwerk über die Feldzüge Napoleons gewinnen. Reinhold reiste zusammen mit Benjamin Zix über Straßburg nach Paris, wo er von 1809 bis 1816 arbeitete. Unter dem Einfluß von F. Olivier wandte er sich der Landschaftsmalerei zu und ging 1819 nach Italien.
Kat. 483

Riepenhausen, Ernst Ludwig
Göttingen 1765 – 1840 Göttingen
Kupferstecher in der Nachfolge von Chodowiecki. Stach Veduten, Bildnisse, Monatskupfer sowie Illustrationen für Göttinger Almanache.
Kat. 292

Robert, Hubert
Paris 1733 – 1808 Paris
Landschafts-, Architektur- und Genremaler. Kam 1754 als Pensionär der französischen Akademie nach Rom, wo er unter dem Einfluß von Piranesi und P. Pannini zu seinem Stil gelangte. Nach 10jährigem Aufenthalt Rückkehr nach Paris. Noch lange verarbeitete er seine in Italien gewonnenen Eindrücke und Antikenstudien. Gleichzeitig griff er nun Pariser Motive auf, mit Vorliebe spektakuläre Ereignisse, z.B. den Abbruch der Häuser auf dem Pont de Neuilly. Mit diesen Ruinenbildern erzielte Robert so große Erfolge, daß man ihn 1784 „garde des tableaux du roi" ernannte. Als Royalist verdächtigt, wurde er im Oktober 1793 verhaftet. Nach dem Sturz Robespierres freigelassen, konnte er seine Tätigkeit als Konservator am Louvre wieder ungehindert aufnehmen.
Kat. 197; 474; 475; 478

Rooker, Michael (Angelo)
London 1743 – 1801 London
Landschafts- und Architekturmaler, Kupferstecher. Auf seinen Reisen durch England malte er zahlreiche Abteien und Gebäude.
Kat. 151

Rowlandson, Thomas
London 1756 – 1827 London
Zeichner und Karikaturist. Anfangs Historienmaler und Porträtist. Ähnlich wie sein Freund Gillray begrüßte Rowlandson die französische Revolution, verabscheute die Septembermorde und attackierte Napoleon, doch sind seine Blätter nie von der bitteren Gallophobie Gillrays gekennzeichnet.
Kat. 523

Runge, Philipp Otto
Wolgast (Vorpommern) 1777 – 1810 Hamburg
Maler und Theoretiker. Geprägt vom Geist des protestantischen Elternhauses fand er seinen ersten Lehrer in dem Theologen und Naturdichter L. Th. Kosegarten. 1799–1801 Studium an der Kopenhagener Akademie unter Juel und Abildgaard. 1801–1804 in Dresden, wo es zur Bekanntschaft mit Friedrich kam. Auch schloß er Freundschaft mit L.

Tieck, durch den er die Schriften J. Böhmes und Novalis' kennenlernte, und korrespondierte mit Goethe über seine „Farbenkugel". 1804–1806 in Hamburg. 1806–1807 in Wolgast. 1807–1810 in Hamburg. Dort schloß er sich 1809 der Patriotischen Gesellschaft an. Runge hinterließ in den 1840/41 von seinem Bruder Daniel herausgegebenen „Hinterlassenen Schriften" Ideen zu einer grundsätzlichen Erneuerung der Kunst.
Kat. 232; 468; 535; 537–541

Ruscheweyh, Ferdinand
Neustrelitz 1785 – 1846 Neustrelitz
Zeichner und Reproduktionsstecher
Kat. 490 a/b

Sablet, Jean-François
Morges 1745 – 1819 Nantes
Maler und Zeichner. Schuf Porträts zeitgenössischer Persönlichkeiten (z. B. Napoleon, Joséphine).
Kat. 389

Saint-Aubert, Antoine-François
Cambrai 1715 – 1788 Cambrai
Maler. Tätig in Cambrai, wo er eine eigene Zeichenschule leitete.
Kat. 80

Saint-Aubin, Augustin de
Paris 1736 – 1807 Paris
Der Illustrator und Stecher gehörte zu einer bedeutenden Künstlerfamilie. Er porträtierte viele Damen der Gesellschaft in pastellierten Zeichnungen. Als ein Hauptexponent der Kunst des Ancien Régime wurde er von der Revolution aus seiner Werkstatt im Louvre vertrieben.
Kat. 61

Saint-Sauveur
Zeichner des 18. Jahrhunderts. Lieferte die Vorzeichnungen zu den „Costumes des Autorités Civiles Directoriales", die von Labrousse gestochen wurden.
Kat. 349

Sandoz, Auguste
Zeichner und Farbstecher in Paris. Stellte im Salon von 1793 Bildnisse Marats und Ch. Cordays aus.
Kat. 47; 299

Savage, Edward
Princetown (Massachusetts) 1761 – 1817 Princeton
Bildnismaler und Kupferstecher. Ausgebildet bei B. West.
Kat. 56

Schadow, Johann Gottfried
Berlin 1764 – 1850 Berlin
Bildhauer, Zeichner, Radierer, Lithograph. Schadow, stärkste künstlerische Kraft der deutschen klassizistischen Plastik, hinterließ eine Reihe hervorragender Bildwerke – das populärste ist wohl die lebensgroße Gruppe der Prinzessinnen Luise und Friederike von Preußen. Zu seinen wichtigsten Schülern gehörten Rudolf Schadow (sein Sohn), F. Tieck, vor allem aber Christian Rauch, der seinem Lehrer bald nach der Jahrhundertwende den Rang streitig machte.
Kat. 39; 534

Schall, Jean-Frédéric
Straßburg 1752 – 1825 Paris
Maler. Bis zum Ausbruch der Revolution malte Schall in großer Zahl galante Szenen, die oft der „Skandalchronik" des Regimes Ludwigs

XVI. entnommen sind. Während der Revolution malte Schall einige Allegorien patriotischen Inhalts. In seinen letzten Lebensjahren änderte er seine Malweise und lehnte sich stilistisch an Drolling und Prud'hon an.
Kat. 121

Schubert, Johann David
Dresden 1761 – 1822 Dresden
Radierer und Zeichner für den Kupferstich.
Kat. 292

Sergel, Johan Tobias
Stockholm 1740 – 1814 Stockholm
Bildhauer und Zeichner. 1767–1778 als Staatsstipendiat in Rom. Diese Zeit, geprägt von einer intensiven Auseinandersetzung mit der antiken Formenwelt, führte Sergel zu schöpferischen Höchstleistungen. Auch pflegte er Kontakt mit Füssli und Abildgaard. 1779 von Gustav III. als Hofbildhauer nach Stockholm berufen. 1808 wurde er in den Adelsstand erhoben, 1810 zum Direktor der Kunstakademie ernannt.
Kat. 222

Sergent-Marceau, Antoine-François
Chartres 1751 – 1847 Nizza
Kupferstecher, Lithograph und Schriftsteller. Bekleidete während der französischen Revolution verschiedene Ämter; vor allem tat er sich in der Organisation künstlerischer Angelegenheiten hervor. 1795 Flucht in die Schweiz. Nach seiner Rückkehr nach Paris 1797–1801 Regierungskommissar der Militärlazarette. 1803 ins Ausland verbannt.
Kat. 234; 236

Sharp, William
London 1749 – 1824 London
Reproduktionsstecher
Kat. 45

Smith, John Raphael
Derby 1752 – 1812 Worcester
Maler, Zeichner, Schabkünstler und Kupferstichverleger. Seit 1767 in London; seit 1769 als Schabkünstler tätig. Seit 1801 auch Wanderporträtist und Genremaler, wobei er mit Vorliebe in Pastell arbeitete.
Kat. 228; 229; 230

Soemmerring, Samuel Thomas von
Thorn 1755 – 1830 Frankfurt a. M.
Anatom, Physiologe
Kat. 119

Stevenson
Kat. 316

Stinstra, Johannes
1709–1790
Pfarrer der Wiedertäufer in Harlingen
Kat. 91

Stothard, Thomas
London 1755 – 1834 London
Durch seine Tätigkeit als Buchillustrator – z. B. für Harrison's „Novelist Magazine" – lernte er Flaxman kennen. Stothard hinterließ unzählige Zeichnungen für Buchillustrationen; rund 3000 wurden, hauptsächlich von fremder Hand, gestochen.
Kat. 45

Strutt, Joseph
Springfield (bei Chelmsford) 1749 – 1802 London
Zeichner und Kupferstecher in London und Chelmsford.
Kat. 57

Swebach-Desfontaines (Swebach Dit Fontaine), Jacques-François-Joseph
Metz 1769 – 1823 Paris
Maler und Zeichner. Swebach-Desfontaines zählte auf Grund seiner Mitarbeit an den

„Tableaux Historiques de la Révolution Française" und wegen seiner Zusammenarbeit mit C. Vernet an dem Album der „Campagnes des Français sur le Consulat et l'Empire" zu den großen Chronisten der französischen Revolution. Als Maler von Militär- und Genreszenen war er ebenso beliebt wie als Porzellanmaler zuerst in Sèvres und dann in St. Petersburg, wohin ihn Alexander I. eingeladen hatte.
Kat. 302; 306; 312

Tarbé, S. A.
Kat. 128

Tassaert, Jean-Joseph-François
Paris 1765 – 1835 Paris
Kupferstecher. Hauptsächlich Reproduktionsstecher von Bildnissen – u. a. Charlotte Corday, Napoleon und Marie-Louise – und zeitgenössischen Ereignissen.
Kat. 310

Tassaert, Jean-Pierre Antoine
Antwerpen 1727 – 1788 Berlin
Bildhauer. Erst seit den 60er Jahren selbständig tätig. Durch Vermittlung d'Alemberts an Friedrich II. 1775 zum Leiter des königlichen Bildhauerateliers in Berlin ernannt. 1787 Direktor über alle Bildhauerarbeiten an den königlichen Bauten in Berlin und Potsdam.
Kat. 36

Thévenin, Charles
Paris 1764 – 1838 Paris
Maler und Stecher. 1791 mit dem Rompreis ausgezeichnet, gewann er zwei Jahre später in einem Wettbewerb um Darstellungen der Erstürmung der Bastille. 1816–1822 Direktor der Académie de France in Rom; seit 1829 Konservator des Cabinet des estampes der Bibliothèque royale in Paris.
Kat. 252

Trippel, Alexander
Schaffhausen (Schweiz) 1744 – 1793 Rom
Bildhauer. Kam früh nach London, wo er seine erste künstlerische Ausbildung erhielt. Trippel kann als hervorragender frühklassizistischer Bildhauer gelten; sein Œuvre war sowohl für Canova als auch für G. Schadow von Einfluß.
Kat. 37

Vaudoyer, Antoine-Laurent-Thomas
Paris 1756 – 1846 Paris
Architekt, Kupferstecher und Architekturschriftsteller. Gründete 1793, nach Aufhebung der Akademien, zusammen mit David Leroy eine Architekturschule im Louvre, die bis 1795 bestand. Erhielt 1804 einen Preis in dem von Napoleon ausgeschriebenen Wettbewerb für ein Denkmal für die Große Armee. Erweiterte u. a. das Collège de France und erneuerte die Gebäude der Sorbonne.
Kat. 164 a/b

Vérité, Jean-Baptiste
Kupferstecher und Verleger in Paris, tätig um 1788–1805. Stach in den Revolutionsjahren Bildnisse herausragender Persönlichkeiten, wie Ludwig XVI., La Fayette, Couthon oder Le Pelletier, sowie Allegorien. Ende 1795 verlegte er sich, gemeinsam mit dem Zeichner Bouillon (1776–1831), auf die Herausgabe von Stichen, die das Unglück von Ludwig XVI. und seiner Familie schildern.
Kat. 293; 294; 313

Vernet, Carle
Bordeaux 1758 – 1836 Paris
Ausgebildet in der Werkstatt seines Vaters Joseph Vernet. Anfänglich begrüßte Vernet die französische Revolution, verabscheute sie jedoch, als er am Tage der Belagerung der

Bastille einen Schuß in die Hand erhielt, und als seine Schwester auf dem Schafott hingerichtet wurde. Unter Napoleon schuf Vernet große Schlachtenbilder.
Kat. 341

Viller
Kat. 397

Vincent, François-André
Paris 1746 – 1816 Paris
Mit seinen Historienbildern errang er große Erfolge. Auch als Porträtmaler war Vincent sehr geschätzt. 1782 ernannte man ihn zum Mitglied, 1792 zum Professor der Académie royale.
Kat. 254

Voysard, Etienne-Claude
Paris 1746 – 1812 Paris
Reproduktionsstecher
Kat. 218

Wailly, Charles de – s. De Wailly

Webber, John
London 1750 – 1793 London
Maler und Radierer. Begab sich im Juli 1776 mit Kapitän Cook auf dessen 3. Weltreise. Von dieser kehrte Webber 1780 zurück; seine Eindrücke und Studien verarbeitete er noch lange in zahlreichen Illustrationen und Blättern.
Kat. 138; 139a–d

Weinbrenner, Friedrich
Karlsruhe 1766 – 1826 Karlsruhe
Architekt. 1792–1797 Studienreise nach Italien. In Straßburg schuf er 1799 u. a. Entwürfe für ein Nationaldenkmal der Republik und ein Denkmal Napoleons. Da sich Weinbrenner mit der französischen Verfassung nicht befreunden konnte, ging er schon im März 1800 nach Hannover. Seit August desselben Jahres als Bauinspektor in Karlsruhe tätig. Weinbrenner entfaltete eine reiche Bautätigkeit und bildete eine Vielzahl von Schülern heran. Mit seinem dem Revolutionsklassizismus entlehnten Formenvokabular prägte er nicht nur das Stadtbild von Karlsruhe entscheidend; auch für das gesamte Bauwesen Badens war er von großer Bedeutung.
Kat. 451; 549

Weise, Gotthelf Wilhelm
Dresden 1751 – 1810 Kassel
Seit 1778 Hofkupferstecher und Mitglied der Akademie in Kassel.
Kat. 182

West, Benjamin
Springfield (Pennsylvania) 1738 – 1820 London
Maler und Zeichner. Begab sich im Juli 1760 nach Italien. In Rom kam es zur Bekanntschaft mit Mengs, Winckelmann, Hamilton u. a. Seit Herbst 1763 in London, wo er sich endgültig niederließ. Bald gehörte er zu den meistgeschätzten Historienmalern des Landes. Er war nicht nur Mitbegründer, sondern auch langjähriger Präsident der Royal Academy. Mit seinem Gemälde „Der Tod des General Wolfe" errang er 1771 internationalen Ruhm. West ist der Begründer des modernen realistischen Historienbildes – er zeigt die Akteure nicht mehr idealisiert in antikischen Gewändern, sondern im Kostüm ihrer Zeit – und gehört zu den Klassikern der amerikanischen Malerei.
Kat. 112; 116; 217

West, Raphael Lamar
London 1769 – 1850 Bushey Heath
Maler, Radierer und Lithograph. Sohn des Benjamin West.
Kat. 113

Wheatley, Francis
London 1747 – 1801 London
Bildnis-, Genre- und Landschaftsmaler. Arbeitete unter dem Einfluß von Jean-Baptiste Greuze. 1779 zog er, um seinen Schuldnern zu entkommen, nach Dublin, wo er als Porträtist einen großen Kundenkreis fand. Zurück in London (1783/84), arbeitete er hauptsächlich für Graphikhändler und spezialisierte sich auf sentimentale literarische und häusliche Szenen – eine englische Variante der französischen „sensibilité" – und traf damit genau den Geschmack des Bürgertums.
Kat. 220

Wicar, Jean-Baptiste
Lille 1762 – 1834 Rom
Maler und Kupferstecher. Schüler von David; begab sich 1784 mit seinem Lehrer nach Italien. Als begeisterter Anhänger der französischen Revolution kehrte er 1793 nach Paris zurück, wo er sich durch Denunziationen zahlreiche Feinde schuf. Künstlerisch brachte er seine politische Anschauung in republikanischen Allegorien zum Ausdruck. Auch nach dem Thermidor blieb Wicar überzeugter Jakobiner. Er verlor seine Stellung als Konservator am Louvre und saß im Juni 1795 im Gefängnis. Trotzdem diente er dem „Directoire", indem er während des napoleonischen Italienzuges zu jener Kommission gehörte, die Kunstwerke konfiszierte. 1806 ernannte man ihn zum Direktor der Akademie in Neapel, ein Amt, das Wicar drei Jahre später wieder aufgab. Nach Rom zurückgekehrt, blieb er auch nach dem Zusammenbruch des Kaiserreiches dort seßhaft, als Porträt- und Historienmaler hoch geschätzt.
Kat. 334; 492

Williams, David
1738 – 1816
Prediger
Kat. 133

Winckelmann, Johann Joachim
Stendal 1717 – 1768 Triest
Archäologe, Kunstgelehrter
Kat. 141

Wolf, Caspar
Muri (Schweiz) 1735 – 1798 Mannheim
Landschaftsmaler. Malte hauptsächlich Schweizer Motive, mit Vorliebe Höhlen, was ihm den Spitznamen „Höhlenwolf" eintrug.
Kat. 192; 193

Wollstonecraft, Mary (verh. Godwin)
Hoxton bei London 1759 – 1797 London
Frauenrechtlerin
Kat. 48

Woodward, George Murgatroyd (Montard)
Derbyshire 1760 – 1806 (1809) London
Amateur-Karikaturist und Aquarellmaler. Kam 1790 nach London, wo er zwischen 1794 und 1800 zahlreiche Entwürfe zu politischen Karikaturen schuf. Seine Arbeiten zeichnen sich durch besondere Derbheit und Rohheit aus.
Kat. 418

Wright, Joseph, genannt Wright of Derby
Derby 1734 – 1797 Derby
Maler. Schuf sich mit seinen Bildern, die sich durch eine originale Motivauswahl – mit Vorliebe bei künstlicher Beleuchtung – auszeichneten, einen Namen. Auch auf seiner Italienreise (1773–1775) wählte er Regionen und Kulissen unter dem Gesichtspunkt wirkungsvoller Lichteffekte zum Bildgegenstand. Nach seiner Rückkehr nach England ließ er sich in Bath nieder. Mangelnde Aufträge veranlaßten ihn jedoch, 1777 nach Derby zu übersiedeln. Wright war Mitglied der Lunar Society und begrüßte die industrielle Entwicklung; mit seinen Förderern und Freunden Arkwright und Wedgwood teilte er die Begeisterung für die Verbindung von Wissenschaft und Kunst.
Kat. 149; 150; 195

Young d. Ä., Arthur
1693 – 1759
Pfarrer
Kat. 90

Yver, Pieter
Amsterdam 1712 – 1787 Amsterdam
Kupferstecher und Kunsthändler
Kat. 89

Zix, Benjamin
Straßburg 1772 – 1811 Perugia
Zeichner, Maler und Radierer. Als Napoleon im September 1805 in Straßburg feierlich einzog, hatte Zix den Triumphbogen entworfen. Dadurch wurde Vivant Denon – der Direktor des Musée Napoléon – auf ihn aufmerksam und nahm Zix als Historiographen in seinen Dienst. So reiste der Künstler durch Deutschland, Österreich, Spanien und Italien, um Schlachtfelder und eroberte Städte zu zeichnen. Auf der Rückreise von Rom 1811 erkrankte er tödlich.
Kat. 481; 482; 483

J. E.
B. M.

Abrams 1985
Ann Uhry Abrams: *The Valiant Hero. Benjamin West and Grand-Style History Painting.* Washington 1985.

Adhémar 1933
Jean Adhémar: *L'Enseignement académique en 1820. Gérard et son Atelier.* In: Bulletin de la Société d'Histoire de l'Art française. 1933.

Adler 1968
Emil Adler: *Herder und die deutsche Aufklärung.* Frankfurt/Zürich 1968.

Agulhon 1979
Maurice Agulhon: *Marianne au Combat. l'Imagerie et la Symbolique Républicaines de 1789 à 1880.* Paris 1979.

Aldridge 1975
Owen Aldridge: *Voltaire and the Century of Light.* Princeton 1975.

d'Alembert 1984
Jean d'Alembert: *Discours préliminaire.* Hrsg. F. Picavet. Paris 1984.

d'Alembert/Mensching 1989
Jean LeRond d'Alembert: *Einleitung zur „Enzyklopädie".* Hrsg. Günther Mensching. Frankfurt 1989.

Antal 1973
Frederick Antal: *Füssli-Studien.* Dresden 1973.

Arasse 1987
Daniel Arasse: *La Guillotine et l'Imaginaire de la Terreur.* Paris 1987 (dt. 1988).

Archives parlementaires
Archives parlementaires de 1787 à 1860: Recueil complet des Débats Législatifs et Politiques des Chambres françaises ... Sér. 1 (1787 à 1799). o. O. 1961 ff. (N.D. d. Ausg. Paris 1867 ff.)

Aris 1936
Reinhold Aris: *Political Thought in Germany from 1789 to 1815.* London 1936.

Arnason 1975
Harvard H. Arnason: *The Sculpture of Houdon.* London 1975.

Atherton 1974
Herbert M. Atherton: *Political Prints in the Age of Hogarth.* Oxford 1974.

Babelon 1912
Ernest Babelon: *Les Médailles historiques du Règne de Napoléon le Grand.* Paris 1912.

de Baecque
Antoine de Baecque: *La Caricature révolutionnaire.* 2 Bde. Paris 1988.

Baeumler 1923
Alfred Baeumler: *Das Irrationalitätsproblem in der Ästhetik und Logik des 18. Jahrhunderts bis zur Kritik der Urteilskraft.* Halle 1923 (N.D. Darmstadt 1967)

Balet/Gerhard 1972
Leo Balet/E. Gerhard: *Die Verbürgerlichung der deutschen Kunst, Literatur und Musik.* Hrsg. u. eingel. v. Gert Mattenklott. Frankfurt/M. u. a. O. 1972.

Baltrušaitis 1984
Jurgis Baltrušaitis: *Imaginäre Realitäten. Fiktion und Illusion als produktive Kraft.* Köln 1984 (frz. *Aberrations.* Paris 1983).

Bandiera 1983
John D. Bandiera: *The City of The Dead: French Eighteenth-Century Designs for Funerary Complexes.* In: Gazette des Beaux-Arts. Jan. 1983. S. 25–32.

Bandmann 1960
Günter Bandmann: *Melancholie und Musik. Ikonographische Studien.* Köln/Opladen 1960.

Barny 1986
R. Barny: *Rousseau dans la Révolution: le Personnage de Jean-Jacques et les Débuts du Culte révolutionnaire (1787–1791).* Oxford 1986 (Studies on Voltaire and the Eighteenth Century. Bd. 246).

Bartsch
The Illustrated Bartsch. Bd. 121 (Teil 1 u. 2): Dominique Vivant Denon. Bearb. v. Petra ten-Doesschate Chu. New York 1985.

Bartsch 1976
Gerhard Bartsch: *Akademismus und Idealismus am Beispiel des Bildhauers Johann Heinrich Dannecker. 1758–1841.* Diss. Hamburg 1976.

Basedow 1774
Kupfersammlung zu J. B. Basedows Elementarwerke für die Jugend und ihre Freunde: Erste Lieferung in 53 Tafeln. Zweyte Lieferung in 47 Tafeln von L bis XCVI. . . Nebst dem Methodenbuche und dem Elementarwerke in X Büchern zu haben bey S. L. Crusius in Leipzig, auch bey dem Verfasser und seinen Freunden. Berlin/Dessau 1774.

Basedow 1785
Das Basedowische Elementarwerk.: Ein Vorrath der besten Erkenntnisse zum Lernen, Lehren, Wiederholen und Nachdenken. Zu Zeit Kaiser Josephs II. Leipzig (2. Aufl.) 1785.

Bauer
Heiner Bauer: *Daniel Nikolaus Chodowiecki. Das druckgraphische Werk. Die Sammlung Wilhelm Burggraf zu Dohna-Schlobitten.* Hannover 1982.

Beaumarchais 1984
Jean-Pierre de Beaumarchais, (Hrsg.), Daniel Couty/Alain Rey: *Dictionnaire des Littératures de Langue française.* Paris 1984.

Bédat 1973
Claude Bédat: *L'Académie des Beaux-Arts de Madrid (1744–1808).* Toulouse 1973.

Beenken 1944
Hermann Beenken: *Das 19. Jahrhundert in der deutschen Kunst. Aufgaben und Gehalte. Versuch einer Rechenschaft.* München 1944.

Benesch 1924
Benesch: *Maulbertsch. Zu den Quellen seines malerischen Stils.* In: Städel-Jahrbuch. Bd. 3/4. 1924. S. 107–176.

Bentley 1978
Gerald Eades Bentley: *William Blake's writings.* 2 Bde. Oxford 1978.

Benzaken 1988
Jean Charles Benzaken: *Hercule dans la Révolution française ou les ,nouveaux travaux d'Hercule' (1789–1799).* In: Les Images de la Révolution française. Hrsg. M. Vovelle. Paris 1988 (Actes du Colloque Sorbonne 1985).

Berefelt 1961
Gunnar Berefelt: *Philipp Otto Runge zwischen Aufbruch und Opposition 1777–1802.* Diss. Uppsala 1961.

Berger 1943
Klaus Berger: *Courbet in his Century.* In: Gazette des Beaux-Arts. 85. 1943/2. S. 19–40.

Berlin 1982
Isaiah Berlin: *Wider das Geläufige. Aufsätze zur Ideengeschichte.* Frankfurt/M. 1982.

Bindman 1977
David Bindman: *Blake as an Artist.* Oxford 1977.

Bircher/Weber 1982
Martin Bircher/Bruno Weber: *Salomon Gessner.* Zürich 1982.

Bischoff 1977
Ulrich Bischoff: *Denkmäler der Befreiungskriege in Deutschland, 1813–1815.* Diss. Berlin 1977.

Biver 1963
Marie-Louise Biver: *Le Paris de Napoléon.* Paris 1963.

Biver 1964
Marie-Louise Biver: *P. François Léonard Fontaine. Prémier Architecte de l'Empereur.* Paris 1964.

Biver 1979
Marie-Louise Biver: *Fêtes révolutionnaires à Paris.* Paris 1979.

Blake 1956
Geoffrey Keynes (Hrsg.): *William Blake. Poetry and Prose.* London 1956.

Blanchard 1967
William H. Blanchard: *Rousseau and the Spirit of Revolt. A Psychological Study.* Ann Arbor 1967.

Blum 1986
Carol Blum: *Rousseau and the Republic of Virtue. The Language of Politics in the French Revolution.* Ithaca, N. Y./London 1986.

Blumenberg 1957
Hans Blumenberg: *Licht als Metaphor der Wahrheit. Im Vorfeld der philosophischen Begriffsbildung.* In: Studium Generale. X. 1957. S. 432–447.

BM
Mary Dorothy George: *Catalogue of Political and Personal Satires Preserved in the Department of Prints and Drawings in the British Museum.* Bd. 6–9. London 1938–49.

Bocher 1876
Emmanuel Bocher: *Les Gravures françaises du XVIIIᵉ Siècle ou Catalogue Raisonné des Estampes, Eaux-fortes, Pièces en Couleur, au Bistre et au Lavis, de 1700 au 1800. Troisième Fascicule: Jean-Baptiste Siméon Chardin.* Paris 1876.

Bocher 1879
Emmanuel Bocher: *Les Gravures françaises du XVIIIᵉ Siècle, ou Catalogue Raisonné des Estampes, Vignettes, Eaux-fortes, Pièces en Couleur au Bistre et au Lavis. Cinquième Fascicule: Augustin de Saint-Aubin.* Paris 1879.

Bodkin 1936
Thomas Bodkin: *Le Tombeau de Jean-Jacques Rousseau d'après les Peintres.* In: Gazette des Beaux-Arts. 78. 1936. S. 156–166.

Börsch-Supan s. BS

Bohatec 1938
Josef Bohatec: *Die Religionsphilosophie Kants in der „Religion innerhalb der Grenzen der bloßen Vernunft".* Hamburg 1938.

Bohatec 1964
Josef Bohatec: *Die Vorgeschichte der Menschen- und Bürgerrechte in der englischen Publizistik der ersten Hälfte des 17. Jahrhunderts.* In: Schnur 1964 (s. dort). S. 267–331.

Boime 1987
Albert Boime: *Art in an Age of Revolution 1750–1800.* Chicago/London 1987.

Bol 1989
Peter C. Bol (Hrsg.): *Forschungen zur Villa Albani. Katalog der antiken Bildwerke I.* Berlin 1989.

Bollnow 1950
Otto Friedrich Bollnow: *Comenius und Basedow.* In: Die Sammlung. Zeitschrift für Kultur und Erziehung. 5. 1950. Nr. 3. S. 141–153.

Bordes 1977
Philippe Bordes: *Intention politiques et Peintures: Le Cas de la Mort de Caius Gracchus.* In: Guillotine et Peinture. Topino-Lebrun et ses Amis. Hrsg. A. Jouffroy/Ph. Bordes. Paris 1977.

Bordes 1979
Philippe Bordes: *Les Arts après la Terreur. Topino-Lebrun, Hennequin et la Peinture politique sous le Directoire.* In: La Revue du Louvre. 29. 1979. Nr. 3. S. 199–212.

Bordes 1983
Philippe Bordes: *Le Serment du Jeu de Paume de Jacques-Louis David.* Paris 1983.

Borel 1966
Jacques Borel: *Génie et Folie de Jean-Jacques Rousseau.* Paris 1966.

Borowitz 1979
Helen O. Borowitz: *Two Nineteenth-Century Muse Portraits.* In: The Bulletin of the Cleveland Museum of Art. 66. 1979. S. 246–267.

Boswell 1981
James Boswell: *Besuch bei Rousseau und Voltaire.* Hrsg. Frederick A. Pottle. Frankfurt/M. 1981.

Boucher 1954
Maurice Boucher: *La Révolution de 1789 vue par les Écrivains allemands ses Contemporains – Klopstock, Wieland, Herder, Schiller, Kant, Fichte, Goethe.* Paris 1954.

Boullée 1987
Étienne-Louis Boullée: *Architektur. Abhandlung über die Kunst (= Architecture, essai sur l'art).* Hrsg. Beat Wyss. Wien/München 1987.

Boutmy 1964
Emile Boutmy: *Die Erklärung der Menschen- und Bürgerrechte und Georg Jellinek.* In: Schnur 1964 (s. dort). S. 78–112.

Boyer 1970
Ferdinand F. Boyer: *Le Monde des Arts en Italie et la Révolution et de l'Empire.* Turin 1970.

Braham 1972
Allan Braham: *Charles de Wailly and Early Neoclassicism.* In: The Burlington Magazine. 114. 1972. S. 670–685.

Braunfels 1976
Wolfgang Braunfels: *Abendländische Stadtbaukunst.* Köln 1976.

Bredekamp 1988
Horst Bredekamp: *Piranesis Foltern als Zwangsmittel der Freiheit.* In: Kunst um 1800 und die Folgen. Festschrift Werner Hofmann. Hrsg. Christian Beutler/Klaus-Peter Schuster/Martin Warnke. München 1988. S. 30–46.

Brette 1902
Armand Brette: *Histoire des Édifices où ont siégé les Assemblées parlementaires.* Paris 1902.

Brinitzer 1973
Carl Brinitzer: *Die Geschichte des Daniel Ch. Ein Sittenbild des 18. Jahrhunderts.* Stuttgart 1973.

Brinkmann 1974
Richard Brinkmann: *Frühromantik und Französische Revolution.* In: Dt. Lit. u. Frz. Rev. 1974 (s. dort). S. 172–191.

Brinton 1939
Crane Brinton: *Europa im Zeitalter der Französischen Revolution.* Wien 1939.

Brinton 1941
Ellen Starr Brinton: *Benjamin West's Painting of Penn's Treaty with the Indians.* In: Bulletin of Friends' Historical Association. 30. 1941. S. 99–189.

Broecken 1974
Karl Heinz Broecken: *„Homme" und „Citoyen". Entstehung und Bedeutung der Disjunktion von natürlicher und politischer Erziehung bei Rousseau.* Diss. Köln 1974.

Brookner 1972
Anita Brookner: *Greuze. The Rise and Fall of an Eighteenth-Century Phenomenon.* London 1972.

Bruford 1966
Walter H. Bruford: *Kultur und Gesellschaft im klassischen Weimar 1775–1806.* Göttingen 1966.

Brunn 1983
Ludwig von Brunn (Hrsg.): *Ars Erotica: erotische Buchillustrationen im Frankreich des 18. Jahrhunderts.* 3 Bde. o. O. o. J. [Harenberg 1983.]

Bruppacher 1972
Matthias Bruppacher: *Selbstverlust und Selbstverwirklichung. Die geistige Entwicklung des Menschen bei J. J. Rousseau.* Bern/Frankfurt/M. 1972.

Bruun-Neergaard
T. C. Bruun-Neergaard: *Sur la Situation des Beaux-Arts en France ou Lettres d'un Danois à son Ami.* Paris 1801.

BS
Helmut Börsch-Supan/Karl Wilhelm Jähnig: *Caspar David Friedrich. Gemälde, Druckgraphik und bildmäßige Zeichnungen.* München 1973.

Büttner 1969
Anita Büttner: *Korkmodelle des Antonio Chichi. Entstehung und Nachfolge.* In: Kunst in Hessen und am Mittelrhein. Beiheft 9. 1969. S. 3–35.

Bulle 1913
Heinrich Bulle: *Handbuch der Archäologie. Wesen und Methode der Archäologie.* Bd. 6. München 1913.

Burg 1974
Peter Burg: *Kant und die Französische Revolution.* Berlin 1974.

Burggraf 1966
Gudrun Burggraf: *Christian Gotthilf Salzmann im Vorfeld der Französischen Revolution.* Germering 1966.

Burke 1958
Edmund Burke: *A Philosophical Enquiry into the Origin of our Ideas of the Sublime and Beautiful.* Hrsg. J. T. Boulton. London 1958.

Burke 1980
Edmund Burke: *Philosophische Untersuchungen über den Ursprung unserer Ideen vom Erhabenen und Schönen.* Hamburg 1980.

Burke 1987
Edmund Burke: *Betrachtungen über die Französische Revolution.* Neuausgabe hrsg. v. Ulrich Frank-Planitz. Zürich 1987.

Busch 1977
Werner Busch: *Nachahmung als bürgerliches Kunstprinzip. Ikonographische Zitate bei Hogarth und in seiner Nachfolge.* Hildesheim/New York 1977.

Busch 1984
Günter Busch: *Die Kunsthalle Bremen in vier Jahrzehnten. Eine hanseatische Bürgerinitiative 1945–1984.* Bremen 1984.

Busch 1986
Werner Busch: *Joseph Wright of Derby. Das Experiment mit der Luftpumpe. Eine Heilige Allianz zwischen Wissenschaft und Religion.* Frankfurt 1986.

Busch 1989
Werner Busch: *Das Ende der klassischen Bilderzählung.* In: Michael Fehr/Stefan Grohé (Hrsg.): Geschichte. Bild. Museum. Köln 1989. S. 127–166.

Butlin 1981
Martin Butlin: *The Paintings and Drawings of William Blake.* New Haven/London 1981.

Buttlar 1980
Adrian von Buttlar: *Der Landschaftsgarten.* München 1980.

Buttlar 1982
Adrian von Buttlar: *Der englische Landsitz 1715–1760. Symbol eines liberalen Weltbildes.* Mittenwald 1982.

Campan 1823
Jeanne Louise Henriette Genest-Campan: *Mémoires sur la Vie privée de Marie-Antoinette, Reine de France et de Navarre . . .* 3 Bde. Paris 1823.

Campe 1779
Joachim Heinrich Campe: *Robinson der Jüngere, zur angenehmen und nüzlichen Unterhaltung für Kinder. Erster Theil.* Hamburg 1779.

Campe 1790
Joachim Heinrich Campe: *Briefe aus Paris zur Zeit der Revolution.* Aus dem Braunschweigischen Journal abgedruckt. Braunschweig 1790.

Carderara 1860
Valentin Carderara: *François Goya. Sa Vie, ses Dessins, et ses Eaux-Fortes.* In: Gazette des Beaux-Arts. 6. 1860. S. 215–227.

Casanova 1985
Giacomo G. Casanova: *Geschichte meines Lebens.* Hrsg. Erich Loos. Berlin 1985.

Cassirer 1932
Ernst Cassirer: *Die Philosophie der Aufklärung.* Tübingen 1932.

Caubisens 1961
Colette Caubisens: *Peinture et Préromanticisme pendant la Révolution française.* In: Gazette des Beaux-Arts. 103. 1961. S. 367–376.

Caulaincourt 1933
Armand-Louis-Augustin de Caulaincourt: *Mémoires du Général de Caulaincourt Duc de Vicence, Grand Ecuyer de l'Empereur.* 2 Bde. Paris 1933.

Chatelain 1973
Jean Chatelain: *Dominique Vivant Denon et le Louvre de Napoléon.* Paris 1973.

Chodowiecki 1927
Charlotte Steinbrucker (Hrsg.): *Briefe Daniel Chodowieckis an die Gräfin Christiane von Solms-Laubach.* Straßburg 1927/28 (Studien zur deutschen Kunstgeschichte. Nr. 250).

Chodowiecki/Lichtenberg 1901
Rudolf Focke (Hrsg.): *Chodowiecki und Lichtenberg. Daniel Chodowiecki's Monatskupfer zum „Göttinger Taschen Calender" nebst Georg Christoph Lichtenberg's Erklärungen.* Mit einer kunst- und litterargeschichtlichen Einleitung. Leipzig 1901.

Coll. Del.
Collection Deloynes: Collections de Pièces sur les Beaux Arts et Manuscrits recueillis par Pierre Jean Mariette, Charles Nicolas Cochin et M. Deloynes. Paris, Bibliothèque Nationale, Cabinet des Estampes.

Coll. Hennin
Georges Duplessis: *Inventaire de la Collection d'Estampes relatives à l'Histoire de France, légué à la Bibliothèque Nationale par M. Michel Hennin.* 5 Bde. Paris 1877–1884.

Collection THRF
Collection complète des Tableaux historiques de la Révolution française. 3 Bde. Paris 1804.

Comfort 1944
William Wistar Comfort: *William Penn 1644–1718. A Trecentenary Estimate.* Philadelphia/London/Oxford 1944.

Conisbee 1986
Philip Conisbee: *Chardin.* Oxford 1986.

Conolly 1980
John L. Conolly jr.: *Napoleon and the Age of Gold: A Bicentennial Celebration of the Birth of J. A. D. Ingres.* In: The Consortium on Revolutionary Europe, 1750–1850. Proceedings 1980. Bd. 2. Athens, Florida 1980. S. 52–68.

Cook 1785
Troisième Voyage de Cook, ou Voyage à l'Océan Pacifique. Ordonné par le Roi d'Angleterre, . . . 4 Bde. Paris 1785.

Corboz 1978
André Corboz: *Peinture militante et Architecture révolutionnaire. A propos du Thème du Tunnel chez Hubert Robert.* Basel 1978.

Cordier 1915
Leopold Cordier: *Jean Jacques Rousseau und der Calvinismus. Eine Untersuchung über das Verhältnis Rousseaus zur Religion und religiösen Kultur seiner Vaterstadt.* Langensalza 1915.

Cowper 1967
William Cowper: *Poetical Works.* Hrsg. H. S. Milford. London 1967.

Craig 1987
Gordon A. Craig: *Frederick the Great and Moses Mendelssohn. Thoughts on Jewish Emancipation.* In: Leo Baeck Institute. Year Book 32. 1987.

Cranston 1983
Maurice Cranston: *Jean-Jacques. The Early Life and Work of Jean-Jacques Rousseau 1712–1754.* London 1983.

Cronin 1973
Vincent Cronin: *Napoleon.* Düsseldorf/Hamburg 1973.

Crow 1985
Thomas E. Crow: *Painters and Public Life in Eighteenth-Century Paris.* New Haven/London 1985.

Cuzin 1980
Jean-Pierre Cuzin: *Autour de l'Enlèvement d'Orithye. Esquisses de Vincent dans les Musées français.* In: La Revue du Louvre et des Musées de France. 1980. Nr. 2. S. 80–87.

Cuzin 1988
Jean-Pierre Cuzin: *Fragonard. Leben und Werk. Œuvre-Katalog der Gemälde.* München 1988.

Damon 1967
Foster Damon: *A Blake's Dictionary. The Ideas and Symbols of William Blake.* Providence 1967.

Dann 1985
Otto Dann: *Aufklärungsgesellschaft und absolutistischer Staat.* In: Knabe 1985 (s. dort). S. 11–33.

Darnton 1968
Robert Darnton: *Mesmerism and the End of the Enlightenment in France.* Cambridge/Mass. 1968.

Darnton 1983
Robert Darnton: *Der Mesmerismus und das Ende der Aufklärung in Frankreich.* München/Wien 1983.

Darnton 1985
Robert Darnton: *Literaten im Untergrund. Lesen, Schreiben und Publizieren im vorrevolutionären Frankreich.* München/Wien 1985.

David 1974
Claude David: *Goethe und die Französische Revolution.* In: Dt. Lit. u. Frz. Rev. 1974 (s. dort). S. 63–86.

Davis 1975
David Brion Davis: *The Problem of Slavery in the Age of Revolution 1770–1823.* Ithaca, N. Y./London 1975.

Dayot 1896
Armand Dayot: *La Révolution française.* Paris 1896.

Degn 1984
Christian Degn: *Die Schimmelmanns im atlantischen Dreieckshandel. Gewinn und Gewissen.* Neumünster 1984.

Dehnert 1977
Paul Dehnert: *Daniel Chodowiecki.* Berlin 1977.

Delécluze 1855
Etienne Jean Delécluze: *Louis David. Son école et son temps.* Paris 1855.

Dennis 1949
John Dennis: *The Critical Works.* Hrsg. Niles Hooker. Bd. 2: 1711–1729. Baltimore 1949.

Dérozier 1976
Claudette Dérozier: *La Guerre d'Indépendance espagnole à travers l'Estampe (1808–1814).* 3 Bde. Lille 1976.

Dérozier 1979
Claudette Dérozier: *Die Kupferstiche „Die Ruinen von Saragossa" von J. Calvez und F. Brambila (Cadiz 1814) – sind sie bloßes Zeugnis spanischer Landschaft oder schon romantische Reflexion über die Ruine?* In: Philipp Otto Runge im Umkreis der deutschen und

europäischen Romantik. 2. Greifswalder Romantik-Konferenz. Greifswald 1979. S. 37–40.

Deuter 1986
Jörg Deuter: *Neu entdeckte Verse und Briefe von Friedrich Gottlieb Klopstock über das herzogliche Mausoleum in Oldenburg. Eine Marginalie zur Friedhofs-Kultur um 1790 und zum Klopstock-Kult am Oldenburger Hof.* In: Niederdeutsche Beiträge zur Kunstgeschichte. 25. 1986. S. 143–164.

Dickinsons 1985
H. T. Dickinsons: *British Radicalism and the French Revolution 1789–1815.* Oxford/New York 1985.

Diderot 1951
Denis Diderot: *Œuvres.* Hrsg. André Billy. Paris 1951.

Diderot 1957
Denis Diderot: *Salons.* Hrsg. Jean Seznec/Jean Adhémar. Oxford 1957.

Diderot 1962
Denis Diderot: *Paradoxe sur le Comédien. Œuvres.* Paris 1962.

Diderot 1969
Denis Diderot: *Enzyklopädie. Philosophische und politische Texte aus der „Encyclopédie".* München 1969.

Diderot 1984 I
Denis Diderot: *Ästhetische Schriften.* Hrsg. Friedrich Bassenge. 2 Bde. Berlin 1984.

Diderot 1984 II
Denis Diderot: *Philosophische Schriften.* Hrsg. Theodor Lücke. 2 Bde. Berlin 1984.

Dieckmann 1966
Herbert Dieckmann: *Die künstlerische Form des Rêve de D'Alembert.* Köln/Opladen 1966.

Dieckmann 1972
Herbert Dieckmann: *Diderot und die Aufklärung. Aufsätze zur europäischen Literatur des 18. Jahrhunderts.* Stuttgart 1972.

Ditchburn-Bosch 1960
Ursula Ditchburn-Bosch: *Johann Heinrich Füsslis Kunstlehre und ihre Auswirkung auf seine Shakespeare-Interpretation.* Diss. Zürich 1960.

Döry
Katalog der Ornamentstich-Sammlung im Museum für Kunst- und Gewerbe Hamburg. Bearb. v. Ludwig Döry. Hamburg 1960.

Donnert 1983
Erich Donnert: *Rußland im Zeitalter der Aufklärung.* Leipzig 1983.

Dorn
Wilhelm Dorn: *Meil-Bibliographie. Verzeichnis der von dem Radierer Johann Wilhelm Meil illustrierten Bücher und Almanache.* Berlin 1928.

Dougherty 1985
Frank W. P. Dougherty: *Johann Friedrich Blumenbach und Samuel Thomas Soemmerring. Eine Auseinandersetzung in anthropologischer Hinsicht?* In: Gunter Mann/Franz Dumont

(Hrsg.): Samuel Thomas Soemmerring und die Gelehrten der Goethezeit. Stuttgart/New York 1985. S. 35–56.

Dowd 1948
David Lloyd Dowd: *Pageant-Master of the Republic. Jacques-Louis David and the French Republic.* Nebraska 1948.

Drescher
Seymour Drescher: *Capitalism and Antislavery. British Mobilization in Comparative Perspective.* Basingstoke/London 1986.

Drewitz 1965
Ingeborg Drewitz: *Berliner Salons. Gesellschaft und Literatur zwischen Aufklärung und Industriezeitalter.* Berlin 1965.

Droz 1949
Jacques Droz: *L'Allemagne et la Révolution française.* Paris 1949.

Dt. Lit. u. Frz. Rev. 1974
Deutsche Literatur und Französische Revolution. Göttingen 1974.

Duboy 1986
Philippe Duboy: *Lequeu: An Architectural Enigma.* London 1986.

Duncan 1973
Carol Duncan: *Happy Mothers and Other New Ideas in French Art.* In: Art Bulletin. 55. 1973. S. 570–583.

Dunn 1967
Mary Maples Dunn: *William Penn. Politics and Conscience.* Princeton 1967.

Dunn 1976
Richard S. Dunn/ Mary Marples Dunn (Hrsg.): *The World of William Penn.* Philadelphia 1976.

E.
Wilhelm Engelmann: *Daniel Chodowiecki's sämmtliche Kupferstiche. Beschrieben, mit historischen, literarischen und biographischen Nachweisungen, der Lebensbeschreibung des Künstlers und Registern versehen.* Leipzig 1857.

Easson 1978
Kay Parkhurst Easson/Roger R. Easson (Hrsg.): *The Book of Urizen.* New York 1978.

Eimer 1974
Gerhard Eimer: *Caspar David Friedrich. Auge und Landschaft. Zeugnisse in Bild und Wort.* Frankfurt/M. 1974.

Eitner 1978
Lorenz Eitner: *Cages, Prisons, and Captives in Eighteenth-Century Art.* In: Images of Romanticism. Verbal and Visual Affinities. Hrsg. Karl Kroeber/William Walling. New Haven/London 1978.

Endy 1973
Melvin B. Endy, jr.: *William Penn and Early Quakerism.* Princeton 1973.

Eppensteiner 1914
F. Eppensteiner: *Rousseaus Einfluß auf die vorrevolutionären Flugschriften und der Ausbruch der Revolution.* Tübingen 1914.

Epstein 1966
Klaus Epstein: *The Genesis of German Conservatism.* Princeton 1966.

Erbe 1982
Michael Erbe: *Geschichte Frankreichs von der Großen Revolution bis zur Dritten Republik. 1789–1884.* Stuttgart u. a. O. 1982.

Erdman 1974
David V. Erdman: *The Illuminated Blake.* Garden City/N. Y. 1974.

Erffa/Staley 1986
Helmut von Erffa/Allen Staley: *The Paintings of Benjamin West.* New Haven/London 1986.

Erlande-Brandenburg 1977
Alain Erlande-Brandenburg: *Le Musée des Monuments français et les Origines du Musée de Cluny.* In: Das kunst- und kulturgeschichtliche Museum im 19. Jahrhundert. München 1977. S. 49–58.

Eschwege 1980
Helmut Eschwege: *Die Synagoge in der deutschen Geschichte.* Dresden 1980.

Essick/La Belle 1977
Robert Essick/Jenijoy La Belle (Hrsg.): *Flaxman's Illustrations to Homer. Drawn by John Flaxman, Engraved by William Blake and Others.* New York 1977.

Federmann 1927
Arnold Federmann: *Johann Heinrich Füssli. Dichter und Maler 1741–1825.* Zürich/Leipzig 1927.

Fehrenbach 1976
Elisabeth Fehrenbach: *Deutschland und die Französische Revolution.* In: 200 Jahre amerikanische Revolution und moderne Revolutionsforschung. Hrsg. Hans-Ulrich Wehle. Göttingen 1976. S. 232–253 (Geschichte und Gesellschaft. Zeitschrift für Historische Sozialwissenschaft. Sonderheft 2).

Fehrenbach 1986
Elisabeth Fehrenbach: *Vom Ancien Régime zum Wiener Kongreß.* München 1986 (Grundriß der Geschichte. Bd. 12).

Femmel 1971
Gerhard Femmel: *Corpus der Goethe-Zeichnungen.* Leipzig 1958 ff.

Fernow 1806
Carl Ludwig Fernow: *Leben des Künstlers Asmus J. Carstens. Ein Beitrag zur Kunstgeschichte des 18. Jahrhunderts.* Leipzig 1806.

Fertig 1984
Ludwig Fertig: *Zeitgeist und Erziehungskunst. Eine Einführung in die Kulturgeschichte der Erziehung in Deutschland von 1600 bis 1900.* Darmstadt 1984.

Ferrari 1979
Jean Ferrari: *Les Sources français de la Philosophie de Kant.* Paris 1979.

Fester 1890
Richard Fester: *Rousseau und die deutsche Geschichtsphiloso-*

phie. Ein Beitrag zur Geschichte des deutschen Idealismus. Leipzig/Stuttgart 1890.

Fink 1973
Gonthier-Louis Fink: Des Privilèges nobiliaires aux Privilèges bourgeois. Le Débat sur l'Égalité et son Écho en Allemagne (1788–1792). In: Recherches Germaniques. 3. 1973. S. 30–101.

Fink 1974
Gonthier-Louis Fink: Wieland und die Französische Revolution. In: Dt. Lit. u. Frz. Rev. 1974 (s. dort). S. 5–38.

Fischer 1974
Peter Fischer (Hrsg.): Reden der Französischen Revolution. München 1989.

Focillon 1939
Henri Focillon: L'Art et la Révolution. In: La Révolution de 1789 et la pensée moderne. In: Revue Philosophique. 64. 1939. Nr. 128. S. 161–171.

Fontenelle 1780
Bernhard von Fontenelle: Dialogen über die Mehrheit der Welten. Berlin 1780. (N.D. Weinheim 1983).

Fontenelle 1783
Bernhard de Fontenelle: Entretiens sur la Pluralité des Mondes. Berlin 1783.

Forster o. J.
Georg Forster: Erinnerungen aus dem Jahr 1790. In: Werke. Hrsg. Gerhard Steiner. Leipzig o. J.

Forster 1958
Georg Forster: Philosophische Schriften. Hrsg. Gerhard Steiner. Berlin 1958.

Forster 1988
Georg Forster: Werke. Hrsg. Gerhard Steiner. Leipzig 1988.

Forster-Hahn 1963
Franziska Forster-Hahn: Johann Heinrich Ramberg als Karikaturist und Satiriker. Hannover 1963.

Foucault 1976
Michel Foucault: Die Geburt der Klinik. Eine Archäologie des ärztlichen Blicks. Frankfurt/M. u. a. O. 1976.

Friedrich 1974
C. D. Friedrich in Briefen und Bekenntnissen. Hrsg. Sigrid Hinz. München 1974.

Fs. Anstey 1980
Festschrift Roger Thomas Anstey (1927–1979). Anti-Slavery, Religion als Reform. Essays in Memory of Roger Anstey. Hrsg. Christine Bolt/Seymour Drescher. Folkestone, Kent/Hamden, Conn. 1980.

Füssli 1944
Johann Heinrich Füssli: Aphorismen. Hrsg. Walter Muschg. Basel 1944.

Füssli 1962
Johann Heinrich Füssli: Bemerkungen über J. J. Rousseaus Schriften und Verhalten. Hrsg. Eudo C. Mason. Zürich 1962.

Furet/Richet 1968
François Furet/Denis Richet: Die Französische Revolution. München 1968.

G., I
Pierre Gassier: Francisco Goya. Die Skizzenbücher. Fribourg/Frankfurt/M. 1973.

G., II
Pierre Gassier: Francisco Goya. Die Zeichnungen. Fribourg/Frankfurt/M. 1975.

Gaborit 1985
Jean-René Gaborit: Jean-Baptiste Pigalle 1714–1785. Sculptures du Musée du Louvre. Paris 1985.

Gagnebin 1978
Bernhard Gagnebin: La Gravure de „La Malheureux Famille Calas". In: Gazette des Beaux-Arts. Dezember 1978. S. 197–202.

Galbrun/Cornus 1898
Ch. Galbrun/H. Cornus: L'Arc de Triomphe de Carrousel. In: L'Artiste. 1989. S. 250–272.

Gallet 1983
Michel Gallet: Claude-Nicolas Ledoux. Leben und Werk des französischen „Revolutionsarchitekten". Darmstadt 1983.

Garas 1960
Klara Garas: Franz Anton Maulbertsch 1724–1796. Wien 1960.

Gassier/Wilson s. G-W

Gauss 1987
Ulrike Gauss: Johann Heinrich Dannecker. Der Zeichner. Monographie z. Ausst. Staatsgalerie Stuttgart. Bd. 2. Stuttgart 1987.

Gautier 1903
Paul Gautier: Madame de Staël et Napoléon. Paris 1903.

Gay 1978
Peter Gay: The Enlightenment: An Interpretation. 2 Bde. New York 1978.

Geese 1935
Walter Geese: Gottlieb Martin Klauer. Der Bildhauer Goethes. Leipzig 1935.

Geiger 1871
Ludwig Geiger: Geschichte der Juden in Berlin. 2 Bde. Berlin 1871.

George 1959
Mary Dorothy George: English Political Caricature. 2 Bde. Oxford 1959.

Gershoy 1962
Leo Gershoy: Bertrand Barère, a Reluctant Terrorist. Princeton/N. J. 1962.

Gilli 1983
Marita Gilli: Pensée et Pratique révolutionnaires à la Fin du XVIIIᵉ Siècle en Allemagne. In: Annales Littéraires de l'Université de Besançon. Nr. 285. Paris 1983.

Gilow 1908
Hermann Gilow: Schulz, Johann Michael Friedrich. In: Allgemeine Deutsche Biographie. Bd. 54. Leipzig 1908. S. 257 f.

Godechot 1961
Jacques Godechot: La Contre-Révolution. Doctrine et Action 1789–1804. Paris 1961.

Godechot 1985
Jacques Godechot: Les Institu-

tions de la France sous la Révolution et l'Empire. (3. Aufl.) Paris 1985.

Godechot 1988
Jacques Godechot: La Révolution Française. Chronologie commentée 1789–1799. Paris 1988.

Goethe 1904
Die Briefe der Frau Rath Goethe. Hrsg. Albert Köster. Leipzig 1904.

Goethe 1965
Johann Wolfgang von Goethe: Schriften zur Kunst. Hrsg. Christian Beutler. Zürich 1965.

Gombrich 1985
Ernst H. Gombrich: Die Kunsttheorie der Renaissance und die Entstehung der Landschaftsmalerei. In: Ders., Die Kunst der Renaissance I. Norm und Form. Stuttgart 1985 (Erstveröffentl. 1950).

Goncourt 1876
Edmond de Goncourt: Catalogue raisonné de l'Œuvre peint, dessiné et gravé de Pierre Paul Prud'hon. Paris 1876.

Gonzales-Palacios 1967
Alvar Gonzales-Palacios: David e la pittura napoleonica. Mailand 1967.

Gouhier 1939
Henri Gouhier: Saint-Simon et Auguste Comte devant la Révolution française. In: „La Revolution de 1789 et la Pensée moderne." In: Revue Philosophique. 64. 1939. Nr. 128. S. 193–225.

Gould 1965
Cecil Gould: Trophy of Conquest. The Musée Napoléon and the Creation of the Louvre. London 1965.

Gowing 1972
Lawrence Gowing: Hogarth. London 1972.

Grab 1966
Walter Grab: Demokratische Strömungen in Hamburg und Schleswig-Holstein zur Zeit der ersten französischen Republik. Hamburg 1966.

Grab 1973
Walter Grab (Hrsg.): Die Französische Revolution. Eine Dokumentation. München 1973.

Grant/Erdman 1980
John E. Grant/David V. Erdman (Hrsg.): William Blake's Designs for Edward Young's Night Thoughts: A Complete Edition. Oxford 1980.

Gravelot
Hubert Gravelot/Charles Nicolas Cochin: Iconologie par Figures ou Traité complet des Allégories, Emblèmes … 4 Bde. Paris o. J. [um 1791].

Graupe 1977
Heinz Mosche Graupe: Die Entstehung des modernen Judentums. Geistesgeschichte der deutschen Juden 1650–1942. Hamburg 1977.

Grego 1970
Joseph Grego: Rowlandson the Caricaturist. 2 Bde. New York 1970 (N.D. der Ausg. London 1880).

Griep 1986
Wolfgang Griep: Die lieben Zöglinge unterwegs. Über Schulreisen am Ende des 18. Jahrhunderts. In: Reisen im 18. Jahrhundert. Neue Untersuchungen. Hrsg. Wolfgang Griep/Hans-Wolf Jäger. Heidelberg 1986. S. 152–180.

Grimsley 1963
Ronald Grimsley: Jean d'Alembert 1717–1783. Oxford 1963.

Groethuysen 1971
Bernhard Groethuysen: Philosophie der Französischen Revolution. Neuwied/Berlin 1971.

Grolle 1986
Joist Grolle: Franz Heinrich Ziegenhagen – eine wegweisende Utopie. In: Informationen (Behörde für Schule und Berufsbildung – Amt für Schule). Nr. 11/86. Hamburg 1986. S. 4–8.

Grütter 1986
Tina Grütter: Melancholie und Abgrund. Die Bedeutung des Gesteins bei Caspar David Friedrich. Ein Beitrag zum Symboldenken der Frühromantik. Berlin 1986.

Grützmacher 1964
Kurt Grützmacher: Novalis und Philipp Otto Runge. Drei Zentralmotive und ihre Bedeutungssphäre. Die Blume – Das Kind – Das Licht. München 1964.

Gud.
José Gudiol: Goya. Biographie, Analyse Critique et Catalogue des Peintres. 4 Bde. Paris 1970.

Gudiol 1970
José Gudiol: Goya 1746–1828. 4 Bde. Barcelona 1970.

Günther 1985
Horst Günther (Hrsg.): Die französische Revolution. Berichte über Deutungen deutscher Schriftsteller und Historiker. Frankfurt/M. 1985.

Gueroult 1939
M. Gueroult: Fichte et la Révolution française. In: Revue Philosophique de la France et de l'Étranger. 64. 1939. Nr. 128. S. 226–320.

Guiffrey 1924
Jean Guiffrey: L'Œuvre de Pierre-Paul Prud'hon. Paris 1924.

Guiffrey/Marcel
Jean Guiffrey/Pierre Marcel: Inventaire général des Dessins du Musée du Louvre et du Musée de Versailles. École française. 9 Bde. Paris 1907–1921.

G-W
Pierre Gassier/Juliet Wilson: Francisco Goya. Leben und Werk. Frankfurt/M. u. a. O. 1971.

H.
Tomás Harris: Goya. Engravings and Lithographs. 2 Bde. Oxford 1964.

Haberditzl 1977
Franz Martin Haberditzl/Gertrude Aurenhammer: Franz Anton Maulbertsch. Wien 1977.

Hankins 1970
Thomas L. Hankins: Jean d'Alembert. Science and the Enlightenment. Oxford 1970.

Hansmann 1966
Lieselotte Hansmann/Lenz Kriss-Rettenbeck: *Amulett und Talisman*. München 1966.

Harten 1989
Hans-Christian u. Elke Harten: *Die Versöhnung mit der Natur. Gärten, Freiheitsbäume, republikanische Wälder, heilige Berge und Tugendparks in der Französischen Revolution*. Hamburg 1989.

Harris s. H.

Hartig 1983
Irmgard u. Paul Hartig: *Die Französische Revolution im Urteil der Zeitgenossen und der Nachwelt*. Stuttgart 1983.

Hartlaub 1916
G. F. Hartlaub: *Caspar David Friedrich und die Denkmals-Romantik der Freiheitskriege*. In: Zeitschrift für bildende Kunst. 51. (N. F. 27). Leipzig 1916. S. 201–212.

Hartmann 1973
Lucrezia Hartmann: *„Capriccio" – Bild und Begriff*. Diss. Nürnberg 1973.

Hartung 1950
Fritz Hartung: *Deutsche Verfassungsgeschichte vom 15. Jahrhundert bis zur Gegenwart. (5. Aufl.)* Stuttgart 1950.

Hartung 1972
Fritz Hartung: *Die Entwicklung der Menschen- und Bürgerrechte von 1776 bis zur Gegenwart. (4. Aufl.)* Göttingen/Berlin/Frankfurt/M. 1972.

Hashagen 1964
Justus Hashagen: *Zur Entstehungsgeschichte der nordamerikanischen Erklärungen der Menschenrechte*. In: Schnur 1964 (s. dort). S. 129–165.

Hatfield 1943
Henry Caraway Hatfield: *Winckelmann and his German Critics 1755–1781. A Prelude to the Classical Age*. Morningside Heights/N. Y. 1943.

Hautecœur 1953
Louis Hautecœur: *Histoire de l'Architecture classique en France. Bd. 5: Révolution et Empire*. Paris 1953.

Hautecœur 1954
Louis Hautecœur: *Louis David*. Paris 1954.

Haym 1880
Rudolf Haym: *Herder nach seinem Leben und Werken*. Berlin 1880–1885 (N.D. Osnabrück 1978).

Hazard 1949
Paul Hazard: *Die Herrschaft der Vernunft. Das europäische Denken im 18. Jahrhundert*. Hamburg 1949.

Hegel 1955
George Wilhelm Friedrich Hegel: *Ästhetik*. Hrsg. Friedrich Bassenge. Berlin 1955.

Heiseler 1988
Johannes Heinrich von Heiseler: *Modell der Revolutionen oder besonderer französischer Weg? Die Französische Revolution im Urteil der deutschen Zeitgenossen*. In: Marxistische Studien. Jahrbuch des IMSF

(Institut für Marxistische Studien und Forschungen). 14. 1988. S. 405–414.

Held 1966
Jutta Held: *Goyas Akademiekritik*. In: Münchner Jahrbuch der bildenden Kunst. 17. 1966. S. 214–224.

Held 1980
Jutta Held: *Francisco Goya in Selbstzeugnissen und Bilddokumenten*. Reinbek b. Hamburg 1980.

Held 1985
Jutta Held: *Goyas Bildwelt zwischen bürgerlicher Aufklärung und Volkskultur*. In: IDEA 4. 1985. S. 107–131.

Held 1989
Jutta Held: *Goya y el Espiritu de la Ilustracion*. In: Kunstchronik. 1989. H. 1. S. 16–31.

Helman 1963
Edith Helman: *Trasmundo de Goya*. Madrid 1963.

Hennequin 1933
Philippe-Auguste Hennequin: *Mémoires*. Paris 1933.

Herbert 1972
Robert L. Herbert: *David, Voltaire, „Brutus" and the French Revolution*. London 1972.

Herder 1767
Johann Gottfried Herder: *Über die neuere deutsche Literatur, Nachbildung der Römer. Teil 5*. In: Werke. Bd. 1. Frühe Schriften 1764–1772. Frankfurt/M. 1985.

Herder 1877
Johann Gottfried Herder: *Sämtliche Werke*. Hrsg. Bernhard Suphan. Berlin 1877 ff.

Herding 1982
Klaus Herding: *Diogenes als Bürgerheld*. In: Boreas – Münstersche Beiträge zur Archäologie. 5. 1982. S. 232–254.

Herding 1988
Klaus Herding: *Visuelle Zeichensysteme in der Graphik der Französischen Revolution*. In: Die Französische Revolution als Bruch des gesellschaftlichen Bewußtseins. Hrsg. R. Koselleck und R. Reichardt. München 1988. S. 513–522.

Herding/Reichardt 1989
Klaus Herding/Rolf Reichardt: *Die Bildpublizistik der Französischen Revolution*. Frankfurt/M. 1989.

Herrliberger/Picart 1750
David Herrliberger: *Les Cérémonies religieuses de tous les Peuples du Monde, ou Représentation et Explication des principaux Devoirs, Coûtumes, Prátiques et Cérémonies sacrées et religieuses des Nations tant chrétiennes qu'infidèles de toute la Terre, selon L'Invention de Bernard Picard, fameux Dessinateur & Graveur Romain, Gravé & Entrepris par David Herrliberguer*. Zürich 1750.

Herrmann 1975
Ulrich Herrmann: *Kindheit und Jugend im Werk Joachim Heinrich Campes. Pädagogi-*

sche Anthropologie und die „Entdeckung" des Kindes im Zeitalter der Aufklärung. In: Neue Sammlung. Göttinger Zeitschrift für Erziehung und Gesellschaft. 15. 1975. S. 464–481.

Herrmann 1979
Ulrich Herrmann: *Die Pädagogik der Philanthropen*. In: Klassiker der Pädagogik. Bd. 1. Von Erasmus von Rotterdam bis Herbert Spencer. Hrsg. Hans Scheuerl. München 1979. S. 135–158.

Herrmann 1988
Ulrich Herrmann: *Aufklärung als pädagogischer Prozeß. Konzeptionen, Hoffnungen und Desillusionierungen im pädagogischen Denken der Spätaufklärung in Deutschland*. In: Aufklärung als Prozeß. Hrsg. Rudolf Vierhaus. Hamburg 1988. S. 35–55 (Aufklärung. Interdisziplinäre Halbjahresschrift zur Erforschung des 18. Jahrhunderts und seiner Wirkungsgeschichte. 2. Nr. 2).

Herzen 1962
Alexander Herzen: *Mein Leben*. Berlin 1962.

Herzog 1989
Günter Herzog: *Hubert Robert und das Bild im Garten*. Worms 1989.

Heuvel 1988
Gerd van den Heuvel: *Der Freiheitsbegriff der Französischen Revolution. Studien zur Revolutionsideologie*. Göttingen 1988.

Hildesheimer 1962
Wolfgang Hildesheimer: *Lieblose Legenden*. Frankfurt/M. 1962.

Hildesheimer 1977
Wolfgang Hildesheimer: *Mozart*. Frankfurt/M. 1977.

Hill 1965
Draper Hill: *Mr. Gillray. The Caricaturist*. London 1965.

Hill 1966
Draper Hill: *Fashionable Contrasts. Caricatures by James Gillray*. London 1966.

Hill 1976
Draper Hill: *The Satirical Etchings by James Gillray*. New York 1976.

Hind 1922
Arthur Hind: *Giovanni Battista Piranesi: A Critical Study*. London 1922.

Hintze 1962
Otto Hintze: *Staat und Verfassung. Gesammelte Abhandlungen zur allgemeinen Verfassungsgeschichte*. Hrsg. Gerhard Oestreich. (2. Aufl.) Göttingen 1962.

Hinz
Sigrid Hinz: *Caspar David Friedrich als Zeichner. Ein Beitrag zur stilistischen Entwicklung und ihrer Bedeutung für die Datierung der Gemälde*. Diss. Greifswald 1966 (Ms.).

Hirsch 1985
Erhard Hirsch: *Dessau-Wörlitz: „Zierde und Inbegriff des XVIII. Jahrhunderts"*. München/Leipzig 1985.

Hist. de France
Collection de l'Histoire de France. Paris, Bibliothèque Nationale, Cabinet des Estampes (Qb 1).

Hoffmann 1988
Paul Hoffmann: *La Femme dans la Pensée de Lumières*. Paris 1988.

Hofmann 1979
Werner Hofmann: *Bruchlinien. Aufsätze zur Kunst des 19. Jahrhunderts*. München 1979.

Hofmann 1981 I
Werner Hofmann: *Goyas negative Morphologie*. In: Werner Hofmann/Edith Helman/Martin Warnke: Goya – „Alle werden fallen". Frankfurt/M. 1981.

Hofmann 1981 II
Werner Hofmann: *Der Tod der Götter*. In: Die Nützlichen Künste. Hrsg. Tilmann Buddensieg/Henning Rogge. Berlin 1981.

Hofmann 1988
Werner Hofmann: *Goyas dunkle Totalidee*. In: Jahrbuch 2. Hrsg. v. d. Bayerischen Akademie der schönen Künste. 1. Halbband. München 1988. S. 67–96.

Hofstätter 1974
Hans Helmut Hofstätter: *Caspar David Friedrich. Das gesamte graphische Werk*. München 1974.

Holländer 1905
Eugen Holländer: *Die Karikatur und Satire in der Medizin*. Stuttgart 1905.

Hollstein
Friedrich Wilhelm Heinrich Hollstein: *Dutch and Flemish Etchings, Engravings and Woodcuts*. Bd. 9. Amsterdam 1953.

Holma 1940
Klaus Holma: *David, son Évolution et son Style*. Paris 1940.

Holst 1987
Christian von Holst: *Johann Heinrich Dannecker. Der Bildhauer*. Monographie z. Ausst. Staatsgalerie Stuttgart. Bd. 1. Stuttgart 1987.

Honisch 1965
Dieter Honisch: *Anton Raphael Mengs und die Bildform des Frühklassizismus*. Recklinghausen 1965.

Honour 1979
Hugh Honour: *Romanticism*. London 1971.

HS I/HS II
Philipp Otto Runge: *Hinterlassene Schriften*. Hrsg. v. dessen ältestem Bruder. Teil I u. II. Göttingen 1965 (N.D. d. Ausg. Hamburg 1840/41).

Hubert 1967
Gérard Hubert: *L'Ossian de François Gérard et ses Variantes: A propos d'un Tableau récemment entré à Malmaison*. In: La Revue du Louvre et des Musées de France. 4–5. 1967. S. 239–248.

Hubert 1986
Nicole Hubert: *Nouvelles Acquisitions. Peintures, Miniatures, Gravures. Musées de Malmaison et de Bois-Préau*. In:

Revue du Louvre et des Musées de France. 36. 1986. S. 210–215.

Humboldt 1916
Wilhelm von Humboldt: *Tagebücher*. Hrsg. Albert Leitzmann. 1. Bd. 1788–1798. Berlin 1916 (Wilhelm von Humboldts gesammelte Schriften. Hrsg. Preuss. Akademie der Wissenschaften. Bd. 14. 3. Abt.: Tagebücher I.).

Hunger 1981
Herbert Hunger: *Lexikon der griechischen und römischen Mythologie*. Reinbek b. Hamburg 1981.

Hunt 1984
Lynn Hunt: *Politics, Culture and Class in the French Revolution*. Berkeley 1984.

Hussey
Christopher Hussey: *The Picturesque. Studies in a Point of View*. London 1967 (N.D. d. Ausg. London 1927).

IFF
Inventaire du Fonds Français. Graveurs du Dix-Huitième Siècle. Bibliothèque Nationale. Paris 1930 ff.

Illick 1965
Joseph E. Illick: *William Penn the Politician. His Relation with the English Government*. Ithaca/N. Y. 1965.

Im Hof 1977
Ulrich Im Hof: *Ancien Régime (zu Genf)*. In: Handbuch der Schweizer Geschichte. Bd. 2. Zürich 1977. S. 709 ff.

Jacob 1934
Louis Jacob: *Joseph Le Bon 1765–1795. La Terreur à la Frontière*. Paris 1934.

Jacobsson 1972
Stiv Jacobsson: *Am I Not a Man and a Brother? British Missions and the Abolition of the Slave Trade and Slavery in West Africa and the West Indies 1786–1838*. Uppsala 1972.

Jäger 1980
Michael Jäger: *Kommentierende Einführung in Baumgartens „Aesthetica". Zur entstehenden wissenschaftlichen Ästhetik des 18. Jahrhunderts in Deutschland*. Hildesheim/New York 1980.

Jäger 1984
Michael Jäger: *Die Ästhetik als Antwort auf das kopernikanische Weltbild. Die Beziehungen zwischen den Naturwissenschaften und der Ästhetik Alexander Gottlieb Baumgartens und Georg Friedrich Meiers*. Hildesheim/Zürich/New York 1984.

Jansen 1976
Elmar Jansen: *Francisco de Goya. Caprichos*. Weimar 1976.

Janssen 1985
Paul Janssen: *Philosophie*. In: Knabe 1985. (s. dort). S. 35–104.

Japp 1976
Uwe Japp: *Aufgeklärtes Europa und natürliche Südsee. Georg Forsters „Reise um die Welt"*. In: Reise und Utopie. Zur Literatur der Spätaufklärung. Hrsg. Hans Joachim Piechotta. Frankfurt/M. 1976. S. 10–56.

Jean Paul 1935
Jean Paul: *Sämtliche Werke*. Hrsg. Eduard Behrend. Weimar 1935.

Jean Paul 1975
Jean Paul: *Des Luftschiffers Gianozzo Seebuch*. Frankfurt/M. 1975.

Jellinek 1964
Georg Jellinek: *Die Erklärung der Menschen- und Bürgerrechte*. In: Schnur 1964 (s. dort). S. 1–77.

Jensen 1977
Jens Christian Jensen: *Philipp Otto Runge. Leben und Werk*. Köln 1977.

Jentsch
Ernst Jentsch: *Der Radierer Carl Wilhelm Kolbe*. Diss. Breslau 1920.

Jessen 1920
Peter Jessen: *Der Ornamentstich. Geschichte der Vorlagen des Kunsthandwerks seit dem Mittelalter*. Berlin 1920.

Joannides-Sells 1974
Paul Joannides/Christopher Sells: *Ossian at the Grand Palais*. In: The Burlington Magazine. 116. 1974. S. 258–262.

Joppien 1972
Rüdiger Joppien: *Die Szenenbilder Philippe Jacques de Loutherbourgs. Eine Untersuchung zu ihrer Stellung zwischen Malerei und Theater*. Diss. Köln 1972.

Joppien/Smith
Rüdiger Joppien/Bernhard Smith: *The Art of Captain Cook's Voyages. Bd. 3: The Voyage of the Resolution and Discovery 1776–1780*. New Haven/London 1988.

Josephson 1956
Ragnar Josephson: *Sergels Fantasi*. 2 Bde. Stockholm 1956.

Journal de Paris
Journal de Paris, 1777–1811

Käfer 1986
Markus Käfer: *Winckelmanns hermeneutische Prinzipien*. Heidelberg 1986.

Kämper 1985
Dietrich Kämper: *Musik*. In: Knabe 1985 (s. dort). S. 193–220.

Kaiser 1955
Konrad Kaiser: *Gottfried Schadow als Karikaturist*. Dresden 1955.

Kaiser 1974
Gerhard Kaiser: *Idylle und Revolution. Schillers „Wilhelm Tell"*. In: Dt. Lit. u. Frz. Rev. 1974 (s. dort). S. 87–128.

Kal. Göttingen 1792
Goettinger Taschen-Calender für das Jahr 1792. bey Joh. Christ. Dieterich.

Kant 1960
Immanuel Kant: *Werke*. Hrsg. Wilhelm Weischedel. Bd. 1. Wiesbaden 1960.

Kat. Amsterdam 1974
Franse Tekenkunst van de 18de Eeuw. Rijksprentenkabinet/Rijksmuseum Amsterdam. 1974.

Kat. Baden-Baden 1970
Revolutionsarchitektur: Boullée, Ledoux, Lequeu. Staatliche Kunsthalle Baden-Baden u. a. O. Baden-Baden 1970.

Kat. Baltimore 1984
Regency to Empire, French Printmaking 1715–1814. Bearb. Victor I. Carlson/John W. Ittmann. Museum of Art Baltimore. 1984.

Kat. Basel 1980
Caspar Wolf (1735–1783). Landschaft im Vorfeld der Romantik. Kunstmuseum Basel. 1980.

Kat. Berlin 1963
Anton Graff 1736–1813. Staatliche Museen zu Berlin, Nationalgalerie. Berlin (DDR) 1963.

Kat. Berlin 1980
William Hogarth 1697–1764. Bearb. Berthold Hinz/Hartmut Krug. Staatliche Kunsthalle Berlin. 1980.

Kat. Berlin 1981
Preußen – Versuch einer Bilanz. 5 Bde. Martin-Gropius-Bau. Berlin 1981.

Kat. Berlin 1982
Die Pferde von San Marco. Staatliche Museen Preußischer Kulturbesitz, Martin-Gropius-Bau. Berlin 1982.

Kat. Berlin 1984
Friedrich Gilly 1772–1800 und die Privatgesellschaft junger Architekten. Berlin Museum. Berlin 1984.

Kat. Berlin 1989
1789/1989. Zweihundert Jahre Französische Revolution. Staatliche Kunsthalle Berlin. 1989.

Kat. Bielefeld 1988
Picassos Klassizismus: Werke von 1914–1934. Kunsthalle Bielefeld. 1988.

Kat. Boston 1989
Goya and the Spirit of Enlightenment. Prado, Madrid/Museum of Fine Arts, Boston/Metropolitan Museum of Art, New York. Boston 1989.

Kat. Clermont-Ferrand 1974
Les Fêtes de la Révolution. Musée Bargoin. Clermont-Ferrand 1974.

Kat. Clermont-Ferrand 1984/85
Greuze & Diderot. Vie familiale et Education dans la seconde Moitié du XVIIIème Siècle. Musées d'Art de la Ville de Clermont-Ferrand. 1984.

Kat. Cleveland 1976
The European Vision of America. Bearb. Hugh Honour. The Cleveland Museum of Art u. a. O. Cleveland 1976.

Kat. Dayton 1982
The Lithographs of Pierre-Nolasque Bergeret. Bearb. D. H. Vasseur. The Dayton Art Institute. Dayton, Ohio 1982.

Kat. Dijon 1977
Jean-Baptiste Greuze 1725–1805. Bearb. Edgar Munhall. Wadsworth Atheneum, Hartford/The California Palace of the Legion of Honour, San Francisco/Musée des Beaux-Arts, Dijon. Dijon-Quetigny 1977.

Kat. Düsseldorf 1977
Lesewuth, Raubdruck und Bücherluxus. Das Buch in der Goethe-Zeit. Goethe-Museum Düsseldorf, Anton-und-Katharina-Kippenberg-Stiftung. Düsseldorf 1977.

Kat. Duisburg 1989
Frei Leben oder Sterben. Niederrheinisches Museum. Duisburg 1989.

Kat. Frankfurt 1978
Bürgerliches Leben im 18. Jahrhundert. Daniel Chodowiecki 1726–1801. Zeichnungen und Druckgraphik. Bearb. Peter Märker. Städtische Galerie im Städelschen Kunstinstitut. Frankfurt/M. 1978.

Kat. Frankfurt 1981
Goya. Zeichnungen und Druckgraphik. Städtische Galerie im Städelschen Kunstinstitut. Frankfurt/M. 1981.

Kat. Göttingen 1975
Ladies, Lords und Lumpenpack. Englische Karikaturen 1780–1830 aus der Sammlung Boeddinghaus. Kunstsammlungen der Universität Göttingen/Kunsthalle Kiel. Göttingen 1975.

Kat. Hamburg 1960
Philipp Otto Runge. Zeichnungen und Scherenschnitte. Bearb. Wolf Stubbe. Hamburger Kunsthalle. Hamburg 1960.

Kat. Hamburg 1974 I
Ossian und die Kunst um 1800. Hamburger Kunsthalle. München 1974.

Kat. Hamburg 1974 II
Caspar David Friedrich 1774–1840. Hamburger Kunsthalle. München 1974.

Kat. Hamburg 1974/75
Johann Heinrich Füssli 1741–1825. Bearb. Gert Schiff. Hamburger Kunsthalle. München 1974.

Kat. Hamburg 1975 I
William Blake 1757–1827. Hamburger Kunsthalle. München 1975.

Kat. Hamburg 1975 II
Johan Tobias Sergel 1740–1814. Bearb. Per Bjurström. Hamburger Kunsthalle. München 1975.

Kat. Hamburg 1976
William Turner und die Landschaft seiner Zeit. Hamburger Kunsthalle. München 1976.

Kat. Hamburg 1977/78
Runge in seiner Zeit. Hamburger Kunsthalle. München 1977.

Kat. Hamburg 1978
Siegmar Holsten: *Das Bild des Künstlers: Selbstdarstellungen*. Hamburger Kunsthalle. Hamburg 1978.

Kat. Hamburg 1979
John Flaxman – Mythologie und Industrie. Bearb. David Bindman/Hanna Hohl. Hamburger Kunsthalle. München 1979.

Kat. Hamburg 1980/81
Goya. Das Zeitalter der Revolutionen 1789–1830. Hamburger Kunsthalle. München 1980.

Kat. Hamburg 1983/84
Luther und die Folgen für die Kunst. Hamburger Kunsthalle. München 1983.

Kat. Hamburg 1986
Eva und die Zukunft. Das Bild der Frau seit der Französischen Revolution. Bearb. Siegrun Paas/Friedrich Gross. Hamburger Kunsthalle. München/Hamburg 1986.

Kat. Hamburg 1987
Schrecken und Hoffnung. Künstler sehen Frieden und Krieg. Hamburger Kunsthalle u. a. O. Köln 1987.

Kat. Hannover 1983
George Cruikshank 1792–1878. Wilhelm-Busch-Museum, Hannover u. a. O. Hannover 1983.

Kat. Hannover 1984
Mittel und Motive der Karikatur in fünf Jahrhunderten. Bild als Waffe. Wilhelm-Busch-Museum, Hannover u. a. O. Hannover 1984.

Kat. Hannover 1985
Die Kehrseite der Medaille. Napoleon-Karikaturen aus Deutschland, Frankreich und England. Bearb. Ekkehard Eggs/Hubertus Fischer. Institut Français, Hannover 1985.

Kat. Hannover 1986
James Gillray 1757–1815. Meisterwerke der Karikatur. Wilhelm-Busch-Museum. Hannover 1986.

Kat. Hannover 1987
William Hogarth. Der Kupferstich als moralische Schaubühne. Wilhelm-Busch-Museum. Hannover 1987.

Kat. Karlsruhe 1986
Schwarze Kunst. Englische Schabkünstler des 18. Jahrhunderts. Staatliche Kunsthalle Karlsruhe. 1986.

Kat. Karlsruhe 1977/78
Friedrich Weinbrenner 1766–1826. Ausst. d. Inst. f. Baugesch., Univ. Karlsruhe. Staatliche Kunsthalle Karlsruhe. 1977.

Kat. Kassel 1979
Aufklärung und Klassizismus in Hessen-Kassel unter Landgraf Friedrich II. 1760–1785. Orangerie. Kassel 1979.

Kat. Kassel 1985
Ingrid Koszinowski/ Vera Leuschner: *Ludwig Emil Grimm 1790–1863. Maler, Zeichner, Radierer.* Museum Fridericianum Kassel o. a. O. Kassel 1985 (200 Jahre Brüder Grimm. Die Gebrüder Grimm. Dokumente ihres Lebens und Wirkens. Hrsg. Dieter Henning/Bernd Lauer. Bd. 2).

Kat. Kassel 1986
Antike Bauten in Modell und Zeichnung um 1800. Staatliche Kunstsammlungen Kassel. 1986.

Kat. Kleve 1988
Anacharsis Cloots. Der Redner des Menschengeschlechts. Städtisches Museum Haus Koekkoek. Kleve 1988.

Kat. Köln 1974/75
Kleider machen Leute. Kölnisches Stadtmuseum. Köln 1974.

Kat. Köln 1984
Heroismus und Idylle. Formen der Landschaft um 1800 bei Jacob Philipp Hackert, Joseph Anton Koch und Johann Christian Reinhart. Wallraf-Richartz-Museum. Köln 1984.

Kat. Köln 1987/88
Triumph und Tod des Helden. Europäische Historienmalerei von Rubens bis Manet. Wallraf-Richartz-Museum, Köln/ Kunsthaus Zürich/Musée des Beaux-Arts Lyon. Mailand/Köln 1987.

Kat. Köln 1988
Die Bilderwelt im Kinderbuch. Kinder- und Jugendbücher aus fünf Jahrhunderten. Josef-Haubrich-Kunsthalle. Köln 1988.

Kat. Kopenhagen 1978
Bente Skovgaard: *N. A. Abildgaard, Tegninger.* Den Kgl. Kobberstiksamling. Statens Museum for Kunst. Kopenhagen 1978.

Kat. Langenargen 1984
Franz Anton Maulbertsch und sein Kreis in Ungarn aus den Beständen des Museums der Bildenden Künste Budapest, der Ungarischen Nationalgalerie Budapest und dem Museum für Christliche Kunst in Esztergom. Museum Langenargen. 1984.

Kat. Lille 1984
Le Chevalier Wicar Peintre, Dessinateur et Collectionneur lillois. Musée des Beaux-Arts. Lille 1984.

Kat. London 1972
The Age of Neo-Classicism. The Royal Academy and The Victoria & Albert Museum. London 1972.

Kat. London 1976
Christopher Powney (Hrsg.): *John Flaxman.* Heim Gallery Ltd., London. 1976.

Kat. London 1978
Martin Butlin: *William Blake.* The Tate Gallery. London 1978.

Kat. London 1984
English Caricature 1620 to the Present. The Victoria & Albert Museum. London 1984.

Kat. Los Angeles 1988
French Caricature and the French Revolution, 1789–1799. Univ. of California, Los Angeles u. a. O. Los Angeles 1988.

Kat. Ludwigshafen 1983
Schrecknisse des Krieges. Wilhelm-Hack-Museum Ludwigshafen. 1983.

Kat. Madrid 1980
Antonio Rafael Mengs 1728 –1779. Museo del Prado. Madrid 1980.

Kat. Mainz 1989
Die Bastille. Politische Symbolik in der französischen und deutschen Revolutionsgraphik. Landesmuseum Mainz. 1989.

Kat. Montauban 1981
Dessins des XVIIIème et XIXème

Siècles du Musée des Beaux-Arts de Dijon. Musée Ingres. Montauban 1982.

Kat. München 1979
Zwei Jahrhunderte englische Malerei. Britische Kunst und Europa 1680 bis 1880. München, Haus der Kunst 1979/80. München 1979.

Kat. München 1980
Wittelsbach und Bayern. Bd. 3.2: Krone und Verfassung. König Max I. Joseph und der neue Staat. Völkerkundemuseum München. München/Zürich 1980.

Kat. Münster 1976
Bilder nach Bildern. Westfälisches Landesmuseum für Kunst und Kulturgeschichte. Münster 1976.

Kat. Münster 1977/78
Graphische Bildnisse des 16.–19. Jahrhunderts aus dem Portraitarchiv Diepenbroick. Bd. 1. Der Herrscher. Westfälisches Landesmuseum Münster 1977–1978. Münster 1977.

Kat. Münster 1978
Leichter als Luft. Zur Geschichte der Ballonfahrt. Westfälisches Landesmuseum Münster. 1978.

Kat. Münster 1983
Ereignis-Karikaturen. Geschichte in Spottbildern 1600–1930. Landschaftsverband Westfalen Lippe/Westfälisches Landesmuseum für Kunst- und Kulturgeschichte Münster. 1983.

Kat. New Haven 1979
Nancy L. Pressly: *The Fuseli Circle in Rome. Early Romantic Art of the 1770s.* Yale Center of British Art. New Haven 1979.

Kat. New York 1980
Christian Imagery in French Nineteenth Century Art 1789 –1906. Shepherd Gallery. New York 1980.

Kat. New York 1982
Consulat-Empire-Restauration Art in Early XIX Century France. Wildenstein Gallery. New York 1982.

Kat. New York 1984
The French Neoclassic and Academic Tradition, 1800–1900. Shephard Gallery, New York/ Ossina Gallery, Washington. New York 1984.

Kat. Oberlin 1986
A New World. Neo-Classical Drawings from the Collection of Lodewijk Houthakker, Amsterdam. The Allen Memorial Art Museum. Oberlin 1986.

Kat. Paris 1913
David et ses Eleves. Paris 1913.

Kat. Paris 1951
Diderot et L'Encyclopédie, Exposition commémorative du deuxième centenaire de l'Encyclopédie. Bibliothèque Nationale. Paris 1951.

Kat. Paris 1966
Madame de Staël et l'Europe. Bibliothèque Nationale. Paris 1966.

Kat. Paris 1968
Les Droits de l'Homme. Archives Nationales. Paris 1968.

Kat. Paris 1969
La Légende Napoléonienne. 1796–1900. Bibliothèque Nationale. Paris 1969.

Kat. Paris 1974/75 I
De David à Delacroix. La Peinture Française de 1774 à 1830. Grand Palais. Paris 1974 (engl. Ausgabe: *French Painting, The Age of Revolution.* Detroit u. New York 1975).

Kat. Paris 1974/75 II
Le Néo-Classicisme français. Dessins des Musées de Province. Grand Palais. Paris 1974.

Kat. Paris 1979 I
Voltaire un Homme, un Siècle. Bibliothèque Nationale. Paris 1979.

Kat. Paris 1979 II
Le Louvre d'Hubert Robert. Bearb. M.-C. Sahut. Musée du Louvre. Paris 1979.

Kat. Paris 1979 III
Charles De Wailly. Peintre-architecte dans l'europe des lumières. Caisse nationale des monuments historiques et des sites. Paris 1979.

Kat. Paris 1979/80
Le „Gothique" Retrouvé avant Viollet-le-Duc. Hôtel de Sully. Paris 1979/80.

Kat. Paris 1982
La Révolution Française. Le Premier Empire. Dessins du Musée Carnavalet. Paris 1982.

Kat. Paris 1983/84
Hommage à Raphaël – Raphaël et l'art français. Grand Palais u. a. O. Paris 1983.

Kat. Paris 1984
Diderot et l'Art de Boucher à David. Les Salons: 1759–1781. Hôtel de la Monnaie. Paris 1984.

Kat. Paris 1987
Fragonard. Bearb. Pierre Rosenberg. Grand Palais, Paris/Metropolitan Museum of Art, New York. Paris 1987.

Kat. Paris 1988
Louis XVI et son image. Association Louis XVI. Paris 1988.

Kat. Paris 1989
La Révolution Française et l'Europe 1789–1799. XXᵉ exposition du Conseil de l'Europe. Grand Palais. 3 Bde. Paris 1989.

Kat. Rom 1981/82
David e Roma. Académie de France à Rome. Rom 1981.

Kat. St. Louis 1968
Visionary architects. Boullée, Ledoux, Lequeu. City Art Museum of St. Louis u. a. O. Houston 1968.

Kat. Stuttgart 1987
Baden und Württemberg im Zeitalter Napoleons. Württembergisches Landesmuseum Stuttgart, Stuttgarter Kunstgebäude. 3 Bde. Stuttgart 1987.

Kat. Stuttgart 1989
Joseph Anton Koch. 1768–1839. Ansichten der Natur. Bearb. Christian von Holst. Staatsgalerie Stuttgart. 1989.

Kat. Tübingen/Brüssel 1986
Ingres und Delacroix. Aquarelle und Zeichnungen. Kunsthalle Tübingen/Palais des Beaux-Arts, Brüssel. Köln/Brüssel 1986.

Kat. Vizille 1987
La Guillotine dans la Révolution. Musée de la Révolution Française. Vizille 1987.

Kat. Washington 1976 I
Joshua C. Taylor und John G. Cawelti: *America as Art.* National Collection of Fine Arts, Smithsonian Institution. Washington 1976.

Kat. Washington 1976 II
The Eye of Thomas Jefferson. National Gallery of Art. Washington 1976.

Kat. Washington 1985/86
The Treasure Houses of Britain. Five Hundred Years of Private Patronage and Art Collecting. National Gallery of Arts, Washington. New Haven/London 1985.

Kat. Wien 1965
Der Wiener Kongreß. 1. September 1814–9. Juni 1815. Schauräume der Hofburg – Kaiserappartements. Wien 1965.

Kat. Wien 1987
Zauber der Medusa. Europäische Manierismen. Künstlerhaus, Wien. 1987.

Kat. Wolfenbüttel 1977
Ob Baron Knigge auch wirklich todt ist? Zum 225. Geburtstag des Adolph Freiherrn von Knigge. Herzog August Bibliothek Wolfenbüttel (Nr. 21). 1977.

Kat. Wolfenbüttel 1983
Friedrich Nicolai 1733–1811. Die Verlagswerke eines preußischen Buchhändlers der Aufklärung 1759–1811. Herzog August Bibliothek Wolfenbüttel (Nr. 38). 1983.

Kat. Wolfenbüttel 1986 I
Moses Mendelssohn 1729–1786. Das Lebenswerk eines jüdischen Denkers der deutschen Aufklärung. Herzog August Bibliothek Wolfenbüttel (Nr. 51). 1986.

Kat. Wolfenbüttel 1986 II
Kalender? Ey, wie viel Kalender! Literarische Almanache zwischen Rokoko und Klassizismus. Bearb. York-Gotthart Mix. Zeughaus der Herzog August Bibliothek Wolfenbüttel. 1986.

Kemp 1973 I
Wolfgang Kemp: *Das Bild der Menge (1789–1830).* In: Städel-Jahrbuch. N. F. Bd. 4. 1973. S. 249–270.

Kemp 1973 II
Wolfgang Kemp: *Natura. Ikonographische Studien zur Geschichte und Verbreitung einer Allegorie.* (Diss. Tübingen 1970). o. O. [Bamberg] 1973.

Kemp 1975
Wolfgang Kemp: *Die Beredsamkeit des Leibes. Körpersprache als künstlerisches und gesellschaftliches Problem der bürgerlichen Emanzipation.* In: Städel-Jahrbuch. N.F. Bd. 5. 1975. S. 111–134.

Kemp 1979
Wolfgang Kemp: „ . . . einen wahrhaft bildenden Zeichenunterricht überall einzuführen". *Zeichnen und Zeichenunterricht der Laien 1500–1870. Ein Handbuch.* Frankfurt/M. 1979.

Kemp 1986
Wolfgang Kemp: *Das Revolutionstheater des Jacques-Louis David. Eine neue Interpretation des „Schwurs im Ballhaus".* In: Marburger Jb. f. Kunstwissenschaft. 21. 1986.

Kershaw 1959
Alister Kershaw: *Die Guillotine. Eine Geschichte des mechanischen Fallbeils.* Hamburg 1959.

Kitchen 1965
Joanna Kitchen: *Un Journal „philosophique": La Décade, 1794–1807.* Paris 1965.

Klein 1981
Ernst Ferdinand Klein: *Über Denk- und Druckfreiheit. An Fürsten, Minister, und Schriftsteller.* In: Was ist Aufklärung? Beiträge aus der Berlinischen Monatsschrift. Hrsg. Norbert Hinske. Darmstadt 1981. S. 402.

Klessmann/Jürgens 1988
Eckart Klessmann/Karl-Heinz Jürgens: *Napoleon. Lebensbilder.* Bergisch-Gladbach 1988.

Klingender 1974
Francis D. Klingender: *Kunst und industrielle Revolution.* Dresden 1974.

KLL
Kindlers Literaturlexikon. Hrsg. Wolfgang Einsiedel u. a. 12 Bde. Zürich 1970–1974.

Klossowski 1947
Pierre Klossowski: *Sade mon prochain.* Paris 1947.

Knabe 1985
Peter-Eckhard Knabe (Hrsg.): *Frankreich im Zeitalter der Aufklärung.* Köln 1985.

Koch 1967
Georg Friedrich Koch: *Die Kunstausstellung.* Berlin 1967.

Kocks 1985
Dirk Kocks: *Bildende Kunst.* In: Knabe 1985 (s. dort). S. 221–272.

Köberle 1972
Sophie Köberle: *Jugendliteratur zur Zeit der Aufklärung. Ein Beitrag zur Geschichte der Jugendschriftenkritik.* Weinheim 1972.

Koenig 1980
Thilo Koenig/Roberto Ohrt/Christian Tröster: *Die Stecher von London, Englische politische Karikatur unter dem Einfluß der Französischen Revolution.* In: Klaus Herding/Gunter Otto (Hrsg.): Karikaturen. Nervöse Auffangorgane des inneren und äußeren Lebens. Gießen 1980. S. 58–86.

Körner 1976
Carl Körner: *Die Funktion der Beaux-Arts in Frankreich (1795–1815). Mit besonderer Berücksichtigung der Darstellungen Napoleons.* Diss. Stuttgart 1976.

Koselleck 1967
Reinhart Koselleck: *Preußen zwischen Reform und Revolution. Allgemeines Landrecht, Verwaltung und soziale Bewegung von 1791 bis 1848.* Stuttgart 1967.

Kossok 1989
Manfred Kossok: *In Tyrannos. Revolutionen der Weltgeschichte von den Hussiten bis zur Commune.* Leipzig 1989.

Kraemer 1975
Ruth S. Kraemer: *Drawings by Benjamin West and his son Raphael Lamar West.* New York 1975.

Kragelund 1983
Patrick Kragelund: *The Church, the Revolution, and the „Peintre Philosophe". A Study in the Art of Nicolai Abbildgaard.* In: Hafnia. Copenhagen Papers in the History of Art. Nr. 9. 1983. S. 25–65.

Kraus 1968
Karl Kraus: *Nachts. Aphorismen.* München 1968.

Krauss 1973
Werner Krauss: *Die Aufklärung in Spanien, Portugal und Lateinamerika.* München 1973.

Krauss 1979
Werner Krauss: *Zur Anthropologie des 18. Jahrhunderts. Die Frühgeschichte der Menschheit im Blickpunkt der Aufklärung.* Hrsg. Hans Kortum/Christa Gohrisch. München/Wien 1979.

Krauss 1987
Werner Krauss: *Aufklärung II, Frankreich.* Hrsg. Rolf Geißler. In: Werner Krauss. Das wissenschaftliche Werk. Hrsg. Werner Bahner u. a. Bd. 6. Berlin/Weimar 1987.

Kruft 1985
Hanno-Walter Kruft: *Geschichte der Architekturtheorie. Von der Antike bis zur Gegenwart.* München 1985.

Krumbhaar
E. B. Krumbhaar: *Isaac Cruikshank. A Catalogue Raisonné.* Philadelphia 1966.

Kruszynski 1987
Anette Kruszynski: *Franz Anton Maulbertschs „Glorifikation Kaiser Josephs II:"* In: Jb. d. Staatl. Kunstslgen. in Baden-Württemberg. 24. 1987. S. 25–32.

Kryger 1978
Edna Kryger: *La Notion de Liberté chez Rousseau et ses répercussion sur Kant.* Paris 1978.

Kuscinski 1917
A. Kuscinski: *Dictionnaire des Conventionnels.* 2 Bde. o. O. 1917.

Lacombe 1756
Honoré Lacombe de Prézel: *Dictionnaire Iconologique, ou Introduction à la Connaissance des Peintures, Sculptures, Medailles, Estampes, etc.* Paris 1756.

Lafuente Ferrari 1977
Enrique Lafuente Ferrari.: *Los Caprichos de Goya.* Barcelona 1977.

Landauer
Gustav Landauer (Hrsg.): *Briefe aus der Französischen Revolution.* 2 Bde. Frankfurt/M. 1922 (1918).

Landon
Ch. P. Landon: *Annales du Musée et de l'École Moderne des Beaux-Arts.* Salon 1808. 2 Bde. Paris 1808/Salon 1812. 2 Bde. Paris 1812.

Landwehr 1970
John Landwehr: *Romeyn de Hooghe as Book Illustrator. A Bibliographie.* Amsterdam 1970.

Langen 1934
August Langen: *Anschauungsformen in der deutschen Dichtung des 18. Jahrhunderts (Rahmenschau und Rationalismus).* Diss. Köln 1933. Jena 1934.

Langner 1963
Johannes Langner: *Architecture pastorale sous Louis XVI.* In: Art de France. 3. 1963. S. 171–186.

Lankheit 1952
Klaus Lankheit: *Das Freundschaftsbild der Romantik.* Heidelberg 1952.

Lankheit 1979
Klaus Lankheit: *Friedrich Weinbrenner und der Denkmalskult um 1800.* Basel/Stuttgart 1979.

Lanzac de Laborie 1905
Léon Lanzac de Laborie: *Paris sous Napoléon.* 6 Bde. Paris 1905.

Larousse
Pierre Larousse (Hrsg.): *Grand Dictionnaire Universel.* 15 Bde. Paris 1865–1876.

Las Cases 1899
Las Cases: *Napoleon I. Tagebuch von St. Helena.* Bd. 1. Leipzig 1899.

Lautemann 1981
Wolfgang Lautemann (Bearb.): *Amerikanische und Französische Revolution.* München 1981.

Lavater 1775
Johann Caspar Lavater: *Physiognomische Fragmente, zur Beförderung der Menschenkenntniß und Menschenliebe.* 4 Bde. Leipzig/Winterthur 1775–1778 (N.D. Zürich 1968).

Lea 1988
Henry Charles Lea: *Geschichte der spanischen Inquisition.* 3 Bde. Nördlingen 1988.

Le Blanc
Ch. Le Blanc: *Manuel de l'Amateur d'Estampes.* 4 Bde. Paris 1854 ff..

Ledoux 1804
Claude Nicolas Ledoux: *L'Architecture considerée sous le Rapport des Arts . . .* Paris 1804.

Ledoux-Lebard 1950
R., G. u. C. Ledoux-Lebard: *Les Dessins de Benjamin Zix: Denon entouré d'Objets d'Art au Louvre et leur Intérêt pour l'Art Napoléonien.* In: Bulletin de la Société de l'Histoire de l'Art français. 1950. S. 57–64.

Lefebvre 1987
Joel Lefebvre: *La Révolution Française vue par les Allemands.* Lyon 1987.

Lelièvre 1942
Pierre Lelièvre: *Vivant Denon, Directeur de Beaux-Arts de Napoléon.* Paris 1942.

Leith 1965
James A. Leith: *The Idea of Art as Propaganda in France, 1750–1799* Toronto 1965.

Lenoir 1806
Alexandre Lenoir: *Description historique et chronologique des Monumens de Sculpture réunis au Musée des Monumens Français.* Paris 1806.

Lenotre 1951
G. Lenotre: *Marie-Antoinette, la Captivité et la Mort.* Paris 1951.

Leslie 1951
Charles Robert Leslie: *Memoirs of the life of John Constable.* London 1951.

Levitine 1956
George Levitine: *L'Ossian de Girodet et l'Actualité politique sous le Consulat.* In: Gazette des Beaux-Arts. 48. 1956. S. 39–56.

Levitine 1967
George Levitine: *Vernet Tied to a Mast in a Storm: The Evolution of an Episode of Art Historical Romantic Folklore.* In: Art Bulletin. 49. 1967. S. 93–100.

Levitine 1978
George Levitine: *The Dawn of Bohemianism. The „Barbu" Rebellion and Primitivism in Neoclassical France.* University Park/London 1978.

Liberles 1988
Robert Liberles: *Dohm's Treatise on the Jews. A Defence of the Enlightenment.* In: Leo Baeck Institute. Year Book. 33. 1988. S. 29–42.

Lochhead 1981
Ian J. Lochhead: *The Spectator and the Landscape in the Art Criticism of Diderot and his Contemporaries.* Ann Arbor 1981.

Locke 1977
John Locke: *The Locke Reader.* Hrsg. John W. Yolton. Cambridge/London u. a. O. 1977.

Locquin 1978
Jean Locquin: *La Peinture d'histoire en France de 1747 à 1785.* Paris 1978 (N.D. der Ausg. Paris 1912).

Lorion 1968
André Lorion: *Les Expositions de l'Industrie française à Paris (1798–1806).* In: Revue de l'Institut Napoléon. 108. 1968. S. 125–130.

Lovett 1965
Gabriel H. Lovett: *Napoleon and the Birth of Modern Spain.* 2 Bde. New York 1965.

Lovie/Palluel-Guillard
Jacques Lovie/André Palluel-Guillard: *Nouvelle Histoire de la France Contemporaine. Bd. 5: L'Episode napoléonien, 1799–1815. 2: Aspects extérieurs.* Paris 1972.

Ludwig 1971
Horst Ludwig: *Eugen Napoleon Neureuther und die Illustrations-Grotteske. Ein Beitrag zum „genus humile" im Biedermeier.* Diss. München 1971.

Lutterotti 1985
Otto R. von Lutterotti: *Joseph Anton Koch. 1768–1839. Leben und Werk.* Wien/München 1985 (1940).

Mackowsky 1936
Hans Mackowsky: *Schadows Graphik.* Berlin 1936.

Mackowsky 1951
Hans Mackowsky: *Die Bildwerke Gottfried Schadows.* Berlin 1951.

Markov
Walter Markov: *Revolution im Zeugenstand. Frankreich 1789–1799.* 2 Bde. Frankfurt/M. 1987 (Leipzig 1982).

Markov 1984
Walter Markov: *Grand Empire. Sitten und Unsitten der Napoleonzeit.* Leipzig 1984.

Markov 1985
Walter Markov: *Die Napoleon-Zeit. Geschichte und Kultur des Grand Empire.* Stuttgart 1985.

Martens
Ulf Martens: *Der Zeichner und Radierer Carl Wilhelm Kolbe d. Ä. (1759–1835).* Berlin 1976.

Martin/Masson
Jean Martin/Ch. Masson: *Catalogue raisonné de l'œuvre peint et dessiné de Jean-Baptiste Greuze. Suivi de la liste des Gravures exécutés d'après ses ouvrages.* Paris 1908.

Marx 1953
Karl Marx: *Die Frühschriften.* Hrsg. Siegfried Landshut. Stuttgart 1953.

McClellan 1988
Andrew L. McClellan: *The Musée du Louvre as Revolutionary Metaphor During the Terror.* In: Art Bulletin. 70. 1988. S. 300–313.

Meinecke 1959
Friedrich Meinecke: *Die Entstehung des Historismus.* Stuttgart/München 1959.

Meister 1910
Jacob Heinrich Meister: *Souvenirs de mon dernier voyage à Paris.* Paris 1910.

Melchior-Bonnet 1984
Bernardine Melchior-Bonnet: *Napoleon. Consul et Empereur.* Paris 1984.

Mendelssohn 1968
Moses Mendelssohn: *Schriften zur Philosophie, Aesthetik und Apdogetik.* Hrsg. Moritz Brasch. Hildesheim 1968 (N.D. d. Ausg. Leipzig 1880).

Mengs 1786
Anton Raphael Mengs: *Hinterlassene Werke.* Hrsg. M. C. F. Prange. Halle 1786.

Mercier 1971
Louis-Sébastian Mercier: *L'An deux mille quatre cent quarante.* Hrsg. Raymond Trousson. Paris 1971.

Mercier 1989
Louis-Sébastian Mercier: *Das Jahr 2440.* Hrsg. Herbert Jaumann. Frankfurt/M. 1989.

Michel 1987
Christian Michel: *Charles-Nicolas Cochin et le livre illustré au XVIIIᵉ siècle, avec un catalogue raisonné des livres par Cochin 1735–1790.* Genf 1987.

Michelet 1952
Jules Michelet: *Histoire de la Révolution française.* 17. Buch. Kap. 5. Paris 1952.

Michelsen 1981
Peter Michelsen: *Der unruhige Bürger. Der Bürger und die Literatur im 18. Jh.* In: Bürger und Bürgerlichkeit im Zeitalter der Aufklärung. Hrsg. Rudolf Vierhaus. Heidelberg 1981.

Middleton/Watkin 1987
Robin Middleton/David J. Watkin: *Klassizismus und Historismus.* Bd. 2. Stuttgart 1987.

Mildenberger 1987
Hermann Mildenberger: *Heinrich Friedrich Füger. Theatervorhang-Entwürfe für Wien und Hamburg.* In: Weltkunst. 57. 1987. S. 826–831.

Miller 1978
Norbert Miller: *Archäologie des Traums. Versuch über Giovanni Battista Piranesi.* München/Wien 1978.

Miller 1986
Norbert Miller: *Strawberry Hill. Horace Walpole und die Ästhetik der schönen Unregelmäßigkeit.* München/Wien 1986.

Millingen/Millin 1819
J. V. Millingen/F. Millin: *Histoire métallique de Napoléon; ou Recueil des Médailles et des Monnaies qui ont été frappées depuis la première campagne de l'Armée d'Italie jusqu'à son abdication en 1815.* London 1819.

Mirabeau 1971
Mirabeau: *Ausgewählte Schriften.* Hrsg. Johanna Fürstauer. Hamburg 1971.

Mirimonde 1956
Albert-P. de Mirimonde: *Pierre-Maximilian Delafontaine, élève de David.* In: Gazette des Beaux-Arts. Okt. 1956. S. 31–38.

Mistler 1968
Jean Mistler: *Napoléon.* 2 Bde. Paris 1968.

MMisc.
Miscellaneen artistischen Inhalts. Herausgegeben von Johann Georg Meusel. Erfurt 1779–1787.

Moniteur
Gazette nationale ou Le Moniteur universel (Mai 1789–1799). 31 Bde. N.D. Paris 1858–1863.

Montfaucon 1722
Bernard de Montfaucon: *L'Antiquité expliquée et représentée en figures.* 15 Bde. Paris 1722–1724.

Montfaucon 1729
Bernard de Montfaucon: *Les Monuments de la Monarchie française.* 5 Bde. Paris 1729–1755.

Morley 1880
John Morley: *Diderot and the Encyclopaedists.* London 1880.

Mortier 1967
Roland Mortier: *Diderot in Deutschland 1750–1850.* Stuttgart 1967 (frz. 1954).

Mosser 1982/83
Monique Mosser: *Le rocher et la colonne. Un thème iconographique architecturale au XVIIIᵉ siècle.* In: Revue de l'Art. 58–59. 1982–83. S. 53–74.

Mross 1985
Klaus Mross: *Ernst Gottfried Baldinger, gelehrter Arzt der Aufklärungszeit, und sein Schüler Samuel Thomas Soemmerring.* In: Gunter Mann/Franz Dumont (Hrsg.): Samuel Thomas Soemmerring und die Gelehrten der Goethezeit. Stuttgart/New York 1985. S. 245–262.

Müller-Seidel 1974
Walter Müller-Seidel: *Deutsche Klassik und Französische Revolution.* In: Dt. Lit. u. Frz. Rev. 1974 (s. dort). S. 39–62.

Munhall 1987
Edgar Munhall: *Die Bedeutung der Bildgattungen im Werk von Greuze.* In: Kat. Köln 1987/88 (s. dort). S. 98–104.

Musper 1935
Theodor Musper: *Das Reiseskizzenbuch von Josef Anton Koch aus dem Jahre 1791.* In: Jahrbuch der preußischen Kunstsammlungen. 56. 1935. S. 167–193.

Namowicz 1978
Tadeusz Namowicz: *Die aufklärerische Utopie. Rezeption der Griechenauffassung J. J. Winckelmanns um 1800 in Deutschland und Polen.* Warschau 1978.

Naumann 1985
Manfred Naumann (Hrsg.): *Artikel aus Diderots Enzyklopädie.* Frankfurt/M. 1985 (Leipzig 1984).

Nicolson 1969
Benedict Nicolson: *Joseph Wright of Derby, Painter of Light.* 2 Bde. London 1968.

Nicolson 1987
Nigel Nicolson: *Napoleon in Rußland.* Zürich/Köln 1987.

Nürnberger 1986
Richard Nürnberger: *Das Zeitalter der Französischen Revolution und Napoleons.* In: Propyläen Weltgeschichte. Eine Universalgeschichte. Herausgegeben von Golo Mann. Bd. 8: Das Neunzehnte Jahrhundert. (Frankfurt/M. 1960–64) Berlin 1986.

Oechslin 1971
Werner Oechslin: *Pyramide et sphère. Notes sur l'architecture révolutionnaire du XVIIIᵉ siècle et ses sources révolutionnaires.* In: Gazette des Beaux-Arts 113. 1971. S. 201–238.

Oelmüller 1969
Willi Oelmüller: *Die unbefriedigte Aufklärung. Beiträge zu einer Theorie der Moderne von Lessing, Kant und Hegel.* Frankfurt/M. 1969.

Oettermann 1980
Stephan Oettermann: *Das Panorama. Die Geschichte eines Massenmediums.* Frankfurt 1980.

Oettingen 1895
Wolfgang von Oettingen: *Daniel Chodowiecki. Ein Berliner Künstlerleben im achtzehnten Jahrhundert.* Berlin 1895.

Olson 1983
Roberta J. M. Olson: *Quand passent les comètes.* In: Connaissance des Arts 380. 1983. S. 72–77.

Opitz-Schoeller 1986
Ria Opitz-Schoeller: *Visierklappe als Okklusion? Ein visuelles Hilfsmittel in der Hand des Malers aus strabologischer Sicht.* Sonderdruck aus: Orthoptik – Pleoptik 13/1986.

Orchard 1988
Karin Orchard: *Annäherungen der Geschlechter. Androgynie in der Kunst des Cinquecento.* Diss. Hamburg 1988.

Osborn 1940
Annie Marion Osborn: *Rousseau and Burke. A Study of the Idea of Liberty in Eighteenth-Century Political Thought.* Oxford 1940.

Ozouf 1976
Mona Ozouf: *La Fête révolutionnaire. 1789–1799.* Paris 1976.

Palm 1971
Erwin Walter Palm: *Zu Goyas Capricho 56.* In: Aachener Kunstblätter. 41. 1971. S. 20–27.

Panofsky 1975
Erwin Panofsky: *Et in Arcadia ego. Poussin und die Tradition des Elegischen.* In: Erwin Panofsky: Sinn und Deutung in der bildenden Kunst. Köln 1975. S. 351–377 (Erstveröffentlichung: Oxford 1936).

Pappas 1962
John N. Pappas: *Voltaire and D'Alembert.* Bloomington 1962.

Pastor 1930
Ludwig von Pastor: *Geschichte der Päpste im Zeitalter des fürstlichen Absolutismus von der Wahl Klemens' XI. bis zum Tode Klemens' XII. (1700–1740).* Freiburg/Brsg. 1930.

Pastor 1931
Ludwig von Pastor: *Geschichte der Päpste im Zeitalter des fürstlichen Absolutismus von der Wahl Benedikts XIV. bis zum Tode Pius' VI. (1740–1799). Erste Abteilung: Benedikt XIV. und Klemens XIII. (1740–1769).* Freiburg/Brsg. 1931.

Patten 1983
Robert L. Patten: *Conventions of Georgian Caricature.* In: Art Journal. 43. 1983. S. 331–338.

Pauli 1916
Gustav Pauli: *Philipp Otto Runges Zeichnungen und Scherenschnitte in der Kunsthalle zu Hamburg.* Berlin 1916.

Paulson
Ronald Paulson: *Hogarth's Graphic Works.* 2 Bde. New Haven/London 1965.

Paulson 1971
Ronald Paulson: *Hogarth, his Art, Life and Times.* New Haven/London 1971.

Paulson 1983
Ronald Paulson: *Representations of Revolution (1789–1820).* New Haven/London 1983.

Personalbibliographie Diderot 1963
Julien Cain (Bearb.): *Personalbibliographie Diderot 1713–1784.* Bibliothèque Nationale. Paris 1963.

Petzet 1961
Michael Petzet: *Soufflots Sainte-Geneviève und der französische Kirchenbau des 18. Jahrhunderts.* Berlin 1961.

Pevsner 1940
Nikolaus Pevsner: *Academies of Art. Past and Present.* Cambridge 1940.

Pigage 1778
Nicolas de Pigage: *La Galerie Electorale de Dusseldorff, ou Catalogue raisonné et figuré de ses tableaux.* Basel 1778.

Pinault 1984
Madeleine Pinault: *Diderot et les illustrateurs de l'Encyclopédie.* In: Revue de l'Art. 66. 1984. S. 17–38.

Ploetz 1988
„Ploetz": *Die Französische Revolution.* Hrsg. R. Reichardt. Freiburg/Würzburg 1988.

Pötzl-Maliková 1982
Maria Pötzl-Maliková: *Franz Xaver Messerschmidt.* Wien/München 1982.

Portalis/Béraldi
Roger Portalis/Henri Béraldi: *Les graveurs du dix-huitième siècle.* 3 Bde. Paris 1880–1882.

Powell 1973
Nicolas Powell: *Fuseli. The Nightmare.* London 1973.

Praz 1940
Mario Praz: *Gusto neoclassico.* Florenz 1940.

Preiss 1979
Pavel Preiss: *Barockzeichnung. Meisterwerke des böhmischen Barocks.* Hanau 1979.

Quevedo 1966
Francisco de Quevedo: *Die Träume. Die Fortuna mit Hirn oder die Stunde aller.* Frankfurt/M. 1966.

RA
Revolutions-Almanach: *Göttingen bei Johann Christian Dieterich 1793–1804.*

Raeber 1979
Willi Raeber: *Caspar Wolf. 1735–1783. Sein Leben und sein Werk. Ein Beitrag zur Geschichte der Schweizer Malerei des 18. Jahrhunderts.* Aarau/Frankfurt/München 1979.

Ray 1939
Jean Ray: *La Revolution Française et la pensée juridique. L'idée du règne de la loi.* In: Revue Philosophique. 128. 1939. S. 364–393.

RDK
Reallexikon zur Deutschen Kunstgeschichte. Hrsg. Otto Schmitt. Stuttgart/München 1937 ff.

Réau 1950
Louis Réau: *Jean-Baptiste Pigalle.* Paris 1950.

Réau 1959
Louis Réau: *Histoire du vandalisme. Les monuments détruits de l'art français.* 2 Bde. Paris 1959.

Réau 1964
Louis Réau: *Houdon. Sa vie et son œuvre.* Paris 1964.

Reichardt 1804
Johann Friedrich Reichardt: *Vertraute Briefe aus Paris, geschrieben in den Jahren 1802 und 1803.* Hamburg 1804.

Reichardt 1985
Rolf Reichardt: *Mehr geschichtliches Verstehen durch Bildillustration? Kritische Überlegungen am Beispiel der Französischen Revolution.* In: Francia 13. 1985. S. 511–523.

Reinicke 1988
Helmut Reinicke: *Aufstieg & Revolution. Über die Beförderung irdischer Freiheitsneigungen durch Ballonfahrt und Luftschwimmkunst.* Berlin 1988.

Renouvier 1863
Jules Renouvier: *Histoire de l'Art pendant la Révolution considéré principalement dans les estampes.* Paris 1863.

Reudenbach 1979
Bruno Reudenbach: *G. B. Piranesi. Architektur als Bild. Der Wandel in der Architekturauffassung des achtzehnten Jahrhunderts.* München 1979.

Révolutions de Paris
Révolutions de Paris. Hrsg. L. M. Prudhomme. Paris 1789–1793.

Riegl 1901
Alois Riegl: *Die Spätrömische Kunst-Industrie.* Wien 1901.

Rieth 1953
Adolf Rieth: *Der Blitz in der Bildenden Kunst.* München 1953.

Rigel 1819
Franz Xaver Rigel: *Der siebenjährige Kampf auf der pyrenäischen Halbinsel vom Jahre 1807 bis 1814.* 3 Bde. Rastatt 1819–21.

Ripa 1630
Cesare Ripa: *Iconologia.* Padua 1630.

Ritter 1964
Gerhard Ritter: *Ursprung und Wesen der Menschenrechte.* In: Schnur 1964 (s. dort). S. 202–237.

Robespierre 1950
Maximilien Robespierre: *Œuvres.* Hrsg. M. Bouloiseau/G. Lefèbvre/A. Soboul. Paris 1950 ff.

Robespierre 1988
Maximilien Robespierre: *Discours et Rapports à la Convention.* Paris 1988.

Rodgers 1973
Gary Bruce Rodgers: *Diderot and the Eighteenth-Century French Press.* Banbury 1973.

Rose 1977
Isadora Rose: *A Footnote on Goya and Reality.* In: Burlington Magazine. 119. 1977. S. 713–715.

Rosenau 1968
Helen Rosenau: *The Sphere as an Element in the Montgolfier Monuments.* In: Art Bulletin. 50. 1968. S. 65 f.

Rosenau 1976
Helen Rosenau: *Boullée and Visionary Architecture. Including Boullée's „Architecture. Essay on Art".* London/New York 1976.

Rosenberg 1964
Alfons Rosenberg: *Die Zauberflöte. Geschichte und Deutung von Mozarts Oper.* München 1964.

Rosenberg (Kat.) 1979
Pierre Rosenberg: *Chardin 1699–1779.* (Grand Palais, Paris/The Cleveland Museum of Art/Museum of Fine Arts, Boston). Cleveland 1979.

Rosenberg/van de Sandt 1983
Pierre Rosenberg/Udolpho van de Sandt: *Pierre Peyron 1744–1814.* Neuilly-sur-Seine 1983.

Rosenblum 1967
Robert Rosenblum: *Transformations in Late Eighteenth-Century Art.* Princeton/N.J. 1967.

Rosenblum 1974
Robert Rosenblum: *„L'Epidemie d'Espagne" d'Aparicio au Salon de 1806.* In: La Revue du Louvre et de Musées de France. 24. 1974. S. 429–436.

Rosenblum 1976
Robert Rosenblum: *The International Style of 1800. A Study in Linear Abstraction.* New York 1976 (= Diss. New York 1956).

Rossmann 1959
Kurt Rossmann (Hrsg.): *Deutsche Geschichtsphilosophie von Lessing bis Jaspers.* Bremen 1959.

Rousseau 1964
Jean Jacques Rousseau: *Œuvres complètes.* Paris 1964.

Rousseau 1969
Jean Jacques Rousseau: *Emile.* In: Œuvres complètes. Bd. 4. Paris 1969.

Rousseau 1988
Jean Jacques Rousseau: *Julie oder Die neue Héloïse. Briefe zweier Liebender aus einer kleinen Stadt am Fuße der Alpen.* Dt. von Johann Gottfried Gellius. München 1988.

Rubin 1976
James Henry Rubin: *Gérard's Painting of Ossian as an Allegory of Inspired Art.* In: Studies in Romanticism. 15. 1976. S. 383–394.

Rump 1974
Gerhard Charles Rump: *George Romney. 1734–1802. Zur Bildform der Bürgerlichen Mitte in der Englischen Neoklassik.* 2 Bde. Hildesheim/New York 1974.

Ryan 1974
Lawrence Ryan: *Hölderlin und die Französische Revolution.* In: Dt. Lit. u. Frz. Rev. 1974 (s. dort). S. 129–148.

Sagnac 1898
Philippe Sagnac: *La législation civile de la Révolution Française (1789–1804).* Paris 1898 (N.D. Glashütten/Ts. 1971).

Saint-Just 1968
Saint-Just: *Œuvres choisis.* Paris 1968.

Salomons 1914
Vera Salomons: *Charles Eisen. Eighteenth-Century French Book Illustrator and Engraver.* London 1914 (N.D. Amsterdam 1972).

Salon 1802
Salon 1802: *Catalogues of the Paris Salon 1673 to 1881.* Hrsg. H. W. Janson. 60 Bde. New York/London 1977.

Sandoz 1985
Marc Sandoz: *Antoine-François Callet (1741–1823).* Paris 1985.

Sass 1986
Else Kai Sass: *Lykkens Tempel. Et maleri af Nicolai Abildgaard.* Kopenhagen 1986.

Sauerländer 1983
Willibald Sauerländer: *Davids „Marat à son dernier soupir" oder Malerei und Terreur.* In: IDEA 2. 1983. S. 49–88.

Sayre 1974
Eleanor A. Sayre u. a.: *The Changing Image. Prints by Francisco Goya.* Boston 1974.

S.C.
Francisco Javier Sánchez Cantón: *Museo del Prado. Los dibujos de Goya.* Madrid 1951.

Schabert 1969
Tilo Schabert: *Natur und Revolution. Untersuchungen zum politischen Denken im Frankreich des 18. Jahrhunderts.* München 1969.

Schalk 1936
Fritz Schalk: *Einleitung in die Enzyklopädie der Französischen Aufklärung.* München 1936.

Scheinfuß 1973
Katharina Scheinfuß: *Von Brutus zu Marat. Kunst im Nationalkonvent, 1789–1795.* Dresden 1973.

Schiff
Gert Schiff: *Johann Heinrich Füssli 1741–1825.* 2 Bde. Zürich/München 1973.

Schiller/Körner 1973
Schiller/Körner: *Briefwechsel zwischen Schiller und Körner.* Hrsg. Klaus L. Berghahn. München 1973.

Schlegel o.J.
Friedrich Schlegel: *Über das Studium der griechischen Poesie (1795).* In: Kritische Schriften. Hrsg. Wolfdietrich Rasch. München o. J.

Schlumbohm 1975
Jürgen Schlumbohm: *Freiheit. Die Anfänge der bürgerlichen Emanzipationsbewegung in Deutschland im Spiegel ihres Leitwortes (ca. 1760–ca. 1800).* Düsseldorf 1975.

Schmid 1983
Bruno Schmid: *Sittliche Existenz in „Entfremdung". Eine Untersuchung zur Ethik Jean-Jacques Rousseaus.* Düsseldorf 1983.

Schnapper 1980
Antoine Schnapper: *David. Témoin de son Temps.* Fribourg 1980.

Schnur 1964
Roman Schnur (Hrsg.): *Zur Geschichte der Erklärung der Menschenrechte.* Darmstadt 1964.

Schober 1982
Angelika Schober: *D'Alembert, der vermeintliche Vater des Positivismus. Eine historisch-systematische Untersuchung.* Diss. Erlangen 1982.

Schoch 1975
Rainer Schoch: *Das Herrscherbild in der Malerei des 19. Jahrhunderts.* München 1975.

Scholz 1916
Heinrich Scholz (Hrsg.): *Die Hauptschriften zum Pantheismusstreit zwischen Jacobi und Mendelssohn.* Berlin 1916.

Schrecker 1939
Paul Schrecker: *Kant et la Révolution Française.* In: Revue Philosophique. 128. 1939. S. 394–425.

Schwarz 1956
Waldtraut Schwarz: *Die Karikatur als Ausdruck der Kunstkämpfe im 19. u. 20. Jahrhundert.* Diss. Berlin 1956 (ungedruckt).

Schwarzenberg 1977
Anne Marie Schwarzenberg: *Studien zu H. F. Füger. Seine Bedeutung als Zeichner.* Diss. Wien 1977.

Scottez 1980
Annie Scottez: *Le Néo-Classicisme dans les Collections de Dessins français du Musée des Beaux-Arts de Lille.* In: Revue du Nord. 62. 1980. S. 431–447.

Sculptures
Sculptures des jardins du Louvre, du Carrousel et des Tuileries. Bd. 1. Paris 1986.

Seagle 1967
William Seagle: *Weltgeschichte des Rechts. Eine Einführung in die Probleme und Erscheinungsformen des Rechts.* München/Berlin 1967.

Sellers 1962
Charles Coleman Sellers: *Benjamin Franklin in Portraiture.* New Haven/London 1962.

Sells 1981
Christopher Sells: *Jean-Baptiste Regnault (1754–1829). Biography and Catalogue raisonné.* Diss. Courtauld Institute. London 1981 (ungedruckt).

Sieburg 1949
Friedrich Sieburg: *Robespierre.* Tübingen/Stuttgart 1949.

Sieburg 1979
Friedrich Sieburg: *Im Licht und Schatten der Freiheit. Frankreich 1789–1848. Bilder und Texte.* (3. Aufl.) Stuttgart 1979.

Siegfried 1980
Susan Siegfried: *The Politics of Criticism at the Salon of 1806: Ingres' „Napoleon Enthroned".* In: The Consortium on Revolutionary Europe, 1750–1850. Proceedings 1980. Bd. 2. Hrsg. D. D. Howard/J. L. Connolly jr./H. T. Parker. Athens, Florida 1980. S. 69–81.

Sieveking 1913
Heinrich Sieveking: *Georg Heinrich Sieveking. Lebensbild eines Hamburgischen Kaufmanns aus dem Zeitalter der französischen Revolution.* Berlin 1913.

Simons 1976
Katrin Simons: *Vivant Denon et le Romantisme; a propos d'un tableau d'Alexandre-Evariste Fragonard.* In: Revue de l'Institut Napoléon. 132. 1976. S. 55–65.

Simons 1982
Katrin Simons: *Vom Triumph der Republik zur Apotheose Napoleons – Überlegungen zur Ikonographie der Revolution und des Konsulats am Beispiel einiger Gemälde von Jacques Louis David und Jacques Réattu.* In: Wallraf-Richartz-Jahrbuch. 43. 1982. S. 207–230.

Simons 1983
Katrin Simons: *Der „Triumph der Zivilisation" von Jacques Réattu. Zu einer Neuerwerbung der Hamburger Kunsthalle.* In: IDEA 2. 1983. S. 113–128.

Simons 1985
Katrin Simons: *Jacques Réattu. 1760–1833. Peintre de la Révolution française.* Neuilly-sur-Seine 1985.

Singer
Hans Wolfgang Singer: *Allgemeiner Bildniskatalog.* Nendeln/Liechtenstein 1967. (N.D. d. Ausg. Leipzig 1930–36).

Skovgaard 1961
Bente Skovgaard: *Maleren Abildgaard.* Kopenhagen 1961.

Slg. Aarau 1979
Franz Mosele: *Sammlungskatalog Aargauer Kunsthaus Aarau. Bd. I: Gemälde und Skulpturen vom 18. Jahrhundert bis zum Ersten Weltkrieg.* Aarau 1979.

Slg. Berlin 1970
Irmgard Wirth: *Johann Wilhelm Meil. Zeichner und Radierer in Berlin 1733–1805. Eine Sammlung des Berlin Museums.* Berlin 1970.

Slg. Cambridge 1977
Drawings by George Romney. Hrsg. Patricia Jaffé. Fitzwilliam Museum Cambridge. 1977.

Slg. Düsseldorf 1985
Kunstmuseum Düsseldorf. Führer durch die Sammlungen 1: Alte Kunst, 19. Jahrhundert. Düsseldorf 1985.

Slg. Hamburg 1964
Jahrbuch der Hamburger Kunstsammlungen. Bd. 9. Hamburg 1964.

Slg. Hamburg 1966
Katalog der alten Meister der Hamburger Kunsthalle. Hamburg 1966.

Slg. Hamburg 1967
Hundert Meisterzeichnungen aus der Hamburger Kunsthalle 1500–1800. Bearb. Wolf Stubbe. Hamburg 1967.

Slg. Hamburg 1969
Hamburger Kunsthalle. Meisterwerke der Gemäldegalerie. Köln 1969.

Slg. Hamburg 1985
Hamburger Kunsthalle (Bildführer). München 1985.

Slg. Hamburg 1988
Georg Syamken: *Die dritte Dimension. Plastiken, Konstruktionen, Objekte. Bestandskatalog der Skulpturenabteilung der Hamburger Kunsthalle.* Hamburg 1988.

Slg. Karlsruhe 1978
Staatliche Kunsthalle Karlsruhe, Kupferstichkabinett: Die deutschen Zeichnungen des 19. Jahrhunderts. (Bd. 1) Text. Bearb. Rudolf Theilmann/Edith Ammann. (Bd. 2) Abbildungen. Bearb. Rudolf Theilmann. Karlsruhe 1978.

Slg. Kassel 1958
Katalog der Staatlichen Gemäldegalerie zu Kassel. Bearb. Hans Vogel. Kassel 1958.

Slg. Kassel 1984
Ernst Wolfgang Mick: *Deutsches Tapetenmuseum Kassel.* 1984.

Slg. Kassel 1987
Ludolf von Mackensen: *Feinmechanik aus Kassel. 225 Jahre W. Breithaupt und Sohn. Festschrift und Ausstellungsbegleiter.* Astronomisch-Physikalisches Kabinett der Staatlichen Kunstsammlungen Kassel. 1987.

Slg. Lille 1983
Autour de David. Dessins néoclassiques du Musée des Beaux-Arts de Lille. 1983.

Slg. Lyon 1956
Madeleine Vincent: *La Peinture des XIXe et XXe Siècles.* Lyon 1956.

Slg. Madrid 1968
Luis Alegre Nuñez: *Catálogo de la Calcografía National.* Madrid 1968.

Slg. München 1978
Neue Pinakothek. Staatsgalerie moderner Kunst München.

Braunschweig 1978 (Westermann-Reihe Museum).

Slg. München 1981
Neue Pinakothek München. Erläuterungen zu den ausgestellten Werken. München 1981.

Slg. New York 1980
Katharine Baetjer: *European Paintings in the Metropolitan Museum of Art by artists born in or before 1865. A summary Catalogue. Bd. 1–3.* New York 1980.

Slg. Paris 1972
Dessins français de 1750 à 1825 dans les collections du musée du Louvre; le Néo-Classicisme. Paris, Musée du Louvre, Cabinet des Dessins. 1972.

Slg. Paris 1977
L'Art de l'Estampe et la Révolution Française. Bearb. Pascal de la Vaissière. Musée Carnavalet. Paris 1977.

Slg. Paris 1982
Martine Garrigues: *La Révolution Française.* Musée de l'histoire de France. Paris 1982.

Slg. Paris 1988
Lawrence Gowing: *Die Gemäldesammlung des Louvre.* Köln 1988 (New York 1987).

Slg. Princeton 1972
European and American Art from Princeton Alumni Collections. Hrsg. Hedy B. Landman. The Art Museum, Princeton University. Princeton 1972.

Slg. Telford 1979
Stuart Smith: *A View from the Iron Bridge. Ironbridge Gorge Museum Trust 1979.* Telford 1979.

Slg. Vizille 1985
Premières Collections. Musée de la Révolution Française. Vizille 1985.

Slg. Vizille 1986
Droits de l'Homme & Conquête des Libertés. Musée de la Révolution Française. Vizille 1986.

Sloane 1969
Joseph C. Sloane: *David, Robespierre, and „The Death of Bara".* In: Gazette des Beaux-Arts. Sept. 1969. S. 143–160.

Smith 1985
Bernard Smith: *European Vision and the South Pacific.* New Haven/London 1985.

Soboul 1973
Albert Soboul: *Die Große Französische Revolution.* Frankfurt/M. 1973 (frz. 1962).

Soboul 1974
Albert Soboul: *Equality: On the Power and Danger of Words.* In: The Consortium of Revolutionary Europe, 1750–1850; Proceedings 1974. Gainesville/Florida 1978. S. 13–21

Soderlund 1983
Jean R. Soderlund u. a. (Hrsg.): *William Penn and the Founding of Pennsylvania 1680–1684. A Documentary History.* Philadelphia 1983.

Sourget
Patrick und Elisabeth Sourget: *Manuscrits et livres précieux. De la Renaissance au Cubisme.* Luisant o. J.

Spengler 1970
Walter Eckehart Spengler: *Der Begriff des Schönen bei Winckelmann. Ein Beitrag zur deutschen Klassik.* Göppingen 1970.

Spiess-Schaad 1983
Hermann Spiess-Schaad: *David Herrliberger. Zürcher Kupferstecher und Verleger 1697–1777.* Zürich 1983.

Spittler 1793
Ludwig Timotheus Spittler: *Entwurf der Geschichte der Europäischen Staaten.* Berlin 1793.

Stach 1970
Reinhard Stach: *Robinson der Jüngere als pädagogisch-didaktisches Modell des philanthropistischen Erziehungsdenkens. Studie zu einem klassischen Kinderbuch.* Ratingen/Wuppertal/Kastellaun 1970.

Stähli 1986
Peter Eugen Stähli: *Gestus und Wort. Sprachtheorie und literarische Praxis bei Diderot. Mit einleitenden Textanalysen zur Sprachtheorie von Condillac und Rousseau.* Diss. Zürich 1986.

de Staël 1861
de Staël: *Œuvres complètes de Madame la Baronne de Stael-Holstein.* 2 Bde. Paris 1861 (N.D. Genf 1867).

Stammen/Eberle 1988
Theo Stammen/Friedrich Eberle (Hrsg.): *Deutschland und die Französische Revolution 1789–1806.* Darmstadt 1988.

Starobinski 1971
Jean Starobinski: *Jean-Jacques Rousseau. La transparence et l'obstacle. Suivi de sept essais sur Rousseau.* Paris 1971.

Starobinski 1978
Jean Starobinski: *Besessenheit und Exorzismus. Drei Figuren der Umnachtung.* Frankfurt/Berlin/Wien 1978.

Steigerwald 1988
Robert Steigerwald: *Goethe und die Große Französische Revolution.* In: Marxistische Studien. 14, 1988, S. 382–393.

Steinhauser/Rabreau 1973
Monika Steinhauser/Daniel Rabreau: *Le théâtre de l'odéon de Charles De Wailly et Marie Joseph Peyre, 1767–1782.* In: Revue de l'Art, 19, 1973. S. 9–49.

Stern 1928
Alfred Stern: *Der Einfluß der Französischen Revolution auf das deutsche Geistesleben.* Berlin 1928.

Stief 1986
Angela Stief: *Die Aeneisillustrationen von Girodet-Trioson. Künstlerische und literarische Rezeption von Vergils Epos in Frankreich um 1800.* Frankfurt/Bern/New York 1986 (Diss. Berlin 1985).

Stoll 1985
André Stoll: *Die Barbarei der Moderne. Zur ästhetischen Figuration des Grauens durch Goya und Daumier.* In: Die Rückkehr der Barbaren. Europäer und „Wilde" in der Karikatur Honoré Daumiers. Hrsg. André Stoll, Hamburg 1985. S. 27–51.

Stolzenburg 1988
Andreas Stolzenburg: *Freiheit oder Tod – ein mißverstandenes Werk Jean Baptiste Regnaults?* In: Wallraf-Richartz-Jahrbuch. 48/49. 1988. S. 463–472.

Strauss 1961
Gerhard Strauss: *F. H. Ziegenhagen, ein vergessener deutscher Utopist und seine Siedlungsprojekte von 1792.* In: Omagiu lui George Oprescu. Bukarest 1961. S. 535–546.

Streisand 1964
Joachim Streisand: *Geschichtliches Denken von der deutschen Frühaufklärung bis zur Klassik.* Berlin 1964.

Stubbe 1977
Wolf Stubbe: *Philipp Otto Runge. Bild und Symbol.* München 1977.

Süßenberger 1974
Claus Süßenberger: *Rousseau im Urteil der deutschen Publizistik bis zum Ende der Französischen Revolution. Ein Beitrag zur Rezeptionsgeschichte.* Bern/Frankfurt/M. 1974.

Sugenheim 1966
Samuel Sugenheim: *Geschichte der Aufhebung der Leibeigenschaft und Hörigkeit in Europa bis zur Mitte des 19. Jahrhunderts.* Aalen 1966 (N.D. der Ausg. St. Petersburg 1861).

Sumowski 1970
Werner Sumowski: *Caspar David Friedrich-Studien.* Wiesbaden 1970.

Symmons 1984
Sarah Symmons: *Flaxman and Europe. The Outline Illustrations and Their Influence.* New York/London 1984.

Szambien 1986
Werner Szambien: *Les Projets de l'An II: concours d'architecture de la période révolutionnaire.* Paris 1986.

Tableaux historiques 1806
Tableaux historiques des campagnes d'Italie depuis l'an VI jusqu'à la bataille de Marengo. Paris 1806.

Taylor 1986
Sean J. Taylor: *Le Portrait du Sacre gravé de Drevet à David: Continuité et Synthèse.* In: Nouvelles de l'Estampe. 88/89. 1986. S. 6–16.

Tieck 1963
Ludwig Tieck: *Frühe Erzählungen und Romane.* München 1963.

Thieme/Becker
Ulrich Thieme/Felix Becker (Hrsg.): *Allgemeines Lexikon der bildenden Kunst von der Antike bis zur Gegenwart.* 37 Bde. Leipzig 1907–1950.

Thompson 1968
J. M. Thompson: *Robespierre.* New York 1968 (1935).

Thomson 1797
James Thomson: *The Seasons.* London 1797.

Thurmann 1988
Peter Thurmann: *Johann Heinrich Füssli, Der geächtete Neger.* In: Stiftung zur Förderung der Hamburgischen Kunstsammlungen. Erwerbungen 1986–1988. Hamburg 1988. S. 16.

van Tieghem 1914
Paul van Tieghem: *Ossian en France.* 3 Bde. Paris 1914 (N.D. Genf 1967).

Tischbein 1786
Johann Heinrich Wilhelm Tischbein: *Briefe aus Rom . . .* In: Der Deutsche Merkur, Febr. 1786.

Tischbein 1956
Johann Heinrich Wilhelm Tischbein: *Aus meinem Leben.* Berlin 1956.

Tomalin 1974
Claire Tomalin: *The Life and Death of Mary Wollstonecraft.* London 1974.

Tomory 1974
Peter Tomory: *Heinrich Füßli. Leben und Werk.* Berlin 1974 (London 1972).

Tourneux 1890
Maurice Tourneux: *Bibliographie de l'Histoire de Paris pendant la Révolution Française.* 5 Bde. Paris 1890–1913.

Traeger
Jörg Traeger: *Philipp Otto Runge und sein Werk. Monographie und kritischer Katalog.* München 1975.

Träger 1989
Claus Träger: *Die Französische Revolution im Spiegel der deutschen Literatur.* Köln 1989 (Leipzig 1975).

Trés. de num.
Trésor de numismatique et de glyptique, ou Recueil général de Médailles, Monnaies, Pierres gravées, Bas-Reliefs, etc. tant anciens que modernes. 1836: Collection des Médailles de la Révolution française, Paris 1836. 1840: Collection des Médailles de l'Empire, Paris 1840.

Unverfehrt 1984
Gerd Unverfehrt: *Caspar David Friedrich.* München 1984.

Valdenaire 1976
Arthur Valdenaire: *Friedrich Weinbrenner. Sein Leben und seine Bauten.* Karlsruhe 1976 (1919).

Vaughan/Little 1960
C. E. Vaughan/A. G. Little: *Studies in the history of Political Philosophy before and after Rousseau.* 2 Bde. New York 1960.

Verbraeken 1973
René Verbraeken: *Jacques-Louis David jugé par ses contemporains et par la postérité.* Paris 1973.

de Vesme/Calabi
A. de Vesme/A. Calabi: *Francesco Bartolozzi. Catalogue des Estampes et notice biographique.* Mailand 1928.

Vidler 1988
Anthony Vidler: *Claude-Nicolas Ledoux.* Basel 1988 (Paris 1987).

Vierhaus 1983
Rudolf Vierhaus: *„Sie und nicht wir" – Deutsche Urteile über den Ausbruch der Französischen Revolution.* In: Voss 1983 (s. dort). S. 1–15.

Vignau-Wilberg 1975
Thea Vignau-Wilberg: *Zur Ikonographie des Rütlischwurs im 17. Jahrhundert.* In: Zeitschrift für Schweizerische Archäologie und Kunstgeschichte. 32. 1975. S. 141–147.

de Vinck
François-Louis Bruel/Marcel Roux/Marcel Aubert: *Bibliothèque Nationale, Département des Estampes. Un Siècle d'Histoire de France par l'Estampe 1770–1871. Collection de Vinck, Inventaire Analytique.* 4 Bde. Paris 1969–70 (N.D. der Ausg. Paris 1909–29).

Vinot 1985
Bernard Vinot: *Saint-Just.* Paris 1985.

Viollet 1966
Paul Viollet: *Histoire du droit civil français.* Aalen 1966. (N.D. der Ausg. Paris 1905).

Vogt 1969
Adolf Max Vogt: *Boullées Newton-Denkmal. Sakralbau und Kugelidee.* Basel/Stuttgart 1969.

Voltaire 1984
Voltaire: *Kritische und satirische Schriften.* Darmstadt 1984.

Voss 1983
Jürgen Voss (Hrsg.): *Deutschland und die Französische Revolution* (17. deutsch-französisches Historikerkolloquium, Homburg 1981). München/Zürich 1983.

Vossler 1964
Otto Vossler: *Studien zur Erklärung der Menschenrechte.* In: Schnur 1964 (s. dort). S. 166–201.

Vovelle 1986
Michel Vovelle: *La Révolution Française. Image et Récit, 1789–1799.* 5 Bde. Paris 1986.

Wade 1959
Ira O. Wade: *Voltaire and Candide. A Study in Fusion of History, Art and Philosophy.* Princeton 1959.

Wade 1969
Ira O. Wade: *The Intellectual Development of Voltaire.* Princeton 1969.

Walzel 1910
Oskar F. Walzel: *Das Prometheussymbol von Shaftesbury zu Goethe.* Leipzig/Berlin 1910.

Warnke 1981
Martin Warnke: *Goyas Gesten.* In: Werner Hofman/Edith Helman/Martin Warnke: Goya – „Alle werden fallen". Frankfurt/M. 1981.

Welschinger 1900
Henry Welschinger: *Mirabeau in Berlin als geheimer Agent der französischen Regierung 1786–1787.* Leipzig 1900.

Welzel 1964
Hans Welzel: *Ein Kapitel aus der Geschichte der amerikanischen Erklärung der Menschenrechte (John Wise und Samuel Pufendorf).* In: Schnur 1964 (s. dort). S. 238–266.

Wescher 1976
Paul Wescher: *Kunstraub unter Napoleon.* Berlin 1976.

Wesenberg 1976
Gerhard Wesenberg: *Neuere deutsche Privatrechtsgeschichte im Rahmen der europäischen Rechtsentwicklung.* (3. Aufl.) Lahr 1976.

Wieacker 1952
Franz Wieacker: *Privatrechtsgeschichte der Neuzeit unter besonderer Berücksichtigung der deutschen Entwicklung.* Göttingen 1952.

Wiebenson 1964
Dora Wiebenson: *Subjects from Homer's Iliad in Neoclassical Art.* In: Art Bulletin. 46/1, 1964. S. 23–37.

Wiebenson 1978
Dora Wiebenson: *The Picturesque Garden in France.* Princeton 1978.

Wildenstein 1963
Georges Wildenstein: *Chardin.* Zürich 1963.

Wildenstein 1973
Daniel u. Guy Wildenstein: *Documents complémentaires au catalogue de l'Œuvre de Louis David.* Paris 1973.

Wilhelm 1965
Jacques Wilhelm: *David et ses portraits.* In: Art de France, 4. 1965. S. 158–173.

Williamson 1904
George C. Williamson: *George Morland. His Life and Works.* London 1904.

Wilson Bareau 1981
Juliet Wilson Bareau: *Goya's Prints. The Tomás Harris Collection in the British Museum.* London 1981.

Winckelmann 1982
Johann Joachim Winckelmann: *Werke.* Berlin/Weimar 1982.

Wölfel 1974
Kurt Wölfel: *Zum Bild der Französischen Revolution im Werk Jean Pauls.* In: Dt. Lit. u. Frz. Rev. 1974 (s. dort). S. 149–171.

Wohlwill 1914
Adolf Wohlwill: *Neuere Geschichte der Freien und Hansestadt Hamburg insbesondere von 1789 bis 1815.* Gotha 1914.

Wolff 1972
Reinhold Wolff: *Die Ästhetisierung. Aufklärerische Tabukritik bei Montesquieu und Rousseau.* München 1972.

Wormsbächer 1988
Elisabeth Wormsbächer: *Daniel Nikolaus Chodowiecki. Erläuterungen und Erläuterungen zu seinen Radierungen. Ein Ergänzungsband zum Werkverzeichnis der Druckgraphik.* Hrsg. Jens-Heiner Bauer. Hannover 1988.

Yates 1951
Frances A. Yates: *Transformations of Dante's Ugolino.* In: Journal of the Warburg & Courtauld Institutes. 14. 1951. S. 92–117.

Zacharias 1970
Gerhard Zacharias: *Satanskult und Schwarze Messe.* (2. Aufl.) Wiesbaden 1970.

Zeitler 1954
Rudolf Zeitler: *Klassizismus und Utopia. Interpretationen zu Werken von David, Canova, Carstens, Thorvaldsen, Koch.* Stockholm 1954.

Ziebura/Haupt 1975
Gilbert Ziebura/Heinz-Gerhard Haupt (Hrsg.): *Wirtschaft und Gesellschaft in Frankreich seit 1789.* Köln 1975.

Ziegenhagen 1792
F. H. Ziegenhagen: *Lehre vom richtigen Verhältnisse zu den Schöpfungswerken, und die durch öffentliche Einfürung derselben allein zu bewürkende algemeine Menschenbeglükkung.* Hamburg 1792.

Zimmermann 1989
Reinhard Zimmermann: *Künstliche Ruinen. Studien zu ihrer Bedeutung und Form.* Wiesbaden 1989.

Zwehl 1964
Hans Karl von Zwehl: *Die bayrische Politik im Jahre 1805.* München 1964.

DAS EIS...

CHARTE
von
EUROPA
Nach den neuesten Astronomischen
Ortsbestimmungen entworfen
und berichtiget
auf der
Sternwarte SEEBERG bey GOTHA.

Weimar
im Verlage des Industrie Comptoirs.
1802.

Shetlandische Inseln

Färöe Inseln

Orkney Inseln

SCHOTLAND

DIE
NORDSEE

DÄNNE
MARK

IRLAND

ENGLAND

Erster Meridian durch Ferro

ATLANTISCHES

MEER

Busen von
BISCAYA.

FRANK
REICH

PORTUGAL

SPANIEN

DER
VENETI
ANISCHE
MEERBU
SEN

Corsica

Sardinien

Majorca

MITTEL

Oran   Algier
Barbarey

Tunis

Fez
Fes

SAHRA
oder
die Wüste

Tripoli

AFRI